江 新 区

JIANG ☆ NEW AREA

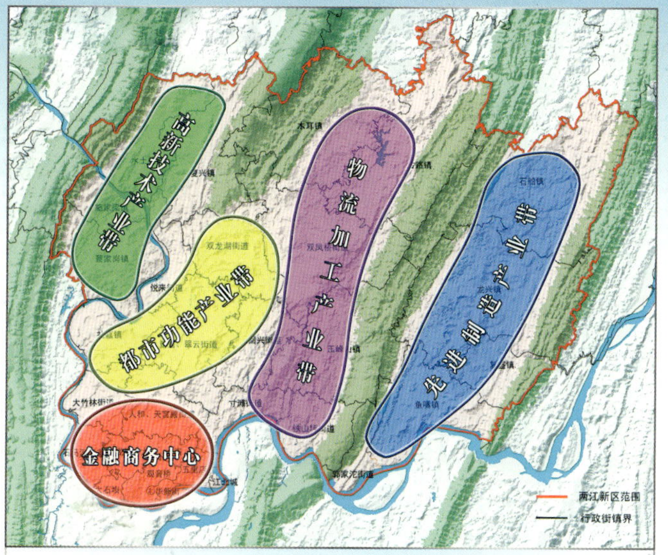

↑ 两江新区“一心四带”产业布局

两江新区“1心4带”的战略空间布局：金融商务中心、先进制造产业带、物流加工产业带、都市功能产业带、高新技术产业带。

↑ 重庆西部会展中心

项目用地规模130公顷，建设总规模60万平方米；其中：室内展馆42.7万平方米，会议中心7.2万平方米，酒店4.8万平方米。此外，还设有室外展场20万平方米。项目场馆部分概算投资54.6亿元，酒店部分概算投资7亿元。

2010年5月5日，国务院以国函〔2010〕36号印发《关于同意设立重庆两江新区的批复》，6月18日，两江新区正式成立。两江新区是我国内陆地区唯一的国家级开发开放新区，也是继上海浦东新区、天津滨海新区后，由国务院直接批复的第三个国家级开发开放新区。两江新区“占天时、据地利、得人和”，具有较好的发展基础，2009年GDP总量813.6亿元，拥有内陆唯一的保税港区、长江上游金融中心核心区、未来中国第四大机场、西部最大会展中心及西部交通枢纽等开放平台，还同时叠加了西部大开发优惠政策、统筹城乡综合配套改革先行先试政策以及比照浦东新区和滨海新区的开发开放政策，是新一轮改革发展的热点地区和亮点地区。到2020年，将建成功能现代、产业高端、总部集聚、生态宜居，具有国际影响力和内陆开放示范效应的新区，GDP达到6000亿元以上，工业总产值15000亿元左右，成为辐射中西部680万平方公里的“新引擎”和新一轮西部大开发的“发动机”。

重庆·两

CHONGQING ☆ LIANG

↑江北嘴中央商务区

规划面积5平方公里，是重庆增长极的极核，建设长江上游金融中心的重要平台，功能定位为重庆金融集聚区，现已全面建成了重庆大剧院、重庆科技馆、中央公园等重庆标志性的高档公益性文化基础设施和完善的市政基础设施。

↑江北国际机场三期工程

2009年，重庆江北国际机场年旅客吞吐量突破1400万人次。明年将投资200亿，在两江新区建设三期工程，到2040年，形成4个跑道，60多万平方米的航站楼，年旅客吞吐量达到7500万人次，成为中国第四大国际机场。

→ 北部新区汽车城　汽车城已入驻长安福特轿车15万辆、力帆微型车10万辆项目和50多家海内外知名汽车

CHONGQING

江新区

JIANG ☆ NEW AREA

↑ 两路寸滩保税港区——空港

保税港区空港功能区无缝对接我国首批规划4条跑道的江北国际机场，第二跑道将于2010年内将竣工并投入使用，跑道长度为3600米，可满足E类飞机中最大型客货机起降。4条跑道建成后将形成250万吨的货邮能力。

↑ 两路寸滩保税港区——水港

保税港区水港功能区依托长江上游最大最先进的寸滩国际集装箱码头，常年可靠泊5000T级船舶，规划建设9个集装箱专用泊位，2个滚装码头，年设计吞吐能力126万TEU，实际吞吐能力将达200万TEU。

零部件企业。北部新区正积极打造“十里汽车城”。

LIANGJIANG NEW AREA

重庆 2010 经济年鉴

CHONGQING ECONOMY YEAR BOOK

图书在版编目（CIP）数据

重庆经济年鉴. 2010年卷 / 重庆市人民政府办公厅编. -- 新版. -- 重庆：重庆出版社, 2010.12

ISBN 978-7-229-03145-9

Ⅰ. ①重… Ⅱ. ①重… Ⅲ. ①地区经济－重庆市－2010－年鉴 Ⅳ. ①F127.719-54

中国版本图书馆CIP数据核字(2010)第229673号

重庆经济年鉴·2010（精装本）
CHONGQING JINGJI NIANJIAN

重庆市人民政府办公厅 主管
重庆市人民政府发展研究中心
重庆社会科学院 主办

出版人：罗小卫
责任编辑：张德尚
封面设计：陈 刚

重庆出版集团
重庆出版社 出版
重庆长江二路205号 邮政编码：400016

重庆宏昊印务有限公司印刷
重庆出版集团图书发行有限公司发行
全国新华书店经销

开本 889×1194 1/16 印张37.5 插页183
字数1107千
2010年12月第1版
2010年12月第1次印刷
ISBN 978-7-229-03145-9
定价：468.00元（精装本、袖珍本）

如有印装质量问题，请向本集团图书发行有限公司调换 电话：023-68809955转8005

《重庆经济年鉴》编委会

《重庆经济年鉴》编辑部

《重庆经济年鉴》编委

立足西南　面向全国　走向世界

重庆医药股份有限

伴随新中国一同成长的重庆医药股份有限公司（以下简称“重庆医药公司”），历经60载顽强拼搏，逐步发展成为中国西部医药商业龙头企业。

2009年，重庆医药公司销售收入首破100亿元大关，实现了历史性跨越。

公司董事长、总经理龚伟

◎60年成长◎

收获光荣与梦想

1950年，中国医药公司西南区公司孕育而生，从此一路风雨，伴随着祖国一起成长。老一辈医药人艰苦创业、默默耕耘，用智慧和汗水，奠定了重庆医药公司的坚实基业，为社会作出了杰出贡献。

1994年，重庆医药公司改制为股份制企业，由此掀开了重庆医药公司史上一段崭新的篇章。公司转机建制、深化改革，纵深拓展营销网络，加快兼并重组步伐，经营突飞猛进，实现了公司集团化与零售连锁化发展目标。

2006年,重庆医药公司制订《2007—2011年发展战略规划》，描绘了企业发展新蓝图。公司围绕“立足西南、面向全国、走向世界”的战略目标，秉承“股东放心、员工自豪、客户满意、百姓信赖、政府省心”的责任企业理念，务实创新，各项事业推上了新的台阶。

重庆医药股份有限公司大楼

重庆医药公司肩负历史使命诞生，经历了转型期的阵痛，也收获了改革开放的硕果。

如今，公司已经发展成为西部最大的医药商业企业，业务涵盖纯销、分销、零售三大业态及制药工业，是中国三家经营特殊药品的全国性批发企业之一。

60年来，重庆医药公司不仅面向全国，还走向世界。公司取得进出口经营许可权，加入国际医药批发商联合会，经营美、英、日、德、法、韩等40个国家和港台地区的药品和医疗器材；上下游客户拓展至3万余家，经营品规达6万多个，拥有1500多个重庆及西部区域独家代理品种，2300余家和平药房零售药店，建立起覆盖29个省市的营销网络。

重庆医药公司的不懈努力换来了企业的超常规发展。公司两次入选中国企业500强，2009年名列重庆企业100强第14位。2003年—2008年，重庆医药公司销售连续6年列中国医药商业前7位，居西部医药商业第1位。2009年，销售首次突破百亿大关，实现了历史性跨越！

60年信誉◎

诚信立业创新管理

重庆医药公司庞大的营销网络背后，有强大的物流支撑，以保障公司“诚信立业”理念得以实施。公司建立起国内一流的现代医药物流中心，年吞吐量超过100亿元，拥有30多个分配送中心及仓库，为全国25000家医院、药店、诊所、批发商提供产品和服务。

重庆医药公司董事长龚伟认为，质量是公司立业之本，诚信经营则是发展壮大的基石。长期以来，重庆医药公司严格执行

公司辉煌60载

CHONGQINGYIYAOGUFENYOUXIANGONGSI

"GMP/GSP"标准，确保药品生产、经营质量。2009年通过"ISO9001:2008"质量管理体系认证，进一步提升质量管理水平。

为了产品、服务质量在各个环节得以保障，重庆医药公司先后投巨资开发商务、物流、供应链、财务、人力资源等多个信息管理系统，始终坚持"重质量，让百姓吃上放心药；讲诚信，为客户持续提供满意服务；遵法规，做医药流通责任企业"的质量方针。公司营销网络建设以及安全、质量、财务、法律管理等5个项目，荣获重庆市企业管理现代化创新成果奖。

功夫不负有心人，荣誉纷沓而至——重庆首届最具影响力知名品牌、重庆最佳诚信企业、市文明单位标兵、市国资委国企贡献奖……2009年，重庆医药荣获"全国医药批发企业AAA信用等级"，全资子公司重庆和平药房也荣膺"全国医药零售（连锁）企业AAA信用等级"，在西南地区一枝独秀。重庆医药还被评为"60年影响重庆经济60企业"之一。

◎60年责任◎

守护千万人幸福安康

作为与百姓生活息息相关的医药行业，重庆医药公司勇将责任一肩挑。

公司坚持以真情回馈社会，用行动答谢民众，积极开展对口扶贫工作，修建希望小学，开展一对一帮扶助学活动，近几年，累计捐款捐物近300万元；公司组织编撰《就医指南》，汇集重庆医疗相关信息，方便百姓就医，填补了重庆就医信息空白。

和平物流自动化传送带

和平物流自动立体库

和平药房门楣

重庆医药公司肩负着"造福民众健康"的使命，承载着"百年老店"的理想，公司被指定为中央和重庆两级政府药械定点储备单位。历年来，在川南32111钻井队火灾、唐山大地震、特大洪涝灾害、非典、开县井喷事故、南方冰雪灾害、"5·12"汶川大地震、城口锰矿爆炸、綦江矿难、武隆山体滑坡等重大灾害和突发事件中，重庆医药公司迅速集结药械，有效保证供给，为抢救生命、维护健康发挥积极作用。

甲型H1N1流感集中爆发后，重庆医药公司被市政府指定为唯一一家甲流药品储备单位。多年来，重庆医药公司践行着责任企业的使命，危急时刻，勇挑重任，多次受到政府表彰。

◎60年积淀◎

从容面对未来

从某种意义上说，人力资源是企业第一资源。如今，重庆医药公司拥有员工近6000人，其中专业技术人员近2400人。

近年来，公司陆续选送干部到清华、北大、厦大、重大等院校进修经济管理，积累实践经验的同时，不断提升理论素养。"责任、诚信、和谐、发展"是重庆医药公司凝聚企业精神的理念。"面对全球金融危机，我们积极为政府分忧，致力于保持职工队伍稳定，稳步提高职工收入，让职工共享企业发展成果。"龚伟董事长如是说。在先进人力资源管理理念支持下，2009年，重庆医药公司荣获全国"企业文化建设先进单位"称号。

60年来，重庆医药公司走过了一条在调整中发展的路子，随着改革不断深入，公司将进一步加大结构调整力度，为新一轮跨越式发展提供强劲动力。

站在新的历史起点上，重庆医药公司将坚持"共赢、诚信、互惠"的理念，不断提升核心竞争力，以更优异的成绩，造福员工，回报股东，回馈社会！

CHONGQING REAL ESTATE ASSOCIATION 重庆市房地产业协会

提供服务 反映诉求 规范行为

PROVIDE SERVICE REFLECT DEMAND REGULATE ACTION

重庆市房地产业协会

引领行业健康发展 助推重庆经济建设腾飞

【协会简介】

重庆市房地产业协会，是业务上接受重庆市国土资源和房屋管理局主管的、全市性房地产行业的社会团体。由本市从事土地房屋开发、经营，土地整治管理、物业管理、房地产权产藉管理、拆迁管理代办、市场交易、经纪中介、房地产金融与房地产相关的建筑装饰、大专院校、科研、设计、测绘等企事业单位组成。

宗旨： 充分发挥政府与企业间的桥梁纽带作用，传达政府政策信息，反映企业愿望诉求，维护企业合法权益，为房地产行业和会员单位服务。

【协会会长】

重庆市房地产业协会 会长 莫元春

【副会长单位】

重庆地产　Longfor 龙湖地产　华宇集团　JINKE 金科集团　重庆鲁能　同创国际　SINCERE 协信

晋愉集团 JINYU GROUP　朵力 DOORLEAD　中渝發展　重庆市住房公积金管理中心　Chongqing Realestate　重庆市土地勘测规划院 重庆市房屋勘测院　重庆市重点工程建设拆迁办公室

exhibit　重庆市房屋安全鉴定所　斌鑫集团　恒大地产集团　LONCIN 隆鑫地产　万科　ELEBLOC

国奥投资　国奥村

【排名不分先后】

【协会活动】

1、组织举办重庆市房地产展示交易会；
2、组织典型经验宣传与推广，开展房地产企业诚信体系建设及“五十佳”诚信房企推介活动；
3、传递政策导向、发布行业动态信息，编辑发送行业性期刊《重庆房地产》、设立行业性网站《重庆宜居网》等；
4、组织举办房地产市场、发展趋势、金融、管理论坛，组织召开讲座、研讨会；
5、开展房地产专业技术、营销、管理及商业地、房屋安全鉴定、拆迁管理等职业技能培训；
6、开展市场调研，反映行业诉求。

通信地址：重庆市渝中区人和街15号星都大厦18楼 **邮政编码**：400015
联系电话：023—63653103 **电子邮箱**：fdcyxh@126.com

四川省宜宾市

吴光镭市长简介

吴光镭，男，汉族。1955年12月出生，四川射洪人，中央党校研究生，1975年7月参加工作，1984年11月加入中国共产党，现任中共宜宾市委副书记、市人民政府市长。

市长：吴光镭

副市长：徐进、葛燎原、刘晓晨、王剑明、景世刚、周宇

[宜宾简介]

宜宾地处川滇黔三省结合部，金沙江、岷江在宜宾汇流成长江，是"长江第一城"，处于国家"五纵七横"交通规划中南北干线与长江东西轴线的交汇点，是国家规划的长江六大重要枢纽港之一和金沙江滚动开发的依托城市，是出川的"南大门"和通江达海的"桥头堡"。全市辖1区9县，幅员面积1.3万平方公里，人口535万。有2190多年建城史，4000多年酿酒史，是中国历史文化名城、"中国酒都"、世界名酒五粮液的故乡。宜宾能源矿产资源十分丰富，其中煤炭储量约53亿吨，天然气储量约600亿立方米，硫铁矿约15亿吨，岩盐矿、石灰石、石英均在100亿吨以上，均居四川省前茅。可开发水能资源达716万千瓦，被国家确立为水电、火电、核电综合发展的重要能源、原材料生产基地。旅游资源禀赋极佳，有蜀南竹海、兴文石海等国家级旅游资源6处、省级旅游资源27处，是四川旅游优先发展和可进入世界品牌的四个地区之一。2009年，实现地区生产总值720.78亿元，增长14.9%，居四川省第四位；地方财政一般预算收入41.03亿元，增长21.3%；人均GDP达到16163元，由全省第10位上升到第7位；城镇居民人均可支配收入13452元，比上年增长13.4%；农民人均纯收入4873元，比上年增长8%。三次产业对经济增长的贡献率分别

【宜宾志诚港作业区】

为4.8%、73.2%和22%。三次产业结构进一步优化，由2008年的19.2：53.3：27.5调整为2009年的17.1：55.8：27.1。

[工业经济]

2009年，全部工业实现增加值366.12亿元，比上年增长21.3%，其中：规模以上工业企业实现增加值350.6亿元，增长24.1%。规模以上工业企业实现利润总额83.97亿元，比上年增长24.7%；实现利税137.63亿元，增长23.26%，居全省第2位。在规模以上工业增加值中，轻工业增加值179.2亿元，增长18.1%；重工业增加值171.4亿元，增长30.88%。工业经济效益综合指数252.19点，提高24.1点。完成工业投资204.18亿元；完成技改投资112.53亿元，增长52.3%。积极发展循环经济，全面完成省下达的污染减排目标。酒类食品、综合能源、化工轻纺、机械制造等优势产业不断壮大。一批中小企业茁壮成长，增加规模以上工业企业39户，销售收入上亿元企业30户，完成技改投资112.53亿元，增长52.3%。五粮液、阳春坝园区被纳入全省重点培育的成长型特色产业园区。全市招商引资到位资金总额280.94亿元，同比增长33.99%，其中：市外到位资金245.26亿元，同比增长35.14%；省外到位资金177.03亿元，同比增长33.49%。

酒类产业是宜宾的“一号产业”，全市有规模以上酒类生产企业24户，原酒生产能力超过45万吨，生产规模25万吨；有酒类批发企业630余户，零售店近万户。2009年全市规模以上酒类企业实现销售收入396.83亿元、利税74.76亿元。2009年全市酒类食品产业完成增加值125.8亿元、利税约79.4亿元。其中五粮液实现产值250.3亿元、利税68.5亿元。五粮液销售收入突破350亿元，品牌价值达

五粮液鹏程广场

472.06亿元，连续15年稳居国内食品行业第一。高洲、叙府、红楼梦、华夏等酒类企业快速壮大，被授予"中国白酒之都"称号。宜宾是国家战略资源富集区，具有发展大型水火核电站和高载能产业的优势和潜能。2009年全市能源产业完成增加值77.8亿元、利税31.2亿元（税金14.8亿元，占全市27.6%）。宜宾化工、化纤纺织产业逐步壮大。天原、丝丽雅继续居行业领先地位，天原集团上市获证监会审核通过。中核建中被列入全省大企业大集团培育企业。2009年化工轻纺产业完成增加值58.3亿元、利税12亿元。以普什集团为龙头，宜宾机械装备制造产业发展势头强劲。2009年机械制造业完成增加值31.2亿元、利税6.2亿元。

[农林牧渔业]

2009年，农业总产值实现203.76亿元，增长4.7%。粮食总产量227.14万吨，增长1.52%。农民人均纯收入4873元，增长8%。宜宾利用建设长江上游生态屏障的机遇，积极打造绿色、生态、安全、健康的特色优势品牌，促进了茶、竹、特色畜牧和水产养殖等特色优势产业的快速发展，被授予"中国早茶之乡"称号。2009年，畜牧业总产值达122.8亿元，占农业总产值的51.6%。

目前，全市有规模以上农业产业化龙头企业171家，其中销售产值超亿元企业31家，国家级重点龙头企业1家（叙府茶业）、省级18家、市级96家。2009年，增加市级农业产业化龙头企业24户、省级4户，增加亿元企业7户、500万元企业25户。农民专合组织达到1279个。全年实现林业产值7.85亿

【五粮液十里酒城】

四川省宜宾市

元，比上年增长8.5%，占总产值的比重为3.85%，比上年上升0.29个百分点。退耕还林和天然林保护成果巩固，集体林权制度改革继续推进。全年完成造林面积22702公顷。有市级以上农业产业化林业龙头企业18户，当年新增8户，其中1亿元企业5户。竹质原料林16.28万公顷。生态环境明显改善，新增云台湖、七仙湖两个省级湿地公园和老君山国家级自然保护区。全市森林覆盖率达到39.56%。全年实现渔业总产值7.01亿元，比上年增长5.02%，占总产值的比重为3.44%。农民专合组织达到1279个。输出农村劳动力129.3万人次，实现劳务总收入94.91亿元。新农村建设积极推进，"千村春风工程"顺利启动，江南特色效益农业基地建设加快推进，新增"百万元村"220个、"千万元村"15个。农业和农村基础设施条件不断改善，农民生活质量不断提高。新增有效灌面11.17万亩，新建农村沼气池4.95万口，改造中低产田土20.2万亩，农业机械总动力达163万千瓦。建成通乡油路（水泥路）540公里、通村公路3332公里。全省农田水利基本建设"李冰杯"评比取得历史最好成绩。

[第三产业]

2009年社会消费品零售总额完成254.3亿元，增长18.8%。全市共有世界级称号的旅游资源3处、国家级称号的旅游资源13处、省级称号的旅游资源34处，蜀南竹海石海生态度假旅游区是四川新五大精品旅游区之一。全年共接待游客1192.23万人次，实现旅游总收入83.45亿元。市商业银行实现增资扩股，资产规模达70亿元；国信证券和中信银行入驻宜宾；1家小额贷款公司和1家担保公司获批筹建。全市金融机构人民币存款余额742.3亿元，增长27.05%，贷款余额345.2亿元，增长43.27%；信贷净投放达104.25亿元。房地产业完成投资43.97亿元，增长24.7%。全年邮电业务总量完成57.54亿元，比上年增长24.28%。"万村千乡市场工程"新建和改造农家店1295个。全市共有保险公司25家，全年原保险保费收入18.4亿元，比上年增长19.7%。沃尔玛、苏宁等商业企业入驻宜宾，美好家园、义乌小商品城落户宜宾，现代物流发展总体规划修编完成并批准实施，象鼻商贸物流配送中心

项目签约落地，烟草物流中心竣工投运。县级城乡商业网点规划编制基本完成。2009年，全年完成外贸进出口总额5.01亿美元；实际利用外资1986万美元，同比增长12.3%；外派劳务人员1233人次，同比增长9.21 %，实现对外劳务合作收入72.1万美元。

[城市经济]

2009年新增建成区面积15平方公里，中心城区建成区面积达到53.04平方公里，城镇化率达到36.56%。完成建筑业总产值75亿元，新增建筑企业26家、劳务企业18家，建筑业企业资质升级8家。完成了天柏、赵场等组团控制性规划；县城控规覆盖率超过80%；乡镇和中心村规划编制扎实开展。两路桥立交、戎州桥北匝道建成通车；完成中心城区169项背街小巷整治工程；城市公交、水电气管网等公共设施不断完善。滨江环线道路、卫星观测站搬迁、三江口区域和酒都文化名城特色商业街等项目规划建设加快推进，县城开发建设取得新成效，屏山县城迁建加快推进。完成了南岸三江口片区等5个区域的控制性详规修编编制工作和2009~2011年棚户区改造实施规划及2009年棚户区改造实施计划；加强城乡环境综合治理，完成12个省级人居环境治理示范村和75个村庄建设规划的编制工作。创建省级卫生单位22个、卫生村6个；创建省级园林城镇1个、市级园林城镇10个，省级园林式单位4个、市级园林式单位49个。共集中整治主要街道454条，整治建（构）筑物2923栋、立面140.2万平方米，拆除违章搭建建（构）筑物1516处、5.2万平方米，拆除非法户外广告3095个，规范店招（牌）3404个。

五粮液东区广场

城市创新能力不断增强。新增国家级企业技术中心1家、省级5家；新增省级工程技术中心1家、省级农业科技园2个；新创建国家级创新型企业1户、省级6户；获省科技进步奖6项、首批省科技企业孵化器1个；申请专利484件，增长15.2%；获批全国科普教育基地2个；新增中国驰

【黄山茶场】

名商标1件。获“全国科技进步先进市”称号。

2009年12月临港经济开发区管委会正式成立并挂牌开展工作，启动了总体策划和战略规划编制，开展开发区区域调整报批、综合保税区申报工作，为城市经济发展注入了新的活力。宜宾港志城作业区完成投资3.1亿元。沿江20个客货码头建设加快推进，香炉滩码头2个千吨级泊位投入使用。在《2009城市竞争力蓝皮书》报告中，宜宾城市综合竞争力列四川省第四位。

[县域经济]

2009年，地区生产总值有9个县增幅达到或超过全市平均水平，最高达22.2%；区县属规模以上工业增加值首次超过市属和部省属板块，增幅最高的区县达52.16%。财政一般预算收入新增长宁、南溪、兴文、屏山4个县为亿元县，10个区县全部过亿元，总量首次超过全市的50%，走出了长期以来市强县弱的困局。县级经济在全省的综合评价排位不断上升，翠屏区首次进入全省前十强。珙县、筠连县、兴文县、屏山县4县获四川省表彰的20个县级经济发展激励先进县。区县属规模以上工业企业实现增加值205.85亿元，比2008年增长40%。

[社会事业及其它]

2009年，全市为普通本科院校输送生源8997人，比上年增加1300人。农村义务教育经费保障机制改革工作全面推进，“两免一补”政策继续完善落实，中职学校一、二年级家庭贫困生享受了国家助学金。中职6类贫困家庭学生免除学费。建成46个乡镇综合文化站、355个农家书屋。建成广播电视村村通工程12246个。新建农村社区82个。规模以上工业新产品产值率达6.88%。新建、改扩建市级医院1家、县级医院6家、乡镇卫生院68家。新农合参合率达92.2%，受益人数达398.85万人。全市人口自然增长率为3.56‰。共投入31.6亿元进行民生工程建设。动态消除城镇零就业家庭，新增就业6.13万人，再就业2.52万人，城镇登记失业率3.75%。五项社会保险共参保192.35万人，城乡医保制度实现全覆盖。2.47万农村“五保”对象全部纳入供养范围。建设廉租房10.75万平方米。扶持了6.47万农村贫困人口。库区搬迁移民1.5万人，城集镇迁建完成投资14亿元，抢建过渡安置房近10万平方米，围堰保障工作取得阶段性成果。兑现大中型水库移民后扶资金603万元。

“巴人故里、中国气都”

达州，位于四川省东部，辖通川区、达县、渠县、大竹县、开江县、宣汉县，代管万源市，幅员1.66万平方公里，总人口660万，是四川省的农业大市、资源富市、工业重镇、交通枢纽和全国闻名的革命老区，素有“巴人故里、中国气都”之美称。

达城新区

元九登高节，书记、市长与劳模一起放飞希望（市委书记李向志前排右一、市长何健前排左一）

2007年9月30日，以纪念抗洪为主题的大型雕塑《战洪图》在塔沱广场揭幕

达州，历史悠久，文化厚重。自东汉建县至今已有1900多年的历史，历为州、郡、府、县所在地，曾培育了唐宋时期李峤、李适之、韩晃、刘晏、元稹、张商英六位宰相。达州是巴文化的发祥地，全国重点文物保护单位宣汉罗家坝巴人文化遗址，距今约4000多年的历史。达州是川陕革命根据地的重要组成部分，徐向前、李先念、许世友等老一辈无产阶级革命家曾在这里浴血奋战，当年8万达州儿女参加红军，2万多人英勇捐躯，走出了王维舟、张爱萍、陈伯均、魏传统等50多位共和国名将。

中国四川十大名节之一——达州“元九登高节”

2010年3月29日，国家“十一五”规划重大项目——川气东送工程建成投产。图为川气东送工程起点四川省达州市宣汉县普光气田天然气净化厂输气管道网

达州市

达万高速奠基

达州，区位优越，交通便捷。地处川渝鄂陕四省市结合部和长江上游成渝经济带，位居成都、重庆、西安、武汉四大城市交汇辐射的腹心地带。襄渝铁路、达成铁路、达万铁路在此交汇，国道210线、318线纵横全境，达渝高速公路连接成都、重庆，达陕、达万、达巴、南大梁高速公路和达巴铁路正加快建设，河市机场直飞北京、广州、深圳、成都等地，渠江航运经重庆直达上海。目前，达州集陆、水、空运输于一体，是四川通江达海的东通道和第二大交通枢纽。

达州机场

开行的达成铁路动车组

达渝高速（达州南）站互通式立交直通化工产业区

"巴人故里、中国气都"

达州，资源富集，物产丰富。是全国、全省优质粮油、畜禽生产基地，被誉为中国苎麻之乡、中国油橄榄之都、中国黄花之乡、中国富硒茶之都。境内有国家级地质公园1个，国家级森林公园2个，省级森林公园4个，国家4A景区2个、3A景区3个，有全国历史文化名镇1个、省级历史文化名镇1个。已探明天然气、煤、岩盐等可开发利用矿产28种，特别是天然气资源量达3.8万亿立方米，探明储量7000亿立方米，是国家"川气东送"工程的起点，普光天然气净化厂是亚洲第一大净化厂。

2009年4月28日"中国能源化工高峰论坛"在达州隆重召开

齐鲁石化达州项目夜景

2010年5月21日，四川省达州市融入重庆对接合作暨投资促进推介会

新农村建设展新颜

——达州市

教育事业欣欣向荣

大气磅礴的达州体育中心

沃尔玛、国美电器、苏宁电器相继在达开业

2006年5月中央电视台《同一首歌》在达州隆重举行

达州，发展强劲，前景美好。2009年全市实现生产总值682.7亿元，增长14.2%；全社会固定资产投资545.3亿元，增长30.2%；社会消费品零售总额252.1亿元，增长18.8%；地方财政一般预算收入23.4亿元，增长19.4%。作为四川省"十一五"期间重点发展的大城市，达州市委、市政府始终围绕"打造秦巴地区综合交通枢纽，商贸物流中心、文化旅游中心，中国西部天然气能源化工基地、秦巴地区冶金建材基地、川东北特色农产品生产加工基地，建设秦巴地区经济文化强市"的发展定位，加快实施资源转化、工业强市、项目兴市、开放带动和融入重庆战略，奋力推进全市经济社会加快发展、科学发展、又好又快发展，为开创达州更加美好的明天奋发图强、阔步前进！

2006年8月11日，四川省十运会在达州举行

策马扬鞭谱写大竹

中共大竹县委书记、县人大常委会主任 向此德

素有“中国苎麻之乡”、“中国香椿第一县”、“川东绿竹之乡”美誉的大竹县位于四川省东部，达州市南部，辖50个乡镇384个行政村、3433个村（居）民小组，总人口108万，幅员面积2076平方公里，耕地面积88万亩，是四川省首批“扩权强县”试点县之一。

2007年8月以来，大竹县全面贯彻落实科学发展观和中央、省、市的决策部署，紧紧围绕开明开放、奋发向上、苦干实干、富民强县“十六字”思路和建成川东工业强县、川东现代农业示范县、川东一流中等城市、四川经济文化强县“四大目标”，创新抓好各项工作，经济社会得到了全面快速发展。先后荣获了中国苎麻之乡、全国粮食生产先进县、全国文化先进县、全国科普示范县、全国基础教育先进县、全国计划生育优质服务先进县、中国香椿第一县等10多项国家级殊荣。2009年，全县完成地方生产总值131.19亿元，同比（下同）增长14.7%；地方财政一般预算收入3.49亿元；城镇居民人均可支配收入11237元，增长1620元；农民人均纯收入5100元，增长408元。2008年、2009年连续两年荣获达州市综合目标考核一等奖。

◎经济建设取得新成就

新型工业化迈出新步伐。坚持把项目工作作为推动工业经济发展的总抓手，加快融入重庆步伐，编制完成机电、能源、建材、农产品加工产业发展规划，按照谋划项目全覆盖、储备项目全细化、申报项目全对接、开工项目全顺利、竣工项目全合格的“五全”要求，大抓项目、抓大项目，新型工业化进程明显加快。2009年，编制“四个一批”重点项目234个，储备项目93个；争取国家投资项目308个，到位资金7亿元；招商引资履约项目48个，到位资金36.7亿元。2010年拟定“四个一批”重点项目203个、计划总投资415.36亿元。今年1—4月，实现招商引资履约项目27个，到位资金16.52亿元。全县新开工及在建投资上亿元项目达42个。投资15亿元的海螺水泥一期工程、投资6.5亿元的利森水泥项目及余热发电项目、投资1.15亿元的索渝燃气工程建成投产；海螺水泥二期完成投资2.3亿元，年底将建成运行；顺鑫二期、东柳醪糟技改扩能等项目加快推进；投资20亿元的百岛湖温泉项目顺利开工，将于2011年1月18日竣工投入使用。先后成立大竹发展（控股）公司、工业集中区投资开发公司和技术创新中心，县聚财投资担保中心注册资金增至1亿元。全县规模以上工业企业增至109户，今年一季度实现工业总产值55.6亿元、增长53.2%。工业集中区建设加快推进，成功跻身“四川省成长型特色产业园区”培育名单，建成干道5.4公里，在建道路4.5公里；16户建成投产企业，1—4月实现工业总产值20.99亿元、增长49.6%。川环科技成为全市首家“国家创新型试点企业”，川东电缆被认定为“国家高新技术企业”，玉竹麻业成为“中国纺织服装竞争力500强企业”，东柳醪糟申报为“四川省企业技术中心”。

农业产业化取得新成效。坚持“示范引导、龙头带动、劳务开发、基础改善”工作思路，强力推进“川东现代农业示范县”建设。农业产业化步伐不断加快。万亩蔬菜、万亩桑树、万头PIC种猪、30万亩优质苎麻、30万亩优质竹林“五大示范基地”加快发展，香椿、香葱、秦王桃等特色产业稳步推进，大竹被命名为“中国香椿第一县”、“国家优质商品猪战略保障基地县”、“全省现代畜牧业（林业、水产）重点培育县”，“绿香清”牌香葱、“巴山红”牌香椿完成品牌注册。农业产业化经营水平不断提高，全县市级以上龙头企业达11户，2009年实现销售收入10.2亿元，今年一季度实现3.12亿元。农业基础设施不断完善。建成通乡油（水泥）路301.8公里、通村水泥（油）路1182公里，实现100%的乡镇、94%的村通水泥（油）路，今年将实现100%的村通水泥（油）路。2009年荣获全市农田水利基本建设综合、林业、农机、交通等4个“甘露杯”。新农村建设稳步推进。2010年，县财政预算投入2500万元资金，强势推进以“三村建设”为载体的竹黄省级新农村建设示范片和庙坝省级以工代赈示范片建设，初步形成了“香椿+蔬菜”、“香椿+黑花生”、“香椿+魔芋”产业模式，发展香椿3050亩、蔬菜2.63万亩，硬化道路40.75公里，新改（扩）建农房251户、风貌整治278户。

新型城镇化取得新进展。围绕“中国竹城”定位，按照“改变习惯、改善基础、改变环境、改变风貌”思路，全力打造最清洁、最优美、最和谐县域环境，加速推进川东一流中等城市建设。新区开发步伐加快，巴蜀邑城、建设路南段、北城干道主体工程全面竣工，北城新区、东湖新城建设加快推进，东湖广场二期和环湖路健身大道建设全面

金利多广场

科学发展新篇章

中共大竹县委副书记、县人民政府县长　许国斌

启动。旧城改造稳步实施，北门片区、西门片区拆迁安置进展顺利，十字街片区旧城改造顺利启动。投资5.7亿元的护城河治理工程进展顺利，一二期工程将于2011年7月1日前全面完工。城市功能日趋完善，龙潭水库正式供水，城市生活垃圾处理场运行正常；投资6800万元的城市污水处理厂加快建设，国道外迁工程有序推进，县内国道改造全面启动，解决县城及周边居民生产生活用水的"引渠（江）工程"纳入南大梁高速公路规划。城乡环境综合治理深入开展，城市形象整体策划和城市风貌规划、城市风貌整治规划全面启动，达渝高速公路大竹段58.4公里"绿竹长廊"建设全面完成，迎宾大道、高速公路出入口、北城干道、国道沿线等重要节点风貌打造效果明显。

服务特色化成效明显。"万村千乡"市场工程、"家电下乡"、"汽车、摩托车下乡"工程实施顺利，市场预测、价格监管和物资储备不断加强，城乡商贸流通繁荣稳定。清河古镇和五峰山国家级森林公园两大景区入选四川旅游系列主题新产品名单，东湖大酒店被评为"全省首批服务标准化试点单位"。庙坝寨峰秦王桃花节、清河李花采风活动成功举办。2009年，全县实现旅游综合收入5.2亿元，今年一季度实现1.97亿元。

◎民生事业取得新成就

民生工程深入实施。2009年以来，累计投入民生工程资金7.35亿元，惠及群众218万人次。在全面落实省市"八大民生工程"基础上，建立完善基层干部因病返贫救助、白血病患者和大病患者救助、贫困救助热线、尿毒症患者救助、精神病患者救助、90岁以上老人长寿补助、火灾专项救助、惠民帮扶等独具大竹特色的"八大救助制度"。截至目前，已救助白血病患者121例121万元，基层干部因病返贫216人32.6万元，贫困热线救助1837人239.7万元。全面启动了被征地农民"四保"、城镇居民社保扩缴、贫困大学生助学救助和城镇居民医疗保险入保工作，群众利益得到进一步维护。

扶贫工作加快推进。认真开展 "领导挂点、部门包村、干部帮户"活动，制定出台并认真实施特困村脱贫致富三年计划的"八条意见"，累计投入资金2376万元，全面推进特困村的基础设施改善和特色产业发展，新建村组道路53.4公里、硬化46.68公里，发展特色产业23307亩，改造农房517户、51841平方米，2009年村民人均纯收入增长540元，贫困村落后面貌明显改变。

社会事业协调发展。科技富民计划深入实施，顺利通过"全国科普示范县"验收。启动创建"省级义务教育示范县"工作，有序推进"9+3"免费职业教育，2009年高考六项重要指标居全市第一，县特殊教育学校竣工投入使用。新农合工作稳步推进，农民参合率达92.56%，城镇居民医疗保险参保1.3万余人，甲型H1N1流感防控有序有效，成功创建为"全国农村中医工作先进县"。文化"四百"活动深入开展，百场文化下乡和农村"四讲"教育活动成效显著，顺利通过"全国先进文化县"复查。庙坝镇被命名为"全国群众体育先进单位"，大竹中学被命名为"国家级青少年体育俱乐部"。人口质量不断提高，成功创建为"全国计划生育优质服务先进县"。广电、体育、老龄工作等其他社会事业齐头并进。

安定和谐局面形成。信访工作成效明显。坚持信访工作"三项制度"、"五种方法"，落实县级领导包案责任，深入开展"大接访"、"大调解"活动，加强矛盾纠纷排查化解，强化全国和省、市"两会"期间等重点时段重点人员巡查稳控，全县未发生一起进京到省非访事件，未发生一起群体性事件。维稳工作扎实有效。全面加强社会治安综合治理各项措施，深入开展"百场法制讲座进基层"活动，始终保持对违法犯罪行为的高压态势，深化命案侦破、打击"两抢一盗"、治理外流贩毒、追逃等专项斗争，纵深推进"平安大竹"建设，群众安全感明显增强，全县未发生一起重大刑事案件和重大治安案件，连续两年被省委、省政府表彰为维稳工作先进县。安全生产形势平稳。深入落实安全生产"三主一员"和"一岗双责"责任制，强化源头管理和安全生产基层基础工作，从领导抓起、从零抓起、从细节抓起、从一线抓起、从重点行业抓起，扎实开展煤矿安全、交通安全、食品安全、烟花爆竹安全整治工作，全县多年未发生一起死亡三人以上安全事故。

◎改革创新取得新成就

"十条意见"激发乡镇发展内动力。制定出台了《关于充分激发乡

策马扬鞭谱写大竹科学发展新篇章

镇发展活力的十条意见》，放权、让利、减压、明责于乡镇，乡镇发展活力迅速得到集聚放大，全县呈现出"各乡镇百舸争流、竞相发展，部门乡镇协调配合、共同发展"生动局面，极大地促进了县域经济社会加快发展，得到了中共中央政治局委员、书记处书记、中央组织部部长李源潮和省委书记、省人大常委会主任刘奇葆，省委副书记、省长蒋巨峰等领导同志的批示肯定。

"十二条措施" 创新工业发展新举措。制定出台了《关于抓住扩权强县试点机遇建成川东工业强县的十二条措施》，着力解决工业发展用地难、投入成本高、税收优惠不明及退城进郊返还土地收益金等一系列影响工业发展的重大问题，从政策层面上破除了工业发展制约瓶颈，吸引了利森水泥、海螺水泥等大批工业项目入驻大竹，推进了工业经济加快发展。"十二条措施"受到省政府分管工业领导的充分肯定，省工业领导小组全省转发。

农村"四讲"教育培育新型农民。农村创新开展以"讲政策、讲法制、讲道德、讲恩情"为主题的农村 "四讲"活动，从对政策的认知、法律的透析、道德的践行等方面加强对农民的宣传教育，农民政策水平不断提高，法制观念明显增强，邻里互助、尊老爱幼、感谢党恩成为群众共识，涌现出了一批上访户向养殖大户、种植行家、致富能手转变的好典型，为县委、县政府集中精力干大事奠定了坚实的基础。

科学发展新机制推进工作落实。坚持县级领导干部定点联系县级部门、乡镇和贫困村工作制度和结对帮扶制度，2500余名县乡机关干部与农户结对；建立完善了重大事项向人大、政协通报制度，推进决策更加民主和科学；坚持每季度召开一次县级领导干部工作交流会，切实跟踪目标任务的完成情况，有效推动了各项改革；"乡财县管乡用"和部门预算财政体制、粮食、商贸等流通领域改革全面推行，规范公务员津补贴和义务教育阶段学校教师绩效工资改革顺利完成。

◎党的建设取得新成就

政治思想建设不断巩固。围绕"坚持开明开放、推进'四大目标'"主题，坚持"分类指导、分层评价"，以"创新、特色、实效"为标准，在全县1142个党组织40761名党员中扎实开展学习实践科学发展观活动，取得明显实效。通过为期一年的集中学习教育，广大党员干部思想更加解放，工作更加务实，作风更加优良；全县上下民生更加重视，机制更加完善，发展更加科学；各级党组织累计解决实际问题3565个，办好事实事5356件。

选人用人机制不断完善。认真贯彻落实《党政领导干部选拔任用条例》，按照"德才兼备，以德为先"的要求，坚持"看德才选人，凭实绩用人"的用人导向，坚决不用跑官要官的人，坚决不用有行贿举动的人，坚决不用干不好工作的人，坚决不用作风不正的人。大力推进干部人事制度改革，全面推行"两推一述、公推直选、竞争上岗、公开考调"等干部选任机制。2007年10月以来，公选科级领导干部161名，占新提任科级干部的51.27%，50个乡镇中有21名乡镇长是公选产生的。2009年全县干部选拔任用工作总体评价满意率达99.27%，执行干部选任政策法规、整治用人上不正之风、深化干部人事制度改革三项指标均在99%以上。全县干部群众的干事创业激情空前高涨，苦干实干氛围更加浓厚。

干部作风建设不断加强。深入开展以发挥领导干部表率作用、发挥共产党员先锋模范作用，促进党群干群关系改善、促进科学发展为主要内容的"两发挥两促进"党建主题活动、"十佳公仆评选"和"争先创优"活动，涌现出了"激情燃烧为乡亲"的铁支书杨帮武等先进典型，受到了中共中央政治局常委李长春的充分肯定。扎实推进以"两集中两到位"为主要内容的机关效能建设活动，加快行政审批制度改革，建立健全了首问责任制、服务承诺制、限时办结制、责任追究制四大制度，效能建设三大系统全面运行，全县50个乡镇100%建成便民服务中心、391个村（社区）100%建成便民服务代办点，实现了政务服务全覆盖，服务发展的软环境不断优化。石河天然净化项目仅用了8个月便建成投产，创下了中石化建净化厂的最短纪录即"大竹建设速度"；海螺水泥项目主厂区搬迁工作创下了5天拆迁安置109户农户500余群众的"大竹搬迁速度"。

党风廉政建设不断深入。认真贯彻落实中央《建立健全惩治和预防腐败体系2008—2012年工作规划》及《党员领导干部廉洁从政若干规定》，深入开展廉政文化"七进"活动，切实加强党风廉政教育，大力推行领导干部个人有关事项报告、诫勉谈话和函询等制度，重点加强对国有资产、项目招投标、项目资金拨付和中央新增投资项目资金、灾后重建项目资金等的管理，扎实开展元旦春节期间收送现金有价证券支付凭证和参与赌博专项治理活动，有效防止了党员领导干部违纪违规事件的发生，广大党员干部真正做到了"廉洁一生、平安一生、快乐一生、幸福一生"。

扬帆正未有穷期。在新一轮跨越式发展中，大竹县百万竹乡人民正以更加奋发有为的精神状态，更加求真务实的工作作风，奋力推进全县经济社会持续快速发展，为早日实现"四大目标"、进入"川东一流方阵"而奋勇前进！

坚持科学发展 推进“四大目标”

素有“中国苎麻之乡”、“川东绿竹之乡”美誉的大竹县位于四川省东部，达州市南部，唐武则天久视元年（公元700年）置县，因“竹多竹大”而得名。辖50个乡镇、384个行政村，总人口108万，幅员面积2076平方公里，是四川省首批27个“扩权强县”试点县之一。近年来，大竹县以科学发展观统领经济社会发展全局，始终坚持“开明开放、奋发向上、苦干实干、富民强县”的发展思路，围绕建成“川东工业强县、川东现代农业示范县、川东一流中等城市、四川经济文化强县”的奋斗目标，解放思想，锐意进取，真抓实干，创造性开展工作，促进了全县经济社会又好又快发展，先后荣获中国苎麻之乡、中国香椿第一县、全国村民自治模范县、全国“双拥”模范县、全国科普示范县、全国文化先进县、全国基础教育先进县、全国计划生育优质服务先进县、全国中医工作先进县等荣誉称号。2009年，全县实现GDP131.2亿元，同比（下同）增长14.7%；规模以上工业增加值51.8亿元，增长27.9%；全社会固定资产投资83.05亿元，增长37.9%；社会消费品零售总额37.74亿元，增长19%；地方财政一般预算收入3.49亿元，同口径增长27.01%；城镇居民人均可支配收入11237元，增加1620元；农民人均纯收入5100元，增加408元。

达渝高速公路大竹段

——区位优势明显。地处环渝腹地经济区块，境内国道210线、318线和达渝高速公路贯穿全境，渠县火车站、达州河市机场、重庆江北机场等毗邻四周，交通十分便利，形成了“半小时达州、1小时重庆、3小时成都”的通达格局。

——基础设施配套。城乡基础条件和面貌大为改观，城市建成区达18平方公里，城镇化率31%。城市功能日趋完善，龙潭水库正式供水，城市生活垃圾处理场正式运行，“引渠工程”纳入南大梁高速公路的规划。城市形象明显提升，围绕打造“中国竹城”定位，启动城市形象整体策划，编制城市风貌规划、城市风貌整治规划，全面完成广场等重要节点的打造和建筑立面改造。村镇建设健康发展，实现了100%的乡镇、94%的行政村通水泥（油）路和100%的行政村通公路；移动电话、固定电话普及率达37%、33%，广播电视综合覆盖率达98.2%。启动乡镇总规修编13个，建设农村居民集中居住点20个。城乡环境综合治理工程纵深推进，打造最清洁、最优美、最和谐县域环境的目标已成为共识。

——资源优势独特。拥有40万亩绿竹，30万亩苎麻，储量1.6亿吨的煤、760多亿立方米的天然气、148万吨的锶矿和单井日出水量1.1万吨居亚洲第一的百岛湖温泉等物产资源；拥有五峰山国家级森林公园及“三国故道”、清河古镇、净土寺等闻名遐迩的自然人文资源，更有东汉醪糟、二郎竹席、“巴山红”香椿、“绿香清”香葱等享誉内外的地方特色产品。

——产业基础良好。初步形成以建材、机电、能源和农产品加工等四大支柱产业为主导的工业发展格局；以苎麻、竹业、畜禽、蚕桑、林果、蔬菜等六大特色效益农业为主体的农业产业化路子；以县城为中心、集镇为依托、中心村为补充的城乡商贸流通体系。促进工业发展“十二条措施”、振兴苎麻产业“六条措施”深入落实，发展（控股）公司、工业集中区投资开发公司、技术创新中心相继成立，聚财投资担保中心注册资金增至1亿元，工业发展制约瓶颈逐步破解，全县规模以上工业企业达99户，新增17户。工业集中区建设加快推进，干道建成区面积达3平方公里，新入驻企业10户，成功跻身“四川省成长型特色产业园区”培育名单。川环科技成为全市首家“国家创新型试点企业”，川东电缆被认定为“国家高新技术企业”，玉竹麻业被列入“中国纺织服装竞争力500强企业”，东柳醪糟申报为“四川省企业技术中心”。新农村建设稳步推进，竹黄示范片成功申报为省级新农村建设示范片，庙坝示范片成功申报为省级以工代赈新农村建设示范片。五大示范基地加快发展，蔬菜核心基地面积达8300亩，蚕桑基地面积达8700亩，新发展优质竹林1.3万亩、秦王桃5600亩、香椿5000亩。被确定为“国家优质商品猪战略保障基地县”，荣获“全国粮食生产先进县”称号。

在新一轮跨越式发展中，大竹县将抢抓全国新一轮的西部大开发政策机遇和中央省市支持环渝腹地经济区块加快发展政策措施，把握“巩固回升、加快发展”和“促转变、促创新、促发展”的工作基调，以更加奋发有为的精神状态，更加求真务实的工作作风，加速推进“四大目标”进程，加快进入“川东一流方阵”，奋力开启经济社会又好又快发展的新征程！

工业集中区

小平故里

广安市位于四川省东部、华蓥山脉中段，是四川距离重庆最近的地级市，1993年7月设立地区，1998年7月撤地设市，辖广安区、岳池县、武胜县、邻水县，代管华蓥市，幅员面积6344平方公里，总人口470万。

胡锦涛为邓小平铜像揭幕

广安历史悠久，人文荟萃。广安有记载的文明史可追溯到三千多年前。自宋开宝二年取"广土安辑"之意设广安军始，历朝历代均在此建府设州置县，"广安"之名沿袭至今。悠久的历史孕育了一代又一代仁人志士：汉有庞雄，官至御史；宋有安炳，爵至国公；明有王德完，位至户部尚书；近代有四川保路运动领袖蒲殿俊、黄花岗七十二烈士之一秦炳、数学泰斗何鲁。世纪伟人邓小平是广安历史上最杰出的代表，他为民族独立、人民解放和国家富强、人民幸福建立了不朽功勋，作出了卓越贡献。广安古属巴国，流传着古老优美的巴渝舞、慓悍骁勇的板盾蛮等舞蹈，嘉陵江龙舟文化、川东农家文化享誉中外，华蓥山香会、抬幺妹、坐歌堂、被单戏、连响舞等民俗风情延续至今。

邓小平诞生地——牌坊村

邓小平故居

重庆近邻

广安物华天宝，资源富集。广安已探明矿产资源达30多种，石灰石品位高、易开采，原煤蕴藏量8亿吨，盐卤储量5800亿吨，大理石、铝矾土、石膏、温泉、矿泉水等藏量丰富，特别是天然气储量达6000亿立方米以上，已与中石油香港股份公司和中石油西南分公司签订了投资总额达12亿元人民币的“气化广安”系列项目。广安气候宜人，雨量充沛，盛产水稻、玉米、柑橘、蚕茧、生猪、水产，是全国商品粮和优质生猪生产基地；松针茶叶、黄龙贡米、华蓥山珍多次被评为部省优质产品，龙安柚、邻水脐橙获得国际农业博览会金奖。嘉陵江、渠江水能蕴藏量60万千瓦，已建成东西关、桐子壕、四九滩、凉滩、富流滩等水能发电站，电力装机容量43万千瓦。广安发电厂是四川省最大的火电厂，总装机容量240万千瓦，年发电量120亿千瓦时。广安年输出农村劳动力130余万，“岳池电工”、“华蓥建工”等劳务品牌享誉省内外。

农民丰收的喜悦

广安山川秀美，城市靓丽。纵贯全境的华蓥山被郭沫若誉为“天下第一雄山”，已建成4A级旅游景区；华蓥山天池与天山天池、长白山天池并列为全国三大天池，是难得一见的高山平湖；中国八大佛教胜地之一的华蓥山宝鼎，

薄熙来、黄奇帆会见广安党政代表团

国家级开发区——广安经济技术开发区

小平故里

思源广场夜景

古刹禅院高耸入云，佛光晨曦相映成趣；嘉陵江、渠江两岸山清水秀，景色迷人。邓小平故里保护区被评为4A级景区，邓小平故居陈列馆为国家一级博物馆；思源广场青铜宝鼎雄伟壮观、举世无双，音乐水景五彩斑斓、美轮美奂。广安已成功创建成“中国优秀旅游城市”、“国家园林城市”、“省级卫生城市”、“省级文明城市”、“省级环保模范城市”，正积极争创“全国文明城市”、“全国卫生城市”和“中国最佳旅游城市”。

广安区位优越，交通便捷。广安处于成渝经济圈的重要节点，承接着成都、重庆的经济辐射。特别是广安与重庆山水相连、人缘相亲，历史文化一脉相承，商贸往来十分密切。全市有4个县市、26个乡镇与重庆接壤，边界长度504公里，五区市县均处于重庆“一小时经济圈”内。去年，我市与重庆市签订了经贸合作框架协议，经贸合作更为紧密，发展空间更为广阔。境内交通便捷，广安至重庆、广安至成都高速公路全线贯通，南充经武胜至重庆、邻水至垫江高速公路建成通车，市内县县通高速公路，到重庆仅需1小时，到成都仅需2.5小时。贯穿全境的襄渝铁路复线即将建成，兰渝铁路开工在即。嘉陵江、渠江直通长江黄金水道，可容千吨级船舶通过。境内有3条国道公路和2条省道

广安市重大工业项目集中开工仪式

广安火电厂

重庆近邻

公路，县乡公路星罗棋布，构成了四通八达的交通网络，市区到县率先在全省实现了半小时通达。

广安发展迅猛，实力增强。改革开放三十年来，勤劳朴实的广安人民始终牢记小平同志“一定要把广安建设好”的谆谆嘱托，解放思想，开拓创新，全市经济社会发生了翻天覆地的变化。30年间，全市地区生产总值增长了56倍，地方财政一般预算收入增长了24倍；城乡居民储蓄存款余额增长了1057倍。尤其是广安建市十年来，全市经济发展驶入快车道，地区生产总值年均保持两位数增长。工业经济快速增长，初步形成了能源、建材、化工、机械制造、农产品加工等主导产业，规模以上工业增加值年均增长25%以上。农村经济稳步发展，逐步形成了优质粮油、生猪、柑橘、蔬菜等一批具有区域比较优势的主导产业和速生林竹、草食畜禽、优质蚕桑、名优水产等一批具有市场竞争力的特色产业，农民人均纯收入超过全省平均水平。旅游经济异军突起，旅游业从无到有，广安成为全国知名的红色旅游目的地，“小平故里行•华蓥山上游”成为全国旅游知名品牌。

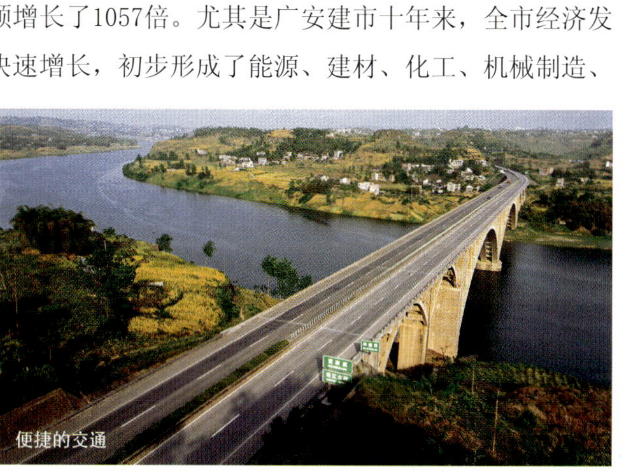

便捷的交通

广安火车站

农业科技中心温室

武胜龙舟比赛

工业园完善的基础设施

小平故里 重庆近邻

广安奋起创业，前景美好。2009年1月，市委三届八次全会提出了"奋起三次创业"的号召，力争通过三至五年的努力，把广安建成成渝经济区内重要的化工能源建材基地，服务川渝走向全国的特色效益农业示范市，川东北现代物流中心，川东综合交通枢纽，国际知名、国内一流的红色旅游目的地和有文化影响力的魅力城市，努力建设优势独具、产业集聚壮大的"实力广安"，机制灵活、投资环境优越的"开放广安"，政通人和、人民安居乐业的"和谐广安"，作风过硬、服务优质高效的"效能广安"，实现由工业化初期向工业化中期跨越，传统农业向现代农业跨越，城乡二元结构向城乡一体化跨越。根据四川省委省政府提出的"一极一轴一区块"川渝经济区发展战略，我市正加速融入重庆"一小时经济圈"，积极打造"一枢纽、一增长极、一产业联动基地"：即科学利用成都主枢纽、重庆交通圈的辐射效应，主动与两大区域性中心城市对接，倾力打造川东综合交通枢纽；通过与重庆的合作共建，努力把交通优势转化为经济优势，把承接转移转化为产业优势，把共享优惠政策转化为发展优势，把广安打造成川东北片区的经济增长极；以服务都市、承接转移、形成基地为重点，建设面向重庆的天然气化工、汽摩配件、农副产品、能源供给、劳务输出、旅游休闲等产业联动基地。

广渝两市签署合作备忘录

广安与重庆保税港区签署合作协议

华蓥山双枪老太婆雕像

中国优秀旅游城市

华蓥市
HUAYINGSHI

华蓥市位于四川盆地东缘、华蓥山中段西麓，地理坐标为北纬30°07′～30°28′，东经106°40′～106°54′。垂直投影南北长40.75公里，东西宽28公里。市域以华蓥山脉中段西缘脊部分水线和渠江华蓥段中心线为自然界线，东南高而西北低,东近邻水县，南连江北县，西接合川市、岳池县，北邻广安区。华蓥是川渝接壤县市之一，襄渝铁路纵贯全境，兰渝铁路将在高兴镇接轨；沪蓉高速公路横贯东西，1小时可达重庆，3小时可达成都；长江二级支流渠江流经境内30余公里，沿江两个货运码头可直航重庆。全市幅员面积470平方公里，辖9镇1乡3个街道办事处，总人口36万，其中非农业人口10万。

华蓥市城区（十里长街）

华蓥市广场夜景

华蓥是一座年轻的城市。华蓥应改革开放而生，伴改革开放而长，1978年建置华云工农示范区（县级），1979年经批准改为华云工农区（县级），1985年撤区设市，并改“云”为“蓥”（县级），为南充地区管辖。1993年广安地区成立，华蓥市划归广安地区管辖；1998年广安市成立，华蓥市列为省级直辖县级市，由广安市代管。2007年华蓥市列为全省首批扩权强县试点市，2009年列为全国第二批、四川省唯一资源型城市转型试点市。

华蓥市新农村建设

全国农业旅游示范点华蓥山黄花梨基地

华蓥是一座红色的城市。新民主主义革命时期，华蓥曾是川东游击队活动的主要区域，川东游击队在这里发动了著名的“华蓥山武装起义”，创造了名播四方的“双枪老太婆”传奇，著名长篇小说《红岩》融合了川东游击队革命斗争史实而创作。20世纪60年代，国家在华蓥山布局“三线”建设基地，大批仁人志士来到这里，为国防事业贡献青春和热血。90年代因国家政策调整，军工企业相继搬迁。2006年，华蓥山游击队遗址列入全国12个红色旅游区、30条红色旅游精品线、100个红色旅游经典景区。

华蓥是一座绿色的城市。华蓥山集雄、奇、险、雅、幽于一身，熔山、寺、湖、史于一炉，被文学大师郭沫若誉为“天下第一雄山”，有千姿百态的石林，烟波浩渺的天池，光怪陆离的溶洞，莽莽苍苍的林海，野生动植物十分丰富。目前正在大力实施森林华蓥建设，积极创建生态园林城市、全省生态市，2009年成功创建2个省级环境优美乡镇，全市森林覆盖率达45.7%，城区绿化覆盖率达32.1%。

华蓥是一座人文的城市。佛教文化源远流长，华蓥山宝鼎始建于唐代，盛于清咸丰年间，以其丰厚悠久的佛教文化闻名天下，历代有“一脚踏四县，登临气轩然”之赞誉 ，享有“西朝峨眉，东朝宝鼎”之美誉，每年吸引着数以万计的香客前来朝山拜佛。

南宋文化底蕴厚重，抗金名将、枢密院士安丙及其族属墓群被列为96“中国十大考古发现”之一，现为国家重点文物保护单位，安丙生祠褒先寺现为省级文物保护单位；民俗文化灿烂多姿，滑竿抬幺妹、婚嫁歌、华蓥山宝鼎庙会等被列为四川省非物质文化遗产，华蓥山幺妹节被命名为四川省十大名节。

华蓥市新型干法水泥企业

华蓥市庆华镇华凯农机项目

华蓥是一座发展的城市。翻开历史画卷，华蓥经历了三个波澜壮阔的发展阶段：一是以设区建置为起点的首次创业期（1978年—20世纪90年代初）。华蓥依托矿产资源、国家“三线”建设契机，大力发展以煤炭、水泥为主的资源工业和以军工器械为主的机械加工业，形成了“以黑白见长、以军工闻名”的工业支柱。二是以工业兴市为重点的二次创业期（20世纪90年代初—2008年）。随着八大军工企业相继外迁，华蓥大力实施军工闲置厂房“填充工程”，打造工业园区承载平台，形成了以煤炭、水泥为主体，以机械加工、农产品加工为重要接续的工业格局。三是以资源城市转型为标志的三次创业期（2009年以来）。几年来及早谋划实施发展转型，尤其被确定为全国资源城市转型试点市以来，华蓥顺势作出了“抢抓转型契机、奋起三次创业”的战略决策，掀起了转型发展和三次创业新热潮。

华蓥山石林（千年一吻）

绿林生态农业开发有限公司(SOD梨)

华蓥是一座希望的城市。作为四川省扩权强县试点市、全国资源型城市转型发展试点市，华蓥政策优势突出。《华蓥市转型发展规划》将华蓥发展定位为环渝腹地经济区块重要增长区、四川省资源型城市转型示范区、成渝经济合作发展先导区、省级统筹城乡发展先行区、省级生态建设示范区、承接产业转移示范区和全国知名的生态和文化旅游目的地。与此同时，华蓥因地处川渝合作桥头堡和要冲地带，既具有伟人故里政治优势，又兼得成渝腹地经济带动，随着成渝经济区、广渝合作示范市启动实施建设，华蓥作为对渝合作前沿阵地必将迎来更大发展空间。

华蓥山云海

四川省

岳池县位于四川盆地东部，华蓥山西麓，渠江和嘉陵江交汇的三角台地，置县于唐武周万岁通天二年（公元697年），迄今已有1300多年历史。因治所初设于岳池水附近，故名“岳池”，现属小平故里广安市。全县幅员面积1457平方公里，辖43个乡镇、1个管委会，830个行政村、36个社区，总人口118万。因盛产稻米，而享有“银岳池”之美誉。已成功创建为中国曲艺之乡、四川省省级卫生县城、四川省省级园林县城。

岳池县富流滩电航工程

四川科伦药业股份有限公司广安分公司

岳池县人民医院

岳池人杰地灵。小说《红岩》中“双枪老太婆”原型人物之一陈联诗，世界名著《红与黑》翻译者、著名翻译家罗玉君，陕北民歌《兰花花》采集者、著名声乐家周家洛，原文化部副部长、著名话剧《抓壮丁》的作者吴雪，版画家刘旷，书法鉴定家杨仁恺，法学家王向明，电力专家吴锡瀛，著名经济学家、中国社会科学院副院长陈佳贵，抗美援朝“特等功臣”、志愿军一级战斗英雄柴云振等，都诞生在岳池，使这片沃土熠熠生辉。

岳池文化厚重。千百年来，勤劳智慧的岳池人民不断创造、积累、传承、发展丰富的物质文化和精神文化成果，形成了独具特色、散发着浓郁乡土气息的岳池农家文化。南宋乾道8年（1172年）夏，著名诗人陆游旅居岳池，为翔凤山下旖旎的田园风光、闲适的农家生活所陶醉，欣然写下脍炙人口的著名诗篇《岳池农家》，其中名句“农家农家乐复乐”，道尽了岳池农家文化胜景，为世人广为传诵。连续成功举办四届“岳池农家文化旅游节”，农家文化展览馆、农家文化主题公园、“一坊二亭三廊”、农家赋墙、橡胶坝等标志性工程相继落成，南宋文化街被评为四川省第一批特色商业街，“岳池农家文化旅游节”被评为“中国•四川十大名节”之一，“小平故里行•岳池农家乐”文化品牌影响力日益扩大。

南宋文化一条街夜景

中国曲艺之乡牌坊

第四届岳池农家文化旅游节

岳池县

岳池物产丰富。岳池为深丘、浅丘、平原兼具的典型丘陵地貌，平均海拔380米。属亚热带季风气候，四季分明，日照充足，平均日照时间1342小时，冬温夏热，年平均气温17℃，降水丰沛，平均降水量1044.5毫米。水能、青石、天然气、盐卤等资源储量丰富，地表可供开发的再生资源达1500多种，粮油、生猪、柑桔、蚕茧、食用菌等农副产品最富特色。名优土特产品种类繁多，黄龙贡米、苟角竹编久负盛名，岳池特曲、中和陈醋香飘万家，“杨门”豆干、莲桥米粉闻名遐迩。

岳池金杨食品有限公司产品

中国四号脐橙产品

池银禾米业公司产品

岳池特曲酒业有限公司产品

岳池风光秀美。享有“川东第一湖”之称的翠湖，喻为“小峨嵋”的金城山，两岸绿树成荫、河水清澈的象鼻河，蜿蜒渠江之中红色文化与自然美景融为一体的红岩湖，称为“小玉屏”的翔凤山公园和历史悠久的文庙，古朴的白塔，神秘的千佛寺，诸葛亮屯兵的亮坝，顾县古镇川主庙等景点星罗棋布、美不胜收，让慕名前来的游客流连忘返。近年来，富裕起来的岳池人民将农业综合开发与旅游发展紧密结合起来，倾力打造了从县城到翠湖一线6公里长的“农家文化旅游带”，碧绿的翠湖美景、休闲的田园风情、传统的川北灯戏、淳朴的“农家乐”，吸引了众多游客，逐渐成为重庆、成都、南充等大中城市市民的休闲度假和旅游观光胜地。

岳池区位优越。岳池扼南充、达州、广安、巴中通衢之要冲，交通便捷。沪蓉高速、南渝高速穿境而过并建有5个互通式出入口，到成都仅需2小时，到重庆仅需90分钟；国道318线、212线和襄渝、达成铁路绕境而过，已开工的兰渝铁路纵贯全境；广（安）渝（北）高速公路建设项目前期工作全面启动；境内公路总里程达2000公里，实现了乡乡镇镇通油路、村村通公路。嘉陵江、渠江在境内通航里程达60公里。

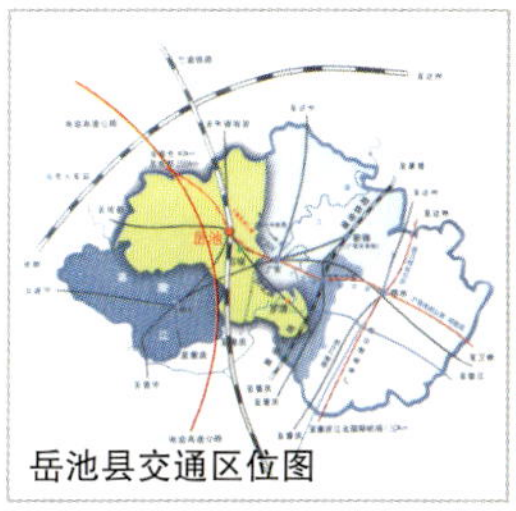
岳池县交通区位图

岳池县境内高速公路

岳池特驱种鸡养殖有限公司

面向重庆　主动融入

中共岳池县委

近年来，岳池县充分发挥区位优势，紧紧抓住川渝合作机遇，主动融入“一极一轴一区块”中的成渝通道发展轴，立足农业生产“品牌化、绿色化、产业化”的总体思路，大力发展特色效益农业,精心培育优质蔬菜基地，倾力打造重庆的“菜篮子”。全县共培育蔬菜基地乡镇11个、蔬菜专业村182个，带动10万农户种植蔬菜45万亩。2009年以来，全县销往重庆市场优质蔬菜4万余吨，产值过亿元。

一、统筹一个规划，突出特色建基地

高度重视基地建设规划，突出基地建设特色，实现产业可持续发展。

（一）创新理念规划

将可持续发展的理念贯穿于蔬菜产业发展规划始终。聘请西南大学专家，对蔬菜产业发展的总体思路、规划布局开展讨论，征求意见，科学编制了《岳池县蔬菜产业发展规划》，确定以朝阳、乔家等乡镇为重点，布局“一园七基地”（现代农业示范园，坪滩优质海椒基地、同兴无公害反季节蔬菜基地、黄龙耐贮蔬菜基地、顾县葱蒜蔬菜基地、齐福精深加工蔬菜基地、普安优质南瓜基地、伏龙早市蔬菜基地），规划建设蔬菜基地38.2万亩，其中示范园区3.2万亩。

（二）坚持标准规划

突出耕地质量建设、农田水利设施建设、路网建设、电网建设重点，实现了“田成乡、土成形、渠相通、路相连、旱能灌、涝能排”的规划目标。同时，坚持与重庆市场对接，突出地方特色，彰显优势。选择区位条件优越、基础设施较好、具有一定产业基础的乡镇、村，统筹规划蔬菜产业基地。

（三）聚集民智规划

科学的规划必须得到群众认可和拥护。在具体规划中，组织专业技术人员，走村入户，广泛征求基层干部和群众的意见，问计于民、聚集民智、尊重民意，切实提高群众参与规划和建设的热情。

二、坚持两个引领，围绕市场建基地

坚持市场导向，围绕市场需求，突出科技创新，着力推进产业化经营。

（一）坚持科技引领

只有坚持科技创新，才能保持产业的生命力和竞争力。一是引进新品种。加强与省农科院和西南大学等科研院校合作，积极开展蔬菜新品种的选育、试验和推广；依托以色列海则拉、荷兰克斯旺等世界著名公司，引进以色列墨茄、台湾水果黄瓜、韩国天宇3号海椒等优质蔬菜品种60余个，基地良种覆盖率达100%。二是推广新技术。大力推广无土栽培、膜雨积水、微灌、水肥一体化、槽式栽培、地膜覆盖等先进技术，加大省工节本增效技术、循环农业技术、病虫害绿色防控技术、农机技术的集成运用，做到农耕农艺结合、良种良法配套，实用技术到位率和病虫害专业化防治率均达到100%。三是配套新设施。研究出台优惠政策，鼓励农户和业主发展设施蔬菜，新建钢架联栋大棚、水泥钢骨架复合材料大棚、钢架大棚，配套无土栽培、微灌、滴灌、移动式喷灌、遮阳网、风机、育苗台、杀虫灯等先进设施。全县新建联栋大棚200亩、钢架大棚660个、复合材料大棚898个。

（二）坚持产业化引领

基地是建起来的，更是经营起来的。一是坚持标准化生产。成立县农产品质量监测中心，加强农业环境定位监控，按照“四有”（有牌子、有田间生产档案、有生产技术生产规程、有专人指导）工作要求，坚持五统一（统一育苗、统一农资供应、统一生产标准、统一订单收购、统一品牌销售）的运行模式，规范蔬菜生产二级承诺制度和质量追溯制度，推进无公害农产品基地整体认证和已认证无公害农产品基地及产品的管理工作。建成无公害蔬菜基地15万亩，通过省级无公害蔬菜认证品种11个。二是组建专合组织。总结推广“三安”经验，探索发展专合组织的新模式，鼓励采取“农户联办、大户领办”等方式，积极组建蔬菜专业合作社。新引进外地业主95户，新发展四季瓜菜、朝阳植保专业合作社等专合组织6个。三是壮大龙头企业。采取“公司+基地＋农户＋品牌＋销售”的发展模式，做大做强富民农业发展公司和三安蔬菜专业合作社等龙头企业，实现品种优、品质好、投入少、效益高、可持续的发展目标。培育蔬菜产业省级龙头企业2家，市、县级龙头企业6家。四是创建知名品牌。坚持规模化、标准化、品牌化、生态化思路，突出产业的规模效益，鼓励专业组织、龙头企业注册产品商标、打造特色品牌。打造“银特”蔬菜、“辰农”西瓜、“科野”海椒、“同绿”反季节蔬菜等高端蔬菜品牌8个。五是健全营销体系。采取多种

努力打造优质蔬菜产业基地

岳池县人民政府

形式吸引企业和个人资金投向农产品市场建设，新建农贸市场8个。在重庆的各大农产品市场建立营销网点，组建区域性农产品销售中心、配送中心和专卖店、连锁店，形成了集生产、配送、销售于一体的市场网络体系。

三、创新三大机制，增添活力建基地

土地是基础、农民是主体、利益是核心。着力在这三个方面创新机制，增强发展活力，助推基地建设。

（一）创新土地流转机制

大规模土地流转是产业基地建设的基础。按照“依法、自愿、有偿”原则，积极探索适合本地特点的土地流转方式。朝阳金土地合作社将一家一户闲散土地集中流转到合作社，以专业合作社为依托，与业主、龙头企业签订土地租赁合同；对未租赁出的土地，农户实行返租倒包；三安蔬菜专业合作社根据土地质量等级，将农户闲散土地进行租赁，集中开发；四季瓜菜专业合作社采取以土地入股的方式，将土地集中到合作社，由合作社统一经营。大规模的土地集中流转，有力地促进了产业基地建设，充分发挥了种植规模效应，实现了集中连片开发。全县土地流转面积12万余亩，其中示范园区土地流转8000余亩。

（二）创新农民培训机制

新型农民是产业基地建设的主力军。一是创新农业技术培训推广体系。除依托现有培训基地，开展农业科技入户工程、阳光工程、新型农民工程外，创新实施“一、十、百”工程，即：1名高级技术人员带领10名科技干部，10名科技干部联系100户科技示范户，努力提高农民实用技术水平。二是实行园区持证上岗制度。进入园区工作的农民进行职业技术免费培训，对培训合格的农民颁发职业技能培训结业证，农民必须持证方能进入园区工作。三是开展“点菜式”培训。按照龙头企业、专合组织、业主的需求，将培训工作延伸到产业链的各个环节，有针对性地培训农民。

（三）创新利益联结机制

合理的利益联结是农户共同致富的桥梁。坚持“均衡发展、共建共享”理念，大力推行“业主+基地+农户”、“专合组织+农户”等模式，积极探索“业主承包，公司经营，农户参工，保底计薪”等模式，真正体现“农户零风险、受益最大化”，让农户在共建基础上实现成果共享。三安蔬菜专业合作社实行订单生产，实行保护价收购农产品，在年终盈余中提取公积金、风险基金、公益金，并按实际交易量和股金份额进行二次返利；四季瓜菜专业合作社完善利润分成机制，年终总利润的70%实行按股分红，25%作为公积金用于扩大生产经营，5%作为公益金用于成员的技术培训和生活的互助互济；朝阳金土地专业合作社除付给农户土地租金外，将合作社经营土地的盈余的50%返还给农户进行二次分利，剩余的50%用于合作社发展。

四、强化三个注重，发动全民建基地

注重组织发动、项目整合和社会参与，充分聚集各方力量，共建基地。

（一）注重组织领导

领导重视是关键。成立了正科级单位县园区办和副科级单位县蔬菜局，分别负责园区建设和产业发展，研究出台了《岳池县现代农业示范园区管理考核办法》，明晰了园区办和乡镇职责，园区办主要负责基地的规划、实施、项目整合、工程验收等。在蔬菜产业基地建设具体实施过程中，实行“1+2+3”（每个基地1名县级领导组织协调，2名中高级科技人员具体指导，3个部门牵头共建）的工作模式。

（二）注重项目整合

项目整合是支撑。成立了县项目资金整合办，出台了《岳池县项目资金整合管理暂行办法》，要求所有部门申报项目必须围绕产业基地建设规划进行编报；在项目实施过程中，统筹整合土地整理、水利设施建设、高标准农田、农村沼气、农业综合开发、新农村建设等项目资金，实现了项目互补、无缝衔接，充分发挥了项目资金的最大效益。今年，已整合各种项目资金1.5亿元。

（三）注重社会参与

社会参与是动力。健全“政府引导、群众主体、多方参与”的多元化投入机制，综合运用税收、补助、参股、贴息、担保等激励措施，引导农户自筹，吸引业主投入，激活社会闲散资本，共同参与产业基地建设。截至目前，全县在整合各级项目资金的基础上，又吸纳群众自筹资金8000万元、社会资本7000万元，全县完成土壤改良调形1.55万亩、渠系配套39公里，整治山平塘30口，新建农村公路55公里，生产便道123公里，田间耕作道87公里，建成无公害蔬菜种植基地12万亩。

岳池翠湖

做实重庆文章 打造“三大基地”

中共邻水县委书记

邻水县委书记、县人大常委会主任曾长东（前一）深入邻水经济开发区调研

近年来，邻水充分发挥毗邻重庆的地缘、便捷的交通、丰富的资源“三大优势”，大做重庆配角文章，全力打造重庆工业配套、特色农产品供应、休闲度假旅游“三大基地”，全力打造“川渝合作桥头堡”，加快建设川东经济强县，勇当广安领跑“区块经济”排头兵，推动了经济社会更好更快发展。主要体现在：

一、县域经济突飞猛进

加快产业培育，着力把地缘、交通、资源优势转变为发展胜势，强力实施工业强县战略，以工业化推动城镇化带动农业产业化，全力打造“三大基地”，推动了县域经济大发展、快发展。2006年以来，全县GDP保持了14%以上的增幅。2009年，全县GDP、固定资产投资、地方财政一般预算收入和社会消费品零售总额分别增长14.8%、47.6%、26.2%和18.7%。

重庆工业配套基地建设实现突破。坚持把工业作为县域经济发展的火车头，举全县之力，以园区建设为重点，育强壮大支柱产业。强力推进平台打造。高水平规划了面积达30平方公里的工业集中发展区，按照“一区多园”模式，着力打造了城南机电工业园、磐滩铸造工业园、丰禾轻工业园、红狮工业园等特色园区，园区建设从无到有、由小到大、从弱到强，短短4年时间，目前经开区建成面积达5.88平方公里，入驻企业62户，其中来自重庆或配套重庆的企业达70%以上，承载能力大幅提升。园区建设连续4年走在广安市前列。强力培育煤炭、建材、机电、农产品加工、轻纺五大产业，占规模以上工业总产值83.4%以上，产业结构不断优化；重庆隆创、四川远翔等企业成为重庆长安等核心配套厂家，配套重庆能力明显增强。新培育规模工业企业39户，为全市第一。2009年全县规模工业总产值是2005年的5.5倍，拉动GDP增长7个百分点。我县被命名为全省中小企业发展基地县和全国农产品加工创业基地县。

重庆农产品供应基地建设稳步推进。坚持把农业作为县域经济发展的基础，以新农村建设为统揽，以农民增收为核心，大力发展脐橙等特色产业，现代农业发展步伐加快。突出发展园区农业，整合农业综合开发、国土整理、农村交通等涉农项目，规模化、标准化建设了石滓等8个现代农业园区，2006年以来，粮食产量连创历史新高，全县新发展脐橙10万余亩，柑橘总面积达23.8万亩，被评为“中国脐橙之乡”；蔬菜面积达29万亩，年出栏生猪近110万头。强化产业化经营，育强壮大广达淀粉、川东麻纺等龙头企业，积极培育农村专业合作组织，探索“公司+基地+农户”等利益联结机制，有效带动了群众增收，农民人均纯收入增幅保持全市前列。邻水被确定为省现代农业产业基地强县培育县、省现代畜牧业重点县和省林业产业发展基地县，全县农产品无公害生产基地整体认证获得通过，特色农产品在重庆市场的占有率大幅提高，一批直供重庆市场的农产品基地基本建成，邻水已成为重庆农产品供应的重要基地之一。

重庆休闲度假旅游基地建设步伐加快。围绕重庆消费需求，不断挖掘第三产业潜力。大力发展旅游业，积极推进华蓥山洞中天河等景区建设，引进了由新加坡元立集团投资10亿元的大洪河生态观光农业项目，不断完善配套旅游要素，广泛推介旅游品牌，成功纳入重庆旅游“123”工程。2009年旅游总收入比2005年增长216%，其中重庆游客占外来游客

奋力推进邻水经济社会发展实现新跨越

县人大常委会主任 曾长东

60%以上。着力完善商贸服务体系，城乡市场日益活跃，特色餐饮、大型卖场、商品专卖、邮政、通讯等快速发展。邻水正成为重庆市民近郊休闲度假旅游的重要目的地和重庆旅游环线的重要节点。

二、城乡建设快速推进

以统筹发展为抓手，加快城镇、交通、能源等重大基础设施建设。强力推进城镇建设。高标准、快速度推进县城建设，南部、东北部等新区开发如火如荼。强化市政设施配套，护城河整治及休闲长廊、垃圾处理厂和污水处理厂等投入运行，强化城市管理，城市功能不断完善，城市品位不断提升。丰禾、九龙等小城镇建设快速推进。2006年以来，县城拓展了4.5平方公里，总面积达14.28平方公里，城镇化水平提高了7.7个百分点。扎实推进新农村建设。集中连片推进覆盖东西两槽16个乡镇600平方公里的新农村示范区建设，

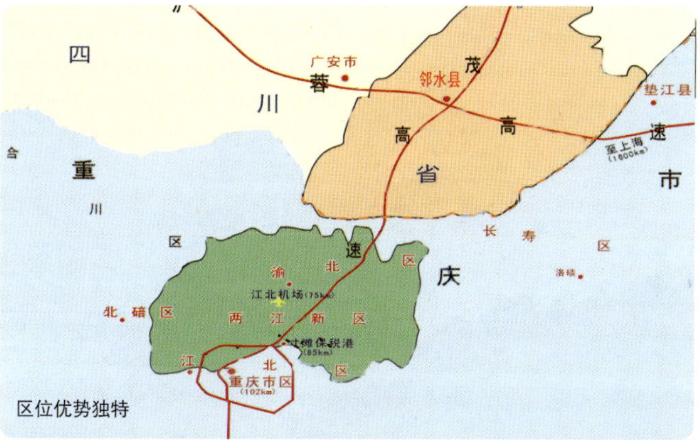

区位优势独特

成功申报为省级新农村建设示范片。加快了农田水利、国土整治、水土保持、农业开发、地质灾害治理等项目实施，农业综合生产能力不断提高。着力突破交通瓶颈。大打农村交通大会战，2006年以来，新修公路1600余公里，建设总里程是“十五”期间建设总和的8倍，交通“十一五”规划提前两年完成，基本实现“乡乡通油路，村村通公路”。随着沪蓉高速路邻垫段通车，邻水已成为川东重要交通枢纽。有效破解要素制约。新建220KV变电站1座，110KV变电站4座，确保了邻水未来10年发展不缺电；成功争取重庆气矿将我县纳入国网供气，将彻底解决用气难题。发展基础更加坚实。

三、开放合作成效显著

抢抓川渝合作、沿海产业转移和扩权强县机遇，狠抓开放合作，借力发展实现重大突破。渝邻合作纵深推进。2006年，邻水率先提出“大做重庆配角文章”的思路，大胆突破行政阻隔，主动加强与重庆规划、党政、工商、市场等方面对接，积极融入重庆“1小时经济圈”，经贸、文化、社会等合作联系日益密切。重庆长龙集团、隆创动力等一大批企业落户邻水。2009年签约重庆项目75个，到位资金21.7亿元，重庆投资占外来投资的比重达70%以上。省政府主要领导对邻水做法给予了高度评价。招商引资跃上台阶。坚持以大开放促大招商，以大招商促大发展，积极承接重庆及长三角、珠三角等地区产业转移，成功引进了投资10亿元以上的红狮水泥等重大项目。4年来，招商到位资金是2006年前6年总和的3倍多，推动了经济跨越式发展。

四、群众生活明显改善

始终坚持把改善民生作为工作的出发点和落脚点，大力实施民生工程，群众得到更多实惠。紧紧围绕群众所需所盼，着力解决群众突出困难，扎实推进民生工程。2006年以来，改、扩建学校70余所，新建农村寄宿制学校15所，组织救助7200余名学生上学，有效解决了群众上学难问题。大力推进新农合扩面，参合率达98.2%，对特困人员实施大病救助，有效解决了群众就医难问题。采取新建场镇供水站、打井等办法，有效解决了19万群众饮水难问题。采取发展产业、扶持创业、重点帮扶等措施，狠抓就业促进工作，有效解决了群众就业难问题。强力实施扶贫攻坚，完成了70余个新村扶贫，5.34万贫困人口实现越温脱贫。大办实事工程，民生工作始终保持全市前列，经验在全省“民生工程”电视电话会上交流。

邻水经开区

攻坚克难　乘势而上

邻水县人民政府县长

邻水县委副书记、县政府县长尹黎明（左[illegible]）深入邻水经济开发区调研

2010年，是“十一五”规划的决胜年，也是“十二五”规划的奠基年。中共邻水县委十一届十四次全会绘就了2010年全县经济社会发展蓝图，按照全会的总体部署，新的一年，我们将继续发挥区位、交通、资源“三大优势”，强力打造重庆工业配套、重庆特色农产品供应、重庆休闲度假旅游“三大基地”，加快建设“川东经济强县”步伐。

一、做强“三大基地”，加快发展壮总量

围绕建设“川东经济强县”目标，大做重庆配角经济文章，不断壮大经济总量，增强经济实力。

做强重庆工业配套基地。加快经开区建设，完成“七通一平”2000亩，新建标准厂房10万平方米以上；建成供水、供气专用管网；创新建园模式，力争与重庆区县合作办园取得实质性突破。狠抓骨干优势产业发展，力争煤炭、建材、机电加工、农产品加工、轻纺等五大产业实现产值74亿元；积极引进电子、医药等项目，培育新兴产业。新培育规模企业10户以上，全县规模以上企业完成总产值92亿元，增长40%。

做强重庆特色农产品供应基地。加快建设全省现代农业产业基地强县、现代畜牧业重点县、林业产业基地县，积极发展特色效益农业。粮食总产46.5万吨以上；新发展脐橙3万亩、蔬菜30万亩；新增出栏生猪4万头，家禽90万只。抓好大洪河新农村示范片建设，努力打造成为全省丘陵地区新农村建设典范和统筹城乡样板。

做强重庆休闲度假旅游基地。建设“宜居邻水”，打造城市名片。抓好高速路沿线村落民居风貌塑造，挖掘和培育特色城市文化，提升城乡建设档次，增强邻水美誉度。开发旅游产品，完善旅游要素，强化宣传营销，提升旅游效益。全年接待游客140万人次，力争接待重庆游客增加30%，实现旅游收入7.5亿元。

二、增强“三大动力”，释放潜能添后劲

充分发挥投资、消费和城镇化的拉动作用，促进经济持续快速增长。

增强项目投资拉动力。加大项目包装力度，认真论证、包装、储备一批针对性强、支撑力强的重大项目。加大项目争取力度，最大限度地争取上级支持。加大项目招商力度，招商到位资金增长50%以上。加大项目实施力度，提高投资对经济增长的贡献率。

增强城乡消费拉动力。完成县城及中心场镇商业发展规划和特色街区规划，高水平打造城市商圈，不断完善市场基础设施。积极发展服务业，满足不同群体需求。努力增加城乡居民收入，提高群众消费能力。加强市场监管，保证消费安全。全年社会消费品零售总额实现40亿元以上，提高消费对经济增长的贡献率。

增强城镇化拉动力。完善城乡规划，提升建设整体水平。以县城为龙头，加快七大片区、城市主题公园和四星级酒店建设，扩大县城容量，增强城市功能。以中心场镇为重点，积极推进农村场镇建设，增强乡镇场镇承载能力。积极稳妥地推进户籍制度改革，鼓励有条件的农民成为城镇居民。全年完成城乡建设投资13亿元，城镇化水平提高2个百分点以上，发挥好城镇化对投资和消费的双重推动作用。

三、强化“三大建设”，夯实基础创条件

全力推进基础设施建设，切实改善发展环境，有效打破瓶颈制约，增强发展保障能力。

强化交通运输建设。打造“便捷邻水”，推进“大办交通”向“办大交通”转变。加大国道210线、省道304线邻水段改造力度。加快建设通乡联网公路、通村通畅公路。培育运输市场，新开通一批农村客运专线、农村公交线路，争取新投

加快建设川东经济强县

黎明

放一批城市出租车，确保群众方便、快捷、安全出行。

强化生态环境建设。扎实开展农田水利基本建设“大会战”，坚持山水田林路综合治理，提高农业综合生产能力。建设跨行政区域集中供水厂，解决场镇居民生产生活用水难问题。以争创省级绿化模范县、省级园林城市为目标，加快森林邻水建设。

强化要素保障能力建设。加大投入，增强企业用水、用电、用气保障力度，强化建设用地储备。整合项目，强化劳动力培训，解决企业用工难问题。狠抓社会信用体系建设，努力争创省级金融生态环境示范县，力争全年净增贷款6亿元以上。

四、实施“三大行动”，拓展空间增活力

科学规划县域经济发展时序和空间，拓展融入重庆的广度和深度，激发全民创业的内在活力。

全面实施规划编制行动。准确把握中省市“十二五”规划编制要求，找准发展定位，科学制订全县国民经济和社会发展“十二五”规划，并系统编制各行业专业规划和重点项目专项规划，围绕规划编报争取项目，增强规划对发展的指导性。

利万步森水泥

深入实施对接重庆行动。完善与重庆区县和部门联动机制，深化交流合作。密切关注重庆“十二五”规划动态，加强规划衔接。努力破除政策壁垒，实现许可互认、资源共享。积极推进商企互动，加快市场融合。着力把邻水建设成为重庆区域经济分工合作的有机组成、重庆经济社会发展资源配置的有效纵深。

强力实施全民创业行动。建立全民创业促进机制，努力打造“宜业邻水”。强化舆论导向，激发全民创业热情。在经开区开辟小企业孵化园，在乡镇设立创业示范街，支持有潜力的小企业做大做强。强化创业保护，切实保护投资者合法权益。加快民营经济发展，民营经济占全县经济总量50%以上。

五、提高“三大能力”，以人为本强保障

高度关注民生，大力发展社会事业，强化社会管理和公共服务，实现好、维护好、发展好人民群众的根本利益。

提高公共服务能力。推进素质教育，巩固“两基”成果，提高教育质量。认真推进国家基本药物制度改革工作，提高医疗卫生服务水平。加快发展文体事业，不断满足群众文化体育生活需要。巩固全国科技进步县成果，做好“全省科普示范县”创建工作，提高科技对经济增长的贡献率。

提高社会保障能力。在全面完成省市民生工作目标的基础上，努力办好县城居民用气、群众饮水安全、交通运力保障、城区“大班额”等民生工程。全面落实惠农政策，加大就业促进力度，扩大社保覆盖面，完善社会救助体系。

提高社会管理能力。推进社会管理创新，努力建设“平安邻水”。严厉打击违法犯罪活动，增强群众安全感。深入开展“五五”普法，不断提高全民法制意识。狠抓信访源头治理，畅通信访渠道。加大矛盾纠纷排查化解力度，努力消除不稳定因素。及时妥善处置突发事件，提高应急管理水平。坚持安全发展理念，落实安全生产责任，实现安全生产形势持续好转。

到2010年末，全县地方生产总值增长15%以上；全社会固定资产投资增长30%以上；社会消费品零售总额增长20%以上；农民人均纯收入增长12%以上；城镇居民可支配收入增长13%以上。努力实现工业经济提速增效，现代农业强力突破，商贸流通日益活跃，城乡建设快速推进，民生民本有效改善，社会事业协调发展，综合实力明显增强，人民安居乐业，社会和谐安定。

邻水县新农村一角

四川省邻水县

四川省委书记刘奇葆到邻水经济开发区调研

邻水县隶属一代伟人邓小平的故乡——四川省广安市，幅员面积1919平方公里，辖45个乡（镇），总人口103万，是全国文化先进县、全国科技进步先进县、全国无公害农产品生产基地县、全国生猪调出大县、全国优质商品猪战略保障基地县、中国脐橙之乡，四川省59个"扩权强县"试点县之一。现任县委书记曾长东，县长尹黎明。

地缘优势独特。邻水地处川东门户，与重庆市渝北区、长寿区和垫江县接壤，是四川距重庆主城区最近的县。与重庆山水相连，文化相通，民俗相近，两地经济文化交往历史悠久，合作密切，常年在渝经商务工人员达10万人以上。

枢纽地位凸显。达渝、沪蓉高速公路交汇于邻水县城，210国道和304省道贯穿全境。县城距重庆市渝中区93公里、重庆江北国际机场75公里、重庆寸滩保税港区80公里。规划中的渝广铁路客运专线、广安—渝北（洛碛）铁路货运专线、重庆—西安城际铁路均经邻水并设立站点，将逐步形成完善和便捷的铁路、公路综合交通运输网络。

邻水县城古邻大道夜景

御临河小三峡

自然资源富集。境内已探明煤、石灰石、白云石等矿藏28种。其中，原煤储量达6亿吨，目前年产400万吨，是全国百强产煤大县，是重庆重要的资源供应地。盛产优质稻米、脐橙、西瓜、生猪、水禽等特色农畜产品，是重庆"近郊农业"的拓展区域。邻水山川秀美，"天成天河，天赐天佛"的华蓥山洞中天河景区年接待游客80万人次；由新加坡元立集团斥资10亿元的大洪河生态旅游开发区项目正加紧规划，即将开工建设；因明代建文皇帝驾临而得名的御临河"小三峡"等旅游项目极具开发潜力。

发展环境良好。全县城乡基础设施完善，水、电、气等功能配套齐全，交通便捷；政务环境优越，办事程序简便，对新办企业的证照办理一律实行"一站式"办公，实行专人跟踪服务，限时办结。经济开发区总体规划面积30平方公里，已建成5.88平方公里，累计入驻企业62户。煤炭、建材、机械、电子、农产品加工、轻纺等支柱产业不断发展壮大，工业增加值增幅连续三年列广安市第一。

邻水县观音桥镇万亩脐橙园一角

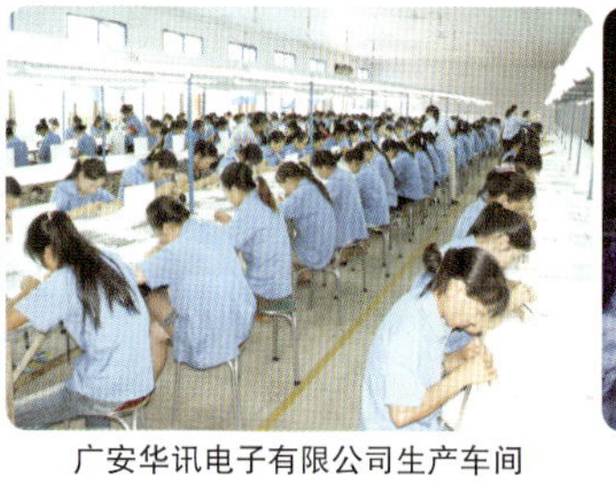
广安华讯电子有限公司生产车间

华蓥山大峡谷仙女池风景

渝陕、沪蓉高速大通道邻水交汇点

蜀中一绝——宝箴塞

四川省武胜县

SICHUANSHENGWUSHENGXIAN

武胜县地处川渝两省结合部，与南充、遂宁、合川三市交界，东邻广安40公里，西接遂宁70公里，北上南充54公里，南下重庆105公里，扼川东川南进出之咽喉，踞川渝物资集散之门户。南渝高速公路境内长22.8公里，设县城、街子2个出入口；国道212线境内长30.3公里，全县有县道242.9公里，乡道149.46公里，村级公路1368.9公里。全县辖31个乡镇、515个村、27个社区、5015个村民小组，幅员面积966平方公里，总人口85.2万，武胜是典型的"三山一水六分田"的浅丘农业大县

2009年，全县实现生产总值（GDP）84.8亿元，比上年增长14.6%。三次产业比重由2007年的29.4：40.7：29.9调整为26.9：42.4：30.7。三次产业对经济增长贡献率分别为7.8%、67.5%和24.7%。按常住人口计算，全县人均GDP达到11160元，突破10000元大关；实现地方财政一般预算收入2.48亿元，增长25%；完成全社会固定资产投资44.4亿元，增长47.4%；社会消费品零售总额28.9亿元，增长18.6%。

武胜系全国商品粮生产大县、生猪生产百强县、农业部渔业局渔业生产定点联系县、四川省蚕桑生产基地县、农业产业化龙头企业集群建设试点县。

武胜县系省级卫生县城、园林县城。县城建成区面积8.5平方公里、总人口9.12万人；城市化水平达27.06%；污水量13000吨/日，污水处理率80%；垃圾处理量29200吨/年，无害化率83%；绿化覆盖率35.29%，人均公共绿地面积8.75平方米。

武胜县内有一江四河七十四条小溪，河道总长352公里，嘉陵江流经县境117公里，水域面积19.05万亩。水电资源近40万千瓦，现已开发28.8万千瓦。境内有丰富的水能资源，地下有丰富的石油、天然气、盐卤和沙金，是全国商品粮大县、生猪生产"百强县"、蚕茧生产基地县，被誉为"绣花农业"和新世纪丘陵农业之典范。

城市面貌日新月异

中国人居环境范例奖—观音湖

宜居宜业的生态景区化城市·遂宁

（城市名称：遂宁市；建市时间：1985年；全市人口：385万；幅员面积：5325平方公里）

近年来，遂宁抢抓新一轮西部大开发和成渝经济区一体化的有利机遇，加快实施融入成渝、节点崛起的战略部署，确立了配套发展、借势发展、借地发展、借脑发展的思路，积极打造宜居宜业的生态景区化城市。

交通区位： 遂宁是四川重要的次级综合交通枢纽，成南、遂渝高速公路和达成铁路、遂渝高速铁路贯穿全境，随着“一环八线”高速公路和“六向十七线”铁路的规划建设，遂宁将与成都、重庆 、绵阳、南充形成1小时经济圈。遂宁石油、天然气、盐卤等资源储量丰富，天然气储量达900亿立方米。

中国优秀旅游城市—遂宁

人居环境： 近年来，遂宁投资30多亿元，高标准规划建设了五彩缤纷路、观音湖湿地公园和50处景区化城市景点。城市建成区绿化覆盖率达40.8%，人均公共绿地面积达10.33平方米。成功创建中国优秀旅游城市、国家卫生城市等10张国家级城市名片。

电子配套： 遂宁已引进投资3000万元以上的电子企业180家，电子制造业增加值连年翻番，电子产品已经涵盖芯片、节能灯、LED等多个领域。遂宁将加强与成渝电子信息产业对接，努力形成完善的配套协作体系和产业链条，建设电子元器件、新光源、电路板三大制造中心。

现代物流： 遂宁占地18平方公里的中国西部现代物流港初具规模，联华国际、东正物流、华源药业等企业成功入驻，集装箱货运3天内可抵达全国主要城市。遂宁将加快物流港核心区建设，努力配套完善基础设施，重点培育电子元器件、农副产品、纺织服装等物流交易市场。

休闲旅游： 遂宁自然风光秀美，文化积淀深厚，先后被命名为“中国观音文化之乡”、“中国书法艺术之乡”；世界侏罗纪公园龙凤峡、中国死海、国宝宋瓷等“八大奇观”令人神往。遂宁将加强与成渝经济区内城市合作，重点打造中国死海、观音故里等旅游品牌，吸引成渝休闲度假消费走进遂宁。

2010年8月8日，第八届国际侏罗系大会在遂宁召开

绿色食品： 遂宁作为四川重要的粮食、生猪、油料生产基地，是成都、重庆、绵阳三大城市农产品供应基地，现有绿色食品27个、基地近50万亩。遂宁将积极对接成渝食品消费市场，围绕肉类加工、酿酒制造、特色水果、无公害蔬菜等深度开发，建设成渝绿色食品的“菜篮子”。

“无中生有”的电子产业

金融创新： 遂宁现有沱牌、高金等上市公司7家，上市公司数居全省第二；在全省率先探索建立了会员制担保机构8家，成立小额贷款公司2家，中小企业信用体系建设被人民银行总行称为“遂宁模式”并在全国推广。遂宁将加强与深证证券交易所、中国证监会四川监管局的“三方合作”，让更多企业实现上市融资。

川中明珠——遂宁，热忱欢迎国内外朋友莅临指导、旅游观光、投资发展、共创辉煌！

四川省泸州市纳溪区

纳溪全景

纳溪地处四川盆地南部丘陵低山区，位于长江之滨，永宁河畔，距泸州中心半岛12公里，是泸州城市组团的重要版块。全区幅员面积1150平方公里，辖12个镇、2个街道办事处，176个行政村，22个社区，总人口48万。城市建成区面积7.5平方公里，城市人口10万人，城镇化水平达45.3%。

纳溪拥有良好的林竹资源，是全国速丰林基地和全国十三个杂竹大县（区）之一、四川省规划的林纸一体化"双百"工程基地。全区林竹面积达78.4万亩，森林覆盖率约为51%，是全国绿化造林先进县（区）、中国特早茶之乡、省级新农村建设示范片区、全省25个林业产业培育县和50个现代畜牧业重点培育县（区）之一，目前正全力打造西南最大的竹浆造纸基地。

纳溪地处川滇黔渝四省市交通接点。距成都300公里，重庆196公里，西南出海辅助大通道321国道、隆纳高速公路、隆黄铁路和在建的川黔高速、川渝高速、泸纳高等级公路纵贯全境，长江黄金水道28.8公里，常年通航1000吨级船舶。随着川黔渝大通道的形成，纳溪被列入成渝经济区"一极一轴一区块"的战略部署通道发展轴上的重要县区，将成为川滇黔渝四省市合作交流的前沿"阵地"。

纳溪旅游文化资源丰富。纳溪建县历史已有778年，积淀了厚重的文化底蕴，古纯州遗址、乐道古镇、古石太平石刻、物价碑、护国战争遗址、抗战小学、护国岩等文化古迹散布景区；"纳溪民歌"、"永宁河船工号子"、"护国陈醋手工酿制工艺"、"搬打狮子"被省政府列入首批非物质文化遗产保护名录；境内自然生态优势突出，玲珑精致的"小山小水"保存了良好的原始生态景观风貌。天仙硐、凤凰湖、百吉滩温泉—三华山景区、洞沟河——屯坝斑竹林、普照山、鼓楼山、倒流河等独具特色的景点，富集"一硐两湖三河三山"的特色旅游资源，是开展休闲养生、生态度假、农业观光体验的绝佳旅游景区，也是成渝两地假日休闲旅游最佳目的地。

纳溪区具备良好的工业发展基础。西部化工城核心区，境内泸天化有限责任公司是目前最大的合成氨、尿素和油脂化工生产企业，西南化工研究院是国家重点科研单位。建设中的泸州化工园区是四川省"1525"工程和泸州市委、市政府重点培育的七大园区之一，浙江产业园和临港产业园是四川省26个"小企业创业基地"之一。

泸州化工园区

茶业基地

近年来，纳溪区委、区政府坚持工业强区一个战略，依托园区和沿江沿路工业带两个平台，抓住西部大开发和产业转移、省市跨越发展、川滇黔渝经济合作密切三大机遇，做强做大化工、造纸、酿酒、物流四大产业的"1234"发展思路，为实现纳溪跨越式发展勾勒出宏伟蓝图。2009年，全区GDP完成60亿元，同比增长11.2%，其中区属GDP同比增长16.5%；区属工业增加值完成20.0亿元，同比增长40.4%；地方财政一般预算收入完成2.1亿元，同比增长46%；农民人均纯收入达到5170元，同比增加387元。

凤凰湖

长江出川第一县—

县委书记李波(前右)、县长周毅(前左)在泸渝高速公路施工现场办公

县委书记李波（中）深入企业调研

合江县地处四川盆地南缘，川渝黔结合部，长江、赤水河、习水河交汇处，东面和北面分别与重庆市江津区、永川区接壤，南面与贵州省赤水市、习水县毗邻。合江县始建于西汉元鼎二年（公元前115年），是长江上游置县最早的三个县之一，有少岷、符阳、荔乡之称，现隶属于四川省泸州市，是四川省第二批扩权强县试点县。全县幅员面积2422平方公里，辖27个乡镇，284个行政村、37个社区，总人口88.7万人，其中非农业人口11.8万人。合江县城建成区面积7平方公里，常住人口约12万人。作为长江出川第一港口县，合江自古以来就是川南黔北重要的物资集散地和商贸物流中心。按照成渝经济区规划发展定位，合江适时将自身的战略定位调整为"立足川南、依托黔北、融入成渝"，依托良好的区位优势，推动经济社会发展全面提速。2009年，全县生产总值73.3亿元，地方财政收入3.15亿元，农民人均纯收入4788元，城镇居民可支配收入1.23万元。

合渝路

繁忙的赤水河航运

合江县交通条件便捷。县城距重庆138公里（到2012年泸渝高速公路建成后，到重庆外环的距离将缩短到74公里），距泸州50公里、泸州兰田机场55公里、泸州集装箱码头50公里，是国家南北交通干线和长江经济轴线的交汇节点之一，是四川省与重庆市毗邻的所有县区中唯一一个既拥有长江黄金水道，又融入重庆"一小时经济圈"的县。在水路运输

合江

方面，长江流经县境55公里，可常年通行3000吨级船舶；宜港岸线9公里，有货运码头15座，500—1000吨的泊位28个，设计年吞吐能力逾640万吨，是目前川黔两省大宗煤炭通过长江黄金水道外运的主要中转港，每年近400万吨黔北煤炭经合江港中转。在公路运输方面，正要建设的泸渝和成自泸赤两条高速公路横贯合江，两条高速公路通车后，合江到重庆、成都、贵阳等大城市的时空距离也将大大缩短。另外，随着省、市加快区域综合交通枢纽建设的加快推进，合江的交通条件将进一步改善，合江将形成快捷的水、陆交通网络，成为川、渝、黔结合部重要的交通枢纽。

合江县产业基础扎实。合江是泸州西部化工城的重要组团，周边有泸天化、西研院、七化建等一批全国著名的化工生产、科研、建筑单位，化工业具有较好的发展基础。年产30万吨合成氨、52万吨尿素的天华股份公司，年产2.5万吨1,4—丁二醇的富邦化工公司，年产3万吨三聚氰胺的锦华化工公司均坐落在合江。近年来，合江以四川省首批川渝毗邻地区合作试点县契机，全力打造省级经济开发区——四川合江临港工业园区。园区濒临长江，规划面积18平方公里，是四川省政府重点扶持的50个产业园区之一。现建成面积4.32平方公里，在建面积2.34平方公里，已入驻企业76家，投资总额65.8亿元。园区正在建设的重庆中小企业创业园已入驻重庆中小企业8家，总投资4亿元，将于2010年底前全部建成投产，预计产值将达到6.3亿元。目前，随着天华公司年产1万吨γ—丁内脂、6万吨1,4—丁二醇（扩产）、4.6万吨聚四氢呋喃，以及江苏三木集团100万吨煤制甲醇项目的开工建设，将带动下游100多个化工产品的发展。合江正在成为四川乃至全国重要的精细化工基地。

四川合江临港工业园区化工产业园区

合江县旅游资源得天独厚。东部有佛宝国家森林公园和中国历史文化名镇、四川最美十大古镇——福宝古镇。南部有川南黔北著名古刹、素有“天下石工第一”之赞誉的——法王寺和中国历

福宝古镇

烟雨岩瀑布

佛宝原始森林

史文化名镇、国家AAA级旅游区——尧坝古镇。西部有清秀雄奇、以盆景式景区著称的省级风景名胜区笔架山。北部是南宋抗元斗争的古战场、老泸州遗址——神臂城。县境内的佛宝风景区是地球上同纬度、低海拔地区罕见的、保存最完好的亚热带常绿阔叶林带，是距离重庆主城区最近的原始森林。景区东接重庆四面山、西邻贵州赤水风景区，有原始森林60万亩，成片楠竹林20万亩，野生动植物资源2500多种，有桫椤、水杉、大灵猫等国家保护的濒危珍稀动植物近100种。被国内知名专家学者誉为“动植物基因库”、“天然植物博物馆”。景区内的福宝古镇民居建筑群依山傍水、高低错落、起伏跌宕，鳞次栉比，有“中国山地建筑精华”、“中国西部山乡古镇的典范”、“四川省最美丽的古镇”的美誉。泸渝高速公路建成后，重庆到佛宝景区仅需1个小时，是重庆近郊游的首选目的地。佛宝景区成功列入第二批国家自然遗产预备名录，福宝古镇被评为“全国特色旅游景观示范名镇”。“佛宝”品牌逐渐形成，佛宝景区知名度不断提高，正在成为川、黔、渝生态旅游“金三角”的重要支撑景区。随着合江交通条件的不断改善，合江县已把旅游产业发展上升到了事关合江未来发展大局的高度，响亮提出了把合江打造成为“重庆后花园”的发展目标，进一步加大了发展旅游产业的工作力度。2009年，共筹资1.1亿元资金投入旅游基础设施建设。

合江县农业资源丰富，是川南地区传统农业大县。是“中国晚熟荔枝之乡”，现有荔枝种植面积9万亩，规划发展面积12万亩，适宜种植面积20万亩，目前常年产量达400万—500万公斤，占四川省总产量的95%以上。所产的“带绿”荔枝继2008年被评为

合江荔枝

先滩埃山优质稻种植基地

长江出川第一县——合江

奥运水果后，2009年又被评为“中华名果”。是四川最大的食用橄榄基地县，全县定植面积8万亩，常年产量600万公斤。是全国商品粮基地县，全县耕地保有量保持在6.5万公顷以上，常年粮食总产量保持在45万吨以上。是全国生猪调出百强县，2009年出栏肉猪94.8万头，猪肉产量7.3万吨。是全国绿化百强县，全县森林覆盖率53.2%，杂竹种植面积达42万亩，蓄积量130万吨，每年可采伐利用杂竹40万吨以上；天然林木材蓄积量380多万立方米，人工林木材蓄积量80多万立方米，每年可合理间伐4万多立方米。目前，合江县正在根据重庆市场需求，大力推进农业产业化，发展特色农业。重点建设35万亩优质稻基地、20万亩绿色蔬菜产业基地、30万亩荔枝等特色水果产业基地。加强与重庆主城区的联络对接，建设鲜活农产品直销基地，着力把合江打造成重庆的米袋子、菜篮子、果盘子。

合江柚子

大棚蔬菜获得丰收

优质竹示范基地

合江县是一块人力资源洼地。合江是职业教育大县，全国最大的民办中职学校、国家重点中等职业技术学校——少岷职校在校学生近4万人，开设有微机数控、数控自动化、电子信息等24多个国家、省级重点专业，每年毕业各类专业技术人才上万名，自1999年成立以来，已累计输送9万多名毕业生，是全国知名的“职教航母”。学校先后获得全国职教先进集体、全国育才示范校、全国首批职教改革院校。原教育部长周济称“少岷职校代表着下一阶段中等职业教育发展的方向”。“荔乡妹子”、“合江建工”在全国享有一定声誉，除少岷职校每年向外输送优秀技术人才外，合江还常年输出农村劳动力20万人以上。

活力无限、商机无限、希望无限的中国柠檬之都

四川省委副书记、省长蒋巨峰（前排中）在资阳市委书记、市人大常委会主任李佳（前排右），资阳市委副书记、市长罗勤宏（前排左），安岳县委书记、县人大常委会主任钟毅（右三）的陪同下视察柠檬产业

和谐昌盛，为安；高峻稳实，是岳。

安岳位于四川盆地中心、成渝经济区腹心地带，地跨沱、涪两江分水岭，国道319、省道206和建设中的内资遂高速公路、成安渝高速公路，以及规划建设的绵遂内自宜城际铁路等交通要道穿境而过。全县幅员面积2700平方公里，辖69个乡镇，927个行政村，总人口158万，属典型的丘陵农业大县，是中国西部第一人口大县、四川省首批扩权县。

安岳历史悠久，人文荟萃，斗转星移3000余载，“东普西眉”美名齐扬响誉神州，“普州太后”许黄玉播撒文明远涉驾洛，苦吟诗人贾岛“推敲”典故传为佳话，理学鼻祖陈抟道传四海流芳后世，数学泰斗秦九韶《数书九章》光耀古今。安岳名胜众多，风光旖旎，富集有独秀百果的安岳柠檬，“古多精美”的安岳石刻，钟灵毓秀的自然风光，韵味独具的人文风情，是中国绿色名县、中国西部生态环境友好型县、全国文物保护先进县、四川省文物旅游大县。安岳资源富集，物华天宝，是中国柑橘20强县、全国唯一的柠檬商品生产基地、全国最大的红薯淀粉粉丝生产基地、全国八大柚类主产区之一、全国瘦肉型商品猪生产基地、国家级商品粮基地。安岳前景广阔，潜力巨大，中国柠檬之都的宏伟蓝图，成渝经济区的加快建设，“大交通”、“大水利”格局的加快构建，蓄积着强劲的后发优势，展示着无限美好的未来。

近年来，安岳县委、县政府立足发展基础、区位条件、资源禀赋，坚守“安”就是“A”、“A”就是“第一”的安岳追求，围绕以“中国柠檬之都”为品牌、产业特色鲜明的四川丘陵特色经济强县总体定位，贯穿科学发展观“一条主线”，打响中国柠檬之都、中国佛雕之都“两张名片”，推进新型工业化、新型城镇化、农业现代化“三化联动”，着力充分开放、融入重庆，工业主导、三化联动，项目带动、投资拉动，党政引导、全民创业的“四大路径”，开展百姓创家业、能人创企业、企业家创大业、回乡创新业、干部创事业“五创工程”，坚持全面对接、借势发展，区域互动、错位发展，极点拉动、重点发展，突出特色、优势发展，产业联动、统筹发展，促进和谐、协调发展“六个思路”，实施放大特色优势、做强工业园区、改善基础要件、建设特色城乡、深化开放合作、筑牢和谐根基、推进党的建设“七项攻坚战”，努力建设品牌响亮、城乡繁荣、生态宜居、人文彰显、百姓安康、和谐稳定的新安岳，加快推动安岳崛起在成渝中部、屹立于中国西部！

2010年1~6月，全县GDP实现67.26亿元，同比增长15.6%；规模以上工业增加值增长35.6%；全社会固定资产投资实现35.68亿元，增长31.2%；社会消费品零售总额实现28.64亿元，增长18.0%；地方财政一般预算收入实现2.21亿元，增长34.4%；招商引资到位国内省外资金36.50亿元，增长50%；城镇居民人均可支配收入实现7748元，增长11.3%，增加787元；农民人均现金收入实现2589元，增长13.4%，增加307元。

2010年，是安岳加快发展、转型发展的关键之年。我们将深入贯彻落实中央、省委、市委的决策部署，围绕“提速增效、加快发展”主基调，打好安岳柠檬“引爆”牌，做好隆起成渝中部塌陷区文章，努力把“中国柠檬之都”建设提高到一个新的水平。

县委书记、县人大常委会主任钟毅（右二）在西博会上推荐柠檬系列产品

低廉的投资成本

在投资兴业中，我们开通了绿色通道，为投资者提供人性化服务和最优惠的投资政策，着力打造“重信誉、高效率、低成本、快回报”的投资兴业环境。

人力资源成本：一般用工约500~600元/（人·月），技工约1000元~1500元/（人·月）；高级管理人员约2000元~5000元/（人·月）。

交通运输成本：约0.5元~0.7元/（吨·公里）。

标准化柠檬示范园

地产成本：建设用地60万元~100万元/亩（成交价），工业用地5.6万元/亩。

能源成本：生活用水1.6元/吨，工业用水1.9元/吨，污水处理费0.3元~0.5元/吨；大宗工业用电负荷在315（KVA）以上电价约0.452元/度，基本电价18元/（千伏安·月），并实行丰枯、峰谷优惠政策，一般工业用电0.68元/度；居民生活用电电价0.5759元/度；天然气生产用气1.66元/方，生活用气1.53元/方（如遇国家政策调整，按调整后的标准执行）。

优惠的投资政策

一、优惠对象

凡在安岳县境内投资下列项目，且自有固定资产投资工业项目在500万元、畜牧服务业等项目在100万元人民币以上（含设备）的投资者，可享受本优惠政策。

1. 符合国家产业发展政策的工业项目。重点是农副产品加工（制造）业，医药、化工制造业，纺织、服装制造业，建材制造业，机械制造业，电子、通讯设备制造业等项目。

2. 利用安岳优势资源培养骨干产业的项目。重点是石刻、生态等旅游资源的保护性开发，旅游商品的生产、加工、研发，柠檬、通贤柚、中药材等特色农产品的种植、加工和营销，薯类、畜禽、稻米、竹木等农畜产品加工项目。

3. 高新技术开发、环保、出口创汇、重大基础设施及配套建设项目。

二、优惠内容

（一）财税方面

1. 对生产性项目，自生产经营年度起，第1－5年按企业实际缴纳增值税、营业税、企业所得税县级所得部分的100%，第6－10年按50%，由县财政安排资金支持该企业扩大再生产。

2. 对非生产性企业，自经营年度起，第1－3年，按企业实际缴纳增值税、营业税、企业所得税县级所得部分的100%，第4－6年按50%，由县财政安排资金支持该企业发展。

3. 对新办工业项目，根据项目的科技含量、投资总额、投资强度及建设的速度等情况，县人民政府可给予专项支持。

（二）规费方面

自项目建设之日起，1–5年内，可享受以下优惠。

1. 属县级所得的行政性规费全免（工本费除外）。

2. 属县级所得的事业性规费按以下标准收取：差额拨款事业单位收取的规费，按最低标准的30%收取；自收自支事业单位收取的规费，按最低限标准减半收取。

3. 按规定须先征缴入库的规费，按照"先收后返"的程序办理。

（三）土地方面

1. 土地利用年度计划和年度供地计划向工业园区和工业集中区倾斜。投资项目用地符合土地利用总体规划的，优先纳入土地利用年度计划。

2. 旅游资源开发和环保产业项目用地，按有关政策优惠落实。

（四）水、电、天然气等方面

1. 入驻安岳工业园的投资项目，可享受以下优惠。

①供水部门免费安装大管网水源至用地边缘。

②供电部门免费架设10千伏供电线路至用地缘；配电变压器容量达315千伏及以上企业，电价按国家大电网工业用电价格执行，免收农维费。

③供气部门免费铺设供气管道至用地边缘，并优价供气。

④交通部门负责协调处理水、电、天然气、电视、通讯等管网安装所涉及的公路破道问题，免收破道费。

2. 落户在安岳工业园以外的投资项目，所需的水、电、天然气、电视、通讯等服务，由所在地乡镇人民政府负责协调。

中国最大的唐代左侧全身石刻卧佛造像

（五）服务方面

1. 政府积极协调金融机构及有关方面为投资者提供服务。

2. 实行《收费明白卡》、《企业缴费登记卡》制度、《绿卡》服务制度。

3. 实施快速绿色"办证"通道，县招商局、政务服务中心、工业园区管委会为投资者提供"一站式"服务，协助办理有关手续。

4. 投资者可按规定申请办理本企业法人代表、经营管理人员、技术人员及其家属常住户口手续；其子女就读安岳非义务教育阶段学校，免交择校费（私立学校除外）。

三、其他

1. 在国家、省、市、县同类优惠政策中，按最优惠的标准执行，不重复享受。

2. 本优惠政策执行中的具体问题，由县招商局会同有关部门解释。

3. 对安岳经济和社会发展贡献巨大的重大投资项目，采取"一企一策"议事纪要的办法给予投资者更大优惠。

真诚欢迎各界朋友来安岳观光考察、投资兴业、共谋发展、共创辉煌！

安岳工业园一角

北碚：大力发展特色产业

北碚区是重庆主城九区之一，背靠缙云山，面临嘉陵江，享有"嘉陵江畔的一颗明珠"之美誉。全区幅员755平方公里，人口72万，辖5个街道，12个镇。北碚是国家级可持续发展实验区、全国首批风景名胜区、重庆直辖市的第一个"山水园林城区"、西部地区唯一的"国家园林城区"、"国家园林绿化先进城区"，2003年以来先后荣获中国人居环境范例奖、国家卫生区、全国绿化模范城市、国家环保模范城区、全国生态示范区等称号，并被联合国人居环境署授予"迪拜改善人居环境良好范例奖"。

2009年，北碚区坚持科学发展，以五大工程建设为抓手，加快特色产业发展，着力改善民生，加强生态建设和环境保护，经济社会事业取得了持续长足的发展。

市领导与群众一同登缙云山健身梯

新城夜景

缙云山

◎ 全力止滑促增 ◎

2008年底，在中央应对金融危机，提出扩内需、保增长的政策措施后，北碚及时策划包装上报了110个总投资199亿元的项目，争取国家支持；2009年初，国发3号文件出台后，北碚又及时梳理和策划了161个总投资3600亿元的重点对接项目。全年共争取国家资金支持13.36亿元。认真落实企业基本养老保险缓缴、医疗保险缴费费率下调等政策，为企业减负让利6亿元。在全市率先出台工业企业流动资金、固定资产投入贷款贴息补贴政策，兑现补贴3600万元，带动增加工业流动资金贷款7.63亿元、工业固定资产投资贷款4.24亿元。帮助中小企业融资4.3亿元并免收融资担保费。兑现"家电汽摩下乡"补贴636.85万元。在全市率先出台出口企业品牌奖励等6项外贸促进措施，出口市场份额保持稳定。

◎ 加快产业结构调整 ◎

工业结构调整步伐加快。新兴齿轮与美国通用电气合作发展风电齿轮产业，重庆仪表材料所与国机集团共同打造功能材料产业基地，新兴齿轮、歇马曲轴、顺多利机车等企业成为全国最大摩托车制造企业大长江集团的零部件配套合作伙伴。全区新增授权专利265项、国家高新技术企业9家、重庆市高新技术产品42个，新创市级名牌2个、著名商标5个，新产品产值率达53.1%。高新技术产业正在成为北碚发展的支柱产业。

全力构建生态宜居之城

房地产结构日益改善。完成房地产投资37.54亿元，增长30.5%。在充分保证普通商品房适度增长的前提下，规划建设高品质生态住宅。开展高品质生态商住产业规划研究，根据初步规划成果，建设用地总规模达69平方公里。

旅游大项目、大营销强力推进。缙云山·国际温泉度假区一期、重庆旅游教育培训基地动工建设；北温泉柏联SPA在全市“五方十泉”项目考评中名列第一；颐尚温泉被评为国家“4A”级景区；天香苑二期、缙云山宾馆改造等项目建成营业。参加首届“中国西部旅游产业博览会”，签约项目个数和金额均居全市第一。

商贸流通体系不断健全。新增1个区级配送中心、20个镇级超市和129个村级农资便民店，商贸综合服务网点实现城乡全覆盖。嘉陵风情步行街正式开街，天生丽街成功创建市级商业示范社区。

◎ 大力推进对外开放 ◎

与市级部门签订战略合作协议6个，争取到全市服务外包城市示范区、国家级承接光机电仪加工贸易梯度转移示范园等6个示范区试点。台农园与福建漳浦台农园开展战略合作，得到国家农业部高度评价。**加快构筑开放大平台。**收回市城投公司10955亩储备土地，2.7平方公里主城移民生态工业园已报国家审批。新增建设用地计划315.03公顷，批准征地417.71公顷，完成征地728公顷。“第二气源”投入运行。电网建设规模空前，完成投资6.2亿元。政府主导类重点项目融资41.59亿元，有效保障了一批重大基础设施项目尤其是园区基础设施项目建设的加快推进。“一团三园三城一基地”完成投资113.48亿元，整治土地11100亩，建成道路51公里和标准厂房10万平方米。同兴工业园区继续保持全市十强工业园区称号。**加大招商引资力度。**引进项目42个，美国通用电气、国机集团、中铁建、正源中国、上和置业等国内外500强企

美丽乡村嘉年华

山水城市

多彩园艺

业落户北碚。力帆集团新增15万辆微车、100万辆摩托车和200万台发动机项目与我区签订正式投资协议。中国电科院10万吨级钢管塔项目落户北碚，超高压铁塔制造技术填补西南地区“空白”。**推动企业“走出去”。**新增外贸进出口企业12家。东方纺织在香港设立外贸公司，智动仪表等企业参与海外合作。

大力发展特色产业 全力构建生态宜居之城

◎ 扎实推进城乡统筹改革发展 ◎

城乡统筹取得积极成果。城镇化率达72.9%；农村居民收入增幅明显高于城镇居民收入增幅，城乡居民收入比改善为2.78：1；农村消费增长10.1%，超过城市消费增幅。城乡建设用地增减挂钩试点初见成效，土地承包及流转管理网络平台建设走在全市前列，农村土地集中经营度达23%。与中国农科院联手打造近郊现代都市农业示范区基地并签订6项农业科技战略合作协议。完成农业综合土地治理1.31万亩、"一建三改"3727户。改建农村公路140公里。成为全国小型农田水利建设重点区县并获得专项资金支持。30座病险水库实现整体销号。实施农村饮水安全和场镇供水工程38处，解决4.42万城乡居民饮水安全问题。建成25个村级公共服务中心。提前三年实现村村通宽带。新增农民专业合作社

北温泉

金刀峡

30个，入合率达33.4%。新转移农村劳动力3443人。江东"一线八点"建设步伐加快。多彩园艺规模拓展、美丽乡村嘉年华二期改造进展顺利；重庆农谷全国最大的腊梅博览园初具规模；台农园5万平方米巴渝新居、大地渔村3.5万平方米农民新村完成建设。

◎ 着力保障和改善民生 ◎

全区财政民生支出占一般预算支出的比重达52.7%。免除城乡低保家庭普通高中学生学费。义务教育教师绩效工资足额兑现。建成2.59万平方米中小学校舍、5.39万平方米教师安居工程。发放困难企业稳岗补贴、培训补贴、再就业小额贷款2435.6万元。新增城镇就业17515人，完成年度计划的292%；返乡农民工基本实现再就业；城镇登记失业率控制在1.91%。城乡居民合作医疗保险参合率达89%。城乡居民社会养老保险实现全覆盖。投入6091.8万元补贴征地农转非人员参加养老保险。人均使用面积10平方米以下的城镇低收入家庭住房保障实现全覆盖。扩大"送温暖惠民生"活动慰问群体范围，财政对困难群众的救助投入实现翻番。对离任村干部和80周岁以上困难老人分类发放生活补贴，对90周岁以上长寿老人发放一次性慰问金。提高农村五保户供养标准，改扩建敬老院3个。分类救助贫困残疾人，改造残疾人危旧房150户。

2010年，我区将全面提升"幸福北碚"五大工程建设水平，突出发展重点产业，强力推动开放型经济迈上新台阶，加强城乡统筹发展，改善民生，加强政府自身建设，依靠全区人民群众，全面完成今年和"十一五"规划目标任务，争取把北碚加快建设成为重庆主城西北部的重要增长极、重庆市全面小康社会先行区和国家可持续发展先进示范区。

北碚滨江大堤

全面推进"幸福北碚"五大工程建设

新城绿化

宜居工程：拆迁城市危旧房15.05万平方米，改造工矿棚户区6.01万平方米，完成居住区综合整治125万平方米，建购廉租房5.09万平方米，建成巴渝新居670户和农村康居点21个。扩建市民广场2.5万平方米。人均公园绿地面积达20.78平方米，居主城九区第一。数字化城市管理平台在主城率先建成投用。市容环境卫生考核连续9年全市第一。梁滩河、璧北河综合整治项目启动实施，金刀峡镇污水处理厂投入使用。

便捷工程：轻轨六号线北碚段前期工作顺利推进。兰渝铁路、遂渝铁路二线动工建设。渝武高速北环收费站外移至缙云立交和东阳立交之间，进出北碚的车辆不再刷卡收费。绕城高速、中环快速干道蔡家段、三溪口立交建成通车。嘉悦大桥春节前通车后，北碚到机场仅需15分钟。碚青路、龙凤路完成改造。实现了市民期盼已久的出租车驻碚经营。治理超限超载成效明显。

重庆外环高速北段

中干线三溪立交

森林工程：在全市率先开展森林学校、森林医院、生态文明示范镇村建设，率先完成集体林权制度改革确权颁证。竹类博物馆主体完工。完成森林工程建设任务15万亩，占市政府下达计划的118%；森林覆盖率达35.4%。栽种各类竹子16万株和直径8厘米以上的大规格苗木4万株。

森林工程之水系绿化

健康工程：甲型H1N1流感有效防控。在全市率先开展农民免费体检及建档工作，有力推进母乳喂养工程。改扩建镇级卫生院12个。村级公共卫生服务站实现全覆盖。建成中小学塑胶运动场9片、健身路径10条。成功承办全国新年群众登高活动和全市首届"健康校园"大中小学生运动会。全民经常参加体育锻炼人数达42.5%，连续三年被评为全国全民健身先进区。

生态竹海城

平安工程：安全生产工作扎实有效，荣获全市一等奖。成立公安行动技术支队和800人公共突发事件应急队伍，完成救灾物资储备库建设。社会治安综合治理成效明显，打黑除恶、破案攻坚专项行动扎实开展，铲除一批黑恶势力，命案破案率主城九区第一，群众安全感指数达94.9%。人民调解工作全市领先。领导干部大走访"三下降两化解"目标圆满完成，被评为全市大走访活动先进区并荣获群众工作突出贡献奖。信访稳定工作综合考核全市第一。

廉洁高效的执法队伍

“五个重庆”引领渝北建

2009年，渝北区认真贯彻落实“五个重庆”建设战略部署，投入资金260.7亿元、实施重点工程项目80余个，圆

宜居重庆

龙湖花园

鲁能星城

“宜居重庆”建设。按照打造西部最佳“绿色宜居城市”目标，全力推进居住品质提升、公共空间优化、服务设施完善“三大工程”。完成危旧房拆迁改造18.7万平方米，实施城区居住区工程治理7万平方米。竣工商品房面积248.8万平方米，综合整治居住区225.8 万平方米。新增城区道路4公里，铺设配套管网1万米，依法拆除违法建筑27万平方米，基本消除城市无灯区和暗灯区。金山公园及20个社区公园建成投用。改扩建市民广场5万平方米。全年城区空气质量符合二级以上天数达330天，占全年天数的90.4%，居主城第2位。

畅通重庆

江北国际机场

松树桥立交桥

“畅通重庆”建设。完成城市基础设施建设项目46个。郑家院子立交、中环线西政校段工程、电子校立交工程竣工通车。新建城区道路里程累计达到330公里、农村公路改建130公里。新增两路至大竹林街道、两路至龙头寺火车站、两路至寸滩、两路至三亚湾4条公交线路。实施系列城乡民生枢纽工程建设，改造危桥13座。加强城市交通建设管理，完成9条规范路段、14个规范路口红绿灯改造，机场高速路和渝邻、渝宜高速渝北段建成全市一流“迎宾大道”，电子校立交和新南路标准化管理成为畅通重庆“样板工程”。

森林重庆

城市公园绿化

城区广场绿化

“森林重庆”建设。按照“城市栽风貌，农村栽经济”的思路，投资13.05亿元，实施城市干道、节点、城市小森林、社会单位绿化、立体绿化等城市森林工程项目75个333.8万平方米，建成中环宝圣立交生态林和温塘河流域万亩红枫景观林带，完成空港广

设重庆对外开放第一门户

满完成年初计划目标任务，在全市组织的"五个重庆"建设检查评比中22项指标全市领先、综合考评主城第一。

场绿化改造，完成67个工业企业和住宅小区47万平方米的单位绿化项目。完成农村森林造林17.725万亩，建成森林生态镇1个、绿色村庄10个、特色社区公园20个。完成210景观大道、嘉华大桥北延伸段、服装城大道中段、桂馥大道和空港大道等31条道路绿化新建和改建，新增城市绿地面积301万平方米，人均公共绿地面积达16.8平方米。

平安重庆

整装待发

街头巡逻

"平安渝北"建设。着力在加强治安防控、打击刑事犯罪、推进安全社区建设等方面下功夫，构建了两个防范网络，建视频监控23848个、阳光警务平台109台；加强"打黑除恶"专项斗争，全年破刑事案件3359件，命案破案率超过90%。整体推进安全生产大排查大整治大执法，全年未发生较大以上安全事故，死亡人数控制在市下达指标内；扎实开展大走访大下访活动，妥善解决了一大批涉及群众切身利益的矛盾问题；城乡巡防体系进一步完善，应急处理能力明显提升，全区社会和谐稳定。

健康重庆

"健康重庆"建设。建成标准化中心卫生院8个、村卫生室195个，改造社区卫生服务中心10个。全区45.3万农民参加新型农村合作医疗，城乡居民参合率达96%。率先在全市实现镇、村、社区卫生标准化建设全覆盖。完成市级农民健身工程20个，新建农民健身工程69个，

健康校园

玉峰山登山节

新增健身步道4条，社区健身路径56条，村级农民健身路径48条，塑胶羽毛球场30片，乒乓球台112张，新建学校标准化塑胶运动场17块，率先在全市实现镇镇配塑胶篮球场、村村有农民健身设施，实现了"城乡居民同待遇，体育场地全覆盖，运动健身零距离"。

重庆市秀山县

2009年，秀山县围绕市委、市政府关于“五个重庆”建设的工作部署，结合自身实际，加强组织领导，广泛宣传，分别制定了相应工作方案，迅速开展各项工作，取得了较好的成绩。

一、宜居秀山

一是大力实施居住品质提升工程。严格限制单体住宅楼建设，相继打造了一批居住品质较高、环境较好的住宅小区。房地产开发建设量、市场投放量、销售量分别达到101万、67万、43万平方米。对城区内危旧房集中片区进行了摸底调查，完成危旧房改造9.8万平方米。完成城中村改造5万平方米，新开工廉租住房2万平方米，形成了较为合理的住房供应体系。建成社区服务中心（站）5个，大力实施居住区综合整治，完成工程治理面积3.2万平方米。建成农村康居点23个，建成巴渝新居2074户，完成农村危旧房改造1282户。二是大力实施空间环境优化工程。全力实施“蓝天、碧水、绿地、宁静”四大行动，空气质量满足优良标准天数达320天。建成武陵广场、中和广场，广场实际竣工面积8.3万平方米。加快凤凰山森林公园建设，新增公园绿地面积32万平方米。农村卫生条件进一步得到改善，新建沼气池6571口，新、改建农村厕所1135个。三是大力实施服务设施完善工程。竣工商业设施3.6万平方米，建成商业社区2个，县城污水处理厂投入使用。新（改）建垃圾处理场1个，建成垃圾收运站3个。新（改）建城区公厕5个。大力实施“万村千乡市场工程”，新增配送中心或商业网点488个，农村市场进一步繁荣。

巴渝新居

新建成的武陵广场

新建成的中和广场

二、畅通秀山

一是加快高速公路建设。成立了高速公路建设协调指挥部，全力配合施工单位抓好征地拆迁、管网搬迁等工作。确保了渝湘高速公路建设的顺利进行，将于2010年10月通车。二是加强公共交通体系建设。编制完成了《城市综合交通体系规划》、《公共交通专项规划》、《交通管理规划》、《交通安全规划》，道路交通建设步入规范化轨道。制定了《秀山县城市公交线路及车辆投放方案》、《秀山县城市公交车站点设置方案》，重新规划设置了县城5条公交线路，新增公交车20辆，更换面的车30辆。三是狠抓道路基础设施建设。全年交通基础设施建设完成投资2.988亿元。强力推进城市道路建设，黄杨大道北段、丹凤路竣工投入使用，开工建设东大街四期、高速公路连接线、白沙大道、县城环城路整治工程，完成迎春路等13条街巷路的改造工作。加快实施农村道路建设，改善乡村道路231公里，其中：乡通畅公路69公里，行政村通达公路92公里，行政村通畅公路70公里，极大改善了农村出行条件。全面完成了国道319、326线，省道304线改造工程。县长途汽车站竣工投用，竣工乡镇客运站3个。四是完善交通管理设施。合理调整城区人行道、非机动车道，新增停车位348个。改造路口3个，改造维修交通信号灯2组，增设交通标志30余块，交通秩序明显改善。五是强化交通管理措施。大力整治违法违规驾车行为。共查处交通违法行为18416起，警告1961人次，行政拘留153人，处罚16455人次。招聘33名女子义务交通员，在县城各主要路口定点执勤，维护交通秩序。六是提升交通管理现代化程度。广泛利用雷达测速、电子摄像等方式查处各种违法违规行为，新增2台雷达测速设备，6台酒精测试仪。

渝湘高速公路

高速公路景观林

三、森林秀山

一是全面推进森林工程建设。完成森林工程建设19.88万亩，完成投资1.4亿元，森林覆盖率达到35.1%。城市森林工程完成城周森林屏障建设0.15万亩、城市建成区绿化0.04万亩。农村森林工程完成10个绿色村2.5万亩（其中退耕还林荒山造林1万亩）、速丰林基地建设7.23万亩（其中速丰林3万亩、特色经济林2万亩、油茶1万亩、退耕还林后续产业基地1.23万亩）、低效林改造9.31万亩（其中退耕还林补植8万亩、油茶低改1.31万亩）。通道森林工程完成公路绿化0.11万亩，水系周边绿化0.4万亩，矿山植被恢复0.14万亩。建成苗圃基地3260亩。实现林业总产值4.21亿元，农民林业收入达到2.16亿元。启动实施了“县委书记示范林”、“县长示范林”、“百里高速路景观林”3个万亩示范片建设。二是切实加强抚育管

开展春季植树造林

森林秀山建设

油茶林

护。组建了森林工程管护队伍，明确了管护人员的设置、职责和管理，完成示范林抚育和补植6万亩，森林工程造林成活率为92%，苗木合格率为95%，达到了国家造林质量验收标准。三是深入推进集体林权制度改革。先后召开了全县集体林权制度改革工作会议、推进会议、攻坚会议，按照"明晰所有权、放活经营权、落实处置权、保障收益权"的要求，稳步推进集体林权制度改革，发放林权证14.15万户，占应发证户数的99%；发放林权证面积181.9 万亩，占应发证面积的99.7%。

四、平安秀山

平安建设的各项工作取得了显著成效。八类主要案件占刑事案件立案总数比重下降，立案192起，占全部刑案立案总数1798件的10.6%，下降4.4%。共发生安全事故133起，下降3%，死亡23人，下降4%。发生交通事故107起、死亡12人，分别下降0.9%和14.3%。

达到了"五高"：一是现行命案侦破率高。现行命案立9起破9起，破案率为100%；二是民间纠纷调解成功率高。共调解民间纠纷4388件，调解成功4340件，成功率98.9%；三是矛盾纠纷化解率高。排查重点矛盾纠纷56件，化解55件，化解率98.2%；四是"两化解"成功率高。市交办积案2件全部化解、本级排查重点积案32件全部化解，实现了"两化解"100%的目标；五是投入使用的高层建筑消防验收合格率高。验收合格率达到100%。做到了"五升"：一是刑事案件破案数上升。全县共破案1050起，比上年多破353起，上升50.65%；二是打击处理数上升，共打击处理各类犯罪嫌疑人548人，上升13.02%；三是受理批捕案件数上升。共受理批捕案件337件544人，件数上升23.9%，人数上升34.32%；四是受理和审结各类案件数上升。共受理各类案件2860件，结案2685件，分别上升72%和78%；五是案件执行数上升。共受理各类执行案件1250件，执结1151件，分别上升231%和272%。实现了"七无"：一是无重大以上安全事故；二是无严重影响国家安全和政治稳定的重大案件；三是无严重影响群众安全感的恶性刑事案件；四是无造成严重影响和严重后果的重大群体性事件；五是无造成重大社会政治影响的"法轮功"等邪教组织违法案件；六是无进京非正常上访；七是无重大以上食品药品安全事故。

积极开展"两驻一巡"工作

向群众宣传阳光警务监督系统

五、健康秀山

一是着力打造健康校园。投入资金1064万余元，对凤栖小学等6所中小学进行了塑胶运动场建设。积极开展"阳光体育运动"。将中小学体育课程从原每周2节调整为每周4节，广泛开展中小学校园运动会。在全市少年交警大会操比赛中，获渝东南片区第一名，全市总决赛二等奖。切实开展健康教育，学校健康教育课本拥有率、开课率均达到100%。二是扎实开展体质健康活动。举行元旦长跑、登山比赛、体育协会比赛、全民健身日及全民健身周活动、"健康重庆·阳光周末"、机关职工广播操比赛等健身活动，参加群众超过5万人。群众体育蓬勃开展，共参加国际比赛1次，全国比赛2次，市级比赛9次，获全国奖项1个、市级奖项11个，举办大型体育活动6次，举办体育类培训班9期。向市级运动队（重点体校）输送后备人才17名。完善国民体质监测体系，设置国民体质监测站1个，国民体质监测合格率达86%。三是强化基础设施建设。完工体育场（馆）建设主体工程，建成凤凰山登山步道，竣工使用综合健身馆，安装健身路径1套，成功申报市"乡镇农民体育健身工程"试点乡镇1个。完成县中医院、县妇幼保健院主体工程，启动县医院标准化建设及7个乡镇卫生院建设项目，完成新增中央项目投资的3个乡镇卫生院改扩建工程。四是推进卫生服务体系建设。充实医疗卫生资源，每千人拥有职业（助理）医师0.94人，每千人拥有注册护士0.6人。拥有住院病床数873张，同比增加85张，每千人拥有病床1.36张。五是狠抓城乡卫生创建工作。创建市级卫生（含优秀）单位16个、市级生态示范村1个、县级卫生单位2个。城乡清洁工程13个镇达标率100%。

"健康秀山，体彩添彩"新春健身大联欢活动

开展全民健身周活动

每周开展健康秀山"阳光周末"篮球比赛

全力加强“四个城口”建设 推动城口经济又好又快发展

中共城口县委书记　裴　智
城口县人民政府县长　卢鹏飞

2009年，中共城口县委、城口县人民政府在市委、市政府的坚强领导下，团结带领全县24万人民，坚持以科学发展观为统领，深入贯彻落实“314”总体部署和国发3号文件精神，紧紧围绕“全市重要生态功能保障区、全市向北重要门户、红色旅游和生态旅游基地和重要生态经济区”的“四大定位”，大力实施“生态为本、特色为魂”发展战略，全面推进“四个城口”建设，有力地推动了县域经济的持续快速发展。

发挥资源优势，建设“生态城口”。一是实施森林工程。共新增造林19.76万亩，其中新建经果林8.4万亩，低效林改造3.5万亩；不断巩固退耕还林成果，加强285万亩天然林保护，森林覆盖率达到60%。二是实施生态移民工程。整合生态建设、扶贫开发、新农村建设、国土整治等政策、项目、资金，将居住在生态敏感区和高寒山区的近10万群众逐步向外转移，已累计移民近7000户3万余人。三是实施矿山生态修复工程。进一步规范锰矿开采秩序，矿井从2003年987个减少到2009年的57对，恢复了近5600亩矿山植被，治理水土流失面积29.1平方公里。四是实施环保综合整治工程。强力实施“蓝天、碧水、绿地、宁静”环保四大行动，关停搬迁县城附近3个锰矿加工企业。投入近5000万元，完成了高燕河流域污染综合治理。县城压缩天然气站建成供气，新建农村户用沼气池1万口，推广节能灶具，大幅减少薪炭林采伐。

培育壮大产业，建设“特色城口”。一是加快发展以“林”为主的特色农业。发展以核桃、板栗为主的干果林43万亩、中药材10万亩、山地鸡400万羽、中蜂5万箱、生猪33万头。新增农业产业化市级龙头企业3家，创建重庆名牌产品1个，重庆著名商标4个，特色农林产业实现农民人均收入800元。二是培育壮大绿色能矿产业。引进江苏舜天、南京丰盛等大型企业集团，兼并重组中小矿产企业，组建大型矿产开发集团3家，硅锰合金年生产能力达34万吨。装机16万千瓦的巴山电站建成发电，全县水电装机达到23万千瓦，大力实施输变电站扩容工程，确保实现年供电保障能力20亿千瓦时，加快推进电矿联营。三是稳步发展劳务产业。常年务工人员达5.9万人，劳务收入4亿元；政府补贴实施农民工意外伤害综合保险，参保率达98%，加强农民工异地维权，为农民工挽回经济损失1000余万元。大力支持返乡创业，全县创业人员达470户，吸纳农村富余劳动力3200多人。四是加快发展旅游产业。完善了旅游产业发展规划，逐步改善旅游基础设施建设，黄安坝高山牧场度假区等旅游景点打造，“山神漆器”、“城口老腊肉”等旅游商品开发取得了新的进步。

优化发展环境，建设“开放城口”。一是改善基础条件。全力加快交通建设，“4小时重庆”的控制性工程“城万快速公路通道”开工建设，3年后城口即可融入全国综合交通大网络、大循环；通乡公路全部油化（硬化），实现“2小时城口”目标；行政村公路通达率达78.7%、通畅率达14.4%。全力加快宜居建设，着手进行县城总规修编，完成了城市形象设计，全面启动旧城改造和新区开发，强力推进城乡环境综合整治，完成城周森林工程3000亩，扩建诸葛寨植物公园和船梁子公园，实现城区网管改造升级和城市环境净绿亮美，居住环境日益改善。全力加快园区建设，全面启动城口工业园区“高燕组团”和“庙坝组团”建设，锰产品加工园、农林特色产品加工园的标准厂房和基础设施建设加紧推进。二是优化发展软环境。持续推动思想大解放，营造亲商、安商、富商环境。制定完善鼓励投资、壮大工业经济、发展民营经济等政策，加强宣传引导，推动全民创新创业创造。三是大力招商引资。通过出台招商引资优惠政策，推行保姆式服务，采取上门请商、定点招商、四海寻商等方式，实行一个招商项目、一个会议纪要、一名县领导挂帅、一个责任单位、一个帮扶小组和一月一次督查汇报的“六个一”管理办法，成功引进江苏舜天、南京丰盛、广州潘高寿药业等知名企业来城口投资兴业，全年协议引资6.5亿元，利用内资3.41亿元。

关注民计民生，建设“和谐城口”。一是提升人口素质。巩固“两基”成果，积极扩大学前、高中和职业教育规模，初中升学率达76%；加快县乡村三级卫生体系建设，城乡居民合作医疗参合率达到90%；积极培育红色文化、生态文化和民俗文化，打造大巴山毗邻地区文化高地；深入开展“唱读讲传”、职工周末球赛、农民运动会等活动，丰富群众精神文化生活。二是关心困难群体。不断完善社会保障体系，扎实推进整村脱贫和片区扶贫开发，着力解决水库移民、城市拆迁户、失地农民以及其他弱势群体的生产生活问题，扎实开展“三进三同结穷亲”活动。三是扎实开展平安建设。推行的“六位一体”基层维稳新模式在全市推广，扎实开展干部大走访和打黑除恶行动，狠抓安全生产，持续开展建设环境综合整治，维护平安稳定的建设发展环境，荣获“全市信访维稳工作创新奖”和“国庆维稳先进县”荣誉称号。

接力奋进历史趋，扬帆远航正当时。2010年，城口正面临全面提速、加快发展的新机遇，面临全面发力、跨越发展的新挑战，县委、县政府将以建设“快捷交通推进年、城乡建设攻坚年、行政效能建设年”为契机，深入推进重庆市文明县城、卫生县城、山水园林城市、环境保护模范县城、安全保障型城市等“五城联创”活动，全力改善基础条件，大力调整经济结构，竭力创新体制机制，倾力推动开放发展，奋力加快工业化、城镇化和统筹城乡发展一体化进程，解放思想、凝心聚力、逆势突破、赶超发展，努力把城口建设成为“西三角”经济圈的综合交通枢纽、全国有机农产品基地、全国重要的锰工业基地和钡化工基地、西部红色旅游和生态旅游基地。

城口县

原重庆市市长王鸿举来城口考察指导工作

市发改委主任杨庆育来城口调研

县委书记裴智、县长卢鹏飞视察西部农展会城口展区

〔**城口县概况**〕城口，踞三省之门户名"城"，扼四方之咽喉曰"口"，是镶嵌在重庆市最北端、大巴山南麓的璀璨生态明珠，是重庆市唯一成建制建立了苏维埃政权的革命老区县。全县幅员面积3292平方公里，人口24.3万，辖25个乡镇、街道、203个行政村、社区，境内最高海拔2686米，最低海拔481米，是典型的高寒深石山区，素有"九山半水半分田"之称。地理位置相对偏远，距主城区和西安市均为500多公里。

生态优势显著独特。城口地处汉江、嘉陵江分水岭，是秦巴山区生物多样性关键区域的重要组成部分，是重庆市最大的天然生物基因库，境内有各类植物4906种，国家重点保护植物198种，其中崖柏、红豆杉、珙桐等珍稀植物被称为"活化石"；有各类动物706种，一级保护动物5种，二级保护动物39种。全县有天然林286万亩、天然草场133万亩，森林覆盖率达53.7%，建有大巴山国家级自然保护区和九重山国家级森林公园。

自然资源丰饶富集。蕴藏锰、钡、煤、铂、钯、古生物化石等20多种矿产资源。其中，锰矿储量2500万吨，跻身全国五大矿区；钡矿储量6470万吨，位居亚洲之首；煤炭探明储量10余亿吨，花岗石逾亿立方米，石灰岩5亿吨以上。农林特色资源极其丰富，核桃、板栗年产200余万吨，是"中国干果之乡"；野生中药材1000余种，人称大巴山生态药谷；中蜂、山地鸡、蕈菌等原产地资源品质优良，誉为发展有机产业的沃土。能源资源潜力巨大，全县有大小次级河流779条，其中集雨面积超过100平方公里有13条，水能蕴藏量超过50万千瓦。

人文环境质朴开放。大巴山的雄浑博大和悠久的历史积淀，造就了勤劳质朴、艰苦奋斗、坦率真诚、热情好客的优良民俗民风。城口是川陕革命根据地的重要组成部分，有3000多人参加红军，470多人牺牲在长征途中，更有无数普通群众为革命胜利作出了巨大贡献，锻造了不怕牺牲、自强不息的老区精神。秉承优良传统，城口儿女在搞建设、促开放、抓发展，以及决战贫困、改变落后、创造幸福生活的实践进程中，形成了"承认落后、不甘落后、自强不息、团结奋斗"的城口精神。

绿色经济方兴未艾。近年来，城口大力实施"生态为本、特色为魂"战略，积极转变发展方式，促进产业结构优化升级和经济可持续发展。加快发展能矿产业，水电装机达25万千瓦时，年供电保障能力达20亿千瓦时，不断推进矿产开发集约化、精细化和循环化，促进电矿联营，百亿级绿能矿产业基地初见雏形。转型发展特色农林产业，60万亩干果、30万亩中药材、1000万羽山地鸡、10万箱中蜂、50万头生猪基地基本建成，冷水养殖、森林食品、生漆、茶叶、本土园艺花卉等产业发展势头强劲，努力在2011年建成重庆最大的中药、中蜂、山地鸡、老腊肉产业基地和重要的绿色有机食品产业基地。

投资兴业正当其时。随着城（口）万（源）快速通道、安（康）张（家界）铁路、城（口）开（县）高速公路的加快建设，城口"三省通衢"的优势正在显现，成为构建"西三角"的重要关节点，西北地区"通江达海"的重要通道和秦巴地区互融发展的重要平台。

〔**经济发展**〕2009年，城口县实现地区生产总值208889万元，比上年增长 6.8%，其中，第一产业实现增加值36545万元，同比增长 5.8 %。第二产业实现增加值97889万元，同比增长3.8%。在二产业中工业增加值68144万元，同比负增长5.5%；建筑业增加值29145万元，同比增长22.2%。第三产业实现增加值74455万元，同比增长 11.1 %。在三产业中交通运输、仓储和邮政业9010万元，同比增长5.3%；批发和零售业8182万元，同比

220千伏安变电站

城口工业园区开工建设仪式

规模化养殖场

城口县入在通道效果图

硬化后的通乡公路

增长19.0%；住宿和餐饮业5139万元，同比增长15.3%；金融业5479万元，同比增长19.0%；房地产业6846万元，同比增长7.3%；其他服务业39799万元，同比增长10.1%。

农业生产总值59401万元，同比增长8.4%。粮食总产 92757吨，同比增长3.6%。其中：稻谷产量7940 吨，同比增长3.5%；红苕产量15128吨，

城口县

增长36.8%；土豆产量27187吨，同比负增长7.6%；玉米产量39.33吨，同比增长1.6%；蔬菜产量32395吨，比上年增长7.0%。

年末牛存栏1.89万头，增长5.0%，当年出栏牛0.55万头，增长1.9%；年末山羊存栏3.71万只，增长3.3%，当年出栏山羊3.91万只，增长2.4%；年末生猪存栏16.41万头，增长4.1%，当年生猪出栏21.7万头，增长10.6%。全年肉类总产量达到2.11万吨，增长11.1%。

完成工业总产值178541万元，同比负增长3.9%。其中规模以上工业实现总产值149276万元，同比负增长5.3%。规模以上工业企业达到20户。主要产品产量有增有减。全年生产富锰渣8.11万吨，比上年下降45.2%；磷铁0.25万吨，比上年下降37.5%；硅锰合金12.36万吨，比上年增长23.6%；焙烧矿6.84万吨，比上年下降37.8%；钡粉15.96万吨，比上年增长24.7%；水泥4.97万吨，比上年增长21.2%；原煤产量26.97万吨，比上年增长66.5%。规模以上工业企业产销率为87.3%，比上年下降7.5%；经济效益综合指数为195.4，比上年下降111.2%。

全社会固定资产投资完成293004万元，同比增长36.6%。其中：农业投资28102万元，同比增长28.4%；工业投资38800万元，同比增长190.2%；能源投资83399万元，同比增长9.3%；交通建设投资72734万元，同比增长42.8%；市政建设投资18416万元，同比增长18.7%；房地产投资7866万元，同比负增长34.5%；社会事业投资6324万元，同比负增长52.9%；私人建房投资32783万元，同比增长228.2%。

社会消费品零售总额55264万元，同比增长18.1%。其中：县级零售额28594万元，同比增长17.9%；县以下零售额26670万元，同比增长18.3%。分行业看，批发业销售总额5174万元，同比增长31.9%；零售贸易业完成零售额41743万元，同比增长16.8%；住宿和餐饮业完成零售额7653万元，同比增长17.5%。全年引进内资34100万元，同比增长60.1%。

完成辖区内财政收入32457万元，同比增长7.1%。地方预算内财政收入17280万元，同比增长21.1%，其中：一般预算收入（全口径）完成30805万元，同比增长3.9%。地方财政支出84660万元，同比增长32.0%。

年末金融机构存款余额301161万元，同比增长25.9%。其中：企业存款38801万元，同比增长64.1%；城乡居民储蓄存款余额161888万元，同比增长4.6%。年末金融机构贷款余额146918万元，同比增长10.1%。其中：工业贷款3810万元，商业贷款4177万元，农业贷款30793万元。

风景如画的羊耳坝水库

南方高山草场——城口县黄安坝高山牧场度假区

治平乡高山移民新村

九重山风光

全县公路里程达到2244公里，新增公路453公里；全年完成公路货物运输量112万吨，比上年增长10.9%，完成公路货物周转量11634万吨公里，比上年增长7.8%；完成公路旅客运输量225万人，比上年增长51%，完成旅客运输周转量13583万人公里，比上年增长2%。

2009年共接待旅客27.096万人次，实现旅游收入2365万元，分别比2008年增长12%和10%，旅游业对全县收入的贡献率为2.5%，实现旅游商品企业和旅游项目投资1000万元。

全年完成邮电业务总量8467.7万元，比上年增长18.2%。其中：邮政业务量1187.7万元，比上年增长46.2%；电信（含固定、移动、联通）业务量7280万元，比上年增长14.9%。邮政业完成各类函件4.2万件。年末固定电话用户数（含小灵通）36000户；移动电话用户（含联通、电信）达到94400户，新增互联网用户900户。

〔**社会发展**〕全县共有中小学校198所，其中高完中1所、职教中心1所、初级中学7所，小学181所，幼儿园7所，教师进修校1所；在校学生37181人，其中小学19149人，初中9557人，普通高中2164人，职教中心2296人，学前3883人；专职教师2342人，其中小学1335人，初中628人，普通高中117人，职教中心80人，幼儿园93人。

全县拥有各类专业技术人员3490人，全年引进推广科技成果23项，4个科技项目得到立项。财政科技投入达到458万元，比上年增长30.48%。

全县拥有各类卫生机构29个，其中：医院、卫生院27个，疾病预防控制中心1个，卫生监督所1个；卫生机构拥有病床数644张；卫生技术人

城口县

城口中小学校红色歌曲演歌会

唱红歌比赛活动

城市街景日新月异

明中乡生态移民小区

全县建成的首个塑胶运动场——城口中学运动场

员数459人，其中：执业医师149人，助理医师55人，注册护士78人。

2009年全县电视综合人口覆盖率达到95%，有线电视入户率达到35%。

2009年年末辖区内有住户7.43万户，总人口24.38万人。其中：农业人口21.22万人，非农业人口3.16万人；男性人口13.05万人，女性人口11.33万人，男女性别比为1.15 ：1.0；征收社会抚养费298万元，人口自然增长率控制在为5.4‰以内，合符政策生育率达到92.94%。

2009年农民人均纯收入3096元，比上年净增280元，增长10.3%；城镇居民人均可支配收入11053元，比上年增长9.5%。

2009年全县共筹集就业和再就业资金1839.8万元，开发就业岗位1208个，新增就业人员617人。培训下岗职工621人。城镇登记失业率控制在3.56%以内。

2009年城乡居民医保参保率达到89.8%。城市低保人数达到3042人，农村低保人数17924人，农村五保供养人数达到2831人，农村绝对贫困人口减少10000人，社会养老保险参保人数达到4723人，保险基金收入3591万元。

2009年刑事立案1092件，侦破556件，打击处理229人，抓获上网逃犯108人；查处治安案件1319件，结案1240件。

全年累计发生各类安全生产事故16起，综合死亡20人。

城镇化水平不断提高。城镇化率达到24%，比上年提高3.6个百分点。

城万快速通道开工奠基仪式

〔**城万快速通道正式开工**〕城口县“4小时重庆”控制性工程——城（口）万（源）快速公路通道于2009年12月24日正式开工建设。该通道全长66.582公里，其中城口段43.151公里，万源段23.431公里。该项目全线采用二级公路技术标准，设计速度60公里/小时，路基宽度12米。全线需建大中型桥梁49座，总长11704米；建隧道13座，总长19535米，其中特长隧道3座共13175米，长隧道1座2465米，中短隧道9座3895米；建涵洞123道。项目总投资25.58亿元。建设工期为36个月。

投资13亿修建的城口巴山水电站水库

〔**巴山水电站投产发电**〕市级重点水电工程巴山水电站于4月28日下闸蓄水，5月底投产发电。该工程总投资12.5亿元。水库正常蓄水位680m，相应水库面积6.02平方公里，总库容3.154亿立方米，调节库容1.43亿立方米。电站设计装机容量14万千瓦，多年平均发电量为4.498亿千瓦时，建成投产后能解决重庆东北部地区供电调峰问题，对改善重庆电网电源结构具有积极意义，同时能有效缓解城口能源短缺的瓶颈制约，能为城口培育电矿产业链提供可靠的电力保障，对保持和改善生态环境促进城口经济社会可持续发展具有十分重要的作用。

〔**城口遭遇特大暴雨袭击**〕7月9日晚至7月13日晚，城口出现持续性强降雨天气。过程降雨量最高达523mm，全县各行各业遭受重创，给城口造成了严重的经济损失，其降水强度之大，持续时间之长，影响范围之广，灾害程度之深，是城口自1958年有气象资料记录以来之最。“7·10”特大暴雨洪灾共造成全县101861人受灾，直接经济损失26053万元，其中农业损失6711万元，无人员死亡或失踪。

充满希望的热土 快速发展的巫溪

——巫溪县2009年经济社会发展概述

宜居工程：规划建设中的宜居城市

2009年，巫溪县认真贯彻落实市委、市政府各项决策和部署，以"投资推动年"为主题，抢抓机遇，整体推进，全县经济社会进入快速发展的转折点，巫溪正在成为一块充满希望与活力的热土。

主要经济指标增速进入全市前列。全县生产总值比上年增长16.8%，排名全市第9位。全社会固定资产投资同比增长65.9%，排名全市第3位。地方财政一般预算收入同比增长38.4%，排名全市第4位。实际利用内资同比增长2.4倍，排名全市第7位；外贸出口同比增长2.2倍，排名全市第8位。建筑业总产值同比增长147%，排名全市第2位。

产业结构步入良性发展轨道。三次产业比调整为25.1：32.4：42.5，二产业占比首次领先一产业，经济结构趋于优化。特色产业态势良好，"三朵金花"初步形成。被市政府列为草食牲畜发展重点县，荣获2009年种草养羊特别奖。大宁河鸡通过国家畜禽遗传资源认定，成为重庆市两大土鸡品牌之一。建设马铃薯原种基地3500亩、良种基地2万亩，成为全市最大的马铃薯种源生产县。工业经济较快增长，工业园区实质推进。规模以上工业企业达到42户，增加值同比增长28.8%、排名全市第12位。工业园区建设加速推进，入园企业14家。工业品产量持续增长，发电5.6亿度，产煤87万吨，生产石材75万平方米，10万套套装门生产线、年产40万吨水泥JT窑技改项目建成投产，获得全市企业技术创新、工业技术改造工作先进。商贸旅游加快推进。启动建设渝陕鄂农特产品交易中心、重庆山货市场，开工建设行政中心商圈。旅游资源优势开始显现，全年接待游客16.8万人次。

资源开发—水电站建设

"五个重庆"建设取得重要进展。宜居工程："宜居重庆"、城乡规划工作荣获全市一等奖，城乡建设工作获得全市优秀。县城建成区面积达到5.4平方公里，城镇化率达到24.6%。通过市级"卫生县城"、"文明县城工作先进"验收，以及市级"山水园林城市"3个单项验收。荣获全国农村水电电气化先进县称号。**畅通工程：**荣获全市"畅通重庆"考核一等奖。奉溪高速公路全线开工，四条出境公路全部贯通；基本实现所有乡镇通畅，行政村通达率、通畅率分别达到95%、24.8%。**森林工程：**完成植树造林29.1万亩，全县森林面积居全市第一；森林覆盖率49.4%，名列全市第二。林业工作、林业有害生物防治工作获全市一等奖。**平安工程：**安全、信访稳定工作均获全市一等奖。"打黑除恶"成效明显，群众安全感系数提高7个百分点。**健康工程：**高考上线率连续三年高于全市平均水平；新型农村合作医疗覆盖率超过90%。文体活动蓬勃开展，举办渝东片区太极拳邀请赛。人口计生工作连续第三年荣获市委、市政府出色完成任务奖。

健康工程—新建成的体育中心

民计民生较大改善。城镇居民人均可支配收入、农民人均纯收入分别增长17%和18.3%。社会保障综合覆盖率达到90%以上，荣获全市劳动保障工作先进集体，城乡低保工作获得全市一等奖，民政工作获得创新奖。

森林工程—城市森林工程

坚持科学发展 加快转型升级

重庆市万盛区

JIANCHI KEXUE FAZHAN
JIAKUAI ZHUANXING SHENGJI
CHONGQINGSHI WANSHENGQU

2009年是万盛转型发展迈出坚实步伐的一年，全区人民团结奋进、攻坚克难，经济社会取得长足进步，转型发展实现新的跨越。实现地区生产总值40.01亿元，增长11.9%；完成财政一般预算收入2.84亿元，增长19.5%；完成全社会固定资产投资37.5亿元，增长52.8%；实现社会消费品零售额15.9亿元，增长18.8%；城镇居民人均可支配收入、农民人均纯收入达到11800元、5185元，分别增长15%、12%。

一、突出三项重点，夯实转型基础

大力招商引资，增强发展活力。成功引进东方希望集团投资26亿元建设醋酸项目、重庆能投集团投资7亿元建设220万吨水泥生产线项目、云南汇和集团投资10亿元建设原镁冶炼及镁合金加工项目、重庆舜兴公司投资1.2亿元建设四星级酒店。全年引进投资500万元以上竞争性项目14个，协议引资24.3亿元，实际利用区外资金24.6亿元，增长82%。加快园区建设，搭建转型平台。以"一区五组团"为重点，加快产业培育，努力打造对外开放的平台、产业集聚的载体。争取到2012年，工业园区开发面积达到10平方公里，投入和产出均超100亿元，成为承接产业转移、发展开放型经济的主要平台。扩大对外交流，强化区域合作。不断深化与南川、綦江、桐梓等周边区县的合作，完成结对帮扶武隆工作，与河南焦作、宁夏石嘴山等资源型城市建立友好关系，与英国约克郡实现互访交流。

万盛夜景

浮法玻璃开工仪式

二、培育四大产业，增强转型动力

进一步明确转型思路，围绕旅游、煤电化、材料、机械制造，打造4个100亿级产业。100亿旅游产业，成功回购黑山谷，万盛石林、铜鼓滩三大景区基础，启动旅游"二次创业"，实施黑山谷景区提升改造工程，争取5年累计完成旅游综合投入100亿元，把旅游产业培育成为集旅游地产、会展会务、康体健身、旅游商品、旅游服务等多种经济成分多头并进的综合性服务产业。100亿煤电化产业，启动煤电化基地核心区2.7平方公里建设，20万吨醋酸项目进入扫尾阶段，板辽水库、基地供排水工程等配套项目进展顺利，争取在2012年使煤电化产业率先实现投入产出"双百亿"。100亿新型材料产业，开工建设浮法玻璃生产线、南桐特水220万吨水泥生产线，启动博奥镁业原镁冶炼项目技改，计划用3年左右时间，使新型材料产业达到100亿元产值。100亿机械制造产业，编制机械行业发展规划，开展平山组团煤机制造基地前期工作，引进了方汀、爱优、煌盛等机械加工企业，争取在5年左右使机械制造产业产出达100亿元。

三、实施五大行动，优化转型环境

"宜居万盛"行动：突出"提升居住品质、优化公共空间、完善服务设施"，推进提升旧城区、拓展新城区、改造棚户区"三区并进"工程，启动市级卫生城区、山水园林城区、文明城区创建工作，深入推进环保四大行动，加快宜居建设。"畅通万盛"行动：围绕"1小时主城"、"1小时机场"、"半小时周边"、"半小时达镇"、"1小时通村"目标，统一规划、分步实施，积极构建大畅通格局。启动南川—万盛高速公路、万盛—綦江梨园坝二级公路建设，三万南铁路改造改线方案通过国家铁道部批准。全区公路里程达到1025公里，镇通畅、村通达实现"双百"目标。"森林万盛"行动：以六大森林工程为重点，加强绿色生态建设，到2012年建成市级森林城市。全年投入资金1.1亿元，植树造林5.44万亩，森林覆盖率达到45%，建成区绿化覆盖率达到35.6%。"健康万盛"行动：突出卫生行动和体育行动，万盛文体中心建设进展顺利，全区人均体育场地面积增长28.6%，市民体质抽样合格率达到91%，全区合格化村卫生站达到60%，规范化村卫生站达到20%。"平安万盛"行动：强化安全生产"双基"建设，推进区级应急避难场所建设，开展打黑除恶专项斗争和破案攻坚综合整治战役，深入开展"干部大走访、群众知党恩"活动，切实落实"三项制度"，维护安定团结的社会局面。

健康万盛

健身步道

黑山谷

2010年，万盛区将以资源型城市转型建设年为主线，进一步深化转型思路、争取政策支持、强化发展基础，着力调整产业结构，加快四大接续替代产业培育步伐；着力优化发展环境，深入实施五大万盛行动；着力改善民生，促进社会安定和谐，努力推动地区经济社会又好又快发展，在全面转型之路上取得新的更大的进步。

铜梁县

TONGLIANGXIAN

铜梁县位于四川盆地东南部，重庆市西北部。唐长安四年（公元704年）建县，因境内“小铜梁山”而得名，是国际主义战士邱少云的故乡。全县幅员面积1334平方公里，辖25个乡镇、3个街道，人口81万，是驰名中外的“中国龙灯艺术之乡”。

铜梁山川秀美，人文荟萃。这里有风光旖旎的省级风景名胜区——巴岳山•玄天湖温泉旅游度假区；有以更新世纪石器、东汉陶器、恐龙化石为代表的“铜梁文化”；有誉满华夏、蜚声海外的“中华第一龙”——铜梁龙；有全国爱国主义教育基地——邱少云烈士纪念馆；有“巴渝名校”——铜梁中学，有“初中教育专家”——重庆巴川中学。

美丽乡村——太平安居房

近年来，铜梁工业园区围绕机械制造、电子电气等主导产业招商引资成效明显，图为昆旺电子车间

铜梁交通便捷，环境优美。铜梁距重庆主城41公里，距江北机场65公里，渝遂高速公路、国道G319及正在建设中的成渝高速公路复线东西向穿境而过，规划的重庆三环高速公路贯通南北。铜梁生态环境优美，先后荣获中国人居环境范例奖、国家园林县城、国家卫生县城、浙商（中国）最佳投资城市、中国最佳绿色生态县等殊荣。

铜梁经济基础雄厚，发展势头强劲。近年来，铜梁大力实施“兴工富民强县”战略，形成了锶盐化工、机械制造、建工建材、轻纺制鞋、农产品加工等支柱产业，全县现有规模以上工业企业291户，有红蜻蜓、金江水泥、奥博铝材等知名企业；铜梁工业园区连续六年被评为市级特色工业园区。铜梁农业基础较好，产业优势明显。形成了3000万羽水禽集中养殖加工区、20万担优质茧基地、20万亩纸料竹基地，正在打造10万亩蔬菜基地，有浙江天翔羽绒、重庆铜龙食品等70家市级龙头企业，农产品商品率达71%。2009年，全县实现地区生产总值127.8亿元，增长17.9%，三次产业结构调整为14.4：55.3：30.3；社会消费品零售总额43.4亿元，增长19.6%；地方预算内财政收入15.04亿元，增长21.8%，其中一般预算收入完成9.5亿元，增长27.1%；全社会固定资产投资111亿元，增长38.1%；城镇化率提高2个百分点，达到39%。在2009年的中国西部百强县（市）评比中，铜梁位居第27位。

蜚声中外的铜梁龙舞——火龙表演

全民健身中心

新机遇、新起点。铜梁将在新一轮发展浪潮中，以只争朝夕的锐气，以敢为人先的胆魄，抢抓机遇、奋发争先，努力把铜梁建设成为重庆主城功能拓展区，争当全市县域经济排头兵。

一年种了十年树——图为雪庵公园

丰都县

丰都县高度重视“五个重庆”建设，把“五个重庆”建设作为推动科学发展的必然要求，扩大对外开放的有效途径，“以人为本”的生动实践来抓，创新思路、建全体系、落实措施，取得了明显成效。

宜居丰都方面：一是实施魅力城市工程。提升居住品质，建成商品房面积33万平方米，竣工31万平方米；新建廉租房1.6万平方米。优化公共空间，按照“一城两片六组团”布局，围绕“一城两镇、两桥相连、南北拓展、东西延伸、组团推进”的城市发展思路，拓展城市空间；围绕“青山、绿城、秀水、蓝天”四大行动，精心打造滨江公园、迎宾大道、步行街道等特色景观，积极建设滨江美城。完善服务设施，改造重点夜景灯饰80项，整治户外广告1万m2，整治背街小巷63条，安装路灯160盏。新建商业设施24个、文化设施16个、娱乐设施1个、社区服务设施11个，老年服务设施4个。建成水厂1座，改造水厂1座，新建、改建公厕12座，城市污水处理率、生活垃圾无害化处理率分别达到95%、100%。今年12月，我县创建山水园林城市顺利通过市检查组的考核验收。二是推进舒适集镇工程。加大旧镇城区改造和新区拓展力度，进一步完善学校、医院、文化馆、广场、休闲街区配套建设，切实加大路、水、电、气、通讯、排污处理等基础设施建设；加强集镇清扫保洁、绿化管护、灯饰管理和市容环境整治，不断提升集镇管理服务水平，切实改善集镇居住环境。三是实施美丽乡村工程。以森林工程为契机，大力实施植树造林，不断提高森林覆盖率和植被覆盖率；着力推广沼气等清洁能源，加大农村面源污染治理力度。积极推进农村危旧房改造和巴渝新居建设，深入实施农村改路、改水、改厕、改房、改环境的“五改”工程和庭院的靓化、通水、通路、通电话、通沼气、通闭路电视的“一化五通”工程。全县新开工巴渝新居800户、农村危旧房改造1237户。

畅通工程方面：以“构筑基础平台，构建综合网络，提高管理水平，服务城乡发展”为目标，着力提升交通通行能力。一是交通规划进一步调整完善。围绕建设承接“一圈两翼”的三峡库区重要交通节点城市，完善了一系列规划：以相互衔接的高速公路、铁路和水路作为快速出境通道，建设及改造县际公路，完善县乡道路，联网出境路和乡镇断头路，打造港口码头物流基地，整治支小河流航道，完善库周渡口，建设客运枢纽换乘中心，完善乡镇客运站和村级招呼站等建设。二是重大项目加快推进。渝利铁路提速建设，渝安高速公路丰都段、丰都长江二桥即开工建设，产业大道建成通车。三是交通项目建设稳步推进。农村公路实施通乡通畅公路7条69公里，通村通达公路35条252公里，全县通乡通畅率和通村通达率将均达100%。建成7个乡镇客运站和50个村级招呼站建设，8个渡口改造，3座危桥改造。实施通道森林工程276公里5732亩，实施迎宾大道移民纪念树栽植工程、共青林示范工程和两镇路通道森林工程。加强省县道共计730.908公里的公路养护任务，完成省道好路率89.77%，县道好路率81.86%。

森林工程方面：大力实施长江两岸、城市森林、城周森林、水系森林、通道森林、速丰林、低效林改造、绿色村镇、苗圃基地九大重点工程，全县累计完成投资5.40亿元,完成森林工程建设任务31.01万亩，是市上下达年度目标任务22.4万亩的138.4%。其中，面上森林工程21.18万亩，是任务15.7万亩的134.9%；长江两岸森林工程示范段建设9.83万亩，是任务6.7万亩的154.3%。

健康工程方面：该县着力搭建设施平台，开展健康活动，完善健康体系，统筹兼顾、全面推进“健康工程”。一是筑平台。着力实施“四大工程”。实施健身场所扩容工程。二是抓载体。以“三大活动”为载体，全方位推进“健康丰都”建设。开展“提神励气活动”，在全县机关、社区、乡镇、学校广泛开展“唱读讲传”活动，成功举办第十四届三峡国际旅游节，“欢乐中国行”大型文化活动走进丰都，开展农村文艺汇演、建国60周年书画摄影展等各类文化活动150场（次），群众精神健康活动丰富多彩。三是构体系。着力健全完善“三大体系”。健全“医疗保障”体系，进一步完善新农合制度；健全“健康监测”体系，启动自动预警信息系统，疫情网络直报覆盖率100%；健全“应急救援”体系，建立健全传染性疾病防控预案，充实应急救援队伍，开展救援演练，应急响应及时率100%。

平安丰都方面：一是抓宣传教育，大力建设平安文化。重点开展了“反邪教宣传月”、“农民工日”、“12.4”法制日等主题宣传活动，组织7758人参加网上法律知识竞赛，平安建设知晓率达95%，法制宣传普及率达90%，公众安全感达92%，执法队伍服务意识、执法能力、廉政意识明显增强，群众满意度和安全感显著提高。二是抓关键环节，着力夯实基层基础。借助大练兵、大培训、大交流活动，培训干部6000余人次，组织部分乡镇和县级系统综治干部赴浙江考察学习“枫桥经验”，各级干部的业务素质和综合能力得到明显提升。三是注重关口前移，强化安全防范。严把高层建筑消防验收关，开展消防救援演练，消防验收合格率达100%；严格建筑质量管理，加强交通安全管理；加强交通安全管理，客车安全例检率达到100%，全县35个渡口、39艘渡船全部得到标准化改造。四是抓重点领域，加快构建平安网络。建立有奖举报制度、预警发布制度，加大城镇巡逻防控力度，“八类案件”占全部刑事案件的比重下降8.74%。集中开展隐患排查治理，整改率达96.2%，重大隐患6起销号5起，整改率达83.3%，对尚未整改的隐患责令停产整顿。

天下大足 福满人间

广场

大足，世界文化遗产胜地。世界文化遗产大足石刻，与敦煌、云冈、龙门并称为"中国四大石窟艺术宝库"，造像5万余尊，铭文10万余字，创造了人类文明史上的一个奇迹，是中国石窟艺术最鲜活、最灵动的篇章，代表着公元9-13世纪世界石窟艺术的最高成就，被誉为"历史文化尘埃落定之地"，成为世界石窟艺术史上的最后一座丰碑。历来巴蜀大地就流传着"上朝峨眉、下朝宝顶"的说法，一年一度的宝顶香会节，每年吸引香客10万之众，国内外政要邓小平、江泽民、胡锦涛、基辛格、西哈努克、吴作栋等曾先后前来考察。与大足石刻交相辉映的玉龙山龙水湖景区，集国家森林公园、国家级水利风景区于一身，融山、水、林、温泉、湖泊、影视制作、野战集训等休闲娱乐于一体，是重庆市著名的度假胜地，成为镶嵌在成渝经济区中一颗耀眼的明珠！大足旅游以其特色吸引了众多游客前来参观，每年接待海内外游客达300余万人。

大足，历史悠久的"五金之乡"。千年大足五金，是重庆市传统优势产业之一。"万家灯火万家明，家家传来叮当声。昼出耕田夜打铁，一业兴旺百业兴。"这首古老的民谣，唱出了大足五金历经千年的蓬勃和兴旺。现已形成了以龙水为中心，辐射全县16个乡镇、直接从业人员达15万人，拥有320多个品种、2600多个型号的现代五金产业，产品远销欧美和东南亚。由中国贸促会主办的中国龙水五金博览会，每年都吸引着远近上万客商。总体规划50平方公里的省级特色工业园区——大足工业园，正全力打造由国家科技部与重庆市政府部市合作共建的五金科技城，建成年产值500亿级的现代工业集中区。

大足，大丰大足的"鱼米之乡"。现已建成优质稻基地30万亩、枇杷7万亩、笋竹5.5万亩、冬菜调味品4.5万亩以及60万头瘦肉型猪生产基地，建成荷莲、葡萄、黄金梨、茶叶、巨桉等特色基地15万余亩。现有无公害农产品基地71个，绿色食品品牌11个。先后获得"全国生猪调出大县"、"国家级生态示范区"、"全国产粮大县"、"中国枇杷之乡"的称号。宝顶酿造、邮桥米业等企业在沈阳、上海、广州等地建立了40多个销售窗口；海天石魂公司获得自营出口权，"石魂牌冬菜"出口美国；石雕编织合作社生产的棕编工艺品远销加拿大。

迎宾大道

大足，前景广阔的创业热土。近年来，大足迎来了千载难逢的发展机遇，全县人民紧紧抓住重庆实施"一小时经济圈"发展战略和城乡统筹背景下的川渝合作框架新机制，乘着成渝高速铁路、成渝直线高速公路开工建设的春风，发扬"开山化石、励志图新"的千年石刻创建精神，着力打造"国际旅游胜地、生态经济城市、和谐宜居家园"，加快发展旅游创意、现代五金、聚光光伏和生态农业四大产业，努力建设宜居、畅通、森林、平安、健康五个大足，夯实投资融资、基础设施、服务保障三大平台，经济社会得到快速发展。2009年，全县GDP达120亿元，地方财政收入达14.7亿元，城镇居民人均可支配收入15000元，农民人均纯收入5790元。一个社会安定有序、经济比较富裕、生态环境良好、物产资源丰富、人民安居乐业的宜居和谐之城，正在重庆西部的热土上崛起，伴随着中国经济的腾飞谱写着更加辉煌灿烂的篇章。

千手观音

龙水湖温泉

天下大足，福满人间。

龙水湖

璧山工业园区

跟上重庆发展快车 建设重庆绿岛新区

2009年8月17日中共中央政治局委员、重庆市委书记薄熙来，重庆市委副书记、市长黄奇帆视察璧山

璧山大成广场

2009年，璧山县坚持以邓小平理论和“三个代表”重要思想为指导，以科学发展观为统揽，全面贯彻落实市委薄熙来书记视察璧山重要讲话精神，团结带领全县干部群众，积极抢抓发展机遇，坚决推进发展转型，以跟上重庆发展快车为主旋律，举全县之力推进“五个璧山”建设，打造重庆绿岛新区，全县进入科学发展、加快发展的历史新时期。全县实现地区生产总值128亿元，增长14%，人均GDP达到24169元。实现工业总产值305.4亿元，增长20.1%，总量位居全市第14位。社零总额达到41.4亿元，增长18.3%。地方财政一般预算收入达到8.6亿元，增长37.9%。城镇居民人均可支配收入达到1.6万元，增长11%；农村居民人均纯收入达到6047元，增长11%，连续12年位居全市各县第一位。地区生产总值、固定资产投资等15项指标，已提前一年实现“十一五”规划目标。

2010年是“十一五”规划的收官之年和“十二五”规划的奠基之年，也是璧山在新的发展起点上集中力量求突破的关键之年。璧山县将按照县十二届三次党代会确定的“1365”总体工作思路，围绕“1”个目标，即“全面升级提速，跟上重庆发展快车，建设强县富民和谐新璧山”的目标；突出“3”大重点，即“城市建设、工业发展、城乡统筹”；抓好“6”件大事，即“绿岛新区核心区建设、工业园区建设、璧城至大学城隧道建设、璧南河污染治理、小城镇建设、保障性住房建设”；推进“5”大建设，即“党的建设、民主法制建设、和谐社会建设、人文建设、生态文明建设”，在融入重庆主城区、跟上重庆发展快车的征程中迈出更大步伐。2010年全县经济社会发展的主要预期目标是：地区生产总值增长15%；工业增加值增长17%；地方财政一般预算收入增长25%；全社会固定资产投资增长30%；社会消费品零售总额增长20%；城镇居民人均可支配收入和农村居民人均纯收入分别增长11%、12%；利用内外资分别增长30%；单位地区生产总值能耗降低4%，主要污染物COD和SO_2排放量分别下降1.5%、3%；全面完成“十一五”规划目标任务。

中共璧山县委书记范明文在企业调研

璧山县南河公园

璧山县新农村建设

荣昌县

县委书记陈杰到工业园区调研

县长谢金峰慰问市政一线职工

荣昌县位于重庆市西部，地处四川、重庆两地接壤处，距重庆市区94公里，距成都市区246公里，东邻大足县、永川区，西接四川省隆昌县，南邻四川省泸州市，北与四川省内江市、安岳县接壤。幅员面积1079.01平方公里。辖6个街道办事处、15个镇、75个社区居委会、92个村委会。2009年末总人口83.33万；常住人口65.89万，其中城镇人口25.15万。2009年人口出生率10.9‰，人口死亡率7.1‰，人口自然增长率3.7‰。

境内地貌以浅丘为主，土地肥沃，地势起伏平缓，平均海拔380米。属亚热带季风性湿润气候，年平均气温17.6摄氏度，年平均降雨量1089.6毫米，年平均日照1112.2小时，无霜期336天。自然资源丰富，有粮油作物、经济作物、药用植物、园林植物和家畜家禽、淡水鱼类等生物资源600余种。有煤炭、天然气、陶土、页岩、石灰岩、建材砂岩、石英岩和矿泉水等10多种矿产资源。煤炭可开采储量9600万吨，天然气可开采储量10亿平方米，石灰岩探明储量为1300万吨，陶粒页岩探明储量为3亿吨。县内多年平均径流总量6.3亿立方米，有濑溪河、清流河等151条溪河。

全年实现地区生产总值129.98亿元，比上年（下同）增长17.8%。其中，第一产业增加值22.48亿元，增长5.5%；第二产业增加值69.48亿元，增长24.8%；第三产业增加值38.02亿元，增长12.9%。第一产业增加值占地区生产总值的比重为17.3%，下降1.6个百分点；第二产业增加值比重为53.5%，提高2.1个百分点；第三产业增加值比重为29.2%，下降0.5个百分点。按常住人口计算，2009年全县人均生产总值达到19777元，增长17.0%。全年县域财政总收入18.46亿元。县级财政收入14.15亿元，增长33.7%。其中县级一般预算收入8.17亿元，增长33.7%；政府性基金收入5.98亿元，增长22.7%。全年完成县级税收收入4.13亿元，增长30.8%。其中工商税收3.37亿元，增长22.1%。全年财政支出24.38亿元，增长41.6%。其中一般预算支出18.11亿元，增长47.0%；基金支出6.28亿元，增长28.2%。年末，全县金融机构各项存款余额110.84亿元，增长18.4%。居民储蓄存款余额79.90亿元，增长15.6%。金融机构贷款余额55.71亿元，增长60.2%。不良贷款率为1.19%，下降2.91个百分点。

完成农林牧渔业总产值31.97亿元，增长5.6%。其中农业13.43亿元，增长6.1%；牧业15.35亿元，增长5.1%。全年粮食种植面积47264公顷，增加853公顷，增长1.8%；油料种植面积7608公顷，增加923公顷，增长13.8%；蔬菜种植面积13580公顷，增加20公顷。全年粮食产量288064吨，减少9286吨，减产3.1%；蔬菜产量347231吨，增长3.9%；肉类总产量66141吨，增长7.5%；水产品产量6654吨，增长7.5%；生猪出栏70.025万头，增长5.0%；羊出栏0.8万头，增长9.6%；家禽出栏714.08万只，增长8.1%；禽蛋产量8284吨，增长9.6%；牛奶产量1919吨，增长9.6%。

工业总产值167.10亿元，增长43.5%。工业增加值60.80亿元，增长25.8%。规模以上工业企业296户，增加53户；实现新产品产值18.24亿元，增长220.3%；中国名牌产品产值2.97亿元，下降28.5%；重庆名牌产品产值6.06亿元，增长1.1%；产品销售率99.7%，提高0.9个百分点。全县规模以上工业经济效益综合指数227.8%，提高18.2个百分点；主营业务收入174.70亿元，增长39.5%；利税总额15.14亿元，增长24%；全员劳动生产率12999元/人.年，增长17.4%。规模以上工业企业主要产品产量：配混合饲料394600吨，增长117.6%；原煤3768985吨，增长25.5%；洗煤2392854吨，增长31.1%；水泥482196吨，增长28.5%；焦炭213780吨，增长4.9%；阀门94709吨，增长114%；摩托车117403辆，下降14.6%；苎麻布2000万米，增长260.6%；发电量67795万千瓦小时，增长3.8%。

建筑业实现增加值8.69亿元，增长19.4%。年末全县具有资质等级的总承包和专业承包建筑业企业36家，从业人员1.52万人。全年建筑企业房屋施工面积202.81万平方米，下降45.6%；房屋建筑竣工面积98.13万平方米，下降22.5%。

实现交通运输、仓储和邮政业增加值5.71亿元，增长4.4%，占全县生产总值的比重为4.4%。公路客运量完成2821万人次，增长17.8 %；公路旅客周转量85044万人公里，增长4.7 %；公路货运量完成329万吨，增长14.6%；公路货物周转量15148万吨公里，增长37%。水路客运量20.2万人，增长2 %；水路货运量9.7 万吨，下降28%。年末，全县拥有民用汽车2755辆，其中私人汽车1434辆，城市公共汽车营运车549辆，出租汽车160辆。全县公路总里程2051.12公里。按行政等级划分：国道（高速公路）29.8公里，省道134.86公里，县道229.98公里，乡道327.16公里，专用公路11.58公里，村道1317.73公里。按技术等级分：等级公路1604.78公里，其中：高速公路29.8公里、一级公路24.94公里、二级公路138.98 公里、三级公路82.37公里、四级公路1328.69公里，等外公路446.34公里。完成邮电业务总量23932万元，增长24.4 %。其中，邮政业务总量4337万元，增长33%；电信业务总量1.96亿元，增长2.1%。年末固定电话用户数10.29万户，移动电话用户32.58万户。

全社会固定资产投资95.16亿元，增长49.2%。城镇投资81.78亿元，增长63.2%；农村投资13.39亿元，下降2.2%。第一产业投资3.18亿元，增长39%；第二产业投资45.64亿元，增长41.2%；第三产业投资46.34亿元，增长58.9%。房地产开发投资12.39亿元，增长89.8%，其中商品住宅投资8.66亿元，增长73.8%。完成开发土地面积29.42万平方米，增长27.6%。商品房施工面积293.43万平方米，增长6.4%；商品房竣工面积35.56万平方米，增长12.0%。商品房销售面积79.98万平方米，增长36.9%，其中商品住宅75.64万平方米，增长36.9%。

城市建成区面积20平方公里，城市骨架拓展到35平方公里。投入城市基础设施建设资金20.24亿元，实施迎宾大道北延段、22处农民安置房、市政道路等工程，海棠桥、奥林匹克广场、西部宜居区观景亭1、2、3号道路及海棠桥匝道等工程如期完工，城市配套功能不断完善。城镇化进程加快，全年有城镇人口25.15万人，城镇化率达到38.2%，提高1.8个百分点。完成全年主要污染物减排任务。全社会化学需氧量（COD）5345.76吨，下降0.32%。全社会二氧化硫排放量15412.65吨，下降2.07%。工业废水排放达标率95.86%，提高9.86个百分点。城区环境质量达到国家二级标准，城区空气优良天数达310天，主城区饮用水源水质达标率100%，提高3个百分点。全县森林面积55.86万亩，森林覆盖率34.63%。城区绿地总面积899公顷，绿地率44.95%，绿化覆盖率48.85%，人均公园绿地面积14.65平方米。

社会消费品零售总额380569万元，增长19.4%。批发和零售业零售额28.49亿元，增长17.9%；住宿和餐饮业零售额8.63亿元，增长23.8%；其他行业零售额0.94亿元，增长25.2%。全年批发和零售业实现销售收入50.98亿元，增长19.5%，其中批发业增长11.9%，零售业增长22.2%。住宿和餐饮业实现营业收入11.02亿元，增长23.9%。全年接待游客70.2万人次，增长26%；实现旅游总收入0.98亿元，增长21%。年末实有四星级酒店1家、三星级5家、二星级1家。

外贸进出口总值完成8722万美元，增长43.9%。其中出口总值8720万美元，增长49.4%。茶叶类出口893万美元，下降0.1%；夏布类出口4670万美元，增长350.2%；金属制品类出口1152万美元，下降37.9%；化工类出口1729万美元，下降7.8%。

全年招商引资新签约项目417个，到位资金达到59.72亿元，增长80.8%。全年实际利用内资19.45亿元，比上年增长79.3%，其中1000万元以上项目实际利用内资17.15亿元，增长78.6%。

宜居荣昌—4万平方米的奥林匹克广场

快捷荣昌—农村公路规划征求意见

森林荣昌—绿荫如盖

创业荣昌—农业贷款进农家

平安荣昌建设

健康体魄，幸福荣昌—全县职工运动会

2009年，龚滩古镇复建完工后正式开街，并荣获国家AAA级旅游景区

酉阳土家族苗族自治县

2009年，酉阳县委书记陈勇作客新华网，并与网民进行交流

2009年，酉阳县政府县长周伟代表县人民政府与中石化重庆分公司签订成品油储备库及加油站建设协议

2009年，酉阳县紧紧围绕市委交办的“四件大事”，强力推进“四大战略”，努力建设“六大酉阳”，主攻大投入、强攻大项目、强势大推进，各项指标快速攀升，创出了高速度、取得了高进位。实现地区生产总值47.70亿元，增长20.8%，增幅排名全市第二；工业增加值10.31亿元，增长26.2%，其中规上工业增加值6.28亿元，增长42.5%，增幅排名全市第三；全社会固定资产投资67.67亿元，增长79.4%，增幅排名全市第二；组织财政收入6.01亿元，增长60.7%，其中地方财政收入4.61亿元，增长81.2%，增幅排名全市第一；社会消费品零售总额21.15亿元，增长18.6%；农民人均纯收入3082元，增加304元，增长10.9%；城镇居民人均可支配收入10457元，增长11.5%。**一是工业园区在大山中布局。**工业“一区四园”基础设施基本配套，园区建成区面积达到8.6平方公里，入驻各类企业170户，被市上认定为“两翼”17个区县发展最快最好的园区之一。全县工业经济实现快速发展，工业企业增至378户，其中规上企业从2008年底的24户增至70户。**二是招商引资在山区里兴起。**实行集团化、专业化招商，全年共签约项目700个，协议引资256亿元，到位资金35亿元，为全县经济社会发展注入了强大活力。**三是城市发展在建设中提速。**启动了县城“东进、北拓、南扩”工程，投资15亿元的钟渤快速通道工程加快建设，拉开了“一体两翼”、“一城五组团”的城市发展框架。全年拆除危旧房15万平方米，新开工商品房70万平方米、竣工20万平方米。实施“绿化、美化、亮化”工程，投资5665万元建成香樟园、银杏园等八大城市主题公园，正全力创建市级山水园林城市、卫生城市和文明城市。**四是农村经济在调整中突破。**全年造林40.69万亩，是市上下达任务的172%，引进林业企业27家，全年实现林业产值3.2亿元。被国务院列为全国生猪调出大县，酉州乌羊、麻旺鸭成为国家遗传资源保护品种，实现畜牧产值10.3亿元。渝东南现代农业科技园被列为“全市十大产业基地”，一期基础设施和3000个大棚完工投用，为提高山区农业种植效益提供了样板。**五是旅游商贸在开放中发展。**面向全球招标编制了酉阳县旅游发展规划，成功申报桃花源国家4A级旅游景区、金银山国家森林公园、龚滩古镇国家3A级旅游景区和酉水河国家湿地公园。成功举办旅游国际论坛、龚滩古镇杯全国网络摄影大赛，荣获“中国最佳绿色旅游名县”、“重庆十大乡村旅游目的地”等殊荣。商贸流通日益活跃，渝东南现代物流园火车货运站、标准仓储等项目加快建设，物流配套能力增强。

2009年9月1日，投资15亿元的钟渤快速通道正式动工

2009年，民族歌舞《风情毕兹卡》走上央视《舞蹈世界》

2009年11月，酉阳县举办万人同跳摆手舞活动并成功申报上海基尼斯大世界纪录

2009年，全民创业园建成投用，落户企业140家

正在建设中的城北新区

三峡橘海

大力实施五大战略 加快实施产业结构调整

——忠县经济社会发展简介

忠县党政机关绿化

沪渝高速公路忠州长江大桥

忠县位于重庆市中部、三峡库区腹心，幅员面积2187平方公里。全县辖28个乡镇，总人口102万人。有文字记载的历史达2300多年，是巴文化的主要发祥地之一。

近年来，在重庆市委、市政府的领导下，忠县针对产业空虚突出、县域经济量小质弱等问题，及时调整工作重心，结合三峡库区实际，坚持走差异化发展道路，加快产业结构优化调整，深入实施“环境立县、开放活县、文化兴县、产业强县、百姓富县”战略，着力打造文化旅游创意产业内陆开放型生态经济高地，全县经济社会呈现出又好又快的发展势头。2009年，全县地区生产总值实现93.69亿元，增长16.2%，增速居渝东北、渝东南13个同类县第3位；完成固定资产投资75.5亿元，增长28.2%；实现地方财政收入7.04亿元，其中一般预算收入达到4.14亿元，增长31.5%；社会消费品零售总额实现32.38亿元，增长19.6%；城镇居民人均可支配收入、农民人均纯收入分别达到13837元、4487元，分别增长10.1%、10.6%。

博富文公路

未来一段时期，忠县将以科学发展观为指导，提速落实“314”总体部署和国发3号文件，依托三峡工程后续工作规划，进一步积聚生产要素，整合、发掘优势资源，彰显特色，唱响忠州，推动全民创意、创新、创业、创造，着力打造“忠文化”和“长江三峡忠州半城文化”为主题的文化旅游创意产业，加快建设内陆开放型生态经济高地。力争到2012年，文化旅游创意产业初具雏形，基本建成“四个百亿集群产业”，全面实现“三个翻番、三个突破”。“四个百亿集群产业”，即新型建材、装备制造、农副产品加工、能源化医产业；“三个翻番”，即在2007年基础上，地区生产总值、财政收入翻一番以上，工业总产值翻两番以上；“三个突破”，即累计利用外资、内资、进出口总额有较大突破。

天生三桥——致远亭

武隆县

中国国家地质公园——武隆

芙蓉江大峡谷

天生三桥——天龙桥

武隆始建于唐武德二年（公元619年），至今已有1391年历史。地处世界上最大的喀斯特高原——中国南方喀斯特高原丘陵地区，武陵山脉与大娄山脉的交汇地带，与涪陵、南川、丰都、彭水和贵州道真五区县接壤，距重庆市区170公里，曾有“渝黔门屏、交通要塞”之称。全县幅员面积2901平方公里，辖26个乡镇，187个行政村，总人口40万，常住人口34.4万，是国家扶贫工作重点县、全国科技扶贫示范县、全国农村公路建设试点县和三峡库区淹没县。

武隆区位独特，是重庆通江达海的重要通道。该县地处中国南方喀斯特丘陵地区，位于重庆市东南部乌江下游，是渝东南和贵州遵义以北地区经重庆通江达海以及重庆通往长三角和珠三角的重要通道。境内乌江、319国道、渝怀铁路、渝湘高速公路横贯全境。渝湘高速公路通车后，武隆与重庆主城的距离缩短为1小时车程。三峡水库四期蓄水和乌江白马电站建成后，乌江航道通航能力将达1000吨级。目前，仙女山支线机场建设前期工作已全面启动，届时，武隆将形成通畅便捷的水陆空综合立体交通网络。

电影《满城尽带黄金甲》唯一拍摄外景地——天生三桥古驿站

芙蓉洞——珊瑚瑶池

芙蓉洞——巨幕飞瀑

武隆山奇水秀，是重庆市唯一的世界自然遗产地。武隆县生态良好，尤其是喀斯特生态资源得天独厚，几乎囊括了世界上所有的喀斯特景观类型，被誉为世界喀斯特生态博物馆。有中国唯一被列入世界遗产名录的洞穴——芙蓉洞，世界规模最大的串珠式天生桥群以及世界最高的喀斯特天生桥——天生三桥，中国西南地区罕见的水上喀斯特原始森林峡谷型景观——芙蓉江大峡谷，世界唯一的冲蚀型天坑——后坪天坑，以及“东方瑞士、南国牧原”——仙女山等50多处景区景点。“重庆武隆喀斯特”是全国第六个、重庆唯一的世界自然遗产，整个武隆县被命名为中国优秀旅游城区、国家岩溶地质公园和中国户外运动基地。

武隆资源富集，是重庆市重要的清洁能源和铝加工基地。全县水能理论蕴藏量240万千瓦，可开发量190万千瓦，已开发45万千瓦，正在开发的有乌江银盘电站、芙蓉江浩口电站、乌江白马电站，以及2个5万千瓦的风力电站。到2011年，全县清洁能源装机将达到170万千瓦。全县有铝土矿、煤、大理石等20多种矿产资源，其中铝土矿储量1.6亿吨、煤4000万吨、石灰岩6亿吨、大理石4亿立方。目前，该县正以重庆武隆市级工业园区为依托，重点发展铝工业、机械加工制造业、材料工业和农副产品加工工业，建成了年产30万吨的氧化铝项目，即将启动年产15万吨的电解铝项目，大力延伸产业链条。

建设中的乌江银盘水电站

武隆县四眼坪风电场

芙蓉江——龙孔飞瀑

2009年，全县完成地区生产总值59.2亿元，增长14.9%。固定资产投资完成78.7964亿元，增长35.8%；完成地方财政收入4.8867亿元，增长30.7%；接待游客470万人次，增长113.4%，国内旅游总收入23.12亿元，增长109.9%。按照新一届市委、市政府的部署，该县以贯彻落实“五个重庆”建设为契机，坚持“敢想敢干、实干快干”的武隆精神，强力实施“工业强县、旅游富民”战略，正加快建设国际旅游目的地。

仙女山大草原

云阳县

县委书记李洪义（左二）县委副书记、县长滕英明（左一）在重庆鹏木栖生产车间调研

2009年5月17日县长滕英明（中）在黄石柑橘示范园调研。

2009年，云阳县认真贯彻落实科学发展观，紧紧围绕发展主题，抢抓发展机遇，开拓进取，努力拼搏，在市委、市政府正确领导下，全县人民群策群力迎挑战，聚精会神抓发展，较好地推动了社会经济持续健康发展。全年实现地区生产总值74.6亿元，同比增长14.9%；三次产业结构比为27：31：42；全社会固定资产投资85.1亿元，同比增长41.3%；社会消费品零售总额34.9亿元，同比增长18.1%；地方财政收入3.5亿元，同比增长34.9%；城镇居民人均可支配收入12000元、农民人均纯收入3700元（均扣除物价因素），同比分别增长13%和12%；人口自然增长率4.85‰；年末城镇登记失业率3.82%；城镇化率提高1.59个百分点，万元GDP能耗下降5%。

（一）突出工业主导地位，加快经济结构调整，县域经济实力不断增强。

1.工业经济逆势上升　实现工业增加值14.47亿元，同比增长19.7%。完成工业投资18.65亿元，同比增长65.9%。规模以上企业42家，培育亿元企业2家。完成工业园区8.41平方公里控规修编和5平方公里移民生态园规划编制，征地拆迁3100亩，建设场平1600亩，竣工标准厂房10万平方米。启动供水扩能、电网升级等配套工程，园区承载能力增强。累计入园企业38户，产值突破10亿元。乡镇工业小区起步，完成基础建设投资1.2亿元，入园项目37个，建成投产10个。

2.农业发展亮点增多　实现农业增加值20.3亿元。产粮42.9万吨，部级粮油高产示范片创建通过验收，荣获重庆市粮食生产先进集体。农村流转土地23.6万亩，土地规模化经营率18.7%。减少贫困人口1.98万人，20个贫困村整村脱贫工程推进顺利，扶贫开发工作经验在全市推广。盘龙活龙村获全市新农村建设"十佳示范村"称号。

3.第三产业持续走旺　编制张飞庙景区提档升级、龙缸地质公园保护等规划，张飞庙景区保护范围扩大。完成云利路至龙缸、歧山草场旅游公路路基工程。开工建设张飞大酒店。成功举办摩托车城市登梯赛、张飞庙庙会周等活动。国美电器等知名连锁商贸企业入驻云阳，限额以上商贸企业实现销售额12.5亿元。完成房地产开发投资3.5亿元，销售商品房29万平方米。交通运输业实现产值3.5亿元。

4.财政金融平稳运行　加强税收征管，强化基金管理，公共财政服务能力有所增强。建立财政投资评审中心。完成煤炭税费"一票制"征缴3726万元。积极引导金融支持地方经济建设，金融机构年末存款余额130亿元、贷款余额28.5亿元，同比分别增长24.3%和21.5%。整合政府资源，向银行融资7.5亿元，支持了园区基础设施、城市建设、森林工程等重点项目建设。

（二）突出项目建设，注重项目策划，项目拉动力量明显增强

项目建设扎实推进，完成重点工程项目投资43.2亿元；项目策划更有深度，编制三峡工程后续工作规划，多个单项指标名列库区前茅；项目引进成效明显，把招商引资作为对外开放的重要抓手，组建6个招商办事处和六大产业招商组，开展"百名干部外出招商"活动，举办"云阳发展之路"高层论坛，在深圳、东莞、吴江等地成功召开招商推介会。

（三）突出创优发展环境，加快推进平台建设，"五个云阳"成果丰硕。

1.宜居云阳谱写新篇　国家园林县城通过建设部验收和公示，国家卫生县城、市级环境保护模范县创建通过市级初验，环保实绩考核连续8年获全市一等奖。

2.畅通云阳工作提速　完成交通建设投资20.6亿元。万宜高速云奉段路基工程基本完工，县城迎宾大道建成通车，江口至长洪二级公路实现初通，基本完成渝巴路、云开路、云万路、双江大桥大中修和渝巫路江口至沙市段改造。南溪大桥、龙角长沙大桥竣工，提前一年实现100%乡镇通畅目标。

3.森林云阳卓有成效　投资4.8亿元，完成森林工程31.4万亩，建设长江两岸森林工程示范段9.36万亩，超额完成市级下达的建设任务，在全市率先开展个体林权抵押贷款，开发利用和流转林地20万亩。

4.健康云阳全面启动　市级农村中医工作先进县和初级保健达标创建通过验收。完成县中医院迁建前期工作，改扩建乡镇卫生院9个、村卫生室35个。新型农村合作医疗参合率、城镇居民参保率分别达96.8%和78.5%。

5.平安云阳扎实推进　充实治安防控力量，新建基层公安派出所2个、城区治安亭6个。深入开展大走访、大接访和信访积案化解活动，信访总量同比下降16%。调解各类矛盾纠纷7185件，开展法律援助1173件。出台安全生产特别规定，建立联合联动执法机制，安全生产形势稳步好转。

（四）突出和谐构建主题，加快推进社会建设，民生质量进一步改善。

1.社会事业协调发展　开工建设市民文化活动中心，建成乡镇综合文化站12个、农家书屋51个，新增数字电视用户4.1万户。三峡文物园正式开放，园内11处地面文物升格为市级文物保护单位。实施重点科技项目8个，建成国家和市级技术创新中心各1个，被确定为"国家科技富民强县"试点县。严格计划生育行政执法，落实计生奖扶政策，加强出生缺陷干预，低生育水平持续稳定。

2.移民生活稳步提高　启动三峡工程后续工作，精细编制后续建设规划，移民工作重心逐步转移。解决移民遗留问题，化解了一批移民信访矛盾，移民安置区保持稳定。

3.民生保障更加有力　征收各类社会保险费5.6亿元，支出社保待遇4.5亿元。关注困难弱势群体，发放城乡低保、五保金9300万元；实施医疗救助9.5万人次，发放救助金1129万元；资助困难学生7067人；建成廉租房3.55万平方米。集中开展"送温暖、结穷亲"活动，为22万群众送去慰问款物2100多万元。加强价格和收费监管，物价总体水平保持稳定。完成撤停企业改革，故陵农网改造取得阶段性成果，一批关系民生的遗留问题得到解决。

巫山县

新龙门大桥通车

成功举办第三届巫山红叶节

2009年全县烤烟喜获丰收

在市委、市政府的坚强领导下，巫山县委、县政府以深入学习实践科学发展观活动为契机，认真贯彻落实扩大内需、促进经济增长的一揽子政策措施，努力克服金融危机影响，化挑战为机遇。2009年，实现地区生产总值41.9亿元，同比增长14%。完成固定资产投资42.65亿元，同比增长21.4%；地方财政一般预算收入2.32亿元，同比增长25%；社会消费品零售总额15.76亿元，同比增长19%；城镇居民人均可支配收入12323元、农村居民人均纯收入3307元，分别同比增长10.4%。

一是现代农业稳步增长。完成粮食播种面积103万亩，粮食总产量22.5万吨。种植烤烟7.08万亩，产烟27万担、产值1.73亿元。建成标准化蔬菜示范基地2776亩。新建柑橘园1.5万亩。种植双孢菇10万平方米。发展中药材1万亩。嫁接良桑2万亩，产茧1.2万担。出栏生猪51万头、山羊10万只、家禽100万只。全年实现农业总产值16.07亿元，同比增长5.9%。

二是工业经济提质提速。生产原煤230万吨、洗选煤25万吨。生产水泥32.8万吨。天然气配气站建成投入使用。后溪河、千丈岩水电站开工建设。完成发电1.7亿千瓦时、供电3.3亿千瓦时。引进31家企业入驻职教工业园区，其中26家企业正式投产，实现产值0.6亿元。全年实现工业总产值16.01亿元，同比增长22.7%。

巫山县数源科技有限公司终端线生产车间

渝宜高速公路巫山段

三是旅游产业巩固发展。全年接待海内外游客216.3万人次，同比增长28%，其中小三峡、小小三峡分别接待48.3万人次，神女峰、神女溪分别接待5万人次。实现旅游直接收入1.63亿元，创社会综合经济效益7.6亿元。

四是商贸金融更加活跃。实施“千村千店”放心工程30个、农村信息化工程15个。落实“家电下乡”补贴资金714万元。新建担保公司2家，成立小额贷款公司2家。年末银行存贷款余额分别为59.7亿元和21.8亿元，较年初增长22.9%和25.1%。实现保险费收入8761万元。新增民营企业209户。培育外贸进出口企业5家。完成外贸出口19.54万美元，合同引进外资566万美元。

五是劳务经济不断深化。成功创建“市级返乡创业园”，引进28家返乡创业企业。完成农村劳动力转移培训1.86万人，新增转移劳动力9171人，累计转移劳动力17.7万人。全年实现劳务经济收入10.5亿元，同比增长9%。

六是招商引资和对口支援取得突破。全年签约项目98个，签约资金41.5亿元，到位资金13.5亿元。对口支援进一步深化，促成15家广东企业入驻巫山。全年争取到位无偿援助资金4560万元。

新的起点、新的机遇、新的挑战，巫山县委、县政府将深入贯彻党的十七届四中全会、市委三届六、七次全委会精神，抢抓新一轮西部大开发、扩大内需、三峡后续规划启动实施等良好发展机遇，坚持以人为本，民生优先的原则，创新机制，攻坚克难，为促进县域经济社会又好又快发展而努力奋斗。

重庆市公安局

领导关怀

2010年6月10日，国务委员、公安部部长孟建柱视察重庆公安工作

领导关怀

2010年2月12日，重庆市市长黄奇帆视察重庆公安工作

打黑除恶

交巡警务改革

校园新型警务

大情报建设

破积案追逃犯

户籍改革

视频系统建设

缉枪治暴专项行动

机构改革

阳光警务

警营文化

警示教育

英烈救助基金

生活文化沙龙

重庆市工商

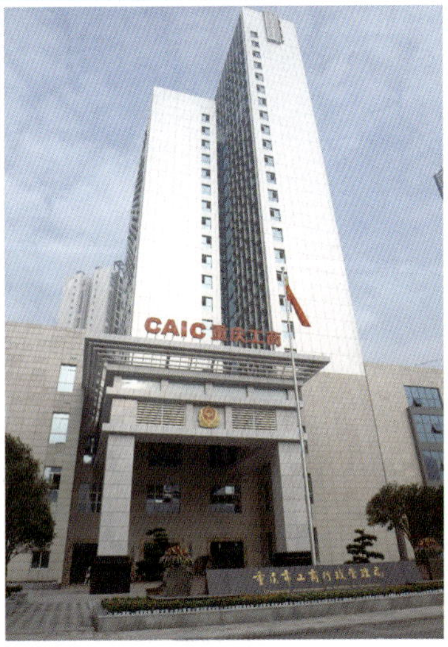

2009年，全市工商系统紧紧围绕“加快职能转型”这一主线，努力实现服务发展成效、监管执法水平和队伍整体素质“三大领先目标”，全面推进非公经济助推工程、企业信用体系和信息化建设领跑工程、消费安全放心工程、12315品牌示范工程、工商所建设强基工程“五大重点工程”，不断强化思想、组织、制度、法制、物质、和谐环境“六大保障措施”，为重庆工商建设翻开了崭新的一页。

助推市场主体健康快速发展取得新成效。出台了40条政策措施积极应对国际金融危机，制定了10项措施支持两路寸滩保税港区招商引资。积极运用股权出资、股权出质、债转股登记和商标权质押等措施帮助企业解决融资难题，共办理内资企业股权出资、出质和“债转股”登记1219例，帮助企业融资191亿元；办理动产抵押登记1569件，担保融资金额130亿元；办理商标权质押贷款500万元。

服务社会主义新农村建设取得新成绩。查处了以“家电下乡”名义制售假冒伪劣家电案件57件，新建农村经纪人“三站”51个，培训人员1.9万人。启动了“一社一标”、“一所一品”创建活动，成功承办“亚太地区地理标志国际研讨会”。建立“基层合同帮扶指导站”178个，推广使用涉农示范文本9万余份，签约订单68万份，合同金额达到46亿元。

亚太地区地理标志国际研讨会

基层所干部集中开展廉政作风教育

经济检查执法局成立暨四“十佳”表彰

行政管理局

实施商标品牌战略取得新进步。积极参与创建"知识产权保护模范城市"，与相关单位联合举办了"知识产权战略实施与商标法修改国际论坛"和重庆市首届品牌文化节。

整顿规范市场经济秩序取得新突破。全年查办不正当竞争等公平交易类案件2705件，案件总值4亿多元。清查登记重点区域的店招广告10944块，监测广告264.5万条（次），立案查处广告违法案件1522件，广告总违法率下降至1.51%。正式启动了食品流通许可证发放工作，积极构建打击传销长效机制，在全市建立无传销社区（村）79个，查办传销案件25件。

街头巡查 真情服务

认真开展食品安全检测

工商行政管理改革发展注入新活力。按照新"三定"规定，顺利完成了市局机构调整和区县局机构改革，成立了重庆市工商行政管理经济检查执法局，在区县局设立了经济检查执法支队。

建设高素质干部队伍呈现新气象。联合高校举办各类培训班12期，培训850余人。开展了"送教上门、助推转型"全员培训和"四段式"后备干部培训。继续坚持"三谈两述"制度，开展了风险点防范管理试点工作，分类建立了行政许可、行政执法、队伍管理风险库。

推进保障体系建设迈出新步伐。广泛开展了"唱读讲传"活动，组织了"红盾人的故事"和红色箴言征集活动，举办了"红盾写忠诚"先进事迹巡回报告会。加强执法监督，执法质量优良率达到100%。

唱红歌

"红盾杯"篮球赛开幕式

重庆市盐业(集团)

重庆市盐业(集团)有限公司是重庆市属国有重点骨干子企业，下设34个县级盐业分公司及17个全资、控股子公司，现有员工3000余人，企业总资产27.94亿元。公司经营范围包括销售系列盐产品、酒类、副食、日化用品、化肥、饲料、卷烟、雪茄烟，批发兼零售预包装食品、散装食品，生产、销售塑料包装，国内贸易、自有房屋租赁等。

重盐集团举办"十场连锁网络+卓越服务"事迹报告会

三峡库区土鸡深加工复合调味品项目开工建设

重盐集团2009年度先进工作者表彰大会

重庆直辖以来，重盐集团认真贯彻执行国家盐业政策法规，严格执行国家食盐指令性计划和食盐价格政策，坚持食盐定点生产、批发许可、运输准运制度，切实抓好食盐销售网络建设，确保全市加碘食盐供应，持续消除碘缺乏危害，有效保障了全市工需民用食用碘盐供给。

近年来，面对新一轮改革发展的浪潮，重盐集团坚持以科学发展观指导企业的发展，提出了"重庆不可替代，国内不可忽视"的企业发展愿景，全面启动跨越式发展战略，坚持以市场为中心，以竞争为导向，深化企业内部改革，加快产业结构调整，大力弘扬"感恩奉献、诚信尽责、创新进取"的企业核心价值理念，全面推行"连锁网络+卓越服务"商业模式再造，倾力打造"现代商贸流通、制盐及化工、调味食品"三大产业板块，促进企业在面貌焕新、活力提升、实力增强的道路上快步前

有限公司

进，国有资产大幅度增值，企业取得了长足的发展。“重庆模式”已成为中国盐行业改革发展开拓创新的一个典范。

2009年，重盐集团实现商品盐销售132.24万吨，较上年上升13.03%；实现销售收入13.89亿元，同比上升20.5%；其中，非盐商品销售收入7.44亿元，同比上升270%；实现利税1.22亿元，同比上升14.74%；年末资产总额达到15.87亿元，同比上升38.4%。预计到2010年，集团销售收入将达到25亿元，利润突破7000万元，资产总量逼近30亿元。重盐集团还先后荣获“中国商业企业AAA级信用企业”、“中国服务业企业500强”、“中国服务业科技创新企业奖”、“重庆市企业100强”、“重庆市流通企业100强”、“重庆国企贡献奖”等荣誉称号。

重盐集团深入开展学习实践科学发展观活动领导班子专题民主生活会

重庆市合川盐化工业有限公司60万吨年真空制盐搬迁技改工程开工典礼

健康重庆“携手普及低钠盐启动仪式”

面对风云变幻的宏观经济形势和日益激烈的市场竞争，重盐人将始终坚持以科学发展观为指针，坚持“发展是硬道理”、“发展是第一要务”的思想，坚决冲破、革除一切阻碍科学发展的思想观念和行为方式，进一步深化企业改革，优化资源配置，提升科技实力，加快产业发展，巩固拓展市场，倾力打造企业的核心竞争力，推动重盐向规模型、效益型的产业化集团迈进，为实现“重庆不可替代，国内不可忽视”的发展愿景而努力奋斗！

重庆市体育局 加快推进"健康重庆"建设

"没有健康，就实现不了小康。"2008年12月中共中央政治局委员、重庆市委书记薄熙来在"健康重庆"动员大会上指出，要大力倡导"人人争当健康市民"，养成良好卫生习惯，追求健康生活方式，积极参加体育运动，让崇尚健康成为重庆的民风和时尚。

"健康重庆"开展以来，全市体育战线紧紧围绕贯彻落实市委、市政府《关于建设"健康重庆"的决定》和市政府《健康重庆体育行动计划》，以饱满的热情和开拓的精神，夺取了"健康重庆"建设的阶段性胜利。

健康重庆·大事记

——2008年12月17日，"健康重庆"动员大会召开，"健康重庆"建设正式启动。

——22日 建设"健康重庆"春季登山活动在全市5个区县同步举行。

——2009年3月9日-14日 第四届国际武术搏击争霸赛在我市江南体育馆举行。

——4月4日-7日 全国青少年武术套路锦标赛第五届亚洲青少年锦标赛选拔赛在大渡口区体育馆举行。

——4月15日 "健康重庆•体彩添彩"百万老年人健身行动在奥体中心广场正式启动。

——4月21日 全国千村健身气功交流展示系列活动在渝北区启动，1000余名习练群众在渝北广场展演了健身气功的独特魅力。

——4月24日-27日 第十一届全国运动会"名乐杯"女子举重预赛暨全国女子举重锦标赛在市体育馆举行。

——4月29日 "五四风采，青春接力，健康重庆"重庆市首届大学生万人长跑活动在重庆大学城举行，3000多名学生参加。

——5月15日，新华社、人民日报、中国青年报、中央电视台、中央人民广播电台、华奥星空、人民网等8家中央新闻单位记者组成联合采访团对重庆推进"健康重庆"建设进行了深入采访报道，在全国产生了广泛的影响。

——6月13日 "健康重庆"2009年重庆市主城区小学生"跳踢"比赛在江北区举行，来自主城区的15所学校共500多名小学生参加了比赛。

——8月8日，"全民健身日"百万市民大联动首届重庆市全民健身运动会在市奥体中心举行。

——9月1日 以"祝福祖国、共享全运"为主题的第十一届全国运动会"如意"火炬传递活动在市奥体中心举行。

——9月16日 国家体育总局"体质评价与运动机能监控"实验室在重庆大田湾体育场12区正式挂牌。

——9月26日，重庆市首届业余铁人三项挑战赛在长寿湖举行，来自40个区县（自治县）和北部新区的共410名选手参与角逐。

2009年元旦横渡长江冬泳活动

体育彩票春苗行动

农村开展群众篮球活动

全民健身运动会短程马拉松比赛在北滨路举行

打造全民健康之城

中共中央政治局委员、重庆市委书记薄熙来同志在全国登高活动中鸣响发令枪

全国新年群众登高健身活动启动仪式

体育局局长吴建华（右二）陪同国家体育总局局长刘鹏（右三）同志视察群众体育建设情况

——10月24日 我市第一届"健康校园杯"学生运动会在西南大学举行，市委书记薄熙来宣布运动会开幕。

——10月28日，第十一届全国运动会在济南落幕，重庆代表团获得2金7铜的战绩。

——10月31日，"健康重庆"2009年全民健身运动会市级机关广播操比赛在人民广场举行，28支市级机关代表队参加。

——11月23日，重庆代表团以3金3银3铜的成绩在首届全国智力运动会上排名前列，成为西部领头羊。

——2010年1月1日，全国群众新年登高活动在缙云山登山步道举行，这是该活动创办16年来首次在除北京八达岭长城以外的地区举办。同时国家体育总局向重庆市授予"重庆市全民健身登山步道"示范工程。

健康重庆·完成目标任务

——经常性参加体育锻炼的人口比例达到了39.1%，超额完成年度目标0.1%，比上年增长了0.6%。

——国民体质抽样合格率达到了87.3%，超额完成年度目标任务0.3%，比上年增长了0.6%。

——人均体育场地面积达到了0.8平方米，完成了年度目标任务，比上年增长了0.12平方米。

——培训社会体育指导员5226名，超额完成年度目标16.1%，比上年增长近11倍，累计达到14536名。

——举办规模以上群体活动及赛事727次，超额完成年度目标任务142.3%，比上年增长179.6%。

——建设农民体育健身工程1100个，完成年度目标任务，比上年增长120%，累计达到3500个。

——建设社区路径工程100个，完成年度目标，累计达到668个。

——资助命名全民健身登山步道23条，超额完成年度目标任务3条，比上年增加13条，累计达到33条。

——创建国家级青少年体育俱乐部21个，超额完成年度目标任务15个，累计达到77个。

巴南区东温泉镇集中型农民建设中心

云阳县群众参与登山活动

全运会拳击冠军李斌出拳瞬间

森林重庆 一年种了十年树

重庆市林业局党组书记、局长吴亚考察森林重庆建设情况

2008年7月，市委三届三次全委会作出建设森林重庆的战略部署，赋予林业"比肩京津沪,森林重庆先行"的历史重任，林业上升为全市经济社会发展的重大战略，开启了统筹城乡现代林业改革发展的新阶段。

两年来，全市上下坚持以"生态立市、绿色兴政"理念统揽森林重庆建设全局，紧扣"开发致富之山、打造宜居之城"主题，大胆创新运行机制，千方百计落实土地、资金，在巴渝大地掀起了一场变荒山穷山为青山宝山、变"火炉"为"氧吧"的绿色革命，森林重庆建设取得了显著成效。截至2010年6月，全市累计完成森林工程建设任务1119万亩，占2200万亩建设任务的50.9%，其中新造林733万亩，改造低效林385万亩，栽植5厘米以上大苗8200万余株。共投入资金239亿元，其中，社会投入79.7亿元。2010年森林覆盖率可达37%。

城市新增绿地14万亩，建成干道绿化198条，新建森林公园10个，城市公园43个，社区公园174个，城市综合效益不断增强，市民幸福指数不断提高。

城市森林工程

农村森林工程

长江两岸森林工程

农村建成速丰林基地337 万亩，特色经济林基地35万亩，为农民种下了致富树、摇钱树；建成万亩以上示范片202片，面积达207万亩，真正实现了产业生态化，生态产业化。

长江两岸完成造林38万亩，绿化了217公里库岸线。

到2012年，全市新增森林面积600万亩，森林覆盖率达到40%，建成国家森林城市；到2017年，森林覆盖率达到47.2%，建成"生态产业发达，生态系统稳定、生态文化丰富，人居环境优良"的森林重庆。我市生态建设将实现城乡一体化发展，城市森林达到一定规模,城市绿化近自然化，呈现"城在林中、路在绿中、房在园中、人在景中"的美景；农村建成庭院花果化、道路林荫化、农田林网化、山地森林化、社区园林化的绿色乡村，农民实现增收致富。

通道森林工程

水系森林工程

苗圃基地工程

森林重庆建设推进速度之快、实施规模之大、社会影响之广，前所未有，展现了全市上下"敢叫山河换新颜"的气概。国家林业局局长贾治邦在重庆考察时，高度赞誉："森林重庆建设为我国现代林业发展树立了一面旗帜，是深入贯彻落实科学发展观的生动实践，彰显了绿色发展的新理念。"

重庆市园林事业管理局

CHONGQINGSHI YUANLINSHIYE GUANLIJU

2009年市园林局在积极推进“五个重庆”建设中，全力抓好国家园林城市创建工作，大力加强城市森林工程建设和园林行业管理力度，圆满完成了市委、市政府赋予的各项任务，为重庆经济社会发展作出了积极贡献。中共中央政治局委员、市委薄熙来书记对市园林局主抓的城市森林工程建设工作给予了高度评价。

2009年全市建成城市绿地5496.7万M^2，其中主城区1660万M^2、远郊区县3836.7万M^2，主城九区和北部新区共完成城市森林工程和创建国家园林城市建设项目392个。建成城市公园11个、社区公园55个共计351.8万M^2，城市生态林143.83万M^2，消落带绿化7万M^2。风景名胜区接待游客1366.7万人次，比去年同期增加167.41万人次，实现总收入14.73亿元，比去年同期增加2.87亿元。主城区公园游人3947.2万人次，比去年同期增长140%。局直属单位和公园创收8594万元，比去年同期增长5%。完成了《公园三倍增绿》规划。建成市重点工程、十大文化设施之一的南山植物园展览温室。市动物园被住房和城乡建设部评为“国家重点公园”。联合国教科文组织遗产委员会为武隆喀斯特世界自然遗产正式授牌。

余守明局长陪同市委薄熙来书记、黄奇帆市长参加2010年春季义务植树

（一）大力实施春秋两季战役，城市森林工程建设超常推进

一是打造了一批城市森林工程示范项目。二是建成了一批城市大公园。建成了鸿恩寺公园、龙头寺公园、江北嘴CBD中央公园、彩云湖湿地公园、天宫殿公园等11个城市公园共计326.1万M^2，栽植干径8M^2以上大树18.31万余株（含社区游园）。三是落实了一批民心工程。建成了渝中区彭家花园社区公园、大渡口区新工书院社区公园等55个社区公园共计24.7万M^2。打造了渝北区中环宝圣立交500余亩城市生态林、九龙坡区水碾立交和电力村城市生态林6.12万M^2，栽植植物109.2万余株。四是实施了一批立体（干道）绿化项目。五是栽植了一批大苗大树。在几十个城市转盘、道路、节点栽植大树66.18万株，起到了画龙点睛的效果。六是推进了一批拆危建绿工程。按“减量、增绿、留白”原则，建成了九龙坡区矿机村社区公园、大渡口区思源广场、渝中区大溪沟等23片拆危建绿靓点34.6 公顷。七是抓好了一批重点事项。在国庆60周年前夕，高质量建成了8000平方米，引进植物2000多种的南山植物园展览温室；参加了第七届中国（国际）济南园林花卉博览会展园建设；举办了重庆市插花艺术节、重庆市第十届盆景艺术展和重庆市第十三届菊花艺术节；完成了直属的1000亩苗木示范基地建设。八是开展了城市义务植树活动，栽植各类树木158.6万株。九是完成了市街鲜花摆放任务。十是申办2011年第八届中国（国际）园林花卉博览会工作并获得成功。

重庆市创建国家园林城市总结表彰暨创建国家生态园林城市动员大会

（二）精心准备创建迎检工作，国家专家考查组给予高度评价

经过历时十年山水园林城市建设和国家园林城市创建，2009年末，迎来了盼望已久的国家园林城市检查验收。严格按照国家园林城市验收标准精心准备，各项指标均达到或超过国家园林城市标准，受到专家考查组的充分肯定和高度评价，在全国44个申办城市的专家评审中，我市得分位居第一名。现经住建部会审确定，已正式命名授牌。

（三）切实加大规划控制力度，风景名胜区综合整治成效显著

一是加快了风景名胜区总体规划的编制工作。二是开展了风景名胜区综合整治工作。三是抓好了长江三峡风景名胜区（重庆段）整改复查验收工作。四是加大了对世界自然遗产保护力度。五是完成了风景名胜区设立申报任务。六是加强了风景名胜区资源环境综合管理。

（四）加强园林绿化行业分类指导，园林建设成果得到有效保护

一是抓好公园规范管理。二是抓紧园林“三创”工作。完成了2个县国家园林城市申报。三是抓实新栽大树管护督查。四是开展古树名木保护工作。五是推动城市建设项目配套绿地指标竣工核定和占绿工作管理。六是规范园林绿化市场管理。七是强化园林资质企业管理。八是注重对区县园林绿化指导。九是完成住房与城乡建设部委托我局起草的国务院《城市绿化条例》（修订稿）任务。十是加大园林执法专管力度。

（五）巩固园林创建成果，解决历史遗留问题，不断改善服务环境

以推进城市森林工程建设为抓手，完成了市委、市政府下达的民心工程，新增公园绿地326.1公顷。规范了行政审批、行政执法、行政收费、公园便民等服务规程，狠抓整改落实，解决了群众急难问题。开创性地解决因拆迁不满屡次上访等信访突出问题62件261人次；处理并回复市长公开信箱办件240多件。实现了政府满意、单位满意、群众满意的总体要求。

（六）2010年工作思路

2010年市园林局将以深入推进“五个重庆”建设目标，以“执政为民、服务发展”为动力，以创建国家生态园林城市为抓手，打好三大战役（春秋植树战役、园博园建设战役、公园三倍增绿战役），实施好城市森林六大工程。抓主城带远郊、抓县城带场镇，强力推进城市园林绿化建设再上新台阶。

落实"314"总体部署 重庆城市管理工作

2009年，重庆城市管理系统以"五个重庆"建设为统揽，以迎接建国六十周年环境综合整治为重点，进一步完善市政基础设施，美化市容市貌，推动城市管理科技进步，努力打造宜居城市，圆满完成了市委、市政府下达的目标任务。

（一）全面开展城市环境综合整治。按照市委、市政府要求，牵头开展主城区城市环境综合整治、主干道环境综合整治和两江四岸环境综合整治，取得阶段性成果。主城区共整治背街小巷349条、城乡结合部325处、社区332个、主次干道243万平方米、店招店牌11600余块；清理卫生死角5835处共清除垃圾2万余吨；出动执法人员86万人次，查处乱摆摊、乱搭建、乱倾倒等"十乱"现象148万余件；整治房屋立面81.2万平方米，清除牛皮癣260万张；添置垃圾箱5269个，改造灯饰581项、垃圾站29个，新、改建公厕133个。

（二）认真落实市容环境卫生长效管理。以背街小巷、城乡结合部的环境卫生为重点，认真抓好每月市容环境卫生暗查工作。努力推进城区清扫保洁作业规范化管理，主城区道路洒水量达221万吨，城市道路平均机扫率达到75%，比上年提高7个百分点。加强垃圾收运、处置管理工作。全市生活垃圾无害化处理达到343万吨，无害化处理率达到89%。积极推进主城区餐厨垃圾处置工作，黑石子餐厨垃圾综合处理场项目主体工程基本建成。完成化粪池清掏3553座，新增化粪池监控点188个。购置安装了100座移动公厕，解决了出租车司机如厕难问题。

宽敞干净的街道

规范的店招店牌

（三）加强市政基础设施维护管理。主城各区共完成翻修整治道路207.8万平方米，建成人行过街设施25座，完成123座城市桥梁等结构设施的检测工作。加快主城排水三级管网建设，主城各区建成三级管网113公里。加强城市道路占挖管理，严格控制占道挖掘审批。强化主城区停车楼场建设管理，新审批经营性停车场204个，新增停车位4.9万个。

（四）加强城市水务管理工作。强化供水监管，保障城市供水安全。区县级供水企业出厂水水质综合合格率和主城区二次供水水质综合合格率分别达到98.3%、96.98%。强化污水处理运营监管，推进区县污水管网建设。全市城市生活污水处理量达到5.9亿吨，城市污水集中处理率达到79%。

（五）推进数字化城市管理系统建设。市级数字化城市管理系统平台不断优化。12319城市管理服务热线正式开通。加强对区县数字化城管系统平台建设的服务指导。主城九区有8个区通过市级验收并实现了与市级平台的网络连接和数据对接，数字化城市管理覆盖面积扩大到160平方公里。

（六）严格控制道路扬尘。制订扬尘控制方案，认真完成市政府交办的督办任务，会同有关部门联合执法，重点对187个施工工地、渣场和道路扬尘污染案件进行了督查。开展了对建筑垃圾运输车辆和建筑垃圾消纳场的全面清理和专项整治活动，主城区共新审批及复核建筑垃圾消纳场16座，清理关闭非法建筑垃圾倾倒场7座，核发建筑垃圾运输许可证

深化“五个重庆”建设迈上新台阶

5385个。据统计，全年主城区共出动执法人员16.7万余人次，出动执法车辆3.8万余台次，共查处扬尘污染案件2238件。根据环保部门数据，2009年，主城区空气质量优良天数达到303天，比上年增加6天。

（七）加大户外广告整治力度。主城各区积极努力，又陆续拆除了一批群众反映强烈的老大难问题广告。自2008年8月对户外广告进行清理整治以来，主城区已累计拆除违规设立和严重影响市容的户外广告27.8万平方米，占外广告总量的45.7%。按照市政府的部署，牵头组织了重庆江北国际机场、江北机场路和高速公路线外广告的规范整治。拆除了机场路及江北机场大型户外广告76块、1.7万平方米，拆除广告面积占广告总量的66.9%。

12319城市管理热线开通

先进的环卫清扫设备

（八）强化城市照明管理工作。全市共新安装路灯12700盏，改造路灯3637盏，城市道路路灯装置率达到了98.97%。大力提升城市夜景档次，全市国庆节前共新建改造灯饰377项。着力提高照明管理科技含量，积极推进绿色照明工程，完成道路照明节电1250万度。

（九）加强对区县城市管理工作的指导。2008年以来，市市政委加强对区县城市管理工作的指导，主城以外的31个区县结合实际，积极采取措施，加强市政基础设施建设，开展城市环境综合整治，城市管理工作取得了长足进步。

（十）加强“三费”征收工作。在市级相关部门、单位和各区县的大力支持、配合下，全市共征收垃圾处置费1.89亿元，比上年增加43.2%；收取路桥通行费10.66亿元，比上年增加19.4%；征收污水处理费4.12亿元，比上年增加6.2%。

此外，市政委牵头与路桥收费改革工作领导小组各成员单位一道，分工协作，密切配合，进行了大量的基础调研、数据测算、经营评估、方案拟定及组织实施工作，圆满完成了“内环外移”工作，取得良好效果，实现了市政府确定的目标任务。

提档升级改造后的人行道

完成白改黑的道路

整洁的果皮箱

重庆市统计局

市统计局局长唐英瑜率队在企业调研

重庆市统计局在市委、市政府和国家统计局的领导下，始终坚持实事求是、回馈社会、服务发展的宗旨，扎实推进各项统计工作，为重庆经济社会发展作出了积极贡献。

认真做好重大国情国力调查。圆满完成第二次经济普查任务；全面启动第六次人口普查工作，按照国务院人普领导小组要求，市和各区县都及时组建了机构，落实经费、加强宣传、开展试点、培训等各项前期工作进展顺利。开展了第二次R&D资源清查和城乡划分清查工作，通过摸底调查、清查培训等阶段性工作，R&D资源清查进入调查填报阶段，城乡划分清查进入质量抽查阶段并取得阶段性成果。

不断加强统计基层基础工作。全面落实《重庆市人民政府关于加强全市统计基础工作的意见》精神，切实建立完善工作网络、信息化网络和调查网络“三大网络”。全市1007个乡镇（街道）全部设立了统计办公室，均有独立办公场所，配备了专用计算机和打印机，落实专职和兼职统计人员2521名。拟订了重庆统计信息化建设“十二五”规划纲要，将通过实施统计信息化“金统工程”建设，建成统一、规范、高效的数据采集平台、处理平台和应用平台；逐步实现统计工作的扁平化管理模式，建成我市经济社会发展数据中心和监测预警中心。拟用三年时间，分步实施建成全市以区县为总体，满足国家、市、区县三级需要的涉及规模以下工业、资质以下建筑业、资质以下房地产业、限额以下批发零售餐饮和住宿业、服务业、个体户调查、农产品调查、农村住户调查、城镇住户调查、消费价格调查、生产价格调查、劳动工资调查等12个方面的抽样调查网络。

2010年3月30、31日，市政府召开全市统计工作会

改进工作方式，主动开展统计服务。积极应对国际金融危机冲击，努力为党委政府和社会各界提供及时有效的统计服务。在《统计月报》基础上，增发《统计监测月报》，及时提供各项经济指标的当月、环比增速等动态性、时效性较强的指标数据。密切关注交通运输、能源消耗、库存、就业、收入、人口流动、价格等情况的重点监测。紧紧围绕保增长、调结构、惠民生，加强统计数据的专业深度分析，为党委、政府科学决策，为满足社会各界对统计信息的需求，提供更有效的服务。全年向市委办公厅、市政府办公厅报送统计分析346篇（次）。所报分析被国务院办公厅采用4篇（次），被市委办公厅、市政府办公厅采用159篇（次）。扩大统计资料送阅范围，送阅单位和领导分别达498个1830名。

市统计局开展“我是一名乡镇统计员”活动

加强与部门的合作。总结优化工作机制，不断拓宽合作领域，与发改委、经信委、建委等20多个市级部门的合作机制进一步强化和优化，与新闻媒体的沟通机制也正在建立之中。同时，对《部门统计业务规范》、《部门统计数据报送制度》、《部门统计工作考核评比办法》等制度进行了深入研究，将尽快出台实施。

加强统计法制建设。结合经济普查、人口普查和日常统计工作，加大对统计知识和法律法规特别是新《统计法》和《统计违法违纪行为处分规定》的宣传。结合重点工作，开展大规模的统计执法专项检查，坚决查处在经济普查和日常统计工作中的弄虚作假行为。在执法检查中，坚持检查处理与普法教育、统计业务指导相结合，做到“查处一案、教育一片”。加强与市纪检监察部门合作，拟共同出台《贯彻〈统计违法违纪行为处分规定〉的实施意见》。正式启动了《重庆市统计管理条例》修订工作。启动统计执法队伍规范化等基础建设，改善统计执法条件，提高统计执法水平。

重庆市中小企业发展指导局

全球中小企业国际合作计划中国西部启动仪式

重庆市医贷通金融创新产品合作签约仪式

重庆市中小企业局走过了35年的光辉历程。1975年市委决定在市农机局成立社队企业处，1976年成立重庆市社队企业局，1984年更名为重庆市乡镇企业管理局；2002年，市委决定在市乡镇企业管理局的基础上，组建"重庆市中小企业发展指导局"，保留"重庆市乡镇企业局"的牌子，2003年正式挂牌运行，同时，市委还决定将重庆市民营经济发展领导小组办公室（2005年更名为重庆市非公有制经济领导小组办公室）设在市中小企业局。至此形成了一个机构、三块牌子（中小企业局、乡镇企业局、非公有制经济领导小组办公室）的新体制，成为负责对全市非公有制经济、中小企业和乡镇企业发展进行指导和服务的正局级（2008年机构改革为副厅局级）行政机构。市中小企业局内设办公室、经济运行处、产业发展处（三峡库区淹没工矿企业结构调整办公室）、对外经济合作处、政策法规处（重庆市人民政府民营企业维权投诉中心）、融资服务处（发展基金管理办公室）、科技处、人事教育处（引进智力工作办公室）对全市非公有制经济、中小企业、乡镇企业发展给予指导和服务。

2009年，市中小企业在市委、市政府的正确领导下，认真贯彻落实中央和市里的一些促进发展的适应性系列政策，优化发展环境，提高服务水平，按照科学发展观的要求，以学习实践活动为契机，坚持走循环经济和可持续发展道路，以全国统筹城乡综合配套改革试验为动力，着眼构建"一圈两翼"区域发展新格局，因地制宜，分类指导；扩大开放，加强招商引资；突出工业，做强成长型企业，推动公众创业；强化载体建设，发展都市工业，培育特色产业，构建产业集群；加快技术创新，促进城乡统筹。使全市非公有制经济、中小企业、乡镇企业继续保持了健康快速发展势头。

一抓政策的制定和落实，优化发展环境。
二抓统计评价体系建设，建立健全激励机制。
三抓经济统计监测，强化运行分析。
四抓载体建设，拓展"三类经济"发展空间。
五抓融资服务，助推"三类经济"健康快速发展。
六抓扩大开放，加大招商引资力度。
七抓两化融合工作，推进"三类经济"创新增效。
八抓创业培训，促进社会就业与"三类经济"发展稳步攀升。

2009年，全市非公有制经济实现增加值3915.3亿元，增长17.40%，占全市GDP的比重为60%，新增从业人员21万人，达到676万人。中小企业增加值达到2628.3亿元，增长17.96%，占全市GDP的比重为40.25%，新增从业人员10.4万人，达到383.9万人。乡镇企业增加值达到1894亿元，增长19.4%，占全市GDP的比重为29.1%，新增从业人员8.6万人，达到244.3万人。

2010年，市中小企业局将全面贯彻落实胡锦涛总书记"314"总体部署和党的十七大、十七届四中全会、市委全会、全市经济工作会议精神，围绕国务院3号文件的贯彻和"五个重庆"建设目标，以贯彻落实国务院〔2009〕36号文件精神为契机，以重庆文化大发展大繁荣为服务发展源动力，坚持走循环经济和可持续发展道路，大力促进非公有制经济、中小企业的发展。扩大开放，调整结构；扶持公众创业，壮大非公经济，做强中小企业，发展都市工业，培育特色产业，构建产业集群；突出抓好中小工业发展，全面完成"十一五"计划目标任务，为"十二五"计划的启动奠定坚实基础。

浦发银行与重庆市中小企业局结成战略合作伙伴

积极探讨重庆市中小企业融资超市筹建工作

全国知名民营企业重庆行签约仪式

发展目标是：全市非公有制经济增加值达到4620亿元左右，增长18%左右，占全市GDP的比重，比2009年提高2个百分点左右，新增从业人员15万人左右，达到690万人左右；中小企业增加值达到3050亿元左右，增长16%左右，占全市GDP的比重比2009年提高1个百分点左右，新增从业人员10万人左右，达到393万人左右；乡镇企业增加值达到2235亿元左右，增长18%左右，占全市GDP的比重比2009年提高1个百分点左右；新增从业人员8万人左右，达到251万人左右。为确保这些目标的全面完成，主要抓好八个方面的重点工作。

重庆(渝北)台商工业园

CHONGQINGYUBEITAISHANGGONGYEYUAN

台商工业园一路走来，一共历经了七次名称变更，反映了园区开发建设内涵和演变历程。1992年7月，重庆市江北县委、县政府同意将“江北县碧津公园扩建指挥部”更名为“江北县城南开发建设指挥部”；1995年3月，江北县城南开发建设指挥部更名为渝北区城南开发建设指挥部；2001年5月，成立渝北区城南开发区管理委员会；2003年4月，原城南开发区管理委员会并入两路工业园区管理委员会，成立两路工业园区管理委员会东区开发管理办公室；2009年3月，更名为空港工业园区B区管理委员会。2008年6月，重庆市政府下发渝府〔2008〕77号文件，批准重庆（渝北）台商工业园为市级特色工业园区，与空港工业园区 B 区实行两块牌子一套班子的运行机制。2010年1月，重庆（渝北）台商工业园管理委员会正式挂牌成立。

园区发展18年以来，在上级党委、政府的领导下，始终坚持中国特色社会主义路线，解放思想，开拓创新，克服发展中出现的各种矛盾、困难，为渝北区两路和回兴片区的城市化建设和工业化进程作出了重要贡献。

园区背靠渝北区主城，东临玉峰山、环山两座大型生态公园，南毗北部新区，西接长安福特汽车城。国内首个内陆保税港区的空港、水港功能区分布于园区两侧，园区到江北国际机场车程为五分钟、寸滩保税港十五分钟、重庆北火车站二十分钟。

园区总规划面积约35平方公里，由回兴组团和石坪组团组成。其中，回兴组团约10平方公里，石坪组团约25平方公里。已获得市政府批准的规划面积约13.86平方公里，其中，两路组团9.38平方公里（G标准分区6.78平方公里，Ga标准分区2.6平方公里），石坪组团唐家沱C标准分区4.48平方公里。回兴组团已基本开发完毕，金山科技园、娃哈哈工业园、生物制药园、物流园、服装城和轻纺家纺城的工业布局正日臻完善。石坪组团计划建设周期为10年，4.48平方公里启动区控制性详规已获批准，将大力发展战略性新兴产业、计算机整机及配套产品、新型电子元器件、生物医药、电子信息相关产业、服务外包及现代物流服务业。

目前，园区已引进金山科技、娃哈哈、涌鑫家纺城、金港国际灯博中心、亚中汽车、重庆邮政速递中心等企业170余家，已开工建设企业60家，建成投产企业35家，去年园区企业完成工业总产值16亿元。金山科技生产的胶囊内镜作为国家“863”重点科技攻关项目，拥有自主知识产权，目前正在酝酿在美国上市。

森林江南 宜居新城
——重庆市万州江南新区

滨江小区

宁波希望小学一角

万州江南新区位于长江南岸沿江地带，与万州老城隔江相望，是万州未来以行政、文化、商住、休闲、港口为主要功能的新中心。万州长江大桥、长江二桥将江南新区与万州老城区紧密连接，万州机场、沱口深水码头、宜万铁路、达万铁路、万宜高等级公路、渝万高速公路为江南新区构建起四通八达，集水、陆、空、铁于一体的立体交通网络。

公园一角

滨江游园

小区一隅

江南新区成立于2003年，为重庆市级开发区。按照“小政府、大服务”开发运行模式，围绕“森林江南、宜居新城”开发建设目标，坚持开发与发展并举，坚持完善服务设施和提升居住品质，着力打造特色鲜明、和谐优美的生态宜居环境，努力构建渝东北最宜居的滨江亲水新城。

2009年，江南新区完成固定资产投资168600万元，招商引资到位资金56800万元；施工各类房屋建筑物面积42万平方米，完工16万平方米；市政基础设施配套完善，小区开发连片成群，地价房市节节攀升，宜居兴业氛围浓郁，已成为万州乃至三峡库区的一方热土。

江南夜色

城口县国土资源和房屋管理局

CHENGKOUXIANGUOTUZIYUANHEFANGWUGUANLIJU

2009年12月30日，县委书记裴智在城口县首批廉租房住户入住仪式上讲话

局领导班子

城口县国土房管局成立于2001年9月，局党组下设一个机关党委，7个党支部，局机关现有9科2室，下属10个事业单位，6个片区国土房管所、18个工作点，4个矿产品出境检查站。主要负责耕地保护，土地整理与开发，土地征收与城市房屋拆迁，矿产资源管理，房地产管理，地质环境管理与监测，土地、矿产执法监察和房屋安全鉴定等相关工作，有职工191人，党员91人。

2009年，在市国土房管局和县委、县政府的正确领导和各级各部门的大力支持下，城口县国土房管局坚持以“三个代表”重要思想为指导，深入学习实践科学发展观，继续按照“建一流班子、带一流队伍、创一流业绩”的总体思路，坚决贯彻执行上级的工作部署，认真履行法定职责，积极服务发展大局，全面推进依法行政，较好地完成了各项工作任务。

2009年8月19日，县国土房管局党组书记、局长景建周到东安乡扶贫

2009年3月19日，城口县国土房管局深入学习实践科学发展观活动动员大会

【所获奖励】

★局妇委会被县妇联表彰为“三八红旗”集体；

★在2009年度“唱读讲传”活动中被县委宣传部表彰为先进单位；

★在2009年统战工作中被县委统战部表彰为先进单位；

★在2009年组织工作中被县委组织部表彰为先进单位；

★在2009年度安全生产工作中被县人民政府考核为先进单位；

★在2009年度人大建议意见回复工作中被县人大表彰为先进单位；

★在2009年度城口县社会治安综合治理成员单位履行责任工作中，被县委、县政府表彰为先进单位；

★在市国土房管局组织开展的“国土房管杯”全民健身活动中，我局获得组织奖，广播体操比赛获得二等奖；

★城口县人民政府被国土资源部等九部委表彰为全国整顿和规范矿产资源工作先进集体；

★在2009年度考核中，局党组书记、局长景建周同志被市委组织部、市人事局考核为“优秀公务员”；

★局党组副书记、纪检组长杨邦多同志被市国土房管局表彰为市国土房管系统年度“先进个人”；

★在重庆市建国60周年庆祝表彰大会上，局党组书记、局长景建周同志被市委表彰为“优秀共产党员”。

2009年7月13日，城口县蓼子乡地灾排险现场

2009年6月30日，城口县国土房管局承办庆祝建党88周年文艺晚会

2009年11月14日，城口县国土房管局广播体操比赛

影视文化创意基地

大足县城乡建设委员会

DAZUXIANCHENGXIANG JIANSHE WEIYUANHUI

2010年，在县委、县政府的正确领导下，按照建设“国际旅游胜地、生态经济城市、和谐宜居家园”的战略定位，我委确定了以“1234”工程为重点，以城镇化和宜居大足建设为载体的城乡建设工作思路。开拓进取，顽强拼搏，城乡建设各项工作取得明显成效。

县党政办公大楼

濑溪河公园

一、2010年工作进展情况

2010年上半年，开工建设了龙水污水处理厂，成渝高速公路邮亭段农村危旧房改造工程施工队伍已入场；濑溪河城区段清淤工程已竣工；完成房地产开发投资3.5亿元；新开工房地产项目23个，建筑面积55万平方米；竣工项目12个，建筑面积24.875平方米；较2009年同比增加21%，实现建筑业总产值14.2亿元；新增城镇常住人口0.61万人，新增城镇建成区面积0.73平方公里。

（一）项目建设开展顺利。1~6月共完成投资1.89亿元，其中，小安溪河流域综合整治工程已有邮亭等7个污水处理厂通过市建委初设评审，雍溪镇污水处理厂正进行施工图设计；商务中心建设提速；体育运动中心项目完成投资2125万元；广电大厦工程目前已完成初步方案，正在做开工前期准备；新区市政大道工程(棠香段)目前已取得可研、环评、用地预审、建设项目选址与初步设计审查意见书及建设规划许可证，城区段已完成初步设计，并报规划审批，现正进行征地拆迁等前期工作；南山一号工程现已完成投资2000万；蓝湖丽都、御墅林枫项目快速推进。龙水五金街片区危旧房改造一期工程、东宏香山美地、圣象国际、时代豪庭、五星华府、香榭雅筑等房地产开发项目正有条不紊地进行。

大足县体育运动中心

（二）建设行业健康发展。以整顿和规范建筑市场秩序为重点，不断强化建设工程招投标、有形建筑市场和工程造价管理。按照建设工程质量要求，建委及时组建了质量与安全工作组，并检查工程项目281个，有效保障了人民群众的生命财产安全，建筑行业得以健康发展。16月，全县执行建筑节能50%标准的项目11项，建筑面积17.3万平方米。上半年无一例重特大事故发生。

（三）加快推进新农村建设。一是城乡统筹步伐加快。全县实施道路建设41200平方米，其中新增道路3.7万平方米，改造道路2万平方米；实施农房建设1517户，建筑面积30.4万平方米，改造人行道板9292米、排水沟3379米。二是加快康居示范村建设。指导规划了13个康居村建设，涉及农户372户，面积6.3万平方米。三是加强农房标准图集推广。上半年共审批巴渝新居示范点建设558户，建筑面积11.575平方米，其中使用标准图集1273户；发放规划许可证2790户。

二、下一步工作重点

（一）夯实一个基础，创响“无工业县城”品牌。一是五个中心建设。商务中心、渝西会展中心在10月、12月建成投用；体育运动中心在12月前完成一期的主体工程，启动室内游泳馆和运动场建设，完成投资1.0亿元；启动大足医疗中心、大足石刻艺术博物总馆暨文化旅游集散中心。二是五个宾馆建设。华美达广场酒店和龙水湖青年旅舍、石都宾馆在8月和12月建成投用，开工大足宾馆改造工程，启动御墅林枫宾馆建设。三是十一个森林公园建设。建成渝西会展中心生态公园，开工建设南山森林公园、北山生态公园、城市广场公园等9个森林公园建设，做好邮亭工业园区森林公园前期工作，力争2010年新增城市绿化面积23万平方米。

（二）打造两个载体，建立畅通高效的经济发展循环体。一是构建城市发展骨架。按照“东扩西拓”的思路，加快央5.8平方公里的东部新城和1.0平方公里的西部新区建设。二是壮大六个中心镇。重点支持中心镇实施“五个一”工程，充分发挥其集聚辐射带动效应。

东城新区

大足县商贸中心

（三）提升三个工程，打造名副其实的重庆后花园。一是提升一条河。启动濑溪河亲水型城市景观建设。推进小安溪河流域综合整治工程，开工建设邮亭、三驱、雍溪3个污水处理厂。二是提升一条街。打造龙水湖民俗风情街；加快整治宝顶古街；7月启动大足商城步行街提升工程。三是提升一套房。按照唐风宋韵、智能节能、绿色环保等建设理念，加快时代豪庭、蓝山壹号等13个重点房地产开发项目建设。全面完成龙岗、龙水、邮亭廉租住房建设，开工建设玉龙、平桥等廉租住房5.3万平方米。7月底完成成渝高速公路邮亭段337户农房风貌改造工程；建成巴渝新居1000户，建成宝顶、棠香、龙水等巴渝新居示范点(一期)80户。

（四）实现四个确保，加快推进我县城乡统筹发展。进一步加强工程质量、施工安全管理，建立企业诚信体系，规范开发、施工、勘察、设计、监理等企业资质管理，规范项目招投标、工程交易等行为，确保新开工房地产建筑面积50万平方米以上；提高城镇化水平2.1个百分点；实现建筑业总产值27亿元以上，对全县GDP的贡献率力争在20%以上；确保全年无重特大建筑质量安全事故发生。

大足县南环二路

石壁广场一角

（五）牢固树立发展意识，谋划城乡建设“十二五”规划。把“大足石刻国际旅游度假区、中国低碳经济范例城市、都市休闲农业示范区”作为城乡建设“十二五”规划的战略定位。以组团城市连接大道和成渝复线高速公路大足生活服务区为核心，加速壮大城市规模，其中龙岗组团创响“无工业县城”的宜居品牌；龙水组团以中国五金、光伏创意为重点打造产业集群。以县城、宝顶、玉龙、珠溪、高升为重点打造国际旅游度假区。以龙水、邮亭、万古工业园区为重点打造五金产业、光伏产业、机械制造业和服务外包企业等。以三驱、高升、铁山为重点打造都市休闲农业示范区。

商社集团：打造中国

商社集团成立于1996年，是国家重点扶持的20家大型流通企业中唯一的西部企业。现有员工9万人，旗下有全资、控股子公司20家，2009年销售收入突破300亿元，资产总额121亿元，实现税利11亿元，排名2010中国企业500强第244位，中国连锁百强第11位。曾荣获“中国商业名牌企业”、“全国五一劳动奖状”、“国企贡献奖”等荣誉称号。

邝正平董事长荣获2009重庆经济年度人物

组建以来，在重庆市委、市政府及市国资委领导下，商社集团坚持“发展商社，致富员工，服务社会”的企业宗旨，历经起步调整、政府主导的自力更生、探索进入资本市场三个发展阶段。特别是从2003年开始，在市委市政府主导下，坚持产业经营与资本经营相结合，走上了持续发展的快车道，销售额以年均28%以上的速度递增，利润以年均58%以上的速度递增，发展成为西部商贸最具实力的龙头企业。现有网点320个，经营面积130多万平方米。培育了“商社新世纪百货”、“重庆百货”、“商社电

重庆商社集团

成员企业—重庆百货大楼股份有限公司

一流商贸流通企业

和谐商社—职工唱红歌凝聚精气神

健康商社—职工运动会响应健康重庆建设

器”、“商社汽贸”等知名品牌企业。预计2010年销售收入达到370亿元。

面向未来，商社集团将以整体上市为契机，立足重庆，拓展西南，走向全国，力争2012年销售收入突破500亿元，十年内达到1000亿元，打造成为长江上游最具核心竞争能力、中国一流的商贸流通企业。

责任商社—“绿化长江，重庆行动”商社集团捐款150万元

成员企业—重庆商社新世纪百货有限公司

地址：重庆市渝中区青年路18号
法定代表人：邝正平
电话：（023）63819888
（023）63819788（传真）
网址：http://www.cgtg.com.cn

恒大地产集团

EVERGRANDE REAL ESTATE GROUP

恒大地产集团（**香港联合交易所股份代号：3333**）是集房地产规划设计、开发建设、物业管理于一体的现代化大型房地产综合企业。公司于2009年11月5日在香港联交所主板上市，是中国标准化运营的精品地产领导者，连续六年荣登中国房地产企业10强。目前，恒大已战略性地进入广州、天津、重庆、沈阳、武汉、成都、南京、西安、长沙、太原、昆明、合肥、贵阳、南宁、南昌、石家庄、济南、洛阳、郑州、兰州、长春、银川、海南等全国25个主要城市，拥有项目57个，覆盖高端、中端及中高端、旅游地产等多个产品系列。

恒大地产集团重庆有限公司成立于2005年底，是恒大地产集团全国战略布局的重要一步。重庆公司秉承"打造中国最受尊重企业和中国最具价值品牌"的企业发展战略，矢志成为重庆房地产行业航母级的企业之一。目前正在开发运作恒大华府、恒大金碧天下、恒大名都、恒大绿洲、恒大城五个项目，5盘同建，彰显企业布局重庆的强大实力。

2009年，更是恒大重庆公司快速发展的一年，实现销售额逾40亿，在重庆地产企业中稳居三甲之列，远超其他所有外来房企，实现了"五盘同建、五盘同开"的目标，其中恒大金碧天下和恒大城项目首期开盘均为当月单盘销售冠军，"恒大"这个品牌已经在重庆老百姓的脑海中打下了深深的烙印，打造出楼盘精品典范，树立了行业新标杆。

恒大金碧天下

恒大金碧天下以千亩国际大城傲立于西城缙云山麓的双福新区，是中国西部首席航母型商务旅游度假地产，居住、度假、商务、投资一举四得皆相宜。皇家园林已完美实景绽放，7600公顷缙云山畔的原始森林给予身心最好的滋润；独有8.5万方的国际级配套，包括有五星级酒店及"六大国际中心"（会议中心、运动中心、健康中心、娱乐中心、饮宴中心、商业中心）已经或即将投入使用，海量度假型配套给予生活丰富遐享；建筑形态涵盖独栋、双拼、联排、双景小高层、高层观邸；一个航母型商务度假黄金港，一个集国际会务、度假休闲、运动健身等综合功能于一体的、前所未见的国际生活交流空间。

重庆西部首席航母型商务旅游度假地产

恒大华府

恒大华府，地处北部新区金开大道与金山大道交汇处，距观音桥核心商圈仅6公里。总占地310亩，建筑面积约38万方，背倚千年照母山，紧邻万仞古木峰，四大公园簇拥；配套近万平米多功能会所，超10万平米意大利水景园林，全球品牌物管戴德梁行担纲物管顾问；社区由11层纯板式精装小高层和4+1纯板式电梯花园洋房组成，构筑精致生活圈。

北部新区首席传世平层宽墅豪宅

恒大名都

恒大名都，大坪唯一集高档住宅、酒店式公寓、写字楼、商业于一体的大型城市综合体，独享渝中区核心优势，出门即享立体公交网络和轻轨换乘中心带来的便捷，是渝中区唯一拥有超大湖景中庭的高端社区。在城市繁华中心，享受一座城市的极罕奢华生活。

渝中核心品质豪宅

恒大绿洲

恒大绿洲，挥军西城中心，洋洋洒洒描绘杨家坪中心46万方精装豪宅区，由10栋小高层与12栋高层围合而成，以彰显欧陆新古典主义建筑灵魂特色，102~136m^{2}精装豪宅品味上层尊崇。独享700亩原生态动物园生态野趣。75000m^{2}皇家园林源自纯正欧洲造林意旨，以6000m^{2}皇家湖景从多方位、多角度打造湖景美色，给人们居住的生活带来双重美景享受。7000m^{2}养生会所已投入使用，以五星级欧洲皇家礼遇为价值定位，内部规划布局完美实用，配置室内恒温游泳池、国际健身中心、多功能休闲运动场所等设施，领享上层健康人生。恒大绿洲集高端住宅、中心商业、皇家园林、养生会所、名门幼儿园……为一体，闪耀西城，气势非凡。

杨家坪中心生态中央公园豪宅

恒大城——南重庆精装宜居生活之城

恒大城雄踞巴南大道9号城市副中心地段，占李家沱商圈未来发展核心，乃背依南山、交通便捷的118万方超级精装大盘。项目自2008年9月开盘以来，帮助4500多个家庭实现了置业梦想。恒大城7000余m^{2}五星综合楼、14000余m^{2}全能运动中心、30000余m^{2}国际风情商业街、知名小学、幼儿园所构成的航母配套，重塑南重庆精品生活标杆。

一年半9次大规模开盘，劲销4500余套

泰昇
TISENSE

抢抓机遇 加快发展

500kV交联聚乙烯绝缘电力电缆

220kV交联聚乙烯绝缘电力电缆

110kV交联聚乙烯绝缘电力电缆

10kV交联聚乙烯绝缘钢带铠装电力电缆

重庆泰山电缆有限公司是西部最大的专业从事电线电缆研发、制造的高新技术企业，为全国电线电缆行业大型骨干企业。自1998年成立以来，累计实现产值近130亿元，实现利税近7亿元，累计吸纳下岗失业人员、复转军人、大（中）专毕业生、库区移民2500余人，为重庆经济社会作出了贡献。先后荣获“全国用户满意企业”、“全国守合同重信用单位”、“中国电子信息百强企业”、“全国再就业先进企业”、“全国质量信誉AAA企业”等称号，连续9年位列重庆工业企业50强。

公司始终坚持科技创新之路，追求卓越的产品品质。产品先后荣获“全国用户满意产品”、“重庆市名牌产品”等称号，覆盖从低压到高压、从民用电线到特种电缆、从小截面到大截面全系列，在国家电网、电源、市政、石化、通信、交通等建设领域及北京奥运、上海世博、京沪高铁等重点项目中广泛使用。并出口到非洲、澳洲、南美洲、东南亚、中东等市场。

公司抢抓国家经济发展方式转变、经济结构调整、新一轮西部大开发及重庆两江新区机遇，实施“3531”战略，打造“百亿”泰山，努力发展低碳、环保、新能源、智能化等新产品，计划2010至2012年，完成二期技改项目，重点发展高压环保智能型交联电缆、特高压大容量导线等产品，年产能达到50亿元；计划2013至2015年，完成三期技改项目，重点发展海底电缆、新能源电缆等新产品，年产能达到100亿元。

部分大型工程

奥运水立方

上海世博轴

北京地铁

重庆轻轨

重庆康硕科

康硕科技“环保健康、低碳节能”的利国利民项目，得到了市委常委、常务副市长马正其的亲切关怀

公司董事长魏云海先生接受国家十二部委授予的“全国青少年儿童食品安全行动宣教企业”匾牌

国家十二部委授牌企业——重庆康硕科技有限公司是集研发、生产、销售和投资运营为一体的科技创新型“低碳、节能、健康、环保”产业实体，是通过重庆市经委鉴定的高新科技企业。

公司立足重庆与西南大学强强联合，在自主创新和引进一系列国际前沿科技成果的基础上研发制造出了小分子团直饮水处理器和空气源热泵热水器等两大系列产品，为适应不同客户需求，公司产品涵盖家用、商用、校用三大领域，致力于为各类学校、社区、家庭、宾馆、酒店、机关、医院以及城乡统筹新农村建设等提供高效节能环保健康的全新生活用水解决方案。

康硕科技拥有一支训练有素、执行力强的优秀团队，在努力实施着极富生命力的蓝海战略和水波推广模式。我们积极响应各级政府 “低碳、节能、环保、健康”的号召，秉承“立足重庆、辐射全国、创国际知名品牌”的目标，用科技和服务尽一份企业的社会责任。

“传播健康、回馈社会”是康硕科技永恒的宗旨，也是康硕人光荣而又艰巨的使命。公司将一如既往坚持“质量就是生命、责任重于泰山”的责任观念，与广大新老客户一道用科技改善生活，以合作实现共赢的蓝海战略，坚决贯彻国家十二部委“健康进校园、安全全社

技有限公司

会”的指示精神，将为祖国的校园安全卫生饮水作出更大的贡献，为祖国和人民培养出更加健康优秀的接班人。也将为全民健康的直饮水工程安全作出更大贡献。

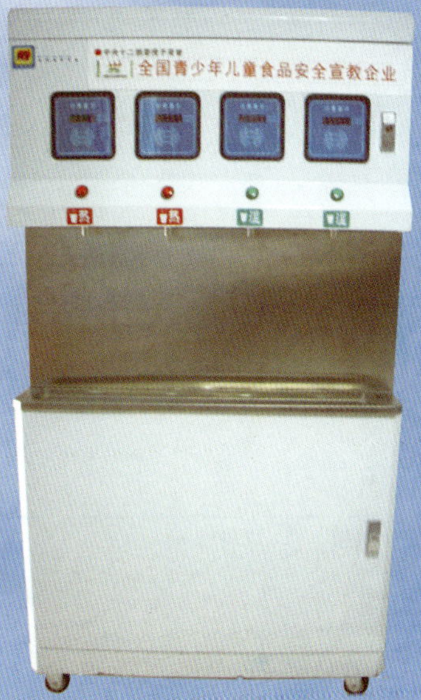

运营总部：重庆市沙坪坝区三峡广场时代星空30楼
研发单位: 西南大学食品科学学院
生产基地：重庆市两江新区星光大道62号海王星科技大厦E区8楼
全国连锁加盟热线：023-89866008/6005/6009
全国服务热线：400-7086088
总服务台：89866006　　传真：023-65411227
公司网址：www. Ks6668.com　E-mail：ks6668@126.com
QQ:605219301

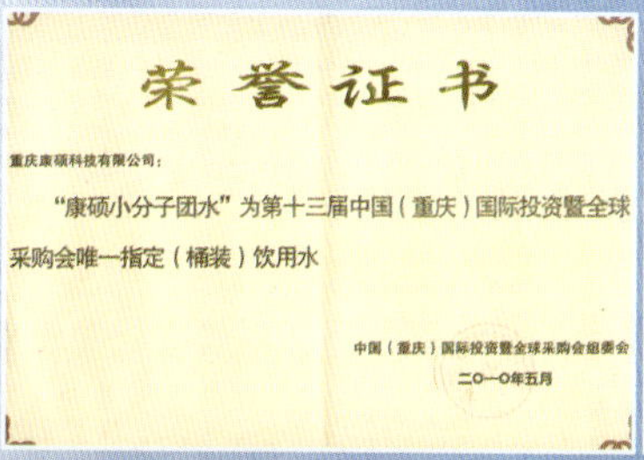

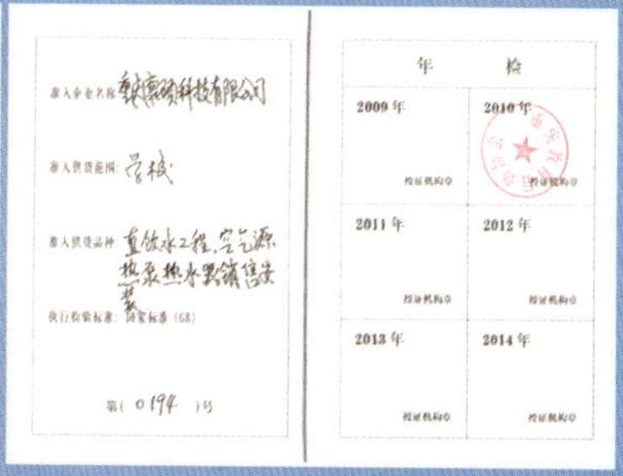

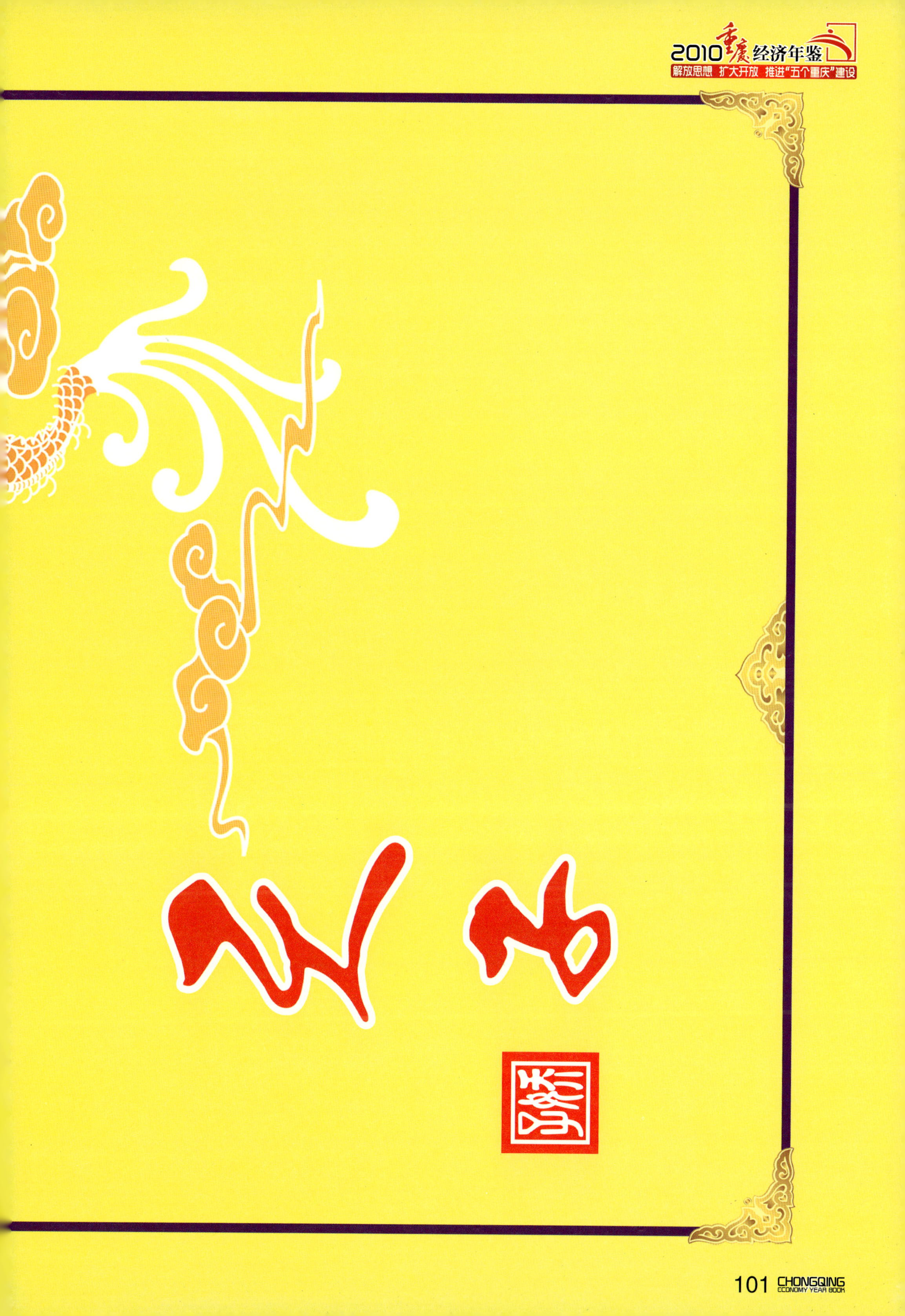

重庆现代烟草农业助推"两翼"农户万元增收

今年，重庆市提出了"两翼"农民万元增收工程，力争到2012年让渝东北、渝东南贫困地区的农民增收一万元，其中有劳动能力的农户95%以上实现万元增收。

市政府确定的两翼万元增收工程的17个区县，也正是重庆烟叶生产的主要地区。在2010年全市现代烟草农业建设现场会上，市政府副市长谭栖伟说，由于特殊的市情和"两翼"地区的特殊地位，市委市政府在今年确定开展"两翼"地区农户万元增收工程，而实现增收的关键，在于广辟增收渠道，这方面烟叶产业具有不可替代的作用。

2005年以来，重庆烟草行业累计投入13亿元用于大力推进"七大配套"和"七大体系"建设，烟叶产业抗御自然灾害能力和综合生产能力明显增强。谭栖伟指出，烟叶产业市场风险小，市场带动力强，带动农民就业和转移就业作用明显，且产销一体和农工商一体化的进程都比其他涉及农产业快，在"两翼"农户万元增收过程中的比较优势突出，既丢不得，也丢不起。

谭栖伟要求烟叶产地区县政府要加大实施力度，找准目标，将烟叶产业作为重要支柱产业，把其纳入富民增收重要内容，在政策、项目、资金等方面，烟叶产地区县政府要给予充分保障，大力支持，以实际行动推动重庆烟叶产业新起点上的新发展。

中国烟草总公司重庆市公司有关负责人介绍，借今年全面推进现代烟草农业建设之机，重庆烟草将继续加大"两翼"烟区烟水、烟房、烟路、烟机、工场化育苗大棚建设等方面的投入，预计投入资金3亿多元，新建卧式密集烤房6000多座，新修烟路300多公里、工场化育苗大棚100多座，推广使用烟机500台等。

"这些配套基础设施里，有一部分可以直接为烟农带来经济效益。"该负责人举例说，在不种烤烟的季节，烟农可以利用烤房种植食用菌和加工中药材，如果适销对路，每座烤房可以为农户创收5000元。与此同时，育苗大棚全年可发展辅助产业8个月以上，种植反季节蔬菜、发展观光农业等，预计每个大棚可增收上万元。该负责人说，全市全面推进现代烟草农业建设，大概只需要一年时间，就可以让重庆"两翼"种烟农户实现万元增收，比全市计划的万元增收目标时限提前两年。

奥运村，来到重庆

国奥村，即奥运村。
伟大事件诞生的伟大生活方式

第29届北京奥运会让中国人的骄傲被世界激赏，被历史铭记。
北京国奥村（奥运村），在经历了204个国家地区、17000名运动员的检验之后，
被誉为"奥林匹克史上最出色的奥运村"。
同时也作为唯一居住区案例，代表北京市受邀入选2010上海世博园E区"城市最佳实践区"。
它是后奥运时代留给国人的永恒向往，一个真正意义上的国宝级住宅。

五千年之骄傲，举一国之力献给世界的未来人居作品

五千年中国，首次举办奥运会，首次有了国奥村。从规划之初到作品成型，凝聚了一国之忧，用"绿色、科技、人文"三大理念铸就当代奥运国宅，结合中国的精神内涵和文化表达，以不止领先当下，亦不落后未来的住宅作品，迎接世界。在这里，国奥村经历了一个又一个国家的检验，诞生了一个又一个的世界冠军，聚焦着一个又一个的世界媒体。

而今年，国奥村也将作为唯一居住区案例，代表北京受邀入选2010上海世博园E区"城市最佳实践区"，再一次以中国人的骄傲，赢得世界的认同。让世界看到中国为奥运会提供的最健康、最舒适居住空间，也以一个国家的气魄与实力，展示中国在全球住宅领域的领先水平。在众多国内外专家学者最严苛的眼光面前，国奥村，被称为"21世纪中国现代宜居典范"。

胡锦涛总书记视察国家体育馆和国奥村

68项科技与东方智慧之大成，领先中国的低碳住宅标准

重庆国奥村鸟瞰效果图

作为第29届北京奥运会--国家体育馆及奥运村项目的缔造者，国奥投资以"绿色、科技、人文"奥运三大理念作为企业核心价值。国奥村坚持环保与可持续发展设计理念，为前进中的中国在城市化人居、人与自然环境的和谐等诸多领域提供全方位的借鉴和实践标准，成为全球独家获得美国绿色建筑（LEED评级）"能源与环境设计先锋"金奖的住宅。

国奥村作为中国低碳住宅领域的先驱者和领先者，集合了六十八项低碳环保创新科技，通过可再生能源的建筑应用、绿色建材、循环经济、建筑节能、无障碍设施等生态建筑高新技术的集成应用，缔造出中国低碳住宅集成运用标准，为世界各国发展大型绿色居住区提供范例。

助力"五个重庆"，引领滨水乐活，带给重庆的全新生活方式

国奥投资身为国企，用低碳住宅集成运用标准打造国奥村产品品牌，提供可升级绿色住宅，符合城市可持续发展的运营理念。当下，国奥投资正在架构一个规模宏大的"国奥村网络地产联盟"，其将会是集旅游、投资、度假、住家等多功能的产品。从北京到重庆、成都、桂林等业主都可以通过国奥村网络平台享受联盟中枢提供的全生命周期的服务。

重庆国奥村传承"绿色、科技、人文"奥运三大理念，沿袭北京国奥村的高品质战略，以低碳、科技、环保等先进理念助力宜居重庆建设。项目位于嘉陵江畔的北滨国奥片区，为重庆新城市客厅"北滨路"重点规划的四大核心功能片区之一。国奥片区拥有两江四岸便利的交通体系和完善的城市设施配套，地处三大商圈和两大保税区的合围之下。项目将充分结合重庆的地域风貌特征与人文风俗文化，以低碳住宅、中国风情、滨江大盘、综合社区、业态多样等综合规划，为重庆人民带来健康、绿色、未来的生活方式。

75万方重庆国奥村

60万方北京国奥村

41万方成都国奥村

70万方桂林国奥体育文化城

国奥投资 Guoao Investment

国奥村

国奥村：(023) 88192008

地址：重庆·北滨·国奥片区 / 临时接待中心：江北 观音桥 金源大酒店大堂

重庆横河川仪有限公司

CHONGQING YOKOGAWA SICHUAN INSTRUMENT CO., LTD.

重庆横河川仪有限公司（CYS）由日本横河电机株式会社与中国四联仪器仪表集团有限公司共同出资于1995年创立, 注册资金1000万美元。本着"质量第一，开拓精神，社会贡献"的企业理念，在短短几年内迅速崛起，产品销量持续快速增长，EJA智能变送器年销售量突破20万台，中国市场总销量超过120万台，是中国最大的变送器制造供应商。

EJA智能变送器采用日本横河电机开发的单晶硅谐振式传感器技术，是目前世界上最先进的变送器，也是变送器领域最具活力的名牌产品。CYS作为日本横河电机EJA智能变送器全球三大生产基地之一，以ISO9001质量保证体系与日本横河电机5M质量管理方式相结合，采用其先进的制造工艺和高新设备，确保了CYS制品与日本制品同一品质。

ZR402G 氧化锆氧量分析仪　　ISC电磁感应式电导率/浓度仪

EJA智能变送器进入中国市场后，产品稳定的性能和优良的品质赢得广大用户的青睐，在中国市场上形成独特的竞争力。为了迅速占领市场，公司全体员工辛勤工作、努力拼搏， 2003年销量超过同行业其他竞争对手，确立了EJA智能变送器中国市场占有率NO.1的地位，2008年订货量接近20万台，2009年中国市场总销量突破100万台，并成功签订了一系列大项目整体框架协议，为中石化（海南800吨/年炼油项目、青岛1000万吨/年炼油项目、天津石化100万吨/年乙烯及配套项目）、中石油（抚顺石化100万吨/年乙烯及配套项目、四川石化100万吨/年乙烯及800吨/年炼油项目）等提供产品和服务；首钢、上海电气等用户已成为公司忠实的客户和合作伙伴，产品优良的品质得到了广大用户的一致好评；随着中国环保产业的不断发展，横河分析仪系列产品已成为公司发展新的增长极。

EJA110A　　EJA210A　　EJX110A

历经15年的风雨洗礼和开拓创新，横河川仪公司以惊人的速度实现了跨越式发展，为中国仪器仪表产业的发展做出了贡献。遵照横河电机vigilantplant的理想工厂理念，公司将向综合型自动化仪表企业发展，在测量、控制和最优化领域为用户提供企业整体解决方案和服务，在过程自动化领域做出新的贡献！

重庆能源
CHONGQING ENERGY

西部“能源航母”·重庆能源集团

重庆能源集团董事长侯行知（前排中）在中美清洁能源合作签字仪式上

重庆市能源投资集团公司（简称“重庆能源集团”），现有注册资本60亿元，至2009年末，资产总额341亿元。集团有全资子公司、控股子公司25个，参股公司15个；有员工74000多人，其中中高级专业技术职称人员3300多人。

集团集能源项目投资、能源产品生产、能源开发利用和能源综合服务于一体，以煤炭、电力、燃气为主，兼营基本建设、房地产、火工产品、建材、机械、物流等非能源产业的投资开发和生产经营，是重庆市最大的综合性能源投资开发和生产经营企业。

集团现有生产矿井37对，2009年原煤核定生产能力1561万吨/年；参股、控股电力装机容量754万千瓦，占全市统调装机容量的86.1%；燃气供应范围覆盖20多个区县和3个经济开发区，涉及居民、商业、工业、CNG加气站等235万户。

2009年，重庆能源集团坚持“开放发展”的理念，先后与法国苏伊士集团合作成立了中法能源服务公司，利用重庆市丰富的江水资源，实施冷热电“三联供”；与美国AES公司合作开展松藻乏风瓦斯利用，实施减排创效。燃气板块引进华润燃气作为战略投资者，引资11.63亿元；与香港中国燃气合作成立了长南输配气公司，引资1.225亿元共建长输管线。集团所属松藻公司与香港中华煤气公司开展了全球规模最大的煤层气脱氧提纯液化项目合作，这些开放合作项目为企业跨越发展奠定了坚实的基础。

重庆能源集团新疆煤电公司成立

重庆燃气集团与香港华润燃气签约结成战略合作伙伴

在扩大开放的同时，重庆能源集团积极实施“南下、西进、北上”的煤炭资源跨省开发战略。“南下”，将在贵州形成400万吨/年的生产规模；“西进”，在云南形成270万吨/年的生产规模；“北上”，在新疆哈密地区建设年生产规模达3000万吨的煤炭生产基地。目前这些项目正紧锣密鼓地加紧实施，加上现有的1500万吨生产规模，该集团5000万吨/年生产规模的布局已完成。

2009年，重庆能源集团实现营业收入129亿元，工业总产值达101亿元，生产原煤1291万吨，燃气供气总量达20.7亿立方米，发电量达35.09亿千瓦时，社会贡献总额54亿元。自2008年来，先后成功跨进重庆“百亿集团”、“50强企业”、“全国500强企业”行列，荣获重庆市“明星企业”、“全国五一劳动奖状”等荣誉。

重庆松藻矿区瓦斯液化项目签约仪式现场

重庆能源集团南桐特种水泥公司220万吨水泥改扩建工程开工

按重庆市委、市政府要求，重庆能源集团将分“两步走”打造千亿元企业。到2012年，实现资产规模500亿元、营业收入300亿元的发展目标，其中煤炭生产规模3000万吨、燃气供应量30亿立方米、参控股电力装机容量1200万千瓦以上；2020年，实现资产规模1000亿元、营业收入600亿元的发展目标，其中煤炭生产规模5000万吨、燃气供应量50亿立方米、参控股电力装机容量2000万千瓦以上。

目前，重庆能源集团在科学发展观的指引下，致力于安全发展、和谐发展、开放发展、跨越发展，努力向打造“中国西部一流能源控股企业”的宏伟目标迈进。

意境图

庆铃汽车(集团)有限公司

庆铃汽车(集团)有限公司是由中方控股、海外上市的核心企业庆铃汽车股份有限公司及14个子公司、分厂，1个技术中心共计16个企业组成的企业集团。生产世界先进水平的日本五十铃轻、中、重型全系列商用车(即1.5吨－15吨载货车及40吨拖头)及功率从77马力～380马力的柴油、汽油发动机。

集团总资产103亿元，净资产91亿元。拥有从模具设计制造，毛坯、零部件及总成制造到车辆装配的完整工艺制造链，形成了带有开发功能的商用车制造体系。

集团的核心企业—庆铃汽车股份有限公司：由庆铃集团与日本五十铃公司合资设立，是重庆市对外改革开放后成立的第一家中外合资企业，成立于1985年；1994年在香港上市发行H股；1997年赴境外发行可转换债券。

庆铃的产品面向国内、海外两个市场的高端主流客户。国内市场：一是重点行业主流客户：如石油、邮政、通讯、金融、电力、烟草等；二是高附加值的改装车客户；三是范围广泛的各类其它用户：如市政、环卫、消防、冷藏、机场服务等。海外市场：主要客户为日本、欧美等地的若干知名跨国公司。

在全国汽车企业中，庆铃的人均劳动生产率、人均销售额、人均利润均名列前茅；1999年至2001年，连续三年获全国质量效益型企业，并获全国质量效益型先进企业特别奖；今年又荣获重庆市首届市长质量管理奖；连续16年被评为"重庆工业企业50强"，其中八年居首位。

庆铃生产的五十铃系列冷藏车

庆铃汽车(集团)有限公司

日本 ISUZU 品牌汽车在中国唯一制造商

● 地址：中国重庆九龙坡区中梁山协兴村1村

● 电话：(023)65262233 ● 传真：(023)68830397 ● 网址：//www.qingling.com.cn

COMT CHONGQING MACHINE TOOL GROUP 重庆机床集团

重庆机床（集团）有限责任公司

重庆机床集团YD31125CNC6大型滚齿机在用户现场

重庆机床（集团）有限责任公司的前身重庆机床厂，始建于1940年，2005年底整合重庆第二机床厂、重庆工具厂组建重庆机床集团。于20世纪50年代先后试制成功中国第一台滚齿机、剃齿机、插齿机、第一台蜗轮母机，成为中国制齿装备诞生的摇篮。是新中国最早专业生产机床的十八家企业之一，史称“十八罗汉”。

重庆机床集团YE3120CNC7高速干切自动滚齿机

公司以专业生产齿轮加工机床为主，产品涵盖车床、加工中心、复杂刀具、汽车零部件等。目前年产销齿轮加工机床1500台以上，是国内最大的成套制齿装备生产基地，世界上齿轮加工机床产销量最大的制造商，中国齿轮机床行业排头兵，中国齿轮机床行业标准化委员会的归口单位，国家重点高新技术企业，重庆市十强高新技术企业，建有国家认定企业技术中心、院士专家工作站和博士后科研工作站。

公司拥有一轴至九轴9个系列90种产品，产品加工直径从Φ10mm～3200mm，正逐步扩展到Φ6300mm，产品数控化率超过60%。主导产品滚齿机、剃齿机国内市场占有率长期保持在60%以上，产品远销美国、日本、韩国、法国等50多个国家和地区。累计为汽车、摩托车、工程机械、船舶、能源、矿山、航空等行业提供了三万多台精良制齿装备。近年来，承担了国家重大科技专项和国家级科研项目共计20余项；获得国家科技进步一等奖、二等奖，重庆市科技进步一等奖等国家、省部级科技奖118项。

获得荣誉

多年来，公司备受党和国家领导人的关怀，1991年4月15日和2007年7月21日，江泽民、胡锦涛两任总书记先后视察重庆机床集团，对公司发展寄予厚望。

重庆机床集团以“装备中国、服务世界”为企业使命，始终致力于将最先进的科学技术运用于机床制造中，大力发展大型、精密、高速、自动化、绿色环保、网络智能化的高速数控装备，继续保持中国齿轮机床第一品牌和行业排头兵地位，力争五年内进入世界齿轮机床第一方阵，为中国机床工业的发展不懈努力，造就中国的世界名牌。

重庆市涪陵区大为船舶制造有限公司
CHONGQING DAWEI SHIPBUILDING INDUSTRY CO.,LTD.

大为船舶董事长郭志福先生

美籍企业家毕中江及中美商会会长、清溪镇政府领导、大为船舶制造有限公司三方商务恰谈会

重庆市涪陵区大为船舶制造有限公司位于中国西部政治文化中心重庆市的涪陵区，风景秀美交通便捷的清溪镇。公司以诚信经营，务实求真，创新兴业为理念。坚持依法治企、科学兴企、团结奋斗的企业精神，作大作强造船业。拓展相关产业，打造成中国西部特大型造船工业城作为发展思路、把公司建设成为管理型、科学性、效益型、环保型的现代化企业。

公司前身为四川省涪陵区金华造船厂，2006年10月经改制为重庆市涪陵区大为船舶制造有限公司，是重庆市重点企业，主要经营船舶制造，钢结构制造，船舶设计及船舶技术咨询业务。现年生产能力为6万载重吨。年均工业产值1.7亿元，能设计制造江及内河各种类型船舶，公司与武汉理工大学研究设计制造的5000吨.3500吨级散货船被交通部确定为川江三峡库区标准船型，公司制造的60车位载重滚装船载入中国船级社年报，为长航凤凰集团股份有限公司建造的10艘5000吨级散货船受到船东和行业的好评，公司获得BMTRAD的ISO9001-2000质量管理体系认证，系一级造船资质企业。

公司办公楼

长远规划

船台一角

加工设备

剪切设备

起吊设备

船体构件装配

在建船舶水上轮机安装

6000吨级标准干散货船

5000吨散货船

60车位-重载客滚船面漆涂装

重庆市搏赛
重庆市石塔

搏赛开发公司法人代表兼石塔建司总经理：杨克藩

搏赛开发公司总经理兼石塔建司法人代表：郑绍芬

重庆市搏赛房地产开发有限公司和重庆市石塔建筑安装公司是两块牌一套班子，各具独立法人资格的联合体。搏赛房地产开发公司注册资金1000万元，三级开发资质；石塔建筑安装公司注册资金2000万元，建筑安装二级资质企业。

搏赛开发公司主营：房地产开发、物业管理等。

石塔建筑安装公司二级资质，可承担三十层大厦及各类民用建筑，室内外装饰，30米跨工业厂房，100米高构筑物，城市公路（高速路除外），单跨20米的桥梁施工，可承担水电安装，小型工业建筑的设备、气液体储罐、线路、管道、电器、仪表、钢结构安装。

石塔建安公司始建于1979年，拥有二十多年施工经历，已发展成为实力雄厚、管理机构健全、有较强经营管理人才、机械设备齐全的二级资质建安企业。拥有大中型机械设备178台件，总功率1680KW，有职称技术的经济管理人员181人，（大中专以上学历82人）；其中高工12人，工程师88人，

房地产开发有限公司
建筑安装公司

助工81人；有一级资质项目经理2人，二级项目经理15人，三级项目经理11人，“五大员”持中级上岗证书。

公司成立以来所承建的工程合格率100%，无质量安全事故，赢得了上级主管及用户好评，曾获建设杯奖及鲁班奖工程，曾被评为区县市级先进企业，市区级“重合同、守信用”先进企业。

公司精品工程

→佳州花园17层全框架构工程，被评为优良工程并荣获“鲁班奖”

↓金都香榭二期综合工程

建设保障性住房

长寿区委周勇书记视察定销房工地3（前排从左至右依次为乐至公司总经理郭水文，长寿区委周勇书记，区政府副区长谭庆，区建委主任蔡书明）

长寿区区长韩树明陪同国家发改委有关领导参与廉租房检查

重庆乐至置业发展有限公司是长寿区政府在新形势下，为构建和谐新长寿，根据国家建设产业政策和我区“一湖两园三城”建设需要，为广大老百姓建设保障性住房而专门成立的一家专业的、国有独资的房地产开发公司。公司位于长寿区隧道商城城楼四楼，于二零零六年八月经长寿区人民政府以长寿府发[2006]67号文批准成立,注册资本2300万元，公司专业资质为房地产开发三级企业（正在升二级资质），主营房地产开发、物业管理、自有房屋出租、建筑材料销售。公司实行董事会领导下的总经理负责制，统一管理，分级负责，公司董事长、总经理郭水文，公司内设8个部门：综合行政管理部、土地规划发展部、工程管理部、成本管理部、财务管理部、社会事务部和物业经营部、工会。主要负责长寿区定向销售住房（含拆迁安置房）、廉租房的开发和建设。公司现有在册职工85人，有各种专业技术职称的56人，公司职工平均年龄35岁。

自2006年8月公司成立以来，加快了全区定销商品房（定向为征地拆迁人员提供房源）、廉租房的规划、建设速度，全面推动了江南、晏家、凤城、渡舟、长寿湖等片区定向销售住房项目和廉租房项目的建设和前期工作，目前累计已竣工面积达40余万平方米，在建面积83.66万平方米（其中：定向销售住房建设面积达75.79万平方米，廉租房建设面积达7.87万平方米）。

公司以“替政府分忧、为百姓解难、构建和谐社会”为发展指导思想，坚持“质量是基础、安全是效益、品质是生命”的开发管理理念，秉承“勤奋、敬业、谨慎、诚信”的创业精神，不断为打造宜居长寿作贡献。

构建和谐新长寿

重庆乐至置业发展有限公司

重庆乐至置业发展有限公司 二〇〇九年工作总结

二〇〇九年是长寿区定向销售住房的大建设之年。我公司在区委、区政府的正确领导下，在区级各职能部门和相关街镇的大力支持配合下，公司全体员工精诚团结，发扬不怕苦、不怕累的工作作风，秉承"勤奋、敬业、谨慎、诚信"的创业精神，全面推进了江南、晏家、凤城、渡舟、长寿湖等五大片区七个定向销售住房项目和六个廉租房项目的开工建设，全年新开工建筑面积82.59万平方米，其中：定向销售住房建设面积达74.79万平方米，提供房屋7539套；廉租房建设面积达7.2万平方米，提供房屋1451套。目前建筑主体已全面完工，完成投资近11.85亿元。现将全年定向销售住房及廉租房建设情况总结如下：

一、定销房项目

1. 乐至·铭宇江南（江南二期定向销售住房）

该项目是继2008年江南一期定向销售住房建设竣工的基础上，为了补充一期房源不足而建设的项目。规划占地73亩，总投资1.4亿元，建筑面积9.26万平方米，可解决902户重钢征地拆迁人员安置所需。

2. 乐至·云峰阁（徐家坪定向销售住房）

项目位于凤城徐家坪，规划占地127 亩，总投资2.7亿元，建筑面积17万平方米，首期开工8万平方米，可提供800套住房。

3. 乐至·桃西雅图（凤城桃花定向销售住房）

该项目位于桃西路，规划占地160 亩，总投资3.35亿元，建筑面积23万平方米，首期开工8.5万平方米，可提供888套住房。

江南滨江路景观工程

4. 乐至·尚城（晏家第六期定向销售住房）

该项目位于晏家场镇，规划占地190亩，总投资3.8亿元，总建筑面积达24万平方米，可以提供2306套住房。

5. 乐至·东海云洲（长寿湖定向销售住房）

该项目规划占地150亩，总投资2.56亿元，总建筑面积16万平方米，可以提供1762套住房。首期项目9.1万平方米，提供房屋958套。

6. 乐至·在水一方（渡舟定向销售住房）

该项目规划占地150亩，总投资3.04亿元，总建筑面积19万平方米，可以提供1900套住房。首期项目10.5万平方米，可提供房屋1065套。

7. 卫古路三期定向销售住房

该项目规划占地12.5亩，总投资2500万元，总建筑面积达1.68万平方米，可以提供160套住房。

8. 云台范家桥水库移民定向销售住房项目

该项目占地28亩，建筑面积4.3万平方米，可提供460套房屋。

二、廉租房项目

2009年共开工建设廉租房7 个项目，其中独建项目2 个，配建项目5个，总建筑面积7.2万平方米，总投资10370万元。

1. 卫古路一、二期廉租房独建项目

该项目共占地27亩，建筑面积37300平方米，可提供758套廉租房，总投资5400万元。其中，一期13300平方米，计288套，已全部竣工并交付使用；二期24000平方米，计470套。

2. 晏家第六期定销房配建廉租房项目

项目占地20亩，建筑面积18600平方米，可提供360套廉租房，总投资2535万元。

3. 徐家坪定销房配建廉租房项目

项目占地3亩，建筑面积3150平方米，可提供60套廉租房，总投资470万元。

4. 桃西雅图定销房配建廉租房项目

项目占地2亩，建筑面积2200平方米，可提供48套廉租房，总投资330万元。

建设保障性住房　构建和谐新长寿

5. 江南二期定销房配建廉租房项目

项目占地5亩，建筑面积4700平方米，可提供105套廉租房，总投资705万元。

6. 渡舟定销房配建廉租房项目

项目占地5亩，建筑面积6200平方米，可提供120套廉租房，总投资930万元。

2.乐至·桃西雅图二期定向销售住房（凤城片区）

乐至·桃西雅图二期定向销售住房是继乐至·桃西雅图一期定向销售住房建设完工的基础上，满足一期房不足而建设的项目。该项目占地57亩，总投资2.18亿元，建筑面积10万平方米，可以提供883套住房。2009年底开工10万平方米，计划2010年底完成主体10万平方米。

3.乐至·定慧晓月廉租住房

乐至·尚城

乐至·桃西雅图

乐至·定慧晓月廉租住房是为了改善东街片区城市形象，对该片区危旧房屋实施改造，消除安全隐患而建的项目，该项目规划占地24亩，总投资1.74亿元，建筑面积8万平方米，可以提供约1281套住房。计划2010年底完成主体8万平方米。

4.乐至·云峰阁二期定向销售住房

该项目是在一期的竣工的基础上为了补充一期房源不足而建设的项目。该项目规划占地面积38亩，总建筑面积5万平方米，总投资1.09亿元。目前已完成方案设计。计划于2010年5月开工，2012年5月竣工交付使用。

5.乐至·东海云洲二期定向销售住房

该项目规划占地面积50亩，总建筑面积6万平方米，总投资1.308亿元。目前正在进行规划选址。计划于2010年5月开工，2012年5月竣工交付使用。

6.乐至·在水一方二期定向销售住房

该项目规划占地面积125亩，总建筑面积20万平方米，总投资4.36亿元。目前正进行规划选址。计划于2010年5月开工，2012年5月竣工交付使用。

7.晏家第八期定向销售住房

该项目规划占地面积180亩，总建筑面积30万平方米，总投资6.54亿元。目前正进行规划选址。计划于2010年6月开工，2012年6月竣工交付使用。

8.轻化路定向销售住房

该项目规划占地面积120亩，总建筑面积20万平方米，总投资4.36亿元。目前正进行规划选址。计划于2010年10月开工，2012年10月竣工交付使用。

三、城镇基础设施和配套建设项目

1.完成了江南一期定向销售住房小区绿化、道路、管网及路灯设施。

2.完成了江南新城镇道路2公里的硬化和油化。城镇路灯、管网、垃圾收运设施建设；江南综合市场和车站正式投入使用；江南学校运动场硬化结束；政府、派出所和两个社区居委会办公楼建设竣工并已交付使用；工商、税务等单位办公楼主体已完工；南桥头立交完成了设计，已经进场；滨江路完成了地勘、测量和水工设计；污水处理厂正在设计。

四、存在的问题及2010年重点项目

（一）存在的问题

我区的定销房和廉租房建设取得了一定的成效，但与广大群众的期望相比还有一定差距，还存在一些问题需要进一步研究和解决。存在的问题：一是资金缺口较大。由于定销房建销成本差大，而相应的成本差补贴资金由于种种原因不能及时到位，建设资金缺口较大；二是征地拆迁速度较慢，影响定销房建设进度。

（二）二○一○年重点项目：

随着我区工业发展和城市拓展的快速推进，我公司将在区委、区政府的正确领导下，在2010年里进一步加大定向销售住房建设管理力度，全年计划开工总面积达150万平方米，主要涉及凤城、长寿湖、晏家、渡舟等几个街镇。

1.乐至·尚城（晏家第七期定向销售住房）

该项目规划占地118亩，总投资4.36亿元，建筑面积21万平方米，可以提供约2000套住房。2009年底开工21万平方米，计划2010年底完成主体21万平方米。

——重庆乐至置业发展有限公司

9.凤城黄金村定向销售住房

该项目规划占地面积180亩，总建筑面积30万平方米，总投资6.54亿元。目前正进行规划选址。计划于2010年10月开工，2012年10月竣工交付使用。

10.江南滨江路防洪工程

该项目规划新建设防洪堤1.1公里，总投资1.1亿元。目前已完成方案审批，2010年完成165米水位以下防洪堤工程。

11.尚城北路道路工程

该项目位于晏家街道，全长2.2公里，总投资6600万元。目前正在进行方案设计和征地报件工作。计划于2010年10月动工，2010年度12月前完成道路基层。

12.尚城东路道路工程

该项目位于晏家街道，全长1.1公里，总投资3300万元。目前正在进行方案设计和征地报件工作。计划于2010年10月动工，2010年12月前完成道路基层。

13.尚城东一路和尚城西路道路

分别长0.74公里和0.7公里，为晏家城市次干道，总投资4320万元。目前正进行方案规划和征地报件工作。计划于2010年10月动工，12月底前完成道路基层，2011年7月竣工投入使用。

14.晏家河道场镇段整治工程

该项目将进行河道整治3公里，场镇段整治1.3公里，总投资3000万元。计划于2010年5月前开工，2010年12月底竣工。

15.晏家中学新建项目

该项目规划建教学楼及配套旧改房2.7万平方米，300米的标准运动场及环境绿化建设，总投资5000万元。计划于2010年5月前动工，2010年度12月前完成基础开挖。

乐至·桃西雅图

乐至·圣湖锦

16.江南一路、江南中一路道路工程

该项目建设内容包括江南一路380米、江南中一路780米道路油化和路灯安装，总投资2000万元。计划于2010年1月动工，12月前完工。

17.江南狮子岩公园

该项目于江南政府办公楼后面新建公园一座，总投资1000万元。目前已完成前期设计，计划于2010年5月动工，12月前竣工投入使用。

18.江南垃圾收运系统

新建垃圾转运站一座，日处理垃圾规模达100吨，总投资522万元。该项目计划于2010年5月前动工，12月前竣工投入使用。

五、工作措施

（一）强化管理，确保质量安全。为了确保工程质量安全，全面实施工程项目现场质量安全红外线电子视频24小时全程集中监控；为了确保送检的原材料和随机试压件与施工现场真实吻合，采取送检样品签字笔迹核对制度；为了进一步增强墙体保温节能效果，降低建设成本，弥补我区空心砖地材不足，屋面和墙体采用发泡混泥土先进技术和材料；为了减少和杜绝屋面外墙渗水，采用了国内先进防水技术和澳申捷邦水泥基材料；为了进一步控制建筑成本，采用了房地产开发成本动态控制软件评估系统。

（二）精心组织，确保工期。一是多渠道筹集建设周转资金，确保工程建设顺利实施。二是严格实行工程进度节点管理，确保在规定时间内完成目标任务。

（三）妥处矛盾，确保稳定。一是积极做好群众关于定向销售住房建设管理中的来信来访和质量投诉问题处理，做到有问题不推诿、不回避，保证群众的合法权益。二是认真完善选房交房办法，努力在建设中消化遗留问题，解决新出现问题，确保定向销售住房建设平稳推进。

积极推进全区的定向销售住房和廉租房建设，加快相关街道城镇基础设施建设，是区委、区政府赋予我公司的义不容辞的职责。公司以"替政府分忧、为百姓解难、构建和谐社会"为发展指导思想，坚持"质量是基础、安全是效益、品质是生命"的开发管理理念，秉承"勤奋、敬业、谨慎、诚信"的创业精神，在区委、区政府的领导下，在区级各部门和相关街镇的大力支持下，扎实地工作，在确保工程质量和安全的前提下，抢抓工程速度，为全面完成我区的定向销售住房等建设任务，根本缓解定向销售住房供需矛盾，推进和谐长寿建设、打造宜居长寿作出积极的努力。

重庆民昌房地产

重庆民昌房地产开发有限公司始建于2004年，是一家以房地产开发、装饰设计及装修为主，集贸市场经营管理为补充的集团化公司。公司下辖有重庆民昌房地产开发有限公司德艺装饰分公司、合川思居综合农贸市场和合川大石综合农贸市场三个全资子公司。经公司董事会研究决定重庆民昌房地产开发有限公司和三个全资子公司的法定代表人均由谢贤均同志担任。

公司主管：房地产开发、商品房出售、出租、房地产投资咨询；钢结构制作安装和水电安装、室内外装饰及设计、园林绿化及设计、建筑装饰材料销售。兼营：集贸市场经营管理、市场门市和摊位出租。

公司有员工35人，按文化程度分：有大专以上文化的5人，中专以上文化的20人，初中以上文化的10人。按技术职称分：有高级职称的4人，有中级职称的18人，有初级职称的13人。

近年来董事长兼总经理带领全体员工坚持以市场为导向，以质量求生存，以创精品工程形象，发扬诚信、优质、开拓、奉献的企业理念，取得了良好的经济、社会效益。

总公司先后开发建设了合川行知中学商住楼、合川纯阳锦绣苑小区、大石龙府雅苑、西师育才学院教学楼、合川中西医结合医院医务大楼、合川思居、大石两个综合农贸市场住宅小区近十万平方米商住楼和思居、大石两个综合农贸市场等一大批优质品牌工程。

重庆民昌房地产开发有限公司德艺装饰分公司由于室内、外装饰及设计品质一流，园林绿化精致，

龙府雅苑

开发有限公司 MINCHANG DICHAN

纯阳锦绣苑

橱柜、壁柜典雅高贵。先后为重庆立源小区B、C幢工程，重庆沙坪坝劳动路宏浩大厦B、C幢工程，合川三星锦城，久长路商业大厦工程，金安大厦，金城商城，都市花园，滨江大厦，名人丽都，大众花园，金鹿花园，行知中学商住楼，思居和大石两个综合农贸市场住宅小区实施了美观实用的装饰工程。环保和售后服务受到了消费者的一致好评，为广大消费者的人居环境注入了高品质的生活空间。

思居、大石两个综合农贸市场内外装饰及设计美观大方、空间高、跨度大；场内功能分区明确，摊位布局合理，管理服务到位，规范了交易管理行为，吸引了南来北往的商家进场交易，繁荣了集市贸易，改变了过去以街为市、人车争道、交通事故不断的混乱局面，收到了良好的经济社会效益。

合川市大石农贸市场

重庆市蓝宇物业发展有限公司

公司承建的项目

国家安居工程东方新苑

丽江小区

重庆市蓝宇物业发展有限公司成立于2000年，为三级房地产开发资质，其前身为建筑安装企业。

公司技术力量雄厚，现有高级工程师3人，高级造价师1人，高级经济师1人，项目经理6人，工程师16人，经济师4人，各类技术骨干32人，拥有大批的现代化建安设备数十台，及近2000吨的建安周转材料，具有年施工20万平方米，年开发20万平方米的能力。先后承建了东方新苑国家安居工程小区12万平方米，金福大厦（单体33层、4万平方米），中华广场大厦（单体39层、6万平方米），小天鹅花园24000平方米，天使花园28000平方米，共同开发建设的原野大厦（34层、43000平方米），现独立开发位于江北商圈的丽江小区72000平方米（双塔36层、总高117.2米），正在开发位于解放碑步行街入口的石油大厦（单体33层、32000平方米、总高99.9米）。

公司秉承“稳步发展、集约化经营”理念，在“家兴我兴、家衰我耻”的企业思想指导下，向集团化方向发展。

公司承建的项目

金福大厦

原野大厦

石油大厦

中华广场

LUSHANG 鲁商集团 重庆鲁商地产有限公司

一、集团公司简介

高速发展，大型企业集团

山东省商业集团有限公司是1992年底由山东省商业厅整建制转体组建的人型国有企业。现已成长为一个以现代零售为主业，以制药和房地产为重点产业，同时涉足酒店、传媒、教育等行业的企业集团，从业人员12万多人。2009年省商业集团实现销售收入256.4亿元，同比增长37.1%；利税23.5亿元，同比增长33.6%。两项指标连续七年增幅超过30%。

发展核心业务，多产业位居同行前列

成立17年来，省商业集团坚持市场导向和创新意识，大力发展核心业务，各产业均位居同行前列。零售产业目前在山东、河北、河南三省拥有万平方米以上的大型门店70家，经营面积190多万平方米，年销售收入190多亿元，位列全国10强。制药产业两度荣获国家科技进步二等奖，主导产品"润舒"、"润洁"滴眼液已占据国内市场份额的20%，是全国最大的眼科药品生产基地。房地产业目前在济南、青岛、北京、重庆等城市拥有20多个在建项目，年开发量超过百万平方米。酒店旅游产业现自营和管理四星级以上酒店7家，经济型酒店17家，还有多家酒店在建。此外，商业集团创办的《山东商报》已成为济南市场上零售量最大的报纸，日发行量30万份，覆盖十几个地市。教育事业拥有一所本科学校、三所大专院校，在校生近5万人。

"双千亿"战略目标，中国企业百强

未来，省商业集团将沿着"双千亿"战略目标，创新拼搏，科学发展，争取到2015年实现销售收入1000亿元，到2020年实现销售收入2000亿元，进入中国企业百强行列。

二、置业公司简介

上市企业 实力鲁商

鲁商置业股份有限公司是山东省商业集团有限公司控股的一家上市公司，注册资金人民币10亿元，下设十五家附属公司，现开发项目近二十个，开发业态涵盖了大型购物广场、商业步行街、住宅、写字楼、酒店等，是一家专业从事房地产开发、经营管理的大型房地产综合开发集团企业。

领舞地产，影响城市的力量

鲁商置业现已形成"鲁商城市广场"、"鲁商花园住宅"、"鲁商生态别墅"三种产品系列，其中"鲁商城市广场"产品系列，是指依托山东省商业集团总公司多元化的产业背景，将"银座"品牌的大型旗舰店、商业步行街、写字楼、娱乐餐饮、星级酒店、高端公寓进行整合开发，打造地标式商业综合体。"鲁商花园住宅"产品系列为城市核心居住区的花园住宅，依托完备的城市服务配套，融和自然景观资源，秉承地域人文脉络，打造城市生活中的怡居空间。"鲁商生态别墅"产品系列为城市自然风景区的高尚居所，倡导与自然山水的相融相生，将"生态"理念引入规划开发中，以富有建筑张力的独栋、双拼、联排、花园洋房等高端产品形成独具意境的低密度高尚社区。

全国一流，品质地产供应商

鲁商置业以"专业、创新、精品、诚信、共赢"的开发标准，致力于塑造"品质地产供应商"的企业形象：以专业视角精耕细作，构筑最有价值的生活空间；以责任姿态共襄和谐，在提升产品品质和企业价值的同时，最大限度实现企业、客户和社会的三方共赢。未来的鲁商置业，将以"全国一流房地产开发企业"为目标，充分发挥自身丰富的产业资源和强大的品牌优势，以行业旗舰的风采领帆新标！

三、重庆公司简介

重庆鲁商地产有限公司，隶属于山东省鲁商置业有限公司，是鲁商集团开拓重庆等西南地区市场的带头企业。目前，拥有在建项目一个，预签项目两个，年投资额超过3亿元，是一家专业从事房地产开发、经营管理的综合性房地产开发企业。

公司成立于2007年2月6日，注册地址为重庆市北碚区碚南大道7号，经营范围包括房地产开发；物业管理及咨询服务；房地产市场营销策划等。房地产二级开发资质。

项目概况

目前，公司在建项目"鲁商•云山原筑"位于重庆市北碚城南新区黄金地带，北依素有"小峨嵋"之称的缙云山，南邻北碚区政府。项目总占地面积360余亩，规划总建筑面积12万平方米，计划总投资人民币4亿元。建成后将成为西部地区具有独特代表性的自然景观与建筑完美结合的养生、休闲、低密度居住区。

1、项目位置

地块位于北碚城南新区，区政府与缙云山之间， 背倚缙云山，面向嘉陵江，位于城南商业步行街、缙云广场、北碚区政府中轴线上，北碚城南新区黄金地段。

2、项目规划

小区整体规划构思源于西方度假山城，借鉴意大利山地小镇的错落布置，整个小区的规划做得更为生动和有趣。小区规划设计始终坚持"以保护自然为本"的指导思想，处处以自然景观保护为主，低密度建筑为辅，真正做到了"山水相连、喻景于物"的环境利用状态。山地建筑依山而建，在尽量不破坏原有山体的基础上，将建筑错落有致地布置在山体上，同时保证每户的良好景观视线，使业主坐拥美丽的山城景色。

站在小区内部，向南眺望，北碚城南新区的全貌尽收眼底，北面整个小区又背依缙云山，青山滴翠，四季常绿，让人心旷神怡。在缙云山的胸襟之中，山色就成了你的最大资源。经过精心的改造，地貌、地形与山体建筑自然天成，融为一体，展现原生的自然生态之美，融情于景，融景于建筑，生活在其中，自在悠闲。

小区物业类型为联排别墅，共232户。每栋套型面积在210－290平方米（不含地下室）。

小区共设停车位共479个停车位，其中344个室内停车位，135辆半地下停车。

3、项目特色

1）黄金地段、城市主脉

项目地处缙云山山麓，位于北碚商务、行政、商业、居住核心区，距缙云山原始绿地0米，距缙云山上山休闲步行道20米；距区政府300米，距五星级温泉酒店400米，距缙云广场600米，距商业步行街800米，四千亩竹海2500米……

2）旅游区域、生态屏障

穿城而过的嘉陵江是都市旅游的黄金通道，周围有北温泉、小三峡等著名的风景旅游区。境内没有进行过大规模的开发建设，空气质量稳定保持优良，其环境优势在重庆都市发达经济圈中首屈一指，项目所在区域是主城北部重要的生态屏障。

3)交通通畅、出行便捷

毗邻北碚景观大道缙云大道，到渝合高速5分钟，到外环高速4分钟车程，到机场40分钟（外环高速通行后不超过20分钟）。

4）配套完善、经济简洁

项目毗邻北碚公务员集资宿舍（建设中），水、电、路、气等各项配套设施齐备，无需更多耗费。

5）新区辐射、联动发展

主城核心区、沙坪坝区、北部新区、渝北区、江北区和北碚区经济联动和功能衔接的枢纽位置，既接受五地政治、经济、科技、教育、文化的辐射，同时也对五地的政治、经济、文化起到了交流链接作用。项目位于重庆主城向北拓展的重要地区，可以承接北部新区的经济辐射，与北部新区联动发展。

重庆凯川房地产开发有限公司

重庆凯川房地产开发有限公司是一家拥有二级资质的房地产开发企业，下设工程建设、商贸、市场物业管理等分公司，成立于2005年9月，注册资本金2000万元，现有员工50余人，其中工程师5人，助理工程师1人，项目经理2名，施工员3名，会计师2名。

公司法人代表周伦，几年来致力于公益事业建设，于2001年捐资修建接龙河咀小学，被评为优良工程；于2004年个人投资600万元修建接龙农贸市场，现已投入使用；2005年垫资130万元修建接龙廉租房工程，现已投入使用；2005年个人投资5万多元，帮助马路村修建乡村公路；2006年积极参与抗旱救灾；2009年为接龙修建民心桥等。时任重庆市巴南区接龙镇第十七届人大代表，重庆市巴南区第十六届人大代表。

公司自成立以来，始终坚持"以诚实守信为生命"的企业文化和"用心构筑您的生活"的开发宗旨，引进人才，强化管理，塑造品牌。始终坚持"人性化、系统化、精细化"的管理模式，走差异化的发展路线，借鉴优秀企业的经营理念，注重现代建筑科技与民族传统风格的统一，以"开拓创新为灵魂"的精神去适应市场的需求，致力于各类精品楼盘的开发建设。经过六年的努力，公司共开发楼盘建筑面积80000余平方米，其中以接龙农贸市场、鱼洞工农坡经济适用房等为代表，均取得了良好的销售业绩，获得了广泛的好评。2010年公司将预计完成危旧房改造开发10万平方米。公司先后被市委、区委评为重庆城市建设综合开发协会优秀会员单位、巴南区守合同重信用单位、重庆市星级文明市场、重庆市名优企业等。

重庆华宇园林工程有限公司

CHONGQINGHUAYUYUANLINGONGCHENGYOUXIANGONGSI

公司董事长、总经理：汤于

重庆华宇园林工程有限公司成立于2001年，注册资金2166万元。具有城市园林绿化施工壹级、古建筑叁级、造林甲级资质。是中国风景园林学会会员、重庆市公园、风景名胜区、城市绿地协会常务理事单位、重庆市园林学会景观设计专委会常务理事单位。

公司现有一批优秀的管理人员、多门类技术人员和齐全的园林施工机械设备，拥有大型苗木、花卉、草坪生产、选育及科研基地。

公司成立几年来，在市场的搏击中逐步发展成为一个一体化、综合性、规模化的公司，并具有自身的特色和优势。先后完成了万州心连心艺术广场、嘉陵公园二期（观音桥商圈步行街、广场）景观建设工程、鹅岭公园广岛园工程、南山植物园入口景园项目、江北区寸滩立交景观绿化工程、聚贤岩广场、鸿恩寺公园等大型园林精品项目；积极承担社会责任承建重庆对口支援崇州地震灾区恢复重建项目重庆路绿化工程；完成了重钢环保搬迁新区景观绿化、荣昌南部新区城南大道绿化景观工程、成渝高速公路景观林带二期建设、北碚水土组团大兴路绿化景观、南川区森林工程、210迎宾大道绿化景观提升、渝南大道道路绿化景观照明工程等“森林重庆”建设项目。

动物园两爬馆

建桥工业园

鸿恩寺一标段

鸿恩寺巴渝房

公司秉承的“客户是上帝，质量是生命，竞争是动力，创新是灵魂”是我们的经营宗旨，规范运作，严格管理，创造更多更好的优秀园林精品工程。为重庆创造“山水园林城市”和五个重庆作出更大的贡献！

CHEN HE

重庆市辰河

公司总经理、企业负责人：
（高级工程师）

重庆市辰河建筑工程有限公司的前身是忠县第三建筑工程公司，组建于一九九零年。一九九四年经四川省建委核定为工业与民用建筑二级企业。二00二年改制重组为《忠县银河建筑工程公司》，为拓展业务，向外开拓，经重庆市工商行政管理局核准更名为《重庆市辰河建筑工程有限公司》。

改制后企业注册资本金伟2010万元，拥有各种建筑机械设备371台（件），公司占地22亩，工程技术经济管理人员153人，其中高级工程师4人，中级职称27人。项目经理36人，其中注册二级建造师14人。持证中级施工员45人，持证上岗中高级技工185人。公司建立党支部、团支部、妇联组织，在股东会领导下，设办公室、财务统计部、生技质安部、工程部、经营部，下属二个预制场，在重庆、北京设立了办事处，在四川成都成立了分公司。

CHENHE

建业以来，公司先后完成房屋单项工程750多个，修建桥梁8座，完成公路工程350多公里。承建市政公用工程16个。所建工程合格率100%，承包修建了忠县干井镇人民政府移民迁建办公综合楼，荣获重庆市《巴渝杯》优质工程奖；承包修建的忠县鑫海商贸公司综合楼工程，被重庆市建委评为ie《市级文明工地》；承建的忠县红星小区道路硬化工程、忠县罗家桥至郭家垭口道路管网工程、忠县干井镇人民政府公水工程、重庆市九龙坡区西彭镇铝都广场等市政公用工程，被评为优良，受到业主的高度评价，在交通部门的指导

公司精品工程

干井镇人民政府办公大楼

万县周家坝二级公路工程，标段长3Km，工程造价1550万元

建筑工程有限公司

JIANZHU GONGCHENG

下，我司承建的忠县钟溪大桥、忠县白桥溪大桥、忠县川祖庙大桥均为钢筋混凝土箱型肋拱桥，忠县钟溪大桥单孔跨径100米，荣获四川省交通厅新型桥梁结构奖。现在建的中博广场，建筑面积54456平方米、高二十八层；丽景名苑三号楼，三十三层，建筑面积19908平方米，被忠县建委推荐为《重庆市级文明工地》。

建业以来，公司先后被四川省乡企业局、万县市人民政府、万县市建委、乡企业局评为先进单位和先进集体，九五年荣获国家农业部全国乡镇企业管理基础工作《一极企业》称号，2001年、2002年、2003年连续被重庆市建委、重庆市建筑业协会评为先进建筑企业，2002年被重庆市中小企业发展指导局、重庆市乡镇企业局评为《明星企业》，2003年至2008年连续被忠县行政管理局命名为《守合同重信用单位》。2006年被忠县农村商业银行评为"AAA"级信用单位。2003奶牛通过了IS09001:2000质量体系认证。"追求卓越，创造一流"是我们企业的宗旨；"练内功，夯基础，加压驱动，负重拼搏"是我们企业的宗旨；我们决心抓住三峡库区建设和西部开发之机遇，与社会各界通力合作，再创企业辉煌。

重庆市巴渝杯优质工程奖

忠县忠州杯优质工程奖

白桥溪大桥砼箱型肋拱桥

忠县植物油脂公司综合楼

红星小区W505

渝能国际
UNON INTERNATION

重庆渝能晨阳置业有限公司

渝能国际项目基本情况简介

“渝能国际”项目是由重庆渝能晨阳置业有限公司负责开发建设的中高档大型居住社区。

该项目地处南岸五公里学府大道49～51号核心位置，重庆主城南城发展中心。东靠南山山脉，南邻部队营区，西邻南岸学府大道，北接重庆工商大学，项目区域东西长约1000M，南北最窄处约45M，地块标高最底处（紧邻南岸学府大道）285M，最高处（紧邻南山山脉）409M。该项目地理位置较为优越，交通便捷，距鹅公岩大桥仅4分钟车程，距石板坡长江大桥5分钟车程，轻轨3号线从楼盘门前经过（该项目是重庆市唯一的轻轨线从楼盘门前经过的小区）。周边文化氛围浓郁，有大学3所，中小学8所，是理想的居家之地。

小区整个地块占地438亩，实测总建筑面积58.59万m^2。其中住宅约48.85万m^2，配套商业用房约2.35万m^2，车库6.23万m^2，其它配套设施约1.16万m^2，小区容积率为3.0，项目开发周期4～7年。

项目整体方案由英国ACA设计师事务所规划设计，并由澳大利亚DCM设计师事务所配合设计。整个小区规划建设以“显山露水”作为设计原则，充分利用地形高差，顺山势而上，建筑由低至高依山而建，错落有致，形成一片极具立体感和空间感的山地住宅，最大限度地合理组织了自然景观（山景、江景、内景）和人文景观资源，挖掘了坡地建筑的特点，保证了建筑、环境相互的协调统一，从而使该项目从整体感官和具体使用上达到了“一流、大气、现代、简洁、时尚”的效果。项目规划的主要物业形态有：点式高层建筑、板式小高层建筑、多层花园洋房、坡地洋房等，是集文化、教育、商业、休闲为主题的理想居住社区。

渝能国际项目从2006年开始先后获得了中国房地产协会国际社区大盘金奖、重庆公务员满意楼盘奖、中国住交会CIHAF2006年度中国名盘50强大奖。特别是2007年2月，在重庆商品房预（售）面积排行榜中，渝能国际项目成交套内面积排重庆市第二名，销售金额排重庆市第四名。2007年4月，渝能国际T6－T9三室二厅双卫，面积112.1m^2户型被评为“2007年第五届重庆市二十佳优秀舒适户型”。在2007年重庆楼盘销售20强排行榜中，公司位于第15名。2007年，公司被评为“南岸区第一届房地产开发十强企业”。2008年7月，公司再次被评为“2007年度重庆市南岸区房地产开发十强企业”。 2009年1月7日，公司获得南岸区人民政府颁发的“南岸区2009年迎春灯饰建设贡献奖”。 2009年1月12日，公司荣获南坪镇人民政府颁发的“2008年度企业经济工作先进单位”。2009年7月，公司连续第三次被南岸区人民政府评为“南岸区房地产十强企业”。2009年10月，公司获得重庆市房地产开发协会组织的2008－2009年度重庆市房地产开发行业企业社会信用等级AA证书及”信用品牌企业”牌匾。2010年度，晨阳公司被大唐国际发电股份有限公司授予“先进集体”称号，被大唐重庆分公司授予“先进集体”称号，被重庆渝能产业（集团）有限公司授予“先进单位”称号。同时，公司积极响应南岸区委及区人大的号召，进行对口扶贫南岸区广阳坝镇银湖村，荣获南岸区人大联系镇村工作二等奖，并获得了“南岸区森林防火一等奖”。各项荣誉的取得，进一步提高了渝能国际项目的知名度和美誉度。

公司全体员工在以刘功海董事长为核心的董事会领导下，坚持以董事会领导提出的公司工作“开发有序、发展提速、管理提高、品牌提升、确保效益”的总体战略指导思想为指导，树立“营销围绕市场转，工程围绕营销转，部门围绕工程转，公司围绕效益转”的经营理念，坚持“以市场为导向，以营销为中心，以成本为核心，以创新为动力，以合同管理为依据，强化公司执行力，确保公司各项经营管理目标的实现”的经营方针，加强公司管理，以“严、细、实”的工作作风，按照股东会及董事会议要求，加强开发力量，加快工程进度，提高建筑工程质量，加强营销服务意识，与时俱进，努力拼搏，扎实工作。2009年5月18日，在大唐国际正式入主渝能集团后，公司领导和全体员工更是以饱满的工作热情和严谨的工作作风认真完成大唐重庆分公司和产业集团下达的各项工作任务，为打造渝能国际高品质楼盘，实现渝能国际项目重庆一流品牌的目标任务而努力奋斗，为大唐国际树立地产形象作出应有的贡献！

质量求生存　信誉求发展
重庆友科建设工程项目管理咨询有限公司

公司获得的部分荣誉

重庆友科建设工程项目管理有限公司是一个私营股份有限公司，位于重庆市南岸区南坪城市之光16-4号，注册资本118万。公司现有钢模200吨；钢管500吨；钢扣件90000套；塔机2台、各种机械设备共计180万。同时，专门聘请了一批建院毕业的专业技术管理人才作为公司的核心力量，其中具有中级以上职称的8 人，初级职称的10人，项目经理6人，为公司最终成为一支从事建设项目管理、咨询到施工作业的技术劳务和生产工人劳务的产业化公司奠定了坚实的基础。

公司主要经营：建筑项目的管理咨询及中介服务，模板作业劳务分包壹级、木工作业劳务分包壹级、砌筑作业劳务分包壹级、抹灰作业劳务分包壹级、油漆作业劳务分包资质、钢筋作业劳务分包壹级、混凝土作业劳务分包资质、脚手架作业劳务分包壹级、焊接作业劳务分包壹级、水暖电安装作业劳务分包资质；建筑设备租租赁；销售建筑材料，装饰材料等。

公司成立于2004年3月，具有雄厚的经济实力和强大的专业技术力量。有一支经验丰富、纪律严明、训练有素、技术精良的管理人员和施工队伍。公司紧紧围绕以“质量求生存、信誉求发展、管理求效益、服务拓市场”的经营宗旨，施工精益求精，追求技术和质量表现完美结合，创造了一批广受社会好评的形象工程。例如，南坪宏声广场工程完成36层框架结构，50000平方米的模板，钢筋，混凝土，水电安装作业分包；南坪 万寿花园126幢13层框架结构，21000平方米的模板，钢筋，混凝土，水电安装作业分包；正杨集团办公楼及宿舍计15000平方米的模板，钢筋，混凝土，水电安装作业分包等。

为适应市场发展的需要，公司将以“树企业形象、强竞争实力、上一流水平、创名牌工程”为发展战略，以“人才为本、诚信为根、人和为贵、实绩为先”为经营原则，充分挖掘自身潜力，发挥自身优势，开拓进取，再铸辉煌。

公司精品工程

紫光学院住宅小区1幢　重庆市第十一中学教师住宅大楼1幢　重庆市第十一中学教师住宅大楼2幢　重庆市南岸区金紫街126幢　重庆市南岸区南坪宏声大厦　重庆海棠晓月A组团B幢在建工程　渝东商业城B区D1栋　渝东商业城B区D2栋

重庆朝阳花园C幢在建工程　上海城二期C区二单元　上海城二期C区三单元　上海城二期C区六单元

公司地址：重庆市南岸区城市之光16楼4号　**邮编**：400060　**联系人**：陈友科（总经理 二级项目经理）
联系电话：13908340958　**电话/传真**：023-62812988　**网址**：http://www.cqykzx.cn　**E-mail**：cqykzx@cqykzx.cn

重庆明珠保洁有限公司

CHONGQING MINGZHU CLEANING CO.,LTD.& CHINA

西南明珠
MZ

我公司成立于1998年4月，注册资金50万元，现有职工人数286名。

我们具有雄厚的经营管理实力，拥有知识化、年轻化的技术管理团队，还有一批经过专业培训，具有十年以

我们提供清洗保洁服务的客户

上实践经验、积累精湛专业技术的清洗保洁工程队伍。近几年来，我们在政府各部门的领导和支持下，为重庆市企业界、金融界、部队、工商、税务、医院、法院、港口、花园小区、宾馆、酒楼等百余家企事业单位提供了高质量、全方位的清洗保洁服务，同时也为我市的清洗保洁服务行业培训和输送了一大批专业技术人员。

科学的保洁程序，一流的服务质量，可靠的社会信誉，得到广大客户单位的认可和赞扬。公司连续七年被政府评为“高层清洗，优质安全，客户满意”的优秀企业；连续九年公司被渝中区消费者权益保护委员会授予“消费者信得过企业”；连续六年被市工商局、共青团重庆市委员会、市私协授予公司驻珞璜电厂全体员工“青年文明号”称号；连续六年被市工商局渝中区分局授予“守合同重信用企业”光荣称号；被渝中区政府授予“2003年—2009年诚信企业”；2006年被市工商局渝中区分局授予“2005年—2006AA级年检免审企业”；2008年国务院发展研究中心授予公司“中国保洁模范单位”；2008年被市工商局渝中区分局、市私协授予“2003年—2008年先进私营企业”称号；今年8月，公司又一次凭借自身专业技术实力和诚信服务质量，获取全国清洗服务“金牌企业”荣誉……。公司是重庆市清洗行业首家取得高空作业资质许可证的单位；公司管理顺利通过ISO9001:2008质量管理体系的认证。近年来公司正由劳动密集型向科技环保型企业转型，寻求新的发展，现已与北京拂尘龙科技发展有限公司强强联合，率先在重庆使用机器人开展中央空调及风管道清洗业务，受到广大客户

成功的安全管理经验　成熟的专业服务技术
完善的质量管控体系　引领保洁行业新的发展

专家指导

公益活动

设备清洁

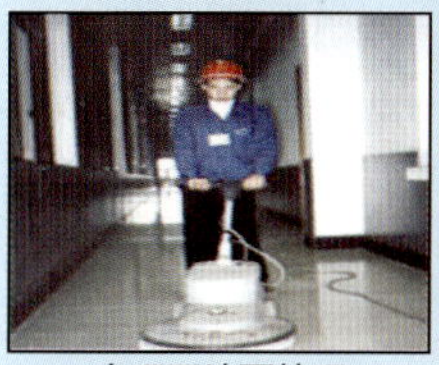
大理石地面护理

外墙清洗

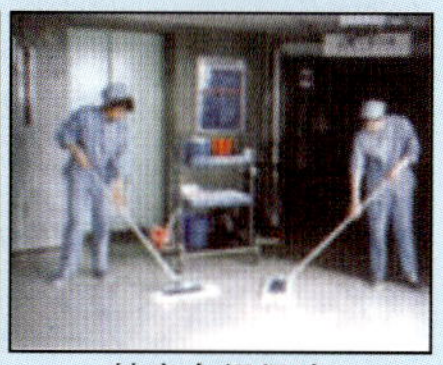
精密车间保洁

地毯清洗

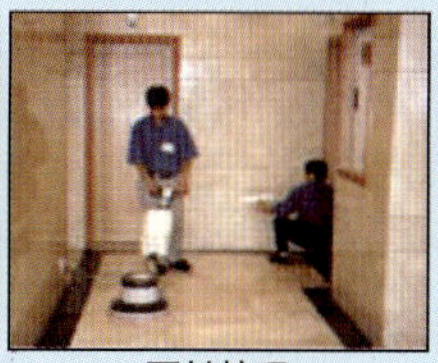
石材护理

单位的好评。公司“创一流质量，树明珠形象”的事迹被重庆报刊、杂志等新闻媒体多次宣传、报道。

我们还将不断加强管理和完善自身建设，引领和推进清洗保洁服务行业向高科技、多元化、集团化的方向迈进，为美化环境、服务社会作出应有的贡献。

公司宗旨：敬业守信、开拓创新

服务理念：自身进步的同时，与员工共同进步；
自身发展的同时，与合作者共同发展；
自身完善的同时，与社会共同完善。

http://www.cqmingzhu.com

重庆浩邦科贸有限公司

茅台液® 酒

国酒茅台，中国酒业的象征，一个几千年历史酿成的神话，具有无可攀比的品牌价值。长期以来，茅台以其千锤百炼而炉火纯青的产品质量傲视群雄。而今天的茅台人更是明白所肩负引领黔酒重振雄风的历史责任。为将贵州酒业的竞争力与规模推向一个新的高度,茅台集团经过深思熟虑，精心规划，启动了新世纪发展战略——浓香白酒战略，高质量高速度发展浓香白酒产品生产和市场建设。建立以其具有相当规模和历史，具有良好的生态环境和酿酒环境的习酒公司为核心的集团浓香型白酒酿造基地——茅台液酒是茅台集团浓香型典行代表,它具有浓头酱尾的特点,更好的满足消费者的需求。

"茅台液"——茅台浓香第一液，在继承和发扬了"国酒"文化的前提下，肩负着"人文茅台、科技茅台、绿色茅台"的光荣历史使命，它既是贵州茅台集团在保持"历史酒、文化酒、政治酒、外交酒、友谊酒、礼品酒"国酒文化的同时，着眼于现有市场的发展，满足社会需求而开启的"浓香型"白酒，获纯粮固态发酵白酒认证。目前投放市场的产品有"喜宴酒""星级酒""品质酒""珍藏酒""窖藏酒"等系列和中高端礼盒系列产品。

"茅台液销售公司"在专业运作市场中发挥"励精图治、求实创新、高效守信、服务社会"的企业精神；坚持以"市场为中心、管理为重点、效益为目标"的工作思路；实施"酱香茅台酒、浓香茅台液"的品牌战略；执着地贯彻"无情不商"的经营理念和"诚实为本"的经营原则；坚守"以诚取信，以质取胜，创新服务，追求卓越"的质量方针。在茅台酒厂的领导和社会各界的支持下，精心打造"茅台液"，使公司全面走向现代化，续创国酒浓香文化。

茅台液酒重庆营销中心　重庆浩邦科贸有限公司　配送电话：023-61604799 86132708　网址：www.hbkm.cn　www.胶粉.cn

业务创新 助推新华保险腾飞

康典董事长与重庆分公司总经理室成员及部门经理合影

新华保险重庆分公司领导

从0到10亿，重庆新华保险用了五年时间。

从10亿到20亿，重庆新华保险只用了两年时间。

从20亿到40亿，重庆新华保险只须一年时间。

未来三年，重庆新华保险每年都将以20亿以上增长发展……

截至2010年6月22日，重庆新华保险规模保费突破20亿，雄踞重庆寿险市场前三甲。

重庆新华发展速度在中国保险业是罕见的，短短8年走完了传统寿险分公司要十几年乃至几十年才能走完的路。

重庆新华快速发展谜在哪里?

回顾8年走过的路，新华保险重庆分公司总经理高方立归结为四个字：业务创新。追溯重庆新华发展轨迹，处处闪烁着创新的光芒。

重庆新华成立于2002年4月，当时几乎所有寿险公司遵循的都是传统保险经营理念。重庆新华也不例外，把保障型的、长期的个人业务作为主业发展，认为这才是让公司走上持续发展的必经之道。不过当年个险保费收入只有172万，还不及团险和银代业绩的百分之一，业务结构不合理凸显。2004年按照总公司要求，重庆分公司成为营销改革试验田，承担个人业务改革试点的重任。由于没有现成经验和模式可以借鉴，改革呛水，维系公司持续发展的个人业务曾一度濒临崩溃边缘，加上激烈的市场竞争，公司走到了生死存亡的关键时刻。

怎样才能拯救重庆新华？创新成为当时不二的选择。经过苦心思索，重庆新华决定在团体业务上寻求突破，尝试做大做强农转非业务，为公司辟出一条生路。经过几年艰难拼搏，农转非业务取得成功，为公司赢得了荣誉和费用，在危机关头挽救了重庆新华。从2002年7月到2008年4月，一共为6万多名失地农民提供保险服务，实现保费收入近14亿，没有出现一起上访或一例投诉，为社会稳定和地方经济建设作出了贡献，一时成为业界标杆，效仿者众。重庆新华在农转非业务上的有益探索，得到了党中央、国务院领导和监管部门的肯定，经新闻媒体总结宣传，被誉为"重庆模式"。

重庆新华开创的农转非业务很快成为同业竞争的首选市场，硝烟四起。不能吊死在一棵树上，必须另辟蹊径，开拓出更多优质的业务源成为重庆新华的共识。高方立总经理和他的班子成员经过多方调研，敏锐地洞察到银行期缴业务大有可为。2006年初，在经过周密准备之后，重庆新华保险拉开了新一轮业务创新的序幕，再次迈上超越自我的创新之路。

从2007年下半年开始，银行期缴业务开始显现优势，并迅速成为公司新的增长点。2008年，重庆新华以勇立潮头的超人胆识把银行期缴业务作为结构调整的重头戏，他们顶住各方压力，大力推动银行期缴业务，很快就走到了新华保险系统前列，2009年新华保险期缴业务在重庆寿险市场占90%以上份额，成为市场领跑者。重庆新华保险改写了银行趸缴业务的历史，再创了一个重庆模式。重庆新华保险银行业务部被国家人社部和保监会评为全国保险行业先进集体。卓越的重庆新华在业界惊叹声中完成了漂亮的转身。一位保险业领导在总结银行期缴模式时曾指出，重庆新华银代期缴业务创新，不仅为新华保险系统，而且为整个保险业闯出了一条新路，具有里程碑意义，他们作出的共享是无法用金钱来衡量的。

2009年9月，重庆新华保险提出未来三年发展战略规划，把银行期缴业务作为第一业务来抓，到2010年重庆新华规模保费要达到40亿~45亿。重庆新华保险已进入到快速稳健发展期，未来三年，保费每年都会以20亿以上的增长发展，未来三年预测保费规模可达188~215亿，是过去8年的翻番，年增速在50%以上。

行者无疆，而重庆新华就是一个在创新之路上不断前行的行者。重庆新华目前正在尝试创新业务，比如农村小额贷款保险、为重庆赴疆摘棉工提供意外保险、为监狱劳教人员提供意外和医疗保险等。

高方立总经理说，创新让重庆新华实现了腾飞，但这只是万里长征走完了第一步，公司还要进一步抓好业务创新、制度创新、管理创新、服务创新和改革创新。

新华保险公司简介

新华人寿保险股份有限公司成立于1996年8月，是一家全国性大型保险公司，主要股东为中央汇金投资有限责任公司、苏黎世保险公司、宝钢集团有限公司。

截至2009年底，新华保险总资产超过2000亿元，在全国拥有各级分支机构及营销服务部1342个，内外勤人数超过31万，服务的客户数量超过1700万。多年来，新华保险稳居全国寿险市场前列，以强大的实力和服务能力为客户提供全面、优质的风险保障和理财服务。

新华保险重庆分公司于2002年4月23日正式成立，多年来一直坚持创新发展，合规经营，分公司规模逐年壮大，目前已在渝各区县开设分支机构20余家，内外勤人员5000余人。2009年，分公司全年实现保费26.19亿元；截至2010年6月底，分公司年度规模保费超过20亿，总保费突破百亿大关。

重庆分公司始终坚持"以人为本，服务社会"的经营宗旨，努力践行新华保险"立信于心，尽责至善"的品牌服务理念，信守承诺，真诚服务，根植巴渝大地，服务重庆人民。

瀚华担保

瀚华担保股份有限公司是在全国工商联的支持和指导下，经重庆市金融工作办公室批准设立的全国性商业担保机构，注册资本10亿元。

瀚华担保股份有限公司的主发起人瀚华担保集团是全国十大最具影响力的担保机构之一，是西部最大的商业性担保机构。2009年2月，全国工商联下发《关于支持推广瀚华担保集团担保模式的通知》，决定支持瀚华担保集团发起设立全国性担保机构，推广瀚华担保的信用担保模式。2009年8月，瀚华担保集团联合其他24家法人和自然人共同发起设立了目前国内最大的、纯民营资本的商业性担保公司——瀚华担保股份有限公司。

瀚华担保股份有限公司秉承“信用、简单、快

二楼前台

股份有限公司

乐"的理念，以北京、重庆、成都、沈阳为区域经营中心，在全国范围内为中小企业和个人提供融资性担保、履约担保、财产保全担保等担保业务。

瀚华担保是"全国中小企业信用担保机构负责人联席会议"21家发起人之一，AA+级信用担保机构。2009年，荣膺"应对金融危机中支持中小企业表现突出担保机构"。2010年，获授重庆市"应对金融危机支持中小企业发展成绩突出的担保机构"暨"融资性担保公司十强"称号。

自2004年开展业务以来，瀚华担保已经为2000余家中小企业及个人提供了融资担保等金融服务，累计担保额超过150亿元，余额超过50亿元。

瀚华担保与30家分行级商业银行、110家支行保持良好合作关系，各合作银行给予的授信规模与放大倍率大幅提高，综合授信额度超过100亿元。

未来三年，公司累计业务发生额将突破300亿元，余额超过100亿元，不良率控制在1%以内，团队成员500人，发展成为中国优秀的中小企业融资担保服务机构之一。

办公楼外景

办公环境

中国平安 PING AN

生命的节奏充满变幻，平安，是人生永恒不变的旋律，是中国平安承诺全心服务于客户的品牌宣言。

因为重视您的满意和认可，平安不遗余力，信守承诺。改革开放30年的沧桑巨变和光辉历程，谱写了中华民族顽强奋进的壮丽史诗。在时代的滋养下，中国平安20载持之以恒，以诚信立业，专业为本，跻身世界500强，为客户、股东、员工及社会创造持续成长的价值。

中国平安以保险、银行、投资的综合金融服务来满足您全方位增长的金融消费需求，助您安心享受丰满、富足的人生。

保险·银行·投资

www.pingan.com

中信银行 提升竞争力促发展

[银行概况]

中信银行重庆分行成立于1999年4月8日。10年的风雨兼程把重庆分行历练成为西部最具特色的商业银行，它以良好的经营业绩展示着一家新兴商业银行独有的风采。发展至今，分行下设18家营业网点、18家在行式自助银行、15家离行式自助银行，营业网络覆盖重庆主要城区及三峡库区腹地。中信银行重庆分行正式员工近700人，全行平均年龄31岁，全部为大专以上学历。公司、零售、会计三大主线共464人，占比77%。

[年度业绩]

截至2009年底，分行利润总额达5.24亿元，经营利润同业排名第三；各项存款余额360亿元，对公存款余额246亿元，储蓄存款余额42亿元；一般性贷款连续五年保持稳定增长，截至2009年底，一般性贷款累计至229亿元，同业增量排名第二；不良贷款额0.48亿元,不良贷款率0.18%，连续四年保持不良“双降”规格；资产质量持续提升，位居同业第二位，基本实现“重庆同业排头兵”的目标，连续四年在系统内被评为优秀等级行，创造着重庆金融界的奇迹。总的来说，近几年来，我行在继续坚持“安全、合规、稳健、协调和科学发展”理念的基础上，坚持抓住文化、制度、流程建设和人才队伍建设两个重点，打造具有良好品牌形象和较强竞争力、管理完善、风险可控、内部和谐的现代银行。

[经营亮点]

银行的竞争，主要体现在对公业务和零售业务，而这两块，中信银行在业内都做了表率，体现了一个极具竞争力银行的风貌。

在公司业务方面，中信银行重庆分行不断探索创新，协调优化客户经理和资源配置，积极发展业务，取得了良好成绩。目前已与重庆“八大集团”、“工业企业五十强”、“民营企业五十强”、“房地产企业五十强”、“进出口企业三十强”等大批家企业建立了战略伙伴关系。特色业务延伸至汽车金融、保兑仓、仓单质押等“物流金融”和“投资银行网上银行”等领域，形成比较优势。尤为突出的是“物流金融”，重庆分行已率先占领汽车厂商和经销商融资的战略高地。与全国主要汽车生产厂家及重庆地区的长安股份、长安福特马自达、长安铃木建立合作关系，合作经销商约80多户。至今，中信银行已与本市近300家中小企业建立了物流融资授信关系，2009年公司各类授信余额达394.8亿元，积极推动当地汽车行业发展。

在持续发展强大自身的同时，中信银行重庆积极支持各项地方建设。借助政府投融资平台，积极支持新农村建设、促进城乡统筹，加大对“三农”龙头企业的信贷支持力度，累计发放贷款额达到了4.13亿；积极支持重庆市交通行业建设，1999年~2009年，累计向交通行业发放贷款97.6亿元，大力支持了重庆市交通建设，介入了渝黔高速、垫忠高速、渝万高速、渝邻高速、成渝高速及县村公路网络项目建设，促进了重庆市交通状况的迅速改善；中信银行重庆分行还加大对城市基础设施建设的信贷支持力度，通过对重庆市政府融资平台的授信支持重庆市基础设施建设，累计投放352亿元贷款，授信企业涉及市级十大投融资平台及各区级投融资平台，积极支持重庆市交通行业建设，重点支持了重庆市旧城改造、市区道路桥梁及场馆建设。

2009年，伴随着解决中小企业融资难的呼声越来越高，中信银行重庆分行新成立专业管理服务机构——小企业金融中心，重点支持中小企业发展，目前已在这一市场形成经营特色。

以理财见长的中信银行重庆分行，2009年度，在零售业务方面屡屡再创佳绩，谱写了一曲曲动听的乐章。首先，大奖不断。1月份，荣获“最佳银行理财产品设计团队奖”（《理财周报》）、“读者最关注的零售银行”大奖（《环球时报》）；3月份，在重庆荣获“最安全网上银行”大奖（《重庆时报》）；6月份，客户服务中心连续两年荣获“2009年中国最佳呼叫中心”；9月份，香卡荣获“中国最佳品牌建设案例”大奖（《21世纪经济报道》；9月份，荣获《亚洲银行家》颁发的“2009零售银行卓越大奖——卓越银行卡和零售支付奖”；12月份，个人网银相续荣获“最佳网上银行”、“最受欢迎理财产品”、“最佳理财团队”等多项大奖等等。最重要的是，中信银行连续四年荣获重庆地区“最佳理财银行”大奖，这在零售业务竞争激烈的我市银行业，中信银行得到的社会认可，无疑是一道靓丽的风景线。

为何取得如此成绩，中信银行人士道出了其中的玄机：理财产品的不断创新开发以及营销活动的不断开展。

比如，为配合市政打造畅通重庆，该行推出轻轨信托理财产品，一周内热销18亿元，在理财处于低迷的情况下，创下当时的理财奇迹；其次，在新股恢复一周内，全国首家重推新股投资理财产品；并且，整合优质信贷资产，滚动推出“理财快车”、“理财超快车”等长、中、短期系列产品，达到了“理财周周发，收益天天有”；还针对女性客户，推出“香卡”；针对出国客户，推出“回卡”以及“晒卡”等系列特色银行卡产品。“要理财，找中信”的观点在许多市民心目中形成。

西南证券股份有限公司

西南证券董事长：翁振杰

西南证券股份有限公司是唯一一家注册地在重庆的证券公司，注册资本23.22亿元，经营范围包括证券经纪，证券投资咨询，与证券交易、证券投资活动有关的财务顾问，证券承销与保荐，证券自营，证券资产管理，证券投资基金代销。公司现有员工及营销人员近3000人，在全国18个主要经济中心城市设有39家证券经营机构，在重庆、北京、上海、深圳、成都设有投行业务部，并在重庆设有专门从事直接投资业务的全资子公司——西证股权投资有限公司。

2009年2月26日，公司在上海证券交易所挂牌上市，股票简称“西南证券”，股票代码“600369”，是中国第九家上市证券公司，重庆第一家金融类上市公司。2009年是西南证券的上市元年，西南证券紧抓市场机遇，坚持市场化运作，积极推进事业部制改革，切实完善制度建设和风险控制，科学地驾驭了市场风险，全年累计实现营业收入20.53亿元，利润总额12.72亿元，净利润10.07亿元，同比增长609%，各项主要经营指标均创历史最好水平。其中，公司投行业务排名连续多年跻身全国同业前10，并先后荣获“最佳服务投行”、“最佳并购投行”等称号；经纪业务立足重庆、布局全国，进一步巩固了在重庆市场的龙头地位，并荣获“最佳网上交易平台”、“最具特色手机证券”等称号；自营业务投资收益率位居行业前列；研究业务实力雄厚、品牌显著，在宏观经济、医药、汽车等研究领域享有较高的知名度，得到广大投资者和上级部门的好评；直投业务正在积极布局，有望为公司带来新的收入来源；公司第一支集合理财产品西南证券“珠峰1号”集合资产管理计划也于年内推广发行。此外，公司正努力拓展股指期货、融资融券等创新业务，切实打造全牌照的“金融超市”，努力满足不同客户的多种投资需求，同时积极探索银行、证券、信托等跨行业合作，在依法合规的前提下，通过资源的整合与共享，提高综合竞争力和抗风险能力。期间，公司董事长翁振杰被评为“2009年度振兴重庆争光贡献奖”，公司总裁王珠林被评为2009年“重庆市劳动模范”、“国企贡献奖——先进个人”。

西南证券总裁：王珠林

2010年9月1日，公司顺利完成重庆市有史以来最大规模的一笔资本市场融资，公司非公开发行股票41,870万股，募集资金总额近60亿元。目前，西南证券净资产过百亿、总资产近两百亿，客户资产近千亿，公司发展的资本瓶颈得到有效改善，经营管理更趋规范，经营业绩蒸蒸日上。

西南证券成立十年来，始终恪守“专业、稳健、创新、求精”的经营方针，奉行“用心创造价值”的服务理念，树立了良好的市场品牌。今后，西南证券将继续坚持“以创新求突破、以改革求发展”的指导思想，坚定不移地走市场化道路，全面实施改革创新，加大力度融资汇智，促进公司超常规发展，全面落实国务院领导提出的将西南证券建设成为“资本充足、治理规范、内控严密、运行安全、效益良好的现代大型综合券商”的要求，跻身全国一流证券公司，为中国资本市场的繁荣发展、为“五个重庆”建设作出更大贡献。

西南证券与中国民生银行合作签字仪式

重庆市大型投资者见面会

中国农业银行
AGRICULTURAL BANK OF CHINA
重庆市分行

冯建龙行长一行到三峡棉纺厂考察调研

中国农业银行股份有限公司重庆市分行是中国农业银行股份有限公司在渝设立的一级分行，自1979年恢复成立以来，秉承为国家、社会及客户创造价值的宗旨，致力于为广大客户提供优质、方便、快捷、安全的金融服务，是一家资金实力雄厚、金融产品丰富、服务手段先进的大型商业银行一级分行。全辖现有分、支行45个，对外营业机构458个，24小时自助银行、自助设备1000多个，电子服务渠道3000多个。2010年9月末，各项存款余额1643亿元，比年初增加351亿元；各项贷款余额1378亿元，比年初增加251亿元，主体业务和效益等近十项指标增速领先同业。

2010年以来，在总行和市委、市政府的正确领导下，农行重庆市分行牢固树立科学发展观，始终秉持"大行德广，伴您成长"的品牌理念，切实践行"面向三农，服务城乡"的市场定位，着力履行"诚信立业，稳健行远"的核心价值观，以不懈构建"经营规模领先、经营质量领先、经营效益领先、风险控制领先、经营管理领先"的区域内主流银行为目标，在与全市各界不断开创改革开放新局面的发展中，以自身独特优势和众多改革首创，特别是以"农商通"POS小额取现为代表的金融创新，受到国务院领导以及市委市政府、社会各界的充分肯定和高度评价。今年1至9月，全市农行业务发展取得显著成绩，各项存款增量、各项贷款存量、增量、拨备前利润等近十项核心业务指标在重庆银行业居领先地位，成为支持重庆经济社会发展，助推"五个重庆"建设的主流银行。

冯建龙行长在网点与客户交谈

创新求发展，合作求共赢。诚挚感谢社会各界朋友和广大客户长期以来对中国农业银行重庆市分行的信赖和支持！

站在新的历史起点，农行重庆市分行将进一步牢固树立和落实科学发展观，认真践行"面向三农，服务城乡，回报股东，成就员工"的企业使命，恪守"诚信立业，稳健行远"的核心价值观，坚持"客户至上，始终如一"的服务理念，矢志不渝地服务重庆经济社会发展，为加快把重庆建设成为长江上游经济金融中心做出新的贡献！

遵循"为客户创造财富，为社会尽奉责任"的合作理念，全市农业银行将汇聚强势专家，同农行联手结合高科技的理财工具和时尚的理财产品，为城乡客户量身打造全方位、多功能、个性化、全覆盖的金融服务。

客服热线：95599　　http://www.abchina.com

华夏银行 HUAXIA BANK
重庆分行 CHONGQING BRANCH
新一代网上个人银行
新网银 新体验
安全
快捷
办网银送U盾
省心
省时
1、即日起至华夏银行重庆分行各营业网点办理"网上个人银行业务"即免费赠送U盾一个。
2、安全又便捷：使用U盾，不提供文件证书的存储方式，提高客户交易的安全性。
3、款项到账快：行内汇款实时到账，跨行汇款款项快速到达对方行，款项到账速度达到业界先进水平。
4、汇款通道多：行内汇款提供同城/异地之间的汇款，跨行汇款对接大额支付系统、小额支付系统、同城票交三个汇款通道，客户可根据成本和时效，选择适合自己的汇款方式。
5、体验更轻松：全天候服务——行内汇款及跨行一个工作日到账的汇款交易时间为7*24小时（银行日结期间暂不提供服务），跨行快速到账和两个工作日到账的汇款交易时间为每个工作日9:00-16:30，客户可以获得更多交易时间。
手续费低——享受柜台同类汇款业务手续费的5折优惠。
免费短信通知——客户在汇款交易的同时可在页面输入收款人手机号码，如果汇款成功，系统将向收款人手机发送该笔汇款交易信息，主动通知收款人。
客户服务中心电话：95577 网址：www.hxb.com.cn

重庆融天税务师事务所员工在一起商讨业务

重庆融天税务师事务所有限责任公司

CHONGQINGRONGTIANSHUIWUSHISHIWUSUOYOUXIANZERENGONGSI

重庆融天税务师事务所有限责任公司是2005年经国家税务总局批准，重庆市工商局登记注册的具有独立法人资格的社会中介机构。专门为企事业单位提供涉税鉴证、涉税代理、涉税筹划和税务咨询等涉税服务。是目前重庆市最具规模的税务师事务所之一，2006年至2009年，均被评为重庆市先进税务师事务所，是重庆市第一批批准的A级税务师事务所。

重庆市注册税务师协会副会长、重庆融天税务师事务所所长匡泽县

重庆融天税务师事务所是一个快乐和谐的大家庭

生机勃勃、激流勇进的重庆融天税务师事务所员工

所长匡泽县现任重庆市注册税务师协会副会长，多年从事注册税务师事务所工作，具有丰富的理论知识和实践经验，带领着一批熟练掌握国家法律、法规、政策，精通税务、审计、财务会计等多项业务的专业人才，形成了一支勇于开拓、业务熟练、作风过硬的执业队伍。50%以上的人员拥有注册税务师、注册会计师、注册资产评估师、土地估价师等执业资格，能为广大客户提供优质的涉税服务，协助客户在不断变化的税法体系下降低税务风险。

建所以来，已为隆鑫集团、九禾股份、重庆中梁山煤电气、九龙建设集团、电力实业公司、恒胜集团、和邦碱胺、金科集团、铁马集团等大中型企业提供了涉税服务，即减轻了企业的税收成本，也降低了税务机关执法风险，得到了企业和税务主管部门的普遍赞誉和高度信赖。

我所坚持"依法执业、诚信服务、规范运作、客观公正"的质量方针，遵循"为纳税人服务，为税收征管改革服务，为地方经济建设服务"的办所宗旨，全面加强执业人员队伍建设，做好企业和税务机关的纽带和桥梁。

联系人：匡泽县 | 电话：13808366606 61577776 61577772 | 联系地址：九龙坡区直港大道17号佳瑞园B栋5-1# | 传真：61577771

重庆超奇农产品有限公司

CHONGQING COUSH AGRICULTURAL PRODUCTS CO., LTD

重庆超奇农产品有限公司成立于2001年，从事农副产品的种植、加工、收购及销售，公司注册资金2000万元。现有员工1000余人，是重庆市“菜篮子、果篮子”工程的重点企业，也是重庆市综合开发的重点龙头企业之一。

重庆超奇农产品公司主要从事水果的流通和销售，并积极向休闲食品等其他农产品领域扩展，努力实现农副产品专业化，采购订单化。近年来，公司的水果和休闲食品业务得到了快速发展和壮大，目前已成功进入到国际和国内最具有影响力的连锁经营企业中，如超市零售已进入沃尔玛、家乐福、好又多、易初莲花、北京华联、王府井、人人乐、重百、新世纪等300多家卖场。公司业务已形成以重庆为中心，辐射到四川、贵阳、云南、甘肃、陕西、广西、广东、山东、新疆等省级市的多个市场，拥有农副产品批发、零售、超市配送、电子商务、电话订购、进出口、加工配送物流等多种业务类型和销售手段。

荷兰范瑞恩公司来我司洽谈

公司在向水果行业纵深发展的同时，2005年在渝北农业园区投资购地三十亩，新增水果粗加工生产线（对水果进行清洗、筛选、包装、储存、冷藏配送），并建立了分析与检测实验室，引进自动化分选设备，包装成型生产线等，为超市配送和自主品牌的开拓奠定良好的基础。

近年来，先后被评为“重庆市综合开发重点农业龙头企业”、“中国果品行业质量可信服务满意单位”、“重庆市果品行业协会副会长单位”、“守合同、重信用单位”、“重点龙头企业”、“诚信私营企业”、“被认定为（2007~2008）年度AA级年检免审企业”、“为2006.3~2008.3消费者信得过企业称号”、2008年度“诚信企业”光荣称号。

公司在远东百货的卖场

目前，公司已成长为重庆地区水果行业实力最强大、货源最齐全、信誉度最高的企业。

重庆超奇农产品有限公司投资100多万购置冷冻运输车辆，发展冷链物流，时刻保证水果的新鲜。公司以基地培养和从农民手中直采为主，减少中间环节，直接让利于果农和消费者。

海南木瓜基地

2009年我司成功的出口柑橘50000美元，为公司水果出口开了个好头。

我们公司还注重培育水果生产基地。在云南有香蕉基地500余亩、海南木瓜基地200余亩，在华蓥山高兴镇发展优质葡萄产业基地1000余亩，公司在水果采购上以订单采购和基地自采为主，让农民的产品经过公司直接进入超市卖场，减少中间环节，让利于消费者和农户，带动农户1800余户，走共同富裕的道路。

2009年公司销售额达3.5亿元人民币。

“超奇果业”以“勤奋、团结、创新、成长”的企业文化，建立科学、高效、灵活的经营机制和管理模式，“超奇果业”愿与各界朋友携手共进，真诚合作，为国内外水果等农副产品流通作出应有的努力和贡献。

重庆锦程实业有限公司

CHONGQING JINCHENG INDUSTRY

公司董事长郑勇检查柑橘容器苗繁育情况

公司柑橘果品深受西安市民喜爱

重庆锦程实业有限公司组建于1998年，是以农业产业化为主营方向的民营股份制企业，长期从事良种柑橘、优质橄榄和花卉苗木的产业化经营,是重庆市农业产业化市级龙头企业、重庆市农业综合开发重点龙头企业、重庆市林业龙头企业、重庆市供销合作总社农业产业化龙头企业、中国果品行业质量可信服务满意单位、全国科普惠农兴村先进单位。

公司现有工厂化无病毒苗木繁育中心、油溪农场、优质水果配送中心、橄榄加工厂、花木园艺场、园林公司、农业服务公司等分支机构，自有土地近2500亩，有各类生产经营房屋2万余平方米，各类农业工厂化设施1万余平方米。公司注册资本金1675万元，具有"AA"级银行信用，2006年被重庆银行业协会评定为"诚信贷款单位"。

近年来，公司着力于推进农业产业升级，努力扩大晚熟柑橘育苗规模，努力开拓晚熟柑橘销售市场，现已成为重庆市最大的柑橘容器苗生产企业和最大的鲜食柑橘销售企业。2009年被评定为重庆市农业产业化龙头企业30强，2008、2009年度连续荣获重庆市柑橘营销一等奖。

目前，公司正以国际市场为背景，以农业现代化发展为根本，全面推进多元化、集团化发展战略，为实现农业公司的跨越式发展和持续发展而不懈努力。

公司产品展示

公司地址：重庆市江津区几江街道紫荆花园商务大厦七楼
邮编：402260
联系电话：47568888
传真：47563298
邮箱:cqjincheng@cqjincheng.com

公司工厂化无病毒苗木繁育中心

飞速发展的德庄集团

FEISUFAZHANDEDEZHUANGJITUAN

德庄集团董事长李德建先生

德庄火锅部分菜品

11年前，德庄集团还只是一家300余平米的火锅店；11年后的今天，德庄集团已经发展成为一家集餐饮产业开发、食品产业开发、物流产业开发、餐饮文化研究的多元化现代民营企业，下属6个子公司、一个研究所、一所培训学校，有自营酒楼40余家，特许连锁加盟店近500家，位居中国餐饮百强企业前列。

自1999年创办以来，德庄集团以弘扬中华餐饮文化为己任，以“举重庆火锅金牌、夯百年企业基础、创世界知名品牌”为战略目标，在业界响亮地提出了“以德经商、以德兴庄”的经营理念和“科技兴火锅、绿色兴火锅、文化兴火锅”的发展方针，以“创新再创新”的企业精神，在餐饮业界迅速崛起壮大；先后荣获“全国餐饮百强企业”、“全国绿色餐饮企业”、“全国餐饮连锁十佳企业”、“中国商业信用企业”、“中国驰名商标”、“农业产业化国家重点龙头企业”等荣誉和称号。

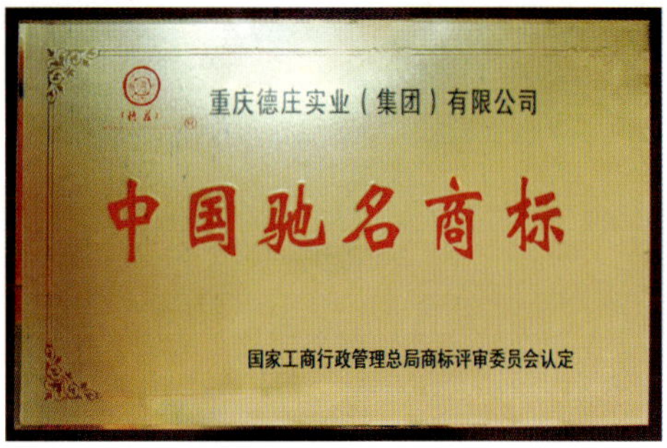

德庄集团以拥有“德庄大火锅”而闻名遐迩，先后通过ISO9001：2000国际质量体系认证和HACCP质量体系认证，为产品进入国际市场奠定了基础。它依托西南大学等科研院校，开发“绿色、健康、营养”的系列食品。其中，利用生物酶嫩化技术研制成功的“德庄毛肚”荣获“全国商业科技进步三等奖”。拥有重庆首条自动化程度最高的年产3万吨的调料生产线。

德庄集团正朝着集约化、规模化、多元化方向发展，为重庆市农业产业化起到示范带动作用。

地址：重庆市南岸区长电路10号，邮编：401336　加盟电话：023-62456661，网址：www.cqdz.cn

德庄中央物流配送基地和食品生产基地

CARLTON HOTEL
CHONGQING
南方君临
★★★★★

地处重庆市九龙坡区的首家五星级酒店——南方君临酒店，距成渝高速仅3分钟，毗邻奥体中心、会展中心和酒吧美食一条街，交通极为便捷。酒店可为您提供功能各异的商旅客房、休闲康体娱乐及体贴细致的会议宴会服务，是各界尊贵人士理想的下榻之地。

南方君临酒店热忱恭候您的光临！

地址：重庆市九龙坡区科园四路259号
邮编：400041
电话：023 68066806
传真：023 68066666
网址：南方君临

岁寒知劲节　寒暑不改容

——2010年《重庆经济年鉴》序

黄奇帆

历集万象于一册，缩一年为一瞬。打开这本散发着墨香的年鉴，巴渝儿女斩关夺隘、化危为机的胆气与睿智历历在目，重庆经济逆势向好、高歌猛进的生机与活力一览无余。

2009年，重庆在逆境中崛起、在困难中前行。国际金融危机深度蔓延，甲型H1N1悄然侵袭，但3200万重庆人民毫无畏惧，在"314"总体部署和国发3号文件的鼓舞下，克难奋进，从容应对，取得骄人业绩：经济增长位居全国前列，利用外资总量荣登西部榜首，两路寸滩保税港区封关胜利在望，两江新区、西永综合保税区呼之欲出，"五个重庆"建设高潮迭起，统筹城乡改革破冰前行，"唱红打黑"风生水起，民生保障亮点频出……重庆，在全面建设小康社会征程上又跨过了关键一步！这一切，彰显出新兴直辖市的青春活力，再次证明中央战略决策的高瞻远瞩。

辉煌归于历史，成败决于未来。站在新的起点，国家新一轮西部大开发进军号角已吹响，万事俱备，东风劲吹，机遇千载难逢！肩负重托的重庆，尽占天时地利人和，在党中央、国务院的殷切关怀下，在国家各部委的鼎力相助下，在社会各界的大力支持下，重庆定会破浪前行，再创佳绩，早日将西部地区重要增长极、长江上游地区经济中心和城乡统筹发展直辖市的美好蓝图变为现实！

目　录

·第一编　重要经济文献·

重庆市人民政府工作报告
——2010年1月20日在重庆市第三届人民代表大会第三次会议上 …………………………… 黄奇帆 3
关于重庆市2009年国民经济和社会发展计划执行情况及2010年计划草案的报告
——2010年1月20日在重庆市第三届人民代表大会第三次会议上 …………………………… 杨庆育 16
关于重庆市2009年财政预算执行情况和2010年财政预算草案的报告
——2010年1月20日在重庆市第三届人民代表大会第三次会议上 …………………………… 刘伟 24
三峡(重庆)库区移民工作报告
——2010年1月20日在重庆市第三届人民代表大会第三次会议上 …………………………… 王显刚 31

·第二编　专题研究·

培养重庆城市精神研究 ………………………………………………………………………… 37
科学发展观与“五个重庆”建设的实践 ………………………………………………………… 54
重庆农村土地流转市场机制研究 ……………………………………………………………… 65
农村金融成长与服务模式构建——助推重庆“两翼”农户万元增收工程实施的对策 ………… 74
都市圈经济一体化发展研究:以重庆都市圈为例 …………………………………………… 83

·第三编　经济与社会发展综述·

2009 年重庆经济社会发展情况 …… 97
2009 年重庆市国有资产监督管理概述 …… 101
2009 年重庆市经济社会热点问题扫描 …… 104

·第四编　部门经济运行与管理·

质量技术监督 …… 109
安全生产 …… 112
人力资源和社会保障 …… 116
国土资源和房屋管理 …… 119
重庆园林 …… 122
环境保护 …… 124
工商行政管理 …… 127
重庆国税 …… 129
重庆地税 …… 132
科技管理 …… 137
重庆交通 …… 141
市政管理 …… 144
重庆水利 …… 147
重庆外贸 …… 150
重庆海关 …… 162
城乡规划 …… 164
食品药品监督管理 …… 168
重庆审计 …… 171
重庆库区移民 …… 175
检验检疫 …… 178
邮政监管 …… 182
中小企业乡镇企业 …… 184
卫生工作 …… 191
重庆烟草 …… 194
住房公积金管理 …… 199

·第五编　产业状况·

第一产业
农村经济发展 …… 203
农业机械化 …… 204
农村扶贫开发 …… 207
农业综合开发 …… 210
林业 …… 212
畜牧业 …… 218
渔业 …… 221

第二产业

2009年重庆工业经济运行状况 …… 223
2009年重庆市技术改造与投资 …… 225
汽车工业 …… 230
摩托车工业 …… 232
重庆电力 …… 233
装备制造业 …… 235
化学工业 …… 239
建材工业 …… 243
煤炭工业 …… 246
天然气工业 …… 251
循环经济 …… 251
冶金工业 …… 253
重庆盐业 …… 256
国防科技工业 …… 258
轻纺工业 …… 259
电子信息产业 …… 262
计算机和通信产业 …… 267
技术创新 …… 269
创意产业 …… 273
工业经济与信息化 …… 277

第三产业

道路运输 …… 288
航空运输业 …… 290
重庆水运 …… 294
通信业 …… 296
商贸流通业 …… 298
专利管理 …… 301
金融业 …… 305
保险业 …… 307
广播电视业 …… 308
新闻出版业 …… 311
旅游业 …… 314
房地产业 …… 321
建筑业 …… 323
证券业 …… 326

·第六编 开发区与园区建设·

重庆市特色工业园区综述 …… 331
两江新区 …… 333
北部新区(经开区、高新区) …… 335
重庆(长寿)化工园区 …… 339
永微电子产业园区 …… 340
万州工业园区 …… 342
建桥工业园区 …… 344
正阳工业园区 …… 346
九龙园区 …… 347
九龙坡重庆现代都市农业科技园区 …… 351
西彭铝产业区 …… 352
白涛园区 …… 354
空港工业园区 …… 356
晏家工业园区 …… 357
江津区珞璜工业园 …… 358
合川工业园区 …… 360

永川工业园区 …… 362
綦江工业园区 …… 365
潼南工业园区 …… 366
铜梁工业园区 …… 368
大足工业园区 …… 369
璧山工业园区 …… 370
梁平工业园区 …… 372
丰都工业园区 …… 372
垫江工业园区 …… 376
忠县工业园区 …… 377
开县工业园区 …… 379
巫溪工业园区 …… 382
石柱工业园区 …… 384
酉阳工业园区 …… 386

·第七编 区县经济·

1小时经济圈
渝中区 …… 391
大渡口区 …… 393
江北区 …… 396
沙坪坝区 …… 398
九龙坡区 …… 400
南岸区 …… 402
北碚区 …… 407
渝北区 …… 411
巴南区 …… 413
万盛区 …… 415
双桥区 …… 418
涪陵区 …… 421
长寿区 …… 426
江津区 …… 430
合川区 …… 432
永川区 …… 436
南川区 …… 439
綦江县 …… 441
潼南县 …… 444
铜梁县 …… 447
大足县 …… 449
荣昌县 …… 451
璧山县 …… 455

渝东北地区
万州区 …… 457
梁平县 …… 460
城口县 …… 465
丰都县 …… 468
垫江县 …… 471
忠 县 …… 473
开 县 …… 476
云阳县 …… 478
奉节县 …… 481
巫山县 …… 483
巫溪县 …… 486

渝东南地区
黔江区 …… 489
武隆县 …… 491
石柱土家族自治县 …… 495

秀山土家族苗族自治县 …………………… 497
酉阳土家族苗族自治县 …………………… 500
彭水苗族土家族自治县 …………………… 502

·第八编 附 录·

2009 年重庆市经济大事记 …………………… 507
2009 年名优企业概览 …………………… 512
2009 年重庆市国民经济和社会发展统计公报 …………………… 519
2009 年长江沿线主要城市经济发展态势 …………………… 527
2009 年“成渝经济区”四川环渝区域市县经济发展状况 …………………… 541
2009 年西部省(区)经济发展统计比较表 …………………… 580

编纂说明 …………………… 585

Contents

Part I Important Economic Literatures

The Working Report of Chongqing Government 2010 ············ Huang Qifang3

The Chongqing´s National Economic and Social Development in 2009 and the Draft Plan for 2010 ············ Yang Qingyu16

The Report on the Implementation of Local Budget for 2009 and on the Local Budgets Draft for 2010 of Chongqing ············ Liu Wei24

The Report on the Migrant Work of the Three Gorges (Chongqing) Reservoir Area ············ Wang Xian´gang31

Part II Special Subjects Research

research on cultivation of city spirit ············ 37

Implementation of Scientific Concept of Development and the "Five-Chongqing Programme" ············ 54

Research on Land Circulation Market System in Chongqing Rural Area ············ 65

Development of Finance in Rural Area and Construction of the Service Mode——Countermeasures for Implementation of Increasing Peasants´ Income to More Than Ten Thousand in "Two Wings" Area ············ 74

Research on Developing Economic Integration in Metropolitan Sphere:
Chongqing City Circle as an Example ············ 83

Part III Overview Economic & Social Development

Overview Chongqing Economic and Social Development in 2009 ············ 97

Overview the Work of Supervising and Managing State-owned Assets in 2009 ············ 101

Scan Chongqing Social and Economic Hotspots in 2009 ············ 104

Part IV Operation and Management of Economy

Quality and Technology Supervision ············ 109

Workplace Safety ············ 112

Human Resources and Social Security ············ 116

Administration of Land Resources and Management of Real Estate ············ 119

Chongqing Garden ············ 122

Environmental Protection ············ 124

Industry and Commerce Administration ············ 127

Chongqing National Tax ············ 129

Chongqing Local Tax ············ 132

Management of Science and Technology ············ 137

Chongqing Transportation ············ 141

Municipal Administration ··· 144
Water Conservancy Project ··· 147
Foreign Trade in Chongqing ··· 150
Chongqing Customs ··· 162
Urban and Rural Planning ··· 164
Food and Drug Administration ··· 168
Chongqing Audition work ··· 171
Migration in Chongqing Three Gorges Reservoir Area ··· 175
Inspection and Quarantine ··· 178
Post Service ··· 182
Small-and-medium-sized Enterprises and Township-and-Village Enterprises ··· 184
Sanitary ··· 191
Chongqing Tobacco ··· 194
the housing fund management ··· 199

Part V Industry Situation

Primary Industry

Income Generation Project ··· 203
Mechanization of Agriculture ··· 204
The Development-oriented Poverty Reduction Program for Rural ··· 207
Agricultrue Development ··· 210
Forestry ··· 212
Animal Husbandry ··· 218
Fishery ··· 221

Secondary Industry

Situation of Industrial Economics of Chongqing in 2009 ··· 223
Investment in Technical Reconstruction of the Industrial Enterprises in 2009 ··· 225
Automobile Industry ··· 230
Motorcycle Industry ··· 232
Chongqing Electricity Power ··· 233
Equipment Manufacturing Industry ··· 235
Chemical Industry ··· 239
Building Material Industry ··· 243
Coal Industry ··· 246
Gas Industry ··· 251
Circular Economy ··· 251
Metallurgical Industry ··· 253
Chongqing Salt Industry ··· 256

Science, Technology and Industry for National Defense …… 258
Light and Textile Industry …… 259
Electrical Information Industry …… 262
Computer and Telecommunication Industry …… 267
Technology Inovation …… 269
Creativity Industry …… 273
industrial economy and informationization …… 277

Tertiary Industry
Road Transportation …… 288
Air Transportation …… 290
Chongqing Water Transport …… 294
Telecommunications …… 296
Trade Service Industry …… 298
Patent Management …… 301
Financial …… 305
The Insurance Industry …… 307
Broadcasting TV Industry …… 308
Press and Publishing …… 311
Tourism Industry …… 314
Real Estate …… 321
Building Trade …… 323
Securities Industry …… 326

Part VI The Construction of Development Zones and Industrial Parks
Review of the Specialized Industrial Park in Chongqing …… 331
Liang Jiang New Area …… 333
New North Zone (Economic and Technological Development Zone and Hi-tech Industrial Development Zone) …… 335
Chongqing(Changshou) Chemical Industrial Park …… 339
Yongwei Electronics Industrial Park …… 340
Wanzhou Industry Park …… 342
Jianqiao Industrial Park …… 344
Zhengyang Industry Park …… 346
Jiu Longpo Industry Park …… 347
Jiu Longpo Chongqing Scientific Agricultural City Park …… 351
Xipeng Alluminum Industry District …… 352
Baitao Chemical Industrial Park …… 354
Air Port Industrial Park …… 356

Yanjia Industrial Park …… 357
Jiangjin (Luohuang) Industrial Park …… 358
Hechuan Industrial Park …… 360
Yongchuan Industrial Park …… 362
Qijiang Industrial Park …… 365
Tongnan Industrial Park …… 366
Tongliang Industrial Park …… 368
Dazu Industrial Park …… 369
Bishan Industrial Park …… 370
Liangping Industrial Park …… 372
Fengdu Industrial Park …… 372
Dianjiang Industrial Park …… 376
Zhongxiang Industrial Park …… 377
Kaixian Industrial Park …… 379
Wuxi Industry Park …… 382
Shizhu Industry Park …… 384
Youyang Industrial Park …… 386

Part VII Regional Districts

Urban Economic Circle within One Hour

Yuzhong District …… 391
Dadukou District …… 393
Jiangbei District …… 396
Shapingba District …… 398
Jiulongpo District …… 400
Nan´an District …… 402
Beibei District …… 407
Yubei District …… 411
Ba´nan District …… 413
Wansheng District …… 415
Shuangqiao District …… 418
Fuling District …… 421
Changshou District …… 426
Jiangjin County …… 430
Hechuan County …… 432
Yongchuan County …… 436
Nanchuan County …… 439
Qijiang County …… 441
Tongnan County …… 444

Tongliang County ······ 447
Dazu County ······ 449
Rongchang County ······ 451
Bishan County ······ 455

North Eastern Area of Chongqing

Wanzhou District ······ 457
Liangping County ······ 460
Chengkou County ······ 465
Fengdu County ······ 468
Dianjiang County ······ 471
Zhongxian County ······ 473
Kaixian County ······ 476
Yunyang County ······ 478
Fengjie County ······ 481
Wushan County ······ 483
Wuxi County ······ 486

South Eastern Area of Chongqing

Qianjiang District ······ 489
Wulong County ······ 491
Shizhu Tujia Autonomous County ······ 495
Xiushan Tujia and Miao Autonomous County ······ 497
Youyang Tujia and Miao Autonomous County ······ 500
Pengshui Miao and Tujia Autonomous County ······ 502

Part VIII Appendix

Essential Economic Events of Chongqing in 2009 ······ 507
Overview the Famous Branded Enterprises in 2009 ······ 512
Statistical Communiqué of Chongqing on the 2009 National Economic and Social Development ······ 519
Economic Development of Important Cities along Yangtze River in 2009 ······ 527
Economic Situation of Chongqing to Chengdu Economic Area——the Chongqing area Surrounded by Sichuan Province in 2009 ······ 541
Statistical Graph of Economic Development of Western Regional Provinces in 2009 ······ 580
Comments of Compilation ······ 585

前环衬

重庆两江新区管理委员会……1

卷首跨页

重庆医药股份有限公司……8
重庆市房地产业协会……10

目录前扉页

“川渝经济协作”谱新篇

宜宾市人民政府……12
达州市人民政府……18
大竹县人民政府……22
广安市人民政府……26
华蓥市人民政府……31
岳池县人民政府……32
邻水县人民政府……36
武胜县人民政府……41
遂宁市人民政府……42
泸州市纳溪区人民政府……43
合江县人民政府……44
中共安岳县委……48

践行科学发展观 全面落实“民生十条”

北碚区人民政府……50
渝北区人民政府……54
秀山县人民政府……56
城口县人民政府……58
巫溪县人民政府……62
万盛区人民政府……63
铜梁县人民政府……64
丰都县人民政府……65
大足县人民政府……66
璧山县人民政府……67
荣昌县人民政府……68
酉阳土家族苗族自治县人民政府……69
忠县人民政府……70
武隆县人民政府……71
云阳县人民政府……72

巫山县人民政府……73
重庆香江高科地产发展有限公司……73

解放思想 扩大开放 推进“五个重庆”建设

重庆市公安局……74
重庆市工商行政管理局……76
重庆市盐业（集团）有限公司……78
重庆市体育局……80
重庆市林业局……82
重庆园林事业管理局……83
重庆市市政管理委员会……84
重庆市统计局……86
重庆市中小企业发展指导局……87
重庆（渝北）台商工业园……88
重庆市万州江南新区管理委员会……89
城口县国土资源和房屋管理局……90
大足县城乡建设委员会……91
重庆商社集团有限公司……92
恒大地产(集团)重庆有限公司……94
重庆泰山电缆有限公司……96
重庆康硕科技有限公司……98
川渝中烟工业公司……100
中国烟草总公司重庆市公司……102
重庆国奥村……103
重庆横河川仪有限公司……104
重庆能源投资集团公司……105
重庆腾翔实业有限公司……106

“名优企事业”上榜单位集锦

庆铃汽车（集团）有限公司……107
重庆机床（集团）有限责任公司……108
重庆市涪陵区大为船舶制造有限公司……109
重庆市博赛房地产开发有限公司……110
重庆乐至置业发展有限公司……112
重庆民昌房地产开发有限公司……116
重庆市蓝宇物业发展有限公司……118
重庆鲁商地产有限公司……119
重庆凯川房地产开发公司……120
重庆华宇园林工程公司……121
重庆辰河建筑工程有限公司……122

重庆渝能晨阳置业有限公司…… 124
重庆友科建设工程项目管理咨询有限公司…… 125
重庆明珠保洁有限公司…… 126
重庆浩邦科贸有限公司…… 128
新华人寿保险股份有限公司重庆分公司…… 129
瀚华担保股份有限公司…… 130
中国平安人寿保险股份有限公司重庆分公司…… 132
中信银行重庆分行…… 133
西南证券股份有限公司…… 134
中国农业银行重庆市分行…… 135
华夏银行重庆分行…… 136
重庆融天税务师事务所…… 137
重庆超奇农产品有限公司…… 138
重庆锦程实业有限公司…… 139
重庆德庄实业（集团）有限公司…… 140
重庆南方君临酒店有限公司…… 141

内插彩页

全面建设“小康社会” 努力构筑和谐重庆

重庆市九龙坡区走马镇人民政府…… 144
重庆市北碚区蔡家岗镇人民政府…… 145
重庆市渝北区龙兴镇人民政府…… 146
重庆市城口县明通镇人民政府…… 147
重庆市南岸区广阳镇人民政府…… 148
重庆市沙坪坝区覃家岗街道办事处…… 149
重庆康明斯发动机有限公司…… 150
中电投先融期货有限公司…… 152
湛江市商业银行股份有限公司重庆分行…… 153
武隆县民政局…… 153
重庆市金盾护运中心…… 154
重庆市红十字会…… 155
重庆市企业家协会…… 156
大足县国土资源和房屋管理局…… 157
重庆德威房地产置换有限责任公司…… 158
重庆典雅房地产开发集团有限公司 …… 159
重庆峻峰置业有限公司…… 160
重庆春风地产有限公司…… 160

和谐重庆
建设成就图片

集锦

重庆两山丽景置业有限公司…… 161
重庆民福建设工程有限公司…… 162
丰都县中医院…… 163
西南大学食品科学学院…… 163
重庆交通大学信息科学与工程学院…… 164
重庆市云阳县凤鸣中学…… 165
重庆渝州老窖酒业有限公司…… 166
重庆健露宏酒业有限公司…… 167
重庆建桥工业园区…… 168
重庆彭水县工业园区…… 169
重庆市南川工业园区…… 170
重庆恩菲斯软件有限公司…… 170
重庆渝惠食品集团有限公司…… 171
重庆建设摩托车股份有限公司…… 172
重庆石柱江龙能源建材有限公司…… 173
重庆国际复合材料有限公司…… 174
重庆宏声印务有限责任公司…… 175
中冶集团华冶资源开发有限责任公司重庆分公司…… 176
重庆建设工业（集团）有限责任公司…… 177
重庆潍柴发动机厂…… 178
重庆钢铁（集团）有限责任公司…… 179
重庆市金鹿电动车有限公司…… 180
百脑汇威客网…… 181
重庆刘一手餐饮管理有限公司…… 182
重庆市自来水有限公司…… 183
《重庆经济年鉴》外联部…… 183

后环衬

重庆市开县临江镇人民政府…… 184

第一编
重要经济文献

重庆市人民政府工作报告

——2010 年 1 月 20 日在重庆市第三届人民代表大会第三次会议上

重庆市市长　黄奇帆

各位代表：

现在，我代表重庆市人民政府，向大会作政府工作报告，请予审议，并请政协委员提出意见。

一、2009 年工作回顾

2009 年，是重庆在逆境中化危为机、挑战中克难奋进的一年。面对国际金融危机冲击，全市各族人民在党中央、国务院和中共重庆市委的坚强领导下，深入贯彻科学发展观，坚决执行中央扩内需、促增长的一系列政策措施，全面落实"314"总体部署和国发 3 号文件，同心协力，奋起应对，较快扭转了经济增速下滑态势。主要经济指标好于预期、高于全国平均水平，各项事业全面进步，社会保持和谐稳定。

———经济加快回升、持续向好。初步统计，全市生产总值比上年增长 14.9%，达到 6527 亿元。全社会固定资产投资、社会消费品零售总额分别增长 31.5%和 18.6%。年末金融机构本外币存款余额突破 1 万亿元，贷款余额达到 8857 亿元，商业银行不良贷款率下降到 1.2%。在大幅减税让利情况下，地方财政一般预算收入仍增长 18.1%。

———重点领域改革取得新进展。统筹城乡综合配套改革总体方案全面启动。新增部市合作协议 16 个，累计达到 54 个。新一轮土地利用总体规划获国家批准。集体林权制度主体改革任务基本完成。重庆联合产权交易所服务范围不断拓展，农村土地交易所运行良好，股份转让中心和农畜产品交易所挂牌营运。净增市场主体 10 万户，非公有制经济占比提高到 60%。

———内陆开放全方位推进。实际利用外资 40.4 亿美元、内资 1468 亿元，分别增长 47.7%和 74.2%。加工贸易取得重大突破，服务贸易异军突起，境外投资迈出较大步伐。

———三峡移民搬迁安置任务全面完成。累计完成移民投资 541.8 亿元，搬迁安置移民 113.8 万人，复建各类房屋 3725 万平方米，关闭搬迁淹没工矿企业 1397 户，"搬得出"目标如期实现。三峡工程后续工作规划有序展开。8 个重点移民区县发展提速，经济增速快于全市 3.1 个百分点。

———生态环境质量持续改善。节能减排完成年度任务。森林覆盖率提高到 35%。长江、嘉陵江、乌江重庆段水质稳定在Ⅲ类以上。地质灾害得到有效防治。主城区空气质量优良天数达到 303 天，比上年增加 6 天。

———人民生活水平进一步提高。全市财政民生支出占一般预算支出的比重达到 51.7%。城镇新增就业 28.1 万人。城镇居民人均可支配收入 15749 元，实际增长 11%。农村居民人均纯收入 4621 元，增长 12%。

各位代表！过去一年，困难和挑战考验着我们，但重庆前进的步伐依然快速矫健。除进出口外，市三届人大二次会议确定的目标任务全部完成。特别要报告的是，全市生产总值、城乡居民收入等 22 项指标，提前实现"十一五"规划目标。按常住人口计算，人均 GDP 达到 3355 美元，标志着重庆在全面建设小康社会征程上又跨过了关键一步！

一年来，我们重点做了七方面工作：

(一)奋力止滑促增

坚持把扩内需作为应对危机的基本着力

点，多措并举拓展需求空间。实施三年1.5万亿元投资计划，落实中央预算内投资123亿元、市级财政资金31亿元，带动全社会固定资产投资达到5318亿元。兑现家电、汽摩下乡补贴4.3亿元，落实降低小排量汽车购置税、减征房屋交易契税等政策，城乡消费持续活跃，汽车、住房、旅游、文化等消费升级升温。新增百亿商圈3个、百亿市场3个，在全国率先实现县县有配送中心、乡乡有连锁超市、村村有商贸综合服务网点。推行增值税转型改革。采取缓征或降低社会保险缴费、取消或停征行政事业性收费等措施，为企业减负让利50.4亿元。各类金融机构积极帮助企业渡难关，支持重大项目建设，新增贷款额成倍增长。新发展小额贷款公司、担保公司和村镇银行91家，担保机构资本金达到120亿元，安排中小企业贷款风险补助金1亿元，缓解了中小企业融资难。针对严峻的外贸形势，推出10条加工贸易先行先试政策和27项便利化措施，为出口企业退税34亿元，基本保证了出口市场份额和企业"越冬"。这些措施，对增加即期需求、促进经济平稳较快发展起到了至关重要的作用。

(二)加快产业结构调整

把保增长与调结构紧密结合起来，实施重点产业调整振兴规划，完成工业投资1793亿元，规模以上工业增加值增长18.5%。主动承接国内外产业转移，引进惠普3600万台笔记本电脑及富士康、广达、英业达等一批对产业结构优化升级有重大意义的项目。长安进入全国汽车行业第一阵营，产销量达到186万辆。重钢200万吨产能宽厚板生产线、庆铃国Ⅲ100P轻型商用车、蓬威石化PTA等项目投产，化医45万吨合成氨和80万吨尿素项目竣工。金融业迅猛发展，增加值增长31.2%，占GDP比重达到6%。银行、证券、保险等金融资源加速集聚，担保、租赁、股权投资基金等快速发展，花旗、恒丰、华侨银行在渝设立分行，惠普亚太结算中心落户重庆。发行企业债券105亿元，企业上市直接融资83亿元。会展业发展加快，直接收入增长36%。首届中国西部旅游产业博览会成功创办，旅游大项目、大营销强力推进，总收入增长25%。启动技术创新工程，实施重大科技专项23个，攻克关键核心技术150余项，专利授权量增长56%。新增高新技术产品500余个，新产品产值率达到32.8%。第十一届中国科协年会和"国际知名研发机构重庆行"成功举办，国家电信研究院西部分院落户重庆，组建产业技术创新战略联盟10个，创新集成能力得到提升。人才队伍建设成效明显，引进优秀紧缺人才1220名。

(三)扎实推进统筹城乡改革发展

突出土地、林权制度改革，进一步搞活农村经济。基本建立起区县、乡镇和行政村土地流转三级服务体系，土地流转率居全国第四位。农村土地交易所通过地票交易，开辟了城市反哺农村的新途径。集体林权确权面积和颁证户数均超过90%，累计流转林地735万亩。农民参加专业合作组织的比例超过30%。乡镇金融服务网络实现全覆盖。加大城乡就业统筹力度，提质发展劳务经济，培训农村劳动力44.4万人，新转移36.7万人。把加快"两翼"发展摆在更加突出的战略位置，市级以上财政转移支付"两翼"的资金增长21%，市属国有企业筹资50亿元帮助"两翼"16个区县建设工业园区，"一圈"向"两翼"援助资金和实物达到2.6亿元，"两翼"经济增速连续三年超过全市平均水平。大力推进农业基础建设，大幅增加"三农"投入，发放直补资金32.8亿元，惠及1952万农民。生产粮食1137万吨、蔬菜1177万吨，出栏生猪2002万头。建成开县鲤鱼塘水库，竣工大中型水利工程8座，整治销号病险水库405座，又有220万城乡居民喝上安全水。新建改建农村公路1万公里，开通农村客运线路2000余条。建成农村沼气池19万口。农村国电网改造率提高到93%。所有自然村实现通电话。建设巴渝新居3.7万户，改造农村危旧房4.1万户。建成村级公共服务中心2500个。农村贫困人口减少15万。选派5460名大学毕业生、9549名专业技术人才、9153名驻村干部下乡助农。农业农村的好形势，为稳定经济社会发展大局提供了有力保障。

(四)着力打造内陆开放高地

两江新区、西永综合保税区上报国家审批，两路寸滩保税港区一期即将封关运行，北部新区、永川等5个服务外包示范区加快建设。直达国际专用高速通信通道开通。区域通关合作扩大到沿海各口岸，新开成渝、渝穗、渝沪“五定”班列(轮)和4条国际航线。重庆关区进出口货运量突破600万吨，区域通关货运量占比达到65%。实施十大经贸活动，工业、金融、房地产等领域招商引资成效显著，新增世界500强12家。整合外经贸资源，组建了资本金30亿元的市对外经贸集团。推动企业“走出去”，重钢、机电、粮食、博赛等集团投资境外，在引进技术、收购矿山、建立基地等方面取得实质性进展。川渝陕、渝沪、渝粤等合作进一步加强。完成援建四川崇州实物量8.7亿元。与港澳台的经贸合作关系进一步密切。对外交流日益扩大。开放的重庆，正以更大气魄和力度广聚国内外资源。

(五)全面推进“五个重庆”建设

把“五个重庆”作为贯彻科学发展观的实践平台，塑造内惠民生、外树形象的城市品牌。投入2050亿元，超额完成各项年度任务。拆迁改造主城区危旧房447万平方米、工矿棚户区70万平方米，建成廉租房88万平方米、经济适用房69万平方米，直接惠及10万个家庭。综合整治主城居住小区1287万平方米，拆迁改造城中村269万平方米。绕城、沪渝高速公路全线贯通，渝湘高速武隆至黔江段等建成，新增通车里程412公里。改建干线公路3000公里。铁路集装箱中心站竣工投用，襄渝二线全线贯通，渝怀二线开工建设。朝天门大桥等一批城市交通项目建成投用，轨道交通建设进展顺利。石板坡长江大桥复线桥、菜园坝长江大桥、轨道交通二号线一期工程喜获“詹天佑奖”。结合燃油税改革，率先在西部取消政府还贷二级公路收费。成功实现主城内环站口外移目标。城市、农村、长江两岸等六大森林工程同步推进，植树造林578万亩，建成城市绿地5496万平方米，市民造林绿化积极性空前高涨。主城区成功创建国家园林城市。蓝天、碧水、绿地、宁静四大行动深入实施，完成主城区企业环保搬迁25户，淘汰小煤矿300万吨、小水泥145万吨。惠及城乡居民的医药卫生体制改革全面启动，完成734个基层医疗设施项目改扩建，提前两年全面实现农村初级卫生保健规划目标。甲型H1N1流感防控科学有序。大田湾全民健身中心改造投用，新建登山步道58条、中小学塑胶运动场329片，成功举办首届全民健身运动会、“健康校园杯”学生运动会。重庆运动员在十一届全运会和首届智运会上取得较好成绩。安全保障型城市建设扎实推进，安全生产基层基础强化年活动成效明显，重特大事故控制到2起。社会公共安全、食品药品安全和公共卫生安全防控体系更加健全，突发事件应急管理能力不断增强，社会和谐稳定局面进一步巩固。

(六)推动文化发展提速提质

围绕建设城乡统筹发展文化强市和长江上游地区文化中心目标，加快发展文化事业和文化产业，文化投入增长18.7%。“唱读讲传”活动蓬勃开展，广大市民激情参与，极大地增强了先进文化的穿透力和影响力，提振了干部群众干事创业的精气神。城乡公共文化服务体系不断健全，重庆大剧院、科技馆、南山植物园温室馆竣工投用，新建区县文化馆和图书馆10个、乡镇综合文化站235个、标准农家书屋1350个，广播电视村村通、文化信息资源共享、博物馆和纪念馆免费开放、农村电影放映等文化惠民工程有力推进。国庆60周年系列活动精彩纷呈，第十一届中国老年合唱节、第七届中国音乐金钟奖合唱赛、第二届重庆文化艺术节成功举办。川剧《金子》、话剧《三峡人家》、电视剧《周恩来在重庆》、图书《熊猫史诗》获国家大奖。文化体制改革深入推进，国家数字出版基地落户重庆，广播影视、出版发行、动漫、演艺产业快速发展。净化社会文化环境专项整治行动成效明显。

(七)着力保障和改善民生

全市财政民生支出682亿元，创历史之最。

为稳定和扩大就业，落实就业困难人员社会保险、职业培训等补贴6.7亿元，新增发放小额担保贷款14亿元。高校和中职毕业生就业率分别达到90%、97%，受金融危机影响回流的367万农民工基本实现再转移就业。城乡社会保障制度框架初步建立，原征地农转非和城镇用人单位超龄未参保人员养老保险全部解决，企业退休人员人均基本养老金超过全国平均水平。15个区县开展城乡居民社会养老保险试点，城乡居民合作医疗保险实现区县全覆盖。扩大农村低保覆盖面，提高医疗救助、五保供养、优待抚恤水平，保障了210万城乡困难群众基本生活。在西部率先建立城乡一体义务教育经费保障机制，生均公用经费达到国家标准。全面实现城乡免费义务教育，惠及学生360万人。城乡低保家庭普通高中学生学费全部免除。31.7万义务教育阶段教师绩效工资足额兑现。初中毕业生升入高中阶段学校的比例达到88%。职业教育优势更加凸显。高等教育毛入学率达到27%。高校教学科研取得重大突破，获国家级成果奖53项。强化涉农、教育、医疗等关系民生的价格管理，物价总体保持稳定。

过去一年，我们着力维护人民群众合法权益，积极化解社会矛盾。扎实开展大走访攻坚行动，组织20万名干部深入基层排查化解信访积案，走访群众89万人次，投入资金48.8亿元，解决各类问题8.5万件，进一步密切了党群干群关系。按照中央部署，依法开展“打黑除恶”专项斗争，得到人民群众大力支持和真心拥护。累计抓获涉黑涉恶人员3339人，一批黑恶团伙已受到法律惩处，一批黑恶势力“保护伞”被铲除。城乡社会治安持续好转，八类暴力刑事案件占比下降，人民群众安全感明显增强。

过去一年，我们以开展深入学习实践科学发展观活动为契机，着力加强政府自身建设。转变发展观念、创新发展模式、破解发展难题，开展重大课题调研，制定实施推动转型发展相关制度，建立科学发展考评机制，初步形成有利于科学发展的政策导向和利益导向。坚持依法行政，自觉接受人大、政协监督，认真办理落实人大代表建议和政协提案。提请市人大常委会审议地方性法规10件，制定、修改和废止了一批行政规章。市和区县政府机构改革基本完成，事业单位分类改革试点稳妥推进。取消和变更行政审批项目21项、行政事业性收费64项，行政审批电子监察系统开通运行。加大扩内需项目的督查和专项审计力度，及时发现并纠正了存在的问题。领导干部经济责任审计和专项审计进一步强化。坚持不懈地开展反腐败斗争和政风行风建设，严肃查处违纪违法案件和失职渎职行为，惩处了腐败分子。国防动员和后备力量建设得到加强，双拥共建活动深入开展，军政军民更加团结。人口与计划生育、妇女儿童、老龄、残疾人、民族、宗教、对台、侨务、外事、统计、民防、消防、档案、修志、文史、参事、保密、气象、地勘、地震等工作取得新成绩。

各位代表！2009年极不平凡，在十分困难情况下，我们以经济社会发展的喜人成就，向新中国成立60周年献上了一份厚礼。成绩来之不易，饱含着党中央、国务院的深切关怀，展现了全市人民逆势而进、斩关夺隘的豪迈气概，从容应对、化危为机的聪明才智，同心同德、共克时艰的强大合力！实践证明，只要我们坚决贯彻中央决策部署，紧紧依靠全市人民，就一定能够战胜各种艰难险阻，实现重庆大发展、大跨越！在此，我代表市人民政府，向全市各族人民，向人大代表、政协委员，各民主党派、人民团体和各界人士，向驻渝部队、武警官兵，中央各部委、兄弟省区市，向所有支持重庆改革发展的海内外朋友，表示崇高的敬意和衷心的感谢！

我们也清醒看到，重庆经济回升的内在动力仍然不足，社会投资尚未有效激活，居民消费潜力有待进一步发掘，外需动力亟待增强。国际金融危机使一些长期积累的结构性、体制性矛盾更加凸显，先进制造业和现代服务业比重偏低，自主创新能力不强；资源、能源、环境约束加剧，完成节能减排目标还需付出很大努力；统筹城乡改革发展亟待突破，农民持续增收困难较多，库区移民安稳致富任务艰巨；财政收支平衡压力加大，部分区县政府性债务过重；劳动就业、社会保障、收入分配、住房、教育、医疗等方面还存在不少亟待解决的问题；安全生产隐患仍然较多，地质灾害防治任务依然繁重。政府自身建设和管理创新还需加大力度，部分政府工作人员创新能力不足、公仆意识不强，一些重点工作推进不够理想，个别领域腐败现象仍然存在。我们要以对人民高度负责的使命感和责任感，不断解决存在的突出矛盾和问题，扎实做好政府各项工作，决不辜负全市人民的重托和期望。

二、2010年工作目标和主要任务

今年是提速落实"314"总体部署和国发3号文件，完成"十一五"规划、谋划"十二五"发展的关键之年。综观国内外形势，世界经济有望恢复性增长，我国经济回升向好的基础逐步巩固，国家宏观经济政策保持连续性和稳定性、提高针对性和灵活性，发展环境将好于去年。当前的重庆，直辖以来积蓄的发展势能正在不断释放，"314"总体部署和国发3号文件政策效应进一步显现，新一轮西部大开发和三峡工程后续工作启动又将增添新的动力，我们有条件、有底气发展得更好更快。同时要看到，世界经济复苏将是一个曲折缓慢的过程，国际市场需求仍然疲弱，贸易保护主义重新抬头，大宗商品价格可能震荡走高。国内部分行业产能过剩问题在外需萎缩情况下更加凸显，伴随沿海地区加快转型，国内市场竞争更趋激烈。我们必须深刻认识国内外形势的复杂性，增强忧患意识和风险意识，善于审时度势，敢于克难攻坚，更加积极地抢抓机遇，更加科学地谋划发展，更加有效地破解难题，推动重庆发展上水平、增后劲、可持续。

今年政府工作的指导思想是：高举中国特色社会主义伟大旗帜，坚持以邓小平理论和"三个代表"重要思想为指导，深入贯彻科学发展观，认真落实党的十七大和十七届三中、四中全会精神，按照"314"总体部署和国发3号文件要求，提速推进、攻坚突破、全面发力，突出抓好"五个重庆"、统筹城乡、内陆开放、深化改革、振兴区县、改善民生等重点工作，坚定不移调结构，脚踏实地促转变，全面完成"十一五"规划，在建设西部地区重要增长极、长江上游地区经济中心和城乡统筹发展直辖市的征程中迈出更大步伐。

综合考虑各方面因素，今年经济社会发展主要预期目标是：全市生产总值增长13%。地方财政一般预算收入增长13%。全社会固定资产投资和社会消费品零售总额均增长18%。进出口总额达到120亿美元，实际利用外商直接投资增长25%，利用内资增长25%。单位生产总值能耗下降4.6%，全社会化学需氧量、二氧化硫排放量分别削减0.5%和1.5%，森林覆盖率提高到36%，主城区空气质量优良天数达到300天以上。人口自然增长率不超过4‰。城镇居民人均可支配收入、农村居民人均纯收入分别增长11%和12%，城镇登记失业率控制在4.5%以内，居民消费价格涨幅控制在3%左右。

实现上述目标，必须把加快转变发展方式作为贯彻科学发展观的重大举措，坚持在发展中促转变，在扩大开放中促转变，在改革创新中促转变，在改善民生中促转变，推动经济社会又好又快发展。今年，要认真做好八个方面的工作：

（一）巩固和发展经济回升向好势头

坚持扩大内需特别是消费需求的方针，改善投资和消费比例关系，逐步形成消费与投资协调拉动经济增长的新格局。

坚决贯彻中央宏观调控政策措施，主动对接国发3号文件和部市合作协议，对接国家投资和信贷计划，争取更大支持。继续执行我市应对金融危机的一系列提振措施，再推出支持区县城市建设、降低企业社保费率、增加城乡居民社保补助等新举措，促进经济平稳较快发展。

努力扩大消费需求。调整国民收入分配结构，加大政府改善民生、扩大消费的财政支出，逐步消除制约居民消费的制度性障碍，提高居民消费能力。依托中心城市优势打造西部消费之都，加快建设会展、购物和美食之都，培育和建成一批百亿商圈、百亿市场、百亿商贸企业，启动建设西部国际会展中心，规划建设重庆国际美食乐园，增强重庆对周边地区的影响力和辐射力。合理布局并积极推进城乡商业网点建设，新增商业设施100万平方米。加快完善"万村千乡市场工程"，推进乡镇农贸市场改扩建，活跃城乡市场。加大家电、汽摩下乡等政策落实力度，鼓励发展消费信贷，争取设立消费金融公司。稳定扩大汽车、住房等大宗消费，发展物业、家政、养老等服务消费，开发文化娱乐、休闲旅游、体育健身等新型消费，推动消费结构升级。整顿和规范市场秩序，深入开展产品质量和食品药品安全专项整治，严格实行产品质量追溯和召回制度，营造安全放心的消费环境。

坚持扩大投资需求与优化投资结构并重，巩固工业、基础设施、房地产及其他第三产业齐头并进的投资格局。研究制定民间资本项目核准、融资服务、财税扶持等具体办法，拓宽民间投资渠道。政府性投资主要用于"五个重庆"建设等民生工程和"三农"、自主创新、节能环保等重点领域。加强政府投资项目全程监管，坚决杜绝"半拉子"工程。严把新上项目审核关，防止低水平重复建设。

提高资源要素保障能力。加强煤电油气运调度，缓解电力、天然气供需矛盾，努力保障经济运行和人民群众生产生活需要。加大对重点领域和薄弱环节的信贷支持，开展银企对接，促进贷款稳定增长。坚持有保有压，优先保障"五个重庆"建设和重点项目用地需求，严禁违法占地、粗放用地。加强价格监测预警，择机推进资源性产品价格和环保收费改革。

(二)推进产业结构优化升级

落实产业调整振兴规划，抓好大项目、大产业、大基地建设，推动工业高端化、高质化、高新化。重点发展电子信息、机械装备制造、重化工三大板块，打造亚洲最大的笔记本电脑基地、国家重要的现代制造业基地和中西部重要的重化工基地。全力推进惠普及富士康、广达、英业达等笔记本电脑项目，加快长安鱼嘴基地、汽车综合试验场、长征重工铁路机车等项目建设，培育风电、特高压输变电、轨道交通等装备制造产业链，建成重钢600万吨精品钢材基地和西南铝大飞机配套材料基地，开工MDI一体化等项目，完成工业投资2000亿元，实现工业总产值1万亿元。推动产业集聚，培育一批千亿级、百亿级园区，规划启动江南工业走廊。加快信息化建设，推进电信网、广播电视网和互联网融合发展。主动迎战新科技新产业革命，着力培育新能源汽车、物联网、风电光伏、新材料等战略性新兴产业，抢占产业发展制高点。

加快发展服务经济，促进先进制造业和现代服务业深度融合。做大做强金融保险业，打造解放碑、江北嘴金融核心区。建设主城区"三基地四港区"和万州、涪陵等物流枢纽，引进和培育一批有竞争力的物流企业，发展多式联运和电子商务。组建会展企业联盟，整合培育知名展会品牌，促进会展业快速发展。培育重庆工业服务港和五里店工业设计科技园。建设国家数字出版、动漫产业、大足影视剧制作等基地，搬迁做大书刊交易市场。大力发展会计、法律、评估、设计等中介服务业。加快把旅游业培育成为战略性支柱产业，强力实施旅游大项目、大投入、大营销。规划建设好长江三峡国际黄金旅游带，着力打造白帝城、小三峡、天坑地缝、钓鱼城等景区，推出一批精品旅游线路和旅游商品。完善以交通、酒店为重点的旅游基础设施，培育游艇经济、生态健身、森林旅游等新兴旅游热点，丰富温泉旅游主题年活动，办好中国国内旅游交易会。旅游接待人次和总收入均增长30%以上。

大力推进科技创新。突出企业主体地位，推动产学研融合，促进科技、标准、品牌与产业同步发展，全社会研发经费支出占GDP比重提高到1.7%。支持科研院所和重点实验室、工程技术研究中心、企业技术中心、质检中心建设。继续实施重大科技专项，加快组建产业技术创新战略联盟，提高重大科技成果转化率。推动新能源汽车、LED灯具等新产品应用示范。加快知识产权保护模范城市建设，专利授权量增长25%以上，商标拥有量增长15%以上。全面加强质量管理，鼓励企业参与制定国家标准、行业标准，创建联盟标准，采用国际标准和国外先进标准。落实财政投入、科技创业投资和担保政策，科技风险投资规模达到60亿元。办好高交会暨军民两用技术博览会。坚持人才强市战略，落实中长期人才发展规划纲要。统筹各类人才队伍建设和城乡人力资源开发，加强人才交流合作，营造人才辈出、人尽其才的制度环境，让重庆成为创新创业人才大展身手的乐土。

强化节能减排，抑制过剩产能，推动经济加快转入绿色发展轨道。大力发展清洁能源，改善用能结构。实施100项重点节能项目，全面开展企业能耗审计。推广节能共性技术，严格执行节能强制标准。大力推动公共机构节能。加强资源综合利用，提高工业固体废弃物和生活垃圾资源化利用水平。实施主城区第五批企业环保搬迁，完成主城区燃煤设施清洁能源改造。严格控制高能耗、高污染、低产出项目，淘汰一批小水泥、小煤矿、小火电、小钢厂。抓好长寿化工园、白涛工业园、重钢集团等循环经济试点。完善排污权交易和绿色信贷办法，推进环境污染责任保险。建立碳排放统计评估体系，开展低碳经济试点。

(三)提速建设“五个重庆”

坚持以人为本、民生优先，尊重自然、遵循规律，着力突破城市转型发展中的瓶颈，全方位提升城市发展品质和综合竞争力。

着力提升人居环境质量。把推进旧城改造与提升城市功能、维护自然人文景观与延续历史文脉有机统一起来，规划建设一批传世建筑精品，高品位打造主城“两江四岸”滨江地带，彰显重庆山水城市、历史文化名城的独特风格和魅力。按照“减量、增绿、留白、整容”原则，全面完成主城区危旧房三年拆迁改造任务，全面启动城中村片区改造，加快居住小区和城市环境综合整治。合理控制城市建筑高度和密度，有效增加开敞空间，新建一批广场、城市公园和社区公园。开发利用城市地下空间。扩大数字化城市覆盖面，促进城市管理现代化。

着力提升畅通水平。建成“二环八射”国家高速公路网，推进“一环两射一联”地方高速公路项目，开工渝黔铁路新线、渝万城际铁路、成渝城际铁路等项目，完成江北国际机场三期扩建和黔江机场建设。推进寸滩三期、涪陵龙头山等港口建设，实施嘉陵江、乌江等重要航道治理和船舶标准化改造。提速建设轨道交通一、三、六号线及二、三、六号线延伸段。加快建设双碑等五座大桥、慈母山等两座隧道、两路等五座换乘枢纽和一批公共停车场，开工解放碑地下环道，渠化道路交叉口，消除一批堵点。坚持建管并重，优先发展公共交通，着力优化公交线网、运力结构和信息化管理系统，规范营运秩序，提高公共交通服务能力。强化道路交通管理，从严控制占道施工和占道停车，缓解城市交通拥堵压力。

着力提升生态绿化水平。坚持生态与产业兼顾、建设与管护同步，全面展开国家森林城市创建工作。植树造林500万亩，集中打造百个万亩示范片。提升高速公路绿化层次，切实抓好长江两岸森林工程示范段绿化，加快建设区县城周森林屏障和森林公园。加强湿地保护。启动创建国家生态园林城市，加快主城“四山”生态恢复和城市主次干道绿化带建设，建成城市生态林100万平方米、城市绿地400万平方米。

着力提升城乡安全保障能力。认真落实信访条例，全面推行“三项制度”，深化干部大走访活动，实行重大事项信访稳定风险评估，努力化解疑难信访积案，构建社会矛盾大排查、大调解工作体系。加强法制宣传教育，引导群众依法表达利益诉求。深入开展“打黑除恶”专项斗争，依法打击各类犯罪，切实做好违法人员教育改造和帮教安置工作。整治公共复杂场所、城乡结合部等治安乱点，加快建设公共安全视频信息系统。推进社会治安综合治理基层基础建设，发展壮大群防群治力量。加大预防青少年犯罪和未成年人保护工作力度。做好国家安全工作,严防敌对势力渗透和破坏。开展安全生产基层基础突破年活动,做到交通、煤矿、建筑、水利、危化、特种设备等重点领域隐患即排即治。加强城乡消防基础建设,进一步整治高层建筑消防隐患。安装公路防护栏1000公里。全年安全事故死亡人数下降2.5%。加强地质灾害监测预警,实行工程治理与搬迁避让相结合,严防人员伤亡。做好气象灾害预防和公共气象服务。加快政府应急平台、搜救基地、物资储备库和应急队伍建设,增强预防控制和应急处置能力。

着力提升市民健康素质。加快医药卫生体制改革,构建城乡统筹的基本医疗卫生服务体系。编制实施三甲医院发展规划,改扩建一批区县医院,推进乡镇卫生院、社区卫生服务中心标准化。加大基本公共卫生服务投入,完善医疗卫生机构补偿机制,推进国家基本药物零差价销售试点。启动公立医院改革试点,规范发展民营医疗机构。开展爱国卫生运动。发展心理咨询业,促进市民心理健康。坚持计划生育基本国策不动摇,促进优生优育。支持青少年事业发展,完成妇女儿童发展规划纲要任务。认真贯彻全民健身条例,增强全民体质。建成一批社区体育设施、学校塑胶运动场和城镇登山步道,为1100个行政村修建篮球场、配置乒乓台。发展竞技体育,做强重点项目,办好业余体校,培育后备人才。办好市第三届运动会和各类特色赛事。

(四)推动城镇化健康发展

科学实施城乡总体规划,提高城镇综合承载能力,增强县域经济实力,促进主城、区县城和小城镇协调互动发展。全市城镇化率提高到53%。

今年,主城拓展全面进入外环时代。按照建设1000平方公里、1000万人口的国家中心城市目标,加快建设北部新区,提速开发西部新城、东部片区和南部片区,推动人口和产业向外环有序扩展,尽快形成一批新的功能组团。调整优化内环功能布局,完善中央商务区功能,发展总部经济、服务外包和现代服务业,促进产业高端化。内环与外环之间重点布局先进制造业和大型物流基地,促进产业向辐射型、带动型转变。加快重大公共服务设施和市政基础设施规划建设,提升主城综合服务功能。超前规划建设一批连接各组团和卫星城的轨道交通、快速通道、绿色廊道,增强主城对外辐射带动力。主城各区要严格遵循组团功能定位,错位发展、特色发展、聚合发展,避免同质化。

支持万州加快建成重庆第二大城市,提速发展六个区域性中心城市,大力发展其他区县城。加大对远郊区县的财政转移支付力度,支持完善城市基础设施,提高教育、医疗、文化、体育等基本公共服务能力。对远郊区县特色工业园区继续全额返还税收增量市级留成部分,支持新上一批促进结构优化、带动本地就业、符合生态环保要求的大项目、好项目。促进资源型城市可持续发展。

加快发展小城镇。整合小城镇建设专项资金,把国家重点镇和市级中心镇培育成为人口集聚、产业集聚和商品集散的县域次中心。推进乡村规划,改造自然村落,实施巴渝新居工程和农村危旧房改造,引导农村居民就近有序转移和集中居住。

把合理的资源环境容量作为城乡规划建设的前提,促进城乡生态文明。以城中村改造和提高园区投资强度为重点,提高土地节约集约利用水平。发展低碳建筑,建设全国可再生能源建筑应用示范城市和大型公共建筑节能监管体系示范城市。启动创建国家环境保护模范城市。深入开展梁滩河等次级河流综合整治和农村面源污染治理,城镇集中式饮用水源地水质100%达标。县城以上污水处理厂和垃圾处理场全部建成投用,提高污水集中处理率和垃圾无害化处理率。开展重金属污染治理和交通噪声污染整治。

(五)全面加强"三农"和库区工作

始终把解决好"三农"问题作为重中之重,完善强农惠农政策,夯实农业农村持续稳定发展基础。继续抓好粮食生产,建设10个粮食产能县，粮食产量稳定在1100万吨以上。打造国家现代畜牧业示范区，建设20个生猪重点基地县，提高规模化养殖水平。扩大蔬菜基地和标准化果园规模，扶持发展生态渔业、草食牲畜，加快推进现代烟草农业建设。办好第二届中国柑橘文化节。放活林权经营，大力发展山地绿色食品、林下经济、木竹加工、苗木花卉、中药材、森林旅游，促进兴林致富。实施地理标志产品保护，打造农产品特色品牌。加快建设现代农业园区和农业科技贸易城，启动建设江津双福农产品批发交易市场。发展农民专业合作组织，壮大龙头企业，提高农业组织化程度。完善农村现代服务体系，开拓农产品市场，推广农业新技术新成果，耕种收综合机械化水平提高3个百分点。坚持劳务输出和返乡创业两手抓，新转移农村富余劳动力30万人，新建一批返乡农民工创业园区，引导和支持返乡农民工就地创业。开工金佛山大型水库，建成一批水利工程，加强渠系整治，新增旱涝保收、节水灌溉面积各20万亩。百强镇防洪基本达标。扎实推进农村电网改造和行政村通宽带工程。新建改建农村公路8000公里，实现乡乡通水泥路、村村通公路。

同心同德建设和谐稳定繁荣新库区。认真编制三峡工程后续工作实施规划，努力争取特惠政策，为库区长远发展奠定坚实基础。突出移民安稳致富、生态建设和环境保护、地质灾害防治三大重点任务，争取国家预安排资金，启动一批条件成熟的后续建设项目，实现移民迁建与后续工作的有效对接。加快移民生态工业园建设，因地制宜发展清洁能源、石油天然气化工、机械制造、纺织服装、绿色食品等特色产业。深化对口支援工作，争取中央企业结对帮扶库区区县。开展移民职业教育和技能培训主题年活动，新增城乡移民就业4万人。做好淹没农转非移民养老保险工作，提高三峡库区社会保障水平。强化三峡水库综合管理，开展消落区综合整治，加快实施库区及其支流水污染防治项目。搞好避让搬迁和城集镇安全防护，启动实施地质灾害防治“金汤工程”。认真解决移民困难群众生产生活问题，完善库区维稳机制，保持库区社会稳定。

加快“两翼”发展。加大市属国有企业支持“两翼”特色工业园区力度，启动第二轮50亿元担保融通计划。完善“圈翼”互动机制，增强“圈翼”对口帮扶实效。对渝东南民族地区和巫溪、城口等困难区县实行特殊扶持政策，尽快打通对外联系通道，支持发展有资源优势的特色产业。通过林权改革和山林经营，实施“两翼”农户万元增收工程，让渝东南、渝东北地区林农广泛受益。实行相对扶贫标准，将低于农村居民人均纯收入30%的人口纳入扶贫开发范围。开展整村脱贫推进年活动，启动250个村整村脱贫，完成扶贫移民3万人。进一步组织社会力量参与扶贫。

（六）拓展内陆开放广度和深度

着力打造西部一流的开放环境，加快建设国际贸易大通道，深化区域通关改革，搭建对外开放服务平台，优化政务环境、法制环境和人文环境，走出一条内陆开放的新路子。

提高招商引资水平和质量。推动引资来源从以港资为主转向港澳台、欧美日韩等全面招商，引资领域从以工业为主转向工业、房地产、金融等领域齐头并进，引资方式从以引进增量为主转向引进增量和盘活存量并举，全方位、宽领域、多渠道招商引资。围绕优势产业和战略性新兴产业，采取产业链招商、点对点招商等方式，引进一批带动力强的重大项目。实施东西联动，争取设立承接东部产业转移示范区，成批引进内需型加工制造企业。健全招商引资后续工作机制，确保签约项目顺利实施。加强对区县招商引资的统筹协调和指导，避免恶性竞争。

多管齐下抓好加工贸易、服务贸易和一般贸易。加强口岸建设，降低物流成本，完善金融服务，强化人才支撑，增强对大项目、大企业的吸引力，促进加工贸易快速发展。坚持离岸与在岸并重，引进国际知名服务外包企业，发展软件开发等服务外包，巩固和提升国家服务外包基地的地位，带动服务贸易全面发展。完善外贸扶持政策，培育十大出口基地，稳定优势产品出口，扩大海外市场份额。鼓励进口先进技术、设备和短缺资源。

两江新区要争取国家尽快批准，完善规划方案和功能布局，努力打造功能完备、产业高端、总部集聚、生态宜居、具有国际影响力的现代化新区。西永微电园笔记本电脑基地要加快启动征地动迁、"七通一平"和标准厂房建设，开辟至江北国际机场的海关监管专用通道，配套完善市政和商业文化设施，抓好专业人才技能培训，促进惠普及其关联项目尽快见效。两路寸滩保税港区要启动二期工程，争取设立整车进口口岸，入驻企业和项目达到100个。依托保税港区构建面向西部、江海联运的物流网络，尽快发挥保税物流功能。争取万州、长寿工业园区升格为国家级园区。完善北部新区、经开区、高新区和特色工业园区产业配套功能，实现快速发展。

大力实施"走出去"战略，增强配置全球资源的能力。加强统筹规划，完善政策支撑体系，支持优势企业参与境外资源开发，收购境外优质资产、研发机构、营销网络和知名品牌。依托市对外经贸集团，提高对外工程承包、劳务输出规模和水平。

全方位开展交流合作。加强同周边省区、长江经济带、沿海地区的联系，促进基础设施互动、资源共同开发、产业协作联合。推进"西三角"战略协作，落实成渝经济区规划，配合编制实施武陵山经济协作区规划，共同争取国家布局一批基础设施和重大产业关联项目。办好第七次中欧圆桌会。组团参加上海世博会、悉尼春节庆典等活动，展示重庆新形象。扩大海外交流平台，加强与港澳台地区、国际友好城市以及华侨华人的经济文化互动。深化渝台综合性经济合作试点，把重庆建设成为台商在大陆投资的第三大重点区域和最大的台资信息产业集聚区。

(七)强力推进重点领域和关键环节改革

用好用活国家级改革试验区先行先试政策，深化统筹城乡综合配套改革，努力破除制约科学发展的体制机制障碍，通过改革增活力、聚财富。

深化金融体制改革，提速打造长江上游地区金融中心。以金融服务综合化、融资形式多元化、管理手段现代化为重点，加大金融企业改革力度，推动地方金融机构增资扩股和向外拓展，探索建立综合经营的金融控股集团。加快建设保险业创新发展试验区，引导保险资金参与重点项目建设。完善联合产权交易所、农村土地交易所、股份转让中心、农畜产品交易所运行机制，提升服务功能，扩大经营范围，增强要素集聚辐射能力。筹建电子票据交易中心、药品交易所，设立钢材期货交割仓库。加强金融监管，防范金融风险，推进社会信用体系建设，营造良好金融生态。

深化农村土地、林权等制度改革，促进城乡要素双向流动。扩大地票交易量，建立以土地交易所为依托的农村产权信息共享平台。启动市域基础测绘，推进宅基地确权，探索农民自愿有偿退出农村承包地和宅基地办法，盘活国有林业资源，稳妥推进农户集中居住区建设用地、农村承包地和林地资产化。加快水利工程产权制度改革。培育发展村镇银行、贷款公司、农村资金互助社等新型农村金融机构，开展农村土地、林权等生产要素抵押、质押和涉农保险试点。促进城乡基本公共服务均衡化，加大教育、卫生、文化、社会保障等向农村倾斜力度，推动基础设施、服务网点向农村延伸。探索建立有条件的农民工及新生代农民工转为城镇居民的户籍管理制度，完善农民工就业帮扶、社会保障、子女入学、住房租购等政策体系，引导有条件的农村居民整户转为城镇居民。制定财税、投资、土地等扶持政策，鼓励和规范城市资源下乡扶农助农。培育一批统筹城乡改革发展集中示范点，带动改革试验整体突破。

深化国有企业改革，增强国有资本在战略性领域的控制力、带动力和影响力。优化国有企业治理结构、资本结构、产业结构，推进重组整合，缩减管理链条。支持长安、重钢等发展成为千亿级企业。推动水务、商社、能源等集团整体上市。完善国有资本预算管理制度，确保国有资产保值增值。市属国有企业集团要发挥好在经济调节和城乡统筹中的杠杆作用，成为履行社会责任的表率。

进一步促进非公有制经济和中小企业加快发展。放宽市场准入，消除政策歧视，鼓励民间资本进入基础设施、公用事业、金融服务、社会事业等领域，保障民营企业公平参与项目招投标和政府采购。支持优质民营企业上市融资。大力发展股权投资基金、租赁、担保、信托、小额贷款等新型金融机构，继续实施中小企业金融服务计划，力争新增中小企业贷款1000亿元。出台资本金扶持、财税支持和融资担保等政策，建立公共服务平台和创业基地，鼓励全民创业，促进小企业和微型企业蓬勃发展，市场主体突破100万户。

促进房地产市场健康发展。加大保障性住房建设力度，对低保家庭实施廉租房全覆盖。加大城市危旧房、棚户区、城中村改造和农民工公寓建设力度，扩大农村危房改造试点范围。启动实施三年建设2000万平方米公共租赁房计划，以土地划拨方式进行建设，较大规模地增加公共租赁房，以相对优惠的租金，为低收入购房困难群体提供住房保障。支持居民自住和改善型住房消费，增加中低价位、中小套型普通商品住房建设用地供应，规范发展二手房市场，盘活住房租赁市场。实行差异化信贷、税收政策，抑制投机投资性购房，遏制高档住房价格非理性上涨。规范房地产市场秩序，加大对囤地不建、捂盘惜售、哄抬房价等违规行为的查处力度。

深化财税体制改革。围绕主体功能区建设和基本公共服务均衡化，完善市和区县财力与事权相匹配的体制。深化部门预算、国库集中收付、政府采购和收支两条线改革，坚持把市级开支占全市一般预算支出的比例控制在25%以内。依法加强税收征管，加大社会综合治税力度，严格非税收入管理。加强区县政府性债务控制，降低债务风险。逐步提高居民收入在国民收入分配中的比重，规范收入分配秩序。推动企业工资集体协商和工资支付保障制度建设，落实最低工资制度，增加对低收入者的补贴和补助。稳步实施公共卫生与医疗卫生事业单位绩效工资。

(八)切实加强社会民生建设

坚持把增进群众福祉放在政府工作的首位，扩大和改善公共服务，加快发展社会事业，增强经济社会发展的协调性。

把扩大就业作为保障和改善民生的头等大事。实施更加积极的就业政策，城镇新增就业24万人。健全公共投资带动就业增长机制，建设创业培训和孵化基地，完善创业服务体系，支持自主创业和自谋职业。推进高校小额担保贷款试点，鼓励高校毕业生面向基层就业和自主创业，鼓励优秀人才向企业流动，确保应届毕业生就业率不低于85%。开发公益性就业岗位，加强就业援助，动态消除城镇零就业家庭。妥善解决劳动争议，促进劳动关系和谐。

全面提高社会保障水平。完善城乡居民社会养老保险制度，解决国有企业部分“双解”困难人员养老保险问题，推进事业单位养老保险制度改革。继续提高企业退休人员基本养老金标准、城乡居民医疗保险待遇和城乡低保水平。逐步扩大城镇职工基本医疗保险市级统筹范围。加强城镇企业职工基本养老保险关系转移接续工作。规范城乡低保管理，完善城乡医疗救助制度，健全低收入群体临时救助体系。发展慈善事业。采取优惠政策促进老年服务业发展。

坚持教育优先发展。编制实施中长期教育改革和发展规划纲要，提高教育现代化水平。大力改善农村和贫困地区办学条件，中小学校舍标准化率达到60%，促进义务教育均衡发展。初中毕业生升入高中阶段学校的比例超过90%，基本实现普及高中阶段教育。普通高中全面启动新课程实验。启动职业教育第二期基础能力建设，办好一批国家级和市级示范性职业院校，培养与结构调整相适应的产业后备军。推进大学城“五个一体化”建设。支持高校内涵发展，加强重点学科、重点实验室和精品课程建设，高等教育毛入学率达到30%。发展学前教育、特殊教育、老年教育和继续教育，注重家庭教育。加强教师特别是农村教师培训，推动师资合理流动和均衡配置。建设平安、健康、绿色、数字、人文校园，促进教育全面协调可持续发展。

推动文化大发展大繁荣，培育和提升重庆文化软实力。深入开展“唱读讲传”活动。办好首届西部交响乐周、第二届西部动漫艺术节、第四届中国川剧艺术节，积极筹备2011年亚洲艺术节和第六届世界华文传媒论坛。开工国际马戏城、巾帼园、群众艺术馆、档案馆，加快建设国泰艺术中心、重庆自然博物馆、三峡移民纪念馆和“十大书城”，启动重庆三线建设博物馆和工业博物馆建设，完成特园陈列馆扩建工程。加速公共文化服务向农村和基层倾斜，实现乡镇综合文化站、自然村广播电视、文化信息资源共享工程全覆盖，新建标准农家书屋2000个。认真做好送戏送电影送展览下乡，丰富基层群众文化生活。加强文化遗产保护和利用，抢救维护一批革命遗址、抗战遗址。加大力度、加快进度，深化文化体制改革，进一步增强文化实力和文化产业发展活力。重视和支持民营文化企业发展。繁荣哲学社会科学和文学艺术，推出一批精品力作。加强文化市场建设与管理，培育文明健康的网络文化。把社会主义核心价值体系建设融入国民教育和精神文明建设全过程，加强社会公德、职业道德、家庭美德和个人品德建设，让巴渝大地处处洋溢文明新风。

全面加强社会管理。做好第六次全国人口普查工作。强化人口居住地管理。推行和完善以“四议两公开”为主要内容的村(居)民自治机制，扩大基层民主。加强城乡社区建设，建成30个城市街镇社区服务中心和240个社区服务站。规范社会组织发展，推进社会工作者队伍建设。促进民族团结，依法管理宗教事务，做好对台、侨务、外事工作。加强国防动员、教育和后备力量建设，深化双拥共建，融洽军民鱼水情。

各位代表！群众的期盼就是政府努力的方向。在扎实做好以上改善民生重大工作的同时，今年拟新增投入75亿元，突出办好民生十件实事：(1)建成廉租房220万平方米，开工建设公共租赁房500万平方米，新建3万户巴渝新居，改造3万户农村危旧房。(2)将城乡居民合作医疗保险补助标准提高到每人每年120元。国有企业“双解”人员和集体企业退休人员医疗保险补助范围扩大到全市。(3)确保城乡居民养老保险试点区县60周岁以上人员应保尽保，新建改建区县社会福利中心5个、乡镇敬老院94所、城市社区日间照料中心100个，新增城乡养老服务床位1.2万张。(4)实行农村妇女“两癌”免费普查，城乡孕产妇和新生儿保险补助范围实现全覆盖。(5)继续实行儿童免疫免费接种。将城乡孤残儿童救助标准提高到每人每月600元。(6)新建残疾人康复示范社区120个，改造农村贫困残疾人危房3000户，免费为贫困白内障患者实施复明手术6000例。(7)扩大贫困弱势群体法律援助范围，确保应援尽援。(8)中小学校舍安全工程完成60%，新建寄宿制学校400所、中小学塑胶运动场414片。免除家庭经济困难及涉农专业中职学生学费。(9)全面完成村级公共服务中心建设任务。提高社区(村)组织办公经费最低保障标准和村干部误工补助标准。(10)新建改造100个集镇自来水厂。解决200万城乡居民饮水安全问题。修建农村便道1万公里。新建农村沼气池15万口、大中型沼气工程35处。建成农贸市场100个、标准化菜市场50个。

三、努力建设人民满意的政府

贯彻“314”总体部署，推动科学发展，人民寄予厚望，政府责任重大。以转变政府职能为核心，制度建设为根本，作风建设作保证，加快建设法治政府、服务政府、责任政府和廉洁政府。

第一，强化政府服务职能。深化政府机构改革和事业单位分类改革，继续推进政企、政资、政事及政府与市场中介组织分开。转变政府经济管理方式，综合运用经济、法律和行政手段推动结构调整和发展方式转变。深化行政审批制度改革，健全绩效管理体系，推动政务信息资源开发利用和交换共享，提高行政效能，为投资人、创业者当好服务员，为市场主体创造良好的发展环境。改进社会管理方式，更加注重基层组织建设，提高基层为民办事能力。推行阳光政务，扩大政务公开。整合公共资源，保证市级财力支出的一半用于民生，努力为市民提供更多更好的公共服务。

第二，提高依法行政能力和水平。深入贯彻依法行政实施纲要，严格依照法定权限和程序履行职责。做好地方性法规实施配套工作，试行政府规章执行情况后评估。健全科学民主决策机制，重大政策、重大项目和民生事项必须坚持专家论证、社会公示或公开听证制度。健全权责一致的执行机制，严格实行科学发展考评，确保各项工作得到有效落实。规范行政处罚自由裁量权，强化行政复议，推行行政机关法定代表人出庭应诉制度。各级政府及其工作人员都要自觉接受人大及其常委会的法律监督、工作监督和政协的民主监督，认真听取民主党派、工商联、无党派人士和人民团体的意见。主动接受社会公众监督和新闻舆论监督，创造条件让人民更加有效地监督政府。

第三，深入推进政风建设。坚持亲民爱民为民，扎实开展“三进三同”活动，带着深厚感情为群众排忧解难。大兴调查研究之风，尊重群众首创精神，问政于民、问计于民、问需于民。精简会议和文件，改进会风文风，严格控制各种检查评比和达标活动。大力倡导勤俭节约、勤俭建市，实行机关事业单位公用经费零增长。建设节约型机关，严格机关用房、公务用车管理，规范公务接待、差旅费报销。坚决克服形式主义、官僚主义，狠刹享乐主义、铺张浪费之风。

第四，坚决惩治和有效预防腐败。加强反腐倡廉，完善惩治和预防腐败体系，深入开展警示教育和岗位廉政教育，牢记廉洁自律的警戒线、党纪国法的高压线。坚持用制度管权、管事、管人，最大限度地减少制度漏洞。强化廉政风险防范管理，加强对重点领域和关键岗位权力运行的监督，严格执行领导干部问责制、廉政承诺制、行政执法责任制和经济责任审计制。加强对财政资金、重大投资项目的审计和监察。严肃查办滥用职权、贪污贿赂、失职渎职、腐化堕落等案件，对腐败分子决不放过、决不姑息。

建设高素质公务员队伍，是加强政府自身建设的关键。全体政府工作人员要崇尚学习，创新实践，强化战略思维、创新思维、辩证思维，不断提高道德修养和业务工作水平；要解放思想，与时俱进，善于把握机遇、应对挑战、破解难题，不断增强推动科学发展、促进社会和谐的本领；要牢记使命，勤政为民，保持浩然正气、昂扬锐气、蓬勃朝气，不断创造无愧于时代、无愧于人民的新业绩。

“十二五”是落实“314”总体部署、率先建成全面小康社会的关键时期。各级政府要深入调研、集思广益，坚持科学发展、促进社会和谐，转变发展方式、创新发展模式，认真编制“十二五”规划，绘就重庆“加快”“率先”的宏伟蓝图。

各位代表！世上无难事，只要肯登攀。危机面前，我们沉着应对，逆势而进；复苏路上，我们更应跃马扬鞭，奋勇争先。让我们紧密团结在以胡锦涛同志为总书记的党中央周围，高举中国特色社会主义伟大旗帜，在中共重庆市委的坚强领导下，巩固和发展“心齐气顺、风正劲足”的良好局面，全面完成今年和“十一五”规划目标任务，为早日实现“314”总体部署而努力奋斗！

关于重庆市2009年国民经济和社会发展计划执行情况及2010年计划草案的报告

——2010年1月20日在重庆市第三届人民代表大会第三次会议上

重庆市发展和改革委员会　杨庆育

各位代表：

受市人民政府委托，现将2009年国民经济和社会发展计划执行情况及2010年计划草案的报告提请大会审查，并请政协委员提出意见。

一、2009年国民经济和社会发展计划执行情况

过去的一年，面对复杂多变的宏观经济形势，全市以科学发展观为指导，创新创造落实中央扩大内需政策和国发〔2009〕3号文件精神，只争朝夕建设内陆开放高地和“五个重庆”，群策群力推进统筹城乡改革试验，旗帜鲜明“打黑除恶”优化环境、“唱读讲传”振奋精神，发展形势明显好于预期。地区生产总值增长14.9%，较上年提高0.6个百分点，总量突破6500亿元，跃居西部第五。市三届人大二次会议批准的23项主要指标有22项顺利实现，进出口受国际金融危机影响，未能实现年度预期目标(表1，见下页)。

落实国发〔2009〕3号文件成效明显。50项重点任务有10项基本落实，36项取得重大进展。据估算，已落实政策的经济效应约2000亿元。推动部市共建，新签订合作协议16个达到54个，389项具体事项落实270项，占70%，为集聚中央资源促进重庆改革发展搭建了新平台。

投资强劲驱动。着力实施三年“暖冬计划”，在建项目总投资突破2万亿元，增长28.1%，全社会固定资产投资突破5300亿元，增长31.5%，成为迎战金融危机主动力。新增中央投资123亿元，增长1.8倍，占全国的3.2%，对扩大全社会投资发挥了“四两拨千斤”的作用。万盛区被纳入全国第二批资源枯竭城市，将获得中央转移支付2亿元；隆生公司获准借用西班牙政府贷款，是我市民营企业农业产业化借用外国政府贷款的首例项目。地产集团、龙湖等6支企业债券募集资金105亿元。“五个重庆”建设全面启动，完成投资2050亿元，带动重点建设获得新突破，市级重点建设项目完成投资1600亿元，完工50个、开工50个、前期工作突破40个、重大招商项目签约41个。电子信息、汽车、化工等制造业为主的产业投资完成1793亿元，增长30.2%。

经济结构加快升级。产业结构优化，惠普笔记本电脑制造、长安福特三工厂、百亿川维等项目开工，上汽依维柯红岩重型汽车、涪陵90万吨PTA等项目竣工；金融业异军突起，新增贷款2605亿元，不良贷款率降到1.2%，加快建设解放碑金融街，积极推进江北嘴金融商务区，规划建设弹子石商务区，形成“三位一体”中央商务区建设格局；主城区“三基地四港区”物流布局规划获批，举办展会节庆活动200多个，展出面积、会展收入均较快增长。经济动力结构明显改善，社会消费品零售总额增长18.6%达到2448亿元，城乡消费增速差由2008年的5.2个百分点缩小到0.1个百分点，汽车、住房和旅游等成为消费亮点。发展方式积极转变，全社会化学需氧量和二氧化硫排放量分别下降2%和4.5%，单位生产总值能耗下降5%，可再生能源发电装机容量比重提高到40%，主要污染物排污权交易

表 1　2009 年国民经济和社会发展主要目标实现情况

指　标	预期目标	预计实现
经济发展		
地区生产总值	12%	14.9%
人均生产总值	11%	14.7%
全社会固定资产投资	18%	31.5%
社会消费品零售总额	15%	18.6%
地方财政一般预算收入	13%	18.1%
研究开发经费支出占生产总值比重	1.4%	1.5%
新产品产值率	30%	32.8%
内外开放		
外贸进出口总额	10%	-19%
外商直接投资	18%	47.2%
实际利用内资	25%	74.2%
城乡统筹		
城镇化率	+1.5 个百分点	+1.6 个百分点
新转移农村劳动力	30 万人	36.7 万人
城镇居民人均可支配收入	11%	11%
农村居民人均纯收入	12%	12%
资源环境		
单位生产总值能耗	-4.7%	-5%
全社会化学需氧量排放量	-2%	-2%
全社会二氧化硫排放量	-4%	-4.5%
森林覆盖率	35%	35%
主城区空气质量优良天数	297 天	303 天
社会和谐		
城镇新增就业	22 万人	28.1 万人
城镇登记失业率	<4.5%	3.96%
居民消费价格指数	<4%	-1.6%
人口自然增长率	<4‰	3.66‰

实现首批交易，环保搬迁 25 户污染企业，主城区空气质量优良天数增加 6 天达到 303 天。

内陆开放高地提速建设。成功举办重大经贸活动 9 项，协议引资 3700 亿元，重庆佛山周、宁波周等签约 900 亿元，完成川渝毗邻地区综合交通规划，积极构建武陵山经济协作区，获 30 亿吨新疆原煤开采权。推进设立两江新区，两路寸滩保税港区一期工程加快建设。外商直接投资 40 亿美元，实际利用内资 1468 亿元，实现一年一个新台阶。新增世界 500 强企业 12 家达到 125 家。

城乡统筹发展扎实推进。统筹城乡综合配套改革总体方案全面启动，“内陆开放、圈翼互动、双向对进、统筹挂钩”的重庆改革试验特色正在形成。联合产权交易所服务范围拓展，农村土地交易所运转良好，股份转让中心和农畜产品交易所挂牌营运。土地规模经营比例达到 21%。集体林权制度改革加快推进。“圈翼”对口帮扶落实资金和实物 2.6 亿元。城市资源下乡十大示范项目带动农民收入增长 67%。为农民工办实事22件，20个市级农民工返乡创业园启动建设。新农村建设持续推进，合川、江津等10个区县列入《全国新增1000亿斤粮食生产能力规划》，铜梁、潼南、武隆等加快蔬菜基地建设；"万村千乡市场工程"基本完成，基本实现县县有配送中心、乡乡有连锁超市、村村有商贸综合服务网点；改造农村危旧房4.1万户，农村国电网改造覆盖率达到93%，新建改造农村公路1万公里，建成户用沼气池19万口，解决城乡居民饮水安全220万人；15万农村贫困人口实现脱贫。

社会民生明显改善。就业和社会保障水平提高，城镇新增就业28.1万人；妥善解决90万征地农转非人员、13.8万三峡库区淹没农转非移民的养老保险问题和35万"双解"人员历史遗留的医疗保险问题，城乡居民合作医疗保险40个区县全覆盖，启动15个区县城乡居民社会养老保险试点，31.7万义务教育教师绩效工资足额兑现；企业退休职工养老金每月提高140元，失业保险每月提高100元；210万城乡困难群众基本生活得到保障。教育稳步发展，义务教育学校标准化率达到35%，高等教育毛入学率达到27%，高校和中职毕业生就业率分别达到90%和97%。"五个重庆"建设提升居民生活质量，拆迁主城危旧房447万平方米、城中村269万平方米、工矿棚户区70万平方米，建成廉租住房88万平方米、经济适用房69万平方米；铁路集装箱中心站、襄渝铁路二线投运，绕城、沪渝高速贯通，朝天门长江大桥通车，100公里轻轨加快建设；植树造林578万亩，新增城市绿地5496万平方米，主城区成功创建国家园林城市；重庆大剧院等投用，市竞技体育训练中心等开工；投入20亿元支持反恐、"打黑除恶"和安全生产等，营造和谐环境。援建崇州实物量8.7亿元。

在经济加速复苏的同时，发展中也面临不少困难和问题。一是经济增长动力不均衡。由于收入分配制度改革滞后，城乡居民收入增长不快，特别是部分农产品价格下降影响农民增收，消费动力仍显不足。由于外需市场萎缩、投资者信心不振、出口产品结构变化等影响，出口下降25.2%。二是转变发展方式不够快。资源环境约束加剧，煤炭、天然气等要素供给矛盾比较突出，节能减排任务较重。三是财政收支平衡压力大。受宏观经济形势及结构性减税减费影响，财政增收困难；农村养老保险、事业单位绩效工资、政法经费保障体系改革、医药体制改革等新增支出因素多。四是"两翼"地区发展仍然落后，新的产业增长点不多。

二、2010年预期目标和重大项目建设计划

以"314"总体部署为总纲，深入落实国发〔2009〕3号文件，科学编制"十二五"规划，推动县域经济振兴，快速提升综合实力。与本届政府任期目标有机衔接，提出24项年度预期指标（表2，见下页）。

（一）深入落实3号文件，努力促进跨越发展

抓紧建立健全市级部门与国家部委的对口落实责任制，争取重要专项规划、功能定位、要素市场、重大项目、关键政策等支持事项在规定时限内落地见效。争取国务院及早批准实施三峡工程后续工作规划，西部生态环境补偿基金等财税政策进入新一轮西部大开发政策，一批事关全局和长远的重要功能项目纳入全国"十二五"规划。全面落实部市合作协议，继续争取新签订协议。

（二）做大投资总量，提速建设"五个重庆"

巩固投资较快增长势头，更加注重以主城区、六大区域中心城市、远郊区县城和中心镇为核心的城市设施完善和功能提升，更加注重加强战略性新兴产业培育，更加注重促进城乡统筹发展。全社会固定资产投资突破6200亿元，力争在建项目保持2万亿元，市级重大项目储备突破2万亿元，完成市级重点建设投资1850亿元，以大项目推动大投资，大投资推动大发展。

宜居重庆。启动2000万平方米公共租赁房计划，开工500万平方米，扩大投放量。拆迁改造主城区危旧房400万平方米，新增廉租房实物房源220万平方米、经济适用房180万平方

表2　2010年国民经济和社会发展主要预期目标

指　　标	预期目标	预计实现
经济发展		
地区生产总值	13%	预期性
人均生产总值	12%	预期性
全社会固定资产投资	18%	预期性
社会消费品零售总额	18%	预期性
地方财政一般预算收入	13%	预期性
结构调整		
非公有制经济增加值占生产总值比重	62%	预期性
研究开发经费支出占生产总值比重	1.7%	预期性
新产品产值率	35%	预期性
城镇化率	53%	预期性
内外开放		
外贸进出口总额	55%	预期性
外商直接投资	25%	预期性
实际利用内资	25%	预期性
转变发展方式		
单位生产总值能耗	-4.6%	约束性
全社会化学需氧量排放量	-0.5%	约束性
全社会二氧化硫排放量	-1.5%	约束性
森林覆盖率	36%	预期性
主城区空气质量优良天数	＞300天	预期性
社会民生		
城镇新增就业	24万人	约束性
城镇登记失业率	＜4.5%	约束性
新转移农村劳动力	30万人	预期性
居民消费价格指数	3%	预期性
人口自然增长率	＜4‰	约束性
城镇居民人均可支配收入	11%	预期性
农村居民人均纯收入	12%	预期性

米，改造工矿棚户区70万平方米。深入实施环保“四大行动”，确保主城区空气质量优良天数达到300天以上，争取成为全国首批低碳经济试点地区，在主城区全面启动创建国家环保模范城市工作。

畅通重庆。铁路，开工渝黔新线、渝万城际、成渝城际、三万南改造等项目，完工宜万铁路，加快建设兰渝、渝利、遂渝二线、南涪、渝怀二线、达万电化改造等项目，抓好郑渝、黔张常、重庆—昆明城际、安张常、开县—城口—岚皋、重庆—长沙城际、重庆—西安城际等项目前期工作。高速公路，开工第三环西段、成渝复线、沿江高速、达州—万州—利川等项目，完工渝宜高速云阳—巫山、渝湘高速黔江—秀山等项目，加快建设涪陵—石柱、涪陵—万盛、奉节—巫溪等项目，抓好开县—城口、梁平—忠县、石柱—黔江、黔江—恩施、第三环东南北段、广安—重庆等项目前期工作。民航,完工江北机场三期扩建和黔江机场,抓好江北机场第三跑道及东航站区、巫山机场、大足军用机场恢复民航等项目前期工作。水运,开工江北果园二期等项目,完工南岸东港一期等项目,加快建设江北寸滩三期、涪陵龙头山港等项目。轨道交通,开工二、三、六号线延伸段,加快建设一、三、六号线,抓好四、五号线项目前期工作。城市路网,开工机场专用快速路北段、解放碑地下环道、江津中渡长江大桥等项目,完工嘉悦大桥、南坪交通枢纽等项目,加快建设双碑桥隧、千厮门大桥、慈母山隧道、两路换乘枢纽、丰都长江二桥等项目,抓好沙坪坝红岩村嘉陵江大桥等项目前期工作。

森林重庆。新造林300万亩,改造低效林200万亩,加快"二环八射"高速公路林带建设,市民义务植树1亿株,新增城市绿地400万平方米、城市生态林100万平方米。长江两岸森林工程试点扩大到8个区县。推行规模化造林示范建设,打造100个万亩、100个5000亩示范片。推进巩固退耕还林成果专项工程和石漠化综合治理试点。积极开展公益林生态效益补偿政策试点。

健康重庆。开工奥林匹克体育中心综合体育馆、市公共卫生医疗救治中心、市中医院迁建二期、市职业病防治中心等项目,建成市运动技术学院、市口腔医院北部分院、市肿瘤防治中心住院综合楼、璧山青杠老年养护中心等项目,加快建设市急救医疗中心、市儿童医疗中心等项目,抓好市妇幼保健中心、市精神卫生中心、市中心医院等项目前期工作。积极推进全民健身服务体系工程。加强老年公寓建设。

平安重庆。深入推进"大走访"活动,矛盾纠纷化解率保持在85%以上;强化打击犯罪和治安整治工作,群众安全感指数保持在90%以上。加快武警、消防、公安训练基地建设。推进交通安全"生命工程",新安装公路防撞护栏1000公里。抓好市第五中级法院、市检察院第五分院、市公安刑事技术中心等项目前期工作。

(三)强化高地培育,撬动产业升级

先进制造业高地。汽车摩托车产业,开工铜梁吉利汽车动力总成、长寿台湾正新轮胎、渝北菲亚特轻型柴油发动机、垫江长安试车场等项目,完工江津渝安10万辆新能源汽车、渝北北方奔驰变速器、璧山力帆微车等项目,加快建设渝北长安福特三工厂、九龙坡隆鑫九龙C区、江北长安发动机新基地、江北长安鱼嘴基地等项目,抓好渝北长安节能与新能源汽车基地、綦江齿轮产业链、双桥汽车零部件产业链、合川五洲龙环保动力汽车等项目前期工作。化工产业,开工长寿MDI一体化、长寿攀渝钛业30万吨钛白粉、涪陵己内酰胺、万州红太阳精细化工、黔江东方希望PVC一体化、丰都紫光天化蛋氨酸等项目,完工大渡口中石化润滑油搬迁扩能、万盛—綦江20万吨醋酸等项目,加快建设长寿川维30万吨醋酸乙烯、长寿化医85万吨甲醇、长寿4万吨氯丁橡胶、北碚方正集团医药制造基地等项目,抓好中缅原油管道和炼油化工一体化、渝北洛碛成品油存储基地、涪陵白涛煤化工基地、长寿15万吨TDI及10万吨聚碳酸酯、万盛二甲醚、长寿化工厂搬迁、綦江120万吨干熄焦、合川精细化工园等项目前期工作。电子信息产业,在西永惠普400万台笔记本电脑项目投产基础上,抓紧建设富士康、广达、英业达等笔记本电脑生产基地,并力争年内投产;开工大足太阳能聚光光伏产业基地等项目,完工中国移动3G网络四期重庆工程、中国联通2010年WCDMA工程、江北海尔工业园二期等项目,加快建设西永中电科产业园一期、思科百亿级通信产品制造基地、茶园新城区TD—SCDMA通讯产业园、江津通信级塑料光纤产业园、万州密胜电气电子产品制造基地、荣昌灯饰制造基地等项目,抓好永川创思特PCB电路板等项目前期工作。装备制造产业,开工北碚风电齿轮产业化、川仪—AB公司电牵引、南岸重庆机床厂搬迁、双桥开山集团气体压缩机等项目,完工大型风电叶片等重要部件产业化等项目,加快建设大渡口百亿长征重工、大渡口豪晟五金机电基地等项目,抓好巴南精密制造基地、綦江ZF变速箱、机电集团30万吨高强度薄壁铸造中心、小型飞机及飞机零部件制造、高速列车及动车组西部维修中心等项目前期工作。材料产业,开工万州大全多晶硅二期等项目,完工长寿重钢环保搬迁、南川80万吨氧化铝、九龙坡西南铝冷连轧及厚板生产线、北碚四联蓝宝石基片、丰都东方希望干法水泥、合川昌兴水泥等项目,加快建设綦江天河10万吨电解铜、永川新格再生铝、九龙坡10万吨铝液直供大板锭熔铸、涪陵150万吨镀锌和彩涂卷板、忠县海螺新型干法水泥、綦江重庆铝业环保搬迁大板锭等项目,抓好九龙坡西彭铝业基地、南川—綦江煤电铝一体化、黔江硅材料生产基地等项目前期工作。能源产业,开工合川双槐电厂二期、石柱电厂、奉节九盘输变电、巴南丰盛煤矿等项目,完工川气东送长寿至涪陵南川延长线、巫溪中梁水电站,加快建设都市区天然气外环管网及区域中心城市输气干线等项目,抓好小南海水电站、涪陵—丰都—石柱核电站、奉节电厂、石柱电厂、黔江电厂、习水二郎电厂、重庆电厂九龙电厂环保迁建、武隆银盘水电站、武隆白马水电站、江津电厂等项目前期工作。轻纺食品产业,开工巴南恒安纸制品、合川纺织服装工业园等项目,完工江津玖龙纸业二期、合川60万吨真空制盐等项目,加快建设大足五金科技城、永川理文造纸、合川40万千升啤酒生产线、黔江雨润生猪加工、綦江食品工业园等项目,抓好涪陵涤纶彩丝、丰都理文造纸等项目前期工作。规划布局长江南岸产业带,打造南北并进的沿江经济走廊。

现代服务业高地。物流高地,开工沙坪坝西永综合保税区、两路寸滩保税港二期、江津双福国际农产品批发物流市场,完工两路寸滩保税港一期、中国畜产品交易市场、万吨冷储三万吨冷库改扩建等项目,加快建设沙坪坝西部装饰材料物流中心、中国移动西南大区物流基地等项目,抓好洛碛化工物流园区、主城区“三基地四港区”物流枢纽等项目前期工作。金融中心,大力培育中小型金融机构高地,建设混业经营型金融控股公司,推进水务集团等7家企业上市,壮大中小企业担保机构,做好中小企业上市和集合债发行工作,加强资源性产品价格和环保收费价格改革,加快建设渝中环球金融中心、南岸国汇中心、江北五里店工业设计中心等项目。购物之都,建成万州高笋塘百亿商圈,加快建设合川义乌小商品市场等项目,打造一批百亿级专业市场和商贸企业,抓好西部国际农产品商贸物流城等项目前期工作,培育示范超市100个,发展边贸市场。会展之都,开工渝北悦来西部国际会展中心,加快建设大足等会展场馆,引进1—2家国内外知名会展企业。美食之都,加快建设北滨风情街等美食街,规划建设重庆美食乐园,开展国家级酒家、星级农家乐评定、火锅分等定级和绿色饭店评定试点。旅游胜地,加快建设三峡国际黄金旅游带、大足石刻旅游、武隆生态旅游、温泉旅游、地质景观旅游、红色旅游、都市旅游、名镇旅游、乡村旅游等项目,做好合川钓鱼城旅游整体开发、长寿欢乐水世界主题公园、潼南“三色”旅游主题公园等项目招商,积极发展游轮游艇经济,全面推进10大旅游商品生产基地建设,竣工10个五星级酒店。

(四)加快内引外联,放大开放优势

推动引资发展。积极争取国家批复设立两江新区,做好功能性规划,大力引进一批重大项目。加强与沿海省份经贸合作,建设一批承接产业转移示范基地。启动亚行贷款统筹城乡农村基础设施建设发展示范项目和世行贷款统筹城乡发展改革示范项目。

加强区域合作。争取国家尽快出台成渝经济区规划,加快编制武陵山经济协作区规划。推进西三角战略区经济合作,打造经济大通道,构筑跨省无障碍旅游黄金线。加强与南贵昆经济区合作,构造出海大通道,加快建设渝黔绿色煤电化基地。积极推进大巴山经济合作。

(五)寻求改革突破,统筹城乡发展

推进“圈翼”协调发展。完善“一圈”帮扶“两翼”政策,启动新一轮国有企业支持“两翼”产业园区计划。积极引导城市资源要素下乡发展。启动一批条件成熟的移民安稳致富、生态环保建设、地质灾害防治等三峡工程后续建设项目。强化林权改革和山林经营，实施"两翼"农户万元增收工程。集中力量打造九龙坡白市驿—西彭、潼南太安、涪陵义和—蔺市等7个示范点和綦江东溪、铜梁旧县、垫江澄溪—高安等35个示范镇，开展"集中试验、特色示范"。

推进劳务经济发展。健全农民工户籍迁移、就业培训等政策，完善有条件农民自愿有偿依法退出农村承包地和宅基地、转入城镇定居办法。新转移农村劳动力30万，培训农村劳动力40万。开展农民工返乡创业年活动，加快推进涪陵、合川、开县国家西部地区农民创业促进工程试点，全市返乡农民工创业达到20万。

加快土地流转。探索将农村土地按农民承包地、农村建设用地、林地进行分类改革，分别确权颁证。开展土地承包经营权、宅基地使用权、农房所有权和林权质押试点。扩大农村土地交易所作用。推进农村土地流转，规模经营比例提高到23%以上。

（六）探索发展新路，加快建设新农村

促进现代农业发展。加大科技投入，稳定粮油生产，抓好1000万亩优质粮油基地、10个国家级粮食产能县、100个粮油重点乡镇建设。强化特色产业培育，着力打造柑橘、生猪、绿色蔬菜、中药材、烤烟、蚕桑、草食牲畜等特色产业，做大忠县柑橘、涪陵榨菜、潼南蔬菜、江津花椒、石柱辣椒、彭水烤烟、秀山—巫山金银花、云阳山羊、丰都肉牛、綦江牛肉干、巫溪—城口山地鸡等区县优势产业。开工涪陵桂楼畜牧产业可持续发展示范等项目，加快建设三峡库区柑橘产业带、重庆国家现代畜牧业示范区荣昌核心区、重庆花木世界、北碚台湾农民创业园、重庆农垦生猪产业化、商社润物生态农业科技产业示范区、南川大观生态农业示范区等项目。

繁荣农村市场。加快建设农村市场信息基础设施，构建农产品电子网络化交易系统，打造综合信息服务平台，实现"一网多用"。继续推进家电、汽摩下乡。加快农业服务体系建设，大力发展农技、农机、营销等中介服务组织和农村经纪人，新增农民专业合作社试点区县5个，新发展农民专业合作社600个，竣工天友万家安全农产品市场建设、潼南蔬菜批发市场等项目。

加强农村基础设施建设。新改建农村公路8000公里，实现乡镇通畅率、村通达率100%，村通畅率50%。建成农村沼气15万口、大中型沼气工程35处。改造农村危旧房3万户。治理水土流失面积800平方公里。开工南川金佛山、铜梁小北海等大中型水库，加快建设大足玉滩、丰都蒋家沟等大中型水库，新解决200万城乡居民饮水安全问题。实现乡镇综合文化站、自然村广播电视、文化信息资源共享工程全覆盖，新建标准农家书屋2000个。

（七）转变发展方式，促进资源节约与环境友好

强化自主创新。实施26个市级重大科技专项，突破产业关键核心技术100项，壮大高新技术企业50家。举办第九届高交会暨第五届军博会，技术市场交易额达到80亿元。组建产业技术创新战略联盟10个；争取国家设立西永综合保税区，万州、长寿工业园成为国家级开发区；争取1亿元国家创新基金扶持科技型中小企业。新增国家级重点实验室1个、工程技术研究中心2个和国家地方联合工程实验室（工程研究中心）3个，组建投资基金规模达到50亿元，扩大创业投资规模达到60亿元。开工市科学技术研究院二期等项目，完工国家信息产业基地（重庆）汽车电子公共检测评价中心、茶园移动通讯产业公共服务平台等项目。

狠抓节能减排和生态环保。推动政府机构优先采购节能产品，加快实施强制性能效标识制度，继续实施"十大重点节能工程"和100项重点节能项目，年节约100万吨标准煤。抓好资源综合利用，工业固体废弃物年利用率达到80.5%。完成25户主城环境污染安全隐患重点企业搬迁。完工西永微电园污水处理、鸡冠石污水处理厂污泥处理等项目，县城以上污水处理厂和垃圾处理场全部投用。加快建设库区重点

小城镇污水垃圾处理、主城区三级管网改造、市第二垃圾焚烧发电厂等项目，抓好万州垃圾处理场二期、库区及影响区污泥处置等项目前期工作。建设一批城市污水管网和垃圾收运系统项目，城市污水和垃圾集中处理率分别达到80%和91%。新建主城区三级管网100公里。落实主要污染物有偿排放制度，完善排污权交易和绿色信贷办法，开展环境污染责任保险试点，抓好重金属污染治理和交通噪声污染整治。加快建设次级河流生活污染治理、森林工程等项目。抓好长寿化工园、涪陵白涛工业园、重钢集团等循环经济试点，推进低碳生态城等项目前期工作。

(八)改善公共服务，增进社会和谐

促进就业。指导和帮助下岗失业人员就业15万人、就业困难群体就业5万人。城镇新增就业24万人，城镇登记失业率控制在4.5%以内，高校应届毕业生就业率达到85%以上。新发放高校小额担保贷款8亿元以上。做好重庆人才服务中心等项目前期工作。

社会保障。提高企业退休人员基本养老金、城镇职工基本医疗保险待遇。实施社会保险费率"一缓三降两补贴"政策。扩大城乡居民社会养老保险试点，将双桥区、长寿区纳入城镇职工基本医疗保险市级统筹。城乡居民合作医疗保险财政补助标准由每人每年80元提高到120元。增强城乡居民最低生活保障，实现农村低保"应保尽保"，建立健全低收入群体临时救助制度。

教育发展。推进中小学标准化学校建设，新建寄宿制学校400所达到2000所，新建中小学塑胶运动场414片达到1000片，完成农村初中校舍改造一期工程。提升高中阶段教育普及水平，初中毕业生升入高中阶段比例达到90%以上。启动职业教育第二期基础能力建设规划。进一步完善大学城配套设施。

文化建设。开工国际马戏城、巾帼园、市群众艺术馆、市档案馆等项目，完工川剧艺术中心、中国民主党派历史陈列馆等项目，完成村级公共服务中心建设，加快建设国泰艺术中心、重庆自然博物馆、三峡移民纪念馆和"十大书城"等项目，抓好重庆三线建设博物馆、工业遗产博物馆、抗日战争遗址博物馆、非物质文化遗产博物园、大足石刻陈列总馆等项目前期工作。

各位代表！今年是新十年西部大开发、后三峡开发建设的起步之年，是"十一五"规划收官和"十二五"规划奠基之年。我们将在中共重庆市委领导下，主动接受市人大及其常委会的法律监督和工作监督，主动接受市政协的民主监督，认真执行大会各项决议和民主协商意见，为促进经济社会又好又快发展而努力奋斗！

关于重庆市2009年财政预算执行情况和2010年财政预算草案的报告

——2010年1月20日在重庆市第三届人民代表大会第三次会议上

重庆市财政局　　刘伟

各位代表：

受市人民政府委托，现将重庆市2009年财政预算执行情况和2010年财政预算草案的报告提请市三届人大三次会议审查，并请各位政协委员提出意见。

一、2009年预算执行情况

2009年，是形势特别艰难、成绩来之不易的一年。受国际金融危机影响，全市一般预算收入在持续34个月20%以上的高增长后，1至3月负增长，4月实现正增长，9月才达到两位数增长。全市财政既面临减收与增支的双重压力，又承担保增长与惠民生的双重任务。在市委的领导和市人大的监督下，各级财政部门坚持以科学发展观为统领，积极应对宏观经济形势变化，千方百计克服减收增支困难，经过努力完成了市三届人大二次会议批准的预算任务，有力保障了各项法定和重点支出，推动了全市经济社会平稳较快发展。

（一）全市财政收支执行情况

市三届人大二次会议批准2009年全市地方财政收入预算981.8亿元，完成1165.7亿元，增长21%。其中，一般预算收入完成681.8亿元（含国有资本经营收入37.8亿元），增长18.1%；基金预算收入完成483.9亿元，增长25.4%。

全市地方财政收入1165.7亿元，加中央补助、地方政府性债券发行收入、上年结转等1145.4亿元，减上解中央19亿元后，全市支出预算由年初1351.7亿元变动为2292.1亿元，实际完成1806亿元，增长24.7%。其中，一般预算支出完成1317.4亿元，增长29.7%；基金预算支出完成488.6亿元，增长13%。当年收支平衡。

（二）市级财政收支执行情况

一般预算（含国有资本经营预算）。市三届人大二次会议批准2009年市级收入预算244.5亿元，完成268.9亿元，增长14.8%。支出年初预算281.8亿元，加增加的中央补助等转移性收入342.6亿元、当年超收24.4亿元、上年结转189.3亿元，减增加补助区县等转移性支出283.6亿元，支出预算变动为554.5亿元，实际完成372.4亿元，增长24.1%。当年收支平衡。

基金预算。市三届人大二次会议批准2009年市级收入预算227.8亿元，完成297.7亿元，增长20.5%。支出年初预算158亿元，加增加的中央补助等转移性收入29.6亿元、当年超收69.9亿元、上年结转74.2亿元，支出预算变动为331.7亿元，实际完成259.4亿元，增长12.4%。

一般预算超收24.4亿元中，税收超收14.6亿元，主要用于确保法定和重点支出需要、兑现新增财政扶持政策、支援崇州灾后恢复重建等；非税超收9.8亿元，主要用于二级公路贷款还本付息、耕地占补平衡、政法维稳等。基金超收69.9亿元，主要用于补偿征地成本、城中村和廉租房建设等。

（三）预算执行特点

第一，认真落实积极财政政策和适应性调控

措施，全力支持提振经济，财政收入止跌回升。

把保增长作为提振经济的首要任务，兑现西部大开发及结构性减税政策90亿元，缓降养老、医疗保险缴费率和取消、停征64项行政事业性收费等减轻企业负担50.4亿元。

综合运用财政政策工具，调节经济运行，刺激经济增长，为止滑促增创造良好的财税环境。一是保产业，夯实发展基础。新增设立并足额落实5亿元提振经济特别专项资金。拨付11.5亿元，推动汽摩、装备、重化工等支柱产业和信息、风电等新兴产业发展。调度资金支持重钢等重点企业搬迁和改制上市。落实1亿元专项补贴，为中小企业新增流动资金贷款75亿元。以科技创新带动产业升级，全市科学技术支出17.2亿元，比上年增长24.4%。市级应用技术研发投入增幅由20%提高到30%。落实科技风险投资引导基金。安排7.5亿元鼓励企业技术创新和节能减排。二是促投资，拉动经济增长。扩大内需中央投资91.7亿元全部下达，落实市和区县财政配套资金82.4亿元。注入市级投资集团47.2亿元，推动重大基础设施及公益性项目建设。安排30亿元，扶持市级开发区和区县特色工业园区发展。拨付2.8亿元，支持外贸、进出口、农业3家担保公司增资扩股，鼓励金融机构落户及金融要素市场建设。三是扩内需，刺激居民消费。减征房屋交易契税16亿元，促进房地产市场回暖。拨付家电、汽摩下乡财政补贴6亿元，兑付率居全国前列，拉动农村消费38.1亿元。安排2亿元用于电煤和粮油储备。拨付1.4亿元对成品油调价后公益性行业给予补贴。四是活流通，打造开放高地。落实出口退税34亿元。拨付3.1亿元，兑现出口企业技改奖励，支持服务外包、国际市场开拓和口岸物流业发展。加强财税、金融扶持政策衔接，吸引重大IT项目签约落户。投入3.6亿元，加快城乡商贸流通体系和“三都”建设，实现“万村千乡市场工程”基本全覆盖。安排6298万元，支持“台湾周”等十大经贸活动开展。随着一系列宏观调控措施效应的持续释放，经济运行中的积极因素不断增多，带动了财政收入止跌回稳。与此同时，各级财税部门加强税源动态监控分析，维护税制秩序，依法应收尽收，税收收入增幅列全国第6位。加强土地储备出让管理及收入征管，有力促进了征地拆迁、园区开发、城乡基础设施建设等重点领域发展。区县收入形势趋好，30个区县一般预算收入增幅高于20%，“两翼”增幅首次超过“一圈”，分别高于“一圈”和全市9.3、12.9个百分点，提速发展的态势明显。

第二，着力改善民生，民生投入保持全市一般预算支出的一半以上，城乡基本公共服务水平进一步提高。

把保增长与惠民生结合起来，针对薄弱环节加大投入力度，健全帮扶体系。全年财政民生支出682亿元，占全市一般预算支出的51.7%。一是稳定和促进就业。将保就业作为扩大内需和改善民生的重中之重。全市就业支出15亿元，比上年增长23.3%。拨付6.7亿元，落实就业困难人员社会保险、职业培训等补贴。安排2.3亿元，设立青年创业基金，补贴高校毕业生见习和培训，支持农民工职业技能提升，提高创业小额担保贷款财政贴息比例。落实3.4亿元，补助部分国有改制企业职工经济补偿金、生活费和社保费。落实待岗培训和困难企业稳岗补贴。失业保险金待遇月人均补贴标准提高100元。二是社保待遇提标扩面。全市社会保障支出213.7亿元，比上年增长33.5%。落实22.7亿元，提高企业退休职工、征地农转非和城镇超龄人员养老保险待遇。筹集23.9亿元，将90万征地农转非人员纳入养老保险体系。启动三峡库区淹没移民农转非人员参加养老保险。15个区县开展城乡居民社会养老保险试点。落实23亿元，提高城乡低保补差水平。安排11.2亿元，提高农村五保人员最低供养标准，重点优抚对象抚恤补助提标15%以上。筹措1.5亿元，支持新建和改扩建159所乡镇敬老院。三是增强城乡教育均衡性。全市教育支出194.5亿元，比上年增长26.7%。安排32亿元，率先在全国兑现义务教育阶段教师绩效工资。落实26.6亿元，完善城乡义务教育经费保障机制，农村中小学生均定额补助标准分别提高到500元和300元。整合5.6亿元启动中小学校舍安全工程。投入11亿元，资助家庭经济困难中职和高校学生，免除城乡低保家庭高中生学费。拨付3.5亿元，促进高校“三重”建设，改善示范高职院校和民办高校办学条件。四是支持公共卫生事业发展。全市医疗卫生支出76.8亿元，比上年增长48.8%。补助19.7亿元，实现城乡居民合作医疗保险全覆盖，将高校全日制学生纳入医疗保险。安排7.4亿元，落实关破国有企业退休人员基本医疗保险，将国有企业“双解”人员等纳入城镇职工基本医疗保险。拨付12亿元，补助白内障患者免费手术、补种乙肝疫苗等重大项目，基本公共卫生服务和儿童规划免疫实现城乡全覆盖。筹集2.5亿元落实计划生育奖励扶助政策。全市人口与计划生育支出15.9亿元，比上年增长15.9%。五是加大扶贫帮困力度。落实扶贫资金8.7亿元，比上年增长36%。重点支持266个贫困村整村脱贫和劳动力培训，新增5个扶贫片区开发试点县和70个贫困村村级互助金试点，完成生态移民搬迁3万人。补助12.9亿元，缓解三峡库区及大中型水库移民家庭生产生活困难。安排2亿元，补助老年人、残疾人等免费乘车和学生优惠乘车。完善救灾应急机制，及时拨付4.4亿元，支持自然灾害生活救助、甲型H1N1流感防控和疫苗采购等。筹措资金5.7亿元，继续实施对口支援崇州灾后恢复重建。六是推动生态环保建设。全市环境保护支出54.5亿元，比上年增长34.3%。安排18.2亿元，推进污水管网建设，保障垃圾处理厂正常运营，支持餐厨垃圾应急处理。投入11.2亿元，实施蓝天、碧水、绿地、宁静四大行动，加强地质灾害防治和重点次级河流整治。

第三，充分发挥财政资金引导作用，加强统筹调度，保障全市重大战略部署顺利推进。

将落实市委三届四次、五次全委会精神和支持“五个重庆”建设，作为提升城市竞争力、推动科学发展的重要抓手，通过整合打捆、动态平衡、引导社会投入等方式，积极筹措资金，确保重大决策落实到位。一是支持“五个重庆”建设全面推开。全年市以上财政投入259亿元，推动“五个重庆”建设。落实49.5亿元，加快主城区、农村危旧房和工矿棚户区改造，支持巴渝新居建设和主城居住小区综合整治。筹集19.5亿元，廉租住房保障从“双困”家庭扩大到低收入住房困难家庭。拨付78.6亿元，推动高速公路、铁路、机场、轨道交通等建设提速。筹集18亿元，支持内环外移，并在西部率先取消政府还贷二级公路收费。落实35亿元，全面推进森林工程，启动长江两岸森林工程示范段建设，支持林权制度改革。投入30.2亿元，健全人民调解、法律援助和司法救助体系，支持“打黑除恶”、反恐应急和化解信访突出问题，保障政法机关履行社会维稳职责。安排7.3亿元，支持公共安全基础建设、隐患整治及食品药品监管。推进十大公共医疗卫生项目建设。补助区县2.1亿元建设中小学塑胶运动场。落实6.2亿元完善全民健身服务体系和公共体育设施，支持十一届全运会等重大赛事参赛及后备人才培养。二是加快农村改革发展。立足城乡统筹加大“三农”扶持力度，全年用于“三农”资金315亿元，比上年增长26.5%，确保“三个明显高于”和教育、文化、卫生新增经费的70%以上用于农村。发放32.8亿元，兑现种粮农民综合直补、农作物良种补贴等。拨付44.5亿元，加快骨干水源、人畜饮水安全、农村公路等基础设施及高标准农田建设，提高农业综合生产能力。落实7.5亿元扶持现代农业，鼓励区县发展特色产业，支持粮油品种改良、良繁体系及蔬菜、果园基地建设。贴息8890万元引导银行贷款15亿元，加快农业产业化步伐。安排2.3亿元，促进农业科技推广、农民专业合作组织及农村现代服务体系建设。筹集3亿元，对农村便道等村级公益事业建设一事一议予以奖补。拨付4.4亿元，落实村干部补贴和村级组织办公经费，促进村级公共服务中心、乡镇人才队伍等建设，提升基层组织运转保障能力。三是推动文化事业繁荣。全市文化与传媒支出19亿元，比上年增长18.7%，确保对文化的投入增幅高于经常性财政收入增幅。拨付1.9亿元,助推文艺院团发展,购买演出场次,支持文艺精品创作和人文社科研究。筹集1亿元支持设立文化担保公司和创建宣传文化基金会。落实2.8亿元,推进乡镇综合文化站、标准农家书屋等基层公共文化服务体系建设。安排1.4亿元,补助28个公益性纪念馆、博物馆和爱国主义教育基地免费开放,加快自然博物馆建设,保障大剧院开馆运行。投入1.1亿元,支持第二届重庆文化艺术节、“唱读讲传”及国庆60周年系列活动等开展。

第四,着眼改革发展新形势新要求,健全规范财政管理体制,提高科学理财、服务大局的能力。

将服务全市发展大局作为深化财政管理改革的落脚点,以改革促管理,以管理增效益,努力提高科学化、精细化理财水平。一是统筹兼顾分类扶持。坚持财力下沉区县,全年市级开支占全市一般预算支出的24.2%。市对区县各项补助总额达到660亿元,比上年增长36.6%。区县最低人均财力提高到4万元以上。加强分类扶持,落实“两翼”发展专项资金,市以上转移支付额占“两翼”区县一般预算支出的80%以上。拨付郊区县社会事业发展资金7.75亿元、区域性中心城市补助1.4亿元、市级中心镇和重点示范镇补助1.7亿元,多层次提升城镇功能。二是深化财税改革。推进增值税转型、成品油价格和税费改革。安排13.9亿元,启动分类负担、全额保障的政法经费保障体制改革。市级和部分区县试编国有资本经营预算。实施国库集中支付改革的区县由18个增加到23个。实行公务卡结算制度改革的单位现金使用量下降52%。创新传统分配模式,建立财政涉农专项资金招投标制度。三是优化理财举措。认真落实机关事业单位公用经费零增长,将节约的资金1亿元全部用于支持医药卫生体制改革。充分发挥政府采购引导功能,支持节能环保、自主创新和中小企业发展。启动资产管理信息系统建设,优化行政事业单位资产结构。落实市级奖补资金,化解区县乡镇政权建设债务3.8亿元。积极应对国际金融市场波动,利用金融衍生工具,强化政府外债风险管理。四是依法加强监管。严格按照《预算法》、《重庆市市级预算监督条例》等法律法规要求,自觉接受人大法律监督和政协民主监督。加大财政信息公开透明度,主动接受社会公众监督。完善预算会审制度。投资评审拓展到绩效评价等领域,全年审减59.5亿元。制定会计基础工作实施细则,规范会计从业资格考试秩序,开展会计信息质量检查,查处会计核算不实6.1亿元。对扩大内需资金落实情况实施重点督查,清理市级机关事业单位经营服务性收费,“小金库”治理查处违规金额6695万元。

2009年,积极财政政策的特点鲜明,全市财政预算执行情况总体良好。同时也要看到,在复杂多变的宏观经济背景下,财政运行既面临一些长期性的困难和矛盾,也存在着一些不适应新形势发展的问题,反映为:财政收支矛盾十分突出,平衡压力短期内难以缓解;区域发展协调性有待增强,“两翼”财政实力还需壮大;区县政府性债务增长较快,风险预警机制亟需建立;财政资金监管还需加强,使用绩效有待进一步提升等。为此,全市财政要进一步增强忧患意识,加快自身改革发展,解决好事关发展全局的薄弱环节和重大问题。

二、2010年预算草案

今年,是促进经济全面复苏的关键之年,预计宏观经济形势将总体企稳向好,发展的有利条件增多。但同时也要看到,影响经济回升的因素还存在不确定性,财政收入仍难恢复高位增长,政策性新增支出需求依然较大,做好2010年财政工作面临较大的考验。全市财政要密切关注财经运行态势,科学谋划,妥善应对,促进经济社会可持续发展。

根据国务院《关于编制2010年中央预算和地方预算的通知》及对全市财经形势的分析,2010年预算编制指导思想是:坚持科学发展观,以“314”总体部署和国发3号文件为总纲,认真落实积极的财政政策和全市发展重大战略决策，统筹兼顾有保有压，厉行节约优化支出，支持西部一流开放环境打造，推动“五个重庆”和城市建设提速，加快统筹城乡综合配套改革，促进民生改善和振兴“两翼”。2010年预算拟作如下安排：

(一)全市收支预算草案

一般预算。收入拟安排727亿元，增长13%。加中央补助收入减上解中央支出后，可供当年安排的财力为1163亿元。支出相应安排1163亿元，比上年支出预算增长27%。

国有资本经营预算。收入拟安排42亿元，支出相应安排42亿元。

基金预算。收入拟安排534亿元，支出相应安排534亿元。

(二)市级收支预算草案

一般预算。收入拟安排288.8亿元，增长13%，其中：税收收入207.2亿元，增长15%；非税收入81.6亿元，增长8.3%。加转移性收入468.4亿元，收入总计757.2亿元。收入总计减上解中央20.5亿元，补助区县414.5亿元，本级支出拟安排322.2亿元，增长17.6%，其中：一般公共服务支出36.4亿元，增长4.6%；公共安全支出26.8亿元，增长10.6%；教育支出37.7亿元，增长25%；科学技术支出5.3亿元，增长28.3%；文化体育支出3.6亿元，增长19%；社会保障和就业支出63.9亿元，增长18.2%；医疗卫生支出8.1亿元，增长22.7%；环境保护支出5.3亿元，增长17.6%；城乡社区事务支出43.6亿元，增长6.8%；农林水事务支出13.8亿元，增长15.5%；交通运输支出13.4亿元，增长17.4%；工业商业金融等事务支出17.4亿元，增长17%；政策性扶持和重点建设等支出43.4亿元，增长9.2%；预备费3.5亿元，占当年一般预算支出的1.1%。上述支出预算确保了农业、教育、科技、文化、卫生及社会保障、政法维稳等法定和重点支出需要。

国有资本经营预算。收入拟安排9.7亿元，其中：工商类企业上缴利润8.3亿元，投资类企业上缴利润1.4亿元。支出相应安排9.7亿元，其中：工业商业金融等事务支出3亿元，环境保护等支出6.7亿元。

基金预算。收入拟安排297.2亿元，与上年完成数持平。补助区县土地出让金等85亿元，本级支出拟安排212.2亿元，其中：城乡社区事务支出194.3亿元，交通运输、文化体育等支出17.9亿元。

(三)支出安排重点

根据市级预算草案，2010年支出重点用于五大方面：

一是调整产业结构方面。以促进经济结构转型为重点，加强宏观调控，完善扶持举措，着力提高经济增长的质量和效益。

——安排24.8亿元推动产业优化升级。主要是支持笔记本电脑基地建设，加快电子信息产业发展；整合专项资金，做大汽摩、装备制造、能源等支柱产业；增加物流专项补贴，提升现代物流功能；落实金融机构落户奖励，注入资本金支持股份转让中心等金融要素市场建设；扶持现代农业，支持区县优势特色产业发展。

——安排42.7亿元促进增长方式转变。主要是增加应用技术研发投入，注入科技风险投资引导基金，提升自主创新和科技成果转化能力；推动污染企业环保搬迁和高危行业“四小”企业关闭，落实重点项目节能技改和建筑节能奖补资金；支持提高污水、垃圾处理能力，推进重点次级河流整治和排污权交易试点。

——安排17.1亿元扶持企业发展壮大。主要是加大贷款担保贴息力度，注入担保公司资本金提升融资功能，缓解中小企业融资困难；支持市属国有重点企业改制上市，推动国有资本做大做强；继续执行西部大开发、增值税转型及缓降社保费率等税费减免政策，帮助企业轻装上阵。

二是扩大投资消费方面。充分发挥投资、消费双向拉动作用，用好用足地方政府债券和扩大内需中央投资，活跃城乡市场，扩大内外需求。

——安排176.6亿元推动城市建设提速。主要是统筹税费和基金收入，加快高速公路、铁路、轻轨、换乘枢纽等交通设施建设；提高城市建设配套费标准，支持街道小区环境整治和主城区路桥等市政建设，改善城市面貌；加大基本建设资金投入，支持重大公益性项目建设。

———安排96.9亿元扩大城乡消费需求。主要是兑现家电、汽摩下乡和新能源汽车补贴；支持旅游资源开发、特色项目营销和精品线路打造；促进城乡商贸流通网络体系建设；保障粮油储备及市场供应；增加农资综合直补、农机具购置和退耕还林补贴；加快危旧房、棚户区和城中村改造；推动廉租房、经济适用房等保障性住房和巴渝新居建设；支持低收入购房困难群体公共租赁房保障。

———安排33.5亿元加快内陆开放进程。主要是扶持高水平招商引资项目开展；落实出口退税、出口企业技改奖励等政策；推进服务外包和出口加工基地建设；鼓励企业“走出去”开拓国际市场；加快航空、港口等口岸经济发展；支持两江新区功能规划；促进两路寸滩保税港区建设。

三是支持社保就业方面。着眼提标扩面建机制，加大财政投入，逐步完善城乡一体化的社会保障制度。

———安排94.7亿元落实社会保障政策。主要是支持15个区县开展城乡居民养老保险试点；实现库区移民农转非养老保险全覆盖；补助国有企业“双解”人员参加养老保险；继续提高城镇企业职工、农转非及超龄人员养老金待遇；扩大农村低保覆盖面，提高城乡低保、孤残儿童及优抚对象补助标准；开展城乡困难群众救助和低收入人员“两节”送温暖活动；新增设立道路交通事故社会救助基金。

———安排36.3亿元推进医药卫生体制改革。主要是提高城乡居民医保补助标准；免费为居民提供健康档案、规划免疫等九项基本公共卫生服务；补助儿童补种乙肝疫苗等重大公共卫生项目；实现农村孕产妇住院分娩补助及城乡孕产妇婴儿保险全覆盖；支持基本药物制度试点和基层医疗机构建设；落实计划生育奖励扶助政策；健全计划生育技术服务体系。

———安排18.2亿元稳定和扩大就业。加大小额担保贷款和就业重点企业贴息力度；落实待岗培训和困难企业稳岗补贴；完善低保和就业政策联动机制；鼓励高校毕业生和农民工就业创业；推进市属国有企业人员分流安置；实现人力资源市场和基层社保平台信息联网全覆盖。

四是繁荣社会事业方面。支持教育、文体、人才培养、公共安全等社会事业发展，让人民群众共享改革发展成果。

———安排85.2亿元促进教育优先发展。主要是巩固城乡义务教育经费保障机制；推进中小学校舍安全改造工程；建立学生饮用健康奶市对区县奖补机制；补助区县提前完成塑胶运动场建设；免除农村贫困生和涉农专业中职学生学费；加快中高职院校实训基地和民办高校建设；提高高校生均综合定额标准。

———安排13.4亿元推动文体事业进步。主要是加快社区文化设施和基层文化服务体系建设，实现乡镇综合文化站、文化信息资源共享、广播电视村村通工程全覆盖；支持文化体制改革、文艺精品创作和哲学人文社科研究；保障公益性文化场馆和体育场馆建设运行；支持市第三届运动会举办和竞技体育发展；促进全民健身工程建设和群众体育普及。

———安排99.2亿元强化公共服务管理。主要是保障党政机关履行社会公共管理职责；支持民主党派参政议政和社会团体事业发展；促进人才引进培养和对外交流；深化政法经费保障体制改革；增强案件侦破、依法审理和反恐处突能力；支持人民调解、法律援助和司法救助；加强安全生产、食品卫生检测和流通市场监管。

五是统筹区域发展方面。遵循市与区县25:75分配格局，坚持分类扶持，强化激励约束，增强城乡、区域发展的协调性。

———安排191.5亿元提高保障水平。主要是财力下沉，进一步发挥转移支付均衡性作用；

完善县乡基本财力保障机制，逐步缩小区域间发展差距；健全村级组织运转经费保障机制，提高村干部补贴和村级组织办公经费最低保障标准，实现村级公共服务中心建设全覆盖。

———安排66.1亿元夯实内生动力。主要是支持“一圈”做强园区经济；兑现三峡电站税收返还等库区政策；加大民族地区财税扶持力度；实施“两翼”市级税收增量全额补助；推进“两翼”农户万元增收工程；免除区县扶贫配套加快整村脱贫；支持户籍管理制度改革；加快农村公路、水利等基础设施和村社便道建设；深化林权制度改革；实施生态区域保护转移支付。

———安排41.4亿元拓展辐射功能。主要是推进内环外移和优化布局，提升主城发展空间和辐射带动力；落实6个区域性中心城市发展专项资金，强化综合服务功能；31个郊区县社会发展专项资金规模增加到9.3亿元，推动公共设施建设提速；落实101个市级中心镇和4个重点示范镇补助，增强综合承载和集聚效应。

为确保完成全年预算目标任务，全市财政要进一步深化财税体制改革，加强科学化、精细化管理。一是开源节流。一般预算、基金预算“两手并重”，夯实财力基础，做大收入规模。继续实行机关事业单位公用经费零增长，严控会议、车辆、出国、招待等一般性支出，努力控制并降低行政成本。统筹市级行政事业单位历年结余，纳入部门预算滚动安排。二是强化管理。建立区县政府性债务统计评价预警体系，动态监控债务风险。规范机关事业单位经营服务性收费，将行政事业性收费全部纳入非税收入征管。加强文化、体育等重大公益性场馆资产管理。强化会计基础核算。制定财政监督条例，加大对重大财税政策、政府性投资和专项资金落实情况的监管力度。三是提升绩效。加强预算控制，对财政资金安排项目严格实行预算评审，对货物、工程、服务实行政府采购。完善预算支出评价体系，制定专项资金绩效评价办法。拓展涉农专项资金招投标分配范围，进一步提高财政资金使用绩效。

各位代表，新的一年，机遇与挑战并存，新形势新任务给财政工作提出了更高要求。全市财政要积极主动作为，科学统筹安排，圆满完成全年财政预算任务，为推动重庆经济社会又好又快发展提供坚实的财力保障！

三峡(重庆)库区移民工作报告

——2010年1月20日在重庆市第三届人民代表大会第三次会议上

重庆市移民局　　王显刚

各位代表:

受市人民政府委托,现将三峡(重庆)库区移民工作报告提请市三届人大三次会议审查,并请各位政协委员提出意见。

一、2009年移民工作回顾

2009年是全面完成三峡移民搬迁安置任务,启动三峡后续工作规划编制的关键年。过去的一年,在中共重庆市委的领导下,在市人大、市政协的监督指导下,库区各地深入学习实践科学发展观,认真落实国务院3号文件和国务院三峡建委的决策部署,统筹推进库区移民迁建、经济发展、生态环境建设与保护、社会和谐稳定,按期实现了市三届人大二次会议批准的各项目标。

(一)移民搬迁安置任务全面完成

坚持分类指导,突出重点,着力解决了万州区、开县、巫山县等地移民安置小区房屋建设受地灾影响,长寿区、渝北区城郊移民安置,巴南区中坝孤岛移民搬迁等制约性问题,促进了剩余移民搬迁安置和规划调整项目实施。全年完成移民投资计划36.2亿元,搬迁安置移民12.9万人,复建各类房屋41.96万平方米,完成孤岛功能恢复6个,建设库周交通道路2511公里,移民工程质量总体良好,移民资金管理总体规范。累计完成移民项目投资541.8亿元,搬迁安置移民113.8万人,复建各类房屋3725万平方米,调整搬迁淹没工矿企业1397户。三峡移民搬迁安置任务全面完成,“搬得出”目标如期实现。

(二)三峡后续工作规划有序展开

为妥善解决三峡工程运行期的新情况、新问题,拓展三峡工程巨大综合效益,促进库区经济社会全面发展和移民安稳致富,国务院适时作出了编制三峡后续工作规划的决策。我市把配合开展后续规划编制作为库区工作的重中之重,与国家有关部委、规划编制单位和评审咨询单位全面对接,争取最大支持。市委、市人大、市政协专题听取规划编制情况汇报,研究有关重大问题。经过共同努力,国家已完成三峡后续工作总体规划和各分项规划编制,并通过咨询评估,将于近期提交国务院三峡建委第十七次全体会议审议后报国务院审批。我市的总体意图在初步规划成果中得到较好体现,移民安稳致富、库区生态环境建设与保护、地质灾害防治等重大问题有望得到较好解决。

(三)移民稳定安置力度加大

实施移民培训就业一体化主题年活动,启动三峡库区职业教育试验区试点,持续推进职业教育和技能培训,建设移民培训就业基地培训用房12.4万平方米、实训标准化厂房24.5万平方米,全年免费培训移民7.65万人。着力解决移民就业,新增移民就业6万人,库区城镇调查失业率由2008年的8.5%下降到2009年的8.08%。稳步实施移民后期扶持扶助,累计兑现农村移民后期扶持直补资金5.1亿元、惠及25万人,兑现城镇移民困难扶助资金4亿元、惠及21.5万人。9万占地移民享受养老保险,淹地农转非移民参加养老保险已申报4.9万人。安排三峡水库库区基金3.8亿元,完成库区和移民安置区基础设施及移民生产生活条件改善项目1101个。预计农村移民人均纯收入5080元,城镇移民家庭人均可支配收入8230元,同比分别增长

12%、11.5%。深入开展"大走访"活动,妥善处理了 119 个移民信访稳定突出问题, 库区社会总体稳定。

(四)库区经济稳步发展

持续开展对口支援和招商引资, 全年签约经济合作项目 128 个, 直接利用内资 302 亿元、外资 3.95 亿美元。库区产业发展基金项目建成投产 425 个, 实现产值 843.1 亿元, 实现利税 134.5 亿元,产值收入比去年增加了 52.2%,累计新增就业岗位 6.3 万个,解决移民就业 1.8 万人。预计 2009 年库区 8 个重点移民区县完成地区生产总值 1150 亿元,实现工业增加值 400 亿元,实现地方财政收入 77.2 亿元, 同比分别增长 18%、28%、29%。

(五)库区生态安全得到有效维护

《重庆市三峡水库管理条例》已进入立法程序, 制定出台了加强三峡水库消落区管理的意见。库区生活污水和生活垃圾处理力度进一步加大,饮用水源保护区内的工业污染源得到有效清理,全面启动了 86 个重点工业污染项目治理,正在开展苎溪河、御临河、澎溪河等 8 条次级河流综合整治项目, 基本取缔三峡水库网箱养鱼,清理长江干支流漂浮物 18 万吨,长江、嘉陵江、乌江重庆段水质总体稳定保持Ⅲ类标准以上。编制完成《长江两岸森林工程规划》,完成长江两岸森林工程建设 38 万亩。5.4 万户农村移民生态家园富民工程和 10 个生态文明示范村建设全面完成,16 个生态环境建设与保护试点示范项目通过国家立项审批, 消落区综合整治项目有序实施。完成三期地质灾害治理项目 355 个,避让搬迁 2.1 万人,三期高切坡防治任务全面完成。成功处置了 175 米试验性蓄水期间的重大险情,库区无重大灾害事故、无人员伤亡事故。

(六)移民文化建设扎实推进

以加强库区文化基础设施建设为平台,以广泛开展"唱读讲传"活动为载体,深入推进三峡移民文化建设。新建移民乡镇综合文化站 98 个,建成移民村级文化室 1038 个,完成 3567 个文化信息资源共享工程村级服务点建设。电视连续剧《国家行动》获全国"五个一工程"奖。

各位代表! 历经十七年的艰苦拼搏、负重前行, 破解三峡百万移民这道世界级难题取得重要的阶段性成果,移民搬迁安置全面完成,库区经济社会较快发展,城乡面貌明显变化,人民生活水平逐步提高, 生态环境逐步改善。十七年来,我们始终坚持开发性移民方针,注重移民搬迁建设与库区经济发展紧密结合, 不断探索市场经济条件下移民安置的有效途径; 始终坚持实行"党委统一领导,政府全面负责,移民部门综合管理,相关部门各负其责"的领导体制,层层落实责任,充分调动各方面的积极性;始终坚持移民任务和移民资金"双包干"原则,不断加强移民工程投资控制和移民资金监管, 提高移民资金使用效益;始终坚持依法移民,严格执行移民政策和各项管理制度, 切实维护移民群众的合法权益;始终坚持优势互补、互惠互利、长期合作、共同发展的原则,不断争取国家和全国人民的支持, 不断拓展对口支援工作的深度和广度;始终坚持强化移民干部队伍建设,充分发挥移民基层党组织战斗堡垒和共产党员先锋模范作用。上述成绩的取得,是党中央、国务院亲切关怀,全国人民鼎力支持,中共重庆市委坚强领导,市人大和市政协监督指导,全市特别是库区干部群众艰苦努力的结果。

当前, 三峡移民和库区发展中仍有一些突出问题和实际困难亟待解决。三峡移民迁建跨度时间长,受经济转型、政策设计等诸多因素影响, 移民搬迁安置遗留问题特别是政策性遗留问题仍然很多; 库区产业空虚状况尚未得到根本性改变, 农村移民人多地少的基础性矛盾突出,部分移民稳定就业缺乏保障,安稳致富压力仍然很大;生态环境承载压力巨大,水污染防治和地灾治理形势较严峻, 生态环境建设与保护任务仍然繁重。这些问题,都需要在三峡后续工作中逐步解决。

二、2010 年移民工作安排

今后十年是以促进移民安稳致富、生态环

境建设与保护、地质灾害防治为主要任务的后续期。围绕移民安稳致富和库区经济社会发展，着力解决移民搬迁安置遗留问题，加大库区产业扶持力度，促进移民稳定就业，移民收入达到全市同期平均水平，移民平均受教育年限适度超前全国平均水平，实现库区城乡基础设施、社会公共服务均等化；围绕生态环境建设与保护，库区干流水质稳定保持Ⅱ类，支流水环境质量明显改善，消落区逐步具备正常的生态调节功能，生态屏障区基本形成，城集镇垃圾及污水设施覆盖率达到95%以上，水库库容得到有效保护；围绕地质灾害防治，建立库区地质灾害防治长效机制，受地灾影响的居民全部避让搬迁，落实防灾减灾措施，最大程度减轻地质灾害对库区人民生命财产危害和经济运行的不利影响，保障水库运行安全。

2010年是启动实施三峡后续工作的开局年。总体思路是：在党的十七大、十七届四中全会精神指引下，认真践行科学发展观，全面贯彻落实国务院三峡建委第十七次全体会议精神，紧紧围绕库区发展“三有一新”目标，以编制并启动三峡后续工作实施规划为主线，以移民安稳致富为落脚点，把移民扶持扶助作为基础任务来抓，突出解决移民遗留问题；把解决库区产业空虚问题作为关键任务来抓，突出打造支柱产业和培育产业集群，着力扩大移民就业；把生态环境建设与保护作为战略任务来抓，突出抓好水质清洁、库周绿化和地质安全，实现三峡后续工作的良好开局。全年争取国家下达移民投资60亿元，招商引资到位350亿元，培训移民7.5万人，新增城乡移民就业4万人，库区城镇调查失业率下降0.5个百分点，启动20个生态环境建设与保护试点示范项目，库区地区生产总值增长13%，城镇居民人均可支配收入、农村居民人均纯收入分别增长11%和12%。

（一）认真编制三峡后续工作实施规划

转变工作思路，树立大库区理念。国务院审批三峡后续工作规划后，我市及时组织编制实施规划，着重解决移民搬迁安置重大遗留问题、实施森林工程和生态屏障区人口转移、配套完善沿江城集镇污水和垃圾处理环保设施、建设一批移民生态工业园、改善库区交通网络、建立库区移民社会保障体系、综合整治消落区、加快库区社会事业发展和移民培训就业、解决沿江城集镇库岸防护安全问题、建立三峡水库运行管理体制，实现移民迁建与后续工作的有效对接。争取国家预安排资金，适时启动一批条件成熟的项目，不断缓解移民安稳致富、产业发展、生态环境建设与保护、地质灾害防治中的突出矛盾。积极争取国家对三峡库区扶持的财政性政策措施的无缝对接。

（二）加快移民安稳致富步伐

着力改善和保障移民生活，继续推进农村移民后期扶持、城镇移民困难扶助常态化管理，力争3月底前完成淹地农转非移民养老保险工作，争取国家出台农村移民养老保险方案并启动实施。全面实施基础设施建设和经济社会发展规划，切实解决移民饮水难、出行难、用电难、就医难和上学难等突出问题。认真开展移民职业教育和技能培训主题年活动，继续推进移民培训就业基地建设，扩大移民就业，新增移民就业4万人。

（三）加快发展库区产业

立足资源优势，加快产业结构调整和增长方式转变，提升开放引资水平，促进产业发展。结合生态农业园建设，大力发展晚熟柑橘、生态渔业和反季无公害蔬菜，推进小茶园、小桑园、小药园建设。争取国家支持启动一批移民生态工业园，指导库区因地制宜发展清洁能源工业、石油天然气、盐化工、机械制造、纺织服装、现代中药、绿色食品深加工等特色工业，鼓励优质产业向综合条件较好的库区城镇、工业园区布局。加快推进长江三峡黄金旅游带规划，着力产品打造、功能完善、市场营销。争取中央企业对库区区县实施结对帮扶，形成国家部委、兄弟省区市、重庆主城区、中央企业四位一体的对口支援格局，争取无偿援助1亿元，招商引资协议投资500亿元、到位资金350亿元。

(四)加强库区生态环境建设与保护

加强三峡水库综合管理，完善已建污水和垃圾处理设施的配套建设，持续开展库区工业污染治理和农业面源污染防治，加快推进次级河流综合整治试点工程，启动20个生态环境建设与保护试点示范项目，完成长江两岸森林工程建设50万亩，启动开县汉丰湖、巴南桃花岛等消落区综合整治项目。以监测为主、避让为先、重点治理、多方结合，突出抓好避让搬迁和城集镇安全防护，争取国家建立试验性蓄水受损补助和地灾防治长效机制，配合完成8个重点移民区县的生态环境监测系统建设。

(五)全力维护移民稳定

认真贯彻执行信访条例，建立科学有效的移民利益协调、诉求表达、矛盾调处、权益保障机制。深入开展干部“大走访”活动，健全市、区县、乡镇、村社四级移民信访网络，畅通移民信访渠道。积极配合外迁移民迁入地做好移民稳定工作。定期排查影响移民稳定的突出矛盾，解决影响移民生产生活的突出问题。切实加强移民文化建设，不断提升移民安稳致富的“内动力”和“软实力”。

(六)深化移民工作管理

继续实行市级领导重点联系和指导库区区县的制度。加强库区干部队伍建设。搞好后续资金使用管理和移民资产管理，完成移民迁建资金结算。认真开展三峡移民搬迁安置总结性研究，探索三峡后续工作管理体制和运行机制。

各位代表，三峡库区已进入后续工作的新阶段。我们将在市委的直接领导下，在市人大、市政协的监督指导下，抢抓机遇，务实创新，努力建设和谐稳定的新库区。

第二编
专题研究

培育重庆城市精神研究

课题组

一、城市精神概述

(一)城市精神的内涵

城市精神是城市的历史文化、城市形态格局和市民的价值观念、思想情操、道德素养、精神风貌和社会风尚等等的集中体现。它是在充分考虑城市的历史、现实和未来的前提下,定位于城市的现实发展,引领城市未来,突出城市魅力,强化市民精神,而从城市文化中提炼出来的最本质、最核心的城市文化精髓。归纳起来主要有以下一些基本含义。

1.城市精神是城市文化的实质与核心

城市文化主要是指与一个城市的政治、经济相关的所有文化意识形态和全部精神活动的总和,城市文化是城市的灵魂。城市精神诞生于城市文化,是城市文化的一个很重要的组成部分,它贯穿于城市文化发展的始终,是城市文化的实质和核心,是从城市文化中提炼出的灵魂与意蕴。相比于城市文化,城市精神具有更高的抽象性和概括性。城市精神通过凝聚城市的历史、文化、民情与形态,从而转化一种城市理念文化。比如,巴黎有着丰富的城市文化,包括众多的文物遗迹、经典的古代建筑、高档的服装业、优美的生态环境、浓厚的艺术氛围、丰富的文化生活、文雅的娱乐活动等等。有人这样感叹巴黎:"走进巴黎,就如同走进了建筑的历史,文化的圣殿,艺术的宝库","它是建筑艺术的代表,它是古城保护的楷模,它是文化环境的典范,它是生态文明的样板"。基于此,巴黎从丰富多彩的城市文化中提炼出了"时尚之都,浪漫之都,文化之都,服饰之都"的城市精神。这就高度概括了巴黎的城市文化,综合反映了巴黎城市文化的内在形态。

2.城市精神是城市独具特质的精神品格

每一座城市由于不同的历史文化、建筑风格、形态格局,都会形成自己独特的历史和文化、鲜明的个性和表现符号,并由此散发出特殊的气质。城市精神是对城市历史、政治、经济、文化和社会的综合反映,是对城市意志品格与文化特色的精确提炼,是结合城市的历史文化、自然环境、时代特征等形成的一种城市特色,是城市独具特质的精神品格。比如,以"海纳百川,追求卓越"为集中体现的上海城市精神,来源于上海独特的悠久历史积淀和改革开放经济社会全面快速发展的伟大实践,体现了上海独特的"海派"文化,反映了上海独领风骚的经济、文化等前进步伐,引领着上海发展建设成为国际化大城市的美好未来。

3. 城市精神是民族精神和时代精神的集中体现

一个城市的形成和发展是建立在国家和民族发展的基础之上的,城市的政治、经济、文化等必然会有深深的国家和民族的"痕迹"。因此,一个地区的城市精神还体现着民族精神和时代精神。民族精神是一个民族在长期的历史发展过程中逐步形成和培育起来的群体意识,是一个民族共同的思想品格、价值取向和道德规范的综合体现。城市精神植根于民族精神之中,依靠着民族精神的"血脉",以城市自身性格和气质为特色产生并不断发展,显现了一个国家和民族的精神。时代精神是顺应时代潮流的最新精神气质、精神风貌和社会风尚的综合体现。现代社会是一个多样化的社会,精神意识形态多种多样,而城市精神能够在多样化的精神意识形态中,占据主导地位,原因就在于城市精神紧紧把握了时代的脉搏,深刻体现了时代发展的潮流,深刻洞察了国际国内的发展状况和发展趋势。城市精神能够体现时代特征，把握时代脉搏，反映时代潮流，这些与时代精神是完全一致的。可以说，城市精神是民族精神和时代精神在一个城市的集中体现。在当代中国，培育和弘扬城市精神，与弘扬以爱国主义为核心的民族精神和以改革创新为核心的时代精神是完全一致的。

4. 城市精神是广大市民认同与共同追求的精神价值

城市精神是生活在该城市中的市民身上所体现出来的精神，是在广大市民中滋生并繁衍的，是广大市民所认同和共同追求的信仰和精神价值，是市民的价值取向、思维方式、生活方式、行为方式的集中体现。它突出反映了市民的文明素养和道德理想，准确概括了市民的生活信念与人生境界，它规范着市民的行为，体现着市民的主体性和创造性，是保证一个城市具有凝聚力和向心力的基础。一个城市不能没有城市精神，缺少城市精神的城市就如一个社会缺少集体意识一样，会失去城市的灵魂。

5.城市精神是城市的历史、现实与未来的统一

城市精神是在城市漫长的历史上形成并在现实当中不断发展的。它来源于城市，是在城市历史、现实发展的基础上形成的。它继承了城市的历史的“灵魂”，展示着城市现实发展的“脚步”。同时，城市精神还引领着城市的未来。城市精神高于城市的历史和现实发展状况，具有前瞻性和导向性，具有现实和未来的统一性。它是一种精神力量，是一种潜在的社会发展催化剂和推动力量，指引着城市的发展方向，从而促进城市可持续的不断发展与进步。

(二)城市精神的载体

城市精神不仅通过市民的人文素质、精神风貌和价值观念等等展示出来，它还通过许多载体来体现。

1.城市建筑与城市精神

城市建筑是城市被物化了的记忆，它理所当然是城市的载体，同样，城市建筑也是城市精神的重要载体之一。城市通过建筑艺术来表现市民的文化水准、风俗习惯、民族风情、价值取向等，同时这也表明了市民对建筑审美的追求。城市建筑不仅仅是一栋栋的“建筑”，而且是透过这些建筑应该理解到的一种城市精神。

每个城市的建筑具有差异性，而这种差异性主要体现在建筑风格上。城市的建筑风格是对城市地域、时代特点、风俗习惯、时尚潮流及技术条件在建筑上的综合反映。建筑风格主要体现在建筑样式和建筑性格上。可以作这样一个比喻：建筑样式就像人的衣服着装，是可以看见的外在形象，并且随着时代的变化而变化；建筑性格就像人的性格一样，是内在的体现，是相对稳定的，它主要取决于自然环境、文化基因以及价值取向等。一个城市建筑所表现出来的不同的，或传统、或时尚、或古典、或浪漫的建筑性格，从一个侧面反映了城市的精神面貌和风土人情。不同的建筑空间会让人产生不同的自我感受，诸如紧张、轻松，优越、卑微等，这些对城市精神会产生一定影响。经典建筑带给市民的，是一种无形的精神升华。优秀的城市建筑代表着城市的精神面貌，能够形成良好的城市精神文明和道德风尚。

2.城市雕塑与城市精神

城市雕塑，是城市精神可视的独特的载体，体现了城市的思想性和文化性，展示了浓郁的城市历史文化特色和鲜明的城市性格。经典的城市雕塑之所以“经典”，就在于其传播了城市文化，反映了时代的心声和要求，体现了城市文化及其地域特点。城市精神是城市雕塑的灵魂，是城市雕塑的必需基质。不同时期的城市雕塑反映了市民在不同阶段的信仰和追求，提高了城市的文化气质。如举世闻名的“自由女神像”代表着“纽约精神”，表达着人们对自由的热爱和向往，象征着美国人民争取自由的崇高理想。通过这种优秀的城市雕塑就能迅速地读懂一座城市的历史、现在和未来，了解到一个城市的历史传统和文化变迁，感受到一个城市独特的审美情趣和风土人情。因此，城市雕塑逐渐演变成为城市精神的重要载体，成为一个城市独特的“文化名片”。

3.城市历史文化古迹与城市精神

城市历史文化古迹是指遗存在城市地上或埋葬在地下的历史文物,包括古建筑、古墓葬、古遗址、石刻、近代有纪念意义的建筑物,具有传统风貌的历史街区,古典园林,风景名胜等。城市历史文化古迹是城市的历史记忆,是城市宝贵的历史文化资源。一方面,它凝聚着城市的历史和文化,是最直观、最生动的人文景观;另一方面,它也是城市文化内涵的具体体现,是人类历史发展的智慧结晶。历史文化古迹是不可再生资源,它连接着历史和未来。保护和开发这些宝贵的稀缺性资源,延续历史文化古迹的规划格局和风貌特色,继承和发扬优秀的历史文化传统,可以体现城市精神非常丰富而厚重的历史内涵。同时,借助历史文化古迹的独特性和唯一性,可以树立城市的文化形象,提升城市的文化品质,从而显现城市的独具特质的城市精神。

4.城市公共空间与城市精神

城市公共空间是指在城市建筑实体之间存在的开放空间体,主要包括城市街道、城市广场、公园、体育场地等。城市公共空间是城市精神的重要载体。

城市街道作为重要的城市内部空间,它组织着城市的景观轴线。一个城市给人留下深刻印象的往往是城市街道上的景观:街道尺度、街道两侧建筑物的体量和风格、独具特色的行道树和绿化带、宏伟的广场景色及色彩各异的广告牌和指示标牌、蜿蜒的立交桥等等。这一系列事物共同作用形成了街道景观,这些城市街道上的情景往往成为城市景观的代表。宏伟庄严的北京长安街,商业繁华的上海南京路等,都给人们留下很深的印象。有人把城市街道景观比喻成城市景观的血管,城市的交通运输、购物、交往,都离不开城市街道景观。然而,街道不仅仅是"街道",城市街道更是城市的一种凝固的文化,是一个城市的显性标志。城市街道景观是城市特色的重要反映,是展现城市魅力和城市精神的重要途径,体现了城市的生命力和影响力所在。

城市广场是城市中面积广阔的场地,它通常是大量人流、车流集散的场所,也是城市居民休憩、交往和进行社会活动的一个重要的场所。同时,城市广场调整了浓密的城市建筑布局,扩展了市民的生活空间,改善了市民的生活环境质量。一个城市要让人留恋、让人怀念,就必须要有独具魅力的广场空间。城市广场是城市文化的融合,是城市的一张名片,它对于丰富城市的形象十分重要。如香港的"时代广场",是香港繁华和自由的体现,丰富了香港的形象,已经成为香港的一张名片。在当今高度重视城市广场建设的时代里,城市广场肩负起体现城市气派,彰显城市形象,象征城市精神,包蕴城市文化的重任。

5.城市园林绿地与城市精神

城市园林绿地是城市生态、环保、景观、文化、休憩和舒缓空间、减灾避险的重要保障。众多的城市园林绿地可以美化城市环境,提高人们的生活质量和生活品位。城市园林绿地除植物自身的形象外,还蕴含了与其共存的城市广场空间、休憩地、建筑、雕塑、亭台和文化活动场所等共同形成的一种文化氛围,它在提高人们的生活质量和品位的同时,也陶冶人们的情操,净化人们的心灵,是城市精神的重要载体。风格迥异,各具特色的城市园林绿地,依托自然、源于自然而又高于自然,突出了城市的特色、风格和品位,挖掘了城市的文化内涵。城市环境质量好,市民能够在优美的公园绿地去休闲、娱乐、观光,能够在城市中享受到山林水草以及天籁之乐,这样的效果是由城市园林绿地造化出来的。既有文化内涵又富时代气息,既承传统又求新意的城市园林绿地是对城市精神以人为本的体现。市民不但可以接受生态和园林文化的熏陶,而且还提高了精神境界和生活情趣。城市园林绿地实现了人、社会与自然和谐发展,是城市文明的重要标志。

(三)培育城市精神的作用和意义

培育城市精神对于任何一个城市的发展都是非常重要的。其作用和意义主要表现在以下几个方面。

1.增强城市文化内涵

一个城市的文化内涵,是经过先贤前人的不

断创造、发掘,经过世人持之以恒的传承、提炼和弘扬,经过了世世代代的智慧和努力融合、汇聚出的精华。增强城市的文化内涵,提高市民的人文素质,不仅仅是发展社会经济政治文化的需要,从根本上、长远上看,更是促进人自身全面发展的需要。城市精神是城市文化的核心。培育城市精神有助于弘扬民族精神,传承优秀传统文化,增强城市文化内涵,提高市民的人文素质,对市民的精神世界、精神追求进行积极的引导和培育,以提高市民的思想素质和精神境界,促进人自身的全面发展。

2.提升市民主体意识

城市精神是一种与城市共命运、与市民同呼吸的精神力量,拥有强大的凝聚、激励和引导功能。城市精神一旦形成,就以其共同的价值观、世界观等理念规范、引导人们的行为,凝聚形成统一的意志和信念,在全社会营造出共同的奋斗理想、精神支柱,激励人们创造奋斗。塑造城市精神的过程能够在全体市民中树立起共同的城市理想和精神支柱,使广大市民具有健康饱满的精神状态,对城市理想、城市价值有积极的诉求,并能得到比较切实而完美的体验。在培育城市精神的过程中,市民会潜移默化地意识到自己对城市负有的义务和责任,体会到自己作为城市中的一员,不仅是城市精神的接受者,同时也是精神文化的参与者和维护者,进而提高市民的主体意识,增强市民对城市的认同感、归属感和自豪感,使干部群众同舟共济,荣辱与共,以主人翁的态度关注和参与城市的发展。特别是当发生灾难与危情的时刻,城市精神会催生出强大的感召力和凝聚力,激励人们团结一致,同心同德,共度难关。

3.展示城市形象

一个城市的知名度和影响力,跟这个城市的精神文化是紧密相关的。培育城市精神,是展示城市的精神文化风貌及其独特魅力,扩大城市的知名度和影响力的一个非常重要的方面。城市的良好风尚、文化素养、著名人物、标志性建筑、历史遗迹、绿化景观、旅游景点等都是城市精神的载体和体现。它们在岁月的流失和城市的发展中传递着城市的精神和灵魂,经过时间的洗礼,逐渐演化成城市的象征,形成了城市的形象,变成了城市的名片。培育城市精神能为城市带来强大的磁力,提高城市的知名度、美誉度,为城市发展提供宽松的外部舆论环境,促进招商引资,促进人才、资金及其他优势资源的聚集,促进城市形象品牌的诞生,使一个城市的整体风貌得以最大程度的展现。

4.强化城市软实力

软实力是硬实力的精神动力和智力支持。一个城市如果片面注重发展硬实力而忽视软实力的发展,硬实力发展到一定程度时,软实力的欠缺就会影响到综合实力的发展。诸多实践已经并将继续证明,软实力决定着硬实力的发展方向、速度、质量以及最终的发展效果。城市精神是一种宝贵的社会资源和竞争力,是城市软实力的重要组成部分,是衡量城市综合竞争力的重要因素。它以其共同的价值观、世界观等理念规范引导人们的行为,凝聚形成统一的意志和信念,激励人们创造奋斗。培育城市精神有利于提高市民的人文素质,提升城市品位,塑造城市形象,打造文化品牌,展示城市的开放性和包容性,增强城市的凝聚力和向心力,从而极大提升城市的综合竞争能力和可持续发展能力。

二、重庆城市精神的历史和现实基础

一个地方城市精神的形成与它独特的地理环境、历史传承、文化底蕴、经济发展、社会生活等方方面面都密切相关。

(一)大山大江的地理环境

俗话说:“一方水土养一方人”。地理环境对人、对社会演变和历史进程有着重大的影响。生活在不同区域的人,之所以表现出不同的精神风貌,其重要原因正在于其所赖以生存的地理环境的差异。地理环境是一个城市的基础和依托。要了解一个城市的精神,必然要先了解这个城市所处的环境。

重庆以“山城”而闻名,它是我国最大、最著名的山城。我国地势总体上西高东低，呈三级阶梯状递降。重庆地处东经105°17′-110°11′，北纬28°10′-32°13′之间，位于第二级阶梯中南部的东缘，重庆山地面积62413.24平方公里，占总面积75.8%；丘陵面积14985.76平方公里，占18.2%；台地面积2964.22平方公里，占3.6%；平坝面积1976.14平方公里，占2.4%。重庆北有大巴山，东有巫山，东南有武陵山，南有大娄山，这些山脉的平均海拔都在1500米以上，最高峰为大巴山阴条岭，海拔2796.8米。重庆主城及周边则有缙云山、中梁山、铜锣山、明月山、四面山、金佛山和仙女山等名山。重庆主城和很多区县城市都坐落在山上，是一座典型的"山城"。大山的环境直接制约着重庆人的生产生活方式。山区地少且土质贫瘠，要在贫瘠的土地上求生存就要付出比平原地区更多的汗水和辛劳，这培养了山里人勤劳肯干的作风。山区出行，除了爬坡就是上坎，这养成了重庆人负重自强、勇于登攀的精神。山城平地少，建筑房屋需另辟蹊径，从空间上进行拓展，巴渝人创造出了吊脚楼重岩累居的建筑式样，充分体现出其创造性和想象力。生活在山区，触目所及，是巍峨雄壮的大山，连绵起伏的山岭，这就塑造了重庆人胸怀宽广、敦厚朴实的气质。

重庆有"江州"之古称。长江自西南向东北贯穿重庆市全境，从江津入境，到巫山出境，在重庆市境内流程达665公里，超过其全长的十分之一。重庆境内遍布长江的支流，其一级支流和二级支流中，流域面积在50-100平方千米的有167条，在100-500平方千米的有152条，在500-1000平方千米的有19条，在1000-3000平方千米的有18条，3000平方千米以上的有8条。嘉陵江自西北而来，从合川入境，在朝天门汇入长江。重庆主城三面环水，长江、嘉陵江穿城而过，在朝天门交汇后滚滚东流而下。长江在重庆奉节至湖北宜昌段形成了长达193公里的雄奇壮丽、波涛汹涌的长江三峡。由重庆溯嘉陵江而上，可以到达四川省东部的绝大多数地区，溯长江而上，可抵达覆盖成都平原的岷江流域和沱江流域。在以水路为主要交通方式的时代，这一特殊的地理优势不仅成为重庆筑城的重要原因，也使得重庆长期保持着军事战略要地和商货集散中心的地位。重庆作为航运中心，尤其是南宋成为商贸中心以后，船工、水手、纤夫一直都是峡江人的一个重要行当，很多人是祖孙相传，世代为业。三峡河段素以航道复杂、水流湍急著称，其航运危险性大，稍有疏忽就会发生事故，因而船工们互相之间也形成了彼此高度负责、以性命相托的诚信传统。长期与风浪、礁石、险滩打交道，练就了重庆人激流勇进、敢闯敢拼的秉性。

（二）古代历史文化

重庆是中国著名的历史文化名城，具有3000多年的悠久历史和光荣的革命传统。公元前11世纪，巴人建立了巴国，以江州为国都。后秦灭巴国，分天下为三十六郡，巴郡为其一。极盛时期巴的疆域以原重庆市为行政中心，管辖川东、陕南、鄂西、湘西北和黔北等区域。重庆古代在不同的时期有江州、巴郡、楚州、渝州、恭州之称。巴国时称江州，秦置巴郡后，郡治仍在江州，南北朝时改巴郡为楚州，隋朝时改楚州为渝州，北宋时改渝州为恭州。公元1189年，宋光宗赵惇先封恭王，后即帝位，自诩"双重喜庆"，升恭州为重庆府，重庆由此得名，距今已有820余年。

公元前316年，秦并巴国后，"移秦民万家以实之"，巴地开始接收历史上第一批大规模的移民。秦统一中国后，巴因地理条件的天然封闭又成了流徙六国王室和流放囚犯的绝佳所在。这些有组织的移民不仅带来了先进的生产技术，同时也带来了先进的文化知识。

巴渝地区的文教事业正式开始于汉初文翁治蜀之后。巴郡效仿蜀郡设立官学，培养人才，大兴教化。西汉末年以后，许多巴郡人开始因其文教、学术、政事等而名载史册。如阆中人谯玄父子二人善说《易》，安汉人陈禅以正直闻名于世，阆中人严遵为扬州太守，深受百姓爱戴，其它如当时并称"江洲三杰"的谒涣、陈为、谯章，以及《华阳国志》提到的洛下闳、任文公、冯琨、庞雄、玄贺、赵宏、龚调、杨仁等，都是当时在操守、品德、文学、才干方面举世称道的佼佼者。

唐宋之际，大批文学家、思想家、政治家、宗教人士由于各种原因寓居重庆。他们一方面为重庆的文化注入了更为丰富的养分，另一方面，也通过各种途径向外界介绍巴渝地区的民风民俗，并发掘和吸纳巴渝文化中独具特色的成分，丰富了中国文化的内容。到了宋朝，重庆已经有了相当深厚的文化积累，除了遍布各州县的官学外，很多地方还开设了书院。当时重庆的书院，较为有名的有涪州北岩书院，夔州的少陵书院、静晖书院、莲峰书院，江津的五举书院，合州的濂溪书院等。同时，重庆籍思想家也开始在中国思想史上书写他们自己的篇章。涪州人谯定早年曾随南平(今綦江)人郭曩(一说羌中人郭载)学《易》，后来游学洛阳，折服于二程。1097 年，程颐因故被贬至涪州，在北岩的普净院完成了他的易学巨著《伊川易传》，谯定追随左右，尽得伊川易学的精髓，并形成了自己的易学观点。他将所得传授给胡宪、刘勉之、冯时行、张行成、张浚等，胡、刘等再传而至朱熹、张栻、吕祖谦。这几人正是宋代理学的重量级人物。由它们再转相传授，其学说影响远及闽学、浙学、湖相学、蜀学等理学支派。他的三传弟子、朱熹的学生涪州人(huàn)渊后来任涪州北岩书院山长达二十余年，使谯定开创的涪陵学派以涪州为基地长时间发挥着影响力。

从此以后，巴渝籍的思想家、政治家不绝于史册。其尤为突出的，如明朝的开国功臣重庆人骞义，明代的易学思想家梁平人来知德，明清之际复兴整个西南地区佛教的破山海明禅师等都是中国历史上影响深远的人物，是重庆人的骄傲。

(三)重庆历史上经济社会的发展

1.近代以前的发展概况

近代以前重庆的商业和手工业就有了初步发展。重庆作为区域性经济中心的地位开始显现是在宋朝。当时，四川相对安定，有 250 年左右没有发生大规模战争，农业、手工业得以飞速发展，农村集镇大量涌现，人口剧增。“两宋时期的重庆在经济上确有明显的进步，可以说突破了过去那种单一地充当政治和军事中心都邑的城市，而在经济上开始发展。”到了明代，重庆成为四川重要粮食产区，并跻身全国 30 个重要工商城市的行列。到了清乾隆年间，随着“湖广填四川”和一系列休养生息政策初见成效，重庆迅速成为长江上游最大的贸易集散地。当时，西南地区和长江中下游迫切需要发展贸易，从宜宾到宜昌的川江航道被开辟出来。从此，重庆北接嘉陵江流域，西达岷江、沱江流域，南连滇黔，远通康藏的交通优势顿时凸现出来，开始向一个工商业城市转型。随着重庆-汉口-苏州的长江航线成为米、木、盐、棉、布匹、杂货的物流主干，重庆迅速成为长江上游最大的贸易集散地。乾隆年间，重庆的商业交通盛极一时，“或贩自剑南、川西、藏卫之地，或运自滇、黔、秦、楚、吴、越、闽、豫、两粤间，水牵云转，万里贸迁。”商业的发展为它带来了大批商业性移民，城市人口开始激增，且商业人口所占比重越来越大。嘉庆十七年，重庆府人口达 693 万，之后将近一百年的时间里，重庆府人口平均增长率达 1.1%，以重庆为中心的经济区人口发展速度超过了历史上经济发达的成都经济区。

2.重庆开埠与工商业的繁荣

重庆于 1891 年设立海关，正式开埠。重庆开埠是国家主权遭到严重践踏的结果，它为帝国主义在中国的腹地倾销商品、掠夺原材料打开了方便之门。但另一方面，它也激发了重庆人反抗侵略、自新自强的斗志，客观上促成了重庆各方面的飞速发展，为它此后在中国的经济和政治舞台上发挥重要作用奠定了基础。开埠以后，外国资本、商品、观念、生活方式等纷纷涌入。至 1911 年，在重庆的外国洋行、公司已达 49 家，工厂 11 家。先进的机器设备等的引进，带来了先进的科学知识，而来自西方的企业经营方式也对民族工商业产生了启发。开埠还极大地影响着重庆的城市建设，城市面积开始拓展，西式楼房数量增多，现代交通工具逐渐走近了人们的生活。重庆的民族工商业也在夹缝中开始起步。从 1891 年西南第一家民营新式工厂森昌泰火柴厂成立开始的 20 年间，民族资本工厂已经发展到 52 家，生产领域涵盖火柴、缫丝、采煤、水电、玻璃、棉织、皮革、钢铁、机械、化工等各个领域。开埠以后,对人们影响最深刻的,还在于观念的改变。在与外国资本的竞争发展中,人们的商品观念、开放观念、竞争观念以及爱国精神越来越浓厚。

3.战时首都与"重庆大轰炸"

"七七事变"后,中国军队在淞沪战场上处于不利局面,首都南京受到威胁。1937年10月,国民政府决定迁都重庆,以四川为大后方继续抗战。从1937年8月起,以上海为中心,在北起山东青岛、南迄广东、香港的广阔地域上,工厂大规模内迁。据隗瀛涛先生考证,最终迁往重庆的工厂243家,占迁川工厂总数的93.46%,占内迁工厂总数的54%。中央、中国、交通、农民四大国有银行的总部也迁到重庆。陆续迁入重庆的高校达31所,大批文化科研机构、中央级媒体等也先后迁到重庆。战时的重庆成为中国的政治、经济、军事和文化中心和世界反法西斯战争远东指挥中心。厂矿机构的大量内迁,带来的还有100万以上的抗战移民。大量外地人涌入重庆,与本地人长期处于同一生活环境,即便有隔阂或不融洽处都在抗战的大熔炉里渐渐消融,尤其是经历了日寇的残酷轰炸后,更添了同舟共济意识。

在这场拯救民族危亡的保卫战中,重庆以其坚毅的勇气、巨大的牺牲和卓越的奋斗,谱写出壮丽的诗篇。从1938年起,日本侵略者开始在重庆展开"航空进攻作战",意图以大轰炸摧毁中国的抗战意志。直到1943年8月23日,日寇对重庆进行长时间、无区别的狂轰滥炸,史称"重庆大轰炸"。在长达5年半时间里,日寇空袭重庆共达218次,累计被炸、焚、震毁房屋11510幢34854间和542艘船只、57辆汽车,共炸死2万余人,炸伤15000余人。据不完全统计,全市公私财产损失超过692亿元。"重庆大轰炸"历史之长、为害之烈、贻祸之深,世所罕见。日寇的狂轰滥炸激发了人们爱国尽责、同仇敌忾、共度危局的民族精神和钢铁般的意志,重庆人民团结一致,坚持抗战,保家卫国,为抗日战争的胜利做出了巨大贡献。

4.红岩精神与歌乐英烈

在风雨如磐的斗争岁月中,在党中央的领导下,以周恩来同志为代表的南方局老一辈无产阶级革命家、共产党人和革命志士,倡导培育、锤炼形成了"救亡图存的爱国精神,不畏艰险的奋斗精神,和衷共济的团结精神,勇于牺牲的奉献精神"的革命精神,因南方局在重庆常驻"红岩村",它以"红岩精神"而为世人称道。

从1939年起到1946年5月,南方局在重庆始终"坚持抗战,反对投降;坚持团结,反对分裂;坚持进步,反对倒退",为深入发动大后方群众,巩固和发展抗日民族统一战线,维系国共合作,联络各国友好,争取国际援助做了大量艰苦的工作,成为国统区里民族抗战的坚强堡垒,发挥了红岩精神凝聚人心的巨大作用。

红岩精神在歌乐山革命英烈身上得到了集中的传承和发扬。上世纪四十年代,重庆歌乐山下的渣滓洞、白公馆囚禁着一群优秀的中华儿女,他们受党的教育和中共中央南方局红岩精神的激励,为了人民的幸福,无论受到多么残酷的毒刑都不屈服,与灭绝人性的敌人进行着殊死的较量。1949年11月27日,国民党特务机关在溃逃前夕,把大批革命志士残忍地杀害。1961年,反映歌乐山英烈事迹的小说《红岩》出版。它出版至今已经51次再版,发行800多万册,是我国发行量最大的小说,对于弘扬红岩精神,宣传歌乐山英烈的事迹起了重要的作用。

红岩精神和歌乐英烈的事迹是在特殊时期激发出的特殊的革命情操的集中体现,它至今对重庆乃至全中国人民发挥着激励作用。

(四)建国以来经济社会的发展

1949年11月30日,重庆解放。新中国的成立使重庆结束了半殖民地的屈辱历史,结束了长期的战乱,从此进入了一个集中力量建设社会主义的时期。

1.直辖前重庆的发展

建国初期,经过三年多的恢复性建设,到1953年底,国民经济呈现初步发展的良好态势。全市新建、扩建和改建国营厂矿72个;改善了国营商业货源的组织渠道和经营方法，活跃了城乡物资交流；农业方面，在农村大力推广发展农业合作社，以互助组为中心开展农业增产运动，促进农业生产的提高；全市财政经济状况日益好转，保证了有更多的资金用于各项生产建设中，人民生活安居乐业。

20 世纪六七十年代，重庆根据毛泽东主席和党中央、国务院的部署，大力进行“三线建设”。这是新中国建立以后进行的一次大规模的战略后方基地建设，也是我国一次重大的经济战略调整。我国的第三个五年计划和第四个五年计划的大部分投资，都放在“三线建设”上。截至 1980 年，重庆已经建成了门类较为齐全的钢铁和军工机械工业体系，工业结构和布局逐步完善，交通得到较大发展，并形成了布局合理的城镇体系，引进了大批科技人才，进一步奠定了工业经济基础。

1978 年 12 月，党的十一届三中全会胜利召开，我国进入改革开放新时期，重庆经济社会各项事业的发展也进入了快车道。从 1983 年开始，经济体制改革不断向纵深发展，取得了骄人成绩，为重庆城市精神的逐步形成提供了坚实的物质基础。对外开放的扩大，使重庆市人立足重庆，走向世界，引进先进技术、管理经验和优秀文化成果，为重庆人打开了眼界，成为重庆城市精神新的营养源泉。1983 年 2 月，中央批准重庆市作为全国第一个经济体制综合改革试点城市，并决定对重庆市实行计划单列。在改革中，重庆首开企业承包的先河，率先在流通领域进行“四放开”、“五自主”的试点。政策的鼓励使重庆的经济迅速起飞。农村经济体制改革使得重庆的乡镇企业快速发展，解决了剩余劳动力的出路。通过先后开展的各种改革，初步建立起社会主义市场经济体制。同时，重庆对外开放的步伐进一步加快，对外贸易、吸引外资、国际经济技术合作等对外开放工作走上了蓬勃发展历程。

2.直辖市的发展与三峡移民精神

1997 年 3 月 14 日，八届全国人大五次会议审议批准设立重庆直辖市。直辖之初，中央交办重庆四件大事：三峡库区百万移民、振兴老工业基地、探索大城市带动大农村的新路子以及加强生态建设和环境保护。直辖 10 年以来，通过大力调整经济结构，积极扩大开放，深化体制改革，加快基础设施建设，重庆经济社会发展取得了长足进步。农业农村经济稳步发展，工业经济实力和竞争力显著增强，商贸业发展迅速，经济结构逐步优化，科技创新能力不断增强，各项社会事业全面发展，人民生活水平有了较大提高。

攻克三峡库区百万移民这一世界级难题，是中央交办重庆的四件大事之首。三峡工程在重庆库区动态移民 113 万人，占库区移民的 85%以上，涉及 15 个区县和主城七区的 324 个镇（乡）、两个城市、7 个县城、101 个集镇、1392 家工矿企业。截至 2008 年底，重庆库区三峡移民“搬得出”的任务基本完成。在实施百万大移民的过程中，党和政府政策正确，措施得力，全国 20 多个省市、40 多个国家部委和企业密切配合、大力支持，库区人民和移民干部顾全大局，舍小家为国家，建新家创新业，为完成百万大移民的宏伟任务做出了巨大贡献，并形成了举世瞩目的三峡移民精神。三峡移民精神表现为顾全大局的爱国精神、舍己为公的奉献精神、万众一心的协作精神、艰苦奋斗的拼搏精神和开拓开放的创新精神。三峡移民精神是巴渝文化优良传统在新时期的集中体现，它创造了世界水库移民史上的奇迹，并将继续激励重庆人民勇敢面对困难，迎接新的挑战。

3.新的历史机遇和挑战

历经直辖 10 年的发展，重庆已经站在一个新的历史起点上。2007 年 3 月 8 日，适逢重庆直辖 10 周年前夕，胡锦涛总书记在参加十届全国人大五次会议重庆代表团审议时，高瞻远瞩地提出了重庆发展的“314”总体部署。即三大定位：努力把重庆加快建设成为西部地区的重要增长极、长江上游地区的经济中心、城乡统筹发展的直辖市。一大目标：在西部地区率先实现全面建设小康社会的目标。四大任务：加大以工促农、以城带乡力度，扎实推进社会主义新农村建设；切实转变经济增长方式，加快老工业基地调整改造步伐；着力解决好民生问题，积极构建社会主义和谐社会；全面加强城市建设，提高城市管理水平。

"314"总体部署体现了中央对重庆直辖10年取得成绩的肯定，为重庆未来发展描绘了令人憧憬的蓝图，同时也对重庆提出了更高的要求。

2007年6月，国家批准重庆统筹城乡综合配套改革试验区，重庆成为新的改革开放的前沿阵地。

2008年11月，重庆两路寸滩保税港区获得国家批准设立，成为我国内陆第一个保税港区。

2009年1月，国务院发出关于推进重庆市统筹城乡改革和发展的若干意见，对重庆提出更高要求，赋予新的使命。这一系列历史新机遇，将使重庆在全国区域协调发展和改革开放大局中发挥更加重要的作用。

在新的历史进程中，重庆面临着要继续破解"百万移民安稳致富"的世界级难题、要闯出一条山区贫困农村发展致富的新路、要建成内陆开放高地和长江上游地区的经济中心等重大挑战。要完成这些重大任务，必须大力培育和弘扬重庆城市精神，提升市民素质，调动一切积极因素，凝聚各方面力量，形成推动重庆改革发展的强大合力，促进重庆经济社会全面发展

三、重庆市民精神状态及培育城市精神现状分析

课题组通过市内外不同群体的走访、问卷调查及网络调查，尤其是通过对在全市40个区县获取的4030份有效问卷的统计分析，对重庆市民精神状态及城市精神培育现状有了基本把握。

（一）市民精神状态分析

市民精神状态是市民的价值信仰、道德心理、知识能力等因素复合而成的一种集体人格状态。其外在表现包括：市民所具备的文化、价值、知识和能力素质状况；市民对城市环境、城市发展、城市文化等各个方面的认可程度；市民在特定的地理、历史条件下形成的语言特色、对本地区的浓厚情感、意志；市民的道德水平和精神塑造。

重庆市民精神状态总体评价是：改革开放30年来，尤其是经过直辖10余年的努力，市民整体素质明显提高，市民精神状态进一步振奋，对重庆城市的自豪感、认同感、归属感、主人翁责任感不断增强。但与直辖市肩负的历史使命对市民素质的要求相比，与贯彻落实"314"总体部署，实现重庆科学发展新目标新追求的宏伟目标相比，市民的精神状态尚需极大振奋，市民总体素质尚需大幅提升。

1. 市民的思想观念与改革开放要求还不相适应，市民基本道德规范与社会主义荣辱观要求还不相适应

改革开放30年来，我市通过倡导市民基本道德规范、开展道德实践活动、完善行业职业行为准则、建立和完善激励监督机制、加强城市综合治理等途径，大力加强市民的思想道德素质建设，使市民"爱国守法、明礼诚信、团结友善、勤俭自强、敬业奉献"的基本道德规范和文明礼仪进一步养成。多数市民能积极践行社会主义荣辱观，遵守公共秩序和城市规范。

改革开放客观上要求市民要有较强的战略统筹能力，树立起全球性开放观念，具备长远的战略目光和开阔的胸襟。但重庆位于中国西南部，相对于其他直辖市和沿海城市而言，地理位置相对闭塞，加之长期受"盆地意识"和"码头文化"的影响，一定程度上造成市民思想观念比较保守、思维方式比较落后、眼界比较狭窄。市民基本道德规范还有所缺失，与社会主义荣辱观要求不相适应。部分市民的社会公德水准低下。损坏公共财物、乱倒乱抛垃圾、乱停乱放车辆、公共场所大声喧哗、讲有辱于他人情感和尊严的"脏话"、违反交通法规、违章建筑、违章占道、扰乱邻里、不爱护公共设施等现象时有发生。个别市民诚信意识和人品品质较为欠缺，法律意识比较淡漠，违法犯罪行为时有发生。

2.市民的竞争意识、开拓开放观念及民主法治观念与在西部地区率先实现全面建成小康社会的目标要求还不相适应

改革开放30年来，重庆广大市民在市场经济大潮中，抛弃“等、靠、要”等保守滞后意识，负重自强，加快发展，尤其是经过10年的努力拼搏，全市工业、农业、对外贸易、交通、旅游、金融保险、教育、科技、文化、卫生等取得长足发展。在经济不断发展、社会全面进步的同时，市民的市场经济意识、竞争意识、效率意识、开拓开放意识得到很好的培育和增强。

但是，市民的竞争、开放观念与“长江上游地区经济中心”、“西部地区重要增长极”、“建设城乡统筹发展直辖市”目标要求不相适应。问卷调查中，“从一个法制社会对市民素质的要求来看，重庆市民最需要普及的”，依次为：具备法治秩序意识、公务人员廉正精神、熟知自身的权力和权利的界限、行业的创新精神、了解市场经济；分别为54.76%、42.91%、39.97%、27.39%、23.62%。这表明：重庆作为西部惟一直辖市，长江上游经济中心城市，客观上要求市民要有较强的开拓创新能力、精明的经济头脑和卓越的胆识魄力，尤其应有较强的创业能力、创新能力，由此来培育一大批优秀企业和知名品牌，创造更多的社会财富。但重庆市民的直辖意识、都市意识、创业意识相对比较欠缺。部分市民安于现状，不思进取，因循守旧。市民开拓创新能力较为欠缺，导致重庆城市自主创新能力不强，社会组织制度不健全，企业技术创新比较薄弱，企业运转机制不灵活，企业核心竞争力不强，缺乏世界级知名企业、品牌等问题。最突出表现是民营企业发展相对滞后。目前，全市投资民营经济的人数占重庆市人口的比重仍然较小，大约为3%。

3. 市民科学文化素质与直辖市要求还不相适应

改革开放以来，我市大力加强教育事业的改革发展，市民受教育程度和科学文化素质全面提升，教育在提升市民素质过程中发挥了重要作用。在大力推进科技强市战略中，不断提高市民的科技创新意识，市民参加科研和文化学习的积极性增强。通过创建“学习型城市、创新型城市”，市民终身学习观念、创新观念不断增强，自发参加科研和文化学习的积极性增强。

但是，市民的科学文化素质与直辖市科学发展要求还不相适应。问卷调查中，“市民精神中比较欠缺的两项”，得票最高的为“讲秩序”和“宽容精神”，分别为63.43%和36.92%；“对重庆市民基本修养的日常表现，最不满意的前五项”分为“公共场所满口脏话”、“随地吐痰”、“乱抛果皮纸屑”、“赤膊吆喝”和“不讲秩序”，分别为76.07%、55.85%、53.11%、43.24%、36.20%。其主要原因：一是市民受教育程度总体偏低。近年来，重庆教育得到较快发展，但教育发展不平衡，市民受教育程度总体偏低，离把重庆建设成为长江上游经济中心的要求差距还较大。据第五次人口调查显示，重庆市大专以上人口占全市总人口比例为2.8%，而北京、上海分别为17.5%、11.4%；二是高层次人才数量偏少。重庆直辖市，需要大批的高素质党政管理人才、企业经营人才和专业技术人才。但全市人才总量明显不足，西部人才高地还没有形成，区域中心城市的集聚和辐射作用还比较有限，与建设创新型城市的要求不相适应。三是市民读书习惯还未真正养成。据调查，在重庆地区，经济收入每月在1000元到2500元的人中，有38.1%的人不读书，27.4%的人没有自己所喜欢读的书。经济收入每月500元以下者中38.3%的人不读书，25.8%的人没有自己所喜欢读的书。而经济收入500—999元的人中，不读书的人占21.2%，没有自己所喜欢读的书的人占13%。有8.8%大专以上学历者每天读书时间为零，4.4%大专以上学历者没有自己所喜欢的书。市民的读书习惯还未养成，终身学习的观念比较淡薄，与建设学习型城市的要求不相适应。

4.市民素质城乡差异大，劳动力分布不均与城乡协调发展不相适应

改革开放以来，我市不断加强基层文化建设和基础文化设施建设，文化艺术活动深入开展，广播、电视、新闻出版事业蓬勃发展，市民艺术欣赏水平和文化品位得到较大的提升。

但是，市民素质城乡差异大，劳动力分布不均与城乡协调发展不相适应。问卷调查中，调查

对象认为“有损于重庆城市形象的两种从业人员”,以“乞讨者”和“城管人员”得票最高,分别为48.7%和42.5%;而影响城市形象的四种服务行业,分别是美容美发按摩洗浴、公交、婚姻职业介绍、宾馆餐饮,分别为70.28%、58.73%、47.71%、40.37%;市民“对重庆城市最不满意”的是“环境保护”,为37.32%。这表明:重庆市民群体素质之间有很大差异。市民素质呈现出明显的群体差异,表现为大专以上文化程度者、政府企业管理人员、专业人员等人文素质普遍较高。农民、个体户、城市弱势群体等由于不具备在文化活动中分享人类文化遗产的知识结构与能力,其业余文化生活非常单一,不具有参与文化含量比较高的文化活动的意识和经济支撑,其综合素质不容乐观。再有,市民素质的城乡差异很大。据2008年重庆《统计年鉴》,城乡居民家庭在“教育娱乐文化服务”方面的消费支出,2007年分别为1439.32元和159.97元;城乡最低收入户同类支出分别为720.13元和116.7元。重庆是大城市带大农村的二元经济结构,相对发达的现代城市和相对落后的农村并存。劳动力人口文盲率,城镇低于3.1%,而乡村为12.3%;劳动力人口中高中及高中以上文化程度人口的比例,城镇已达30.9%,接近全国发达城市水平,而乡村只有4.0%。还有,重庆劳动力区域分布不均。三峡库区生态经济区劳动力数量最多。

造成目前市民素质与直辖市要求存在较大差距的原因是多方面的。综合起来有资金投入不足、基础设施不完善、大城市带大农村的二元经济结构、区域位置和地理环境相对封闭、政府管理体制不健全、教育发展相对滞后、历史文化传统的负面影响、法律法规不健全等多方面原因。因此,加强重庆城市精神的培育,提升重庆市民素质至关重要。

(二)重庆城市精神培育现状分析

重庆城市精神是民族精神和巴渝文化的集中体现,只有准确地把握民族精神和巴渝文化,才能在重庆文化建设过程中真正融会贯通,使其成为培育重庆城市精神的有效载体。尤其是诞生于重庆的三个国家级历史文化资源,即红岩精神、抗战陪都文化和三峡移民精神,是重庆城市精神的宝贵资源。长期以来,人文社科界专家学者对巴渝文化及重庆历史文化资源研究,为重庆城市精神归纳提炼及培育奠定了理论基础。

问卷调查中,61.4%的人认为“重庆城市精神需要总结提练”,并对这一活动“很感兴趣”,只有0.09%的认为“自然形成,不需要大动干戈”。事实上,城市精神培育是一个漫长的过程。关键不在提炼出了什么,而在于我们究竟做了什么。城市精神本身的归纳、提炼和总结而言,已经有一些阶段性成果,但远未形成市民的共识。

问卷调查表明,市民认为影响重庆城市精神的基本要素主要有:城市风格(权重值为3.103)、时代特征(权重值为2.787)、文化氛围(权重值为2.491)、自然地理环境(权重值为2.343)、社会经济状况(权重值为2.201)、城市历史传承(权重值为2.145)、市民精神(权重值为2.006)。而认为研究重庆城市精神最值得关注的8件大事,依次为:城乡统筹试验区、512抗震救灾、314总体部署、三峡移民、重庆直辖、红岩、陪都抗战、十九世纪末的开埠,其权重值分别为2.888,2.802,2.587,2.473,2.390,2.186,2.121,2.098。这些数据为我们把握重庆城市精神及其培育现状,有重要参考价值。

直辖市建立后,三个层次的精神培育为重庆城市精神培育奠定了基础。

1.弘扬“红岩精神”,塑造当代重庆人

直辖以来,全市以弘扬“红岩精神”,塑造当代重庆人为主题,以建设“礼仪重庆、诚信重庆、知识重庆、魅力重庆”为目标,开展各种教育活动,引导广大群众学习红岩精神、实践红岩精神。同时加大宣传力度,直辖十年来,红岩联线共接待观众2500多万人次,而各地的巡展更是受到1800多万观众的好评。1996年10月,《红岩魂》大型展览在北京拉开了全国巡展的序幕。通过这个载体,红岩精神走遍了全国除澳门、西藏和台湾之外的所有地区和城市。1997年重庆向全国推出了以红岩精神为主题的大型夜游情景剧《生命作证》,新世纪初《红岩魂形象报告展演》也开始了它在全国的巡展之旅。一系列记载着红岩精神的剧目、展览、著作、文献,吸引了全国观众走近红岩、了解红岩、宣传红岩。红岩精神的弘扬极大地提升了重庆人的精气神。

2.培育、弘扬“三峡移民精神”

三峡工程是中华民族历史上的伟大创举,在库区百万大移民的伟大实践中,培育了以顾全大局的爱国精神、舍己为公的奉献精神、万众一心的协作精神、艰苦创业的拼搏精神和开拓开放的创新精神为核心的三峡移民精神。在市委的部署下,各种各样的宣传教育活动和移民先进典型激励着广大群众弘扬三峡移民精神,在本职岗位上为重庆的发展做贡献。为更好地弘扬和宣传三峡移民精神,2006年上半年,人民日报刊出由我市邓小平理论和“三个代表”重要思想研究中心撰写的理论文章《三峡移民精神:新时期民族精神和时代精神的体现》;中宣部、国务院三峡办、重庆市委联合在人民大会堂举办“三峡移民精神报告会”;“三峡移民精神颂”在中国国家博物馆展出。此后,三峡移民精神报告团在全国和全市巡回报告,三峡移民精神“唱响重庆、唱响全国”,走进了千百万人的心中。

3.培育、弘扬“重庆人文精神”

2006-2007年进行的重庆人文精神大讨论为重庆城市精神的归纳总结和提炼做了重要参照。开展重庆人文精神大讨论,一方面是要总结、提炼重庆人文精神的内涵,以期形成全社会的普遍共识;同时大讨论活动过程的本身,也是重庆人民进行自我教育、自我提高的过程。经过一年多的活动,人们在弘扬“自强不息、开拓开放”精神的同时,对培育和弘扬重庆人文精神提高了认识,深化了理解,形成了一些阶段性的研究成果。

这三大精神的培育弘扬过程,既极大的提高广大市民素质,振奋了精神,也为重庆城市精神的培育和弘扬奠定了良好的基础。

四、重庆城市精神的提炼和阐释

(一)提炼重庆城市精神应遵循的基本原则

提炼重庆城市精神,必须遵循以下几个基本原则。

1.地域特色的原则——一看即知是重庆

提炼重庆城市精神,首先要突出“重庆”二字。每个城市都有它的城市精神。世界各地的城市精神,总是都有些共通之处,可以称之为普遍性或共性,也各有其独到之处,可以称之为特殊性或个性。就普遍性而言,各地的城市精神都会涵盖一些相同或类似的内容,它们是人类普遍需要的积极的、正面的价值表述,比如说诚信、求实、和谐、自强、勇敢、坚毅、包容等等。就特殊性而言,每个城市由于其地理条件、历史境遇、文化传统、经济发展等客观情况的差异,总是有一些特色性的东西是其它城市所不具备的,或者只有少部分城市才可能具备的。提炼城市精神的第一条原则,就是要突出个性,强调特殊性。反过来说,提炼城市精神的第一条大忌,就是雷同。

我们力求达到的效果是,多数人看见这个表述语,就知道指的是重庆,而非其它任何一座城市。

2.彰显本质的原则——直透核心、拎出精髓

提炼重庆城市精神,一定要直透其本质核心,拎出精髓。一个城市的精神元素是丰富多彩的,有特色的东西很多。比如重庆,山城棒棒是其最为独特的风景线,棒棒们爬坡上坎、负重自强的精神当然是一种地域特色;江城雾都,气候潮湿,为了去湿气,人们养成了好吃辣椒的习俗,且创出了重庆火锅这一名闻天下的美食,重庆人浑身充满着辣椒般热情似火、耿直爽快的精神,这也是一种地域特色;重庆的“美女、美食、美景”作为城市名片,在全国产生了想当的影响力,这种求美求新的精神又是一种地域特色。类似的东西,在重庆太多太多,但本质的东西只有一种。要舍得放弃,只留下最本质的东西。究竟哪一样才最能彰显本质呢?我们认为,最本质的东西,必须要有最小的内涵、最广的外延、最大的概括性。如果有一种表述,对于绝大多数类似的问题都能做出肯定的回答,我们就可以说:就是它了!

我们力求达到的效果是,多数人看见这个表述语,内心马上就能产生认同感——就是它!

3.精神导向的原则——明确引导方向

任何一座城市，在它的发展演变过程中，都会自然而然地形成一定的精神风貌。这种精神风貌是客观存在的。然而情况往往是，多数人对它只有感性印象，缺乏理性认识。这种精神还处在朴素、原始的状态，不足以对人产生改造和提升作用。它的熏陶作用力度是有限的，方向是散乱的，效用是缓慢的。今天提出培育城市精神，就是要使我们城市本质的主流的精神从无意识的、模糊的自发状态走向有意识的、清晰的自觉状态。此外，一些精神特征是在特定历史条件下形成的。随着时间的推移，时代环境的变化，这些精神特征有的已经过时，不再适应时代需要，而时代迫切需要的很多方面却还没有形成。培育城市精神，必须把握时代的要求和未来发展的需要，突出时代发展所需要倡导的东西，体现鲜明的导向性，以期实现这个城市精神品位的自我提升和自我改造。为达到这一目的，表述语在彰显本质的前提下，必须体现出明确的方向性。

我们力求达到的效果是，广大市民第一眼看见这一表述语，就知道成为一名合格市民的努力方向。

4. 通俗精炼的原则——一看即懂，再看成诵，三看不忘

培育需要宣传，宣传需要醒目，只有通俗精炼，才能醒目易记。为了达到最好的宣传效果，城市精神的表述需要遵从传播心理学的规律。从受众心理角度进行分析，公共信息要想达到最佳传播效果，应尽量减少受众接受信息的成本。根据这一原则，表述语首先要通俗。所谓通俗，第一是指雅俗共赏，既不过于雅，也不过于俗。过于雅则曲高和寡，老百姓看不懂，过于俗则流于低级，影响城市形象。第二，通俗还意味着要用常见词，切忌使用生僻词，更不生造新词。第三，要重视形象思维，而不要一味使用抽象词语。目前为止产生的国内城市精神的表述语中，多数都是用表示精神品质的抽象词汇，极少出现具体形象的。但从传播心理的角度，形象思维往往才更具感染力和刻画力。表述语还要精炼。这也有两层意思，一是字数不宜太多。有人曾经做过调查，标识语的表述最佳长度为八个字，这是普通人不费力就能记忆的限度；超过八个字就难以记住。二是表述语所包含的意象，应当简单凝练。同样是八个字，它包涵的意象可能是八个、四个、两个、或一个。意象越少，对受众的冲击力就越强。很多城市设计的城市精神表述语片面追求大而全，什么都想放进去。殊不知，面面俱到就等于毫无特色，结果是装在里面的东西，没有一样能被受众接纳。

我们力求达到的效果是，多数人看见这一表述语，一看即懂，再看成诵，三看不忘。

(二)重庆城市精神表述语的阐释

提炼城市精神的关键在于深掘地方瑰宝，彰显城市特点，升华出一份独特的只属于自己的城市精神。经过深入研究，精心推敲，海量借鉴，反复比对，我们将重庆城市精神的表述语提炼为“登高涉远，负重自强”。

1.“登高涉远，负重自强”暗含了大山大江这一重庆鲜明的地域特征和城市精神的核心要素

“登高涉远，负重自强”这一表述语让人一看就知道它指的是一座江山之城。重庆是“山水之都”、“江山之城”，两江环抱，高山巍峨，其地域性特色最突出的就是大山大江。大山大江是重庆独有的城市环境，是重庆人过去、现在和永远的家。生于山水间的重庆人，汲山水之灵气。大山是重庆的傲骨，造就了重庆人的大气与豪放，大江是重庆的柔情，给予了重庆人灵动与聪慧。它们决定重庆人的生存方式，孕育重庆人的文化特色，塑造重庆人的性格特征，铸就重庆城市的灵魂。这座城市的精神特征都源自于大山大江的滋养和培育。抓住了这一点，就抓住了重庆城市精神的先天基因。

2.“登高涉远，负重自强”浓缩了重庆人历久弥新的精气神

重庆的高山大川，使重庆人必须翻山越岭，爬山涉水，负重前行，这养成了重庆人敢于攀登、自强不息、激流勇进、敢闯敢拼的性格。今天的时代要求重庆锐意进取、勇攀高峰，放宽眼界、展望未来，这些时代精神可以为“登高”所概括。时代还要求我们必须进一步解放思想、扩大开放，走

出夔门、走向大海、走向世界,这些时代要求则可以为"涉远"所概括。"登高涉远,负重自强"这一表述语形象的展示了重庆人长期在大山大江之间求生存所磨砺出的愚公移山的恒心、勇于攀登的意志,逆水行舟的顽强、激流勇进的胆略,开放兼容的胸襟、放眼天下的视野,体现了重庆人民志存高远、豪情万丈、无限宽广的博大胸怀。它是重庆人从远古走到今天,从今天走向未来,都必须具备的精神状态和永久的精气神。

3."登高涉远,负重自强"能够很好展示中华民族"自强不息"的进取精神

城市精神是植根于民族精神之中的,必须体现民族精神之精华。自强不息精神是中国传统文化思想的主旋律,也是中华民族历经磨难而不倒,中华文明历经浩劫而传承的重要因素。正是这种精神铸就了中国人民百折不挠、愈折愈奋的民族品格。一个地区的城市精神一定要体现自强不息这一中国传统文化思想的主旋律。"登高涉远,负重自强"的内涵与"自强不息"的内涵在本质上是完全一致的,它是自强不息精神在重庆这一特定地域特定历史背景特定人群的具体体现。

4."登高涉远,负重自强"既通俗易懂,又有深厚的文化底蕴

"登高涉远,负重自强"这一表述语一方面通俗易懂,广大群众都能明白它所表达的意思;另一方面,它又有深厚的文化底蕴。《周易》有"天行健,君子以自强不息"的名言。《礼记·中庸》有"君子之道,譬如行远必自迩,譬如登高必自卑"的名句。《增广贤文》中也有"若登高必自卑,若涉远必自迩"之说。

5."登高涉远,负重自强"易于表达,号召力强

"登高涉远,负重自强"这一表述语十分响亮,朗朗上口,铿锵有力,可以在各种文本和讲话中流畅的表达出来,给人以从无畏惧、绝不屈服的意境,有很强的号召力和鼓动性。当前,中央对重庆寄予的期盼之高前所未有,交办的任务之重前所未有。"登高涉远,负重自强"能够充分体现我们所肩负的艰巨历史使命,充分展示我们的发展前景和奋斗信心,能够很好的调动广大干部群众的积极性主动性,激励全市人民为促进重庆经济社会发展而努力奋斗。

6."登高涉远,负重自强"形神兼俱,立意高远

"登高涉远,负重自强"这一表述简约而丰满,看似普通平淡却意义深远。它既体现了重庆特殊的自然环境,展示了重庆城市的形态美,又揭示出重庆人深层次的性格特征和当代重庆人民的精神风貌。只要肯负重登攀,就会到达高峰;只要敢涉水扬帆,就能奔向远方。简单凝练的意象使得它生动活泼、形神兼俱、言简意赅,不仅揭示了重庆人的精神生活中最本质东西,而且极具张力,赋予人们无限的想象空间。

7."登高涉远,负重自强"有鲜明的个性

从目前所查询到的所有其他地区所提炼的城市精神来看,还没有与"登高涉远,负重自强"相雷同或相近似的表述语。

鉴于以上理由,我们认为可以将重庆城市精神提炼为:

登高涉远,负重自强

五、培育重庆城市精神的基本思路和对策建议

培育重庆城市精神是一项复杂的精神文明建设系统工程。我们必须坚持以中国特色社会主义理论体系为指导,深入贯彻落实科学发展观,正确运用唯物辩证的科学方法,坚持群众观点和群众路线,从多层次多角度入手,精心设计,系统规划,循序渐进,长期坚持。在培育重庆城市精神的过程中,不断提升市民素质和城市品位,不断提升重庆文化软实力。

(一)培育重庆城市精神的主要目标

培育重庆城市精神的主要目标是提高市民文明素质,增强城市文明程度,激发城市文化活力,提升城市整体形象,推进重庆又好又快发展。具体包括两个方面的目标。

1.提高市民文明素质,促进市民全面发展

培育重庆城市精神的首要目标就是培养有理想、有道德、有文化、有纪律的重庆市民,提高市民的思想道德、科学文化和身体健康素质,促进市民全面发展,塑造市民优良形象。

一是坚持用马列主义、毛泽东思想和中国特色社会主义理论体系教育全体市民，深入开展学习实践科学发展观活动，使市民牢固树立建设有中国特色社会主义的共同理想，自觉为发展中国特色社会主义事业而奋斗。二是坚持用党的基本路线、基本经验和优良传统教育全体市民，使市民牢固树立坚持党的基本路线不动摇的坚定信念，在思想和行动上增强贯彻落实党在社会主义初级阶段的"一个中心、两个基本点"的基本路线的自觉性和坚定性。三是坚持用以爱国主义为核心的民族精神、以改革创新为核心的时代精神和以集体主义为核心的道德精神教育全体市民,使市民牢固树立为祖国、为人民、为重庆甘作奉献的价值观,正确处理个人的自我价值和社会价值的关系。四是按照"积极健康、丰富多彩、服务人民"的要求开展市民文化娱乐活动,在全市形成文明的、健康的、科学的生活方式,使市民始终保持积极向上、开拓进取的精神状态。五是加强城乡文明建设和管理,使重庆文明程度显著提高,包括社会风气、公共秩序、生活环境都得到进一步完善。

2.增强城市软实力,促进重庆经济社会全面发展

通过培育重庆城市精神,一方面是要提高市民素质,促进市民全面发展,另一方面则是要在培育城市精神的过程中增强城市软实力,促进重庆经济社会全面发展。一是繁荣和发展哲学社会科学,加快发展文化产业和文化事业,进一步激发重庆发展的文化活力,增强重庆经济社会发展的精神动力。二是进一步增强重庆经济社会发展的智力支持,形成物质文明、政治文明、精神文明、社会文明和生态文明协调发展的良好局面。三是坚持用中国特色社会主义共同理想凝聚力量,用以爱国主义为核心的民族精神和以改革创新为核心的时代精神鼓舞斗志,用社会主义荣辱观引领风尚,进一步增强重庆经济社会发展的思想保证。坚持用胡锦涛总书记对重庆作出的"314"总体部署指导重庆科学发展实践。

通过培育重庆城市精神，在建设森林重庆、畅通重庆、健康重庆、平安重庆、宜居重庆的过程中,进一步凝聚全市人民的力量,提升重庆城市的整体形象,增强重庆发展的软实力,为更好的贯彻落实科学发展观和胡锦涛总书记提出的"314"总体部署,建设中国内陆开放高地,促进重庆实现又好又快发展。

(二)培育重庆城市精神的基本途径

培育重庆城市精神要与加强社会主义精神文明建设结合起来,与弘扬民族精神和时代精神结合起来,与弘扬红岩精神和三峡移民精神结合起来,与创建学习型城市结合起来,重点抓好以下三个方面的工作。

1. 通过各种精神文明创建活动培育重庆城市精神

在机关文化建设、校园文化建设、军队文化建设、企业文化建设、社区文化建设、乡村文化建设的活动中,加强爱国主义、共同理想信念、优秀传统文化等教育,将重庆城市精神的表述、内涵和外延、作用和意义等的宣传融入其中,不断提高市民的思想道德素质、科学文化素质和身体健康素质,使全体市民始终保持蓬勃向上、奋发图强的进取精神和爱家乡、爱祖国的主人翁责任感,使践行重庆城市精神成为每一位市民的自觉行动。

2. 通过宣传学习先进模范人物培育重庆城市精神

榜样的力量是无穷的。通过有意识的树立榜样,充分发挥榜样的模范和带动作用,可以使重庆城市精神形象化、具体化,使广大市民在无形中感到有形。树立的榜样应当包括历史上的杰出人物和英雄人物,也包括现实生活中英雄模范人物。每年评出的感动重庆十大人物都是现实生活中的英雄模范。从中央到地方各级党和政府评出的先进人物也是榜样，各行各业涌现出模范人物,先进集体、五好家庭和优秀个人都是我们市民学习的榜样。要通过各种宣传工具,采取多种宣传手段,大力宣传这些先进模范人物,宣传城市精神和体现城市精神的先进典型，营造一种良好的氛围,使市民有学习和追赶的目标,

从而增强重庆城市精神的可信性、感召力。

3.通过各种载体宣传和培育重庆城市精神

城市精神这种群体意识能否确立，很重要的是取决于社会环境的熏陶及其向市民的渗透程度。这就需要发挥各种载体的宣传渗透作用。比如以下一些载体：

各种广告标语。把重庆城市精神的表述语以广告标语的形式广为宣传，大造声势。广告按传播方式分类，包括视听广告、印刷广告、户外广告和现场广告等。最有影响的当数网络广告和户外广告。网络广告不仅节约省钱，而且影响范围广大；户外广告花钱较多，但对广大市民，特别是对于到重庆观光旅游的客人来讲，很有视觉冲击力和吸引力。

各种会节的平台。如重庆国际火锅文化节、美丽重庆时尚文化节、重庆山水都市旅游文化节、长江三峡国际红叶节等都是宣传重庆城市精神的好平台。

各类媒体的宣传。广播、电视、电影和报纸、杂志、音像等都是受众范围广泛的大众媒体。充分发挥这些大众媒体的宣传作用，是培育重庆城市精神的重要途径。

各类城市建筑。城市建筑文化包括城市规划、城市绿化、城市交通、城市园林、城市雕塑、古建筑遗址、古文化遗址等形式。通过城市建筑文化来宣传和培育重庆城市精神，其效果也是非常显著的。

(三)培育重庆城市精神的重大举措建议

课题组对在调研过程中了解到的各方面意见进行了认真的研究和归纳，现提出培育重庆城市精神、提升市民素质的十大措施建议。

1.深入开展培育重庆城市精神大讨论

建议由市委宣传部牵头，在全市进一步广泛深入开展培育重庆城市精神大讨论，以增强广大市民热爱新重庆、建设新重庆的自觉性。

2.确定重庆城市精神的科学表述

据我们统计，全国目前有60多个城市提炼出了本地的城市精神。重庆直辖10多年了，至今还没有准确提炼出自己的城市精神。为更好地宣传重庆城市精神，培育重庆城市精神，激励和鼓舞全市人民战胜困难、加快发展的勇气和斗志，建议市委或市人大在全市大讨论和课题组研究成果的基础上，研究确定重庆城市精神的科学表述，并提出培育和弘扬重庆城市精神的相关要求，使之成为全体市民在思想精神上的共同追求。同时，鉴于重庆市集大城市、大农村、大库区、大山区和民族地区于一体的特殊市情，建议将“重庆城市精神”的概念调整为“重庆精神”，以争取3200万重庆各族群众的普遍认同。

3.制定“培育弘扬重庆城市精神五年行动计划”

针对我市精神文明建设中的薄弱环节和市民素质的状况，制定五年行动计划。在行动计划中，明确各类责任主体，确定每年的目标任务、检查考核的评价标准和奖罚措施，每年有针对性的提出一个能体现城市精神和市民优秀品格的主题开展精神文明创建活动。这样长此以往，能够使城市精神的培育常态化、规范化，促进市民素质和思想道德水平的提高，促进培育弘扬重庆城市精神的目标落到实处。

4.开展“提高市民素质，培育良好风尚，提升城市品位”活动

培育重庆城市精神是面向全体市民的，市民的素质高低直接影响到城市的文明程度。建议在全市开展“提高市民素质，培育良好风尚，提升城市品位”群众活动。通过长久开展这一活动，不断提高市民的思想道德素质、科学文化素质，提升城市文明程度，展示城市良好形象。

5.编写《重庆城市精神读本》和《重庆读本》

建议由市委宣传部组织专家学者和实际工作者，深入调查研究，按照市委确定的城市精神表述，编写既有一定理论深度，又通俗易懂、图文并茂的《重庆城市精神读本》。《重庆读本》则由老一辈无产阶级革命家、历代先贤先烈、文化名人吟诵重庆的名篇名作组成。编写《重庆城市精神读本》和《重庆读本》，旨在帮助广大干部群众全面了解重庆城市文化和城市精神，增强弘扬重庆城市精神的光荣感、责任感和积极性、主动性。

6.设立重庆市历史文化资源保护、开发和利用研究的重大项目

重庆的历史文化资源和城市文化资源非常丰富,对这些文化资源的保护、发掘和利用进行系统的研究,是培育和弘扬重庆城市精神的一个重要方面。建议由市委设立重庆市历史文化资源保护、开发和利用研究的重大项目,由市委宣传部和社科联负责项目实施。通过组织一批深入研究巴渝文化、移民文化、抗战文化、红岩精神、三峡文化和重庆城市精神的重大课题,动员专家学者多角度、多领域地深入研究,力争推出一批更具可操作性的研究成果,大力塑造优秀文化品牌,增强重庆文化的影响力。

7.深入开展媒体打造行动

各类大众媒体是培育重庆城市精神的重要载体,媒体的行动对培育重庆城市精神具有至关重要的作用。媒体打造行动包括两个方面,一方面,媒体要下大力气打造高质量的节目、栏目,以群众喜闻乐见的形式展示优秀传统文化、先进思想道德和蓬勃向上进取精神等方面的内容,杜绝低俗的东西;另一方面,媒体要广泛宣传重庆城市精神,展示重庆人的精神风貌。同时,建议在中央电视台、重庆电视台和知名网站播放宣传重庆城市精神的公益广告,在主城显眼位置竖立宣传重庆城市精神核心理念的户外广告等。

8.广泛开展窗口行业文明创建活动

窗口行业的行为对培育城市精神、展示城市形象有着独特的作用。政府行政服务部门、机场、港口、汽车站、火车站以及出租汽车等,都是展示和宣传重庆城市精神风貌的重要窗口。要通过各种文明创建活动,提高这些窗口行业工作人员的整体素质,使他们的言行产生良好的示范带动效应。

9.精心设计一批反映重庆文化、重庆特色的城市群雕和城市建筑

城市雕塑,是城市精神可视的独特的载体,体现了城市的思想性和文化性,展示了浓郁的城市历史文化特色和鲜明的城市性格。建议在重庆主城的几大广场设计一批展示历史文化、民俗民风和时尚重庆的城市群雕,以体现悠久历史文化和现代城市风貌。

通过具独特风格的城市建筑来宣传和培育城市精神,其效果非常显著。国内外许多著名城市都有自己文化特色的建筑,值得学习和借鉴。可以根据重庆的地形地貌、传统文化、风土人情等特征,规划一批城市建筑,从色调、形状、风格等方面来体现重庆城市的特色。

10.开展市歌征集和传唱活动

歌曲的最大优势就是朗朗上口,易于流行。可以向社会广泛征集以重庆城市精神为主题的市歌,在此基础上开展市歌传唱活动,同时,把唱市歌与唱红歌、读经典、讲故事结合起来,使重庆城市精神深入人心。

(课题组组长:周勇;课题组副组长:肖长富(执行)、苟欣文;课题组成员:文国伟、王志章、丁新正、刘华卫)

科学发展观与“五个重庆”建设的实践

课题组

科学发展观是对党的三代中央领导集体关于发展思想的继承和发展，学习实践科学发展观最终目的是推动发展。重庆市在学习实践科学发展观活动中，开创性地提出了建设宜居重庆、畅通重庆、森林重庆、平安重庆和健康重庆(以下简称“五个重庆”)的新目标、新追求。本课题从“五个重庆”建设是重庆实践科学观的路径选择、“五个重庆”建设内涵与外延、重庆实现科学发展对中国和世界的影响、深化“五个重庆”建设的对策建议等方面开展论证研究。

一、“五个重庆”建设是重庆实践科学发展观的路径选择

实践科学发展观最关键的是结合当地实际，选择适合本地发展的科学路径。“五个重庆”建设准确把握科学发展观的科学内涵，充分体现重庆的市情民情，开辟了重庆实践科学发展观的崭新路径。

(一)重庆实践科学发展观的路径选择

1.重庆经济社会发展的背景

党的十六届三中全会以来，重庆贯彻落实科学发展观，全面理清重庆科学发展思路，以改革促发展。全市国内生产总值年平均增长14%，人均生产总值已超过3000美元；城市居民人均可支配收入达到13715元，农村居民人均纯收入达到3506元。

但与科学发展观的要求相比还存在不少问题:一是发展不快。2007年，重庆GDP仅占全国的1.7%，排在全国第24位。二是发展不好。区域协调发展不平衡，社会事业欠帐多，能耗水平高于全国平均水平。三是发展思路不清。部分地方区域分工和产业特色不明显，发展思路常常是一任主官一套发展战略，导致规划调整过于频繁。四是发展成果不惠民。重庆小康实现程度仅为65.3%，低于全国4.5个百分点，城乡居民收入为3.9:1，社会保障、收入分配、居民住房、社会治安等方面还有很多问题亟待解决。五是决策机制不完善。六是考评机制不完善。七是科学发展的保障体制不完善。

2.“五个重庆”建设是重庆科学发展的路径

2008年召开的中共重庆市委三届三次全委会，响亮地提出了建设宜居重庆、畅通重庆、森林重庆、平安重庆和健康重庆的新目标新追求。这是我市认真贯彻党的十七大精神，深入落实科学发展观，全面实现“314”总体部署，推进重庆又好又快发展的重大举措。

第一，“五个重庆”建设是重庆深入学习实践科学发展观的新举措

“五个重庆”建设充分体现重庆的市情民情，准确把握科学发展观的科学内涵，是站在新的起点追求新发展，深入贯彻落实科学发展观的生动体现。

宜居重庆紧紧围绕以人为本的核心理念，以提升居住品质、优化公共空间、完善服务设施为主线，主城与区县共进，城市和农村互动，建设与管理并举；畅通重庆着力改善重庆与外部的时空格局，迅速搭建资源要素快速集散的基础平台；森林重庆以确保长江上游和三峡库区腹心地带生态安全，坚持建设与保护并重、新建与改造并举，政府引导、全民参与，努力提高绿化质量；平安重庆着眼于满足人民群众最直接、最基本、最紧迫的安全需求，把重庆建设成为治安秩序良好、人民安居乐业、投资者安全放心的直辖市。健康重庆以科学发展观为指导，努力提高广大人民群众的健康水平。

第二，“五个重庆”建设体现了发展注重民生的价值取向

“五个重庆”建设首要的目的在于改善民生。宜居重庆的目标是提升居住品质、优化公共空间、完善服务设施，努力建设生活舒适、环境优美、功能完善、繁荣和谐的新重庆。畅通重庆坚持陆运、水运、空运并举，加强道路交通综合管理，形成层次分明、衔接顺畅、安全高效的交通格局。森林重庆是要改善生态环境，建设人居环境优良、生态系统稳定、生态文化丰富的重庆。平安重庆目标是把重庆建设成为治安秩序良好、人民安居乐业、投资者安全放心的直辖市。健康重庆强调增进体质健康、加强饮食健康、保障生育健康、倡导行为健康、重视精神健康、营造健康环境和提高卫生服务水平。可见，“五个重庆”处处体现了改善民生。

第三，“五个重庆”建设彰显了全面、协调、持续和统筹的特征

“五个重庆”建设体现了人的发展与社会发展的全面性和协调性。宜居重庆建设为老百姓提供舒适的居住条件；畅通重庆建设侧重于改善交通条件；森林重庆建设侧重于优化生态环境；平安重庆建设侧重于满足人民群众的安全需求；健康重庆建设侧重于提高人的健康水平。“五个重庆”建设不仅为重庆人民的生存提供了坚实保障，更是为人们的全面发展提供了平台。

“五个重庆”建设体现了人的发展与自然和社会发展的持续性。“五个重庆”建设高度重视资源节约和环境保护，正确处理经济发展、人的需要与环境资源的关系，着力打造城乡一体化的绿色宜居家园，做到经济发展和人口资源环境相协调、经济效益和生态效益社会效益相统一，实现人居环境优良、生态系统稳定、生态文化丰富，保障长江流域生态安全，促进人与自然和谐相处，不断增强重庆可持续发展能力。

（二）“五个重庆”建设是重庆发展的制度安排

“五个重庆”建设不是形象工程，而是重庆实施科学发展的路径选择，也是重庆关切民生的制度设计。从重庆市第三次党代会的目标导向，到“314”总体部署，从国务院3号文件到市三届五次全委会、到三届六次全委会的决定，“五个重庆”建设始终与重庆发展的制度安排一起发展丰富。从2008年9月至2009年5月，中共重庆市委市政府相继颁布了《关于实施森林工程的决定》、《关于建设畅通重庆的决定》、《关于建设“健康重庆”的决定》、《关于建设平安重庆的决定》、《关于建设宜居重庆的决定》。从工程的层面也相应出台了一系列规章制度、相关的工作例会制度、通报制度、巡查制度和考核制度等等。这一系列的制度设计，使“五个重庆”建设步入制度化的轨道，为重庆阔步迈入快速持续发展的轨道铺平了道路。

二、“五个重庆”建设的内涵与外延

（一）“五个重庆”建设的内涵

1.建设宜居重庆

宜居是全人类的共同追求，是现代城市和社会主义新农村建设的重要目标。建设宜居重庆，以提升居住品质、优化公共空间、完善服务设施为主线，主城与区县共进，城市和农村互动，建设与管理并举，努力建设生活舒适、环境优美、功能完善、繁荣和谐的宜居重庆。到2012年，实现重庆成为西部地区最宜居的城市之一；到2017年，重庆成为全国最宜居的城市之一。

2.建设畅通重庆

畅通是现代城市和开放系统的基本属性。建设畅通重庆着力改善重庆与外部的时空格局，迅速搭建资源要素快速集散的基础平台，坚持陆运、水运、空运并举，坚持规划、建设、管理并重，加快西部地区重要交通枢纽和长江上游航运中心建设，加强道路交通综合管理，形成层次分明、衔接顺畅、安全高效的交通格局，到2012年实现主城核心区任意两地半小时以内通达，高速公路市内4小时通达，周边省会城市8小时通达，努力把重庆建设成为全国最畅通的城市之一。

3.建设森林重庆

实施森林工程，以确保长江上游和三峡库区腹心地带生态安全，坚持政府引导、全民参与；坚持科技进步，发挥市场作用；坚持建设与保护并

重、新建与改造并举；坚持生态优先，注重经济效益与社会效益相统一；围绕深化集体林权制度改革，推进科技兴林，优化森林结构，做大林业产业，培育林产市场，推进城乡绿化大发展。到2012年，城市建成区绿地率达到37%，都市区基本建成国家森林城市；到2017年，全市森林覆盖率达到45%，城市建成区绿地率达到39%，林业产业发达、人居环境优良、生态系统稳定、生态文化丰富。

4.建设平安重庆

平安重庆建设着眼于满足人民群众最直接、最基本、最紧迫的安全需求，与老百姓的生活息息相关，是一项基础性、保障性、民生性系统工程。社会平安是建设平安重庆的重点，也是扩大开放的关键。建设平安重庆，重点抓好社会、生产、食品药品、居住、交通“五大安全”和法制环境、执法队伍“两大建设”。力争到2012年，平安重庆建设主要指标达到西部领先、全国一流水平，把重庆建设成为治安秩序良好、人民安居乐业、投资者安全放心的直辖市。

5.建设健康重庆

健康重庆既是市民的追求，城市的精气神，也是小康社会的重要内容。要坚持以市民为主体，牢固树立健康第一的理念，把群众健康作为全面建设小康社会的重要内容，在推动重庆经济社会发展的过程中，努力培育体质、饮食、生育、行为和精神全面健康的市民，让追求健康成为重庆的民风，通过共建共享把重庆建成健康之城、活力之城。到2012年，市民健康素质超过全国平均水平；市民健康保障水平处于西部前列。

(二)“五个重庆”建设之间的关系

“五个重庆”建设，有机统一、相互促进，共同构成重庆科学发展的完整体系。宜居重庆建设侧重于提升居住品质、优化公共空间、完善服务设施，为老百姓提供舒适的居住条件，增强城市对各类人才的吸引力，是实现科学发展的基本前提；畅通重庆建设侧重于改善交通条件，化解重庆地处西南内陆的不利因素，降低城市商务成本，提高城市营运效率，提升辐射带动能力，是实现科学发展的坚实基础；森林重庆建设侧重于推进城乡绿化，优化生态环境，是实现科学发展的持久动力；平安重庆建设侧重于满足人民群众的安全需求，增强老百姓的安全感，是实现科学发展的重要保障；健康重庆建设侧重于提高人的健康水平，保证人的第一需要，促进市民的体质健康、生理健康和心理健康，提振城市的“精气神”，让老百姓生活得更健康、更幸福、更充实、更快乐，是实现科学发展的终极目标。以上五个方面，缺一个都会留下遗憾，缺一个也将影响其它建设的顺利进行。“五个重庆”建设是重庆打造内陆开放高地的基石和平台。它们之间相互协调、相互配合、相互促进、各有侧重，共同构成重庆未来发展总体框架和前进方向。

(三)“五个重庆”建设的外延

1.“五个重庆”建设与重庆经济发展的关系

“五个重庆”建设投资拉动经济发展。“五个重庆”建设投资对重庆经济发展的拉动，主要体现在以下三个方面：

第一，直接经济拉动。“五个重庆”建设预计总投入接近13000亿元。其中，宜居重庆建设8761亿元，畅通重庆建设3000亿元，森林重庆建设500亿元，平安重庆建设将投资150亿元，健康重庆建设350亿元。据测算，这些投资每年可以拉动GDP增长3个百分点，新增就业岗位6万个，其拉动效应将大于直接的产业投入，具有持续牵引作用。

第二，间接经济效益。主要体现在“五个重庆”建设对于相关产业的经济带动和辐射。其中，宜居重庆、畅通重庆、健康重庆对于重庆相关产业的促进效益最为明显。按照投资和辐射带动1:3的比例计算，“五个重庆”建设的间接经济效益将达到40000亿元。

第三，建设溢出效益。“五个重庆”建设形成良好的投资环境、工作生活环境，将为重庆经济插上腾飞的翅膀。建设好“五个重庆”，有利于提升重庆对外的知名度、美誉度，增强重庆的吸引力、凝聚力，吸引和汇聚国内外各种发展要素，加快把重庆打造成为内陆开放高地。

2.“五个重庆”建设与重庆经济社会及人的发展的关系

科学发展观的基本要求是全面协调可持续。“五个重庆”建设体现了重庆经济、政治、文化、社会、生态等发展与人的全面发展的辩证统一。

从经济发展看,“五个重庆”关乎的是经济发展的长远大计。比如畅通重庆,既是经济发展的基础性工程,又是先导性产业。再如宜居重庆,必将直接带动建筑、房地产、商贸、文化、餐饮、社区服务等二三产业发展。从当前看,“五个重庆”建设大量资金投入,有力地拉动了经济增长,产生了立竿见影的效果;从长远看,“五个重庆”建设,对于贯彻落实“314”总体部署、国务院3号文件,促进重庆的腾飞,意义非常重大。从政治上看,“五个重庆”建设既是当前所需,又是长远之计。从社会发展看,“五个重庆”个个关乎社会进步,个个涉及保障和改善民生。从“人本工程”来看,“五个重庆”建设坚持把实现好、维护好、发展好最广大人民的根本利益作为出发点和落脚点,努力改善民生,促进人的全面发展。“五个重庆”关心人民群众收入,更好地满足人民群众吃住行等物质需求。从生态来看,“五个重庆”建设高度重视资源节约和环境保护问题,做到经济发展和人口资源环境相协调、经济效益和生态效益社会效益相统一。“五个重庆”建设,对维护我国长江中下游地区生态安全都具有极其重要和不可替代的作用。

3.“五个重庆”建设与重庆内陆开放高地的关系

实践证明,扩大开放是推进重庆科学发展的强劲动力。打造内陆开放高地,搞好软硬环境是基本功。“五个重庆”建设,个个攸关发展环境,既涉及交通、城市、生态等硬环境建设,又注重人的精神、健康、社会等软环境建设,是从根本上优化发展环境,使重庆赢得更多的人才、技术和资本,进一步集聚重庆的发展后劲的基础。“五个重庆”建设是重庆科学发展的五块基石,是从扩大开放,打造内陆开放高地大局出发,着眼于塑造城市品牌、培育良好环境,着眼于中外企业和各类人才对城市开放的需求,所做出的重大战略部署。建设好“五个重庆”,将有利于提升重庆对外开放的知名度美誉度,增强重庆的吸引力凝聚力,吸引和汇聚国内外各种发展要素,加快把重庆打造成为内陆开放高地。

三、重庆实现科学发展对中国和世界的影响

“五个重庆”建设是重庆市践行科学发展观的伟大实践,它不仅对于重庆自身、对国内发展以启示,同样在世界这个大舞台上展示其发展意义。

(一)“五个重庆”建设实践为重庆发展创造了价值

从重庆自身发展的历史视角来看,“五个重庆”建设实践既包含了观念上的进步,也演绎了制度上的创新;既进行了物质条件建设,也开展了人文环境打造;既推进了经济发展,也促进了民生改善,可以说是重庆发展的纵向跨越,为重庆更好更快的发展积累了经验,奠定了基础。

1.树立了正确的发展观

思想决定行动。在科学发展观指导下,重庆市委市政府不断推动各级领导班子和干部队伍解放思想、更新观念、改进作风、提高能力;通过开动脑筋,拓宽思路,广纳博采,推陈出新,洋为中用,借梯上楼,借船下海,筑巢引凤,坚持对外开放,大胆吸收和借鉴人类社会创造的一切文明成果,推进“五个重庆”建设。在“五个重庆”建设过程中,各级党政领导在实践中逐步树立起正确的发展观,这就是:围绕“314”总体部署,加快重庆统筹城乡综合配套改革试验区、打造内陆开放高地、推进“五个重庆”建设,探索破解城乡二元结构难题,保障长江流域生态环境安全,形成内陆与沿海联动开发开放新格局的奋斗目标。

2.完善了科学发展的制度机制

“五个重庆”建设过程中的体制机制创新,是重庆经济社会发展最根本、最有效、最持久的促进因素,是提升重庆综合竞争力的核心要素。“五个重庆”建设中,围绕制度创新,通过推进集体林权制度、医药卫生体制、基础设施建设投融资体

制、城市管理体制、干部绩效考核制度等制度改革，破除制约重庆科学发展的体制机制障碍；不断完善政策法规，优化政策环境，为经济社会发展提供良好的制度环境；着力打造全方位服务的软硬环境，健全政府招商引资工作运作体系、招商引资机制和规范化管理建设。具体做了四个方面的工作：一是加强“五个重庆”建设的立法工作；二是抓紧经济社会发展过程中的制度规范；三是构建统筹城乡的制度平台；四是营造良好的制度环境，努力把改革成本降到最低。通过以上工作，完善了科学发展的制度机制，为“五个重庆”建设提供了制度保障。

3.优化了发展的环境

“五个重庆”建设是着眼于塑造城市品牌、培育良好发展环境、聚集后发优势而作出的重大战略部署。宜居重庆着力建设宜居、宜商、宜业的生产生活环境；畅通重庆围绕把重庆建设成为长江上游地区综合交通枢纽的目标，极大地改善人流物流环境；森林重庆重在提升生态环境质量；平安重庆着力建设治安秩序良好、人民安居乐业、投资者安全放心的社会环境；健康重庆着力增强人民群众的身心素质，优化人文环境，提升城市“精气神”。

4.改善了市民的生活质量

“五个重庆”建设，大大提高了市民生活质量：畅通重庆使群众出行更加便利；森林重庆建设使重庆森林覆盖率提高了一个百分点。发展林下经济，开辟了农民就业增收的新渠道；平安重庆建设增强了群众的安全感。全市群众安全感指数达到94.3%，86.16%的群众对重庆的治安投了满意票，85.4%的群众认为“打黑除恶”树立了正气，增加了安全感。健康重庆建设促进了群众的体质健康和心理健康。

5.提升了整体发展水平

随着“五个重庆”建设实践的深化，重庆经济社会建设的发展度，内陆经济的开放度，城乡共进的统筹度，各项社会事业发展的持续度以及人与自然、人与人、人与社会的和谐度都得到了进一步增强，科学发展深入各个领域，重庆整体发展水平不断跃升。如今的重庆，已经拥有了五顶国家级的“金帽子”：西部增长极、长江上游经济中心、国家级交通枢纽、内陆开放高地和中国五大中心城市之一，这是“五个重庆”建设的结果，也必将为重庆的进一步发展提供强大动力。

(二)“五个重庆”建设实践对国内发展带来的启示

1. 必须坚持科学发展观理论与本地发展实践相结合，走自己的特色之路

科学发展观既是一个理论问题，更是一个实践问题。“五个重庆”建设是科学发展观的重庆版本。“五个重庆”建设，体现了科学发展观的科学内涵，更是科学发展观与重庆实际相结合的成功案例。它的成功告诉我们：必须坚持科学发展观理论与本地发展实践相结合，走自己的特色之路。

重庆集大城市、大农村、大库区、大山区和民族地区于一体，城乡二元结构矛盾突出，农村面积占95%，农村人口占73%，特别是“两翼”乡镇和农村的经济发展和社会事业底子薄、欠账多，统筹城乡发展的任务重、难度大。重庆市在“五个重庆”建设实践中，以科学的目标定位为导向，以用好用透用活政策为契机，以打造实践载体为突破口，以创新体制机制为动力，以激发社会活力为保障，有效破解了制约重庆发展的“三大难题”。这不仅为西部地区省市的发展提供了经验，更是在全国意义上成为科学发展的典范。

2. 必须有一个决策科学的领导班子和执行有力的干部队伍

组织路线确定以后，干部就是决定性的。这句话说明了两个问题：一是科学决策的重要性；二是干部执行力的重要性。

科学决策至关重要。重庆市委、市政府领导班子采取召开一个会议、出台一个决定、制定一个规划、筹集一批资金、明确一个时限、开展一系列督查等“六个一”方式，逐项部署、逐一落实“五个重庆”建设，始终把科学决策放到第一位。执行力是领导干部执政能力之本。“五个重庆”建设中，重庆各级领导干部坚决执行市委、市政府的

正确决策不动摇，体现了空前的执行力，为“五个重庆”建设取得伟大成就奠定了坚实的组织基础。以打黑除恶斗争为例，全市公安干警坚决执行市委、市政府的命令，不怕牺牲，排除万难，取得了世界公认的伟大成绩。重庆政法战线涌现出很多先进典型和感人事迹。如果没有一个决策科学的领导班子和执行有力的干部队伍，这场艰巨的斗争是不可能取得胜利的。

3.必须全民动员，凝聚共识；全民参与，调动力量

人民群众中蕴藏着无限的智慧和力量。“五个重庆”建设，是一项庞大的社会工程，涉及的面很广，碰到的困难很多，因此必须群策群力，不仅要有一个决策科学的领导班子和执行有力的干部队伍，更需要人民群众的广泛参与和大力支持。市委市政府高度重视这个问题，从实施的最初阶段就进行了广泛而有效的全民动员，统一思想认识，并且贯穿始终。从2010年2月起，重庆市全面启动“‘五个重庆’建设、人大代表在行动”活动，深度参与“五个重庆”建设。市政协以促进加快“五个重庆”建设为目标，推动全市科学发展、和谐发展。“五个重庆”建设，通过广泛发动群众，充分依靠群众，真心相信群众，切实尊重群众的首创精神，充分发挥群众的主体作用，取得了显著的成效。人民群众的支持和参与，是“五个重庆”建设取得成就的先决条件。

4.必须坚持“以人为本”，真正做到发展为了人民、发展依靠人民、发展成果由人民共享

人民群众是历史的主人。在“五个重庆”建设实践中，重庆市以顺民意、解民忧、惠民利、得民心为着眼点，做到谋划发展思路问计于民，查找问题听证于民，落实任务依靠人民，衡量发展成效由群众评判，发展成果由群众共享，推进经济社会的全面发展，促进城乡的共同富裕，从而充分激发了人民群众的积极性、主动性和创造性，使重庆发展迈上新阶段。今天的重庆科学发展的势头更为强劲，生态更加良好，出行更加便利，居住更加舒适，市民更加健康，社会更加和谐。

5.改革创新，开拓开放，重庆成为科学发展的示范区和试验田

“五个重庆”建设，在实践中闯出了一条科学发展之路，使重庆成为科学发展的示范区和试验田。

森林重庆建设，形成了一套科学的机制；统筹实施了城市、农村、通道、水系等六大森林工程；系统整合了各种资源，形成有效的资金保证机制；广泛动员全市各方面力量，形成了千军万马搞绿化的工作机制。森林重庆建设为我国现代林业发展树立了一面旗帜，为推动全国林业发展和生态建设树立了榜样。

平安重庆建设，创造了打黑除恶的“重庆样本”。重庆打黑除恶斗争对于转型期的中国犯罪治理和社会发展具有重要的样本意义，体现了切实推进社会治安综合治理、维护人民群众切身利益的政策要求。其示范意义在于：一是严格依法办案，切实贯彻宽严相济刑事政策，做到了“当严则严，该宽则宽，宽严有度”；二是深挖“保护伞”，在打黑的同时深入开展反腐败斗争；三是创新涉黑资产处置模式，采取了诸如监管、托管、接管等方式维护民营经济的合法权益；四是重视民众参与，主动接受社会监督。

宜居重庆建设改变了山城的居住条件，得到了多方面的肯定。著名经济学家厉以宁认为，重庆作为国家城乡统筹试验区，农村住房制度改革的做法“是一种新的尝试”，“值得推广”。

总之，“五个重庆”建设已经作为全国的一个样板，引起了全国各地的高度关注和极大兴趣，纷纷来渝考察学习。2009年以来，全国各省市区均有代表团或重要官员、著名专家学者来重庆考察、调研、学习“五个重庆”建设等方面的做法和经验，这充分说明了“五个重庆”建设在全国的影响和意义。

（三）“五个重庆”建设实践在国际舞台彰显的意义

1.彰显了重庆的吸引力

“五个重庆”建设所取得的巨大成绩，提高了重庆的软硬实力，吸引了全世界的目光，充分彰显了重庆的吸引力。欧盟驻华大使安博先生指出：“五个重庆”不仅适合重庆，更适合中国、欧

洲,甚至是整个世界。

重庆的巨大吸引力引起了全球主流华文媒体的极大兴趣,2009 年 9 月 24 日,“全球主流华文媒体聚焦重庆”大型采访活动启幕。参会媒体包括时代周刊(美国)、世界日报(法国)、亚洲新闻报(日本)、联合早报(新加坡)等 14 家世界中文报业协会会员,以及中国大陆、港澳台主流报纸近 20 家参会。它们积极向世界介绍重庆,推广“重庆经验”。

栽下梧桐树,引来金凤凰。“五个重庆”的辉煌成就和巨大影响到来了无限商机,吸引了全球商家纷纷来渝投资,重大项目频繁落户重庆。惠普、思科、富士康、英业达等一批重量级 IT 巨头,全球电脑第一品牌、网络产品第一品牌、电脑整机第一代工企业、服务器第一代工企业同时聚集在一个园区,全国乃至全球史无前例。重庆被英国《金融时报》评为亚太地区投资促进最佳策略城市。在《时代》周刊评选的亚洲最佳投资城市中,重庆高居第七。

2.拓展了重庆的发展空间

在吸引外资的同时,重庆经济技术也开始走向世界,世界各国的企业在重庆生产的产品源源不断销往世界各地,“重庆造” 的身影遍布全球。如今,重庆轻轨技术在韩国大邱、印度孟买等海外市场实现了“重庆造”。2010 年 5 月 19 日,重庆铁海联运国际大通道正式启运,装载富士康代工制造的惠普电子产品集装箱专列汽笛长鸣,开往深圳盐田港,再由海船转运欧洲,重庆制造的首批电子产品开始销往海外。重庆铁海联运国际大通道架起了重庆与世界的桥梁,“重庆-深圳盐田港-欧洲”的铁海联运创造了“重庆-欧洲”的铁海联运物流通道效率高于长三角海运至欧洲的奇迹,大大拓展了重庆的发展空间。

3.扩大了重庆的对外交流与合作

随着知名度的大幅提升,重庆对外经济文化交流与合作的机会越来越频繁。重庆越来越成为了中国对外交流合作的平台。匈牙利驻重庆领事馆,成为重庆以及中国西部与匈牙利、乃至欧洲沟通的桥梁。英国也在低碳、教育、城乡统筹发展等方面积极寻求与重庆的合作。日本对重庆也表现出空前的兴趣。法国驻成都总领事鲁索认为:重庆是一座发展潜力巨大的城市,法国将重庆列为优先发展城市,希望双方能够在已有合作基础上,不断扩大在工商、文化等领域的合作。

总之,重庆越来越好的投资环境和越来越高的世界知名度,大大张显了重庆的吸引力,拓展了自身的生存发展空间,重庆越来越成为了中国对外交流合作的平台。大批国外知名企业纷至沓来,重庆经济技术也开始走向世界,参与国际竞争。重庆通过吸引外资和对外投资“两条腿走路”,积累了世界经验。

四、推进“五个重庆”建设的建议

(一)继续加强“五个重庆”建设的宣传

1.加强“五个重庆”的理论研究

加强“五个重庆”的理论研究,不断解决“五个重庆”建设产生的理论问题,提炼和总结“五个重庆”建设实践的理论经验,进一步提高干部群众的认识。

理论研究的要点包括:第一,科学发展观的第一要义是发展,而“五个重庆”建设首要任务也是发展。“五个重庆”建设涉及全市社会经济的各个方面,描述的是一幅宏伟的发展蓝图,其最终目的是为了经济社会的又好又快发展。第二,科学发展观的核心是以人为本,而以人为本也是“五个重庆”建设的核心之义。“五个重庆”建设全面“依靠人”、一切“为了人”。第三,科学发展观的基本要求是全面协调可持续发展,而“五个重庆”建设不但涉及经济、政治、文化、社会建设各个方面,还统筹了城乡、区域、经济社会、人与自然的发展和统筹了市内发展与对外开放。“五个重庆”建设是一场全民运动,旨在让全市人民都参与其中,意在改善市民的生活环境、为市民创造宜居生活环境,促进全市经济社会的又好又快发展、提高市民的生活水平,共建共享发展成果。第四,“五个重庆”建设涉及经济社会政治文化生态等方方面面,充分体现了统筹兼顾这一科学发展的根本方法。

2.加强"五个重庆"的舆论宣传

各地区、各单位要把"五个重庆"建设纳入学习实践活动的重要内容,贯穿于学习实践活动的全过程各环节,认真推进、务求实效。深入推进"五个重庆"建设的调研,总结"亮点",剖析"难点",打通"堵点",实现由感性认识上升到理性认识的"飞跃",领悟"五个重庆"建设中蕴含的科学发展理念,增强以科学发展观指导"五个重庆"建设的自觉性、主动性和创造性。各地区、各单位要围绕"五个重庆"建设查找差距,找出观念上的"短视"、行为上的"短板"、发展上的"短缺",自觉克服在发展问题上的短期性、掠夺性、局部性的思维定式,坚决摒弃盲目性发展、粗放性发展、破坏性发展的行为,不断调整和完善发展思路,把发展纳入全面、协调、可持续的轨道。

3.重视"五个重庆"的基层宣传工作

调研显示,"五个重庆" 建设已历时近两年,但是基层宣传工作相对滞后,出现了"机关推进热 、基层有点冷"的现象,基层群众参与度偏低。总体而言,区县机关单位知晓率非常高,干部参与"五个重庆"建设的干劲大、精力旺。而一些基层,受访的群众要么对"五个重庆"不知晓,或者勉强将"五个重庆"说全一些群众表示"与自己没有多大关系"。综合分析,"上热下冷"的原因有两个方面:一方面,地方政府宣传不到位,对老百姓的积极性调动不够;另一方面,农村百姓尚未理解到"五个重庆"与自己的关系。

(二)运用系统科学的观点指导"五个重庆"建设

系统科学认为,系统具有整体性、关联性,等级结构性、动态平衡性、开放性等基本特征。在"五个重庆"建设过程中,要注意运用系统科学观点整体推进"五个重庆",提高建设效率。

1."五个重庆"建设的整体观

"五个重庆"建设是一个大系统,有自身的整体构架、目标和功能。"五个重庆"建设是一个整体。宜居重庆、畅通重庆、森林重庆,将有效改善硬件环境;而平安重庆和健康重庆,是改善软环境的两大助力。在"五个重庆"建设过程中,要运用整体的观点推进"五个重庆"建设,从全局高度提升对"五个重庆"建设的认识。

2."五个重庆"建设的协调观

"五个重庆"各子系统自成体系,但必须使其相互协调,共同发展,是一个有机整体。"五个重庆"的建设,着眼于实现出行的便捷(畅通重庆)、生态的良好 (森林重庆)、身心的健康 (健康重庆)、生活的安逸(宜居重庆)、社会的稳定(平安重庆),统筹推进经济建设、政治建设、文化建设、社会建设、生态建设的协调发展。"五个重庆"的建设体现了经济与社会协调发展、人类社会与自然环境的和谐发展的结合,是科学发展观协调发展的真切体现。

3."五个重庆"建设的动态观

"五个重庆"建设是与时俱进的产物,它着眼于解决重庆经济社会发展的核心问题——发展,将城市发展放到了更为广阔的视野下。在"五个重庆"建设过程中,我们要坚持动态观,不断调整、优化,引进先进的思想理念,改进建设管理方法,使"五个重庆"建设取得更大的成就。

4."五个重庆"建设的开放观

系统具有开放性特征,"五个重庆"建设也具有开放性。体现为三个方面:首先,"五个重庆"建设文化理念方面的开放性。"五个重庆"建设是广泛吸收国内外先进的文化理念,提升"五个重庆"建设的质量和水平;其次,"五个重庆"建设资金投入方面的开放性。既要由政府出资兴建,也要充分运用企业资金; 既要运用本地企业资金,也要以合适的方式运用外地企业资金;既要用好既有资金, 也要运用好金融杠杆放大资金效率;最后,"五个重庆"建设技术人才方面的开放性。既要调动政府事业单位干部群众的积极性,也要调动企业和其他社会组织干部群众的积极性;既要运用本地人才的智慧,也要运用外地、甚至外国人才的智慧; 既要注重专家人才的引进和使用,也要注重一般专业技术人才的使用。

(三)成立建设和管理工作机构

1.成立"五个重庆"建设综合指挥部

在前期调研的基础上,课题组建议尽快成立

"五个重庆"建设联合指挥部,全盘考虑"五个重庆"建设工程,增强"五个重庆"建设的组织领导力量。"五个重庆"建设联合指挥部由市政府主要领导担任主任,"五个重庆"建设的分管市长担任副主任,"五个重庆"建设的相关部门领导担任委员,实行统一领导,统一部署,统一规划,集中优势资源,协调资金、增强配合、落实措施等。"五个重庆"建设联合指挥部,下设"五个重庆建设领导小组办公室",负责"五个重庆"建设的组织、协调、指导、考核、督查工作。在各个区县,成立对应的区县"五个重庆"建设指挥部,由区县主要领导担任主任,便于统筹协调,调动区县积极性。

2.建立"五个重庆"建设部门联动机制

要尽快完善"五个重庆"建设部门联动机制,加强交流合作,增强配合,共同推动"五个重庆"建设。

第一,"五个重庆" 建设中纵向的部门联动。"五个重庆"建设的复杂性,前所未有,必须要有统一的指挥和部署,因此,纵向的部门联动不可或缺。就目前的情况而言,纵向的部门联动出现了"中间大两头小"的情况,即缺乏统一的指挥部、基层组织积极性不足,区县和部门积极性较高。

第二,"五个重庆"建设单项工程内部的部门联动。在"五个重庆"建设的决定和任务分解书中,设定了"五个重庆"单项工程建设中的任务分解,将建设责任落实到每一个部门,为"五个重庆"建设的管理提供了依据。在畅通重庆、森林重庆、健康重庆、宜居重庆、平安重庆等单项工程中,承担建设任务的部门密切相关,机构联动是"五个重庆"建设取得预期成果的必要条件。

第三,"五个重庆"建设单项工程之间的部门联动。"五个重庆"建设的五大单项工程之间也是密切相关的,互相促进,互相影响。"五个重庆"建设涉及的部门较多,部门之间的联动效率将影响建设的进程和效率。

第四,"五个重庆"建设与其他部门的部门联动。以新型社会组织为代表的其他部门也是"五个重庆"建设的重要力量。如何发挥这些组织的力量,是下一个阶段建设的重要任务。

3.加强对"五个重庆"建设的管理

"五个重庆"建设中,存在"重建轻管"的问题, 也就是将工作重点放在完成任务、"出数字"上,热衷新建、疏于管理。以森林重庆建设为例,一些区县对城周绿化非常热衷,但后期管护没跟进,以致出现"栽树不见树"的现象。"重建轻管"的根本原因是, 部分干部缺乏科学的政绩观,认识上存在偏差, 认为管理仅是守住 "成绩","重建"可以创造成绩。要遏制这一现象,必须在制度上作硬性规定,纠正部分干部只顾眼前利益的心态。在操作层面,必须将管理与建设纳入同等地位考核,通过"建管"结合实现可持续发展。

(四) 强化"五个重庆"建设的保障措施

1."五个重庆"建设的人才保障

建议引进高层次城市建设人才、特别是顶尖的城市建设专家, 提升 "五个重庆" 建设的水平。同时,要重视培训现有人才,确保满足"五个重庆"建设的需要。对于紧缺的人才,应当大力引进。

"五个重庆" 建设对人才需求提出了更高的要求。从目前来看,重庆在现代服务业方面的人才缺口很大。特别是物流、会计、法律、金融、环保等产业的高端人才需求量也很大,依托本土的院校进行培养已经无法满足,需要借助外来力量引进沿海地区和海外人才。通常意义上的人才队伍建设主要是指,党政机关人才、企业经营管理人才和专业技术人才三支队伍。"五个重庆"的建设离不开这三支人才队伍,应把引进海外高层次人才和自主创新这两只人才队伍的建设加进来,加快建设"五支人才队伍",则"五个重庆"的建设就可早日实现。

2."五个重庆"建设的技术保障

建议学习和引进国外先进国家如新加坡等国的城市发展建设理念、技术等,提升城市建设的技术水平,确保城市建设的科学性。

(1)科学规划保障。"五个重庆"建设是在复杂多变的国际金融危机背景条件下提出和实施的,是一项长期、复杂的建设工程,必须要有强有力的规划技术作支撑。

(2)专业技术保障。"五个重庆"是一项专业性特别强的建设工程，涉及的专业技术门类众多，任一单项工程都需要大量的专业技术作为支撑。

(3)管理技术保障。"五个重庆"建设最大的挑战在于，在建设过程中强化管理水平，在管理中巩固建设成果。"五个重庆"建设的管理分为两类：一是建设任务的管理，其关键是保证建设任务的进度；二是建设成果的管理，如森林的管理，其关键是保证建设成果得到巩固，保证人民能够分享成果。

3."五个重庆"建设的制度保障

建议尽快出台相关法律法规，在法律制度方面为"五个重庆"建设提供支撑，使"五个重庆"建设不会因领导人的改变而改变，不会因领导人的注意力的改变而改变。"五个重庆"建设中，最早启动的是"森林重庆"，立法进程也启动最早。《重庆市森林工程建设促进条例》对"森林重庆"建设其到了法制保障作用。我们建议，尽早启动"五个重庆"建设其他四个单项工程的立法进程，为其保驾护航。在立法方面，优先安排与"五个重庆"建设紧密相关的立法项目。

4."五个重庆"建设的资金保障

据测算，"五个重庆" 建设预计总投入接近13000亿元，其中，市财政投入就将超过1100亿元。2009年，"五个重庆"建设投入2050亿元，拉动经济增长3.6个百分点。财政资金在这些方面的投入，既是提振经济的积极举措，也是惠民政策的体现。要充分发挥财政资金"四两拨千斤"的杠杆作用，创新融资方式，实施动态平衡，才能化解资金难题。要通过整合存量、适当安排增量、发行地方政府债券、土地置换等方式进行筹集。

(五)建立"五个重庆"建设的考评机制

1.客观评价"五个重庆"建设成效

"五个重庆"建设的效果如何，不是光靠"自我感觉"，而是要靠事实说话。"五个重庆"建设是一把既客观又权威的"标尺"。要坚持以科学发展观为指导，对照"五个重庆"建设，凡符合科学发展要求的就坚持，凡不符合科学发展要求的就整改，使"五个重庆"建设更符合本地区、本单位的实际，更符合科学发展的客观规律和基本要求。各地区、各单位尤其要注意，要找准各自定位，发挥各自优势，突出各自特色，兼顾各方利益，形成"五个重庆"建设的合力。

2.适当调整机构，形成建设合力

为保障"五个重庆"建设工作的顺利推进，要按照"条块结合，以块为主"的原则，全面落实工作责任。各区县人民政府是"五个重庆"设的主体，应成立相应的组织和领导机构，负责落实人力、土地、资金等事宜，并组织工程实施；市级相关部门要按照职责分工的要求，既各司其职，又通力合作，确保"五个重庆"的扎实推进。各企事业单位和社区要按照建设"五个重庆"的要求，加强建设，完善设施，优化环境，积极主动发挥在"五个重庆"建设中的作用，努力形成各负其责、合力推进的工作格局。

3.将"五个重庆"建设任务纳入领导干部考核体系

要建立考评机制，将"五个重庆"建设任务完成情况纳入市委组织部对市管领导班子和领导干部的政绩考核范围。市委督查室、市政府督查室会同市建委加强对"五个重庆"各项任务的监督、检查，定期通报监督检查结果。对工作开展好、成绩突出的单位和个人，予以表彰奖励；对工作不力、不能如期完成任务的，视情况作出相应处置。

(六)打造"五名"，提升重庆整体品质

"五个重庆" 不仅直接促进了城市经济社会的发展，也为软实力建设提供了新的资源和平台。因此，在加快"五个重庆"建设过程中，应结合重庆独特的人文、地貌、历史、产业、产品、节会展等资源，提升重庆城市的知名度和美誉度，突出打造"名城、名人、名景、名品、名节"(简称"五名")，形成"厚重大气，特色鲜明"的城市文化风貌。

1.打造重庆城市的"五名"，提升重庆知名度

知名度的提升是一个长期的过程，必须以扎

实的城市内涵建设为基础。“五个重庆”建设推进以来,在国内外受到了高度关注。在某种意义上,“五个重庆”已经成为一张厚重的城市名片。但对外地的群众而言,“五个重庆”是一个复杂的系统工程,不利于形成清晰的城市直观、形象的名片。重庆城市的“五名”作为“五个重庆”的亮点,可以使外地的群众通过对重庆城市“五名”的了解形成对重庆的直观感受,从而有效提高重庆在国内外的知名度。通过“五个重庆”建设,可以涌现城市名人,构建城市名景,产出城市名品,营造城市名节, 从而加快重庆成为世界名城的发展进程。而这些,都是重庆知名度提升的重要路径。

2.打造重庆城市的“五名”,提升城市美誉度

作为历史累积的结果,重庆城市不仅有积极正面的形象,也存在一些消极负面的因素。在城市知名度持续扩大的同时, 也需要采取措施,消除影响城市形象的负面因素。

在“五个重庆”的建设中,森林重庆为城市“五名”提档升级提供了良好的条件,畅通重庆为市民接触城市“五名”提供了必要的保障,平安重庆则为城市“五名”品质提升提供了社会基础。在“五个重庆”建设推进的短短两年内,重庆的工业发展实现了两个层次的跨越,各种产品的“重庆”属性得到前所未有的增强,在根本上促进了城市名品的打造。更重要的是,通过宜居重庆的建设,在自然环境整治和城市空间拓展的过程中实现人与自然的和谐共处,从而在自然基础之上赋予城市更为深厚的人文内涵,形成自然景观和人文景观有机融合的城市形象。

3.打造重庆城市的“五名”,提升城市认同度

城市发展过程中,名节是“五个重庆”建设成就集中展示的重要平台,也是为“五个重庆”建设持续推进集聚资源的重要手段。根据我市的现状,建议将每年 6 月 18 日确定为“重庆节”,一方面,就像十一国庆节一样,庆祝重庆直辖;另一方面,形成市民人人参与的节日,使其成为重庆人自己的节日。城市名品是区域产业的优秀代表,更是地域发展的重要资源。在城市名品的背后,就是知名企业、知名产业甚至优势产业集群。

城市的发展不仅包括物质条件的改善,也应当注重精气神的塑造和提升。依托“五个重庆”建设,通过城市“五名”的打造,在市内可以整合市民对城市的自豪感和归属感,营造齐心协力谋发展的良好氛围;对外可以有效提高重庆城市发展的认同度,树立起宜居、畅通、森林、平安和健康的城市形象,从而为重庆进一步扩大开放的环境建设开拓良好的外部空间。

成为世界名城,是重庆城市发展的长久的梦想,更是国际竞争中脱颖而出的战略保证。“五个重庆”继承历史,着眼未来,为城市发展指明了方向。可以预期,未来作为世界名城的重庆,既是具有深厚历史积淀的文化名城, 更是宜居之城、畅通之城、森林之城、平安之城和健康之城。

(课题首席顾问专家:王伟光;课题组组长:陈澍;课题组执行组长:孟东方;课题组核心成员:吴大兵、余宁、孟小军、黄意武、王资博、李志、朱勋春、祝国超)

重庆农村土地流转市场机制研究

课题组

改革开放三十年，随着我国社会主义市场经济体制的逐步建立，城乡联系显著增强，但城乡差距不仅没有缩小，反而有一定程度上的扩大，根本原因是由于长期以来城乡隔离制度和城市偏向政策造成的。十七届三中全会通过的《中共中央关于推进农村改革发展若干重大问题的决定》(以下简称《决定》)，再次将改革重点回归农村，并从制度安排和政策设计上，重新构建新型的城乡关系，这既是我国推进现代化建设、实现长远目标的必然选择，又是进一步贯彻落实全面建设小康社会、推进新农村建设、实现城乡统筹发展等重大战略的延续，同时，也是目前有效启动内需、应对世界金融危机的战略举措。

在中央对农村制度建设作出的六大部署中，"健全严格规范的农村土地管理制度" 被放在第二位，建立城乡统一的土地市场，打破过去以政府为主导的征地方式，通过市场机制配置土地资源，成为新农村改革的亮点；增加农民财产性收入成为推进农村改革发展的最终目的之一。作为我国统筹城乡综合改革试验区，重庆在农村土地制度改革方面进行了一系列探索，取得了一定成效和经验。但是，我们在制度和政策设计上仍然没有完全打破城乡分割的体制，农村土地流转市场机制不完善，土地流转过程中对农民权益的保护不够等问题仍然存在。本课题研究的目的，就是本着全国统筹城乡综合配套改革试验区率先突破、大胆创新的精神，结合我市实际，对全市农村土地流转的市场化机制进行研究，让农民从土地资本经营中获得更多的财产性收入。

一、农村土地流转市场机制建立的必要性

(一)重庆农村土地利用现状及存在的问题

农村土地包括农民集体所有和国家所有依法由农村集体经济组织使用的农用地、建设用地和未利用地。截至 2006 年底，全市 39 个区县(不含渝中区，下同)农村集体所有土地共有 12223.57 万亩。其中农用地 10412.25 万亩，农村建设用地 749.47 万亩，未利用地 1061.85 万亩。受地形地貌的影响，农村各类用地零星分散，基础设施配套成本高，管理难度大，土地利用效益差。

1.农村建设用地超标使用，浪费严重

改革开放后，随着收入水平不断提高，改善居住环境成为广大农民改善生活条件的首选。农民"建房热"逐步扩散，长盛不衰。在建房中，农民对宅基地求大、房屋求多，宽打宽用，建房占地普遍超过国家规定标准，浪费土地的现象较为普遍。据调查重庆农村人均宅基地在 200-250 平方米，超过国家标准约 100 平方米。

同时乡镇企业异军突起，各项建设用地日益增多，乱占滥用、浪费土地的现象较普遍。与城市工业园区相比，乡镇企业用地审批和管理松懈，获得土地较为容易，因此企业厂区占地面积大，非生产性建设占地过多。一些乡镇的开发区建设大片圈地，开而不发，造成土地的闲置浪费。

2.土地布局分散，投资建设成本高，综合效益低

重庆特殊的山地城市结构使得大多数农村居民点布局相当分散，增加了配套设施建设的数量和使用成本，也增加了村庄道路等公共占地，一定程度上挤占了生态用地，分割了农业用地，降低了土地利用效率。同时，受村级行政区

分隔的影响，乡镇企业在发展过程中形成“村村办厂、处处冒烟”、遍地开花的分散局面。由于企业生产配套成本和市场物流成本相对较高，村社集体只有通过廉价的土地和低廉的环境成本来吸引一些退出城市的工业企业入驻，各种工业排放物已经对农村地区的水体、大气、土壤、生物等形成较为严重的污染。

3.违法用地大量存在

在农村，由于节约集约用地意识较为淡薄，依法行政观念和意识不强，国土资源管理手段落后，监督机制还不够完善，国土资源违法案件的查处力度不够，而地方政府出于加速推动经济增长的强烈需求，对土地征用的直接行政干预出现了全面强化的发展趋势，存在部分乡村干部违法批地和占地的问题，农村违法占用土地、非法转让土地和违法建设小土窑等现象还不同程度地存在，造成资源的不合理利用和对农民、农村集体利益的侵害。

（二）重庆农村土地流转现状及存在的问题

作为我国统筹城乡综合改革试验区，重庆在农村土地流转方面进行了大胆探索和实践，表现出流转水平相对较高，流转形式多样，流转主体多元化的特征。在土地流转方式中，主要有置换、转让、出租、联营、入股等多种形式，其中土地和房屋出租为流转的主要形式。部分区县进行了改革试点，取得了一定的效果。

1.改革实践

(1)忠县、奉节创新农业用地流转模式，促进农地集中。在现有土地制度框架内，发展如地块互换、租赁经营、土地经营权入股、大户承包、农民公司、协会带动、认购土地承包经营权等多种流转模式，引导农民承包地有序流转，实现规模经营。

(2)江津区探索农村建设用地流转新模式，集约、节约用地。一是农村零星建设用地复垦置换。在农民自愿的情况下，对有合法产权的房屋参照征地房屋补偿标准的2/3进行补助。二是成片复垦置换。农业开发业主对有合法产权的房屋参照征地房屋补偿标准的1/3进行补助，并按照农民的合法产权面积(最高不超过200平方米)予以还房。三是通过复垦置换取得的建设用地指标在扣减农民还建房占用后，富余部分的10%用于区内统筹使用，并按照公益设施3万元/亩，新居工程、中小企业用地4万元/亩，集镇建设6万元/亩的标准向使用者收取集体建设用地使用费，补贴给农民或村集体；另有10%留给集体经济组织用于发展集体经济。四是置换出的建设用地按集体建设用地管理和使用，各街镇将置换的用地指标进行新居工程或新农村建设时，必须约定建房业主将所建房屋的70%按照政府指导价出售给取得宅基地置换证书的农户。

(3)开县探索以土地承包经营权抵押贷款，解决专业大户的生产资金问题。由于农业生产面临着市场和自然灾害双重风险，因此开县农业银行在对专业大户开展土地承包经营权抵押贷款业务时，首先进行了市场调查，并建立了多方担保制度，要求农户将其抵押物参加农业保险，使农业保险公司与农户共同分担自然风险，尽量规避抵押权的实现，保护农民的财产安全。

(4)探索建立健全土地流转服务机构。一些区县建立了县(区)、乡、村三级服务体系，成立县(区)土地流转中心、乡镇土地流转所、村级土地流转服务点，建立土地流转有形市场。

在一系列的工作实践中，重庆主要把握了以下几个原则：一是执行严格的耕地保护政策；二是明确农村土地流转的条件，对集体建设用地和农民宅基地流转设定了准入门槛，以保障农民的财产安全；三是按照所有权与经营、使用权分开的原则，赋予农民家庭和农村集体更完整的收益权和处分权；四是充分考虑某些流转方式(如入股)和权能扩展(经营权抵押贷款)的风险，建立多方担保或联合保险的风险防范机制。

2.存在的问题

经过一段时间的改革实践，重庆农村土地集中程度有所提高，规模化经营面积进一步扩大，试点区农民在土地制度改革中得到了更多的收益和实惠。但是，也要看到目前农村土地改革实践中面临的问题

(1)相关法律政策不完善

首先,《土地管理法》与现实脱轨。按照土地管理法规定,只有乡镇企业、乡镇村公共设施和公益事业建设、农村村民住宅等三类乡镇村建设可以使用农民集体土地。而乡镇企业必须是农村集体经济组织或者农民投资为主,在乡镇(包括所辖村)举办的承担支援农业义务的企业。随着我国市场经济的改革与发展,只有乡镇企业可以使用集体建设用地的法律规定,已经不符合我国社会经济发展的实际,与统筹城乡发展,促进城市工商资本向农村流动的基本要求相违背。其次,某些改革实践缺乏法律依据和支撑。如土地承包经营权抵押贷款的问题,现行法律明确规定土地承包经营权不得抵押贷款,这一改革实践将面临法律风险以及由法律风险而引发的债务人道德风险。第三,政策法规不配套。建设用地流转与土地复垦的协调发展机制未能建立,农村集体土地有偿使用制度和补偿办法、村内集体建设用地有偿调剂制度、新时期下适合农村需要的土地转换政策等尚未完善。

(2)农村建设用地流转不足

从重庆市的实际情况来看,主要表现在三个方面:一是流转数量小,农村人口持续减少与农村宅基地减少极不同步。近几年来,重庆市城镇化率每年以1~1.5个百分点上升,而农村居民点基本没有减少,导致大量宅基地空置。随着经济活动重心逐步向城市转移而大量转移到城市的农村居民实际上占有双重土地资源。二是流转范围小,农村建设用地没有随着农村人口向城市转移而转移,不能统筹城乡建设用地资源,改革试点也主要在乡镇内流转。三是流转效益低。从目前的试点情况看,农村建设用地流转是政府主导下进行的,还没有形成市场机制作用下的自由合理流动,一方面,使得农村建设用地在新农村和现代农业发展过程中丧失融资功能,农村经济发展资金瓶颈制约矛盾难以缓解;另一方面,使得农村建设用地丧失财富功能,在农民进城过程中不能作为财富进入城市,严重影响进城农民进行安居和创业。

(3)土地产权制度二元分割,阻碍城乡统筹使用土地资源

我国现行土地制度和土地政策的基本特点是:农村土地和城市土地、集体土地和国有土地、农业用地和建设用地严重分割。农地转用受到国家垄断和政府管制,两种土地隶属于不同的权利体系,由不同的机构管理和不同的规则规制,同地不能同权、同价。受城乡土地管理二元体制约束,城市与农村的土地特别是城市国有建设用地与农村土地在使用上存在着制度性差异,农村土地流转受到限制。如土地管理法律及政策规定,除因破产、兼并等情形致使土地使用权依法发生转移外,农民集体所有的土地的使用权不得出让、转让或者出租用于非农业建设;城镇居民不能购买农民住宅等。这既造成城市与农村同类用途的土地不能实现“同权、同价”,又不利于生产要素的自由流动,农村土地的市场价值不能得到充分显化。

(4)基础工作不到位,管理难度大

农村土地流转的一些基础性工作还很不到位,基本信息系统还没有建立起来,在目前进行大范围流转将会给今后土地用途管制带来困难。强势群体或个人乘着农村土地改革的机会大量圈地,由于信息不对称,使得农民家庭或农村集体的利益受到损失。

(5)农村土地流转市场体系未能建立完善

一是交易组织不完善。缺乏市场化的交易平台和各种中介组织,土地资产评估机构、法律咨询机构、委托代理机构、土地融资公司等还未建立完善,因而制约了农村土地流转的范围和市场化程度。

二是农村土地流转信息不畅通。由于农村土地流转的特殊性,当前大多数农村土地流转项目是在各级政府主导下进行的,各种建设用地和农用地使用权流转信息均被政府(村集体)或相关利益集团所把握。单个农户由于很难直接面对农村土地的需求者(企业等),从客观上导致了农民获得的市场信息残缺不全,利益受损。另外,农户的分散和交流的狭窄,也导致农

村土地流转的信息往往局限在本村、本组的狭小范围之内。

(6)对农民权益保护力度不够

一是农民获得的土地收益较低，现行国家土地制度下，各级政府掌握着土地一级市场，农民只获得较低的土地补偿与增值收益；另外，政府在寻租利润的驱使下，存在着“与民争利”现象，农民收益权受损。

二是对农民失地后的可持续发展关注不够。目前农村社会保障体系不健全，农村社会保障制度总体水平较低，绝大多数农村地区社会保障制度覆盖率较低。由于广大农民把土地作为安身立命的基础和保障，作为获取生活资料的主要来源，即使有些农民转移到二、三产业，但由于失业的风险和收入的不稳定性，他们仍把土地作为最后的退路。在农村社会保障体系不健全的情况下，农村土地特别是建设用地流转和集中的进程必将十分缓慢。

(三)建立农村土地流转市场机制的意义

通过引入市场机制，统筹配置城乡土地资源，解决上述农村土地利用和流转中存在的问题，克服目前流转中的不足，充分挖掘农村土地资源的潜力，通过流转集中，实现同类土地连片和规模化经营，在促进农村地区社会主义新农村建设的同时，满足城镇发展对建设用地的需求，在土地流转过程中实现农民权益的最大化。

1.集约用地，解决工业化城镇化发展对建设用地的需求

工业化和城市化实际上是两个替代，一是就业替代，即大量农业就业人口将转向非农产业就业；二是人口替代，即大量农村人口随着就业转移逐步实现居住转移，由农村居住转向城市居住。目前，我国已进入工业化和城镇化快速发展期，与此相适应，必然带来相关生产要素和人口向城镇转移。农村土地作为生产要素，理应随着经济活动重心转移而转移，随着人口转移而转移。这既符合世界工业化城市化的一般规律，又符合市场经济的一般规律。如果为数巨大的农村土地仍然被禁固在农村，不作为生产要素参与工业化城镇化过程，不纳入统一市场进行城乡资源统筹配置，必然带来一边是工业发展城市扩容大量占用耕地，一边是广大农村大量宅基地闲置浪费的问题。

2.有利于金融资本进入农村

加快新农村建设，发展现代农业，解决“三农问题”面临的最大“瓶颈”，就是资金严重短缺。农村土地流转制度改革后，意味着农村建设用地使用权可以作为资本要素进入市场流通，既可以有序转让，也可以与城市房屋产权一样到金融机构抵押、担保，筹集创业和生产发展资金。以农民宅基地为例，2007年重庆市农村居民人均住房面积为38平方米，全市总计农村房屋8.9亿平方米，若按每平方米300元计算(相当于建安成本，没有体现土地价值)，农村房产市场将有2760亿元的市场潜力。如果仅仅按50%的抵押贷款比重，就会筹集1380亿元的贷款进入农村，这对重庆市农村生产资金的筹集和消费市场的启动将会发挥巨大作用。如果考虑宅基地全域流转，宅基地可转为城市建设用地的土地价值，重庆市4400平方公里农村宅基地将会释放出上万亿的财富价值，结合城镇化进程及农村人口向城市转移的情况，近期内就会有30%宅基地可实现转移，其流转价值就达几千亿。

3. 有利于推进农民新村或新型农村社区建设，提升农村公共服务水平

通过宅基地有序流转，引导农村居民集中居住，便于水电气、医疗卫生、文化体育、环境设施等公共服务设施集中配套，极大地提升农村公共服务水平，改变农村脏、乱、差的现象，改善农村生态环境，提高农民居住水平和生活质量。

4.有利于促进现代农业发展

通过农村建设用地的流转带动耕地流转，引导农村耕地向规模经营或种养大户集中，促进现代农业发展。

二、建立农村土地流转市场机制的思路及对策

制度改革的目的是促进城乡土地要素统筹

配置，优化土地资源的使用结构和空间结构；维护土地所有者和土地使用者的合法权益。为此，根据《中华人民共和国物权法》、《中华人民共和国土地管理法》、《国务院关于深化改革严格土地管理的决定》、《中共中央关于推进农村改革发展若干重大问题的决定》和重庆市相关法律、法规和文件规定，提出建立农村土地使用权流转市场机制的思路和框架。

（一）基本思路

农村土地使用权流转市场机制建立的基本思路是：明确产权，规范运作，公平交易，自由流动。

明确产权。明确产权是市场机制建立的前提。尤其是农民的宅基地，要比照城市商品房的做法，明确农村居民宅基地为自有物权，从而赋予农村宅基地的商品属性。可以由法定使用权人由自处置。在此基础上，改变目前农村宅基地使用者只有房屋产权，没有土地使用权的管理办法。按照城市商品房的管理办法办理完全产权，包括房屋产权、土地使用权。土地使用权实行有偿和限期使用。

规范运作。农村土地作为一种特殊商品，必须有序流动。这就需要制定一系列制度保障，包括流转载体、市场准入、价格、收益分配、权益保障、流转程序、市场监管等制度。

公平交易。农村土地流转要在公开、公平、公正的市场秩序中进行交易。在交易方式上，农用地可通过协商的方式进行流转，建设用地要求按照城市经营性用地的要求，实行“招拍挂”。

自由流动。作为生产要素和农民家庭或农村集体财产权利，在保护耕地、管制用途的条件下，可以自由交易，其流动范围应突破行政限制、突破城乡限制，切实保障农村土地作为生产要素，参与整个工业化和城镇化进程，纳入重庆市域范围内城乡和区域统筹配置，实现自由流动。

（二）市场机制建立要点

1.统筹配置城乡土地资源

坚持以人为本，以科学发展观统领土地资源配置和管理，全面贯彻落实“十分珍惜、合理利用土地，切实保护耕地”的基本国策，以土地流转为手段，以制度创新为保障，以集约用地为目标，统筹配置城乡土地资源，加快土地利用结构和空间布局调整。尽快将未来5-10年我市各区县城乡统筹发展所需要的建设用地情况编制成城乡统筹片区规划，市土房局在确保全市耕地总量动态平衡和城乡建设用地总量控制的前提下，按照“推进一圈，强化两翼，增加储备，确保重点”的原则，调整土地利用规划。通过土地资源与其他要素的优化配置，有序引导农村人口转移，促进农地集中，增加农民人均资源拥有量，推进规模经营，促进农业增效、农民增收、农村发展；以实施土地开发整理项目为载体，通过市场配置，实现耕地总量不减少，城乡建设用地总量控制、增减挂钩和异地流转，增加“一圈”和中心城市建设用地，做大城市，促进重庆市土地集约利用，统筹城乡经济社会全面协调和可持续发展。

2.根据建设项目性质，采取计划和市场两种方式配置用地指标，为农村建设用地流转创造市场空间

按照“314”总体部署，重庆市除了建设统筹城乡发展的试验区外，还要建设成为长江上游地区经济中心。目前重庆中心城市的功能尚不完善，社会事业发展严重短腿，不能适应重庆市建设长江上游地区经济中心的总体要求。因此，在计划用地指标安排上，首先考虑满足城市功能建设需要，满足社会与文化事业发展的需要，满足联结城乡的重大基础设施建设需要；其次考虑我市战略性产业和重点工业园区的需要。其他生产和经营性项目用地、房地产用地指标，通过土地市场获得。与广大农村紧密联系的各乡镇要因地制宜，转变仅靠工业来发展镇域经济的思路，要真正从城乡统筹的角度，思考如何从满足城市居民消费，来发展都市农业旅游和高端农产品市场，通过扩大消费拉动镇域经济发展，减少对土地利用性质的改变。

3.完善确权登记制度和使用权证书制度

按照所有权与使用权分开确权的方式，对农民宅基地使用权和房屋所有权、其他主体依法取得的农村土地使用权进行确权登记，并发放使用权或所有权证书。所有权和使用权必须以登记的方式才能公示、公信，同时，使用权证书在某种程度上可以通过证券化的表象使土地得以价值量化，对于土地权益的流转有一定的促进作用。

4.建立农村建设用地有形市场

建立重庆农村土地交易所，作为统筹城乡土地配置的市场载体。其基本功能是：集合农村土地转让的买方和卖方，通过公开竞价发现价格，完成土地转让和流转集中，市场配置城乡土地资源。这个专业市场应在政府主导下建立，并成立相应的管理委员会。一切符合条件的交易主体，都必须进入场内进行公平交易。

5.制定农村建设用地交易管理条例

农村建设用地交易管理条例是保障农村建设用地有序流转的制度设计。条例中要明确交易方式、交易范围、市场准入、流转程序、价格、市场监管等内容。

6.建立全市范围内土地占补平衡机制

在建设用地不增加，耕地不减少的原则下，建立土地占补平衡机制。在全市范围内，建设用地和耕地可以异地实现平衡。由于农村建设用地转换意味着土地资源的大量节约，流转到城市转化为城市建设用地的农村建设用地，应按照一定系数减量流转，相应地按照大于流转的农村建设用地的数量复垦为耕地，确保耕地不仅不减少，还略有增加。

7.建立土地复垦基金

为了保障流转后的农村建设用地按质按量复垦为耕地，可按土地出让收益的一定比例，由出让人缴纳复垦基金，并建立相应的基金监管机制和复垦验收机制。

8.建立农村社会保障基金

农村建设用地转化为城市建设用地之后，其土地收益会呈几十倍放大。由于这个收益主要体现为极差收益，收益的一部分应纳入公共财政收入，提取比例可根据转移的城市地价不同而区别对待。这一项收入应作为农村养老医疗等保险专项资金，在省级行政区内统筹使用。这样既可以起到收益调节的作用，同时，又可解决农村政策性保险资金严重不足的现实问题。可谓一举两得。

9.改革征地制度

农村建设用地中的宅基地转让与原征地制度并存，必然对征地农民产生严重的社会不公。因此，要加快征地制度改革，其目标是提高征地补偿标准，切实解决征地农转非人员的社会保障问题，妥善处理好宅基地转让群体与征地农转非群体的利益关系。

10.规范政府的角色和管理内容

在集体建设用地使用权流转过程中，政府土地行政主管部门必须准确界定自身的角色和职能，不宜介入确定使用者、签定合同等应属于产权人的事务，应简化管理程序，提供优质服务，加强市场监管。根据政府的职能和行政审批制度改革的要求，对于使用集体建设用地，应明确以使用许可代替项目审批。

11.修订相关法律条款，扩展农村集体土地的权能

允许工商资本按照规划要求，使用农村集体建设用地发展农村共商业；允许农村家庭土地承包经营权和宅基地使用权进行信托抵押。解决农业生产发展的资金问题，提高农民收入。解决农村剩余劳动力在进入城镇创业的过程中所需要的创业资金，促进农业用地在更高层次上进行集中，实现城市工商资本与农业生产资料的结合。

12.建立土地承包经营权抵押的安全防范体系

(1)建立土地承包经营权抵押的多方担保制度

由于农业生产面临着市场和自然灾害双重风险，因此建立多方担保制度有利于保护债权人和债务人的合法权益，有效规避风险。一是建立生产者与市场之间的购销合同制度，大力发展订单农业，有效规避市场风险；二是建立抵押参保制度，由银行、政府相关部门、农业保险公

司签订三方协议，由保险公司对种养植大户的种养植业进行农业保险，保险费分别由财政、种养植大户、农行按比例分担，使农业保险公司与农户、银行共同分担自然风险，尽量规避抵押权的实现，保护农民的财产安全；三是建立农业信用担保制度，即由银行、政府相关部门、农业信用担保公司签订三方协议，由担保公司对种养植大户进行信用担保，担保费用由种养植大户、财政、担保公司按比例分担，农行适当予以利率优惠。

(2)创新信贷管理方式，将管理与服务紧密结合起来

为了搞好种养植大户贷款营销管理，银行可由熟悉相应农业技术知识的客户经理组成粮食种植大户团队、蔬菜种植大户团队等各种专业团队，通过定期和不定期现场监管，及时发现和防控信贷风险，并由专业团队与农业局、粮食办、蔬菜办、农技站、农资公司等单位联合建立农业科技服务小组，按农时对种养植大户提供农技指导。

(3)严格规划管制，防止农业用地流失

为防止农业用地流失，切实保护耕地资源，应加强对土地承包经营权抵押的规划管制。凡因抵押权实现而进行的抵押物（土地承包经营权）拍卖、转让等，都不得转变其用地性质，按原土地规划的用途和性质进行开发、经营。

三、操作方案

(一)明确农村土地流转方式

农村土地使用权可以采取租赁、转让、抵押、置换等方式进行流转。

1.出租，是指农户或村集体将农村土地使用权租赁给承租人使用，由承租人向该农户支付租金的行为。

2.转让，是指将其农村土地使用权转移并获得收益的行为。该土地使用权转让后的使用年限为原土地使用年限减去已使用年限后的剩余年限。

土地使用权转让分为两种情况：一是农村土地实物转让，即转让后的土地实体不发生位移；二是建设用地使用权指标转让，土地使用权指标标明的土地实体发生空间位移。

3.抵押，是指土地使用权人不转移对农村土地使用权的占有，将该土地使用权作为债权担保的行为。

4.置换，指在建设用地总量控制下，实行城乡建设用地增减挂钩，将农村土地指标在全市范围内进行交易并使所有权人或使用权人获得收益的行为。

(二)界定农村土地流转主体和客体

1. 农村土地流转主体是指依法参加该土地使用权流转的让渡方和受让方

(1)让渡方：是指在农村土地流转活动中让渡使用权或所有权的农村集体经济组织、农户或中介机构。

让渡方可以由农户单独申请，也可以以村级或镇级为单位联合申请，还可以委托政府指定的农村土地流转中介服务机构申请。

(2)受让方：是指具有完全民事权利能力和民事行为能力，能独立承担民事责任的自然人、法人或其他组织。

受让方可以单独申请，也可以联合申请。

2.农村土地流转客体是指流转的标的物，包括实物交易和指标交易两类

实物交易：包括耕地、林地、四荒地、农村集体建设用地物理空间不发生变化的情况下进行的流转与交易行为。

指标交易：是将农村土地转化为耕地或其他农业用地所置换出的建设用地指标，可进行异地交易。

(三)把握好农村土地市场准入条件

1.让渡方资格及条件

(1)农户申让宅基地，必须提供其它稳定居所和稳定生活来源的证明。申让其中部分宅基地的，需出具家庭人均居住面积的相关证明。农户让渡宅基地后，不得再向村集体申请新的宅基地或补充宅基地面积。

(2) 农村集体经济组织申让建设用地和农

用地、四荒地，必须提供该组织2/3以上成员同意并签字画押的证明材料。

(3) 让渡方必须提交土地勘测定界报告、《宅基地使用证》、使用年限说明、价款构成及支付要求、交地承诺和其他有关材料。

(4) 以建设用地指标方式流转，必须符合城乡建设规划及土地利用规划，并出具流转集体建设用地已经整理整治验收达标的相关证明材料。

2.受让方资格及条件

(1) 具有完全民事权利能力和民事行为能力，能独立承担民事责任的自然人、法人或其他组织。

(2)申购时需出具土地用途说明、项目说明和有关部门审批、核准、备案的相关文书。

(四)建立和完善流转中介服务及管理协调机构

1.中介服务机构

建立健全城乡一体的农村土地流转中介服务体系。成立重庆市农村土地交易所。其职责是：为农村土地流转建立信息库和指标储备库，发布交易信息，提供交易场所，办理交易事务。其性质是：由市人民政府出资组建的事业性法人单位，实行企业化管理，管理模式为国有独资经营。交易所收入来源：按土地转让收益提取一定的中介服务费。

设立非营利性的农村土地储备机构，负责本行政区域内农村土地流转前的集中储备和整理整治。

引导建立农村土地价格评估机构、法律事务所、委托交易机构等。

2.管理协调机构

组建重庆市城乡土地流转监督管理委员会，负责全市城乡土地流转的指导、监督、管理工作。

(五)规范农村土地流转程序

1.交易场所

农村土地使用权或所有权转让、置换及抵押权实现时的流转，必须在交易所内进行，按照公开、公正、公平的原则一律实行“招、拍、挂”。

农村土地租赁可在场外进行，由买卖双方协议进行，交易行为发生后在交易所备案。

2.农村土地异地转让指标确定

(1) 按照市场需求确定集体建设用地使用权异地转让规模

由市土地管理部门汇同其他部门，根据全市经济社会发展对城市建设用地需求制定年度农村土地异地流转计划，报市政府批准后，纳入全市土地利用规划，作为全市当年农村土地异地流转控制指标。

(2)集体建设用地异地流转指标分解

集体建设用地异地流转指标确定后，由土地管理部门会同相关职能部门下达到各县(区)，各个县(区)按照规划再层层分解。

(3)农村土地异地流转土地复垦及验收

对纳入异地流转的农村建设用地，在进入市场流转前必须进行复垦整治及验收。可进入当年异地流转的集体建设用地指标数量以整理验收合格的面积为准。

3.空间落地及使用性质的确定

(1)空间落地

异地流转的农村建设用地指标转化为城市建设用地指标后，根据全市经济社会发展需求及空间布局，进行分解并落实到地块。

(2)确定使用功能

在空间落地的同时，根据所在地的规划要求确定地块用途，如工业、商业、房地产、基础设施用地等，对接受指标流转地块进行项目功能界定。

(3)征地拆迁及前期开发

对转化为城市建设用地的异地流转的农村集体建设用地指标，在空间落地和明确地块使用功能后，可以直接进入交易程序，也可以进行征地拆迁并按照“七通一平”进行前期开发后再进入交易程序。

4.挂牌交易

完成上述程序，集体建设用地指标已经转化为具体的城镇建设用地地块和项目，再由交易所统一进行挂牌交易。

(六)交易基准价格及利益调节

由于建设用地空间不同、使用性质不同交易价格差别很大,同时政策性也很强,因此,基准价格确定特别是利益调节至关重要。

1.基准价格确定

基准价格是指交易所挂牌交易的底价。底价实际上是一个保本价,包括以下成本因素:农村土地整理成本、征地拆迁后挂牌交易的还要计入征地拆迁成本、完成前期开发挂牌交易的还要计入前期开发成本、交易所中介费、其他费用。

2.收入分配

在挂牌交易总收入中扣除相关成本、税收及调节基金之后为净收入,净收入按照异地集体建设用地流转指标量平均分配。

(1)成本扣除

参照上一款基准价格的成本因素扣除交易前期成本。

(2)税收

按照国家土地出让相关政策上缴税收。

(3)在土地总收入中按照一定比例切块建立农村土地流转基金

流转基金主要用于对指标落地地块的征地农民进行社会保障、就业培训、创业支助、困难救助等方面。

(4)净收入分配

作出以上三项扣除后,就是集体建设用地指标流转的净收入。净收入除以转让指标总量得出单位指标转让平均收入,按照单位指标平均收入水平对集体建设用地使用权所有人进行分配。

3.组建结算中心

农村土地交易所组建集体建设用地交易结算中心,交易成本及收益向财务核算全部公开。农村挂牌交易的集体建设用地使用权人有权查阅相关财务资料。

4.对指标异地落地地块占用耕地的农村居民的补偿

农村土地指标异地流转后,原集体建设用地使用权人的集体建设用地转化为耕地,而异地农村居民的耕地相应地转化为建设用地。必须对异地农村居民进行补偿。

(1)把被占用耕地的异地农村居民纳入征地拆迁计划。

(2)对异地农村居民的补偿,严格落实重庆市征地拆迁补偿政策。这里特别需要强调的是要按照人均30平方米的标准留足征地农民转非后发展生产用地。

(3)除了全面落实现行征地政策外,还要用切块建立的流转基金进行额外补偿。

(重庆社会科学院　陈悦　田代贵　李琼)

农村金融成长与服务模式构建

——助推重庆“两翼”农户万元增收工程实施的对策

中国农村金融体系的建立和发展，主要来源于中央和地方政府动员储蓄，为工业化、城市化积累资金和方便政府控制的需要，历次的农村金融体系改革都具有鲜明的政府主导型特色。当前，为消除二元经济、建设全面小康社会，农村金融正面临向多元化市场主体、多层次金融服务转变的历史性的阶段。

在我国金融市场中，农村金融市场始终是一个薄弱环节。特别是在中西部地区欠发达县域，农村、农民、农业问题尤其突出，其庞大的金融需求无法得到满足，“三农”问题严重阻碍了我国经济的结构转型，制约了我国经济的进一步发展。

重庆城乡统筹的发展思路可用“一圈两翼”来概括。以“一圈”带动“两翼”，“两翼”巩固、促进“一圈”发展。“一圈”、“两翼”如何统筹协调发展，是重庆金融业在新形势下面临的一个崭新课题。实施农户万元增收工程，不断增加农民收入，让群众过上富足生活，不仅是广大农民群众最关心、最直接、最现实的利益问题，也是我们金融机构职责所在，更是衡量我们是否担负社会责任、服务地方经济职责的重要体现。

一、农村金融市场概述

（一）农村金融市场概念

农村金融体系是一国金融体系的重要组成部分，是金融体系在农村地区的运行和发展。

农村金融市场是整个金融市场的重要组成部分。“农村金融市场”，在逻辑上它是“金融市场”在“农村领域”的延伸，又是“农村金融”向“市场化”发展的自然结果。

农村金融市场就是指农村金融供需主体之间进行信用交易的场所及其与此相关的制度安排与交易关系的总和。农村金融市场从现象上看是一种“交易场所”，从本质上看是一种“制度安排”，体现了“信用交易”的复杂关系。农村金融市场的交易涉及信用环境、法律法规和交易规则等制度安排，是市场软环境，是农村金融市场建设的必然要求。

（二）农村金融市场构成要素

金融市场主要由四个基本要素构成：市场参与者、金融工具、金融工具的价格与金融交易的组织方式。其中，市场参与者包括政府、中央银行、商业性金融机构、企业以及居民。不同的参与者，其参与目的及方式不尽相同。金融工具则是金融市场上资金交易的载体。在金融市场上，价格发挥着核心作用。金融交易有不同的组织方式。

从理论内容上讲，农村金融体系应该包括一系列内涵丰富的金融组织形式和服务品种，如银行信贷、结算、保险、证券、信托投资理财等，但从我国农村金融的现实看，目前最为突出的问题是信贷服务的不足问题。在实践中，包括非正规金融在内的农村金融体系普遍面临的问题，也主要是其信贷方面出现问题，导致流动性约束和支付危机，影响了整个金融体系的持续有效运行。从地域上讲，为农村经济发展服务的农村金融体系是指县及县以下为农户和中小企业提供金融服务的金融机构或金融活动。因此，综合农村金融体系的理论内容和地域界定，农村金融体系范畴是指，在县及县以下由若干银行业金融机构或活动组成的为农村经济发展融通资金的金融组织体系。

农村金融市场是一个复杂的有机系统，它

是由围绕农村金融商品的交易而形成的供给主体、需求主体、监管主体和交易制度构成的有机统一体。我国农村金融的发展不容乐观。一直以来，缺乏合适有效的金融机构为农村和农民提供金融服务，金融要素在农村处于市场僵化的状态。由于经济体制转型、金融运营水平低、信用制度不健全、农业信贷成本高等方面的原因，使中国农村金融市场本身存在诸多问题，进而导致中国农村金融市场的成长处于低质状态，严重制约了农村经济的持续增长。在当前，要促进农村金融与农村经济的良性协调发展，就要着重解决以下问题：农村金融的资金价格问题、农村金融服务主体多元化问题、农村金融市场竞争有序性问题、地方政府行为边界问题以及农村金融的制度性变迁问题。

二、农村金融成长机制与服务相关理论

（一）农村金融市场三大理论

目前，学术界在农村金融研究领域主要有三大理论流派，即农业融资理论、农村金融市场理论以及不完全竞争市场论。农业融资论是20世纪80年代以前农村金融理论界占主流地位的理论学说。该理论认为，农村居民、特别是贫困阶层没有储蓄能力，农村面临的是资金不足问题。由于农业的产业特性(收入的不确定性、投资的长期性、低收益性等)，农业不可能成为以利润为目标的商业银行的融资对象。为此，有必要从农村外部注入政策性资金、并建立非营利性的专门金融机构来进行资金分配，以增加农业生产投入，缓解农村贫困。为缩小农业与其它产业之间的收入差距，对农业的融资利率必须较其它产业的利率要低。同时，考虑到非正规金融使得农户更加穷困并阻碍了农业生产的发展，为促使高利贷消亡，需要通过银行在农村的分支机构和信用合作组织，为农村注入大量低利的政策性资金。根据这一理论，发展中国家广泛实行相应的农村金融政策，扩大了向农村部门的融资，促进了农业生产增长。然而由于农村金融储蓄动员不力，过份依赖外部资金、资金回收率低下、偏好向中上层融资等方面的问题十分严重，许多国家同时也陷入严重的困境。总体来看，单纯地从这一理论出发，很难构建一个有效率、自立的农村金融体系。

农村金融市场论是20世纪80年代以来对农业融资论批评和反思后形成的替代性理论。这一理论传统高度重视市场机制的作用。它认为，农村居民以及贫困阶层是有储蓄能力的，没有必要由外部向农村注入资金；认为低利政策防碍了人们向金融机构存款，抑制了金融发展；认为农村金融机构资金的外部依存度过高是导致其贷款回收率降低的重要因素，非正规金融的高利率因农村资金拥有较高机会成本和风险费用而具有一定合理性。农村金融市场论的政策主张有：一是农村金融机构的主要功能是农村内部的金融中介，动员储蓄是关键；二是为了实现储蓄动员、平衡资金供求，利率必须由市场机制决定，而且实际存款利率不能成为负数；三是判断农村金融是否成功，应根据金融机构的成果及其经营的自立性和可持续性来进行；四是没有必要实行专向特定目标贷款制度；五是非正规金融具有一定合理性，不应一律取消，应当同时利用正规金融与非正规金融市场。

不完全竞争市场理论缘于20世纪90年代以来金融危机所昭示的市场机制的内在缺陷。人们认识到，对于稳定金融市场来说，合理的政府干预非常重要。农村金融理论也发生了一些新的变化，理论界认识到要培育稳定的有效率的金融市场，减少金融风险，仍需必要、合理的政府干预。农村金融市场不是一个完全竞争的市场，尤其是放款一方金融机构对于借款人的情况根本无法充分掌握不完全信息，如果完全依靠市场机制就可能无法培育出一个农村社会所需要的金融市场。为此，有必要采用诸如政府适当介入金融市场以及借款人的组织化等非市场措施。

（二）银行业与区域经济关系

银行业结构、效率和区域经济增长是显著相关的。银行业发展对经济增长的主要影响途

径是促进资本形成,经济发展越货币金融化,银行体系对资本形成的作用也就越大，经济增长反过来对银行业发展也有较好的引导作用。从宏观经济的层面来看，面对日益复杂的国内外经济金融形势和多样化的金融服务需求，要求中国银行业金融机构只有不断深化内部改革、拓展业务渠道、提高经营效率,才能提高银行业的抗风险能力，提高银行业发展与我国经济增长的协调程度。

随着城镇化建设的推进，社会主义新农村建设任务的提出,农业产业化的步伐加快,农村经济发展对农村金融服务提出了新要求。2009年1月《国务院关于推进重庆市统筹城乡改革和发展的若干意见》特别强调了金融对城乡统筹的意义,指出要建立现代农村金融制度,规范发展多种形式的新型农村金融机构和以服务农村为主的地区性中小银行，支持开展商业性小额贷款公司试点，大力推进农村金融产品和服务创新。这是重庆金融特别是农村金融发展的一个重大机遇，但就目前重庆农村金融发展的现状来看,这更是一个挑战。

三、重庆市农业与农村金融现状

(一)重庆市农业概况

重庆位于中国西南部，幅员面积8.24万平方公里。重庆境内海拔相对高差悬殊,气候属亚热带季风性湿润气候,立体气侯明显,辖区农作物全年均可生长。

目前,重庆共辖40个区县(自治县),871个乡镇,8967个村。,2009年末，全市常住人口2859.00万人,城镇人口1474.92万人,非城镇人口占比48.41%。2009年末耕地面积223.76万公顷,全年粮食播种面积3344.24万亩,实现地区生产总值6528.72亿元，农林牧渔业增加值606.80亿元。

(二)重庆市农村金融现状

全国农村金融机构改革发展取得丰硕成果。2009年共有43家农村商业银行、196家农村合作银行开业,跨区域股权投资取得初步成效，异地设立分支机构实现重大突破，市场化方式处置不良贷款取得成功经验。

重庆直辖十三年以来经济发展迅速，但重庆市农村金融现状不是令人非常满意,表现在：①农村经济存在基础薄弱、农村组织化程度低、资金供给不足等缺陷；②现阶段重庆金融服务“三农”功能弱化,农村金融发展不平衡;③信用体系不健全,交易成本较高,金融资源配置效率较低；④政府对于农村财政及配套设施的投入不足,无法推进农村金融洼地的形成;⑤农村金融机构在解决返乡农民工就业难题以及促进金融资源的回流方面作用有限；⑥金融环境运行的法制环境较为脆弱。

(三)“一圈两翼”发展战略对重庆市农村金融市场的需求

重庆市城乡统筹发展的基本思路可以用“一圈两翼”发展战略来概括。

2006年11月,重庆市提出“一圈两翼”发展战略,即以主城为核心、以大约1小时车程为半径范围的城市经济区(“一圈”),建设以万州为中心的三峡库区城镇群(渝东北翼)和以黔江为中心的渝东南城镇群(渝东南翼)。渝东北翼包括:万州、城口、巫溪、巫山、开县、云阳、奉节、梁平、忠县、垫江、丰都共11个区县。渝东南翼包括:黔江、秀山、酉阳、石柱、彭水、武隆共6个区县。

“一圈” 集中了大量的金融资本,“两翼”区县无金融优势而言。“一圈”与“两翼”要统筹协调发展,就要推进金融体制改革,健全金融市场体系,从根本上改善“一圈两翼”的金融服务市场。为此,客观需要做到以下几点:建立现代农村金融制度，规范发展多种形式的新型农村金融机构和以服务农村为主的地区性中小银行，支持开展商业性小额贷款公司试点，大力推进两翼区县的金融产品和服务创新；建立顺应农村经济的信贷担保机制，探索建立涉农贷款贴息制度；提高农村地区支付结算业务的便利程度,加快农村信用体系建设;积极推进“三农”保险,扩大政策性农业保险覆盖面。

四、重庆市农村金融成长机制与服务现状

农村金融的发展状况对农村经济发展有着深刻的影响，而“金融抑制”现象目前在我国的农村地区普遍存在，对新农村建设、城乡统筹发展以及“三农”等经济发展中重要问题的解决形成了制约。重庆是典型的大城市带大农村的地区，农业资源禀赋差异较大、发展现状等存在着不均衡因素，农村金融市场成长机制僵化，服务模式跟不上当前农村发展客观需求。

(一)金融资源配置不平衡

目前重庆市金融机构主要集中在城市，根据中国银监会2008年公布的《中国银行业农村金融服务分布图集》，重庆市农村地区银行业金融机构网点共有2077个，平均每万人拥有银行业金融机构网点和服务人员分别为1.19个和8.81个，远低于重庆全市1.6和14.16个的平均水平。而担保、证券、保险等配套金融机构网点更为稀少，仅为210个左右。

较为偏远的渝东北和渝东南地区的其中15个县银行业金融网点数为1407个，占重庆全市网点的35%，农村金融网点覆盖面仅为90.7%和85.6%。由于农村基层金融组织数量少，且基层金融机构区域分布不平衡、导致农村信贷市场高度垄断，金融服务覆盖面低。

(二)农村金融体系不完善

国有及股份制商业银行因其市场定位，不愿涉足经营成本高、行业风险大的农村开展业务；政策性银行(农业发展银行)由于受业务范围所限，在农村的金融服务也受到了极大制约；农业银行主要支持信用级别较高但数量很少的大型产业化龙头企业，尤其是国家和市级重点龙头企业；邮政储蓄银行重庆分行由于成立时间短，在农村开办的金融业务主要是储蓄和小额质押贷款；小额信用贷款还处在试点探索阶段，小额信用贷款虽然可以解决农户一般性生产资金需求，但其低额度无法解决农业产业结构调整和农业产业不断升级中出现的农户大额贷款需求；村镇银行、小额贷款公司等新型金融组织尚处于空白；重庆农商行本应作为支农主力军，但受金融监管指标的制约，难以满足农村经济发展需要；重庆三峡银行由于重组改制时间不长，且由于其当前定位是服务库区，对重庆农村经济的支持作用还未显现出来。

(三)农村金融服务产品单一

重庆市农村金融服务仍以“存、贷、汇”为主，形式单一。据调查，农村金融组织的产品差异化不足，农村居民难以得到诸如在城市较为普遍的投资顾问、项目理财和网上银行服务等。随着当前重庆市农业产业结构调整步伐的加快和农村经济社会的快速发展，以及农民思想观念的转变，重庆农村金融服务的低水平，使农村金融服务更难以满足当前农村经济多样化、多层次的需求，难以与当前“一圈两翼”战略发展规划相适应。

(四)金融基础设施建设较为薄弱

政府出台的诸多支农、惠农政策因农业生产资源上涨而达不到预期效果，农村固定资产投资薄弱，消费水平过低，且外向型经济依存度不强，致使农村经济长期低速发展，致使农村金融基础设施建设较为薄弱。

(五)农业保险发展滞后

农业保险是指专为农业生产者在从事种植业和养殖业生产过程中，对遭受自然灾害和意外事故所造成的经济损失提供保障的一种保险。重庆市的农业保险处于起步阶段。2007年重庆已经探索并形成了商业保险参与农村社会保障体系的农民工保险“城口模式”和被征地农民保险“重庆模式”，这为重庆农业保险的深入发展奠定了基础。但是重庆发展农业保险起步较晚，直辖年后即年才开始正式启动政策性农业保险试点，除了全面普及全国范围都在开展的能繁母猪保险外，仅选择几个区县和不多的品种试点，发展到目前保费总收入才1000余万，尤其是涉及国家粮食安全和国计民生的大宗粮食作物政策性保险几乎没有开展。经营过程中出现的问题也多，导致农民参加保险积极性受挫，基层政府部门信誉受损。

重庆农业每年一些农作物受灾，成灾面积占受灾面积的比重在20%以上，但目前仍然主要依靠两种传统的农业风险保障途径，即民政主管的灾害救济和中国人民保险公司以商业方式推进的农业保险。这些保障途径实质上都是补偿性的救济方式，而补偿性质的灾害救济要受到政府财力限制，无法适应农村经济市场化程度日益深化后的要求，不利于培育农户参与保险的积极性的培育，一定程度上限制了农业保险的发展。

(六)存贷差过大,农村资金外流现象严重

伴随着国有银行改革的不断推进，国有商业银行由于业务对象和风控模式的调整，已经基本放弃了在县域和农村地区的资产业务,但负债业务规模仍在高速增长，在农村市场中吸收的存款和其他资金大量被转移到上级机构，成为县域和农村地区资金来源“失血”的根源。

(七)涉农金融机构缺少国家政策扶持

近年来，重庆市政府认真贯彻执行中央对“三农”“多予、少取、放活”的方针,财政扶农投入出现了高增长。但与全国的财政支农支出占比来看,重庆的数据一直落后。

重庆市农村金融市场成长机制与服务模式具有以下特点:信贷市场为寡头垄断型,存款市场为垄断竞争型;贷款利率是外生变量,由中央银行决定，农村金融机构是价格的接受者。另外,农村信贷市场中存在严重的信息非对称,每位借款人都知道自己的风险类型，但银行无法区分和识别;金融机构仅知道高、低风险借款人的比例,能决定贷款概率和抵押要求。

五、重庆市农村金融成长机制与服务模式改进的建议

(一)指导思想

一是合作金融、商业金融、政策性金融、民间金融并存。结合不完全竞争理论在我国的适用性，农业生产由于其特殊性使得农业收入不稳定、投资回收期长且收益低,导致农村金融的交易成本和资金使用成本都很高，完全依赖商业金融会造成市场失灵，这种情况下政策性金融的存在是必要和有效的；依据该理论对于信息不对称这一在我国农村金融市场表现明显的特征,解决方法是:利用借款人联保小组以及组织借款人互助合作形式，以避免农村金融市场存在的不完全信息所导致的贷款回收率低下的问题;利用担保融资、使用权担保以及互助储金社等办法,可以改善信息的非对称性,其中的互助合作形式和互助储金社是典型的合作金融形式。当然从我国农村金融需求的多层次性来看,商业性金融也大有可以施展的空间。而从我国民间金融的广泛存在和其特有的优势来看,在解决特定农村金融需求时能发挥积极作用。因此,合作金融、商业金融、政策性金融、民间金融四条融资渠道的同步完善，从而对我国新农村建设中的多层次金融需求实现全方位覆盖是构建我国农村金融体系的路径选择。

二是“需求追随型”和“供给领先型”同步并进。我国经济发展表现出较强的地域性和层次性，农村金融主体对金融服务的需求也表现出较强的层次性特征。对于贫困型和处于初级阶段的普通型农户以及小部分的农村企业来说由于长期缺乏金融服务的供给及信息不畅等原因,对金融作用的认识非常有限,但并不能因此就认为农村金融需求不足，很多金融服务只有在提供的过程中人们才会发现其方便快捷的好处,才能激发人们潜在的需求,也就是说,“供给会自行创造需求”的萨伊定律在农村金融领域仍然会发挥作用。因此,应该走供给领先型的金融供给模式。恩格斯在《法德农民问题》这篇光辉的著作中，对农民的特点和习性作了精辟的阐述。他提出,组织农民要通过示范,单靠说教是不行的。事实上,“羊群效应”在农村、城市各阶层人士中都存在,但在农民中“羊群效应”最为突出，这与农村特别是落后地区农村信息渠道不畅有关,也与农民文化素质相对较低有关。因此,供给领先型战略比较附合贫困型、处于初级阶段的普通型农户，通过先提供新的金融服务,让少数开拓型的农民尝到金融服务的甜头,

再带动其他农民利用这些金融服务和工具,使农村经济和农村金融得到共同发展。而对于大多数普通型和市场型农户以及农村企业来说,他们对金融的作用认识比较充分,面临的主要问题是金融服务的供给不能满足他们的需求,因此,应选择需求追随模式,金融领域要大胆进行金融业务和金融机构的创新,不断满足经济发展对金融服务提出的新要求,促进经济的进一步发展。

三是"功能法"和"机构法"相结合。我国农村金融体系的构建当然可以将"功能法"和"机构法"同时借鉴,我们建立农村金融体系的最基本原则在于利用最廉价、最先进的技术建立一个能够有效配置资本的整体构架,因此必须要找到一种健康的农村金融体系模式,它要能够自行清除混乱,并防止混乱。我国农村金融体系的构建不在于仅仅对原有的金融机构进行一些改革,也不在于仅仅建立一些新的机构,而在于将两者有效地结合起来,充分利用我国丰富的人力资源并全力发掘它,以发挥最大的自然和经济效益,在有效发挥原有机构体系功能的基础上,把机构方法和功能方法有效地结合起来,建立新的农村金融组织和机构,补充现有农村金融体系功能的不足。

(二)农村金融市场服务框架构建

一是农户的金融需求和金融供给。农民对突发支付性需求的低应对能力、农业的低风险抵抗能力、农业生产的季节性、增加非传统农业收入需要的资金投入,都决定了农民对贷款的迫切需求。小额贷款是农户最为迫切的需求。同时,农民收入低和抵押品的缺乏导致农民的贷款需求不能很好地得到满足。虽然有一半以上的农户可以得到贷款,但是其中不少农户的贷款需求是由非正式途径(主要是亲友互借)提供的。可见,正规金融在农村金融市场的渗透率和覆盖面远不能满足农户的需求。有研究表明农户从正规金融得到的贷款额度与家庭收入呈现明显的正相关。所以,正规金融的贷款服务促进了农村经济的发展,但扩大了农民的收入差距。农户贷款最重要的原因是补充生产与经营成本,占需要贷款农户的近50%,其次是治病和子女教育(占比均在10%以上)。因此,扩大公共财政覆盖面解决农民的医疗和子女教育问题,可以有效地缓解农户的贷款需求。但非正规金融的贷款利率水平明显高于正规金融,使得低收入农户的最终加权利率水平在15%左右,少数农户支付的利率水平达到30%。高收入的农户愿意接受高利率和实际接受高利率的比重都大大低于低收入的农户,说明低收入农户看重的主要是信贷的可得性。农户不能获得贷款的最重要原因是偿还能力不足,收入低的农户因为偿还能力不足而不能够获得贷款,不能获得贷款又使得农户无法提高收入,低收入农户陷入贫困陷阱。

二是农村企业的金融需求和金融供给。农业生产对提高农民收入仍有较大的潜力,尤其在非传统农业领域,包括高效农业、特色农业和畜牧养殖业。据我们的调查发现:有超过30%的村民认为,资金是致富的最重要因素,其次是技术和手艺(占25%左右)以及信息和知识(占20%左右)。乡镇企业对金融的需求主要源于启动市场,扩大规模,面向市场的资源利用型生产贷款需求。2006年中央"一号"文件指出要对乡镇企业特别是劳动密集型企业和服务业的发展,政策金融可以给予辅助,也可以在结合政府担保支持的情况下申请商业信贷。

三是农村基层政府的金融需求和金融供给。农村基层政府包括乡镇政府和村集体,他们的金融需求具有很强的公共性质,他们的金融需求主要是资金的融入需求,体现在对道路、交通、电力、水等公共品和准公共品的提供上。在新农村建设时期政府的资金投入需求扩大,除了财政满足公共物品的资金需求外,政策性金融在基础设施建设和农业科研投入方面理应发挥主要作用。

(三)农村金融市场服务构建的原则

一是构建农村金融市场体系必须与我国整体金融改革相协调。农村金融体系是我国金融体系的有机组成部分,因此,在规划重庆“两翼”区县农村金融机构的设置,金融机构的运行机制等方面,必须符合我国金融改革的整体方向,与全国的金融体系相协调,那就是必须坚持市场化的基本原则(除政策性金融之外)。

二是始终以支持“三农”为导向。农村金融体系构建必须根据中央制定的规划,为建设社会主义新农村服务。农村金融供给模式的目标,就是留住农村资金,并吸引城市资金进入农村。农村金融机构发展模式应该有所差异,在“两翼”所在区县应以政策性金融和农商行为主体,大力发展互助金融,加快发展村镇银行等小型商业性金融机构。金融产品的模式,小额信贷仍然是面向农户的主要金融产品,但是它的含义、作用、发放机构以及贷款额度应根据“两翼”区县具体情况而赋予不同的内容。一个可预见的期限内(由重庆市政府或相关职能部门界定),非政策性金融信贷的利率应逐渐由高到低达到一个较为合理的值,贷款的期限也应由短到长渐进变化与农村金融需求相匹配。

三是应利于优化农村金融生态环境。重庆市直辖以来,农村金融体制虽几经改革,成绩突出,但并未从根本上解决问题,农村金融的问题依然十分突出,一个非常重要的原因是没有从根本上改善金融的生态环境,没有形成农村金融可持续发展的长效机制。因此,我们在构建与新农村建设相适应的重庆农村金融体系时,要通过加强法律和制度建设,打造诚实守信的社会体系,建立良好的激励与约束机制等途径,优化重庆市农村金融生态环境。

四是应体现市场竞争与政府支持相结合的原则。毋庸置疑,重庆市农村金融市场机制与服务模式的构建要坚持商业化、市场化的基本原则。但“三农”问题的真正解决,新农村建设要实现预定目标,“两翼”农户三年内户均增收万元工程的实施,需要大量的资金投入。这些资金仅仅是商业性金融显然是不能胜任的,还需要政策性金融的扶持,政府就要加大对农村金融的支持力度。

五是四大金融“支柱”要在运营上区别对待。目前,重庆市农村金融体系建设应着力于构建四大金融“支柱”,即合作金融、商业性金融、政策性金融和民间金融。四大金融“支柱”可根据自身特点进行市场定位,实现既大体分工又互相协调,对社会主义新农村建设不同层次的资金需要形成网状覆盖。但是,由于合作金融、商业性金融、政策性金融、民间金融的主体各不相同,这决定了四大金融在经营目标、运营机制、监管框架以及服务领域的选择上应有所不同。

(四)助推“两翼”农户万元增收工程实施的具体措施

一是建立多机构、多层次的农村金融体系。要按照银监会出台有放宽农村地区银行业金融准入《若干意见》的要求,将更多新型农村金融机构纳入到金融监管范围,有效地提供金融服务和缓解农村金融抑制。鼓励有条件的单位和个人,发展农村小额信贷机构。政府应协调相关主管部门制定优惠政策,如税收优惠、免交央行存款准备金等。鼓励在“两翼”区域开展多种形式的农业保险、担保,与农村其他金融机构相结合,进一步满足农民的贷款需求。鼓励内外资银行进入农村金融市场。国内外金融机构可以通过代理或批发等途径向“两翼”农村地区提供小额信贷服务,也可以直接向农户提供信贷和其他金融服务。鼓励商业银行或其他金融机构利用农商行的网络系统,开展对农商行的批发金融和委托服务等业务,引导资金回流农村。积极探索政策性金融机构与农村合作经济组织结合模式,倡导农业专业人才、农村金融人才回乡创业,加大对优秀农民工人才的培训,促进农村小额信贷发展。

二是建立统一的农村信用制度和评价体系。政策主管部门应委托相关机构,根据农户的信用背景、资产状况、债务情况及行为模式,通过合理的方法为农户计算出较为可靠的信用分数。采用公平、有效的方式,规范信用村、信用户的农户信用评级体系,建立动态的农户征信系统。鼓励金融机构充分利用该信用系统作为信贷决策的依据，做到决策的科学化和制度化。建立信用渐进制度，把信用评分系统变成信用激励手段。鼓励金融机构、民间机构和司法系统向该系统申报当事人的信用和行为信息，及时更新信用信息。把农村信用制度建设与建设社会主义新农村和“和谐社会”统一起来。

三是加强金融机构的管理。加强金融机构的资产风险管理，提高员工素质和改善客户关系，建立合理的薪酬制度。选择正确的经营策略，将中短期盈利目标与金融机构本身的可持续发展相结合，扩充资金来源，提高优良资产率，提取足够的准备金，防范金融风险。深化农商行改革。充分考虑各地区的不平衡性和差异性。经济发达地区的农商行改革要继续按照现代金融企业制度的要求，进行股份制改造，建立一批农村合作银行和农村商业银行；对“两翼”区域经济特别落后区县的农商行改革，要按照合作制原则进行改造，不能简单套用现代商业银行制度模式。

四是明确政府在农村金融发展中的定位。县乡政府在领导农民脱贫致富方面往往具有决定性的作用，在农村金融方面，他们的作用不同于更高级政府机构的政策制定及监管职能，主要在于因地制宜地引导农民发展生产，调整产业结构，并提供必要的资金支持和技术培训等，从而创造农户贷款的需求和提高农户的还贷能力。中央和地方政府应树立服务意识，创造条件引导农村微金融服务与正规金融机构结合，改善微金融服务的商业环境。同时，政府应采取积极的态度和手段鼓励商业银行发展微金融服务。借鉴国际经验，建议国家财政、农业发展银行发行中长期农业发展债券，对农户提供中长期贷款。

五是进一步深化体制改革，培育分工合理、功能互补、管理规范的农村金融体系。农业银行应充分发挥商业性资金融通功能，重点满足农村内部农业产业化经营龙头企业的资金需求；农业发展银行应逐步向综合型政策性银行转变，满足扶贫、农村公共产品等领域的资金需求；农村信用社应继续深化改革，提高对农户贷款的覆盖率。规范民间融资行为。首先，国家应尽快研究出台民间融资的相关管理法律、法规。通过立法，保护正当的民间融资行为，为民间金融搭建向规范化、合法化、机构化转变的制度平台。其次，坚持“有保有压”的原则，依托农村合作金融组织，疏通和引导民间闲置资金，保护其积极合理成分，纠正其扭曲成分。第三，相关政府和金融监管部门要制定健全的市场契约制度，提供民间农贷的合同样本，规范民间金融市场的行为。加快发展农村小额信贷组织，不仅包括社会公益性组织，而且应包括商业化的小额信贷组织。目前，应在小额贷款组织试点中不断发现和挖掘好的经验和做法，尽快出台小额信贷组织的设立条件、公司性质、业务规范等有关政策规定；政府各级部门应从财政、税收、工商管理等方面给予相关支持政策，以增强小额贷款组织服务“三农”经济的信心。金融监管部门应从关心、培育、维护小额信贷组织规范业务、规避风险的角度出发，以实行非审慎监管方式为主，理顺小额贷款公司的监管关系。对条件适合的区县可以推出统筹城乡信托集合资金计划理财产品。

六是针对农户和农村中小企业的实际情况，研究实行多种形式的抵押、质押办法。如可以探索用动产质押、仓单质押等形式，还可以根据“产业大户”、“龙头企业”这些新型农业经济主体的不同特点，采取“一企一策、一户一策”的办法来解决农民抵押、担保难的问题。一要加强农村信用社环境的建设，如积极发展社会信用中介服务体系，完善中小企业和农户的信用评级体系；二要完善信用担保体系的建设。可以面向农户和农村中小企业设立农业担保机构，发展农村互助担保组织。建立担保基金，鼓励各类信用担保机构的金融创新，积极拓展农村担保业务。从客观上改变支持单个农户转化为支持农民办企业、办农业专业合作社、办公司化发展“两翼”经济。

七是利用财政支农资金与政策性银行，深

化农村公共基础设施建设。发展农村公共基础设施是实现基本公共服务均等化，缩小地区差距和城乡差距的必要手段，也是新农村建设的重要任务。目前，"两翼"区县农业基础设施建设投入仍然不足，由于农村公共基础设施外部性强，具有非竞争性、非排他性的特点，更多体现的是社会效益与长期的经济效益，而短期的经济效益并不明显。依靠以营利为目的的其他经济主体与商业性金融机构来大量投资，既不可能也不现实，这一重任只能由财政支农资金与政策性银行来承担。

八是充分发挥财政政策和货币政策的导向作用，引导金融业不断提升促进"三农"发展的能力。认真落实各项财税扶持政策。应通过建立"三农"发展基金，向发放农业贷款的银行业金融机构和开展农业保险的保险业金融机构提供一定比例的财政贴息或者补贴，对其进行必要的经济补偿，提高涉农金融机构服务"三农"、支持"三农"、投身"三农"的积极性和主动性。同时，给予一定的税收减免政策，增强涉农金融机构的服务能力和可持续发展能力；实行差别存款准备金政策。对农村信用社和新型农村金融机构要继续实行差别存款准备金政策，增加其可运用资金，提高其信贷支农实力；加大人民银行对涉农金融机构再贷款、再贴现的支持力度。通过灵活运用再贷款、再贴现等货币政策工具，引导金融机构加大对"三农"的信贷投放；要不断改善财政资金投入"三农"的方式，发挥财政资金对信贷及其它社会资金的引导作用，促进"三农"发展。

总之，在新农村建设进程中，科学整合各类金融资源，总体统筹规划财政资金、政策性银行资金、各类商业金融机构资金、民间资本，通过多种行之有效的制度安排、支持市场化运作，实现资源配置，发挥综合效益，形成农村经济可持续发展的内源性机制，已是势在必行。在未来构建现代农村金融成长的过程中，关键要坚持几个方向：坚持增量改革方向，努力构建多元化的农村金融体系和竞争的农村金融环境；坚持存量改革方向，努力构建运行健康的农村金融机构和资金充裕的农村金融主体；坚持推进农村金融产品和服务的创新，促进农业及农村保险和农村信贷投放的健全的发展；坚持走农业救国的道路，寻求工业快速发展的坚实基础，大力推进农村消费市场发展，解决农业、农村投入、生产、消费、积累、养老保险问题。

（重庆三峡银行　范琨　姚俊　邹陶）

都市圈经济一体化发展研究:以重庆都市圈为例

都市圈是在城市化、信息化和工业化基础上,区域经济发展达到一定的水平后,形成的以中心城市为主导、以城市等级体系为依托、以紧密的经济联系为特征的经济社会高度一体化的经济体。在开放竞争的条件下,都市圈广泛地参与国际经济分工,已成为国际经济体系的一个重要环节。客观上,都市圈内部城市之间存在着共生机制和排斥效应,我们建立都市圈并不是要消灭这种竞争,而是要正确的引导竞争,在各城市之间形成一种竞争合作的关系,正确引导和处理都市圈内部的利益分配问题,从而形成互利共赢的局面。因此,以重庆都市圈为例,深入研究都市圈经济一体化理论,具有很强的理论价值和实践意义。

一、都市圈经济一体化的基本理论

(一)都市圈经济一体化的概念

本文认为,都市圈经济一体化是指在都市圈强大的支撑体系基础上,不断消除阻碍都市圈经济有效运行的人为因素,通过城市之间的竞争与合作,创造充分考虑都市圈各经济主体利益的经济结构。也就是说,都市圈经济一体化的实现,必须充分考虑各经济主体的利益诉求,建立强大的支撑体系,综合运用各种管理手段,不断消除各种不利因素,促进城市之间的竞争与合作,提升其群体竞争力,最终实现都市圈经济的发展。实现都市圈经济一体化,并不是要消灭城市间的竞争,而是要正确的引导竞争,在各城市之间形成一种竞争合作的关系,正确引导和处理都市圈内部的利益分配问题,从而形成互利共赢的局面。

(二)都市圈经济一体化的实质

都市圈经济一体化的实质,就是在城市经济发展过程中,城市之间的组织形态经历了"点——线——面——体"的发展演变过程,即从最初的单个城市(点)发展、到城市带(线)、城市群(面)的出现,最后是以中心城市为主导的都市圈(体)。实现都市圈经济一体化,既是都市圈发展高级阶段的重要表现形式,也是都市圈进一步发展的内在要求。也就是说,一方面,都市圈内部组织形式的目标模式就是经济一体化,这是以中心城市为主导的内部城市相互作用、相互影响的必然结果,另一方面,都市圈经济的和谐、长久的发展,都市圈经济效应的显现,都有赖于都市圈经济一体化的实现。因此,都市圈经济一体化的实质就是都市圈经济发展的实现形式和目标模式。

(三)都市圈经济一体化的框架

根据都市圈经济发展的基本规律,我们可以提出都市圈经济一体化的框架,如图 1-1 所示。框架包括都市圈经济一体化的支撑体系、都市圈经济一体化的经济主体和都市圈经济一体化的管理职能等三个维度。在每个维度中,都有符合其内在规律的维度分解。三个维度相互交叉,相互依赖,共同促进都市圈经济一体化。

1.支撑体系维度

都市圈的支撑体系是都市圈经济一体化的基础。都市圈的三大要素决定了其内部城市之间、特别是中心城市与成员城市之间的经济联系是都市圈经济实现整体发展的根本,然而,这种经济联系的基础在哪里呢?都市圈的支撑体系就是为这种城际经济联系提供支撑作用,促进都市圈内部经济交流,为都市圈经济一体化打下坚实的基础。因此,在都市圈经济一体化的过程中,要重视打造都市圈的支撑体系,发挥其经济支撑作用。

都市圈支撑体系区别于一般意义的基础设施建设,涵盖的范围更广,针对性更强。根据都

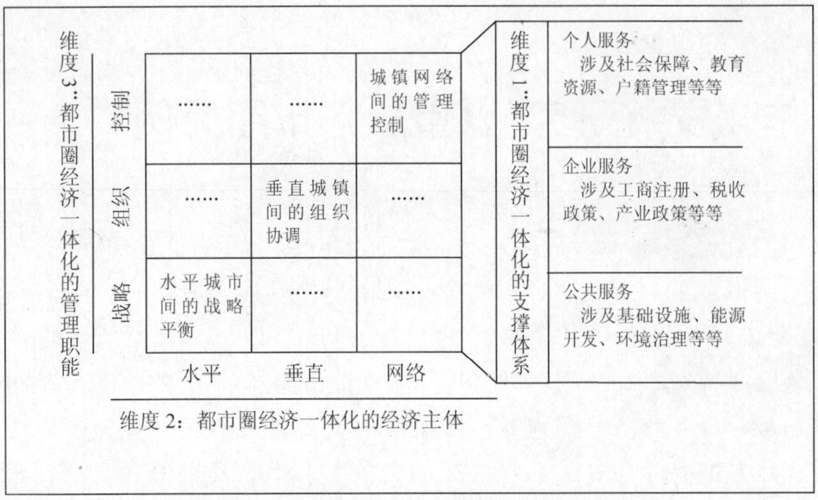

图一 都市圈经济一体化的框架

市圈经济一体化理论，我们可以将其支撑体系划分为三个层次，即公共服务体系、企业服务体系和个人服务体系。其中，公共服务体系是指那些对都市圈经济交流存在重大影响、具有公共产品性质的产品和服务，包括交通、通讯、港口、互联网等等；企业服务体系是指那些有利于企业实施跨地区经营的政策和制度，包括地区产业政策、工商注册流程、工商税务政策等；个人服务体系是指城市间共享的旨在促进都市圈人才流动的政策和制度，包括社会保障体系，教育资源共享、户籍管理制度、医疗保障制度等。

2.经济主体维度

都市圈的经济主体维度是都市圈经济一体化的核心。在现行体制下，阻碍都市圈内各城市统一规划与协调开发的主要是经济主体间的利益协调问题，这涉及到各级政府的财税收入和行政权力。因此，在都市圈经济一体化过程中，要特别重视处理好都市圈经济主体的关系，利用合理的利益机制来协调都市圈内各城市的利益关系。

都市圈经济一体化可以主要根据行政区划主体来界定，其相互关系类型包括三类，即水平关系、垂直关系、网络关系。水平关系是指行政等级上的水平对等关系；垂直关系是指行政上的隶属关系；网络关系是指行政上水平、垂直关系共存的关系。

3.管理职能维度

都市圈的管理职能维度是都市圈经济一体化的保证。都市圈的形成依赖于城市体系的形成和完善，具有不同规模和资源禀赋、处于不同发展阶段的城市主体，要在都市圈经济一体化的框架下共同发展，必须依靠都市圈管理职能的实施。都市圈的管理职能是维系都市圈日常运作管理、不断推动一体化进程、促进都市圈经济不断发展的必要手段。管理职能的缺失会导致都市圈名存实亡，更谈不上经济一体化。因此，在都市圈经济一体化过程中，要重视塑造都市圈的管理职能，发挥其组织协调作用。

具体地说，都市圈的管理职能包括三种类型，分别是战略职能、组织职能和控制职能。战略职能是指实现都市圈经济主体间的社会经济发展战略协调，其重点是水平城市间的战略协调；组织职能是指实现在战略实施过程中的战略协同，其重点是具有垂直关系的城镇之间的战略一致性；控制职能是指保证战略能够实现既定目标，其重点是具有关系的城镇之间的控制。

二、重庆都市圈经济一体化现状及问题分析

(一)重庆都市圈的范围

关于重庆都市圈范围的确定，需要确定两个问题：中心城市的选择、成员城市的确定。

1.确立中心城市

笔者参与的上海交通大学“985”创新基地——中国都市圈发展与管理研究中心组织的中国都市圈综合竞争力发展评价课题组，曾对2005年至2009年的中国大都市圈综合竞争力进行了评价，在国内外具有很大的影响力。课题组认为，都市圈中心城市的确定必须以中心城市为核心，而中心城市必须具有高聚集的人口，

因此确定了中心城市选取标准为：中心城市的市区非农业人口规模必须在200万人口以上、非农业人口的比重必须达到70%。依此标准,课题组将重庆市作为的重庆都市圈的中心城市,即包括渝中区、大渡口区、江北区、沙坪坝区、九龙坡区、南岸区、北碚区、渝北区、巴南区等九区。依据都市圈的基本理论和重庆都市圈的具体情况,本文认为,传统意义上的主城九区是重庆经济最为发达、人口最为密集、城市功能最为完备的区域,具有很强的辐射和吸引能力,对于周边区县和城市具有较大的影响力，可以将其作为都市圈的中心城市。

表1显示的是作为重庆都市圈中心城市的主城九区的主要经济指标。2009年重庆都市圈中心城市的GDP达到3004.23亿元，常住人口为578万人,面积为5468平方公里,人均GDP为51976元,地均GDP为5494万元/平方公里。在中心城市的九个区中,GDP最大的五个区分别为九龙坡区(500.03亿元)、渝中区(486.36亿元)和渝北区(459.4亿元)、沙坪坝区(347.69亿元)和江北区(325.35亿元);人均GDP最高的五个区是;地均GDP渝中区(81060元)、大渡口区(67982元/人)、江北区(65070元/人)、九龙坡区(64106元/人)、南岸区(54573元/人);地均GDP最高的五个区为渝中区 (211461万元/平方公里)、江北区(14722万元/平方公里)、大渡口区(14520万元/平方公里)、九龙坡区(11575万元/平方公里)、南岸区(10954万元/平方公里)。

国外都市圈发展经验表明，即使是在都市圈中心城市内部,仍然表现出很强的聚集效应,如巴黎都市圈、东京都市圈都表现出向“核心三区”聚集的特征,城市“中心之中心”。综合起来看,重庆都市圈的中心城市则是由“主城九区”向“主城六区”集中。目前,重庆都市圈中心城市的核心区域为渝中区、江北区和九龙坡区,这三个区因其良好的区位优势、经济效益,资源要素的辐射带动能力较强。与此同时,南岸区、大渡口区都具有很大的潜力成为中心城市的核心区域。而新近设立的两江新区,具有广阔的发展前景,产业发展具有很轻的外向性,资源要素聚集能力很强,是重庆经济社会发展的新引擎。可以预见的是,两江新区将与渝中区和江北区一起,成为重庆都市圈的“核心三区”。

2.确定成员城市

当中心城市确定后，中心城市的国内生产总值(GDP)可以作为反映中心城市经济势能大小的基本度量标准。都市圈中心城市的经济势能呈现出随远离中心城市而逐渐衰减的特征,因此都市圈的半径的确定必须综合考虑中心城市与周边成员城市的经济联系强度和通勤距离等因素。中国都市圈综合竞争力评价课题组采取的方法是，首先依据中心城市的GDP大小确定其经济势能量级,并据此确定都市圈半径,因此确定都市圈的中心城市大小。课题组将南川

表1　2009年重庆都市圈中心城市主要经济指标

城市		GDP（亿元）	面积（平方公里）	常住人口（万人）	人均GDP（元/人）	地均GDP（万元/平方公里）
中心城市	渝中区	486.36	23	60	81060	211461
	大渡口区	149.56	103	22	67982	14520
	江北区	325.35	221	50	65070	14722
	沙坪坝区	347.69	383	74	46985	9078
	九龙坡区	500.03	432	78	64106	11575
	南岸区	300.15	274	55	54573	10954
	北碚区	192.36	755	65	29594	2548
	渝北区	459.4	1452	88	52205	3164
	巴南区	243.33	1825	86	28294	1333
	总　计	3004.23	5468	578	51976	5494

数据来源:《2009年重庆统计年鉴》

市、永川市、合川市、江津市 2、涪陵区和万州区作为重庆都市圈的成员城市，并据此对重庆都市圈进行了综合竞争力评价。34 本文认为，虽然当时的成员城市确定具有一定的科学性和合理性，但是在研究重庆都市圈时要根据重庆市经济社会发展的具体情况做出一些调整。首先，由于重庆将原有的南川市、永川市、合川市、江津市变为南川区、永川区、合川区、江津区，与课题组当初确定成员城市的标准有一些出入，但是根据重庆经济社会发展的具体情况，仍然将南川区、永川区、合川区、江津区作为独立的成员城市看待，万盛区、双桥区、涪陵区、长寿区的情况也依次原则处理；其次，根据重庆的经济地理情况，“一圈两翼”战略中的“一圈”是重庆经济的核心区域，也是受重庆中心城市的经济影响最为频繁、充分的区域。因此，有必要将“一圈”范围内本不属于传统意义上城市建制的綦江县、潼南县、铜梁县、大足县、荣昌县和璧山县作为成员城市看待。这既是出于研究的方便起见，也是重庆都市圈经济社会发展实际情况的体现。

由此，我们可以确定重庆都市圈的成员城市，即万盛区、双桥区、涪陵区、长寿区、江津区、合川区、永川区、南川区、綦江县、潼南县、铜梁县、大足县、荣昌县和璧山县等 14 个区县。与中国都市圈发展与管理研究中心所确定的重庆都市圈成员城市相比，我们去掉了远离重庆主城的万州区，增加了万盛区、双桥区、长寿区、綦江县、潼南县、铜梁县、大足县、荣昌县和璧山县等 9 个区县，这是符合重庆经济发展实际的。

(二)重庆都市圈经济社会发展现状

作为西部唯一的直辖市，重庆拥有得天独厚的区位优势、历史文化资源、国家政策优势，这都为重庆都市圈经济社会发展创造了良好的内外条件。具体来说，重庆都市圈呈现出以下几个特点：

1.经济高度集聚

重庆都市圈区位优势明显，综合交通体系完善，核心城市中心功能突出，经济基础较好，经济关联度较高，投入产出比较大，经济成长性好。从经济总量来看，作为重庆市的经济主体和产业聚集区，重庆都市圈经济呈现出高度集聚的趋势。2009 年重庆全市 6528.72 亿，其中都市圈 GDP 为 5185.04 亿，占全市 GDP 总量的 79.42%，人均 GDP 为 29424 元。其中，作为中心城市的主城 9 区，GDP 达到 3004.23 亿元，占整个都市圈的 GDP 总量的 57.9%，相比 2008 年增加了 2.6 个百分点，圈层状分布明显，经济高度集聚。根据规划，重庆都市圈将提前 5 年即到 2015 年在全市率先实现全面小康，带动全市在西部地区提前 3 年率先实现小康；到 2020 年，重庆都市圈地区生产总值力争在 2005 年基础上翻三番，人均地区生产总值突破 8000 美元；常住人口达到 2200 万，城镇化率提高到 80%；主要经济社会发展指标达到东部地区平均水平。

2.人口逐步集中

从人口分布来看，也呈现出较强的集聚趋势，人口逐步向都市圈中心区域集聚。2006 年重庆都市圈常住人口 1600 万人，接近全市的 60%，其中城镇人口接近 1000 万人，城镇化率接近 60%。2009 年，重庆市常住人口为 2859.00 万人，都市圈常住人口为 1782 万人，比 2006 年增加 7.8%，占全市常住人口的 62.3%。根据人口发展规划，到 2020 年，常住人口将达到 2200 万人，城镇化率提高到 80%。而重庆市政府新近推出户籍制度改革，将完成两年 300 万、十年 1000 万的农民进城计划，是几十年来我国户籍制度改革规模最大、配套制度设计最完善、影响最深的一次实践，这将急剧加速人口向都市圈区域集中，并且在城乡统筹发展的大背景下呈现出史无前例的集聚。

3.城市体系趋善

重庆都市圈幅员面积 2.86 万平方公里，包括重庆 23 个区县，这将为都市圈经济发展提供组织的城市主体，为中心城市与城市的互动发展打下了基础。必须强调的是，重庆市政府在区县发展体制方面大胆改革，为区县大幅扩权，每年给予每个区县 2500 万工业园区发展基金(2010 年起增加至 3000 万元)，通过区县联动发展、加强区县经济发展指导。通过壮大区县力量，而不是"掠夺"其资源、"剥夺"其发展机会，推动其经济社会发展，将为有利于培育城市经济主体、逐步完善城市等级体系美腿的重庆都市圈经济一体化发展。根据国务院批准的《重庆市城乡总体规划(2007~2020 年)》，到 2020 年，重庆都市圈将形成都市区 1 个特大城市，涪陵、江津、合川、永川、长寿 5 个大城市，万盛、南川、双桥、綦江、潼南、铜梁、大足、荣昌、璧山 9 个中等城市和小城市，300 个左右小城镇的城镇中心体系，城市等级体系将呈现出较为完备。

4.政策优势明显

胡总书记提出的"314"总体部署为重庆的发展定向导航，确立了率先把重庆建设成为西部地区全面小康社会，把重庆建成长江中上游经济中心和西部地区的重要增长极等目标，使重庆实现了科学定位。在此基础上，国家出台了一系列优惠政策，为重庆经济社会发展创造了良好的政策支撑。国务院的[2009]3 号文件，城乡统筹试验区、保税港区、两江新区以及西部大开发、三峡库区移民安稳致富等政策，都是中央为重庆度身定做的，这都为重庆都市圈经济社会发展创造了良好的政策环境。在这样的政策背景下，重庆都市圈经济将获得更好的发展机会。具体说来，一方面，两江新区的快速发展和示范效应将进一步增强中心城市的辐射带动能力，并且带动区域不仅包括重庆市，更包括西部广大区域、长江中上游地区；另一方面，作为城乡统筹发展综合试验区，重庆市获得了一系列的政策支持，并大力探索户籍、社保、土地等方面政策创新，推动了都市圈支撑体系建设和完善，为都市圈人口、资源要素流动创造了条件。总之，重庆都市圈的政策资源是其他都市圈无法比拟的，也是未来很长一段时间经济社会发展的重要支撑力量。

5.社会环境良好

良好的社会环境将进一步推动重庆都市圈资源要素集聚。在探索科学发展的过程中，重庆非常重视不断改善经济社会环境，为发展创造良好的条件。在硬件环境建设方面，重庆通过实施"畅通重庆"，大幅度改善交通条件，并通过"大通道"建设，不断改善重庆的交通区位条件；重庆通过"内修精神外洗脸"为重庆都市圈的发展创造了良好的新环境，即一方面通过"读经典、唱红歌、讲故事、传箴言"活动，提升了重庆干部群众的精气神，另一方面，重庆通过"打黑除恶"为重庆市树立良好的城市形象、为重庆人营造和谐安定的生活环境、为重庆经济发展确立良好的商业伦理；在企业经营方面，重庆享有远低于其他省市的 15%的企业经营所得税税率，同时大幅度降低私营企业税负，并创新性的大力发展以"担保公司、小额贷款公司、私募股权基金"等为特色的"小类"金融，在为企业经营减轻税负的同时给予企业有力的金融支持，促进了企业经济发展。最为重要的是，重庆市大力推进全国最大的公共租赁房建设工程，为包括大学生、外来人才在内的城市"夹心层"提供较为低廉、又不失体面尊严的住房，在全国房价大幅上升的背景下将为重庆都市圈人才资源的集聚创造条件。

(三)重庆都市圈经济一体化中存在的主要问题

1.中心城市功能有待提升

都市圈是一个城市化水平和经济社会一体化高程度较高的一种经济形态，其中心城市发挥着主导作用，中心城市依靠发达的交通通讯网络与其周边城市和地区密切联系在一起，其间有密集的人员、资本和信息的交流。由于中心城市的特殊地理位置及作用，因而在都市圈经济发展过程中必须以中心城市为核心，充分发挥中心城市的经济势能，带动周围城市及城市腹地的经济发展，进而推动全国经济的发展。也就是说，都市圈发展必须是中心城市主导的，而中心城市的能级可由其经济势能确定。重庆都市圈的最主要问题在于中心城市的经济势能不足，有待进一步提升。

2010 年 2 月，国家住房和城乡建设部发布的《全国城镇体系规划》(草案)明确提出建设五

表 2 部分都市圈中心城市主要经济指标比较

城市	全市非农业人口（万人）		工农业总产值（1980）或 GDP（万元）		当年实际利用外资金额（万美元）		建成区面积（平方公里）	
	1986 年	2005 年	1986 年	2005 年	1986 年	2005 年	1986 年	2005 年
重庆	345.16	817.27	1857171	30704900	775	52127	84	492
北京	586.82	880.2	3682954	68863101	13994	352638	380	1182
上海	802.56	1148.94	9420431	91541800	14763	684965	202	820
广州	327.41	517.23	1938330	51542283	9151	264882	230	735
全部城市均值	46.68	57.86	313683	2722511	370	13336	30	37

数据来源：高汝熹，吴晓隽，车春骊. 2007 中国都市圈发展评价报告. 格致出版社，上海人民出版社. 2008 年，第 49 页.

大国家级中心城市，分别是环渤海地区的北京市和天津市、东部地区的上海市、华南地区的广州市和中西部地区的重庆市，这足以看出重庆在中西部经济发展中的重要战略地位。应该说，西部大开发、城乡统筹发展、寸滩保税港建设、国家中心城市战略，都有利于增强重庆都市圈中心城市的辐射和带动能力，使重庆都市圈经济一体化有了较好的基础。

为研究方便起见，中国都市圈发展与管理研究中心选取了重庆中心城市 1986 年和 2005 年的非农业人口、工农业总产值或 GDP、当年实际利用外资金额和建成区面积等四个主要经济指标，可以看出重庆都市圈中心城市的人口集聚、经济规模、经济外向性和城市规模等四个方面都取得了辉煌的成就，远远高出全部城市的均值。但是，我们也要客观地看到，与沿海发达地区城市、特别是北京、上海和广州相比，重庆都市圈中心城市仍然存在着较大的差距，如表 2 所示。这与重庆经济社会发展中的大城市、大农村、大山区、大库区的实际情况是相符合的。

具体到重庆都市圈中心城市的经济势能指数 5。重庆都市圈中心城市的经济势能指数由 1986 年的 174 提升到 2005 年的 1165，增加了 570%，可以看到随着重庆经济社会发展，中心城市的经济势能指数出现了质的飞跃。但是，与北京、上海和广州相比，重庆都市圈的经济势能指数存在巨大的差距，大城市带大农村导致的“小马拉大车”的格局仍然没有改变，如表 3 所示。因此，今后很长一段时间重庆都市圈的重要任务就是增强中心城市的能级，增强其辐射和吸引力。

2.城市等级体系有待完善

都市圈发展是以城市等级体系为依托的。就重庆都市圈而言，应当说，重庆都市圈包括的除主城九区之外的万盛区、双桥区、涪陵区、长寿区、江津区、合川区、永川区、南川区、綦江县、潼南县、铜梁县、大足县、荣昌县和璧山县等 14 个区县，发展速度快，具有良好的发展潜力。同

表 3 部分都市圈中心城市经济势能指数比较

城市	1986 年经济势能指数	2005 年经济势能指数	2005 年与 1986 年经济势能指数比值
重庆	174	1165	6.7
北京	1495	9644	6.5
上海	4067	40845	10.0
广州	474	12793	27.0

数据来源：高汝熹，吴晓隽，车春骊. 2007 中国都市圈发展评价报告. 格致出版社，上海人民出版社. 2008 年，第 50 页.

表4 2009年重庆都市圈城市主要经济指标

城市		GDP（亿元）	面积（平方公里）	常住人口（万人）	人均GDP（元）	地均GDP（万元/平方公里）
成员城市	万盛区	40.01	566	27	14819	707
	双桥区	31.51	43	5	63020	7328
	涪陵区	355.04	2946	112	31700	1205
	长寿区	176.38	1415	88	20043	1247
	江津区	249.29	3200	146	17075	779
	合川区	228.75	2356	151	15149	971
	永川区	244.08	1576	108	22600	1549
	南川区	114.73	2602	65	17651	441
	綦江县	140.97	2182	95	14839	646
	潼南县	95.59	1585	91	10504	603
	铜梁县	127.8	1342	80	15975	952
	大足县	118.63	1390	93	12756	853
	荣昌县	129.98	1079	82	15851	1205
	璧山县	128.05	912	61	20992	1404
	总　计	2180.81	23194	1204	18113	940

数据来源:《2009年重庆统计年鉴》。

时,由于有行政隶属关系,具有较好的协调关系,在国家政策支持下具有良好的发展前景。近年来,区县联动发展、区县发展基金设置等措施,对于这些区县的发展产生了很好的拉动效应。

但是,就作为成员城市的14个区县来看,仍然存在着较多的问题。具体来说:首先,经济总量偏低。2009年14个区县GDP总量为2180.81亿元,与中心城市存在较大的发展差距;其次,经济效益不高。人均GDP仅为18113元,地均GDP更是低至940万元/平方公里,如表4所示;最后,行政体制限制。尽管通过向区县放权,区县发展获得较大的支持,但是在中国现行行政体制限制的大背景下,市(省)管区、市(省)管县与地级市、县级市在行政经济自主权方面存在着较大的差距。国内都市圈发展的实践,从正反两个方面说明了城市等级体系的重要性:一方面,苏州市和青岛市两地政府的"撤县建市"举措,培育了众多的县级市,推动了中小城市的发展,为都市圈经济发展增添了活力;另一方面,以"环京津贫困带"为代表的都市圈"孤岛现象"说明,只有中心城市的发达,没有中小城市的发展,都市圈经济一体化只能是空中楼阁。重庆都市圈原本有四个县级市(合川、永川、江津和南川),然而,"撤市建区"以后这四个县级市都成为市管区,尽管在行政级别上有所提高,但是从都市圈发展的角度看,还是有一定的影响。

3.支撑体系建设不够系统

都市圈的发展有赖于都市圈城市间紧密的经济联系,其经济主体之间能否参与到这些经济联系中来,很大程度上取决于都市圈的支撑体系完善与否。从都市圈支撑体系的内涵来看,支撑体系建设既要重视道路等基础设施建设,也要重视通讯、电信、资源、环境等方面的基础设施建设;既要重视硬件设施的建设,也要重视软件设施建设;既要注重公共产品的提供,也要注意服务质量的提高;既要重视为企业服务,也要重视为个人服务。

在当前重庆都市圈的建设和发展过程中,现有支撑体系建设更多的重视高速公路、铁路等硬件基础设施建设,过于单一化,缺乏立体推进措施。诚然,都市圈基础设施,特别是交通、通讯等设施对于都市圈经济发展的巨大作用。当我们将对于都市圈经济主体的认识进行拓展以后不难发现,交通、通讯等设施远远不能涵盖都市圈经济一体化的支撑体系。实际上,对于个人的服务,对于企业经营活动的服务,公共基础设施的建设,都是都市圈经济一体化的重要内容。个人服务方面,尽管当前重庆推行的城乡统筹综合配套改革已经涵盖了较多的个人服务内容,但是受传统思维影响,导致个人服务不尽完善,影响人才流动;公共服务方面,更多的重视有形的基础设施建设,无形的软件建设仍有较大的提升空间;企业服务方面,尽管区县之间不存在经营壁垒,但是系统性的障碍仍然存在,对于企业家的综合服务体系有待完善。

4.市场体系建设有待加强

我国正在致力于社会主义市场经济建设,都市圈也应当适应这种转变,建立健全市场化体系,充分发挥市场机制的资源配置作用。实际上,都市圈的形成不一定要打破现有的行政区划,而是依靠市场、区位、交通通讯、产业等因素等联系起来。都市圈是各种要素在不受行政限制的自由的流动与组合中,不是人为设计的结果。都市圈形成的主要力量是市场而不是政府,行政区划不是妨碍都市圈形成的根本原因。城市特别是中心城市是资源配置的主体、而不是政府。

应当说,重庆都市圈所属的若干区县,没有行政壁垒,协调性好,具有良好的融合前景。然而,重庆都市圈内部一些现行制度、政策和做法,如工商税收制度、工商注册制度、招商引资政策等,提高了企业跨地区经营的成本,在一定程度上打击了企业家在跨地区经营的积极性,未能充分发挥企业家的作用。

5.经济主体培育有待平衡

都市圈经济主体区别于区域经济学的主体界定,涵盖的范围更广,针对性更强。根据都市圈经济一体化理论,都市圈经济主体是指在都市圈经济活动中,城际经济联系赖以依存的组织、机构或个人,是都市圈经济一体化的核心和载体,包括中心城市和成员城市地方政府、企业、社会中介组织和个人。

与我国其他地区都市圈建设相似,重庆都市圈建设主体更多地局限在市、区(县)政府,带有很强的计划经济色彩,力量单一,导致都市圈经济一体化进程迟缓,其原因是对于建设主体的立体性认识不足。诚然,市、区(县)政府是都市圈经济一体化建设的重要推动力量,但并不是全部。都市圈强调市场机制的主导作用,力求市场机制在都市圈资源配置中发挥基础性作用,因此众多的企业、社会中介组织和个人都是都市圈建设的重要主体。培育都市圈经济主体的主要目的体现在:既要发挥中心城市的辐射带动作用,也要发挥中小城市的互动配合作用;既要发挥各级政府的统筹规划作用,也要发挥企业家的"穿针引线"功能;既要充分发挥社会中介组织的互补沟通作用,也要适当鼓励都市圈内部的人才流动。

三、促进重庆都市圈经济一体化的对策建议

都市圈经济一体化的基本框架包括支撑体系、经济主体和管理职能等三个维度,相互交叉,相互依赖,共同促进。我们试图在每个维度中,按照其内在规律的维度进行科学分解,提出促进重庆都市圈经济一体化的对策建议。

(一)加强支撑体系建设

针对当前重庆都市圈经济一体化建设的现状,笔者认为应着力从以下三个方面加强支撑体系建设:

1.公共服务体系

都市圈公共服务体系建设,突破了原有的基础设施建设的范畴,为实现都市圈经济一体化创造了条件。第一,要与时俱进,夯实基础设施建设。都市圈公共服务体系既包括传统意义上的基础设施,如交通、通讯、港口设施等,也包括现代信息技术设施,如电信、计算机、互联网、电话等。在交通、通讯、信息共享、电子政务、天然气管网、教育科研等方面加强合作,实现区域协调和衔接,以满足要素和产品的集聚、交流和扩散;第二,要不断拓展视野,扩大公共服务体系,增强公共服务体系的服务功能。要在区县资源开发、能源利用、环境治理等方面,建立相应的公共服务体系,既能有效的开展工作,也能有

效的防止可能的资源、能源和环境危机；第三，要加强合作，实现公共服务体系的共建、共享。在公共服务体系建设过程中，应当借鉴在交通、水利等方面取得巨大成功的“八大投模式”，极力争取经济金融部门的鼎力支持，建立公共服务体系建设的共建机制。同时，要本着互利合作的原则，设计科学有效的利益分配机制，不断加强公共服务体系的无缝对接，发挥协同效应。

2.企业服务体系

熊彼特在其《经济发展理论》一书中，把企业家定义为“创新者”，创新包括“引入新产品、引入新的生产方法、开辟新市场、获得原材料或者半成品的新来源、创立新的工业组织”。而卡森在《企业家：一个经济理论》一书中认为，企业家是“专门就稀缺资源的配置作出判断性决策的人”。可见，企业家在促进都市圈内部经济联系、特别是产业融合方面有着重要的作用，因此必须重视和发挥企业家的作用。

企业服务体系建设是都市圈经济一体化建设的内在要求，也是支撑体系建设的重要组成部分。具体而言，要从以下五个方面入手：第一，要转变思想，简化服务流程，实现信息共享。要站在都市圈全局的高度认识和理解企业服务体系的重要性，不断实施流程改造，简化工商注册等程序，降低企业家经营成本。实现企业经营信息、信用信息的共享，为企业跨地经营提供良好的金融服务；第二，要进一步培育都市圈市场体系。要肃清阻碍生产要素及商品流通的体制障碍，消除壁垒，相互扩大开放力度。要充分发挥市场机制的作用，创造公平有序的竞争环境，构建区域统一市场体系。理顺政府、企业和市场的关系，降低企业家非市场交易成本，专心做市场，才能把企业做大做强，企业家才能崛起，进而促进重庆都市圈的发展；第三，不断促进产业融合。要借鉴重庆建设“亚洲最大笔记本基地”的经验和模式，通过区县之间的“水平分工”，促进产业融合。一方面，发挥企业作为市场主体在区域经济联系中的主力军作用，以企业为载体促进都市圈要素流动；另一方面，要促进产业的整合与集聚，使内部产业整合的方向形成垂直的产业链分工和水平的产业集群分工；第四，要加强磋商机制，实现政策协调。在区县产业政策、税收政策、招商引资政策等政策方面，逐步建立磋商机制，全面平衡都市圈内部各区县利益，实现和谐发展；第五，要努力为企业家创造良好的生活环境。企业家是企业经营决策的主体，这决定了企业家服务也是企业服务体系的重要方面。为企业家创造良好的个人税收服务、金融理财服务、工作环境和生活条件，将有利于推动企业的跨区经营。

3.个人服务体系

大量的人才流动是都市圈经济资源配置的重要手段。伦敦、纽约、东京等都市圈，不仅人口密度大，而且流动性高，分别汇聚了所在国最优秀和最具活力的人才队伍。因此，都市圈支撑体系建设的应当把个人服务体系建设作为重要的突破口。第一，要尽快完善社会保障体系。要借助城乡统筹综合配套改革的时机，不断完善的社会保障体系，降低个人流动的风险，这将是促进人口流动的重要因素。要不断完善社会保障体系，打造长期都市圈内部统一的社会保障体系，实现社会保障资源的异地共享；第二，要努力实现教育资源共享。自身进修和子女教育是当前影响个人异地就业决策的重要因素。教育资源共享，就是既要保证人才自身进修的需要，也要满足其子女的教育需要。要尽快出台政策，力促区县教育资源共享，减少人才流动的后顾之忧；第三，要完善户籍管理制度。此次重庆户籍制度改革，将为人口流动创造良好的条件，实现重庆都市圈人力资源的自由流动；第四，要健全医疗保障制度。要努力实现区县医疗资源的共享，确实为个人异地工作提供良好的医疗保障。要努力推行医疗保险的异地缴纳，为个人流动创造条件。要尽快推行电子化病历，实现医疗信息的共享，减少个人医疗成本；第五，要采取各种有效措施降低个人流动的生活成本。例如，加快建设公共租赁房建设，为人才流动提供廉价而不失体面尊严的居住环境；在都市圈内部实现公交化，采用统一的交通卡,减少交通成本;区县之间实行统一的手机话费标准,降低信息成本;在可能的情况下,实现宽带账户、水电气账户的异地使用和相关费用的异地收取,等等。

(二)大力培育经济主体

都市圈城际经济联系强度是衡量都市圈经济效应大小的重要指标,而城际经济联系的强弱则取决于经济主体交流互动的广度、深度和频度。由于在支撑体系建设中,企业服务体系建设旨在培育具有跨地区经营能力的企业主体,这将有利于推动企业跨区经营,形成产业融合的局面;而个人服务体系建设旨在培育适应人才流动趋势的人才主体,这将有助于促进人才跨区流动,实现人力资源的高效配置。除此之外,课题组认为还应着力做好如下三项工作:

1.转换政府职能

都市圈是以中心城市为主导的区域经济微观载体,市场机制催生了都市圈,而政府部门是都市圈经济经济一体化建设的重要推动力量。政府应积极转变职能,自觉发挥市场机制的资源配置功能,促进都市圈内部资源要素的自由流动,进而加强都市圈内部的经济联系。

在重庆都市圈经济一体化建设过程中,一方面,各级政府要"有所不为",即要尊重市场规律,努力让市场机制在都市圈形成过程中发挥根本性作用;另一方面,各级政府要"有所为",即要发挥政府的主观能动性,积极培育和完善市场机制,强化中心城市功能,扶持圈内成员城市发展。具体来说,可以从如下四个方面入手:第一,要建立适应都市圈经济一体化趋势的机构和制度建设,形成都市圈经济一体化的组织和制度基础;第二,在户籍制度、就业制度、教育制度、医疗和社会保障制度改革等方面加强协调,构建统一的制度框架和实施细则,实现都市圈框架内的融合;第三,协调区县之间的产业政策、税收等政策,形成公平的竞争环境;第四,形成圈内统一市场建设区域共同服务体系、生产要素自由流动、投资便利化等方面的多边协议。

2.完善城市体系

都市圈强调城市之间紧密的经济联系,城市体系的完整性是都市圈经济一体化程度的重要标志。在重庆都市圈经济一体化建设过程中,必须加强城市等级体系建设,实现中心城市与周边城市等级体系的互动式发展。在继续实施区县联动、区县发展基金扶持的基础上,还应当做好如下工作:第一,提升中心城市的辐射带动能力。中心城市必须在产业、信息、人才、科技等方面形成自身的优势,强化自身的集聚和扩散功能,在都市圈经济发展中发挥主导作用;第二,积极培育中小城市。在都市圈逐步进入成熟阶段后,在继续发挥中心城市的辐射作用的基础上,逐渐加强区县的城市建设,在土地、财政、人才、资金等方面向区县倾斜,增强其与中心城市的互动发展能力;第三,加强小城镇建设。小城镇是都市圈经济基体的重要组成部分,处于都市圈等级体系的末端,数量大、分布广。要以建设100个小城镇为重点,结合新农村建设,利用"一镇一品"等措施,不断加强中小城镇建设,为重庆都市圈经济一体化打下了坚实的基础;第四,完善城市功能体系。在重庆都市圈城市等级体系中,逐步调整各城市的产业结构,形成横向、纵向的产业分工体系,完善城市功能体系,达到圈内城市间经济的高度互补。

3.调动社会力量

为了实现重庆都市圈经济一体化,争取社会各方力量也是非常重要的。第一,不断加强政府部门与学术界、企业界和民间多层次间的沟通交流,逐步形成思想上、思路上、行动上的共识,更新观念,让都市圈经济一体化的理念深入人心;第二,对涉及都市圈发展的重大问题,建立由政府、企业、社会广泛参与的都市圈经济社会发展战略研究机制,提出切实可行的解决方案;第三,定期组织区域内外和国内外的政府领导、专家学者、企业家参与的论坛,为重庆都市圈发展献计献策;第四,充分发挥非政府组织的作用。在政府部门指导下,建立重庆都市圈联合商会、行业协会、企业联谊会、产权交易联合中心等组织,协调解决圈内经济发展、产业整合中的各种经济、财务、法律等问题,促进都市圈内部经济交流融合。

(三)加强管理职能建设

大力加强管理职能，有利于提升都市圈的管理水平,推进都市圈经济一体化进程,对于促进区域经济、国民经济发展具有非常重要的意义。都市圈的形成依赖于城市体系的形成和完善,具有不同规模和资源禀赋、处于不同发展阶段的城市主体，要在都市圈经济一体化的框架下共同发展,必须依靠都市圈管理职能的实施。都市圈的管理职能是维系都市圈日常运作管理、不断推动一体化进程、促进都市圈经济不断发展的必要手段。因此，强化都市圈的管理职能,是都市圈经济一体化的重要保证。针对当前重庆都市圈经济一体化建设的现状，笔者认为应从以下五个方面加强都市圈的管理职能：

1.制定发展规划

在都市圈经济一体化过程中，我们可以通过调动各经济主体的经济性，制定都市圈发展规划,巩固都市圈经济一体化的成果,逐步推进都市圈经济一体化。都市圈发展规划的内容旨在加强都市圈经济一体化的三个维度，即逐步加强经济一体化的支撑体系、协调经济主体之间的利益和完善都市圈的管理职能。在具体实施过程中,要通过建立都市圈发展规划,并通过规划的分解和实施，确立各经济主体的社会经济发展目标；各经济主体应当为实现这个目标制定相应的行动议程;为了保证议程实施,经济主体间的单边行动和集体行动必不可少。同时,要将都市圈社会经济发展目标分解为短期、中期和长期目标,并注意目标的渐进性和承接性。

2.加强空间管治

注重区域的管理功能和管治是国外都市圈规划的一个突出特点。正是由于德国柏林与勃兰登堡州成立了共同的区域规划委员会，才实现了双赢的区域协调发展；而美国大都市区管理机构和管理模式，也是都市圈空间管治的典型案例。因此,确立适当的都市圈治理形式,有助于加速都市圈经济一体化进程。但是,行政分割和地方利益的保护为我国都市圈的形成与发展设置了障碍，城市与区域的矛盾一直难以协调。空间管治已经成为市场经济条件下解决城市与区域问题的行之有效的途径之一。在重庆都市圈经济一体化过程中，要在协商和合作关系、自愿参加和灵活性等价值观念的基础之上,建立类似于西方的泛市政当局大都市机构的跨行政区联合协调机构和监督机构，更有力地管辖区域事务,沟通和平衡各方利益,协调解决对区域发展有重大影响的问题。通过社会化、企业化的手段促进空间管治,更好地配置资源,促进区域的发展。

3.构建竞合机制

要实现都市圈的全面、协调和可持续发展,必须构建科学的竞合机制，有效协调都市圈内部各方关系,平衡各方利益。晶核机制就是要正确地引导竞争，在都市圈内部形成一种良性的竞争合作关系，从而创造互利共赢的局面。因此,在推进重庆都市圈经济一体化的过程中,要在尊重市场机制的基础上，逐步形成城市（区县）之间以责任和利益共担共享为特征的竞争合作机制。首先,要确立城市(区县)之间的利益分配机制,强化城市之间税收、财政、招商引资等方面的合作;其次,要打破条块和部门分割,打破地方保护主义,建立好共同市场,促进商品流通,实现利益共享机制;最后,要推动区域性商品交易和现代物流中心以及资金融通网络的建设，促进以市场为基础的资源流动，实现生产、生活要素的自由流动。

4.建立执行机制

国外都市圈发展实践表明，确保都市圈战略目标实现的执行机制是都市圈经济一体化的必要条件。因此,在重庆都市圈经济一体化过程中,要充分借鉴国外都市圈执行机制的特点,融合我国经济、行政的优势,逐步建立和形成都市圈的执行机制。执行机制的核心是建立制度化的议事机构，不断推动都市圈内各城市之间合作向高层次、宽领域、紧密型方向发展。定期召开都市圈各成员城市领导会议是一种重要的议事途径，它为各城市政府就都市圈经济发展问题进行协商并形成共识提供必要的经常性机制。会议既有灵活性，又要有一定的约束力，即任何议程一旦达成共识，形成议程和进行承诺，就有了“隐形压力”必须完成。

5.加强日常管理

应当着手建立都市圈发展管理机构，保证都市圈日常运作。第一，建立秘书处。建立负责日常联络和组织工作的秘书处，有助于处理重庆都市圈日常事务；第二，建立规划委员会。建立类似于国外大都市地区联合规划局的规划委员会，统一负责都市圈内的重大基础设施布局和建设、资源的合理利用、环境的保护和整治以及产业园区的布局安排；第三，设立各种专业委员会和工作小组。它们具有一定的管理、协调、研究分析和组织职能，并越来越具有一定的常设性质；第四，建立共同发展基金。要按照区域开发银行的模式，组建都市圈经济开发银行，也可以按照商业银行法则，经过严格审贷，对都市圈内的开发项目实行一般商业贷款或短期融资。在此基础上，应建立区域共同发展基金，使协调机构具有相当的经济调控能力和投资管理能力，以促进区域发展。

（重庆社会科学院　杨　勇）

第三编

经济与社会发展综述

2009年重庆市经济社会发展情况

一、2009年经济社会发展概况

2009年全市以科学发展观为指导，全面贯彻落实中央决策部署和国发〔2009〕3号文件精神，经济社会保持平稳较快发展。全年完成GDP6529亿元，增长14.9%，增速居全国第3、西部第2；人均GDP突破3300美元。

（一）全市经济强劲复苏

一是投资消费双轮驱动，全社会固定资产投资5318亿元，增长31.5%，提高3.5个点；市级重点项目投资1620亿元，完工50个、开工50个、前期工作突破40个、重大招商项目签约41个。社会消费品零售总额2479亿元，名义增长18.6%，实际增长21.9%，对经济增长拉动作用明显增强；城乡消费齐发力，增速差由2008年的5.2个点缩小到0.1个点。二是发展要素保障有力。财政状况持续好转，地方财政收入增长21%达到1166亿元，其中一般预算收入增长18.1%达到682亿元。新增建设用地指标125平方公里，基本满足建设项目用地需求。地产集团、龙湖等6支企业债券募集资金105亿元。

（二）"五个重庆"强势开局

完成投资2050亿元，占全市的38.5%。宜居重庆，拆迁主城危旧房448万平方米、城中村269万平方米、工矿棚户区70万平方米，建成廉租住房88万平方米、经济适用房69万平方米，改造农村危旧房4.1万户；搬迁环境污染安全隐患重点企业25户，主城区空气质量优良天数增加6天达到303天。畅通重庆，绕城高速、沪渝高速贯通，新增高速公路通车里程412公里达1577公里；重庆铁路集装箱中心站、襄渝铁路二线投运，终结了重庆无复线铁路的历史；涪陵黄旗集装箱码头一期等投用，寸滩港三期、东港一期、大宁河航道整治等项目开工，新增港口货物吞吐能力2000万吨达11500万吨，其中集装箱新增72万标箱达171万标箱；朝天门大桥通车，100公里轻轨加快建设。森林重庆，一年种了十年树，植树造林578万亩，新增园林绿地5083万平方米，森林覆盖率达到35%，主城成功创建国家园林城市。健康重庆，出台文化大繁荣大发展决定，"唱读讲传"掀起红色浪潮，市中医院一期、大田湾全民健身中心、重庆大剧院、重庆科技馆等建成投用，大学城医院、市竞技体育训练中心等项目开工，国泰艺术中心、川剧艺术中心等加快建设，成功举办武隆国际户外登山竞技比赛、首届全民健身运动会和市第一届"健康校园"杯学生运动会。平安重庆，开展"化解信访积案"、"破案攻坚综合整治"、"打黑除恶"三大战役，公众安全感明显增强。强化生产安全和交通安全，安全事故死亡人数和重特大交通事故持续减少。

（三）产业结构加快调整

一是先进制造业快速发展。工业增加值2917亿元，增长17.2%，占GDP比重提高4.8个点达44.7%，规模以上工业企业总产值6707亿元，增长15.2%。全市汽车产量119万辆，占全国的8.6%，位居全国第4，汽摩总产值占全市总产值的1/3，长安福特三工厂开工，长安集团进入行业第2，上汽依维柯红岩商用车、上汽菲亚特红岩重型发动机投产，建成国内最先进、西部最大的重型汽车产业基地，成立了以长安集团为龙头的新能源汽车产业联盟。装备制造产值1091亿元，占比49.8%，增长18%，重庆水泵厂率先实现核二级泵国产化，重庆川仪与霍尼韦尔合作掌握差力变送器制造技术达到世界先进水平，重庆远达环保建成国内最大的脱销产业化基地。化工产业产值383亿元，占比5.7%，国内首台套百万吨级PTA项目投产，云天化聚甲醛二期、川维醋酸乙烯等项目加快建设。电子信息产业产值246亿元，增长15%，方正高密、大唐新数码等项目投产，惠普笔记本电脑制造开工，惠普结算中心项目落户，带动富士康等一批企业跟进；思科全球通信产品制造基地项目签约。二是现代服务业加速发展。金融中心日益崛起，金融业增加值占GDP比重为6%，提高0.8个点，本外币存贷款余额分别达到11085亿元和8857亿元，同比增长36.8%和41.7%，本外币贷款余额连续9个月超过40%，其中新增贷款2605亿元，创历史新高；贷款中长期化明显，主要投向新建基础设施和重大产业项目，增长62.9%，提高35.8个点，占比74.9%，提高9.7个点；加快建设解放碑金融街，积极推进江北嘴金融商务区，规划建设弹子石商务区，形成"三位一体"中央商务区建设格局，启动建设畜产品远期交易市场、重庆股份转让中心，担保公司、小额贷款公司、村镇银行等新型金融机构快速发展。物流业呈上升势头，完成增加值400亿元，增长12%，明确实施"一江两翼三洋"国际物流大通道战略，主城区"三基地四港区"布局规划获批，启动汽车、化工、航空物流基地、物流公共信息平台等专项物流规划。会展业蓬勃兴起，共举办各种展会节庆活动284个，增长30.3%，其中规模超1万平方米的42个，同比翻一番，展出面积、直接收入、拉动消费分别增长35.1%、36.2%和41.6%，荣获"建国60周年·中国节庆会展名城"、中国会展业最具发展潜力城市、中国十佳会展城市等称号。

（四）开放高地崛起内陆

一是开放平台加快建设。成功举办"2009年十大经贸活动"，签约项目456个，总投资3700亿元。两路寸滩保税港区一期水港功能区和空港功能区加快建设，设立渝中区、北部新区、西永微电园、北碚区、永川区5个服务外包示范区，确定16个"两翼"加工贸易重点承接地，设立台资信息产业园、台湾农民创业园，涪陵李渡工业园机电示范园等11个区县产业园被商务部命名为全国加工贸易梯度转移重点承接地示范园；成功举办第四届市长国际经济顾问团年会。外商直接投资40.2亿美元，居中西部地区首位，增长47.2%；世界500强企业达到154家。二是区域合作纵深推进。佛山周、宁波周、广东经贸活动等主题活动签约合作项目405个，总投资885亿元，宁波名品重庆直销中心运营，获30亿吨新疆原煤开采权，两路寸滩保税港区与广安、贵阳等城市签署战略协议。实际利用内资1468亿元，增长74.2%。三是"走出去"硕果累累。博赛集团收购力拓公司在加纳6000万吨铝土矿股权。重钢集团到澳大利亚收购年产1000万吨铁精矿矿山，与宬隆及其全资子公司亚洲钢铁签署框架协议。粮食集团到巴西建300万亩大豆种植基地、年产45万吨大豆加工厂；到加拿大建20万亩油菜基地。

（五）城乡统筹改善民生

一是城乡经济社会协调发展。完善"圈翼"对口帮扶机制，"一圈"向"两翼"援助资金和实物2.8亿元。基本完成库区后续工作规划，落实主城区集团对口支援重点移民区县经济合作项目资金近1亿元、社会公益项目资金约4500万元。深化城乡资源对进机制，十大试点项目效果明显，共流转利用土地4万亩，吸纳本地农村劳动力6320人，带动当地农民两年平均增收67.2%，有效地促进了农民增收、农业发展以及小城镇综合开发；小额贷款公司开业60家，放贷70亿元，6家村镇银行开业。二是劳务经济提质发展。启动20个市级农民工返乡创业园区，吸纳城乡劳动力17万人，返乡农民工再转移率达98%，农民工就业基本恢复到危机以前规模；完善城乡公共服务，35%义务教育学校达到办学条件标准化，建成500所农村寄宿制学校和318片中小学塑胶运动场，完成192所农村初中校舍改造工程，初中毕业生升入高中阶段学校的比例超过88%，高等教育毛入学率达27%，分别提高1.5和2.5个点；健全城乡社保制度，妥善解决90万征地农转非人员、13.8万三峡库区淹没农转非移民的养老保险问题和35万"双解人员”的医疗保险问题，城乡居民合作医疗保险实现区县全覆盖，统筹城乡的社会养老保险制度在15个区县试点，31.7万义务教育教师绩效工资足额兑现。企业退休人员养老金、失业保险金每人每月分别提高140元和100元，企业退休人员养老金首次超过全国平均水平，市级统筹区大额医疗互助基金最高支付限额提升25%达50万。三是推进土地和林权改革。农村承包地流转面积约580万亩，流转率30%，区县、乡镇、村土地流转服务机构基本全覆盖；土地规模经营面积458万亩，规模集中度达23%；土交所地票交易成交额12.89亿元；北碚静观镇等城乡建设用地增减挂钩试点项目初见成效；集体林权改革基本完成确权工作。四是新农村建设扎实推进，农业增加值607亿元，增长5.5%。粮食总产量1137万吨，合川、江津、忠县等10个区县列入《全国新增1000亿斤粮食生产能力规划》，铜梁、潼南、璧山、武隆等加快蔬菜基地建设。增强基础设施保障能力，金佛山大型水库获国家批准立项，建成户用沼气池19万口，新建改造农村公路1万公里，解决城乡居民饮水安全220万人。增强社会综合服务能力，“万村千乡市场工程”顺利完成，基本实现县县有配送中心、乡乡有连锁超市、村村有商贸综合服务网点。深入开展扶贫攻坚，推进2000个贫困村整村脱贫，减少贫困人口20.1万。

二、发展中存在的问题

一是外贸形势严峻。由于外需市场萎缩、投资者信心不振、出口产品结构变化等因素影响，进出口总值下降19%，其中出口下降25.2%，机电产品下降26.6%；进口下降9.7%。二是民间投资乏力。市场需求不振，订单减少，企业盈利下降，导致民间投资能力和投资意愿明显降低，民间投资增长25.3%，比国有投资低21.3个点，占比50.6%，回落2.5个点。三是农民增收问题需高度关注。部分农产品价格下降影响农民经营收入，仅增长7.8%，回落15.2个点，农民人均纯收入增长12%，回落5.6个点。

三、2010年经济发展思路

2010年，深入落实“314”总体部署和国务院〔2009〕3号文件，加快建设“五个重庆”、内陆开放高地和统筹城乡试验区，推进重庆经济进入新一轮高成长期。力争GDP增长16%，投资增长30%，社会消费品零售总额增长18%，进出口总额增长55%，外商直接投资增长50%，实际利用内资增长80%，地方财政一般预算收入增长30%，城乡居民收入分别增长13%和15%，居民消费价格指数涨幅控制在5%以内。

（一）科学谋划重大规划和项目

基本完成“十二五”规划编制。推进“西三角”经济区规划，联合川陕争取一批交通、旅游等重大项目纳入国家西部大开发规划。落实成渝经济区规划，向国家争取布局一批基础设施、产业发展等重大项目。联合湘鄂黔，抓好武陵山经济协作区规划编制和启动实施。继续加强三峡后续规划研究。

（二）聚力建设“五个重庆”

力争完成投资3000亿元，占全社会投资的43.5%。宜居重庆，拆迁改造主城区危旧房156万平方米、工矿棚户区70万平方米，开工公租房1000平方米，完成主城综合环境整治，主城区空气质量达300天以上。畅通重庆，全面建成“二环八射”高速公路网，高速公路通车里程达到1865公里，建成宜万铁路，铁路营运里程达到1342公里，开工果园二期等项目，港口货物通过能力达到1.25亿吨，完成江北机场第二跑道及黔江机场建设，民航旅客货物吞吐能力突破1500万人次/年。森林重庆，新造林300万亩，改造低效林200万亩，新增城市绿地400万平方米。健康重庆，积极推进市级十大公共医疗卫生工程，建设30个区县级医院，完成40个社区卫生服务中心；加快推进区县体育场、馆、池建设，新建20个全民健身登山步道。平安重庆，加快建设基层“两所一庭”、市警官职业学院迁建等项目，健全多元化矛盾纠纷化解体系，巩固“打黑除恶”成果，群众安全感指数保持在90%以上。

（三）推动产业结构升级

壮大特色产业集群，推动产业高端化，着力培育计算机、生物制药等高成长性产业，抓好MDI等百亿级项目，发展新能源产业，谋划生物质发电、光伏发电等新能源项目。优化产业布局，抓好两江新区、西部新城、江南走廊等万亿级工业高低建设。构建现代服务业体系，扩大渝中区商务服务集聚区，打造江北区研发设计集聚区，启动长寿化工等5个产业园区配套服务业集聚区建设。

（四）打造内陆开放高地

高起点启动建设两江新区。加快建设保税港区和物流大通道，争取"一江两翼三洋"国际物流大通道战略规划纳入国家"十二五"发展规划。谋划建设东西部联动开发平台，着力抓好与山东、江苏、浙江等省份的经贸合作。扩大利用外资和境外投资，举办2010年十大经贸活动，新引进一批世界500强、中国500强企业，大力支持骨干企业"走出去"。

（五）稳步建设新农村

加快发展粮食产能建设县核心粮食基地，支持荣昌等生猪重点基地县规模化养殖，推进潼南、璧山等核心蔬菜基地建设。健全农业服务体系，实施种养业良种、动植物防疫、农产品质量安全检验检测等保障类项目，发展村镇银行，构建城乡一体的农产品营销网络。加强农村基础设施建设，加快大足玉滩水库、"泽渝"水库等重点建设，推进饮水安全、农村沼气、大中型灌区等工程建设。推进易地扶贫，基本解决绝对贫困人口温饱问题。

（六）切实改善社会民生

启动户籍制度改革、"两翼"农户万元增收工程。加大对农村新生劳动力职业培训，免费培训30万初次进城务工创业人员；继续抓好城镇下岗失业人员、高校毕业生、退伍转业军人就业工作，新增城镇就业24万人。开展事业单位养老保险制度试点；完善城乡低保制度；加快推进农民工养老保险，积极促进跨区域转接；乡镇敬老院和区县社会福利中心实现全覆盖。加快解决农村留守儿童问题。深入开展"三进三同"、"结穷亲"、"大下访"活动。启动全市中小学、幼儿园校警配备工作。

（重庆市发展和改革委员会　金华）

2009年重庆市国有资产监督管理概述

2009年，重庆市国有企业在逆境中克难奋进、化危为机，实现历史性突破发展，企业资产总额、国有资产总量、营业收入、利润总额等主要经营指标再创历史新高，为重庆经济的高速、稳健发展作出了重要贡献。

2009年，重庆市纳入统计范围的国有企业2014户，资产总额12582亿元，同比增长32.9%；国有资产总量3361亿元，同比增长33%；营业收入1898亿元，同比增长6.4%；利润总额145亿元，同比增长27.7%；国有资产保值增值率103.2%，同比增长0.25个百分点。

一、2009年运行状况

(一)国有资产总量及其分布

2009年末，重庆市企业国有资产总量3361亿元，同比增长33%，其中市级监管企业国有资产总量2039亿元，占比61%；市级非监管企业国有资产总量79亿元，占比2.2%；区县企业国有资产总量1243亿元，占比36.8%。重庆国有资产布局呈现以下特征：

1.三产业大幅增长，二产业稳中略升

农、林、牧、渔业等第一产业的国有资产总量达到42亿元，增幅133.3%，体现了国有经济服务"三农"的发展思路。社会服务、交通运输、批发和零售业、金融业等第三产业国有资产总量为2594亿元，同比增加813亿元，增幅46%，成为推动重庆市产业结构调整的中坚力量。采矿业、制造业、电力、燃气、建筑业等第二产业国有资产总量725亿元，同比增加2亿元，充分体现了国有资产"有进有退、有所为有所不为"的战略方针。

2. 国有企业成为内陆开放高地建设的重要推手

重庆大力推进国企对外开放，建设内陆对外开放高地。保税港区、江北嘴中央商务区、西永微电园区和重庆对外经贸集团，成为重庆市扩大开放的四大平台。其中西永微电园、保税港区国有资产总量增幅分别达到383%和100%。保税港区已吸引马士基等全球物流巨头进驻；惠普、富士康、英业达、广达等一批全球IT巨头相继入驻西永微电园；北京金融街及地方金融巨头纷纷落户江北嘴中央商务区；对外经贸集团组建半年，外经业务已占全市比重49%。

3.国有资产进一步向大集团集中

2009年末，市级监管企业资产总额户均276亿元，同比增长25.8%；国有资产总量户均60亿元，同比增长20%。

4.区县国有资产呈快速增长势头

2009年末，区县企业国有资产总量达到1243亿元，同比增长72.6%，极大推动了区县经济的快速发展。增长主要源自两个方面。一是市级监管企业的高速发展及其功能发挥的示范作用，使区县政府越来越重视国有企业的发展。二是由市属国有企业融资50亿元帮助"两翼"16个区县建设特色工业园区，进一步激活了区县生产发展的要素。

(二)企业资产规模、财务状况及经营成果分析

1.资产规模迈上新台阶

在国家出台刺激投资和内需政策以及地方政府加大基础设施投资力度的共同推动下，一批重点项目相继启动和提速，拉动了重庆市国有企业资产规模快速增长。2009年，重庆国有企业资产突破万亿大关，达到12584亿元，同比增长32.9%。

从市级监管企业看：34户企业户均资产达到276亿元；资产过百亿元的企业达20户，同比增加2户。其中重庆城投公司等6户企业单户

资产总额超过500亿元;重庆农商行资产总额突破2000亿元,达到2008亿元,是重庆市最大的地方金融企业;重庆高速公路集团资产总额955亿,成为重庆市最大的投融资企业;重钢集团资产总额380亿元,是重庆市最大的工业企业。

从区县企业看:户均资产由去年3亿元提高到5亿元。其中:合川区城投公司104亿元、北碚区缙云资产公司103亿元,成为资产规模率先突破100亿元的区县企业。

2.财务状况持续改善

国家实施适度宽松的货币政策,为企业缓解资金供求矛盾和优化债务结构提供了有利条件。市级监管企业拓展融资渠道,增加直接融资比例,利用股权融资、企业债券、短期融资债券等方式,不断优化债务结构。一是银行短期贷款占全部借款比重由上年末的22.3%降至本年末的14%,从根本上改变了部分企业短贷长投的现象,有效降低了企业财务风险;二是在资金集中管理和低息融资置换的双重推动下,企业财务费用在融资总额大幅增长的情况下,同比下降5.3%,拓展了企业盈利空间;三是融资方式更加多元化,交通开投集团等获得10年期股权信托100亿元,能源集团等发行企业债券108亿元等,企业资本实力明显增强。

3.营业收入实现逆势增长

2009年全球金融危机的持续蔓延与艰难复苏给企业经营带来巨大挑战。经历了上半年市场持续低迷,产品价格低位徘徊的艰难时期,下半年在投资的强劲拉动下,内需出现可喜变化,企业经营结构调整的效果也开始逐步显现,扭转了上半年被动的经营局面,推动了企业主要经营指标实现平稳增长。2009年,企业全年实现营业收入1898亿元,同比增长6.4%。其中:市级监管的34户企业集团实现营业收入1632亿元(市级投融资企业出让储备土地获得增值收益152亿元,因直接上缴市财政,未纳入营业收入统计口径),同比增长7.5%,是拉动全市国企收入增长的主要力量。重钢集团等5户企业营业收入突破百亿元,重庆建工集团、重庆商社集团营业收入跨入200亿元级企业行列。

4.资产盈利能力进一步提升

2009年,全市国有企业实现利润145亿元,净资产收益率3.49%。其中:市级监管企业实现利润126亿元,净资产收益4.5%,同比增加0.9个百分点,高于市级非监管企业0.7个百分点,高于区县国有企业3.3个百分点。区县国有企业经营规模小、主业不突出,盈利能力还较弱。

二、发展中存在的问题

一是部分企业因项目资金储备导致资产负债率出现阶段性偏高,在一定时期增加了财务负担;二是工商企业具有自主知识产权、高附加值的主导产品还不多,企业自主创新能力与国内外同行先进水平相比还存在一定差距,抵御市场风险的能力还相对较弱;三是对工商产业集团资本投入有限,产业结构调整任重道远。四是区县国有企业普遍经营规模较小,资产质量不高,经济效益较差;区县新增国有资产主要投向投融资公司为主,投资项目正处于投入建设阶段或市场培育期,投资效益的发挥尚需时日。

三、2010年发展目标

(一)强力推动"五大结构调整"

重点围绕完善调整规划、世界经济格局大调整、国家宏观政策和重庆大干快干这条主线,抢抓并购重组机遇。支持长安集团,提速化医集团、重钢集团、机电集团等企业进军世界500强的步伐,打造大型化、国际化、竞争力强的国企"航母"。加快太阳能、风能、气体水合物等新能源的开发应用,促进工业经济向低碳经济转变。鼓励国有集团吸引本地及沿海民营资本参股,开展跨区域投融资合作,推动东部产业转移示范基地建设。推进实施重钢环保搬迁、化医MDI一体化等项目建设。

(二)着力提升国企核心竞争力

研发、收购一批全球领先的核心技术、尖端产品,建设一批国家级、跨国研发中心、实验基地和孵化基地，打造一批研发团队、著名商标、知名品牌。加大自主研发，特别是新技术集成研发的力度。解决集团规模与管理相匹配的问题和业务创新问题，向管理创新要核心竞争力，以业务创新铸就"百年老店"。以信息化建设为突破口，全面改造、创新集团的决策管理、战略管理、组织管理和人本管理体系。建立重大项目的提前介入、资金支持、跟踪督办的"一条龙"服务机制。基本完成政策性破产企业的终结，全面扫尾专业公司的关闭注销工作，全面启动空壳公司的注销工作。

(三)攻坚企业集团整体上市

建立国有企业上市工作奖惩制度。选优选好上市地、上市方式和上市资产，推进达到上市条件的企业经营性业务整体上市，并提速上市进程。抓好企业上市中的关键环节和引进战略投资者，稳妥处置企业改制过程的职工合法权益与企业利益。

(四)努力扩大国企对外开放

完善保税港区、江北嘴中央商务区、西永微电园区的战略平台功能。推动市属国企与中央企业的战略合作。进一步拓宽外资的进入领域，抓好合同外资的落地和意向、框架协议向正式合同的转化，2010年引进外资任务确保10亿美元以上。做强做大对外经贸集团，推动重庆市外经外贸产业大发展。坚持以资源、技术并购为主战场，策划推动产业集团的"走出去"大项目。充分集合、利用投资集团在基础设施建设中积累的技术、人才和管理经验，拓展"走出去"的新路径和新领域。加大地方金融企业的对外并购、网点扩张力度。

(五)切实防范国资营运风险

加大企业集团资金的集中管理力度，严控对外担保、借贷规模和资产负债率，严格现金流管理，严把投资方向、严格投资程序、严管投资项目、严控投资成本，严格金融衍生业务管理。集中消除一批企业经营管理中的潜在风险点。坚决纠正个别企业乱设账户的问题。关闭一批长期亏损企业，调整一批长期微利企业，退出一批长期无投资回报的参股企业。健全风险监控和防范体系。进一步强化监事会对企业全面风险管理和内部控制的监督职责。进一步加强企业法律体系建设，提高企业科学决策、守法经营、规范管理、依法维护合法权益的能力和水平。进一步健全企业内控机制，建立财务预算的硬约束机制，强化审计监督和财务预算管理、动态监管。

(六)创新提升国企战略功能

以农垦集团、粮食集团、渝惠集团为依托，探索国有企业带动解决"三农"问题的新路子；在推动"五个重庆"建设中，重点探索以国有企业为开发主体，区县政府为管理主体，联动实施低收入群众在"宜居重庆"中"居者有其屋"的新模式；在统筹城乡和区域发展上，逐步启动第二轮筹资50亿元对欠发达区县的援建计划。支持国有企业在"两翼"区县布局项目，支持和参与"两翼"区县经济发展有关工作；以更大的力度做优做强做大地方国有各个金融机构，使其成为在全国有影响、在长江上游全面领先、具有极强的聚集、辐射力的机构；在保民生、保稳定中，重点探索参照国有企业关闭注销、改制重组等方式，彻底解决厂办大集体企业的若干问题。

(七)加速培养国企领军人物

提高优秀企业负责人的知名度、影响力，对国家、出资人和企业的忠诚度。培养企业家，维护企业家的权威，激活创造力，提升精气神。三年内，市属国有重点企业的领导班子成员、后备干部，要实现清华大学、重庆大学EMBA、武汉大学EMBA、中欧国际管理学院等高层次学习的全覆盖。从体制机制层面，加快高管人员的职业化进程，解决企业负责人的各种后顾之忧。坚决规范企业负责人的履职行为，促进廉洁从业。引进一大批高层次、高技能人才。积极创造职工成才的良好环境，抓好中高级技工的培养，建立健全行之有效的教育、培训、考核、激励和管理机制。

(重庆市国有资产监督管理委员会 黄宗山 廖军海)

2009 年重庆市经济社会热点问题扫描

一、多措并举推动经济加快回升持续向好

2009 年,是重庆在逆境中化危为机、挑战中克难奋进的一年。面对国际金融危机冲击,市委、市政府全面落实"314"总体部署和国发 3 号文件精神,推出"7+5+12"适应性政策措施,推动全市经济较快回升,实现增长 14.9%。一是投资消费出口协调拉动。实施三年 1.5 万亿元投资计划,落实中央预算内投资 123 亿元,带动全社会固定资产投资增长 31.5%,达到 5318 亿元。落实中央扩内需促消费系列政策,城乡消费持续活跃,社会消费品零售总额达到 2479 亿元,扣除价格因素,实际增长 22%,创直辖以来新高。推出 10 条加工贸易先行先试政策和 27 项便利化措施,力保出口企业市场份额。二是资本融通与减税让利并举,助推经济稳定回升。年末金融机构本外币存款余额 11085 亿元,贷款余额 8857 亿元,较年初分别增长 36.9%、41.7%。通过执行国家出口退税政策、兑现西部大开发减税政策、设立提振经济特别专项资金、缓降社会保险缴费、取消或停征行政事业性收费等,为企业减免税费超过 200 亿元。三是保增长与调结构相结合,加快产业结构优化升级。实施重点产业调整振兴规划,完成工业投资 1793 亿元,规模以上工业增加值增长 18.5%。主动承接国内外产业转移,引进惠普 4000 万台笔记本电脑及富士康、广达、英业达等一批对产业结构优化升级有重大意义的项目。金融业实现增加值增长 31.2%,占 GDP 比重提高 6%,成为名副其实的支柱产业。会展业直接收入增长 36%,旅游总收入增长 25%。启动技术创新工程,实施重大科技专项 23 个,攻克关键核心技术 150 余项,专利授权量增长 56%,新增高新技术产品 500 余个,新产品产值率达到 32.8%,组建产业技术创新战略联盟 10 个,创新集成能力显著提升。

二、着力打造内陆开放高地

围绕建设西部一流的开放环境,不断拓展内陆开放广度和深度,探索走出一条内陆开放的新路子。一是加快构筑国家级开放战略平台。两江新区、西永综合保税区上报国家审批,两路寸滩保税港区一期加快推进,北部新区、永川等 5 个服务外包示范区加快建设。直达国际专用高速通信通道开通。区域通关合作扩大到沿海各口岸,新开成渝、渝穗、渝沪"五定"班列(轮)和 4 条国际航线。重庆关区进出口货运量突破 600 万吨,区域通关货运量占比达到 65%。二是全方位、宽领域、多渠道招商引资。全年实际利用外资增长 47.2%,达到 40.2 亿美元,居中西部第一。"十大经贸活动"累计签约 456 个项目,投资总额约 540 亿美元。引进内资 1468 亿元,增长 74.2%。三是创新内陆加工贸易模式。采取整机与零部件相结合、生产装配与研发设计相结合、加工基地与结算中心相结合的垂直整合模式,形成了"一个品牌商、三个代工厂和 100 余家配套企业"的笔记本电脑产业集群,助推重庆成为万亿元级电子信息产业基地。四是外贸进出口稳定增长。全年进出口总额 77.1 亿美元。其中,服务贸易总额 20.1 亿美元,居中西部第一。离岸服务外包合同金额同比增长 16 倍,执行金额同比增长 21 倍。五是"走出去"迈出较大步伐。组建了全国最大的地方对外经贸集团,资本金达 30 亿元。新批境外企业(机构)42 个,总投资 1.85 亿美元,增长 23.9%。重钢、机电、粮食、博赛等集团投资境外,在引进技术、收购矿山、建立基地等方面都取得实质性进展。

三、扎实推进城乡统筹发展

在国发3号文件的指导下，把加快“两翼”发展摆在更加突出的战略位置，市级以上财政转移支付“两翼”的资金增长21%，市属国有企业筹资50亿元帮助“两翼”16个区县建设工业园区，“一圈”向“两翼”援助资金和实物达到2.6亿元，“两翼”经济增速连续三年超过全市平均水平。突出土地、林权制度改革，进一步搞活农村经济。基本建立起区县、乡镇和行政村土地流转三级服务体系，土地流转率居全国第四位。农村土地交易所通过地票交易，开辟了城市反哺农村的新途径。集体林权确权面积和颁证户数均超过90%，累计流转林地735万亩。加大城乡就业统筹力度，提质发展劳务经济，培训农村劳动力44.4万人，新转移36.7万人。大力推进农业基础建设，大幅增加“三农”投入，发放直补资金32.8亿元，惠及1952万农民。生产粮食1137万吨、蔬菜1177万吨，出栏生猪2002万头。建设巴渝新居3.7万户，改造农村危旧房4.1万户。竣工大中型水利工程8座，整治销号病险水库405座，新解决了220万城乡居民安全饮水问题。新建改建农村公路1万公里，建成农村沼气池19万口，农村国电网改造率提高到93%，所有自然村实现通电话。

四、全面展开“五个重庆”建设

把“五个重庆”作为贯彻科学发展观的实践平台，塑造内惠民生、外树形象的城市品牌。全年“五个重庆”共投入资金2050亿元。拆迁改造主城区危旧房447万平方米、工矿棚户区70万平方米、城中村269万平方米，综合整治主城居住小区1287万平方米，建成廉租房88万平方米、经济适用房69万平方米。绕城、沪渝高速公路全线贯通，渝湘高速武隆至黔江段建成，新增通车里程412公里，改建干线公路3000公里。铁路集装箱中心站竣工投用，襄渝二线全线贯通，渝怀二线开工建设。朝天门大桥等一批城市交通项目建成投用，轨道交通建设进度加快。率先在西部取消政府还贷二级公路收费，内环站口外移，主城进入“外环时代”。城市、农村、长江两岸等六大森林工程同步推进，植树造林578万亩，建成城市绿地5496万平方米，主城区成功创建国家园林城市。蓝天、碧水、绿地、宁静四大行动深入实施，完成主城区企业环保搬迁25户，淘汰小煤矿300万吨、小水泥145万吨。提前两年全面实现农村初级卫生保健规划目标，甲型H1N1流感防控科学有序。改造的大田湾全民健身中心正式投用，新建登山步道58条、中小学塑胶运动场329片，成功举办首届全民健身运动会、“健康校园杯”学生运动会。深入推进安全保障型城市建设，安全生产基层基础强化年活动成效明显，重特大事故下降到2起。根据中央统一部署，开展新一轮打黑除恶专项斗争，成功摧毁了一批在重庆盘踞多年、作恶多端、经济实力很强、关系网络复杂的涉黑组织，彻底铲除了一批违法犯罪猖獗的黑恶势力和犯罪团伙，坚决查处了一批包庇、纵容黑恶势力的“保护伞”，得到社会各界积极反响、人民群众拥护支持。社会公共安全、食品药品安全和公共卫生安全防控体系更加健全，突发事件应急管理能力不断增强，社会和谐稳定局面进一步巩固。

五、推动文化提速提质发展

市委三届五次全委会专题研究了宣传思想文化工作，作出《中共重庆市委关于推动文化大发展大繁荣的决定》，提出到2012年初步建成城乡统筹发展的文化强市，2020年建成长江上游的文化中心，为全面落实“314”总体部署提供强大的精神动力和舆论支持。全年文化投入增长18.7%，文化产业增加值达200亿元，占GDP比重突破3%。以“唱读讲传”活动为载体的文化事业蓬勃开展，广大市民激情参与，极大地增强了先进文化的穿透力和影响力，提振了干部群众干事创业的精气神。城乡公共文化服务体系不断健全，重庆大剧院、科技馆、南山植物园温室馆竣工投用，新建区县文化馆和图书馆10个、乡镇综合文化站235个、标准农家书屋1350

个,广播电视村村通、文化信息资源共享、博物馆和纪念馆免费开放、农村电影放映等文化惠民工程有力推进。文艺精品不断涌现，国庆60周年系列活动精彩纷呈,川剧《金子》、话剧《三峡人家》、电视剧《周恩来在重庆》、图书《熊猫史诗》获国家大奖,第十一届中国老年合唱节、第七届中国音乐金钟奖合唱赛、第二届重庆文化艺术节、首届“台湾·重庆文化周”成功举办。文化遗产保护成效显著，第三次文物普查工作顺利展开，三峡库区文物抢救性保护通过国务院验收，重庆三峡博物馆入选首批国家级重点博物馆。

六、如期完成三峡移民搬迁安置

历经十七年攻坚，重庆库区累计完成移民投资541.8亿元,搬迁安置移民113.8万人,复建各类房屋3725万平方米,关闭搬迁淹没工矿企业1397户,“搬得出” 目标如期实现。一是经济发展速度更快、质量更优。2009年,库区经济总量达到2489亿元,同比增长16.8%,三次产业结构调整为11.9:55.2:32.9。二是基础设施建设提速。沿江高速公路开工,渝宜铁路加快建设。建成开县鲤鱼塘等大中型水库19座,完成病险水库除险加固825座。库区城镇化水平达44.5%。三是生态环境质量趋好。库区森林覆盖率提高到36%。生活污水集中处理率、垃圾无害化处理率分别达72%和78%。地质灾害得到有效治理,175米试验性蓄水以来,无重大事故发生、无人员伤亡。长江干流水质保持Ⅲ类标准以上,长江入境和出境断面水质均为Ⅱ类。四是社会事业全面发展。实现基本普及九年义务教育、基本扫除青壮年文盲的“两基”。完成库区基层医疗卫生服务机构基础设施建设项目598个。库区每个区县至少有1所公共图书馆，建成乡镇综合文化站350个。五是移民生活水平逐步提高。库区农村移民人均纯收入5080元,城镇移民家庭人均可支配收入8231元。城乡人均住房面积均比搬迁前增加10平方米。覆盖库区城乡居民的社会保险体系框架基本建立。

七、进一步提高民生保障水平

保障和改善民生,是我党根本宗旨的集中体现,是科学发展观的核心内容,是转变发展方式的持久动力。全市财政民生支出创历史之最,达到682亿元，占一般预算支出的比重达到51.7%,为群众办好了一批的民生实事。主要呈现了四大新亮点：一是全力确保稳定和扩大就业,财政支出6.7亿元补贴就业困难人员社会保险、职业培训,新增14亿元发放小额担保贷款。高校和中职毕业生就业率分别达到90%、97%，受金融危机影响回流的367万农民工基本实现再转移就业。城乡居民收入分别达到15749元、4621元,分别增长11%、12%。二是进一步提升社会保障力度,改扩建基层医疗卫生服务机构394个,城乡社会保障制度框架初步建立，原征地农转非和城镇用人单位超龄未参保人员养老保险全部解决，企业退休人员人均基本养老金超过全国平均水平。15个区县开展城乡居民社会养老保险试点，城乡居民合作医疗保险实现区县全覆盖。扩大农村低保覆盖面,提高医疗救助、五保供养、优待抚恤水平,保障了210万城乡困难群众基本生活。三是在西部率先建立城乡一体义务教育经费保障机制，生均公用经费达到国家标准。全面实现城乡免费义务教育,惠及学生360万人。城乡低保家庭普通高中学生学费全部免除。初中毕业生升入高中阶段学校的比例达到88%，高等教育毛入学率达到27%。四是把开展干部“大走访”、“三进三同”和“三项制度”等活动作为密切党群、干群关系的重要抓手和保增长、保稳定、保民生的重要举措,进一步转变了发展理念，促进了社会安定和谐。其中,“大走访”攻坚,20万名干部深入基层,走访群众89万人次，调解民间纠纷37.7万件；投入资金48.8亿元,解决信访问题8.5万件。“三进三同”,5万名党员干部进村、进户、进田间,解决突出问题18万件。“三项制度”,接访群众369万人次,走访996万户,解决突出问题209万件。

(重庆市人民政府研究室　王善礼)

第四编
部门经济运行与管理

质量技术监督

一、2009年发展回顾

2009年，全市质量技术监督工作紧紧围绕贯彻落实“314”总体部署和国务院3号文件精神，积极服务“五个重庆”、内陆开放高地建设和统筹城乡发展，坚持服务大局促增长，严格监管保安全，提升能力增后劲，各项工作取得了明显成效。

(一)以质取胜战略取得突破性进展

2009年，围绕“国家重要的现代制造业基地”建设，强力实施以质取胜战略，推动质量振兴。市政府设立了具有里程碑意义的市长质量管理奖并实施首届评选，5家企业获奖，增添了质量提升抓手，增强了重庆制造业核心竞争力和城市综合竞争力。出台《质量兴区(县)绩效评价指南》，全市42个区县均开展了质量兴区县活动。改进名牌产品评价机制，培育重庆名牌产品115个，全市有效期内名牌产品总数达417个，有效期内的名牌产品生产企业实现工业总产值占全市工业总产值的9.35%，对全市工业增加值的贡献率为7.6%。实施“百千万质量管理提升工程”，开展2009年“建设五个重庆，共筑质量大堤”质量月活动，组织“我心中的质量”中学生征文及少儿绘画比赛，加强质量分析工作，全市质量总体水平进一步提高。2009年国家质检总局和国家统计局公布的全国制造业质量竞争力指数，重庆名列第七，连续4年保持全国前列和西部地区第一。

(二)技术标准战略引领势头强劲

启动国家标准制修订21项，发布地方标准32项，备案企业产品标准1008项，407家企业新建了标准体系，新创国家地理标志产品保护2个，市级产品标准奖33项，重点领域重点产品累计完成采标1506个，关联采标率达80.6%。完成“科技、标准、产业同步发展行动”12个科技攻关项目招投标工作，53项标准研制逐步启动。45个国家级农业标准化示范区制定地方标准和企业标准114个，组织实施标准165个，示范农户171720户，种植类示范面积68169.7公顷。新组建重庆市专业标准化技术委员会6个，新增大渡口区建桥工业园区服务标准化、渝北中国电信重庆分公司物流标准化、忠县中国柑橘城旅游服务标准化、重庆市工业物业安全服务标准化和重庆市商务楼宇物业管理标准化5个国家级试点项目。

(三)安全监管扎实有效

一是深入开展“质量和安全年”活动，坚持质量宣传、提升、整治、建设、服务五管齐下，举办了第七届高层质量论坛和质量安全在线访谈，强化市场准入、风险评估和应急处置，加大监督抽查、执法打假、区域整治力度，推动了全市安全发展。全年出动执法人员3.29万人次，查处各类违法案件4812件；完成工业产品质量抽查26455批次，合格率达87.8%；抽检食品10680批次，合格率为88.1%，同比增长0.7%。二是争取首次以市政府名义召开了全市特种设备安全监察工作会议，印发了《关于进一步加强特种设备安全工作的通知》，将全市特种设备安全纳入“大安全”范畴对各区县政府进行目标考核，形成了多元共治的良好局面。2009年，特种设备万台事故0.75起，万台死亡人数0.42人，死亡人数和受伤人数比2008年分别下降66.7%和57.2%，全年没有重特大安全责任事故发生。三是深入开展安全“大排查、大整治、大执法”行动，集中排查整治企业5466家，消除安全隐患1559起，对580家企业1145批次产品实施风险监测，食品、3C等获证企业证后监管率达100%，有效整治了违规问题，消除了安全隐患。四是推进科技兴安，成功进行了气瓶电子标签RFID技术试点，推广应用了电梯安全运行控制系统，建立了食品安全动态监管系统基础数据库和特种设备企业动态监管网络，初步实现了高效、无缝隙监管。

(四)服务大局卓有成效

新年伊始，面对金融危机的严峻形势，组织开展了“重庆质监走进企业帮扶解困调研月”活动，走访企业584家，征求意见1173条次，现场解决问题412个，并从检验检测、行政审批、行政执法、教育培训等企业最需要帮扶的四个方面出台了14条政策措施，及时帮助企业解决实际困难，为企业减免检验检测费用4117万元，为提振地方经济作出了积极贡献。深入推进“关注民生、计量惠民”专项行动，共走进市场、医院、镜店、社区和餐饮店4627个，免费检定集贸市场衡器51262台件，涉及民生的强检计量器具受检率平均提高了20个百分点。开展“认证促发展、认证促和谐”行动和“认证认可六进”活动，全市各类管理体系认证获证组织5090家、3C认证企业484家、无公害农产品认证产品522个、资源节约认证产品8个，重庆市被确定为全国认证执法监管试点10省市之一和全国司法鉴定机构认证认可试点6省市之一。围绕扩内需，积极为全市重点项目建设提供原材料质量监管、计量检测等技术保障和服务家电下乡工作，出台了《关于加强家电(汽摩)下乡产品质量监督工作的意见》，对中标企业的67批次产品实施监督抽查，抽检合格率达100%，确保了家电下乡产品质量，增强了扩大内需的有效性。紧密围绕区县特色产业发展需求，分别与九龙坡区、渝北区、万盛区、綦江县、潼南县政府等签署了合作备忘录，使质监服务工作更加紧贴地方发展需求实际，增强了服务有效性，实现了质监事业与地方经济共赢发展。

(五)公共检测服务能力不断提升

开展“检测和执法能力建设年”主题活动，着力打造公共检测服务平台，积极服务内陆开放高地建设。铝镁合金、皮革制品2个国家质检中心落户重庆并筹建，市特检中心科研楼、国家CNG气瓶检测中心等项目竣工投用，市计量质检院、车检院二期技改等项目完成主体工程，全系统二期基建33个项目已竣工24个，完成投资39876万元。着力加强技术机构建设，投资7050万元为市计量质检院等12个单位购置仪器设备1109台/套，进一步增强检测和科研能力，为企业产品研发、质量测试、能源计量、出口认证等提供技术支撑。着力加强执法能力建设，制定了行政执法装备更新方案，投入资金1456万元，更新执法交通车辆102台，为提高监管效率，提升快速反应和应急处置能力提供了保障。

二、发展中存在的问题

(一)社会质量意识不浓，质量责任落实不到位

一是质量工作尚未列入地方政府工作目标考核，重数量、轻质量，重速度、轻效益的现象仍然存在。二是产品质量第一责任人的责任落实还未完全到位，社会诚信体系不健全，质量守信奖励和失信惩戒制度不完善。三是部分消费者质量维权意识不强，买东西贪图价格便宜，助长了假冒伪劣产品的存在。

(二)基层质监机构不健全，监管力量尚显不足

全市各乡镇均没有设立质量技术监督机构，监管力量不足，监管触角不长，监管难度很大，难以全面监管量大面广的各类型企业。例如，全市质监系统现有食品安全监管人员109名，需要监管8.24万平方公里内的6687家食品企业和食品生产加工小作坊，平均每人要负责监管60家食品生产企业，客观上力不从心。

(三)技术检测服务综合实力还需加强，亟待超常规提升

重庆市质检机构技术装备力量与沿海等发达省市还有较大差距，加上一些地方政府及有关职能部门对建设检验检测机构的重要性认识不足，在政策、资金、土地等方面支持力度不大，导致全市质检机构技术装备总体水平还不高，

发展极为不平衡，特别是一些高端检测项目由于投入不足而难以建立，导致产品无法进行研发校准、认证出口，制约了先进制造业的发展。

三、2010年发展目标

2010年，全市质量技术监督工作将紧紧围绕科学管理上台阶，质量提升上水平，服务重庆经济社会更好更快发展这一主线，着力提高服务和监管两个能力，加强监管体制、工作机制和质监文化三个创新，突出品牌、标准、服务、效益四个重点，按照严格监管有突破点、优质服务有着力点、助推发展有增长点、自身建设和管理有亮点四点要求，努力推动重庆质监工作从管微观向管宏观转变、从管产品向管企业转变、从面面俱到向突出重点转变、从事后应对向事前预防转变、技术机构从低水平向高水平转变五个转变，进一步构建质量监管新格局，探索长效服务新机制，营造干事创业新氛围，做出服务发展新贡献，推动质监事业发展上台阶，全力助推重庆经济社会新发展。重点在三个方面下工夫：

（一）服务科学发展，在优质高效上下工夫

一是服务“五个重庆”建设。深入开展“质监邀您查质量”和“认证促和谐、认证促发展”活动，服务“宜居重庆”建设；加强机动车安检机构、电梯、车用CNG气瓶监管，服务“畅通重庆”建设；开展生态园林城市标准化试点，探索“森林重庆”标准化建设模式；开展特种设备安全“平安示范区县”创建活动，助推“平安重庆”建设；巩固“质量和安全年”活动成果，以生产加工领域食品质量安全为重点，严格市场准入，完善动态监管、风险监测等机制，助推“健康重庆”建设。二是服务内陆开放高地建设。以国家质检中心建设为重点，完成6000万技术装备投入，确保CNG气瓶和热工流量仪表中心通过验收，铝镁合金、皮革制品国家质检中心竣工投用，积极争取石油天然气及化工产品、微电子产品、节能产品等国家质检中心建设，新增国家质检中心1个。抓好国家城市能源计量中心（重庆）筹建工作，推广能源计量评价，提升技术机构服务节能减排和低碳经济的能力。三是服务城乡统筹发展和区域协调发展。以“两翼”为重点，针对粮油基地、柑橘、畜牧、蔬菜等特色产业和旅游等特有资源，积极推进标准化示范区建设。启动武隆喀斯特世界自然遗产旅游服务标准化建设试点，推进忠县中国柑橘城旅游服务标准化建设；积极与区县政府签署合作协议，支持地方经济发展；对工业园区建设进行重点帮扶，点对点帮扶企业600家，上门培训100期。加强公共基础服务，加强专业标准化技术委员会建设，帮助1000家企业建立健全计量、标准体系。

（二）服务安全发展，在科学监管上下工夫

一是落实政府、企业、部门、技术机构“四位一体”责任。以法制建设为抓手，争取市政府出台《关于落实生产企业产品质量主体责任的意见》，贯彻落实好《食品安全法》及实施条例、全国及我市特种设备安全监察条例；加强企业质量诚信体系建设，积极探索生产许可证管理、监督抽查、执法打假与企业质量信用监管的联动机制，实施违法违规企业“黑名单”制度，严厉惩处质量安全失信行为，推动企业落实质量安全主体责任；出台投诉举报奖励制度，加快推行12365举报处置应急救援指挥系统建设。二是优化监管手段。突出分类监管，以食品为重点实施10种产品分类监管试点；建立特种设备“重大事故隐患”清单，加大特种设备监管处罚力度，特种设备“重大事故隐患”整治率达90%以上；突出科技监管，在全市各区县推广应用气瓶电子标签监管系统和5000台电梯安全运行监测系统；着力抓好“金质工程”的计量监督管理、执法打假快速反应、质量监督管理系统试点应用，初步构建应急管理网络平台，着手开发全市统一的机动车安检机构检测软件。三是提高监管效果。以抽查和巡查管好“面”，实现四个工业产品生产许可证产品、食品、3C认证产品获证企业证后监管率达100%，食品生产加工企业年度报告审查率100%，煤矿在用计量器具监管率达100%，重点特种设备的定检率、使用注册率、作业人员持证率达100%。以专项整治管好“点”，对食品、装饰材料等影响健康安全的产品,水泥、钢材等影响宏观调控的产品,农机、农资、家电下乡等关系“三农”的产品,工业和商用能耗设备等影响节能减排的产品开展专项整治。

(三)服务产业发展,在优化升级上下工夫

促进经济主体数量增长,重点帮扶新建企业50家,帮扶150家食品生产加工小作坊达到取证条件;促进产品品质效益增长,巩固质量兴区县成果,开展质量兴镇、质量兴园、质量兴企试点工作,培育市长质量管理奖获奖企业5个、重庆名牌产品100个、市级产品标准奖50个,指导200家企业开展认证工作;促进企业效益增长,完成100家年耗能5000吨标准煤以上的企业的能源计量评价,指导150家企业开展QC小组活动,推进锅炉房节能达标和工业锅炉水处理达标工作,持续开展锅炉节能改造;以四类产业为重点大力促增长。

(重庆市质量技术监督局 刘建军)

安全生产

2009年,全市安全生产工作在市委、市政府的坚强领导下,紧紧围绕建设平安重庆和安全保障型城市总体目标,按照全国“安全生产年”提出的“三项行动、三项建设”(执法行动、治理行动、宣传教育行动和法制体制建设、保障能力建设、监管监察队伍建设)总体部署,扎实开展安全生产“基层基础强化年”工作,强力实施“335工程”(加强基层安全监管、企业安全管理、基层组织领导等“三个能力”建设;深化企业安全标准化、隐患排查治理、安全专项整治等“三项重点”工作;强化安全投入、安全科技、安全文化、监察执法、应急救援等“五大保障”措施),在强基础、查隐患、抓整治、打非法、压事故等方面做了大量艰苦细致的工作,全市安全生产工作取得新的进展。

一、2009年全市安全生产形势

2009年,全市安全生产立足早谋划、早部署、早落实,市政府1号、2号文件对基层基础建设作出四年规划;市政府办公厅45号文件明确了今年工作重点和任务。市委、市政府相继作出建设平安重庆、安全保障型城市建设的决定,进一步健全了安全监管体系和“一岗双责”责任制,实施了安全生产百日督查落实和大排查大执法大整治专项行动等一系列标本兼治举措,确保了安全生产形势的持续稳定好转。全年各类事故死亡1928人,同比减少死亡54人、下降2.7%;较大事故38起,同比减少22起、下降36.7%;重特大事故2起,同比持平。道路、煤矿、非煤矿山、危化品等重点行业领域安全事故持续下降,多数区县(自治县)安全形势平稳趋好,安全生产再创直辖以来最好成绩。

(一)安全保障型城市建设全面启动

国发3号文件提出“支持重庆建设安全保障型城市示范区”,国家安监总局明确支持我市建设安全保障型城市示范区。市委、市政府相继做出了建设平安重庆和安全保障型城市系列决策部署。市委三届五次全委会审议通过了《关于坚持安全发展加强安全工作的决议》;市委、市政府出台了《关于进一步加强安全生产和地质灾害防治建设安全保障型城市的决定》,并将《建设安全保障型城市发展规划》列入了12个“十二五”重点专项规划之一,以“安全发展、安居乐业、统筹城乡、主动保障”为目标,对安全风险实行法制化、标准化、社会化管理,构建安全发展保障体系。平安重庆建设主要包括社会安全、生产安全、食品药品安全、居住安全、交通安全五个方面,这其中有四个方面涉及安全生产,安全保障的任务更重;7月16日市委、市政府主要领导亲自组织召开全市安全工作会议,对全市安全工作作出重要决策部署，重视程度、领导力度、措施强度前所未有，有效推动全市安全生产形势稳步好转。

(二)安全生产基层基础建设扎实推进

始终坚持实施固本强基工程，坚持不懈地夯实基层和基础两个平台。一是基层监管机构队伍建设有效加强。按照“巩固区县、强化乡镇、延伸村居”的要求，切实加强安监队伍建设。40个区县(自治县)和北部新区全部建立了执法大队和应急指挥中心，区县(自治县)专职安全监管人员达972人，平均23.7人；1007个乡镇(街道)全部成立了安监办，123个乡镇(街道)成立了执法中队，乡镇专职安监人员达5121人，平均5.1人。九龙坡、开县还在村居设置了安全专职干部。二是基层安全监管能力明显提升。建立健全乡镇(街道)“六位一体”，村居“七位一体”的安全监管机制，初步形成了四级安全监管网络；全市所有乡镇(街道)均建立完善安全监管12项基本制度和12本基础台账，各村居、工业园区也建立相应的制度和台账。三是企业安全标准化建设稳步推进。按照“管理台账化、装备现代化、指令书面化、操作指令化、行为规范化”要求，进一步健全安全监管标准化体系，深入推进企业安全标准化建设，健全安全管理机构和制度，强化现场和班组安全管理，煤矿、非煤矿山、危险化学品、交通运输、建设施工等高危行业达标率达到了50%。四是安全生产投入力度进一步加大。市级安全专项资金投入达3500万元，并且逐年增加500万元，平安重庆建设资金安排2亿元专用于安全生产“双基”建设；各区县(自治县)政府均建立了每年不少于200万元的专项资金，并逐年增长10%以上；2009年已投入1.6亿元，为所有区县安监局、35%的乡镇(街道)安监办配备必需的安全监管交通工具(已配备车辆588台)、办公设备、执法装备、检测检验设备、应急救援装备。同时，督促企业加强安全费用提取和使用监督，全面推进安全责任保险和风险抵押金集中缴存盘活。开展10个区县、100个乡镇、1000个点(企业、村居)的“十百千”安全保障示范工程，以点代面推进安全保障型社会建设。

(三)安全生产体制机制不断健全完善

一是理顺了煤炭行业安全监管体制，成立煤炭工业管理局，集中央监察、地方监管、行业管理“三合一”，避免了煤矿安全的多头管理、多头指挥。二是市政府出台了《关于进一步明确和强化安全生产管理职责的决定》和《重庆市安全生产行政责任追究暂行规定》，进一步理顺各级各部门监管职责和领导班子成员“一岗双责”责任制，在全国率先实施安全监管尽职免责，建立健全了良好的工作导向机制、约束机制和激励机制，体现了责任追究的人性化和实事求是原则。三是部门协同配合机制进一步健全，煤矿、非煤矿山、危险化学品、烟花爆竹等8个跨多部门监管的行业，建立起114个部门参与的联席会议制度，组织开展部门联合执法、专项整治和督查工作，有效增强了安全监管合力。四是积极探索建立安监人文关怀制度。针对安监人员因工作压力大、待遇低提出集体辞职现象，积极探索“从优待安”，酉阳、荣昌、石柱、綦江等12个区县(自治县)率先实施安监人文关怀制度，提高安全监管人员政治、经济待遇，切实解决安监队伍不稳定问题。

(四)安全生产事故防范能力有效加强

一是深化隐患排查治理工作。逐级建立并落实了主要负责人到每个员工的隐患排查治理、监控和分级管理制度，重大隐患实行市、区县(自治县)、乡镇(街道)三级挂牌督办，做到了内容、标准、措施、进度和责任“五落实”。二是狠抓重点行业领域安全专项整治。煤矿采取抓瓦斯整治促事故防范、抓整顿关闭促矿产资源整合、抓安全准入促源头管理、抓事故查处促责任到位、抓检查指导促进日常监管的“五抓五促”举措，完成1256个煤矿壁式开采，394个采煤面、521个掘进面金属支护，安装92套瓦斯抽采系统；完成129个煤矿一级质量标准建设。道路交通深化了“五整顿、三加强”工作措施，客运企业安全标准化达标1562家，完成了1000公里防撞护栏安装，开展了"渝安"交通秩序整治、无牌无证摩托车专项治理、预防特大道路事故专项行动，查处各类违法行为62.8万起、罚款6003万元、行政拘留897人。建成全市水陆运输监控中心，对5583台"两客一危"车辆、2566艘船舶、8个客运站、62个化危码头安装了GPS终端和电子探测监控系统。建设施工以理顺监管体制、落实监管责任为重点，开展了工程质量、建筑施工许可证、安全责任专项检查，市建委、市水利局、市市政委、民航重庆监管局等共检查建设工程602个、查出隐患1200个、督促整改1150个。消防安全以排查治理高层建筑为重点，对全市5650栋高层建筑逐一进行拉网式安全隐患大排查，查出火灾隐患24038件，督促整改2745栋、责令"三停"390家、查封单位场所共66家。整治了菜园坝、朝天门重大安全隐患。危险化学品成立了港航、运管、公安联合检查组，常驻码头开展危险品车辆检查，严防水上偷运，严禁库区污染。工业园区以基层基础建设重点，43个市级特色工业园区成立安监办，1949户企业设置安监专职机构。烟花爆竹、民爆器材、冶金、铁路、民航、水利、电力、农机等专项整治，做到逐矿、逐厂、逐岗、逐设施、逐项指标，盯上靠上，彻底整改。三是深入开展安全生产检查督查行动。坚持企业自查、乡镇普查、区县复查、行业部门抽查、市政府督查"五查并举"，在全市部署开展了"安全生产百日督查落实专项行动"和为期五个月的"安全生产大排查大整治大执法专项行动"。全市共派出检查组2.7万个、12.8万人(次)，检查单位23.2万个，查出安全隐患18.5万个、重大隐患691个；整治一般隐患17.9万个、整治率97%，整治重大隐患587个、整治率85%，其中挂牌整治104个；下达限期整改指令11221个、停产整顿企业1467家、责令关闭1192家、行政罚款3679万元。四是积极搭建安全生产科技平台。组建了中国安全生产科学研究院重庆分院，启动了"国家安全工程技术实验与研发基地"和安全科技产业(应急)园建设，构建安全生产科技协作体系；抓紧推进安全生产信息化"金安"工程建设和"186"应急救援体系建设。五是强力推进高危行业"四小"企业关闭。立足下大决心，动大手术，市级财政投入6亿元，拟关闭300个小煤矿、638个小非煤矿山、50家小危化生产企业、12家小烟花爆竹等1000家"四小"生产企业。2009年已关闭到位392家。其中小煤矿105家、小非煤矿275家、小危化9家、小烟花3家。同时，严格市场准入，统筹解决财税利益、职工就业、社保、社会稳定等问题，实现公平、和谐、科学实施关闭。通过检查督查和严防死盯，有力确保了重点时段、重要活动、重点部位的安全稳定。

(五)安全生产宣传培训全面强化

一是以"关爱生命、安全发展"为主题，重点组织开展一场安全生产月咨询活动等"十个一"活动，全市共散发各类宣传资料、手册达300余万份，接受群众咨询100余万次，悬挂安全标语8万余条。举办生产经营单位主要负责人、安全管理人员培训共43期、1393人；举办特种作业人员安全技术培训初训、复训班共660期。二是实施变招工为招生、变农民为产业工人培训工程。依托重庆安全工程学院、安全技术职业技术学院、安全技术考试考核中心，开展基础教育、高等教育、技术职业教育，为高危行业企业培养安全技能型人才，变招工为招生，实现农民工向产业工人的转变。三是实施大规模干部培训工程。制定大规模培训安监干部实施规划，共举办区县分管领导、安全监管人员培训班11期、培训3644人。实施专业技术培训工程。全市举办企业负责人、安全管理员、特种作业人员培训班786期，培训人员67万人。

二、安全生产存在的问题

2009年，全市安全生产形势稳定好转，但形势依然严峻，问题依然突出。一是部分行业领域、部分区县事故多发。道路交通事故死亡人数占总量的62.7%，工矿商贸企业事故死亡人数占总量32.3%，两项之和分别占全市事故总量的95%。二是企业安全主体责任没有真正落实。一些小企业竞相压低成本,无序竞争严重,现场管理混乱,隐患治理不力。安全生产投入不足,安全责任不落实,职工三级教育流于形式,特别是农民工缺乏安全知识和技能的系统教育。三是个别区县和部门工作力度不到位。没有正确处理好安全与发展、安全与生产的关系,基层安全监管力量不足,队伍不稳,执法力度不够。交通工具、办公设备、执法装备严重不足,科技支撑和保障能力低下,基层安监人员仍是凭经验抓安全,体制机制、保障能力等安全生产深层次问题亟需解决。

三、2010年工作思路及重点

全年安全生产工作总体思路是:以建设平安重庆和安全保障型城市为目标,以开展安全生产"基层基础突破年"工作为主线,重点抓好监管执法、安全标准化、安全社区、专项整治、宣传教育、安全投入、安全科技、应急救援等工作,提升政府安全监管能力,落实企业主体责任,强化全民安全意识。主要目标是:全市各类事故死亡人数同比下降2.5%以上;较大事故控制在50次以内;重特大事故控制在2次以内。重点抓以下八项工作:

(一)深化监管体系建设,依法打击违法行为

进一步规范乡镇(街道)安监办设置和人员配备、全面开展乡镇(街道)安全监管规范化建设,确保100%的工业园区单独设立安监机构,100%的区县(自治县)、乡镇(街道)配齐必需的监管装备。健全联合执法机制和企业"黑名单"惩戒机制,在强化"事故问责"基础上实施"隐患问责",加大事前预防性处罚力度。

(二)深化标准化建设,全面落实企业主体责任

全面落实企业主体责任暂行规定,切实加强班组一级安全管理。实施企业安全风险评估和分级分类管理,探索聘用注册安全工程师制度。煤矿、非煤矿山等6个高危行业达标率80%以上,发电、港口等13个非高危行业试行安全标准化。健全安全绩效考核评价机制,探索建立企业安全诚信机制,实施企业负责人年薪和员工工资与安全绩效挂钩制度,全面提升企业本质安全水平。

(三)深化安全社区建设,构建社会保障体系

全面深化安全社区建设工作,启动250个乡镇安全社区创造、评定认证50个市级安全社区。打造"一网、一刊、一报"为核心的宣传平台,健全三级宣传网络;加强职业技能培训,促进高危行业"变招工为招生",实现农民工向产业工人转变。开展特种作业人员持证上岗专项整治和安全培训执法大检查。

(四)深化安全专项整治,提升安全保障水平

建立隐患拉网排查、挂牌整改、档案管理、追踪督办常态机制,重大隐患限期整治率达到80%以上;深入开展道路交通、煤矿安全、建筑施工、非煤矿山、危险化学品、特种设备等重点行业和领域专项整治,落实固本强基措施,维护好生产安全秩序。扎实抓好"四小"企业关闭,健全高危行业市场准入和退出机制,全面完成1000家高危行业"四小"生产企业关闭任务。

(五)加强安全宣传教育,全面提升社会安全意识

大力宣传安全生产方针政策、法律法规、重大措施及先进典型和经验,曝光违法行为和重大事故典型案例。推进安全技术集约化培训,促进高危行业"变招工为招生",实现农民工向产业工人转变。开展特种作业人员持证上岗专项整治活动。

(六)构建安全生产投融资体系,切实加强安全生产投入

严格落实政府安全专项资金、企业安全费用、安保互动、安全风险抵押金制度,加快构建"四位一体"安全投融资体系,推进社会资本参与安全保障型城市建设,实施安全保障投入资金市场化运作,搭建安全生产投融资平台。

(七)构建安全科技支撑体系,增强本质安全保障能力

编制和实施建设安全保障型城市发展规划。加快中国西部安全(应急)产业基地建设,全

面实施“金安”工程，启动市、区县、乡镇三级信息网络平台、重大危险源监管、应急救援综合指挥平台建设，组建“12350”举报投诉中心。

（八）构建应急保障体系，提升事故灾难应对水平

加快推进“186”应急救援体系建设；完善市、区县两级政府应急机制和市、区县、乡镇三级政府应急管理体制；加强应急救援基地、救援队伍、装备设施以及物资储备体系建设。

（重庆市安全生产监督管理局 谢云凯）

人力资源和社会保障

2009年，在市委、市政府的正确领导下，全市各级人力资源和社会保障部门一手抓机构改革，一手抓中心工作，奋力拼搏，开拓进取，实现“两不误、两促进”，各项工作取得重大进展。

一、2009年工作回顾

（一）就业局势保持基本稳定

为积极应对国际金融危机对就业的影响，市委、市政府先后下发7个文件，主要有三大类29条政策，形成全市应对金融危机、稳定和促进就业的政策体系。2009年，全市城镇新增就业28.13万人，指导和帮助下岗失业人员就业再就业17.61万人，指导和帮助“4050”等就业困难人员就业再就业5.56万人，分别完成年计划的127.9%、125.8%和139%；12月底，全市城镇登记失业率稳定在3.96%；应届高校毕业生就业率90%；全市回流返乡农民工98.2%实现再次转移，新增转移农业富余劳动力36.7万人，均超额完成全年目标任务。一是“输血”与“减负”相结合，稳定企业就业岗位。首次全面发挥社会保险经济波动“减震器”作用，实施企业缓缴、降低养老和医疗保险费7个百分点政策，共为企业减负23.6亿元；落实困难企业稳定岗位补贴和待岗培训补贴1.2亿元。对2000户重点企业岗位变化情况实施动态监测。二是加大工作力度，确保政策落实到位。2009年，全市落实社会保险补贴3.06亿元、岗位补贴0.61亿元、培训补贴1.4亿元，同比增长19%、38%和72%；发放小额担保贷款13.96亿元，同比增长151%，累计发放30.54亿元，当年发放额和累计发放额继续位居全国百个重点联系城市首位。三是完善就业服务体系，强化公共就业服务。人力资源市场信息网络系统实现街道（乡镇）全覆盖。大力开展“就业援助月”、“春风行动”、“民营企业招聘周”、“高校毕业生就业服务月”、“渝港大学生实习交流计划”等专项服务活动。四是劳务输出和返乡创业“两手抓”，促进农民工就业。制定14项稳定和促进农民工就业的政策。深入开展“三送”下乡活动。实施农民工特别培训计划，培训农村劳动力44.4万人。为2531名农民工发放小额贷款1.58亿元；建立20个市级农民工返乡创业园区，新入驻企业463家（农民工返乡创业企业209家），园区内企业累计吸纳城乡劳动力16.8万人（农民工13.5万人）。五是多措并举，促进高校毕业生就业。制定10项促进高校毕业生就业的政策措施。实施“农村乡镇人才队伍建设计划”，选派大学生5460名；积极开展未就业高校毕业生定向就业培训，帮助6500人实现就业；建立高校毕业生就业见习基地226家，组织1万名未就业毕业生参加见习；开展“大学生人才交流节”等活动，举办毕业生招聘会829场次，提供就业岗位15.33万个，帮助5.25万人实现就业；选拔2000名登记失业的高校毕业生到街道（乡镇）、社区（村）社会保障平台从事就业服务；设立1亿元小额贷款担保基金，为569名登记失业的高校毕业生发放小额贷款3290万元。六是帮扶困难人员就业，抓好三峡库区就业。加大就业与低保联动力度，促进3.07万名低保人

员就业。消除城镇“零就业家庭”442户,实现动态为零。到2009年底,全市创建“充分就业社区”1087个、“充分就业村”1002个。加大库区资金政策支持力度,完善劳务对口合作机制,推进库区就业。

(二)覆盖城乡居民的社会保险体系框架初步建立

一是社会保险参保人数进一步增长。到2009年底,全市城镇基本养老、基本医疗、失业、工伤、生育五大社会保险参保人数分别达到520.25万人、362.48万人、215.91万人、229.78万人和155.06万人,同比增长26.9%、11.1%、2.8%、10.3%和9.5%;农民工参加养老保险64万人(其中参加农民工养老保险39.85万人)、农民工参加医疗保险33.92万人(其中参加农民工大病医疗保险16.35万人)、农民工参加工伤保险83.92万人,同比增长22.3%、53%和20.3%。二是各项社会保险待遇水平进一步提高。2009年再次提高企业退休人员养老金,首次超过全国平均水平;提高失业保险金发放标准,最高一档达到570元;市级统筹区大额医疗互助基金最高支付限额由40万提高到50万,达到2008年城镇经济单位职工平均工资的19倍;进一步提高职工生育保险和工伤保险定期待遇水平。三是统筹城乡的社会保险制度进一步完善。城乡居民合作医疗保险覆盖所有区县,提前1年完成原定目标任务。2123.51万农村居民和407万城镇居民参保,并将大学生纳入城乡居民合作医疗保险制度范围,从制度上基本实现“人人享有医疗保障”的目标。在15个区县启动城乡居民养老保险试点,改变了农村“养儿防老、积谷防饥”传统的保障模式,成为统筹城乡社会保险体系建设的新里程碑。到2009年底,已受理申报并审核合格268万人(其中:中青年人员160万,老年人员108万)。四是社会保险基金监管进一步加强。重庆市政府出台《重庆市骗取社会保险基金处理办法》,成为全国第一部有关社会保险基金支付环节监督的政府规章。进一步完善社会保险经办机构内控制度。继续开展社会保险基金专项治理,及时纠正违规行为。

(三)收入分配制度改革稳步实施

一是顺利完成义务教育学校绩效工资改革,实现在全国率先上报方案、率先获得批复、率先兑现到位“三个率先”,惠及31.7万教职工,并对暂未实行绩效工资的事业单位自建津补贴水平较低人员实施过渡性补助,惠及13.2万人。二是加强企业工资宏观调控管理工作。制发了关于做好2009年度市属国有企业工资总额宏观调控工作的通知,对全市40户市属国有重点企业2008年度工资总额进行清算,下达了2009年工资总额调控方案;发布了2009年一至四季度人力资源市场工资指导价位,为用人单位和求职者求职时确定工资水平时提供了重要的参考。

(四)人事制度改革稳步推进

一是公务员管理制度进一步完善。制定出台了公务员录用、面试、奖励、辞退、辞职办法和从优秀村干部中考试录用乡镇机关公务员量化考察办法等。规范完善参照公务员法管理单位的审批、职务管理工作。积极研究区县基层公务员非领导职务设置改革。创新面试工作机制,首次实行“片区集中阳光面试”、考官统一调配、易地交流等新措施。全年组织招录公务员4455名。开展首届重庆市“人民满意的公务员”和“人民满意的公务员集体”评选表彰活动;加大千名处级干部轮岗工作力度,有75个部门开展轮岗工作,轮岗处级干部1173名。二是事业单位人事制度改革深入推进。新制定5个配套制度,在全国率先基本完成事业单位岗位设置管理改革工作,全市1.5万个事业单位共核准岗位50.39万个,首次竞聘上岗45.19万人。全面推行事业单位公开招聘制度,全市事业单位公开招聘8700人,同比增长31%。出台了《深化我市职称制度改革的若干意见》,修订15个职称系列评审标准,共评审初级以上职称2.18万人。三是军转安置工作各项任务顺利完成。积极探索推行考试考核安置军转干部,改进和加强军转干部培训工作。坚持企业军转干部解困和稳定两手抓，完善解困长效机制，确保总体稳定。

（五）人才队伍建设积极推进

一是统筹开发城乡人才资源，定向培养紧缺专业大学生331名，组织1200名机关事业单位年轻干部挂职顶岗锻炼，2000名乡镇技术骨干参加短期培训，9499名专业技术人才参加支农支教支医行动。二是出台《重庆市引进高层次人才若干优惠政策规定实施细则》和《重庆市百名海外高层次人才集聚计划实施办法》，会同组织部门制定《重庆市"两江学者"计划实施办法》。实施"千名优秀人才引进计划"，引进各类紧缺优秀人才1220人。新增"新世纪百千万人才工程"国家级人选19人，评选表彰第二届重庆市有突出贡献的中青年专家50人，第二届留学回国人员先进个人11人，新增博士后流动站9个，新进站博士后155人。与国家外专局签署《引进国外智力服务重庆统筹城乡改革和发展合作框架协议书》，全年引进国(境)外专家4824人次。三是人才教育培训工作进展明显。重庆技能劳动者总数达到222万人，高技能人才55万人；2009年开展各类职业培训137万人，获得职业资格证书人数33.5万人；技工学校招生达4.2万人，毕业生就业率98.3%。8所高级技校被市政府批准为技师学院。将基层机关事业单位在职人员系统专业教育选派范围扩大到区县教育和卫生系统，专业设置增加到153个，组织3750名基层年轻干部到高校接受专业教育；组织6万多名公务员参加教育培训，集中调训干部5000多名，成功举办"重庆·领导干部行政能力大讲坛"，市级机关主要领导440人次听取报告。

（六）维护劳动者合法权益工作取得新成效

一是稳步实施劳动合同法及实施条例。积极推进集体合同制度和劳动关系三方机制建设，加强对企业特殊工时制度的指导和管理，2009年重庆各类企业劳动合同签订率95.6%，劳动关系总体和谐稳定。二是进一步加强劳动保障监察执法力度。2009年重庆劳动保障监察机构共主动检查用人单位1.55万户，涉及劳动者89.55万人。完善建筑领域农民工工资保障金制度。全年为3.61万名农民工追发工资报酬2.75亿元。稳步推进劳动保障监察"两网化"管理试点工作。三是大力抓好劳动人事争议仲裁工作。2009年重庆共受理劳动争议案件3.39万件(其中集体劳动争议案件1420件)，已经结案3.3万件，当期结案率达到97.22%。

（七）人力资源社会保障基础能力建设取得明显进展

一是就业和社会保障工作平台进一步延伸。在1787个社区和1587个村建立了就业和社会保障工作平台，有1.4万余人的工作队伍在基层为城乡劳动者直接提供就业和社会保障服务，发挥了很好的作用。二是人事人才服务不断发展。专家服务工作更加到位。重庆全年共组织各类人事考试135项(次)，报名参考33.7万人。率先在全国启动了大学生定向就业培训工作，开展卫星远程与网络培训，在全国率先建立了专武干部培训的长效机制。全年共举办各类培训班396期，参训人数达19.8万人次。三是基层维权平台加快覆盖。劳动保障监察"三级监管"体制建设积极推进，各区县设立农民工维权投诉窗口，在975个街道(乡镇)、307个社区(村)建立劳动保障监察举报投诉站。劳动争议仲裁机构实体化建设加快推进，31个区县成立劳动仲裁院，4个区县已上报待批。四是加快人力资源社会保障信息化建设。"金保工程"一期建设基本完成，在主城9区发行127万张社会保障卡。重庆市人力资源和社会保障公众信息网顺利开通，网站功能不断完善。网上"公众信箱"受理群众咨询和举报投诉，已累计办理并网上回复1.23万件；2009年重庆人力社保局网站访问量达到900万人次，周访问量居市级部门第一。五是干部业务能力建设进一步加强。先后举办劳动争议仲裁员、劳动保障监察员、乡镇社会保障服务所负责人、社会保险基金财务人员等培训班11期1536人，增强系统干部综合素质和业务能力。

二、2010年主要思路和措施

2010年，全市人力资源社会保障工作的总体要求是：坚持以邓小平理论和“三个代表”重要思想为指导，深入落实科学发展观，按照市委、市政府的决策部署，继续实施积极的就业政策，加快推进社会保险制度建设，深化人事制度改革，完善工资收入分配制度，大力加强人才队伍建设，切实维护劳动者合法权益，确保各项工作目标任务的完成。

（一）稳定和促进就业，保持就业局势基本稳定

2010年全市城镇新增就业24万人，帮助下岗失业人员就业15万人，帮助就业困难群体就业5万人，城镇登记失业率控制在4.5%以内；新增转移农村富余劳动力30万人。抓好人力资源统筹规划，切实保障重点项目的用工需要。深入开展“就业政策落实年”活动。大力鼓励和支持创业。统筹抓好高校毕业生、农民工、就业困难人员等重点群体就业。全面加强人力资源培训工作。认真开展户籍制度改革调研。

（二）加快完善社会保险制度，健全城乡统筹的社会保险体系

进一步加强社会保险扩面提标工作。做好2010年提高企业退休人员基本养老金和提高城镇职工基本医疗保险待遇工作。阶段性实施社会保险费率“一缓三降两补贴”政策，进一步支持企业发展。进一步完善城乡社会保险制度，并精心做好扩大试点的准备。完善城乡居民合作医疗保险，进一步理顺管理体制、提高待遇水平。进一步做好事业单位养老保险制度改革试点的各项准备工作。切实加强基金监管工作。加强社会保险经办能力建设。

（三）加快人事人才工作，推进统筹城乡人事人才工作发展

按照国务院总体部署，完善公务员工资和事业单位收入分配制度。继续加强对义务教育学校实施绩效工资的检查指导，积极推进公共卫生与基层医疗卫生事业单位绩效工资的组织实施工作。统筹推进城乡人才资源开发。继续实施“农村乡镇人才队伍建设计划”，做好选派4800名大学生到乡镇基层工作。继续实施“以城带乡万名专业技术人才支农支教支医行动”。大力加强公务员队伍作风建设和能力建设。加强高层次人才队伍建设。加强技能人才队伍建设。深化事业单位人事制度改革。加大引进国外智力工作力度。

（四）加大劳动关系协调和维护劳动者权益工作力度

进一步加大劳动合同法及实施条例的宣传力度，提高劳动合同签订率，积极推行集体合同制度。继续加强企业工资的宏观调控工作。加强劳动人事争议处理工作。加强劳动保障监察工作。认真做好军转工作，确保各项任务落实。

（重庆市人力资源和社会保障局　赵凤阳）

国土资源和房屋管理

一、2009年发展回顾

（一）土地资源保障经济社会发展做出新贡献

一是重点项目建设用地得到有效保障。2009年全市保障新增建设用地同比增长26.9%，确保了保税港区、机场三期、三条新开工铁路、轨道交通和玉滩、观音洞水利工程等重点建设和招商项目，特别是“五个重庆”建设重大项目的落地。

二是矿产资源保障程度进一步提高。全年共安排地勘项目188个、投入资金2.2亿元，煤炭、铝土矿、铁矿等资源储量增加。能投集团的煤炭储量从1.09亿吨增加到7.1亿吨。勘查发现了2亿吨储量的巫山铁矿，结束了我市没有大型铁矿的历史。率先开展了页岩气资源战略调查试点。

三是集聚资源收益再创新高。2009年,全市土地出让总价款544亿元,入库435亿元,其中市级土地出让价款入库250亿元。支持了危旧房改造、城中村改造和廉租住房建设等民生项目。2009年房地产领域引进外资14.44亿美元,占全市引进外资总量的35.9%。规范采矿权出让行为,2009年市级出让采矿权900宗,收取采矿权出让综合价款和资源补偿费4.3亿元。

四是产业及区域发展得到有力支持。加强对三峡库区和渝东南民族地区16个产业转移承接基地的用地保障,2009年完成征地2.06万亩,占规划面积的62%。落实城乡建设用地增减挂钩指标1.97万亩,支持中小企业用地。争取到了国土资源部对设立西永综合保税区及万州工业园、长寿化工园、西永微电园升级为国家级经济技术开发区的支持。

(二)统筹城乡土地管理改革迈出新步伐

一是农村土地交易所运行机制逐步健全。交易流程、农村建设用地复垦项目管理得到进一步规范。截至2009年底,土交所已成功组织地票交易54宗、1.35万亩,成交金额12.89亿元,并与金融机构签订合作协议,推出了地票质押业务。地票制度的良好运行,开辟了城市反哺"三农"的新途径。

二是土地利用规划体系得到完善。全市新一轮土地利用总体规划已通过国务院审批。完成了区县土地利用总体规划成果的审查;乡镇土地利用规划修编工作进展顺利。开展了35个村的村级土地利用规划编制试点,增强了土地利用总体规划的操作性。

三是农村土地整治综合效益显著。开展"田、水、路、林、村、屋"综合整治。在6个镇开展了整镇推进的国土整治试点。安排市级投资8.62亿元,实施蔬菜基地、标准果园、城乡统筹、基本农田保护示范区等建设项目52个。通过土地整治项目的实施,新建和改造农房107万平方米,3万多人乔迁新居。移土培肥二期和配套坡改梯项目全面完成。大力实施造地工程,2009年验收新增耕地13.5万亩,同比增长43%。

四是节约集约用地工作进一步加强。开展开发区土地集约利用潜力评价,全市3个国家级开发区、34个市级开发区的评价工作已通过国土资源部的审核和备案。加强工业园区用地投入产出考核。严控单宗土地出让面积,规范土地出让金分期缴纳行为。大力处置闲置土地,提高了土地利用效益。

(三)国土资源保护取得新成绩

一是土地执法监管得到强化。健全建设用地全程监管机制,全面落实土地执法动态巡查制度,积极开展卫片执法检查,配合成都督察局完成土地例行督察。2009年,全市查处土地违法案件1390件,同比下降8.2%;结案1358件,结案率97.7%。

二是耕地保护责任有效落实。市政府明确了各级政府、部门、用地企业、农村集体经济组织和农民的耕地保护责任。重庆市在全国耕地占补平衡和土地整治项目管理考核中名列第一,耕地保护目标责任履行情况获全国排名第五的好成绩,国土资源部为此奖励重庆市新增建设用地指标1500亩。

三是矿产资源开发管理继续加强。加快整合煤矿采矿权变更登记工作。全市关闭煤矿300个、非煤矿山638个,全面整顿和规范矿产资源秩序工作得到国务院12个部委的联合表彰。矿业权实地核查工作有序推进。采矿权配号、矿业权招拍挂出让专项清理工作基本完成。

(四)房地产运行平稳健康

2009年,重庆市在全国率先提出房价收入比6.5的调控目标。加强房地产用地调控。制定经营性用地供应计划,普通商品住房建设用地供应量占房地产开发用地供应总量72.3%;完成都市区土地级别调整工作;完善房地产价格调控机制;建立了土地成本评估制度,主城区平均地价房价比为16.1%,低于全国主要城市水平。积极实施引导房地产市场平稳发展的适应性政策;开展了全市房地产市场监管工作大检查,进一步规范房地产市场秩序。全市房地产业运行状况良好。

一是房地产市场重新回到活跃的局面。2009年，全市共销售商品房3639.94万平方米，同比增长58.3%；销售商品住房3372.54万平方米，同比增长63.5%。全市完成房地产开发投资1238.91亿元，同比增长25.0%。房地产开发投资占全市固定资产投资的比重为23.3%。全市房屋施工面积13052.6万平方米，同比增长12.1%；房屋新开工面积总量达到3813.68万平方米。二手房交易表现活跃。2009年，全市共成交二手商品房1722.21万平方米，同比增长95.6%，其中住房1517.07万平方米，同比增长114.6%，为近几年最高点。

二是主城区商品住房量价齐升。全年主城区共销售商品住房2061.54万平方米，同比增长90.14%，月均销量与2007年持平。全年主城区新批准1548.85万平方米商品住房上市预售，512.69万存量商品住房得到消化，供销比由2008年底的1:0.61上升至1:1.33。市场转为供不应求，主城区商品住房建筑面积成交均价4179元/平方米，同比增长9.0%。区县居民在主城区购房比例上升到44.2%(同比上升4.1个百分点)，为近几年最高点。

三是区域性中心房地产市场发展提速。万州、涪陵、黔江、永川、江津、合川六个区域性中心城市共完成房地产开发投资135.10亿元，比上年增长32.9%，高于主城区10.0个百分点。区域中心房地产市场需求旺盛，共成交商品住房532.62万平方米，同比增长92.1%；商品住房成交均价为2304元/平方米，同比上涨22.3%，较主城区高出13.3个百分点。区域性中心城市房地产发展在一批品牌开发企业的带动下进入规模化、小区化、配套化阶段。

此外，2009年全市公积金归集额实现71.17亿元，同比增加19.29%。通过提取公积金和发放个人住房贷款，使用资金64.38亿元，使用率达90.46%。较好地发挥了公积金在增强职工购房支付能力方面的作用。

(五)国土房屋民生工程取得新成果

一是有力地助推了"宜居重庆"建设。截至2009年底，全市已有的五种住房保障方式中，廉租住房保障达到14.3万户，实现了低保家庭的全覆盖；通过经济适用住房、危旧房和棚户区改造安置房、城中村改造安置房，分别解决了12.7万户、27.1万户、0.2万户家庭的住房困难；建设农民工公寓130万平方米，改善了进城务工人员的居住条件。华福家园廉租住房小区模型入选了"新中国成立60周年"成就展。全年完成危旧房拆迁405万平方米，完成城中村征地房屋拆迁268万平方米，完成居住区综合整治1287万平方米，均超过市政府确定的年度目标，促进了城市形象和人居环境的改善。全市住宅物业管理覆盖率达到66%，其中主城区达到了84%，提高了市民的居住质量。

二是积极参与了"平安重庆"建设。积极参与了"6·5"武隆山体垮塌灾害的应急抢险工作；组织开展了"地质灾害大排查、大整治、大执法"行动，2009年全市地质灾害发生数量比2008年增加68.5%，经济损失减少64.6%，防治工作成效显著。指导库区各区县严防死守，排查隐患点、群测群防与专业监测、应急预案与抢险救灾"三道防线"效果明显，三峡库区经历了175米蓄水、降水和汛期考验；库区周边发生的91起地质灾害均得到成功预报和妥善处置，无人员伤亡。组织开展了房屋住用安全防灾减灾大巡查，房屋安全管理得到加强。

三是有效地维护了被征地拆迁群众的利益。开展了2008年以前被征地农转非人员基本养老保险补办工作，已累计审核合格人员90.57万人。2008年以后5.65万新征地农转非人员做到了"应保即保"和"即征即保"。妥善安置被拆迁群众，使其住房面积大幅度增加，居住条件明显改善。

四是国土"民心工程"深受群众欢迎。实施地质灾害防治搬迁避让"金土工程"，2009年搬迁险区群众13351人。加大红层找水力度，钻井28226口，超额88%完成市委、市政府下达的年度目标，解决了11万人的饮用水困难。

二、发展中存在的问题

一是城乡建设用地供需矛盾突出，统筹城乡土地管理改革亟待破题。二是保障发展与保护资源的“两难”局面没有改变，保护资源压力大。三是“宜居重庆”建设进入攻坚阶段，主城区危旧房拆迁今年要全面完成，城中村改造要全面启动，居住区综合整治要全面推进，公共租赁住房建设将大规模启动，征地、拆迁量大，矛盾依然较多。四是国家加强和改善房地产市场调控新政策的出台，需要妥善处理好产业发展、市场稳定和住房保障的关系。五是全市地质灾害点多面广，库区地质安全面临水位升降的严峻考验，防治任务繁重。六是基础地质，特别是城市地质调查工作薄弱，地质找矿难以实现大的突破。

三、2010 年发展目标

2010 年，全市国土房管发展的总体目标是：构建国土资源保障和促进科学发展新机制，完善耕地保护共同责任机制，落实最严格的耕地保护和节约用地制度；构建“市场+保障”的住房供应机制，保持房地产市场的平稳健康发展，完善“5+1”的住房保障体系（廉租住房、经济适用住房、危旧房和棚户区改造安置房、城中村改造安置房、农民工公寓，公共租赁住房），推动“宜居重庆”建设；完善地质灾害防治和房屋住用安全管理共同责任机制，服务“平安重庆”建设；加快土地管理改革步伐，支持统筹城乡综合配套改革试验区建设。

2010 年，全市国土房管发展要实现保障科学发展与保住耕地红线统筹兼顾这一个目标；加强统筹城乡土地管理改革和城乡土地房屋征收制度改革等两项改革；完善土地和房地产宏观调控机制、耕地及地灾共同责任机制、矿产开放合作机制等三种机制；提高调查研究、依法行政、改革创新和解决矛盾等四大能力；实施六大工程——国土整治工程，保障性安居工程（启动大规模公共租赁住房建设），城中村改造工程，居住区综合整治工程，危旧房拆迁工程，地质灾害防治工程。

（重庆市国土资源和房屋管理局　汤雁冰）

重庆园林

一、2009 年工作回顾

2009 年，全市建成城市园林绿地 5496.7 万平方米，栽植乔灌木 7918.11 万株。主城区完成城市森林工程和创建国家园林城市建设项目 392 个，建成城市公园 11 个、社区公园 55 个共 351.8 万平方米，城市生态林 143.83 万平方米，消落带绿化 7 万平方米。投入城市园林绿化建设资金 81.41 亿元。风景名胜区接待游客 1366.7 万人次，同比增长 167.41 万人次，总收入 14.73 亿元，同比增长 2.87 亿元。主城区公园游人 3947.2 万人次，同比增长 140%。

（一）大力实施城市园林绿化建设

1.建成一批城市森林工程示范项目。完成市委大院 1.5 万平方米单位绿化和江北区江洲街 21.34 万平方米的城市森林工程示范项目、北碚区蔡家组团中环干道 47.23 万平方米绿化工程。

2.建成一批城市大公园。建成鸿恩寺公园、龙头寺公园、江北嘴 CBD 中央公园、彩云湖湿地公园、天宫殿公园等 11 个城市公园共 326.1 万平方米。

3.建成一批民心工程项目。建成渝中区彭家花园、大渡口区新工书院等 55 个社区公园共 24.7 万平方米，建成渝北区中环宝圣立交 33.35 万平方米城市生态林、九龙坡区水碾立交和电力村城市生态林 6.12 万平方米。

4.建成一批立体（干道）绿化项目。建成嘉华大桥李家坪立交 1.7 余万平方米、寸滩立交绿化 3.73 万平方米和嘉华大桥延伸段、渝北区空港景观大道、沙坪坝区大学城科技大道等干道绿化80.1万平方米，建成龙头组团隔离带绿化50万平方米。

5.栽植一批大苗大树。在转盘、道路、节点栽植大树66.18万株。

6.建成一批拆危建绿工程。建成九龙坡区矿机村社区公园、大渡口区思源广场、渝中区大溪沟等23片拆危建绿靓点34.6万平方米。

7.城市义务植树栽植各类树木158.6万株。

（二）精心做好国家园林城市验收工作

周密制定迎检方案，认真准备相关材料，精心选定迎检线路，对受检线路和受检点进行综合整治，组织模拟验收，查漏补缺。11月9日至11日，国家园林城市专家考查组通过观看技术专题片、听取工作汇报、查阅资料、实地察看等形式对主城区城市园林绿化、城市生态景观、市政设施、住房保障、历史文化保护、危旧房改造等进行综合考查，各项指标均达到或超过国家园林城市标准，在全国44个申报城市中，重庆市综合评分位居第一。

（三）园林“三创”

经单位、小区、市街申报，所在区县（自治县）城市园林绿化主管部门推荐，市园林局工作组踏查筛选，市政府验收，创建园林式单位21个、园林式小区31个、园林市街21条。

（四）申办2011年第八届中国（重庆）国际园林花卉博览会，获得成功

（五）公园管理

1.植物引进和植物调整。主城区公园加大植物的维护和调整改造。如市南山植物园设立100万元专项资金引进植物，引进温室植物、兰科、山茶科和蔷薇科植物2065种，充实兰草82个品种。枇杷山公园对主景区植物进行调整，栽植枇杷树47株，新栽其它乔灌木25000余株，藤蔓植物264株和大量地被。

2.景点改造建设。主城区公园完成景点改造100余处。完成市动物园猛兽片区、两栖爬行动物馆、园区主干游览道，鹅岭公园擎天柱广场、望江亭、杨闇公铜像，平顶山公园石小路大门、五虎岭、瓜果长廊，石门公园北大门片区、游泳池片区，市花卉园中心区花卉廊景观、南国风情园植物景观等项目的改造。

3.配套服务设施改造建设。完成碧津公园水电系统、路面、休闲服务设施，北碚公园厕所、路灯，华岩公园景观木桥、栏杆、管网、厕所和标志标牌的改造，市动物园、南山植物园、鹅岭公园、嘉陵公园、鸿恩寺公园等相续完善和提升配套服务设施。

4.举办、参加各种专业展览。在市南山植物园举办第十三届菊花艺术展和“春之花”为主题的梅花和山茶花艺术节、第九届樱花节、桂花节，市花卉园举办第十七届春花展，华岩公园举办第二届佛（奇）石文化艺术展、夏季荷展，大渡口区第二十一届菊花展，沙坪坝区29届菊展。

（六）风景区管理

1.完成市级风景区综合整治任务。对标志标牌设置、管理体制与机构建设、规划与核心景区保护、违章建设查处、管理制度建设进行整治。经验收，全市28个市级风景区的综合整治工作，合格的11个，基本合格的13个，不合格的4个。

2.世界自然遗产工作。起草、送审《重庆武隆喀斯特世界自然遗产管理办法》，经广泛征求意见，通过市政府常务会审议。

3.风景区总体规划编制。6个国家级风景区的总体规划，其中4个经国务院批准，1个已上报国务院待批。30个市级风景区的总体规划，经市政府批准的20个，经专家和行政评审的1个。推进4个风景区总规修编和4个风景区总规的评审和上报工作。14个市级风景区划定核心景区，设置界桩8675个。

4.设立市级风景区1处。组织对彭水县乌江三峡申报市级风景名胜区进行实地考察、评审和论证，市政府批准为市级风景区。

（七）园林绿化科技工作

1.科技成果应用

（1）推广污水污泥园林营养土生产性试验项目。处置李家沱、土主排水公司的污水污泥

200多吨,生产大树移栽专用基质和园林营养土约500立方米。向开县、渝中区、武隆县、铜梁县、市委大院和中央公园等绿化工程提供园林营养土300000多袋。

(2)推广消落带治理研究。完善江北石门段消落带生态景观绿化示范工程,在江北嘴商务区嘉陵江消落带进行景观生态恢复示范建设,面积约70000平方米。

(3)国家科技部农业科技成果转化项目《梅花切花生产技术中试与示范》研究通过结题。

2.引进和使用新技术、新品种

在九龙坡区九滨路铁路生态林隔离带绿化工程中,采用生态袋柔性边坡技术。在北部新区奥体路、渝新路、石杨路、金渝大道、金开大道等主干道边坡堡坎、挡土墙、电杆等采用悬挂容器立体绿化等技术。在全市采用大树吊瓶、喷施抗蒸腾剂等多种技术。

二、存在的问题

一是城市森林工程建设不平衡。二是拆危建绿项目建设效果还不够理想。三是建设资金不足,部分区县资金落实少。四是部分区县在城市中栽树有简单、粗放化现象。

三、2010年工作思路

(一)工作目标

2010年新增城市绿地300万平方米,城市生态森林100万平方米,城市义务植树120万株,启动10个城市公园建设,建成40个社区公园。人均公园绿地增加0.5平方米,城市绿地率增加1个百分点;建成区绿地率达到35.5%,城市绿化覆盖率39.6%,人均公园绿地面积11.8平方米。

(二)工作重点

1.在主城区实施"四山"保护与生态修复、城市森林系统等工程建设,推进城市森林工程和"公园三倍增绿"工程建设。

2. 启动国家生态园林城市创建工作。制定《创建国家生态园林城市规划》和《创建国家生态园林城市实施方案》,抓好组织实施。

3.筹办第八届中国(重庆)国际园林博览会,实施重庆园博园建设,确保2011年9月开幕。

4.继续抓好社区公园、城市森林、林荫大道、城市公园、立体绿化和城市大树栽植"六个一批"工程建设。

5.继续实施拆除危旧房绿化工程建设。

6.继续开展市级山水园林城区创建工作,创建园林式单位6个、园林式小区2个、园林式市街2条,评选园林"十佳"。

7. 继续推进园林绿化苗圃建设。全市建设2001万平方米苗圃,在逐步建成璧山来凤200万平方米苗圃核心区基础上,推动周边6670万平方米苗圃建设。

(重庆市园林局　邹华德)

环境保护

一、2009年环境保护工作回顾

2009年,全市环保系统深入贯彻科学发展观,全面落实"314"总体部署、国发3号文件精神和市委、市政府关于环境保护的决策,坚持以环境保护服务和优化经济发展,以环保"四大行动"改善环境质量,以节能减排促进结构调整,以解决影响群众健康的突出环境问题为重点,不断完善体制机制,在全市经济社会快速发展的同时,全面完成了环境保护各项目标任务。2009年,全市环境质量总体稳中趋好。全市二氧化硫和化学需氧量排放较2008年分别下降

4.64%和0.81%，累计完成“十一五”总量减排任务的91.26%和96.96%。主城区全年空气质量优良天数达到303天，优良天数占全年比例为83.0%；16个郊区县环境空气质量达到国家二级标准。长江、嘉陵江和乌江重庆段水质保持稳定，均满足Ⅲ类水质标准；长江出境断面水质到达Ⅱ类水质标准；次级河流水质满足水域功能要求的断面比例为79.5%；国控饮用水源地和全市城镇集中式生活饮用水源地水质满足水域功能要求的断面比例均为100%。全市城镇声环境质量有所改善；郊区县城镇区域环境噪声平均等效声级为53.7分贝，与2008年持平。全市森林覆盖率达到35%。全市辐射环境质量保持在正常水平。

(一)总量减排

一是严格执行环境影响评价制度、环保“三同时”制度、环境准入、区域限批和新建项目总量指标审批制度，有效控制新增污染物排放量。二是出台了主要污染物总量减排预警制度，建立了市级部门总量减排协调机制，加强了督查督办和总量调度，组织开展了全市250余个减排项目的现场督查，推进减排项目实施。三是强化三大措施减排。主城完成三级管网建设任务，新增生活污水日处理能力24.8万吨；积极淘汰落后生产能力，淘汰小煤矿产能300万吨、小水泥产能145万吨。完成211家重点企业自动监控系统建设，实现重点污染源24小时在线监控，提高环境执法效能。

(二)环保“四大行动”

一是不断深化蓝天行动。开展联合执法“百日行动”，挂牌督办137处污染源；实施扬尘污染远程监控，4次发布空气质量预警，2次实施人工增雨作业。完成环保搬迁25户。完成538台燃煤设施清洁能源改造。远郊区县城区全部建成烟尘控制区或基本无煤区。完成5.3万余辆机动车排气检测，遥测6万余辆。二是全面推进碧水行动。市政府印发实施了加快推进次级河流综合整治工作的意见和考核办法。实施了饮用水源安全隐患大排查，完成全市乡镇集中式饮用水源地评估。三峡库区库湾和河道1.5万个网箱养鱼全部取缔。分别建成94个、48座城市(含小城镇)污水、垃圾处理项目，城市生活污水集中处理率和垃圾无害化处理率分别达到79%和89%。纳入《三峡库区及其上游水污染防治规划(修订本)》的86个工业项目，完成45个。三是深入实施绿地行动。城市、农村和长江两岸等六大森林工程同步实施，植树造林578万亩，建成城市绿地5496万平方米。主城区创建成为国家园林城市。完成石漠化治理6万公顷，治理水土流失面积4632平方公里。开展了40个区县(自治县)生态质量评估。编制了《重庆市生物物种资源保护和利用规划》。四是扎实推进宁静行动。将机动车违章鸣号等内容纳入主城区七部门联合执法百日行动。开展中考、普通高考和成人高考期间的环境噪声专项整治。45家文化娱乐场所完成噪声污染治理。全市累计建成环境噪声达标区565平方公里。全市建成市级安静居住小区25个，累计建成75个。

(三)积极应对金融危机

一是服务保增长大局。建立绿色审批通道，对符合国家产业政策和环保准入条件的建设项目加快推进。对重大项目，实行专人跟踪负责制，确保项目环评有序推进。二是强化环境保护的引领作用。积极推进规划环评，严格执行环境准入制度，强化环保“三同时”管理，促进产业合理布局。完成三峡库区重点产业规划环评编制工作。全市48个工业园区、18个贸易转移承接地和16个三峡移民生态工业园全部开展了规划环评工作。

(四)统筹城乡环境保护

市政府印发了统筹城乡环境保护工作方案。市环保局先后与渝北、万盛、綦江、丰都、黔江和九龙坡等区县政府签署环保合作协议。统筹城乡环境保护在规划编制、综合整治、预警体系建设、管理体制与机制等四个方面取得新的进展。编制了村庄环境综合整治规划、城乡饮用水源保护规划和农村面源污染防治规划。开展了35个村庄的环境综合整治。开展了157个规模化畜禽养殖污染整治示范，在26个区县实施了生猪养殖场发酵床零排放养殖技术。九龙坡、沙坪坝全面取缔梁滩河禁养区内的畜禽养殖。完成全市土壤污染调查，开展土壤环境监管试点。建成10个生态示范村。积极推进渝北、大足等区县的生态区(县)创建工作。

(五)维护环境安全

一是深入开展环保专项行动。监察、司法、工商、安监和环保等部门联合执法，深入开展“整治违法排污企业保障群众健康环保专项行动”，查处环境违法案件1276件。开展了百日安全督查行动，对各区县环境安全隐患排查工作进行了检查，督促区县对存在的隐患进行整改。对酉阳县锰污染等7件环境违法案件进行了挂牌督办。

二是认真解决关系民生的突出环境问题。对群众反映强烈且长期未得到解决的环境问题进行挂牌督办，实行信访积案领导包案制，有效化解了一批环境热点、难点问题。

三是危险废物利用处置和化学品管理工作不断加强。对358家危险废物产生重点单位和24家危险废物经营单位加强了监督检查；深化危险废物经营许可和固体废物转移许可审批。对41家污染搬迁企业开展了原址场地环境风险定性评估，对3家企业实施了定量评估，开展了重庆天原化工总厂原址场地治理修复工作。

四是切实加强辐射环境监督管理。进一步强化辐射安全许可管理，将电磁辐射设施（设备)申报登记纳入排污申报体系，实现常态化管理。建成我市首座城市放射性废物库。开展了放射源安全专项检查。完成我市伴生矿开发利用及污染现状调查和土壤放射性污染调查工作。

五是加强全过程环境应急管理。建立健全市、区县和企业三级环境安全防范网络、应急处置和善后体系，强化环境预案管理和应急演练，有效整合12369投诉平台、应急指挥平台和污染源在线监控平台，环境应急指挥和现场处置能力得到加强。与周边十省(市区)签订了共同应对区域环境污染及突发事件框架协议，形成区域环境应急联防联控工作机制。妥善处置一批环境污染突发事件，确保了全市环境安全。

(六)夯实环保基础

1.环境政策法制

制定了《关于上市或再融资公司环境保护核查的规定》，累计核查上市公司24家。在西部地区率先成功举行排污权交易，首批交易金额805万元。绿色信贷政策不断深化，环保信息纳入人行征信系统。环境污染责任保险试点工作稳步推进。

2.环境科技

新启动国家“水专项”2个项目4个课题。完成“重庆市温室气体排放核算及控制措施研究”等7个环境科研项目及“南岸迎龙镇改良人工湿地生活污水治理”等4个环保新技术示范项目。环保部批准中天环保公司建设“国家环境保护危险废物处置工程技术(重庆)中心”。

3.环境监测

开展了环境质量例行监测、污染源监督性监测等常规监测。加强环境执法及污染事件应急监测、三峡工程试验性蓄水水质加密监测等专项监测。40个区县(自治县)实现城镇空气质量日报，“三江”入境断面和主城区主要饮用水源地水质实现了自动监测并实行周报。开展库区支流“水华”预警及应急巡查监测。

4.环保队伍和能力建设

环保局调整为政府组成部门，内设机构和人员编制进一步充实。市委、市政府办公厅印发了《重庆市环境保护督查办法》，设立了环境保护督查办公室。全市40个区县(自治县)环境监察机构全部实行参公管理，60%以上达到国家一级标准。28个区县(自治县)环保监察机构和1个区县环境监测机构升格。市环境监测中心监测能力达400余项，满足国家要求的全部监测项目。建成集应急监测、监督性监测和在线比对监测等多功能监测为一体、平战兼顾的流动实验室。完成环保信息化一期建设，初步实现由信息平台向工作平台的转变。

5.环境宣传教育和国际合作

建立健全了环境新闻发布机制和新闻协调

机制。成立了重庆环境文化促进会,推动环境文化建设和发展。国际合作交流不断加强。完成世界银行贷款二期和中日环境合作示范城市项目建设。中挪持久性有机污染物履约能力建设、世行淘汰消耗臭氧层物质能力建设、欧盟生物多样性等项目进展顺利。

二、发展中存在的问题

一是总量减排形势严峻。重庆市经济正处于快速发展阶段，主要污染物排放增量将继续保持增长势头。同时,经济结构调整效应的显现和粗放型经济增长方式的根本转变还需较长时间,加之减排空间越来越有限,削减污染排放总量的压力将进一步加大。

二是进一步改善环境质量的压力大。2009年，主城区空气质量满足优良的天数虽然达到了303天，但受地理气象条件和资源禀赋的制约,进一步提升空气质量的空间有限。加之主城核心区处于大开发、大建设阶段,基础设施建设任务繁重,给进一步改善空气质量带来压力;三峡工程175米蓄水以后，虽然库区水质总体保持稳定,但库区支流“水华”发生的频率和范围呈上升势头，还有一些新的水环境问题将可能逐步显现。

三、2010年环保目标

主城区全面启动创建国家环境保护模范城市。2010年空气质量满足优良天数达到300天以上,其余区县(自治县)城区空气质量有所改善。长江、嘉陵江和乌江干流重庆段水质在入境满足Ⅱ类时总体满足Ⅱ类要求；全市次级河流水环境功能区达标率达到78%；主城区和区县城区公共集中式饮用水源地水质主要指标达标率均达到100%,镇(乡)达到80%。城市区域环境噪声和道路交通噪声平均值分别控制在55分贝和68分贝以内。全市森林覆盖率达到36%。辐射环境质量保持稳定。全市化学需氧量排放量减排0.5%，二氧化硫排放量减排1.5%，全面完成国家规定的目标任务。

(重庆市环境保护局 何雷)

工商行政管理

一、2009年发展回顾

2009年,全市工商系统按照中央“保增长、保民生、保稳定”的总体要求,认真谋划大事,全力应对难事,为应对国际金融危机、促进经济平稳较快发展作出了积极贡献，为整顿规范市场秩序、推进“五个重庆”建设发挥了职能作用,为保护消费者合法权益、维护社会和谐稳定付出了辛勤努力,各项工作亮点纷呈：

(一)助推市场主体健康快速发展取得新成效

以认真落实国务院3号文件为抓手，出台了40条政策措施积极应对国际金融危机,制定了10项措施支持两路寸滩保税港区招商引资,建立了重大引资项目跟踪服务制度,帮助惠普、富士康等知名跨国公司顺利落户重庆。采取宽期限、免收费、不罚款等特殊年检政策帮助企业平稳“过冬”,并积极运用股权出资、股权出质、债转股登记和商标权质押等措施帮助企业解决融资难题,共办理内资企业股权出资、出质和债转股登记1219例,帮助企业融资191亿元;办理动产抵押登记1569件,服务各类市场主体动产抵押贷款130亿元;办理商标权质押贷款500万元。截至2009年底,全市共有私营企业14.28万户、个体工商户72万户、外商投资企业5092户，并有三家世界五百强企业在重庆设立了中国区总部,有150余家世界五百强企业入驻重庆。

(二)服务社会主义新农村建设取得新成绩

认真贯彻落实党的十七届三中全会和市委

三届四次全委会精神，深入开展红盾护农、经纪活农、合同帮农、商标富农等工作，促进农业增效、农民增收。新发展农民专业合作社2202户，总数达到5435户。立案查处农资案件154件和以“家电下乡”名义制售假冒伪劣家电案件57件，确保了“家电下乡”惠农政策落实到位。新建农村经纪人红盾帮扶站、创业指导站、义务培训站51个，培训人员1.9万人。启动了“一社一标”、“一所一品”创建活动，全年新增农产品商标1305件、地理标志15件，地理标志数量比上年净增3倍。建立“基层合同帮扶指导站”178个，推广使用涉农示范文本9万余份，签约订单68万份，合同金额达到46亿元。

(三)实施商标品牌战略取得新进步

积极参与创建“知识产权保护模范城市”，全面构建了“政府主导、企业主体、部门主推”的商标工作新格局，各区县政府相继出台了实施商标战略的政策意见和奖励措施，19个区县政府将商标品牌建设纳入乡镇考核，11个区县政府对商标注册实行补贴，全市支持企业商标发展的政策体系进一步优化。承办了“亚太地区地理标志国际研讨会”，推广宣传了重庆地理标志产品。与相关单位联合举办了“知识产权战略实施与商标法修改国际论坛”和重庆市首届品牌文化节。九龙坡区、隆鑫集团公司被推荐为首批创建国家商标战略实施示范区和示范企业。企业商标注册积极性进一步提高，全年新增注册商标9867件、重庆市著名商标117件、中国驰名商标10件。截至2009年底，全市共有注册商标44153件、重庆市著名商标472件、中国驰名商标33件，在西部地区名列前茅。深入开展保护商标专用权专项整治，全年查处商标违法案件638件，案值1099万元。

(四)整顿规范市场经济秩序取得新突破

市局设立了重庆市工商行政管理经济检查执法局，在区县局设立了经济检查执法支(大)队，逐步健全了人、财、物集中，查、审、处衔接的监管执法新体制。全系统突出“攻大恶、诫小过”的执法理念，积极把行政提示、行政告诫等柔性执法方式引入执法办案工作中，全年查办不正当竞争等公平交易类案件2705件，案件总值4亿多元。大力整治户外广告，清理登记主城区发布的各类户外广告12131幅，清查登记重点区域的店招广告10944块，监测各类媒体广告264.5万条（次），立案查处广告违法案件1522件，广告违法行为得到有效遏制。开发建成了电子商务监管工作平台，积极开展对网络商品交易及服务行为的监管，查处涉网违法案件190件，关闭违法电子商务网站8个，并在430个企业网站贴置了工商行政管理电子图标。深入推进企业信用体系建设，成员单位扩大到51个，征集整合各类市场主体信用信息933.32万条，在全国居于领先地位。

(五)维护社会和谐稳定工作取得新进展

正式启动了食品流通许可证发放工作，集中开展了打击违法添加非食用物质和滥用食品添加剂、废弃食用油脂等专项整治行动，流通领域商品质量和流通环节食品质量状况总体良好。积极构建打击传销长效机制，在全市建立无传销社区(村)79个，查办传销案件25件，取缔传销活动场所66个，教育、遣散1692人次。认真做好党委政府交办的紧急任务，顺利完成了7332名“三鹿”奶粉患儿的赔偿金发放工作。全力参与整顿主城区出租车专项行动，查处了5家企业的违法行为，为规范出租车市场秩序作出了贡献。大力净化社会文化市场环境，查处取缔“黑网吧”269个，没收电脑等上网设备1608台。结合参与安全生产、打黑除恶、禁毒、反假币等专项工作，查处规范了无照经营行为。12315行政执法体系“四个平台”和“一会两站”建设稳步推进，12315受理消费者申诉、举报、咨询117951件，受理率达100%，按时办结117816件，办结率达99.85%。其中调解成功消费者申诉4891件，为消费者挽回经济损失2145.53万元。全市建立12315联络站4874个，维权监督员和志愿者人数达4719人。

二、2010年经济发展目标

一是积极支持各类市场主体健康发展。继

续创造性做好帮助企业搭建融资平台、调整优化产业结构等工作，力争全年通过运用股权出资、股权出质、动产抵押、商标权质押、债转股登记等多种手段帮助企业融资300亿元以上，大力培育发展“微型企业”，确保全市市场主体总量突破100万户大关。

二是积极服务社会主义新农村建设。争取出台《集体林权流转示范合同》文本。积极促进农村经纪人、农民专业合作社、农村村镇银行等农村市场主体健康发展，全年新发展农村经纪人5000户，总数超过5万户。继续深化“一社一标”、“一所一品”创建活动，积极引导农业生产、经营者运用农产品商标和地理标志增产增收，全年新增农产品商标1000件以上，总数超过8000件；新增地理标志3件以上，总数超过23件。

三是积极推进商标品牌战略的实施。全年力争新增注册商标7000件以上，总数突破5万件；新认定重庆著名商标100件以上，总数突破550件；新增中国驰名商标7件以上，总数突破40件；通过马德里体系新增国际注册商标申请10件以上，总数突破116件，为重庆企业走向国际市场创造更多条件。

(重庆市工商行政管理局 喻春明)

重庆国税

2009年，全市国税总收入441.7亿元，增长12.4%，增收48.61亿元。其中，国税部门组织收入408.36亿元，增长12.3%，同口径比增长18.4%，继2005年国税收入突破200亿、2007年突破300亿之后，国税收入跃上400亿元新台阶。地方级收入89.2亿元，增长9.1%，同口径比增长21.2%。市级收入40.2亿元，增长11.0%，同口径比增长23.3%，圆满完成市政府和总局下达的税收收入任务。

一、税收特点

一是税收收入逐月回升并实现较快增长。一季度全市国税收入负增长，上半年收入与上年同期持平，单月增幅自6月开始实现两位数增长并保持逐月回升的良好态势，全年收入增幅高于全国国税收入增幅5个百分点。2009年全市国税收入规模全国排序第25位，位居西部第7位，与上年排位持平。

二是税收收入质量进一步提高。全市国税部门坚持依法征税的组织收入原则，切实做到应收尽收、应退尽退、应抵尽抵，税收收入质量创近年来最好水平。全年共减免税收87.7亿元，同比增长44%。年末，全市免抵调库余额10.5亿元，同比增长40%；陈欠税余额7.1亿元，同比下降11.2%；新欠税余额7500万元，同口径下降37.5%。全市税收入库率达到99.34%；全系统70%以上的区县局实现了当年无新欠，超过1/4的区县局连续4年无新欠。

三是税收结构进一步优化。企业所得税入库67.3亿元，比上年增长22.5%，在税收总收入中的比重由14%上升到15.2%，比2008年提高了4个百分点。其中，非居民企业所得税入库3.7亿元，同比增长61.5%。

四是“一圈两翼”税收同步增长。“一小时经济圈”税收收入完成356.3亿元，比上年增长12.7%，占全市国税收入比重为87.2%；渝东北地区税收收入完成29.9亿元，增长11.1%，占全市国税收入比重为7.3%；渝东南地区税收收入完成22.1亿元，增长8.1%，占全市国税收入比重为5.5%。

五是重点行业、重点企业支撑作用明显。2009年全市汽车、摩托车、电力等10个重点行业入库税收289.45亿元，增长10.1%，占全市国税部门组织收入的70.9%。全市纳税额在500万元以上的769户重点企业共计入库国税收入271.48亿元，占全市国税收入的66.5%；其中1亿元以上的31户重点企业共计入库税收146.53亿元，占全市国税收入的35.9%。

二、依法治税

2009年，重庆市国税系统认真落实税收执法责任制，加强税收执法过程的电子监察，扎实开展税收执法监察和专项督察审计工作，规范税收执法行为，防范执法风险。坚持“依法征税，应收尽收，坚决不收过头税，坚决防止和制止越权减免税”的组织收入原则，加强减免税管理，及时办理减免退税，无论在组织收入最困难的月份，还是收入增长较快的时期，都认真落实好税收优惠政策和结构性减税政策，努力做到应收尽收、应退尽退、应抵尽抵。2009年共减免税收90亿元，办理出口退(免)税34.4亿元，为企业应对危机、走出困境、加快发展发挥了积极的推动作用。

坚持以查促查、以查促管、以查促收、以查促改，通过税收专项检查、专案检查共查补收入94237万元，包括查补税款87616万元，加收滞纳金5552万元，罚款1069万元(其中涉嫌偷税立案查处查补税款1688万元)。年底实际入库税款、滞纳金、罚款92930万元，查补入库率为98.6%，占全市国税收入（不含海关代征两税）2.3%，查补及入库税款创历史新高，为整顿和规范税收秩序，完成全市国税收入任务作出了重要贡献。进一步做好举报受理工作，努力化解各类突出矛盾，为案件查处提供案源。进一步增强依法办案理念，提升办案质量，全年未出现复议变更和诉讼败诉案件。

与地税、公安等部门密切配合，严厉打击发票违法犯罪专项活动，有效整治了发票管理秩序，有力地维护了税法尊严和国家利益。2009年，全市查处各类发票案件1052件，涉案发票89万余份，收缴假发票84万余份，缴获印章348枚。在全市范围内开展了三次代号为“安税行动”的大型集中清查行动，成功破获了一批人民群众反映强烈、涉案金额大，影响广泛的大要案件，公安机关立案186件，抓获犯罪嫌疑人199人，捣毁窝点7个，打掉团伙4个；检察机关对发票类案件起诉99件128人，截至年底审判机关已判决案件99件118人。结合税收宣传月活动，公开销毁近年来缴获的假发票31类、100余万份，最大可填开金额300亿元，集中展示了近年来我市打击发票犯罪活动取得的成果。

三、税收征管

加强经济税收分析与监控，组织开展了分区域分区县的经济税收分析、分行业的专题分析、分税种的专业分析，对10个重点行业开展经济税收调研，准确判断和预测我市经济税源变化、政策影响、税收管理情况以及经济税收的发展趋势，及时采取应对措施。市局着重对汽车、摩托车、化工、装备制造等重点行业和年纳税500万元以上的企业进行直接监控，有针对性地加强了管理与服务；各区县局切实做好对本辖区重点税源的分析和监控，促进了重点行业、重点企业税收收入的增长，确保了税收收入随经济企稳回升而平稳较快增长。加强信息化建设，深化数据分析应用，通过积极开展征管状况分析查找薄弱环节，提高了征管质效。加强纳税评估工作，建成了18个行业的评估模型，有3个评估模型被总局评为全国“百佳”行业纳税评估模型，对9168户企业实施纳税评估增加收入2.29亿元。加强税种管理，及时准确落实了增值税、消费税政策调整，密切监控固定资产进项税额抵扣，调整完善了电力、石油、天然气税收管理措施；强化企业所得税汇算清缴后续管理工作，加强反避税工作和非居民税收管理。建立大企业涉税事项协调会议制度，确定了市级定点联系企业，积极稳妥地推进了大企业税收管理和服务工作。

四、服务发展

一是认真执行税收政策。深入贯彻国发〔2009〕3号文件，及时分解和细化涉及税收工作的任务,梳理现行税收优惠政策,编辑《国务院3号文件涉及的现行税收优惠政策摘编》指导基层抓好落实,国、地税局主要领导共同向国家税务总局主要领导作了专题汇报,总局专门发文明确表示积极支持重庆统筹城乡改革和发展。认真落实税收优惠政策和结构性减税政策,做到减税和增税政策同样重视、同样落实。全年落实西部大开发等现行税收优惠政策减免税收58亿元,落实包括增值税转型在内的结构性减税政策减税32亿元,提高矿产品增值税税率以及落实成品油价税费改革、再生资源增值税调整和烟产品消费税调整等政策增税14.85亿元,落实出口退税政策办理出口退(免)税34.4亿元,为"保增长、保就业、保民生、保稳定"大局作出了积极贡献。

二是大力优化纳税服务。建立了纳税服务组织体系,完善了纳税服务制度。全面实行"一窗全办"、"同城通办"和税务登记业务"全市通办",开通网上办税服务厅,试点运行自助办税。实现国、地税联合办理税务登记,工商、税务登记信息实时交换共享,形成纳税服务合力。开展纳税服务需求及满意度定点调查,对市级重点税源企业以及惠普、富士康、英业达、广达等重大招商引资企业实行了一对一的个性化服务。加强税收宣传力度,在《重庆日报》开设税法宣传专栏,紧扣纳税人关注的热点问题,每月一个主题进行专题解析,取得了良好的社会反响。

三是积极建言献策。加强调查研究,在西部大开发政策、天然气税收政策方面提出的建议,得到国家税务总局的充分肯定;西部大开发政策建议的信息专报被国务院办公厅采用。全年有12期经济税收分析信息被市政府采用,为上级部门科学决策提供了有益参考。

五、队伍建设

切实加强领导班子建设。严格落实《党政领导干部选拔任用条例》及相关政策法规的规定,健全充满活力的选人用人机制。扩大民主和监督,认真落实民主推荐制、考察预告制、差额考察制、任前公示制、任前谈话制、任职试用制、任职回避制等制度,努力提高群众对干部选拔任用工作的满意度。2009年,市局党组按照中纪委、中组部和总局党组的有关要求,开展了对新提拔的领导干部的民主测评和干部选拔任用工作的民主评议,其中干部选拔任用工作各项指标满意度均达到98%以上,对新提拔干部的平均满意度达97.2%。大力加强领导干部理论学习,采取"请进来"的方式,邀请全国著名专家、教授、学者和重庆市纪委领导授课,举办了第十二期领导干部理论学习班,努力提升领导干部"三个能力"。

认真开展廉政文化建设。以"倡导廉政文化,打造廉洁国税"为主题,加强理想信念、廉洁从政和党纪国法教育,提高党员的党性修养,树立良好作风;以预防渎职犯罪行为发生为重点,增强党员防范税收执法风险、行政管理风险和廉政风险的意识。着力构建惩防体系。建立从源头上预防和惩治腐败的制度体系,深入推进反腐倡廉建设;落实党风廉政建设责任制,全面推行"一案双查双报告"制度,加大违法违纪案件查处力度;党员领导干部牢记"两个务必",自觉遵守个人重大事项报告、收入申报、述职述廉等制度,以及市局党组"四条廉政承诺"和"三条禁令"等规定,干部从政行为进一步规范。加强作风建设。坚持求真务实,各级领导班子成员坚持密切联系群众,认真落实定点联系和下基层制度,深入开展调查研究;确立重庆市巴南区惠民镇为机关党员教育基地,广大党员干部积极参加"进基层、进农村、进农户;同吃、同住、同劳动"的"三进三同"活动,历练党性,磨炼作风;严格执行市局党组"三个坚决禁止"、"六个不得"的规定,强化对权力的监督和制约,标本兼治地抓好"小贪小腐"治理工作;集中清理排查不稳定因素,认真化解信访积案,将党员先进性具体化为和谐理念,大力构建和谐国税。

扎实开展精神文明创建工作。2009年,全系统2个"先进基层党组织"、1名"优秀基层党组织书记",7名"优秀共产党员"在国庆前夕受到重庆市委的表彰;4个区县局被评为全国文明单位,9个区县局被评为全国精神文明建设工作先进单位;渝中区国税局办税服务厅荣获十佳“全国巾帼文明岗”、“全国三八红旗集体”。截至2009年底,全市43个区县局全部建成市级文明单位,98%的基层单位被各级命名为文明单位,63人(次)被评为省部级先进个人,有省部级先进集体303个(次)。

大力强化干部教育培训。以提高队伍综合素质为重点,扎实推进大规模培训干部工作。2009年市局先后举办25期各类培训班,培训干部2427人·次,培训干部3.5万余人·天,选派96名干部参加总局各类培训,重点开展了财务会计知识及会计电算化全员培训,培训干部共计2705人次。深化税务文化建设,组织开展庆祝建国60周年职工运动会、税收史料征集和“难忘税月”征文活动,广泛开展“唱红歌、读经典、讲故事、传箴言”活动。

(重庆市国税局　田野)

重庆地税

一、纳税户

截至2009年底,全市地税系统税务登记户数44.21万户,比上年增长1.87万户。其中,企业登记户数15.27万户,比上年增长1.61万户,个体登记户数28.09万户,比上年增长0.19万户。

税务登记户数按产业划分,第一产业1.25万户,第二产业6.33万户,第三产业36.63万户,第一产业、第二产业、第三产业登记户分别占总户数的2.83%,14.32%,82.85%。企业登记户数按登记类型划分,内资企业14.98万户,港澳台投资企业0.13万户,外商投资企业0.15万户,外国企业0.01万户。内资企业登记户中,国有企业、集体企业、股份合作企业、联营企业、有限责任公司、股份有限公司、私营企业、其他企业分别为0.67万户、0.74万户、0.19万户、0.05万户、5.39万户、0.38万户、6.83万户、0.73万户。

二、税费收入

2009年,全市地税系统累计组织收入704.46亿元,比上年同期增长33.96%,增加收入178.57亿元。税收收入累计实现346.12亿元,比上年同期增长20.97%,增加收入60.01亿元。其中:中央级税收收入累计实现50.33亿元,同比增长18.75%,增收7.95亿元。地方级税收收入累计实现295.80亿元,同比增长21.36%,增加收入52.06亿元;重庆市级税收收入累计实现138.18亿元,同比增长24.78%,增加收入27.44亿元。耕地占用税累计实现14.51亿元,同比增长70.93%,增加收入6.02亿元。非税收入累计实现343.83亿元,同比增长48.66%,增收112.54亿元。其中,教育费附加累计实现12.43亿元,同比增长17.21%,增收1.83亿元。社会保险费收入累计实现330.26亿元,同比增长50.27%,增收110.49亿元。

2009年重庆地税收入增长主要得益于以下几个因素:一是随着经济日益企稳,税收增长见底回升态势明显。全年全市生产总值实现6527亿元,同比增长14.9%,经济形势明显好于年初的预期。税收增速摆脱了1季度5.8%的下降,总体税收增幅由负转正,呈现逐月回升良好势头。上半年由负转正,实现增长4.2%,全年实现增长20.97%,呈现由下降逐渐转为持续回升的趋势。二是投资平稳较快增长,拉动相关税收迅速上升。全年固定资产投资实现5317.92亿元,同比增长31.5%。全市完成基建投资1542.57亿元,同比增长28.3%,有力拉动建筑业税收全年实现41.1%的增长;营业税由1季度下降5.48%，到12月底增长27.9%，投资拉动效应明显。三是三大行业景气趋好，支撑地税收入半边天。房地产业、建筑业和金融业三大行业全年税收总量为175.94亿元，占市局全年税收总量的50.8%，起到支撑地税收入的巨大作用。全年银行业税收实现32.33亿元，同比增长29.1%，拉动税收增长2.5个百分点。证券业税收全年实现1.73亿元，同比增长15.6%。全市保费收入同比增长较快，带动保险业税收累计实现5.06亿元，增长42.6%。全市商品房销售面积全年同比增长39.4%，销售额同比增长72.2%，呈现量价齐升的发展态势。房地产业税收5月份增长27.32%，6月份增长55%，7月份增长37.1%，8月份增长93.5%；截至12月底，房地产业税收实现91.53亿元，同比增长24.77个百分点。建筑业从一季度低增长7.6%逐月迅速回升到全年的41.11%。四是税收征管水平进一步提高，稽查工作成效显著。全市地税系统通过不断建立完善税收分析、税源管理、纳税评估、税务稽查的联动机制，进一步加强重点税源管理和税收检查，取得明显成效。2009年全市地税系统大力开展催缴欠税工作，共组织欠税入库11.11亿元，同比增长89.27%；大力开展税收稽查，查补税款入库9.56亿元，同比增长86%，有力促进了税收增长。五是"两翼"经济发展协调并进，区域税收增长发力。"两

表1 2009年重庆市地税系统组织税费收入情况表

项目	本年收入（万元）	上年收入（万元）	为上年（%）
总收入	7044582	5258893	133.96
一、税收收入	3461226	2861162	120.97
其中：中央级	503260	423795	118.75
地方级	2957966	2437367	121.36
重庆市级	1381801	1107421	124.78
区县级	1576165	1329946	118.51
01.营业税	1855471	1450449	127.92
其中：重庆市级	1047188	828915	126.33
02.企业所得税	334508	319964	104.55
其中：重庆市级	51068	52245	97.75
03.个人所得税	504270	386364	130.52
其中：重庆市级	108274	81629	132.64
04.资源税	51567	49603	103.96
05.城镇土地使用税	141379	131559	107.46
06.投资方向调节税			
07.城市维护建设税	275367	238668	115.38
其中：重庆市级	118303	102060	115.92
08.印花税	64311	54863	117.22
09.土地增值税	75939	106982	70.98
10.房产税	121294	93284	130.03
其中：重庆市级	55439	41665	133.06
11.车船税	13878	12049	115.18
12.烟叶税	23242	17377	133.75
13.屠宰税			
二、耕地占用税	145069	84872	170.93
三、非税收入	3438287	2312859	148.66
01.教育费附加	124301	106049	117.21
其中：重庆市级	32692	28265	115.66
02.文化事业建设费	10236	8378	122.18
03.其他罚没收入	1116	666	167.57
04.社会保险费收入	3302634	2197766	150.27

表2 2009年重庆市地税系统分地区组织税费收入情况表

项　目	总收入		税收收入	
	金额（万元）	为上年（%）	金额（万元）	为上年（%）
合　计	7044582	135.22	3461226	120.97
渝中区	703188	118.66	413412	121.61
江北区	548153	129.91	280811	127.91
沙坪坝区	374130	121.95	176858	114.85
九龙坡区	315979	115.51	161564	115.00
大渡口区	164205	122.44	73646	119.00
南岸区	300418	143.12	170904	131.34
北碚区	211589	144.98	83993	121.10
万盛区	67027	140.31	20376	124.87
双桥区	22943	107.17	8319	107.16
巴南区	204400	134.31	96905	133.49
綦江县	140238	155.17	42596	128.62
长寿区	178202	165.87	75025	133.87
渝北区	413827	131.92	292870	118.84
江津区	195584	145.44	73430	128.09
合川区	151308	159.97	49012	127.91
永川区	157098	138.12	72263	122.04
荣昌县	113616	170.85	42324	132.54
铜梁县	89408	161.48	28592	132.27
大足县	76566	148.64	23973	127.99
潼南县	41704	140.02	15419	126.93
璧山县	78092	111.48	39901	121.21
稽查局	10542	116.40	10406	116.66
高新区	231205	110.50	134458	98.19
经开区	327313	132.21	203098	112.33
重点税源局	408654	111.99	219423	116.73
万州区	275432	183.52	81000	123.97
涪陵区	242372	164.88	107204	123.40
黔江区	56479	130.72	32312	128.47
梁平县	58108	151.67	22501	132.07
城口县	22423	164.79	11352	150.68
南川区	70272	124.95	32391	129.46
丰都县	48839	167.76	18603	134.05
垫江县	61313	146.58	23817	116.40
武隆县	47561	166.75	25949	135.72
开　县	86616	188.95	26446	119.96
忠　县	69319	212.41	21538	141.30

（续表）

项 目	总收入		税收收入	
	金额（万元）	为上年（%）	金额（万元）	为上年（%）
云 阳 县	63471	174.04	17512	122.49
奉 节 县	65334	184.83	19390	128.96
巫 山 县	35853	154.42	16558	125.35
巫 溪 县	26052	178.79	9011	131.39
石 柱 县	39414	176.55	16892	129.54
彭 水 县	39759	157.75	20967	118.22
酉 阳 县	29316	165.54	13949	137.40
秀 山 县	44560	185.72	19077	120.09
北部新区	136700	113.90	115179	112.07
市 局	0		0	
一小时圈	5974733	130.23	3064352	120.21
渝东北翼	812760	176.29	267728	126.92
渝东南翼	257089	159.72	129146	127.76

翼”地区在投资和园区经济的带动下，延续了年初以来的快速增长态势，增幅高于全市和“一圈”水平。截至12月，渝东北翼地区实现税收26.77亿元，同比增长26.9%；渝东南翼地区实现税收12.91亿元，同比增长27.8%，“提速上档”发展之势得以显现。

三、税收服务发展

2009年，全市地税系统在抓好组织收入的同时，妥善处理税收工作与服务大局的关系，按照“加快”和“率先”发展的总体要求，充分发挥税收职能作用，积极当好党委、政府的参谋助手，为全市扩大开放、改善民生、加快发展作出了积极贡献。全市地税系统围绕贯彻国发3号文件精神，积极争取总局对重庆的政策支持；围绕“五个重庆”建设，认真落实危旧房改造、降低园林绿化税负、群众文化体育活动经营场所免税等优惠政策；围绕构建和谐社会，加大弱势群体税收帮扶力度，支持返乡农民工、城镇失业人员就业创业；围绕应对金融危机，依法采取减免缓等税收帮扶措施，引导企业进行产业结构调整，扶持企业渡过难关。全年共办理缓税26.67亿元，依法减免各税20.65亿元。

四、税收征管

基础征管 2009年，全市地税系统以综合征管信息系统3.0上线为契机，大力规范数据管理，征管基础数据的准确性和可靠性进一步提高。加强与工商、国税等部门的协作配合，外部信息交换力度进一步加大，初步实现了纳税人办证信息、登记信息的实时共享。按照分级、分类管理的要求，进一步调整重点税源管理局的征管范围，指导区县局科学配置征管力量，优先保证对重点税源的监管需要。大力推广纳税评估系统，稳步推进重点税源专项评估和重点行业专业评估，全年评估1472户企业，补税6790万元。制定加强税收征管的具体实施意见，认真落实堵漏增收的26条征管措施。积极推行发票改革，大力推广网络发票，以票控税能力进一步增强，全市共有1.3万户纳税人使用网络版发票，网上开票金额达259亿元。从严审查货物运输业自开票纳税人认定资格，对800户自开票纳税人进行复审，取消资格121户，货物运输业征管秩序进一步规范。采取有效措施分税种加强控管，各税种的专业化管理水平进一步提高，营业税、个人所得税分别增长27.92%，30.52%，除土地增值税外其他地方各税同比增长15.67%。加强社保费管理，建立社保费定期收入分析机制，完善和加强重点费源管理，三级重点费源户管理体系基本形成；以缴费申报管理和社会保险扩面为抓手，夯实费基，拓展费源，社会保险覆盖面更加广泛，我市各类企事业单位养老、主城统筹区医疗、工伤、生育保险参保人数均有所增长。

纳税服务 制定全市公开办税统一范本，出台办税服务厅规范管理办法，办税服务厅标准化建设进一步加强。完善12366纳税服务热线功能，增设专家坐席，开通短信服务平台，向纳税人发送涉税提醒、宣传公告等信息近50万条，全年累计19.6万人次拨打12366，其中人工服务近5.4万人次。改版升级重庆地税网站，政策解读、网上咨询等服务功能更加完善，网站考核排名稳居全市前列。通过网络、报刊、媒体等多种渠道和设立宣传专栏、编印宣传资料、开展在线访谈、提供政策辅导等多种形式，推进政务公开，加大税收宣传力度，较好地保障了纳税人的知情权。大力推广多元化申报纳税方式，已有3万户企业通过网络申报缴税，占查账征收企业的23%，纳税人缴税更加方便快捷。全面推行国地税联合办证，精简合并申报资料，纳税成本进一步降低。扎实做好税收法律救济工作，综合运用各种手段解决涉税争端，保护纳税人的合法权益。大力推进税收诚信体系建设，表彰了纳税50强企业，公告了128户欠税企业，曝光了10起税收违法行为，纳税遵从度进一步提高。

科技兴税 加快硬件设施升级步伐，顺利完成中心机房建设及搬迁，稳步推进基层广域网络的改造，优化计算机资源配置和设备管理，为信息系统安全、稳定运行提供了有力保障。加强软件平台建设，顺利完成了综合征管信息系统3.0的全面上线，初步实现了全市地税系统数据大集中。统一规范征管流程和基础数据，为"信息管税"的深入推进打下坚实基础。加大对信息系统的研发和整合力度，开发完成网上办费系统、电子对账销号系统、电子档案管理系统、国地税联合办证系统、个税系统接口程序等一系列应用软件，软件平台功能日趋完善。

五、税务稽查

全市地税系统认真落实市局确定的稽查工作奋斗目标，全年共检查纳税人5815户，查补各项收入9.77亿元，入库9.56亿元，入库收入是总局下达任务的1.95倍，同比增幅达到86%，稽查选案准确率达到88%，入库率和案件查结率均达到98%以上，创下历史最高水平。按照总局的安排部署，结合重庆市税收征管实际情况，全市共对2个指令性行业和5个指导性行业开展了行业税收专项检查，分三批次组织开展了1213户大型企业集团在渝机构的税收自查和1293户重点税源企业的税收自查工作，同时开展了9户大型建筑安装企业的解剖式检查、60户市级重点税源企业的审计式检查和1000户限售股减持企业的重点检查，税收专项检查共查补各项收入6.15亿元，同比增长70%。积极参与全市打黑除恶专项斗争，依法对32户涉黑企业税收违法犯罪行为进行严厉查处，为全市打黑除恶斗争提供了有力支持。会同公安、国税等部门，对重点行业和重点区域的发票违法犯罪活动进行了严厉打击。全市共查处发票案件354件，打掉团伙3个，捣毁窝点5个，收缴各类假发票20余万份，公开销毁假发票100余万份，协助抓获犯罪嫌疑人20名，追缴各项收入2553万元。其中成功查处了两起在全国有重要影响的发票大案：公安部和总局联合督办的"聚奎公司虚开货运发票案"和列入了全国十大发票违法典型案例之一的"3·18孟氏家族特大制售假发票案"。

（重庆市地方税务局 张照舒）

科技管理

2009 年，全市科技工作以贯彻落实国务院 3 号和 9 号文件为契机，深入学习实践科学发展观，紧扣加快实现长江上游地区科技创新中心和科研成果产业化基地的“黄金定位”，以有效应对金融危机、顺势推进结构调整和强化自主创新为主线，坚持科研与产业互动、创新与转化并重，切实在科学发展轨道上推进科技创新，全力助推“五个重庆”建设，全市科技事业继续保持又好又快发展势头。

一是科技支撑和引领作用充分发挥。围绕“扩内需、保增长、调结构、惠民生”，推动科技进步与创新。预计全年 R&D 经费支出 79 亿元，占 GDP 比重达到 1.4%。安排各类科技计划项目 1282 项，同比增长 28.6%。发明专利授权 834 件，增长 56.8%。获得国家科技奖励 13 项，增长 85%。推广应用重点科技成果 200 项，新增重点新产品 472 个，新产品产值率达到 32%。综合科技进步水平保持在全国 12 位。

二是争取国家资源落地再创新高。发挥国务院 3 号文件政策效应，加强与对口部委工作衔接与互动。重庆市成为国家新能源汽车“十城千辆”示范城市、半导体照明“十城万盏”首批试点城市、国家生产力体系建设重点省(市)。国家首个医疗器械科技产业基地和化工新材料、移动通信、高性能齿轮高新技术产业化基地落户重庆。全年新增国家级工程技术研究中心 2 个。争取国家科技计划拨款 8.3 亿元，同比增长 8.7%，其中国家科技支撑计划经费增长 9.2 倍，中小国家科技型企业技术创新基金实现“翻番”，国家自然科学基金增长 40%。

三是科技金融结合迈出新步。积极拓宽科技投融资渠道，构建“投、保、贷”一体化的科技投融资体系。组建 7 只规模 35 亿元的创投基金，重庆市风投规模达到 50 亿元；促成莱美药业创业板首批上市。引导高新技术企业参加科技保险，投保总额超过 130 亿元，获得理赔资金 4000 万元。建立银行信贷评审专家库，成立科技创新金融服务中心，开展知识产权质押贷款试点，科技项目贷款超过 3.5 亿元。

四是战略性新兴产业崭露头角。集成国家和市级研发资金，积极培育战略性新兴产业。国内首款具有自主知识产权的气电混合动力客车成功下线，集中型沼气示范工程建成 7 个，2MW 和 850KW 风电机组批量生产，轨道交通整车国产化率超过 70%，超声医疗、医疗微系统、血液透析医疗成为国内规模最大的三个医疗器械产业。

一、科技计划管理

按照国务院加快“自主创新”的总体要求和“扩内需、保增长、调结构、惠民生、上水平”的战略部署，以“帮助企业解困”和“引导产业调整”为着力点，进一步优化科技计划投向，着力提升自主创新能力。

(一)市级科技计划管理

新上科技项目主要集中在现代农业、电子信息、生物医药、新材料、交通能源城建等技术领域。全年新上科技计划项目 1282 项，安排经费 31426.5 万元，其中当年拨款 20899.5 万元；续拨项目 171 项，续拨经费 4899 万元。

(二)国家科技计划管理

积极对接国家科技计划和产业振兴规划，成功争取国家科技经费 8.37 亿元，比上年增加 0.67 亿元，增长 8.7%。科技项目主要是国家重大科技专项计划、973 计划、科技支撑计划、创新基金、国家自然科学基金计划等方面的项目，并在实施国家重大科技专项和基础研究等方面取得重要进展。

二、重大科技成果

全市有13项科技成果获得国家科学技术奖励。重庆邮电大学合作完成的“新一代控制系统高性能现场总线—EPA”获国家技术发明奖二等奖。重庆大学牵头完成的“恶劣环境中电气外绝缘放电特性及其在电网中的工程应用”、中国电子科技集团公司第二十六研究所牵头完成的“移动通讯用滤波器关键技术及产业化”、重庆交通大学牵头完成的“钢管混凝土拱桥建设成套技术”、第三军医大学牵头完成的“创伤感染流行病学特征、易患机制与诊治措施”、“战创伤复杂性骨缺损救治的关键技术及临床应用研究”和后勤工程学院牵头完成的“军队油库站安全关键技术与装备系统研究”6项科技成果获国家科技进步奖二等奖。中国兵器工业第五九研究所合作完成的“钢铁材料及制品大气腐蚀数据积累、规律和共享服务”、重庆川仪自动化股份有限公司合作完成的“流程工业现场总线核心芯片、互操作技术及集成控制系统开发”、重庆交通大学合作完成的“西部山区公路铁路泥石流减灾理论与技术”、“公路在用桥梁检测评定与维修加固成套技术”、煤炭科学研究总院重庆研究院合作完成的“深井煤与瓦斯突出煤层区域性瓦斯灾害防治关键技术及应用”、重庆大学合作完成的“尾矿坝灾变机理研究及综合防治技术”6项科技成果获国家科技进步奖二等奖。2009年度重庆市科学技术奖励委员会评选出科技突出贡献奖2名，国际科学技术合作奖1名，科学技术奖150项，其中自然科学奖奖励成果17项(一等奖2项，二等奖5项，三等奖10项)，技术发明奖奖励成果8项（一等奖2项，二等奖1项，三等奖5项)，科技进步奖奖励成果125项(一等奖11项，二等奖38项，三等奖76项)。

三、重点新产品

全市下达2批市级重点新产品计划项目，涉及306家企业生产的472项产品，全年新产品销售收入106.9亿元，新增利润10.9亿元，增值税7.9亿元，分别增长16%、9%和-27%；开展优秀重点新产品评选活动，评选出OMOM智能胶囊消化道内窥镜系统/JS-ME-II等市优秀重点新产品25项，这25项优秀重点新产品2008年实现销售收入21亿元，新增利润9250万元，增值税7700万元，同时，组织申报2009年度国家自主创新产品7个，2010年度国家优秀重点新产品22个。

四、科技金融结合

立足强化科技发展保障，促进科技与金融紧密结合，着力完善科技投融资体系。依托10亿元科技风险投资引导基金，以1:4杠杆效应撬动国内外社会资本聚集重庆，成功组建7只总规模35亿元的创投基金，使全市风险投资基金规模增至近50亿元。重庆市成为西部地区首批获国家支持组建创投基金的城市之一和国内首批“天使基金”筹建城市。2009年，创投基金投资项目4个、金额2.37亿元，其中，“莱美药业”成功首批上市，成为中西部地区中小企业创业板上市的唯一代表。市科委与市保监局、科技保险承保机构、科技保险中介服务机构紧密合作，引导高新技术企业参加科技保险保额达到131亿元，获得理赔资金4060万元；协调保险企业向12家受金融危机影响的出口企业支付保费620多万美元。市科委与市银监局、重庆银行、国开行重庆分行等金融机构签署战略合作协议，与重庆银行开辟“授信绿色通道”，与农发行重庆分行共同推进农业科技成果转化和产业化，会同市银监局牵头建立涉及13个科技项目领域、共310人的信贷评审科技专家资源库，在重庆银行成立“科技创新金融服务中心”，金融机构发放科技项目贷款超过3.5亿元。

五、科技平台建设

研究开发平台新建市级重点实验室6个、工程技术研究中心14个。新增“汽车NVH及安全控制”和“瓦斯灾害应急信息技术”2个国家重点实验室和“救灾应急装备”和“海上风力发电”2个国家工程技术研究中心。启动研发平台示范提升工程，首批命名重点实验室等市级开放示范平台9个。加强市属开发类院所创新能力建设,先后为17家市属开发类院所安排创新能力建设项目18项，安排转制专项经费1000万元。积极推动重点科研院所建设，组建重庆市应用技术有限责任公司,重科院新材料研究中心等4个研究中心揭牌成立。资源共享平台新增会员单位5家，大型科学仪器资源共享平台入网仪器设备达到1532台(套),总价值达到13亿元,设备利用率稳定在70%左右。对11个共享服务分中心、12个协作共用单位、71个仪器机组分别给予运行经费奖励。开通科技文献资源共享平台,文献记录达到2.6亿条。积极筹办第九届高交会暨第五届军博会。重庆成功跻身国家生产力促进体系建设重点省(市)行动8个首批试点省市，渝北区国家可持续发展实验区正式揭牌，新增重庆市超临界精细化工生产力促进中心、大足县生产力中心2个国家级生产力中心。新认定市级科技企业孵化器11家,新增国家级科技企业孵化器1家。支持长安集团、重庆大学、重科院等企业、高校和科研院所建立科技成果转化中心10个和中试、孵化基地15个,市科技信息中心被科技部确定为第二批国家技术转移示范机构。全年实现技术交易额45.62亿元。

六、产业技术创新

在工业领域，智能变速器传感器技术促成四联集团与“世界500强”霍尼韦尔合作,“甩账表”软件示范应用使企业库存资金占用下降30%、管理成本下降10%,船舶数字化设计平台使生产设计周期缩短25%。在农业领域,“万薯7号”万州示范片亩产鲜薯比全国平均水平高1200公斤,“Q优12号”水稻两季平均亩产突破1200公斤,“渝荣1号猪配套系”出栏优质肉猪21万头。在社会领域,移动储能式高频X射线诊断机、全自动尿液分析仪等产品实现出口,新型手术动力装置等产品在新桥医院等86家医院成功应用,拥有远程会诊、远程挂号、远程教学等功能的“广义数字化医院”系统使奉节、酉阳等18个区县人民医院与西南医院成功联网,燃煤电厂烟气治理新技术新工艺在华能玉环、九龙电力等27家企业得到推广。

七、科技支撑“五个重庆”建设

森林重庆：启动重庆森林工程建设科技支撑重大科技专项，计划到2012年建成林业、园林、花卉、苗木快繁4个工程技术中心,引进筛选出30种以上优良植物及乡土树种,使全市林地产出提高30%以上，建立年产优质壮苗1000万株的现代种苗繁育示范基地，为现代林业发展提供有力支撑。专项分为科技支撑平台建设、森林工程关键技术创新和森林工程新技术新品种集成示范3个主题、15个项目。2009年首批启动的11个项目进展情况良好。引进了100余个新优彩叶、观花、观果花灌木及地被植物,驯化了香樟、金桂等10余个优良乡土树种,培育切花早菊新材料5个。建成规模化苗木基地35个,示范面积1万余亩,种植各种苗木品种250余个;建成现代化温室大棚10万平方米,年生产优良苗木3000万株以上。启动重庆市林业工程技术研究中心等技术创新平台建设。

健康重庆：着力开展地方病预防与控制关键技术攻关,取得阶段性重要成果。在三峡库区吸血虫病潜在流行因素研究和监测预警体系建设项目上，构建起三峡库区上下游钉螺遗传多态性数据库,获取了三峡库区LANDSAT-5卫星影像、巫山大昌SPOT影像,开县渠口SOPT影像,完成了重组质粒PET32-SJ26GST-SJ32的融合蛋白的表达和纯化，初步确定了库区风险评估指标。在三峡库区生态环境变化特征对鼠疫流行的潜在影像及防治对策研究项目上，初步建立了鼠疫监测信息数据库和鼠疫生物媒介数据库,发表论文3篇。在重庆市燃煤型氟中毒流行因素及防治对策研究项目上，在病区近9万户中推广降氟除氟技术，得到30万人认可,改炉改灶13.7万户,受益人口近50万人,发表论文15篇,获得国家专利2项。全市儿童氟斑牙检出率从2003年51.05%下降到2009年27.97%,病区村用煤由原来的12.5千克/天·户,下降到5千克/天·户，病区农户每年节约支出近5000万元。重庆市消除碘缺乏病措施研究子课题“不同食盐加碘浓度防治碘缺乏病效果研究”取得重要进展,完成了儿童尿碘、甲肿率监测,发表论文4篇。

畅通重庆：重点围绕重庆港航建设关键技术、主城道路畅通关键技术、大型桥梁安全监测评估新技术、畅通重庆技术发展战略四个主题进行技术攻关和工程示范，为把重庆建设成为长江上游航运中心，促进重庆交通基础设施建设、管理和运营实现跨越式发展提供重要科技支撑。重庆港航建设关键技术攻关与示范工程以寸滩集装箱码头三期工程为依托，围绕重庆港大水位差深水码头设计、建设、重庆港骨干集装箱码头协同生产、港口联动运行平台建设等方面进行技术攻关，力争设计出适应三峡水库回水变动段内长历时、大水深、汛期大变幅水位条件下的大水位深水直立式码头优化结构或新型结构,实现不同水位时大型船舶的安全系靠。主城道路畅通关键技术攻关与示范工程围绕复杂路况单点自适应交通控制、干道绿波联动控制、城市道路地下管网泄露快速安全监测等关键技术进行攻关，建立重庆主城区干道绿波联动动态控制示范工程和重庆主城区交通诱导示范工程，实现复杂交叉口单点通行效率提高20%以上;干道通行效率提高10%以上。大型桥梁安全监测评估新技术攻关与示范工程以重庆市典型大型桥梁为工程依托，围绕大型桥梁全寿命安全监测与评估、悬索桥锚固系统安全监测、评估与预警等方面开展关键技术攻关与示范，研制出实现桥梁关键截面应力全寿命监测的新型预埋——表贴传感系统、悬索桥锚固区安全监测传感系统，构建大型桥梁建设——营运期全寿命远程监测结构安全评估技术体系。畅通重庆技术发展战略研究在对重庆市与辐射地区社会经济发展预测的基础上，从宏观层面提出畅通重庆技术发展战略、畅通重庆建设技术支持政策；从全面协调发展和实施可持续性的角度提出支撑畅通重庆建设，包括铁路与城市轨道交通建设、公路与城市道路建设、水运建设、航空建设的技术研发重点与难点以及畅通重庆的科技平台、基地与科技服务体系建设。

平安重庆：加强平安重庆建设科技领域技术攻关,取得显著成效。“突发案(事)件现场三维图像重建系统研究”,将数码相机拍摄的内容生成360度空间现场三维全景效果图，在全市刑侦工作中得到实战应用。建成重庆市公安局警务信息平台、公安局交通管理综合办公应用平台、重点单位三维灭火预案管理系统。建成重庆市自然灾害应急科技保障基地、国家应急救灾装备工程技术研究中心，为自然灾害的隐患排查、应急处置、专家咨询、科技攻关、装备研发、人员培训等方面提供优质服务。围绕物证车式“移动实验室”的研制、阳光警务报警查询监督平台研究及示范、社区安全技术防范平台研究及示范三大主题开展科技攻关与示范，力争到2012年治安防控实现全覆盖,发现、预防和打击违法犯罪的能力明显提高，严重危害人民群众生命财产安全的暴力犯罪、黑恶犯罪、街头犯罪持续下降，平安重庆建设主要指标达到西部领先、全国一流水平。

八、区县科技工作

首次将科技进步贡献率纳入区县目标考核体系,推动区县科技加快发展。全年各区县本级应用技术研发资金达到6.97亿元，同比增长48.3%。40个区县应用技术研发资金占比全部达到1%以上，有30个区县应用技术研发资金占本级财政决算支出的比例增幅超过20%,长寿、南岸、江北、渝北、渝中、巴南等6个区县应用技术研发资金超过4000万元。主城九区和六个区域性中心城市落实创新基金配套资金,不少区县对市级科技平台、科技计划项目实行1:1资金配套。37个区县出台加大科技投入和奖励的政策。33个区县成立专利工作机构。34个区县与高校、25个区县与科研院所建立合作关系，联合实施重大工程和技术攻关项目成效明显。全市区县科技呈现竞相发展态势。区县专利申请量首次突破1万件。九龙坡区、渝中区高技术产业增加值占工业增加值比例超过50%；沙坪坝区成为全国首批20个创新型试点城市（区）之一。

（重庆市科学技术委员会 杨立功）

重庆交通

2009年，重庆市公路里程110950公里，比上年增加2318公里，增长2.1%。按技术等级分，等级公路70425公里，比上年增加11447公里，增长19.4%。其中高速公路1577公里，比上年增加412公里，增长35.4%；一级公路516公里，比上年增加96公里，增长22.8%；二级公路7495公里，比上年增加922公里，增长14.0%；三级公路4813公里，比上年增加39公里，增长0.8%；四级公路56024公里，比上年增加9977公里，增长21.7%；等外公路40525公里，比上年减少9129公里，负增长18.4%。等级公路占公路总里程的63.47%，比上年上升9.1个百分点。其中二级以上等级公路9588，占总里程的8.64%，上升1.1个百分点。全市有公路桥梁9337座519014米，比上年增加316座101754米。全市公路密度134.6公里/百平方公里，增加2.8公里。全市公路通畅的乡镇836个，比上年增加87个，增长11.6%，通畅率97.8%，比上年上升14.3个百分点。全市通达公路的行政村8411个，比上年增加642个，全市通畅公路的行政村4522个，比上年增加997个，通达率和通畅率分别为96.2%和51.7%，分别比上年提升10.5和12.8个百分点。乡镇客车通车率98.1%，比上年提高1.4个百分点。行政村通车率64.2%，比上年提高3.4个百分点。

2009年，全社会机动车拥有量2013936辆，比上年增加400437辆，增长24.8%。其中汽车941544辆，比上年增加173305辆，增长22.6%。汽车中，客车600365辆，比上年增加133728辆，增长28.7%；货车292962辆，比上年增加6401辆，增长2.2%。公共汽车7046辆，比上年增加625辆，增长9.7%。

2009年，全市内河航道里程4451公里，比上年增加113公里，增长2.6%。其中，二级航道515公里，三级航道164公里，四级航道95公里，五级航道308公里，六级航道126公里，七级航道610公里，比上年减少1公里，等外航道2632公里，比上年增加114公里，等级航道占内河航道总里程的40.8%，比上年下降1.1个百分点；全市生产用码头泊位长度70127米，泊位833个，分别比上年减少2395米和37个；港口码头货物通过能力11286万吨，比上年增加100万吨，增长0.9%；集装箱通过能力158万标箱，比上年增加62万标箱，增长64.2%；旅客泊位通过能力6040万人次，比上年减少6万人次，降低0.1个百分点。

2009年，全市有船舶7573艘，比上年减少290艘，负增长3.7%。其中民用运输传播拥有量4139艘，比上年减少118艘，负增长2.8%。净载重吨360.28万吨，比上年增加20.6万吨，增长6.1%；客位121191座，比上年减少9959座，负增长7.6%；集装箱位31563标箱，比上年增加9432标箱，增长42.6%；总功率1010849千瓦，比上年增加37774千瓦，增长3.9%；民用船舶中：机动船3658艘，比上年减少44艘，负增长1.2%；驳船481艘，比上年减少74艘，负增长13.3%；客船1233艘，比上年增加32艘，增长2.7%；客位102165座，比上年减少13378座，负增长11.6%；功率153010千瓦，比上年减少20637千瓦，负增长11.9%。

全年全市交通运输客运量111376万人，比上年增加23876万人，增长27.29%。其中公路运输客运量110150万人，比上年增加7470万人，增长7.3%；水路运输客运量1226万人，比上年减少352万人，负增长22.3%。交通运输客运周转量3116912万人公里，比上年增加212673万人公里，增长7.3%。其中公路运输客运周转量3013335万人公里，比上年增加208972万人公里，增长7.5%；水路运输客运周转量103577万人公里，增加3707万人公里，增长3.7%；全年全市交通运输货运量66303万吨，比上年增加9903万吨，增长17.55%。其中，公路运输货运量58532万吨，比上年增加3943万吨，增长7.2%；水路运输货运量7771万吨，比上年增加800万吨，增长11.5%。交通运输货运周转量14716671万吨公里，比上年增加1529423万吨，增长11.60%。其中，公路运输货运周转量5032644万吨公里，比上年增加501091万吨公里，增长11.1%；水路运输货运周转量9684027万吨，比上年增加1028232万吨公里，增长11.9%；公路和水路运输客运量、客运周转量、货运量、货运周转量分别占全社会运输总量的97.20%、65.02%、96.81%、89.51%，分别比上年增长0.4%、-5.48%、0.51%、2.51%。公共汽车客运量141466万人，比上年增加12203万人，增长9.4%。

全社会港口旅客吞吐量1588万人，比上年增加96万人，增长6.4%；货物吞吐量8612万吨，比上年增长720万吨，增长9.1%；集装箱吞吐量51.8万标箱，比上年减少1.1万标箱，负增长2.1%。

一、完成交通固定资产投资超300亿

2009年全市交通系统着眼加快推进“五个重庆”建设，积极应对各种困难和挑战，全市公路水路完成投资308.9亿元，超年初计划的10%，其中公路运输业固定资产投资额完成278.7亿元，水上运输业固定资产投资额完成30.2亿元，交通继续保持又好又快的发展态势，

二、高速公路通车里程创历史新高

187.48公里外环高速、沪渝通道全线贯通，渝湘高速水江至黔江段建成，全年新增高速公路412公里，这是我市历年来所没有的，在重庆市公路建设史上创造了新的奇迹，使全市高速公路通车总里程达到1577公里，新覆盖石柱、武隆、彭水、黔江4个区县。1000公里地方高速公路建设加快，涪陵至丰都、丰都至石柱、南川至涪陵、万盛至南川、奉节至巫溪、主城至涪陵6个项目实现开工。渝宜高速云阳至巫山、渝湘高速黔江至洪安等在建项目顺利推进。成渝高速复线、万州至达州、万州至利川等项目前期工作加快推进。内环高速公路外移目标顺利实现并移交市政和公安交通部门管理，25个收费站停止收费，8个主线收费站按期建成并投入使用，重庆主城都市区由此进入“外环时代”。

三、率先取消政府还贷二级公路收费

紧紧抓住国家实施“燃油税”改革的有利机遇，在西部地区率先取消政府还贷二级公路收费，179条共7570公里收费公路实现免费通行，大大降低了物流成本，有力助推了城乡互动和区域经济发展。续建的22个项目共1267公里县际公路建成，多渠道筹集资金13亿元，集中对1480公里国省道进行大规模改造，全市近3000公里干线公路通行状况明显改善。路政管理和治超工作不断加强，公路服务保障能力得到提升。加快推进重点干线公路建设，“四小时重庆”控制性工程城口至万源快速通道开工，援助四川灾后重建项目崇州“重庆路”建设进展顺利。

四、新改建农村公路10000公里

坚持把农村公路作为新农村建设和统筹城乡发展的重要抓手，全年新改建农村公路超年初计划的25%，解决了112个乡镇通畅和834个行政村通达、770个行政村通畅的问题，全市乡镇通畅率、行政村通达率和通畅率分别由2008年底的83.5%、85.7%、38.9%提高到96.2%、

94.9%、47.4%。加快构建农村客运网络，设立农村客运发展资金，对车船保险费等予以补贴，新建农客站点150个，新解决19个乡镇、900个行政村通客车问题，全市乡镇和行政村客车通达率分别达到97.8%、63.7%，农村交通面貌不断改善，广大农村地区出行条件进一步好转。

五、港口货物通过能力突破1亿吨

航运中心建设全面提速，水运重点项目建设加快推进，嘉陵江草街至河口68公里航道整治一期工程、大宁河航道综合整治利用示范工程等按期竣工，寸滩二期工程、涪陵黄旗集装箱码头、长寿重钢新厂区码头等建成投产；寸滩三期、东港一期等项目开工建设；嘉陵江草街航电枢纽、茄子溪码头、果园码头一期等续建工程进展顺利。全年新增港口货物通过能力2000万吨，其中集装箱72万标箱，两项指标分别达到1.15亿吨、171万标箱。运力结构不断优化，标准化、大型化、专业化运输船舶加快发展，新增优质运力40万吨。在金融危机的不利影响下，全年水路货运量、货运周转量、港口货物吞吐量同比分别增长11%、10%、8.9%，内河航运优势更加凸显。

六、多渠道引资超直辖以来之和

争取国务院3号文件“政策落地”成效显著，制定完善了《重庆市高速公路网规划》、《重庆港总体规划》等交通发展规划，全力对接落实国家支持政策，成渝高速公路复线等5个地方高速公路项目约290公里、乌江银盘水电枢纽等2个水运项目被新增纳入国家“十一五”规划并给予补助；抓住国家扩大内需机遇，落实国债资金6亿元用于支持高速公路和农村公路建设。广泛吸引社会资金投资交通建设，以BOT等模式为涪陵至丰都至石柱、涪陵至南川以及沿江高速主城至涪陵等项目筹集资金200亿元；成功引入上海港务集团、中交建集团投资14亿元建设东港码头、茄子溪码头等项目；改制组建市高速集团，通过股权融资、发行企业债券等方式筹资65亿元，保障了交通建设的资金需求。

七、纵深推进交通运输改革

一批多年未决的难点问题得到化解。积极推进“燃油税”改革，停止征收养路费等6项交通规费，8386名人员得到妥善安置。深化主城区公交营运体制改革，市民关注的389辆“7字头”公交车退出营运；调整、新开公交线路30条；积极落实“错时上下班”措施，开行“大站快车”、区间车，公交服务保障能力稳步提高。扎实推进出租汽车行业改革，规范行业经营秩序，保障驾驶员合法权益，采取分时段加气、收取燃气附加费等措施缓解“加气难”问题，确保了出租汽车行业稳定；实施出租汽车驾驶员诚信考核，建立准入、退出机制，严肃查处拒载、绕道、宰客等行为，乘客投诉量逐步下降，行业形象得到改善；依法取缔北碚区226辆非法营运车辆，启动实施主城区1350辆出租汽车投放工作，市民“打的难”问题逐步缓解。

八、大力加强“平安重庆”建设

大力提升交通监管和应急保障能力，加强交通法制建设，《重庆市公共汽车客运管理办法》等出台实施，执法监督检查、队伍教育培训等机制逐步完善。加大建设市场监管力度，完成工程质量监督抽检及交工验收检测数据约10万个，在建设规模大、项目分布广的情况下，未发生重大工程质量问题。新安装公路防撞护栏1000公里，改造危桥47座，完成渡改桥项目25个、渡口码头安全条件改造200个、客渡船标准化改造100艘，新建103艘库周渡船并交付使用，全市重点车站、码头安检设备逐步完善。深入开展安全生产“大排查大整治大执法”专项整治活动，交通运输安全基层基础工作得到加强。全市地方水域交通事故数和死亡人数同比分别下降33.3%、50%，水上连续78个月未发生一次性死亡10人以上的事故；在通车里程大幅增加和车流量持续增长的情况下，高速公路交通事故百公里死亡人数继续保持较低水平。完善应急保障体系，在武隆“6·5”山体垮塌和其他重要救援任务中，交通行业的快速反应、过硬作风和出色表现赢得了社会各界的高度评价。

九、交通可持续发展能力稳步提高

大力推进“森林重庆”建设，投资7.9亿元，建成通道森林工程11000公里，新增绿化面积9.6万亩，已通车高速公路封闭网内绿化工程全部完成。认真清理整治高速公路户外广告，拆除广告牌440个、11万平方米，分别占全路网的59%、58%，对美化城市环境、打造“宜居重庆”发挥了积极作用。着力推进交通科技创新，3项成果获国家科技奖、11项成果获重庆市科技进步奖，建成了交通运输部科技示范工程绕城高速公路，成功举办第11届中国科协年会交通分论坛；交通行业综合业务专网、交通视频会议系统等建成并投入运行。出台《重庆市公路水路交通节能减排中长期规划》，积极推进国家863项目“区域燃气汽车示范”、“混合动力汽车示范”工作，组建气电混合动力出租车示范车队；“大容量双层客车运用”、“内河船型标准化”等节能减排项目通过国家验收并得到推广应用，交通发展适应了建设“两型”社会的要求。

十、“唱读讲传”活动深入开展，行业文明不断提升

大力宣传交通发展成就，扎实推进干部教育和职业培训工作，广泛开展“唱读讲传”活动，以及文明线路、文明车站、文明窗口、文明之星等创建活动，提振行业精气神、塑造交通新形象。党风廉政建设责任制和惩防体系进一步完善，工程建设领域突出问题、“小金库”专项治理以及“六个一”廉政教育活动等扎实开展，加强了以制约权力运行为重点的监督检查，行业廉洁从政、风清气正的氛围更加浓厚。认真开展“执政为民、服务发展”工作和“干部大下访活动”，自觉接受人大、政协监督，全年办理人大代表建议和政协委员提案456件，交通行业在群众中的关注度、认同度和满意度明显提升。

（重庆市交通委员会　罗超）

市政管理

一、市政基础设施维护管理

2009年，重庆市认真抓好城市道路设施维护管理。主城各区共完成翻修整治道路207.8万平方米（其中车行道145.7万平方米，人行道62.1万平方米）。加快人行过街系统建设，主城区建成谢陈路隆鑫集团人行天桥、江北区五红路江南山水人行天桥、石桥铺八益建材市场地通道等25座人行过街设施；完成123座城市桥梁、人行过街设施、车行下穿道检测工作；加强城市道路占挖管理，严格控制占道挖掘审批，主城区共办理占道挖掘、接改沟行政许可1434件。加快主城区排水三级管网建设，共建成三级管网113公里。强化主城区停车楼场建设管理，全年新审批经营性停车场204个，新增停车位4.9万个（新增停车面积292.2万平方米），主城区经营性停车场总数已达2387个，总停车位达到27.8万个（总停车面积1842万平方米）。市市政委牵头与路桥收费改革工作领导小组各成员分工协作，密切配合，圆满完成了“内环外移”工作，实现了市政府确定的目标任务。

二、市容环境卫生管理

2009年，市市政委制定了《重庆市城市环境卫生作业质量标准》、《主城区市容环境卫生监督检查考核标准》等一系列监督考核制度，通过制度建设促进长效管理。以背街小巷、城乡结合部的环境卫生为重点，认真抓好每月市容环境

卫生暗查工作。努力推进城区清扫保洁作业规范化管理,全年主城区道路洒水量221万吨,城市道路平均机扫率达到75%,比2008年提高了7个百分点。加强垃圾收运、处置管理工作,全市生活垃圾无害化处理达到343万吨,无害化处理率达到89%(其中,主城区无害化处理率96%,三峡库区无害化处理率94%,影响区无害化处理率72%),提前完成"十一五"规划约束性指标2009年生活垃圾无害化处理率85%的任务。积极推进主城区餐厨垃圾处置工作。在加快推进黑石子餐厨垃圾综合处理场项目的同时,狠抓《重庆市餐厨垃圾管理办法》的组织实施工作,到12月底,共收运餐厨垃圾10347吨。进一步加强环卫设施设备维护改造工作。主城各区完成化粪池清掏3553座,新增化粪池监控点188个,使总的监控点达到408个;为解决出租车司机如厕难的问题,主城各区购置安装了100座移动公厕;努力推进"免费入厕",主城区环卫部门直管的890座公厕全部向市民免费开放;完成主城区生活垃圾运输系统改造项目设备招标工作,359辆垃圾运输车、714个箱体、45套中转站设备全部发放到位。按照市政府的统一部署,主城各区开展了城市环境综合整治工作。8月开始在主城区以27条城市线路为整治重点,大力开展主干道环境综合整治。9月份开展"两江四岸"环境综合整治。截至12月底,主城区共整治背街小巷349条、城乡结合部325处、社区332个、主次干道243万平方米、店招店牌11600余块共约4.3万平方米;清理卫生死角5835处,共清除垃圾2万余吨;出动执法人员86万人次,查处乱摆摊、乱搭建、乱倾倒等"十乱"现象148万余件;整治房屋立面81.2万平方米,清除牛皮癣260万张;添置垃圾箱5269个,改造垃圾站29个,新、改建公厕133个。

三、水域环境卫生管理

协调落实并下达了2009年三峡重庆库区水域清漂经费3950万元;组织召开了2009年三峡重庆库区水域环境管理工作会议,与12个区县(自治县)市政管理部门签订了《2009年三峡重庆库区清漂工作目标管理责任书》,进一步落实了工作责任;针对四期试验性蓄水175米的影响,进一步加大了清漂工作管理力度,先后3次对长江干流清漂工作进行检查,开展了2次蓄水期间的应急清漂巡查,协调相关区县建立了汛期及蓄水期间清漂工作日志;做好支流水华现象的预警及清捞工作,下发了《关于加强主城区及上游区县长江干支流漂浮物清理工作的通知》;采取有效措施,应急处置3起水环境污染和影响航道通行事件;加强消落带管理,组织沿江区县环卫部门,对落差为30米、面积达300多平方公里的重庆库区"消落带",开展拉网式垃圾废弃物排查清理。全年库区区县清理漂浮垃圾18万吨,确保了三峡水利枢纽工程正常运行、航道畅通和水环境安全。

四、城市生活供水及污水处理

一是强化供水监管,保障城市供水安全。定期对全市公共供水企业出厂水和管网水进行抽检并按月在相关媒体上向公众公布,通过检测,全市区县级供水企业出厂水水质综合合格率为98.3%;强化二次供水监督管理,对主城区二次供水单位的供水设施维护状况、管理状况和水质状况进行了抽查,主城区二次供水水质综合合格率达到96.98%;启动全市供水水质"106项全分析"专项监测工作;着力解决二次供水工作中存在的主要矛盾,努力规范二次供水设施建设市场行为,主城区152家二次供水单位办理了《重庆市城市二次供水许可证》;积极推行"一户一表",推动自来水同城同价、同网同价、同楼同价;积极争取住房与城乡建设部支持,完成《全市2009~2012年城市供水水质保障和设施改造项目》的申报。二是强化污水处理运营监管,推进区县污水管网建设。在积极为污水处理企业服务的同时,按照《重庆市城市污水处理水量水质核定监管实施细则(试行)》文件要求,指导各区县污水处理运营监管部门提高服务质量,监督各污水处理企业正常运营、达标排放。

在上年对水务集团进行核量的基础上，对水投集团各厂也展开了核量工作。2009年全市城市生活污水处理量达到5.9亿吨，城市污水集中处理率达到79%。继续依托财政部“十一五”期间污水管网建设“以奖代补”政策，大力推进区县污水管网建设。审核2008年全市新建、改造污水管网1053公里(含新开发区)，协调市财政部门争取补助资金3.27亿元，极大地鼓舞了各建设单位的工作热情。通过推进污水管网建设，部分区县污水收集率和处理率大幅度提高，一些管线瓶颈、堵点问题得到解决。积极推进城市污水处理厂污泥干化和园林利用等项目以及库区污水污泥处理处置试点工作；重视排水设施安全工作，修编完成《主城排水系统灾难事故应急预案》；组织开展国家“十一五”重大水专项“三峡库区城市水污染治理关键技术研究与综合示范”项目。三是加强城乡统筹水务管理工作。根据市领导关于加快污水处理设施建设、提前实现全市污水集中处理率达到90%的指示，组织完成了《重庆市镇乡生活污水处理项目规划》(2009~2017年)编制工作；在永川等区县开展镇级供水厂改造试点；按照市政府《关于印发重庆市2009年统筹城乡综合配套改革工作要点的通知》要求，完成了《关于城乡供水统筹发展现状调查及推进工作实施意见的报告》和《关于重庆市城市供水价格改革实施方案的报告》。

五、市政管理行政执法

根据市政府环境保护“四大行动”工作的相关要求，认真研究，专题部署，狠抓落实，圆满完成了“蓝天目标”任务。市市政委制订了《市政道路扬尘控制方案》和《2009年扬尘控制工作要点》，进一步明确了主城区市政管理执法部门的责任和工作要求，严格规范扬尘控制工作。3月根据市政府关于重点督办沙坪坝区大学城和北部新区扬尘控制工作的指示要求，市市政委多次到现场指导和督办，两地区扬尘污染突出问题得到有效整改；市市政委联合对南岸区、大渡口区、巴南区控制扬尘工作进行指导、监督，重点对187个施工工地、渣场和道路扬尘污染案件进行了督查督办。为解决密闭运输车辆新规范和联动执法问题，4月召开了密闭运输车辆联合年审及密闭装置技术新规范研究协调工作会议，市市政委、市质监局、市公安交管局等参会单位在密闭运输车辆建立年度联合审验新机制、推进落实密闭运输装置技术新规范、实施联合执法、共享信息资源等方面形成了一致意见。强化建筑垃圾处置日常管理。对沙坪坝区大学城、渝中区化龙桥、江北城施工工地和江北区五里坪建筑垃圾消纳场实施电子眼监控；开展了对建筑垃圾运输车辆和建筑垃圾消纳场的全面清理和专项整治活动，主城区共新审批及复核建筑垃圾消纳场16座，清理关闭非法建筑垃圾倾倒场7座，核发建筑垃圾运输许可证5385个。2009年主城区共出动执法人员16.7万余人次，出动执法车辆3.8万余台次，共查处扬尘污染案件2238件。2009年，主城区空气质量优良天数达到303天，比上年增加6天。

六、城市照明设施建设与管理

一是加大道路照明设施建设和改造力度。全市新安装路灯12700盏（其中主城区1340盏），改造各种高耗低效路灯3637盏(其中主城区1889盏)，全市城市道路路灯装置率达到98.97%。二是加强城市照明设施的日常管理。通过建立健全照明设施维护管理目标考核办法，进一步落实维护管理和巡查巡修制度，使日常管理工作形成常态化，保证了路灯设施安全运行。2009年，全市维护路灯10.05万盏次(其中主城区6.99万盏次)，路灯设施完好率达97.8%，平均亮灯率达98.03%（其中主城区达到98.41%），为市民夜间出行提供了方便和安全保障。三是提高城市照明管理的科技水平。城市照明数字化、智能化监控与管理取得新的进展，目前已有23个区县实现路灯智能控制。主城区部分背街小巷安装了GPRS新型三遥控制终端，实现了自动控制替代人工控制，使背街小巷照明设施开始由“粗放管理”向“精细管理”转变。四是不断提升城市夜景档次。新建了重庆大剧院、科技馆、朝天门大桥等一批有档次的重点灯饰项目;改造了世贸大厦、扬子岛等一批档次低或超期运行的灯饰项目,全市新建、改造灯饰项目377项(其中主城区92项),为重庆夜景增添了新的亮点。同时,加强了夜景灯饰的日常维护和亮灯管理,保证了重大活动、节假日期间正常开启灯饰,为提升城市对外形象、带动相关产业发展发挥了积极作用。五是积极稳妥推进绿色照明工程。开展了LED、LVD、单灯控制等新光源、新产品、新技术的试点以及后期跟踪监测工作。加快高耗能照明设施和白炽灯、高压汞灯淘汰步伐,完成了700余盏高耗能路灯的改造任务。积极推进绿色照明示范基地建设。完成了《重庆市绿色照明工程示范区专项规划》的编制工作。同时,通过优化设计方案,改变控制方式,改造高耗能电器,使用高效节能产品等措施,完成道路照明节电1250万度,超额完成目标任务。

七、数字化城市管理

2009年,市市政委按照“总体规划、统筹兼顾、试点先行、应用为主”的原则,重点抓好市级平台和主城区系统平台完善、主城区管理面积扩展和远郊区县集约型模式示范建设等三方面工作。市级数字化城市管理系统平台不断优化。由47个视频点增加到覆盖主城区各繁华窗口地区、重要路段的239个监视视频点。整合信息资源系统,建设了道路桥梁设施视频监控点33个,下水道危险源信息系统监控点360个,垃圾处理和化粪池监控点41个,建筑工地扬尘污染治理监控点4个。12319城市管理服务热线正式开通。加强对区县数字化城管系统平台建设的服务指导。主城九区有8个区通过市级验收并实现了与市级平台的网络连接和数据对接,主城区数字化城市管理覆盖面积扩大到160平方公里,市区一体化的数字化联动建设和管理机制基本形成。继万州区之后,合川、江津、涪陵等区域性中心城市的数字化城管系统建设已基本完成并投入试运行。远郊集约化模式试点工作加快推进,潼南县率先完成系统建设并通过市级验收,垫江县系统建设基本完成。

八、路桥通行费、污水处理费和垃圾处置费征收

2009年,全市共征收垃圾处置费1.89亿元,比上年增加43.2%;收取路桥通行费10.66亿元,比上年增加19.4%;征收污水处理费4.12亿元,比上年增加6.2%。

(重庆市市政管理委员会 苏先军)

重庆水利

一、2009年发展回顾

2009年,全市争取到位市级以上水利水电投资51.7亿元,同比增13%;2008年四季度以来,争取到位中央扩大内需水利投资共四批、21.62亿元,投资完成率90%,配套到位率96%。完成各类水利水电投资90亿元,为年度完成投资历史之最,年均增速连续八年保持20%以上,完成“十一五”规划投资的98%。截至2009年底,全市已建成各类水库2831座,总库容55.7亿立方米。其中:大型水库6座(全部为发电水库),总库容23.9亿立方米;中型水库59座,总库容14.7亿立方米;小型水库2766座,总库容16.9亿立方米。水利工程供水量达到24.7亿立方米(不计发电供水),水利工程年供水总能力达38.5亿立方米。新增有效灌面21.0万亩,减少有效灌面1.3万亩,累计达到1008.0万亩;旱涝保收面积累计达到504.6万亩;实际灌溉面积

732.3 万亩；新增节水灌溉面积 14.1 万亩，累计达到 207.7 万亩。

(一)水利规划及前期工作

按照 2012 年建立较为完善的水利规划体系的总体目标，完成和开展了 48 项规划的编制，同比增 17 项，一批重要规划得到部、市批复，大多数项目纳入国家专项规划并得以支持实施。制订了前期工作"倒计时"表，分解任务，定期督促，按月通报，南川金佛山、巴南观景口项目建议书分别通过国家发改委批复立项和水利部审查，"泽渝"二期 37 座中型水库前期工作顺利推进，国家规划内 16 座中型水库已有 13 座完成可研报告编制，其中 11 座通过长江委复核。目前，全市 10 大类近 1000 个水利项目达到储备条件，概算总投资 380 亿元。同时，4 月水利部在国家部委中率先出台了贯彻落实国务院关于推进重庆市统筹城乡改革和发展若干意见工作方案，为重庆水利量身定作了一系列倾斜支持政策。

(二)民生水利

重点水利工程。全年完成重点水利工程投资 55.4 亿元，同比增 20.4%。开县鲤鱼塘水库向开县新县城供水；大足玉滩水库进展顺利，两年任务一年完成；"泽渝" 一期、二期工程叠次推进，新开工建设中型水库 7 座，续建 8 座，基本建成 8 座；"泽渝"二期工程有 11 座通过长江委复核。中梁、金家坝、长江两大提水工程等一大批重点水利水电工程建设稳步推进。秀山、西彭、茶园等 8 座污水处理工程竣工投产。建成城市达标堤防 37 公里、乡镇堤防 51 公里，60 个重点集镇防洪安全基本达标。

饮水安全工程。以集镇为重点，完成饮水安全投资 10 亿余元，解决了 221 万城乡居民的饮水安全问题，受益区群众人均增收 1000 元，有力助推了"健康重庆"、"宜居重庆"建设。累计解决 800 余万城乡居民饮水安全问题，提前一年完成国家"十一五"规划任务。开工建设了秀山、綦江等县城(含大学城)和西彭、万盛煤电园、南川电解铝等 26 个工业园区的供水项目，基本建成 11 个县城、10 个园区的供水工程，日新增供水能力 43 万吨。大学城、茶园片区自来水实现直饮，在我国西部地区率先。

病险水库除险加固。围绕市政府确定的 2009 年全部销号病险水库的总体目标，逐一倒排工程前期工作和整治计划，多渠道落实整治资金，累计完成病险水库除险加固逾 2200 座，其中 2009 年完成 405 座，基本实现了整体销号，比中央要求提前 1 年完成，恢复蓄水 5 亿立方米，恢复和改善灌面 150 多万亩，保护了下游 460 个城镇、400 余万人民群众的生命财产安全。

水生态环境建设。围绕"森林重庆"建设，坚持水土保持"四沿"战略，充分整合各项水保资金，全年完成水系绿化面积 16.3 万亩，治理水土流失面积 850 平方公里。永川、铜梁、南川等 3 个区县的节水型社会建设试点工作成效显著。积极推进了 22 个电气化县和 8 个小水电代燃料试点县工程建设，实现代燃料户 1.2 万户，保护各类林地面积近 18 万亩。

农田水利基本建设。围绕新农村建设，深入开展农田水利基本建设，全市新增蓄水能力 3234 万立方米、有效灌面 24 万亩，恢复改善灌面 105 万亩，发展节水灌面 15 万亩。以百万亩烟叶、柑橘、花椒、中药材、花卉苗木等农业产业化项目为载体，分别建成旱涝保收烟田、菜地、柑橘园 20 万亩、10 万亩和 3 万亩。梅江等 8 个在建大型灌区续建配套和节水改造项目加快推进，红岩嘴等 3 处大型泵站全部开工建设，4 个"九五"渠系配套工程基本完工。

(三)水利改革

水价改革。各地在严格执行已核批水价的同时，完成了孙家口、鲤鱼塘等 39 座水库非农水价的核批工作，523 座水库的原水水费收取率达 100%，全市水利工程水费收入较调整前增加 1 亿元以上。

水管体制改革。水管体制改革通过水利部评估和抽查。各水管单位分类定性和"两定"测算到位，公益性人员基本支出经费、工程维修养护经费到位较好。有力推进了小型水利工程产权制度改革，1219座水库领取了国有土地使用权证，确权颁证土地面积达38.1万亩，盘活存量资产近19亿元。黔江小南海、江津清溪沟、合川双河、武隆山虎关、璧山大沟等5个水利工程入选全国水利风景名胜区。

水务体制改革。涪陵、长寿水务管理体制改革方案已经市编委批准同意，全市共计30个区县初步实现涉水行政事务一体化管理。已实现水务一体化管理的区县进一步整合了行政管理资源，充分发挥体制机制优势，全面履行水务管理职能，切实提高了水务管理和服务水平。

水利投融资。市水投集团充分发挥统筹城乡水利发展的融资平台作用，落实重点水利工程建设资金20余亿元。成功发行15亿元企业债券，在全国水利行业率先实现了向资本市场直接融资的重大突破。市水投集团成立5年来，累计落实重点水利工程建设资金230亿元，公司资产总额增至近300亿元，增长18倍多，资产负债率为51.7%，有力推进了鲤鱼塘、玉滩大型水库、“泽渝”工程、城市堤防和污水处理工程建设，被水利部誉为全国的一面旗帜，称为行业的“破冰”行动，20多个省市水利部门来渝考察学习。

(四)抗灾救灾

防汛抗旱。联合市监察局，在《重庆日报》公布了全市小(一)型以上水利工程防汛工作的行政、技术、管护责任人，进一步完善了水库防汛安全责任体系。成功战胜了渝东北地区“7·10”50年一遇暴雨洪灾、渝西地区“8·3”暴雨洪灾。按照“检查率、检查内容、整改落实”三个100%的要求，全年共组织20个防汛安全检查组，排查水库159座次、水电站10座次，逐一研究落实度汛措施，确保了工程安全度汛。

防汛抗旱指挥系统建设。加快了以市防汛抗旱指挥系统为龙头的水利信息化建设，国家防汛抗旱指挥系统一期工程顺利通过竣工验收，计算机主干网络系统全面建成，软件一期工程研发进展顺利，启动了5个全国山洪灾害防治试点县建设；《重庆市水资源管理系统建设需求分析报告及实施方案》通过了水利部审查，并得到好评。

武隆堰塞湖抢险。灾情发生后，市水电局第一时间组织市局机关处室、事业单位、水投集团和綦江、南川、秀山等区县局，派出精兵强将赶赴现场，尽力克服连日降雨、运输极为不便和完全不具备施工条件等困难，24小时作业，顺利完成了市委、市政府下达的配合救人、防止次生灾害发生的艰巨任务。整个抢险救灾工作做到了“科学、快捷、安全、可靠”。市水利局受到市委、市政府的通报表扬。

二、2010年发展目标

2010年，全市力争完成各项水利水电投资90亿元。

——力争新开工南川金佛山大型水库和1座中型水库，推进大足玉滩大型水库和18座中型水库建设，竣工10个中型工程。

——新建、扩建集镇自来水厂100个，解决200万城乡居民的饮水安全问题。

——全面启动10个小农水重点县、22个专项县建设，力争新增3个以上小农水重点县。

——建成城市达标堤防25公里，建成并销号乡镇堤防工程92处，开工10处中小河流治理项目，确保百强镇、中心镇防洪安全基本达标，提前2年完成市委、市政府下达的任务。

——治理水土流失面积500平方公里，建成水系森林绿化面积15万亩。

——新增旱涝保收、节水灌溉面积各20万亩，恢复改善灌溉面积60万亩。

(重庆市水利局 任春霞)

重庆外贸

一、开放型经济发展概况

2009年,重庆市贯彻落实科学发展观,积极应对金融危机,克服国际贸易订单减少、国际投资明显放缓的不利影响,逆势前行,全市开放型经济取得重大突破,内陆开放高地建设取得重大进展。全年外贸进出口77.1亿美元,比上年下降19.0%,其中出口42.8亿美元,比上年下降25.2%;进口34.3亿美元,比上年下降9.8%;批准外商直接投资项目161个,合同外资371427万美元,实际使用外资401643万美元,项目数、合同外资、实际使用外资分别比上年增长19.3%、32.9%、47.2%;新签对外承包工程、劳务合作、设计咨询项目80个,合同额104463万美元,比上年增长20.9%,营业额36885万美元,比上年增长20.3%,新派往国外9942人,比上年增长27.2%,年末在国外人数为20575人,比上年增长20.3%,新批境外企业(机构)38个,总投资18456.5万美元,比上年增长23.9%,实际投资4241.9万美元。

(一)出台贸易便利化政策措施

2009年,重庆市实施38条便利化措施,执行22项外经贸促进政策,基本实现对外贸易"保市场、保份额、保位次、保企业"目标。包括海关扩大"5+2"和24小时预约通关范围和产品;出入境检验检疫局降低检验成本;人行重庆营管部和外汇管理部缩短审批时间;信保公司重庆营管部降低保费费率;国税局加快退税;工商部门减手续、宽期限支持企业渡难关;担保公司扩大担保融资等。

(二)举办2009年十大经贸活动

2009年"十大经贸活动"分别是聚焦台商—重庆IT特别行动、第十二届中国(重庆)国际投资暨全球采购会、重庆·台湾周、赴美国及南美大型经贸活动、重庆国有企业发展投资促进系列活动、重庆·香港周、中国(重庆)民营经济发展论坛暨全国知名民营企业重庆行、重庆·全球投资者大会、赴日本招商引资系列活动、第二届国际服务贸易(重庆)高峰会,签约投资项目434个,涉及投资总额3708.8亿元。其中,外资项目97个,涉及投资总额约83.5亿美元。

(三)建设中国服务外包示范城市

举办第二届国际服务贸易(重庆)高峰会,吸引170多家跨国公司参会,签约美国花旗银行、英国CIMA特许管理会计师公会等57个项目,投资总额达23亿元。组建服务外包产业协会,建立渝中区、北部新区、西永微电子产业园、永川区、北碚区5个服务外包示范区,德勤会计师事务所、新加坡APL、日本DOCTOR-NET、美国信必优、中兴通讯香港有限公司等企业入驻"五大示范区";出台《重庆市促进国际服务外包产业发展若干政策措施实施办法》,成立20个服务外包人才培训基地,共支持27家企业、9家机构的人才培训和3家企业申请国际认证,累计完成8000余名服务外包专业人才培训。2009年服务外包合同金额达到1.4亿美元,同比增长18倍;执行金额达到4219万美元,同比增长21倍。

(四)推进茧丝绸行业结构调整

2009年全市鲜茧收购综合均价16.2元/公斤,提高17%;蚕茧产量30.6万担,丝绸工业总产值7.1亿元,丝绸出口3485万美元;蚕农收入3.5亿元,增长13%。10个蚕桑示范园综合产值1.4亿元,形成荣昌、石柱桑园鸡,合川桑枝食用菌,永川蚕沙鱼虾,万州桑果酒(游)以及梁平桑菜间作等模式;黔江、合川、涪陵、垫江4个区县桑蚕保险成功试点,蚕农50673户参保蚕种98675张,其中3018户获得赔付;黔江、涪陵、垫江、巫溪、潼南5个区县"东桑西移"工程累计嫁接桑树12748亩，管理桑园20443亩，培训技术干部和蚕农9909人次；万担镇乡和千担村“十百千万”优质蚕茧工程发种176642张，产茧12万担，新栽桑7.8万余亩，嫁接改造1.1万余亩，项目区蚕农增收约1600万元；玮兰床垫集团重组重庆中乔茧丝公司，宏美达集团控股垫江举松丝绸公司。

（五）举办12届中国（重庆）国际投资暨全球采购会

2009年5月13—16日，12届中国（重庆）国际投资暨全球采购会（渝洽会）成功举办，并荣获十大中国品牌展会金鼎奖。289家跨国公司、3779家国内企业以及25个省（区、市）及香港、澳门特别行政区代表团来渝参加了18场专题活动和14场专题推介活动，共签约投资项目349个，签约总额达1453.3亿人民币。1735家企业参加全球采购对接洽谈，达成合作意向共计853对，意向金额共计4.81亿美元。

（六）举办市长国际经济顾问团第四届年会

2009年9月27日重庆市市长国际经济顾问团第四届年会在重庆国际会展中心成功召开。共邀请到27位市长国际经济顾问出席年会，围绕内陆开放型经济发展主题，发表了高质量的研究报告，形成重庆与世界500强在投资贸易方面的互动对话机制，促成苏伊士环能集团与市能投集团供冷供热项目、梁平澳新村镇银行项目、拉法基集团地维土壤修复项目、长安福特马自达汽车公司扩能技改项目。

（七）推进国际多双边援助项目

启动19个援助项目，争取援助资金1448.5万美元，关注民生和社会事业发展。主要是实施日本利民工程，为贫困地区改建卫生所，修建教学楼，实施饮水工程；实施澳大利亚小型项目，为少数民族学生职业建设教育机械、服装专业“实作场地”；实施中挪持久性污染物履约能力建设项目、实施中德能源效率和政策项目，提升环境发展理念；实施中加合作农民工职业卫生与安全项目，为维护纺织工、建筑工合法权益提供国际经验借鉴；实施比尔盖茨基金、结核病项目和全球基金项目促进提高区县人民卫生健康水平。

二、进出口贸易

2009年重庆对外贸易基本实现“一稳四保”。进出口下滑态势得到有效遏止，进出口达到77亿美元，降幅控制在19.0%以内，其中出口42.8亿美元，下降25.2%；进口34.3亿美元，下降9.8%。进出口市场增加12个，进出口份额保持3.5‰，出口总额西部位列第五，进出口企业增加139家，实现“保市场、保份额、保位次、保企业”的预期目标。加工贸易出口5.8亿美元，增长0.3%，占全市出口的13.6%，加工贸易进口1.3亿美元，下降15.1%，占全市进口的3.9%。

（一）出口市场结构加快调整

2009年重庆市对186个国家（地区）出口。对亚洲出口19.0亿美元，下降15.9%，占重庆市出口的44.3%；对欧洲出口8.1亿美元，下降32.4%，占重庆市出口19.0%；对拉丁美洲出口5.2亿美元，下降49.9%，占重庆市出口的12.1%；对北美洲出口5.8亿美元，下降8.2%，占重庆市出口的13.6%；对非洲出口4.4亿美元，下降19.2%，占重庆市出口的10.3%；对大洋洲出口3482万美元，下降42.6%，占重庆市出口的0.8%。出口上亿美元的市场有14个，分别是美国、日本、德国、中国香港、印度、缅甸、巴基斯坦、越南、韩国、意大利、伊朗、尼日利亚、墨西哥、印度尼西亚。出口前5位市场分别是美国（5.3亿美元）、日本（2.0亿美元）、德国（1.9亿美元）、中国香港（1.9亿美元）和印度（1.6亿美元），占重庆市出口的30.0%（表1，见下页）。

（二）出口商品结构进一步优化

2009年重庆市机电产品出口28.4亿美元，下降26.0%，占重庆市出口的66.3%；化工、医药产品出口4.1亿美元，下降10.1%，占重庆市出口的9.6%；金属及其制品出口1.3亿美元，下降64.2%，占重庆市出口的3.0%；轻工产品出口2.2亿美元，下降31.1%，占重庆市出口的5.2%；农业产业化产品出口2.5亿美元，增长13.1%，占

表 1　重庆市 2009 年主要出口市场情况

国别（地区）	出口金额（万美元）	占出口总额比重（%）
美国	53204.41	12.4
日本	19635.24	4.6
德国	19192.26	4.5
中国香港	18637.35	4.4
印度	16352.95	3.8
缅甸	13246.98	3.1
巴基斯坦	12805.27	3.0
越南	12515.12	2.9
韩国	11860.72	2.8
意大利	11353.09	2.7
伊朗	11146.51	2.6
尼日利亚	10734.93	2.5
墨西哥	10254.18	2.4
印度尼西亚	10145.60	2.4
合　计	231084.62	54.0

重庆市出口的 5.8%；纺织产品出口 1.3 亿美元，增长 117.9%，占重庆市出口的 3.0%；矿产品出口 1110 万美元，下降 74.1%，占重庆市出口的 0.3%；高新技术产品(已含在各类产品中)出口 9.0 亿美元，下降 29.0%，占重庆市出口的 21.0%(见表 2)。

(三)进口市场结构加快调整

2009 年重庆市进口来源国家（地区）共 96 个。从亚洲进口 13.2 亿美元，增长 1.7%，占重庆市进口的 38.6%；从欧洲进口 10.5 亿美元，下降 23.0%，占重庆市进口的 30.7%；从北美洲进口 5.8 亿美元，下降 17.7%，占重庆市进口的 17.0%；从拉美进口 3.1 亿美元，下降 3.0%，占重庆市进口的 9.1%；从大洋洲进口 1.5 亿美元，增长 117.3%，占重庆市进口的 4.5%；从非洲进口 499 万美元，下降 84.7%，占重庆市进口的 0.2%。共有 8 个国家(地区)市场进口超过 1 亿美元，分别是日本、美国、德国、巴西、韩国、澳大利亚、荷兰和新加坡。其中进口前 5 位的是：日本(7.5 亿美元)、美国(5.5 亿美元)、德国(4.0 亿美元)、巴西(2.6 亿美元)、韩国(1.6 亿美元)，这五个市场共占重庆市进口的 74.3%(表 3，见下页)。

(四)进口商品结构得到改善

2009 年重庆市机电产品进口 17.1 亿美元，

表 2　重庆市 2009 年出口额 5000 万美元以上商品情况

金额分类	商品名称	出口金额(万美元)	占出口总额比重（%）
10000 万美元以上	100＜排量≤125 毫升装往复式活塞	43696.40	10.2
	其他往复或旋转式活塞内燃引擎	26895.43	6.3
	50＜排气量≤250cc 往复式活塞引擎	16421.34	3.8
	装有点燃式活塞发动机的发电机组	16028.09	3.7
	125＜排量≤150 毫升装往复式活塞	13640.87	3.2
	摩托车车架	12415.07	2.9
合　计		129097.21	30.2
10000 万美元以下 5000 万美元以上	50＜排量≤100 毫升装往复式活塞	8458.48	2.0
	玻璃纤维粗纱	8046.72	1.9
	150＜排量≤200 毫升装往复式活塞	7560.25	1.8
	其他点燃式活塞内燃发动机用零件	7036.87	1.6
	其他含硅量少于 99.99%的硅	6866.30	1.6
	汽油型微马力摩托车及脚踏两用车	6210.15	1.5
	汽油型≤5 吨的其他货车	5568.02	1.3
	未漂白的苎麻府绸及细平布	5035.00	1.2
合　计		54781.78	12.8

表3 重庆市2009年主要进口市场情况

国别（地区）	进口金额（亿美元）	占进口总额比重（%）
日本	74460.46	21.7
美国	55308.01	16.1
德国	40100.41	11.7
巴西	25571.49	7.5
韩国	15944.48	4.6
荷兰	15717.25	4.6
澳大利亚	15245.98	4.5
新加坡	12479.93	3.6
意大利	7830.19	2.3
西班牙	7651.15	2.2
英国	7319.31	2.1
瑞典	6221.55	1.8
中国台湾	5649.24	1.7
法国	5028.44	1.5
合 计	294527.89	85.9

下降22.1%，占重庆市进口的49.9%；农业产业化产品进口2.7亿美元，下降21.9%，占重庆市进口的7.9%；金属及其制品进口1.9亿美元，增长106.9%，占重庆市进口的5.5%；化工、医药产品进口1.6亿美元，增长48.1%，占重庆市进口的4.7%；矿产品进口1.4亿美元，下降39.4%，占重庆市进口的4.1；纺织产品进口1443万美元，增长83.9%，占重庆市进口的0.4%；轻工产品进口1118万美元，下降88.7%，占重庆市进口的0.3%(见表4)。

(五)出口十五强企业以民企为主

2009年度出口十五强企业是：重庆力帆实业(集团)有限公司(含重庆五矿机械进出口公司)、隆鑫集团进出口公司、重庆宗申集团进出口有限公司、重庆市汉斯·安海酉阳进出口公司、重庆国际复合材料有限公司、重庆银翔摩托车(集团)有限公司、重庆渝安集团机电进出口有限公司、重庆诚信华荣新金属材料有限公司、百力通(重庆)发动机有限公司、西南铝业(集团)有限责任公司、重庆航天巴山摩托车制造有限公司、重庆长航东风船舶工业公司、重庆鑫源摩托车制造有限公司、重庆天铸行进出口贸易有限公司、嘉陵集团对外贸易发展有限公司。

三、外商直接投资

(一)外商直接投资迈上新台阶

2009年重庆市新批外商直接投资项目161个，合同外资371427万美元，实际使用外资

表4 重庆市2009年进口额5000万美元以上商品情况

金额分类	商品名称	进口金额(万美元)	占进口总额比重(%)
10000万美元以上	非种用黄大豆	25950.92	7.6
	小轿车用自动换档变速箱	24250.94	7.1
	平均粒度在0.8毫米及以上，但小于6.3毫米的未烧结铁矿及其精矿	22173.36	6.5
合 计		72375.22	21.1
10000万美元以下5000万美元以上	未漂白牛皮、瓦楞纸或纸板废碎品	9340.82	2.7
	其他点燃式活塞内燃发动机用零件	7912.34	2.3
	铝废碎料	7610.40	2.2
	造纸机测试控制装置	7399.66	2.2
	石油沥青	7330.76	2.1
	车身的未列名零部件	6622.81	1.9
	其他未列名机动车辆用变速箱	5261.08	1.5
	其他阀门	5067.92	1.5
合计		56545.78	16.5

表 5 重庆市 2009 年外商直接投资分类情况表 单位:万美元

投资方式	项目数	合同外资	实际使用外资
合资企业	64	187439	181594
合作企业	5	14119	9852
独资企业	90	153037	186998
外商投资股份制企业	2	16832	23199
其 他			
合 计	161	371427	401643

401643 万美元;项目数、合同外资、实际使用外资同比分别增长 19.3%、32.9%、47.2%截至 2009 年底，重庆市历年累计批准外商投资企业 4715 家，合同外资金额 193.4 美元，实际使用外资 127.2 亿美元。累计 154 家 500 强企业入驻重庆(见表 5)。

表 6 世界 500 强企业在渝直接投资设立企业名单

序	世界 500 强	国家地区	序	世界 500 强	国家地区
1	本田	日本	28	日立	日本
2	五十铃	日本	29	翠丰	英国
3	铃木	日本	30	伟世通	美国
4	双日	日本	31	富士胶片	日本
5	三菱重工	日本	32	新日本石油	日本
6	住友金属	日本	33	壳牌	英国
7	电装	日本	34	浦项	韩国
8	BP	英国	35	SK	韩国
9	ABB	瑞士	36	菲亚特	意大利
10	百事可乐	美国	37	霍尼韦尔	美国
11	拉法基	法国	38	伊藤忠	日本
12	爱立信	瑞典	39	丸红	日本
13	家乐福	法国	40	NTT	日本
14	麦德龙	德国	41	联合技术	美国
15	福特	美国	42	GS	韩国
16	马自达	日本	43	法国电力	法国
17	苏伊士	法国	44	威立雅	法国
18	李尔	美国	45	美国国际集团	美国
19	克罗姆	德国	46	雅马哈	日本
20	可口可乐	美国	47	鸿海富士康	中国台湾
21	江森	美国	48	赢创	德国
22	达能	法国	49	林德	德国
23	和记黄埔	中国香港	50	惠普	美国
24	天合	美国	51	沃尔玛	美国
25	三菱商事	日本	52	通用电气	美国
26	住友商事	日本	53	台塑	中国台湾
27	三井物产	日本	54	雷诺	法国

（续表）

序	世界500强	国家地区	序	世界500强	国家地区
55	怡和	中国香港	95	飞利浦	荷兰
56	丰益	新加坡	96	惠氏	美国
57	国际纸业	美国	97	乐金电子	韩国
58	利宝互助	美国	98	强生	美国
59	汇丰银行	英国	99	拜耳	德国
60	丰业银行	加拿大	100	3M	美国
61	荷兰银行	荷兰	101	先锋电子	日本
62	大都会人寿	美国	102	Intel	美国
63	巴克莱银行	英国	103	金佰利	美国
64	花旗银行	美国	104	安海斯布什	美国
65	澳新银行	澳大利亚	105	伊士曼柯达	美国
66	渣打银行	英国	106	日本邮船	日本
67	德国邮政	德国	107	精工爱普生	日本
68	佳能	日本	108	丰田	日本
69	松下	日本	109	罗氏	美国
70	麦当劳	美国	110	京瓷	日本
71	微软	美国	111	礼来	美国
72	东芝	日本	112	艾默生	美国
73	马士基	丹麦	113	卡特彼勒	美国
74	联邦快递	美国	114	泰科	美国
75	索尼	日本	115	三井住友	日本
76	IBM	美国	116	雀巢	瑞士
77	宝马	德国	117	葛兰素史克	英国
78	阿尔卡特	法国	118	华硕	中国台湾
79	理光	日本	119	沃尔沃	瑞典
80	三菱电机	日本	120	胜腾	美国
81	富士通	日本	121	施耐德	法国
82	博世	德国	122	默克	美国
83	万宝盛华	美国	123	惠而浦	美国
84	施乐	美国	124	商船三井	日本
85	甲骨文	美国	125	莱茵	德国
86	阿克苏•诺贝尔	荷兰	126	中国石油化工	中国
87	英美烟草	英国	127	中国石油天然气	中国
88	西门子	德国	128	国家电网	中国
89	蒂森克虏伯	德国	129	中国工商银行	中国
90	三星电子	韩国	130	中国移动	中国
91	三星物产	韩国	131	中国建设银行	中国
92	联合航空	美国	132	中国人寿	中国
93	日本财产保险	日本	133	中国银行	中国
94	伊莱克斯	瑞典	134	中国农业银行	中国

序	世界500强	国家地区	序	世界500强	国家地区
135	中国中化	中国	145	上海汽车	中国
136	宝钢	中国	146	中国中钢	中国
137	中国中铁	中国	147	中国冶金科工	中国
138	中国铁建	中国	148	中国中信	中国
139	中国电信	中国	149	中国联通	中国
140	中国建筑工程	中国	150	中国华能	中国
141	中国远洋运输	中国	151	中国航空工业	中国
142	中国五矿	中国	152	中国南方工业	中国
143	中粮	中国	153	交通银行	中国
144	中国交通建设	中国	154	中国铝业	中国

(二)区县(自治县、市)吸收外商直接投资加快发展

2009年重庆市吸收外商直接投资按合同外资绝对数排序，列前十位的分别是：渝中区、江北区、北部新区、沙坪坝区、南岸区、巴南区、大渡口区、江津区、渝北区、合川区；按实际使用外资绝对数排序，列前十位的分别是：江北区、渝中区、渝北区、北部新区、沙坪坝区、南岸区、巴南区、大渡口区、九龙坡区、永川区(见表7)。

表7 重庆市2009年外商直接投资合同外资分区县分布情况 单位：万美元

序号	区县（自治县）	项目数	合同外资	序号	区县（自治县）	项目数	合同外资
1	渝中区	29	102822	21	黔江区	3	995
2	江北区	12	87964	22	酉阳县	3	805
3	渝北区	14	41999	23	梁平县	2	750
4	沙坪坝区	11	23433	24	潼南县	2	645
5	南岸区	8	22858	25	云阳县	1	600
6	巴南区	5	14166	26	巫山县	1	556
7	大渡口区	5	12843	27	璧山县	1	441
8	江津区	1	11629	28	丰都县	1	199
9	合川区	5	9546	29	巫溪县	1	161
10	长寿区	3	9193	30	开　县	0	132
11	北碚区	4	7199	31	石柱县	1	100
12	涪陵区	4	6146	32	大足县	1	75
13	永川区	2	5772	33	武隆县	0	54
14	綦江县	5	3502	34	奉节县	1	38
15	南川区	2	2074	35	彭水县	1	37
16	万州区	2	1891	36	城口县		0
17	万盛区	1	1464	37	双桥区	0	0
18	铜梁县	3	1374	38	垫江县	0	0
19	忠　县	1	1236	39	秀山县		
20	荣昌县	0	1046	40	九龙坡区	2	-2943

表 8 重庆市 2009 年外商直接投资实到外资分区县分布情况　　单位:万美元

序号	区县(自治县)	实到外资	序号	区县(自治县)	实到外资
1	江北区	74533	21	云阳县	749
2	渝中区	56248	22	万盛区	748
3	渝北区	46230	23	铜梁县	696
4	沙坪坝区	29693	24	大足县	623
5	南岸区	29616	25	梁平县	550
6	巴南区	11998	26	开　县	216
7	大渡口区	11813	27	巫溪县	161
8	九龙坡区	11270	28	丰都县	150
9	永川区	10469	29	潼南县	134
10	江津区	10161	30	黔江区	106
11	北碚区	9087	31	武隆县	85
12	长寿区	6647	32	酉阳县	81
13	万州区	5810	33	璧山县	75
14	合川区	3300	34	奉节县	74
15	南川区	1654	35	石柱县	45
16	涪陵区	1297	36	彭水县	7
17	綦江县	1257	37	城口县	0
18	忠　县	1096	38	巫山县	0
19	荣昌县	1081	39	垫江县	0
20	双桥区	1001	40	秀　山	0

(三)来渝投资国家地区数量增加

2009 年,有 34 个国家(地区)的外商来渝投资。合同外资金额列前三位的分别是中国香港、英属维尔京群岛和新加坡,其合同外资金额分别占重庆市合同外资的 69.5%、16.1%、3.5%。实际使用外资列前三位的国家(地区)分别是中国香港、英属维尔京群岛和新加坡,其到位资金总额分别占重庆市实到外资的 62.1%、17.9%、6.1%(见表 9)。

(四)利用外资产业结构得到改善。

2009 年重庆市第一、二、三产业吸收外商直

表 9 重庆市 2009 年外商直接投资分国别(地区)情况

国别/地区	项目数	占总数%	合同外资	占总数%	实际使用外资	占总数%
亚洲	126	78.26	276555	74.46	284670	70.88
文莱			-13	0.00		0.00
香港	81		258300	69.54	249505	62.12
印度	1		15	0.00	15	0.00
伊朗	1		4	0.00	0	0.00
以色列	1		2	0.00	42	0.01
日本	7		2379	0.64	7472	1.86
澳门	3		-1079	-0.29	152	0.04
马来西亚	3		71	0.02	565	0.14
巴基斯坦	1		7	0.00	1	0.00

（续表）

国别/地区	项目数	占总数%	合同外资	占总数%	实际使用外资	占总数%
亚洲	126	78.26	276555	74.46	284670	70.88
菲律宾	1		732	0.20	0	0.00
沙特阿拉伯			55	0.01	0	0.00
新加坡	7		12949	3.49	24542	6.11
韩国	2		-251	-0.07	556	0.14
泰国	1		1705	0.46	206	0.05
台湾省	17		1679	0.45	1614	0.40
非洲	6	3.73	4260	1.15	5263	1.31
肯尼亚	1		50	0.01	42	0.01
毛里求斯	3		4191	1.13	5221	1.30
塞舌尔	2		19	0.01	0	0.00
欧洲	4	2.48	4672	1.26	6033	1.50
丹麦			0	0.00	294	0.07
英国	2		3760	1.01	3542	0.88
德意志联邦共和国			1086	0.29	1131	0.28
法国	2		25	0.01	11	0.00
意大利			0	0.00	855	0.21
荷兰			-399	-0.11	0	0.00
西班牙			0	0.00	0	0.00
马耳他			0	0.00	0	0.00
挪威			0	0.00	0	0.00
瑞典			0	0.00	0	0.00
瑞士			200	0.05	200	0.05
拉丁美洲	8	4.97	70147	18.89	84244	20.97
巴哈马			3599	0.97	75	0.02
巴巴多斯			21	0.01	0	0.00
开曼群岛	2		6908	1.86	12466	3.10
英属维尔京群岛	6		59619	16.05	71703	17.85
北美洲	9	5.59	8684	2.34	13009	3.24
加拿大	1		274	0.07	3076	0.77
美国	8		8410	2.26	9933	2.47
大洋洲	6	3.73	3318	0.89	3045	0.76
澳大利亚	3		287	0.08	569	0.14
新西兰	1		0	0.00	0	0.00
萨摩亚	2		3031	0.82	2476	0.62
投资性公司投资	2	1.24	3791	1.02	5379	1.34

接投资合同外资分别为9869万美元、148111万美元、213447万美元，所占比重分别为2.65%、39.88%、57.47%；实际使用外资第一、二、三产业分别为1001万美元、147233万美元、253409万美元，所占比重分别为0.25%、36.66%、63.09%。合同外资主要属于制造业（122876万

表 10 重庆市 2009 年外商直接投资分行业情况

行业名称	项目个数
第一产业	11
农、林、牧、渔业	11
第二产业	68
采矿业	2
制造业	59
电力、燃气及水的生产和供应业	3
建筑业	4
第三产业	82
交通运输、仓储和邮政业	2
信息传输、计算机服务和软件业	7
批发和零售业	17
住宿和餐饮业	1
金融业	3
房地产业	11
租赁和商务服务业	27
科学研究、技术服务和地质勘查业	3
水利、环境和公共设施管理业	5
居民服务和其他服务业	3
教育	1
卫生、社会保障和社会福利业	
文化、体育和娱乐业	2
总 计	161

美元)、房地产业(87076 万美元)、租赁和商务服务业 (64314 万美元), 所占比重分别为 33.08%、23.44% 、17.32%; 实际使用外资主要来源于房地产业 (144357 万美元)、制造业 (121123 万美元)、租赁和商务服务业(53832 万美元), 所占比重分别为 35.94%、30.16%、13.4%(见表 10)。

四、外商投资企业的经营

重庆市对外贸易经济委员会、国家统计局重庆调查总队联合对 2009 年重庆市外商投资企业运行情况开展调查研究。调查显示,重庆市外商投资企业 1144 户中正常生产经营企业有 1011 户, 正常生产营业的外商投资企业资产总额为 3033.04 亿元,比上年增长 22.1%;工业总产值 1537.42 亿元, 工业增加值 311.10 亿元,工业销售产值 1485.85 亿元, 分别比上年增长 12.4%、9.5%和 10.0%。

(一)外商投资企业的经营

2009 年重庆市外商投资企业主营业务收入 2065.67 亿元,比上年增长 18.6%,实现利润总额 110.94 亿元,比上年增长 14.9%。主营业务收入超过 1 亿元的企业 204 户, 超过 10 亿元的 29 户,分别比上年增加 21 户和 9 户(见图一)。

(二)工业外商投资企业的生产经营

2009 年,工业外商投资企业完成工业总产值 1537.42 亿元, 工业增加值 311.10 亿元,工业销售产值 1485.85 亿元,分别比上年增长 12.4%、9.5%和 10.0%; 实现主营业务收入 1522.22 亿元, 比上年增长 12.8%; 实现利税 151.17 亿元,比上年增长 13.9%; 从业人员 151321 人, 比上年增长 8.1%(表 11,见下页)。

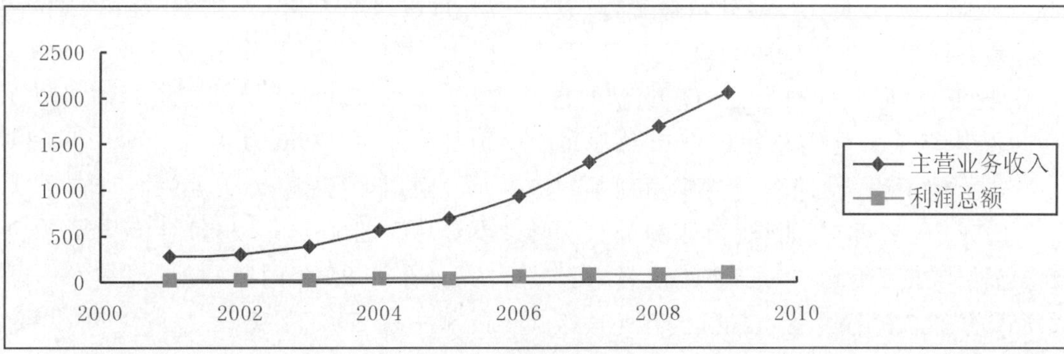

图一 2001 年至 2009 年重庆外商投资企业主营业务收入及利润总额 单位:亿元

表 11 近年外商投资企业工业企业情况

单位:亿元

	2005	2006	2007	2008	2009
工业总产值	554.12	760.01	1077.69	1470.12	1537.42
工业增加值	155.98	176.11	254.07	282.78	311.10
主营业务收入	695.21	756.42	1090.84	1424.88	1522.22

(三)“三资”企业对经济社会贡献

2009 年,重庆外商投资企业实现利税 205.13 亿元,比上年增长 21.3%;从业人员 230583 人,比上年增长 9.6%;外籍从业人员 1323 人,比上年增长 50.5%;从业人员平均劳动报酬 34026 元,比上年增长 6.0%;研发人员 8808 人,比上年增长 3.6%;研发费用 28.49 亿元,比上年增长 13.5%;工业企业新产品产值 884.87 亿元,比上年增长 16.5%。

五、国际经济技术合作

2009 年,新签对外承包工程、劳务合作、设计咨询项目合同额 10.45 亿美元,增长 20.9%,营业额 3.69 亿美元,增长 20.3%;新派往国外 9942 人,上升 27.2%,在外劳务人数 20575 人,增长 20.3%,劳务收入 8.39 亿美元;境外投资总额 1.85 亿美元,同比增长 23.9%,实际投资 0.42 亿美元,同比下降 62.2%。

(一)对外工程承包大项目增多

2009 年重庆市新签对外承包工程项目 37 个,合同额 10.12 亿美元,完成营业额 3.01 亿美元;新签设计咨询项目 12 个,合同额 1835 万美元,完成营业额 783 万美元。对外承包工程、设计咨询新签合同额列前三位的国家是苏丹、马来西亚、利比亚,合同额分别为 2.3 亿美元、1.95 亿美元、1.8 亿美元,合同总额占全市总量的 58.6%;对外承包工程、设计咨询营业额列前三位的是利比亚、马来西亚、苏丹,营业额分别为 5539 万美元、5005 万美元、3795 万美元,营业总额占重庆市的 39.7%。渝中区、江北区、九龙坡区列合同额列前三位,合同额分别为 7.8 亿美元、1.5 亿美元、0.5 亿美元,渝中区、江北区、沙坪坝区列营业额前三位,营业额分别为 21266 万美元、6937 万美元、1770 万美元。

(二)外派劳务服务形成规模

2009 年,重庆市新签外派劳务合作项目 31 个,合同额 1452 万美元,完成营业额 6010 万美元。新派往国外 9942 人,派往国家和地区共 34 个,其中派往人数最多的国家分别是新加坡(1086 人)、乌干达(546 人)、安哥拉(449 人),共占新派总人数的 21.4%。派往人数百人以上的国家还有阿联酋、韩国、越南、俄罗斯、日本等。新派劳务人员主要集中在建筑(2919 人)、机械(712 人)、缝纫(494 人),以上 3 个行业合计派出 4125 人,占总数的 41.5%。新派出人数最多的区县分别是江北区(1548 人)、渝中区(1031 人)、铜梁县(631 人)。

(三)企业境外投资规模扩大

2009 年重庆市境外投资总额 1.85 亿美元,实际投资额 0.42 亿美元。其中总投资超过 1000 万美元的企业有 6 家,分别为重庆天龙房地产开发有限公司、重庆市博赛矿业(集团)股份有限公司、重庆迪凯实业发展有限公司、重庆钰力文化发展有限公司、重庆宗申高速艇开发有限公司、重庆力帆实业(集团)进出口有限公司,以上 6 家企业总投资额占全年重庆市境外投资总额的 70.5%。2009 年重庆市新批境外企业(机构)38 家,其中境外企业 29 家,境外机构 9 家。在以上 38 家企业(机构)中,民营企业 33 家,占 86%,国企 5 家,占 14%。2009 年重庆市新设境外企业(机构)涉及摩托车制造、国际贸易、IT、房地产、医药、化工、能源、矿产等 12 个行业,其中摩托车及相关行业企业 9 家,占总数的 23%。2009 年境外投资总额居前 3 位的分别是南岸区(4256 万美元)、渝中区(3911 万美元)、南川区(2950 万美元),合计占重庆市境外投资总额的60.2%。2009 年新设境外企业(机构)分布在 25 个国家和地区,在发达国家的投资额为 7959.2 万美元,占境外投资总额的 36%,境外投资总额列前 3 位的国家分别是新西兰(3998 万美元)、加纳(2950 万美元)、柬埔寨(2919.71 万美元)。

六、口岸工作

2009 年，重庆市加快口岸设施和能力建设，出台通关便利化举措，推动贸易通道建设，两路寸滩保税港区开工建设，马士基、香港招商、中远、中外运等物流企业落户保税港区，口岸吞吐量明显回升，口岸功能进一步增强，口岸过货率达到 28%，口岸外贸货物吞吐量创历史新高。

(一)水陆口岸的发展

水运外贸货物吞吐量 610.8 万吨，同比增长 27.9%，其中出口 181.8 万吨，增长 3.6%，进口 429 万吨，增长 42%；外贸集装箱吞吐量为 304700 标箱，增长 3.3%。出口集装箱完成 163168 标箱，下降 11.9%，进口集装箱 141532 标箱，增长 28.6%。寸滩港二期工程投用，果园港、东港等开工建设；开通重庆—日本国际集装箱“五定”快班轮。铁路外贸货物出口 176627 吨，增长 65.4%；集装箱进出口 4103 标箱，增长 2.2%，出口集装箱 4030 标箱，增长 4.5%，进口集装箱 73 标箱，下降 53.5%。团结村铁路集装箱中心站开通，铁路口岸海关办事处升格；开通重庆—成都铁路外贸集装箱“五定”班列。

(二)航空口岸的发展

国际(地区)航班 6549 架次，下降 36.34%；出入境人数 220146 人次，增长 14.79%；出入境货物 12669 吨，增长 15%；办理口岸签证(注)645 人次，增长 624%。其中国航重庆分公司国际(地区)航班 2202 架次，增长 7.31%；出入境人数 83135 人次，增长 29.31%。川航重庆分公司国际(地区)航班 130 架次；出入境人数 14384 人次。实施江北机场南部进场航线分流；开通台湾直航和吴哥旅游航线，以经停方式开通香港经重庆至维也纳、布雷西亚、迪拜等 4 条国际全货机航班。

(三)口岸管理体系建设

深化沪渝川三地口岸大通关协作，建立“属地申报、口岸验放”沿长江大通关模式；完善企业分类管理、大客户协调员制度，实现成套设备区域通关分批出口、农产品检验检疫费用减免；推进电子口岸建设，实现水运出口运抵报告、航空电子舱单申报等 7 个应用项目上线运行；建立国际航班反向监管机制，实现国际航班反向搭载国内货物；完成重庆航运与口岸服务中心组建方案，涪陵海关办事处开关；强化外贸空箱分流疏港和长江枯水期中游“小中转”航线管理，取消主城港区间空箱调运费。

七、开放型经济发展中存在的问题和矛盾

开放型经济持续增长的基础尚不牢固，开放型经济规模和质量有待进一步提高；开放高地聚集辐射作用并不明显，对外开放功能建设任重道远；损害投资者利益和恶性竞争事件时有发生，开放环境还需下大力气改善；先导区示范带动作用还没有充分发挥，涉外经济体制改革和创新任务十分艰巨。

八、2010 年开放型经济及口岸工作主要目标

2009 年重庆发展开放型经济及口岸工作的总体要求是：坚持以科学发展观为指导，按照“314”总体部署和国发 3 号文件要求，加快推进内陆开放先行区建设、内陆国际贸易大通道建设、内陆进出口基地建设、国家服务外包示范城市建设和公众满意政府机关建设“五大建设”，努力营造西部一流开放环境；进一步提高利用外资的规模和质量，进一步提高国际经济技术合作的深度和广度，全面完成“十一五”目标任务，推进内陆开放高地的快速崛起。一是实际利用外资增长 50%。实际利用外资 60 亿美元，引进世界 500 强企业 10 家，利用外资质量和水平进一步提高。二是外贸进出口增长 50%。进出口达到 120 亿美元，其中出口 65 亿美元，进口 55 亿美元，贸易结构和贸易增长方式明显转变。三是服务贸易增长 50%。全年服务贸易进出口 30 亿美元，离岸服务外包协议金额 7 亿美元，执行金额6 亿美元，国家服务外包示范城市建设取得积极成效。四是对外经济合作增长 20%。实现对外承包工程合同额 12.5 亿美元，营业额 4.4 亿美

元;境外投资合同额2.2亿美元,新派劳务1万人,在外劳务达到2.4万人,国际经济技术合作的深度和广度进一步提高。五是口岸吞吐量增长20%。国际航班旅客达到25万人次,货运量1.5万吨,分别增长15%和20%;水运国际货物吞吐量800万吨,外贸集装箱36万标箱,分别增长35%、20%;周边货源占比达到25%,口岸服务水平进一步提高。六是茧丝绸产业增长10%。产茧33万担,工业总产值8亿元,出口3800万美元,蚕农售茧及蚕桑资源综合收入3.9亿元,实现全行业持续健康稳定发展。

(重庆市对外贸易经济委员会 刘渝川)

重庆海关

2009年,重庆海关累计征收进出口税收42.5亿,其中,关税9.8亿,进口环节税32.7亿。监管进出口货物636.3万吨,进出口总值达62.9亿美元。监管进出境旅客22.2万人次,监管进出境物品134.4万件。稽查企业62家,补税企业14家,稽查补税1501.4万元。立案查办走私违法案件67起,案值8031万元;立案侦查走私犯罪案件7起,案值1345万元。

一、综合治税成效更加突出

认真贯彻全国海关综合治税工作会议精神,扩税基、涵税源、讲质量、保应收,形成了齐抓共管、分工协作的综合治税格局。认真落实税收定期报告制度、业务形势分析会制度,准确研判税收形势,采取税收重点课题研究、举办业务培训班等措施,不断提高税收征管能力。充分依托审单、风险管理、执法评估等系统,不断提高税收征管质量。加强业务一线监管、税收征管人员配置,组建税收征管突击小分队、建立税收奖励机制,切实为综合治税提供有力保障。

二、通关监管服务更加优化

围绕关区业务发展"一般贸易向加工贸易、服务贸易并重转变、汽摩产业向IT产业并重转变、传统工业向高科技产业并重转变、长江水运向多元化运输转变"的新态势,深入开展构建大监管体系课题研究。认真做好分类通关改革各项准备,积极调整关区通关通道的参数设置,强化风险管控机制,提高通关时效。组织对重庆口岸监管场所进行了"拉网式"检查,督促按照海关监管场所管理办法进行规范和整改。积极推进地方电子口岸建设,在地方电子口岸平台上搭建重庆航空口岸物流监控系统,建立重庆港运抵报告申报系统,同时做好电子口岸网络的运行维护工作,保障电子口岸预申报系统安全可靠、稳定运行。

三、统计辅助决策作用更加明显

进一步提高统计数据质量,形成特有的逻辑检控参数,确保数据审核时效性、准确性;积极参与总署组织的跨关区课题调研,开展了重庆市加工贸易进出口专题监测预警分析。坚持每月第一时间向市领导报送统计快报,及时向市委市政府报送《重庆市外贸进出口监测月报表》、《全国(月度)进出口商品经营单位所在地总值》等,做好对主要贸易国进出口情况的跟踪分析,及时反映全球金融危机下重庆地区进出口运行的基本状况、主要特点和发展趋势,为地方政府和企业采取应对措施提供了决策参考依据。全年向市领导报送统计分析《呈阅件》22篇,为相关部门提供外贸进出口统计数据共40余万条。

四、对外贸易秩序更加有序

组织开展了打击机械设备走私、铝出口走私等专项行动,特别是在"以打促税"专项行动中,查获四川邛崃某公司涉嫌走私生猪屠宰生产线设备一案的做法,被总署缉私局在全国推广。进一步加强对以毒品走私为重点的非涉税走私案件的发现与查办力度,较好地完成“国庆安保服务”、“扫黄打非”工作任务,还牵头召开了2009年重庆市反走私综合治理工作会议。

五、监管前推后移更加有效

推广实施了选择查验三期作业系统,组织加工各类参数700余条。强化风险布控,筛选部分重点敏感商品进行专项风险分析,并通过稽查手段最终查实部分企业涉及的商品存在归类错误及退税等问题,风险管理手段与稽查后续监管相结合,实现了通关监管的前推后移。开展了汽车电子产品项目减免税设备专项稽查、大宗货物运保费专项稽查、专用类减免税设备专项稽查等,其中对某企业专项稽查的做法获得总署认可,在全国推广。全年超额完成稽查补税计划40%以上,还清查核实了2565家企业的基本信息,为建立和运行企业信息库奠定了基础。

六、促进重庆发展更加有为

(一)举全关之力推进保税港区建设

专门成立保税港区海关推进工作领导小组和集中研究小组,建立了与保税港区管委会的定期会晤机制。按照国务院3号文件中关于“合理配置海关、出入境检验检疫人员和监管设施,确保有效监管”的要求,以及《中华人民共和国海关保税港区管理暂行办法》的相关规定,对保税港区建设的卡口、围网、监控中心、综合报关楼、业务科技楼等设施提出相关建议。同时,还根据海关总署要求,提出了保税港区建设“一次规划、一次建设、一次验收、一步到位”的原则。另外,还积极承担了保税港区信息平台建设的规划工作。

(二)促成惠普、富士康项目等重大项目落户重庆

将惠普、富士康、广达、英业达等重大项目引进作为2009年重庆海关并列“一号工程”,马忠源关长先后陪同黄奇帆市长、周慕冰副市长赴京拜会海关总署领导,积极为惠普、富士康等项目落户重庆争取相关政策,并形成了署市会议纪要。同时,还与惠普公司签署了合作备忘录。组织重庆西永微电园区管委会和重庆机场集团分赴上海和深圳,考察上海金桥出口加工区、曹口泾出口加工区、松江出口加工区、上海惠普公司和深圳海关、深圳富士康公司,并向惠普、英业达和富士康公司积极推介重庆的投资环境。针对上述企业重点关注的海关通关监管方面的问题,采取量身定做的方式,给予了企业满意的答复,为惠普、富士康等项目最终落户重庆发挥了重要作用。

(三)倾力支持在西永设立海关特殊监管区

主动配合市政府向国务院报送设立西永出口加工区的申请,成立了海关工作推进小组,与西永微电园管委会建立了定期会晤机制。关领导四次赴京、多方协调,促成了11月份由海关总署牵头,国家六部委调研组来渝开展专题调研。海关总署及六部委同意将在西永设立出口加工区的申报方案调整为设立综合保税区,并重新向国务院呈报。同时,重庆海关还向西永园区管委会提出了“边申报、边规划、边建设、边运作”的工作思路。

(四)区域通关改革拉动重庆口岸物流逆势上扬

为加快推进重庆口岸对外开放,方便重庆企业就近办理海关业务,继续深入推进“属地申报、口岸验放”区域通关改革,目前已与全国22个进出境地口岸海关建立了区域通关合作关系,将区域通关合作海关由长江流域扩大至泛珠三角地区。2009年区域通关全年报关单数3346票,货运量415万吨,货值9.28亿美元,征税10.53亿,在金融危机的形势下全面逆势增长,比去年同期分别增长1.79倍,1.06倍,34%,47%,其中,货运量和税收的贡献率为65%和25%,货运量首次突破600万吨大关。

(五)支持重庆构建国际贸易大通道

围绕支持重庆构建国际贸易大通道,将“积极探索沿长江建立大通关模式,推进江海直达”作为重点课题加以推进研究。开通了成渝两地

"卡车航班"、"深港物流快线",确保重庆"五定"快班轮正常运行;还与上海洋山海关、吴淞海关、浦东机场海关、武汉海关、南京海关等兄弟海关商讨并签署了转关监管合作协议;驻涪陵办事处也于10月27日正式开关;我关关于设立海关西部化验中心的提议得到海关总署的赞同和支持,已正式批准落户重庆,这将为扩大重庆口岸功能,支持重庆构建国际贸易大通道发挥重要作用。

(六)支持重庆应对金融危机影响

认真落实海关总署支持扩大内需促进经济增长十项措施和署市合作备忘录,正确处理"保增长"与"保税收"的关系,研究出台了《重庆海关应对金融危机促进经济增长七项措施》和《重庆海关推动贸易便利化四项措施》。落实"5+2"工作制、"24小时预约通关"、"关长热线"、"通关110"等一系列服务举措。继续宣传抗震救灾税收优惠政策,跟踪落实情况,主动配合市政府向财政部和海关总署申报了第一批进口仪器设备。妥善解决了玖龙纸业(重庆)有限公司进口设备的减免税问题。积极协调沿海口岸海关,确保惠普、五矿、建峰化工和东风船舶等公司进出口项目的顺利通关。积极向上级部门反映适用优惠原产地规则执行中有关问题,为武汉友德汽车电器有限公司重庆分厂办理退税140余万元,帮助重庆佳通轮胎有限公司解决了原产地证书问题,避免了该公司可能承担的上千万元损失。

(重庆海关 张媛媛)

城乡规划

一、2009年发展回顾

2009年,全市城乡规划工作在市委、市政府的正确领导下,深入贯彻科学发展观和"314"总体部署,全面落实国务院3号文件,紧紧围绕加快构建国家中心城市的目标,全力助推"五个重庆"建设,为全市经济社会又好又快发展提供了有力保障。

(一)规划工作亮点纷呈,有力地推动了全市加快发展

1.规划构建国家中心城市取得新进展

积极争取国家部委支持,《全国城镇体系规划》首次把重庆提升为五大国家中心城市之一。组织开展《西三角地区规划合作发展——空间布局与重庆战略应对》研究,积极推进《成渝城镇群协调发展规划》工作。完成主城扩城规划。开展《重庆市城乡总体规划》实施评估和局部修改工作。高起点做好两江新区、西永综合保税区、两路寸滩保税港区规划。完善"三基地、四港区"物流中心规划,优化中央商务区及现代服务区规划。高起点规划西部国际会展中心,进一步强化重庆金融、物流、会展中心以及交通枢纽的国家战略职能。

2.规划统筹城乡一体化能力有新提升

启动主城区近期建设规划编制工作。完成主城八区分区规划。开展主城进入"二环时代"规划研究,组织新编城市拓展新区控规约100平方公里。加快控规编制与管理制度创新,继续推进控规编制改革试点。完成台资信息产业园等一批重要地区街区层面控规编制工作。扩大主城区村规划编制试点。完成九龙坡区千秋村规划编制试点。指导31个区县完成了城市总体规划实施评估工作,指导江津等区县完成了总体规划局部修改工作。完成了黔江、酉阳和荣昌等区县城乡总体规划审批和双桥区、彭水县等区县城乡总体规划审查工作。开展了23个区县37个重要地区城市设计项目。指导渝东北16个区县完成了特色工业园区和加工贸易梯度转移重点承接地的规划工作。指导完成95个中心镇规划、石柱黄水等5个镇城乡总体规划以及

1112个村规划编制工作。

3.规划优化城市功能品质全面有力

全力推进主城两江四岸城市设计工作，编制完成10个片区的城市设计和控规整合方案，进一步落实了各片区的功能定位、综合交通、城市风貌等。启动两江四岸项目策划库建设。加快危旧房改造和城中村改造规划工作。完成2009、2010年危旧房改造规划工作，加快推进主城区55个“城中村”规划编制工作。完成江北石子山等三个“城中村”试点村改造规划编制。完成主城区城市广场规划和近期绿地建设规划工作。推进“森林重庆”规划，启动“四山山麓”规划设计导则。开展了冉家坝景观大道等一批城市景观长廊规划。启动巴南东温泉镇、酉阳后溪镇等一批历史名镇、街区的风貌保护规划工作。完成工业遗产总体规划评审与利用规划设计导则编制工作。积极助推“畅通重庆”建设，推出了主城区综合交通规划、快速路网调整规划、轨道交通线网调整规划等一批重要成果。做好重大公共医疗卫生项目和一批市、区级体育设施项目规划工作。落实“平安重庆”建设要求，出台《重庆市应急避难场所规划编制导则(试行)》，指导完成3个市级、41个区级应急避难场所示范项目规划编制。

(二)优化规划业务运行机制，规划管理更加法制化、规范化

1.规划法制建设成效显著

经过历时五年的修订、论证，新的《重庆市城乡规划条例》于2009年9月25日经市人大常委会审议通过。全面开展《条例》宣传培训。编印完成《重庆市城乡规划条例导读》、《重庆市城乡规划条例释义》，修订完成《贯彻落实〈重庆市城乡规划条例〉操作手册》。引导《条例》宣传培训向区县、镇乡延伸。做好《条例》实施衔接工作，对近十年来制定的181件规范性文件进行全面清理，提出了继续适用、修订或废止的建议。完成《规划行政许可公示听证暂行规定》等15项立法工作。

2.打造“阳光规划”迈出重要步伐

加强规划科学研究，推动市规划院博士后工作站挂牌成立，市勘测院成为国家自然科学基金依托单位，市地理信息中心成功申报重庆市地理空间信息工程技术研究中心。坚持依法行政，完成《规划行政许可公示听证暂行规定》等15项立法工作。强化规划监督检查，出台《重庆市城乡规划督察员管理办法(试行)》，开展督察员赴区县巡察或短期派驻，完善规划批后跟踪管理机制。开通行政审批电子监察系统。加强关键环节和重点领域权力运行规范监督。扎实开展全市房地产开发领域违规变更规划、调整容积率问题专项治理。主城区拆除违法建筑130余万平方米。推进主城区住宅小区违法建设专项整治，拆除违法建筑3.2万余平方米。积极开展规划公众参与，创新建立控规公告定期发布机制。推进规划政务公开工作。

3.规划内部运行和服务机制创新取得新进展

出台《优化内部业务管理运行机制若干规定》，推出15条简化程序、规范管理、提高效率的服务措施。主动加强与区县的合作，先后与渝北区、万盛区、綦江县等签署战略合作协议；健全与区县党委政府以及市级相关部门的定期联席会制度；进一步加大对投资集团和重点国有企业的跟踪服务。认真落实行政审批结果第一时间反馈制度，提高了规划社会服务水平。

(三)测绘工作稳步推进，行业蓬勃发展呈现良好态势

1.测绘行政管理日益规范化

出台《重庆市遥感发展规划》。组织编制全市《地理空间信息内容及要素代码标准》、《地理空间信息数据库建设技术规范》。健全测绘监察工作机制，成立测绘执法支队。整顿和规范地理信息市场，集中检查178家单位，全市地理信息市场秩序明显好转。开展2009年测绘专家西部行。组织全市测绘职业技能选拔赛，我市代表队在全国首届测绘职业技能比赛中，获得工程测量职业技能竞赛团体第一名和个人总分第一名等优异成绩。加大行业对外交流与宣传，建成测绘子网站，编制出版《测巴渝山水、绘重庆宏图》

大型画册。

2.统筹城乡基础测绘迈出新步伐

开展统筹城乡新农村测绘保障服务研究，初步确定了统筹全市城乡基础测绘发展的基本框架。完成重庆市独立坐标系统原点改造，基本建成全市连续卫星定位综合服务系统二期，覆盖范围达2.87万平方公里。启动全市1:500数据库二期建设，完成都市区1000平方公里1:2000数字线划图和数字正射影像图。获取覆盖主城区、万州、城口、荣昌等地的高分辨率卫星影像4271平方公里，覆盖三峡库区航空影像9358平方公里。城口、秀山和云阳获得国家边远地区、贫困地区基础测绘补助项目安排。

3.地理信息建设取得新成果

全力推进三峡库区综合信息空间集成平台建设，完成4.47万平方公里的各种比例尺数据处理与建库。继续推进重庆市地理信息三大平台建设，重点建成全市地理信息共享交换系统，已与十余个市级部门签订了共建共享协议，建立了30余个政务图层的共享交换。基本建成全市应急平台应用示范系统，首次在国内实现多部门分布业务联动应急一张图。积极开展数字永川地理空间框架建设试点项目，推动我市数字城市信息管理工作。

4.测绘服务经济社会发展能力有新提升

完成两江新区等重要拓展区数字高程模型373平方公里，测绘完成主城区55个“城中村”1:500地形图14.37平方公里，推进大学城、茶园新区等新开发组团约2000平方公里的地下管线普查工作。全方位参与轨道交通、道路桥梁等重大基础设施测绘服务保障。加强地理信息社会化服务，创新推出沙盘地图，编制出版《重庆市主城区影像地图》(2010版)、《重庆旅游指南》等一大批社会服务产品，深入推进“一镇(乡)一图”试点工作，满足了镇乡经济社会发展需求。

二、2010年城乡规划发展目标

2010年工作总体思路是：以党的十七届四中全会、市委三届六次全委会精神为指导，全面落实“314”总体部署和国务院3号文件精神，深化统筹城乡规划改革，全面推进规划制度机制创新，着力提升城乡规划工作水平，提高规划服务效率和质量，努力开创规划工作的新局面！

(一)全方位提升城乡规划工作水平

1.加快高标准规划的技术引导

抓紧制定需要特别保护区域和因景观特色塑造需要特别控制区域的规划管理规定，推出一批窗口地区、滨水地区和重要地段的城市设计导则。

2.着力塑造现代化大都市风貌

高起点打造主城“两江四岸”滨江地带，推进滨江地区项目策划和落地实施工作，加快两江四岸公共环境示范项目的实施，推进溉澜溪、弹子石等片区风貌塑造，提升滨江地区城市形象。做好重要地段、景观节点建筑方案比选审查。精心打造冉家坝景观大道、南岸黄桷古道等一批城市景观长廊。加快街道和建筑外立面整治规划导则制定工作。

3.积极指导塑造区县特色风貌

指导区县科学实施总体规划，维护大山大水城市格局。指导区县加快制定重要地区及干道立面的城市设计。指导区县做好重要项目建筑设计，推出一批广场、绿地、公园等公共项目和旅游酒店等公共服务设施精品。

4.强化国家中心城市战略职能

做好主城扩城规划的“落地”实施，高起点做好两江新区、西永综合保税区、两路寸滩保税港区规划。优质高效做好笔记本电脑基地规划服务保障。完善“三基地、四港区”物流中心规划，优化中央商务区及现代服务区规划。高起点规划实施西部国际会展中心，进一步强化重庆金融、物流、会展中心以及交通枢纽的国家战略职能。

5.优化人居环境品质

推进市群众艺术馆、重庆国际马戏城、巾帼园等文化设施规划实施。开展历史文化名镇、历史街区和工业遗产建(构)筑评估、报批工作。深化二环时代居住聚集区规划，开展公共租赁房屋规划试点。推进危旧房、城中村改造规划实施,加强廉租房和经济适用房规划服务。加快完善基础设施和公共服务设施配套，深化综合交通规划、轨道线网调整和快速路网调整规划。

6.推动“大师”参与规划

健全与国际一流规划设计机构的合作机制，重点邀请一批世界顶尖级大师参与全市重大社会文化设施、重要地区规划设计方案征集和专家咨询,力争推出一批城市规划设计精品。积极推动国内知名专家进区县，注册规划师进镇乡,提升全市规划设计水平。

7.打造西部规划开放高地

全面落实部市合作《备忘录》,积极争取住房和城乡建设部对重庆市设立两江新区、西永综合保税区等重大工作的规划指导。力争年内促成重庆建立国家级山地城乡规划工程中心。精心筹备2010中国城市规划年会,充分展示新重庆城市规划新形象。

(二)着力深化统筹城乡规划改革

1.加快统筹城乡规划体系创新

抓紧完成全市城乡总体规划实施评估工作,力争年内上报局部修改方案。完成主城八区分区规划,促进各区错位发展,优势互补。加快控规编制与管理制度创新，继续推进控规编制改革试点。扩大主城区村规划编制试点。

2.强化区县城统筹城乡能力

扩大区县城乡总体规划编制试点，逐步完成所有区县城乡总体规划编制工作。规范区县城市总体规划局部修改工作，指导区县严格依照法定程序修改区县城市总体规划。加快推动区县城近期建设规划编制。严格落实区县总体规划,引导绿地、水资源保护地区以及城镇防洪设施、重大基础设施有序实施。

3.大力推进村镇规划

积极做好部市合作四个全国城乡统筹重点示范镇规划工作。继续推进一般镇总体规划编制,着力塑造镇乡特色风貌。加快推进全市村规划编制工作,不断提高乡村规划覆盖面。

(三)加快规划法制建设新步伐

1.推进《条例》学习宣传贯彻实施

全面开展《重庆市城乡规划条例条例》学习宣传培训,引导《条例》宣传培训向区县、镇乡延伸,适时组织开展《条例》贯彻实施专项检查。

2.加快完善城乡规划法规体系建设

重点推进地方性城乡规划法规制定，建立规范性文件清理制度，修订完善一批规范性文件。加快构建以《条例》为核心,具有重庆地方特色的城乡规划法规体系。

3.加强规划监督检查

认真落实《重庆市城乡规划督察员管理办法(试行)》,建立违法建设查处长效机制,巩固主城区住宅小区违法建筑专项整治成效，继续开展城乡违法建筑专项整治攻坚战。扎实开展全市房地产开发领域违规变更规划、调整容积率问题专项治理。

4.推进规划依法行政工作

优化完善规划内部运行管理机制。深化行政审批制度改革,抓好《并联审批规划环节实施办法》的实施。积极推进规划政务公开,依法受理公开申请。大力倡导规划公众参与,注重吸纳人大、政协以及社会各方意见建议。

(四)推动测绘和信息化工作再上新台阶

1.加强行业发展规划编制与落实

抓紧制定测绘暨地理空间基础设施建设“十二五”专项规划，力争年内报送市政府审批。精心策划一批测绘和地理空间基础设施重大项目,以重大项目带动全市测绘行业统筹城乡发展。

2.强化测绘行政管理

加强测绘地方性法规和技术标准建设,尽快出台《地理信息共享管理办法》,启动《测绘成果汇交办法》编制,力争年内颁布《地理空间信息内容及要素代码标准》、《地理空间信息数据库建设技术规范》。加大测绘资质管理、市场监督管理、成果质量管理、成果保密管理力度,完善测绘信用体系,开展非法测绘专项打击活动。

3.加快推进测绘统筹城乡工作

加快推进全市现代测量基准体系建设,建

成覆盖全市域的GPS综合服务系统。启动市级中心镇和1000个新农村建设示范村的基础测绘。争取国家测绘局在重庆市再选择部分区县开展数字城市地理空间框架建设。

4.促进地理信息广泛应用发展

高质量完成三峡库区综合信息空间集成平台建设和“数字永川”地理空间框架建设。加大三峡库区综合信息空间集成平台应用推广力度。

（重庆市规划局　陈捷）

食品药品监督管理

一、2009年发展回顾

2009年，重庆市食品药品监督管理局在重庆市委市政府和国家食品药品监督管理局的坚强领导下，在社会各界的大力支持下，全系统干部职工凝心聚力，紧紧围绕“314”总体部署和统筹城乡改革发展大局，根据党中央确定的“保增长、保民生、保稳定”的总体目标和“健康重庆”、“平安重庆”建设任务，不断落实和强化食品药品安全责任，加强日常监管，持续开展食品药品安全专项整治行动，着力解决影响食品药品安全的突出问题，确保了全市食品药品安全总体上处于平稳、可控状态，有力地保障了公众饮食用药安全。

——统筹城乡的食品药品监管机制建设有效推进。“地方政府负总责、监管部门各负其责、企业负主体责任”的食品药品安全责任体系进一步得到落实，市、区两级逐步将食品药品安全纳入政府工作目标考核体系；食品药品监管在实现乡镇全覆盖的基础上，不断向村、居延伸。

——食品药品质量稳步提升。圆满完成“健康重庆”、“平安重庆”建设食品药品安全年度目标，人民群众关心的热点难点问题得到较好解决；重庆市生产的食品质量抽验总体合格率为87%，较上年增长0.2%，药品评价性抽验不合格率1.8%，较去年同期下降0.7%，食品药品总体质量稳步提升；对药品的投诉举报较去年同期下降14.9 %，人民群众对食品药品安全满意度不断提高。全年未发生重大食品药品安全事故。

——监管能力全面增强。重庆市食品药品监管系统基础设施建设和技术监管能力在“十一五”期间得以大幅提升。2009年共参与2个国家重点科研项目子项目课题的研究，实现了参与国家重点科研项目的零突破；圆满完成《中国药典》2010版78个品种质量标准起草和167个品种复核，居西部前列。应急预警能力显著增强，市、区(县)两级健全了食品药品安全突发事件查控机制，进一步完善了应急预案及操作手册；药品不良反应监测网络覆盖全市90%的乡镇，较去年增加20%。

——医药产业经济发展良好。据不完全统计，重庆市医药工业总产值较去年同比增长26.24%，比全国平均值高9个百分点；医药商业销售总值同比增长22.73%，比全国平均值高3个百分点，医药经济保持高速发展的态势。

（一）大力推进“健康重庆”、“平安重庆”建设，监管水平得到新提高

2009年，重庆市食品药品监督管理局紧紧围绕“健康重庆”、“平安重庆”建设年度目标，大力实施食品药品专项行动计划，做了大量卓有成效的工作。

食品监管方面：一是深入开展《食品安全法》宣传贯彻。重庆市食品药品监督管理局按照广泛宣传、分类学习、全面普及的原则，采取教育培训、现场咨询、图片展、媒体传播、网络论坛等多种方式，共举办各类培训班525场(次)，参与人数约10万人次，开展现场咨询356场(次)服务46万人(次)，张贴悬挂宣传标语和宣传画8.7万条(张)，发放宣传资料64万份。此外，联合新闻媒体成功组织举办了有100多家大中型食

品生产经营企业参加的《食品安全法》高峰论坛，编印了食品安全法规知识挂图等近100万册(份)，翻印《食品安全法》单行本和宣传画各25万份，对新法的宣传贯彻和实施起到了积极的推动作用。全国人大常委会《食品安全法》执法检查组高度评价了重庆市贯彻实施《食品安全法》的各项工作。二是组织开展食品安全专项整治。重庆市食品药品监督管理局充分发挥综合协调职能，组织市食品药品安全协调委会成员，以儿童食品、保健食品、饮料等为重点品种，农村、城乡结合部、学校及校园周边为重点区域、各类食品批发市场、集贸市场、小作坊为重点场所，牵头制定了食品安全专项整治行动方案，组织协调相关部门在全市范围内相继开展了滥用食品添加剂、餐厨垃圾整治、食品安全整顿等专项整治行动10余次，共检查食品生产经营户225035户次，查处取缔无照经营户3446户，查处违法案件3408件，捣毁制假售假窝点13个，查获假冒伪劣食品价值1172余万元，有力地打击和震慑了犯罪行为。三是积极推进食品安全地方立法工作。重庆市食品药品监督管理局承担了《重庆市食品安全条例》立法牵头工作，在清理食品安全地方法规、政府规章和规范性文件的基础上，开展了《重庆市食品安全条例》立法调研，广泛征集了社会各界建议意见467条，初步搭建了立法框架，得到重庆市人大的肯定。同时，在深入调研、反复论证的基础上，查清了发生亚硝酸盐食物中毒事件的主要原因，牵头组织起草了《重庆市亚硝酸盐监督管理办法》报重庆市法制办审查论证。四是认真履行新职能。2009年10月10日，市食品药品监督管理局正式承担承餐饮服务环节食品安全监管新职责，重庆市政府先后出台《重庆市人民政府办公厅关于进一步理顺食品安全监管职能有关问题的通知》和《重庆市人民政府办公厅关于区县(自治县)机构改革中食品安全监管职能调整有关问题通知》，进一步明确了全市餐饮服务环节食品安全监管责任，确保了工作延续性，避免了过渡期间监管空当。市食品药品监管局主动加强与市卫生局卫生监督所的沟通协调，及时启动了餐饮服务食品安全许可和监管工作，圆满完成重要接待和重大活动的餐饮保障任务21次；深入开展了保健食品监管现状调研，为做好监管工作奠定了基础。

药品、医疗器械监管方面：一是狠抓源头监管。全年共开展药品注册现场核查195次，核查660个品种，核查率达100%。共开展医疗器械质量体系考核及现场审核101次，专家审评15次，提高了审评审批水平。向全市20家高风险品种药品生产企业派驻了驻厂监督员40名，派驻率达100%，并在这20家企业中试行“药品质量受权人”制度，进一步增强企业责任意识，从源头确保药品质量安全。二是深入开展药品安全专项整治。以“万家药房无假药专项整治行动”为契机，在全市掀起为期两年的药品安全专项整治高潮。加大与邮政、公安、工商、广电等部门的联动，大力打击非药品冒充药品、利用互联网和邮寄形式宣传销售假药等行为，解决影响药品安全的突出问题。全市共出动执法人员34215人(次)，检查药品、医疗器械经营企业27243家(次)，监管频次较2008年增加了9.9%。三是继续保持打假治劣的高压态势，一举破获直辖以来最大假药案“重庆明大医药有限公司销售假药案”，及时向司法机关移送“人血白蛋白”、“米非司酮片”、“瓜瓜胶囊”等重大假药案件，极大地震慑了不法分子。四是加大虚假违法广告整治力度，重庆市食品药品监管局联合相关部门制定了《虚假违法广告专项整治联动工作制度》，全年共向工商部门移送违法药品广告94件、医疗器械广告9件、保健食品广告19件，较去年分别增长了45%、14%和20%。对情节严重的22种药品采取了暂停销售的行政强制措施。五是增强药品预警应急能力，重庆市食品药品监管局在全国范围内首先对“瓜瓜胶囊”不良事件进行了风险预警，并引起国家食品药品监督管理局的高度重视，专门发文要求开展全国性的清查工作，及时有效地控制了该事件的蔓延，降低了危害程度。同时，与相关部门团结协作，市外波及重庆市的"人用狂犬疫苗"、"双黄莲注射液"等重大药品安全事件,得到了及时有效的应对和处置,无重症或死亡病例发生。六是对防控甲型H1N1流感的药品、医疗器械监督检查实现了全覆盖,确保质量安全;同时,加强对甲型H1N1流感疫苗不良反应监测工作,全年共收到一般不良反应报告58例,严重不良反应报告1例,重庆市接种的甲型H1N1流感疫苗总体情况良好。

(二)改革创新,统筹城乡食品药品监管体制建设取得新进展

2009年,重庆市食品药品监督管理局牢牢抓住贯彻落实国务院3号文件的有利契机,借重庆市建设统筹城乡综合配套改革试验区的东风,积极促成市政府与国家食品药品监管局成功签订部市共建合作协议,国家食品药品监督管理局将在政策、项目、技术、信息、人才和专项资金等方面向重庆提供全力支持,共同打造统筹城乡的食品药品监管体系,为全国统筹城乡食品药品监管发展提供示范。共建协议的签订和落实,为重庆市推进统筹城乡综合配套改革试验区建设,城乡居民共享一体化的食品药品监管注入了强劲动力。同时,为进一步解决城乡食品药品监管不平衡的问题,在"乡镇药品委托执法"成功经验的基础上,重庆市食品药品监督管理局先后与长寿、南川、綦江、黔江、巴南等区县签订合作协议,探索统筹城乡的食品药品监管体系和运行机制建设,推动部分区县率先提高食品药品安全监管水平,共同打造西部一流、全国领先的统筹城乡食品药品安全示范区(县)。

(三)抢抓机遇,自身建设实现新突破

基础设施建设大幅度提升。全市食品药品监督管理系统基础设施建设在"十一五"期间得以大幅提升,各级财政累计投入6.37亿元,是"十五"期间财政累计投入的2.3倍,处于全国中上、西部领先水平。2009年预算总投入2.28亿元,较上年增长0.94亿元,增长率达70%;与2001年药监体制划转时财政投入0.23亿元相比,增长了9.91倍,创造了财政对我系统资金支持的历年之最;2009年投入5902万元,完成办公用房购建24831.92平方米,解决了22个区县分局办公用房建设问题;投入3060万元,有力地提高了全系统执法装备水平。

干部队伍建设得到加强。2009年,全市食品药品监督管理系统共投入经费200余万元,举办了各级各类培训班10余次,实现了全员轮训,进一步提高了全系统干部职工思想素质和专业素质。同时将"执政为民、服务发展"效能考核常态化、长效化,切实加强和改进工作作风。深入开展"三进三同"党性作风实践锻炼、"送温暖、惠民生"、"结穷亲"等活动,进一步加强同人民群众的血肉联系。广泛开展"唱读讲传"活动,弘扬正气,提振干事创业"精气神",全系统精神面貌焕然一新。通过外部引进和内部选拔等方式,择优充实和加强了巴南区分局等7个基层分局和直属事业单位领导班子,新提拔任命的11名领导干部,对2008年新提拔的33个基层单位53名领导干部,组织开展了任职试用期满转正考核。全系统有47个单位成功创建和保持市级、区县文明单位;全市组织的"执政为民、服务发展"效能考核中,在区县四大班子对市级部门的考评环节,31个区县把重庆市食品药品监督管理局排在前三名;年终目标绩效考核中,从征求区县四大班子分管领导的意见显示,40个区县食品药品监督管理分局均为优秀。全系统涌现了一大批先进典型,永川分局被表彰为全国医药卫生系统先进单位,南川分局局长郭志强被评为全国食品药品监管系统先进个人。

(四)围绕发展大局,主动服务企业作出新贡献

2009年,在国际金融危机冲击,经济形势依然严峻的情况下,重庆市食品药品监督管理局坚持践行科学监管理念,充分利用政策、技术、项目等资源优势,积极争取国家局为重庆市创建"药品交易所"提供政策支持;推动市中药研究院成功创建了重庆市首家药物安全评价性机构;支持莱美药业在创业板成功上市;妥善解决

了华兰生物工程重庆有限公司的血液制品批准文号转移问题；促成重庆市成功建立国家医疗器械科技产业(重庆)基地，成立了重庆市医疗器械产业技术创新战略联盟，为重庆市医药企业做大做强作出了新的贡献。

同时，重庆市食品药品监督管理局围绕“保增长、保民生、保稳定”大局，积极实施“六千人就业培训计划”，免费为医药企业开展“订单式”员工职业技能培训，为返乡民工、下岗职工创造了就业机会，促进社会和谐稳定。此举在社会上引起强烈反响，重庆各主流媒体均进行了报道。

二、发展中存在的问题

一是食品药品监管机构改革和职能调整后，监管压力增大，餐饮服务、保健食品和化妆品监管队伍的组建、整合尚未到位，行政监督和技术监督队伍在数量、素质上都存在较大差距，监管能力还不能完全适应形势发展的需要。

二是餐饮环节散、小、乱、差产业状况依然突出，从业人员素质偏低，质量控制水平不高；农村地区涉药单位硬件条件差，违规经营、使用药械的现象仍比较普遍，监管难度大。

三、2010年发展目标

2010年，市食品药品监管系统坚持以十七大精神为指导，全面贯彻落实科学发展观，大力践行科学监管理念，以医药卫生体制改革和食品药品监管体制改革为契机，以“健康重庆”、“平安重庆”建设为抓手，大力夯实监管基础，不断提高监管水平，努力打造全国一流、统筹城乡的食品药品监管体系。具体发展目标：加强药品安全监管，全面实行药品质量受权人制度，确保本市生产的药品和医疗器械出厂合格率达到100%；不良反应监测网络覆盖95%的乡镇，并逐步向村、居延伸。加强对餐饮单位日常监管，实现对持证餐饮单位年检查覆盖率达100%；大力实施量化分级管理，县城以上城市餐饮单位量化分级管理实施率达到98%，农村地区餐饮单位量化分级管理实施率达到76%。

(重庆市食品药品监督管理局　张拥军)

重庆审计

2009年，重庆市及各区县(自治县)共有国家审计机关41个，审计人员1393名。全市审计机关共审计(审计调查)2245个单位，查出违规问题金额124.02亿元、管理不规范金额525.27亿元、损失浪费金额7.72亿元；审计决定应上缴财政金额65.46亿元，应减少财政拨款或补贴8.03亿元，应归还原渠道资金33.81亿元，应调账处理金额58.09亿元；向司法机关、纪检监察机关及有关主管部门移送案件174件，涉案人员161人，涉及金额7.76亿元。审计处理后，被审计单位已上缴财政45.82亿元，已减少财政拨款或补贴12.16亿元，已归还原渠道资金23.38亿元，已调账处理金额49.54亿元，审计移送事项已立案或处理73件，已惩处75人(审计处理结果落实指标含跨年度落实数)。全年全市审计机关提交专题和综合性审计报告、审计调查报告、审计要情、信息等2921篇，被各级党政领导或有关部门批示、采用1685篇；提出审计建议5384条，被各级党政领导或有关部门采纳4508条。向社会公告了2008年度市级预算执行和其他财政收支审计工作报告，对口支援崇州市灾后恢复重建跟踪审计、国外贷援款项目公证审计等审计结果。

一、财政预算执行审计

2009年，全市预算执行和其他财政收支审计工作，坚持以科学发展观为统领，以维护财经秩序、促进依法行政、改善宏观调控、推进廉政建设、促进科学发展为目标，高度关注宏观调控政策落实、"五个重庆"建设、库区"三农"、民生社保、生态环保等重大领域，组织实施了市级预算执行、市级部门预算、区县财政决算、重点专项资金、政府投资项目审计。审计结果表明，全市各级各部门坚持依法理财，圆满完成人大批准的预算；优化支出结构，促进财政资源合理配置；加大调控力度，促进区域全面协调发展；推进财政改革，加快公共财政建设步伐。但仍存在一些问题。一是审计市级预算管理情况，发现市财政局少数财政收入上缴不及时，部分专项预算批复下达不及时，部分项目资金审查不严，市级预算单位结余资金未及时清理安排；市发展改革委部分项目审批不严，存在虚报投资计划、重复安排项目资金、投资计划与实际不符等问题，少数项目实施缓慢，项目计划执行不严，项目资金监管不力，区县财政和业主自筹资金未落实；市地税局税源监控不力，缓税审批不严，货运发票监管不严，重庆聚奎运输有限责任公司涉嫌虚开巨额货运发票 4.1 亿元，造成税收大量流失。二是审计市级部门预算执行情况，发现少数市级部门单位收入征缴不规范，预算支出不严格，财务核算不合规，决策不当造成损失或潜在损失。三是审计区县(自治县)财政决算情况，发现少数区县应征未征、违规减免、应缴未缴财政资金，挤占挪用专项资金和专项贷款，滞留专项资金，违规集资和乱收费，违规出借财政资金。

市三届人大常委会第十一次会议审议了《关于 2008 年度市级预算执行和其他财政收支审计工作报告》，对审计反映的问题提出整改要求，市政府对此高度重视，责成相关市级部门和区县(自治县)政府限期整改，及时上报整改情况。相关市级部门和区县(自治县)政府认真进行了整改。市财政局对审计发现的问题高度重视，积极整改，对少数财政收入上缴不及时的问题，已全额上缴财政；对部分专项预算批复下达不及时的问题，已全部批复下达相关部门单位，并将进一步完善市级部门预算项目库建设和管理工作，提高年初预算到位率；对企业重复享受农业专项贴息的问题，已制定《重庆市财政农业专项贴息资金的管理办法》，加强对申报农业专项贴息资金的审核；对市级预算单位结余资金未及时清理安排的问题，正在拟定市级部门财政性结余资金管理办法，将结余资金管理与部门预算编制相结合，逐步消化部门闲置结余资金。市发展改革委认真部署整改，对部分项目存在虚报投资计划、重复安排项目资金、投资计划与实际不符的问题，相关区县已进行项目调整；对少数项目实施缓慢的问题，已全部开工建设；对项目计划执行不严的问题，部分区县对自行调整建设规模和内容的项目完善了手续；对项目资金监管不力的问题，相关区县已全部归垫或拨付到位；对区县财政和业主自筹资金未落实的问题，区县财政配套资金已全部到位。市地税局及时督促整改，加强货运行业税收管理，对部分企业少缴税收的问题，已全部追缴入库；对不符合缓税条件企业延期纳税的问题，相关地税局加大催收力度；对重庆聚奎运输有限责任公司涉嫌虚开巨额货运发票的问题，市审计局已移送司法机关立案查处。

二、国家建设项目审计

2009 年，全市审计机关认真贯彻执行《重庆市国家建设项目审计办法》，积极推行重点项目竣工决算必审制度，坚持以提高项目资金使用效益为目标，以财务、工程、管理、效益审计为内容，以工程造价审计为重点，加大对交通建设、基础设施、社会事业、生态环境、灾后重建等重大投资项目的审计力度。全年完成固定资产投资审计(审计调查)项目 1051 个，审计工程投资金额 316 亿元，查出违规问题金额 26.13 亿元，管理不规范金额 14.37 亿元，损失浪费 65 万元；审计决定应上缴财政金额 4323 万元，应减少财政拨款或补贴 7.61 亿元，应归还原渠道资金 8.63 亿元，应调账处理金额 9.89 亿元；向纪检监察机关及有关主管部门移送案件 23 件，涉案人员 39 人，涉及金额 7133 万元。揭示了国家建设项目在工程管理、工程质量及效益等方面存在的突出问题，促进了建设项目规范管理，提高了资金使用效益。为配合市内环外移收费改革,对内环高速公路的投资及经营情况进行了审计,确定了79公里内环高速公路的资产净值、负债余额、通行费总收入、成本总费用、净利润、现金净流量,揭示了资产损益核算不真实、资产管理不规范、部分资产被占用、权属不明、账实不符等问题。审计主城区危旧房改造项目情况,发现拆迁政策执行不严,拆迁费用控制不严,个别区政府挤占危旧房改造资金,拆迁工作组织管理和内控制度较薄弱。审计重庆至长沙高速公路水江至界石段、嘉华大桥等29个市级重点建设项目,发现工程计量、计价、结算有误,虚增工程造价,计划外工程和费用挤占项目成本,项目概预算执行不严格,个别项目建设效果未达标,部分项目建设管理不规范等问题。

三、国有企业审计

2009年,全市审计机关坚持"摸家底、揭隐患、促发展"的国有企业审计思路,把强化监督与服务企业相结合,积极探索国有企业审计与经济责任审计、效益审计相结合的路子。重点关注国有企业资产、负债、损益的真实性,国有企业改制、重组的合规性,企业资本运作及投资行为的效益性、风险性,企业分配的公平性,以及国有企业负责人履职行为的规范性。重点查处重大违法违规、会计信息失真、资产质量差、重大决策失误等问题,促进国有资产保值增值和企业可持续发展。全年共对59户企业进行了审计,查出违规问题金额8.34亿元,管理不规范金额74.52亿元,损失浪费1.4亿元;审计决定应上缴财政金额2536万元,应减少财政拨款或补贴566万元,应归还原渠道资金1.17亿元,应调账处理金额28.04亿元;向司法机关、纪检监察机关及有关主管部门移送案件14件,涉案人员14人,涉及金额9559万元。审计市能投集团、市交旅集团等6个市级重点国有企业资产负债损益情况,发现经营管理不善,造成损失或潜在损失,损益不实,工资及福利性支出不规范,工资发放总额超标、多计提职工福利性基金,少缴税金等问题。审计调查全市2004~2007年第一批29户主城区环境污染安全隐患重点企业搬迁情况,发现26户搬迁企业原厂址污染未作评估与处理,3个区县未全面落实市政府优惠政策,3个区县未兑现招商政策,部分企业由于历史负担重、搬迁负债大,搬迁后困难多、压力大等问题。审计调查2006~2008年度市级排污费征缴使用和管理情况,发现排污费征收不力,排污费支出安排不合理、拨付不及时,污染防治项目进展较慢等问题。

四、经济责任审计

2009年,全市审计机关认真贯彻审计署"积极稳妥、量力而行、提高质量、防范风险"的原则,以揭示问题、规范管理、促进科学发展为审计目标,以科学发展观的贯彻情况、国家重大政策措施的执行情况和农业、环保、社保、医疗、教育等民生问题为审计监督重点,积极探索创新经济责任审计方法和手段,大力开展计算机审计,把经济责任审计同财政决算审计、专项资金审计相结合,关注领导干部政绩的真实性、任期负债的合理性、投资的风险性以及群众利益、资源环境保护等问题,客观公正地评价领导干部履行经济责任情况,为各级党政科学评价干部业绩,加强干部管理提供了重要参考。全年对428名领导干部进行了经济责任审计,查处违规问题金额43.71亿元,管理不规范金额133.9亿元,损失浪费金额1.35亿元;向司法机关、纪检监察机关移送处理经济责任人及相关人员30人,市委组织部根据审计结果对领导干部进行了谈话。审计区县(自治县)党政领导干部履行经济责任情况,发现部分区县未及时征缴财政收入,土地管理政策执行不严,部分专项资金被挤占挪用滞留,影响使用效益,部分重点建设工程未严格执行公开招投标程序,违规集资和收费,政府负债规模较大,存在较大债务风险等问题。审计市级部门、单位党政领导干部履行经济责任情况,发现少数市级部门、单位未及时征缴财政收入,挤占挪用滞留专项资金,违规设立"账外账",会计核算不规范,违规收费,未严格执行政府集中采购等问题。

五、专项资金审计和审计调查

2009年,全市审计机关坚持围绕中心、服务大局的方针,关注民生问题,加强对涉及人民群众利益的救灾、医疗、扶贫、家电下乡等重点专项资金的审计,注重资金使用环节问题,关注惠民政策落实情况,提高资金使用效益。全年查出违规问题金额5.53亿元,管理不规范金额127.08亿元,损失浪费5.27亿元;审计决定应上缴财政金额1.86亿元,应减少财政拨款或补贴803万元,应归还原渠道资金3.49亿元,应调账处理金额1.61亿元;向司法机关、纪检监察机关及有关主管部门移送案件34件,涉及人员20人,涉及金额5198万元。一是跟踪审计抗震救灾款物管理使用情况,发现资金划拨不及时,少数单位挤占挪用救灾款物,资金及物资管理工作尚待加强等问题。二是审计调查家电下乡专项资金和相关政策落实情况,发现家电下乡销售网点设置、管理仍需完善,少数区县资金兑付开户行不合规,资金补助工作效率尚需提高等问题。三是审计调查2008年低温雨雪冰冻救灾资金和物资管理分配使用情况,发现市财政局、市民政局未及时拨付救灾资金,市级有关单位和6个区县滞留救灾资金,市农业局和6个区县挤占挪用救灾资金,3个区县虚报灾情骗取、套取救灾资金,部分区县救灾资金管理尚待规范等问题。四是审计2008年度市级统筹基本医疗保险基金的收支、管理情况,发现部分单位欠缴、少缴医保基金,医保定点医院医疗费用结算异常,个别患者采用重复就诊和虚假处方购药,个别企业虚构劳动用工关系骗取医保基金,市级医疗保险信息系统、定点医院信息管理系统不健全等问题。五是审计2006~2008年度扶贫资金管理使用情况,发现33个区县滞留和未及时拨付资金,23个区县挤占挪用资金,个别区县扩大范围、超标准使用扶贫资金,19个区县擅自调整项目,6个区县及10个培训学校弄虚作假套取扶贫资金,4个区县违规收取扶贫工作经费,5个区县科技产业扶贫资金未能发挥预期效益,15个区县存在大额现金支付等问题。六是审计调查2002~2008年度病险水库除险加固项目资金管理使用情况,发现13个区县挤占挪用资金,7个区县弄虚作假套取资金,6个区县截留、滞留资金,20个区县多计工程价款,4个区县未及时上缴工程结余资金,部分项目工程建设管理不规范,少数项目存在质量和安全隐患等问题。七是审计2005~2007年度第六期农业综合开发资金情况,发现17个区县财政未配套项目资金,16个区县挤占挪用项目资金,6个区县多结算工程价款,部分项目未达到预期目标,资金使用效益差等问题。八是审计调查2005~2007年度农村饮水安全项目资金拨付、管理及使用情况,发现项目实施进度缓慢,水质安全缺乏保障,5个区县财政配套资金未落实,2个区县滞留资金,6个区县挤占挪用资金,4个区县擅自调整项目计划等问题。九是审计调查2004~2007年三峡库区库周绿化带建设资金管理使用情况,发现少数区县库周绿化建设任务只完成计划任务量的63%,个别市级主管部门及区县挤占挪用资金,少数区县部分工程决算不及时,致使滞留建设资金等问题。十是审计2007年度应用技术研究与开发资金使用管理情况,发现部分项目资金计划安排不合理,部分单位超范围使用项目资金,部分项目单位自筹资金未到位,部分项目未按时结题,部分资金未及时发挥效益等问题。

六、内部审计

2009年末,全市各部门、各企事业单位(包括中央在渝单位)设内部审计机构1585个,其中专职机构592个;配备内部审计人员5233人,其中专职审计人员2040人。2009年,全市各级内部审计机构共完成审计项目42033个,查出损失浪费金额16309万元,增加效益80627万元,提出的建议和意见被采纳13740条,发现大案要案线索12件,移送纪检监察机关和有关主管部门建议给予党纪政纪处分的36人。

(重庆市审计局　刘　钢)

重庆库区移民

一、移民搬迁安置取得巨大成就，满足了三峡工程的需要

自1993年三峡库区移民工作正式实施以来，到2009年已经整整十七个年头了。回顾走过的历程，重庆市移民工作在党中央、国务院的亲切关怀下，在市委、市政府的正确领导下，坚持以邓小平理论为指导，按照“三个代表”重要思想的要求和中央对重庆市要办好“四件大事”的期望，认真贯彻落实科学发展观，紧紧抓住西部大开发的机遇，努力探索和实践开发性移民的路子，围绕三峡工程按期蓄水发电和“在移民中调整，在调整中发展，在发展中保稳定”的目标，举全市之力，团结一心，全力打好移民攻坚总体战，顺利实现了一、二、三、四期移民的阶段性目标任务，移民搬迁安置实现了重点突破，整体推进，取得了巨大成就，满足了三峡工程分期蓄水的需要。2009年底为止，已累计完成各类房屋复建3725万平方米；搬迁工矿企业1397家；搬迁安置移民113.8万人。库区生态环境保护与建设，库区文物发掘与保护以及各类专业设施复建等进展顺利并收到显著成效。2009年8月，三峡枢纽工程通过正常蓄水位（175米水位）验收，9月15日开始175米试验性蓄水。目前，三峡工程巨大综合效益日益显现。

二、移民生产生活条件明显改善，后期扶持力度加大

重庆库区外迁移民搬迁安置后生产生活环境比搬迁前有较大改善，人均占有耕地1亩左右，人均住房面积27平方米。库区大多数内安农村移民人均耕地达到了安置标准，生活用房质量明显提高，房屋以砖木或砖混结构为主，人均住房面积达到41平方米，比搬迁前增加10余平方米。库区城镇居民人均住房面积达到25平方米，比搬迁前增加10平方米左右，电视、电话普及率大幅提高。移民后期扶持力度加大，解决移民就业和劳动力转移取得明显成效，移民收入稳步提高。自2004年至今，重庆库区共开展移民培训31.83万人次，帮助移民就业或转移就业30.24万人次。库区15个区县城镇调查失业率由2005年底的12.8%下降到2006年的10.94%、2007年底的9.3%，2009年的7.5%左右。库区城镇移民收入由2004年的4794元提高到2009年8230元，农村移民收入由2001年的1895元提高到2009年的5080元。重庆在全国较早探索实施后期扶持政策，采取了一系列有力措施。如：在国家支持下加大后扶力度、扩大后扶范围，对农村移民或实行资金扶持、或实行项目扶持，对城镇困难移民家庭采取多种方式扶助；帮助困难移民搬迁，支持移民自主联合建房，为特困移民提供廉租住房；开展移民职业技能培训，解决移民家庭“零就业”问题，有组织地向外输出劳务，千方百计扩大移民就业；强化移民生产生活保障，建立移民社会保障体系和社会救助制度，对移民子女就读中职学校免收学费并给予生活费补助等。

三、按规划展开大规模移民工程建设，库区城乡旧貌换新颜

重庆库区城镇迁建坚持基础设施先行，坚持突出重点，集中投入，配套建设，注重效益，坚持规划标准，控制用地规模，严格按照规划进行迁建，取得了显著成效。重庆移民工程建设完成搬迁了2座城市、7座县城、101个集镇，复建各类房屋3714万平方米。昔日功能紊乱、狭窄拥挤、建筑陈旧的旧城镇已不复存在，拔地而起的是布局合理、功能配套、具有现代风貌的新城镇。一大批公路、桥梁、港口、码头等专业设施工

程建设步伐加快。过去沟壑分割的三峡库区架起了一座座风格各异、类型不同的桥梁，高速路、省通、县通、乡村公路组成的道路网初步形成，库区长期主要依靠水运的交通格局发生了深刻变化，长江、嘉陵江、乌江上相继新建大型桥梁17座。高速公路、铁路、机场从无到有。同时已经建成1735公里移民乡镇公路，连通库区109个新建乡镇、695个村、470个居民点，大大改善了农村移民安置的生产生活环境。如今的三峡库区一座座新城拔地而起，一条条道路延绵伸展，一座座桥梁飞架南北……，展示在世人面前的是布局合理、功能配套、具有现代化风貌的新城镇；库区的交通、能源、通信等基础设施大大改善，通信设施升级换代，供水、供电、供气能力得到明显提升。

四、产业发展项目建设进展顺利，库区经济持续快速增长

为贯彻落实开发性移民方针，解决三峡库区产业支撑不强的问题，2006年重庆市委召开二届九次全委会，专题研究库区产业发展和移民就业问题，确定了"十一五"库区发展的主要目标，把移民工作作为统筹城乡之重、富民兴渝之要，完成库区移民迁建、经济社会发展、生态环境建设和社会和谐稳定四大历史性任务，把库区建设成为经济繁荣、社会和谐、生态良好、人民安居乐业的新库区。国家扶持库区经济发展的力度进一步加大，专门制定了《三峡库区经济社会发展规划》，以发展优质柑橘、牲畜、优质粮油、榨菜、中药材等为重点，逐步调整库区农业产业结构，推进特色农业规模化发展；以工业园区为平台，开发利用丰富的农林资源、矿产资源，大力发展绿色食品加工、能源及矿产资源深加工、盐气化工及天然气精细化工、机械制造、纺织及服装等特色工业；突出高峡平湖、峡江文化特色，策划科考旅游、生态旅游、游艇旅游、山地旅游等一批大项目，变过境游为腹地纵深观光休闲游，努力将旅游业培育成支柱产业；大力发展商贸物流业，加快推进规划的区域性商贸中心、城市中心商圈建设，培育现代物流业，构建城乡互通互融的双向流通网络。2009年，重庆三峡库区实现地区生产总值2489.26亿元，同比增长16.8%，增速高于全市1.9个百分点，十多年来库区GDP都保持了两位数的增长速度。8个移民重点区县增速高于全市4.3个百分点；实现地方财政收入177.5亿元，同比增长27.4%，增速高于全市9.3个百分点，8个移民重点区县高于全市8个百分点。特别是2002年以来，库区投资进入高速增长期，每年增速均在20%以上。目前，在国家政策支持下，库区产业扶持将得到继续增强，库区经济将继续保持良好的发展势头。

五、生态环境保护实施力度加大，库区运行总体平稳

重庆库区认真实行中央关于坚持可持续发展战略方针，把库区的环境保护与建设作为移民工作中的大事予以高度重视，编制了《三峡工程重庆库区生态环境保护建设规划》、《重庆库区环境保护行动计划》；狠抓了库区环保基础设施建设，对迁建新城实行"雨污分流"，规划了一批以治理城市污水、垃圾无害化处理和库区生态建设为主的重点项目，确保了库区生态环境保护与建设的有序推进。目前，库区城市生活污水集中处理率达80%以上，城市生活垃圾处理率达到90%以上。农村面源污染防治力度加大，次级河流污染综合整治稳步推进，三峡水库水面漂浮物清理长效机制初步建立。对30马力以上的运输船舶配备了油水分离设备和污油水储存装置，在600多艘船舶上安装了生活污水一体化处理装置；启动了一批支流水华应急处置、支流饮用水源安全保障、农村截污处理示范项目。长江干流、支流水质总体保持在二类和三类水平。开展了25度以上坡地的退耕还林还草工作，加强了山水田林路综合治理。重庆库区被纳入规划的前沿在175米水位以下的崩滑体、高切坡，按照移民搬迁安置进度分别采取工程治理、搬迁躲避和监测预警等方式予以处理。同

时,加强了库区环境监测,建立了库区环境监测网,按环保规划开展了库区各项环境监测工作。目前,试验性蓄水以来重庆库区运行总体平稳。近些年来,重庆市围绕库区生态环境建设与保护,陆续启动了“7+1”试点示范项目,开县水位调节坝建设、巫山小三峡原生态景观保护、奉节朱衣河胡家坝消落区整治、云阳库区周绿化带示范园改建等项目取得实质性进展,三峡水库资源可持续综合利用、生物多样性保护等课题研究取得阶段性成果。库区生态屏障区“森林工程”建成4万亩,二期移土培肥工程基本完成。云阳县坚持移民迁建与生态建设并重的方针,坚持保护优先、重点治理、合理开发的原则,着力实施“六大”主体工程,全面开展了生态环境建设与保护试点示范工程。结合三峡工程试验性蓄水安全监测与防范,加强库区水污染防治,长江上游水污染规划项目着手实施,开展了“万人清漂”大行动,清理长江干支流漂浮物14.7万吨。长江、嘉陵江、乌江干流重庆段水质均满足水域功能要求。云阳、巫山等地积极开展长江支流澎溪河、大宁河“水华”成因及其机理研究,从容应对“水华”现象,确保了人畜饮水安全。

六、对口支援不断深入开展,库区对外开放水平不断提高

重庆市坚持“优势互补,互惠互利,长期合作,共同发展”的原则,积极拓展对口支援领域,认真做好对口支援工作,通过合作、合资、兼并、技术引进等方式,培育和发展库区新的经济支柱,有力推动了库区的移民搬迁安置,为库区移民安置致富和经济社会发展奠定了较好的基础。近年来,重庆市根据《全国对口支援三峡库区移民工作五年(2008~2012年)规划纲要》的要求,编制了市、区县(自治县)实施规划。进一步完善了“三位一体”的对口支援工作格局。全面推出面向“长三角”、“珠三角”地区的“承接产业梯度转移、输出库区劳动力”和面向重庆主城区“引入主城优势企业、提升库区城市品质”的系列招商活动,积极探索对口支援省市、重庆主城区与库区共建园区发展模式,对口支援从单向援助逐步转向合作共赢。2009年全年签约经济合作项目128个,直接利用内资302亿元、外资3.95亿美元。2008年签定经济合作项目211个,直接利用内资246亿元、外资6亿美元。特别值得一提的是,通过不懈努力,争取到国家烟草专卖局对口支援重庆库区农村移民生态家园富民工程资金2亿元,创新了“中字号”公司对口支援三峡库区的思路和方法。目前,对口支援与招商引资不断深入开展。

七、大力弘扬三峡移民精神,强力推动移民文化建设

2009年,中共重庆市委三届五次全委会专门研究文化工作,并对推动文化大发展大繁荣做出决定,尤其是第一次将继续发扬三峡移民精神、挖掘三峡移民文化等内容纳入了市委决定中,这在重庆来说具有里程碑意义。中共重庆市委移民工作委员会和市移民局下发了《关于大力弘扬三峡移民精神　推动三峡移民文化建设的意见》。提出三峡移民文化建设必须从以下方面开展工作:一是加强三峡移民文化基础性理论研究;二是建设和完善三峡移民文化公共设施;三是组织开展三峡移民文化示范单位建设活动;四是积极鼓励和引导三峡移民文化艺术精品的创作;五是编辑出版一批具有文献价值的三峡移民文化书籍;六是进一步提高三峡移民新闻舆论引导能力。有计划地开展有影响的重大活动是推动文化建设的重要抓手,2009年市移民局主要策划和组织开展了两项重大文化活动:一是成功举办了重庆库区三峡移民文艺展演和三峡移民美术书法摄影展览(以下简称“两展”)。全国对口支援三峡工程重庆库区经贸洽谈会于2009年10月28~29日在万州举行,其间,由重庆市移民局和重庆市文化广播电视局主办的重庆库区三峡移民文艺展演和三峡移民美术书法摄影展览同在万州隆重举办,获得圆满成功。重庆市三峡移民文艺展演于10月28日晚在万州闽天会展中心举行。参演的八个

重点移民区县一共演出文艺节目17个，展演共评出表演和创作一等奖各5个，表演和创作二等奖各7个，表演和创作三等奖各5个。演出结束，重庆市政府副市长谭栖伟及重庆市移民局、重庆市文广电局领导到场为获奖节目颁奖。各区县对美术书法摄影作品展览表现了极大的积极性，一共报送美术作品111件，书法作品120件，摄影作品125件，共计356件。作者有专业作者，更多的是包括移民群众和基层移民干部在内的业余作者。在10月28~30日三天时间，美术书法摄影联展一共接待国务院三峡办主任汪啸风、中央和国家机关有关部委、对口支援三峡库区的省市自治区有关领导同志和参加经贸洽谈会的代表、三峡库区发展论坛的代表以及自发赶来参观的群众共一万余人。展览受到热烈欢迎和高度评价，获得良好的社会反响。美术书法摄影联展参展作品共评出一等奖45件，二等奖80件，三等奖118件。二是组织开展了"三峡库区移民唱红歌颂祖国"暨"首届三峡库区山歌大赛"(以下简称"两赛")。12月16日，历时半月的"三峡库区移民唱红歌颂祖国"暨"首届三峡库区山歌大赛"在巫山县圆满结束。这次"两赛"活动是按照市委、市政府领导的意见，在巫山三峡国际"红叶节"期间，由重庆市移民局、重庆市文化广播电视局、巫山县人民政府联合主办的。重庆市移民局和23个区县的44支演唱队伍共1800余人参加了本次"两赛"活动，到场观看的观众达2万余人。"两赛"活动是继今年10月在万州"两展"活动以后的又一次移民文化活动盛事，把巫山三峡国际"红叶节"衬托得更加亮丽多姿。比赛分为四个场次进行，8个重点移民区县、7个非重点移民区县、6个市内外迁移民安置区县和彭水县、酉阳县分别于12月7日、10日、13日参加比赛；16日的山歌大赛，有来自13个区县的19支队伍参赛。"两赛"活动评委由重庆市音乐界的资深艺术家担任。红歌赛一共评出万州区、巴南区、合川区3个一等奖、6个二等奖、15个三等奖；彭水县获得山歌大赛第一名。重庆市移民局合唱团在12月7日的"两赛"开幕式上以饱满的激情演唱了《共和国之恋》和《祖国不会忘记》两首歌曲，受到全场观众的热烈欢迎。"两展"、"两赛"活动是重庆三峡库区首次举办的大型移民文化活动，是对库区经济建设新成就、库区人民精神新风貌、库区文化工作新成果的一次大检阅和大推动，展现了三峡移民文化独特的魅力和风采，同时，也昭示着三峡库区移民文化在建设和谐稳定新库区，全面建设小康社会进程中应有的精神价值和巨大的发展空间。

(重庆市移民局　郎诚)

检验检疫

2009年，重庆检验检疫局共检验检疫出入境货物34197批，货值24.40亿美元。其中，出境29217批，货值19.31亿美元，进境4980批，货值5.09亿美元，发现不合格出入境货物88批，货值506万美元。检疫集装箱19.28万箱、飞机2175架次、进出境邮件237534件。查验出入境人员196762人次。实施健康检查16786人次，艾滋病监测16108人次，预防接种18806人次，发现病例8239例，其中检出1例甲型H1N1流感患者、20例艾滋病感染者、32例性病感染者、2518例乙肝病毒携带者、24例活动性肺结核患者。截获禁止进境物216批次，在货物和集装箱及木质包装检疫查验中，截获动植物疫情7批次，涉及20多个种属。

一、签证管理

2009年，重庆检验检疫局全年共签发检验检疫证书证48783份，其中证书7099份，证单

41684 份。签发普惠制产地证书 8737 份,签证金额 50444.99 万美元，区域优惠产地证 1916 份，签证总金额 9263.73 万美元，一般产地证 3968 份,签证金额 20995.09 万美元。接受自理报检单位备案登记的外贸企业 422 家，通过报检员注册 70 人。目前,共受理 1817 家外贸企业的自理报检单位备案登记，代理报检单位注册登记 5 家,报检员注册 547 人。组织 1 次报检员资格统一考试,共 429 名报检员报考,70 人取得报检员资格证。

全面推广电子报检，电子报检率全面达到 100%(见表 1,表 2)。

二、出境检验检疫及管理

重庆检验检疫局全年检验检疫动植物及其产品、食品、纺织品、轻工品、化矿产品、金属产品、机电产品等出境货物 29217 批，货值 19.31 亿美元。其中不合格产品 28 批,货值 125.70 万美元，不合格原因主要为品质规格和包装不符合要求。检验检疫出境集装箱 108603 箱，检疫出境飞机 1090 架（次）。查验口岸出境人员 99288 人次。实施传染病监测,监测体检出境人员 14994 人次,艾滋病监测 14859 人次,发现艾滋病感染、乙肝病毒携带者等监测性病例 7601 例,预防接种 18796 人次。

表 1 出入境检验检疫报检单位报检批次前十位

名次	单位名称	批次（批）	货值（万美元）
1	重庆三方报关行	6509	51368
2	重庆太平洋国际货物运输代理有限公司	4348	23416
3	民生国际货物运输代理有限公司	3460	36714
4	中国外运重庆有限公司	3138	20843
5	重庆力帆实业（集团）进出口有限公司	2525	17852
6	重庆外贸报关行	2028	7387
7	重庆隆鑫机车有限公司	1388	10730
8	重庆银翔贸易有限公司	983	7957
9	重庆银翔摩托车（集团）有限公司	938	6264
10	重庆鑫源摩托车股份有限公司	926	7000

表 2 出入境检验检疫报检单位报检货值前十位

名次	单位名称	批次（批）	货值（万美元）
1	重庆三方报关行	6509	51368
2	民生国际货物运输代理有限公司	3460	36714
3	重庆太平洋国际货物运输代理有限公司	4348	23416
4	中国外运重庆有限公司	3138	20843
5	重庆力帆实业（集团）进出口有限公司	2525	17852
6	重庆建蜂化工股份有限公司	24	11863
7	重庆隆鑫机车有限公司	1388	10730
8	重庆航天巴山摩托车制造有限公司	906	85006
9	重庆银翔贸易有限公司	983	7957
10	玖龙纸业（重庆）有限公司	830	7927

2009 年，重庆检验检疫局认真研判国际金融危机对重庆外贸的影响，深入调研、深刻分析,根据重庆出口产品结构和特点,制定出台了应对金融危机、服务外贸发展系列措施,得到地方政府和出口企业一致好评。加大帮扶力度,助推产品出口。重庆全地形车遭遇技术壁垒出口受阻后,重庆检验检疫局第一时间作出反应,在深入调研后形成专报上报重庆市政府，时任市长王鸿举做出肯定性批示并提出要求，直接促成了全市相关主管部门共商对策，最终帮助环松集团等 3 家全地形车在全国率先通过美国“安全行动计划”审查,并成功重返美国市场。在预见到输欧盟鞋类将受到富马酸二甲酯问题影响时，重庆检验检疫局对辖区内的鞋类产品进行全面测试,及时排除了出口风险。在全球经济企稳回暖的背景下，重庆检验检疫局积极引导企业开拓新兴国际市场，非洲和中东国家已经成为重庆机电轻工产品的重要市场，其中以鞋类为代表的轻工产品取得了全年出口额增长 24.4%的良好成绩。

机电轻工、化矿、服装、丝类产品等为重庆出口大宗商品。重庆检验检疫局 2009 年全年共检验出口机电成套产品及散件共26287批，货值227830万美元，主要出口国是俄罗斯、叙利亚、哈萨克斯坦、阿尔及利亚、哥伦比亚等，产品一次检验合格率高，产品质量比较稳定，未发现重大质量问题，未出现国外退货情况。检验检疫出口摩托车整车、发动机及散件13139批，货值106687万美元，主要出口国是缅甸、阿根廷、伊朗、巴基斯坦、墨西哥等，出口多达100多个国家和地区。出口摩托车产品多以中小排量、中低档次为主，质量稳定。检验检疫出口全地形车1057批，43022辆，货值3969万美元，其中一次检验不合格批次3批，130辆，货值12.5万美元。不合格原因分别为产品标识不合格和怠速法排放污染物不合格，返工整理重新检验合格后，准予出口放行。检验检疫出口汽车及成套散件共470批，货值10283.4万美元，12635辆(套)。主要出口国是阿尔及利亚、俄罗斯、伊朗、叙利亚、墨西哥等，产品的质量比较稳定，未出现国外退货情况。共检验出口陶瓷产品1177批，货值2969.62万美元，主要出口国和地区是美国、欧盟、中国香港等，产品的质量比较稳定，未发现重大质量问题及索赔。检验出口鞋类产品840批，货值2526.9万美元，505万双。主要出口国和地区是美国、欧盟、中国香港等，产品的质量比较稳定，未出现国外退货情况。与2008年相比，批次、货值和数量分别增长196.82%、205.56%和73.92%。检验检疫出口金属及其制品341批，24764吨，货值6272.6万美元，主要品种有电解金属锰、锰铁、无缝钢管、合金无缝钢管、各类型钢、铝绞线、铜绞线等。主要出口国是日本、韩国、美国、荷兰、俄罗斯等，产品质量稳定，全年未发生索赔退货情况。检验检疫出口丝类商品1304批，700.34吨，货值1851.99万美元，较上年大幅下降。主要出口国是印度、孟加拉国等，产品质量良好，全年未发生退货索赔情况。检验检疫出口服装654批，319.43万件（套），货值2434.29万美元，批次、数量和货值都有较大幅度的上升。其中主要为羽绒服装及制品、衬衣、体恤、夹克和少量儿童服装。主要出口国是意大利、西班牙、美国、加拿大、马来西亚等，产品质量稳定良好，全年未发生退货索赔情况。

三、进境检验检疫及管理

重庆检验检疫局全年检验检疫动植物及产品、食品、纺织品、轻工品、矿产品、金属及制品、化工品、机电产品等进境货物4980批，货值5.09亿美元。其中不合格产品60批，货值380.4万美元，不合格原因主要为品质规格、数重量不符合要求。检验检疫入境集装箱84235箱，检疫入境飞机1090架(次)。查验入境人员97474人次，实施监测体检1792人次，艾滋病监测1249人次，发现638例病例。

加强进境旧机电商品检验监管，进口旧机电产品共27批，数量193台(套)，货值621.5万美元，主要是机械设备、仪器仪表和电器电子产品。主要进口国家和地区是日本、美国、欧盟。到货检验中，一次检验合格7批，46台(套)，货值257.9万美元；检验不合格需整改20批，147台(套)，货值363.6万美元；检验不合格不准进口为零。进口旧机电产品的质量状况总体上比较稳定，到货检验发现的主要问题是安全标识不全、缺少中文警告标志、缺少安全防护装置、部分带电部件裸露在外、工作电压规格不符合国家标准以及操纵台上的操作指示未使用中文、易产生歧义等。

进境货物中机械及设备产品为检验检疫大宗商品。检验检疫进口成套设备295批，2545台(套)，货值25835万美元，主要来自日本、美国、欧盟和韩国；检验检疫进口医疗设备329批，1180台(套)，货值2842.35万美元，主要来自中国香港/台湾、欧盟、美国和日本。进口成套设备和医疗设备质量情况总体稳定，不合格项目主要是数量短少、部分配件漏发、规格不符合同规定要求及质量达不到合同规定要求。共出具索赔证书69份，索赔金额402.8万美元。

检验检疫进口金属及制品610批，51746.3吨，货值5259.4万美元，主要有冷轧钢(卷)板、热轧钢(卷)板、镀锌钢(卷)板、热轧不锈钢板、冷轧不锈钢板、合金钢管、马口铁、铜带、铝箔、铝管等。进口国主要是日本、韩国、欧盟等国家和地区，总体质量情况较好。无不合格产品，质量比往年有所提高。

检验检疫进口涂料46批，320.15吨，进口货值139.81万美元，进口国别主要为日本、泰国。无不合格产品。

在进境集装箱检验检疫中，对86198标箱进境集装箱实施了卫生除害处理，共检出携带疫情及有毒有害物质等不合格集装箱54标箱。进境集装箱主要来自美国、日本、荷兰、比利时、台湾、瑞典、德国等国家和地区，装载的货物主要是化工原料、机电设备、亚麻、进口废纸等。从来自德国、荷兰、加拿大、日本、比利时、瑞典、韩国、中国台湾等国家和地区的进境集装箱检出毛蛉、蚤蝇、骚花蝇、蓝原丽蝇、毒隐翅虫、瘤鞘薪甲、嗜卷书啮、双齿谷盗、黑条木小蠹、褐薰甲、缩颈薪甲、球腹蛛等17种有害生物，其中骚花蝇、蓝原丽蝇为重庆口岸首次截获记录。毛蛉、毒隐翅虫因对人体伤害较大而具有重要检疫意义。

四、“质量和安全年”活动

2009年3月~12月，在国家质检总局的统一部署和领导下，重庆检验检疫局开展了“质量和安全年”活动。活动中，重庆检验检疫局结合重庆区域经济特点，围绕“以质取胜，确保进出口产品质量安全”这一主题，以“树两种意识、强三项基础、优四类服务、保五个安全”为目标，认真部署了15项重大活动，确定了49项重点工作，成效明显。活动中，开展了为期4个月的食品添加剂专项整治行动，先后出动190人次，深入到111家进出口食品生产经营单位进行检查整顿，圆满完成食品添加剂专项整治行动，收到良好效果。3月，全面启动了重庆地区进出口食品安全整顿，出动执法人员130人次，对辖区内所有进出口食品生产经营企业进行“拉网式”大检查，全年未发生一起进出口食品安全事故。根据国家质检总局的统一部署，重庆检验检疫局从4月起开始对重庆进出口市场进行规范和整顿，累计出动448人次，对178家企业的生产经营行为进行了检查和规范，进一步规范了企业生产经营行为和重庆地区进出口产品市场秩序，强化了企业产品质量责任。

五、防控甲型H1N1流感疫情

重庆检验检疫局坚决贯彻执行“联防联控、严防死守”的要求，甲型H1N1流感防控工作做到了“快、细、严、实”。疫情发生后，迅速启动应急机制，成立防控应急领导小组，制定工作措施，抽调局内相关专业骨干补充到口岸检疫一线。并根据疫情变化，成立了医学专家组，购置了200多万元的专用物资，与机场、海关、卫生防疫等部门通力协作、严防死守、外堵输入。在出入境检疫中重点把好空中初筛、入境人员申报、现场检疫、发热人员医学排查、卫生消毒处理、后续信息跟踪等六道关口，打造了“无缝链条式”防控模式。6月17日，在从香港飞抵重庆的入境航班上成功拦截了重庆市首例确诊病例。

7月，国务院甲型H1N1流感联防联控工作口岸督导组来重庆检查，重庆检验检疫局代表重庆口岸联检单位进行了工作汇报，督导组对重庆口岸的疫情联防联控工作给予充分肯定。谢小军副市长在座谈会上再次高度评价重庆检验检疫局“高度重视、周密安排、措施有力、效果显著”。由于工作突出，重庆检验检疫局机场办事处被评为“全国质检系统防控甲型H1N1流感疫情应急工作先进单位”，杨力和周莉两位同志被评为先进个人。

（重庆市检验检疫局　彭莺）

邮政监管

一、2009年发展回顾

2009年，是新中国成立60周年，也是实施“十一五”规划的关键一年。市邮政管理局全面超额完成了市政府绩效考核目标。全市邮政业业务收入达到20.08亿元，同比增长21.7%，超出年初预定目标7.8%；未发生重特大邮政通信安全事故；机要通信失密丢失率为零，实现质量十七年全红；邮件全程时限逾限率为万分之零点一八；全年全市邮政普遍服务用户满意度达到88.07分；全年在13个区县建设600个试点村邮站。

(一)深入贯彻实施《邮政法》

2009年4月24日，十一届全国人大常委会第八次会议通过了修订后的《邮政法》。4月底，国家邮政局马军胜局长亲临重庆指导检查工作，并就宣传贯彻《邮政法》提出具体要求。市邮政管理局迅速制定方案，深入学习。一是印发学习贯彻意见，重点突出三个层面、三个阶段的学习宣传。二是购买500册《邮政法》单行本，发送邮政企业、快递企业和邮政特邀监督员；积极联系工商、公安、国安、海关、检验检疫等相关部门进行宣传；及时组织邮政企业、快递企业和邮政特邀监督员，采取多种形式广泛宣传《邮政法》。三是采取深入企业调研、开展社会监督、召开企业座谈会等方式，了解企业关注的信件专营范围、外商不得投资经营信件的国内快递业务等热点、难点问题，有针对性的开展工作，取得积极效果。目前，全市尚未出现违法经营情况。

(二)加强普遍服务和特殊服务的保障和监督

一是推动农村邮政物流发展。10月19日，市政府出台《重庆市人民政府办公厅关于印发重庆市推动农村邮政物流发展实施意见的通知》。文件明确提出推动农村邮政物流发展的指导思想和发展目标；市邮政管理局和市发改委、市财政局、市交委、市农委、市商委等11家部门制定农村邮政物流发展的相关配套措施，并加强部门协调配合，支持农村邮政物流发展；各区县(自治县)人民政府作为发展农村邮政物流的第一责任主体，负责本行政区域的组织实施和监督协调。二是大力推进村邮站建设。12月，市委办公厅、市政府办公厅《关于印发〈市委三届四次全委会重要措施任务分解〉的通知》中明确提出“到2012年，全市农村行政村村邮站覆盖率达到90%以上”的目标，市委常委、常务副市长为分管领导，市邮政管理局为牵头单位，市发改委和市财政局为协办单位。11月24日，市政府办公厅转来常务副市长批复，同意2009年村邮站建设费用由市财政承担45%，区县财政承担10%，市邮政公司承担45%。2009年的13个试点区县已建设600个村邮站，剩下的7240个站点将分三年建成。三是市政府大力支持，出台了《重庆市都市区邮政设施专项规划(2008—2020年)》。2009年10月28日，市政府正式同意通过该规划，并纳入全市都市区控制性详细规划管理和实施。规划明确，今后规划范围内邮政支局、所建设设计房地产开发项目的，规划部门应在核发规划条件和审查建设工程设计方案时，对邮政支局、所用地及位置予以明确并督促开发企业建设落实；同时国土房管部门应在该土地“招拍挂”条件中对配套建设邮政支局、所的建设，其对应土地应作为划拨性质，价格按成本综合价购买。四是住宅信报箱的建设和管理。《重庆市住宅信报箱建设规范》作为重庆市工程建设标准于2009年2月1日起实施。3月，住房和城乡建设部批准该项标准作为“中华人民共和国工程建设地方标准”备案，并确定相应的强制性条文。

(三)加强邮政市场监管

一是确保国庆60周年邮路安全。制定国庆60周年邮路安保工作计划,应急预案、突发事件处理流程。国庆期间重庆邮区中心局检查点共检查邮件2273袋,检查非邮快递企业快件1049件,退回不明邮件173件,查获反动宣传品114件。向6家快递企业发出《安全生产隐患整改通知书》,要求企业限期进行整改。二是继续健全邮路安全监管体系建设。根据市领导指示,在去年顺利完成奥运会邮路安保任务经验的基础上,进一步建立国安、公安、禁毒、反恐、“扫黄打非”、工商、海关、检疫检验等相关部门参加的全市邮路安全监管局际联席会议,积极开展各项联动检查工作,并形成长效机制。三是严防H1N1流感病毒通过寄递渠道传播。为严防H1N1流感病毒经过国际邮件传入重庆市,市邮政管理局积极配合检疫检验部门,对通过邮寄到重庆的所有国际邮件进行全面消毒检疫,严控H1N1病毒通过邮件传播。2009年7月,国家H1N1防治检查组到重庆检查时,对市邮政管理局和检疫检验部门协同检查的方法给予肯定。四是积极配合有关部门进行邮路寄递渠道安检。从2009年3月22日到6月22日,市邮政管理局对重庆出口的1万余件快件进行安全检查,对14家社会非邮快递企业陆路运输的快递物品进行“三防”检查。共检查各类邮政普通邮件541袋,邮政挂号包裹654件,快递公司快递物品753件。协助公安部门对快递企业进行走访,对非邮快递企业运单进行查验。调处、查阅快递运单28.7万张,调检和录入52.7万张,有力的配合了“3·19”枪击案侦破工作。

二、发展中存在的问题

全市邮政业发展不平衡、服务水平差距较大,快递行业集中度不高、快递企业规模偏小、服务水平不高,需要进一步加大支持行业发展和市场监管的力度,满足人民群众不断提升的用邮需求和整体经济社会的发展需要。

三、2010年发展目标

2010年发展的总体思路是:以党的十七大和十七届三中、四中全会为指导,全面贯彻科学发展观,落实中央对重庆提出的“314”总体部署,以深入贯彻实施《邮政法》为主线,以加强监管,提升服务,促进全市邮政业科学发展为重点。以实现基本公共服务均等化为目标,推进普遍服务有效实施。确保邮政普遍服务和特殊服务的运行质量,提高普遍服务水平。依法规范市场秩序,强化安全监管,加强党风廉政建设和党务工作,加强队伍建设,真抓实干,为促进重庆市邮政业又好又快发展作出新贡献。

一是继续深入贯彻执行新《邮政法》及其配套法规、规章、标准、规范性文件。按照《邮政法》、《邮政普遍服务监督管理办法》、《邮政普遍服务》标准及其配套法规、规范性文件的规定,督促企业贯彻执行落实情况。要对邮政局、所网点和信箱设置、营业时间和经办业务、投递质量和邮件时限、查询赔偿等情况进行定期和不定期的测评、检查,并定期通报。督促邮政企业建立和完善邮政普遍服务自查机制,按时报送自查报告,督促邮政企业整改落实。

二是推进地方邮政业发展,编制“十二五”规划。积极编制全市邮政业“十二五”发展规划。坚持以人为本,完善邮政普遍服务保障和监督机制,建立覆盖全市、惠及全民、水平适度、可持续发展的邮政普遍服务体系,推进公共服务均等化。着力思考新时期邮政业发展战略,推动邮政业进行业务创新、服务升级和渠道整合,引导企业明确发展重点、发展方式和发展目标。贯彻落实西部大开发工作会议精神,总结西部大开发10年来取得的成就和经验,对行业发展提出新目标、新要求,并将其纳入“十二五”规划中。

三是着力推进农村邮政物流发展和村邮站、信报箱建设。根据渝办发〔2009〕321号文件要求,积极推动农村邮政物流发展,并争取2012年前完成全市空白乡镇邮政局所补建工作。积极争取地方政府对村邮站建设的支持，采取多种措施，落实村邮站的建设资金和运营资金，逐步解决村邮站设置和管理问题，全年建设2000个村邮站，为2012年村邮站覆盖率达到90%以上奠定坚实基础。加强与市建委的沟通联系，按照住宅信报箱《规范》、《图集》，联合住房与建设管理部门落实住宅信报箱建设和管理，推进信报箱建设工作。

四是整顿快递市场秩序、规范经营行为。按照新《邮政法》的要求，严格贯彻落实快递业务经营许可制度，重点整顿各寄递企业的经营行为，要求各企业严格按照《快递市场管理办法》的要求提升服务水平。继续做好快递业务市场准入工作，指导快递企业完成许可申报，依法办理行政审批。

五是加强快递安全体系建设，贯彻落实安全预案。重点加强安全体系建设，确保上海世博会、广州亚运会等重点时期的邮路安全。一要以制度防范为主线、以人员防范为重点、以技术防范为手段，充分发挥国安部门的技术防范作用，会同国安部门携带有关设备开展两次巡回大检查。二要建立全市邮路安全监管微机联网系统，全面落实邮路安全预案。

（重庆市邮政管理局 周寅垠）

中小企业乡镇企业

2009年，金融危机在全球肆虐，给我市非公有制经济、中小企业、乡镇企业也带来了前所未有的困难。但在市委市政府的坚强领导下，全市中小企业管理机构全力做好“调结构、保增长、促发展”的各项工作，打赢了“止滑促增”的攻坚战，非公有制经济、中小企业、乡镇企业（以下简称“三类经济”）发展继续向好。

一、经济运行特点

（一）一季度经济发展触底，后续恢复性增长趋势明显

与全国情况比较，重庆是“后入水，先上岸”，晚一个季度受金融危机影响，早一个季度复苏，而非公有制经济、中小企业、乡镇企业则是在全市经济复苏过程中的先导力量（如图一）。

从上图可以看出，金融危机对“三类经济”经济的影响，在一季度最为显著。相比较于2008年1~4季度，非公有制经济、中小企业、乡镇企业增速回落幅度分别为10.5、8.3和9.6个百分点，比全市经济回落幅度高3个百分点以上，但

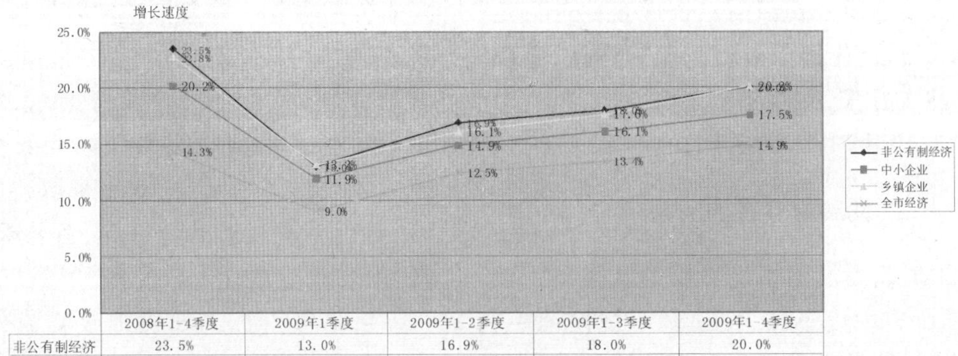

	2008年1-4季度	2009年1季度	2009年1-2季度	2009年1-3季度	2009年1-4季度
非公有制经济	23.5%	13.0%	16.9%	18.0%	20.0%
中小企业	20.2%	11.9%	14.9%	16.1%	17.5%
乡镇企业	22.8%	13.2%	16.1%	17.6%	20.2%
全市经济	14.3%	9.0%	12.5%	13.4%	14.9%

图一 2008年四季度以来“三类经济”发展速度

增速依然高于全市经济增长速度。从2季度开始,“三类经济”开始随全市经济复苏,增长速度高于全市经济总体2.4~4.6个百分点。截至2009年末,全市非公有制经济、中小企业、乡镇企业实现增加值分别为3915亿元、2627亿元、1894.4亿元,分别占国民经济总量的60%、40%和29.0%,占比比2008年分别提高了3.1、2.7和2.5个百分点;对全市经济增长的贡献率继续提高,分别达到70.6%、50.8%、37.9%。由此可见,“三类经济”在促进全市经济“企稳复苏”过程中发挥着重要推动作用。

(二)活动单位数目放量上涨,促进稳定就业成效显著

为应对金融危机对实体经济的冲击影响、保障社会就业,自2008年四季度以来,我市在支持返乡农民工、大学生创业就业等方面出台了一系列政策措施,目前这些措施的积极效应正逐步显现,“三类经济”活动单位数今年呈放量上涨。截至2009年12月底,全市非公经济产业活动单位达到86.5万户,比上年末增加9.7万户。其中,非公有制企业14.5万户,比上年末增加1.6万余户;个体工商户72.0万户,比上年末增加8.1万户。新增的企业以中小企业为主。12月末,我市中小企业数量达18.6万户,比上年末增加了1.7万户。乡镇企业达到9.1万户,比上年末增加0.78万户。“三类经济”活动单位新增量创近年最高水平。

在金融危机持续性影响的背景下,我市“三类经济”市场经营主体发展仍保持活跃势头,为我市下岗及隐性失业人员提供了有力就业保障,维护了社会和谐与稳定。2009年,全市非公有制经济、中小企业、乡镇企业新增从业人员分别达20.5万人、10.4万人和8.4万人,到2009年底,非公有制经济、中小企业、乡镇企业从业人员总量分别达到675.9万人、383.9万人和244.0万人,提供劳动报酬分别达到1110.4亿元735.7亿元和476.8亿元,分别比去年同期增长15.5%、15.4%和15.8%,人均年劳动报酬分别达到16428元、19164元和19598元,相当于人均月工资比上年分别提高了197元、261元和241元。

表1 2009年末非公有制经济、中小企业、乡镇企业活动单位数 单位:万户

类 别	2009年末	比2008年末增加
非公有制经济	86.5	9.7
其中:企业数	14.5	1.6
个体工商户	72.0	8.1
中小企业	18.6	1.7
乡镇企业	9.1	0.78

(三)固定资产投资继续推进,经济效益不断改善

面临金融危机带来的不利影响,我市非公有制经济、中小企业、乡镇企业不等不靠,积极利用金融危机影响下市场要素价格低廉的有利条件,结合市场需求,开展生产结构调整、技术改造,产品升级提档,尽量将不利影响降到最低。如我市重要的纺织基地——回龙坝镇,在2009年一季度金融危机影响最重的时候,加大资金投入和技改工作,加快纺织产业技改步伐,淘汰耗能高、污染重、生产工艺比较落后的设备,努力扩大销售市场销售范围由浙江绍兴,广东南海一带,向福建石狮一带扩展。渝北区的重庆驰骋零部件有限公司2009年投入1000万元为长安福特、成都本田、浙江奇瑞等厂家,新上8个配套项目;重庆至信集团承接了为长安经济型轿车中14个部件的研发,该项目年增产值5000万元;新动脉开发的农村微耕机配套项目供不应求,四通机械厂铜鼓引进日本的一套生产线,市场销售红火;玮兰床垫、郎萨家私、隆创公司等一大批中小企业纷纷加大了结构调整力度。这些项目的实施,使得“三类经济”固定资产投资在金融危机影响下继续向前推进,为企业积蓄发展动力。2009年,全市非公有制经济、中小企业、乡镇企业完成固定资产投资分别为2709.5亿元、1666.8亿元和965.9亿元,同比分别增长29.0%、25.7%和29.8%。

正是这种积极、主动地适应经济环境中的不利影响,“三类经济”产业活动单位的经济效

益随着生产经营的逐步恢复，也在不断改善。2009年，全市非公有制经济、中小企业、乡镇企业实现利润605.2亿元、398.7亿元和277.3亿元，同比分别增长14.8%、14.3%和17.8%；实交税金分别为444.4亿元、422.5亿元和224.8亿元，同比增长18.9%、18.2%和20.5%。与一季度的利、税同比6%左右的增速相比，"三类经济"利税逐季递增趋势明显。

（四）企业不断发展壮大，规模工业继续发挥支撑作用

近年来，我市开展了以促进企业成长为主要内容的"51311"中小企业工程，收到了很好的效果，规模企业不断增加。截至2009年底，年销售收入在500万元~3000万元的企业达到8500户，比上年净增650户；3000万~1亿元的企业达到2380户，净增230户；1亿元~10亿元的企业达到725户，净增95户；10亿元以上的企业达到52户，净增12户。

非公有制经济、中小企业、乡镇企业中，规模以上工业企业实现增加值分别为1282.5亿元、1164.8亿元和820.8亿元，占各自工业总量的七成以上，较上年分别增长20.5%、19.5%和22.3%，增速均高于工业总体水平。规模以上工业无论在确保"三类经济"总量持续增长，还是保持"三类经济"稳定发展方面起到了骨干和支撑作用，尤其是在当前我市正处于工业化和城镇化的关键时期，规模以上工业的复苏对全市经济的回暖和持续性发展起到了至关重要的推动作用。

（五）三产业快于二产业，轻重工业协调发展

受国家拉动内需政策刺激，第三产业取得了快速发展。2009年，非公有制经济第三产业实现产值2436.5亿元，同比增长24.2%，快于第二产业4个百分点。随着国家"家电下乡"、"汽摩下乡"政策和"万村千乡市场工程"的稳步推进城乡消费提档升级步伐加快，批发零售业、住宿餐饮业产值同比增长24.1%和23.3%。

在工业中，以农产品工业为代表的轻工业的快速发展成为亮点，重工业整体复苏迹象明显。以乡镇企业为例。2009年乡镇企业中，农产品加工业实现增加值247.4亿元，同比增长31.2%，比乡镇工业企业增长快8.2个百分点。据分析，农产品加工业良好的发展形势，一是因农产品加工业受金融危机影响较小，农产品价格稳中有升；二是因交通改善，潼南、黔江、合川等农产品加工大县区位条件改善，刺激了当地农产品加工积极性；三是农业扶持措施逐步加强，公司+农户运作模式在垫江、涪陵、忠县、石柱等县成功运作。以南方集团为代表的一批产业资本因规避金融风险投入种养殖业，以小天鹅为代表的一批餐饮大户实施原料基地化带动了种养殖业的快速发展。建材业受国家大力推进基础设施建设的推动，保持了25%的增长。汽车、摩托车及其零部件业受小排量汽车购置税减免和汽车摩托车下乡工程的启动，也在逐步恢复。2009年，乡镇企业中，交通运输设备制造业实现增加值365.5亿元，同比增长27%。在汽摩产业增长带动下、有色金属冶炼及压延、通用零部件、金属制品业，同比增速度亦高于乡镇工业总体。

二、实现"三类经济"向好发展的有效举措

（一）政策刺激为"三类经济"恢复性增长提供根本保障

金融危机影响下，从中央到地方、基层政府都出台了一系列刺激经济增长的措施，起到了明显成效。特别是在扩大内需方面效果显著，主要是刺激内需政策拉动商品批发零售和餐饮服务业，使之成为"三类经济"增长的主要动力。我市出台12条保障政策措施，全面提振经济发展，其中惠及到"三类经济"的有7条，一是设立5亿元提振经济特别专项资金，拉动工业投资和企业技改，缓解企业融资困难；二是稳定出口，对出口本地汽车摩托车整车及零部件，机电等产品的市内出口企业，每出口1美元给予0.02元企业技改补助；三是减轻企业负担，暂停征收煤炭价格调节基金；四是支持企业并购重组，并购重组涉及税收的实际部分予以返还，免收相

关费用；五是支持商贸设施建设，对纳入规划的区县、乡镇商贸设施建设，免征综合规划费、城市建设配套费；六是投入6亿元稳定和增加就业岗位；七是投入2亿元扩大返乡农民工就业创业。

(二)加大融资担保、缓解资金压力，为“三类经济”恢复性发展提供重要驱动

为应对金融危机，我局于2009年初，推出了为中小企业融资担保200亿元的“暖冬计划”，帮助企业渡过金融“寒冬”。积极与市国开行、重庆银行、市农商行、市农发行、建行、光大银行、民生银行、华夏银行、渣打银行和中信银行等联手推进金融合作服务计划。与工商银行合作启动了重庆市小企业金融服务“启明星计划”。重点打造信用担保平台，构建信用担保体系，到2009年底，全市中小企业信用担保机构发展到99家，比2008年增加18家，超过了年初确定全年增加10家的目标；当年发生担保额203.1亿元，比2008年新增的110亿元增加了93.1亿元，增长84.6%；累计担保金额达到553.1亿元，比2008年末增长58.0%。通过争取扶持政策，两次组织担保机构申请国家专项资金补助，为9家担保机构争取国家专项补助资金2000多万元。

(三)着力招商引资、保障项目落地及推进建设力度，为“三类经济”恢复性发展注入新活力

2009年，全市利用园区、都市楼宇工业园、小企业创业基地、农民工创业园进行招商引资，吸引、承接了一大批沿海产业梯度转移项目和创业者，取得较好成绩。在一年一度的全国知名民营企业重庆行活动中，签约项目69个，投资总额达到619.37亿元。全年全市中小企业引进内资200多亿元，外资2000万元美元。组织企业参加了一系列国内外的经贸洽谈活动12次，其中组织企业参加国家主办的一年一度的第六届中国国际中小企业博览会，有67家企业参展，申请国际标准展位70个，超额完成中博会组委会下达的组展任务；有37家参展企业(区县)与来自16个省市、7个境外及地区的82位中外客商进行了商务洽谈，达成意向性协议21份，意向合作金额达到1.16亿元，其中签订代理或购销合同4份，金额3340万元。还组织中小企业参加了在重庆举办的一年一度的西部农产品交易会。在加强与广东、浙江、四川等省的合作与交流中取得了新的成效。

(四)加强载体建设，为“三类经济”发展拓展空间

加强中小企业发展载体建设，为“三类经济”拓展新的发展空间，为城乡劳动力开辟新的就业渠道。2009年，全市新增12个市级小企业创业基地，市级小企业创业基地达到103个，入驻企业达3700户，提供就业岗位26万个，其中解决农民工就业18.5万人，实现销售收入438亿元，税金13.5亿元。全市新增10个市级都市工业园(楼宇)，市级都市工业园(楼宇)达到77个，入驻企业1927家，提供就业岗位11.7万个，全年实现销售收入515亿元，上缴税金17亿元，利润总额26亿元。根据《重庆市中小企业特色产业基地认定办法》，认定了7个特色产业基地。2009年，全市有中小企业、非公有制企业产业集群75个，其中销售收入10亿元以下46个，10~50亿元15个，50-100亿元6个，100亿元以上8个。

按照农业部农产品加工局的工作要求，我局完成了对九龙坡、长寿、涪陵、璧山、荣昌、丰都等区县14家农产品加工示范企业的审查认定工作。指导帮助重庆市帅笑工贸有限责任公司、重庆亿口鲜实业有限公司、重庆市农业科学院申报2010年国家农产品加工技术研发专业分中心。永川畜禽、粮食深加工基地、万州分水农产品加工基地等11个农产品加工基地被农业部认定为“全国农产品加工创业基地”。目前，全市共有22个“全国农产品加工示范创业基地”。

(五)加快工业化和信息化融合力度，推动创新，为“三类经济”可持续性发展加入新动力

2009年，全市“三类经济”已完成重点新产品360项，比2008年增加36项，占全年计划任

务的90%;获得认定高新技术产品140项,占全市新增数的88%;获得认定高新技术企业360家,占全市新增数的92%;科技进步贡献率达到43%。有91个科技型中小企业技术创新项目获得科技部创新基金扶持5030万元,占全国该项基金总量的5%,企业数和资金量分别比2008年增长40%和27%。组织重庆市中小企业信息化专家委员会的专家评选,认定了43家企业为我市首批中小企业知识产权试点单位,其中6家被推选为国家级试点单位;评选出了42家企业为2009年中小企业信息化示范企业和第二批中小企业信息化服务产品14个。为加快中小企业信息化建设步伐,整合价值1600万元的社会资源,开展了为万家中小企业信息化送优惠活动。启动了中小企业健康成长计划。搭建和完善了中小企业信息化建设的技术、管理和电子商务平台。成功举办了第十一届中国科协年会“重庆中小企业发展高层论坛”,形成了部分体现科学性、富有前瞻性、具有操作性的决策咨询报告。启动了中小企业质量标准工作。工业化与信息化融合工作力度的加大,为“三类经济”可持续性发展加入新动力,推动“三类经济”创新增效。

(六)加大人才培训,提高从业人员素质,为“三类经济”发展积蓄发展后劲

2009年,我局通过学历教育、短期培训、远程教育等形式,面向企业大力培训各类人才。全年完成各类人才培训13500人,比2008年增加30%,特别是免费培训创业者从原来的每年800人增加到了2100人,比上年增加110%。其中,为三峡库区、渝东南地区免费创业培训达600多人,深受创业者的欢迎,社会反响很好。自2003年起,市中小企业培训中心和万州、涪陵、合川、永川分中心及綦江、城口、奉节等地共举办了31期创业培训,共计培训3942人。据统计,学员培训后有35%的已开展创业。这些培训工作,有效地促进了我市“三类经济”从业人员素质的提高,为“三类经济”的进一步发展积蓄了后劲。

(七)经营主体积极迎战发展和市场问题,为“三类经济”发展提供重要支撑

2009年以来,我市非公有制经济、中小企业、乡镇企业在危机面前不等不靠,部分企业借危机之“机”来促进自身发展。主要有以下几方面举措:

一是借危机拓展市场份额。受危机冲击,产品市场萎缩的同时,一些企业的停产或倒闭,让出了部分市场空间,一些企业便能用较少的成本开拓更大的市场。如綦江县的农产品加工业企业一方面扩大优势产品产能、新增产品品种迎合市场需求,另一方面大力拓展市场,行业整体增幅明显。

二是借危机调整产品结构。为应对危机,部分企业及时组织人员对市场进行调研,结合市场需求调整产品结构,增加产品品种或改变产品性能,抢占新的产品市场。如铜梁县新财纸业有限公司危机前主要生产箱板纸,危机影响后,企业结合市场需求及时调整产品结构,进行技术改造,生产A级瓦楞纸,产品上市后供不应求,企业利润上扬,职工工资上调;渝西包装有限公司由生产包装纸向生活用纸等多方面转变,生产实现满负荷运行。

三是加大技术改造力度。目前,部分产品价格处于相对低位,利用这一条件进行技术改造和规模扩充,无疑能节省成本。如重庆星源玻璃器皿有限公司今年出口市场减少2/3,公司果断采取措施,将销售市场转向国内,在政府部门和各金融机构的大力支持下,贷款1000万元投入技改、扩建工程,目前销售良好。重庆富丰水泥集团投资4亿元进行200万吨水泥生产技改,技改后生产规模达到400万吨;金九水泥投入2亿元技改,生产规模达到200万吨,这两户企业技改扩能后,产销情况良好,实现利润同比有较大增长。秀山县,重庆天雄锰业投入4000多万元对尾矿库安全、新渣厂和生产线进行改造,预计产值达3亿元;昌隆锰业投入1000多万元,改造后,年产量达到2万吨,产值达1.6亿元。

四是积极引进高级管理和技术人才。金融

危机使得部分沿海企业倒闭，出现了管理人员和技术工人回流现象，我市一些乡镇企业及时把握这个机会引进高层管理人员和技术工人。

五是借危机打“情感牌”，强化内部管理。在危机面前，我市一些乡镇企业和职工发扬“不抛弃、不放弃”作风，把危机当做休养生息、苦练内功和促进转型的好机会。一是企业勇担责任，稳定职工队伍。如重庆博赛集团先锋氧化铝厂向职工郑重承诺：决不主动开除一名职工，决不向社会推出一名下岗工人；重庆双赢集团坚持以人为本，更加注重企业的长远发展和社会价值的最大化；重庆纵横纺织公司共识坚持“工人是紧缺资源，一定要保证职工日常生活，绝不给社会麻烦”；重庆森源食品公司坚持“再困难也要保证职工的基本生活，决不抛弃一个职工”。二是职工不言放弃，与企业共进退。三是休养生息，苦练内功。重庆双赢集团拨付专款，量身定做培训方案；重庆博赛集团加强企业文化建设和管理制度培训，印发《员工手册》、《管理制度读本摘要》等学习资料，组织职工开展节能减排活动。

三、面临的问题和挑战

在国家和市一揽子提振经济政策的刺激和推动下，我市“三类经济”呈现回暖向好发展趋势，现已基本恢复到金融危机前的水平，但仍然面临着不少困难和问题，集中表现为：

(一)固定资产投资相对乏力

由于国家“扩内需”的政策效果主要体现在基础设施等国有经济投资占绝对主导地位的领域，而在民间投资领域，由于受去年全球金融危机影响，民间投资预期收益下降，投资积极性受到一定影响。2009年，我市非公有制经济、中小企业、乡镇企业固定资产投资增速低于全社会固定资产投资增速，占全社会固定资产投资比重分别为51%、31%、18.2%，均比去年同期下降了3个百分点左右。

(二)出口全面恢复仍有压力

一方面是为应对金融危机，越来越多的国家采用贸易壁垒来保持国内经济增长，出口贸易摩擦现象在今年显得尤为明显，一些出口型企业为保证货款安全，出口意愿有所降低。另一方面，由于金融危机影响了世界市场的消费信心，部分出口产品价格下滑。如博赛集团出口产品棕刚玉从去年的4760元/吨跌至3944元/吨，铝土矿从去年的3536元/吨跌至3060元/吨，内销产品氧化铝从去年的3500元/吨跌至2500元/吨左右，冶金焦从去年的2300元/吨跌至1350元/吨，化工焦从1500元/吨跌至1100元/吨。随着经济的复苏，“三类经济”的出口降幅在不断收窄，但从全年情况来看，仍与上年有较大差距，全面恢复压力较大。

(三)资金紧张，融资难依旧突出

一方面，在金融危机影响下，市场出现一定程度萎缩，企业间的“三角债”现象增多，企业资金流动性降低。如北碚区银鸿铝业、华伟联龙、长江造型材料公司、东阳玻璃、缙云织造等30多户重点成长型企业应收账款同比增长100%。

另一方面，中小企业融资难问题仍未得到根本解决。我市担保行发展还较为落后，企业的融资主要依靠商业银行贷款。对于广大中小企业而言，在金融危机影响下，自身发展具有更大风险性，银行贷款处于安全考虑，仍重点关注大企业、大项目以及政府性基础设施类贷款，非流动性资金贷款远远高于流动性贷款。同时，目前贷款抵押方式单一。应收帐款抵押、设备抵押、仓单质押等抵押方式在我市开发程度不够普遍，特别是一些在农村集体土地上修建的厂房，由于土地性质关系，也不能成为抵押物。此外，一些区县当地银行自主审批权力有限，提请上级审批时限较长，与中小企业资金需求“快、急、频”相矛盾。据九龙坡区测算，2009年该区中小企业资金缺口达20亿元以上；垫江县对两百余户企业调查显示，2009年这些企业资金缺口37499万元，平均每个企业资金缺口155万；万盛区急需融资的25户中小企业流动资金缺口就达1.25亿元，由于金融机构对抵押和担保的要求较高，绝大多数企业由于抵押物不足或缺乏有效抵押资产；涪陵区，2009年全区金融机构人民币贷款余额202.17亿元，比上年末增加51.06亿元，增长33.8%，而当年10大新增贷款户新增贷款余额达55.6亿元，贷款大客户集中度太高，中小企业受益不多。中小企业融资难的问题未能从根本上得到解决。

(四)要素保障尚有差距

土地方面。一是国家实行了严格的土地政策，新批土地少。而中小企业具有新生多、规模小、传统工艺多、技术含量少的特征，新办企业难以达到园区要求，而在园区外又得不到土地；二是主城区土地有限，优势企业难以扩展，城区改造中的小企业无地安置；三是新一轮的国家调控政策，对农村用地改变租用性质的清理整顿中，部分租地乡镇企业的融资和长期发展规划受到一定影响。如江津区由于土地供应不足，截至2009年底，全区工业园引进的71户企业由于缺少土地27313.5亩不能开工；南川区，部分企业的技改项目均在租用的集体土地的基础上，由于租用土地无法办证，而引起失地农民养老保险、企业担保融资困难等一系列问题。

能源方面。2009年夏冬季节，我市电力、天然气供应紧张，各类企业都不同程度出现了拉闸限电、停气现象。如以天然气化工为支柱产业的长寿区，因天然气供应不足企业被迫停产或半停产的现象时有发生，初步估算，其工业用天然气缺口每天超过240万方，其对工业所造成的损失每天高达6000万元以上；潼南县2009年天然气缺口达5000万立方米，2010年天然气缺口达1.5亿立方米；永川区天然气日缺口在30万方左右，年缺口在1200万方；垫江县工业是以天然气为原料的精细化工和以天然气为燃料的机械加工业，天然气生产量在逐年下降，造成天然气供应紧张，影响企业发展。

四、发展建议

当前，在经济正在复苏的大背景下，正是“三类经济”实施体制机制改革创新、技术升级和结构调整的最佳时机。为此，建议：

(一)坚定不移地贯彻落实好中央及地方出台的应对政策

当前，在国家和各级地方的一系列宏观政策调控的成效逐步显现，我市三类经济发展出现企稳向好的态势，为巩固这一发展态势，我们必须坚定不移地贯彻落实中央和我市“三类经济”发展相关法律法规政策，重点做好国务院〔2009〕36号文件和我市实施意见精神的宣传与贯彻落实工作，兑现好国家与市里相关政策与资金优惠，切实做好各方面基础工作，争取国家部委和市级财政给予我市“三类经济”发展更多支持，从而优化企业发展宏观与微观环境，促进“三类经济”更好更快发展。

(二)切实放宽准入政策

进一步改革政府发展经济的方式，充分发挥市场在资源配置中的基础作用。切实放开非公企业进入基础设施等投资领域的准入政策，提高非公企业参与重大项目的实际开放度。积极发挥财政资金的引导作用，进一步调动民间投资。

(三)加大金融支持力度

认真贯彻国务院金融促进经济发展的文件精神，加大落实力度，降低贷款门槛，尽量放宽还款期限，尽快扩大贷款总量，银行要加大对企业的放贷力度。进一步加大重庆银行、农商行、三峡银行三家地方银行支持民营中小企业融资的力度，加快小额贷款公司的审批和发展，切实推进我市非公企业发行企业债券和直接上市融资。

(四)加快企业转型升级

应着重加大财政对企业技术创新的支持力度，加强公共研发平台和检测设施建设，降低公共科技设施收费标准。加强非公企业与科研机构、大专院校的对接，推进“产、学、研”相结合，推进科技成果转化。积极支持非公企业引进技术和管理人才。加快科技服务业的培育和发展，进一步强化科技创新孵化机制，推动企业自主创新。

(五)加大出口支持力度

加快实施出口企业多元化战略，帮助非公

企业开拓国际新兴市场。进一步提高出口退税税率和出口创汇补贴，对开拓国际市场取得重大成效的，给予相关费用的补贴或奖励。

(六)做好产业规划对接

一是做好对国家产业振兴规划的对接工作，加快我市产业结构调整；二是争取国家和有关部门的政策和资金支持打好基础，为我市非公经济、中小企业的产业结构优化打下基础。

(重庆市中小企业局 徐新意)

卫生工作

2009年，重庆市（不含诊所）有卫生机构2425个，其中医院386家，卫生院1018所，采供血机构11个，妇幼保健院41家，疾病预防控制机构43个，卫生监督机构42个；全市有病床床位9.27万张，平均每千人有病床2.83张；卫生人员11.96万人，其中平均每千人口拥有卫生技术人员3.65人、有执业医师(包括执业助理医师)1.28人、有注册护士0.97人。

全市人均期望寿命监测数据为76.58岁(比2008年增加0.31岁)，孕产妇死亡率从2008年的35.2/10万下降到30.13/10万，婴儿死亡率从2008年的8.15‰下降到7.09‰，5岁以下儿童死亡率从2008年的11.36‰下降到10.42‰，儿童保健和孕产妇保健覆盖率分别达到73.58%和88.9%。

一、"健康重庆"建设

群众看病就医条件得到明显改善。市级医疗卫生机构建设快速推进，4个开工在建的市级十大公共医疗卫生工程项目有2个已主体封顶，重庆医药高等专科学校大学城校区一期工程、重医儿童医院科教楼等一批重大项目竣工并投入使用。基层医疗卫生服务条件明显改善，2009年实施基层卫生体系建设项目978个，总投资17.18亿元，对16个区县人民医院、7个中医院、100个社区卫生服务机构、194个乡镇卫生院、661个村卫生室的业务用房进行了改扩建，卫生业务用房首次突破1000万平方米，全市社区卫生服务中心、乡镇卫生院标准化率分别达到60.7%和72.7%，群众就近就能得到医疗服务。

医疗服务水平进一步提升。2009年全市完成诊疗5789万人次、住院277万人次，较2008年分别提高8.39%和18.62%。强化了医疗质量管理，"医院管理年" 活动受到卫生部充分肯定，并在全国医政工作会上交流发言。重庆医科大学附属第一医院荣获全国三级综合医院病历质量考评三等奖，石柱县等四个区县人民医院通过了二甲评审。临床用血和安全得到保障，护理队伍建设不断加强，西南医院鲜继淑荣获第42届南丁格尔奖，14个"巾帼文明岗"、"巾帼建功标兵"受到卫生部表彰。

卫生惠民力度进一步加大。城乡居民免费享有了9类基本公共卫生服务，城市、农村居民健康档案建档率分别达30%和10%。26万儿童接受乙肝疫苗免费补种，500万儿童接受麻疹疫苗强化接种，"四苗"接种率达97.75%。为20万农村孕产妇进行免费产前检查，为13.6万农村妇女进行乳腺癌、宫颈癌免费检查，为5.5万育龄妇女孕前和孕早期免费补服叶酸，为72万老年人和低收入人群免费体检，将32万名高血压和糖尿病患者纳入健康管理，开展生殖健康检查25万人次，实现了农村孕产妇在县级以下医疗机构住院平产全免费，农村孕产妇住院分娩和新生儿保险实现全覆盖，孕产妇死亡率从2008年的35.2/10万下降到30.13/10万，低于全国平均水平。

市民健康素养逐渐提高。组织专家编写了《健康重庆口袋书》、《重庆市居民膳食指南》等一系列为重庆市民量身打造的健康宝典，免费发放健康知识手册、健康常识口袋书、限盐勺、控油壶等健康支持工具近100万套。在全国率先制定市民健康评价指标，分儿童、青少年、成人、老年人四个年龄段对重庆居民的健康状况进行了总体评价，并提出简易可行的居民自评指标体系。积极举办了全民健康生活方式行动、健康知识大巡讲、健康动漫宣传画征集比赛等大型健康宣传活动，其中首届市民健康知识竞赛吸引了数十万群众参与，决赛创下健康类节目收视率历史新高。据统计，全年开展健康知识大巡讲1200余场，举办各类健康宣传活动5000余场，受益群众超过千万人次。各项健康行为促进行动深受市民和社会好评。

城乡居民生活环境逐步改善。新申报荣昌县等3个国家卫生区(县城)，新增巫溪县等3个市级卫生县城、56个市级生态卫生村。建成农村饮水水质监测点130个，新增3个国家级水质监测区县。兴建各类农村安全工程4800余处，解决了221万农村居民饮水安全问题。完成21.72万户农村厕所无害化改造，建成四害密度监测点200个。开展公共环境四害专业防制，一圈内城市和城镇防制率分别达60%和15%，两翼内城市和城镇防制率分别达45%和8%。开展了“百千万控烟行动”和“无烟医院”行动，全市共创建无烟医院和卫生机构70多个，城乡居民逐步享有健康生活环境。

二、医药卫生体制改革

医药卫生体制改革思路更加清晰。全市成立由市长任组长的医改领导小组，各区县也建立健全了医改领导机构和工作机制。历时半年酝酿，9月召开了全市深化医药卫生体制改革电视电话会议，10月初在四个直辖市中率先出台了《关于深化医药卫生体制改革的实施意见》，全市医改工作全面启动。通过深入调查研究，明确了建立覆盖城乡居民的基本医疗卫生制度框架的改革目标；提出了促进公共卫生均等化、建立基本医疗保障制度等七项重点改革举措；确定了将改革重心放在“基本、基础、基层”，重点关注农村、库区卫生发展和妇女、儿童健康的改革方向，力争通过深化管理体制和运行机制改革，保障群众公平享有安全、有效、方便、价廉的医疗卫生服务。

各区县积极探索深化医改有效经验。利用世界卫生组织、卫生部2008~2009双年度研究项目，在黔江区、江北区开展了“基本医疗卫生制度实施策略研究”试点，大力探索基本医疗卫生筹资机制、支付方式和运行监管机制改革，建立“公共卫生均等化、基本医疗低付费、大病住院有保险、困难群体有救助”的基本医疗卫生制度框架，试点工作通过卫生部专家总结评审，拟在全国推广试点经验。各区县积极探索深化医改的有效途径，黔江区农村卫生管理体制改革获得第五届中国地方政府创新提名奖，渝北区等区县全面落实了医疗卫生机构投入补偿政策，沙坪坝区率先制定出台了区域卫生规划，在基层医疗机构积极推行收支两条线管理，这些探索为全市深化医药卫生体制改革积累了丰富的实践经验。

三、公共卫生保障

疾病预防控制能力进一步提高。投入2050万元，为区县疾控机构配置一批基础设备。建立了覆盖全市的艾滋病自愿检测和咨询点，推广全市社区药物维持治疗IC卡管理系统，美沙酮维持治疗保持率达70.5%，筛查高危人员3.1万人。被卫生部确定为“中国卫生部——盖茨基金结核病控制项目”工作地区，启动了第三期全球基金结核病防治工作。完成22个区县消除碘缺乏病评估。2009年全市报告无甲类法定管理传染病，报告乙类法定传染病20种78156例，死亡420例，报告发病率从2008年的336.23/10万下降到275.29/10万，全市无重大疫情发生。

卫生应急工作取得突出成效。甲型H1N1流感防控取得阶段性胜利，健全了联防联控工作机制，在全市375家县级及其以上医疗机构和市、区两级疾病预防控制机构建立不明原因肺炎监测网络，新装备4个流感网络实验室，检测样品6764份，做好聚集性疫情处置和重点人群防控工作，完成重点人群疫苗免费接种108万剂次。全市共确诊病例2331例，治愈出院2310例，死亡2例，防治工作获得社会各界充分认可。圆满完成松藻同华煤矿瓦斯突出事故、武隆山体垮塌事件等一系列重特大事故和自然灾害的卫生应急处置任务，派出医疗防疫队195支、医疗卫生人员3505人次，累计救治伤病员3801人次，进行饮水和环境卫生消毒305万平方米。建立了3000万元的市级卫生应急药械储备库。

食品安全得到有效保障。认真贯彻《食品安全法》，完成市级食品安全监管职能调整，积极完善食品安全综合协调、组织查处食品安全重大事故等职能。全市投入执法设备装备经费226万元，新增配备执法车辆12台、执法取证工具和现场快速检测设备近200台件，所有区县已建立食品快速检测工作室并配备相应检测设备，食品质量监测和快速检测覆盖面城区达90%以上，农村达80%以上。通过深入开展打击违法添加非食用物质及滥用食品添加剂、食品领域大排查大整治大执法行动，强化了食品安全全程监管。加强餐饮环节监督，餐饮业食品卫生监督量化分级管理率城市达97%以上、农村达75%以上。全市无重特大食品安全事故发生，食品安全整治工作受到国务院专项督查组高度评价。

药品监管力度进一步加强。以"万家药房无假药"专项整治行动为着力点，查处案件1208起，批捕犯罪嫌疑人21人。开展乡镇药品委托执法，取缔无证经营药品摊贩226个。加大虚假药品广告整治力度，对情节严重的22种广告采取了暂停销售强制措施，群众举报投诉同期下降14.9%。

卫生监督力度不断加大。制定出台了重庆市职业病诊断与鉴定管理办法，联合开展了建设项目职业病危害预评价审核。推行公共场所卫生监督量化分级管理制度，对全市2954家各类住宿业单位进行量化评分，量化分级管理实施率占全市住宿业的63.2%。推进城市饮用水卫生监测网络建设试点，检查供水单位1851家，抽检水样3817件，合格率83.94%。组织开展消毒产品专项整治，开展医疗机构传染病管理工作监督检查，严厉打击非法行医和非法采供血，加大医疗广告监管力度，人民群众健康权益得到有效保护。圆满完成各种重大活动和接待任务的食品卫生安全保障任务82次。

四、新农合制度

新型农村合作医疗制度保障能力不断增强。2009年，新农合筹资标准提高到100元/年·人，全市参合农民2179.2万人，共筹集资金19.32亿元，参合率达92.63%，较2008年提高7.61个百分点。参合农民共计2048万人次享受到新农合医药费用补偿，补偿金额19.17亿元，最高支付限额达到4万元，超过全市农民人均纯收入的6倍，住院和门诊的实际补偿率分别提高到39.61%和55.9%，农民基本医疗保障水平进一步提升。9月，按照市政府第49次常务会议决定，完成了新农合管理职能调整，将城乡居民合作医疗保险和新型农村合作医疗整合为"重庆市城乡居民合作医疗保险"，统一由人力社保部门负责管理，实行统一组织领导、统一行政职能、统一经办机构、统一信息管理系统、统一定点医疗机构管理办法，基金统一管理、分帐运行，城乡统筹的基本医疗保障管理体制基本建立。

五、卫生科技与教育

卫生人才队伍素质稳步提升。6月，在全市启动"农村卫生人才远程培训工程"，依托农村党员干部现代远程教育网络，拟首轮利用3年时间，对全市乡镇卫生院医护人员、乡村医生进行全覆盖培训，已培训农村基层卫生技术人员2万余人。继续开展西部卫生人才和"三峡之光"访问学者培养项目，培养了卫生人员百余名。积极开展卫生人才对口支援，先后委派412名专家对口支援100个区县医院和乡镇卫生院，帮助基层医疗卫生机构提高技术水平。全市卫生人力资源配置水平逐步提高，每千人口执业(助理)医师和注册护士数分别提高到1.28人和0.97人。

医学科技创新能力进一步提高。开展国家重

大科技专项、国家科技支撑计划项目研究等7项，第三军医大学2项科研成果荣获国家科技进步二等奖，支持重点科研项目25项。新增、调整重点学科建设项目9个、特色专科建设项目25个。投入2000多万元组织开展"农村卫生适宜技术及产品应用示范研究"项目、超声聚焦技术等适宜技术项目推广。成功举办了第十一届中国科协年会"健康重庆"高层论坛，包括"区域医学中心发展策略"、"营养与健康"2个分题，近20位院士、著名专家以及700余名卫生科技人员参加了论坛，论坛成果受到市领导和专家的高度重视。

六、中医药事业

中医服务体系建设进一步加强。合并组建的新市中医院一期工程竣工并于10月投入使用，17个区县级中医院纳入国家重点中医医院建设。

中医药特色建设工作推进顺利。江北区通过了全国中医药特色社区卫生服务示范区评审。争取国家公共卫生中医专项经费2600万元，在7个中医院实施中药制剂能力建设，在8个县级中医院实施中药房建设，在16个农村医疗机构实施中医特色专科(专病)建设，在2个县级中医医院实施急诊急救建设，在27个区县开展了面向农村和社区推广的中医药适宜技术。

中医药科教工作成效显著。建成三级中医药实验室3个，市中医院、重医附一院和市中药研究院被国家中医药管理局确定为新一轮重点学科建设单位。启动全市中医药高级人才培养工程，推进第四批全国师带徒和第二批全国优秀中医临床人才研修项目，全面完成全科医师岗位培训任务，共培训人员1.1万人次。成功举办了"中医中药中国行"重庆大型科普宣传活动，启动仪式当日在5家报纸整版刊登中医药知识，为期两天的展览现场吸引数十万群众驻足观看，产生了良好的社会效益，受到王国强副部长的高度评价。

七、医德医风建设

深入开展以"创优质服务，树卫生形象，促医患和谐"为主题的医德医风建设年活动，初步形成医德医风建设长效工作机制。积极开展优质服务竞赛，创建"优质服务"窗口，基本形成行风评议"纠—建—评—改"的工作模式。医院文化建设不断加强，"以病人为中心"的服务理念进一步强化。继续深入开展医药购销领域商业贿赂专项治理，健全了各项规章制度。基层医疗卫生单位学习实践科学发展观活动成效显著，落实整改措施3044条，为群众办实事好事6975件。全市卫生系统第三批学习实践科学发展观活动得到中央领导和市领导的充分肯定，中央政治局常委、国家副主席习近平和中央政治局委员、市委书记薄熙来对此作出了重要批示。

(重庆市卫生局　肖莉丽)

重庆烟草

一、烟草专卖管理

加强专卖管理是维护国家利益和消费者利益，确保烟草行业健康、有序发展的重要手段。2009年，全市烟草专卖各级机构继续坚持和完善国家烟草专卖制度，保持打假高压态势，紧紧围绕"打假破网、专卖内管、基层建设"三大任务；创新思路推进工作，取得显著成效。

(一)卷烟打假

建立起"政策统一、指挥统一、情报统一"的"三统一"工作机制，开通全国统一的打假举报投诉电话12313；巩固和强化了与公安机关各警种的卷烟打假长效合作机制，进一步完善了与广州市局的卷烟打假协作机制，建立了与福建省局的省际间打假破网协作机制，打假破网成效显著。全年共破获假烟网络27个，其中国家级15个，市级12个，拘留138人，逮捕87人，判刑62人。"2·19"网络案件案值逾亿元，涉及20余个省市，逮捕18人。市局稽查总队被评为全国卷烟打假先进集体，南川区局匡为建、稽查总队王东林、南岸区局杨宏被评为先进个人。渝穗"2·19"、渝北"8·20"、南川"4·29"获国家局通报表彰。

(二)内部监管

专卖内管纵深推进。建立起以内管规范为核心，以教育培训、同级监管等11个制度为支撑的内管工作体系；市局对30家基层单位组织开展了内管检查，各基层单位查处内部违规经营案件14起、处理21人。

(三)市场监管

集中开展名烟名酒店整治、零售大户治理等专项行动，清理整顿名烟名酒店551家、取缔75家，清理整顿大户1503户，名烟名酒店清理整顿行动获国家烟草专卖局通报表彰。全年共查处涉烟违法案件13486起，违法烟草专卖品5826件，其中假冒卷烟4748件，罚没款1189万元，零售终端市场秩序进一步规范。针对2009年烟叶丰产丰收的情况，在烟叶收购期间，加大对烟叶收购、运输等环节的监管，有效规范了烟叶生产经营秩序。

(四)基层建设

继续坚持每季度案卷评查机制，对全市行政处罚案卷和行政许可案卷进行评查，有效提高了全市行政处罚和行政许可水平。全年共抽调行政处罚案卷372份，其中优秀案卷359份，优秀率96.5%；抽调行政许可案卷346份，优秀案卷338份，优秀率97.7%。开展优秀基层单位创建，结合国家局的要求，制定了创建优秀基层专卖局的考评细则，统一了创建标准，首批15家基层专卖局完成创建工作。实施类区管理，坚持按类区标准分解打假任务、规范经费管理、强化目标考核；开展专卖执法评议活动，对全市40个单位（部门）1450名专卖执法人员进行评议，得到行业和社会各界的好评。

二、烟叶种植业

重庆是全国烟叶生产的主产区之一，烤烟种植规模名列全国第7位，白肋烟种植规模列全国第2位。全市烟叶生产主要分布在三峡库区和渝东南少数民族地区。2009年全市13个种烟区县，共种植烟叶61.48万亩，收购烤烟8.895万吨，白肋烟0.74万吨；烤烟上中等烟比例78.9%，同比提高6.4个百分点；烤烟收购公斤均价13.67元，增加2.03元；全市烟农收入12.89亿元，增加4.71亿元，增长57.5%；烟农户均收入23238元，增长62.6%；实现烟叶综合税收3.74亿元，增长47.8%，烟叶产业发展取得近10年来最好成绩。

(一)加强组织领导，健全考核机制

一是加强政企协同。年初市政府成立了烟草产业发展领导小组，8月份又召开全市现代烟草农业建设工作会，安排部署现代烟草农业建设有关工作。地方党政和市级相关部门更加重视烟叶工作。巫溪县委、政府领导多次带队到工业企业沟通交流；巫山县领导加强对烟叶生产的检查督导；市各级电力部门急烟农所急，积极推进电压增容、电力配套，保障烘烤用电；市发改委、水利、国土部门积极配合，共同制定现代烟草农业建设规划。二是优化投入政策。全市统一推行产后为主、产前为辅的投入方式，实现投入与产出有效挂钩；严格按合同签订面积供苗、供种、供肥，严禁变相超标准投入。三是健全考核机制。今年市政府制定出台了全市烟叶产业工作目标考核方法，健全激励约束机制；市局（公司）建立对专业分公司、产区单位、烟叶站点及烟叶技术人员的分级考核制度，围绕烟叶生产环节开展巡察督导，有效促进了各项工作措施落实。

(二)狠抓标准化生产，科技兴烟取得明显成效

2009年继续把推进烟叶生产标准化作为提升科技兴烟水平，提高烟叶质量效益的重要抓

手,建立推广了烟叶生产标准化体系,并按烟叶生产关键环节进行阶段考核排序,将标准化贯穿烟叶产前、产中、产后全过程。全市在预留烟地冬耕、育苗、移栽、大田管理等方面与往年相比有显著提升。烤烟预留烟地63.76万亩,完成冬耕翻土56.3万亩,占计划面积的91.6%,彭水、涪陵达100%;烤烟漂浮育苗62.7万亩,占育苗面积的90%,商品化供苗59.1万亩,占85.5%,同比增加23.5个百分点,万州区、巫山县分别达100%和97%,巫山县平均每个育苗点规模达1700亩;全市移栽亩平株数达1087株,同比增加137株;烟叶单株留叶数平均为22片,99.6%实行了打顶抹芽,武隆县留叶数达23片,丰都县打顶抹芽达100%。进一步加强适用科技的研究推广和科研示范,共开展科试项目15个,其中国家烟草专卖局批复立项2个。作为重庆市获国家科技部立项的6个科研项目之一的"高效烟草专用复合肥综合施用及示范推广",是重庆烟草首次主持承担国家级科研项目,实现了科研领域新突破。

(三)凝聚多方力量,现代烟草农业稳步推进

2009年,在黔江、彭水、武隆、巫山等4区县继续开展现代烟草农业试点,在规范设施建设、完善组织模式、健全服务体系等方面取得显著成绩。巫山县通过建立专业合作社,实行统一生产管理,以现金支付劳务报酬,有效实施专业化作业;黔江区通过土地租赁承包等方式将土地集中连片到种烟大户,形成烟叶种植农场。按照国家烟草专卖局工作部署,在下半年启动了全面推进现代烟草农业建设规划工作,市政府及时出台推进现代烟草农业建设的实施意见,各产地单位在地方政府和相关部门大力支持下,健全机构,落实措施,有序推进规划工作。巫溪县细化工作流程,推行一线作业法、图表分析法等五项措施,加快编制工作,县委、县政府抽调大学生村官深入烟区收集数据,编制规划;巫山县注重实地调查和资料整理的协同推进,确保规划编制准确可靠;石柱县数据审核和文本编撰齐头并进,有效提高编制效率。黔江区作为国家烟草专卖局首批整县推进现代烟草农业建设试点单位之一,规划方案通过国家烟草专卖局评审。

(四)强化基础管理,规范化管理水平持续提升

2009年全市行业上下更加重视烟叶基础管理,狠抓物资采购、烟叶收购、内部监管、基础设施建设等工作,着力提升规范化管理水平。一是加强物资采购管理。对100万以上项目实行集中统一采购并全部公开招标;对烟叶生产大宗物资及基础设施建设管材实施质量抽检。二是严格烟叶收购管理。各地围绕打造"三诚"服务品牌要求,认真落实"烟叶购销级差升损率控制在1%以内"的纪律规定,严格执行收购预检和质量总监负责制度,收购秩序井然。彭水县推行"四分法",坚持分棚堆放、分棚分级、分级堆码、分部位预检,杜绝了扎把不规范和把内掺杂使假,分部位收购成效显著。三是强化内部监管。按照国家烟草专卖局"三项检查"和基础设施建设专项审计要求,认真开展自查、复查,落实整改措施,完善制度机制。四是加强基础设施建设。全市按照"科学规划、关口前移,严格标准、加强监管"的建设思路,扎实推进以集群式烤房为主要内容的烟叶生产基础设施建设。通过严格工程项目规划管理,实行验收中止和验收组长问责制,切实提升建设水平。2009年建成烟水配套工程72.9万立方米,覆盖面积24.3万亩,建成烤晾房6980座,烟路178.7公里。

三、烟草工业

重庆烟草工业由卷烟制造和烟叶复烤加工两部分组成。其中卷烟制造企业为重庆烟草工业有限责任公司,拥有重庆分厂、涪陵分厂、黔江分厂等3个生产点;烟叶复烤加工企业包括金益烟草有限责任公司(位于彭水县)和万兴烟叶有限责任公司(位于万州区)。2003年全国烟草工商管理体制分开后,重庆卷烟制造工业划归川渝中烟工业公司管理,烟叶复烤加工企业仍由市烟草专卖局管理。

(一)卷烟制造

重庆烟草工业有限责任公司2009年生产卷烟95.2万大箱(5万支/大箱,下同),销售卷烟93.7万大箱,同比增长5.5%、2%,其中一类烟2.3万大箱、二类烟3.7万大箱、三类烟18.4万大箱,分别增长25.7%、5.7%、10.3%;单箱税利5590元,增长14.3%;完成工业总产值81.5亿元、工业增加值60.2亿元,分别增长17.1%、20.8%;实现销售收入78.9亿元,增长10.3%;实现税利52.4亿元,增长16.6%,其中利润8.2亿元,下降15.8%,入库税金44.2亿元,增长25.5%;所有者权益27.5亿元,增长6.8%。多元化产业完成工业总产值9.47亿元、工业增加值2.51亿元,分别增长9.6%、25.5%,实现销售收入12.25亿元、税利1.67亿元,分别增长14.1%、17.8%。

一是坚持以推动发展为第一要务,全面配置优势资源,加快发展步伐,提高发展质量。面对国际金融危机的持续影响,针对市场环境的重大变化,大力强化发展意识、责任意识和整体意识,抢抓市场机遇和销售旺季,努力克服需求变化大、进度计划紧、产品规格多、供货要求急等多种困难,充分调动各方资源,全力抓好生产调度,力保畅销产品、重点产品的及时生产和上市销售,为企业扩大规模、提高效益和可持续发展提供了可靠保障。

二是坚持以培育品牌为核心价值,全面激活发展潜能,提升产品品质,增强竞争实力。切实加强设备维护、物资保障、工艺管理和业务衔接,不断优化关键指标和重要参数,确保产品质量的有效控制和持续稳定。切实加大产品整合、规格调整、改造提升和宣传推广的力度,不断扩大天子、龙凤呈祥等产品的市场和销量,进一步彰显了品牌内涵,传递了企业形象。天子系列在巩固重庆、四川等根据地市场的同时,向福建、深圳、广东、浙江等全国重点市场推进,全年调拨1.33万箱,比上年增长50.8%,其中天子(软黄)在全国400~500元价位产品中销量排在第三位,销售订单扩大到了16个省级市场。龙凤呈祥系列在整合宏声(朝天门)产品之后加速扩张,全年调拨45.96万箱,同比增长18.8%(全年拉通计算),成为川渝中烟工业公司继娇子之后的第二大品牌。

三是坚持以攻关创新为行动指南,全面突破关键环节,激发体制活力,提高运行效率。始终保持创新激情,加大创新力度,不断扩大创新的影响力。在对公司生产设备、信息系统和基础设施进行适应性改造的同时,着力基础研究和科技攻关,取得了一批科技成果和专利技术,增强了企业的核心竞争力。重点推进了涪陵分厂、黔江分厂在线适应性改造,在三个分厂配置了16组卷接包装机和连接设备,正式申报了涪陵分厂易地改造项目,全年完成基建技改投资3.93亿元,比上年增长51.2%。着眼管理创新升级,切实抓好精细管理与对标、创优的结合,建立了较为完备的目标网络体系和对标指标体系,加强了对企业各个关键环节和业务流程的控制。物耗、能耗控制效果突出,有的指标已达到或接近行业先进水平。全年单箱卷烟耗烟叶35.3公斤,同比减少0.56公斤,其中涪陵分厂34.75公斤,同比下降0.85公斤,继续保持领先地位,黔江分厂、重庆分厂取得较大进步。万元产值综合能耗(折标煤)21.69公斤,同比减少6.14公斤,下降22.1%。节约材料成本1977万元、能源成本291万元。积极拓展创优活动的内涵和外延,提出了创建优秀管理部门的目标和评价标准,强化了职能部门的责任意识和能动作用。着眼品牌培养和产品维护,加大工艺管理、基础研究和科技攻关力度,全年在线产品质量抽检合格率和三级站质量抽检合格率均达到100%,天子(软黄)、龙凤呈祥(佳品)在国家烟草专卖局组织的抽查活动中获得包装与卷制质量100分,形成了两项专利技术并已报经国家专利局受理,卷烟生产的技术支撑能力进一步增强。

四是坚持以以人为本为基本准则,全面打造卓越团队,强化思想保证,提升人力保障。着眼科学发展、和谐运行的战略目标,以重庆市政府烟草产业发展规划为基础,制定了公司五年发展规划和年度工作计划,进一步增强了干部职工对企业发展的信心。以深入学习实践科学发展观活动为契机,结合"两个至上"行业共同价值观和川渝中烟工业公司激情文化的宣传贯彻,激励和引导职工开展发展之思、履行奉献之责、胸怀感恩之心,激情工作,创新进取,共同呵护企业的稳定繁荣。按照川渝中烟工业公司的统一安排,切实抓好用工分配制度改革的基础工作,在调整完善职工离岗待退管理办法的同时,合理调整分配结构,适度增加职工收入,共享企业发展成果,升华了职工对事业的忠诚奉献,为企业凝聚了整体合力和团队精神。

(二)复烤加工

烟叶打叶复烤是目前先进的烟叶复烤加工技术,较传统的挂杆复烤加工具有更高的技术含量。重庆烟叶复烤加工企业有重庆金益烟草有限责任公司(简称金益公司)和重庆万兴烟叶有限责任公司(简称万兴公司)2 户。

金益公司 公司地处彭水县,是由中国烟草总公司重庆市公司、江苏中烟工业公司和重庆烟草工业有限责任公司共同投资组建,股本金 1.29 亿元。公司占地面积约 200 亩。建筑面积 8.4 万平方米,其中仓储面积 4.8 万平方米,烟叶整选场 0.86 万平方米。截止 2009 年末,公司资产总额 2.09 亿元,其中固定资产原值 2.61 亿元,固定资产净值 1.33 亿元。所有者权益 1.98 亿元,银行贷款余额为零,资产负债率为 5.72%。公司拥有国内较先进的麦克它维奇打叶、普洛克特复烤、菲思本型预压打包等 3 万吨生产线配套设备,采用集散控制系统,生产自动化水平较高,同时配备有布拉本德、赫尔森烘箱、TM710 红外线水份仪等质量在线检测仪器,采用柔性打叶、低温慢烤片烟工艺技术,加工质量稳定,采用静电除尘+涡轮增压湍流除尘脱硫装置,节能减排成效显著。

2009 年,公司全年加工烟叶 3.7 万吨,同比增加 0.7 万吨;产出片烟 2.4 万吨;实现主营业务收入 7752 万元,税金 1644 万元,利润 1386 万元。全年平均吨片烟耗水 2.16 吨、耗煤 0.185 吨、耗电 297.35kwh;产品质量保持稳定,大中片率上等烟为 89.9%、中等烟为 88.2%、下等烟为 84%,平均叶中含梗率为 1.8%;平均梗中含叶率 0.74%;各类杂物合格率 100%;重量合格率 100%;一次性水分合格率 99.64%,各项指标均达到质量目标要求。

2009 年,公司被中央精神文明建设指导委员会授予"第四届全国精神文明建设工作先进单位"荣誉称号,公司企业文化建设、宣传报道工作、财务工作、学习实践科学发展观活动获行业通报表彰,职工祝光荣获重庆市第三届劳动模范光荣称号。

万兴公司 公司位于万州区,由中国烟草总公司重庆市公司、湖南中烟工业公司和重庆烟草工业有限责任公司共同出资组建的股份制企业,注册资本金 1.2 亿元。主要从事烟叶(烤烟、白肋烟)的加工及出口备货,是国家烟草专卖局和重庆市局重点扶持的三峡库区移民迁建技改企业。公司占地面积约 8.2 万平方米,仓库面积约 5 万平方米,整选用地约 0.6 万平方米。公司主要工艺设备为"麦克它维奇"型打叶线、"普洛克特"型复烤线和"高多丽"型预压打包线,拥有先进完备的检测设备,建立了三级质量监督检测站,具备检测烟叶各项理化指标的能力,产品加工质量达到或超过行业标准。烟叶年加工能力达 3.25 万吨,仓储能力 1.6 万吨。

2009 年完成原烟加工 3.4 万吨,产出片烟 2.17 万吨,同比增长 15.66%;实现销售收入 6779 万元,同比增加 325 万元,增长 5%;上缴税金 1219 万元,同比增加 84 万元,增长 7.4%,实现利润 62 万元。保持了"重庆市精神文明标兵单位"、"重庆市级爱国卫生先进单位"、"重庆市园林式绿化单位"、市级"模范职工之家"等荣誉称号。

四、烟草商业

重庆市卷烟商业实行母分公司管理体制,市公司下属销售分公司、烟叶分公司、物流分公司 3 个专业分公司和 39 个区域分公司。2009 年是重庆烟草发展经受市场环境重大变化和卷烟税收政策调整等考验并取得显著成绩的一年。在国家烟草专卖局和市委、市政府的正确领导下，全市行业紧紧围绕"'两烟'上水平，税利保增长"的中心任务，全面加强管理，平稳推进改革，卷烟现代流通水平迈上新台阶，圆满完成全年各项目标任务。

（一）卷烟营销

全年销售卷烟99.74万箱，同比增长5.6%；卷烟单箱销售收入（不含税）12726元，增长10%；销售重点品牌（20+10，含视同品牌）62.73万箱，增长23.6%；卷烟零售客户毛利水平达到9%，实现总量、结构、品牌、价格"四提升"。围绕"稍紧平衡，稳价增效"的调控方针，落实控制大客户、均衡供应、浮动管理等措施，从整体上促进了客户规范经营和市场价格的稳定，"稳价增效"成效明显。开发计算机自动分配货源系统，卷烟货源分配更加公平公正。

（二）网络建设

积极拓展网订方式，打造电视商务平台，在全国率先开展电视订货。通过采取宣传培训、拓展网订方式、强化运行规范、完善系统功能等措施，提高网上订货系统整体性能和运行效率，有效保障了网上订货系统的平稳推广，截至12月底，全市共有6.4万客户参与网上订货，占总客户数的59%，网上订货成功率达96.1%。

（三）现代物流

加快物流设备升级技改，全市综合包装分拣速度达195.5件/小时；实施定额管理，全市物流费用率为1.2%（剔除不可比因素），下降0.3个百分点，物流运行效率稳步提升。

（四）烟叶经营

近年来，全市烟叶规模趋于稳定，烟叶质量稳步提高，市场信誉逐渐提升，竞争实力明显增强，为扩大重庆烟叶市场份额、加快工商烟叶基地建设、构建战略同盟关系创造了有利条件。2009年，重庆市积极顺应国家烟叶资源配置方式改革，以标准化生产为载体，不断提高烟叶质量和等级合格率，进一步改善等级结构，在烟叶质量和数量上为卷烟品牌成长提供保障。与全国13家中烟工业公司签订了交易合同，需求在0.5万吨以上的有川渝、湖南、江苏、山东、安徽、河南、红塔等7家中烟工业公司，合计5.83万吨，占合同总量的71.22%。签订烟叶基地协议6.63万吨，占计划总量的81 %，有效地提高了全市烟叶的市场抗风险能力。

（重庆市烟草专卖局　李瑜）

住房公积金管理

重庆市住房公积金管理中心（以下简称市中心）与重庆市住房资金管理中心实行两块牌子，一套班子管理。主要职责是负责全市住房公积金（以下简称公积金）及主城区其他住房资金的日常管理和服务工作。重庆市公积金制度实行"管委会决策、中心运作、银行存储、财政监督"的管理体系。2009年，在市委市政府的领导和各相关部门的支持下，市中心继续坚持"与时俱进，创新发展、当家理财，确保安全"的管理理念，全市的公积金管理体制基本理顺，风险管理不断强化，制度覆盖面不断扩大，资金使用不断规范，信息系统建设全面提升，党风廉政建设责任制全面贯彻落实，服务质量不断提高。在先后获得全国"精神文明建设先进单位"、"房改先进单位"、市级"文明单位标兵"、"重庆直辖10周年精神文明建设先进单位"等称号后，2009年荣获"全国住房和城乡建设系统思想政治工作先进单位"称号，多个区县分中心也被评为了当地的精神文明单位。

一、住房公积金管理

（一）公积金制度发展迅速，社会影响不断扩大

截至2009年底，全市共有19728家单位共

计163.11万名职工建立了公积金制度，缴存人数较上年净增9.57万人，增长率为6.23%，覆盖率达到71.04%(主城地区在80%以上)，高于国家平均水平（69.25%）。公积金年度归集额从1995年的1900万元增加到2009年的77.17亿元，累计缴存351.2亿元，使用322.21亿元，使用率达91.75%，越来越多的职工享受到公积金制度的实惠。

(二)资金使用加强，社会作用不断显现

通过进一步简化手续、优化办事流程等，不断扩大公积金提取范围和加强个贷发放力度，积极支持广大职工提取和贷用公积金，资金使用率不断提高。截止2009年底，所有区县均开展了贷款业务，全年提取和发放个贷64.38亿元，占同期归集额的90.46%，其中发放个贷26.61亿元。特别是机构调整后，区县资金使用效率明显提高，个贷发放增幅明显，总体达到15.32亿元，同比增长55.82%，职工提取额增长了27.56%。

(三)资金运作规范，两个效益更加凸显

全市严格执行国家有关规定，公积金运营安全稳健、风险规避良好，全市个贷逾期率为0.17‰，低于全国平均逾期率(0.4‰)，比上年初降低45.16%，其中区县个贷逾期率为0.27‰，比上年初降低69.32%。资金运作水平不断提高，增值收益增幅明显，2009年实现增值收益3.51亿元，区县总体实现1.70亿元，同比增长60.83%。2000年至2009年，全市实现公积金增值收益11.55亿元。增值收益的增加为我市廉租住房的建设提供了更多的资金支持，截至2009年底，全市累计向政府提供廉租房补充资金1.63亿元，为加快实现全市廉租住房保障全覆盖做出了贡献。

(四)积极争取试点，充分发挥公积金的住房保障作用

2009年以来，积极向国家争取开展利用公积金贷款支持保障性住房建设试点工作。目前，重庆市已被国家纳入首批试点城市审查范围，2010年拟计划投入20亿元公积金贷款支持公共租赁房建设，公积金的住房保障作用将进一步发挥。

二、其他住房资金

截至2009年底，全市累计归集其他住房资金277.09亿元。其中，住房补贴28.60亿元，售房资金61.59亿元，集资建房资金155.34亿元，资助购房资金6.27亿元，公共维修资金23.62亿元，住房保证金1.67亿元。累计提取住房补贴23.96亿元，使用售房资金43.14亿元，使用公共维修基金5.98亿元。

2009年归集7.82亿元。其中，住房补贴5.22亿元，售房资金0.62亿元，集资建房资金0.5亿元，公共维修资金1.48亿元。全年使用公共维修资金0.34亿元，对439.37万平方米已售公用住房公用部位、公共设施设备进行了维修。

(重庆市住房公积金管理中心　钟勇　钟韬)

第五编

产业状况

农村经济发展

一、2009年发展回顾

2009年，全市农业农村经济发展成功应对自然灾害和市场风险的双重考验，有效化解农民工"回流"、农产品价格下行等突出矛盾，保持了良好发展态势。全年投入"三农"资金315亿元，增长26.5%；实现农村经济总量1820亿元，增长11.6%；农业增加值607亿元，增长5.5%；乡镇企业增加值1894亿元，增长20.2%；农民人均纯收入4621元，增长12%。

(一)农产品供给稳定

围绕自求平衡目标，以10个产粮大县、100个重点产粮乡镇、50个油料特色乡镇为核心，推广良种良法，开展高产创建，实现粮稳油增。全年粮食产量1137万吨；油料种植面积354.28万亩、产量40.47万吨，接近直辖以来的最好水平；出栏生猪2003万头，肉类总产量189万吨，分别增长5.5%和5.7%；全市蔬菜产量1177万吨，增长18.4%，超过粮食成为第一大宗农产品，蔬菜产业成为助农增收亮点；柑橘产量140万吨，建成50万吨鲜果商品化处理生产线和50万吨鲜果橙汁加工生产线。

(二)特色产业亮点纷呈

着力发展池塘、生态、土著、观赏"四大渔业"，水产品总产量24.5万吨、同比增长10.4%，其中，名优水产品占38.8%，淡水产品自给率提高到49%。肉牛、羊、肉兔、家禽出栏量分别增长8.7%、10.3%、15.2 %、16.1%。奶类产量9万吨，增长15.7%。茶叶产量13.5万吨，名优茶占50%以上。梨、桃、枇杷等名优水果达242万吨。涪陵榨菜、石柱辣椒、铜梁"瓜果长廊"等上档升级、特色鲜明，"一镇一业、一村一品"的格局加快形成。

(三)规模经营渐成趋势

农村土地流转637万亩，占承包耕地面积的30%。土地规模经营面积416万亩，规模经营度21%，居全国第四、西部第一。生猪规模化养殖率43%。推行"行业协会+龙头企业+专业合作社+农户(基地)"的四位一体模式，推动形成龙头企业与农民风险共担、利益均沾的紧密关系，全市累计发展农民专业合作社5619个，成员142万户、参合率20.6%，"以地入股"农民专业合作社48个。推进农业产业化经营，监测申报国家级农业产业化重点龙头企业24家，按标准重新认定市级龙头企业379家，实现销售收入863亿元，带动农户300万户，进一步壮大带动农民增收的主体。

(四)农业基础日益夯实

争取基本建设投入15.6亿元，其中，中央7.6亿元、比上年增长50%，市级7.9亿元、增长49.4%，创历史新高。对107个新农村示范村补贴3000万元，重点扶持产业发展、基础建设。市级以上投入农机购置补贴和发展资金2.65亿元，补贴农业机械20.4万台，拉动农民和生产经营组织投资7亿元，耕种收综合机械化水平达21%以上、比上年增加4个百分点，农机化水平和发展速度居西南前列。强化科技创新与推广，科技进步贡献率提高到49%。推进农村信息化建设，实施"金农工程"、市级农业数据中心、"三农"呼叫中心、"三电合一"等项目，打造"农网广播"、"农信通"等平台，在全国率先实施信息使用及传播补贴，农村电话信息入户率达13.6%，完善"网上展厅"，推行"网上直销"，实现农产品交易对接额3亿元。

(五)农村民生加快改善

新增农村沼气池19.3万户，比上年增长48.3%。新建养殖场沼气工程640处，为国家历年支持总和的11倍。对3000余名沼气生产工进行职业技能培训鉴定，超历史最高年2倍。在全国首个获资金建设农村沼气CDM项目,首次将太阳能热水器、秸秆气化炉、省柴节煤炉灶纳入农村能源项目推广，在多能互补发展农村能源上取得实质性突破。牵头完成龙溪河与大溪河流域综合整治阶段工作,在21个村建设农村清洁工程,认真实施生态家园项目,农业环境质量监督检测工作顺利通过国家“五年复审”。开展“阳光工程”培训18万人,立足职能搞好农民就业指导和服务，组织6.2万农民工赴疆摘棉，人均创收2500元。扩大政策性农业保险覆盖范围,为80余万农户提供政策性农业保险金额13亿元。加强重大动物疫病防控,狠抓免疫、检疫、监测、消毒和堵疫，未发生高致病性禽流感疫情，点上偶发高致病性猪蓝耳病及输入性动物疫情得到了及时有效控制。加强农业法制建设，推进农业综合执法；开展渔业船舶安全、“平安农机”等整治创建行动,取得了明显成效。

二、发展中存在的问题

从全市统筹城乡发展大局看,当前和今后一个时期农业依然是国民经济最薄弱的环节，农村依然是全面建设小康社会最落后的领域，农民依然是城乡居民收入最困难的群体,发展基础依然是农村产业最脆弱的节点，城乡失衡依然是困扰改革发展最突出的矛盾。农村改革总体上仍处于攻坚克难、爬坡上坎阶段，农业农村经济发展还将面临许多新情况和新问题。

三、2010年发展目标

2010年是从“十一五”迈向“十二五”的关键一年，全市农业农村发展任务更加艰巨,“抓生产、保供给、促增收”始终是农业部门的基础职能和主体职责。2010年全市农业农村经济工作将以统筹城乡发展、夯实农业基础为主题,以发展现代农业、扎实推进新农村建设为统揽,以深化农村改革、解决农民工问题为突破,以“两翼”农户万元增收、保障农产品供给为抓手,强化农业政策、科技、投入、设施、人才“五大支撑”,全力抓好“三农”工作,千方百计实现农村经济总量增长13%、农业增加值增长6%、农民人均纯收入增长12%以上的目标，确保不发生区域性重大动物疫情、不发生重大农产品质量安全事件、不发生重大农业生产安全事故,进一步巩固和发展农业农村经济好形势。

（重庆市农业委员会　罗祖斌）

农业机械化

一、2009年发展回顾

（一）农业机械化水平

2009年末,全市农业机械总动力达967.41万千瓦，其中耕整机14.2万台，拖拉机0.96万台,联合收割机0.219万台;插秧机0.4867万台;农用排灌动力机械83.81万台；机动脱粒机56.76万台,农产品初加工作业机械97.66万台;农产品初加工动力机械85.64万台;畜牧养殖机械41.28万台；农业机械原值66.93亿元，净值46.76亿元。

2009年,全市机耕作业面积130.11万公顷,机收作业面积14.971万公顷；水稻机插面积52.45万公顷;机电浇灌面积45万公顷;机械深施化肥面积1.695万公顷;机械化秸秆还田面积4.345万公顷;机械脱粒粮食424.37万吨;机械初加工农产品数量977.1万吨；农机运输收入3.035亿元；农业耕种收综合机械化水平达到21%以上,较上年提高4个多百分点,比上年增长4个百分点,增幅为直辖以来最高,农机化水平和发展速度居西南地区前列。

（二）农机技术推广

2009年，全年共推广各类农业机械20.4万台(套)。其中,新推广耕整机62131台,是上年全年的 2.62 倍；共推广小型联合收割机 1375 台，较去年增长 124%；共推广高性能插秧机 2567 台，较去年增长 126%。其他各类农业机械均大幅增加。当年实际兑现中央及市级农机购置补贴 2.6 亿元，补贴农业机械 20.4 万台，拉动农民和农业生产经营组织投资 7 亿元，受益农民和农业生产经营组织 18.4 万个。

一是加大农机购置补贴资金投入。全市各级财政加大农机购置补贴资金投入力度，进一步提高了农民使用农业机械的积极性。2009 年，全市对耕整机补贴 30%，联合收割机补贴 30%(小型联合收割机补贴 60%)，插秧机补贴 85%，拖拉机补贴 30%。同时，各区县财政也加大了购机补贴力度。对购置耕整机，在市级补贴 30%的基础上，16 个区县还配套 10%以上的补贴，市烟草公司还对烟农购置的烟地耕整机另补贴 30%，有的区县、乡镇也根据各地的实际情况，对农民购置耕整机采取了不同标准的补助，极大调动了农民购置农业机械的积极性。部分区县对购置插秧机，在中央和市级补贴的基础上，还配套了相应的项目实施资金。

二是加大农机服务组织建设力度。为了扶持农机服务组织的发展，市上对农机专业合作社购买耕整机、两行联合收割机每台分别增加补贴 500 元、1000 元。这一措施很好地发挥了补贴政策的导向作用，使全市农机专业合作社从 2009 年底的不足 100 个发展到现在的 474 个，目前农机专业合作社呈现出积极发展的良好势头。同时，扎实推进市委、市政府 2009 年"民心工程"，全市新增农机维修网点 320 个。

三是抓好技术培训，确保操作熟练。为了让农民"买得起、用得好、会经营"，各级农机推广部门和农机企业积极组织技术人员加强对机手和乡镇农技人员的技术培训，确保机手和农技人员熟练掌握农机的操作使用方法和常见故障的修理，做到一般性的操作使用问题和故障维修能在本乡镇内解决。

四是抓好补贴兑现，确保农民受益。全市继续采取"差价购机，分类定额，集中支付"的补贴发放方式，农户在购置补贴机具时，只交扣除补贴额后的机具款，减轻了农民筹款和垫资压力，使农民立即享受到了补贴政策带来的利益。

(三)农机安全监理

2009 年，全市各级农机监理机构共同努力，真抓实干，确保了农机安全生产形势持续稳步好转，各项目标任务顺利推进。全市新注册登记拖拉机 8681 台，联合收割机 350 台，办理农机驾驶证 7771 个。备案登记财政补贴各型农业机械 48971 台，新增农机操作人员 24834 人；发生农机安全事故 1 起，死亡人数 1 人，直接经济损失 7.7 万元。拖拉机道路交通安全事故死亡 2 人，受伤人数 1 人，直接经济损失 2.2 万元。未发生重特大农机安全事故。

积极开展农机安全大排查大整治大执法活动等一系列专项整治活动，对各类农机安全违法违规行为及影响农机安全生产的事故隐患和薄弱环节进行了整顿治理，全市共出动农机安全督查人员 1500 余人（次），督促检查区县 39 个、乡镇 439 个，排查出一般隐患 492(家/处)，整改率达 97%，排查并整改农机重大安全隐患 30 起，整改率达 92%；召开农机安全学习(会)班 86 期，培训驾驶操作员 5000 余人(次)；依法强制报废拖拉机 196 台，纠正违法违章行为 506 台(次)，举办农机安全学习(会)班 86 期，培训驾驶员(机主)4300 余人(次)。同时，市政府将"平安农机"创建工作纳入全市安全生产工作重点目标任务，分解下达到了各区县政府，对各区县政府实行目标考核，市财政投入平安农机示范乡镇建设以奖代补项目资金 20 万元及平安农机宣传教育资金 22 万元，新建"平安农机"示范乡镇 46 个、示范村居 84 个，建成国家农业部、国家安监总局授予的全国"平安农机"示范区县 3 个，农机安全形势总体上继续保持了平安稳定的发展态势，

(四)农机服务体系建设

2009 年末，全市有各类农机化作业服务组织 6493 个，从业人员 74.95 万人，其中农机专业合作社 550 个，从业人员 48.25 人；有农机户

69.57 万户，从业人员 84.33 万人，其中农机化作业专业户 92.77 万户，从业人员 20.96 万人；农机化中介服务组织 649 个，从业人员 2532 人；农机维修网点 4208 个，从业人员 1.11 万人；农机经销企业 222 个；农机经销点 2294 个；乡村农机从业人员 76.56 万人。

（五）农机经营

全市农机经营总收入 60.70 亿元；农机化作业收入 48.48 亿元；农机维修收入 2.86 亿元；其他收入 9.36 亿元；农机化经营利润总额 11.60 亿元。

（六）水稻机械育插秧技术示范

2009 年，按照农业部的要求，全市认真组织江津、梁平等 5 个部级水稻机插秧示范项目县，建立了 57 个机插示范点，示范县共投入资金 542 万元、插秧机 873 台。全市推广两行插秧机 2176 台，四行插秧机 391 台，购置秧盘 531.6 万张，举办插秧机操作机手和育秧技术培训班 71 期，培训人员 2133 人次，组织机插、育秧现场会 49 次，印发宣传资料及技术资料近 2 万份，各级媒体宣传 68 次。

由于各地政策扶持有力、培训指导有方、组织实施到位，水稻机插秧普遍达到了稳产高产，经对比测产，机插水稻平均亩产 638 公斤，比常规栽培增产 15.65%%，农民接受程度越来越高，机插秧推广应用步伐明显加快，全市水稻机插秧技术推广应用进入了提速发展的“快车道”。

（七）农业机械跨区作业助农增收工程

当前，水稻跨区机收作业，已经成为了最受农民群众欢迎、最能直接体现效益、作业半径最广、组织化程度最高、社会影响最大、涉及农户利益最多的一项农机民心工程。机收季节，市级和各重点作业区县农机主管部门均建立了机收接待站，并开通热线服务电话，为机手提供各项服务。全年共组织市内外 8252 台收割机参加跨区机收作业，机收面积占到了前两年机收总面积的 70%，重庆电视台还首次对全市的机收现场会进行了现场采访和卫星直播。仅此一项，就为全市农民直接节约收获成本 5 亿元以上，并且减少了外出务工人员返乡收割水稻，稳定了劳务收入，节约了往返路费，其间接社会影响和经济效益巨大。

（八）特色农产品生产机械化技术推广

部级油菜机械化生产示范县从 1 个增加到 2 个，南川区、江津区两区推广油菜收割机、油菜开沟起垄机、油菜免耕直播机、油菜移动烘干机等油菜生产机具 50 多台套。油菜免耕直播机械化生产面积已经超过 5000 亩，油菜机收面积达到 4000 亩，油菜机械烘干 120 吨，油菜开沟起垄机械化面积超过 1 万亩。

二、发展中存在的问题

全市农业机械化发展还处于农机化发展的初级阶段，与全国发达地区比，与统筹城乡发展和建设社会主义新农村的要求比还有很大差距，还远不能适应发展要求。特别是解决适应我市丘陵山区地理特点农机具有效供给严重不足的主要矛盾还需长期努力，发展农机化任重而道远。

三、2010 年发展目标

2010 年的目标任务是：全市推广补贴农机具 25 万台套，其中微耕机 6 万台，联合收割机共 2500 台，插秧机 2000 台，其他机具 17.5 万台套。完成机械化耕作 2250 万亩以上，机械播栽 100 万亩以上，机收 230 万亩以上。全市农业耕种收综合机械化水平达到 24%以上。全市农机专业合作社总量达到 600 个以上。建成“平安农机”示范乡（镇）32 个、“平安农机”示范村（居）300 个。

（重庆市农委农机综合处 杨海林）

农村扶贫开发

一、2009年扶贫开发回顾

2009年，全市扶贫开发坚持以科学发展观为指导，抓住建设内陆开放高地和“五个重庆”机遇，突出贫困村千村脱贫工作中心，着力构建“大扶贫”工作格局，不断创新扶贫开发工作机制，全面推进扶贫开发各项工作，有力地促进了贫困地区经济社会快速协调发展。全市减少农村贫困人口15万人，超25%；完成扶贫搬迁和生态移民3万人，超20%；财政扶贫资金达到7.32亿元，比上年净增2.49亿多元，增长45%；培训贫困农民10万人，超25%；扶贫开发工作重点县农民人均纯收入增长400元左右，达到3661元。2009年重庆扶贫开发被评为全国绩效考核一等奖并获得1000万元奖励资金。

(一)整村脱贫

按照市委三届四次全体会议作出的战略部署和“激活贫困村、点活贫困户”的指示要求，认真扎实抓好六件事：一是制定贫困村脱贫标准和规划。参照新农村建设标准出台“七有四通三解决”的整村脱贫标准，按照功能分区、分路突围原则督促相关区县制定了1000个贫困村的整村脱贫规划。二是迅速启动第一批整村脱贫项目。督促区县采取竞争入围的办法迅速启动了第一批266个脱贫村整村脱贫工作，按每村50万元的标准，共新增安排1.33亿元用于整村脱贫项目。三是出台了相关政策措施。以市委办公厅、市政府办公厅名义联合下发《关于加快推进贫困村整村脱贫连片开发工作的意见》，明确了加快贫困村整村连片脱贫的目标任务和措施，市扶贫领导小组印发了《关于市级扶贫集团参加实施“千村脱贫”计划的通知》，提出了扶贫集团成员单位包脱贫村“不脱贫不脱钩”要求。四是召开了整村脱贫现场会。市政府于6月下旬在云阳县召开了贫困村整村连片脱贫现场会，市扶贫开发领导小组与相关区县(自治县)政府签订了《贫困村整村连片脱贫目标责任书》，有力地促进了贫困村整村连片脱贫工作深入开展。五是市委、市政府组织召开了扶贫帮困专题座谈会。按照会议有关加快整村脱贫步伐指示精神和市委、市政府统一部署，在全面调研基础上制定了全市2000个贫困村的脱贫规划。六是协调加大了贫困村整村脱贫工作在区县党政领导干部和领导班子的目标考核力度，扶贫工作在重点县党政领导目标考核中的分值由原来的2分提高到4分，增加了权重，同时在非重点县和“一圈”帮扶“两翼”区县党政领导目标考核中增加了扶贫工作内容，使扶贫工作考核覆盖了40个区县。

(二)扶贫产业

大力调整扶贫资金使用结构，全市财政扶贫资金用于产业发展的比例达到50%以上，全年投入超过10亿元(其中贴息贷款约8亿元)。抓住“五个重庆”建设机遇，以整村推进、连片开发为平台，在贫困农村大力发展中药材、草食牲畜、特色林果业、反季节蔬菜、土鸡和生猪产业，形成了跨区县连片生产基地。全市扶贫开发新增林果面积65万亩，出栏土鸡2100多万只、兔340万只、羊60万只、牛15万头，在城口、南川、万州培育林间养蜂新兴扶贫产业。重点支持贫困区县采用公司+专业合作组+贫困户的模式，对带动能力较强、效益较好的扶贫专业合作组织给予贷款贴息支持；确定了50户专业合作组织和33户龙头企业为第一批扶贫专业合作组织和扶贫龙头企业；探索创建了种植小区和养殖小区吸纳贫困户发展产业的新模式。

(三)基础建设

加快了贫困地区基础建设步伐。在市级扶贫领导小组成员单位的共同努力下，全年新修和改建了村级公路5140公里,解决了20.6万贫困人口的饮水安全问题,新建了200个村级卫生室。

(四)雨露计划

推进"雨露计划",积极应对金融危机带来的冲击。全年投入了5681万元,组织动员贫困家庭子女就读中职3万余人,完成技能培训8300人,实用技术培训5万余人,创业培训2800人,政策业务培训6100人,完成了266个脱贫村的支书、主任和大学生村官的全员培训。组织了基地校公开招标,优选了12所雨露培育基地校。在涪陵、开县、武隆建设了贫困地区农民创业园区,以创业促进就业。

(五)扶贫移民

加强与市发改委、林业局等部门配合,把扶贫移民与基础设施建设、产业发展、退耕还林、小城镇建设结合起来,注重对贫困户进行差异化补贴和搬迁后续扶持。全年投入扶贫资金7000万元,以工代赈资金7600万元,完成搬迁3万人。巫山县庙堂乡整乡搬迁全部完成,比计划提前1年,尚属全国首例。

(六)开放式扶贫

争取中央国家机关、珠海厦门、市级扶贫集团、社团组织等单位和个人直接投入资金7.9亿元,比上年增加3.2亿元,引进资金12.5亿元,同比增加2.2亿元。印发了《关于市级扶贫集团参加实施千村脱贫计划的通知》,组织召开了扶贫集团工作座谈会和联络员赴陕西、山西培训考察。中央国家机关派出挂职扶贫干部10名,扶贫集团下派挂职干部36名,向160个贫困村派遣了大学生扶贫志愿者。赴珠海、厦门、山东等地开展扶贫产业招商引资洽谈活动,组织厦门60多位企业家来渝考察洽谈,招商引资45亿元,引进规模企业44家。推进扶贫协会、扶贫基金会改选工作,组织开展了母婴项目、妇女健康检查、电影下乡、设置扶贫募捐箱等活动。争取到世行扶贫项目落地并启动了先导项目。

(七)落实国务院3号文件

国务院3号文件下达后,突出抓好四项试点工作。一是两项制度衔接试点。在武隆、丰都、铜梁3个县开展了农村最低生活保障制度与扶贫开发政策两项制度有效衔接试点。8月,市政府批准了在这3个县试行将农村人口10%纳入扶贫对象的相对扶贫标准,探索了两项制度衔接的长效机制,研究制定了扶贫到户政策,对识别出来的贫困户每户发放2000元生产发展资金,形成扶贫开发和民政救助"两轮驱动"的新格局,2次在国家召开的相关会议上介绍了经验。二是村级互助资金试点。扩大了贫困村村级互助资金的试点范围。全市开展试点的贫困村已达305个,其中今年新增187个,投入财政扶贫资金2800万元,到期借款归还率达99.8%,有效缓解了农户发展资金短缺的困难。三是片区开发试点。新增片区开发5个区县试点,其中新增国家级片区开发试点县4个、市级1个,全市实施片区开发的试点县达到14个。全年共安排片区开发资金6900万元,整合部门和带动社会投入资金5亿元以上。四是贫困村信息路建设试点。武隆县贫困村信息路建设试点,在19个乡镇60个贫困村建成62个卫星接收站,安装WIFI无线网络转发天线30套。10月底,全国信息化扶贫工作座谈会在武隆召开,推广了该县的经验。

(八)统筹城乡扶贫开发示范区建设

以实施两翼农户万元增收工程推动贫困村整村脱贫。一是组织开展了贫困户增收"个十百千万亿"工程。"个",就是紧盯每个贫困村和贫困户,一村一策,一户一法,做到村村有产业,户户有项目;"十",就是围绕发展林特经济,做大做强林果药桑菜鸡牛羊兔蜂为主的"十大"扶贫产业。"百",就是支持贫困区县引进和做强100个扶贫龙头企业。"千",就是推进千村脱贫和培育千个专业合作社。"万",就是确保"两翼"贫困户万元增收。"亿",就是加大投入超百亿元。二是送温暖、"结穷亲"全覆盖。全市在元旦、春节期间组织开展了"送温暖惠民生"活动,对城市低保户、农村特困户、受灾群众、农村"五保"和城镇"三孤"人员、企业建档困难职工、困难党员、机关在岗和退休困难干部、市属国有企业军转干部实施了“八个全覆盖”,全市扶贫系统共向18个重点区县和15个非重点区县22.5万户贫困户发放慰问资金5511.65万元,同比增加了5倍多,74万多低收入人口得到救助。此项活动惠及全市500多万城乡困难群众,其范围之广、受众之多、标准之高前所未有。全市开展干部“结穷亲”活动,20万干部结了50万户“穷亲”,筹集帮扶资金2.8亿元,解决突出问题29.1万个,直接受益群众430.7万人;在全市招募万名爱心扶贫志愿者,在各区县爱心扶贫服务队的组织下深入贫困乡村提供科技服务、智力支撑,采取联村包户、结对帮扶等方式,帮助农民脱贫增收。三是示范区建设试点力度加大。在涪陵区、开县和武隆加大统筹城乡扶贫开发示范区建设力度,推广运用贫困村信息路建设成果,组织贫困地区劳动力、农副产品等进城,引导城市工商资本下乡,实现城乡资源互流双赢。在涪陵、开县、武隆、黔江、丰都建立农民创业园,设立了500万元创业资金,作为贫困农民创业的贷款担保,吸纳了大量的农民就近务工。创业贷款担保在操作上坚持“两个瞄准”方针,优先把专业合作组织作为贫困农民创业园扶持项目载体,资金直接用于贫困户和带动贫困户发展生产。

(九)创新机制

通过学习实践活动,创新了“四项机制”:一是瞄准机制。实施266个贫困村整村脱贫工程,为每个贫困村安排财政扶贫资金100万元,并整合其他资金达到300万元,脱贫后,每个村再以奖代补50万;在开展“两项制度”有效衔接试点的武隆、丰都、铜梁3个县,为每个贫困户家庭发放2000元生产发展资金;明确规定财政扶贫资金的50%要用于发展脱贫村的产业,扶贫移民、“雨露”培训、社会帮扶等均集中投向脱贫村。二是参与机制。在贫困村扶贫资金项目的使用实施中,必须尊重农民的意愿,村支两委讨论后,要提交村民代表大会表决,要得到会三分之二的多数同意;保障农民行使知情权、参与权、选择权和监督权,帮助贫困村农民在扶贫资金使用和项目建设中做到自我组织、自我管理、自我监督、自我发展;所有到村的扶贫资金、扶贫项目都要公示公告。三是协调机制。努力对上协调,争取国家财政扶贫资金和安排的国家扶贫项目逐年递增,财政扶贫资金每年递增均在20%以上,安排的片区开发、村级互助资金个数均在全国领先;积极与市级相关部门协调,市委办公发厅、市政府办公厅专门下发了28号文件,明确了市扶贫领导小组26个成员单位的扶贫任务和责任,并由市政府表彰社会扶贫工作先进单位和个人;三是主动与相关区县协调。无论是片区开发或是整村脱贫,资金整合力度均取得显著成效。四是监管机制。联合审计局对重点贫困区县2006~2007两年扶贫资金进行了交叉审计;下发了《扶贫资金监督管理意见》并对区县执行情况进行了检查;编印《扶贫政策(合订本)》下发到村;在丰都县举办了扶贫资金监管培训班,在全市推广了丰都县扶贫资金村级义务监督员的做法。

二、2010年扶贫开发工作展望

把2010年作为“整村脱贫推进年”。目标任务是:以“两翼”农户万元增收工程推进整村脱贫,确保贫困户稳定脱贫和增收致富,组织完成对266个脱贫村的考核验收,启动300个贫困村脱贫;推进非重点区县50%以上的贫困村实施脱贫;“雨露”培训9万人,扶贫移民3万人,实现10万低收入人口脱贫。

(一)整村脱贫,片区开发,惠及到户

完成“十一五”确定的2000个贫困村的规划,落实“两项制度”衔接试点的到户政策,整合资金进贫困村、到贫困户。力争再启动4个重点区县的片区开发,片区开发覆盖18个重点工作县。同时,注重功能分区,突出发展扶贫产业,全力扶贫移民,改善基础设施。抓住“五个重庆”的机遇,打造“重庆雨露技工品牌”,发展劳务经济,实现按时脱贫、持续脱贫。

(二)加强协调,整合资源,加大投入

加强与扶贫开发领导小组各成员单位和市

级18个扶贫集团的联系与协调,落实每村整合资金300~500万的目标任务,促进单位包村的帮扶力度,争取各方支持为贫困村供血输氧,达到限时脱贫。

(三)创新机制,完善制度,加强监管

抓住《重庆市农村扶贫条例》颁布实施时机,进一步完善扶贫政策配套,创新体制机制,认真稳妥解决整村脱贫中反映出的新情况新问题,切实加强扶贫资金监管和扶贫项目监督。

(四)加强调研,总结经验,搞好衔接

2010年是《十年扶贫纲要》实施的最后一年,我们将加大调研力度,认真总结过去十年扶贫开发的成绩经验,做好与国家"十二五规划"和新的《十年扶贫纲要》的衔接,制定好全市《"十二五"扶贫规划》和新的《十年纲要》,大力推进全市扶贫开发工作。

(重庆市扶贫开发 卢贤炜)

农业综合开发

2009年是重庆市农业综合开发持续快速发展的一年。全市农业综合开发战线的广大干部职工深入学习实践科学发展观,进一步"解放思想、扩大开放",坚持"以人为本、开发为民、情系三农、造福百姓"的宗旨,开拓奋进,务实创新,突出工作重点,创新工作机制,大力为现代农业发展服务、为城乡统筹发展服务、为社会主义新农村建设服务,扎实有效地促进农业综合开发事业健康快速持续发展。

一、2009年度工作回顾

(一)积极争取项目资金,中央财政投资大幅增长

全市争取各类农业综合开发项目财政投资56688万元,比上年增加7942万元,增长16.29%(其中:中央财政资金投入达到37656万元,比上年增加6188万元,增长19.66%,是2002年以来增长幅度最大的一年)。通过大力建设高标准农田,突出扶持柑橘、蔬菜等优势特色产业发展,着力推进项目区农业科技进步和农业生态环境保护,全市农业综合开发整体呈现出"工作一年比一年好,投资一年比一年多,规模一年比一年大,质量一年比一年高"的良好态势。

(二)大力实施土地治理,进一步提高农业综合生产能力

全年立项实施土地治理项目104个(其中:中低产田改造项目54个、生态综合治理项目23个、中型灌区项目1个、高标准农田建设示范项目2个、自然灾害损毁修复项目24个),治理面积47万亩;配套建设柑橘基地4.5万亩、新建蔬菜基地5万亩。通过大力加强农业综合开发,切实改善了项目区生产条件、生活环境和生态环境,有力地促进了粮食增产、农业增效和农民增收,全年土地治理项目区可新增粮食生产能力5560万公斤,项目区亩均增收280元左右。

(三)支持发展产业化经营,进一步加强农业产业体系建设

按照"一圈两翼"农业发展重点,坚持选好项目、做大项目、发展产业、形成特色。全年实施农业综合开发产业化经营项目80个(其中财政补助项目34个、贷款贴息项目46个),带动企业自筹和银行贷款23亿元,有力地推进了柑橘、蔬菜、生猪、茶叶、蚕桑、中药材等产业的产业化进程,大力发展现代农业产业体系,促进龙头企业做精做优、做大做强。

(四)坚持创新工作机制,进一步提升农业综合开发管理水平

结合全市实际,创造开发机制,推进农业综

合开发实现科学化、精细化管理。一是着力推行竞争立项机制。土地治理项目安排资金6200万元进行公开竞争立项。继续坚持产业化经营项目公开竞争立项，从135个产业化经营项目中竞争择优选出80个项目立项实施。竞争立项的项目财政资金突破亿元大关。二是试点推行“先建后补”的资金投入使用机制。在长寿区等5个区县试点，共计投入财政资金1403万元，吸引带动项目区农民、业主自筹资金达1216万元。三是创新农业综合开发实施主体。对永川、奉节、梁平等区县种粮大户进行了土地治理项目单独立项支持的试点；扶持农民专业合作组织4个。四是创新项目整体联动机制。强化土地治理项目与产业化经营项目整体联动、农业综合开发项目与扶持主导产业项目整体联动，加大项目统筹安排力度，创新两类项目相互促进的良性发展机制。五是创新项目资金整合机制。以农业综合开发项目区为平台整合支农资金，共同打造农业综合开发示范区。六是自加压力，全面推进项目竣工决算审计制。2009年审减资金1200余万元，有的区县审减率达20%以上，农综项目资金使用效益明显提高，为进一步加强全市涉农工程项目监督管理提供了成功经验。

一年来，全市农业综合开发取得比较明显的经济效益、社会效益和生态效益，但也存在一些薄弱环节，主要表现在“四个不”：一是“不相适应”。主要是农业综合开发投资与农民群众的需求愿望不相适应；国家项目建设亩投资改造标准与全市土地改造治理的实情不相适应；市办机关干部队伍结构、部分区县的机构队伍建设和人员力量与全市承担的总体开发任务不相适应。二是“不够规范”。主要是部分区县执行“四制”(项目工程建设招投标制、项目工程监理制、资金项目公示制、财政资金县级报账制)不够规范。三是“不够到位”。主要是部分区县自筹资金、项目业主和农民群众自筹资金、项目工程建后管护工作还不够到位。四是“不够平衡”。主要是各区县之间的农业综合开发规划设计水平、开发工作质量、开发建设形象、项目建设进度等方面不够平衡。

二、2010年发展目标

2010年是重庆市实施农业综合开发20周年，是全面贯彻落实全国农业综合开发工作会议精神的关键之年，是全市第七期农业综合开发项目的收官之年。农业综合开发将贯彻“稳粮保供给、增收惠民生、改革促统筹、强基增后劲”的“三农”工作总体方针，坚持“围绕一条主线、立足两个确保、全力推进四区四化、切实办好十件实事”的工作思路，千方百计促进全市农业综合开发事业持续快速健康发展。

(一)围绕一条主线

即以全面贯彻落实科学发展观为主线，推进农业综合开发实现人本开发、全面开发、协调开发和可持续开发。坚持实践“以人为本、开发为民、情系三农、造福百姓”的宗旨，以农民群众赞不赞成为出发点，以农民群众满不满意为落脚点；坚持实施田水路林山全面开发；深入探索总结山区和丘陵地区农业综合开发的经验模式，促进山区、丘陵、平坝农业综合开发协调并进，促进“一圈两翼”协调开发；注重农业资源开发与生态环境保护相结合，整合力量支持项目区发展林下经济、循环农业、生态农业、有机农业，提高项目区农业可持续发展能力，促进项目区实现产业发展、生态环保与农户增收良性互动发展。

(二)立足两个确保

一是确保项目区农民增收。通过实施农业综合开发项目，大力提升农业综合生产能力，切实改善项目区生产环境、生活环境和生态环境，提高项目区农民劳动生产率、农业科技贡献率、农业资源利用率和土地产出率，提高项目区农业生产要素收益水平；进一步扶持粮油、柑橘、蔬菜等优势主导产业，进一步健全农业生产、加工、销售、服务产业体系，通过产业发展改善农村民生、提高农户收入。二是努力确保市民供给。积极引导农业综合开发龙头企业和项目区农户，立足大农村，服务大城市，率先瞄准全市

1500多万城镇居民的大市场，努力确保全市粮、油、肉、菜、果等主要产品持续稳定供给、安全优质供给。

(三)全力推进“四区四化”

即坚持农业综合开发的基本方向，从农业综合开发四大基本任务出发，努力把农业综合开发项目区打造成全市粮食生产核心区、现代农业发展先行区、现代农业科技集成区、农业生态环境友好区，促进全市粮食生产区域化、“一圈两翼”农业发展产业化、项目区农业发展科技化、项目区农业农村环境生态化。

(四)切实办好十件实事

一是积极争取签订“办市合作协议”。努力争取，全面筹备，力争促成国家农发办与重庆市人民政府签订合作协议，共同推进城乡统筹发展综合配套改革试验。二是力争资金投入按10%以上的速度递增，全市各类农业综合开发项目中央和市级财政总投资力争突破6.2亿元。三是力争土地治理项目改造面积46万亩(其中：建设高标准农田5万亩)，着力打造全市粮食生产核心区，促进全市粮食生产区域化。四是力争实施产业化经营项目90个（其中：国家重点产业化经营项目10个，市级一般产业化经营项目30个，产业化经营贴息项目50个)，着力打造现代农业发展先行区，促进“一圈两翼”农业发展产业化。五是力争实施集中科技推广项目25个，集中使用科技推广费880万元，着力打造现代农业科技集成区，促进项目区农业发展科技化。六是力争实施生态综合治理项目25个，生态综合治理项目投入资金突破1.5亿元，改造治理面积突破15万亩，加强土地治理项目区林网建设，着力打造农业生态环境友好区，促进项目区农业农村环境生态化。七是通过项目建设实施，力争配套建设柑橘基地4万亩。八是通过项目建设实施，力争配套建设蔬菜基地4万亩。九是力争新增亿元级农业综合开发重点龙头企业3家以上。十是整合力量，组合资源，发挥农业综合开发优势，大力促进“两翼”农户增收。

(重庆市农业综合开发　古正国)

林　业

2009年，是森林重庆建设全面推进之年。重庆林业工作在市委、市政府的正确领导下，在国家林业局的大力支持下，认真贯彻中央林业工作会议精神，深入落实《国务院关于推进重庆市统筹城乡改革和发展的若干意见》(国发〔2009〕3号)和《国家林业局关于贯彻落实〈国务院关于推进重庆市统筹城乡改革和发展的若干意见〉的实施意见》精神，紧紧围绕建设“森林重庆”战略目标，紧扣“开发致富之山，打造宜居之城”主题，践行科学发展观，大力实施森林工程，着力构建现代林业，扎实推进林权制度改革，全面完成了各项林业工作任务，创造了“一年种下十年树”的好成绩。完成森林工程建设任务532000公顷，人工林面积增长速度跃居全国第一；义务植树1亿多株；森林覆盖率达到35%，由全国第17位提升到第13位，由西部第6位提升到第4位；完成工程建设投资178亿元，是过去十年工程投资的2.6倍；实现林业产值211.7亿元，完成林业投入123亿元；农民人均林业收入超过400元。

一、森林重庆

中共重庆市委、重庆市政府把森林重庆建设作为全市经济发展的重要战略任务，各区县作为“一把手工程”来抓。薄熙来书记和黄奇帆市长逢会必讲森林重庆建设，一些区县召开常委会、政府常务会议专题研究森林工程多达20多次。市委、市政府以市领导带队专题开展了森林重庆“回头看”活动，市人大、市政协加强了督促，组织开展了森林重庆建设成效评估，发现问题及时提出整改意见。不少地方实行了“一票否决”

制，加大了考核力度，形成了市、区县、乡镇“三级书记”齐抓森林重庆建设的可喜局面。全市共建了120多个示范片，面积86666.7公顷。在各级领导的示范带动下，全市上下真正形成了广泛动员各方面力量，各部门密切配合、齐抓共建，群众积极参与、千军万马搞绿化的有效的机制。

各地把森林重庆建设作为惠民工程，推进了生态、经济、社会“三赢”，实现了城市增值、农民增收、社会增效。一是提升了城市生态宜居环境。通过实施“推窗见绿”、“行车有绿”等民生工程，开展了“双十”身边增林、拆危建绿活动，新城区增绿，老城区拆迁近一半用来建绿地、建绿化广场，全市新增城市绿地5666.7公顷，其中主城区人均公共绿地由9.9平方米增加到10.8平方米，建成区绿地率由32.9%提高到34.5%，城市绿化覆盖率达到38.6%。紧紧围绕体现山城、江城特色，“两江四岸”建林水相依林带，城区建景观林、绿色广场，核心区建小片森林、森林公园，缙云山、铜锣山、中梁山、明月山“四山围城”建绿色肺叶屏障，郊区森林生态镇、森林生态村、森林社区“三林并举”，主城区建成森林景观大道106条533.7万平方米、城市小片森林150余片426.7公顷，拆危建绿120余万平方米。完成高九路、华福路、金开大道、大学城市科技大道等干道绿化示范；高标准建成江北区江洲立交城市森林精品工程、大渡口建桥生态工业园区、210国道生态鲜花大道、高新园华延生态隔离带；建成江北区鸿恩寺森林公园、大渡口中华美德公园、龙头寺森林公园等上千亩的城市大公园及各具特色的社区公园382个，城市居住环境更加宜居、舒适，市民普遍反映大树多了，活动空间大了；城市的价值得到了大幅度的提升，大大改善了重庆发展的软环境。江北鸿恩寺公园打造后，周边地价上升了2倍多。市委、市政府明确在新一轮扩城“运动”中，50%将作为绿地，重庆将由“大火炉”变成“大氧吧”，城市生态面貌将不断改善，城市发展形象将得到全面提升，森林重庆建设将成为重庆直辖市的一个金字招牌，成为重庆大发展的又一个代表作。二是促进了林农增收致富。森林重庆建设吸纳了大量农村劳动力，去年农民工参与森林重庆建设达5400万个工日，务工收入达30.8亿元。围绕唤醒“沉睡”的大山，坚持生态建设产业化、产业发展生态化，新建了速丰林基地及特色经济林基地166666.7公顷，巩固和发展了森林旅游、木竹加工、苗木花卉、木本粮油、森林食品、木本药材等六大优势产业，初步形成了秀山金银花，酉阳、彭水油茶，大足、荣昌笋竹，永川、丰都速生桉，奉节、忠县柑橘以及江津花椒、黔江蚕桑、武隆大枣、涪陵荔枝等一批林业产业基地和森林旅游景点景区。森林重庆建设为老百姓增收致富打下了坚实的基础。农民利用土地入股等多种形式参与森林重庆建设，效益显著。丰都县225个造林大户通过土地流转建设产业基地，造林规模在333.3公顷以上的大户就有5个，农民土地流转每年每公顷净得7500千克稻谷的土地租金收入，并可长期在公司打工，年收入上万元。垫江县胡开文、樊贤淑等人流转土地近万亩，投入500万元建成万亩速丰林基地，五年后林木价值将达几千万元。三是实现了社会增效。在全社会通过一系列活动，生态文明理念更加深入人心，森林重庆建设的理念植根于群众，增强了全民爱绿护绿意识，植绿已成为市民的一种时尚，已成为全社会的自觉行动。开展了全国绿化模范城市（区）、全国生态文化村、森林城市创建活动以及“我植一棵树、共建一片林”、“双十”身边增林行动。渝北区茨竹镇梨园村荣获首批“全国生态文化村”称号。全市先后建起了人大代表林、政协委员林、巾帼林、共青林、生日林、百年合好林等基地。重庆警备区启动了“百千万”森林工程，组织新战士种下“爱乡树”。仅2009年全市有1944万人（次）参与义务植树1.01亿株，尽责率达89%。紧扣森林生态建设，推出了“绿色宣言”、“绿色革命”、“绿色家园”、“绿色丰碑”为主线的生态文化宣传教育活动。

二、林权改革

以贯彻中央林业工作会议精神为契机，2009年

7月在南川区召开了全市林业工作会议,对集体林权制度改革工作进行再动员、再部署,各地围绕"明晰产权、落实处置权、放活经营权和保障收益权",加快了集体林改的推进速度,取得阶段性重大进展。主体改革基本完成,采取多种形式明晰产权,分山到户比例为81.4%;受理林权纠纷11621件,涉及林地面积56846.7公顷,已调处11050件、51220公顷,件数调处率和面积调处率分别为95.1%、90.1%;发证农户3557万户,发证面积达3658000公顷,分别为应发证的98.6%、97.5%。同时,配套改革及时跟进,部分区县启动了林业产权交易市场、森林资源流转、林木采伐管理、林权抵押贷款、森林保险等方面的配套改革。

集体林权制度改革工作,成效显著。国家集体林权制度改革领导小组负责人在重庆调研后高度评价:"重庆市集体林权制度改革是彻底的改革、是有勇有谋的改革、是着眼于富民的改革。"一是集体林改促进了农民增收致富。2009年重庆市农民人均收入中来自林业的收入达400元。南川农民王理才,成功流转林地68.3公顷,按协议与集体分成后,获利170余万元。巫溪菱角乡凉水村积极发展林下养鸡、林下种菌,每户农民年纯收入近万元。丰都县董家、兴义、三元等乡镇大力发展龙眼、花椒、红心柚等经果林,每公顷年收入达到了30000元以上,经营较好的人工商品林每公顷年收入也达到15000元以上。秀山种植金银花农户收入1.2亿元,户均增收2140元。二是集体林改促进了森林资源流转。据不完全统计,全市以转让、租赁、拍卖、联营等形式流转集体山林3480宗,流转面积达490000公顷,流转金额近8亿元。武汉生物质能源有限公司在酉阳县流转荒山荒地3333.3公顷,并计划投资1.2亿办厂;渝兴牧业投资1000多万元在江津流转66.7公顷林地建种植业基地。三是集体林改促进了社会参与造林。2009年以来,社会资本投资造林达到34亿元。农民自发造林、合作造林面积达到66666.7公顷,比2008年增长一倍。重钢将投入1.8亿元在长寿打造"森林重钢";綦江李成、敖永碧在中峰流转林地380公顷,发展用材林。四是集体林改促进了林业多种经营。因地制宜发展林下种植业、养殖业、森林食品、森林药材、花卉苗木等产业,多种经营模式齐头并进,林地利用率和产出率不断提高。石柱谭林长投资510万元搞林业复合经营,在213.3公顷林地上养殖野鸡2万多只、种羊1000余只,解决了35人就业问题。荣昌、梁平、铜梁采取"公司+合作组织+农户"等经营方式,实现互利多赢。南川率先推行林地联合经营,目前联营面积达2000公顷,使农民多年不管的林地有了效益。五是集体林改促进了林业要素聚集。林业经营开始由资源经营向资本经营转变。林业的金融支持制度逐步建立。农发行、建行、农商行等多家银行和小额贷款公司开始推行林权抵押贷款业务。云阳7户农民以林权作抵押在市农商行成功申请低息贷款500万元。北碚启动了森林火灾保险,由区政府按照每公顷31.5元的保费补贴,对水土镇、歇马镇和嘉华林场共3533.3公顷森林实施了火灾保险。在南川林业林地林木交易厅成功交易24宗、615.4公顷林地,交易金额433万元。万州林业要素市场正式运行。黔江、巫溪、石柱等区县也在积极筹建林业交易市场。

三、森林资源管理

森林资源管理不断加强,生态安全得到保障。一是加强资源管理。坚持采伐限额管理制度,加强临时增加采伐限额审批管理,有效控制了森林资源消耗。开展采伐限额结转使用工作,对全市集体林采伐管理进行改革和完善。召开了全市森林采伐管理改革试点启动大会,在万州、涪陵、黔江等10个区县开展统筹使用采伐限额中的采伐类型和消耗结构指标改革等8项森林采伐管理试点。全面停止松脂采集。组织开展森林经营方案编制工作。2009年,选择渝东北、渝东南、渝西和主城周边四个不同区域的国有林场或森林经营所,分别制作了不同区域、不同森林经营类型的森林经营方案范本。二是强化林地资源管理。严格执行国家林业局征占用林地定额管理的有关规定,严格把好林地征占用审核审批工作。三是加强木材流通管理。加强木材经营加工管理,指导区县建立木材经营加工管理相关制度,严格大型木竹加工企业布局管理。加强木材运输管理,不断提高木材流通领域管理水平。四是抓好林业站和检查站“两站”建设。开展全国一级木材检查站设备配置项目建设。2009 年,向国家编制上报了《重庆市 2010—2012 年一级木材检查站建设项目建议书》,国家批准重庆市 5 个木材检查站项目建设。狠抓木材检查站治理“公路三乱”工作,确保全市木材检查站无“公路三乱”现象。积极推进林业站重点县建设。编制上报了《重庆市 2010—2012 年重点县林业工作站建设项目建议书》,2009 年国家批准石柱、北碚、合川、巫山等 4 个区县为林业站重点县建设项目区县。五是加强森林资源监测管理工作。组织市林业规划院编制马尾松、杉木材积量数表,开展了森林资源监测体系建设调研,加大了对全市森林资源监测工作的指导管理力度。同时,加强森林资源管理队伍建设,不断提高了森林资源管理队伍的整体素质、服务能力和管理水平。六是严厉打击破坏森林资源违法犯罪行为。组织开展了严厉打击破坏森林资源违法犯罪“绿盾三号”和“绿剑一号”专项行动。共办理各类森林和野生动物案件 5315 起,其中刑事案件 244 起,侦破刑事案件 224 起,破案率 91.8%;受理林业行政案件 5071 起,查处 4964 起,查处率 98.3%。打击处理各类违法犯罪人员 8763 人次。

四、自然保护区

加强湿地保护管理,完成了全市湿地公园发展规划大纲,新建 6 个湿地自然保护区,建成九龙坡彩云湖、璧山云雾、垫江迎凤湖、酉阳西水河、忠县皇华岛、黔江阿蓬江、荣昌濑溪河 7 个国家湿地公园。对一批自然保护区功能区划和范围进行了科学合理的调整,缙云山、金佛山、大巴山国家级自然保护区基础设施建设进展顺利。组织力量对全市 3 个国家级自然保护区、17 个市级自然保护区和 25 个区县(自治县)级保护区进行了全面系统的评估,在全市引起较大的反响,进一步推动了全市自然保护区管理工作。完成了主城“四山”生态走廊保护修复规划,重点实施了缙云山步道建设和竹林生态修复、景观建设。

五、野生动物管理

四月第一周,在重庆动物园成功地举办了声势浩大的“爱鸟周”活动启动仪式。12 月 9 日,通过电台向广大市民开展了一次生物多样性保护的宣传教育活动,宣讲了保护生物多样性的重要性,必要性和紧迫性及相关的科普知识和法律法规等。进一步强化了野生动物养殖、经营和运输等环节的规范和管理,加大了对非法捕捉、养殖、经营和运输陆生野生动物或其产品等违法犯罪活动打击力度。制定了《重庆市陆生野生动物疫源疫病监测管理办法》、《重庆市陆生野生动物疫源疫病监测站(点)岗位职责》、《重庆市陆生野生动物疫源疫病监测野外巡查注意事项》和《重庆市重大陆生野生动物疫情应急处置预案》等 6 项规章制度,进一步加大陆生野生动物疫源疫病监测防控力度,规范野外巡查、信息上报和应急处置等工作。

六、林业有害生物防治

加强林业有害生物防治。“重庆网络森林医院”开通运行,开展了“利剑 2009”云贵川渝藏林业植物检疫联合执法专项行动,在全国引起了极大的反响,全国林业有害生物防治工作会上重庆交流了经验。重庆市政府高度重视松材线虫病防治工作,与区县政府签订了目标责任书,严格考核管理,开展了专项调查和全面检查,包片落实责任。全年防治各类林业有害生物 262926.7 公顷,其中无公害防治 262413.3 公顷,无公害防治率为 98.74%,大大高于 65%的目标任务。实施种苗产地检疫苗木 1.2 亿株,种苗产地检疫率99.9%。共发生各类林业有害生物灾害3120公顷,成灾率为1.14‰,低于4.5‰的目标任务。

七、森林防火

各地采取了坚决有效措施，构建森林防火体系,切实管住林区野外用火。一是组织力量加强对重点林区、重点防火部位，特别是军事设施、油库、仓库、燃气站、高压线等重要设施的巡查、巡护,严防死守,防止火种入山,排除各类火险隐患。二是强化重点时段和关键时期的森林防火工作。各地结合气候变化情况,及时发布戒严令,划定戒严区域和戒严期,高火险时段禁止一切野外用火。从7月21日开始到10月15日,停止审批野外生产性用火。三是创新工作方式,采取区县包镇(街、乡)、镇乡包村、村包户、联户联保、农户轮流防火执勤等形式,加强对重点林区、火灾高发地区的火源监管。四是2009年7月1日正式在全市开通了"12119"森林火灾报警电话,为群众森林火灾报警提供了便捷的通道。五是组建了市级森林消防应急分队，开展了航空护林站前期准备工作。为备战高温伏旱期森林防火工作,保护主城"四山"森林资源的安全,组建了首支季节性市级专业森林消防应急分队。应急分队队员由全市林业系统40名部队转业军人和扑火骨干组成,采取集中食宿、军事管理的模式，于每年3月初至4月上旬和7月中旬至10月中旬,在缙云山国家级自然保护区驻防。加强了驻渝部队、武警部队和预备役部队森林消防应急队伍建设。全市共发生森林火灾86起，其中一般森林火灾77起，较大森林火灾9起,受害森林面积65.5公顷,森林火灾受害率为0.02‰,大大低于0.3‰的目标,无重、特大森林火灾和人员伤亡事故发生。一般森林火灾和较大森林火灾次数同比分别下降51.9%,52.6%,受害森林面积下降83.5%。

八、林业产业

森林重庆加快了林业产业发展，林业产业带动农民增收成效明显。全年实现林业产值211.7亿元,同比增长28%。农民人均林业收入400元。一是围绕两翼发展的重点,完成了《重庆市林业产业发展规划》，科学布局了六大产业、八大基地发展新格局。二是加快产业基地建设,集中新建渝东南、渝东北、渝西三大片区工业原料林基地169600公顷。新建油茶基地4000公顷,花卉苗木基地2000公顷。全市已建立花椒基地46666.7公顷,笋竹基地142000公顷,金银花基地6666.7公顷。完成了竹木、蚕桑、花卉苗木等后续产业基地73200公顷。三是因地制宜开展了林下经济的试点示范工作。荣昌、巫溪、南川、梁平等地开展桑园养鸡、竹林种蘑菇、林下中药材种植等，探索林业复合经营和循环经济，多角度、深层次地发掘林下经济的发展潜力。四是森林生态旅游业蓬勃发展。新建市级森林公园4个,这样,全市市级以上森林公园达到74个，其中：国家级24个。2009年接待游客2100万人(次),较上年增17%,旅游收入8.2亿元,较上年增15%。完成了九重山、茂云山国家森林公园总体规划的编制和修编工作，完成了金银山国家森林公园生态文明基础设施建设项目的申报。

九、对外合作

建立全方位开放平台，广泛开展林业对外合作与交流。德国、瑞士、英国、加拿大、日本等6个国家已派出34批次政府机构代表或专家来渝考察洽谈,寻求合作机会。与瑞士政府和国际竹藤中心分别开展了中瑞林业合作示范培训和重庆竹产业培训项目，培训森林重庆骨干人员200多人次。有意参与森林重庆建设的市外企业上百家,一批重点项目相继落户,如香港理文造纸有限公司已投入5000多万元在永川区租赁3333.3公顷荒山荒地营造工业原料林基地。同时，建立了全社会参与平台，全年通过冠名筹资、义务植树、以资代劳等,全市共有6500万多人(次)参加了义务植树,新建义务植树和纪念林基地156个。

十、科技兴林

坚持科技兴林，开展了科技兴林系列活动，提高林业生产力，为森林重庆建设提供有力保障。一是组织院士、专家开展森林重庆理论研究，形成了高层次、前瞻性、战略性、针对性的建言建策报告1篇和重要论文125篇。二是启动了森林工程重大科技课题研究15项，成功争取并开展了国家林业局科技重点项目15项、第六批全国林业标准化示范区项目2项和国家林业行业标准编制3项，荣昌等3个区县跻身国家级林业科技示范县行列。三是大力抓好林业科技培训，启动了10万人科技培训计划。全市培训林业从业人员7.9万人，为目标任务的2.6倍。组织编印了林业实用技术手册2万份、“森林重庆”科普丛书等。四是开展送林业科技下乡活动。认真开展了“科技下乡兴林富民、合力共建森林重庆”活动，组织多名林业专家走村进户，奔赴10个区县开展科技服务，1.2万名群众接受了咨询服务。五是大力推广速丰林栽培、难利用地造林等先进实用技术，完成林业科技示范基地17333.3公顷，为目标任务的130%。积极推行容器育苗造林技术、保水剂造林技术，先进实用技术推广率为56%，比上年提高了5个百分点，林木良种使用率为45.2%，比上年提高了5.2个百分点。

十一、生态文明

加强生态文明建设，唱响森林重庆建设主旋律。为动员全市上下更加关注森林重庆，积极参与森林工程建设，市委组织部、市委宣传部、市林业局联合举办了森林重庆知识竞赛活动，2009年4月28日，在重庆电视台举行总决赛，彭水县代表队获得第一名，重庆市农委代表队、大渡口区代表队分获二、三名。这次知识竞赛活动，历时四个月，历经预赛、复赛、半决赛、决赛共23场比赛，40个区县和16个市级部门共56支代表队276名队员参加比赛，现场观众达到2万多人。《重庆日报》专版刊登森林重庆知识竞赛150道试题，6000多人参与有奖竞答活动。这次森林重庆知识竞赛活动，广泛宣传了林业基础知识和森林重庆建设重大意义，增强了各级各部门和广大干部群众积极参与森林重庆建设的积极性，为推动森林重庆建设营造出了良好的社会氛围。强化基础手段，搭建生态文化建设平台。坚持“一区三园”(自然保护区、森林公园、湿地公园、三峡珍稀植物园)同步建设，全市已建成“一区三园”129个，发挥引领示范作用。

2009年9月7日，成功举办了第十一届中国科协年会——“森林重庆”论坛，江泽慧、李文华、尹伟伦、蒋有绪、彭镇华等10多名国内著名两院院士和专家出席论坛并作报告，市政协主席邢元敏、国家林业局副局长张建龙等领导同志出席了会议。会上，发表了《森林重庆宣言》。出席中国科协年会的院士、专家评价说：“森林重庆栽树栽出了文化、栽出了理念、栽出了产业、栽出了风貌”。同时，成立了全国第一个省市级生态文化协会——重庆市生态文化协会，掀开了重庆生态文化建设新篇章。组织万名青年开展“重庆·青年人才论坛——森林重庆分论坛”活动；深入开展了“三个一百”典型宣传，集中推出了百位返乡农民工、百家企业、百位造林大户建设森林重庆的创业故事；组织参与了“只争朝夕——五个重庆建设万里行”大型主题报道和“森林重庆”建设系列重点报道。在重庆日报、重庆电视台、华龙网和部分中央驻渝主流媒体开设“森林重庆”专版或专栏，刊发新闻报道1200余篇(条)。《人民日报》头版刊发的《森林重庆——一个直辖市的绿色宣言》，在全国引起了较大的反响。在全市林业系统全面开展“祝福祖国绿染巴渝”——国庆60周年文艺调演、“让绿色拥抱大地”——直辖10周年文艺汇演、森林重庆之歌迎春晚会等活动。

十二、贯彻国务院3号文件

2009年1月26日，国务院为支持重庆发展，下发了《国务院关于推进重庆市统筹城乡改革和发展的若干意见》(〔2009〕3号)。为认真贯彻落实国务院3号文件，重庆市林业局一是积极争取国家林业局赴渝开展专题调研，5月，国家林业局在国家部委局中率先出台了《关于贯彻落实〈国务院关于推进重庆市统筹城乡改革和发展的若干意见〉的实施意见》，该《意见》把重庆林业上升为国家发展战略，明确了把重庆建成统筹城乡现代林业改革发展试验区、长江上游生态文明示范区的两大定位，并在八方面提出了68条支持重庆林业发展的若干政策措施。二是积极争取到国家项目支持资金24亿元。争取到国家林业贴息资金6600万元，累计3年贴息金额高达1.98亿元；为17个区县22个企业解决22亿元的贴息贷款，为全市历年之最，也为全国之最。三是抓住新一轮西部大开发和三峡工程后续规划的契机，编制完成了24个重点项目及11个其他类项目、2010年49个续建、已批和新申报项目投资计划35.1亿元。编制的重庆市168000公顷油茶发展规划全部纳入了国家总盘子，占全国总盘子的3.6%。四是积极争取资金、人才、培训等专项支持。国家林业局先后派出两批博士团赴重庆挂职，支持森林重庆建设。3月，启动了中瑞合作项目重庆子项目培训班。10月，培训班全体学员赴瑞士、德国、比利时考察学习国外森林经营管理经验。6月，与国际竹藤网络中心联合举办了重庆市竹资源培育与竹产业发展领导干部专题研修班。12月，国家林业局、市委组织部联合举办了森林城市建设专题研讨班，主城九区等15个区分管领导和林业局长参加，国内有关专家就国家森林城市创建举行了专题讲座、研讨班全体成员赴杭州考察了国家森林城市创建工作。

（重庆市林业局　张来国）

畜牧业

一、2009年发展回顾

2009年，面对金融海啸纵深发展、养殖成本大幅上扬、生猪价格高台跳水、三鹿阴影持续笼罩、甲型流感全球肆虐、机构改革人心不稳等多重挑战，全市畜牧兽医系统坚持以科学发展观统领畜牧工作全局，开拓创新，务实工作，奋力拼搏，全面完成了市政府下达的各项目标任务，推动畜牧业持续稳定发展，取得了令人瞩目的成绩，主要体现在以下六个方面。

（一）生产总量稳定增长

年末生猪存栏1604万头、出栏2001万头，同比分别增长2.4%、5.4%；肉牛存栏119.4万头、出栏46.9万头，同比分别增长15.3%、20.2%；奶牛存栏2.5万头，同比增长8.7%；羊存栏142.3万只、出栏166.5万只，同比分别增长9.9%、11.1%；家禽存栏10813万只、出栏17918万只，同比分别增长8.5%、9.5%；兔存栏1055万只，出栏2560万只，同比增长16%、17.9%；蜜蜂存栏44.8万群，同比增长15.5%；肉、蛋、奶、蜜产量分别为188.9万吨、36万吨、7.9万吨、1.2万吨，同比分别增长6.2%、8.8%、1.2%、16.5%；工业饲料产量165万吨，同比增长3.1%；实现畜牧业产值319.4亿元，占农林牧渔业总产值的比重达到35%，同比下降6.2%。

（二）示范区建设初见成效

经过一年的建设，示范区畜禽良种供种高地基础基本奠定、畜牧科技创新与人才培养高地加紧构建、全国畜产品质量安全高地全力打造、全国畜产品信息物流中心逐渐形成。

（三）生产方式加快转变

据畜牧生产统计，年出栏生猪50头以上的场户39366个（其中万头以上28个），年存栏奶牛5头以上的场户1090个（其中千头以上2个），年出栏肉牛10头以上的场户3163个（其中千头以上2个），年出栏肉羊30只以上的场户

13319个(其中千头以上6个),年存栏蛋鸡500只以上的场户4672个(其中十万只以上4个),年出栏肉鸡2000只以上的场户4415个(其中五十万只以上2个)。生猪、奶牛、肉牛、肉羊、蛋鸡、肉鸡规模化率分别达到43%、77%、22%、31%、71%和76%,标准化规模养殖程度进一步提高,生产方式加快转变。

(四)良繁体系日趋健全

全市共有市级管理的畜禽良种繁育场128个,全市畜禽良种场数量是1997年的两倍,畜禽良种生产和供应能力比1997年提高了五倍,基本形成了较为完善的畜禽良种繁育体系。全市生猪、奶牛、山羊、肉牛、肉兔、家禽的良种覆盖率分别达到96%、95%、63%、38%、91%和90%。

(五)产业化经营水平稳步提升

畜牧业产、加、销一体化步伐加快,产业链条快速延长。目前有市级以上畜牧龙头企业103家(国家级7家),较2008年增加46家,畜产品加工企业800余家,实现加工产值100亿元以上。在引进雨润、双汇集团落户我市的同时,市内的农垦集团、南方集团、德佳集团等企业也加大了投入力度,全市共协议引进资金逾38亿元,城市资本下乡步伐加快。探索产销联动发展、互利多赢的产业化发展模式,畜牧业产业化经营水平快速提升。

(六)畜产品质量安全水平明显提高

全市畜产品均未检出抗生素、生长素、色素、瘦肉精、蛋白精等违禁物质,磺胺等药物残留均未超标,全年未发生畜产品质量安全事故。全年完成了无公害畜产品产地认定19个,规模737万头(只),认证无公害畜产品67个,绿色畜产品2个,有机畜产品2个,认证规模17万吨,无公害畜产品产地累计314个,无公害畜产品147个,绿色畜产品22个、有机畜产品10个。

二、推进畜牧业发展的主要措施

(一)全力推动重庆国家现代畜牧业示范区建设

一是积极争取国家支持我市现代畜牧业示范区建设。国发[2009]3号文件明确支持我市现代畜牧业示范区建设,农业部以农牧函[2009]1号和农办牧函[2009]25号对重庆国家现代畜牧业示范区建设给予支持。二是强力推进荣昌核心区建设。2009年共整合安排4800万元资金支持核心区重点项目建设,启动了原种猪场、祖代猪场、兽药饲料和畜产品交易市场、养殖示范基地、雨润畜产品加工、标准化乡镇畜牧兽医站等重点项目建设。三是推进拓展区养殖示范基地建设。全年落实了中央现代农业生猪专项资金12395万元用于拓展区现代生猪养殖示范基地建设,整合安排了3200万元资金扶持拓展区草食畜牧业示范基地建设,打造南方肉牛之乡和肉兔加工出口基地。四是继续落实各项畜牧业扶持政策。落实了2009年扶持政策项目资金9911万元,其中11个区县生猪良种补贴1760万元;生猪规模养殖小区改扩建8100万元;中央奶牛良种补贴资金51万元。同时,继续开展了能繁母猪保险共承保132.2万头;在合川、渝北、黔江、忠县、涪陵、荣昌六个区县继续开展了商品猪保险试点,承保生猪72.2万头;重庆农畜产品交易所挂牌,目前生猪期货日交易额达到1000万元;成功举办了第四届中国畜牧科技论坛暨第六届中国畜牧科技新项目新技术新产品博览会。

(二)切实加大推进畜禽标准化规模养殖力度

为加快畜牧业生产方式转变步伐,全市着力推进畜禽标准化规模养殖的发展。一是立足于适度规模,按照“十(牛)、百(猪)、千(兔)、万(禽)”的标准,推进畜禽标准化规模养殖,深入开展抓规模、带农户、促增收行动。二是积极探索“一圈两翼”不同养殖模式,发展畜禽标准化生产,积极引导养殖场户因地制宜,适度扩大生产规模,进一步提高标准化规模养殖水平。三是探索促进畜禽标准化规模养殖发展机制。积极推广“六方合作+保险”、企社联动、寄养等模式,充分利用农业担保公司平台加大金融机构对畜牧业发展支持力度,拓宽融资渠道;扩大生猪保险试点范围,奶牛保险全覆盖,丰都、合川、开县分别开展了肉牛、种禽、种兔保险，降低畜牧养殖风险，促进畜牧业持续健康发展。四是强化了畜禽规模养殖管理。市政府发布了《重庆市畜禽规模养殖备案管理办法》，市农委也出台了贯彻落实的具体措施，为有效治理畜禽养殖污染和建立畜产品质量安全追溯体系奠定了基础。

(三)着力健全完善畜禽良种繁育体系

一是加大投入增强畜禽供种能力。生猪良繁体系去年投入了600万元补贴引进祖代种猪10000头，投入3130万元新(改扩)建31个祖代种猪场，新建26个人工授精站和260个人工授精点，建设生猪人工授精站30个和授精点300个；农业部种猪质量监督检验测试中心(重庆)运行良好；全市种猪联合育种攻关也已全面启动。投资200万元迁建重庆市良种牛繁育中心至万州，建成市级荷斯坦奶牛良繁场4个，建设涪陵水牛资源保种场1个。建成山羊资源保种场和种养场23个。新建毛兔、肉兔种场4个。建成种禽场30个。新建蜜蜂纯种繁育场2个。二是投入1800万元对全市奶牛实施良种补贴和荣昌等11个区县的44万头能繁母猪进行良种补贴，使畜禽良种覆盖面明显提高。三是16个地方畜禽遗传资源经过国家认定，建设了5个地方畜禽遗传资源保护区、10个地方畜禽品种资源保种场纳入农业部规划中。四是出台《重庆市种畜禽生产经营许可管理办法》，强化种畜禽质量监管。

(四)强力推进畜牧业调整结构优化布局工作

针对全市畜牧业结构不合理的现状，积极调整畜牧业结构，在对节粮型畜牧业发展情况专题调研的基础上，整合资金3200万元重点支持丰都、云阳、巫溪、酉阳、开县、石柱、渝北、璧山等区县和天友、光大发展草食牲畜，加快节粮型畜牧业发展。同时优化产业布局，根据每个区县的畜牧业发展特点，引导畜禽养殖向优势区域集中，逐步形成“一县一品”特色，合川荣昌黔江等区县的生猪、江北渝北的奶牛、铜梁梁平的水禽、酉阳云阳的山羊、开县璧山的肉兔、丰都的肉牛、长寿的蛋鸡、璧山的肉鸡均初具规模。

(五)大力强化畜产品质量安全监管

按照“全程监管、重点监控、及时处置”的原则，采取坚决有力的措施，保障畜产品质量安全。一是强化标准制定和推广工作。去年制定标准和规程8个，使全市畜牧业地方标准达到16个，加快了国家标准、行业标准与地方标准配套的建设步伐。二是实施了畜产品无公害行动计划。对全市规模养殖场实行了备案管理，抽检各类畜产品600批次，对15个区县48个超市、39个农贸市场、25个屠宰场和56个养殖场的猪肉、禽肉抽检了甲硝唑、瘦肉精、磺胺类、氯酶素等，全部合格。三是开展生鲜乳质量安全专项整治行动。共抽检了179批次生鲜牛奶样本，均未检出三聚氰胺；督导检查了11个区县的24个收奶站点，涉及5813个奶牛养殖场户，生鲜乳质量均合格。农业部两次飞行检查，全市生鲜乳所有指标全部合格，得到了农业部的好评，有三位同志获得农业部表彰。四是切实抓好饲料执法年活动。全市饲料监管部门共抽查饲料经营企业(户)3650个，检查养殖场(户)1287个，对饲料的生产、经营和使用环节加大了监督抽检力度。监督抽检饲料样品731批次，合格715批次，合格率97.81%。对176批次饲料进行质量安全监测，合格167批次，合格率94.89%；对190批次进行违禁添加物专项监测，检测结果全部合格；对161批次进行反刍动物饲料牛羊源成分例行监测，检测结果全部合格；饲料产品监督检验314批次，合格307批次，合格率97.77%，较去年提高10个百分点。加大了检查频率和打击违法行为的力度，全市饲料执法共出动执法人员3919人次，检查了4292家生产经营企业，立案16起，责令整改26起，现场处罚1212件，没收假劣饲料4.1吨，取缔经营企业2家。由于组织得力，措施落实，成效明显，市兽药饲料检测所荣获农业部先进集体称号，5名先进个人获得农业部表彰。通过加强投入品监管，维护了全市正常的饲料生产经营秩序，从源头确保了畜产品质量安全。

(六)努力强化草地建设保护与利用

一是积极开展草原生态监测。在丰都等五个区县实施草原生态监测，完成了重庆不同草原类型100样地监测及100个牧户家畜补饲调查工作。丰都县尹正纯同志被农业部授予"草原巾帼卫士"荣誉称号。二是实施草品种区域试验项目。在巫溪、渝北对红三叶等20个优良品种进行评价与展示试验，探索出三峡库区不同生态环境条件下牧草种子的生产及其加工综合配套技术。三是大力推广种草养畜。结合推进节粮型畜牧业发展，在改良天然草地的同时，大力发展种草养畜(禽)。丰都种草养牛并将种植饲用玉米和高粱纳入粮食综合直补、巫溪种草养羊的"1331"模式、梁平冬闲田种草养鹅、荣昌桑园养鸡、江津果园养鸡，种草养畜势头猛、效益好，全市种草保留面积达130万亩。

(重庆市农委畜牧业发展处 王华平)

渔 业

一、2009年发展回顾

2009年，全市渔业工作紧紧围绕重点任务—"五大工程"和"三大安全"，狠抓各项措施的落实，努力克服低温寡日照、暴雨洪涝等灾害性气候带来的不利影响，最终实现了"保供增效"的目标。全市水产品总产量完成24.5万吨，同比增长10.4%，其中名优水产品产量达到9.5万吨，占总产量的38.8%；淡水产品自给率达到49%；渔业总产值达到44.6亿元，同比增长10.1%；渔民人均纯收入达5560元，同比增长6.6%，高出全市农民人均纯收入20.9%。

(一)"四大渔业"发展步伐明显加快

一是池塘渔业发展迅速。全市新增池塘养殖面积2.6万亩，改造老旧池塘面积9050亩，累计引进和收集国家级原良种场和本地亲本8000公斤，市水研所长寿湖科研基地等4个鱼种场通过了市级水产良种场评审。二是生态渔业开局良好。完成了《开县汉丰湖生态渔业发展规划》，建成了1个高质量、高标准的现代化水产良种场，库区生态池塘养鱼和生态渔业示范基地建设已启动；完成了三峡库区后续工作规划水库渔业发展规划的编制任务；启动了库区生态渔业示范工程项目。"稻鳅双千"工程试验示范取得了初步成效，建成了一批鳅苗繁殖基地，示范推广稻田养鳅面积4151亩。三是土著和特色渔业成效初显。实施了大巴山和武陵山区土著鱼养护开发项目，累计收集储备野生黄颡鱼、多鳞铲颌鲴、棘腹蛙等地方土著品种1790公斤，建立良种繁育基地6个。四是观赏休闲渔业稳步发展。实施了都市观光休闲渔业项目，引进高附加值观赏鱼品种30个，观赏鱼年产量达到4000多万尾。

(二)水产品质量安全保持较高水平

2009年新增无公害水产品产地认定3万亩，新增无公害产品认证10个，全市"三品"产地认定面积累计达到18万亩，产地认定率达到24.5%，"三品"认证品种累计达到49个，产品认证率达到12.5%。农业部水产品质量产地抽检连续2年合格率为100%。在水产品质量安全方面，突出抓了以下五项工作：一是积极推行健康养殖方式。成功创建4个部级健康养殖示范场，全市部级示范场数量达到了12家，占全国部级示范场1177家的1%。二是深入开展标准化养殖示范区建设。建成了鲫鱼标准化养殖示范基地4500亩、四大家鱼标准化养殖示范基地1.5万亩。三是扎实开展专项整治行动。组织实施了水产苗种专项整治和水产品质量专项整治行动，累计检查15个区县，出动执法人员396人次，责令整改39家苗种场和养殖场。四是加强水生动物防疫检疫工作。新建县级鱼病监测站10个，累计建成县级鱼病监测站30个，设监测点259个，监测面积达13.5万亩；组织编写的《重庆市水生动物检疫技术规范》地方标准通过了市质监局评审。全年开展检疫培训200人次，检疫水产品5.1万吨，检疫水产苗种3.9亿尾，检出病例29例，销毁苗种3万余尾。五是切实加大水产品质量抽检力度。开展了市级市场例行抽检8个批次120个样品，抽检合格率为86%；配合农业部安徽、成都、青岛、北京等水产品质检中心对我市水产品进行产地和市场抽检7个批次175个样品，市场抽检合格率为79%，产地抽检合格率为100%。

(三)渔业生产安全形势持续稳定

2009年，全面完成了市政府下达的渔船安全生产目标任务，无重大生产安全事故发生，渔业生产安全形势持续稳定。一是积极应对各类渔业自然灾害。制定了渔业防洪、抗旱、防冻等应对方案，最大限度降低了渔业自然灾害损失。二是加强渔船安全基础建设。重庆渔政执法码头建成并投入使用，涪陵渔港初步建成并通过验收，万州渔港建设已经启动；涪陵等区县推广标准船型渔船57艘，云阳等区县配置渔船安全设备870余套，丰都县建立了安全预警信息发布制度。三是开展渔业船舶安全专项整治行动。组织实施"安全执法年"的各项工作，全面完成了安全生产执法、安全生产治理、宣传教育等三项行动和安全生产大排查、大整治、大执法等三大行动的有关任务。累计开展执法行动621起，排查治理隐患单位8087个，隐患整改率达95%，对3.5万人次开展了宣传教育，发放资料3万余份。四是加强渔业保险工作。研究形成了水产规模化养殖保险试点方案；捕捞渔民意外伤害保险工作再上新台阶，全市9132人参保，同比增加近1000人，参保率达78%。

(四)渔业生态安全保障能力进一步增强

2009年，切实加强了渔业资源养护各项工作，渔业生态安全保障能力进一步增强。一是切实加大了水生生物资源增殖放流力度。市政府与农业部联合成功举办了三峡库区增殖放流活动，编制了全市水生生物增殖放流规划，全年投入各类增殖放流资金4600余万元，放流水生生物8433万尾。二是加强了禁渔管理和制度建设。实行了渔船集中停靠制度，基本做到了"船入港，网入库，江中无渔船，市场无河鱼"的禁渔工作目标。全年累计开展禁渔检查行动1.2万人次，出动渔政执法船620艘次、执法车762辆次，查获违禁捕捞船只86艘，没收"三无"船只13艘，没收电捕鱼器具55台，取缔迷魂阵4058米，没收并放生违禁渔获物1524公斤，行政处罚78人次，罚款10.3万元。在制度建设上，出台了船网工具控制指标。三是保护区建设与管理工作卓有成效。北碚胭脂鱼自然保护区项目顺利通过了市农委的基建验收和农业部渔业局的专项检查；长江上游珍稀特有鱼类国家级自然保护区重庆段的建设与管理工作有序推进，基建任务基本完成，总投资700万元的保护区增殖放流站项目获农业部渔业局批准，组织江津中渡大桥等6个涉渔工程环境影响专题评价，生态补偿方案资金1000余万元；长江(重庆段)四大家鱼国家级水产种质资源保护区和嘉陵江（合川段）大口鲶国家级水产种质资源保护区已得到农业部批准。四是强化了水生野生动物保护工作。进一步规范了水生野生动物审批程序，完成了行政许可上网资料的更新，开展了水生野生动物保护专项行动，检查餐馆813家，查处违法违规行为31起；加强了执法基础建设，组织专家编制了《重庆市主要经济鱼类养殖个体与野生个体鉴别手册》。五是库区网箱取缔工作取得阶段性成果。实际取缔网箱1.69万只、面积43.49万平方米，完成了目标任务的97%，涉及网箱养鱼户702户。

二、发展中存在的问题

一是渔业基础设施建设较为落后。全市池塘标准化改造比例不足2%，较全国28%的比例严重偏低。二是科技和执法装备水平有待提高。科技和执法装备水平仍然较低，特别是区县以下渔业机构。三是渔业抗风险能力依然薄弱。2009年年6~8月先后发生的3次暴雨洪涝灾害给全市渔业带来了严重损失,潼南等15个区县均不同程度受灾,因灾损失水产品产量达1.3万吨,受灾面积40万亩,经济损失2亿元。

三、2010年发展目标

2010全市渔业将着眼于保供增效和产业化发展“两大任务”,牢牢把握三峡后扶工作启动和财政投入资金增加“两大机遇”,突出发展池塘鱼、大力发展生态鱼、保护发展土著鱼、探索发展观赏鱼,深入推进吨鱼万元工程、稻鳅双千工程、资源养护工程、观赏鱼产业化工程和亲本换代工程等五大工程,切实抓好渔业资源安全、水产品质量安全和渔业生产安全等三大安全,全力提升产业水平,努力加快传统渔业向现代渔业迈进的步伐。全年力争实现水产品产量28万吨,同比增长14.3%,淡水产品自给率达到55%以上,水产品质量产地抽检合格率达到100%。为此,一是以保供增收为中心,突出抓好池塘渔业;二是以稻鳅工程为载体,探索稳粮增收途径;三是以良种工程为抓手,夯实高产优质基础;四是以专业合作社为纽带,推进渔业产业化;五是以增殖放流为重点,加大资源养护力度;六是以能力建设为依托,提高行业监管水平;七是以机制创新为动力,扎实推进各项工作。

(重庆市农委渔业发展处 妙晓东)

2009年重庆工业经济运行状况

一、2009年发展回顾

2009年全市完成工业增加值2917.4亿元,增长17.2%,占GDP比重44.7%,占比提高4.7个百分点;其中规模工业完成增加值2189.4亿元,增长18.5%。全市完成销售产值8247亿元,增长14.1%。其中规模工业6707亿元,增长15.2%。新产品产值达到2202.65亿元,增长35.0%。新产品产值占比达到32.8%,比上年提高3.7个百分点。全年完成工业投资1793.07亿元,增长30.2%,占全社会固定资产投资33.7%。全市规模工业企业完成利润323.14亿元,增长16.4%;1~11月,规模工业企业经济效益综合指数200.4%,提高5个百分点;全员劳动生产率16.4万元,增长25.1%。

全年汽车产量171万辆,增长56.9%,其中市内119万辆,增长59.8%,高全国平均11.8个百分点;生产摩托车960万辆,市内762万辆,增长3.1%;钢材477.4万吨,增长6.3%;铝材75.2万吨,下降0.2%,其中西铝32.8万吨,下降16%;水泥3611万吨,增长13.6%;啤酒73万千升,增长7.3%;轮胎外胎981万条,增长26.7%。

全市发购电量累计540亿千瓦时,同比增长10.4%,其中,发电量428亿千瓦时,增长9.3%。原煤产量4279万吨,增长1.7%。天然气消费量48.6亿立方,增长2.3%。货运总量6.85亿吨,增长7.6%,其中水路7700万吨,增长11%,铁路2181万吨,增长10.2%,集装箱56.9万标箱,下降4%。

(一)综合实力显著提升,全面实现五个突破

一是全市工业销售产值突破8000亿元,规模以上突破6000亿元,达到6707亿元;二是规模工业利润突破300亿元,增长16%;三是工业企业资产总额突破6000亿,达到6300亿元,增长17.9%;四是用电量突破500亿度,达540亿度,增长10.4%;五是市内汽车产量突破100万辆,达119万辆,增长59.8%。

(二)回升速度快于全国,工业经济再上台阶

受金融危机影响,全市规模以上工业增加值在2008年9月份24%的高增长上快速下滑

到2009年元月-4%后，止跌回升，一季度增长8.8%，上半年增长13.7%，全年增长18.5%，高于全国平均水平7.5个百分点，基本摆脱世界金融危机的影响。规模以上工业增加值增幅排位由一季度的全国第14位，西部第6位，升为年末的第8位和第3位(内蒙、四川、重庆)，产值增幅高于全国5.8个百分点，排全国第8位、西部第4位(内蒙、四川、广西、重庆)。

(三)区县工业持续发展，经济总量明显提高

第一从总量上看：全市40个区县中除巫山、巫溪外，其余38个区县工业销售产值均超10亿元，其中超百亿的19个区县，300亿元以上的9个，依次有渝北858亿、九龙坡660亿、南岸475亿、沙坪坝460亿、涪陵384亿、巴南380亿、江北367亿、北碚334亿、江津311亿。第二从增幅上看：40个区县有4户下降（大渡口、双桥、城口、武隆)，27户增长，其中增幅15%以上的有24个，增幅排前10位的依次为：万州56%、江北40%、忠县39%、铜梁35%、奉节35%、永川33%、荣昌31%、江津31%、合川30%、梁平29.5%。第三总量排位变化情况：与去年相比，总量排前10位的区县为：渝北第1位上升1位，九龙坡第2位下降1位，南岸第3位上升1位，沙坪坝第4位下降1位，涪陵第5位上升2位，巴南第6位下降1位，江北第7位上升1位，北碚第8位上升1位，江津第9位上升1位，万州第10位上升1位。其余位次上升的区县有璧山、大足、铜梁、黔江、梁平、开县、忠县、潼南、石柱、酉阳、奉节等。

(四)重点企业强势反弹，大中型企业领跑回升

受以大中型企业为主的装备制造业、化工、冶金等重点行业企稳回升拉动，全市大中型企业销售产值在一季度下降1.5%之后，止跌回升，全年增长15.7%。其中，长安集团产值增长61.1%，达到664亿元；建设、宗申、庆铃、建峰、铁马、潍柴等大型企业集团产值增幅均超过平均水平，重钢、四联、西南铝、格力等企业降幅明显收窄。今年16户企业集团增长7.3%，正增长的10户，其中增幅10%以上的有兵工局50.5%、船舶38.2%、庆铃21.7%、重烟21.7%、能投14%、电力10.3%。

(五)工业集中度明显提高，规模效益进一步显现

全市规模以上企业已达6412户，比上年净增355户。全年产值10亿元以上的企业119户，比去年增加6户。以工业为主的年收入超百亿的企业有11户(长安、电力、重钢、西铝、机电、化医、力帆、隆鑫、船舶、能投、轻纺)，其中，长安超600亿，重钢、机电、力帆、电力超200亿元，比去年增加1户(力帆)。

(六)民营经济加速发展，总量占据半壁河山

全年规模以上民营工业销售产值增长30.9%，高于全市12.9个百分点，占全市规模以上工业比重52.4%，较去年提高了7个百分点。其中年收入10亿元以上达37户。涌现出一批国内外知名企业：如力帆集团、隆鑫集团、宗申集团、渝安创新、博赛矿业、华立药业、格力电器、泰山电缆、渝江压铸、长安跨越、润通动力、金山科技、国际复合、美心门业、秋田齿轮、李尔长安等。民营企业不但在摩托车、农副产品加工、机械制造及配套、纺织服装、食品、建材中占主导地位，还涉足电子通信、仪器仪表、汽车、军品、生物技术、造船、能源等高技术领域。

(七)重工行业回升迅猛，有力支撑全市发展

占全市比重70%左右的重工业在一系列利好政策的推动下，回升势头迅猛。交通运输设备制造业、专用设备制造业、石油和天然气开采等21个重点行业产值增幅在15%以上。汽车、发动机、化学药品原药等24个重点产品产量增幅超过18%。规模以上重工业增加值增幅由1月末下降7%、上半年增长13%到全年增长20.7%，分别比全市和轻工业高出1.8和7个百分点。

(八)企业创新能力加强，效益不断回升

企业科技创新日益加快，全年新产品产值达到2202.65亿元，增长35.0%。新产品产值占比达到32.8%，比上年提高3.7个百分点。随着经济形势的不断向好，企业效益同步回升。全年

全市规模企业完成利润323.14亿元，增长16.4%，扭转了今年以来工业企业增产不增效的局面（2月末-48.7%、5月末-26.2%、8月末-10.9%）。全年产品销售率达到97.8%，较上年提高了0.6个百分点。1~11月规模工业企业经济效益综合指数200.4%，提高5个百分点；全员劳动生产率16.4万元，增长25.1%。

（九）要素需求快速回升，工业运行调度平稳

工业生产回升促使生产要素需求增加。一是工业用电稳步增长。全市规模工业用电344亿千瓦时，增幅由元月-13.6%，转为上半年增长3.1%，全年增长9.5%。二是工业品运输量持续回升。今年货物运输量6.9亿吨，增长7.6%，其中铁路货运量由元月份下降19.1%升为一季度增长1.2%，上半年增长6.5%，1~9月增长8.6%，全年增长10.2%，增幅创近10年历史新高，表明工业品生产总量增加。三是天然气供应较为紧张。全年全市天然气消费量48.6亿立方米，虽然增幅由一季度下降3.7%转为增长2.3%，但工业用气27.95亿立方，下降2.6%。

（十）资金供应充裕，中小企业贷款保障有力

为鼓励中小企业贷款，去年市级财政出资0.7亿元作为风险补助金，带动各区县配套资金1.2亿元，引导金融机构和担保公司向中小企业倾斜，取得较好成绩。一是全市中小企业各项贷款余额比年初增长52.1%，高于全市贷款平均增幅10.5个百分点。其中，中小工业企业贷款余额达741亿元，新增211亿元，增长40%。二是银行新增中小企业短期贷款比重提高1.9个百分点，达到31%。三是新增中长期贷款中用于中小企业流动资金的额度为44.2亿元，增长163.6%，净增27.4亿元。四是私营中小企业短贷余额67亿元，增长110%，比年初净增35.1亿元。五是新增银行信贷关系的中小企业近200户。

二、发展中存在的问题

（一）外需仍显不足

全年我市工业品出口交货值下降18.4%，降幅虽比上半年缩小10.9个百分点，以外向型为主的如摩托车、机电、化工等行业中的部份企业生产经营难度仍较大。

（二）金融贷款呈收紧态势

下半年工业短期贷款急剧收缩。12月末全市短贷比年初新增123.3亿，同比增长80%，其中工业贷款比年初新增18.5亿元，增幅由6月末的117.9%急降至23.9%。贷款急促收紧，导致部分企业资金紧张，对巩固发展基础不利。

（三）结构调整任务十分艰巨

出口疲软，部分行业产能矛盾显现，内需竞争加剧。2009年，全市工业设备有效能力发挥率低于正常水平约5个百分点。其中氧化铝、铝材、摩托车、机床、变压器及部分主要化工产品开工率均不足70%。

（四）经济效益有待进一步提高

2009年，亏损企业亏损额达28.54亿元，增长6.8%。主要工业产品产量中，铝材同比下降0.2%，维伦纤维下降16.3%，冰醋酸下降20.0%，变压器下降17.4%。表明部分行业和企业经营效益需要进一步提高。

（重庆市经济和信息化委员会 刘富钊）

2009年重庆市技术改造与投资

一、2009重庆市年技术改造与投资运行情况

（一）全年工业投资完成情况

2009年，全市工业投资保持快速增长，累计完成1793亿元，同比增长30%，占全社会投资比重33%，超额完成年初市政府下达的1600亿元的目标任务。

工业投资“十大工程”和“双百计划”重点项

目进展顺利，累计完成投资663亿元，占全市工业投资的37%，带动作用十分突出。工业投资“一号工程”重钢环保搬迁项目的首条4100mm生产线已建成投产，信息产业“一号工程”惠普400万台笔记本电脑项目已进入试生产阶段，2010年1月正式投产。其他重点项目按计划实施。

(二)工业投资的主要特点

1.制造业是工业投资的主要领域

全年工业投资中，投向制造业投资达1380亿元，同比增长33.3%，高于工业投资的增速3.3个百分点，占比为77%。重点产业投资增长迅速，电子信息产业投资同比增长88%，材料工业增长54%，装备工业增长38%。

2.民间投资是工业投资增长的主要力量

全年民间投资完成1226亿元，同比增长34%，比同期工业投资增速高4个百分点，占比达到68.4%。民间投资拉动投资增长22个百分点。

3.重大项目是工业投资的重要支柱

全年工业在建项目5653个，同比增长22%。其中，亿元以上重大建设项目615个，增长8%，完成投资1085亿元，增长28%，占全部在建项目投资完成额的61%。

4.新开工项目为投资持续增长提供了重要保障

全年工业新开工建设项目3475个，同比增长19%，计划总投资1601亿元，同比增长82%，项目平均建设规模增长54%。

5.重点区县为工业投资增长发挥了重要作用

工业投资总量前十位区县分别是长寿、万州、永川、渝北、涪陵、江津、合川、北碚、巴南和南岸，完成投资986亿元，占全市投资总量的55%。

(三)2009年开展的主要工作

1.认真制定贯彻落实国家重点产业调整和振兴规划实施意见

为贯彻国家产业振兴规划和国务院3号文件精神，制定了《贯彻落实国家重点产业调整和振兴规划的实施意见》。《实施意见》明确了至2012年的工业和信息化产业发展目标，确定了全市“6+1”支柱产业在全国和西部的定位，提出重点支持发展的53条产业链、53个新兴产业产品目录；重点推进的220项重点技术改造项目、208个重点技术创新和产学研项目；重点扶持100户骨干企业做大做强，培育130户成长型小巨人企业，培育100个重点品牌；支持14个园区创建千亿级工业园区等，加快建设国家重要的现代制造业基地。该意见的出台，为全市今后三年的工业和信息化产业发展指明了方向。

2.积极争取国家支持我市老工业基地改造振兴

(1)为贯彻落实3号文件精神，加强汇报，积极争取工信部领导的大力支持。工信部在来渝调研的基础上出台了《关于推进重庆统筹城乡改革和发展加快老工业基地改造振兴的意见》，为我市争取和落实国家各项支持政策创造了重要条件。

(2)抓住中央实施积极财政政策的时机，积极组织项目申报中央投资。全年共争取中央资金6.4亿元。其中，重庆通用工业(集团)公司核电站专用冷水机组和风机产业化基地等30个项目落实“重点产业振兴和技术改造”专项资金2.5亿元；重庆市恒特自动化技术有限公司新建数字式直流调速器生产线等99个项目落实“中小企业技术改造”专项资金9000万元；长安发动机新基地等9个项目落实中央投资央企专项技改资金3亿元。中央资金的支持，提升了企业的投资信心，加快了全市重点技改项目实施步伐。

(3)根据财政部等六部委《关于调整重大技术装备进口税收政策的通知》的要求，为重庆机床(集团)有限责任公司和重庆ABB变压器有限公司争取到2009年度重大技术装备进口税收优惠资格，企业进口关键零部件和原材料可减免关税和增值税1200多万元。此外，还组织了部分园区申报国家新型工业化产业示范基地，九龙工业园区已被工信部列为首批国家新型工业化产业示范基地。

3. 开展重点行业发展规划和产业链项目策划研究

为应对国际金融危机的影响，促进我市支柱产业发展，全面贯彻落实国务院3号文件和国家九大产业调整和振兴规划精神，组织有关行业处开展了汽车摩托车、装备制造、冶金、建材、化工、电子信息、轻工、纺织服装等8个重点行业发展规划及产业链项目研究，并结合三峡库区承接产业转移和开展项目招商情况，策划了一批带动行业发展的重点项目，进一步充实和完善工业发展项目库。这批项目累计828个，计划投资达6500亿元，计划产值1.4万亿。目前，全市已经形成投资额为1万亿元的工业发展项目库，为工业快速健康发展奠定坚实的基础。

4.启动三峡库区移民生态工业园建设

按照《三峡工程后续工作规划大纲》要求，积极推进重庆市三峡库区移民生态工业园建设规划编制，制定了《重庆市三峡库区移民生态工业园建设方案》，方案已经市政府第42次常务会议审议通过。方案明确了移民生态工业园实施范围、工作目标和原则，建设方式、用地规模、建设内容、产业布局、招商引资等方面的重点任务，促进库区工业快速发展。

重庆市移民生态工业园建设工作得到了国家有关部门的大力支持，工信部以工信厅规〔2009〕472号致函国务院三峡办，提出支持重庆库区工业发展和移民生态工业园建设的有关建议，进一步推动了移民生态工业园建设工作的开展。

5.加大重点项目监管力度，积极落实支持工业发展各项政策措施

(1) 为及时发现和解决项目实施中存在的问题，保证重点项目顺利实施，印发了《关于进一步加强工业投资项目管理工作的通知》，提出了加强项目策划、规范项目管理、落实政策措施等工作要求，对每季度工业投资任务进行了分解，不定期的对重点项目进行实地检查。同时，通过召开投资调度会、重点项目准备会，编制项目融资指南，对接有关银行，协调有关部门，确保重点项目建设顺利推进。

(2)2009年，市政府设立提振经济工业特别专项资金，支持市重点支柱产业技术改造、沿海发达地区产业转移项目和园区标准厂房建设。与往年相比，2009年资金安排工作启动早、力度大、覆盖广，共安排2.29亿元财政资金用于支持中船重工(重庆)海装风电设备有限公司风力发电机组产业化建设等248个重点工业项目建设和32个特色工业园区标准厂房项目建设。

(3)继续加强与税务、海关等部门的沟通衔接，切实将各项优惠政策落到实处。将西部大开发税收优惠政策享受范围扩大至与工业发展密切相关的商贸、建筑、物流等行业，全年为195个企业出具了《国家鼓励类产业确认书》，企业可享受所得税减按15%征收的优惠政策；共为30个项目出具了《国家鼓励发展的内外资项目确认书》，项目总投资6.78亿元，其中4298万美元的进口设备可减免海关关税。

6.加快推进淘汰落后产能

2009年，全市认真贯彻落实工信部《关于当前形势下进一步做好产业政策工作的通知》和国家发展改革委等部门《关于抑制部分行业产能过剩和重复建设引导产业健康发展若干意见的通知》有关精神，加快推进产业结构调整，狠抓节能减排，加大落后生产能力淘汰力度。全年全市关停2台小火电机组，装机容量10万千瓦；关停14条小水泥生产线，淘汰小水泥141万吨；通过对小煤矿资产整合，小煤矿企业数已从1177户整合为489户。

7.开展安全大排查大整治大执法工作

按照全市统一部署，开展了全市工业项目建设安全大排查大整治大执法工作，印发了《全市工业项目建设安全大排查大整治大执法工作方案》，明确了工作目标、设立了工作机构、进行了职责分工、召开了全市动员大会、提出了工作要求。通过安全自查、复查和督查阶段的细致工

作，全市工业项目累计发现各类安全事故隐患2090项，目前已整改落实2007项，正在整改83项，顺利完成全市工业建设项目安全大排查大整治大执法工作。

二、2010年重庆工业投资形势展望

2010年，是实现“十一五”发展目标的最后一年，也是应对国际金融危机的关键之年，全市技术改造投资工作要按照中央经济工作会和市委经济工作会的要求，落实科学发展观，全面贯彻落实国务院3号文件和国家重点产业调整和振兴规划，不断优化投资结构，扩大投资规模，以产业结构调整促进发展方式转变，推动全市工业经济健康快速发展。

展望2010年，无论从宏观环境，还是从重庆工业经济发展的各种条件看，我市工业投资发展的积极因素更多。从国家宏观调控层面看，国家将继续实施积极的财政政策和适度宽松的货币政策，工业经济发展的活力将继续增强。从我市情况看，随着重点行业振兴规划实施意见的贯彻落实，“保税港区”、“两江新区”等开发开放集聚效应的初步显现，一批工业重大项目的全面推进，重庆工业投资有望在2010年迈上更高的台阶。

同时，我们也要清醒的看到制约工业投资的不利因素。产业结构调整任务艰巨，工业发展方式亟待转变，资源和环境制约因素突出，利用外资的难度加大，中小企业发展融资难问题尚未得到有效解决。为此，需要把面临的形势估计得更严峻一些，把困难和风险考虑得更充分一些，把各项对策和措施考虑得更周全一些，扎实做好工业投资工作。

三、2010年主要工作

(一)工作目标

认真贯彻中央和市委经济工作会议精神，实施全市工业和信息化投资“212”工程(即：完成投资2000亿，抓好10个重大项目，实施“双百”计划)，推动我市工业经济平稳较快发展。

(二)工作思路

围绕汽车摩托车、装备制造、材料工业、天然气石油化工、电子信息、能源和轻纺劳动密集型“6+1”产业基地建设，以重点项目为抓手，加大工业投资力度，延伸和完善产业链，推进新兴产业集群发展，促进产业结构优化升级，进一步转变发展方式，实现我市工业经济又好又快发展。

(三)工作重点

1. 贯彻落实国家重点产业振兴规划实施意见，加快“6+1”产业基地建设

一是做强做大汽车摩托车行业。围绕把重庆建设成为中国汽车名城和摩托车之都的目标，着力创建中国最大的微车生产基地、最大的摩托车生产基地、最大的新能源汽车生产基地。重点推进乘用车、商用车、摩托车、汽摩零部件等4条产业链。

二是振兴装备制造业。围绕建设中国现代装备制造高地的目标，继续做大做强内燃机及通用汽油机、仪器仪表、环保设备、输变电设备、机床等传统优势产业，加快发展风电装备、轨道交通装备、核电辅助配套装备、农业机械等新兴产业。重点推进风电装备、轨道交通装备、重型铸锻件、特种船舶、齿轮箱、内燃机、输变电、节能环保装备、农业机械等9条产业链。

三是高水平发展天然气石油化工产业。围绕把重庆建成长江上游的综合化工基地、国内最大的天然气化工研发生产基地的目标，重点培育天然气化工、石油化工、煤化工等三大新兴产业集群。重点推进MDI及化工新材料、乙炔、氢氰酸、甲醇醋酸及醇醚燃料、光气及精细化工、甲醇制烯烃、合成氨高浓度化肥、氯碱、合成橡胶轮胎、煤化工、医药等11条产业链。

四是优化提升材料工业。围绕将重庆建成中国铝加工之都、镁合金产业应用基地、长江上游绿色建材产品基地的目标，重点推进铝工业、钢铁工业、铜镁硅有色金属、锰及铁合金、水泥及制品、玻璃及玻璃纤维制品等6条产业链。

五是大力发展电子信息业。围绕将重庆建设成为西部领先的电子信息产业基地的目标，

建设国家军民两用集成电路产业基地、国家低成本信息终端产业基地、国家汽车电子产业基地和国家嵌入式软件基地等四个“国家特色产业基地”，把电子信息培育成全市第一支柱产业。重点推进电脑制造、软件及服务外包、集成电路、信息家电、新一代移动通信、光伏及LED、汽车电子等应用电子产品、新型显示器件、医疗器械、动漫等10条产业链。

六是加强能源开发建设。加快能源工业发展，优化能源结构。重点推进电力生产供应、天然气采输、煤炭生产加工等3条产业链。

七是大力发展轻纺劳动密集型产业。围绕将重庆打造成中国西部地区最大的家电、造纸、制鞋基地和西部服装之都的目标，大力发展劳动密集型产业。重点推进家电、造纸及纸制品、服装、制鞋、烟草、酒类饮料、农产品深加工、纺织丝绸、工艺美术品等9条产业链。

2.以“十二五”规划编制为契机，推动产业结构优化和新兴产业发展

以贯彻3号文件以及落实国家重点产业调整和振兴规划为契机，以科学发展观为指导，按照新型工业化的要求，认真开展“十二五”工业发展规划的编制工作，大力发展新兴产业，培育新的经济增长点，进一步优化工业结构布局，促进产业优化升级。围绕53条产业链，编制、策划、整理一批起点高、投资额大、带动性强的大项目，力争形成投资规模达1.2万亿元的工业投资项目库。尤其要重视发挥特色工业园区的平台载体作用，把千亿级、百亿级产业园区的规划做实做好。

积极关注重庆工业未来，着眼发展航空航天产业、海洋及石油工程、工业机器人、新能源汽车和装备、新型材料、新一代移动通信、核电配套装备、环保装备、医疗器械、物联网等10个战略性新兴产业，抓紧研究发展规划，推动产业优化升级。

3.加快重大项目推进，为工业发展提供支撑

抓好“十大”工程项目建设，发挥重大项目带动作用。2010年工业“十大”工程是：长安福特15万辆乘用车、富士康2000万台笔记本电脑、英业达1000万台笔记本电脑、小康汽车25万辆微车、攀渝钛白30万吨钛白粉搬迁技改、化医集团MDI一体化、东方光大240万千米通信级塑料光纤、万达150万吨镀锌彩涂卷板、渝能泰山1500千米环保智能型交联电缆、格力电器北部新区空调生产基地。

继续实施“双百”项目计划，全面推动工业项目建设和投产，形成新的增长点。加快推进重钢环保搬迁、长安发动机新基地、川维30万吨醋酸乙烯等130个项目的建设实施。抓紧开展广达电脑、长安轿车二工厂、机电集团高端薄壁铸造、建峰化工己内酰胺等120个项目的前期准备工作。年内长征重工重型铸锻基地、重齿风电产业园、银翔250万台摩托车发动机、西南铝冷连轧、美心米勒800万套曲轴、三阳化工1.5万吨三氯氢硅等一批重点项目建成投产，为工业经济发展提供支撑。

4.加快移民生态工业园建设，推动库区产业快速发展

根据国家三建委《三峡工程后续工作规划大纲》和市政府《重庆市三峡库区移民生态工业园建设方案（试行）》，加快编制移民生态工业园建设规划及投资补助概算，完成移民生态工业园城乡总体规划和土地利用总体规划的确认、环境影响评价报告的编制和报批、地质灾害评估和压覆矿产评价等前期工作。编制各区县半淹企业处理等企业遗留问题的处理规划和投资概算工作，启动企业遗留问题的解决。推进库区承接产业转移工作，落实库区标准厂房建设项目以及设备搬迁运输补助等优惠政策，推动更多企业落户三峡库区。

5.贯彻落实国家产业政策，加大淘汰落后产能力度

一是严格执行行业专项政策和准入条件。对国家明令禁止、限制和淘汰的技术、设备和生产工艺，从项目投资审批（核准、备案）和行业管理中严格把关，严格控制低水平重复建设。二是加大淘汰落后产能政策和措施的研究制定力

度。积极配合国家研究建立落后产能退出机制，加强各项政策措施的协调配合，综合运用法律制约、经济引导和行政管理等多项手段统筹推动落后产能淘汰工作。力争2010年全市淘汰落后水泥生产能力124万吨、淘汰落后炼焦能力3万吨、小火电装机容量10.75万千瓦。

6.不断提升管理水平，保障项目顺利实施

一是加强培训工作。开展投资管理、招商引资、产业政策、项目策划以及税收优惠政策等方面的培训，通过培养一支精干的队伍，提升工业投资管理水平。二是进一步加强对重点项目的服务。坚持定期召开重点项目工作调度会，掌握重点项目进展情况，协调有关市级部门，及时研究解决重大项目建设中的问题和困难，各类资源要素要向重大项目倾斜。要进一步帮助企业享受各项优惠政策，帮助企业降低投资成本，促进建设项目顺利实施。三是帮助企业做好各级财政资金项目申报工作，同时对中央投资项目和市级财政资金项目，要加强监督检查，确保中央和地方财政资金安全、有效使用。

在抓好工业投资和经济发展工作的同时，要指导区县、企业进一步抓好工业项目建设安全工作，确保工业项目建设领域安全生产形势的稳定，推动工业项目顺利建成投产。

（重庆市经济和信息化委员会　刘富钊）

汽车工业

2009年是我国汽车工业发展具有里程碑意义的一年，在国家出台汽车下乡、小排量乘用车车辆购置税减半等政策的拉动下，全国汽车产销在10月份突破1000万辆，全年将超过1379万辆，我国已经成为全球最大的汽车产销国。与此同时，重庆市汽车工业紧紧抓住国家出台汽车振兴政策的有利时机，果断出击，成果丰硕，在全国汽车工业快速发展的大背景下，独树一帜，风景最好。

一、基本情况

（一）主要经济指标

2009年全市汽车工业共完成工业总产值2581亿元，同比增长39%。其中：市内（不含投资市外分支机构）完成工业总产值2306亿元，同比增长30.3%。汽车工业完成工业产值占全市工业产值38.4%（全市规模以上工业产值6707亿元），汽车工业产值增量占全市工业增量贡献度为70%。

2009年全市汽车工业（不含投资市外分支机构），实现利润101亿元，同比增长72.66%；利税总额199.6亿元，同比增长58.65%。其中：汽车整车企业实现利润总额36亿元，同比增长120.6%；利税总额102.4亿元，同比增长91.74%；汽车零部件企业实现利润38.6亿元，同比增长96.07%，利税总额54.9亿元，同比增长64.7%；摩托车整车企业实现利润8亿元，同比增长0.69%，利税总额13.6亿元，同比下降4.75%。摩托车零部件企业实现利润总额16.9亿元，同比增长29.28%，利税总额26.3亿元，同比增长16.78%。

（二）主要产品产销情况

2009年，全国汽车生产1379.1万辆和销售1364.48万辆，同比增长48%和46%。乘用车生产1038.38万辆和销售1033.13万辆，同比增长54%和53%，其中轿车产销747万辆和747万辆，同比增长48.32%和48.07%；商用车产销340.72万辆和331.35万辆，同比增长33%和28%。

2009年，重庆市企业（含投资市外分支机构）累计产销汽车169.82万辆和167.6万辆，同比增长61.5%和58.2%，其中市内（不含投资市外分支机构）产销118.65万辆和117.42万辆，同比增长59.8%和57.2%，其中轿车产销62.86万辆和61.71万辆,同比增长53%和50.1%;商用车产销50.7万辆和49.73万辆,分别比同期增长42.4%和36.4%。

(三)出口情况

2009年,全国汽车累计出口35.3万辆,同比下降45.1%;完成出口创汇46.8亿美元,同比下降45.1%。重庆市汽车整车累计出口2.8万辆,同比下降51.5%,完成出口创汇1.7亿美元,同比下降49.8%。

二、运行特点

1.政策因素是汽车工业快速复苏的主因

2009年初中国出台和实施了一系列促进汽车消费的政策,刺激了国内汽车市场的快速复苏并呈现出较快的发展势头,在所有出台的政策中,1.6升及以下乘用车购置税减半政策影响最大。2009年该类车型全国销售719万辆,同比增长71%,增长贡献度70%。目前重庆市乘用车企业已处在产能不足供不应求阶段。

2.产销增幅高于全国

全年重庆市汽车产量同比增幅比全国高出13.5个百分点,销量同比增幅比全国高出12.2个百分点。其中:轿车产销同比增幅比全国高出4.68和2.07个百分点,商用车产销同比增幅比全国高出9.4和8.4个百分点。

3.商用车市场增势良好

在金融危机中,相对乘用车市场,商用车市场受到冲击更大。2008年下半年产销持续下滑,受国家投资拉动和汽车下乡等有关政策促进,今年上半年开始商用车市场开始逐步恢复,并逐渐呈现正增长态势,特别是微型货车增长最快。重型货车在上半年大幅下滑后,下半年恢复为正增长,全年重型货车同比仅下降5.6%。2009年全市商用车产销分别完成50.7万辆和49.73万辆,同比分别增长42.4%和36.4%。

4.汽车出口仍处于低谷,但降幅逐渐收窄

2009年重庆市汽车出口28万辆,比上年同期下降51.5%;出口金额1.7亿美元,比上年同期下降49.8%。与国内市场快速发展态势相比,从分月出口情况看,下半年以来汽车出口形势有好转迹象,降幅有好转迹象,降幅逐渐收窄。

5.经济效益稳步提高

据市统计局汇总公布的重庆市整车企业(不含投资市外机构)各项主要经济指标均高于上年同期,具体为全市汽车整车企业累计实现主营收入920亿元,同比增长47.84%;实现利润总额36亿元,同比增长120.58%;实现利税总额102.43亿元,同比增长91.74%。

三、2010年发展目标及措施

1.发展目标

根据目前重庆市汽车工业企业计划情况,预计明年重庆市汽车工业将产销汽车200万辆,同比增长18.3%,产销摩托车1100万辆,同比增长19.6%,完成工业总产值2700亿元,同比增长12.5%。

2.主要措施

(1)继续抓好重点企业的当期运行

汽车工业是重庆市第一大支柱产业,对全市经济举足轻重。今年要继续坚持重点企业每月的运行分析例会,加强资源调度,确保全行业经济运行持续稳定。

(2)落实国家已出台的微车、摩托车下乡补贴政策,积极争取政府出台更加刺激汽车摩托车消费政策,进一步扶持重庆市汽车、摩托车发展,支持骨干汽车、摩托车企业实施品牌战略,做大做强、做出特色,确保重庆市汽车工业在全国的地位。确保重庆市摩托车在全国领先地位。

(3)加大对汽车零部件工业的支持力度,制定推进汽车零部件工业发展工作方案,以加快推进零部件工业发展和本地化战略实施,打造特色的西部汽车城。

(4)推进新能源汽车快速发展。一是进一步整合全市新能源汽车资源,推进新能源汽车产业基地建设,努力打造在全国领先的新能源汽车产业发展平台,积聚国际新能源汽车领域的资金、技术、人才等。二是针对新能源汽车产业链需求和重庆市现状,重点引进电池、电机、控制器等新能源汽车关键零部件项目。三是支持力帆、渝安、恒通、五洲龙等企业向国家争取新能源汽车生产资质。

(5)做好经济运行调度工作。及时掌握当前全市汽车工业的运行态势和问题。配合运行局做好煤、电、气、运的保供工作,确保汽车摩托车企业的正常生产。

(6)推进重大项目实施。跟踪汽车工业重大投资项目的实施情况,协调解决项目实施过程中遇到的困难,并配合投规处做好工业提振资金的使用工作,支持和引导重庆市汽车工业企业加大固定资产投资力度,提高持续发展能力。

(重庆市经济和信息化委员会 刘富钊)

摩托车工业

一、2009年发展回顾

2009年,全国累计产销摩托车2542.77万辆和2547辆,分别同比下降7.52%和7.4%。重庆市累计产销摩托车951.2万辆和956万辆,同比分别下降12.5%和12.1%,销量全国占比为37.5%。其中市内产销761.73万辆和788万辆,同比增长3%和2.8%,销量全国占比为30.9%。

2009年,全国摩托车累计销售排名前十名的企业集团分别是大长江、隆鑫、建设、洛阳北方、力帆、宗申、嘉陵、钱江、广州摩托和广州大运。重庆市五大家骨干企业隆鑫、建设、力帆、宗申、嘉陵分别居2、3、5、6、7位。全国摩托车累计出口744.9万辆,同比下降35.8%;完成出口创汇30.6亿美元,同比下降36.4%。全市摩托车累计出口216万辆,同比下降38.6%,完成出口创汇8.2亿美元,同比下降37.9%。

(一)摩托车产销出现负增长

2009年,受金融危机继续蔓延,世界经济总体低迷,重庆市摩托车出口大幅下滑,使摩托车整车产销失去了原有增长动力,全年产销量低于上年。面对非常严峻的经济形势,国家出台了一系列对"三农"的支持力度,制定了摩托车下乡的优惠政策,使得农民对摩托车的需求不断增加。摩托车企业顺应市场的变化,及时调整产品结构的生产适销对路产品,并通过加强管理,采用各种促销手段扩大销售,从而使全市摩托车产销从下半年开始呈恢复性上升,尤其第四季度出现连续三月27%以上增长。但由于上半年欠帐较多。2009年全年产销951.78万辆和956万辆,同比下降12.5%和12.1%。

(二)出口量虽然下滑,但继续保持全国第一

2009年,重庆市摩托车出口216万辆,创汇8.2亿美元,比同期分别下降38.9%和37.6%,出口量占全国的26%,继续保持全国第一。

2009年,全国摩托车企业出口量及创汇排名前10位的企业中,重庆市占5位,依次是隆鑫、力帆、银翔、宗申、建设,隆鑫集团摩托车出口量和创汇额均排名第一。

(三)全行业经济效益状况不断改善

2009年,摩托车工业尽管需求不足,但随着钢材等原材料价格下降,企业提高了自主品牌销售,降低了贴牌生产。单台摩托车售价普遍提高了10%左右,使全年全市摩托车整车企业实现主营收入374亿元(市内)同比增长0.71%,实现利润总额8亿元,同比增长0.69%。

(四)汽摩零部件规模以上工业效益提高

完成工业总产值928亿元,同比增长25.3%,实现利润总额55亿元,同比增长69.46%,实现利税总额82亿元,同比增长45.34%,其中:汽车零部件工业总产值52亿元,同比增长42%;实现利润39亿元,同比增长96.07%;实现利税总额55亿元,同比增长64.70%。摩托车利润总额17亿元,同比增长29.28;实现利税总额26.3亿元,同

比增长 16.78%。

二、2010 年发展展望

2010 年积极向国家争取摩托车扶持政策。为推动摩托车行业的发展，继续向国家争取相关扶持政策：一是取消排量 250 毫升及以下摩托车的消费税；二是取消摩托车车辆购置税；三是将摩托车出口退税率提高到 17%。

继续落实汽车摩托车下乡政策。2010 年，国家将继续实施汽车摩托车下乡政策。重庆将继续掌握下乡政策对本市汽车摩托车企业发展的拉动情况，及时了解并协调重庆市汽车摩托车企业在实际操作过程中遇到的困难，继续推进重庆市在本市辖区内对摩托车下乡产品一系列扶持政策的落实，促进全市汽摩工业持续发展。

（重庆市经济和信息化委员会　刘富钊）

重庆电力

一、2009 年发展回顾

（一）电力工业供需状况

2009 年初，由于煤电企业价格博弈，网内主力电厂存煤大幅下滑，造成短期电力供应紧张。2 月下旬开始，随着电煤供应趋于正常，来水量大幅增加，全网电力供应充足，电力电量富裕情况明显，网内火电机组停机备用频繁，“三公”调度和低谷调峰压力较大，全年外售电量 10.1 亿千瓦时。9 月，重庆气候异常炎热，统调电网负荷创历史新高，达到 886 万千瓦，较去年最高负荷同比增长 23.57%。迎峰度夏期间，共计有 38 天发生限电（其中拉闸限电 6 天），累计拉闸 729 条次，共限电 1571 万千瓦时，日最大限电电力 14 万千瓦，日最大限电电量 116 万千瓦时。下半年，工业用电量开始出现从 2008 年 10 月份以来正增长走势。

2009 年，全市全社会用电量 532.34 亿千瓦时，同比增长 9.55%，增速比上半年提高 10.24 个百分点。其中，第一产业用电量 1.33 亿千瓦时，同比下降 34.14%；；第二产业用电量 363.55 亿千瓦时，同比增长 8.43%；第三产业用电量 73.04 亿千瓦时，同比增长 14.79%；城乡居民用电量 94.41 亿千瓦时，同比增长 11.09%。从用电结构来看，第三产业、轻工业、城乡居民用电量均实现两位数的快速增长。全年发电设备利用小时数 3879 小时，同比减少 250 小时。其中水电 2895 小时，同比减少 889 小时；火电 4490 小时，同比增加 197 小时。全年购市外电量 94.29 亿千瓦时，同比增长 18.29%。

（二）电力重点项目建设取得新进展

1.电源结构进一步优化

2009 年重庆市继续加快推进电力建设。全市在建重大电源项目装机规模约 150 万千瓦，包括：嘉陵江草街航电枢纽工程（50 万千瓦）、乌江银盘水电站（60 万千瓦）、中梁水电站（12 万千瓦）、巴山电站（14 万千瓦）、西酬水电站（12.2 万千瓦）、盖下坝电站（12 万千瓦）、金家坝（6.3 万千瓦）等。全年新投装机容量 34 万千瓦，其中水电机组 30.4 万千瓦。武隆四眼坪风电场新投产风电机组 15 台共 1.275 万千瓦，实现重庆市风电开发零的突破。实施上大压小政策，退役开州发电公司小火电机组 10 万千瓦，进一步推进节能减排工作。到 2009 年底，全市装机容量 1134 万千瓦，其中水电、火电分别为 445 万千瓦、678 万千瓦，可再生能源发电装机容量比重达到近 40%。

2.电网建设大步前进

2009 年，全市抓住国家实施积极财政政策的机遇，大力推进电网建设，全年电网投资完成

62亿元。建成500千伏圣泉输变电工程、500千伏陈家桥主变扩建工程、220千伏南岸花红输变电等工程，投产110千伏及以上线路875公里，变电567.2万千伏安。在建电网项目122项，其中500千伏项目5个、220千伏项目34个、110千伏和35千伏项目83个。特高压工程向上线(重庆段)基本建成。农网完善工程完成10.8亿元，全市国家电网供区内农网改造面达到93%。城网建设与改造工程全年完成10.4亿元，竣工220千伏开县东华输变电工程，10千伏配网77个项目全部竣工。

3.重大前期工作稳步推进

乌江白马航电枢纽项目按计划推进，已经完成了项目预可行性研究。经过进一步优化，项目装机规模提高到40.5万千瓦，目前正在研究项目有关投资方案。重庆市风电场规划二期工程已经完成部分风场测风规划任务，有望新增25万千瓦风电场项目储备。

奉节电厂、石柱电厂、合川双槐电厂二期、习水二郎电厂、安康电厂、重庆电厂九龙电厂环保搬迁、华能江津油溪电厂、合川双槐电厂三期等一批大型燃煤电厂项目前期工作按计划推进。其中，石柱电厂、合川双槐电厂二期第一台已经取得国家能源局“路条”。

(三)电力体制改革有新进展

经过近6年的努力，2009年全面完成涪陵区电力体制改革。涪陵区电力体制改革不彻底的问题全面解决，长期影响涪陵农网改造进度的体制性障碍彻底消除。至此，国家电网已经覆盖了全市39个区县。

二、重庆市电力工业发展展望

(一)2010年重庆市电力工业供需预测

在国家积极财政政策和宽松的货币政策扶持下，2010年重庆经济将持续回升，经济总量和投资将继续保持高速增长，消费预期将进一步好转。能源消费在2009年相对较低增速下，出现快速增长。

预计2010年，全社会用电量575亿千瓦时，同比增长8%，统调电网最高负荷约1000万千瓦，同比增长12.87%。受新增装机容量有限、电力负荷特性影响，即使在电煤供应、水电来水、机组运行正常的条件下，如果不考虑额外新增外购电的前提下，重庆电网2010年仍将面临丰水期大负荷期间电力供应严重紧缺的局面，考虑5%的备用容量，最大电力缺额120万千瓦。一旦电煤供应、水电来水、机组运行等任意环节出现问题，电力供应紧张局势愈发加剧。

(二)重庆市电力发展思路

重庆经济快速发展，带动电力需求尤其是电力负荷快速增长。现有电力工业状况与经济社会发展水平仍不适应，发电机组装机容量不足，严重缺乏备用容量。电力工业是国民经济先行产业。电气化程度是衡量社会文明发展程度的重要标志。构筑全市安全可靠的能源保障体系，要坚持电力工业优先发展的方针。

为确保重庆市中长期电力保障，按照科学发展观的要求，重庆市提出了充分利用市内资源开发电源，与周边能源丰富的省份开展能源战略合作，构建我市中长期电力保障体系的工作思路。

——对外能源战略合作方面。近期，积极争取多渠道外来电力输入，除了通过网对网送电的方式吸纳四川、三峡及贵州等周边省市电能外，还将通过点对网送电的方式建设贵州习水二郎电厂、陕西安康电厂项目，增强自身电网的调节能力。积极推动“输煤输电并举”的战略，在点对网输电的同时向重庆输煤，增强网内火电机组电煤保障能力。支持市属能源企业在新疆、贵州、陕西等周边省份参与煤炭开采，主要向重庆供应。远期，利用重庆“西部地区重要增长极”和“长江上游地区经济中心”的区位优势，从区域角度统筹考虑重庆市能源结构和供需平衡。逐步调整全市煤炭开发政策，适当控制境内煤炭资源开发的强度，提高外来煤炭的供应依存度。积极扩展与四川、陕西、贵州、甘肃、新疆等省市的能源合作，争取国家将重庆纳入新疆煤炭外运的转运和战略储备中心。持续关注国家西藏水电开发前期工作进度，适时启动藏电入渝工作。

——自身电源建设方面。近期，积极推进境内奉节、石柱、合川等一批燃煤发电项目的前期工作。加快推进水电、风电、生物质发电等再生能源发电项目建设。积极争取市内一批重大能源战略项目获得国家和国家有关部委的支持纳入规划并早日实施。远期，结合周边省市来煤及甘肃、新疆煤炭入渝策划一批条件好的路口电站。同时，进一步加强电网建设，确保电网和电源协调发展，为外来电能输入和网内电能保障提供强有力的支撑。

（重庆市发展和改革委员会能源处　王莹）

装备制造业

2009年，重庆装备制造业认真贯彻落实中央保增长、扩内需、调结构的政策，结合具体情况，落实实施了"一揽子"计划，有效应对了国际金融危机对装备制造行业的冲击。重庆装备制造业生产销售情况进一步回升，产销衔接出现良好态势，新产品产值增长速度加快，出口也逐步回暖，重点产品产量保持稳定增长，为实现全年目标打下了坚实的基础。

一、装备制造业运行特点

1.全年产销增长前低后高运行

2009年重庆装备制造业生产销售形势良好，三月走出低谷，增速逐月加快。全年保持了20%以上的高速增长。全年规模以上企业共完成工业总产值1140亿元，同比增长27.9%，完成销售产值1087亿元，同比增长25.4%；完成主营业务收入1088亿元，同比增长23%。其中，电气机械制造行业由于全年市场需求仍然较旺，生产销售继续保持高速增长，在装备制造业中所占比重较大，全年实现工业总产值352亿元，与去年同期相比增长25%，占重庆装备制造业的30%以上，对全市装备制造业快速增长起到明显的支柱作用。

2.机械产品总体保持产销两旺

全年机械产品产销率为95.5%，仍保持了高位运行，但在几个小行业之间出现发展不平衡，产销率同比增高的行业是，仪器仪表业产销率达97.6%和通信设备制造业达93.5%，同比分别增长0.4和3个百分点；产销率同比降低的行业是：金属制品业为97.2%和专用设备行业为94.4%，同比分别降低0.6和4.9个百分点。

3.实现利润税金继续增长

2009年，重庆装备制造业企业累计实现利税99.5亿元，同比增长26.3%。利润受金融危机的影响，同比增速比上年有所降低。但由于企业大胆改革创新，降低了成本，有力化解和消化部

表1 2009年重庆装备制造业主要经济指标完成情况表 单位：亿元

行业名称	企业数（户）	从业平均人数（人）	工业总产值	主营业务收入	工业增加值	利税总额
规模以上企业	1120	223765	1140	1088	316	99.5
金属制品业	222	30403	123	121	33	10.1
通用设备业	375	69922	316	315	95	35.5
专用设备业	150	45782	163	165	45	9.1
电气机械业	219	40072	352	310	83	27.4
仪器仪表业	103	21543	75	73	24	9.2
通信电子设备	51	16043	111	104	36	8.2

注：数据来源重庆市统计局（数据不含交通运输设备制造业）

份原材料价格上涨带来的成本上升，保证了高位同比增长。

4.新产品开发保持高增长，行业的创新度继续加大

2009年，重庆装备制造业新产品产值增长速度继续高位运行，全年新产品产值完成462亿元，在上年高增长情况下，仍保持比上年同期增长40%，新产品产值在总产值中的比重达40.5%，其中：中国名牌产品产值156亿元，同比增长33%，重庆名牌产品产值160亿元，同比增长35%，比上年同期提高6个百分点，快于同期工业总产值增速4个百分点。

5.区县经济增长加快

2009年，区县企业工业总产值、新产品产值快速增长。工业总产值快于市属企业9个百分点，新产品产值快于市属企业16个百分点，对地区结构的优化起到了积极的促进作用。

6.综合效益同比仍处于高位增长

从3月走出低谷以来增速逐步加快，亏损户和亏损额也快速减少。全年亏损137户和亏损额5.3亿元，亏损户同比减少12.2%，亏损的中小企业较多，在结构调整中进行逐步关、停、并、转。

7.主要产品产量多数保持稳步增长

特别是电力电缆、高压开关板、内河船舶、发动机、通用设备等重点产品增势仍很强劲，但变压器、工业自动化仪表等产品出现下降趋势，并出现负增长。

在统计的50种主要产品中，累计同比增长的有35种产品，有15种产品比去年同期持平或减少，有的产品在作一些结构性调整中出现负增长。

电工电器设备：电工电器设备整体保持大幅增长，其中：高压开关板同比增长74.4%，电力电缆增长50.7%，光缆增长36.5%。

通用机械产品：泵同比增长37%，阀门同比增长111%，齿轮同比增长196%、包装设备同比增长19.4%，

光学仪器增长40.6%，汽车配件同比增长39.5%。

内燃机同比增长83.6%。

8.应收帐款增幅有所增加、产成品资金增幅降低

2009年，重庆装备制造企业累计应收帐款净额190亿元，比去年同期增长26.9%。产成品资金84亿元，同比增长21.3%，占流动资金的14%。

9.出口降幅进一步收窄

重庆规模以上装备制造企业2009年完成出口交货值51亿元，同比降低6.4%。由于经济危机的影响，上半年的出口降幅一直在两位数以上，但从下半年以来，机电产品出口逐步出现回升势头，10月后，出现当月正增长。随着世界经济的好转，出口增长可以预期。

10.节能减排工作初见成效、工业生产综合能耗单耗降低

2009年，重庆装备制造业生产综合能耗169万/折标准煤吨，同比增长15%；低于工业总产值

表2 2009年重庆装备制造业主要产品产量完成情况

产品名称	计量单位	产量	同比+-（%）	产品名称	计量单位	产量	同比+-（%）
内燃机	千瓦	33328956	50.1	发电设备	千瓦	954690	-2.5
金属机床	台	6600	1.7	变压器	万kva	4733	-17
泵	台	390286	37	低压开关	面	8538	-88
气体分离设备	套	252	5.4	电力电缆	公里	679339	50.7
风机	台	5578	-9.7	自动化仪表	台（件）	978553	-0.34
阀门	吨	96059	111	电工仪表	台（只）	3134165	7.8
采矿设备	台	79853	84	光学仪表	台	4484993	40.6
汽车	辆	1186538	59.8	摩托车	万辆	762	3.1

27.9%的增速,也低于去年同期1个百分点。单耗同比下降0.01吨标准煤/万元。

二、抓好重点项目,培育装备制造业新的经济增长点,取得成效

1. 打造"百亿重齿"

推动了总投资16亿元、总用地455亩的重齿"百亿重齿""331"工程风电工业园建设。建成后将形成以船舶、风力发电、建材装备三大优势产业和海洋工程、核电环保、高速列车三个新兴产业为主的齿轮箱制造基地。

2. 轨道交通装备产业已基本形成

促成北车集团、长春长客与重庆长客的股权调整和增加不锈钢生产线投资的进一步合作,同时,扩大了北车集团的转向架、变速器等关键零部件的生产向重庆转移。为将重庆长客建成西南地区铝合金、不锈钢轨道车辆生产基地奠定了基础。

3.陆上、海上风电装备并举,实现可持续发展

在加快实现重庆海装公司850KW、2MW风机30万KW量产的基础上,争取了国家级的5MW海洋风电工程中心,启动了国家委托的5MW海洋风电研发工作,并完成了与荷兰MECAL设计公司、丹麦KK电子工程公司分别就5MW海洋风电装备整体设计、控制系统研发制造的联合开发技术引进的协议签署。

4."百亿长征重工"建设取得进展

积极参与推进"百亿长征重工"重型铸锻基地的建设,货车车辆板块建成投产,水压机、铸钢板块加紧建设。

5.积极推进节能、减排,循环经济工作

推动铸造废砂再生利用试点工作。按照市政府的要求,积极组织市环保局、市财政局及相关企业商讨铸造废砂再生事宜,初步形成规范铸造废砂市场的实施意见,正报市办公厅审批。

三、重点开展行业内的招商引资,招商引资取得显著成效

1. 推进了世界500强、制造业第一的美国GE公司与重庆新兴齿轮有限公司高兆瓦风电齿轮项目的合资合作。GE公司拥有全球最先进的高兆瓦(≥2000KW)风电齿轮制造技术,有利于提升重庆市风电装备的整体水平。

2. 推动了美国罗宾斯公司全断面隧道掘进机生产项目落户重庆永川区凤凰湖工业园。

3.签定了ABB公司机器人传动系统与青平机械厂的合作协议。

4. 积极推进意大利芬梅卡尼卡与四联在电牵引的合资合作。

5. 积极开展霍尼韦尔车用增压器项目的招商引资。

6.积极开展太阳能薄膜电池的招商引资。

7.进一步开展中船重工、北车集团、潍柴的招商引资。

四、面对危机、制定新政策、新措施,促进经济增长

1. 为应对金融危机和国内外经济形势变化对我市的影响,保持行业平稳较快发展,大力振兴全市装备制造业,适时编制完成了《重庆市装备制造业振兴规划的实施意见及产业链重点项目》专项实施意见,规划了重庆市振兴装备制造业的重点领域和发展方向。提出了打造十三个产业集群、重点推进八个百亿产业、2012年实现销售总产值2200亿的"1322"的发展目标。

2.组织编制了《重庆市鼓励采购部分产品目录指南(第一批)(第二批)》,引导企业参与大型工程、基础设施建设等工程,扩大内需,促进经济增长。

3.编制完成重庆市《重庆"十二五"建设国家重要装备制造业基地研究》重点课题。为重庆建设国家现代装备制造业基地提供新思路,为编制重庆"十二五"装备制造业发展规划提供基本依据。

4. 编制了《风电产业链》、《核电装备产业链》、《轨道交通装备产业链》、《齿轮箱产业》、《铸锻产业》的专项规划报告。

5.帮助企业建立海外销售平台,促进机电产

品出口,做好通机出口应对工作。协助中船重工海装公司在海外销售平台建设;组织相关专家及通机出口企业研究制定重庆通机产品出口美国的政策及措施,积极应对美国环境保护署颁布的第三阶段通机排放法规对我市通机行业出口美国带来的一系列影响,促进通机及延伸产品,扩大出口。

6.加强科技创新,提升技术水平。组织实施重大专项和技术攻关。重点推进了海洋风电、海洋工程装备、高速变速箱、超高压变压器及电缆、核二级泵、机器人传动系统等专项的实施和技术攻关,全面提升我市装备工业的技术水平。策划创建了一批国家级重大技术装备工程中心。重点推进中船重工在重庆建立国家级海洋风电装备工程中心和重齿公司国家级齿轮工程试验中心、国家级风力发电传动工程技术研发中心的建设。

7.推进重大技术装备发展,夯实装备工业发展基础。围绕国内、市内一批重点工程,重点培养了风电、轨道车辆、铁路货车、掘进机及盾构机、中低速船机、垃圾发电、大型及重装齿轮箱等一批成套重大技术装备项目。加快发展关键零部件,夯实产业发展基础。突出抓好了大型锻造基地、轨道交通电牵引、轨道交通转向架等关键零部件的专项实施。

五、重点企业取得骄人成绩

1. 重齿公司的风电齿轮箱占全国市场份额将超过35%、建材及船舶齿轮箱市场份额将超过85%。重庆ABB变压器有限公司成为ABB集团全球化的特高压变压器制造基地和亚太地区的大型变压器出口基地,生产的大容量高压、特高压交流变压器和直流输电用换流变压器处于国际领先水平。

2. 中船重工(重庆)海装公司,已具备850KW、2000KW自主知识产权的风力发电成套设备批量生产能力。5MW海洋风电已列入国家支持计划,并将中国海洋风电装备研究中心定在重庆。

3.机电(集团)公司的高档数控齿轮机床、大型离心式压缩机、高温风机和工业泵、工业制冷设备取得较好发展。

4.风力发电、轨道交通、齿轮箱、特种船舶、重型铸锻件等装备产业配套体系已形成,并逐步向产业集群方向发展。

六、培育新的产品领域

2009年度,全市装备制造业加大产品结构调整力度,提升技术层次,不断推出新产品,保持销量的稳步提升。新产品项目有的已逐步形成产业链,对整个行业的带动作用开始显现出来。

1. 加大了对产学研结合项目的引导和支持力度

2009年,全市加强贯切《2008年度产学研技术创新项目指导性计划》,采取政策重点支持,对技术研发专项资金安排补助产学研合作项目36项,占专项资金补助项目总数的56%,安排财政补助资金1500万元,占专项资金总额的58%。补助项目数和金额度均为历年之首。

2.产学研结合取得新成绩

全市企业通过产学研合作,实现了一批具有自主知识产权产品的研发和产业化,产学研结合工作取得新成绩。以长安集团通过与六所高校建立的产学研战略联盟,自主研发的"志翔"轿车,cvll杰勋混合动力汽车成功下线并投放市场,取得良好的社会和经济效益;青山公司与吉林大学、重庆大学合作开发的amt自动变速器已完成试制,将在近期进行生产,为江淮汽车和长安汽车配套;中国四联集团与重庆科技大学合作,在引进消化吸收基础上开发的具有自主知识产权的天然气液化(lng)成套技术及撬装化装置在石柱天然气液化调峰项目中实现首台成功运行,使得全市的天然气液化技术达到国际先进水平;重庆天海医疗与重庆工学院合作开发国内首创的led手术无影灯成功面世,一举摘取中国创新红星奖,通过技术引进和联合设计,开发具有自主知识产权、在国内同类机型中技术先进、适用范围广、市场前景好的设备,发展关键零部件,形成产业链,从而形成产业集群。

3.机电工业园建设和企业产业集群建设加快

积极推进园区建设。重庆机电控股集团公司与长江工业园签订了1000亩用地协议,机电集团园区建设产业布局已基本形成——以北部新区和空港工业园区为区域的汽车及汽车零部件产业群;以南岸区茶园工业园和长江工业园为区域的通用环保和机床工具产业群;以各企业生产经营特点合理布局在其他工业园区的单项产业群。

4.自主创新能力建设增强,实施名牌战略初见成效

为了进一步落实科学发展观,贯彻以胡锦涛总书记对重庆"314"导航定向讲话为重庆工业发展赋予新的思想和内涵的要求,"求突破、上台阶、大发展",增强企业自主创新能力,加快实施名牌战略。继续加强企业技术中心建设,加快申报国家级技术中心的步伐;大力培养和造就一批自主创新人才,特别是中青年自主创新领军人才,完善创新激励机制,充分发挥科技人员的创造性,企业普遍设立"自主创新奖",大力奖励和表彰在企业自主创新中有突出贡献的科技人员以及管理人员。进一步推进名牌战略,提升国际竞争力,形成具有核心技术特色的品牌。2009年,加快实施重点项目。全年完成装备工业投资209亿元,同比增长38%;工业制造业投资也突破千亿,达到1796亿元,同比增长30.2%。高于工业投资8个百分点,工业投资占全市工业的70%,达到历史最高水平。9个项目纳入国家开发银行政策性贷款综合评定考核范围并通过初审,水泵公司等企业4个项目已进入正式评审程序,并即将获得贷款。55个项目列入重庆市重点技术创新计划和重点新产品计划,10个项目列入重庆市100项技术创新和信息化带动工业化重点实施项目,全年获国家及重庆市财政专项补助贴息等政策性资金支持1600多万元。落实了市第一批节能专项资金和2009年国家节能技术改造财政奖励项目。

大力推进名牌战略。2009年重庆名牌产品产值160亿元,同比增长32%,比总产值快4个百分点。也是重庆成立以来支持争创名牌产品力度最大的几年。目前,已形成国家级技术开发中心7个,市级企业技术开发中心31个,行业技术中心5个。全行业规模以上企业获国家批准专利400余项。重庆装备制造业结构更趋合理,已经站在新的起点,进入新的发展期。

(重庆市经济和信息化委员会 刘富钊)

化学工业

一、2009年发展回顾

2009年重庆市化工行业有规模以上工业企业395家,其中:国有企业23家,集体企业13家,股份制企业26家,外商、港澳台投资企业27家,其他有限责任公司30家,私营企业276家。行业资产总额611.8亿元,从业人员9.07万人。产品涉及化学矿山、化学肥料、化学农药、基础化学原料、涂料、颜料、染料、化学试剂、催化剂及助剂、粘合剂、炸药及火工产品、信息化学品、塑料、合成橡胶、合成纤维、橡胶制品、化工设备制造等17个大类。

(一)化学工业发展概况

2009年重庆化工行业在国家"扩内需、调结构、保增长"等一系列政策措施推动下,克服国际金融危机带来的各种困难,在新建企业和新建项目投产的强力拉动下,工业总产值突破500亿元,达到520.4亿元,生产总量创历史最高水平。

规模以上化工企业全年完成工业总产值520.4亿元,比2008年增长17.9%。其中:中央企

业完成38.5亿元，比2008年下降21%；市属化工企业完成93.1亿元，比2008年增长14.2%；区县企业完成104.7亿元，比2008年增长2.3%；其他企业完成284.1亿元，比2008年增长36%。全行业新产品产值完成152.7亿元，比2008年增长14.1%；全行业利税总额39.8亿元，比2008年下降35.5%；全行业出口交货值10.6亿元，比2008年下降7.9%；产品产销率99.6%，比2008年增加3.1个百分点。

规模以上化工企业实现销售收入498.7亿元，比2008年增长15.4%。其中：中央企业43.3亿元，比2008年下降16.9%；市属化工企业88.5亿元，比2008年增长13.3%；区县企业96.9亿元，比2008年增长2.5%；其他企业270亿元，比2008年增长30.2%。销售收入按行业类别分：基础化学原料制造业145.6亿元，比2008年下降5.9%，占化工行业的29.2%；化学肥料制造业102.2亿元，比2008年增长6.9%，占化工行业的20.5%；化学农药制造业6.1亿元，比2008年增长24.3%，占化工行业的1.2%；涂料颜料染料制造业28.6亿元，比2008年增长3.8%，占化工行业的5.7%；合成材料制造业9亿元，比2008年下降24.5%，占化工行业的1.8%；专用化学产品制造业75.5亿元，比2008年增长93.9%，占化工行业的15.1%；化学纤维制造业5.1亿元，比2008年增长25.5%，占化工行业的1%；橡胶制品业38.9亿元，比2008年增长27.2%，占化工行业的7.8%；其他制造业87.7亿元，比2008年增长37.2%，占化工行业的17.6%。

全行业利润总额26.4亿元，比2008年下降41.3%。其中：中央企业1.3亿元，比2008年下降64.7%；市属化工企业5.9亿元，比2008年增长4.4%；区县企业1.1亿元，比2008年下降86.1%，；其他企业18.1亿元，比2008年下降35.6%。

全行业各种所有制情况：国有企业23户，完成工业总产值完成109.5亿元、比2008增长9.1%、占全行业的21%，利润总额5.9亿元、比2008年下降48.4%；集体企业13户，完成工业总产值完成3.4亿元、比2008下降5.8%、占全行业的1%，利润总额0.3亿元、比2008年下降29%；股份制企业26户，完成工业总产值完成57.2亿元、比2008下降4.1%、占全行业的11%，利润总额5.5亿元、比2008年下降55.4%；外商港澳台企业27户，完成工业总产值完成88.1亿元、比2008年增长39.7%、占全行业的16.9%，利润总额7.2亿元、比2008年增长29%；其他有限企业30户，完成工业总产值完成93.2亿元、比2008年下降0.7%、占全行业的17.9%，利润总额0.2亿元、比2008年下降96.8%；私营企业276户，完成工业总产值完成168.9亿元、比2008年增长39.8%、占全行业的32.5%，利润总额7.3亿元、比2008年下降12.4%。

化工行业重点统计的20种产品全年比2008年增长的为13种，其中大幅度增长的有纯碱(36.2%)、烧碱(31.6%)、硫酸(36.9%)等；比2008年下降的有7种，其中降幅较大的是电石(生产装置拆除)、化学试剂(-54.4%)、化学农药(-37.4%)冰醋酸(-20%)等。

(二)重庆化工在全国和西部的排位

重庆工业总产值在全国排19位，占全国化工的1.1%，同比增长17.9%，全国化工增长9.7%。全国31个省市化工中，有23个同比增长(重庆排第10位)，有8个同比下降。重庆工业总产值在西部排4位。排西部前3名的是：四川、内蒙古、云南。西部12个省市化工中，有9个同比增长(重庆排第5位)，有3个同比下降。

(三)重庆化工主要产品产量(见表1)

(四)化工产业经济运行特点

1.新建企业和项目成为行业增长的主力

受金融危机影响，企业增长速度明显放缓，但全行业仍保持了17.9%的增长，主要是新建企业、新建项目的投产的贡献。一是规模以上企业户数增加。2009年底重庆化工有规模以上工业企业395户，比2008年增加35户。二是企业扩产，显现效益。重庆大全新能源有限公司新增生产能力，增长277.6%。

表1 2009年重庆市化工行业主要产品产量

产品名称	单位	产量	产品名称	单位	产量
天青石	万吨	31.4	精甲醇	万吨	45.3
硫酸 （折100%）	万吨	202.3	涂料	万吨	13.9
浓硝酸（折100%）	万吨	1.1	建筑涂料	万吨	5.9
盐酸（含量31%以上）	万吨	11.0	颜料	万吨	6.5
烧碱（折100%）	万吨	14.4	染料	万吨	0.4
纯碱	万吨	99.2	合成橡胶	万吨	2.1
合成氨	万吨	113.8	轮胎外胎	万条	980.7
化学肥料（折100%）	万吨	147.1	胶鞋	万双	6002
氮肥（折100%）	万吨	91.1	冰醋酸	万吨	26.0
磷肥（折100%）	万吨	56.0			
化学农药（折100%）	万吨	0.3			

2.重点企业总量持平

重庆化工32户重点企业工业总产值2009年完成274.2亿元，比2008年增长1.7%，基本持平。32户重点企业工业总产值同比增长的有17户，下降的有15户。中国石化集团四川维尼纶厂、重庆紫光化工有限责任公司、扬子江乙酰化工有限公司、重庆紫光天然气化工有限责任公司等企业出现大幅下降。

3.行业经济效益大幅下滑

全年利税总额、利润总额分别完成39.8亿元和26.4亿元，比2008年分别大幅下降35.5%、41.3%。

从隶属来看，减少量最大的是其他化工企业，利税总额、利润总额分别减少11.1亿元和10亿元，下降30.4%、35.6%；其次是区县企业，利税总额、利润总额分别减少7.2亿元和6.3亿元，下降76.2%、86.1%。

从行业类别来看，减少量最大的是基础化学原料制造业，利税总额、利润总额分别减少29.9亿元和25.5亿元，下降81.2%、91.9%；其次是化学肥料制造业，利税总额、利润总额分别减少4.8亿元和4亿元，下降48%、51.5%。

4.行业产销率提高

全年重庆化工行业产销率为102%，同比增加3.1个百分点。

九个行业中类产销率同比提高的有5个，其中工业总产值同比增长而产销率提高的是：化学肥料制造业、涂料颜料染料制造业、专用化学用品制造业、橡胶制品业；工业总产值同比下降而产销率提高的是：基础化学原料制造业。降低的有4个，工业总产值同比增长而产销率下降的是：化学农药制造业、化学纤维制造业、其它制造业；工业总产值同比下降而产销率下降的是：合成材料制造业。

占重庆化工比重大的：基础化学原料提高1.7个百分点，同比提高11.2个百分点。

5.新产品总体平稳增长

全年重庆化工完成新产品产值152.7亿元，同比增长14.1%。从分行业看，增长量大的有：专用化学用品制造业28.2亿元、同比增长240.1%，橡胶制品业1.2亿元、同比增长26%。

（五）项目建设进展

1. 我国PTA技术装备国产化标志性工程——重庆蓬威石化60万吨PTA项目于2009年全面建成投产；

2. 建峰工业集团的45万吨合成氨和80万吨尿素、农化集团2万吨草甘膦项目已于2009年完成机械竣工，即将投入试生产运行；

3. 中化涪化的20万吨合成氨和20万吨尿素、赢创德固赛三征的3万吨三聚氯氰、映天辉20万吨氯碱、化医大塚化学2万吨水合肼和2万吨发泡剂、紫光天然气化工0.5万吨EDTA螯合剂一期工程、均已于2009年竣工建成投产；

4. 云天化重庆公司的6万吨聚甲醛项目有望2010年实现机械竣工；紫光化工6万吨蛋氨酸一期1万吨DL—饲料级蛋氨酸项目即将开始试车；卡贝乐化工85万吨甲醇、三阳化工1.5万吨三氯氢硅、盐业集团合川盐化60万吨真空制盐、中石化润滑油重庆公司搬迁扩能技改等项目已陆续开工建设；

5.蓬威石化20万吨聚酯、建峰工业15万吨已内酰胺、建峰工业4.6万吨聚四氢呋喃、天原化工多晶硅等项目正在开展前期工作，将形成新的经济增长点。

(六)市内化工生产总量排名

1.区县前10名

2009年重庆36个有化工企业的区县，按工业总产值由大到小排序，全年区县排前10名完成情况如下：

(1) 涪陵区，14户企业，完成工业总产值80.4亿元、同比增长28.6%、占行业比重15.5%，主营业务收入76.9亿元、同比增长18%，利润总额1.32亿元、同比下降56.2%，资产总计140.8亿元、同比增长58.8%。

(2) 万州区，17户企业，完成工业总产值79.7亿元、同比增长69.9%、占行业比重15.3%，主营业务收入72.8亿元、同比增长114.9%，利润总额6亿元、同比增长72.8%，资产总计59.8亿元、同比增长53.1%。

(3) 长寿区，32户企业，完成工业总产值56.5亿元、同比下降21.6%、占行业比重10.9%，主营业务收入55.2亿元、同比下降23.5%，利润总额0.7亿元、同比下降92.9%，资产总计138.2亿元、同比增长29.1%。

(4)垫江县，6户企业，完成工业总产值31.3亿元、同比增长19.9%、占行业比重6%，主营业务收入27.3亿元、同比增长11.4%，利润总额1.2亿元、同比下降28.5%，资产总计12.4亿元、同比增长2.8%。

(5)九龙坡区，23户企业，完成工业总产值31.1亿元、同比增长3.2%、占行业比重6%，主营业务收入33.2亿元、同比增长5.2%，利润总额1.5亿元、同比增长112.3%，资产总计24.8亿元、同比增长11.5%。

(6) 梁平县，19户企业，完成工业总产值30.7亿元、同比增长39.6%、占行业比重5.9%，主营业务收入30.9亿元、同比增长39.9%，利润总额4.1亿元、同比增长7.1%，资产总计11.5亿元、同比增长4.1%。

(7) 南岸区，23户企业，完成工业总产值28.9亿元、同比增长38.4%、占行业比重5.6%，主营业务收入25.6亿元、同比增长51.7%，利润总额1.3亿元、同比增长54.1%，资产总计23.4亿元、同比增长68.1%。

(8) 江津区，27户企业，完成工业总产值28.3亿元、同比增长30.6%、占行业比重5.4%，主营业务收入27.8亿元、同比增长28.4%，利润总额4亿元、同比下降172.6%，资产总计33.1亿元、同比增长44.7%。

(9) 南川区，10户企业，完成工业总产值18.2亿元、同比增长6%、占行业比重3.5%，主营业务收入14.4亿元、同比下降7.2%，利润总额0.3亿元、同比下降79.8%，资产总计11.4亿元、同比增长6.8%。

(10) 永川区，24户企业，完成工业总产值14.8亿元、同比下降34.4%、占行业比重2.8%，主营业务收入18.1亿元、同比下降39%，利润总额2.2亿元、同比下降80.6%，资产总计19.3亿元、同比下降33.9%。

2.企业前10名

2009年重庆化工行业前10名的企业是：重庆大全新能源有限公司、重庆宜化公司、重庆气矿梁平采输气作业区、中化重庆涪陵化工有限公司、中国核工业建峰化工总厂、双赢集团有限公司、中国石化集团四川维尼纶厂、重庆巴王矿产品有限公司、垫江脱硫厂、中国石化集团重庆一坪高级润滑油。前10个企业完成工业总产值221.1亿元（占化工行业的42.5%），同比增加38亿元（占化工增量的48.1%），同比增长20.8%。

二、发展中存在的问题

重庆市化工工业还存在经济总量偏小,化工产业与其下游相关产业缺乏有效联动发展机制,天然气化工受产业政策制约,产业及产品结构单一,产业链短,天然气以及其他生产要素保障不足,技术创新和科研开发投入不足,节能减排任重道远等一系列问题,如何进一步调整和优化产业结构,提升技术水平,提高产业效益是我们共同将要解决的问题。

三、2010 年发展展望

2010 年,重庆市化工行业总体仍将保持较快发展态势。在我国经济高速发展、宏观经济复苏、政府强力拉动内需的背景下,在下游相关行业的带动下,我国工业产品市场对化工产品的刚性需求强劲,各种主要化工产品需求量仍将保持快速、稳定的上升趋势,特别是化工新材料和新领域精细化学品的需求量将随国内产业结构调整和国民生活水平提高而保持旺盛需求,这是重庆市化工产业继续快速发展的内在动力。

但全球经济复苏缓慢,国际经济并未实质性好转;国内经济发展还存在一些不确定、不稳定因素;对化工行业回升速度还很慢,行业效益还处于低位,传统产能过剩、技术创新能力不足等结构性矛盾还很突出,支撑行业向上发展的内外基础尚不稳固。虽然重庆市化工行业经济形势总体向好,但基础并不牢固。总的来说,2010 年有利因素大于不利因素,整体经济形势将好于 2009 年。

(重庆市经济和信息化委员会 刘富钊)

建材工业

重庆建材工业经过多年发展取得长足进步,目前已形成玻璃纤维、卫生陶瓷、水泥、玻璃深加工、墙体材料、化学建材以及装饰装修材料等为一体的建材工业产品体系,产品包括 38 个小类、千余个品种,是重庆市培育发展的支柱产业之一。2009 年全市建材工业积极应对国际金融危机对行业的影响,在保增长、扩内需、调结构的总体要求下,努力保持全市建材工业平稳较快的发展水平,为全市国民经济的协调发展做出了成绩。

一、2009 年发展回顾

(一)建材工业发展概况

2009 年全市规模以上建材企业 766 户,同比增加 280 户,户数增长57.61%;产值亿元以上企业 77 户,同比增长 28.33%,其中 10 亿元以上企业 3 户(拉法基瑞安水泥有限公司、重庆国际复合材料有限公司、重庆美心集团有限公司)。经济运行状况优于上年同期水平,经济运行质量总体有较大提高,完成工业总产值 388.10 亿元,位居西部 12 个省市中的第五位,同比增长 19.78%,其中增长较快的子行业是:粘土砖瓦及建筑砌块制造业增长 52.34%,技术玻璃制品制造业增长 46.27%,建筑陶瓷制品制造业增长 32.9%,塑料板、管、型材制造业增长 25.8%,水泥制品制造业增长 30.47%,平板玻璃制造业增长 24.47%;工业增加值 125.08 亿元,同比增长 11.60%;完成主营业务收入 379.78 亿元,同比增长 19.43%;工业销售产值 384.46 亿元,同比增长 21.55%;实现利税 43.27 亿元,同比增长 8.85%;利润 27.51 亿元,同比增长 17.97%;全员劳动生产率 110298 元/人,同比增长 6.42%。

2009 年重庆市规模以上建材企业工业总产值呈现前低后高的走势(如图一,见下页)。

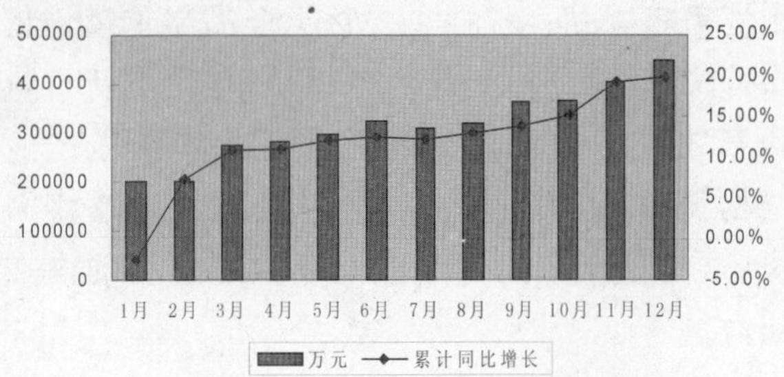

图一 各月工业总产值和累计同比增长率

受国际金融危机的影响，建材出口型企业受到较大冲击，特别是对玻纤行业影响较大，增幅明显下降。2009年全市建材工业规模以上企业累计完成出口交货值14.92亿元，同比下降32.40%，但由于建材行业出口交货值在行业总产值中所占比例较小(仅占4%)，故对整个行业影响不大，出口交货值仍位居西部12省市第一位。国际复合材料有限公司、美心(集团)有限公司、杜拉维特(中国)洁具有限公司和四维控股(集团)有限公司等单位产品出口同比均下降，但重庆星星套装门有限责任公司产品出口同比增长141.10%。

2009年建材规模以上企业，水泥产量3600万吨，同比增长14.94%，其中：新型干法熟料1700万吨，同比增长23.28%，占全市规模以上水泥熟料2770万吨的61.37%。商品混凝土1477万立方米，同比增长3.65%；塑料板型材2.11万吨，同比增长64.84%；塑料管材12.37万吨，塑料制品20.61万吨，分别同比增长57.98%、115.59%；夹层玻璃293万平方米，同比增长58.38%；钢化玻璃645万平方米，同比增长52.48%；平板玻璃279万重量箱，同比增长33.85%；浮法玻璃产量200万重量箱，实现零的突破。陶质砖8258万平方米，瓷质砖351万平方米，分别同比增长107.12%、28.57%；建筑涂料12万吨，同比增长123.72%。新型墙材、新型装饰装修材料得到快速发展。

部分产品出现负增长：玻璃纤维纱30万吨，同比下降11.41%；卫生陶瓷101万件，同比下降4.35%；石膏板3333万平方米，同比下降3.15%。

重庆市建材工业在西部12个省市中，出口交货值居第一位；销售产值第四位；工业增加值第四位；利润第二位。重庆市建材产品产量在西部12个省市中，玻璃纤维纱产量居第一位；夹层玻璃第一位；钢化玻璃第一位；建筑涂料第一位；石膏板第二位；商品混凝土第二位；卫生陶瓷第二位；陶瓷砖第二位；水泥第六位，其中新型干法水泥熟料第六位。

2009年3月13日中国木材流通协会致函重庆，授予重庆市为“中国套装门之都”称号。重庆市套装门生产基地目前已具相当规模，全市套装门规模生产企业达70余家，产品质量、产量和产值迅速提高，在全国享有广泛知名度。重庆星星套装门责任有限公司已拥有套装门专利技术12项，专有技术30多项，年产量达150多万套，成为国内规模最大的室内套装门生产企业，其研制的“以竹代木”技术独领市场，成为全国套装门产业发展的“标杆”企业。美心集团在生产防盗门的同时，首先在国内开发生产出钢木门、实木门、实木复合门、模压门等多种门类产品，特别是美心家美公司成功研制的自动化喷涂油漆流水线，在生产套装门过程中进一步提高了产品的产量及质量，成为国内室内套装门品种最全的企业。在星星、美心两大龙头企业带动下，重庆套装门企业的产品品牌优势明显，套装门品种多、门类全，生产销售配套体系健全，在全国31个省市建有营销网点，外贸出口10多个国家和地区。这是继“汽摩之都”、“铝加工之都”后，重庆市荣获的又一个“中国之都”。2009年，套装门年产量达600万套，产值达40多亿元，在全国范围内首推重庆，而且是在金融危机背景下获得该称号，有力地带动了重庆套装门产业继续发展壮大。

(二)建材业取得的突出成绩

1.建材行业招商引资取得新突破

在水泥工业方面，水泥工业是重庆市建材工业投资的重点和热点，继重庆市成功引进拉法基和浙江科华集团在重庆投资建厂后，2009年又有海螺、冀东、华新、东方希望、香港昌兴等分别在忠县、合川、璧山、江津、涪陵、丰都等地开工建设新型干法水泥生产线，总投资达26亿元，进一步提高水泥工业的集中度。在玻璃工业方面，2009年7月重庆市永川渝琥玻璃有限公司的日产600吨玻璃生产线正式点火投产标志着改写重庆市无浮法玻璃生产线的历史，为进一步壮大重庆玻璃深加工产业打下了良好的基础。在混凝土及添加剂方面，法国拉法基与台湾永固混凝土公司联合在重庆投资建设高性能混凝土生产线，先期投资1.5亿人民币建3条180型混凝土生产线，年产混凝土能力180万立方米，后期再投资1.5亿，建立重庆市最大的混凝土生产基地(360万立方米/年)。

2.建材行业的结构调整步伐进一步加快

全市新投产新型干法生产线10条，设计生产能力达1230万吨。全年水泥产量达到3600万吨，其中新型干法水泥产量达到2200万吨，同比增长23.28%，新型干法水泥比例已占重庆市规模以上水泥总量的61.11%；玻璃纤维纱产量30万吨，已由上半年亏损转为全年盈利；淘汰落后水泥产能145万吨(淘汰16条落后生产线)，2000年来累计淘汰落后水泥产能1211万吨，圆满完成行业的结构调整目标。建材重点项目投产的有国际复合年产5万吨及1.5万吨粗纱生产线各一条，国际复合玻璃纤维总产能已达45万吨；万州科华二线、富皇二线、南川嘉南等十条新的水泥生产线相继投产，新增水泥熟料1000万吨，净增水泥产能1200万吨。2009年全市新增的主要建材产品有两项，一是浮法玻璃产量200万重量箱，二是玻纤电子布产量7300万米，建材产品结构进一步优化。

3.建材行业服务开创新局面

一是针对近期重庆水泥投资势头强、新上项目多的实际情况，市经委及时调整水泥发展规划，一方面适应重庆水泥工业发展的需要，另一方面提高水泥项目进入门槛、规范业主的投资行为和理念，对提升水泥企业的竞争力和整体实力起到重要的促进作用。二是2009年是重庆市水泥企业化验室合格证的换证年，按照《水泥企业化验室换发证实施细则》，市经信委全面开展了换证的组织实施工作，全市已完成135户水泥企业的评审考核工作。为不断提高全市水泥行业化验室检验质量水平，建设一支能适应水泥工业发展需要，国家和人民信赖、放心的水泥质量检验队伍奠定了基础。三是重庆市新型干法发展速度迅猛和节能减排任务繁重，淘汰落后水泥产能任务是当务之急，正拟定《关于水泥工业贯彻国家产业政策的实施意见》，初步提出：大企业上大压小淘汰一批，换发生产许可证结合国家产业政策关停一批，招商引资兼并、重组、收购后停产一批，不符合《环保法》、《质量法》关闭一批的方式，使水泥落后产能的总量逐年降低。四是深入企业调研，加强节能环保清洁生产的宣传力度，进一步加大建材企业节能减排工作，积极支持节能产品，节能技术的开发与运用，保证建材行业节能减排目标任务切实落到实处。

4. 建材行业节能减排与资源综合利用取得新成绩

在拉瑞南山、天助、金九等3户水泥企业纯低温余热发电项目并网发电基础上，2009年又有腾辉特种、万州科华2户水泥企业纯低温余热发电项目先后并网发电，全市5户水泥企业年纯低温余热发电14977万度(其中：拉瑞南山4053万度、天助4900万度、金九3034万度、腾辉特种1630万度、万州科华1360万度)，全年可节标煤6.01万吨，减少二氧化碳排放14.91万吨。2009年全市建材行业吸纳利用废弃物1100万吨，比上年增长15%。其中粉煤灰350万吨，煤矸石270万吨，煤渣、矿渣400万吨，城市污泥3.5万吨，SO2拍卖465吨(286万元)。

二、2010年建材行业发展目标及措施

其目标是：实现工业总产值600亿元，增长13 %。完成工业增加值260亿元，增长13%；其中：规模以上企业工业总产值440亿元，增长13%；完成工业增加值150亿元，增长15%；实现利润30亿元，增长10%；出口交货值16.7亿元，

增长12%。

其措施是：一是进一步支持全市建材行业三十户重点企业的发展，加强招商引资，支持鼓励本市大企业、大集团和市外投资者，通过收购、兼并、重组、参股、控股市内中小建材企业，加快产业重组步伐，优化与做大做强重庆建材工业。二是根据国家产业政策与结构调控目标的要求，继续支持玻璃及玻纤、卫生陶瓷及配套产品等新型建筑材料的发展。对不符合国家产业政策和环保标准的小水泥企业加大淘汰力度。抓紧淘汰落后的生产工艺，坚决抵制和制止低水平重复建设项目，提升重庆建材工业的总体实力。三是控制新型干法水泥新建项目。按照《水泥工业产业发展政策》的要求，以技术进步淘汰落后生产能力的方式发展，严格控制新建项目、新铺摊子。主城区二环以内禁止再上任何工艺和规模的水泥项目，技改项目生产规模控制在日产熟料5000吨以内。四是继续强化企业管理。采取行之有效的措施，切实搞好节能降耗和环保工作，强化安全生产，降低产品成本，积极开发新品，同时要强化企业牢固树立产品质量意识，百年大计，质量为本。五是继续强化行业管理，不断培育、完善建材市场。引导企业规避风险，防止恶性竞争。加强应收账款的催收工作，加快流动资金的周转。六是加强对煤炭、电力、天然气等生产要素协调，确保建材行业三十户重点企业正常生产。

2010年预测全市建材行业新的经济增长点有：新型干法水泥，如：拉法基集团、海螺水泥集团、冀东水泥集团、华新水泥集团等。新型建材，如重庆国际复合、重庆顾地塑胶、福耀玻璃集团等。全市预计投资42.8亿元，新增产值57.6亿元。

（重庆市经济和信息化委员会建材工业处李静荣）

煤炭工业

2009年，全市煤炭战线广大干部职工在市委，市政府的领导下，坚持以科学发展观为指导，坚持“安全第一、预防为主、综合治理”的方针，同心协力，攻坚克难，努力进取，全市煤炭工业保持持续稳定发展，煤矿安全保障不断加强，煤炭市场供需基本平衡，煤矿资源整合稳步推进，煤矿安全生产取得较好成效。

一、煤炭资源状况

截至2009年底，全市煤炭资源累计探明储量36亿吨，保有储量29亿吨。全市现煤矿生产矿井占用煤炭资源量17亿吨，其中可采储量为12亿吨。

重庆煤炭资源贫乏，探明煤炭资源总量不到全国的0.1%，煤层平均厚度0.8米，大部分煤层倾角大于30度。地质条件复杂，不仅开采难度大，开采成本高，而且瓦斯、煤尘、水害、自燃发火、顶板等自然灾害严重。

二、矿井基本情况

通过近几年产业结构调整，重庆市煤矿数从2005年1453处下降到2009年底的941处，核定年生产能力4220万吨。其中国有重点煤矿36处，核定年生产能力1501万吨；国有地方煤矿13处，核定年生产能力66万吨；乡镇煤矿892处，核定年生产能力2653万吨。按生产规模分，941处矿井中，大型矿井2处，核定年生产能力310万吨；中型矿井27处，核定年生产能力1120万吨；小型矿井912处，核定年生产能力2790万吨。全市国有重点煤矿平均产能41万吨/年，地方国有和乡镇煤矿平均产能3万吨/年。

全市现有941处生产矿井中，煤与瓦斯突出矿井76处，高瓦斯矿井135处，其余为低瓦斯矿井。

三、2009年煤炭工业经济运行概况

2009年全市煤炭经济运行态势呈前低后高的走势，上半年受金融危机影响，煤炭产量同比下降。8月份以后，经济复苏带动煤炭市场强劲上扬，煤炭产量迅速上升。全年煤炭生产经营总值达到193.93亿元，同比上升0.76%，但与2008年比较，增幅下降。

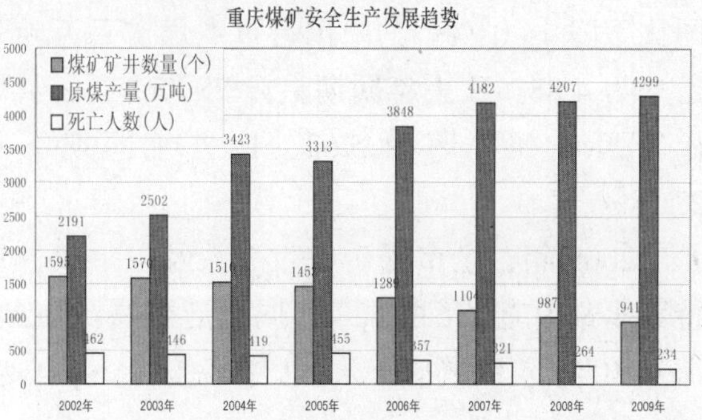

1.原煤产量

2009年全市原煤产量4299.35万吨，同比增加92.23万吨，上升2.19%。其中，国有重点煤矿生产原煤1291.13万吨，同比增加47.83万吨，上升3.85%；地方国有煤矿生产原煤33.63万吨，同比减少26.79万吨，下降44.28%；乡镇煤矿生产原煤2974.59万吨，同比增加71.19万吨，上升2.45%。2009年影响煤炭生产因素：一方面煤矿安全生产形势比上年好转，煤矿停产整顿的时间减少，下半年经济复苏使煤炭市场需求旺盛，部分新建、改扩建矿井投产等因素使产量增加；但另一方面因年初受到金融危机等影响以及小煤矿关闭和整合过程中产量下降，使全市原煤产量增速放缓。

国有重点煤矿、地方国有煤矿和乡镇煤矿原煤产量分别占全市原煤产量的30%、1%、69%。(2004年为27%、8%、65%)；乡镇煤矿中年产3万吨及以上煤矿的产量已占乡镇煤矿总产量的85%(2004年为52%)。

2009年全市国有重点煤矿生产洗精煤290万吨，同比增加18万吨，上升6.41%。

2.商品煤销售量

2009年全市销售商品煤4053万吨，同比增加182万吨，上升4.70%。下半年经济复苏势头强劲，拉动冶金、建材、化工、电力等行业煤炭需求上升。尤其是年底受北方大面积低温寒流及枯水期水电减少的影响，全国电煤需求加大，使全年销量同比增加。

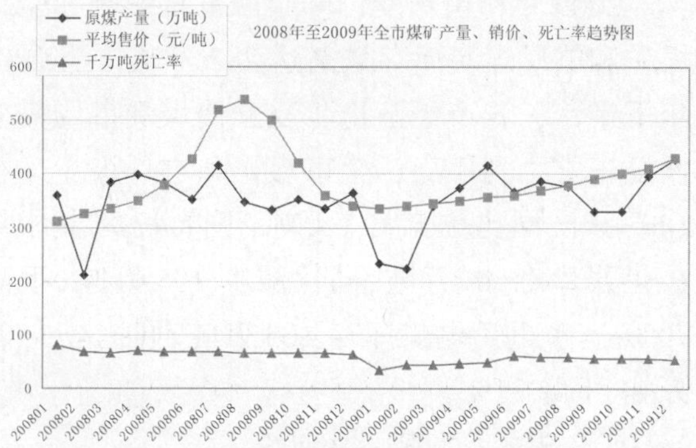

近年来政府逐渐放开煤炭市场价格，使煤炭市场极其活跃，调入调出煤炭均大幅度增加。2009年全市销往市外煤炭1514万吨，同比增加339万吨，上升28.85%；从云、贵、川购入原煤约1300万吨，同比增长30%。

2009年全市煤炭消耗约4200万吨，其中电力行业煤炭消耗1500万吨。

重庆是资源短缺地区，也是小煤矿关闭重点区域，近年产能将维持4000万吨左右。今后，全市经济发展对能源需求增加将更多依靠从外省调入煤炭，因此外购煤炭量将逐年上升。

3.商品煤价格

2009年煤炭市场总体稳定，全年煤炭价格呈逐步上升的走势。全年累计商品煤平均价格364元/吨，同比上升3.11%。商品煤价格上涨主要源于电煤价格的上涨。因政府推行以市场为导向，逐渐放开电煤价格的政策，全年电煤价格

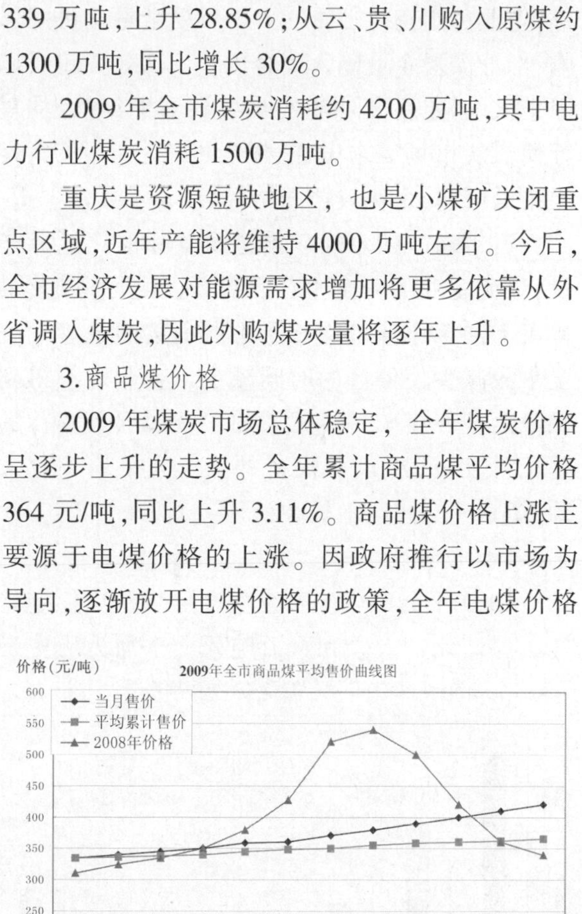

稳步上升，其均价从年初280元/吨，上涨到年底310元/吨，上升10.71%。而焦煤价格同比有所下降，年底均价为750元/吨，同比减少30元/吨，下降3.84%。

4.煤炭库存量

2009年初由于受国际金融危机影响，全市煤矿和电厂煤炭库存量高达282万吨。至2009年下半年，我市经济稳步复苏使煤炭市场需求恢复正常，到年底，全市煤矿和电厂煤炭库存149万吨，同比减少133万吨，下降47%，其中煤矿煤炭库存46万吨，同比减少105万吨，下降70%；全市电厂电煤库存103万吨，同比减少28万吨，下降21%。

5.企业效益和职工收入

2009年市政府加大力度推进小煤矿关闭工作和煤矿资源资产整合的建设，乡镇煤矿购买资源，征收电煤调节基金和煤炭产业调整基金等，企业负担有所加重。上半年受金融危机的影响，部分煤炭企业陷入资金困境。部分关闭煤矿因工人解散，劳资纠纷突出。到下半年，经济复苏使煤炭市场需求增加，煤炭价格稳步上涨，煤炭销量增加，企业效益开始好转。

近年来，随着煤矿推进质量标准化达标建设，煤矿企业的安全生产状况、地面设施以及煤矿工人的工作环境均有了不同程度的改善。安全事故减少使停产的时间减少，企业效益得到保障。全市煤矿一线工人的工资大部分实行的是记件工资，2009年煤矿井下工人平均年收入约27000元，同比增长8%。

6.煤矿安全

2009年全市煤矿安全生产形势持续稳定好转，煤矿死亡人数和百万吨死亡率均为历史最低水平。全年煤矿发生死亡事故160起，死亡234人，同比减少47起、30人，下降22.71%和11.36%。比全年248人死亡考核指标少死亡14人。其中，国有重点煤矿全年发生死亡事故30起，死亡65人，同比增加5起、31人，上升20%和91%；区县煤矿全年发生死亡事故130起，死亡169人，同比减少52起、61人，下降29%和27%。全市煤矿原煤生产百万吨死亡率为5.40，同比下降14.01%。其中国有重点煤矿百万吨死亡率为4.88，比去年同期上升78.75%，区县煤矿百万吨死亡率为5.62，比去年同期下降27.58%。

2009年年全市煤矿死亡事故分类同期对比图

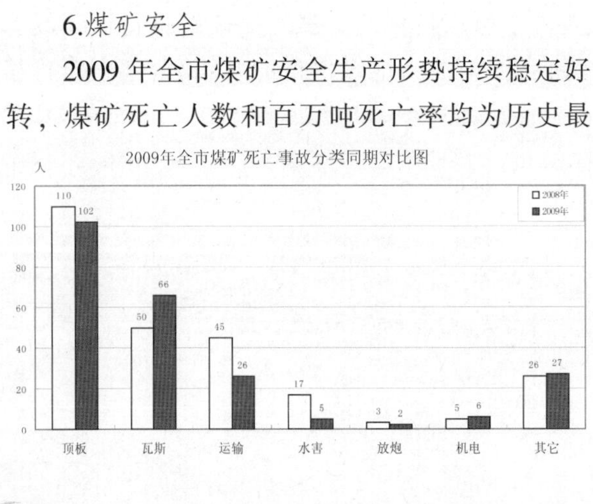

2009年，全市煤矿发生3人及以上较大重特大事故9起，死亡63人，同比起数减少1起、下降10%，人数增加9人、上升17%。

四、2009年煤炭工业主要成绩

1.煤矿安全监管工作进一步加强

年初，市委三届五次全委会作出了《关于坚持安全发展加强安全工作的决议》，对推进和指导重庆安全生产工作具有划时代的重大意义。市政府先后组织召开了全市煤炭行业监管工作会议、全市煤矿安全生产隐患排查治理暨监管工作现场会等多次全市性的煤矿安全工作会议，下发多个专项文件，安排部署煤矿安全工作，并组织开展了煤矿百日安全专项整治、安全生产大排查大整治大执法等专项行动。采取了一系列硬措施强化煤矿安全工作和监察监管执法。全市煤矿安全形势保持持续稳定好转的态势，煤矿事故起数、煤矿死亡人数、煤炭百万吨死亡率同比分别下降22.71%、11.36%、14.01%。煤矿安全生产形势再创历史最好水平

2.关闭小煤矿工作成效显著

年初，市政府发布《关于进一步加快煤矿整合工作的通知》，作出了调整产业结构，淘汰落后生产力，促进安全生产，用不到9个月的时间关闭小煤矿300个的决定。为积极推进小煤矿整顿关闭。重庆煤监局会同市安监局、市国土房管局、市工商局等部门拟定了进一步关闭小煤

矿企业的工作方案,并成立多个工作组,加强督查,督促31个产煤区县加大煤矿整顿关闭工作的力度。加强政策研究,综合运用法律、经济和必要的行政手段,深化煤矿整顿,停止审批煤矿新建项目,进一步调整煤矿产业结构,减少企业数量。截至2009年12月31日,全市第一批关闭的106个煤矿已进行了公示,49个矿井正在拆除设备,64个矿井已封闭井口。2009年拟关闭托管的203个小煤矿,在2010年6月30日前全部纳入关闭。

3. 煤矿瓦斯治理和安全质量标准化工作有序推进

2009年,全市941个正常生产矿井全面开展了安全质量标准化建设,其中:94个煤矿达到一级质量标准。"三推行"工作力度进一步加大,目前,1256个工作面已推行壁式开采,394个采煤工作面、521个掘进工作面采用了金属支护,197个矿井采用了专用回风巷。瓦斯抽采系统安装92套,占应采用矿井数的99%。瓦斯抽采利用实现预期目标,全市抽采瓦斯4.14亿立方米,利用2.83亿立方米,综合利用率达到75.8%。市煤管局制定了瓦斯示范区县和矿井建设三年规划,开展了专家督导和专项督查工作,目前已完成三个示范区县和15个示范矿井建设任务。全面推进了煤矿安全监控系统升级工程,全市所有煤矿已安装了安全监控系统,已实现瓦斯监控系统覆盖100%的工作面。

4.隐患排查治理工作实现常态化

2009年,煤矿安全隐患排查工作实现了制度化和常态化。通过扎实开展安全隐患排查治理,逐级建立并落实从煤矿企业主要负责人到每个员工的隐患排查治理和监控责任制,完善了定期报告、重点监控、隐患约谈、挂牌督办、公告公示、限期销号等制度。煤矿每月要报告事故隐患排查治理情况,煤矿和各级煤矿安全监管部门每季、每年要对事故隐患排查治理情况进行统计分析并上报。重大安全隐患全面实现市、区县(自治县)、乡镇(街道)三级挂牌督办。

5.煤炭供需基本平衡

2009年,各煤矿企业克服了上半年金融危机带来的负面影响,顾全大局,服从全市统一安排,多次采取区域限产和局部停产等措施,优化生产部署,合理组织生产,在保证安全生产的同时,全市煤矿生产原煤4299.35万吨,同比增加92.23万吨,上升2.19%。确保冬夏两季电煤储备,为全市经济企稳回升和人民生活需要提供了有力的能源保障。

6.煤炭监察监管体制调整

2009年9月,市府办公厅发布《关于印发重庆市煤炭工业管理局主要职责、内设机构和人员编制规定的通知》,决定调整完善重庆煤炭安全管理体制。12月8日,重庆市煤炭工业管理局挂牌成立,机构规格为副厅局级,由重庆市安全生产监督管理局管理,与重庆煤矿安全监察局合署办公。原市经济委员会承担的煤炭行业管理和煤矿安全监管职责划入市煤炭工业管理局。重庆136地质队、重庆煤炭职业病医院、重庆市科能高级技工学校、重庆煤矿安全技术培训中心等四个涉煤事业单位划转市煤炭工业管理局管理。与此同时,设立中央在渝煤矿安全监察系统统计中心、救援指挥中心、机关服务中心、安全技术中心、重庆煤矿安全技术培训中心等五个事业单位的机构调整方案得到中央机构编制委员会办公厅批准。由此,新的重庆煤炭监察监管体制格局形成。

(重庆市煤炭工业管理局 龚世平)

附:国有重点煤矿矿井基本情况

国有重点煤矿矿井基本情况

	本年实际产量（万吨）	煤种	开拓方式	瓦斯等级	投产日期（年、月）	核定能力（处-万吨）	设计能力（处-万吨）	矿井可采储量（万吨）	现采水平可采储量（万吨）
国有重点煤矿	1291.13					36-1501	36-1406	72415	26486
南桐矿业公司	236.06					6-273	6-291	12580	4291
1.南桐煤矿	76.62	焦肥煤	立井	突	1938.09	1-84	1-60	6948	3231
2.红岩煤矿	40.60	肥	平峒	突	1965.12	1-60	1-81	2082	79
3.鱼田堡矿	33.78	贫瘦煤	立井	突	1958.06	1-39	1-60	722	268
4.东林煤矿	35.67	瘦焦	立井	突	1960.09	1-36	1-30	2016	399
5.砚石台矿	31.45	肥	平峒	突	1959.03	1-33	1-45	544	243
6.新田湾煤矿	17.94	焦煤	立井	突出	1975.10	1-21	1-15	268	71
天府矿业公司	173.12					3-213	3-195	1996	1155
1.磨心坡矿	47.21	焦	平峒	突	1958.11	1-48	1-45	753	564
2.三汇一矿	100.02	贫瘦煤	平峒	突	1979.05	1-120	1-120	1060	483
3.三汇三矿	25.89	瘦	平峒	突	1975.06	1-45	1-30	183	108
松藻煤电公司	534.07					6-585	6-540	44552	16360
1.松藻煤矿	106.37	无烟	平峒	突	1958.07	1-110	1-150	6102	1202
2.打通一矿	160.75	无烟	立井	突	1970.07	1-180	1-150	12119	6718
3.渝阳煤矿	79.95	无烟	立井	突	1972.10	1-90	1-90	5926	1870
4.石壕煤矿	116.00	无烟	立井	突	1982.10	1-130	1-90	8888	2351
5.逢春煤矿	42.70	无烟	平峒	突	1986.10	1-45	1-30	8460	1208
6.同华煤矿	28.30	无烟	平峒	突	1958.07	1-30	1-30	3057	3011
永荣矿业公司	190.18					9-237	9-159	7518	2948
1.曾家山煤矿	42.80	1/3焦煤	斜井	高	1957.12	1-54	1-21	520	325
2.永川煤矿	34.56	1/3焦煤	斜井	高	1995.12	1-42	1-21	324	324
3.韦家沟煤矿	37.10	1/3焦煤	斜井	高	1965.05	1-42	1-30	2161	1118
4.长河煤矿	25.95	1/3焦煤	斜井	高	1965.10	1-30	1-30	1369	649
5.青木关煤矿	9.59	1/3焦煤	立井	低	1961.01	1-15	1-9	277	108
6.中心桥煤矿	15.41	1/3焦煤	斜井	高	1972.01	1-21	1-15	370	48
7.新兴煤矿	6.30	1/3焦煤	斜井	高	1985.12	1-9	1-9	582	320
8.茶园煤矿	9.86	炼焦煤	斜井	高	1974.11	1-15	1-15	1820	40
9.赶家桥煤矿	8.61	炼焦煤	平峒	高	1984.05	1-9	1-9	95	16
中梁山煤电气公司	157.70					12-193	12-221	5769	1732
1.中梁山北井	23.83	焦煤	立井	突出	1959.10	1-30	1-60	720	399
2.中梁山南井	23.84	炼焦煤	斜井	高	1959.01	1-33	1-60	1502	582
3.巫山田家煤矿	24.71	无烟煤	立井	低	2005.01	1-30	1-15	468	91
4.巫山福田煤矿	12.75	无烟煤	立井	低	2005.01	1-12	1-10	256	64
5.江合煤矿	9.55	1/3焦煤	平峒	高	1971.10	1-12	1-9	155	155
6.绍新煤矿	17.56	1/3焦煤	立井	低	1974.07	1-30	1-21	780	320
7.芦塘煤矿	14.35	炼焦煤	平峒	高	2000.12	1-11	1-11	899	6
8.郁江煤矿	4.99	炼焦煤	平峒	高	2000.12	1-9	1-9	677	6
9.桑拓分矿	7.72	贫瘦煤	斜井	高	2000.12	1-5	1-5	6	6
10.顺辉矿业公司		炼焦煤	斜井	高	2000.12	1-4	1-4	5	5
11.武隆县沙子沱煤矿	10.87	焦煤	斜井	高	1975.12	1-12	1-12	267	69
12.武隆县天宝煤矿	7.53	焦煤	平峒	低	1989.01	1-5	1-5	34	29

天然气工业

2009年，全市消费天然气总量48.6亿立方米，比2008年增长1.1亿立方米。其中工业用气30.3亿立方米，CNG用气6.3亿立方米，商业、公共建筑、居民用气12亿立方米。新发展天然气民用户20余万户，全市共有城镇天然气民用户295万户，城镇气化率达到85%，其中主城区共有民用户180万余户，城镇气化率达到92.5%。截至2009年，全市40个区县中，除巫溪县以外，其余39个区县城区均已使用上天然气。全市投入天然气管网设施建设资金10.35亿元，建成天然气管道537公里，其中建成主干管道165公里，新增管道设施输气能力近300万立方米/日。全市治理消除天然气管网设施安全隐患1100余处，改造各类天然气管道20余公里。

川气东送长寿至涪陵南川延长线工程奠基。2009年2月16日，由重庆燃气集团投资建设的中石化川气东送长寿至涪陵南川延长线工程奠基仪式在南川举行。该工程起于长寿区，经涪陵区、武隆县，止于南川区水江镇，沿途穿越长江、渝怀铁路、湘渝高速公路、各类桥梁和各级公路30余处，管道全长134公里，管径分别为Φ508、Φ457、Φ323.9，设计压力为6.3Mpa，年输气能力21亿立方米，项目总投资近7亿元。

六店子储配站扩建工程投运。2009年3月20日，六店子储配站扩建工程顺利竣工，正式投入使用，增设几何容积5000立方米储气球罐一台，新增储气能力4万立方米。

九龙坡区西彭至永川区输气干线通气点火。2009年7月31日，九龙坡区西彭至永川区输气干线通气点火仪式在永川区大安气站举行。该输气干线起于九龙坡区西彭镇，止于永川区城东，管道全长48公里，管径分别为Φ406、Φ323、Φ273，设计压力4.0Mpa，年输气能力4亿立方米，项目总投资1亿元。

主城区天然气系统改扩建工程通过环保验收。2009年9月15日，重庆市主城区天然气系统改扩建工程通过环保验收。江北区头塘储配站建成投运。2009年11月9日，江北区头塘储配站顺利竣工，正式投入使用，增设几何容积10000立方米储气球罐四台，新增储气能力近32万立方米。璧山县城至大路镇天然气管线建成投运。2009年12月31日，璧山县城至大路镇天然气管线通气点火仪式在璧山县大路镇举行。该管线起于璧山县王家沟气站，止于璧山县大路镇，管道全长18.2公里，管径为Φ219，设计压力1.6Mpa，年输气能力7200万立方米，项目总投资1600万元。

（重庆市经济和信息化委员会　刘富钊）

循环经济

一、积极推进节能降耗工作

2009年，全市万元GDP能耗下降到1.208吨标准煤，比2008年下降5.5%，超额完成下降4.7%的年度目标。其中，第一产业、第二产业万元增加值能耗同比分别下降0.08%和9.33%，第三产业增长1.04%。

2009年3~4月，市政府督查室、市经济信息委等相关部门，组成3个节能评价考核组，对40个区县2008年节能目标完成情况进行评价考核,各区县均完成工作任务,其中超额完成的有12个,完成的有25个,基本完成的有3个。

2009年4月,市统计局、市经济信息委发布《2008年重庆市各区县单位GDP能耗等指标公报》,对全市40个区县(自治县)2008年单位GDP能耗、单位GDP电耗、单位工业增加值能耗等3项6个指标完成情况进行了公报。

2009年6月,市政府印发《关于2008年度区县(自治县)和重点用能企业节能目标责任考核结果的通报》,向全市通报考核结果。根据考核结果,市财政安排专项资金490万元对区县进行奖励,其中,12个超额完成考核任务的区县各奖励20万元,25个完成考核任务的区县各奖励10万元。

2009年6月,市经济信息委印发了《关于组织推广2009年财政补贴高效照明产品的通知》,安排部署全市推广中央财政补助高效照明产品,全年推广中央财政补助高效照明产品262万支。

2009年7月,王鸿举市长主持召开全市第四次节能减排工作领导小组会议。会议审议并通过《重庆市深入开展全民节能行动实施意见》、《重庆市2009年节能降耗目标任务分解计划》、《关于表彰重庆市2008年度节能减排先进集体和先进个人的通报》、《重庆市节能目标责任评价考核办法(修订)》、《市交委关于高油耗营运车辆退出有关工作的建议意见》等5项议题。

2009年8月,市政府印发《关于下达2009年节能降耗目标任务的通知》,将年度节能目标分解下达到40个区县(自治县)政府和100户重点用能企业。

2009年8月,市经济信息委印发《关于开展第二批市级重点用能企业能源审计和节能规划编制工作的通知》,安排部署199户用能企业能源审计和节能规划编制工作。

2009年11月,市经济信息委印发《关于印发2009年上半年水泥单位产品超限额用电收费名单的通知》,对11户超限额用电企业实施加价收费。

2009年,市级预算安排节能专项资金3450万元,组织实施市级重点节能工程140个,总投资10.9亿元,形成年节标煤31万吨的能力。组织实施国家"十大"重点节能工程,获得国家支持项目26个,总投资16.6亿元,其中国家安排资金1.57亿元,形成年节标煤80万吨能力。

二、稳步推进循环经济试点单位工作开展

为及时总结和推广全市发展循环经济的先进模式和试点经验,市经济信息委组织编制《重庆市循环经济案例汇编》。启动市级第二批循环经济试点工作,将重庆再生资源回收(集团)有限公司等26家单位筛选为第二批试点备选单位。积极开展《重庆市循环经济条例》立法调研工作。2009年6月,市人大财经委、法工委、市政府法制办和市经济信息委联合成立了循环经济立法调研工作领导小组和起草工作小组,制定了2009年立法调研工作计划,编制了政府和企业两个类别的循环经济立法调研提纲。2009年8月,分别召开了主城、涪陵和渝西三个片区的循环经济立法调研座谈会。2009年9月,到深圳市开展立法调研活动,借鉴和学习深圳市的循环经济立法和发展经验。

三、大力开展固体废弃物的综合利用

根据国家《资源综合利用认定管理办法》,市经济信息委、市财政局、市国税局和市地税局积极开展资源综合利用企业(产品)认定,充分利用国家出台的资源综合利用税收优惠政策,鼓励调动企业开展废弃物利用的积极性,达到了变废为宝、保护环境的目的。全市已有190家企业生产的产品获得了税赋减(免)认定,具备了享受税赋减(免)资格。

全市大力开展以煤矸石、粉煤灰利用为重点的固体废物资源化,带动了烟气脱硫石膏、铸造砂、冶炼钢渣、尾矿渣等工业固体废弃物,以及瓦斯气的综合利用。全市工业固体废物综合利用率已达80%。其中:电厂粉煤灰(含炉渣)利用量为670万吨,利用率86%;煤矸石利用量

270万吨，利用率77.3%；脱硫石膏利用量170万吨，利用率89%；瓦斯气利用量2.7亿立方米，利用率71.8%。

四、积极开展清洁生产

按照国家《清洁生产审核暂行办法》和《重庆市政府关于促进清洁生产实施意见的通知》等规定要求，大力开展清洁生产的示范、试点工作，引导企业积极实施清洁生产。2009年全市开展清洁生产审核企业共60家，其中自愿开展清洁生产审核企业9家，强制开展清洁生产审核企业51家，推行各种清洁生产技改方案600余项，完成清洁生产项目投资约4亿元，有效促进已审核企业从污染物末端治理向源头削减和生产全过程控制的转变。

（重庆市经济和信息化委员会　刘富钊）

冶金工业

一、2009年发展回顾

2009年是冶金行业经受国际金融危机冲击严峻考验的一年，也是近十年来最困难的一年，面对复杂多变的市场形势和世界金融危机的压力，在市委、市政府的正确领导下，全市冶金工业战线干部职工通过各种努力，克服了各种困难，各项经济指标现已恢复到金融危机前的正常状态。

（一）全市冶金行业经济运行的基本情况

2009年，全市冶金行业完成工业总产值683.67亿元，同比下降4.81%，实现销售收入610.68亿元，同比下降8.94%，完成工业增加值200亿元，同比下降4.67%，实现利润12.42亿元，同比下降47.50%，完成新产品产值137.30亿元，同比增长13.63%，新产品产值率20.08%，出口交货值12.46亿元，同比下降33.18%。

其中，全市钢铁工业完成工业总产值363.99亿元，同比下降6.12%，实现销售收入334.07亿元，同比下降12.17%；完成工业增加值115.50亿元，同比下降6.58%，实现利润10.03亿元，同比下降42.95%（其中：重钢集团完成工业总产值162.62亿元，同比下降27.47%，销售收入150亿元，同比下降26.35%，完成工业增加值48.93亿元，同比下降27.47%，实现利润3.2亿元，同比下降66.6%）；完成新产品产值56.70亿元，同比下降0.88%，新产品产值率达15.58%，出口交货值1.79亿元，同比增长90.43%。

全年生产粗钢333.79万吨，同比下降4.98%；钢材477.44万吨，同比下降2%；生铁324.88万吨，同比下降2.38%；焦炭289.18万吨，同比增长3.08%；铁合金40.30万吨，同比增长26.70%。

全市有色金属工业完成工业总产值319.68亿元，同比下降3.27%；实现销售收入276.61亿元，同比下降4.71%，完成工业增加值84.50亿元，同比下降1.93%；实现利润1.63亿元，同比下降79.57%（其中：西南铝业集团公司完成工业总产值87.91亿元，同比下降28.69%，销售收入86.23亿元，同比下降19.37%；实现利润210万元，同比增长103.49%；完成工业增加值17.96亿元，同比下降28.70%）；完成新产品产值80.60亿元，同比增长26.68%，新产品产值率达25.21%；出口交货值10.67亿元，同比下降39.75%。

全年生产十种有色金属28.96万吨，同比增长38.7%；电解铝18.17万吨，同比增长42.89%；氧化铝21.63万吨，同比下降27.85%；铝材75.15万吨，同比下降5.78%；铝合金20.23万吨，同比下降13.83%；铜材2.92万吨，同比增长65.77%；镁合金压铸件350万件。

(二)技术改造与技术创新取得显著成效

1.重钢环保搬迁一期工程建成投产

2009年9月24日,4100mm宽厚板生产线的投产是重钢历史上具有里程碑的意义，标志着重庆市建设板带、船舶用钢精品基地,打造新的百年重钢征程迈出了实质性的第一步。年产量可达180万吨的4100mm宽厚板生产线是环保搬迁工程的“重中之重”,其产品功能可覆盖造船业军工和民用、海运和内河船舶用钢。该项目从开工到投入生产，仅用了536天。4100mm宽厚板生产线的投产，使得重钢核心优势产品结构得以提升和扩展。该生产线应用多项冶金前沿工艺技术，以及多学科广泛共性技术而建立的生产工艺流程，必将改变重钢原有的生产过程模式，必将巩固重钢宽中厚板的市场优势和行业领先地位，必将提升与改善重庆市原材料工业水平与结构。

2.西南铝双机架冷连轧顺利投产

2000mm双机架冷连轧设备已全部安装调试完成,并已带料试车成功,生产出合格的冷连轧大卷，双机架冷连轧项目顺利建成投产是中铝公司跨越式发展铝加工的重要项目的首项，是西南铝21世纪的重要工程，是全球近16年来铝行业新建的唯一的一条铝带冷连轧线,达到了当今世界的先进水平。

3. 航空航天新铝合金材料研发取得新的进展

2009年,在国家大飞机工程中,西南铝承担了多个品种、多个规格的铝合金关键材料和构件的研制和试制任务,材料研制过程中,西南铝始终坚持“举全公司之力,不惜一切代价,满足国家的需求。”的指导原则,确立了“在生产中确保时间节点,不拖研制后腿;确保技术达标,保证安全可靠性;确保品种数量,满足需要”的工作目标,进行新材料、新产品的自主研发,有效解决了一系列工艺难题,取得了熔铸、热加工、热处理等一系列科研成果，攻克了材料研发生产中的多项关键技术难关，打破了国外技术垄断,实现了按工程需要生产。

2009年总投资超过10亿元的国内首条年产量为5万吨的铝合金厚板生产线已经建成投产。对此,西南铝的铝合金厚板产量将占国内市场份额的70%,同时也将改变之前只有美国、日本等少数发达国家能够规模化生产的格局。

4.氧化铝工程建设稳步推进

总投资达50亿元人民币的中铝重庆公司80万吨氧化铝工程项目已完成主体建设工程，工装设备安装完毕。这一大型氧化铝工程的建设不但为完善铝加工产业链打下坚实的基础，而且将极大提升全市高硫低品位氧化铝矿产资源开采的技术水平。

博赛集团先锋氧化铝公司30万吨/年氢氧化铝工程现已进入建设快车道。目前所有40余个项目子项全部开工建设，部分工程预计年底即可完工。

5.电解铝生产节能技术达到国际先进水平

重庆天泰铝业有限公司和东北大学共同完成的“新型阴极结构高效节能铝电解槽试验与研制”和与此相配套的“铝电解槽火焰——铝液二段焙烧新技术”,通过了由中国有色金属工业协会组织的专家鉴定。专家评审认为,该技术达到国际先进水平。新型铝电解槽与现有的铝电解槽相比,可大幅降低电能消耗。通过连续运行的技术经济指标分析，该电解槽槽电压比对比系列低0.3伏,达到380伏(包括效应分摊电压);电流效率平均高了1.36‰直流电耗达到12281千瓦时/吨铝,比对比系列降低了1112千瓦时/吨铝。该技术不仅提高了电解槽的焙烧质量,而且大大缩短了焙烧时间，降低了能耗和焙烧费用,节能效果显著。节能可达10%左右,将对电解铝生产工艺产生革命性重大作用。综合能耗1430度/吨,达到国内先进水平。

6.綦江有色金属加工基地建设起步较好

綦江有色金属加工基地建设依托重庆能源投资集团对重庆铝业公司环保搬迁建设60万吨电解铝项目和重庆冶炼集团与浙江天禾集团建设10万吨电解铜项目。这两个项目建成投产后,将新增销售收入近200亿元以上,增加劳动就业3000多人,目前项目正在顺利推进。

7.“铜及铜基粉末技术改造”进展顺利

重庆华浩冶炼公司“铜及铜基粉末技术改造”,设计规模为铜及铜基粉末12000吨,其中电解铜粉8000吨(含原电解铜粉2000吨旧生产系统技术改造)、水雾化铜粉2000吨、铜基包覆合金粉2000吨。项目分两期实施,一期总投资为4200万元,其中固定资产投资2200万元,包括新建2000吨电解铜粉生产线一条及对原电解铜粉2000吨旧生产系统进行技术改造,同时配套进行环保处理设施建设。一期工程完成达产后电解铜粉生产能力4000吨/年,其中新增生产能力2000吨/年,预计年新增销售收入12172.83万元。利润总额1379万元。目前一期工程已进入连动调试。

(三)冶金工业结构调整取得重大进展

1. 按照国家发改委关于加强焦化生产企业行业准入管理工作和《焦化行业准入条件》的精神,对符合准入条件的焦化生产企业实行公告的制度,使全市焦化企业业按照国家焦化行业的准入条件运行,焦炭生产企业逐步步入健康发展道路。重钢焦化厂主要生产设备完好率达99.59%,主要设备可开工率达99%以上。其生产工艺、装备水平,产品质量均符合国家对焦炭行业准入管理的规定,产品质量符合国家标准。

2.铁合金行业结构调整取得进展

按照国家工信部关于“进一步深化铁合金行业清理整顿、遏制铁合金行业盲目投入,做好铁合金行业准入条件管理”的精神,市经委开展了全市铁合金企业的准入公告工作。下发了铁合金行业结构调整指导意见,加强产业政策引导。通过清理整顿,先后关闭了10户规模小、技术落后的铁合金企业,淘汰落后生产能力16万吨,完全淘汰了5000KVA以下的矿热炉,现有的铁合金企业经技术改造,已选用6300KVA以上的矿热炉。采用干法布袋除尘器回收粉尘。其能耗指标也有了较大改善。硅锰合金的能耗下降15%,高碳铬铁能耗下降了10%,中低碳锰铁能耗降低了12%。

3.锶盐产业结构调整取得重大进展

按照市领导的批示精神,市经委对全市锶盐产业进行了由单纯的污染整治转向了结构调整工作。利用新型工业化专项资金支持锶盐企业进行产品结构的调整。帮助和指导重庆庆龙公司引进技术进行电子级碳酸锶开发,电子级碳酸锶的成功开发提高了矿产资源的利用率,降低了环境污染,提高了产品的附加值30%,极大地改善了工艺水平。电子级碳酸锶通过市级新产品鉴定,其品质和性能优于国内其他碳酸锶产品,达到国际先进水平。

4. 关停和淘汰落后钢铁生产能力取得阶段性成果

根据国家发展和改革委员会与重庆市人民政府签订《关停和淘汰落后钢铁生产能力(第二批)责任书》的工作要求和重庆市政府主要领导的指示精神,为贯彻落实科学发展观,实现“十一五”规划《纲要》提出的能源消耗和主要污染物排放总量约束性指标,切实做好全市12户关停和淘汰落后钢铁生产能力工作,确保全市关停和淘汰炼铁能力40万吨、炼钢能力365万吨。

按照重庆市人民政府办公厅关于印发《重庆市关停并转落后钢铁产能实施方案》的通知要求,结合重钢环保搬迁,以区县政府为主、重钢支持的原则,制定了12户企业的“一厂一策”方案,组织实施关停和淘汰落后钢铁产能,提前完成了全市2009年关停和淘汰12户企业落后炼钢能力工作。

(四)节能减排促进企业良性发展

在有色金属工业全体职工的共同努力下,节能减排取得了新进展。2009年有色金属工业万元工业增加值能耗同比下降3.66%,全行业主要产品单位能耗大幅度下降,一些主要的技术经济指标接近或达到世界先进水平。2009年铝锭综合电耗交流已达到国际原铝协会制定的2010年的节能目标。铝锭综合交流电耗下降到14378千瓦时/吨,比去年同期节电5亿千瓦时。铜冶炼综合能耗下降到353千克标煤/吨,比去年同期下降了18.4%。电解锌综合能耗降到

999.34千克标煤/吨，比去年同期下降了8.3%；铅冶炼综合能耗也有所降低。

西南铝始终把建设资源节约型、环境友好型企业作为战略目标。建立起了意识文化制度、严格执行考核等全方位、多层次节能减排保障体系。并投入1900万元,实施清洁生产方案,实现全年节水2.5万吨,节电1031万度,节煤4900吨，减排各类污染物40余吨，年效益总额达1036.6万元。

二、发展中存在的问题

经济发展方式总体上还是粗放型的，集约化生产程度低，资源综合利用度差，无论是品种，还是数量上都满足不了重庆作为城乡统筹试验区发展的需要。此外,电、煤矿、气等能源及运输费用上涨,导致企业生产成本不断上升,产品市场竞争力不强。

三、2010年发展预测

(一)市场趋势预测

对重庆的工业来说,2010年总体形势趋好,但基础尚不牢固。对重庆冶金行业来说,可变因素较多,钢材市场价格仍将呈波动运行状态,好在钢铁需求仍保持增长态势；有色金属工业虽然在2009年初步遏制了持续下滑,但各项经济指标远没有从金融危机的重创中恢复过来,随着2010年国内经济的进一步回升,市场供求状况的持续好转,有色金属市场价格将平衡上扬,产业结构调整将进一步深化。目前重庆的建筑钢材市场约有300万吨消费水平，而70%由外省供应，重庆民营钢企业的建筑钢材可填补本地的不足,中铝80万吨氧化铝达产后,必将推动100万吨电解铝项目的建设速度，从而加快重庆的铝加工产业链的发展。

(二)产量及各项指标预测

根据全国和全市冶金产业的发展趋势分析,预计2010年全市冶金产业可完成工业总产值1000亿元,完成工业增加值350亿元,销售收入930亿元,实现利润30亿元。新产品产值200亿元,出口交货值20亿元,。预计全年生产粗钢500万吨,钢材600万吨,生铁450万吨,焦炭350万吨,铁合金40万吨。预计全年生产十种有色金属55万吨,电解铝40万吨,氧化铝130万吨,铝材100万吨,铜材3万吨,铝合金及再生铝80万吨。

(重庆市经济和信息化委员会冶金处 黎勇)

重庆盐业

一、2009年发展回顾

2009年,重庆市盐业(集团)有限公司在市国资委和重庆化医集团的正确领导下,以“练内功、调结构、促发展、增效益、强政治、保安全”为主线,深入推进“连锁网络+卓越服务”商业模式再造,加快“现代商贸流通、制盐及化工、调味食品”三大产业板块发展,企业经营规模、经济实力和核心竞争力都有了显著的提升。全年实现商品盐销售132.24万吨,较上年上升13.03%;实现销售收入13.89亿元,同比上升20.5%;其中,非盐商品销售收入7.44亿元,同比上升270%;实现利税1.22亿元,同比上升14.74%;年末资产总额达到15.87亿元,同比上升38.4%。重盐集团荣获“中国商业企业AAA级信用企业”、“中国服务业企业500强”、“中国服务业科技创新企业奖”、“重庆市企业100强”、“重庆市流通企业100强”、“重庆国企贡献奖”等荣誉称号。

(一)商业模式深入发展,连锁网络质量提升

2009年，重盐集团商贸流通系统“连锁网

络+卓越服务”商业模式再造的质量和效率取得显著成效。一是争先创优动态竞争。坚持实行五类取酬的政策，推动商贸流通系统各企业形成争先创优的动态竞争格局。二是网络质量大有提高。不断总结经验，推出一系列激励措施，加大对网络终端商户和团购、商超的营销力度，广泛深入开展“四上门”服务，加强客情维护，配送网络质量大有提高。三是商品结构得到优化。多品种盐形成三大系列，58 个规格，全年销量完成 45439 吨，销售收入增加 1630 万元，增长 68.88%，非盐商品供应商达到 41 家，达到 151 个系列、1908 个品种规格。四是经营规模不断扩大。商贸流通系统 39 个单位，年人均销售收入突破 100 万元，完成销售收入 8.66 亿元，同比增加 2.4 亿元。五是市场经理素质提升。在深入开展商业模式再造中，一大批基层领导干部和市场经理得到磨炼，艰苦奋斗的精神，热情服务的态度，沟通协调的能力，客情关怀的方法等不断增强和完善。

（二）生产现场管理强化，节能降耗成效显著

2009 年，重盐集团各生产企业围绕加强生产现场管理、节能降耗、技术革新、产品研发、质量安全、内部改革等方面狠练内功，取得了较好的成效。合川盐化公司咬住燃煤管理不放松，开展技术革新 12 项，吨盐成本降低 20.50 元；飞亚公司针对麸酸原料供应紧缺、价格暴涨的不利局面，对内开展“反浪费、反恶习、反借口”活动，对外多方寻求合作供应商，解决麸酸供应难题；富友包装在环保搬迁的重压下，公司五部一室坚持围绕市场转，齐心协力抓好生产和经营，积极拓展非盐业务；天厨公司推行公开竞聘、竞争上岗，精简管理人员，为进一步实施技术改造、扩大经营规模，扭亏增盈创造条件。

（三）精心把关谨遵程序，发展项目按序推进

重盐集团严格按照程序，积极争取支持，完成项目建设相关审批手续，在初设阶段精心把关，每个项目都邀请行业内的优秀专家进行二次诊断审议，对施工单位优中选优，坚持维护公司方利益最大化，较概算价节约 5465.98 万元。内蒙飞马生物科技项目建设团队艰苦奋斗，争分夺秒，抢在严寒到来前完成土建，2009 年 11 月中旬开始老系统投料，12 月 31 日新系统全面投料生产，仅用半年时间完成了六千多万元的技改，建成年产 3.5 万吨麸酸生产线；中盐现代物流项目的包装厂房和物流仓库已建成，科研物流综合楼基础施工已完成。

（四）诚信开放携手民企，战略合作取得成效

重盐集团本着完善产业链、提高竞争力的原则，以诚信为本，成功地与市内外优秀民企建立战略合作伙伴关系。一是与山东圣花集团公司的合作已获市国资委的批准，成功并购哈尔滨菊花生物科技有限公司、完成对重庆合川盐化工业有限公司的增资，组建了重庆飞马圣花工贸有限公司。二是出资 4800 余万元对涪陵辣妹子集团进行增资控股，进入榨菜、酱腌菜行业，拟用 3 年的时间，投资 5 亿元，把辣妹子集团打造成年销售收入 8 亿元，在全国榨菜产业乃至酱腌菜产业中数一数二的知名企业。三是出资 1200 万元收购了湖北大江化工持有的重庆三阳化工 30%的股权，并对三阳化工增资 840 万元，支持三阳化工实施 1.5 万吨三氯氢硅项目。

（五）恪尽责任综合治理，固本强基科学发展

一年来，重盐集团公司（市盐务局）系统恪守职责，加强管理，推动各项工作科学发展。一是依法行政，打假治劣。协同公检法机关联手查处国内近年来规模最大、链条最完整的、跨省市的制售假冒加碘食盐案，捣毁假盐地下加工点 3 个，打掉假盐地下分销点 40 多个，涉案假盐近 800 吨，查处涉案人员 104 人，依法移送司法机关判刑 12 人；在全市范围开展“四清查”活动，排查食盐安全隐患；制作专题节目，以案造势，呼吁加强依法治盐，起到很好的宣传作用。二是牵头参建健康重庆。结合 5.15 全国防治碘缺乏病宣传日，牵头举办“首届健康重庆 CEO 高峰论坛”，普及科学补碘、健康用盐知识；通过《健康人报》、电视、车身内外广告、乡镇街道刷墙等各种形式，大力宣传提升“重盐集团”、“渝盐配

送”、“晶心”食盐、“飞马”味精等企业和商品知名度,扩大社会影响。三是坚持贯标,强化质量。商贸专营系统贯彻B版ISO9001:2008标准,严格质量安全控制,生产系统继续深化TnPM管理和QFE(质量、食品安全、环境管理)一体化,严肃工艺操作规范,保证了企业的平安健康运行。四是强身健体,政治领先。局司系统认真务实地开展学习实践科学发展观活动,举办了六场“连锁网络+卓越服务”先进事迹报告会,推动了集团经济又好又快发展。

二、发展中存在的问题

一是少数干部员工缺乏危机感和忧患意识,对形势认识不清,工作责任心不强,存在畏难情绪;二是个别单位对推行“连锁网络+卓越服务”商业模式再造认识不到位,行动滞后,工作停留在表面,不愿做艰苦细致的基础工作,缺乏对零售终端市场的掌控;三是有的生产企业科研技术骨干缺乏,技术水平不高,产品竞争力不强,企业效益不好。

三、2010年发展目标

(一)指导思想

面对越来越激烈的市场竞争,重盐集团将坚持以科学发展观为指针,坚持“发展是硬道理”、“发展是第一要务”的思想,坚决冲破、革除一切阻碍科学发展的思想观念和行为方式,进一步深化企业改革,优化资源配置,提升科技实力,加快产业发展,巩固拓展市场,倾力打造企业的核心竞争力,为实现“重庆不可替代,国内不可忽视”的发展愿景而努力奋斗。

(二)经济运行目标

实现销售收入23亿元,实现利润7000万元。

(三)工作任务及主要措施

一是树立忧患意识,坚定必胜信心,抢抓有利机遇,加快企业发展;二是推进对外合作,整合价值文化,完善管理制度,抓好发展规划,规范合资经营,维护股东权益;三是狠抓降本增效,狠挤成本水份,坚持对标生产,提高竞争能力;四是强化市场营销,夯实网络建设,提升渠道价值,巩固扩大市场;五是抓好现有生产,规范现场操作,管好建设项目,保证工程质量;六是抓好科技创新,实施技术改造,组建研发机构,提升科技实力;七是加强基础管理,搞好员工培训,开展争先创优,加强党建工作,坚持依法治盐,建设平安重盐。

(重庆市盐业(集团)有限公司　黄科)

国防科技工业

2009年,重庆国防科技工业经济发展走过了极不平凡的一年。一年来,在国家国防科工局和重庆市委、市政府的领导下,认真贯彻落实中央和重庆市“保增长、调结构、促发展”的决策部署,坚持按照科学发展观的要求,克服了国际金融危机带来的困难和挑战,抢抓机遇,奋力拼搏,开拓进取,确保了整体运行正常,实现了军工经济的平稳增长。全年工业总产值突破1175亿元大关,利税总额超过110亿元,汽车产销突破140万辆,经济总量创历史最高水平。

一、工业经济突飞猛进,主要指标创历史新高

2009年,重庆市国防科技工业完成工业增加值223亿元,同比增长50.6%;实现工业总产值1175亿元,同比增长41.5%;完成营业收入1198亿元,同比增长36.1%;实现新品产值916亿元,同比提高45.9%,新产品率78%,较上年提高2.4个百分点;工业品产销率97.5%。

2009年,重庆市国防科技工业增加值、工业总产值和营业收入迅猛增长,较三季度末分别

提高24.9、16.4和7.3个百分点。全年工业增加值、工业总产值和工业销售产值分别超过全市规模工业增幅32.1、26.3和20.8个百分点，增长速度明显快于全市，实现了经济的全面好转。

二、重点企业贡献突出，对国防科技工业拉动增强

2009年，汽车和风电产业带动整体经济增长，是重庆市国防科技工业能迅速回升向好的主要动力。全年汽车及配套企业、风电及配套企业增幅都超过50%。重点企业长安、大江、铁马、望江、红宇、青山、长江电工、长风、重齿、海装风电、川东船舶、前卫、西计等13户重点企业完成工业总产值1008亿元，增长54.2%，占国防科技工业产值比重的85.8%，拉动国防科技工业产值增幅42.7个百分点，带动了军工整体经济强势增长。

三、支柱工业产品销售旺盛，汽车突破140万辆大关

2009年，重庆市国防科技工业不断调整产业结构，转变经营策略，主要工业品产销两旺，汽车和汽车发动机、风电产品、大型齿轮箱、车用空调压缩器、摩托车发动机及船舶配套件等快速增长，增幅达到50%以上。

一是汽车超常增长，市场形势喜人。全年生产汽车143.1万辆，同比增长66.3%，净增57.1万辆；销售汽车141万辆，同比增长62.7%，净增54.3万辆。产销增幅较三季度末分别提高21.7和12.8个百分点。其中，长安汽车产销142.5万辆和140.4万辆，同比增长66.6%和63%。长安微车、轿车和中型汽车产销旺盛，当月增幅都在1.5倍到2.8倍之间，消费者潜在的购买力，已变成拉动我市汽车产业快速增长的动力。

二是摩托车逐月回升。重庆市国防科技工业全年产销摩托车286万辆和288万辆，同比下降13.7%和13.1%，较三季度末缩小降幅4.1和3.6个百分点。摩托车下降的主要原因仍然在出口，全年嘉陵、建设2户企业出口摩托车34.5万辆，同比减少23.6万辆，下降40.6%。

四、经济运行质量不断提高，利税总额达到110亿元

2009年重庆市国防科技工业实现利税总额111.52亿元，同比增长54.8%，较前三季度提高9.2个百分点；完成利润总额31.8亿元，同比增长47.6%，净增10.2亿元，比三季度末提高16.9个百分点。主要是汽车产业利润大幅增长带动，长安股份公司利润同比增长1.2倍。除长安外，利润完成居前8位的企业是重齿、铁马、金美、红宇、望江、青山、大江、前卫等。

（重庆市经济和信息化委员会　伍海泉）

轻纺工业

2009年，重庆轻纺工业迎来了不同寻常的一年。在全球金融危机大背景下，由于外需减弱，出口产品结构、贸易方式和对外市场的影响，使得重庆轻纺工业品出口交货值首次出现负增长。同时，轻纺工业也面临着一些有利因素。重庆经济的稳步增长和消费结构的升级，内销已经成为拉动轻纺经济快速增长的第一引擎；中央在农副产品深加工和“农电下乡”政策上的倾斜，推动了重庆轻纺工业的发展；尤其是近些年结构调整升级所形成的积累效应，大大提升了全市轻纺工业的市场竞争能力。这些因素构成了2009年重庆轻纺经济快速发展的主旋律：生产和投资快速增长，经济效益稳步提高，尤其是在出口形势严峻的情况下，全市轻纺工业规模以上企业工业总产值仍提前一月超千亿，且轻工业全年工业总产值首次突破千亿大关,全口径轻纺工业总产值达2000亿元,占全市工业经济的25%,创下历史最好水平。

2009年重庆轻纺工业规模以上企业户数1738户,以上年底相比增加462户;实现工业总产值1186.25亿元,同比增长28.77%;工业销售产值1139.44亿元,同比增长26.17%;新产品产值234.50亿元,同比增长24.09%;出口交货值26.44亿元,同比增长-0.61%;税利总额132.69亿元,同比增长23.95%;其中:利润总额58.70亿元,同比增长25.8%。

2009年轻纺行业资产总计746.56亿元,比2008年全行业资产645.55亿元增加15.65%;2009年轻纺行业全部从业人员平均数247607人,比2008年241446人增加2.55%。

一、与全国及西部同行业比较

2009年重庆轻纺工业实现工业总产值、增长速度在全国及西部同行业的排位情况:

总产值在全国排位:第21位(与2008年相比上升1位);总产值在西部排位:第4位(与2008年相比上升1位);增长速度在全国排位:第12位(与2008年相比下降2位);增长速度在西部排位:第5位(与2008年相比下降2位);总产值占全国0.78%,比2008年上升0.07个百分点。

二、经济运行状况及其特点

2009年,轻纺工业总体运行较为稳健,呈逐月回升态势。工业总产值在下半年单月突破100亿元关口后,始终保持在100亿元以上,并且提前一个月突破千亿元大关,全年达到1186.25亿元。工业销售产值同比增长保持在20%以上,并且在年底达到新高的26.17%。新产品产值上半年始终负增长的状况在下半年得到改变,2009年累计完成234.50亿元,同比24.09%;出口交货值在2月份降幅达10%的情况下,逐月得以回升,最终下降幅度为0.61%。

从轻工、纺织增长幅度看,纺织大于轻工。轻工业完成工业总产值1011.81亿元,增长28.13%;纺织业完成工业总产值174.44亿元,增长32.62%,高出轻工业4.49个百分点。从轻工、纺织内部主要子行业比较差异较大。轻工业方面,金属制品、家具及软木藤、造纸高速增长,增幅分别为63.23%、53.61%、50.39%,食品、包装、装潢及印刷业、塑料制品、硅酸盐、电器制造、工艺美术6个行业平稳增长,增幅保持在20%以上,皮革及制品、日用化学品制造缓慢增长;纺织业方面,毛纺织业、纺织制成品业、针织品业、棉纺织业4个行业高速增长,增幅分别为209.46%、60.33%、62.69%、41.33%,丝绢、服装鞋帽、化纤3个行业平稳增长,增幅保持在20%以上,麻纺织、棉印染、纺织专业设备制造3个行业缓慢增长,羽绒加工、地挂毯制造出现负增长,分别为-6.13%和-9.41%。

重点行业继续稳步发展,如食品、纺织、造纸、塑料制品、玻陶、金属制品、家具行业较稳定,工业销售产值增幅保持在20%以上,电器制造业虽然增长幅度只有9.01%,但第四季度结束了今年以来逐月负增长的状况。在轻纺工业32家工业总产值与去年相比增长50%以上的百强企业中,食品行业有12家、纺织业10家、电器制造业3家、塑料制品业3家、造纸业2家、家具业2家。

2009年全市轻纺工业纳入统计的121个主要产品中,有75个增长,占61.98%;21个下降,占17.36%;25个持平。增长幅度较大的产品有:包装饮用水、冻肉、肥皂、小麦粉、榨菜、通信及电子网络用电缆、果汁和蔬菜汁饮料类、服装皮革、电饭锅、饼干、光盘复制品、玻璃包装容器、原盐、纸制品、软饮料、多色印刷品、软体家具、精制茶、家用洗衣机、彩色电视机等;产品产量同比下降的产品有:摩托车零配件、方便面、房间空气调节器、纸浆、单色印刷品等。

从各区县完成情况看,工业总产值与去年相比没有出现负增长的区县中,增长30%以上的区县达到22个,占40个区县的55%,比去年增长60%的有9个区县(合川区、綦江县、荣昌县、黔江区、丰都县、巫山县、巫溪县、酉阳县、彭水县),其中巫山县、巫溪县、酉阳县3个县增长100%以上,分别为4128.33%、384.06%、

104.70%。轻纺工业百强企业中，万州区、涪陵区、南岸区和渝北区所占比重较大，分别有13、12、9和8家，而渝中区等14个区县没有一家百强企业，大大影响了轻纺工业的发展，特别是城口县没有一家规模以上的轻纺企业。

从百强企业完成情况看，工业总产值与去年相比增长50%以上的32家百强企业，大都得益于引进新设备和技术创新、技术改造。重庆海尔空调器有限公司、玖龙纸业有限公司、重庆理文造纸有限公司、重庆润江羊绒制品有限公司、重庆涪陵区绮罗宏美达蚕丝绸纺织有限公司等15家企业工业总产值增幅达到100%以上；稳步增长的百强企业有58家；出现负增长的10家百强企业，大多是以出口为主，而作为全市最大家电制造企业——格力电器(重庆)有限公司，由于总部受到金融危机的影响，外销减少，增加内销，并且在安徽新建制造基地，导致对其投入的订单、资金减少，其工业总产值降低，但是12月份单月生产总值达7.34亿元，同比增长118.49%，出现强势复苏迹象。

三、调整行业振兴规划 增强企业脱困信心

在国务院编制轻工业、纺织工业调整振兴规划的同时，随即着手开展调研，进一步摸清全市轻纺工业的基本情况和金融危机的影响情况。国务院印发两个行业调整振兴规划后，在认真学习、深刻把握的基础上，及时编制《重庆市轻工业调整振兴规划实施意见》和《重庆市纺织工业调整振兴实施意见》，明确了调整振兴期内的总体思路、发展目标、发展重点、主要措施，策划了家电、造纸及纸制品、农产品加工、皮革及制鞋、酒类饮料、烟草、纺织、服装等8个百亿产业链。随着各区县对国务院出台的产业振兴规划和重庆市“实施意见”的宣传，全市轻纺工业企业深切感受到了各级政府的关怀和战胜困难的决心，增强了打赢“止滑促销”攻坚战的信心。

同时，强化经济运行监测，深入开展调研，及时发现问题，及时化解矛盾，确保行业经济平稳较快增长。针对监测中发现的家电行业大幅负增长的问题，以“家电下乡”活动为契机，加强对海尔、欧凯、美意3户中标企业的跟踪和服务，积极协调解决企业生产经营中遇到的困难和问题，1~10月，上述3户企业均实现了正增长，带动家电行业下降幅度从一季度的-40.1%收窄为三季度的-8.2%，10月份则实现了正增长，对全市轻纺工业在三季度突破20%的增长发挥了积极的促进作用，通过认真监测并及时采取措施解决问题，全市轻纺工业经济呈现出低开高走、逐月提高的特点。

四、坚持化危机为转机 承接产业转移见成效

面对金融危机对实体经济的严重冲击，坚持在危机之中寻找机遇，努力将危机转化为发展契机。为此，紧紧抓住东部沿海地区密集型产业加快转移 步伐和国家产业振兴规划鼓励产业有序转移两大机遇，以承接服装产业转移为切入点，在三个方面取得了初步成效：一是积极争取中国服装协会支持，于2009年10月在重庆成功举办了中国服装产业转移工作（重庆）研讨会，与中服协与沿海地区服装协会和服装企业进行了深入交流，为下一步争取服装产业转移示范基地奠定了良好基础；二是大力搭建承接服装产业转移平台。继渝北区两路服装工业园、巴南麒龙服装工业园之后，平氏科技公司在合川区投资建设的纺织丝绸产业园和服装丝绸市场已于2009年8月动工，市轻纺控股集团先后与合川区、开县正式签订了合作建设轻纺工业园的协议。三是对沿海地区服装生产企业的招商势头良好，上海赛润、浙江恒基等服装企业已在开县顺利投产，香港易特路服饰公司、东莞小猪班纳服饰公司等企业已成功签约，同时，与广东以纯、上海华翔、福建七匹狼等国内知名服装企业的洽谈顺利进行。

五、实现重点突破 行业支撑初步形成

2009年，坚持以重点突破带动整体推进的工作方法，结合编制振兴规划实施意见，进一步筛选了全市轻纺工业发展的重点行业、重点企业

和重点项目。将食品、家电、造纸、服装列为重点发展行业，重点扶持100户龙头企业，重点支持70个项目。加强与重点行业、重点企业、重点项目的信息沟通，加大服务指导力度，及时帮助解决企业发展中遇到的困难，上述重点行业除家电外发展态势良好，经济增长速度保持在20%以上，四大重点行业的工业总产值占全市轻纺工业的63.6%，已成为全市轻纺工业的主要支撑力量。

六、展重庆工美精品 迎祖国六十华诞

自2004年以来，重庆市政府颁布了《重庆市传统工艺美术保护办法》，设立了传统工艺美术保护发展专项基金，建立了工艺美术大师带徒传艺奖励制度。工艺美术企业已发展到300多家，生产上千种工艺美术产品，从业人员近3万人，有国家级工艺美术大师2名、省市级大师76名，优秀专业技术人员89名。全市工艺美术行业连续三年保持25%以上的经济增长速度。随着产业的迅速发展和带徒传艺奖励制度的实施，陶器、漆器等濒临失传的传统工艺美术技艺得到有效保护，工艺美术技艺水平不断提高。近年来，在全国优秀作品评选中，荣获金奖7个、银奖20个、铜奖27个，极大地提升了重庆工艺美术在全国的知名度和美誉度，全市工艺美术呈现出良好发展势头。

为了检阅工艺美术成果，喜迎建国六十周年，为工艺美术产品开拓市场搭桥铺路，组织了第二届重庆市工艺美术展。展会以“迎祖国六十华诞，展重庆工美精品”为主题，呈现三个突出特点：

一是规模宏大。本届展会展场共3300平方米，有83个单位参展，比上届多57个，设置标准展位116个，比上届多86个。展会共展出48位工艺美术大师的作品418件，企业产品5000多件，包括工艺雕塑、刺绣和染织、艺术陶瓷、工艺玻璃、漆器、工艺家具等12个大类，200多个品种，是重庆市建国以来规模最大的工艺美术展。

二是新产品多。近几年来，全市工艺美术行业发展迅速，业内人士创作作品和做大做强企业的积极性空前高涨。进入工艺美术行业的投资者越来越多，新企业、新产品不断涌现。本次参展企业中，属于第一届重庆市工艺美术展之后新发展起来的企业有23个，占参展企业总数的28%。新产品约占全部参展产品的30%，其中，陶胎漆器、金属丝镶嵌工艺画、陀螺、蜡染、麦杆画、竹鞋、竹制工艺品等一批新产品具有较高水平，受到观众喜爱。

三是展览效果好。主要表现在三个方面：第一，促进了工艺美术与市场接轨。展览会上现场销售110万元以上，7家企业签订购销协议50万元以上。第二，促进了合作。展会期间共达成合作项目130项，意向性合作金额3000多万元。第三，进一步扩大了工艺美术的影响。展览期间，共接待观众6万余人次，观众纷纷留言，对重庆工艺美术给予了充分肯定，提出了不少有价值的建议和意见。

（重庆市经济和信息化委员会 王典培）

电子信息产业

一、2009年发展回顾

（一）发展概况

2009年，重庆市信息产业按照市委、市政府关于扩大内需促进经济增长的总体要求，坚持以科学发展观为指导，实现信息产业过千亿的战略目标。着力保增长，以惠普重庆电脑基地建设为重点，实施“整机+配套”一体化引进策略，快速形成新的产业增长点；集中力量，聚焦危机影响小的软件外包等行业，开工一批项目，为反周期增长创造条件；积极协调各种资源，及时解决困难行业企业生产经营难题，努力保持信息

产业快速增长的势头。着力扩内需,以扩大内需政策为引导,推动产业与市场互动藕合;以家电下乡为契机,推进统筹城乡信息化示范区县建设,带动信息消费能力和消费水平提升,缩小城乡"数字鸿沟"。着力抓融合,以创建融合平台和机制为突破口,启动国家级信息化与工业化融合试验区建设,加速信息技术在工业领域中的应用,促进信息化与工业化的融合,提升传统产业的综合竞争力,同步推进软件外包产业发展,促进产业结构调整和重庆市工业经济的战略转型。

1.信息产业继续保持快速增长态势

2009年全市信息产业实现增加值61.7693亿元,比上年增长51.1%,成为全市国民经济的支柱产业。全市信息产业主营业务收入1006亿元,增长23.4%,首次突破千亿大关,其中电子信息产业主营业务收入863亿元,增长29.8%,比全国平均增幅高29个百分点,比全市工业平均增幅高11个百分点,占全市工业销售额的10.5%。电子行业利税总额33.6亿元,净资产回报率24.0%,劳动生产率17.2万元,亿元产值耗电量为传统工业的25%左右。惠普、思科、富士康、广达、英业达、新加坡(密胜)等一批重大项目落户,西永微电子产业园、北部新区、港城工业园、茶园新区、万州光电产业园等一批重点园区和区县的电子制造业、软件及信息服务业得到快速发展。

2.电子信息产业结构进一步优化,效益进一步提高

2009年,全市电子制造业销售收入603亿,增长29%,占电子信息产业总收入的69.9%,比全国平均增幅高29个百分点,比全市工业平均增幅高10个百分点;软件及信息服务业销售收入260亿元,增长30.3%,占电子信息产业总收入的30.1%,比全国平均增幅高5个百分点,比全市工业平均增幅高11个百分点。

2009年,全市信息产业销售收入中,软件及信息服务业260亿元,同比增长30.3%,占行业比重25.8%;信息家电115.1亿元,同比增长29%,占行业比重11.4%;应用电子136.9亿元,同比增长22.2%,占行业比重13.6%;通信产品103.3亿元,同比增长18.0%,占行业比重10.3%;电子元器件186.1亿元,同比增长12.4%,占行业比重18.5%;电子材料61.6亿元,同比增长76.9%,占行业比重6.1%。

2009年,全市电子信息产业领域销售收入超过5000万元的企业137家,其中销售收入超过亿元的企业63家,销售收入超过10亿元的企业13家。中冶赛迪工程技术股份有限公司和中国四联仪器仪表集团有限公司2家企业入围2009年中国电子信息百强。其中,中冶赛迪工程技术股份有限公司排名第30位,中国四联仪器仪表集团有限公司排名第50位。

3.信息产业对外开放

2009年,全市信息产业加大对外开放力度,信息产业招商引资工作取得显著效果,引进项目和企业超过100个,涉及项目总投资超过50亿美元,实到外资3亿美元以上。

2009年8月4日,惠普(重庆)笔记本电脑出口制造基地和富士康(重庆)产业基地重大项目签约;9月11日,思科(重庆)通信产品制造基地签约;12月26日,英业达中国第二生产基地重大项目签约。惠普、富士康、思科、英业达的制造基地位于西永微电子产业园。全球五大笔记本电脑代工厂之一富士康、英业达为主的台湾代工企业承接惠普订单,生产面向中国以外的全球市场的笔记本电脑。

惠普、富士康、思科、英业达等项目入渝后,加上其他即将入渝的项目,未来4年,重庆将重点发展笔记本电脑及关联设备加工,形成年产8000万台笔记本电脑,超7000亿元的庞大产业链集群,为30万人带来就业机会。预计到2012年,以电脑为主的电子信息产业将成为重庆第一支柱产业,这是重庆经济发展上的一个历史性突破,对于打造中西部地区IT高地、亚洲最大的笔记本电脑生产基地,促进重庆工业转型具有重大里程碑意义。这不仅标志着在全球危机背景下,重庆率先逆势而上驶入信息产业高速发展的快车道,更意味着重庆"由一个传统工业

城市向一个以信息产业为龙头的科技之城的突变"已成定局。

(二)科技进步与应用

2009年，重庆电子信息产业获得专利授权4794件，新增826件；获得发明专利1888件，新增512件；著作权登记897件，新增232件；发布地方标准42项，新增11项；全年参与信息产业类国家标准制定8项。

2009年，重庆金山科技(集团)有限公司、上海长海医院和重庆大学联合研究的"智能可控胶囊内镜系统研究及产业化"项目获2009年度(第9届)国家信息产业重大技术发明奖。

2009年，重庆市中冶赛迪工程技术股份有限公司和中国四联仪器仪表集团有限公司两家企业入围2009年中国电子信息百强。其中，中冶赛迪工程技术股份有限公司排名第30位，中国四联仪器仪表集团有限公司排名第50位。3家企业获得2009年度国家规划布局内重点软件企业；中冶赛迪工程技术股份有限公司跻身2009中国软件业务收入前百家企业第12位，排列中西部第一位；6家企业通过国家计算机信息系统集成一级资质认证，名列西部第一。

信息产业项目资金管理。加大自主创新和重点项目的支持力度，加强项目策划、申报和管理，争取国家资金创历史新高。2009年，全市共获国家工信部等批准立项11个项目，资助项目资金18850万元，其中国家电子信息产业发展基金资助项目5项500万元，"新一代宽带无线移动通信网"类国家科技重大专项项目3项10600万元；"核心电子器件、高端通用芯片及基础软件产品"类国家科技重大专项项目3项7750万元，带动项目总投资99246万元；下达市级信息产业发展资金4100万元，增长10%，第一批1800万元资助惠普电脑基地等11个项目，第二批2300万元资助思科、广达、合智思创等19个项目，带动企业投资近18亿元；做好各类项目实施的管理、验收，全年共验收到期项目92个，合同资金3510万元。

(三)信息产化应用与建设

围绕将重庆建设成为西部领先的电子信息产业基地的目标，以西永微电子产业园和北部新区为主要载体，主动承接欧美、日韩以及台湾地区等电子信息产业转移，建设国家军民两用集成电路产业基地、国家低成本信息终端产业基地、国家汽车电子产业基地和国家嵌入式软件产业基地等四个"国家特色产业基地"。到2012年，力争完成投资1200亿元，实现销售产值3000亿以上，比2009年增长300%。重点推进完善电脑制造、软件及服务外包、集成电路、信息家电、新一代移动通信、光伏及LED、汽车电子等应用电子产品、新型显示器件、数字医疗器械、动漫等10条产业链。

电脑制造产业链实施"整机+配套"一体化引进策略，依托惠普、富士康、广达、英业达等公司在重庆的产业基地项目，同步引进电脑配套零部件生产项目，加快建立电脑检测中心，构建低成本电脑设计、生产、检测体系。集成电路产业链实施"中间突破，带动两头"发展策略，打造数模共存、军民共用、硅与非硅共举的集成电路产业链，重点发展6英寸模拟集成电路、8英寸芯片、12英寸芯片、砷化镓化合物半导体、军用光电子和激光显示芯片、移动通信终端芯片、卫星定位系统多模多频射频芯片等。信息家电产业链重点引进国内外著名企业，发展平板电视、数字电视以及传输设备。光伏及LED产业链重点发展高纯度多晶硅、单晶硅及切片、电池片及组件，同时引进薄膜太阳能电池、LED外延片、芯片、封装及应用产品。应用电子产品产业链重点发展车载娱乐系统、汽车安全系统、汽车空调、汽车电源管理系统、车载智能仪表，以及4C(计算、通信、内容、消费电子)融合的数字家庭、新型消费电子产品等。新型显示产业链围绕千万台电脑及液晶电视等信息家电产品，重点引进发展液晶显示(TFT-LCD)、有机发光二极管(OLED)显示等。数字医疗产业链重点发展超声治疗设备、智能可控胶囊内镜、血透机、人工肝、LED无影手术灯具有自主知识产权的新型医疗设备。

(四)信息化产业基地建设

重庆市电子信息产业形成以北部新区和西永微电子产业园为核心,周边若干个特色园区为支撑的产业空间布局,"一圈带动两翼",核心园区和区县特色园区共同发展,集聚效应初步显现。电子信息产业主要集中在沙坪坝区(西永微电子产业园)、北部新区、南岸区、渝北区、江北区、万州区、长寿区、永川区等区县。北部新区以智能化仪器仪表、应用电子、软件及信息服务业、通信业为主体;西永微电子产业园以笔记本电脑产业、集成电路产业、软件及信息服务外包为主体;茶园新区发展消费类电子产品,空港工业园发展汽车电子,港城工业园发展信息家电,万州光电产业园发展电子材料及电子代工。

打造千百亿级电子整机产业链, 壮大电子信息产品制造业规模。按照市场空间大、需求增速快、产业带动和集聚能力强、技术含量高、转移趋势明显等原则,遴选出电脑、移动终端、平板电视、新一代交换设备、多媒体数码产品等五大电子整机产业链,并通过采用"整机+配套"一体化引进策略, 打造千百亿电子整机产业链("1+4"),即一个千亿级、四个百亿级电子整机产业链。

二、发展中存在的问题

一是产业总体规模小,缺乏骨干龙头企业。全市电子信息产业领域销售收入超过5000万元的企业137家, 其中销售收入超过亿元的企业63家,销售收入超过10亿元的企业13家,规模最大的企业的年销售值近50亿。

二是除笔记本电脑产业集群正在形成外,产业和产品结构还有待进一步调整。集成电路产业在设计和封装领域还有待增强; 拥有多项国家信息技术重大发明奖和核心技术的数字医疗产业规模与巨大市场存在差距;LED产业链的上游缺失。

三是还存在自主创新能力不强, 实用型、复合型人才缺乏,产业升级步伐缓慢,产能面临着体制性、机制性障碍,无法适应产业发展的需要。

三、2010年发展目标及工作重点

(一)发展目标

2010年, 重庆市电子制造业发展的总体思路是:抓落实、保增量、调结构、谋发展,实现电子制造业新增500亿的目标。即:着力抓落实,保增量。以惠普笔记本电脑制造基地、富士康(重庆)产业基地、英业达中国第二生产基地、广达中国第三制造基地等项目建设为重点, 狠抓建设进度和产业链配套引进,确保年内投产,快速形成新增长点, 保持电子制造业快速增长的势头。着力调结构,谋发展。以笔记本电脑产业链为契机, 推动以重庆为核心的中西部与东部现代电子制造业的协调发展, 促进我国高端产业区域平衡发展;同时,积极协调各种资源,及时解决企业生产经营中的难题, 加快重庆工业结构调整,力争2012年将电子制造业打造成为全市第一支柱产业。

(二)工作重点

主要重点抓好"141"工程,即:打造一个千亿级笔记本电脑产业基地, 推动四个百亿级整机产业链,催生一个数百亿元的产业集群。

1.聚力打造一个千亿级笔记本电脑产业基地

围绕打造中国笔记本电脑产业新增长极,亚洲最大的笔记本电脑生产基地的战略目标,以西永微电子园为主要载体,抓紧、抓实惠普、富士康、广达、英业达等一批已落户的笔记本电脑生产企业建设进度,吸引其他相关配套企业,形成"一区十园七基地"的垂直整合配套格局,从而打造出千亿级笔记本电脑产业集群, 争取年底形成2000万台笔记本电脑生产能力。

一是重点抓好重庆市 "2010年信息产业一号工程"——富士康(重庆)产业基地建设,确保2010年5月正式投产;确保英业达、广达等企业的重庆基地开工建设,并力争年内投产。同时加快引进与电脑关键零组件企业落户, 加快建立电脑检测中心,构建低成本电脑设计、生产、检测体系,力争实现本地配套率超过70%。

二是以推进智能城市建设为契机，以中西部地区服务器市场为依托，启动思科通信产业基地项目，引进服务器整机制造项目，形成中西部地区服务器生产基地。

三是促进合资思创、大唐新数码等一批小笔电代工企业做大做强，形成100万台级生产规模。

2.全力推动四个百亿级整机产业链

以著名整机品牌企业为龙头，加快零部件配套生产企业的引进；以产业价值链高端企业为重点，加快产业生产链的完善，全力推动移动终端、数码相机、平板电视、新一代交换设备四个百亿级整机产业链。

一是移动终端整机产业链。以茶园新区为主要载体，充分发挥重庆市移动终端产业的研发和产业优势，抓好工信部电信研究院西部分院(中国泰尔实验室移动终端检测平台)建设工作。以国虹品牌手机生产为依托，加快配套零部件生产企业的发展和引进，完善产业生产链，形成以手机、移动POS为主要产品的百亿级移动终端产业链。

二是消费类数码产品产业链。以空港工业园为主要载体，以内需市场和贴近新兴海外市场为引导，引进国际知名企业和代工企业在渝投资发展消费类数码相机等产品及配套零组件，形成百亿级数码产品产业集群。

三是平板电视整机产业链。以港城工业园、万州光电产业园为主要载体，以创亿、海尔、新加坡(密胜)科技等电视整机生产企业为依托，加强现有企业的技术改造和研发，瞄准引进全球知名企业在渝生产面板，重点发展液晶显示(TFT-LCD)、有机发光二极管(OLED)显示等配套零部件，推动创亿、海尔等100万台级液晶电视项目尽快投产，形成百亿级平板电视产业集群。

四是新一代交换设备整机产业链。针对通信设备特别是新一代交换设备市场快速发展的需要，充分发挥重庆市在通信设备制造领域良好的产业基础和技术实力，以北部新区为主要载体，以中西部巨大的市场潜力为吸引，通过引进思科、中兴、华为、爱立信等国际知名通信设备整机企业，策划实施一批新一代交换设备重大项目，聚集一批交换设备整机和配套企业，形成产业集群。

3.大力催生一个数百亿元的产业集群

紧紧抓住重庆市笔记本电脑、移动终端、平板电视等电子整机产业的发展机遇，加快发展LED及光伏电子、应用电子产品、数字医疗、物联网等核心元器件产业，不断提高重庆市电子制造业的竞争力。光伏及LED产业链重点发展高纯度多晶硅、单晶硅及切片、电池片及组件，同时引进薄膜太阳能电池、LED外延片、芯片、封装及应用产品。应用电子产品产业链重点发展车载娱乐系统、汽车安全系统、汽车空调、汽车电源管理系统、车载智能仪表，以及4C(计算、通信、内容、消费电子)融合的数字家庭、新型消费电子产品等。数字医疗产业链重点发展超声治疗设备、智能可控胶囊内镜、血透机、手术动力装置、人工肝、LED无影手术灯、高频X线机等具有自主知识产权的新型医疗设备。物联网产业链重点发展各种新型传感器、海量数据处理的服务器、网络传输交换设备等产品。同时，加大新兴战略性产业中涉及电子制造业的研发和产业化力度，力争通过几年努力，形成数百亿元的产业集群。

(三)保障措施

一是为确保已落户的惠普等笔记本电脑重大项目建设的高效推进，结合重庆市情况和项目建设需求，创新服务模式和工作机制，建立两级管理的推进模式，组建了市主要领导挂帅的笔记本电脑重大项目建设领导小组和指挥部，承办项目建设中的具体事务，从而形成高效运转的工作机制，满足企业全方位的服务需求。二是建立和完善政策体系、融合评价体系和示范的标准体系，以及区县、企业建设以及项目推进、评价和考核的体系，加快重大项目建设的推进。三是积极支持“核心电子器件、高端通用芯片及基础软件产品”及“新一代宽带无线移动通信网”类国家科技重大专项项目在重庆市实施,在争取国家资金支持下,建立市级专项资金,扶持重点企业发展。四是建立和完善资金投入体系,形成“以政府投入为引导、项目实施为载体、企业投入为主体”的多元化投资体制,解决企业发展经费。五是设立市级项目和向国家申报人才示范项目,实施电子信息技术应用人才提速工程,组织研究机构、企业、行业协会进行人才培训。六是组织物联网发展政策、环境、产业模式、技术创新等方面研究和研讨,出台《重庆市加快物联网(传感网)产业发展的意见》,引导成立物联网(传感网)产业联盟,培育物联网新兴产业。七是强化重庆市电子信息应用技术支持和服务中心,为电子制造业信息化提供技术规划、技术服务、人力资源、产品支撑和建设支持。

(重庆市经济和信息化委员会 刘富钊)

计算机和通信产业

一、2009 年发展回顾

2009 年,计算机和通信产业以邓小平理论和“三个代表”重要思想为指导,深入落实科学发展观,紧紧围绕计算机与通信产业招商引资这个“中心”,以切入品牌厂商、代工厂商两大类项目主体招商为“抓手”,不断提高队伍思想作风、学习能力、工作能力三方面的“基本功”,在新的重大项目推进过程中取得了一定成绩。

(一)品牌厂商招商引资效果明显

1.关于惠普公司项目

惠普公司是全球最大的 IT 企业,经过市经济与信息化委员会不懈的努力,重庆笔记本电脑内销和出口制造基地项目推进迅速,进展顺利。

(1)惠普 400 万台笔记本电脑内销生产基地项目推进迅速。2009 年,惠普笔记本电脑内销生产基地厂房已竣工,生产线已于 12 月份开始试运行,预计在 2010 年 1 月下旬,第一台由重庆本地生产的惠普笔记本电脑即将诞生,也标志着届时惠普笔记本电脑将正式投产。

(2) 惠普 2000 万台笔记本电脑外销项目顺利推进。2009 年,市经济与信息化委员会多次拜访或接待惠普高层及团队,探讨关于在重庆建立惠普笔记本外销基地的思路和方案。由于重庆在物流及配套条件上不具备优势,惠普多次提出质疑,为此,市经济与信息化委员会做了大量基础性工作:一是与市发改委、机场集团协调推进,将重庆机场第二跑道原 3200 米的设计规划改为 3600 米,以满足波音 B747-400 飞机满载不经停直飞欧洲;二是申请获得铁道部部长的特别批准,在西永团结村集装箱站,将开通直达上海洋山港的集装箱火车,将通常到达时间为 5-7 天缩短为 2 天,将来 1 天就能到达;三是与中远物流、中国邮政等公司共同设计了“集装箱+水运”的铁海联运方式,解决了产品出项物流的难题。在经过多轮的专业谈判后,2009 年 8 月 4 日,“惠普(重庆)笔记本电脑出口制造基地”正式落户重庆。根据惠普基地规划,到 2012 年,该基地生产的外销笔记本电脑将超过 3000 万台,“整机加配套”的产值将超过 2000 亿,相当于目前“1/3 的重庆工业”。该基地的建设,对重庆打造内陆开放高地以及实现我市工业经济转型具有重大的战略意义。

不仅如此,市经济与信息化委员会还积极推动惠普将全球结算中心(属保密项目)放在重庆,预计运行后能为重庆财政每年带来上亿元收入。

2.关于思科公司项目

思科公司是全球最大的通信设备制造商。2009 年,市经济与信息化委员会欣闻思科公司有意在中国投资,便全力“扑上去”,在委领导的率领下先后赴北京、香港等地拜访思科公司高层，初步交流了相关想法，并提出了思科在重庆打造百亿级制造基地的构想和思路。经不懈努力，2009年9月11日，思科与重庆市人民政府正式签订合作备忘录，拉开了思科通信制造业项目进军重庆的序幕。此后，市经济与信息化委员会先后邀请并接待了思科全球高层及考察团来渝考察，经过精心策划和准备，做到了周到的安排、热诚的服务和深入的交流。目前，思科对重庆的合作很满意，正进一步深入评估产品和代工厂商，预计2010年一季度正式签署合作合同。

(二)代工厂商(ODM)招商引资收获颇丰

1.关于富士康项目

富士康是全球最大的零组件制造商，作为重庆市引进的第一个大型计算机代工厂，意义深远。为此，市经济与信息化委员会高度重视，积极配合相关处室，参与了多次工作会议和服务工作，切身帮助企业"出主意、想办法"，主动为其牵线搭桥，寻找全球市场，以帮助其在重庆做大做强。目前，该项目推进顺利，预计2010年3季度投产。

2.关于广达项目

广达公司是全球第一大笔记本代工企业，世界每3台电脑就有1台由广达代工生产，在业内有着重要地位和影响力。为此，2009年年初市经济与信息化委员会便开始策划与广达的合作，由于广达公司特有的"乌龟"文化，以及周边省市的激烈竞争，项目推动曾一时陷入困境。虽然碰了很多"墙壁"，但市经济与信息化委员会没有放弃，"重振旗鼓"开始了三方面的工作：一是精心策划邀请了其集团最高领导人林百里董事长来渝考察；二是做了大量"功课"，收集物流公司、品牌厂商、其他ODM厂商的大量资料，形成了为广达"量身定做"的报告文本；三是策划惠普高层专赴台湾与广达高层会面，力推其来重庆投资。终于，"摇摆不定"的广达公司将重庆作为了第一候选城市，并于12月10日组成了广达公司高级考察决策团来渝进行了最后一轮的考察活动。目前，与广达已进入最后的合同准备期，预计将在近期举行签约仪式。

3.关于英业达项目

英业达是全球最大的服务器制造商，也是早期便开始与重庆洽谈的公司之一。2009年在惠普公司的授意下，英业达重新开始着手与重庆市的合作洽谈，在西永园区及市级相关部门的支持下，市经济与信息化委员会组织了多次考察及工作座谈会，逐项分析解决企业提出的各项问题，目前，该项目进展顺利，预计在近期正式签约合作。

此外，为了将产业链做大以及降低进项物流成本，大力寻求配套厂商，市经济与信息化委员会认真分析了品牌厂商特别是代工厂的产业配套问题，引进了明德公司(生产标签、说明书、光盘)、群康公司(生产显示器)等配套企业，为打造产业链做了大量铺垫工作。同时还积极参与西永综合保税区申报工作，主动协调惠普、富士康、广达等各方利益，在西永综合保税区规划、申报过程中，做了大量辅助性工作。

二、2010年发展思路

2010年，市经济与信息化委员会将以"打造产业链，两线并进"思路为指导，做好产业的调研与规划工作，以"打造计算机与通信产业产业链"为中心，坚持"招商引资"路线不变，进一步加强"行业管理"，两条路线齐头并进，相辅相成，着力为全市计算机及通信产业实现跨越式发展打好坚实基础。

(一)总体目标

2010年，计算机及通信行业销售收入达到300亿元以上。顺利启动惠普内销工厂正式投产，全面推进富士康生产基地建设，力争3季度前正式投产；争取再引进2家计算机及通信行业品牌厂商和代工企业，夯实重庆计算机及通信产业发展产业基地；做好计算机产业链打造工作，本地配套率力争达到30%以上；全力协调做好西永综合保税区申报工作，力争1季度得到国家批准。

(二)主要措施

1.再接再厉，继续做好招商引资工作

2010年着力加大两方面的招商引资力度：

一是其他品牌厂商及代工厂的引进，力争再引进品牌厂商和代工厂2家，将重庆计算机及通信产业生产基地做“强大”做“丰富”；二是加快国内外大型配套厂商的引进，尽快实现镀锌板、主板 、包装材料、扬声器、机构件、线缆等计算机零配件的本地化生产和配套，本地配套率达到30%以上，减少企业和政府由此产生的进项物流成本，以解决制约产业发展的最大“瓶颈”。

2.加强协调，全面推进产业基地建设

加强与各部门、单位、园区协调工作，落实协议细节，顺利启动惠普内销工厂正式投产，全面推进富士康生产基地建设，力争3季度前正式投产；与市级相关部门、产业园区的建立资源共享、优势互补的联合工作机制，形成合力，共同推进与台湾广达、英业达、伟创力、宏基等项目的谈判工作，力争再引进2家计算机及通信行业品牌厂商和代工企业；全力协调做好西永综合保税区申报工作，力争1季度得到国家批准。

3.强化人才培训，夯实产业基础

大力推动培训机构落户重庆，整合教育培训资源，加大实用型人才的培养和实训，促进高等、中等教育与实训的对接。探索实施蓝领万人培训计划，依托富士康、英业达、广达等公司，根据生产线及产品特点有针对性培养初级蓝领人才，按每年1万人规模化培养蓝领工人，为全市计算机及通信产业快速发展提供人才基础。

4.加强管理，促进产业发展

一是开展计算机与通信行业的调研及规划工作，挖掘与扶持能与代工厂配套的本地企业，分析归纳全市对计算机及通信产业重大项目集群的支持重点及要点，起草全市关于大力发展计算机与通信产业的意见，做好计算机产业和通信产业（包括配套厂商、产业链等）的发展规划及战略布局等基础性工作；二是做好惠普、思科、富士康、广达、英业达等项目的对接及服务工作，帮助企业协调解决项目在推进过程中遇到的相关问题。三是积极筹备成立重庆市手机协会，为企业提供沟通交流平台。四是重点梳理一批计算机及通信行业重点项目，力争获得国家及各部门项目资金支持。

（重庆市经济和信息化委员会　刘富钊）

技术创新

一、2009年技术创新回顾

（一）开发新产品

2009年，全市规模以上企业实现新产品产值达2202亿元，同比增长35%；新产品产值率达32.8%；新产品对工业经济增长的贡献率达64%。2009年，长安汽车股份有限公司等107户企业共获得新产品开发财政补贴资金1.03亿元，相应新产品实际上缴增值税23.3亿元，财政补贴与企业上缴增值税之比达1:23，既有力的支持了重点企业的技术创新工作，又较好地促进了财政税收的增长，保持了“财企双赢”的良好效果。组织开展2007~2008年度重庆市优秀新产品奖评比，以市政府名义对长安公司CM5轿车、齿轮箱公司FL2000H风力发电齿轮箱等50项重庆市优秀新产品项目研发单位及研发人员进行表彰和奖励。

（二）落实专项资金

2009年，全市共安排市级产业技术研发资金2000万元，支持了56个创新项目的实施，主要电子信息、特种船舶、混合动力汽车及关键零部件、新材料、生物医药等重点领域，计划总投资6.2亿元，财政资金拉动社会投资的比例达1:31。此外，全市企业争取国家专项资金4837万元，其中，长安集团、紫光公司、四联集团、齿轮箱有限责任公司、隆鑫集团的技术中心承担的国家发改委创新能力建设项目2100万元，中电投远达环保的"燃煤电厂自适应少油点火燃烧技术与装置开发"、化研院的"天然气催化部分氧化制合成气新技术万吨级侧线试验"、重钢集团的"选铁尾矿中回收钛铁矿"、中铝重庆分公司的"铝土矿浮选脱硫回收硫精矿"等四个自主创新重点项目1400万元,重庆大学的"高性能加工中心可靠性倍增技术研究"、重庆机床集团的"模块化高速、精密、大型数控滚齿机"、"模块化高速、精密数控回转工作台"等三个国家"高档数控机床与基础制造装备"科技重大专项1337万元。

(三)创新体系建设

2009年，重庆青山工业有限责任公司技术中心被新认定为国家级企业技术中心。同时,重庆鑫源摩托车股份有限公司、重庆银翔摩托车(集团)有限公司、重庆精通力阳摩托车制造有限责任公司、重庆万虎机电有限责任公司、重庆市双庆机电有限公司、重庆航天巴山摩托车制造有限公司、重庆市博恩科技(集团)有限公司、重庆华森制药有限公司、重庆杜克高压密封件有限公司、重庆国虹科技发展有限公司、重庆金算盘软件有限公司、重庆浩康医药化工有限公司、重庆红宇精密工业有限责任公司、重庆建工集团有限责任公司、中冶建工有限公司、重庆天巨承机械制造有限责任公司、重庆中交科技股份有限公司、南方英特空调有限公司、重庆神驰机电有限公司、重庆博森电气(集团)有限公司、重庆建设车用空调器有限责任公司、重庆海通投资集团有限公司、重庆川东减震制造有限公司、重庆市万利来化工股份有限公司、重庆星星套装门有限责任公司、天圣制药集团股份有限公司、重庆交通建设(集团)有限责任公司、重庆武陵锰业有限公司、重庆嘉陵化学制品有限公司、重庆中容石化机械制造有限公司、联伟汽车零部件(重庆)有限公司、重庆南华中天信息技术有限公司、重庆市蓝黛实业有限公司、重庆三峡云海药业有限责任公司、双赢集团有限公司、重庆高金实业有限公司、重庆博耐特实业（集团)有限公司等37户企业的技术中心被新认定为市级企业技术中心，全市国家和市级认定企业技术中心的整体实力进一步增强。到2009年底止，全市市级及其以上企业技术中心达到了186家,其中国家级16家。

(四)推进重点项目

滚动实施的AMT自动变速器、高性能排污在线检测仪表、混合动力汽车、烟气脱硫脱硝成套技术与装置等100项技术创新重点项目,已累计完成投资12亿元，其中,62项已完成研发和产业化目标,实现新产品产值20亿元。其中长安悦翔轿车、重庆潍柴发动机厂的CW200系列柴油机、庆铃的700P系列载货汽车、重齿公司的风力发电齿轮箱、重庆三峡技术纺织有限公司的高档紧密纺纱线等重点新产品产值超亿元,形成新的经济增长点。此外,大唐新数码的TD-SCDMA无线上网卡、长安汽车集团的Cv11混合动力车、青山公司的Amt自动变速器等一批具有自主知识产权的重大科技成果转化项目实现产业化。

(五)加强产学研合作

2009年，联合市教委编制下达了2009年度产学研合作技术创新项目指导性计划，共80个项目,项目计划投资7.6亿元,其中产学研合作经费支出0.95亿元，达产后可实现销售收入119亿元。市工业发展资金产业研发专项加大了对产学研结合项目的倾斜支持，共支持产学研合作项目19项，占专项资金补助项目总数的34%,安排财政补助资金740万元,占专项资金总额的37%，推动了重庆凯邦科技有限公司和重庆大学合作的多芯线束、重庆百乐唯克动物药业有限公司和西南大学药学院盐酸大观霉素盐酸林可霉复方注射液等一批科技成果的产业化转化。组织召开了重庆市2009年度产学研对接交流会,编印《重庆市产学研对接交流技术创新资源汇编》(2009版),围绕汽摩、装备、医药化工、电子信息等四个重点领域介绍了七十余家重点企业的技术发展方向，新提出了近300项技术需求和技术难题,重点推介了重庆大学、西南大学等20余所高校近200项科技成果，同时印发了《重庆市产学研合作集锦》(2009版),深化产学研合作模式与方法。推动大江集团与重庆交通大学、长江涂装厂与通信学院、重庆天巨承机械制造有限公司与重庆工程职业技术学院、重庆中医研究院和武隆县工业园区等十家产学研战略联盟的建立。

(六)强化质量管理

按照市三定方案中所确定的“市经信委负责工业行业质量管理”和《工信部关于落实工业主管部门质量管理工作职能的通知》的要求,落实了工业产品质量管理的机构和人员,研究出台了《重庆市加强工业产品质量工作指导意见》,明确工业产品质量工作目标、重点和措施,组织召开了全市工业产品质量工作会,传达中央领导对加强工业产品质量工作的重要指示精神,部署下阶段的具体工作。配合“质量安全年”活动,在工业企业全面开展“七查一访”工作,组织企业开展先进质量管理方法培训,指导企业夯实质量管理基础。承担工业和信息化部在广东、黑龙江、重庆等六省市开展的质量提升示范项目,推动关键共性技术研发、降低摩托车产品排放质量项目实施,示范带动全市工业产品质量提升。

二、2010年企业技术创新的机遇与挑战

(一)机遇

1.国家对自主创新和新兴产业高度重视

中央高度重视自主创新和新兴产业培育,将其列为2010年的一项重要工作,并将加大政策和资金支持力度。国家已确定新能源、新材料、信息产业、新医药、生物育种、节能环保、电动汽车等七大战略性新兴产业,同时,国家《战略性新兴产业发展规划》、《新能源汽车发展规划》正在拟定中,将于近期发布,为新兴产业发展指明方向,全市企业自主创新和新兴战略性产业的培育发展面临新的机遇。

2.新的职能职责要求

按照新的机构三定方案,市经信委除原有的推动技术创新、产学研结合、技术中心建设、高新技术发展等工作职能外,还负责“推进工业企业质量管理、品牌建设和标准化工作”,工业科技工作形成技术创新、新兴产业培育、质量提升三点支撑。

3.信息产业的高速发展

新落户的惠普(重庆)笔记本电脑出口制造基地和“富士康(重庆)产业基地”,必将带动相关配套产业的发展,推动全市电子信息等高新技术发展,为重庆市信息产业的技术创新和传统产业改造提升带来新的机遇。

(二)挑战

1.工业产品质量管理工作任务艰巨

质量管理工作是新职能,需要按照工信部“开发品种、提升质量、创建品牌、改善服务”的总体要求,积极探索并确定我市工业质量工作的抓手和重点,处理好与相关质量监管部门的工作关系并形成合力,逐步建立全市工业系统质量工作体系。

2.新兴产业培育任重而道远

重庆市新兴产业发展有一定基础,但整体比较薄弱,传统产业占全市经济比重较大,为此需要创新思路,利用高新技术改造提升现有传统产业,促进两化融合,同时将培育新兴产业与本地传统产业发展相结合,促进产业结构加快调整。

三、2010年企业技术创新工作思路、目标和重点

(一)工作思路

全面贯彻落实国务院三号文件精神,深入学习实践科学发展观,进一步解放思想,扩大开放,适应新形势、新职能、新要求,以推动企业技术进步为主线,突出技术创新、质量建设、新兴产业发展三点支撑,重点抓好新产品开发、产学研结合、技术中心建设、新兴产业培育、质量提升等五项工作,努力提升企业的技术创新能力和产出水平,增强核心竞争力,促进全市工业经济又好又快发展。

(二)工作目标

1.新产品产值稳定增长

规模以上企业实现新产品产值2500亿元,

同比增长15%，新产品产值率保持30%左右高水平。

2.企业科技经费投入进一步提高

企业科技经费支出力争达到210亿元，占销售收入的比重达到2.1%。

3.技术中心队伍继续壮大

新培育市级及以上企业技术中心15家，全市市级及以上企业技术中心达到200家。

4.工业产品质量工作不断加强

新增相应质量管理体系认证获证企业300家以上，工业类名牌产品产值力争突破2000亿元，占工业总产值的比重达到25%，企业参与制修订国家标准21项、行业标准49项。

(三)工作重点

1.推进企业技术创新重点项目实施

继续建立完善技术创新项目库，储备项目达500项以上，项目投资达3000亿元以上。滚动实施100项企业技术创新重点项目，确保年底完成70项以上。重点推动HP笔记本电脑、紫光化工蛋氨酸、隆鑫混合动力VOLPE、长安公司混合动力轿车、海装公司5兆瓦变速恒频风力发电机组、重齿公司的高速列车齿轮箱、国营川东造船厂多用途海洋工程船、机床(集团)的高档数控机床、重庆川仪十七厂的核电站核岛稳压器电加热元件等50项重大新产品的研发与产业化，培育形成新的经济增长点；推进紫光化工、长安集团、青山公司等20户企业重点创新能力建设项目，提升企业研发试验能力；推进重钢新区冶炼系统综合控制关键技术、无线绿洲LT800宽带多媒体集群通信系统等30项产学研合作重点项目，促进科技成果的产业化转化。

围绕汽车摩托车、装备制造、电子信息、医疗器械等重点行业，实施促进全市新产品开发、产学研结合、质量提升、技术中心建设等工作协调发展的六大技术创新专项，推动“摩托车行业关键共性技术研发、降低排放质量提升”、“新能源(混合动力、电动)汽车及关键零部件开发与整车质量提升”、“新能源装备开发及质量提升”、“高档数控机床能力提升”、“医疗器械国家标准制修订及新产品开发”、“电子制造业新产品开发及配套体系建设”等专项实施，集中力量攻克一批制约产业发展的共性关键技术，加快产业化，与国家重大科技专项实现对接，推动全市企业整体技术水平的整体提升。

2.深入开展产学研结合

推动重点领域产学研合作示范单位建设。重点产业发展方向在高校，企业要开展产学研结合试点示范，联合市教委培育建设10个产学研合作示范单位，带动全市产学研结合工作开展，推动科技成果的产业化转化。

重点促进企业与高校、科研院所的交流。举办2次以上的产学研对接交流会，参与对接交流的人数达到500人次以上；编辑《重庆市产学研合作技术创新资源汇编(2010版)》，收集整理企业重点技术需求100项以上，新推荐高校、科研院所科技成果200项以上。搭建产学研交流合作平台，促进企业与高校、科研院所联合开展技术创新。

围绕全市新兴产业，推动10个以上产学研战略联盟的建设，共同研究突破产业发展必须解决的重大关键技术问题，推动科技成果的产业化转化。

3.加强企业技术中心建设

强化对现有市级以上企业技术中心的指导。加强培训，促进其规范运行机制和人才激励机制，引导促进创新要素向企业技术中心积聚，突出和提升企业技术中心在企业中的地位，为企业发展提供支撑。

进一步加大市级及以上企业技术中心的引导支持力度。实施企业技术中心创新能力建设专项，积极争取国家创新能力建设专项资金对我市国家认定企业技术中心支持，引导企业增加技术创新投入，提升企业技术中心的研发试验水平，增强自主创新能力，优化结构，提高竞争力。

加大国家认定企业技术中心的培育。加大

对重点龙头骨干企业的培育和引导，增强其原始创新和集成创新能力，争取获得国家认定，同时，充分发挥其在产业自主创新中的领军作用和辐射作用，使其引领产业结构调整，带动产业链和产业集群的共同发展，推动我市区域创新体系建设上新台阶。

4.大力培育和发展新兴产业

大力发展信息、生物等高技术产业，引导技术、人才、资金等创新向其集聚，推动航凌电路板有限公司的刚挠结合型多层电路板、深渝汽车电子公司的汽车电子、大全太阳能的多晶硅、HP笔记本电脑、金山科技的内窥胶囊等信息和生物类项目高新技术产业化项目实施，促进我市国家级生物、信息产业基地建设。

围绕新能源、新材料、信息产业、新医药、生物育种、节能环保、电动汽车等七大新兴战略性产业，研究国家近期将出台的《战略性新兴产业发展规划》、《新能源汽车发展规划》，结合本地产业特色，通过改造提升、招商引资等方式，推动我市航空航天、海洋石油工程、新能源装备等十大新兴战略产业的培育发展。

5.提升工业产品质量管理水平

按照“一线二点五面”的工作思路，以市场和用户满意为主线，以品质提升为重点、以品质保证为基点，抓好加强管理基础、坚持创新发展、提升制造能力、强化协作配合、品牌服务并举五个方面重要工作，在全市工业企业中开展“品质向上”活动，推动加强工业产品质量工作的深入开展，确保《加强关键共性技术研发，降低重庆摩托车产品排放》国家重大质量提升示范项目的如期完成。

研究制定“品质向上”工作纲要。继续引导鼓励企业建立完善先进规范的质量管理体系，组织开展先进质量管理方法教育培训活动，年培训企业中高级质量技术管理人员500人次以上。启动实施一批工业产品质量提升重点示范项目，鼓励企业积极参与国家和行业标准的制修订工作，积极建立形成以我为主的标准技术体系，促进产业发展共性关键技术的研究解决。鼓励企业加强技术改造，积极提升装备与工艺技术水平，提升制造水平。实施企业协同设计、品质一体化示范工程，形成5家以上整机、100家以上配套的企业协同设计示范，形成5家以上整机和50家关重配套的企业品质一体化示范，促进基于供应链质量管理体系的建设完善。鼓励企业争创市长质量奖，新培育创建市级及以上名牌产品超过100个，新培育创建中国驰名商标及重庆市著名商标30项以上，创建发展品牌；组织重点企业开展“36524”(即365天24小时为用户提供全服务活动)产品服务活动，以服务强品牌。

(重庆市经济和信息化委员会　刘富钊)

创意产业

一、2009年发展回顾

2009年，市创意办和市有关部门、区县认真贯彻落实市委、市政府的工作部署，通过扶持重点项目、培育创意基地、营造发展氛围等措施，加快推进全市创意产业发展，在国务院3号文件等宏观政策的带动下，全市创意产业发展克服国际金融危机带来的不利因素，继续保持着良好的发展势头。预计2009年全市创意产业实现增加值280亿元，同比增长25%。

(一)强化工作机制

一是市创意办在年初出台了《2009年创意产业发展指导意见》，明确了全市创意产业发展的重点、目标和工作措施，有关区县据此制定了创意产业工作计划。二是主城九区，万州、涪陵、綦江、合川、丰都等30余个区县均成立了创意产业发展领导小组及办公室，九龙坡区、江北区经委(创意办)还专设了创意产业管理科室，落实了人员编制和工作经费，设立了创意产业发展专项资金。三是市创意办定期召开调度会，了解掌握有关部门、区县和创意产业基地工作和项目建设情况，交流经验、研究问题、拟定措施。四是市创意办增强服务意识，组织专家实地考察、现场办公，为合川区钓鱼城、重庆港鑫创意产业园、大溪沟国际建筑与环境艺术产业园区、黄桷坪西部原创艺术产业基地等基地和项目发展出谋划策，加强指导。市区两级创意产业工作平台基本建立，工作机制逐步完善，为重庆市创意产业发展打下了良好的基础。

(二)培育创意产业基地

2009年4月，市创意办启动了2009年市级创意产业基地申报工作，市级有关部门和各区县(自治县)共申报基地近40个，三年累计收集基地申报80个(含25个已授牌基地)。2009年11月，经过部门、专家论证，市创意产业发展领导小组对重庆工业服务港、大溪沟国际建筑与环境艺术设计创意产业园区、重庆科普传媒创意产业基地、重庆港鑫创意产业园、西部当代艺术原创产业基地、涪陵金渠创意设计基地、钓鱼城创意产业基地、龙兴古镇创意产业基地等八家载体授予“重庆市创意产业基地”称号。至此，经过三年的培育，重庆市已授牌创意产业基地25个，基地总建筑面积594.5万平米，入驻企业1783家，从业人员26950人。其中有六个基地被国家有关部委授予国家级基地或示范基地，分别是：视美动漫教学研发基地被国家广电总局授予“国家级动画产业基地”称号；海王星科技大厦被科技部授予“国家火炬计划软件产业基地”称号；五里店工业设计中心被国家知识产权局授予“国家工业设计知识产权试点园区”称号；洪崖洞、巴国城被国家文化部授予“国家文化产业示范基地”称号；重庆港鑫创意产业园被国家建设部、中国建筑装饰协会授予“全国建筑装饰行业产业化实验基地”称号。重庆市创意产业基地在创意产业发展中起到了较好的示范带动作用，在国内也产生了一定影响。

(三)扶持重点项目

为了增强全市创意产业的发展后劲，市创意办从2007年开始，逐步建立重庆市创意产业项目库，截至2009年底，项目库储备达到380个，项目总投资465亿元。2009年2月，市创意办开展了2009年专项资金支持项目收集工作，共收集项目174个，同比增长62.6%，项目总投资57.37亿元，预期营业收入109.97亿元。7月，市创意办会同市财政局组织专家对项目进行了评审，共有50个项目纳入支持范围。项目安排共涉及有关单位28个(其中市属单位5个，区县23个，比2008年增加9个区县)，万州、江津、合川、铜梁、忠县、酉阳、丰都、开县、城口等区县首次纳入支持范围。50个项目总投资约13.64亿元，预期(2010年)实现营业收入29.2亿元，实现利税8.66亿元。

此外，为帮助区县和企业做好宣传推广和招商引资，市创意办在下半年启动了《全市创意产业发展投资指南(2009版)》编写工作。该指南用中英文重点介绍了重庆市创意产业发展规划，优惠政策，收录全市300余个创意产业项目，力争年底完成编印工作。

加强信息统计通报工作。市创意办在2009年3月与市统计局合作，连续第三年对重庆市创意产业发展情况开展统计调查。创意产业户数达到13080户，从业人员23.69万人。为使创意产业统计调查更有时效性，市创意办还与各有关部门、区县建立了信息快报渠道，从2009年3月起按季度收集情况，及时掌握市级创意产业基地、创意产业重点企业、专项资金支持项目情况。

(四)营造发展氛围

2009年经市政府批准的时尚嘉年华系列活动共有8个，实施7个。通过活动的举办，提升了重庆形象，与国内外先进地区开展了合作交流，营造了创意产业发展的浓厚氛围。

一是1月17日至2月28日，举办了黄桷坪新年国际艺术节，期间共举办包括国际知名油画展、国际涂鸦艺术展、新锐艺术家提名展、非洲木雕作品展、国际影像艺术节、《艺术与区域发展》高峰论坛等10余项活动,来自美国、加拿大、德国和北京、云南、贵州、四川等国内外艺术爱好者和重庆本地群众14余万人次参观了艺术节。重庆电视台、重庆晚报、香港大公报、华龙网等10余家媒体追踪报道,北京、上海、西安等全国各大城市网站约5万多篇网页登载了艺术节相关信息,为打造黄桷坪艺术园区起到了积极的推动作用。

二是4月至7月举办了"2009重庆小姐竞选活动",23名重庆美女从2000多名报名者中脱颖而出,摘得金、银、铜冠奖和20个单项奖,重庆日报、重庆晚报、重庆晨报、重庆商报等重庆主流及地方报媒进行新闻报道40多次,人民网、新华网、中国新闻网、大渝网、华龙网、网易、重庆政府公众信息网等各大网站采编84篇(次)新闻报道和专题,市民参与网上投票达304万多票,短信投票达44.56万票。在2009年祖国60年大庆上,获奖选手在重庆参加了建国六十周年系列庆典活动,向全国人民展示新重庆人热情、乐观、向上的形象。

三是在2009年五一节,市创意办与市文化广电局、市文资公司、九龙坡区政府等单位举办了首届西部国际动漫文化节,包括西部动漫产业发展高峰论坛、九龙坡区动漫文化周、动漫游戏角色扮演大赛、动漫文化展览展示、西部电子竞技大赛、重庆高等职业院校学生职业技能大赛成果展、西部插画大赛、动漫花车巡游、动漫节闭幕文艺演出等10项大型活动。展会面积达1.2万平方米,包括来自日本、香港、北京、上海、广州等地138家公司及国内77个知名动漫社团参展,接待市民和动漫爱好者10万余人次。活动期间,重庆市视美动画艺术有限公司,与多莱宝(香港)有限公司、广东奥迪动漫玩具有限公司、广东天贝玩具有限公司等企业达成多项合作意向,总金额超过1200万元;日本COSPA株式与北京一动漫企业达成战略合作协议;展会现场动漫产品销售额超过500万元。本次活动受到了各方广泛关注,贵州、四川、成都、安徽、武汉等地的文化部门还专门组团来渝参加或考察本届展会,日本领事馆动员日本企业开展了多项中日动漫交流活动,中新社、人民网、经济日报、重庆日报、重庆电视台等国内媒体和本地媒体的充分关注和报道。

四是在7月举办了第七届国际啤酒文化节,在6天的节日里,近6万市民痛快淋漓地享受了两个周末的夏日激情狂欢,共消费啤酒257吨,比上届啤酒消费量增加了25吨。中央驻渝媒体、市内主流媒体竞相报道"七啤节"盛况,提升了重庆产品和展会活动在全国的品牌知名度和影响力。

五是8月至12月举办了2009重庆工业设计评选活动,共收集各类参评作品600件,成立了由中国工业设计协会、清华大学、广州大学、重庆电气科学研究院和重庆工业协会等专家教授组成的评审团、采取现场陈述、专家提问、综合评定的方式,评选出创造类作品金奖1名、银奖2名、铜奖3名、优秀奖14名、创意类作品金奖1名、银奖2名、铜奖5名、优秀奖28名。与此同时开展了"政通电讯杯"信息亭外观设计大赛,金奖1名、银奖2名、铜奖3名。把作品设计同企业产品有机结合在一起,为重庆市工业设计发展起到积极的推动作用。此外,还组织举办了鑫源摩托车越野大赛和香港时尚购物展活动,使时尚嘉年华活动逐步深入人心。

(五)开展合作交流

市创意办还积极与部门、区县合作,开展与先进地区的学习交流活动。2009年4月,举办了"2009机遇重庆——关于创意产业及浪漫经济的渝台对话论坛",邀请了重庆市台湾同胞投资企业协会会长黄锦勋、重庆大学经济及工商管理学院副院长蒲勇健、台湾"十大创意之星"之一戴彰纪、台湾旭阳国际地产投资管理咨询有限公司总经理林志亮等嘉宾出席论坛,人民网对论坛进行了在线直播,在线访问量达到62.16万人次。2009年5月,市创意办与市文资公司等单位,分别在重庆渝洽会和深圳文博会期间举办了“2009中国重庆国际文化创意产业项目推介会”，共推出重庆市文化创意产业项目66个，涉及文化休闲娱乐、文化艺术服务、出版发行、电影电视、文化产品生产、网络文化服务等类别，现场签约项目10个，签约总额46.07亿元。6月，组织部分区县和企业赴澳大利亚、新西兰学习考察，通过与昆士兰大学和奥克兰市创意产业政见小组座谈交流，以及对当地创意产业企业的走访，了解了当地创意产业发展基本情况和经验，推介了重庆市创意产业项目，为下一步深入合作打下了基础。

二、2010年发展思路

2010年，创意产业发展将全面贯彻落实科学发展观，结合2009中央经济工作会议上“要更加注重提高经济增长质量和效益，更加注重推动经济发展方式转变和经济结构调整”的要求，按照“政府引导、企业本位、市场运作、人才支撑、向园区集中、用活动来烘托”的发展方针，突出抓好基地培育、项目建设，注重产出效益，推动全市创意产业又好又快发展，使创意产业成为全市经济调整产业结构、转变增长方式的重要着力点。到2010年底力争全市创意产业实现销售收入800亿元，同比增加30%；实现增加值350亿元，同比增长25%，从业人员达到28万人以上。

一是加强规划布局，形成产业集聚。经过三年多的推动和发展，作为创意产业十一五规划的第三年，全市创意产业初具规模，在全市经济回升的大环境下，创意产业发展面临着提档增速的客观要求，也得到各区县政府的关注和重视。在这种情况下，需要加强产业定位和规划布局，引导各区县依托当地高校优势资源、产业发展需求和历史文化内涵等来发展创意产业，避免重复建设和恶性竞争。

根据重庆市各区县的实际情况，规划在主城区重点发展研发设计、软件动漫、建筑设计和文化传媒等门类，如九龙坡区依托四川美术学院，大力发展文化艺术产业和动漫制作；江北区依托五里店工业设计中心和工业服务港，大力发展工业设计产业；沙坪坝区依托重大等高校和西永软件园区，大力发展软件服务和游戏制作；渝中区依托中央商务区和钢铁设计院、市设计院等，大力发展咨询策划和建筑设计等。在渝西、渝东南和三峡库区重点结合当地旅游资源、历史文化名胜、特色古镇和手工艺技术打造影视制作、工艺制作、旅游休闲及体验经济产业，如合川依托钓鱼城，大足依托石刻、龙水湖，江津结合四面山、中山古镇，永川依托茶山竹海、松溉古镇，黔江小南海、酉阳龚滩古镇及綦江农民版画、荣昌夏布折扇、万州三峡刺绣、谭木匠、丰都叶脉画、梁平竹编、开县临江香扇等，形成具有区域特色的产业集聚。

二是突出发展重点和亮点。着力推动工业设计、软件及动漫设计、文化传媒和城市规划设计等行业发展，把建设全国知名的“艺术原创制作基地”、中国西部重要的“工业设计研发中心”、“数字娱乐、软件及服务外包基地”作为十二五期间的发展目标。2010年重点抓好黄桷坪艺术园区、大溪沟国际建筑设计及环境艺术园区。

三是继续培育壮大创意产业基地。组织相关部门和专家对申报的创意产业基地进行评审，拟授牌5个以上创意产业基地。对现有的25家创意产业要加大指导力度，帮助其发挥集聚作用，提升入驻企业质量，基地营业收入明显提高。力争在2010年培育百亿基地1个，十亿基地2个。在此基础上，积极帮助基地申报国家级基地称号，进一步扩大其影响。

四是做好创意产业项目扶持工作。会同市财政局，组织专家对申报项目进行评审，重点支持研发设计、软件设计、建筑设计、文化传媒等方面的项目，项目支持范围逐步向两翼扩展。到2010年底，全市创意产业项目储备达到500个，项目总投资超过600亿元，累计支持项目超过150个。通过项目支持，在六大行业内着力培育一批重点企业，发挥示范效应和带头作用。

五是营造发展创意产业的氛围。结合创意产业每年的工作重点积极开展各种创意文化活动，组织实施好2010年时尚嘉年华系列活动。重点开展“第七届国际服装文化节”、“2010年西部国际动漫节”“港鑫杯建筑装饰设计评选活动”、“第四届鑫源杯摩托车越野大赛”等为企业发展牵线搭桥，把经济、文化和产业有机结合，推动创意产业发展。

六是强化学习调研和统计分析工作。邀请国内外创意产业知名专家、企业来渝举办讲座和有关活动；组织外出考察，拟组织区县、企业赴英国、德国学习其生产性服务业、工业设计等方面内容，赴日本、韩国参加东京国际动漫节，推介重庆市动漫企业和项目，承接外包订单。此外，市区两级创意办要加强统计及信息报送工作，主动掌握基地、项目及企业情况，及时报送相关简报和数据。

（重庆市经济和信息化委员会 刘富钊）

工业经济与信息化

一、2009年主要成绩和工作措施

2009年是新世纪以来重庆市工业发展最困难的一年，面对历史罕见的国际金融危机，在市委、市政府正确领导下，重庆打赢了“止滑促增”的攻坚战，实现企稳回升，推进了重庆老工业基地改造振兴。

（一）工业经济成效显著

1.工业经济快速回升

2009年，全市工业实现销售产值8247亿元，增长14.1%；增加值2915亿元，增长17.2%，占GDP的比重提高到44.7%。其中，规模工业实现销售产值6707亿元，增长15.2%；信息产业销售产值1006亿元（其中电子信息制造业603亿元、增长29%，软件和信息服务业260亿元、增长30%），增长23.4%；工业增加值2189亿元，增长18.5%，高于全国7.5个百分点，增速列全国第8位（内蒙、天津、安徽、四川、湖南、江西、湖北、重庆），西部第3位（内蒙、四川、重庆）。

2.运行质量明显提高

经济效益综合指数达到200.4%，提高5个百分点；新产品产值2203亿元，增长35%，新产品产值率达到32%；工业利润305亿元，增长16%；万元GDP能耗预计下降4.7%，工业固体废弃物年利用率达到80%。重庆金山科技（集团）有限公司获得2009年度全国信息产业重大技术发明奖，重庆红宇精密工业公司和西南计算机有限责任公司获得国防科学技术进步一等奖。

3.工业投资强劲拉动

工业投资完成1796亿元，增长30.2%，占全社会投资的33%。其中，制造业投资1380亿元，增长33%，占工业投资77%；民间投资1266亿元，增长34%，占工业投资68.4%，拉动工业投资增长22个百分点；新开工建设项目3475个，计划投资1601亿元，增长82%。

4.工业园区快速集聚

工业园区预计实现销售产值4096亿元，增长50.5%，达到全市工业销售产值的50%；工业增加值1299亿元，增长53.2%，占全市GDP比重为20%；实现利税总额428亿元，增长41.6 %；就业人数达到60.5万人，比上年净增8.8万人。

5.利用外资快速增长

引进工业项目63个，实际利用外资超过15亿美元（占全市近40%），增长87.5%，居西部前列，是2007年的5倍，2008年的近2倍；新增12家世界500强企业落户重庆，累计达到154家（其中境外125家、境内29家）；惠普、富士康、广达、英业达笔记本电脑等一批对产业调整升级有重大推动的项目入驻重庆。

6.信息化建设进展迅速

通信业主营业务收入143亿元，增长5%；

电话用户突破 2000 万户（其中移动电话用户 1376 万，固定电话用户 639 万），电话普及率达到 71 部/100 人，位居西部前列。建成 12 条 155 兆国际专用数据通道，网站数量增速位居全国第一，行政村宽带覆盖率达到 62%，完成自然村村村通电话工程。

7.区县工业实力增强

百亿级工业区县达到 19 个（比上年增加 3 个），接近一半，其中，规模工业销售产值 600 亿元以上的 2 个（渝北、九龙坡）；300~500 亿元 7 个（南岸、沙坪坝、涪陵、巴南、江北、北碚、江津）；100~300 亿元 10 个（万州、大渡口、永川、璧山、长寿、荣昌、合川、大足、綦江、铜梁）。增速高于全市 15.2%的区县有 24 个，其中，增长 30%以上的 10 个（万州、江北、忠县、铜梁、奉节、永川、渝北、荣昌、江津、合川）；增长 20~30%的 9 个（梁平、石柱、开县、北碚、綦江、南岸、涪陵、黔江、大足）。

8.民营经济强势发展

民营规模工业完成销售产值 3438 亿元，增长 30.9%，高于全市平均 15 个百分点，占全市规模工业的 52.4%。民营企业不但在摩托车、农副产品加工、机械制造及配套、纺织服装、食品、建材行业中占主导地位，还涉足电子通信、仪器仪表、汽车、军品、生物技术、造船、能源等高技术领域。

（二）止跌提升措施有力

1.认真实施提振经济政策措施，努力促使经济止跌回升

国际金融危机爆发后，中央制定了 10 条提振经济政策，重庆市也相继出台了“7+5+12”适应性措施。2009 年，全市加大投入，落实市级财政资金 4.6 亿元，专项用于支持产业技术研发、结构调整、特色工业园区、贷款风险补助等；积极争取中央资金支持，落实技术改造、节能环保、自主创新、电子信息发展、无线电管理等中央资金数十亿元。各区县坚决贯彻执行市委、市政府的各项决策，全力筹集资金，专项用于技术进步、产业升级与招商引资等，完成全市 55%的工业投资。由于全市行动快，措施得力，工业经济取得了下滑比全国晚一个季度，回升比全国快一个季度的良好成绩。

2.实施投资对经济的强力拉动，推进产业结构调整

加大工业投资力度，强力拉动工业经济快速回升，同时，不失时机地推进结构调整，增强经济发展后劲。一是贯彻落实国务院 3 号文件和十大产业调整振兴规划，抓好“十大工程”，推进“双百计划”，巩固支柱产业的支撑作用。二是加快项目投资建设，推动一批在建项目按期竣工和一批竣工项目按时达产，推进重钢环保搬迁第一期 200 万吨钢全流程建成投产、贝卡尔特一期 4 万吨轮胎钢帘线等项目投产，长安福特三工厂 25 万辆轿车、川维 30 万吨醋酸乙烯等项目开工建设。三是加快推进“两翼”产业发展，帮助“两翼”工业园区筹集建设资金，解决项目用地，“两翼”工业经济增速超过“一圈”，占比提高 0.7 个百分点。四是推进环境污染重点企业搬迁，完成 25 户企业环保搬迁，制定第五批环境污染安全隐患重点企业搬迁计划。五是加快循环经济发展和生产方式转变，投资 10.2 亿元，初步形成“长寿化工模式”、“同兴垃圾发电模式”等一批具有重庆特色的循环经济示范模式。六是狠抓节能减排，禁止严重污染和无安全生产条件项目，加快老工业基地调整和改造步伐。2009 年，汽车工业销售产值 2580 亿元，增长 25.2%，仍居产业之首；信息、轻纺、装备制造、材料工业产值突破千亿元大关，重庆“6+1”支柱产业中已有 5 大产业成为千亿产业；化医工业增长 23.9%。同时，实施 175 个重点节能项目，实现节能 100 万吨标煤；关停和淘汰落后产能：小水泥 15 条生产线、145 万吨，小火电 2 台机组、10 万千瓦，小煤矿 100 个、300 万吨。

3.营造良好发展环境，强力推进招商引资

坚持不懈加强发展环境建设，全力开展招商引资，努力打造内陆开放型制造业高地。一是加强作风建设，提高服务质量，提升服务能力，建设服务型机关和效能型机关。二是加强组织

协调,推动取消行政事业性收费64项(比直辖时减少2/3以上),完善电子政务、集中审批、限时办结等制度,进一步净化投资发展环境。三是加大项目策划力度,承办第五届信息产业技术标准论坛,组织策划"重庆·台湾周"、"重庆·宁波周"等一批重大招商活动,促进一批新招商项目落地建设。2009年,我市成功引进一批重点工业项目,GE、华硕、日本新明和、日本NEC、日本凸版、新加坡益海嘉里、浙江开山等公司签约落户重庆,特别是惠普、富士康、广达、英业达等企业的落户,为重庆成为最大的笔记本电脑生产基地奠定了坚实的基础,重庆正由一个传统制造业城市向一个以信息产业为龙头的科技城市转变。同时,区县工业招商引资亮点纷呈,万州引进马来西亚创亿、新加坡密胜科技,涪陵引进攀华彩钢、波士顿电池,铜梁引进吉利自动变速箱,巴南引进恒安集团,忠县引进新加坡固氮肥项目,等等。工业招商引资实际利用内外资总量达到728亿元,增长96.7%。

4.加快提升企业技术水平,努力提高企业核心竞争力

面对国际金融危机,更加注重帮助企业提升竞争实力。一是积极引导企业加大研发投入,新增国家级和市级企业技术中心37家(累计186家),科技经费投入预计160亿元,占销售收入的2%。二是推动重点新产品的开发和产业化,滚动实施100项技术创新重点项目,风力发电齿轮箱、混合动力汽车、城市轨道交通等一批重点新产品形成新的经济增长点,新产品对工业经济增长的贡献率达到64%。三是积极推进产学研结合,新培育10家产学研战略联盟,推动多芯线束、盐酸大观霉素等一批科技成果实现产业化。四是推动企业加快实施技术改造,组织国家和市级技改资金近5亿元,推进重点技改项目近300个。五是加强产品质量管理,督促企业强化质量意识,切实保证产品质量,实现"质量安全年"目标。六是加强武器装备科研生产许可、质量、安全生产、安全保密等监督管理,促进军工经济与地方经济融合发展,推动风力发电设备、重型铸锻、特种船舶等一批军民结合优势产业加快发展。国防科技工业实现销售产值1175亿元,增长41.5%,占全市规模工业的18%。

5.推进"信息重庆"建设,努力打造长江上游信息中心

以建设全覆盖的信息化网络枢纽为基础,以扩展信息资源开发利用为重点,以搭建区域性行业应用平台为依托,以打造新的"第一支柱"产业为核心,以创新体制机制、强化目标动态考核为支撑,努力打造具有国际水准的长江上游信息中心。一是加快发展信息产业。以西永微电子产业园、北部新区和茶园工业园为主要载体,建设国家军民两用集成电路产业基地、国家低成本信息终端产业基地、国家汽车电子产业基地和国家嵌入式软件基地。二是加快信息基础设施建设,完成投资87.4亿元,增长22.6%,开通12条国际专用数据通道,推动工信部电信研究院西部分院落户重庆,加快中国移动手机支付全国密钥管理中心、中国移动SIM卡多应用服务中心、基于RFID(射频)技术的城市智能交通管理与服务系统(即电子车牌)等项目建设,努力推进"三网融合"试点。三是加快电子政务外网建设。组织制定电子政务外网建设总体方案和公共安全视频信息管理系统建设技术规划,完成行政审批电子监察一期工程建设并成功联网运行,启动工程建设领域信息公开和诚信体系建设。四是推进信息化和工业化融合。成功获得"两化融合"试验区和"国家移动电子商务示范区"授牌。五是推进统筹城乡农村信息化体系建设。完成大足和忠县两个试验区试点。六是加强无线电管理,切实保障空中电波秩序。加强无线电监测和干扰查处,排查率达100%,重点开展出租车对讲机清理整顿,确保无线电通讯畅通,完成"国庆60周年"等重大活动和节假日无线电安全保障工作。

6.推动汽车摩托车和家电下乡,积极引导和帮助企业开拓市场

千方百计帮助企业拓展市场,奋力完成销

售目标。一是积极争取汽车、摩托车下乡政策，创新完善"摩托车带牌销售"等下乡方式，努力扩大汽车、摩托车市场需求。全市销售汽车下乡产品超过3万辆，销售收入超过9亿元；摩托车下乡产品超过13万辆，销售收入达7亿元。二是积极组织家电企业参与家电下乡产品招投标，努力扩大家电产品销量。全市家电下乡销售产值达到23.3亿元，西部第3，全国第12；其中，重庆中标国家家电下乡产品的本地企业有重庆欧凯电器、重庆美意电器、西南计算机3户，实现销售产值7170万元，销售率90%。三是积极搭建营销平台，提高重庆产品的知名度和市场占有率。组织举办汽车工业展、摩托车博览会、名特产品展销会、机械装备专项展、啤酒饮料节等，组织企业参加经贸洽谈会、国际纺织服装采购交易会、国际机床工具焊接及切割机械展览会等，据不完全统计，现场销售金额近15.8亿元，签约金额超过63亿元。四是加强协调服务，帮助重点产品寻找市场。制定两批《重庆市鼓励采购部分产品目录指南》，协调重点项目优先采购重点产品，帮助有关企业进入学校校服和床上用品市场。五是组织落实专项资金给予相关补助或补贴，帮助企业加大出口，开拓国外市场。

7.加强政策落实和指导服务，积极扶持中小企业发展

深化服务工作，帮助企业特别是中小企业加快发展。一是加强与税务、海关等部门的沟通衔接，切实将各种政策落实到位。扩大15%所得税优惠政策覆盖范围，推动企业养老、医保等缴费实施缓交，落实对不减员的困难企业给予稳岗补贴和富余人员待岗培训补贴政策，有效缓解企业成本压力。二是深化企业改革，积极分离企业办社会职能。基本完成2002年国务院确定的中央在渝企业改革脱困工作目标，17个关闭破产项目已实现破产终结，完成20户企业的5万住户水电气剥离，区县国有企业改革进入收尾阶段。三是完善融资体系，增强企业融资能力。加大财政资金的支持力度，鼓励金融机构扩大信贷投放，加快发展小额贷款公司，扩大三峡担保公司、工业担保公司资本金，帮助中小企业与银行建立良好的信贷合作关系。安排1.3亿元用于支持中小工业企业160多个项目建设，中小企业贷款风险补助金扩大到1亿元。全年新增银行信贷关系的中小企业近200户，全市中小企业贷款余额比年初增长52%，高于全市贷款平均增幅10.5个百分点；其中，中小工业企业贷款余额达741亿元，新增211亿元，增长40%。流动资金的注入，对提振中小企业发展发挥了重要作用，全市中小企业工业增加值1438亿元，增长18.6%。

8.加强经济运行监测和调控，做好服务协调和要素保障工作

积极开展经济运行情况监测、分析与预警，坚持每周一监测、每月一分析、每季一调度会，及时解决运行中的问题。加强与陕西、贵州、甘肃、新疆等省(区)的能源合作，推进"北煤入渝"工作，协调争取天然气指标，落实铁路运输包保协议，强化需求侧管理，加强组织与调度，全力做好煤电油气运的供应保障。2009年，全市完成发购电量540亿千瓦时，增长10.4%，其中，规模工业用电344亿千瓦时，增长9.5%；货物运输6.9亿吨，增长7.6%，其中，铁路货运2200万吨，增长10.2%，增幅创近10年历史新高，工业品运输得到较好保障；天然气供应48.6亿立方米，增长2.3%。

(三)区县、园区、企业排位

1.区县排位

(1)工业销售产值前10位

工业销售产值总量前10位的区县：渝北、九龙坡、南岸、沙坪坝、涪陵、巴南、江北、北碚、江津、万州；增速前10位：万州、江北、忠县、铜梁、奉节、永川、渝北、荣昌、江津、合川。

(2)工业投资前10位

工业投资总量前10位的区县：长寿、万州、永川、渝北、涪陵、江津、合川、北碚、巴南、南岸；增速前10位：潼南、奉节、丰都、酉阳、万盛、忠县、云阳、武隆、大足、北碚。

(3)招商引资前10位

招商引资实际利用内外资总量前10位的区县：南岸、渝北、沙坪坝、江北、永川、长寿、北碚、巴南、涪陵、开县。

2.工业园区排位

工业园区综合实力前10强：九龙、茶园、空港、建桥、江津、晏家、花溪、同兴、港城、万州；销售产值总量前10位：九龙、茶园、空港、江津、建桥、西彭、同兴、花溪、晏家、港城；增速前10位：云阳、合川、万州、晏家、建桥、江津、潼南、港城、西彭、梁平。

3.市级以上企业集团排位

市级以上企业集团销售产值前10位：西南兵工局、机电控股、市电力公司、重钢集团、能投集团、船舶工业公司、西铝集团、重烟工业公司、化医控股、庆铃集团；增速前10位：西南兵工局、船舶工业公司、庆铃集团、重烟工业公司、能投集团、市电力公司、农垦控股、轻纺控股、机电控股、重庆华能。

二、经济运行中所面临的压力

尽管全市工业经济已企稳回升，但也有几个方面的压力不容忽视：

1.企业产品出口仍然不畅

2009年，全市工业品出口交货值累计下降18.4%，其中，机电下降30.5%，摩托车下降40%，冶金下降33%，建材下降32.4%，化工下降7.9%。世界经济复苏将是一个缓慢曲折的过程，国际贸易摩擦、人民币升值压力等因素也会在一定程度上制约产品出口。

2.原燃材料涨价压力较大

近期石油制品价格在波动中上升，煤炭价格持续上扬(2010年1月同比上涨50%)，电价已经上调(上调3.2分/度)，预计水价和天然气价格也将有所调整，铁矿石价格也将上涨，这会给企业经营带来很大压力。

3.银行信贷有所缩紧

2009年上半年，宽松的货币政策对促进经济回升起了极大助推作用，6月末全市工业短贷增长1.18倍，但下半年迅速收紧，12月末全市短贷比年初新增123.3亿，同比增长80%，其中工业贷款比年初新增18.5亿元，增幅急降至23.9%，导致部分企业资金紧张，对巩固发展基础不利。

4.天然气、电煤供应紧张

预计2010年天然气需求55.5亿立方米，缺口5亿立方米以上(2009年缺口2.4亿立方米)；全市产煤4000万吨，需求超过5000万吨，其中，电煤需求1800万吨，增长12.5%，电煤缺口500万吨。能源平衡难度超过2009年。

5. 信息化促进经济社会发展的作用尚未得到充分发挥

对信息化与区域经济发展的关系还存在观念上的误区，信息化资金投入不足，信息安全意识薄弱，信息化的法规、标准等发展滞后，信息资源开发利用率低，重复建设较严重，资源共享不足，区域信息化发展不平衡。

三、2010年经济形势分析、发展目标及支撑条件

2010年主要任务是，深入落实“314”总体部署、国务院3号文件、全国工业和信息化工作会议、全市经济工作会议精神，贯彻落实今年人代会所确定的发展目标，努力把重庆市建设成为国家重要的现代制造业基地。

(一)2010年经济形势分析

总体判断：总体形势趋好，但基础尚不稳固。

张德江副总理在全国工业和信息化工作会议上指出，保持经济平稳较快发展，关键在工业，重点和难点也在工业，保工业就是保增长、就是保大局。2010年我国工业发展的国际国内环境好于去年，既有不少有利条件，也面临许多困难和严峻挑战。

展望2010年，虽然可能出现一些不确定情况，但无论从经济周期理论和宏观经济环境分析，还是从全市经济发展的各种条件来看，工业经济发展的积极因素很多。从宏观经济的周期理论来说，这次国际金融危机导致的全球经济大衰退，2008年底至2009年初应处于经济周期

萧条阶段的谷底,2009年3月至第二季度,世界经济开始步出谷底,进入回升迈向经济周期的复苏阶段,2009年下半年世界各主要经济体连续几个月出现不同程度的回升,国际金融市场趋稳,全球贸易量和投资呈现恢复性增长,说明回升基本企稳,世界经济总体回升复苏;若不出意外,2010年宏观经济仍会处于复苏阶段,持续向好的总体趋势不会改变。从国内宏观调控层面看,中央继续实施积极的财政政策和适度宽松的货币政策,一揽子计划进一步完善和落实,坚持扩大内需,调整和振兴十大产业,国家的宏观政策将有利于经济的持续稳定发展。李毅中部长强调,中央经济工作会议已经确定保持宏观经济政策的连续性和稳定性,工业与信息化系统要根据中央对形势的分析判断,准确把握工业面临的国内外环境,把思想统一到中央的决策部署上来,提高工业经济增长的质量和效益。从全市情况看,随着"314"总体部署、国务院3号文件和产业调整振兴规划实施意见的贯彻落实,5个重庆建设加速,外环时代拉开大都市建设,"两路寸滩保税港区"、"西永综合保税区"、特色工业园区等开发开放集聚效应的初步显现,新一轮西部大开发启动和三峡工程后续工作全面实施,重庆会得到更多政策、项目和资金支持。总的说来,2010年的经济形势要好于2009年。

(二)2010年工业经济和信息化发展目标

全市工业销售产值达到10000亿元以上,增长20%(其中规模工业8450亿元,增长26%);工业增加值3300亿元以上,增长15%(其中规模工业增长20%);工业投资2000亿元以上,增长18%;利润360亿元(力争400亿元),增长18%;万元GDP能耗下降4.6%;行政村通宽带率达到80%,基本建成电子政务外网平台,信息化与工业化融合综合指数达到60%,100%的乡镇、65%的行政村建立信息化平台,实现政务信息化、农村电子商务、农村公共服务信息化。

(三)2010年工业经济增长基础分析

1.按区域分析

40个区县工业销售产值预计净增1500亿元,增长24%。其中,增长30%以上的10个,增长20%~30%的23个,其余7个区县增长10%~20%。

2.对重点增长企业分析

2010年,100户重点增长企业预计销售产值4300亿元,增长37%,净增超过1160亿元,占规模工业净增额的67%。

3.从几个主要行业分析

6大支柱产业销售产值可以新增1800亿元以上,预计增长20%以上的有装备制造、化工、医药、冶金、信息、轻纺等,增长10%以上的有汽车摩托车、建材等。

汽车工业:销售产值2800亿元(力争突破3000亿元),净增220亿元,增长12%;汽车产量200万辆(市内148万辆,就长安一家市内生产就超过100万辆),增长18%;摩托车产量1000万辆,增长5%;零部件产值突破1150亿元,增长10%。

装备制造业:销售产值1350亿元,净增270亿元,增长25%;其中,船舶工业完成销售产值180亿元,净增30亿元,增长20%。

化医工业:化工销售产值650亿元,净增150亿元,增长25%;医药销售产值200亿元,净增30亿元,增长20%。

材料工业:冶金实现销售产值超1000亿元,净增320亿元,增长47%;建材实现工业销售产值600亿元,净增70亿元,增长13%。

信息产业:销售产值超过1500亿元,净增500亿元,增长50%,其中:电子制造业980亿元,增长63%;软件和信息服务业350亿元,增长34.6%;通信业170亿元,增长18%。

轻纺劳动密集型产业:销售产值1390亿元,净增250亿元,增长22%。其中,食品650亿元,造纸110亿元,家电140亿元,纺织服装220亿元。

(四)2010年工业经济支撑的生产要素需求分析

2010年,除天然气、煤炭供应比较紧张外,电、运输、资金等生产要素能基本满足社会与经济发展需要。

电:全市电力需求600亿度,增长11.1%,其中发电480亿度,增长12%(火力发电345亿度,增长12.5%)。

煤:全市耗煤需5000万吨,增长11%;其中,电煤需1800万吨,增长12.5%,但缺口有500万吨。

天然气:需要量55.5亿立方米,新增用量6.9亿立方米,增长14.2%。缺口5亿立方米以上。

货物运输:运输总量7.6亿吨,增长10%;其中,铁路货运量0.24亿吨,增长10%。

流动资金:工业流动资金贷款新增45亿元左右。

四、2010年工业经济和信息化发展的工作思路、主要任务和重要措施

(一)基本思路

坚持稳增长、调结构并举,以提高产业国际竞争力为目标,着眼于世界科技发展前沿和产业升级趋势,把技术改造和技术创新放在极其重要的位置,着力提高自主创新能力,努力突破制约产业竞争力的关键技术,支持企业兼并重组,帮助优势企业做强做大,扶持民营经济和中小企业加快发展,积极破解能源约束,推进节能降耗,大力发展战略性新兴产业,实施信息化“五大工程”,加快“智能重庆”建设,推动工业内涵式发展。

(二)主要任务

1.加紧实施产业结构调整,做强做大支柱产业

继续贯彻落实国务院3号文件和产业调整振兴规划,实施“大投资、大项目、大企业、大基地、大支柱”发展战略,推动“6+1”支柱产业发展壮大,完成工业投资2000亿元以上,实施信息业、制造业、重化工“3个5000亿元倍增计划”,培育天然气化工、石油化工、煤化工、集成电路、软件和服务外包、信息家电、新兴汽车、新兴装备制造、新兴材料9大新兴产业集群,完善乘用车、风电装备、铝工业、电脑、软件和信息服务业等53条产业链,推进笔记本电脑、打印机、通信设备、MDI、摩托车、微车、铝加工和内燃机8个全国最大的产业基地建设,培育信息产业逐步成为第一支柱,加快建设中国汽车名城和摩托车之都,着力发展大型成套装备,确保MDI一体化在今年全面开工,争取1000万吨炼油和100万吨乙烯或芳烃等石化下游项目落地建设,打造西部服装时尚之都,推进新增1200万千瓦装机容量的能源项目。

2.大力实施技术改造和技术创新,增强自主创新能力

要抓住时机,努力发展先进技术,推动重庆制造向重庆创造转变。一是加大研发投入,组织实施新能源装备、医疗器械、高档数控机床等领域的6个重大科技专项,集中力量攻克一批制约产业发展的共性关键技术。二是加强重点龙头骨干企业技术中心的培育和建设,增强其原始创新和集成创新能力,充分发挥其在产业自主创新中的领军作用和辐射作用,带动产业链和产业集群发展。三是帮助企业并购国外科技企业,推进机电集团并购英国精密技术集团下属企业等,引进国外先进技术、关键设备和零部件,加强消化吸收和再创新。四是实施100项技术改造项目,引导企业运用先进适用的新技术、新工艺改造提升传统产业,激活传统产业的生命活力。五是完善武器装备科研生产体系,加强军工核心能力建设,鼓励民口企业参与国防军工科研生产,统筹优势资源,推动军民融合协同发展。六是推广应用高新技术,加快科技成果转化,提高核心技术本地转化率,促进创新要素向企业积聚,推动工业向高端化、高质化、高新化发展。2010年,科技研发经费支出达到210亿元,占销售产值的2.1%。

3.加快特色工业园区建设,增强工业集聚效应

提升特色工业园区功能,形成带动力强的产业聚集区。一是做好园区产业特色定位,优化产业布局,完善产业配套和综合服务功能,着力打造千亿级园区,争取万州、长寿工业园区上升为国家级园区,西永微电园成为国家综合保税区。二是启动移民生态工业园建设。落实补助政策,加快园区道路、供水、变电站、污水处理、标

准厂房、移民职工宿舍等基础设施建设,重点发展生态环保产业和有利于解决移民就业的劳动密集型产业,争取中央预安排资金,先行启动一批后续重点项目。三是促进“一圈两翼”协调发展。加大对“两翼”工业园区的投入,完善产业发展平台,探索园区多元共建和异地投资利益分享机制,加大沿海省市、“一圈”区县、中央企业和市属国有企业对口支援工作力度,争取更多企业落户“两翼”,发展“两翼”特色产业,协助国资委早日启动第二批50亿元支持“两翼”园区建设工作。2010年,工业园区销售产值达到5500亿元,增长34.3%,占全市工业的比重达55%以上;就业人数超过65万人,净增5万人;新增标准厂房200万平方米,累计建成700万平方米。

4.加大节能降耗、减排治污的工作力度

推进节能降耗,完成“十一五”万元GDP能耗下降20%的目标任务。一是深入开展长寿化工园、重钢集团等循环经济试点,积极发展低碳经济,规划设立低碳工业园,为可持续发展提供新的动力。二是加强节能降耗工作,实施严格的目标化管理和能耗审计制度,推进100个重点节能项目,投资30亿元,实现年节能100万吨标准煤。三是推进减排防污工作,严格控制新的污染,实施主城第五批重点企业环保搬迁改造计划,完成25户企业搬迁任务。四是继续抓好资源综合利用工作,工业固体废弃物年利用率达到80.5%。五是建立落后产能退出机制,加强各项政策措施的协调配合,加快淘汰落后产能。2010年,万元GDP能耗下降4.6%,淘汰落后水泥120万吨,小火电12.7万千瓦。

5.推动智能重庆建设,努力提升信息化水平

紧紧围绕“智能重庆”这一目标,积极实施五大工程,重点做好十项工作(即“1510”),加快推进信息化立法,设立信息化专项资金,推进重大信息化工程项目建设,发展3G通信网络,加快信息化建设。“五大工程”:一是信息化与工业化融合工程;二是统筹城乡农村信息化体系工程;三是全市电子政务外网工程;四是“三网融合”试点工程;五是物联网工程。“十项工作”:一是完成信息化和智能重庆发展规划;二是启动全市电子政务外网信息共享交换平台建设;三是推进全市电子政务外网互联网安全接入工作;四是推进统筹城乡农村信息化体系10个试点区县建设;五是推进信息化与工业化融合10个试点区县和一批示范项目建设;六是启动“三网融合”试点工作;七是完成行政审批电子监察二期工程建设;八是推进工程建设领域信息公开和诚信体系建设;九是推进基于RFID技术的城市智能交通管理与服务系统(即电子车牌)建设;十是推进全市公共安全视频图像信息管理系统建设。

6.提高企业管理和产品质量管理水平,增强企业核心竞争力

根据国家统计局、国家质监局发布的制造业质量竞争力分析报告,重庆市制造业质量水平位居全国第七、西部第一,水平较高。但是,与发达国家、发达地区比有明显差距,许多核心技术仍受制于人,自主品牌少且优势不突出,必须切实加强管理,提高工业品质量。一是加强企业管理,指导企业建立现代企业制度和先进规范的质量管理体系,提高企业负责人和质量管理人员的质量管理素质,增强质量保障能力。二是实施企业协同设计、品质一体化示范工程,形成5家以上整机与100家以上配套的企业协同示范。三是加大新产品开发力度,推广应用混合动力汽车、LED灯具等新产品,新产品产值率保持30%以上。四是鼓励企业参与国家标准和行业标准的修改制定,积极建立以我为主的标准技术体系,占领技术制高点。五是实施品牌战略,建设“品质之都”。完善品牌建设推进机制,鼓励企业争创市长质量奖,打造一批国际国内知名品牌。2010年,新培育市级及以上名牌产品100个,中国驰名商标及重庆市著名商标30项。

7.抓好“十二五”发展规划的制定

要以科学发展观为指导,坚持绿色发展理念,围绕加快建设国家重要的现代制造业基地这个中心,以结构调整为主线,突出转变发展方式,积极发展低碳经济和循环经济,加强对全局

性、战略性重大问题的研究，重点开展结构调整、产业链延伸、自主创新、成本降低、风险防范、新兴产业等方面的重大课题研究，形成一批创新性、前瞻性、科学性和可操作性的研究成果，同时，要加强对区县工业发展的指导，推动全市工业协调发展，高质量完成“十二五”工业经济发展规划。

（三）工作措施

1.继续贯彻国务院3号文件，争取中央对重庆更大的支持

抓住国务院3号文件和国家实施积极财政政策等有利时机，落实工信部《关于推进重庆统筹城乡改革和发展加快老工业基地改造振兴的意见》，对接国家产业振兴、技术改造、节能减排、促进中小企业发展等政策，帮助企业策划包装好一批重大项目，做好项目申报工作；加强与国家部委对接协调，争取国家更多地倾斜资金支持重庆，并在库区布局一批影响大、带动性强的重点工业项目。力争将重庆核电、小南海水电站、中缅油气管道、炼化一体化、新能源汽车基地、电子信息产业基地等产业项目挤进国家“十二五”规划，争取国家投资建设。同时，要加强对中央投资项目和市级财政资金项目的监督检查，确保中央和地方财政资金落实到位，见到实效。

2.抓紧落实产业调整振兴规划，推进一批项目开工竣工投产

继续实施工业投资“双百”项目（130个重点在建项目和120个重点前期项目），着力抓好两个“一号工程”（福特三工厂和西永笔记本电脑生产基地）、“十大”重点项目（东方光大、小康汽车、万达薄板、攀渝钛业、MDI一体化、渝能泰山、格力电器、青山变速器等）建设；全面完成重钢环保搬迁工程，推进惠普笔记本电脑、万州大全多晶硅等项目达产达效；推动长征重工重型铸锻基地、重齿风电产业园、西南铝冷连轧、三阳化工1.5万吨三氯氢硅等项目建成投产；推进MDI一体化、特高压输变电、英业达与广达笔记本电脑、凸版环保智能卡产业基地、业务流程外包（BPO）中心、日本医疗读片中心、工信部电信研究院西部分院手机检测平台、新明和登机桥及污水处理装置等项目开工建设，保持投资稳定增长。

3.加大招商引资力度，培育发展战略性新兴产业

围绕“6+1”支柱产业发展，针对欧美日外资、港澳台资、民营资本、中央大型国有企业4个重点，策划一批起点高、投资额大、带动力强的大项目，尤其是战略新兴产业项目，形成投资规模达1.2万亿元的储备项目库。针对新兴产业和现有产业链中的缺失环节与薄弱环节，把握国际国内产业转移趋势，全方位挖掘招商引资潜力，着力引进知名企业、重大关键技术和装备、重大龙头项目等，重点培育发展航空航天产业、海洋及石油工程、工业机器人、新能源汽车和装备、新型材料、新一代移动通信、核电配套装备、环保装备、医疗器械、物联网等10个战略性新兴产业，抢占新兴产业的制高点，为重庆市优势产业“十二五”、“十三五”增强核心竞争力以及在西部率先全面实现小康目标打下坚实基础。2010年，争取再引进10户世界500强企业，15家跨国公司，20户国内500强企业；启动实施软件及信息服务业“百团千日”工程，组建100个商务团队，1000天内引进1000个软件项目，形成10万员工软件服务外包队伍。

4.进一步减轻企业负担，帮助企业解决发展中的问题

加大企业减负工作力度，推动全市再取消10%的行政事业性收费项目，保留的行政事业性收费项目按低限收费，对所有收费项目及收费标准予以公示，推动实行行政审批一个窗口免费代办制，进一步简化行政审批程序；加强监督检查，落实兑现支持企业发展的融资、财税、市场准入等各项政策，确保政策执行到位。做好汽摩、农机、家电产品下乡工作，争取扩大实施工业品下乡政策，指导做好企业参加家电下乡招投标活动，争取更多的本地企业中标；引导企业适应城乡消费升级需求，开发生产适销对路产品，帮助重点产品进入政府采购、政府投资的基

础设施项目和公共工程，推动采购使用市内企业生产的首台(套)重大技术装备(包括成套设备、单台设备、核心部件或总成)；支持企业加大出口，指导企业用好用足扩大内需、出口退税、出口信贷等政策，稳定劳动密集型产品出口，扩大传统优势产品和自主品牌产品出口；支持企业参与境外资源开发，收购境外优质资产、营销网络、研发机构和知名品牌；搭建各种营销平台，帮助企业扩大国内市场，开拓国际市场。

5.扶持骨干龙头企业，促进民营经济和中小企业发展

研究落实跨地区、跨行业、跨所有制企业兼并重组的政策措施，破解企业兼并重组中的体制性和机制性障碍，推动企业兼并重组，帮助企业做强做大，形成一批拥有自主知识产权和国际知名品牌、国际竞争力较强的优势企业集团，重点扶持100户龙头骨干企业、130户成长型“小巨人”企业发展壮大，加快推进化医控股等发展成为世界500强企业。全面贯彻国务院《关于进一步促进中小企业发展的若干意见》以及市委、市政府关于鼓励和引导民营经济发展的有关政策，支持民营企业做大做强，完善公平准入制度，引导民间资本进入基础设施建设、公用事业等领域，安排专项资金推进中小企业技术改造和技术进步，健全中小企业社会化服务体系，新创建市级都市工业园(楼宇)5个、小企业创业基地10个。搭建民营经济、中小企业与龙头企业交流沟通的信息平台，支持民营企业、中小企业和国有企业合资合作，鼓励中小企业走“专、精、特、新”发展道路，形成大企业集团带动，中小企业协作补充，国有、民营、外资经济优势互补、相互促进、竞相发展的格局。

6.积极发展生产性服务业，支撑重点产业发展

抓住当前惠普笔记本电脑等重大项目建设的契机，将发展现代制造业与发展现代物流等生产性服务业结合起来，引进和培育一批有竞争力的生产服务性企业，着力发展立足西部、面向全球的生产性服务业。完善公共服务体系，培育信息技术服务市场，加快发展面向行业的第三方物流信息平台和现代物流服务业，积极承接信息服务外包(ITO)、业务流程外包(BPO)、知识研发外包(KPO)等服务外包，争创中国软件名城。支持发展私募基金、风险投资资金、金融租赁、担保、信托、小额贷款等六类特色金融机构，大力发展工业设计、会展广告等创意产业(实现营业收入800亿元，增长30%)，加快发展水陆空联运的交通运输、生产资料市场、技术研发、电子商务、信息服务、管理咨询和生产性中介服务等，推动生产性服务业规模化、品牌化、网络化经营，为工业快速发展提供支撑。

7.加强经济运行调控，增强要素保障能力

坚持做好供应的需求和管理，加大协调调度力度，保障工业生产要素的供应。一是强化对煤、电、气、运的调度调控。2010年，要确保在丰水期做到储煤200万吨，其中，市级储煤100万吨。加强与中央有关部门和有关省区的协调，争取更多的用气指标，加快“北煤入渝”等进程，加大外购力度，千方百计缓解天然气与电煤的紧张问题，强化运输协调，保障货运畅通。二是完善企业融资平台，支持企业多渠道筹措资金，防止资金链断裂；增加贷款风险补助资金和担保公司资本金，引导银行创新金融品种，改革中小企业贷款考核办法，加大对中小企业信贷支持力度；完善信用担保体系和多层次融资体系，推动建立再担保机构，充分发挥财政支持、小额贷款与信贷担保等功能，有效缓解中小企业融资难问题，力争全年新增工业流动资金贷款45亿元。三是利用好高等教育和职业教育资源优势，加强企业与大专院校、科研院所的合作，探索集团化办学，突出工业与教育紧密结合，加强实训基地建设；探索信息化与工业化融合的办学机制，实施中职学校与惠普、富士康、广达、英业达、思科等企业“2+1”联合办学模式；着力培养具有创造性的科技人才、管理人才和高级技工等高素质专业人才，为工业发展提供人才支撑。四是完善经济运行监控体系，加强旬、月、季经济运行和重点产品变化及趋势情况监控，强化

目标责任制，针对问题实施调控。

8.强化安全生产和信息安全保障，促进“平安重庆”建设

安全生产是十分重要的投资环境、是“平安重庆”建设的重要内容。全市工业安全要以市政府[2010]2 号、3 号文件为指南，认真落实“一岗双责”责任制，坚持预防为主、主动防范在先，高标准、严要求，扎实做好全市工业项目建设安全隐患排查，坚持督促整改，确保工业安全生产。重点围绕化工、军工、食品、药品等方面的安全生产和重大项目建设安全，督促指导企业认真落实安全生产主体责任，加强安全基层基础建设，做好应急预案，进一步强化企业安全生产日常监督管理，深化安全生产专项整治工作，严查安全生产违法行为，及时消除安全隐患，防止安全事故发生，推动工业项目顺利建设。企业要按照国家工信部和重庆市有关安全生产的通知要求，做好防灾救灾相关工作，抓好安全生产各个环节，确保安全、高质完成全年目标任务。同时，要努力改善民生，解决好干部职工关心的热点、难点问题，切实保护人民群众的根本利益；把网络和信息安全放在更加突出的位置加强监管，推动建立军地、民航专用频率等长效机制，进一步加强无线电管理的集中统一领导和统筹协调，强有力做好无线电安全保障工作，维护国家安全和社会稳定。

9.加强作风建设，提高服务能力

全市工信系统、各区县、各园区要进一步抓好党风廉政工作，加强干部队伍建设，转变观念，强化“公仆”意识，勤政廉洁，依法行政，提高行政能力和服务水平，认真开展“三进三同”活动，大兴调研之风，努力为基层服务，为企业排忧解难，加快推进服务型、效能型和廉洁型机关建设。

2010 年，是“十一五”的收官之年，也是“十二五”的奠基之年，我们要以强烈的责任感和紧迫感，坚持邓小平理论和“三个代表”重要思想，深入实践科学发展观，抓住历史机遇，开拓创新，奋力拼搏，全面实现“十一五”发展目标，为“十二五”打下坚实基础，推动全市工业经济和信息化建设再上新台阶。

（重庆市经济和信息化委员会 刘富钊）

附表 2009 年工业经济主要指标前 10 位的区县、园区和企业

类别	主要指标	前 10 位（总量括号内单位为亿元）
区县	销售产值总量	渝北（858）、九龙坡（660）、南岸（475）、沙坪坝（460）、涪陵（384）、巴南（380）、江北（367）、北碚（334）、江津（311）、万州（267）
	销售产值增幅	万州（56%）、江北（40%）、忠县（39%）、铜梁（35%）、奉节（35%）、永川（33%）、渝北（31%）、荣昌（31%）、江津（31%）、合川（30%）
	工业投资总量	长寿（153）、万州（124）、永川（118）、渝北（107）、涪陵（95）、江津（84）、合川（80）、北碚（80）、巴南（74）、南岸（66）
	工业投资增幅	潼南（189%）、奉节（140%）、丰都（108%）、酉阳（89%）、万盛（78%）、忠县（75%）、云阳（72%）、武隆（60%）、大足（54%）、北碚（53%）
	招商引资总量	南岸、渝北、沙坪坝、江北、永川、长寿、北碚、巴南、涪陵、开县
园区	十强园区	九龙、茶园、空港、建桥、江津、晏家、花溪、同兴、港城、万州
	销售产值总量	九龙（300）、茶园（295）、空港（291）、江津（261）、建桥（234）、西彭（234）、同兴（227）、花溪（226）、晏家（226）、港城（226）
	销售产值增幅	云阳（237%）、合川（126%）、万州（96%）、晏家（90%）、建桥（77%）、江津（76%）、潼南（74%）、港城（73%）、西彭（69%）、梁平（64%）
市级企业集团	销售产值总量	西南兵工（853）、机电（249）、电力（217）、重钢（144）、能投（105）、船舶（96）、西铝（91）、重烟（83）、化医（75）、庆铃（75）
	销售产值增幅	西南兵工（51%）、船舶（38%）、庆铃（22%）、重烟（22%）、能投（14%）、电力（10%）、农垦（8%）、轻纺（7%）、机电（3%）、华能（3%）

道路运输

2009 年,是全市道路运输业规范管理、锐意改革、快速发展的一年。截至 2009 年底,全市共有各类客货运输业户 6.76 万户,营运车辆 24.64 万辆,维修企业 8092 户,机动车驾驶员培训机构 198 户,等级客运站 291 个,从业人员 45.6 万人。2009 年完成客运量 11 亿人次,客运周转量 301.3 亿人公里,分别比 2008 年增长 7.3%、7.5%,客运量占重庆综合运输客运总量的 96.1%;货运量 5.9 亿吨,货运周转量 503.3 亿吨公里,分别比 2008 年增长 7.2 %、11.1%,货运量占重庆综合运输货运总量的 85.5%;公交、出租、轻轨运输量分别达到 14.17 亿人次、6.89 亿人次、4180 万人次 ,分别比 2008 年增长 9.44%、3.3%、4.8%。

一、公交改革取得重大进展

坚持公交优先发展,坚持公交公益性定位,始终把全市公交发展作为重大的民生工程,以出台《重庆市公共汽车客运管理办法》为标志,实施由"发展主城片区"向"全市共同推进"的战略调整,让公交服务惠及更多群众。主城公交结构调整加快,"7 字头"公交车(共 389 辆)平稳退出公交客运市场。公交线网结构不断优化,调整、新开公交线路 30 条,增加了北部新区、西永微电园等区域,朝天门、鱼洞长江大桥等新建交通设施的线网覆盖;积极落实"错时上下班"、开行"大站快车"和"区间车"、投入大容量公交车,有效促进了"畅通重庆"建设。顺利完成轨道交通运营管理体制调整对接。研究主城 "外环时代"公交发展,形成改革基本方案。合川、万盛等区县通过班线公交化改造等方式积极发展公交,区县群众享受公交的愿望逐步实现。

二、出租汽车行业改革管理扎实有效

瞄准打造"西部第一、全国一流"的出租汽车行业目标,加强出租汽车体制机制改革研究,不断破解行业发展难题, 出租汽车管理进一步规范。组建主城区个体出租汽车服务公司,个体出租组织化管理迈出新步伐。启动主城区 1350 辆出租汽车投放工作;结合公交改革以置换方式投放出租汽车 519 辆;依法取缔北碚 226 辆"绿羚羊", 及时向北碚定向投放 150 辆出租汽车,"打的难"问题进一步缓解。调整行业收益分配;理顺劳动用工关系,主城区出租企业驾驶员社会保险参保率达到 90%以上,驾驶员合法权益得到较好保障。积极协调相关部门,缓解"加气难""站点少"等问题,改善出租汽车营运环境,确保了行业稳定。区县出租汽车稳步发展,双桥、永川、铜梁、巫溪、彭水等区县平稳实施了运力投放、置换,垫江公司化经营改革顺利实施。2009 年,根据市社情民意调查中心数据显示, 公众对出租行业综合满意率达 89.9%,服务投诉率同比下降 10.7%,行业服务水平进一步提高。

三、班线客运改革取得成效

着力班线客运经营结构调整, 积极促进班线客运改变以"承包挂靠"为主的粗放型经营管理模式。认真贯彻市政府《关于规范道路客运企业公司化经营的意见》, 顺利完成重庆至开县、忠县、云阳、潼南、石柱等客运线路公司化改造,客运企业公司化水平进一步提高,行业规模化、集约化进程明显加快, 运输组织化程度得到明显改善。

四、农村客运上档提速,出行条件不断改善

坚持把农村客运发展作为道路运输城乡统筹,服务新农村建设的有力抓手,全市农村客运发展速度明显加快。出台了《关于加快农村客运发展的实施意见》,加强了各项扶持政策有效落

实。綦江、梁平、涪陵、黔江、九龙坡等区县农村客运试点工作取得显著成效。落实政府购买农村客运保险工作,2009 年, 全市共支出 3655 万元专项资金, 为 10395 辆农村客运车辆购买承运人责任险,为 1100 辆村级客车购买交强险和第三者责任险,减轻了经营者负担。加强乡镇客运站建设,纳入 2009 年"平安重庆"建设考核目标的 150 个乡镇客运站全部建成。科学规划农村客运发展,制定了《重庆市农村客运规划编制办法》,区县全面完成农村客运发展规划编制工作。2009 年,全市新增农村客运线路 208 条、农村客运车辆 1262 台, 同比增长 9.8%和 12.7% ,新解决了 19 个乡镇,900 个行政村不通客车的问题, 全市乡镇、行政村客车通达率分别达到 98.1%和 64.6%。

五、货运行业稳步发展,服务能力进一步提升

企业拓展货物受理、仓储、配送等业务,形成了以仓储为主的天下通物流公司, 以大型物件运输为主的瑞驰物流公司, 以成品油配送为主的川油物流公司, 以危险货物运输为主的川维物流公司等一批现代物流企业; 培育渝南、华荣、陈家坪物流中心等三大物流市场,为服务全市经济社会发展发挥了重要作用。积极发展大吨位、重型、集装箱等高效能货车,运输装备水平不断提升,2009 年,全市大吨位货车(20 吨以上)达 2.3 万辆,同比增长 52%。

六、严格从业资格管理,提高从业人员素质

出台《重庆市道路运输驾驶员诚信考核实施细则》和《重庆市出租汽车驾驶员从业资格管理暂行规定》, 建立完善了从业资格管理机制。开展道路运输驾驶员诚信考核。实施公共汽车和出租汽车驾驶员从业资格分类管理, 启用了公共汽车和出租汽车驾驶员从业资格证。在全国率先开展了公共汽车驾驶员从业资格分类培训和考试。出租汽车驾驶员分类考试有力推进,新编了从业资格考试大纲、题库及培训教材,强化了职业道德、人文地理、普通话、时事政治等内容。开展了从业人员"强素质、树形象"等专项教育培训活动,从业人员整体素质进一步提高。

七、积极转变发展方式,科技信息化和节能减排持续推进

完成了《重庆市道路运输信息化发展规划(2020 年)》、重庆市客运站应急视频监控系统建设方案设计和 "重庆市道路运输驾驶员诚信考核信息系统"项目工程的建设;建立了道路运输从业人员数据库和"黑名单"信息库,全面推行机动车驾驶员 IC 卡计时培训管理系统。成功举办首届"宇通杯"机动车驾驶员节能技能竞赛选拔赛。大容量双层客车、混合动力出租、公共汽车运用研究取得成效。

八、法制建设深入推进,依法行政水平明显提高

出台实施《重庆市公共汽车客运管理办法》。《重庆市道路运输营运驾驶员管理办法》已报送市政府法制办,《重庆市道路运输管理条例》、《重庆市出租汽车客运管理暂行办法》、《重庆市汽车租赁管理办法》制定及修订工作全面启动。进一步清理规范审批许可事项,研究制定了《重庆市道路运输业务办理规范》;梳理行政执法依据, 废止了 62 件行业管理规范性文件;深化行政审批改革, 下放了非主城区毗邻区县间客运班线的审批权限;加强法制宣传培训,组织开展了《重庆市公共汽车客运管理办法》等法规规章和《道路运输管理工作规范》宣贯、培训工作,依法行政的能力和水平明显提高。

九、应急保障能力显著增强,较好满足社会紧急疏运需求

2009 年,积极强化道路运输应急体系建设,完善了道路运输公共突发事件及重大事件应急预案;建立了应急保障资金制度,全市共储备应急资金 520 万。在应对武隆"6.5"铁矿乡鸡尾山山体垮塌等自然灾害中,南岸、武隆、南川等区县快速反应,及时疏运,发挥了积极作用。全面

完成春运等客流高峰和60周年国庆等大型活动的道路运输保障工作。圆满完成“重庆市国防交通汽车运输集结、抢运综合演练”，受到成都军区高度肯定。

十、大力强化安全稳定工作，行业发展环境实现历史最好

强化安全基层基础。积极推进企业安全服务质量考核和客运企业安全管理标准化建设，认真开展“大排查、大整治、大执法”、“百日安全”、安保反恐、“黄金周”安全检查等活动；完善公共汽车安全应急设施、重点车站安全检测设备和视频监控系统，为“平安重庆”建设作出积极贡献。2009年，行业共发生道路运输事故114起，死亡136人，伤374人，同比分别下降9.12%，31.65%，2.6%。未发生死亡5人以上的道路运输事故，客运企业安全管理标准化建设达标率达到80%。扎实做好稳定工作。认真落实稳定工作属地管理原则，加强稳定形势分析、畅通稳定信息渠道、及时处理突发性事件，信访稳定工作扎实有效。深入开展干部大下访活动，作好改革维稳预案，强化不稳定因素的预防排查和来信来访的及时处理，行业稳定形势基本平稳。

十一、强力推进作风建设，行业形象明显提升

全行业对深入学习实践科学发展观活动为契机，按照“深化改革、规范管理、转变作风、优质服务、重树形象、推动发展”的总体思路，大兴调查研究之风，全面推行重点工作表格化管理和倒逼推进工作制，狠抓党风廉政和作风建设，深化审计监督工作，有效形成了人人想干事、人人会干事、人人干好事的良好发展氛围。积极推进行业文明创建，广泛开展“唱读讲传”活动，成功举办了运管系统庆“七·一”首届大型文艺汇演，深入组织开展了出租汽车“文明之星”、首届“金扳手”汽修精英电视挑战赛等主题活动，提振了行业精气神，增强了行业凝聚力，展现了行业新风貌。2009年，全市运管系统涌现出一批先进单位和个人。梁平、渝北荣获“全国巾帼文明示范岗”称号；綦江荣获市级“文明单位标兵”称号；潼南荣获“市青年文明号”称号；万州、万盛、长寿和巫山荣获市级文明单位。以交通运输部先进个人余先荣同志为代表的一批先进典型彰显了运管系统的风采。

（重庆市道路运输管理局 张茜）

航空运输业

一、2009年发展回顾

（一）航空运输生产快速增长

2009年，民航重庆地区共保障安全起降135817架次，同比增长18.8%；重庆江北国际机场（以下简称江北机场）完成旅客吞吐量14037220人次、货邮吞吐量185840.7吨，同比分别增长26.04%和16.04%；重庆万州五桥机场（以下简称万州机场）旅客吞吐量首破20万人次大关，共完成旅客吞吐量208844人次、货邮吞吐量1623.85吨，同比分别增长64.8%和134.1%。随着国家经济刺激计划付诸实施和地方经济快速发展，重庆民航克服了国际金融危机的不利影响，基本扭转了2008年增长乏力的不利局面，恢复了民航运输生产的快速增长态势。

（二）航空安全形势总体平稳

2009年，民航重庆地区共发生事故征候（含）以上的不安全事件4起，其中包括机械故障1起、鸟击3起；报告其他不安全事件147起，其中包括机械故障40起、轮胎扎伤51起、人为原因19起、鸟击33起、TCAS告警2起、地面设备故障1起、天气原因1起。重庆民航安全运行态势总体平稳。

(三)基地航空公司机队规模快速发展

随着运输生产量的快速增长，民航重庆地区各基地航空公司的机队规模不断扩大，运输能力持续增加。2009 年，国航股份重庆分公司新引进波音 737—800 型飞机 3 架，机队规模扩大至波音737—700 型飞机 11 架，波音 737—800 型飞机 14 架；川航股份重庆分公司新引进空客 320 系列飞机2 架，机队规模扩大至空客 320 系列飞机 9 架，EMB—145 型飞机 3 架；重庆航空公司新引进空客 319 型飞机 3 架，机队规模扩大至空客 320 型飞机 4 架，空客 319 型飞机 3 架；西部航空公司新引进空客 319 型飞机 1 架，机队规模扩大至波音 737—300 型飞机 4 架，空客 319 型飞机 2 架。

(四)江北机场航线网络不断完善

2009 年，江北机场以高原及云南航线为重点，全面恢复和构建中转航线网络：加密了重庆至昆明、西双版纳航线，至昆明每天最多达到 22 班；首次开通重庆至腾冲航线；至拉萨每天最多 5 班，南航首次使用空客 A330 宽体客机执飞北京—重庆—拉萨航线；至九寨、丽江达到每天 8 班，较 2008 年增长一倍以上。

开辟了中国西部地区通往欧洲的货运包机航线，由翡翠航空公司的波音 B-747 全货机执飞香港-重庆-维也纳的货运包机。

加密了台湾航线，每周达到 6 班。除国航股份重庆分公司、川航股份重庆分公司外，台湾立荣航空也开通了台北—重庆往返航线。

2009 年，江北机场积极开通新航点新航线，全年新增黄山、腾冲、南阳、东营、百色等通航点 8 个，总通航点达 74 个。万州机场也新开通了温州、南京、深圳等航线。

(五)江北机场“空中”、“空地”中转功能日益强化

2009 年，江北机场以高原机场为重点，完善空中中转网络。目前，江北机场作为拉萨、九寨、丽江等高原航线的中转机场，已被国内外旅客广泛认同，成为前往中国西南高原旅游的第二空中通道，中转旅客比例由 2008 年的 5%提升到 2009 年的 10%，达到 140 万人次。

江北机场以长途客运线路拓展为依托，积极搭建空地中转平台，吸引重庆周边客源。2009 年，江北机场长途换乘中心新增线路 12 条，目前通达城市 46 个，全年旅客运输量达 100 多万人次，同比增长 78%。同时，周边地区的旅客服务工作也得到加强，江北机场在遵义推出“上车即办登机牌”业务，与广安市政府共同打造广安城市候机楼。

(六)重庆民航基础建设快速推进

江北机场全力推进第二跑道及配套设施建设，三期扩建工程按预定计划如期推进。2009 年底，航站楼已经完成主体工程；飞行区场道工程已初具雏形，完成总进度的 75%，不停航施工已进入收尾阶段；南北站坪基本完成；高架桥、道路及停车场改扩建工程进入收尾阶段；货运库房工程主体结构完成。同时启动了东航站区及第三跑道项目前期工作，完成了方案招标，开展了项目的可行性研究报告工作。

2009 年，黔江区作为重庆市“一圈两翼”规划的重要组成部分，黔江舟白机场的建设稳步推进。3 月，跑道延长项目获国家发改委批复；4 月，飞行程序初步设计方案获国家民航局批复；6 月，跑道延长项目初步设计及投资概算获民航西南地区管理局和重庆市发改委批复；8 月，导航台台址、VHF 台和 KU 卫星台址获国家民航局批复。2009 年底，黔江机场跑道及站坪、场道土石方工程已全部完成，航站区房建全部完工，航站楼装修及弱电工程基本完工，两条航路已获批复。

(七)圆满完成武隆山体垮塌抢险救援任务

重庆武隆“6.5”山体垮塌发生后，党中央、国务院高度关注灾情，指示全力抢救被崩塌山体掩埋的居民和井下矿工。为此，民航局紧急调用中国飞龙专业航空公司米 26 直升机赴渝，吊运大型工程设备进入抢险现场。

按照国家民航局、民航西南地区管理局的统一部署以及重庆市委、市政府要求，民航重庆

监管局组织重庆机场集团、民航重庆空管分局、中国航油有限重庆分公司等保障单位，与驻渝空军、重庆市建委、南川区政府以及气象、公安、武警、消防、交通等相关部门通力合作，迅速开辟直升机临时起降场，及时组建临时保障机构，制定落实多项安全措施。从6月10至12日，水江临时起降场保障米26直升机和EC135警用直升机安全起降共30架次，吊运大型工程机械11台和大量救援设备部件，圆满完成了上级下达的紧急运输任务，为抢险救援提供了及时、有力的支持，得到了重庆市领导的高度赞誉。

(八)成功应对甲型H1N1流感疫情

在甲型H1N1流感疫情传入重庆之前，民航重庆地区各单位按照重庆市人民政府和国家民航局的要求，始终保持高度警惕，第一时间成立了防控工作组织机构，明确了工作职责，落实了工作措施，组织了应急演练，加强了舆论宣传。

5月10日，因川航股份重庆分公司上海—重庆航班某乘务员前一日执行航班任务时曾接触过中国内地首名甲型H1N1流感确诊病例，民航重庆地区立即启动预案，在飞机降落后对该航班11名机组人员、16名密切接触者全部进行医学隔离观察，并详细登记了该航班的旅客资料。由于国航股份重庆分公司5月25日北京-福州航班一名旅客被初步诊断为甲型H1N1流感疑似病例，5月27日，该公司对与该疑似病例有密切接触的6名乘务人员进行居家医学观察。

6月17日，港龙航空KA840香港—重庆航班上发现甲型H1N1流感疑似病例，后确诊为重庆市首例甲型H1N1流感患者。民航重庆监管局协调重庆机场集团、港龙航空等单位，积极配合地方卫生、检验检疫部门做好转移、隔离、消毒等各项工作，共隔离5名密切接触者(其中重庆机场集团4人，港龙航空1人)。6月25日，重庆航空公司前一日北京—重庆航班一名旅客被确诊为甲型H1N1流感病例后，民航重庆地区共隔离9人（其中重庆航空5人，重庆机场集团6人)。随着国家防控工作政策的不断变化，民航重庆地区始终坚持做好防控工作，切实落实各项防控措施。2009年底，民航重庆地区广大一线员工均接种了甲型H1N1流感疫苗。

(九)扎实开展安全审计和保安审计工作

2009年，民航重庆地区的西部航空公司和江北机场相继通过了民航局组织的安全审计和保安审计。6月，西部航空公司接受了安全审计，共完成审计检查单项目799项，其中34项不适用，最终符合748项，不符合17项，符合率97.78%。12月，江北机场接受了保安审计，共完成审计项目125项，符合和基本符合《国家民用航空安全保卫规划》要求的分别有118项和7项，没有不符合项。江北机场的航空保安工作得到民航局的高度肯定。

(十)加强空域环境保护工作

2009年，民航重庆地区以专项整治非法施放孔明灯为重点，积极协调重庆市人民政府，不断加大空域环境保护力度，取得了明显成效。

在多次接到航班机组关于孔明灯干扰飞行的投诉后，民航重庆监管局向市政府上报了《关于重庆市部分地区施放孔明灯影响飞行安全的紧急报告》，引起市领导高度重视。在市领导的亲自推动下，南岸区、渝中区政府及相关部门迅速行动，在显著地点悬挂标语，加强对游客和群众的宣传教育；工商部门采取措施，加强对孔明灯销售的源头控制；街道办、派出所以及安监、市政等部门联合执法，对施放孔明灯的行为进行了查处。重庆晨报、重庆电视台等多家主流媒体分别进行了宣传报道。专项整治很快收到了明显效果。随后，依据《重庆市民用机场保护条例》等相关法规，民航和地方共同研究，从确保飞行安全的实际需要出发，规划渝中区、江北区全部辖区及渝北区、南岸区、北部新区、万州区部分辖区为孔明灯等升空物体禁放区域，并依法予以公告。

2月13日，在大量前期工作的基础上，重庆市人民政府刘学普副市长主持召开了重庆市民航空域环境保护暨孔明灯专项整治工作座谈会，重庆市六个行政部门和六个行政区参加会议，有效加深了地方政府对民航空域环境保护工作的了解，初步形成了空域环境保护工作的联动机制。

10月22日，重庆地区空域结构调整方案(南部分流)正式实施，有效缓解了民航重庆地区空域资源紧张的矛盾。方案实施后，江北机场已经邀请专业单位完成了容量评估，高峰小时架次和机场生产能力将得到有效提高。

二、发展中存在的问题

第一，随着重庆民航事业的快速发展，安全工作面临行业快速发展带来的压力：一是江北机场扩建工程范围广、周期长、项目多，给重庆民航安全生产带来了持续压力；二是航空公司机队规模增长快，外站运行量增大，干租湿租飞机和机组的数量增加，安全管理难度持续上升；三是运输生产量的快速增长使得人力资源、设施设备不足的问题开始凸显。

第二，江北机场周围空军活动频繁，空域资源十分紧张，客观上制约了重庆民航的进一步发展。目前，江北机场的空域资源已经饱和，航班时刻资源紧张。

第三，民航安全工作涉及的范围日益扩大，在净空保护、鸟害防治、电磁环境保护、空防安全、突发事件应对等方面，民航系统内部缺乏有效处理此类问题的能力和资源，必须依靠地方政府和相关部门的配合。近年来，地方政府明显加强了对民航发展的支持力度，帮助民航协调解决了一大批安全隐患。但唐家沱码头邮库排水通道隐患、江北机场110KV供电线路等问题由于协调难度较大、资金难以落实等原因，仍未能得到根本解决。

三、2010年发展目标

(一)运输生产量保持快速增长

江北机场起降飞行14.2万架次，同比增长7.6%；旅客吞吐量1600万人次，同比增长14.04%；货邮吞吐量21万吨，同比增长12.9%。万州机场完成起降飞行3000架次，；旅客吞吐量23万人次，货邮吞吐量1800吨。

(二)安全态势保持总体稳定

2010年，民航重庆地区要保持安全形势总体稳定，力争降低不安全事件和事故征候数量。推进各企事业单位的安全管理体系建设。

(三)生产经营上有新突破

江北机场计划继续加强拉萨、九寨、丽江、腾冲、版纳等高原及云南省内中转通道建设，开辟林芝、康定、香格里拉等新的中转通道；以开通广州—重庆—西宁、深圳—重庆—银川、长沙—重庆—乌鲁木齐、福州—重庆—乌鲁木齐等东南经停重庆至西北的航线为重点，加强重庆至西北航线建设；优化机型结构，提高大机型运营比例，实现北京、上海、广州、深圳及拉萨、九寨等航线每天都有大机型执飞。

江北机场以重庆内陆保税港区建设为契机，以惠普、富士康等世界500强企业落户为契机，开通一批国际货运定期航线，发展重庆前往中东、南亚、欧美的货运航线网络。

万州机场将争取开通三亚、西安等新航线。黔江机场通航后，将争取开通黔江—重庆—北京，黔江—武汉—上海，黔江—广州等航线。

(四)江北机场三期扩建和黔江机场争取投产

江北机场三期扩建工程于2010年底前顺利竣工投用，届时，江北机场将增加8万平方米的航站楼、一条长3600米的第二跑道、40个停机位，制约江北机场发展的资源瓶颈问题将得到根本缓解。

黔江机场于2010年5月底前顺利完成工程竣工验收及校飞，7月底前完成试飞及投入运营。

(五)进一步优化空域资源结构

启动江北机场东北部分流准备工作，加强与空军方面的协调，力争早日打开江北机场东北方向分流通道，一定程度上解决制约江北机场发展的空域资源问题。

(民航重庆监管局　盛李欣)

重庆水运

2009年,全市新增船舶80艘、运力40万载重吨。运输船舶达4139艘,总运力达397.5万载重吨。集装箱、滚装、化危品等专业化船舶运能比重由2008年的30%提高到2009年的35%,全市货运船舶平均吨位达1400吨,长江干线货运船舶达到了1500吨,居全国内河货运船舶平均吨位之首。全市航运企业已达287家、服务企业130家,营运船舶公司化程度达到96%,公司平均运力提高到1.385万载重吨,10万吨以上运力的企业发展到8家,企业规模明显增大,抗风险能力和综合竞争能力增强。

2009年全市完成货运量7771万吨,同比增长11.48%;货运周转量968.4亿吨公里,同比增长11.88%;港口货物吞吐量8612万吨,同比增长9.11%;外贸吞吐量276.65万吨,同比下降7.88%;集装箱吞吐量51.78万TEU,同比下降2.15%;载重汽车滚装吞吐量37.68万辆,同比下降10.39%;商品汽车滚装吞吐量35.94万辆,同比增长57.01%。水运平均运距已达1246公里,成为综合运输体系中平均运距最长的运输方式,居沿江省市首位;全市90%以上的外贸物资是通过水路运输完成的,周边省市中转量占全港货物吞吐量的35%;水路货运周转量占重庆全社会总量的58.9%,继续稳居综合运输体系第一位;全行业总产值约260亿元。

一、水运基础设施建设稳步推进

2009年,全市进一步加快了水运基础设施建设,加大了资金投入,全年完成投资30.2亿元。航道建设方面:嘉陵江草街至河口68公里航道整治一期工程顺利完成;大宁河航道综合整治利用示范工程顺利完工;嘉陵江草街和乌江银盘航电枢纽等续建工程进展顺利;乌江、抱龙河、梅溪河、小江、渠江等航道整治利用重点项目前期工作进展顺利。港口建设方面:寸滩二期工程等一批水运重点项目工程按期竣工,涪陵黄旗集装箱码头、长寿重钢新厂区码头等建成投产;茄子溪码头、果园码头一期等续建工程进展顺利;寸滩三期、东港一期等项目开工建设。全年新增港口货物通过能力2000万吨,其中集装箱62万标箱,港口货物通过能力达到了1.1亿吨,集装箱通过能力达到158万标箱。支持保障系统建设方面:大宁河航运支持保障系统建设项目岸标、浮标、通航维护和应急救援基地及工作艇的建造已完成交工验收,通讯导航和视频监控设施基本完成;乌江彭水电站至龚滩的支持保障系统建设的前期工作已完成,积极推动乌江银盘电站至彭水电站河段支持保障系统建设的前期工作。

二、水运行业应对金融危机及时有效

受国际金融危机的影响,2008年四季度开始,重庆水运生产形势急剧恶化,港航企业生产经营大幅下滑。2009年全市水运行业认真贯彻落实中央"保增长、扩内需、调结构、惠民生"的决策部署,采取切实有效的措施,积极化解金融危机的影响。一是积极支持集装箱发展,降低集装箱收费,集装箱码头装卸作业费下调10%,集装箱运输的货物港务费优惠20%征收。二是开展为港航企业"送温暖、送关怀"活动,市港航局与市旅游局积极争取财政支持,对游船企业营业税地方所得部分实行先征后返的政策,仅"凯珍"、"世纪钻石"两艘游轮就获得了1500万元的税费和贴息支持,送航运企业真金白银。三是为农村客运企业争取到了1958万元燃油补贴资金,严格执行资金分配和兑付程序,有效保障了农村群众出行需求。四是争取政府投入300万元完成了全市农村客运船舶乘坐险投保工作,投保船舶共计1698艘、62699客座,并于2009

年4月1日零时起正式起保。五是在与三峡库区产业信用担保公司合作的基础上，积极推进与建设银行重庆分行和华夏银行重庆分行的战略合作，试点船舶融资租赁模式，多渠道搭建融资平台，有效解决水运企业标准化运力发展融资难的问题。已有10家航运企业实现了3.53亿元的贷款。六是为提高船舶在三峡船闸的通行效率，市港航局进一步加强与三峡通航管理局的协调合作。充分发挥GPS监控系统的功能，全年指导11558艘次船舶通过重庆市水上交通监控系统进行过闸申报，协调解决了655艘次集装箱快班轮优先过闸。

在全行业的共同努力下，2009年重庆水运战胜了金融危机的严峻挑战，水运行业没有出现大规模裁员、减薪、欠薪的现象，保持了社会和民生的稳定。

三、水上安全形势持续稳定

2009年，全市地方水域共发生运输船舶一般等级水上交通事故5起，沉船5艘，死亡3人。与2008年同期相比，事故起数与沉船艘数上升25%，死亡人数下降50%，无较大以上等级事故。

四、市港航局大力推进"平安重庆"建设

2009年，在市委、市政府和市交委的领导下，市港航局大力推进"平安重庆"建设工作，一是建造了103艘库周渡船并交付库周区县使用，解决了175米蓄水后库周群众出行问题；二是启动了100艘客渡船、短途客船标准化改造工作，已完工90艘，在建10艘；三是完成了200座渡口码头安全条件改造和10座渡改人行桥工作；四是在3个滚装码头、10个集装箱码头配备了防爆探测仪，滚装码头全部安装了简易安全检测门、建立了门架式数据采集系统，港口码头应急视频监控系统和全市联网工程正抓紧施工，港口安保能力进一步提升。

五、市港航局应急机制建设逐步完善

一是完成了《重庆市港航管理局应急运输预案》、《三峡水库地质灾害应急响应行动方案》等预案的制定，进一步完善了应急预案体系建设；二是加大了应急物资储备力度，制定了应急救援站点布局规划，应急救援基地和应急装备建设有序开展；三是与长航中山舰救助打捞部等社会力量建立了水上应急救助协调机制，增强了应急处置的及时性和有效性；四是利用水上交通管理监控系统共发布水位、气象、航道等安全信息1821条，接收船舶报警20余次，有效预防了水上交通事故的发生。

六、水运行业安全监管力度进一步加大

2009年，按照市政府统一部署，全市水运系统深入开展了"百日督查"和"三项行动"等专项整治工作，重点解决了一批突出问题。一是认真开展滚装运输夹带危险品专项整治活动，建立黑名单制度、健全了信息通报机制、采取联合执法等措施，有效遏制滚装夹带危险品。滚装码头共查获违章夹带危险货物车辆429辆，下降了40%；二是开展了船舶"大船小证"及"擅自改变载重线"专项检查，对列入核查范围的1854艘船舶，已完成吨位丈量计算复核1017艘，实船检查354艘，对实船与证书总吨位不相符的49艘船舶给予了纠正；三是对酉阳、秀山两县新增库区水上交通安全开展整顿工作。培训并完善船员持证驾船手续153人，检验、规范小型运输船舶54艘，赠送客渡船救生衣、救生浮具各800件，规范了当地水上交通秩序；四是组织开展危险货物作业码头专项整治，对辖区所有危险货物码头的安全状况进行了拉网式检查，强化港口码头危险货物作业的申报与现场监管，严厉打击瞒报、谎报等违法行为。

七、水运市场监管进一步加强

2009年，全市进一步加强了水运市场监管。一是加强水运企业经营资质动态监管，严格按照《国内水路运输经营资质管理规定》和《进一步加强水运企业经营资质动态监管》要求，加大企业经营资质跟踪力度，全市水运企业经营资

质检查率达100%;二是通过开展企业资质年度核查、专项治理和联合检查等方式,严厉打击非法及不规范经营行为。全市287家水路运输企业和130家水路运输服务企业参加了年度核查,对其中10家水运企业限期整改,取消了15家水运企业和11家水路运输服务企业的经营资质;三是建立健全水运市场信用机制。制定了《重庆市航运企业、船舶诚信评价办法(试行)》,对航运企业和运输船舶进行诚信度评选,规范经营行为,促进水运市场健康有序发展;四是严厉打击违规经营行为,维护正常市场秩序。对经营资质保持不好、发生安全责任事故的4家水运企业及23艘船舶分别进行了停业和停航整顿;五是按照"六个一律"开展了载货汽车滚装运输服务质量专项整顿。对不满足服务质量标准要求的11艘滚装运输船舶进行了停航整顿。

八、船检部门严把船舶检验质量关

2009年,全市船检部门按照船检质量管理体系运行要求开展船舶检验和产品检验工作,全市共审查各类图纸210套次,共检验各类船舶4361艘次,检验船用产品835件(套),全年未发生一起检验质量事故。按照《重庆市船舶设计能力评估及船舶修造适检条件暂行规定》的要求,对全市86家船厂的适检条件进行了评审。

九、水运节能减排效果明显

2009年,重庆积极推行船型标准化工作,支持、鼓励船东大力发展标准化、大型化船舶,有效促进了船舶节能降耗。其中,重庆内河船型标准化项目已正式被列入交通运输部交通行业第二批节能减排示范项目向全国推广。2009年全市船舶平均单位能耗由2002年的7.6kg/kt·km下降到2.9kg/kt·km,据测算,全市水运行业2009年度节省燃油约50万吨,减少二氧化碳排放150万吨。同时,运用科技手段,严格实施船舶污染治理,完成了53艘船舶的船用生活污水处理装置监控装置的安装工作,减少了船舶废弃物对环境的影响。

(重庆市港航管理局 阳斌)

通信业

2009年是全市通信行业深化电信体制改革、加快政府职能转变、统筹城乡通信发展的重要一年。在工业和信息化部、重庆市委、市政府的正确领导下,全行业坚持"服务社会、服务民生"的行业宗旨,深入学习实践科学发展观,积极推进两化融合,统筹协调3G发展,加快农村信息化进程,切实保护用户权益,保障网络信息安全,为重庆市城乡统筹协调发展做出了新的贡献。全年电信业务总量完成465.0亿元,比上年净增61亿元,同比增长14.5%;电话用户达到2050.0万户,比上年净增84.3万户,同比增长4.3%;互联网宽带用户达到202.3万户,比上年净增48.1万户,同比增长31.2%;互联网网民数达到760万;电话普及率达到72.7户/百人(按常住人口计算),比上年净增3.5户/百人;自然村通电话率达到100%,行政村互联网宽带普及率达到62%。

一、加快推进农村通信平台和信息化建设,实现了全市所有自然村通电话目标

在国庆六十周年前夕完成了彭水、巫山县等最后2230个自然村通电话任务,实现了全市64903个自然村全部通电话,使重庆市农村通信水平跃居西部前列。正式启动了行政村通互联网宽带工程,全年计划行政村通宽带任务1108个,实际完成了1127个。大力推进"信息下乡"工作,截止年底"信息下乡"覆盖全市511个乡镇、3012个村,乡镇完成比例为61.05%,行政村

完成比例为31.69%。

二、加强行业宏观指导，服务经济社会发展的能力不断增强

组织建成了全国规模最大的12条155M直达国际通信关口局的数据宽带专用通道。研究出台了《重庆市通信行业进一步加快发展的意见》和《重庆市宽带城市建设指导意见》。编制了《宜居重庆通信服务设施建设规划》，已纳入市委市政府《宜居重庆建设总体规划》和《关于建设宜居重庆的决定》的工作任务中。会同市级有关部门研究制定了"重庆信息高速公路"总体规划并送市政府审定。

三、统筹协调3G发展，大力扶持TD的发展和应用

在市委、市政府的大力支持，3G网络建设纳入"宜居重庆"专项规划，下发了《关于支持中国电信无线宽带信息网络建设有关事宜的通知》。特别是针对自主知识产权的TD建设，市委市政府组织召开了TD建设专题协调会，专门下发《关于支持重庆TD-SCDMA发展相关事项的通知》。5月17日世界电信日全市3G正式投入商用。2009年底共发展3G用户23万户左右，全年3G建设工程累计投入资金30多个亿，新建基站4079个，室内分布系统6046套，载频数16790个。基本实现了3G信号覆盖到各区县。

四、加强网络和信息安全管理，进一步净化了网络环境

加大整治互联网低俗之风的工作力度，全年共关闭经相关部门认定的淫秽低俗内容等违法网站1325个，关闭或暂关闭未备案网站6021个，删除有害信息3000余条。积极部署整治手机媒体低俗之风活动，强化对接入服务市场整治工作，严把市场准入和年检关，加强互联网站备案管理，接入网站备案率和备案信息准确率均达到或超过工信部要求。大力创建网络文明，联合市委宣传部、市政府新闻办公室开展了手机"传箴言"活动，行业已经累计参与用户数1.28亿人次，短信上传量为1682.2万条。

五、强化服务质量监管，营造了用户满意、放心的消费环境

按照"服务社会、服务民生"的行风建设主题，充分发挥社会监督作用，深化了行风建设和评优帮差工作。电信用户满意度测评结果均达到满意水平。及时解决用户反映的热点问题，妥善处理用户申诉和意见建议，投诉处理及时率、回访率均达100%。积极引导运营企业开展关注社会弱势群体工作，深入推进信息无障碍工作。进一步提升农村服务质量水平，着力解决了农村固话、宽带资费水平高于城市的状况。

六、加强应急通信管理工作，全市应急通信保障能力得到了有效提升

进一步完善了自然灾害防范应对及应急通信保障体系，积极参与政府应急体系平台搭建，融入市级应急保障体系，圆满完成了大规模的重庆市突发大面积停电事故应急联合演练。会同重庆警备区共同组织了2009年度应急通信保障军地联合演练，检验并展示了军民融合、军地一体的应急通信综合保障体系建设和训练成果。及时妥善地应对应急通信保障任务，完成了"5.30"同华煤矿矿难、"6.5"武隆山体垮塌以及城口洪水灾害等事件的应急通信保障工作。

2010年是"十一五"的收官之年，对重庆通信业迅速发展，实现电信业战略转型至关重要。全行业将全面贯彻党的十七大、十七届三中、四中全会精神，以中央经济工作会议、全国工业和信息化工作会议、重庆市经济工作会议的既定部署为依据开展全年工作，抓住"强化监管，服务社会"这条主线，以有利于社会稳定和安全、地方经济改革和发展、人民生活水平提高为标准，加强管理创新、服务创新和监管创新，加快推进全市通信业转型发展，全面开创重庆通信行业发展的新局面。

（重庆市通信管理局 马良）

商贸流通业

一、2009年发展回顾

2009年，全市商贸流通产业在国家“扩内需、促消费”等一系列宏观调控政策指导下，按照“建设大市场、发展大贸易、培育大企业、搞活大流通”和“一保二建三打造”总体思路，抢抓机遇，加快发展，取得可喜成绩。

(一)发展概况

流通规模扩大。全年社会消费品零售总额2479.01亿元，名义增长18.6%，高出全国3.1个百分点，剔除价格因素实际增长21.9%，高出全国5个百分点，位列全国第4、西部第3；商品销售总额6038.95亿元，增长20.5%。对经济社会贡献增强。商业增加值657.24亿元，增长19%，高于GDP增速4.1个百分点，占GDP比重10%，占三产比重26.5%，支柱产业作用明显；全行业吸纳就业人员288万人，排非农产业第一位，成为吸纳就业人员的主渠道。城乡差距缩小。城镇市场实现社零1852.95亿元，增长18.7%；农村626.06亿元，增长18.5%，对全市社零增长贡献率达25.1%，同比提高3.8个百分点。农村市场持续升温，促进城乡增幅差距逐步缩小到0.2个百分点，与去年同期相比拉近了5个百分点，改变了城镇市场一花独放局面，为统筹城乡发展创造了条件。住宿餐饮增长强劲。在假日、旅游等消费带动下，全市住宿餐饮市场继续走强，全年实现零售额381.27亿元，增长21.9%，增速持续15个月位居各行业之首，高于批发零售业3.6个百分点，同比提高2.8个百分点，拉动社零增长3.3个百分点。耐用商品销售火爆。2009年限额以上批零企业25种大类商品销售额全面增长，增速达31.1%，对社零贡献率67.5%，成为拉动社零快速增长的有力支撑。其中，汽车、电器、家具等耐用消费品成消费新热点，销售增幅加速上升，分别达到45.3%、25.5%和67.5%，拉动总销售增长13.5个百分点，贡献力量日渐强盛。

(二)主要特点

1.“家电(汽摩)下乡”成效显著。全年家电、汽摩下乡政策拉动农村消费47.6亿元。家电下乡产品销售123.82万台，销售额23.25亿元，其中：录入信息系统113.62万台，金额21.57亿元，列全国第12位，每万户购买量列西部第1位，全国第2位，兑付补贴资金2.64亿元，兑付率96.2%，列全国第7位。汽车、摩托车下乡产品销售27万台，金额24.35亿元，其中：录入补贴系统15.92万台，金额15.9亿元，兑现补贴资金1.7亿元。产品下乡区域辐射全市40个区县以及北部新区，销售服务网点达6973个。在政策实施过程中，积极探索措施办法，创造了“三个率先”，为全国深入推广“家电(汽摩)下乡”工作探索成功的路子做出了努力。一是率先在全国缩短补贴兑付时间，简化兑付程序，创新实施“2+4”、“两个一”补贴政策。二是率先在全国实施“专用发票”，解决了销售网点开票难问题，减轻了纳税负担。三是率先在全国实施摩托车下乡产品带牌销售政策，解决了摩托车不上牌照、不便于交通管理的弊端，拉动摩托车产业加快发展。

2.“万村千乡市场工程”在全国率先实现全覆盖。2009年，全市继续加大“万村千乡市场工程”建设力度，在11月底全面完成建设任务，提前一个月实现“万村千乡市场工程”覆盖全市所有的乡镇、行政村的目标，走在了全国前列。全市共有58个承办企业在全市39个涉农区县实施“万村千乡市场工程”，累计建成乡镇超市和村级便民商店19984家，其中乡镇超市1728个、村级便民商店18256个，日用消费品农家店10081个，农业生产资料农家店9903个，建设改造55个县级商品配送中心，新增商业面积39.6万平方米，新增农村就业7.3万人，实现销售30.1亿元，拉动农村社零增长2.5个百分点。项目的实施，进一步提高了农村商品统一配送率，日用品乡镇超市配送率达80%以上，村级店配送率50%以上，农资商品基本实现统一配送。在加快信息化建设上也取得突破性进展，建成并启用“重庆市万村千乡市场工程综合信息服务平台”，注重功能聚合，实现“一网多用”，完成农村物流、信息流、资金流的统一交互。同时，通过基地直采、直建基地、贴牌销售、引导农民以物易物等方式，建立起工业品下乡进村、农产品出村进城的“双向流通”模式，加速提升商贸综合服务点功能。

3.“双进工程”加速推进。一是引导生活服务企业深入社区。2009年，按照宜居重庆建设要求，全市大力推进社区商业建设，积极引导美容美发、洗染、家政服务等生活服务企业到社区开设网点，开设各种便民便利店，不断完善社区商业市场体系。全市共建成商业社区161个，其中2009年新建商业社区67个；新增社区商业经营网点3460个，其中连锁经营网点361个，完成投资12.9亿元。二是创建培育示范商业社区。按照“1(综合超市)+11(必备业态)+9(发展业态)”的模式，大力开展商业示范社区的创建工作。2009年，全市培育创建市级商业示范社区32个，申报国家级商业示范社区4个。三是大力实施标准化菜市场示范工程。全市投资6268万元，改造建设5.2万平方米的标准化菜市场35个，为当地居民便利消费和放心消费提供了条件。

4.“双百市场工程”有序开展。截至2009年底，全市共完成了12个农产品批发市场和15个县、乡镇农贸市场的升级改造。中央财政共投入5192万元补贴资金，对全市31家农产品批发市场、农贸市场和农产品流通企业的49个建设项目给予了支持，包括冷链系统、质量安全可追溯系统、监测中心、安全监控中心、废弃物处理中心、配送中心和基础设施项目。市上也安排配套资金2130万元，协助落实贷款6.8亿元。已初步形成“中央重视、地方配套、企业积极”，共同促进农产品流通体系建设的局面。这些项目的建成和运营，为提升农产品流通基础设施水平、改善农产品流通环境，完善农产品流通体系建设方面发挥了重要作用。

5.“农商对接”活动收效较好。为加快农产品流通现代化进程，全市积极开展“农商对接”活动，探索农商对接有效途径，创新产销一体化模式，畅通“农产品”进城的绿色通道，收获良好成效。全年共举办16场“农商对接”活动，共有1153家买方企业与462个加工企业、442个专业合作社、501个种养大户对接，88000余人次参与活动，现场达成意向并成交13.05亿元，实际成交6.44亿元，引导1.1亿元社会资本投入农村建设3.82万亩农产品生产基地。积极开展“农超对接”试点，通过加大财政投入，积极推进大型连锁超市、农产品流通企业直接与鲜活农产品产地的农民专业合作社对接，切实解决农产品“卖难”问题。全年共确定了13家连锁超市及农产品流通企业与26个农业专业合作社对接，并争取了2415万元项目资金给予扶持。

6.长江上游“购物之都”建设进展顺利。一是大企业大市场大商圈集中度明显提高，聚集辐射能力显著增强。全市共培育百亿级企业4家，50亿级企业5家，10亿元级15家，主体培育位居西部第一。商社集团销售额突破300亿元，升位全国商贸百强前十，西部第一。亿元级市场由上年的128个增加到132个，其中朝天门、观农贸、南坪医药、巨龙钢材、恒冠钢材、绿云石都等6个市场进入百亿市场行业，全年新增百亿市场3个。百亿级商圈由去年的2个增加到5个，实现零售额692.74亿元，占全市社零比重为27.9%。二是商业设施面积逐步扩大。全年新增商业零售面积160万平方米、市级商业示范社区32个、建成区县商圈24个。南坪商圈改扩建工程、南坪上海城等一批重大项目投入使用，观音桥商圈改扩建工程启动，宜居商业建设迈出实质性步伐。三是现代流通方式和各种新兴业态加快发展。2009年，全市连锁店1.4万个，实现销售额795.6亿元，同比增长29.4%，占社零总额32.5%，同比提高2.7个百分点。直销、网上购物等新型流通业态快速发展，商务部公布的17种零售业态一应俱全。

7.西部“会展之都”加快建设。全年共举办国际性、全国性、区域性各类展会284个，同比增长30.3%，展出面积146万平方米，增长35.1%，实现会展收入10.1亿元，增长46.4%，拉动消费77.9亿元，增长41.6%。其中规模达1万平方米的展览活动40个。开展全市性“迎新春·促消费”购物美食月和国庆·中秋惠民消费活动等节庆促销活动120余个。开拓创新区县特色会展，南岸、渝中、江北、九龙坡、北碚等区县举办会展活动10个以上，潼南蔬菜采购会辐射西部地区，荣昌中国畜牧科技论坛、黔江武陵山民族文化节、綦江版画艺术节、巫山红叶节、梁平双桂节、垫江牡丹节等特色会展吸引大量中外客商参观参展，收效较好。编制完成了中国西部会展中心建设规划和立项，将启动建设展览面积40万平方米、配套设施100万平方米以上的会展经济集群，切实解决场地不足的发展瓶颈，迈出建设西部“会展之都”第一步。

8.中国“美食之都”建设取得实效。编制了《重庆市美食之都建设规划》，成功举办了第四届火锅美食文化节、“中国(台湾)美食活动周”，制定了《重庆火锅分等定级评定标准》，开展了“早餐示范工程”调研，并已在4家餐饮企业开展试点，促进了餐饮业健康发展。17家餐饮企业入围全国百强，陶然居、德庄、小天鹅跻身前十，陶然居更入选上海世博会参展企业。新增市级美食街11条、中华美食街3条、国家级酒家酒店13家，推荐评定中国服务大师和名师10名，星级农家乐100家。全年餐饮住宿业实现社零总额381.27亿元，同比增长21.9%，比全国平均水平高5.1个百分点。

二、发展中面临的挑战

一是进一步扩大消费需求的难度较大。2008年底以来，国家相继出台了一系列扩大内需、促进消费的政策措施，包括4万亿投资、家电下乡、汽摩下乡、汽车以旧换新、家电以旧换新等政策，有力地促进了消费。但从整体来看，扩大消费的效果仍不太明显，因此大幅度扩大消费需求的难度不小。二是商贸服务业发展不进则退。商贸在全市经济中所占的比重仅有10%左右。随着经济逐步复苏，出口将大幅度增加、工业将加快发展，商贸服务业在国民经济中的比重可能还会下降。未来几年全市工业经济将呈跨越式发展，工业增加值占GDP的比重将会大幅度上升，这同时也对商贸流通产业发展增加的压力。商贸流通产业必须适应新形势，乘势而上，才有更大的作为。不采取“大动作”，不想办法超常规发展，商贸服务业对全市经济发展的贡献将会减弱，跟不上全市经济的快速发展。三是保障市场平稳供应的压力增大。总体来说，我国总供给大于总需求、大多数产品供给充裕的局面没有改变，但国际大宗产品价格上涨可能向国内传导，国际上影响农产品价格的因素日益增多。虽然国内农产品连年丰收，但在成本推动和通胀预期影响下价格也存在上行推力，今年农产品价格走势难以预料。同时，从去年以来，货币信贷投放较多，对物价也会产生一定的滞后影响，加上资源税费，水、气等基础性产品价格改革的推动，物价上涨的压力较大，保证市场供应、维护市场平稳运行难度增加。四是城乡商贸服务业发展不平衡。在国家各种经济政策刺激下，近几年全市农村消费出现可喜局面，但总的来说城乡商贸服务业发展依然不平衡，农村仍然落后于城市。特别是城市与农村商业设施的结构性矛盾较为突出，主城区、大城市大型商业用房闲置较多，县及县以下农村商业设施较少，小门店较多，缺乏可以承接大型商业企业进驻的商业设施，缺乏足够的农产品专业市场，以街为市、以路为场的现象较为普遍，难以有效满足农产品流通需要，发展农村商贸服务业任重道远。五是商贸服务业配套不适应城市化快速发展的要求。目前，新开发的不少城市住宅小区，但一些地方商业不配套、商业设施和商业网点缺乏、购物消费不方便。下一步,随着城市化快速推进,主城将加速扩容,全面进入外环时代,主城建设包括城市道路、桥梁、轨道交通、公共服务以及房地产开发等,都要以外环高速公路为扩张线全方位拓展,最终形成几十个二、三十万人左右的人口集聚区,在内外环之间新增500多万人口。因此,商贸服务业如何跟进发展、商业网点如何布局、新建住宅小区商业设施如何配套、如何从商贸角度打造宜居环境,成为摆在我们面前的新课题,这既是商贸自身发展的问题,也是一个民生问题。

三、2010年发展目标任务

2010年,全市商贸服务业发展的主要目标是:全年实现社会消费品零售总额增长18%,商品销售总额增长18%,商业增加值增长15%,连锁销售额增长20%。实现百亿商圈5个,百亿企业5个,百亿市场8个,新增商业设施面积100万平方米。

主要发展任务就是继续实施"一保两建三打造",即,一是切实保障市场供应,维护城乡市场稳定;二是继续推进商贸网络体系建设,促进城乡商贸协调发展;三是建立整顿和规范市场经济秩序有效机制,促进行业规范发展;四是打造会展之都,培育壮大会展经济;五是打造购物之都,建设生活消费乐园;六是打造美食之都,引导餐饮业上档升级。

(重庆市商业委员会 蒲 新)

专利管理

2009年,全市专利工作按照熙来书记"将重庆建设成为保护知识产权的模范城市"重要指示精神,认真贯彻落实《重庆市人民政府关于创建知识产权保护模范城市的意见》,紧密围绕全市经济发展大局,狠抓服务能力建设,着力提升创造、运用、保护和管理水平,全年工作取得新的突破。专利申请量首破万件大关,达13482件,增长62%。其中发明专利申请3845件,增长93%;企业专利申请6886件,增长68%。专利授权量达7501件,增长56%。其中发明专利授权834件,增长57%;企业专利授权4228件,增长72%。超额完成市政府下达的目标任务。

一、创建知识产权保护模范城市

2008年4月9日,在国务院常务会议审议并原则通过《国家知识产权战略纲要》的同一天,中央政治局委员、重庆市委书记薄熙来在参加重庆市民营企业座谈会时明确提出"让重庆成为保护知识产权的模范城市"。市政府贯彻薄书记重要指示精神,于2009年正式出台《重庆市人民政府关于创建知识产权保护模范城市的意见》,标志着重庆市创建知识产权保护模范城市正式进入实施阶段。

一年来,通过各级各部门的共同努力,全市创建知识产权保护模范城市工作顺利启动。

一是狠抓宣传,扩大影响。在426保护知识产权宣传周期间举行创建知识产权保护模范城市千人誓师大会,在大渝网设立专题网页,开展"重庆'12330杯'创建知识产权保护模范城市网络有奖竞赛"。召开全市创建知识产权保护模范城市电视电话会议,对创建工作进行全面部署,童小平副市长明确提出"抓知识产权就是抓经济,抓发展"理念。强化知识产权保护模范城市宣传工作,完善宣传通联工作网络,建立信息联络员制度,编辑出版《重庆知识产权》刊物6期,开展宣传报道。二是分解任务,狠抓落实。市政府将《意见》主要任务分解到相关部门,建立动态反馈机制,狠抓督办落实,编印创模工作简报7期,及时反映各部门、各单位创模工作开展情况。探索建立与经济联系的统计指标体系，与市统计局、经信委等部门研究，将规模以上工业企业专利应用统计指标体系纳入统计渠道。完善专利激励机制，对专利资助政策进行清理和规范，从政策上防范非正常申请，鼓励对知识产权运用开展资助和奖励。三是两级联动，工作下沉。专利指标统计测算纳入市委组织部对区县（自治县）主要领导实绩考核，市政府办公厅对各区县（自治县）专利申请和授权情况进行通报。在2009年区县政府机构改革时，经市编委审核，市委、市政府同意，批复25个区县在科委增挂知识产权局牌子。江北区被国家知识产权局批准为全国知识产权试点城区；沙坪坝、江北、南岸、九龙坡等4个区县被纳入国家知识产权强县工程进行试点。

二、启动两大战略行动

2009年，为应对国际金融危机，服务外向型经济，和启动了针对“走出去”和“引进来”战略的“两大行动”。

“重庆制造走向海外知识产权护航行动”。一是建立出口产品预警机制。编辑出版《国外专利法律制度选编》，免费提供给外向型企业，帮助重庆企业熟悉国外知识产权制度和规则。对力帆集团620轿车出口美国、欧洲等国家和地区开展主要竞争对手专利状况进行检索分析，防范新产品在海外的知识产权侵权风险，稳步开拓国际市场。二是开通涉外知识产权问题应对通道。与市外经贸委共建涉外知识产权“绿色通道”，帮助企业积极应对国际知识产权壁垒和知识产权疑难问题。帮助嘉陵集团绕过日本本田公司的专利壁垒，开发不抵触专利或使用替代技术，开拓国际市场。三是支持重点企业开展海外知识产权应对工作。设立“专利海外护航”专项，对8个重点企业给予重点支持。针对长安集团在海外建立生产线情况，重点支持其目标国专利申请，开展目标国专利态势研究分析，保障其数以亿计的投入和未来市场。组织申报国外申请专利专项资金资助项目，海扶、隆鑫等11个单位的43个专利项目获得220余万元专项补助。

“扩大对外开放促进招商引资知识产权服务行动”。一是建立与外商投资企业沟通对话机制。建立了招商引资重点企业联系制度，包括15家IT、商业、金融、机械制造、化工、农业等多领域的外资以及合资企业进入首批联系目录。利用全国外商机构保护知识产权座谈会平台，积极寻求与外商投资机构在知识产权领域的合作。二是为外商提供知识产权贴身服务。与市外经委建立知识产权促进招商引资的工作机制，拟定“关于向来渝外商投资企业提供知识产权贴身服务方案”，在强化招商引资知识产权政策支持、开展服务重点企业系列活动等方面做了详细计划。为英国诺实科技低碳工业园项目落户重庆开展知识产权磋商，为全市低碳经济发展做出积极贡献。三是开展国际知识产权交流合作。参加英领馆举办的“明日中国”活动，举办“知识产权与创新研讨会—开放型经济中的知识产权模范城市建设研讨会”、“重庆地理标志（原产地名称）保护论坛”大型活动，扩大知识产权对外交流与合作。

三、实施四大专利工程

实施“重点产业集群专利引领工程”。按照童小平副市长“促进专利在产业结构调整中发挥作用”的重要批示，组织力量开展深入调研，撰写《发挥专利作用促进产业结构调整调研报告》，形成了汽车摩托车、电子信息、装备制造等3个优势产业调研报告成果；筹备召开全市专利促进产业结构调整座谈会；围绕全市产业调整和振兴规划，与市发改委、经信委、科委等部门共同拟定《关于发挥专利作用促进产业结构调整的意见》，建立专利促进产业结构调整长效机制。协助市科委、市发改委等部门开展新兴战略性产业发展规划的编制工作。为新能源、新材料、新医药和生物产业、航空航天、电子信息、新能源汽车、节能节水环保、人工智能等新兴产业提供专利分析，重点承担了煤变气、纯电动汽车产业发展专利分析报告任务。

实施“重点园区专利促进工程”。积极推进西永微电园、江北五里店工业设计园国家知识产权园区试点工作。西永微电园突出运用知识产权招商引资，成功引进惠普、富士康等IT巨头入驻园区，为重庆IT产业发展奠定了基础。江北五里店工业设计园突出工业设计特色，支持工业设计企业专利的样品和小批量生产服务；开通“中国外观设计专利智能检索系统”和“专利信息检索服务平台”，园区90%的企业申请了专利。会同市科委、市工商局、市版权局联合开展市级知识产权园区试点工作，通过专家评审，首批确定重庆西永微电子产业园区、重庆市建桥工业园、重庆五里店工业设计中心、重庆市西彭工业园区、重庆市万州工业园区、重庆白涛化工园区、重庆市晏家工业园区、重庆市大足县工业园区等8个园区开展试点工作，探索加强园区知识产权管理体系、执法体系和服务体系建设，建立试点园区“直通车”服务和中介机构与试点区服务对接平台，建立集专利、商标、版权“三合一”的园区服务窗口，在园区知识产权创造、运用、保护和管理方面加强信息引导和经验交流。

实施“优势企业知识产权提升工程”。一是组织实施国家知识产权试点工作，建设集团、太极集团、渝安集团、海扶科技等4家企业通过第三批国家知识产权试点单位验收，涪陵区对太极集团获得“第十届中国专利金奖”的“太罗”专利项目重奖50万元，该产品2009年在国内同类产品市场占有率上升到50%以上，销售产值1.2亿元，增长率达100%。力帆实业（集团）有限公司建立完善的知识产权管理制度，实现了公司经营决策知识产权“一票否决”制度，企业市场收益95%以上来源于专利产品，2009年被确定为首批全国57家企事业知识产权示范单位之一；中冶赛迪、重庆理工大学等23家企事业单位被列为第四批全国企事业知识产权试点单位。二是与市中小企业局共同开展中小企业知识产权试点工作，制定并出台《重庆市中小企业试点工作方案》，邀请英特尔公司、海信集团等知名企业知识产权管理专家对试点企业进行培训，向试点企业免费开通专利全文数据库通道，为紫光化工等5家企业建立了专题数据库，对4家试点工作成效显著的企业给予重点支持。

实施“知识产权紧缺人才培育工程”。一是做好培训规划，培养专业人才。制定《2010—2015年重庆市知识产权培训规划》。支持重庆知识产权学院打造“西部知识产权培训中心”，探索开展经过3年制理工科专业学习的专科毕业生中选拔参加2年知识产权专业训练的专转本3+2培养模式，以及从普通本科理工科专业二年级学生中选拔参加2年知识产权专业训练的2+2知识产权人才培养模式。二是多层次多渠道开展人才培养。市局领导到党校、区县开展经济发展与知识产权专题讲座；组织专家深入企业、高校、科研院所宣传普及新《专利法》及相关知识；举办全国专利代理人考前培训强化班，组织专利代理人考试，为社会培养急需的中介服务人才；开展首次专利专业人员资格考试。三是加强企事业单位知识产权管理人员的在职培训。组织10多家企业知识产权管理人员赴深圳华为、比亚迪等企业学习调研；邀请专利局和复审委审查员为9家国家试点企业开展专题讲座，为企业提供个性化服务。

四、加强专利保护

完善保护机制。建立行政执法与刑事司法衔接机制，对重大知识产权案件的信息沟通和流转程序进行了规范。成立了重庆维权援助中心。对市领导批示、社会影响较大的重庆川东化工（集团）有限公司、重庆嘉陵化学制品有限公司、锦湖石化重庆有限公司等专利纠纷案件进行了协调处理。我市一项发明专利作价3500万元，引进世界500强之一的韩国锦湖石化在我市打造轮胎材料生产基地。当该公司面临一场专利诉讼，对韩方投资有直接影响时，市局高度重视，与国家知识产权局多次磋商，指导企业合理运用策略进行诉讼，目前案子一审已经胜诉，鼓舞了韩方投资信心，保住了6.5亿元以上的项目投资。委托区县开展专利行政执法工作进行实质阶段，通过培训和考试，已有150多人拿到了国家知识产权局颁发的专利行政执法证，每个区县科技主管部门都具备3名以上的专利行政执法人员。指导黔江、长寿、南川、渝北等区县开展具体行政执法案件的处理工作。

开展执法活动。按照国家知识产权局的统一部署，开展"天网"、"雷雨"专项执法检查活动，联合公安、工商、质监、卫生等部门组成了30余人的执法工作组，以食品、药品等领域为重点，开展2次大型侵权行为的查处活动，对主城区、三峡库区，渝西地区等商业环节的专利产品进行抽查，共出动执法人员500人次，检查商业场所200余家，检查商品近30000件，严厉打击了专利违法行为，维护了公平竞争的市场秩序，收到了良好的社会效果。全年调处专利纠纷10余件，涉案标的200余万元，办理维权援助案件9件。接收并转交知识产权举报投诉案件9件，其中6件为专利侵权案件，3件为版权侵权案件，相关执法部门办结反馈中心7件，案件结案率达到78%；开通知识产权维权援助热线"12330"，接待咨询服务1120余人次，咨询服务满意率达到98%以上。重庆市专利执法工作得到了国家知识产权局、公安部的联合表彰，市知识产权局被授予"知识产权执法保护先进集体"称号。

五、优化专利服务

专利信息服务。加强重庆摩托车(汽车)知识产权信息中心建设，围绕将中心建设纳入全市"十二五"重大工程项目建设规划，打造区域专利信息中心的目标开展工作。一是完善信息资源，争取国家知识产权局支持，将中心作为首批全领域专利数据库使用单位，完成对原中外专利数据库的升级和扩容，新安装的全领域专利数据库其收录国家达到70多个。二是完成中心扩容搬迁工作，硬件功能得到改善。办公面积从350平米扩大到1060平米，对网络接入、安全等设备进行相应的改造。三是切实开展信息服务。编辑出版《重庆市专利统计简报》，重点对重点产业专利情况进行统计分析，对历年全国各省市专利基础数据进行整理、分析，为领导决策提供参考；为长安、力帆、建设、蓝硕光电、邦桥科技、山峰卡万塔等80余家企业提供专利信息50余万条，并为企业举办专利检索专题培训班。

专利转化服务。一是政策推动，金融支持。与市科委、市财政局、市银监局共同出台《重庆市知识产权质押贷款贴息暂行办法》，对科技企业的知识产权贷款给予补贴，重庆杜克高压密封件有限公司、重庆工业自动化仪表研究所获得专利质押贷款600万元。举办全国知识产权评估培训班，对全市金融机构、评估机构、企事业单位进行培训。二是举办"2009·第三届中国专利周重庆展示交易会"，43家企业、8个高校院所和165位非职务发明人的500多项专利技术参展，8个项目达成意向性协议。三是开展专利成果的推广协调，为专利权人特别是个人专利成果推广进行项目推荐和协调。帮助节水装置专利技术进行推广，组织专家进行论证，协调试点场地，目前已经开展试点检测，如果技术方案可行，节水效果达标，将在全市进行推广。

专利中介服务。批准成立北京瑞盟知识产权代理有限公司重庆办事处，全市知识产权中介服务机构达到13家，建立推进中介服务机构创优建设和品牌建设实施方案；引导中介服务机构与区县进行工作对接；加大对专利代理市场的整顿力度，对"重庆西盾商标代理公司"、"重庆国冠知识产权服务有限公司"开展查处工作。加强中介从业人员执业监督，建立和完善培训、惩戒等制度，规范和约束中介服务人员的行为。

(重庆市知识产权局　颜冲)

金融业

一、2009年发展回顾

2009年是新世纪以来我国经济发展最为困难的一年。在人民银行总行正确领导下,重庆营业管理部明确发展方向,有效应对,积极支持重庆经济尽快止滑向好。按照中央“扩内需,保增长”政策要求并结合中央对重庆的定位,认真贯彻适度宽松的货币政策,加强信贷投向指引,不断提高“窗口指导”的有效性,引导货币信贷持续健康增长。在国际金融危机的背景下,人民银行重庆营业管理部加强系统性金融风险的预警和防范,加大金融稳定监测频率,提高风险预判水平。开展贷款集中度和政府融资平台信贷调查,高度关注信贷结构风险。完善存款类法人金融机构流动性监测分析体系,建立区域金融市场周报和金融理财产品季报监测制度。开展法人金融机构压力测试,提高量化系统性风险能力。有效应对和处置金融突发事件。研究建立区县金融生态环境评价体系。

人民银行重庆营业管理部不断提高中央银行金融服务水平,促进重庆金融基础和生态环境有效改善。金融对外开放程度进一步提高,金融组织体系更趋完善,银行布局结构明显优化,恒丰银行、汉口银行、花旗银行、华侨银行4家市级银行、梁平澳新村镇银行等5家村镇银行批准设立,澳新银行、渤海银行、成都银行、湛江市商业银行积极在渝筹建分行,呈现出大中小、中外资银行齐头并进、共同发展的良好格局。金融要素市场建设加快,重庆股份转让中心、农畜产品交易所、农村土地交易所、联合产权交易所挂牌开业,区域银行同业市场和票据市场发展保持西部领先,金融要素各类市场建设不断提速上档。

在努力改善重庆金融基础和生态环境的同时,人民银行重庆营业管理部立足市情,主动服务于重庆又好又快发展。一方面,及时对接市委、市政府重大战略决策,积极向上级争取政策支持,综合运用货币信贷、外汇管理、金融服务等多种手段,大力支持统筹城乡、“五个重庆”、内陆开放高地、长江上游地区金融中心等重大战略的实施,切实加强对经济社会薄弱环节的金融支持。对此市委、市政府给予了高度评价,黄奇帆市长指出,“2009年全市金融业一马当先,成为名副其实的支柱产业,内陆开放高地建设取得突破,营业管理部和外汇管理部功不可没”。另一方面,继续强化智力服务,积极参与地方重大经济金融问题的研究决策和重大经济金融项目攻关,在合理确定年度信贷增长目标、推进区域金融健康快速发展、有效防范金融风险等方面建言献策并取得了明显成效。

(一)金融形势

2009年,重庆市积极应对金融危机不利影响,切实贯彻国家“保增长、扩内需”各项政策措施和3号文件精神,加快推进统筹城乡改革发展,经济运行回升较快,扭转了金融危机后急剧下滑的势头,金融业发展势头良好,增速高居各行业之首,成为支柱产业和经济复苏的主要动力之一。

2009年,全市银行类金融机构的资产和负债规模快速增长,资产质量持续向好,经营效益取得长足进步。全市银行业资产总额14265.2亿元,比年初增加3944.1亿元,增长38.2%,实现利润174.7亿元,同比增长26.8%;负债总额13883.5亿元,比年初增加3878.6亿元,增长38.8%。全市银行业不良贷款余额134亿元,比年初减少32.4亿元,不良贷款率1.51%,比年初下降1.15个百分点,保持了连续9年“双降”的良好态势,成为中西部乃至全国金融生态环境最好的地区之一。

(二)金融运行特点

1.存款

各项存款余额突破万亿元，活期化趋势明显。

在总体流动性宽松的背景下，全年存款快速增长，人民币存款增幅持续高于上年同期水平。截至年末，全市金融机构本外币存款余额11084.8亿元，同比增长36.8%，比年初增加2985.2亿元，同比多增1508.7亿元。其中，人民币存款余额10933亿元，同比增长36.3%；比年初增加2913.4亿元，同比多增1430.8亿元；外汇存款余额22.2亿美元，比年初增加10.5亿美元，同比多增10.6亿美元。

从存款结构看，人民币企业存款比年初增加1398.1亿元，同比大幅多增1025.3亿元，年末余额同比增长58.6%。上半年在贷款增长引起派生存款多增、大企业贷款多而用款进度相对较慢等因素影响下，企业存款增长逐月加快，下半年随着贷款增长放缓而经济回升下企业用款增多、上年存款基数增高，企业存款同比增速在2009年8月创下64.9%的历史新高后开始逐月回落。人民币储蓄存款比年初增加919.7亿元，同比多增158.8亿元，上半年同比增速保持在27%左右水平，下半年在股市、楼市的分流下，增长有所放缓，年末同比增长23.1%。票据融资波动带动企业保证金存款先增后减，1~12月以保证金为主的其他存款增加260.9亿元，同比多增29.3亿元。

从存款期限看，居民和企业倾向于活期存款，全年新增存款近七成为活期存款，较上年同期提高24.4个百分点，下半年表现更为明显，反映出市场流动性总体充裕，经济活跃程度逐渐恢复。

2.贷款

贷款增长大幅提速，中长期贷款占主导地位。

截至年末，全市金融机构本外币贷款余额8856.6亿元，同比增长41.7%，连续9个月超过40%；比年初增加2604.6亿元，达2008年全年增加额的203.6%，同比多增1325.7亿元。其中，人民币贷款余额8766.1亿元，比年初增加2577.3亿元，同比多增1296.5亿元，同比增长41.6%；外汇贷款余额13.3亿美元，比年初增加4亿美元，同比多增3.7亿美元。上半年，按照适度宽松货币政策要求，金融机构加大贷款投放力度，新增人民币贷款2005.5亿元，贷款增速逐月加快至8月末50.4%的历史新高，同比增速1~9月列居全国第1位，下半年银行加强内部信贷控制和风险管理，贷款增速高位回落，月度增量大幅减少，下半年增量仅为上半年的约四分之一。

从贷款期限看，贷款中长期化趋势明显，票据融资增长高位回落。2009年，全市短期贷款和中长期贷款分别增加123.3亿元和2292.4亿元，同比分别多增54.8亿元和1371.2亿元；票据融资增加161.4亿元，同比少增130.7亿元，三者占各项贷款新增额比例分别为4.8%、88.9%和6.3%，中长期贷款增量的占比比上年同期提高16.7个百分点。

从贷款投向看，银行业进一步加大了对重点项目建设、重点产业发展、个人消费和经济薄弱环节的支持力度。截至年末，全市基本建设贷款余额3054亿元，同比增长49.8%，比年初增加1024.6亿元，占新增中长期贷款的44.7%。银行贷款占全市固定资产投资建设资金来源的四成以上。重点产业贷款保障较好。2009年贷款(不含票据融资）增量前5大行业依次是水利环境公共设施管理业、交通运输仓储邮政业、租赁和商务服务业、制造业和房地产业，合计新增贷款额约占全市公司类新增贷款的94.3%。以住房贷款为主的个人中长期消费贷款持续快速增长。年末，个人中长期消费贷款余额达到1438.1亿元，同比增长50%，比上年末加快27.4个百分点，比年初增加480.6亿元，同比多增304.1亿元，为2007和2008年全年新增额的1.6和2.7倍。对三农、中小企业、就业等薄弱领域的信贷投入力度加大。截至年末，全市中小企业人民币贷款余额3214亿元,同比增长52.1%,高于贷款平均增速10.5个百分点;涉农贷款余额1570.7亿元,同比增长41.3%,与贷款平均增速基本持平。小额担保贷款余额为14.1亿元,同比大幅增长161%,不良贷款率仅为0.7%,当年累计支持2.8万余人实现就业,其中返乡农民工贷款余额突破1亿元。

二、发展中存在的问题

2009年,在信贷快速增长的过程中,为抢占市场、争夺客户,银行不同程度地放松对政府背景项目贷款、优质企业贷款、个人住房贷款及票据融资的审批条件,主要表现为降低准入门槛、放宽抵押要求、增加授信额度、延长贷款期限和实行优惠利率。部分银行对项目资本金到位真实性审查不严,存在项目资本金未按合同约定到位即发放贷款情况。投资项目资本金不足、少数产能过剩行业的信贷增长较快、房地产价格上升较快、钢铁等大宗或原材料商品投机行为增多等对相关行业和企业的贷款质量可能产生不利影响,存在风险隐患。年末,全市有6家银行不良贷款余额较年初上升,下一阶段面临更加复杂的经济形势,银行不良贷款控制压力较大。

三、2010年发展目标

2010年是“十一五”规划的最后一年,也是新一轮西部大开发的开局之年,做好今年各项工作意义重大,同时也面临较为复杂的国内外形势。

人民银行重庆营业管理部将按照总行的工作要求,认真贯彻落实适度宽松的货币政策,支持地方经济发展方式转变和经济结构调整,推动金融创新,维护金融稳定,防范系统性金融风险,全面提升金融服务水平,完善人民银行系统自身建设。

(中国人民银行重庆营业管理部 杜婕)

保险业

一、2009年发展回顾

(一)发展速度继续保持全国前列

2009年,重庆保险业实现保费收入244.70亿元,同比增长22.02%,增速高出全国平均水平8.19个百分点,居全国各省市第5位,直辖市第1位,并已连续4年排在全国前6位。保费规模排名全国第18位,在西部地区12个省(自治区、直辖市)中仅次于四川和陕西。

(二)行业实力进一步增强

截至2009年末,全市保险业总资产达427.3亿元,同比增加99.6亿元,资产总额居西部第三。2009年全市新增保险机构66家,其中市级分公司1家,区县分支机构65家;新增保险专业中介机构4家,其中法人机构1家,市级分公司3家;新增就业1.5万人;上缴税金5.6亿元,同比增长40.5%。重庆的保险法人机构数量继续在中西部地区保持领先,三家法人机构2009年业务增速在全国143家保险法人机构中分别居第5位、12位和10位;可以运用的保险资金余额26亿元,同比增加16.6亿元;已在全国11个省(直辖市)设立14家省级分公司,筹建1家省级分公司,保险总部对资金和人才的聚集幅射作用进一步增强。

(三)保险的经济补偿功能进一步凸显

2009年,重庆保险业各类赔款和给付支出56.6亿元,同比增长24.1%;提取的未到期保险责任准备金已达547.5亿元,同比增长31.2%;处理各类赔案104.2万件,涉及63.6万家单位和个人。截至2009年末,重庆保险业承担有效风险额4.4万亿元,同比增长25.3%。

(四)参与社会管理取得新成效

2009年,道路交通事故责任强制保险承保车辆134.7万台,同比增加35.7万台,支付赔款8.4亿元,同比增长54.9%;"安全生产与保险良性互动"工作进展顺利,非煤矿山安全事故责任保险覆盖面达100%;中小学校方责任保险覆盖面达90%;环境污染责任保险在七个行业的35家企业启动试点;科技保险为37家(次)高新技术企业提供92亿元风险保障;农村医疗责任保险扩大到9个区县,投保乡镇卫生院(村卫生室、计生站)达960家。

(五)在社会保障体系建设中的作用进一步显现

截至2009年末,保险业为全市城乡居民积累长期养老和医疗准备金519.1亿元,同比增加132.8亿元,全市人均为1756元;正在为6616.2万人次提供养老、医疗和意外保险保障,较年初增加1293.1万人次;为67家企业提供年金受托人和投资管理人服务,管理基金达6亿元。2009年,在6个区县开展新农合补充保险,承保380万人次,支付赔款1476万元,参合农民在镇、区、市级医院报销比例分别提高5个、4个和3个百分点,报销封顶线从1万元提高到6万元;城乡住院分娩孕产妇和新生儿保险承保人次达18万人,赔款390万元。

二、发展中存在的问题

一是保险覆盖面较窄,贡献度较低。保险业务规模相对偏小,保险功能作用发挥得不充分,还不能完全适应经济社会快速发展带来的旺盛保险需求。二是业务结构不合理。保险产品雷同,有重庆特色的产品不多。规模型产险业务效益不高,保障型寿险业务占比仍偏小。三是发展方式粗放。重规模、轻效益,重当前、轻长远的问题普遍存在,公司内控管理、员工素质、服务能力等不适应快速发展的需要。

三、2010年发展目标

2010年,重庆保监局将按照中国保监会要求,紧紧围绕市委市政府的决策部署,努力推动保险业加快发展,不断提高保险业对经济社会的覆盖面和贡献度,把保险业培育成重庆现代服务业的重要产业。在引领发展方面,2010年重庆保险业的发展速度要高于重庆GDP增速,高于全国保险业平均增速;在市场监管方面,2010年要实现产险全行业扭亏为盈,重点改善保险理赔服务;寿险结构得到持续优化,销售误导等不规范行为被基本遏制,努力建设一个公平竞争、规范有序的保险市场。同时,深入推动保险业参与城乡统筹发展和"五个重庆"建设,高度重视积极协调推进保险创新发展试验区建设,积极服务金融中心建设。

(重庆市保监局　林子毅)

广播电视业

一、广播电视广告经营创收成效显著

2009年重庆广播电视总台广播广告与电视广告整合经营,广播与电视两种强势媒体资源双剑合璧,强强联手,围绕"业务创收"中心开展工作,借助会议营销、活动营销、经营创新、拓展经营、影响力营销等途径,彰显出广播和电视兄弟联手的强大力量,向广告客户们展示、汇聚了完善、优秀、丰富的广电资源,成为重庆乃至西南地区最具实力的广告经营机构。

在会议营销上,广告经营中心以广播广告与电视广告的整合之力为经营亮点,结合"中国红"品牌定位,在全国范围内举办了近20场营销推广会,涵盖大型推广会、小型补点推广会、植入式广告专题推广会、广播广告专题会、新业务拓展招商说明会(DTV电视指南及数字电视)、大型客户答谢会。借助会议营销,将重庆广电的媒体资源和平台价值进行深度植入,借助舞美效果、艺术的表现手段,以近距离、一对一沟通的方式,让客户在"声光电"的环绕下,切身感受重庆广电实力媒体的特殊价值,展现实力媒体形象。

在活动营销上,为配合淡季创收工作,中心策划并实施了一系列创收类营销活动:"欢欢喜喜过个节"、"东游记"、"广告中心成立视贺广告"等,为客户量身打造了广播电视广告套餐。通过广播与电视的深入融合及终端地推宣传,提升了重庆广电的市场影响力,为全年创收创造了新的增量,确保创收淡季不淡。

在创新经营上,中心创造性地推出了系列措施:在电视版块实施平台整合,搭建地面、卫视两个4A服务平台,促进专业化服务,避免频道间恶性竞争;广播广告地产行业暂时取消了行业独家代理政策,引入多个经营主体共同经营地产广告的新思路;药品行业是广播品牌广告以往的亏损行业,中心主动配合行业代理商与客户深入沟通,将与医院、药品类客户单纯的广告买卖行为转变为合作广告销售分成,让药品类品牌广告迅速回升;汽车交通行业中心积极协调频率与代理公司客户间关系,取得显著效果,使广播广告谋求了新发展。

另外,中心力图通过影响力营销,放大媒体价值资源。一是升级客户服务体系,以客户满意度为核心,建立专业化的客户服务平台,以卫视频道为试点,成立专业的服务团队,全力升级现有的VIP客户服务体系。二是借助与专业杂志合作及深入打造《视界》品质双向并重,搭建起品牌提升的平台和通路。三是整合营销提升品牌影响力。针对频道制后,频道间竞争的加剧,容易给客户制造投机机会,中心强化整合营销概念,通过创新广告、活动营销、增值服务等系列资源与平播广告的有效互动,增加媒体对客户的针对性服务,增强媒体品质,提高客户的合作忠诚度,有力削减单位时间价值的直接竞争,保证广告价值的正常体现,引导频道间达成"分而不散、良性竞争"的目的,实现扩大品牌影响,培养品牌忠诚的目的,最终实现品牌影响的最大化。

二、产业公司所属项目发展顺利

2009年产业系统各公司迎难而上,锐意进取,在继续做大做强传统业务的同时,积极寻找新的经济增长点,取得了可喜成绩:截至11月底,资产总额25.97亿元,比年初增加2.69亿元;所有者权益11.71亿元,比年初增加1.74亿元。累计实现营业总收入8.29亿元,完成全年计划的84.5%;实现利润总额1.65亿元,完成全年计划的195.19%;比上年同期增加2,507.95万元。

(一)主导产业

大力推进网络整合。截至2009年,在区县网络整合上,合川、武隆控股子公司相继成立;忠县分公司也已挂牌成立;开县有线电视网络资产的审计、评估已完成,有望年内完成整合组建分公司;在主城区企事业单位网络整合上,累计整合109个,共计23万余户。力推网络多元业务。一是"TV+"品牌首战告捷,截至2009年11月底,共完成互动机顶盒销售7.5万台;二是拓展全市网络建设重点项目,"平安重庆"、"卡拉OK联网"、"市委组织部远程教育数字平台"、"新华集团全市联网"五大重点项目目前均已完成合同签订;三是宽带业务品牌延伸,新发展宽带用户2.5万户,累计在网用户数为6.2万户;四是进一步挖掘数字电视机顶盒潜增值业务,DTV频道广告经营完成收入100万,机顶盒开机画面及EPG广告经营实现创收,目前新版机顶盒开机画面及EPG广告经营已完成招标工作。无线领域新媒体运营稳步发展。一是在流媒体手机电视业务上,利用3G业务拓展契机,打造重庆联通3G WAP本地门户,重点开展以CTV手机电视为核心的视频业务,推出专为iPhone手机视频服务提供"CTV手机电视"客户端软件。二是在手持电视业务上,一方面加强CMMB网络覆盖建设,主城区实现了大学城、鱼洞、大渡口、沙坪坝、杨家坪至平顶山及大坪、渝中半岛、南岸片区至李家沱、江北城区至鸳鸯一线等的广大区域的99%覆盖；区县完成了除城口等6个边远区县外的主要区县县城的信号覆盖。另一方面加强内容建设，目前已拥有三套自办频道,制作播出平台和节目全国领先。继续加大移动电视网络覆盖建设。公交车终端规模累计推广达到165条公交线路4000余辆车以及21辆机场巴士。普及安装15个交警支队、3个车管所、3个派出所和主城区出入境管理处、市质检局、社保局、索菲特酒店写字楼、朝天门码头、轮渡、皇冠大扶梯、两江索道及“爱心亭”等楼宇户外收视终端累计210个。

(二)主体产业

内容生产多头并进。重视传媒公司生产栏目剧1256期、综艺节目311期、商务专题节目974期。视美动画公司完成生产并获得国家广电总局颁发的发行许可证的原创动画片3700分钟,其中,《缇可》春季篇评选为国家广播电视总局“2009年度第三批优秀国产推荐动画片”。纪实传媒公司精心打造《真实》、《品味》两大精品栏目,《品味》栏目喜获“2009中国最具有广告投放价值创新栏目”的殊荣,《真实》栏目编导王冀攀制作的《余门学艺》获得第三届纪录中国的铜奖和首届家庭纪录片的铜奖。银龙公司参与投资拍摄的电视剧《非亲姐妹》已在各电视台播出,DVD音像制品也已推向市场。广电影视传媒公司继续推进《雾都魅影》首轮发行结算工作,争取将除重庆台之外的其他台发行收入全部收回,并按合同约定分配。

(三)关联产业

大足龙水湖项目各项工作有序展开。一是景区开发建设上全面推进项目进程。在规划方面,4500亩基地项目的城市设计和控规重新编制工作已经启动；青年旅舍服务区项目已完成各项规划设计及报批工作，并完成建设工程规划许可证的办理。二是在经营管理上成绩显著。主营业务收入预计2154.29万元,为全年目标任务的107.71%。汇金公司围绕盘活、管理、资金三条主线开展工作，稳步推进商业用房及车库的销售,共计完成收入1,105万元,其中房屋与车库的销售973万元,租赁收入132万元。

衍生产业 演艺取得重大进展。歌舞团公司《巴歌渝舞》成功确定为今年中国第二届文化艺术节开幕式晚会表演节目;“渝·美人”实现收入26.2万。重视传媒隆重推出大型多媒体情景歌舞喜剧《幺妹》,先后演出22场,创收200多万元。传媒文化公司积极探索新模式,新建广播教育学校南坪分校;积极拓展新业务,与重庆工商大学联合成立了长江传媒学院。

(四)上市工作稳步推进

将产业公司作为上市主体，积极稳妥进行股改上市工作。在中介机构的指导下,完成了对产业公司的资产和业务重组工作，引入重庆渝富公司作为战略投资者进入产业公司，加快了股改上市的进程。

(五)组建交广传媒公司

依托广播交通频率的优质资源，组建成立重庆交广传媒有限责任公司，迈出了广播制播分离改革关键一步。公司成立后,积极利用现有资源和条件，全面启动了交广汽车俱乐部成立工作,并积极开展营销活动,在获得社会效益的同时取得了良好的经济效益。

三、加强资金管理,国有资产保值增值

2009年,集团(总台)坚持以资金保障为重点,加大了资金筹集、调度和监管的力度,基本确保了事业、产业的资金需求。

1.积极争取贷款融资。2009年,在做好建行、中行、光大、浦发、重庆等银行贷款授信和还贷续贷工作的同时,充分利用集团(总台)自己优势和现有融资空间，与农行等多家银行沟通协调,积极争取贷款融资:与农行合作,签订了向集团(总台)整体授信30亿元的战略合作协议;利用集团(总台)的现有融资空间,积极与建行、中行、浦发等银行沟通协调,为集团(总台)争取新增贷款授信额度4个多亿（其中农行2.7亿、建行1.2亿)。

2.强化资金调度管理 。集团(总台)根据

2009年财务收支计划和项目投资计划，按照“量入为出、收支平衡”的原则，编制形成了“集团(总台)2009年度财务资金计划”，从资金计划和预算控制的角度，加强了资金管理的计划性。为了缓解集团(总台)资金来源单一化与需求多元化、收入季节性与支出均衡性之间的矛盾，通过短期流贷和票据转付等方式，加强资金调度，精打细算，合理安排，基本确保了节目购买、卫视落地、设备购置、广电大厦、大足龙水湖等项目的资金需求。

2009年，集团(总台)资产总额达到56.66亿元，所有者权益25亿元，收入总额20.45亿元，国有资产保值增值率达到118%。

(重庆市文化广播电视局 张宏酬)

新闻出版业

2009年重庆有图书出版社3家、音像电子出版单位6家、互联网出版单位9家，报纸45种、期刊135种、连续性内部资料近500种，印刷企业1400多家、复制制作企业40多家、发行企业2000多家，从业人员7.47万人，比2008年增加2家互联网出版单位和2种期刊。

2009年重庆新闻出版业实现销售157.89亿元、利润9.15亿元、资产189.4亿元、增加值50.37亿元，分别比2008年增长26.3%、28.87%、18.37%、15.7%；销售收入增长高于全国行业平均6%，增加值占重庆文化产业核心层的67%，贡献率高于西部各省区。

总体呈现四个特点。

一是国有龙头地位巩固。报业、出版、新华三大集团2009年三季报显示资产77.14亿元，比2008年同期增长26.35%。证实：国家放宽银根等政策驱动，国有龙头加大筹资和新投固定资产力度。

二是数字出版增长迅猛。伴随国家数字出版基地建立，重庆数字出版持续发力，加快市场扩张，2009年实现销售18.88亿元，比2008年增长47.3%。

三是包装印刷整体回暖。包装印刷在出版经济中与国民经济关联度最高，同步V型反转，2009年实现销售40.87亿元，比2008年增长12.17%。

四是非公经济犹显活力。出版非公经济经受了金融危机考验，2009年实现销售64.91亿元、利润4.97亿元、资产74.28亿元、增加值30.22亿元，仍是行业增长的生力军和吸纳就业的主渠道。

一、出版产业发展

1.总署支持增添发展动力

新闻出版总署和市政府批准《推进重庆新闻出版业统筹城乡改革和发展署市合作协议》，决定对“农家书屋提前全覆盖”、“共建全民阅读示范城市”、“扶持精品公益出版”、“共建国家数字出版基地”、“优化出版资源配置”、“推动国有民营出版重组”、“共建现代印刷包装基地”、“申办全国性出版会展”、“设立新闻出版人才培训中心”等九项合作予以政策扶持。在全国整顿压缩报刊总量的背景下，总署破例批准《新闻研究导刊》和《精密仪器工程》公开发行。少年先锋报、酉阳报新获互联网出版权。对重庆市追加1530个书号，批准5家期刊更名，拨给《中国抗战大后方历史文化丛书》(100卷)等国家出版基金426万元资助。

2.传统出版快速升位

重庆三家图书出版社平均生产能力连续三年列全国第一，在新闻出版总署全面、系统、严格的评估中整体进入“全国百强”的一级出版社。重庆新华书店集团公司稳居全国书店十强。重庆晚报、晨报、商报、电脑报等四家入围中国报刊广告投放价值百强。黔龙、重报、华林等三家印刷企业入围"全国百强"。少年先锋报、酉阳报取得了互联网出版权,重庆日报报业集团《新闻研究导刊》获新闻出版总署批准公开发行。

3.新兴出版异军突起

在全国发达城市鼎力竞争态势下,总署批准在重庆建立全国第二个(仅晚于上海)国家数字出版基地。出台基地规划并面向市内外招商收到成效,北大方正、中文在线、汉王科技、雅昌集团等国内新闻出版领军企业达成来渝投资意向,腾讯大渝网、《商界》等市内数字出版企业向基地聚集。华龙网、当红网、天健网、维普资讯等进入"全国网站百强"。

4.重大项目加快建设

国家级出版传媒创意区、解放碑时尚文化城、现代印刷包装基地"三大项目"正式签约动工,新华物流中心、报业大厦等项目加紧实施,新增投资50亿元。规划建设的"十大书城"中,永川、合川3000平方米以上书城已竣工,解放碑时尚文化城和涪陵、黔江、长寿3000平方米以上书城正在建设,江北核心商圈内全国超前的4万平方米书城、渝北1.5万平方米书城、万州5000平方米书城落实用地。书刊市场搬迁工作正在推进。

5.对外交流不断扩大

组团参加全国书市、北京国际图书交易博览会、法兰克福国际书展"中国主宾国"活动,累计展销出版物3000多种,订货8000余万元,版权贸易168项。出版《发现中国》等6种全国引进输出优秀图书和《中国和平发展道路》、《格萨尔王》等"中国图书对外推广计划"重点图书,宣传了国家战略,弘扬了中华文化,受到李长春等中央领导同志肯定。重庆出版集团公司被市政府评为发展开放型经济先进集体。

二、出版公益服务

1.公益出版事业成绩可喜

按薄熙来书记要求,编辑出版《读点经典》12辑,发行580万册,同步推出《读点经典》电子书。推出国家及市级出版物174种。策划有关马克思主义中国化、时代化、大众化的重点图书38种。策划适应重庆农村经济、人员、文化结构的10大系列350种《农家丛书》,首批103种已出版。全市图书获省部级以上奖154项,《熊猫史诗》获中宣部"五个一工程奖",《探路城乡统筹》获中宣部通俗理论读物奖,《民主社会主义评析》获中华优秀出版物奖,《理论新视野丛书》获纪念改革开放30年优秀图书特别奖。

2.公益出版引导扶持机制初步形成

经市政府批准,正式设立重庆出版政府奖、公益出版专项资金,并建立重点出版选题库,在全国率先形成了选题策划、公益资助、公共购买、政府奖励一条龙导引扶持机制。首届重庆出版政府奖评出获奖出版物33个、出版人10个、特别奖1个。2009年500万元经评审资助17个公益出版项目。

3.公共阅读活动深入持久

以"读经典"为主题,开展贯穿全年的第二届重庆读书月活动。市级层面策划了"四个十佳"评选、诵读经典晚会等十二大活动,举办"读经典"巡回报告会150多场,干部群众直接参与800万人。40个区县、102家市级单位策划了群众性读书活动652项。第二届重庆书展展销出版物10多万种,57.65万市民看书购书,销售1120.3万元,分别比首届增长217%和220%。市新闻出版局被中宣部、新闻出版总署评为全民阅读活动先进集体,"读经典"活动作为优秀项目向全国推广。新近揭晓的第六次全国国民阅读调查表明,2008年重庆市民读书率攀升至56.9%,高于全国平均水平7.6%。

4.公共书屋建设不断拓展

完成2008年度1350个农家书屋、8000个书刊借阅点建设,并在全国率先接受检查验收合格。2009至2010年度4000个农家书屋计划已下达、10000个书刊借阅点筹建工作全面就绪,只待中央及市财政专项资金到位,即可采购和配送出版物。重庆在全国首创农家书屋进大院、进专业大户、巡回送书的外借点模式,有效推动了农民读书。并以“六进”活动、文明单位创建推动了社区等基层单位书屋建设。

三、出版体制改革

1.出版改革重点推进

拟定全市经营性出版单位改革方案。以一对一督导、现场办公的方式推动改革。西南师范大学出版社、重庆大学出版社及全市6家经营性音像电子出版单位、3家互联网出版机构转企改制工作进入清产核资阶段。重庆新华书店集团公司被中宣部、新闻出版总署评为全国文化体制改革先进企业。

2.报刊改革试点启动

拟定全市公益性、经营性报刊分类改革方案。《电脑报》、《电脑迷》、《大众网络报》整体转制成立电脑报出版公司。《中国药房》、《课堂内外》、《商界》、《医药导报》启动经营性报刊转企改制试点工作。重庆日报报业集团加快剥离经营性资产做实产业公司。

3.战略重组迈出大步

书报刊网、国有民营及市内外重组联合取得实质性进展。重庆出版集团与民营书业联合组建五州书韵文化传媒股份公司。重庆日报报业集团与重庆大学出版社、重庆出版集团与汉王科技、西南师范大学出版社与中文在线、《商界》与央企等密切合作。

4.职能转换形成新机制

按市级机关改革方案,完成局机构和职责调整,增强了出版产业,数字、民营出版,新闻、音像管理等职能。出台了局关于建立健全行政、党建工作机制的两个意见,深化行政职能转换,创建学习型机关,提高干部服务意识和业务水平。

四、出版行业监管

1.依法行政有力推进

出台局《行政审批暂行管理办法》,建立完善了“按职承办、限时办结,重大事项集体决策、纪检监察全程监督”的依法履职机制和“一个窗口接件、一条龙办件、一次性告知,从简从快、特事特办”的便民服务模式。累计接办行政许可申请事项337件,拟制公文583件,编发《重庆新闻出版要情》28期、《重庆新闻出版快报》174期,发布电子政务公开信息381则。接办全国政协提案1件、市人大议案4件、市政协提案6件、市政府公开信箱来函77件。

2.报刊整治初见成效

与市委宣传部联合出台我市报刊整治意见和连续性内部资料管理规定,明确报刊主管主办责任,开展报纸、期刊、连续性内部资料、记者站四项清理,换发记者证,注销不能正常开展工作的记者站2个,取缔假报刊3种。会同工商等部门加强对报刊发布医疗保健类广告的监管。

3.出版监管力度加大

严格把关出版导向,加强出版单位年检、出版物审读鉴定、印装质量管理等工作。通过年检依法注销不合格的印刷企业7家,处理发行企业65家。编发《重庆报刊审读》120期,审核批准图书音像电子出版选题2172个。出具鉴定书74件次,鉴定出版物1205种。成立重庆新闻出版信息中心,申报重庆数字出版监管平台、数据库及“书香重庆网站”立项。市新闻出版局在全国出版管理工作会上交流经验,市局印刷质检站被新闻出版总署评为先进集体。

4.社会文化环境有力净化

牵头开展“打击非法政治性出版物”、“整顿出版低俗之风”、“规范印刷企业经营秩序”、“打击网络侵权盗版”等专项行动。依法清查非法政治性出版物25批次,查处低俗网站26家、无证经营的印刷企业6家、网络侵权盗版案件19件。

5.版权保护继续推进

开展4.26世界知识产权宣传周和青少年版权保护主题教育活动,向区县赠送14400册版权保护主题图书。设立西永微电子产业园、五里店工业设计中心版权服务工作站。推进全市第三批115家企业软件正版化工作。全市办理著作权登记604件。市新闻出版局被新闻出版总署(国家版权局)评为全国版权工作先进集体,并在全国版权工作会、知识产权执法工作会上交流经验。

6.行业培训大力实施

在全市开展报刊社长、总编培训和出版专业人员登记注册。与市人力社保局联合启动印刷技术工人技能等级鉴定。

(重庆市新闻出版局 李为祎)

旅游业

一、2009年发展回顾

(一)旅游接待与出游

2009年,全市旅游工作按照重庆旅游"一心两带"发展布局,全面推进"大项目、大投入、大营销"三大战略,强力打造"4+1"旅游精品,名镇旅游主题年活动有声有色,第一届中国西部旅游产业博览会圆满成功,旅游主题公园"5+5"项目建设全面推进,全市旅游发展速度继续位居全国前列,整体实力和素质明显提高。全市接待游客1.23亿人次,比上年增长21.88%;实现旅游收入703.23亿元,比上年增长25.23%,增幅高于全国平均水平8.8个百分点;入境旅游增幅20%,居全国第一。

1.国内旅游接待

2009年,全市接待国内旅游者1.22亿人次,国内旅游收入666.34亿元,分别比上年增长21.89%和25.72%。国内旅游以市内游客为主,具有数量庞大、出行稳定、年内分布均匀、受外界因素干绕小、个人支付比例高和反复消费等特点,是重庆旅游客源市场最为稳定的基本消费群体。

2.入境旅游接待

2009年,全年入境旅游因持续加大宣传营销,加之对旅行社组织入境游客实施总额500万元奖励政策,入境旅游增长迅速,共接待入境游客104.8万人次,比上年增长20.2%。其中:港澳台同胞20.01万人次,比上年增长54.99%,占入境旅游者的19.1%(香港同胞11.9万人次,比上年增长62.0%;澳门同胞0.24万人次,比上年增长47.4%;台湾同胞7.9万人次,比上年增长45.9%);亚洲20.8万人次,比上年增长28.81%,占入境旅游者的19.9%;欧洲21.7万人次,比上年增长15.9%,占入境旅游者的20.7%;美洲28.2万人次,比上年下降18.5%,占入境旅游者的26.9%;大洋洲3.2万人次,比上年增长7.8%,占入境旅游者的3.0%;非洲0.39万人次,比上年增长106.6%,占入境旅游者的0.4%;其他10.5万人次,比上年增长554.2%,占入境旅游者的10%。

3.出境旅游

由于重庆经济快速发展,市民收入持续增长,2009年重庆出境旅游迅猛发展,全市出境旅游人数达到35万人次,同比增长18.6%。其中:通过20家出境旅行社组织的出境旅游者14.3万人次,比上年增长38.97%;通过5家赴台旅行社组织的赴台旅游者1.75万人次。在20家出境旅行社组织的出境旅游者中,港澳游7.1万人次,比上年增长22.8%;出国游7.2万人次,比上年增长59.8%。出国游目的地国家前五位为:泰国、日本、新加坡、德国、韩国。

4.节假日旅游

2009年,元旦、春节、清明、五一、端午、国庆-中秋等节假日旅游经济保持较快增长,节假日旅游已成为国内旅游最重要的增长点。"春节"和"国庆-中秋" 两个黄金周,"元旦"、"清明"、"五一"、"端午"四个"白银小长假"六个节假日,全市接待旅游者3330.9万人次,占2009年全市国内旅游总接待人数的27.1%。其中:元旦同比增长18.5%和21.1%;春节同比增长21.2%和23.4%;清明同比增长22.1%和24.1%;五一同比增长15.4%和17.6%;端午同比增长31.3%和32.3%。国庆-中秋同比增长34.1%和39.3%。(表1,见下页)

表1 2009年节假日接待及收入情况

项目	接待人数（万人次）		旅游收入（亿元）	
	人数	比上年增长(%)	金额	比上年增长(%)
合计	3330.9	16.02	114.15	15.09
春节	921.5	21.20	22.45	23.40
国庆-中秋	1242.9	34.10	41.5	39.30
元旦	225.2	18.50	11.5	21.10
清明	254.6	22.10	13.4	24.10
五一	465.6	15.39	16.7	17.61
端午	221.1	31.30	8.6	32.30

5.三峡旅游

2009年，长江三峡共接待游客1793万人次，比上年增长33%，其中入境游客32.5万人次,比上年增长30.6%,在全国入境游呈负增长的不利情况下大幅攀升,来之不易。2009年,长江三峡风景名胜区综合整治顺利通过国家住房和城乡建设部复核验收。市交旅集团已接管建设巫山小三峡、奉节白帝城、丰都名山等旅游景区。景区提档升级步伐加快，开发建设初见成效。2009年,以上三景区共接待游客120.4万人次,比上年增长31.5%;营业总收入8186万元,净收入5533万元,比上年增长30.3%。

(二)旅游宣传与市场营销

1.加强城市旅游整体形象宣传

在CCTV-1《朝闻天下》和CCTV-4《海峡两岸》套播重庆旅游宣传广告片；与重庆卫视合作,全年在重庆卫视播放重庆旅游形象宣传片;与凤凰卫视合作开展重庆旅游形象宣传；深化与《重庆日报》的合作,坚持办好每周一期的旅游专版,迄今已刊出近100期。全面推出了重庆旅游文化宣传“十个一”工程(即:一个标识、一句口号、一幅地图、一本画册、一首歌曲、一张光碟、一台演出、一份报刊、一套丛书和一家网站),实施了“十个一”工程宣传季活动,长江三峡、山水都市、大足石刻、乌江山峡、武陵风光、“五方十泉”等旅游精品品牌形象得以提升,吸引了更多市场主体参与重庆旅游投资开发,吸引了更多海内外游客来渝观光旅游。

2.针对性地开展促销宣传

境外市场以美洲、欧洲、东南亚、韩日、港澳台为促销重点。国内市场以长三角、珠三角、环渤海湾经济发达地区,以及成都、贵阳为重点城市的周边市场为重点。市内市场以“4+1”旅游精品为重点。先后举办了第一届西部旅游产业博览会、组织参与了赴台专项促销、第四届海峡两岸台北旅展、2009中国国际旅游交易会等重大促销活动。

3.有序开展名镇旅游主题年活动

2009年,是重庆市名镇旅游主题年。年初,市政府确定了实施名镇旅游主题年“三百工程”,即:启动并加快建设100个名镇旅游项目、开展100项旅游主题营销活动、完成旅游项目招商100亿元。一年来,全市旅游系统按照“高起点、高质量、高标准”要求,策划启动名镇旅游项目100个;采取“项目业主申报、区县政府推介、专家评定”的办法,择优推出10大名镇旅游项目,即:沙坪坝磁器口镇、巫山大昌镇、酉阳龚滩镇、涪陵蔺市镇、九龙坡白市驿镇、渝北龙兴镇、江津中山镇、石柱西沱镇、合川涞滩镇、綦江东溪镇,及其5个后备项目:永川松溉镇、巴南丰盛镇、荣昌路孔镇、南岸黄桷垭镇和石柱黄水镇,同时安排市旅游结构调整资金1000万元给予重点支持,加以重点推进。10大名镇旅游项目累计完成投资13.5亿元，部分项目如酉阳龚滩镇、巫山大昌镇等已开街迎宾,蔺市镇维修改造工程已完成。10大名镇旅游项目整体建设品质进一步提升,规模不断扩大,档次逐步提高,凸显出名镇旅游良好的经济效益、社会效益和生态环境效益。2009年，全市开展旅游主题活动109项，其中：西旅会等大型活动5项，民俗旅游活动35项，生态旅游活动21项，温泉旅游活动4项，冰雪旅游活动3项，旅游推介及展示活动13项，休闲健身8项，其他活动近20项，发挥了拉动旅游消费的积极作用。

4.全面提升旅游政务网络服务水平

一是基本完成了重庆旅游门户网站（一期工程）“两网”项目，提档升级了重庆旅游政务网和重庆旅游资讯网，现已正式开通运行，二期工程正加快推进。二是建成了重庆旅游短信系统平台，已累计发布旅游宣传短信80余万条。三是对全市40个区县旅游局、主要景区、重点宾馆等相关单位负责人和信息采集员进行专题培训，完成12301旅游服务热线工程数据采集，建成了12301旅游资讯公益服务电话平台工程。通过三大工程建设，进一步完善了网站功能，加强了网站互动性，加大了政务信息公开和信息服务力度，方便了群众办事、游客出行、社会监督；提高了机关办事效率，规范了行政行为，受到了各方一致好评。

5.创新资料宣传

按照“丰富内涵、突出特色、打造精品”的要求，整合了重庆现有旅游资源，新编制了《重庆主题旅游线路折页》，囊括了全市40个区县主要旅游景区（点），分“长江三峡激情之旅”、“山水都市梦幻之旅”等12大主题线路。

6.扩大对外合作与开放

一是深化渝鄂长江三峡区域旅游合作，共同打造长江三峡黄金国际旅游带，首次明确由两省市联合轮流举办中国长江三峡国际旅游节。二是与西部11省区市旅游局签订了《中国西部12省区市旅游合作框架协议》，迈出携手打造“西部旅游大市场”坚实步伐。三是与北京、天津、上海、广东旅游局等签订了《北京天津上海广东重庆旅游合作协议》、《京津沪渝粤旅游合作协议》，首次实现与长三角、珠三角、环渤海经济圈核心城市之间旅游资源、产品、信息和市场共享。签订《对口支援三峡重庆库区旅游合作协议》，推进了旅游对口支援合作。四是邀请全国红办领导，四川广安、贵州贵阳和遵义市三市旅游局、部分红色旅游景区及旅行社来渝参加第五次三省市四城市红色旅游联席会，共同打造红色经典旅游线路。五是全力配合境内外单位来渝开展旅游推介。境外主要有澳门特区旅游局、约旦旅游局、越南国家旅游局、泰国国家旅游局等，境内有四川、广东、宁波、厦门等。

（三）旅游大型主题活动

1.第一届中国西部旅游产业博览会

中国西部旅游产业博览会由国家旅游局和重庆市人民政府联合主办，协办单位为西部地区其他11个省区人民政府，每2年在重庆举办一次。第一届中国西部旅游产业博览会于2009年6月18日~21日在重庆南岸区国际会议展览中心举办。由国家旅游局、市政府主办，西部11省区政府协办。除西部12省区市外，京、津、沪、粤等14个省市政府代表团以及英国、苏格兰、新加坡和台湾、香港5个国家和地区代表团参展，参展单位达132家。签订旅游合作协议3万余份，金额达25亿元，签约组团150万人；招商签约568亿元，其中：51个旅游项目招商签约355亿元；36个银企合作项目签约213亿元。市场拉动效果好。接待参观者53.6万人次；全市手机漫游来渝96.7万台次；机场进港航班557班，抵渝客人5.6万人次，增长17.5%。国家旅游局评价为“史无前例的西部旅游盛会，盛况空前的西部旅游人聚会，浓重热烈、务实有效的旅游展会”。

2.第十四届中国重庆三峡国际旅游节

第十四届中国重庆三峡国际旅游节于6月19日—21日在丰都成功举办。本届三峡旅游节活动多、内容丰富、特色鲜明、参与广泛。有来自美国、英国、丹麦、德国、日本、俄罗斯、加拿大、新加坡等发达国家和毛里求斯等发展中国家旅游组织机构的领导及客商参加。实现招商签约175亿元，接待游客10万人次，实现旅游直接收入1000万元。

3.第十三届中国重庆山水都市旅游节

第十三届中国重庆山水都市旅游节于9月9日在九龙坡区开幕,会期长达37天,主要举办了开幕式暨《都市休闲谷》大型综艺晚会、迎建国60周年摩托车大巡游等34项活动,营造了建国六十年华诞庆典良好氛围,实现了旅游与文化资源整合、客源互动,旅游文化融合发展新路子得以成功探索。签约旅游招商项目20个,总金额204.88亿元;接待游客400万人次、旅游收入达到15亿元。

4.第三届中国重庆长江三峡国际红叶节

第三届中国重庆长江三峡国际红叶节于12月3日在巫山县开幕,期间举办特色活动11项,签约招商项目31个,签约金额15亿元。经前期强力宣传和市场营销,当年红叶旅游提前升温,开幕式前3天,到巫山看红叶游客突破2万人次,特别是12月5日,到巫山看红叶的包船就有12艘,8000多游客分批登神女峰游神女溪,晚上2000多游客上岸看神女艺术团表演。

(四)旅游景区和设施建设

1.旅游规划

按照先策划、后规划、再建设的思路,加强了旅游策划规划工作。10月,完成了《渝东南地区旅游发展规划》,并通过专家评审,为打造渝东南民俗生态旅游带奠定了坚实基础。年底,全面启动了《重庆市旅游业"十二五"发展规划》编制工作。同时,在加快"五方十泉"建设、打造"温泉之都"过程中,开展了温泉旅游发展战略研究,编制完成了"一圈百泉"总体策划,启动了"两翼多泉"策划。还加强了对合川钓鱼城、武隆仙女山、石柱黄水镇、长寿湖、乌江山峡、巫山小三峡、丰都名山、奉节白帝城等重点旅游景区的规划编制。

2.旅游政策

名镇旅游方面,市政府出台了《关于开展2009年名镇旅游主题年活动的实施意见》,明确提出了一系列优惠政策。土地政策:在符合土地利用总体规划、城市规划、国家供地目录的前提下,名镇旅游项目需新增建设用地的,应优先保障用地计划,据实核定土地成本,依法及时办理项目用地手续。贷款融资政策:鼓励银行、融资机构、担保公司及其他中介机构向名镇旅游项目提供贷款或融资支持。在充分利用现有贷款融资模式的基础上,积极探索创新多种有效融资模式。税收优惠政策:10大名镇旅游项目执行西部大开发税收优惠政策,按15%的税率征收企业所得税。资金扶持政策:充分发挥市旅游结构调整资金等政策性投入的引导作用,每年安排部分资金用于支持名镇旅游项目建设。对年纳税在1000万元以上的名镇旅游项目业主,市旅游结构调整资金实施以奖代补。当年,市旅游结构调整资金共安排给10大名镇旅游项目专项资金1000万元,主要用于项目前期策划、市场营销和招商引资。

在应对国际金融危机方面,一是出台了《关于2009年继续实施激活旅游市场扶持政策的通知》,制定了"对市内旅行社、游船企业、A级景区、星级饭店等旅游企业营业税地方留成部分实行先征后返"、"免收游船企业水路运输管理费"、"对招徕入境游客的国际旅行社,按组织入境游客人数给予奖励"等系列奖励政策;二是出台了《重庆市组织入境游客来渝旅游奖励办法》,每年安排专项奖励资金500多万元,对组织入境游的旅行社按组织游客数量进行奖励性补助。同时,全市绝大多数区县也制定了鼓励本地区旅游发展的政策措施,安排了旅游发展专项扶持基金。

3.旅游招商与融资

全市推介旅游重大招商项目134个,成功签约招商项目85个,总金额735.3亿元,其中:合同项目49个,金额457.8亿元;意向性协议引资项目36个,协议金额277.5亿元。全年招商项目到位资金110亿元。年度招商任务全面超额完成。同时,为破解旅游项目投融资难题,探索并成功实践了"由市旅游局给予资金补助、区县政府出台优惠政策、担保公司提供贷款担保、银行提供贷款、项目业主负责开发"的旅游项目"五位一体"融资、开发、管理新模式。全年促成全市银企合作旅游重点项目签约37个,总金额

243.4 亿元。

4.旅游项目开发

坚持以山水都市、长江三峡、大足石刻、乌江画廊和武陵风光“4+1”旅游精品为打造重点，努力推进“五方十泉”、“太阳工程”和生态旅游、乡村旅游、名镇旅游、全市旅游主题公园“5+5”项目建设。2009 年，全市旅游重点项目建设完成投入 165 亿元，累计完成 367.5 亿元。

一是“五方十泉”项目累计完成投资 70 亿元，“一圈百泉”项目全面推进。国旅颐尚、贝迪颐园、南温泉整体开发一期、东方温泉大世界、北温泉柏联 SPA、秀泉映月酒店、威特卡丝大酒店、天赐温泉、金剑山温泉、统景温泉等 10 个项目先后开业迎宾。北温泉柏联 SPA 被邵琪伟局长誉为“国际一流、中国目前最好”的温泉旅游项目。

二是名镇旅游项目加快推进全市共实施名镇旅游项目 100 个，重点推进名镇旅游大项目 10 个，十大名镇旅游项目完成投资 13.5 亿元。

三是生态旅游和乡村旅游重大续建项目建设顺利。十大生态旅游项目累计完成投资 48.9 亿元，十大乡村旅游项目累计完成投资 41.2 亿元。

四是“太阳”工程建设全面启动。“太阳工程”计划打造 10 大康体旅游基地、20 艘五星级豪华游轮、30 家五星级旅游饭店、40 个旅游精品景区。2009 年，10 大康体旅游基地规划全面启动，五星级豪华游轮已达 12 艘，五星级饭店已建成 16 家，精品旅游景区已培育 33 处，启动项目数已超计划总数的 60%。

五是全面启动“5+5”工程建设。全市旅游主题公园“5+5”项目已累计完成投资 38.5 亿元。巫山小三峡、奉节白帝城、丰都名山、云阳张飞庙等旅游景区完成投资近 2 亿元。市交旅集团已与丰都、奉节、巫山三县重新签订合作协议。乌江山峡游船项目方案已完成，乌江山峡风景名胜区总规编制已完成。十里温泉城项目到位资金 1 亿元。

(五)旅游行业

1.旅行社

2009 年末，全市共有旅行社 353 家，比上年增加 30 家，增长 9.3%。其中：出境旅行社 20 家，一般旅行社 333 家。通过本年度年检旅行社 303 家，占应参检总数的 96%，其中：出境旅行社 28 家，占出境旅行社参检总数的 93.3%；国内社 275 家，占国内社应参检总数的 96.8%。按照《重庆市“五强”出境旅行社、“十强”国内旅行社评定办法》，综合评选出了重庆市“五强”出境旅行社和“十强”国内旅行社。

2.旅游饭店

2009 年末，全市有旅游星级饭店 266 家，比上年增加 27 家，增长 11.3%。其中：五星级 11 家，四星级 53 家，三星级 123 家，二星级 78 家，一星级 1 家，分别占旅游星级饭店总数的 4.1%、19.9%、46.2%、29.3%和 0.4%。旅游星级饭店共拥有客房 29873 间，比上年增加 3507 间，增长 13.3%；床位 51738 张，比上年增加 5518 张，增长 11.9%；员工 46837 人，比上年增加 3543 人，增长 8.2%。五星级饭店平均入住率为 71%，四星级 68%，三星级 61.2%。全市共有绿色旅游饭店 36 家，比上年增加 7 家，增长 24.1%。其中：金叶级 21 家，银叶级 15 家。全市有一定规模和品牌的经济型旅游饭店 55 家，拥有客房 4700 间。

3.旅游景区

2009 年末，全市有国家 A 级旅游景区 87 个，比上年增加 9 个，增长 11.5%。其中：5A 级 2 个，4A 级 33 个，3A 级 26 个，2A 级 25 个，1A 级 1 个，分别占全市 A 级旅游景区总数的 2.3%、37.9%、29.9%、28.7%和 1.2%。有全国工农业旅游示范点 18 个、红色经典旅游景区 6 个、“中国旅游强县”1 家——巫山县。

4.旅游商品

2009 年，全市共开发旅游商品新品 108 件，主要有织锦、乌木雕、刺绣、石刻、碳雕、竹艺品、漆器、木艺品、浮雕画、青铜器、锡盘器等品种，主题涵盖山水都市、长江三峡、大足石刻、乌江画廊和武陵风光“4+1”旅游精品，具有地方特色和创意。建成重庆第一家综合性旅游商品展销市场——洪崖洞旅游商品展销中心，入驻企业

108家，展厅面积4690平米。组建了“市政府采购中心礼品供应站”，展出旅游工艺礼品521种2500多件。年末全市旅游商品生产和经营企业达到266家，旅游商品3200余种，基本形成旅游纪念品、旅游工艺品、旅游土特产品、旅游用品等门类。重庆谭木匠工艺品有限公司在香港成功上市融资。

5.旅游车船

2009年末，全市有游船87艘，比上年增加1艘。其中：五星级和五星级标准的豪华游船14艘，一般游船73艘。经营重庆“两江游”企业3家，有“两江游”游船5艘。全市有旅游客运车辆600台。

（六）旅游管理

1.旅游法制建设

到2009年末，已出台《重庆市温泉旅游服务规范》、《重庆市旅游景区从业人员服务质量规范》、《重庆市乡村旅游示范区划分与评定标准》、《重庆市经济型饭店服务质量规范》；正在制定《重庆市高尔夫俱乐部服务规范》和《重庆市等级旅行社划分与评定标准（试行）》两个标准。市里还将出台《重庆市旅游资源开发经营权特许经营管理办法》，已纳入2010年度立法计划；已完成《重庆市旅游资源开发经营权特许经营管理办法（征求意见稿）》，并征求了市财政局、市规划局等12个市级部门和40个区县的意见。

2.旅游行业管理

积极建立旅游行业地方标准体系，推进旅游企业服务标准化、品牌化发展；健全旅游质量监督信息通报制度和旅游行业监督员制度，设立旅游服务质量“曝光台”；强化旅游申诉受理并重点开展五项旅游市场专项执法检查。全年受理旅游投诉108件，法定时效结案率达到100%。旅游执法工作成绩突出，先后实施了出境旅行社、旅行社经营网点、一日游市场秩序整顿、《旅行社条例》宣贯、重点景区等专项执法和渝鄂三峡联合执法，及其4次跟团暗访检查。出动执法人员585人次、执法车652台次，现场检查旅游企业108家，检查导游944人次，查处违规旅游企业11家。完善了重大投诉曝光制度、网上服务质量公示制度、案件会审制度、旅游企业质量监督员制度、跟团暗访检查制度等，基本形成旅游执法“上下联动、主动联合、全国互动、重点监管”的良好态势。

3.旅游人才建设

分别开展了春冬两季全国导游资格考试。报名考生4092人，考试合格1016人，占报名总数的24.83%；年末全市导游人员总数达到9129名，比上年增加1121名，增长13.9%。其中：特级1名，高级20名，中级165名，初级8943名。进一步强化了旅游人才培训，努力提高人才素质。积极发挥高等院校、职业学校及旅游培训机构等教育基地作用，成功举办了特色旅游培训班、赴美国和法国旅游经济管理专题培训班，选派部分区县旅游局长参加国家旅游局举办的中西部旅游局长培训班等系列旅游人才专题培训。加快全市旅游人才培育体系建设。整合教育、旅游资源，积极筹办重庆旅游职业教育集团，探索“资源性整合、规模化办学、规范化管理、品牌化运作”的校企联合办学新路子。努力搭建旅游就业平台，成功举办第一届中国西部旅游产业博览会旅游人才招聘会，有广西、宁夏、新疆、贵州等西部省区143家旅游企事业单位来渝招揽人才。年末全市旅游直接从业人员达到27.7万人，比上年增加1.3万人；间接从业人员已达138.5万人，比上年增加6.5万人。

4.旅游安全

努力建立健全旅游安全工作长效机制，强化旅游安全。重新修订了《重庆市旅游突发公共事件应急预案》和《重庆市旅游突发公共事件应急预案处置细则》，优化完善了重庆旅游安全工作长效机制。同时，根据旅游季节变化和重要时段旅游安全工作重点以及甲型H1N1流感疫情防控要求，及时下达旅游安全工作任务，签订旅游安全责任书，召开全市旅游安全工作会和黄金周旅游工作电视电话会，圆满完成两个黄金周和四个小长假、第一届中国西部旅游产业博览会、建国60周年大庆等安保工作，圆满实现旅游安全责任事故“零”目标。

二、发展中存在的问题

起步晚、基础差，缺乏有震撼力的新产品、三大市场不平衡、营销缺乏手段和旅游企业规模小。

三、2010 年发展目标与工作重点

2010 年，是全面贯彻落实《国务院关于加快发展旅游业的意见》的第一年，也是重庆温泉旅游主题年。我们将按照全国旅游工作会议的总体部署，以全面贯彻落实《意见》为主线，紧紧围绕“长江上游旅游基地”和“一心两带”目标，强力推进“三大战略”，着力打造“4+1”旅游精品，突出长江三峡国际黄金旅游带建设，努力实现全市旅游超常规运行、跨越式发展。

(一)发展目标

一是旅游接待“333”目标。即：旅游接待人次和旅游总收入同比分别增长 30%；国内旅游接待人次和国内旅游收入同比分别增长 30%；入境旅游接待人次和旅游外汇收入同比分别增长 30%。二是旅游招商“152”目标。即：推介旅游项目 100 个；招商引资 500 亿元；到位资金 200 亿元。三是旅游营销“111”目标。即：建立 1 个旅游信息网络平台；推出 10 条精品旅游线路；开展 100 项旅游宣传营销活动。四是旅游品牌“118”目标。即：申报创建 5A 级旅游景区 1 个；申报全国旅游强县或优秀旅游目的地 1 个；评定五星级饭店或五星级豪华游轮 8 个(艘)。

(二)工作重点

——筹备开好一次重要大会。为全面贯彻落实国发 3 号、41 号文件和全国旅游工作会议精神，筹备召开全市旅游产业发展大会，全面部署今后一个时期旅游工作，出台《关于加快全市旅游产业发展的决定》，为旅游业全面发展创造环境、营造氛围。

——高标准完成两项重要规划。一是《全市“十二五”旅游发展规划》，目前已启动规划编制。二是《长江三峡国际黄金旅游带规划》，在国家旅游局、国务院三峡办的指导下，会同湖北省共同编制，并出台系列发展扶持政策。

——突出建设三大重点项目。一是“一带三景区”建设。即将长江三峡国际黄金旅游带和武隆、大足、钓鱼城三景区，作为统筹城乡旅游发展的重点项目进行打造。挖掘白帝城三国中华忠烈文化精品，展现白帝托孤的悲壮；用汉白玉琢刻《出师表》，彰显中华忠魂；启动“天坑地缝”世界自然遗产申报工作。选择有实力的业主打造钓鱼城，挖掘文化底蕴。加大世界文化遗产大足石刻的保护与开发。以世界自然遗产武隆天生三桥为依托，加快大仙女山景区建设。二是“4+1”项目建设。围绕“4+1”旅游精品，推进 4*10+1 项目建设。竣工柏联 SPA 温泉酒店等 10 家五星级标准酒店。打造五星级标准游轮 10 艘，完成“神州”号五星级游轮升级改造。开工仙女山高尔夫小镇、黄水太阳湖高尔夫等项目，规范发展 10 片高尔夫球场。全面推进 10 大旅游主题公园项目建设。三是“主题年”项目建设。加快 10 大生态旅游、10 大乡村旅游、10 大名镇旅游等重大续建项目建设。按照“三步走”战略，完成“五方十泉”建设，加快“一圈百泉”建设，启动“两翼多泉”建设，创建“温泉之都”。

——全力推进四项重点工作。一是机制创新要先行先试出成果。按照国发 41 号文件精神，积极探索旅游资源一体化管理，力求取得突破。全面贯彻落实《局市合作备忘录》，致力探索推进统筹城乡综合配套改革旅游试验区建设。完善“五位一体”融资模式，吸引更多有实力、有品牌、有信誉的企业参与旅游开发。二是市场营销要出新出彩出口碑。围绕三大市场，唱好四季歌，实现“十百千万”目标。即：围绕“4+1”旅游精品，重点推出 10 条精品旅游线路；围绕温泉旅游主题年，开展 100 项旅游营销和节庆活动；依托平面媒体，出版 1000 个旅游专版；借助新闻媒介，采写旅游新闻 10000 条；利用企业营销平台，制作宣传卡片、折页、户外广告牌等，引导 10 万外地人和 100 万市民游三峡。重点办好 2010 年中国国内旅游交易会、第一届中国长江三峡国

际旅游节和悉尼中国年活动。持续深化落实好《中国西部旅游合作框架协议》、《京津沪渝粤旅游合作协议》等合作协议；继续做好与美国、日本、法国、澳洲及港台旅游交流与合作，吸引更多客人到重庆观光旅游。三是行业管理要上档升级出实效。全面贯彻《旅游服务质量提升纲要》，开展“2010全国旅游服务质量提升年”活动。着力创新管理方式，开展“星级旅行社”评定，引进更多旅行社来渝设立分社或结算中心。加快旅游培训基地建设，强化旅游行业培训，提升从业人员综合素质。切实加强监察执法，集中组织实施出境旅行社、营业网点、温泉旅游、“一日游”等专项执法检查。四是旅游安全要先防先治零目标。扎实推进旅游安全双基工作、安全隐患排查和旅游安全“三项行动”，保持旅游安全“零事故”目标。

（重庆市旅游局　谢　倩）

房地产业

经过了2008年的低迷调整，2009年全市房地产市场在国民经济整体复苏和信贷投放量持续放大、住房交易税费降低、第二套房贷条件放松等一系列利好政策的作用下，出现了持续性回升态势。

一、房地产开发基本特征

（一）开发投资逐季扩大，开发商投资意愿增强

2009年全市房地产开发投资首次突破1000亿大关，达1238.91亿元，增速达25%，超过2008年8.4个百分点。分季度看，一、二、三、四季度完成投资逐季扩大，依次为171.65亿元、262.63亿元、330.71亿元、473.92亿元，对全年房地产开发投资的持续回升起到了强有力的推动作用，投资贡献率分别达13.9%、21.2%、26.7%、38.3%，分别拉动全市房地产开发投资增速上升3.5、5.3、6.6、9.6个百分点。

高增长背后，我们看到的是开发商高涨的投资热情。从年初至年末，新开工项目增加，在建面积不断扩大，到位资金大幅度增长。全年新开工项目面积达3814万平方米，同比增长8.7%，扭转了上年负增长1.3%的下滑局面；施工面积13053万平方米，同比增长12.1%，比上年提高了2个百分点；到位资金突破2000亿元，达2202.67亿元，增长41.2%，充分保障了开发市场的资金需求。全市房地产开发呈现全面复苏态势。

（二）商品房供给增加，销售市场量价齐升

开发投资持续回升，带来了竣工房屋的大面积增加。2009年全市竣工商品房面积2907.05万平方米，同比增长22.8%，比上年提高17.7个百分点。其中住宅竣工面积2384.51万平方米，比上年增加433.16万平方米，占总增量的80.3%，商业营业用房竣工面积258.40万平方米，比上年增加42.84万平方米，占总增量的7.9%。2009年竣工房屋面积创出历史新高，增幅也是2005年以来最大的一年。

充足的房源进入市场，并没有给商品房销售市场带来压力，相反，在经历了2008年持续大半年疲软以后，全市商品房消费需求、投资需求、投机需求在各种因素刺激下得以快速释放，销售市场呈现出量价齐升局面。2009年商品房销售面积突破4000万平方米，达4002.89万平方米，比历史最高年份2007年净增450万平方米，是2008年的1.394倍。全市商品房主战场——主城九区商品房销售均价由年初的3700多元/平方米上升到6月4249元/平方米，再上升到12月的4864元/平方米，上涨了1000多元/平方米。2009年的房地产市场不仅让开发商、投资客兴奋，同时也让市民房产大大增值。

(三)土地交易活跃,资金状况良好

房地产市场的持续升温，促使土地市场竞拍日趋激烈。2009年全市房地产开发企业购置土地面积1227.79万平方米,同比增长5.4%,扭转了2008年负增长33%的态势,土地成交价款283.67亿元,同比增长达76.9%,成交价款与购置面积的增幅差异，充分显示了土地价格的大幅上升，但大幅上涨的价格并未阻挡开发商的投资热情,开发商仍看好后期房市。

良好的资金状况是房地产开发的前提。2009年，随着国家对房地产信贷的支持以及销售畅通资金回笼,全市房地产开发资金状况不断好转，全年房地产开发企业到位资金达2202.67亿元,同比增长41.2%,其中本年到位资金1848.30亿元,增长48.7%,从资金来源渠道看,国内贷款332.24亿元,增长35.3%;利用外资37.02亿元,下降23.7%;自筹资金540.31亿元,增长34.0%;其他资金来源(定金、预收款及个人按揭贷款等)938.73亿元，增长72.2%。银行贷款成为房地产开发最重要的资金来源。

(四)房地产业对全市经济增长的贡献突出

一是与房地产业高度相关的建筑业对全市经济增长贡献大。2009年全市建筑业实现增加值530.08亿元，同比增长21.2%，增幅比2008年提高12.1个百分点，拉动全市经济增长上升1.72个百分点。二是房地产市场回升,促进了上下游相关产业显著增长。2009年全市钢材生产量477.44万吨,同比增长6.3%,增幅超过2008年3.7个百分点;铝材生产量75.15万吨,同比虽仍下降0.2%,但降幅比2008年收窄4.1个百分点;水泥生产量3610.99万吨,同比增长13.6%,增幅比2008年提高4.4个百分点。2009年城镇居民家庭人均家庭设备用品及服务支出比2008年增长了23.9%。三是房地产业自身拉动全市经济上升0.7个百分点,比2008年上升0.3个百分点。2009年房地产业实现增加值229.09亿元,同比增长20.3%，增幅比2008年上升31.2个百分点。

二、房地产市场存在的主要问题

(一)开发投资起落频繁

自2000年以来,重庆市房地产投资经历了四次起落。四次高点分别出现在2001、2003、2005、2007年，低点在2002、2004、2006、2008年,几乎两年循环一次起落,其中落差最大的是2007年到2008年,房地产开发投资增速由35%陡然下降到16.6%,下降了18.4个百分点。分析原因:与国家宏观调控相关,每当市场太火、房价上涨过快时,国家就收紧银根、严格税收压一压,而当市场太低了,国家又实行宽松的货币政策和税收政策拉一拉,以至于形成了管就低、放开就飙升的起落态势。国家调控房市非常必要、非常正确,成效也非常明显,但能否探索一条让房地产业平稳健康发展的理性之路，成为摆在我们面前的一个重要课题。

(二)高地价必然推动高房价

地价是房价的重要组成部分。十多年来,随着城镇化进程加快,重庆市土地价格逐年攀升,成为推动房价不断上升的重要力量。2009年地价仍是如此,根据国土局提供的资料显示,2009年主城九区土地均价343万元/亩,比2008年上涨69.8%，这势必为以后几年房价上涨做了铺垫。房价不断快速升温,既不利于社会稳定,也不利于经济稳定，但地价上涨又是城镇化的必然结果，是房地产业发展道路上不可回避的问题,因此,如何从制度设计上探索处理好地价与房价、房价与经济、社会稳定的关系,成为摆在我们面前的又一个重要课题。

(三)资金来源单一

资金是房地产开发的血液，任何情况下不能断流。2009年全市可用于房地产开发的资金量2202.67亿元,大大超过1238.91亿元的开发投资量,但从其构成情况看,仍显不合理,国内贷款占17.9%,利用外资占2%,自筹资金占29.2%,其他资金来源(主要是定金、预收款及个人按揭贷款等)占50.8%。构成显示,目前房地产开发仍过分依赖银行资金,这种模式在房地产市场出现低迷状态时,不但会加大银行金融风险,而且还会导致房地产业资金链断裂,影响到房地产业健康发展。因此拓宽房地产融资渠道、加大金融产品创新力度也是我们的重要研究课题。

三、2010年重庆市房地产市场展望

展望2010年的重庆房市,有利因素与不确定因素并存:

(一)支撑房地产业持续发展的本质因素始终不会改变

一是重庆市正处于城镇化快速发展阶段,持续增加的城镇人口将创造出大量的住房需求;二是随着城镇居民收入的不断增长,改善居住条件和购置房产的居民会越来越多。两大因素促使全市房地产市场需求潜力仍然很大。

(二)区域振兴引擎发动,重庆房地产业有望进一步走强

近年来,"314"总体部署、国发3号文、保税港区的设立以及两江新区的规划申请,使得重庆在区域板块中的"中心"地位和作用趋于强化和稳固,重庆经济发展在未来几年内有望驶入快车道,在这样的大背景带动下,房地产业也会加快发展。

(三)房地产作为国民经济支柱产业的地位不会改变

房地产业的兴起,不仅带动了相关产业发展、增加了就业、改善了人民的生活条件,而且还对经济增长作出了较大的贡献。作为今后消费升级的主要推动力,作为撬动消费和投资的有力"杠杆",房地产的发展将时刻受到政府关注,国家会支持房地产业健康稳定发展。

(四)保障性住房建设将成为房地产开发的重要力量

2009年以来全市保障性住房建设不断推进,2010年更是保障性住房建设的重中之重。全年要完成主城区危旧房改造156万平方米,完成煤矿棚户区改造70万平方米,建设廉租房220万平方米,开工建设公共租赁房500万平方米,这必将对全年房地产开发投资起到较大的推动作用。

(五)房价快速上扬,有可能召来宏观调控

2009年房价大幅上升成为全国各地房地产业的共性,引起了社会各界和经济学界的广泛关注,考虑到房价上涨带来的经济影响和社会影响,国家有可能实行宏观调控加以控制。12月23日,财政部、国税总局下发的《关于调整个人住房转让营业税政策的通知》明确了住房交易营业税细则,同一天为严厉打击房地产开发企业囤地、炒地行为,国土资源部通报了9个省18宗房地产开发土地闲置情况。由此可见,楼市调控政策将逐步出台。

综上所述,2010年重庆市房地产开发在一系列利好因素和2009年已上项目的支撑下有望延续回升趋势,但回升幅度的大小还取决于国家后期出台的房市调控政策力度。

(重庆市统计局 朱清)

建筑业

建筑业作为国民经济的基础和先导产业,担负着为经济发展、改善人民生活、促进社会进步提供物质基础的重任。它的发展状况直接反映了城市化发展的程度和经济发展的水平。随着近年来国家对重庆出台的一系列利好政策的推进和落实,重庆建筑业步入了快速发展的轨道,通过抓机遇、谋发展,不断开拓市场,提升发展质量,建筑业在全市国民经济中的支柱产业地位和作用明显增强。与此同时,伴随着改革的深化,产业结构的调整,整体实力的提高,建筑业对国民经济的拉动作用日益显著,为全市经济发展和城市建设做出了重要贡献。

一、2009 年发展回顾

(一)发展概况

2009 年，全市社会固定资产逐月保持在 30.0%高位平稳的运行态势下，全年完成投资 5317.92 亿元,同比增长 31.5%;其中,房地产开发投资从 9 月以来累计同比增速保持在 20.0%以上，全年完成投资 1238.91 亿元，同比增长 25.0%,占全社会固定资产投资的 23.3%,这两大因素推动建筑业的增长。

在此带动下，全市建筑业总产值各季度累计同比增速保持在 30%左右。截至 2009 年底，全市建筑业企业（具有资质等级的总承包和专业承包建筑业企业,不含劳务分包企业,下同）完成总产值 1915.25 亿元,比上年增加 418.93 亿元,同比增长 28.0%。其中,建筑工程产值完成 1695.49 亿元,比上年增加 385.90 亿元,同比增长 29.5%,占总产值的 88.5%;安装工程产值完成 157.03 亿元,比上年增长 33.99 亿元,同比增长 27.6%，占总产值 8.2%，其他工程产值完成 62.73 亿元，比上年减少 0.96 亿元，同比下降 1.5%,占总产值 3.3%。

2009 年，房屋建筑施工面积 16475.84 万平方米，比上年增长 5.5%，其中本年新开工面积 8853.54 万平方米，比上年增长 10.9%，占比为 53.7%。房屋建筑竣工面积 7473.16 万平方米,比上年增长 15.2%。

(二)呈现的特点

1.总量日益增大,对经济增长贡献逐步提高

2009 年，全市建筑业实现增加值 531.37 亿元,占全市 GDP 的 8.1%,按可比价格计算,比上年增长 21.2%，对经济增长的贡献率为 10.2%，加快 5.4 个百分点。

2.实力逐步增强,效益提升较快

2009 年,全市建筑业资产合计为 1529.94 亿元,所有者权益合计为 593.57 亿元,实收资本为 385.45 亿元，分别比 2008 年增长 26.2%、24.5%和 10.3%。实现利税 168.43 亿元,利润 97.76 万元,分别比上年同期增长 10.7%和 9.8%。按总产值计算的劳动生产率为 158958 元/人,比上年增加 34929 元/人,同比增长 28.2%。

3.产业结构渐趋合理,资质等级越高对总产值贡献越大

截至 2009 年底,全市有建筑业企业有 2465 家。其中,国有企业 138 家、私营企业 1360 家、其他有限责任企业 714 家，三者的比例由 2008 年 1：9.2:4.5 调整到 2009 年 1:9.8:5.2。

从资质等级看，总承包企业产值完成 1752.40 亿元,同比增长 33.0%,占建筑业总产值的 91.5%,其中一级资质的企业完成产值 850.30 亿元，同比增长 36.6%，占总承包企业产值的 48.5%,提高 1.3 个百分点;专业承包企业完成产值 162.84 亿元,同比下降 8.9%,占建筑业总产值的 8.5%,其中一级资质的企业完成产值 51.34 亿元,同比增长 14.3%,占专业承包企业产值的 31.5%,提高 6.4 个百分点。

4.产业集中度有所上升,对缓解就业压力做出贡献

2009 年,全市建筑业企业较 2008 年减少 18 家，连续两年呈下降趋势，而建筑从业人员由 2008 年的 105.42 万人上升到 2009 年的 118.88 万人,增长 13.46 万人,有效地缓解了城镇的就业压力，也为农村剩余劳动力转移提供了重要途径。

5.积极参与省外建设,竞争实力不断提升

2009 年，全市总专包建筑企业积极参与外省工程建设,在全国 31 个省、自治区和直辖市均有工程项目。在外省成产值 337.66 亿元,增长 43.2%，比建筑业总产值增速快 15.2 个百分点，占总产值比重为 17.6%。其中,在四川省、贵州省和湖北省三省合计完成产值 182.24 亿元，占全市在外省完成产值总量的 54.0%。在外省完成产值比重的不断提高，标志我市总专包建筑企业竞争力提升,市场开拓能力增强。

6.区域化特征明显,“一圈两翼”竞相发展

随着“一圈两翼”发展战略的逐步推进,在各区域投资快速增长势头的带动下,“一圈两翼”三大板块建筑业竞相发展。2009 年,“一小时

经济圈”作为全市建筑业发展的核心地带,共完成建筑业总产值1549.32亿元,增长27.9%,占全市建筑业总产值的比重为80.9%,有力地推动了全市建筑业的较快增长;“渝东北翼”建筑业生产进一步加速,完成建筑业总产321.92亿元,增长44.5%,增速高于全市平均水平16.5个百分点,占总产值的比重为16.8%;“渝东南翼”完成建筑业总产值44.01亿元,同比下降25.9,占总产值的比重为2.3%。

二、发展中存在的问题

一是资质等级较低,竞争实力尚待增强。全市2465家总专包建筑业企业中,施工总承包企业1480家,其中一级以上企业167家,仅占施工总承包企业的11.3%;专业承包企业985家,其中一级企业104家,仅占专业承包企业的10.6%。

二是从业人员素质有待进一步提高。全市总专包建筑业企业期末从业人员118.88万人中,工程技术人员15.4万人,一级建造师0.80万人,工程技术人员和一级建造师分别仅占期末从业人员的13.0%和0.7%。与建筑业发达的地区相比均有较大的差距。

三是产值利润率低,资产负债率高。全市建筑业企业的财务和经济效益有待进一步改善和提升。全市建筑行业2009年产值利润率为5.1%,比上年下降0.9个百分点。资产负债率为61.2%,较上年提高0.5个百分点。

三、2010年发展展望

(一)固定资产投资拉动建筑业增长

2009年,固定资产投资的67.0%由建筑安装工程贡献,而建筑安装工程的88.3%直接转化为建筑业总产值。因此,未来固定资产投资规模及增速直接决定着建筑行业的需求水平。全市固定资产投资将在今后较长一段时期内都将成为经济增长的主要动力,需要保持一个较高增长水平,而建筑业与投资发展息息相关,其发展形势也将逐步趋好。

(二)房地产市场基本面向好,带动建筑业发展

2009年房地产行业发展放缓,但房地产开发投资未受影响,同时也带动了建筑业的发展。2009年,全市完成房地产开发投资1238.91亿元,同比增长25.0%。

(三)城市化进程的加快

重庆市正在加快工业化、城镇化建设步伐,2009年,全市城镇化率为51.6%,比上年提高1.6个百分点。其中,都市发达经济圈、“一小时经济圈”、“渝东北翼”、“渝东南翼”城镇化率分别为89.1%、64.3%、34.3%和26.1%,分别比上年提高0.8、1.6、1.6、1.6个百分点。全市工业化和城镇化进程中的城市基础设施建设及城市改造建设和新农村建设都将为重庆市建筑业的发展提供最为直接的需求空间。

(四)外资企业的不断涌入,为建筑企业带来商机

近年来,重庆已逐步成为跨国大企业较为活跃的城市。2009年,全市实际利用外资额41.92亿美元,比上年增长46.7%。其中外商直接投资40.16亿元,同比增长47.2%,占实际利用外资额的95.8%。外资企业将其工厂、加工基地向我市转移,必须建造厂房、办公楼和宿舍等配套设施,对建筑企业来说都是商机。

总体来看,重庆“314”总体部署、统筹城乡综合配套改革试验区的建立、“五大重庆”的建设、“两江新区”(保税港区)的成立等新的历史机遇带来的投资增长和经济扩张必将为重庆市建筑业的发展提供市场空间。

(重庆市统计局 何相莹)

证券业

一、2009年重庆资本市场发展回顾

2009年，重庆证监局在中国证监会和重庆市委、市政府的坚强领导下，在市级有关部门的大力支持下，坚持监管与服务并举，加大资本市场对区域经济发展的支持力度，服务地方经济发展迈上新台阶，辖区资本市场总体保持健康平稳运行。

2009年，重庆31家上市公司总市值在年初仅609亿元，到12月底达1901亿元，涨幅达212%，是全国股票市值增长水平的2倍多；全年代理证券交易金额同比增长90%，代理商品期货交易量、交易额同比分别增长65%、90%，高于全国平均增长水平；在扩大直接融资、推动国企上市、加快证券公司发展等方面取得积极进展。

(一)直接融资实现重要突破

2009年首发融资取得显著成效。重庆莱美药业成为全国首批登陆创业板的上市公司，融资3.8亿元，实现了近4年来重庆企业境内IPO上市零的突破。水务集团IPO申请获证监会审核通过，募集资金近35亿元，于2010年3月29日在上交所挂牌上市，成为辖区自2004年以来首家登陆主板上市的企业。再融资也创历年最好水平，全年12家公司开展再融资，占辖区上市公司的39%，涉及金额约267亿元，其中3家公司完成定向增发，1家公司重组方案获证监会有条件审核通过，6家公司公告了重组方案。

(二)国企改制上市迈出新步伐

积极支持重点国企借助资本市场平台加快发展，加快重点企业改制上市进程。截至2009年底，市属国有重点企业中西南证券已借壳上市；重庆银行、四联集团IPO申请已报证监会；重庆港务集团、重庆商社集团整体上市重组方案已报证监会；重庆建工集团进入辅导程序。

(三)证券公司加快发展取得实效

重庆证监局以合规建设为抓手，对证券公司建立动态风险实时监控机制，加强现场检查和重点业务专项检查，形成监管推动力，证券公司风险防范能力显著提高，合规管理水平和市场竞争力明显提升。西南证券评级提升至2B，夯实了规范发展的基础，2009年全年公司实现净利润10.07亿元，较上年增长609%，实现每股收益0.54元，较上年增长500%；取得多项创新业务资格；新增设1家分公司、4家营业部，网点布局日趋合理。

(四)证券期货服务质量持续提升

优化证券期货经营机构网点布局，扩大金融服务覆盖面，引进优质证券期货经营机构来渝设点，新设2家证券分公司、1家证券投资咨询分公司、4家证券营业部，5家异地期货公司新设营业部申请获批。19家证券服务部升级为营业部，辖区证券营业部数量升至86家。辖区期货公司在异地新设营业部10家，金融服务辐射力增强。辖区基金公司改进服务，加强产品和业务创新，09年新华基金管理公司新发2只基金产品。

(五)区域金融要素市场建设取得进展

在重庆市委、市政府的统一指导下，积极协助推进重庆农畜产品远期交易所、股份转让中心等两个金融要素市场建设。与南岸区政府签订战略合作协议，为江北区开展资本市场专题培训，大力支持区县金融发展。就重庆资本市场发展开展专题调研，积极向市委、市政府建言献策，得到市主要领导充分肯定。开展30余项课题的调查研究，汇编成《重庆资本市场监管理论与实践》一书并公开发行。梳理总结重庆资本市场发展历程和经验教训，组织编写《重庆资本市场十年》，黄奇帆市长为该书作序。指导行业协

会开展多期从业人员培训，配合大商所办好期货学院重庆分院，举办期货研讨会、钢材产业大会等，为区域金融市场发展做好人才储备。

(六)市场风险防范化解力度加大

推动化解绩差上市公司风险，辖区5家ST类公司重组取得实质进展。其中：*ST长运通过西南证券借壳方式实现“脱胎换骨”；ST东源与金科集团的重组方案获批；ST星美、S*ST朝华均已上报重组方案；*ST威达引进新股东，积极推进资产注入，化解直接退市风险，为后续重组奠定了基础。及时发现1家期货公司的违规行为，采取立案稽查等措施，有效防范公司风险扩大。扎实做好维稳工作，全年辖区资本市场没有发生影响稳定的重大事件。

(七)市场秩序环境进一步优化

一是加大案件查处和“打非”力度。调查办理各类案件7起，严肃查办市场违规行为。排查非法证券活动39起，查处并移送公安立案调查非法证券机构1家，在主流媒体公开曝光非法证券经营机构14家，关闭非法证券网站7个，有效遏制了非法证券活动蔓延势头。二是强化执法宣传。在辖区及全国媒体开展执法宣传21次，联合市金融办举办全市“打非”培训会，开展“打非”宣传月活动，广泛报道典型案例，提高了执法影响力。三是全力维护市场公平竞争秩序。经过几个月的集中整治，辖区证券市场秩序明显好转。

二、2010年资本市场发展思路

2010年，重庆证监局将认真落实中国证监会的工作部署，按照重庆市委、市政府的工作要求，立足监管，推动重庆资本市场规范健康发展，促进资本市场功能发挥，更好服务重庆建设长江上游经济中心、金融中心战略。

一是，继续推进企业直接融资和市场化并购重组。进一步加强与国企上市领导小组其他成员单位的协作，跟踪市属重点国企整体上市进程，及时提出监管建议。继续发挥好联系证监会的桥梁纽带作用，重点推动重庆银行等企业上市，力争取得突破。继续调动创新型企业的上市积极性，争取推动智飞生物等1~2家企业在创业板上市。加强拟上市企业培育辅导，力争年内推动10家企业向证监会报送上市申报材料。积极支持，推动实施以产业结构调整升级为目的的并购重组。

二是，加快推动证券期货经营机构规范创新发展。积极应对股指期货推出，督促各机构做好知识准备、技术准备、人才培养，落实好股指期货投资者适当性制度，确保股指期货平稳推出和上市后规范运行。鼓励西南证券等市场主体适时申请IB业务、融资融券业务试点。加强对创新业务的监管，严防创新业务成为各机构新的风险点。与重庆建设长江上游地区金融中心战略相匹配，继续引导优质券商、期货公司来渝设立分支机构或区域性总部。督促提高证券期货行业软硬件水平，提升行业整体形象。

三是，积极拓展期货公司服务实体企业功能。重庆很多实体企业对钢材、铝等原材料需求量大。重点推动辖区期货公司建立与实体企业的对接机制，鼓励实体企业利用期货市场价格指导生产经营，开展套期保值业务，规避现货风险。引导期货经营机构进一步明确功能定位，探索专业服务中介模式，提高服务水平，为实体企业参与期货市场提供更优质的服务，增强期货市场服务经济功能。

四是，全力维护重庆资本市场良好发展环境。提升重庆资本市场影响力，联合重庆市政府办公厅、市金融办、市国资委等部门共同举办重庆资本市场创新与发展论坛(2010)，邀请相关领导和全国金融专家出席，指导重庆资本市场创新发展，扩大辖区市场规模，更好服务重庆经济社会发展。不断创新监管方式方法，完善监管机制，加强和改进证券期货监管。继续加大力度，查办市场违规案件，打击非法证券经营活动，深入开展投资者教育，推动重庆资本市场健康发展。

第六编
开发区与园区建设

重庆市特色工业园区综述

2009年，重庆市特色工业园区面对全球经济危机的挑战，在国家宏观经济刺激计划和我市提振经济积极措施的推动下，全年持续保持了快速发展的良好态势，在全市工业率先走出低谷,园区建设迈上新的台阶。

一、2009年园区发展回顾

(一)目标完成情况

2009年全市43个特色工业园区完成工业总产值达到4096亿元,增长50.5%;工业增加值达到1299亿元,增长53.2%;利税总额达到428亿元,增长41.7%;工业固定资产投资达到1422亿元,增长41.6%,累计达到4857亿元;就业人数达到60.5万人,比上年净增8.8万人;园区入驻企业累计达到4273户,其中投产企业2897户。

经综合评比,获得2009年特色工业园区“十强园区”称号的是:九龙、茶园、空港、建桥、江津、晏家、花溪、同兴、港城、万州园区。

获得2009年特色工业园区“优秀园区”称号的是:一小时经济圈:西彭、璧山、涪陵园区;渝东北地区:开县、垫江、忠县园区;渝东南地区:石柱、酉阳园区。

获得2009年特色工业园区“发展速度优秀园区”称号的是:合川、云阳园区。

获得2009年特色工业园区“招商引资优秀园区”称号的是:西永、正阳、涪陵、永川园区。

获得2009年特色工业园区“土地集约利用优秀园区”称号的是:长寿化工、西彭园区。

(二)主要特点

1.工业发展率先走出低谷

工业园区每月增速均在35%以上，全年园区总产值、增加值增速均高于全市规模以上工业35.3、34.7个百分点,扣除不可比因素,园区为全市工业增长的贡献率超过70%。

2.工业集中度进一步提高

园区企业占全市规模以上企业总数的45.2%,工业总产值占全市规模以上工业的61.1%,比上年提高12.5个百分点；工业增加值占全市规模以上工业的59.3%,比上年提高12.2个百分点。

3.百亿级园区成倍增加

百亿级园区达到18个，占园区总数的42%,比上年翻了一倍。有11个园区超过200亿元,其中九龙园区突破300亿元。

4.两翼园区建设全面提速

全年两翼园区工业总产值增长73.8%,高于全市园区增速23.3个百分点;完成固定资产投资增长69.5%,高于全市园区增速27.9个百分点。

5.招商引资取得重大突破

以惠普、富士康、广达、英业达等企业为龙头的笔记本电脑制造基地项目全面开始建设，中石油1000万吨/年炼油和80万吨/年乙烯项目已纳入国家计划。一大批投资5亿元以上的项目在园区纷纷入驻建设。

6.标准厂房项目全面开建

全年新建成标准厂房160万平方米，累计建成504万平方米,企业入住率达到80%以上,产出强度超过了每百万平方米90亿元。

7.园区上档升级取得进展

西永园区内的综合保税区已获得海关总署批准，长化园区被国家工信部正式批准为国家级高新技术产业化基地，九龙园区被国家工信部正式批准为国家新型工业化示范基地，万州园区升级为国家级经开区已通过国家四部委的审核,正报国务院审批。

二、发展中存在的问题

(一)园区布局结构不尽合理

受城市规划和土地规划调整及城市快速扩

展的影响，我市工业园区在布局上还存在着总体规划面积偏小、部分园区与城市紧密连接、部分已实施建设土地不符合规划、园区组团布局较为分散等问题。

(二)园区产业集聚度需进一步提高

部分园区存在产业不够突出、定位不够准确、特色不够鲜明等问题。全市支柱产业和配套产业在园区的分布也需进一步调整完善。

(三)园区基础设施建设资金依然缺乏

多数区县政府或园区融资平台负债率较高，资金筹集难度加大，今年银行信贷将有所收缩，园区建设资金紧缺问题将会更加突出。

(四)园区发展不平衡现象仍较突出

虽然两翼园区近两年发展迅猛，但总量占全市园区比重不到10%，与一圈特别是主城园区的差距仍然较大。两翼园区之间的发展也不平衡，部分园区还处于刚刚起步阶段。

三、2010年发展思路及目标

(一)发展思路

以发展特色产业集群为目标，完善工业园区十二五发展规划体系，调整园区布局结构，有力推进千亿级园区创建，重点帮扶“16+1”园区加快建设，力争在园区建设的关键领域取得创新和突破，加强统筹协调力度，促进园区上档升级。

(二)发展目标

2010年全市工业园区工业总产值达到5500亿元，增长34.3%，占全市规模以上工业的66%；工业增加值达到1800亿元，增长40%，占全市规模以上工业的64%；工业固定资产投资超过1200亿元，累计达到6000亿元；利税总额达到600亿元，增长40%；就业人数超过65万人，净增5万。

(三)工作措施

1.编制完善园区规划体系

(1)编制完成全市工业园区十二五及中长期发展规划，作为工业园区到2020年发展的总纲，指导园区科学发展。

(2)指导各区县园区编制完成产业发展规划，修改完善《特色工业园区产业定位实施意见》，调整部分园区产业定位，促进园区集群式发展。

(3)开展园区规划范围核准和拓展扩区工作，调整园区布局结构，确保到2020年全市工业园区规划面积达到500平方公里。

2.有力推进千亿级园区创建

(1)制定千亿级园区创建推进措施，在提出创建计划的园区中选择10个作为2010年重点推进园区。

(2)加快推进创建园区中签约和在建项目建设，重点保障投产企业的要素供给。

(3)帮助创建园区采取多种渠道筹集建设资金，增强园区融资能力。

3.重点帮扶“16+1”区县园区加快建设

(1)加大协调力度，促进“16+1”园区的50亿元政策性贷款全部到位，督促基础设施项目加快建设。对资金使用效果好的园区，协调落实后续建设资金。

(2)帮助完善园区产业规范，积极引导外地和主城龙头企业到“16+1”园区建设配套基地。

(3)启动移民生态工业园建设，落实补助政策，争取中央预安排资金先行启动一批重点项目。

(4)研究提出一圈两翼园区异地共建的意见，试点建立利益分享的机制。

(5)对开发建设相对滞后、运行特别困难的园区，研究制定一园一策的帮扶措施。

4.加强管理指导，促进园区上档升级

(1)强化市园区办统筹协调的工作机制，分解落实加强园区建设的任务措施到市级相关部门和经信委相关处室，加大服务园区建设的力度。

(2)出台《工业园区建设规范》，强化投入产出强度、产业集聚度、建筑容积率、环境保护等具体指标要求，提高土地利用率。

(3)加大力度促进万州、长化、西永园区升级为国家级经开区或高新区，积极引导有条件的园区创建国家新型工业化示范基地。

(4)制定“工业园区发展评价考核办法”,科学评价园区规划布局、土地利用、产业集聚、环境保护等方面的运行效果。

5.大胆创新突破,寻求园区发展方式转变的新途径

(1)按照园区建设“布局集中、用地集约、产业集聚”的要求,研究制定以工业园区为依托发展产业集群的意见,鼓励围绕“6+1”支柱产业创建特色产业基地。

(2)按照中央经济工作会发展低碳经济、循环经济和新型工业化的要求,研究提出试点建设“低碳经济园区”、“循环经济园区”、“智能园区”的意见,选择有条件的园区先行先试。

(3)按照中央经济工作会关于解决农业人口在城镇就业和落户的要求,研究提出在有条件的城镇建设工业园区或工业集中区的意见,推广建设标准厂房和农民工公寓,引导农民工逐步向城镇居民转移。

(重庆市经济和信息化委员会 刘富钊)

两江新区

一、基本情况

2010年5月5日,国务院以国函〔2010〕36号印发《关于同意设立重庆两江新区的批复》。6月18日,两江新区正式挂牌成立,是继上海浦东新区、天津滨海新区之后,国务院批准的“中国第三区”,也是内陆唯一的国家级开发开放新区。

两江新区区位条件优越。位于重庆主城区长江以北、嘉陵江以东,包括江北区、渝北区、北碚区3个行政区部分区域和北部新区、两路寸滩保税港区,规划总面积1200平方公里,其中可建设用地550平方公里,新开发用地面积400平方公里,常住人口160万人。

两江新区交通方便快捷。高速公路将形成“三环十射”;高速铁路有8条汇集,西部最大的火车站枢纽、内陆最大的国际复合型枢纽机场——江北国际机场、长江上游最大的航运中心均集中在两江新区。两江新区对内正在快速完善内循环,对外“一江三路三大洋”大战略格局已基本形成,即:通过长江可达太平洋,通过“西北翼”渝兰铁路—新疆阿拉山口—哈萨克斯坦—俄罗斯—德国—鹿特丹港可达大西洋,通过“西南翼”渝黔铁路—缅甸中部可达印度洋,最近又开通重庆—深圳铁海联运大通道,重庆及两江新区已成为内陆开放最前沿。

两江新区聚辐功能完善。这里有长江上游金融中心核心区,有“重庆陆家嘴”之称的江北嘴金融中心规划面积5平方公里,随着一大批银行和保险机构、基金公司、世界500强总部及结算中心的集中入驻,将形成高度发达的货币市场、资本市场和要素市场,成为金融创新先行区。这里有内陆唯一的保税港区,两路寸滩保税港区规划面积8.37平方公里,加工配套区近24.4平方公里,是我国唯一的“水港+空港”双功能保税港区,一期工程已封关运行,100余家境内外企业及项目成功落户。2015年保税港区全面建成后,将辐射带动周边6省20多座城市外向型经济发展。这里有中西部最大的会展中心,悦来国际会展城综合投资100亿元、会展区总建筑面积60万平方米,集展览、会议、商业、娱乐、酒店、办公楼、高档住宅、景观等多种功能于一体。这里有西部地区总部经济高地,将建成以北部新区“星系列”为重点的1500万平方米产业楼宇,成为总部经济的乐园。

两江新区发展基础较好。与浦东和滨海几乎“白手起家”不同,两江新区是“成熟区+开发区”。现有城市建成区面积150平方公里,是重

庆主城基础条件最佳、经济实力最强、发展活力最大的区域。重庆主要的产业支撑包括汽车工业、电子信息、装备制造、仪器仪表、生物制药，以及现代金融业、物流服务业、高档房地产业等，大都集中于此并形成了较为完善的产业配套体系；2009年GDP约800亿元，分别是浦东和滨海设立之初的13倍和4倍，经济总量占全市的13.5%，工业、财政也占全市1/10左右。

二、发展战略

两江新区将紧紧围绕建成“两基地、两中心”的战略定位，按照“集聚资源、博采众长、彰显优势、后来居上”的总体思路，秉承“一半山水、一半产业”的开发理念，立足全球视野、国家战略、西部引领的高度，全面地、系统地、超前地谋划两江新区的发展。

（一）战略理念

在两江新区战略规划上突出一个“新”字，坚持以全新的开发观、全新的开放观和全新的发展观开展规划，增强开发开放的新思维和新意识，打造改革发展的新高地和新窗口。始终突出先谋划后规划、先规划后开发、先基础后建设、先功能后产业、先环境后招商、先公建后住宅、先地下后地上，实现两江新区资源共享化、功能一体化、用地集约化和运转高效化，以高起点规划引领两江新区超常规发展。

（二）战略定位

国务院赋予两江新区五大功能定位，即：统筹城乡综合配套改革试验的先行区，内陆重要的先进制造业和现代服务业基地，长江上游地区的金融中心和创新中心，内陆地区对外开放的重要门户，科学发展的示范窗口。

（三）战略目标

一是10年“再造一个重庆工业”、“再造一个重庆经济”；二是建成功能现代、产业高端、总部集聚、生态宜居，具有国际影响力和我国内陆开放示范效应的新区；三是成为内陆地区“发展极”、“服务极”和“带动极”功能，辐射促进“西三角”乃至680万平方公里的西部地区开发开放。

（四）战略步骤

分“三步走”：一是两年初见成效。到2012年，实现GDP翻番，达到1600亿元，常住人口达到230万人，区域金融中心、会展中心、物流中心及万亿工业园区等核心板块取得突破性进展；二是五年形成框架。到2015年，实现GDP翻两番，达到3200亿元，工业总产值超过6000亿元，常住人口达到300万人，要素集聚能力进一步增强，综合服务功能大大提升；三是十年基本建成。到2020年，GDP达到6400亿元，工业总产值15000亿元左右，实现GDP翻3番，GDP和工业总产值分别占全市1/4以上；直接利用外资、进出口总量和金融机构存贷款余额分别占全市1/3以上；集装箱吞吐能力达到270万标箱，机场旅客吞吐量达4500万人次，常住人口规模400万人左右。

（五）战略布局

两江新区将着力构建“1心4带”战略空间布局，努力建成国家战略性新兴产业集聚区、内陆重要的先进制造业和现代服务业基地。“1心”，即：金融商务中心。重点打造江北嘴金融核心区、观音桥商贸核心区、人和总部基地、五里店研发设计中心，建成内陆地区现代服务业基地的主要载体、西部一流的总部产业基地、长江上游地区的研发创新中心和金融中心。“4带”，即：一是先进制造产业带，以鱼复现代物流功能区、龙兴先进制造功能区为载体，重点打造万亿工业基地；二是物流加工产业带，重点打造寸滩港物流园区、石坪轻工出口基地、江北机场物流园区、临空机电出口基地，建成内陆地区最具规模和实力的保税物流及出口加工产业集聚区；三是都市功能产业带，重点打造悦来会展城、双龙湖国际商务新城、金山商务中心、大竹林高尚居住区，建设和谐宜居之城和现代都市新区；四是高新技术产业带，重点打造同兴工业园区、水土高新技术产业园，适当发展高品质生态居住及休闲等产业。

（六）战略重点

两江新区将着力打造“6+3”核心产业体系，

即:6大工业，以轿车和新能源汽车为主导的汽车产业、以轨道交通和电力装备为主导的装备产业、以电脑整机和信息家电为主导的电子信息产业、以生物制药和医疗器械为主导的生物医药产业、以碳纤维和高温超导材料为主导的新材料产业、以节能产品和环保设备为主导的节能环保产业;3大服务业，包括以创新金融为主的金融业、以会展物流为主的商贸业、以资讯研发为主的信息业。

三、2009年发展概况

两江新区所在区域2009年实现GDP 813.6亿元,占全市的12.5%;工业总产值1511亿元,占全市18.3%;地方财政收入116亿元,占全市10%；社会消费品零售总额365亿元，占全市14.7%;全社会固定资产投资795亿元,占全市14.9%;实际利用外资13亿美元,占全市32.4%;进出口总额33.7亿美元,占全市43.7%,其中出口14.6亿美元,占全市34.1%;港口集装箱吞吐量18万标箱,占全市31.3%;机场旅客吞吐量1404万人次,占全市98.6%。两江新区所在区域各项主要经济指标在全市占有举足轻重的地位。

四、2010年发展目标

2010年，两江新区将主动融入国家与全市工作大局,以更加坚定的信心抢抓机遇,以更加宽广的胸怀扩大开放，以更加勤勉的精神加快建设,以更加有力的举措推动发展,以更加务实的作风改善民生,努力实现两江新区超常规、跨越式发展。全年预期目标为：实现GDP1000亿元，增长23%；工业总产值2000亿元、增长32%;社会消费品零售总额510亿元,增长40%;全社会固定资产投资900亿元,增长13%;地方财政收入152亿元,增长30%;实际利用外资22亿美元,增长74%;实际利用内资450亿元,增长25%;进出口总额52亿美元,增长33.7%;各项存款余额2500亿元，增长61%；贷款余额1900亿元,增长84%。确保经济发展领跑重庆、领先西部。

(两江新区管委会政策法规处)

北部新区(经开区、高新区)

一、2009年发展回顾

2009年,是国际金融危机影响加深、经济发展面临困境的一年。北部新区管委会以科学发展观为统领，以中央及全市经济工作会议精神和一系列应对金融危机的政策措施为指针,以学习实践科学发展观活动、打造内陆开放示范区和庆祝新中国成立60周年为动力,围绕“保增长、扩内需、调结构、惠民生”的总要求,坚定信心,振奋精神,积极兴利除弊,着力转危为机,使全区主要经济指标在往年高位增长的基础上,继续保持了平稳较快的增长。

(一)区域经济发展迅速

全年实现地区生产总值545亿元，同比增长16.5%;工业总产值1393亿元,增长14.9%;财政收入167.14亿元,增长20.9%;其中地方财政收入70.29亿元,增长20%;入库税金125.32亿元，增长21%；全社会固定资产投资278亿元,增长24.4%;其中基础设施投资完成额98.16亿元,增长251.1%。实现生产性服务业收入232亿元,同比增长24%;软件与信息服务业实现收入140亿元。

(二)招商引资成绩不俗

招商引资工作在受金融危机冲击、外国投资大幅减缓、周边园区竞争加剧等多重压力下,通过调整招商思路,拓宽招商渠道,实行“内外并举、务求实效”的策略,仍然取得了不俗的成绩。全年共引进投资总额224亿元，同比增长

25%,其中合同外资3.6亿美元,增长190%,内资投资总额199亿元,增长26%;实际利用资金218亿元,增长3.3%,其中实际利用外资4.4亿美元,下降9%,实际利用内资187亿元,增长5.7%。投资较大的项目有长安福特马自达汽车产能扩建(33.4亿元)、进出口信用担保公司(10亿元)、农行信用卡中心(10亿元)、瀚华担保公司(10亿元)、汽研院(8亿元)等。完成进出口总额15.7亿美元,同比增长3.7%,占全市的20%,居全市首位。其中:完成进口11亿美元,增长3.4%,占全市的32%;完成出口4.7亿美元,增长4.7%,占全市的11%。力帆集团、远达环保、万虎机电等企业已走出去在海外投资建厂或参与国际经济合作。

2009年招商引资出现两大特点。一是现代服务业异军突起,总部经济加快集聚、金融服务业发展提速、新型中介服务公司入驻意愿强烈。2009年,实现生产性服务业收入232亿元,同比增长24%;软件与信息服务业实现收入140亿元,服务外包(离岸)合同签约金额1.2亿美元,同比增长19倍,占全市91%;服务外包(离岸)合同执行金额3613万美元,增长23倍,占全市93%。说明新区的投资环境和发展前景对现代服务业具有强大的吸引力,服务业正在成为与制造业并驾齐驱的支柱产业。二是内资项目和资金引进大幅增长,冲抵了外资项目和资金的大幅下降和迟缓进入。说明我国经济发展态势良好,国内资金比较充裕,提示招商工作应当与时俱进,及时调整思路,实行"内外并举、务求实效"的策略,以抓住机遇,转危为机,扩大效果。

(三)产业结构不断优化

针对过去汽车产业一枝独大、抗风险能力弱的状况,2009年新区把优化产业结构放在了重要位置。确立了北部新区新的产业发展定位,确定汽车及零部件制造业、电子制造业、生产性服务业三大产业为支柱产业,仪器仪表、生物医药、电气机械、饮料食品四大产业为特色产业,形成三足鼎立、四驾齐驱的产业发展格局。调整产业用地规划,根据新区新的功能定位,及时调整22.31平方公里土地为综合用地,为强化城市功能和加快现代服务业发展,提供了用地保证。充分利用"星系列"产业楼宇资源,加快现代服务业集群步伐,使北部新区呈现出工业经济平稳增长、第三产业快速发展的良好态势。

(四)征地拆迁进展顺利

2009年北部新区安排征地开发建设资金70亿元,采取措施协同攻坚,使辖区所剩107个社共3.5万亩土地全部征用完毕。至此,新区范围内130平方公里农村集体土地全部转为国有土地。同时解决征地遗留问题2429件,拆迁危旧房11万平方米,分配农转非安置房1077套,为下一步大开发大发展奠定了坚实的基础。

(五)节能环保稳步推进

以创建国家生态工业园区、ISO14000国家示范区、国家级循环经济示范园区为目标,大力推进蓝天工程、碧水工程、宁静工程和绿地工程"四大行动",不断改善人居环境质量。抓好节约生产、清洁生产、节能降耗和循环经济试点工作,做到增企不增污、增产不增耗,积极创建零排污、零泄漏工厂,2009年对16家企业实施清洁生产审核,共减排COD21.6吨。稳步推进建筑节能工作,全年建筑节能总投资约10亿元,房建项目建筑节能专项审查覆盖率100%,确保居住建筑达到节能65%标准、公共建筑达到节能50%标准,目前北部新区的建筑节能工作在全市处于领先水平。发挥企业节能减排主体作用,推动环保工程技术研发及产业化应用,已形成环保设备制造及工程承包、环保技术服务和节能产品研发制造三大重点领域,全市环保产业"5朵金花"有3家在北部新区,远达环保、中天环保、大晃康达三家重点企业的烟气脱硫、固体垃圾及污水净化处理具有集技术开发、产品生产和工程承包于一体的优势。大力推广应用新材料、新技术,组织实施中水回用工程。在全区市政道路推广应用LED新型节能照明光源。开展重庆啤酒厂(大竹林)中水社会化利用试点工作,已投入资金700万元完成市政中水管道工程建设6690米,福耀玻璃(重庆)有限公司中水回用工程已通过验收，减少使用自来水 27.7 万吨/年、废水排放 24.8 万吨/年、COD 排放 49.38 吨/年。

(六)五个重庆建设成效显著

2009 年,北部新区以“五个重庆建设”为契机,加大资金投入,使改革发展成果惠及更多民众。

“森林重庆”建设。2009 年完成植树造林 19260.9 亩，超计划 293%，其中政府投资完成 13452.9 亩,社会投资完成 5808 亩。完成总投资额 30226.9 万元,其中政府投资 18667.3 万元,社会投资 11559.6 万元。种植植物 1412.6 万株,其中乔木 47.2 万株、灌木 1365.4 万株。编制完成了《重庆北部新区森林工程建设规划》，推行森林工程业主制、招标制和监理制,明确责任,规范管理,确保质量。对辖区内绿地进行全面清理统计,建立了台帐,有效消化存量土地 1.2 万亩。北部新区蓝湖郡和大石路分别获得 2009 年度重庆市“森林住宅小区”和“森林市街”称号。

“宜居重庆”建设。2009 年投入资金 200 亿元，包括 300 多万平方米的商品房与经济适用房建设、11.4 万平方米危旧房拆迁改造、366.5 万平方米居住区综合整治、41 万平方米商业设施以及启动 2.5 万平方米城市广场等,使新区居住品质、公共空间、服务设施得到进一步提升。全年新开工工程 148 个，建筑面积 471.2 万平方米,竣工工程 178 个,建筑面积 515 万平方米。房地产新开工面积 355.6 万平方米，竣工面积 483 万平方米,在建面积 500 万平方米,销售面积近 350 万平方米。金科·东方王榭 、骏逸蓝山、隆鑫花漾湖获全国“2009 詹天佑大奖、优秀住宅小区金奖”和优秀建筑设计单项奖;渝高·智博中心获全国广厦奖。成功举办了“触摸‘两江’魅力，预约‘超值’生活”宜居北部高峰论坛,第三届北部新区车房文化节成交额突破 36 亿元。

“畅通重庆”建设。投入道路建设资金 4.3 亿元,新建成道路 19 公里,在建道路 51.8 公里,目前已建成道路总长 462 公里，累计完成道路建设投资 100 亿元。完成了 11 个规范路段和 16 个规范路口的改造。成功开通 17 条公交线路,困扰群众多年的交通不便问题得到缓解。

“平安重庆”建设。广泛开展干部走访攻坚行动,管委会各级领导干部共走访群众 5402 人次,解决市、区挂牌信访积案 70 件,涉及群众 2400 多人。全区信访部门共受理群众信访 3140 件次、25631 人次，妥善处置群体突发事件 152 起。全面开展安全隐患排查和执法行动,排查单位 1748 家,设施 1608 台,查出各类安全生产一般隐患 4082 处,整改 3979 处;查出重大安全隐患 7 处,已全部整改;查出非法建设单位 5 家，全部取缔。开展小区违法建筑专项整治,强拆 17 户,建筑面积 5930 平方米;自行封闭、拆除 148 户,建筑面积 1.2 万平方米;拆除非住宅小区违法建筑 5.2 万平方米。公安、消防、交警认真履行职能,处理了大量矛盾纠纷和事故突发事件,保护了人民群众的生命财产和交通安全。投入资金 1825.3 万元,对南坪、石桥铺、经开园、高新园 30 多个转非安置小区质量、安全问题进行了排查和维修,维修建筑面积 316 万平方米。规范企业安全生产行为,监督工程 453 个,工程总造价 180.3 亿元，处理各类投诉 244 件，处理率 100%。受理拖欠民工工资投诉 77 起,涉及金额 3331 万元,涉及民工 3485 人;受理拖欠工程款投诉 6 起,涉及金额约 1.1 亿元,处理率 100%。通过扎实工作，实现了确保辖区社会安全稳定和确保建国 60 周年庆典活动顺利举行的工作目标。

“健康重庆”建设。成功举办了北部新区首届体育运动会。在重庆电视台举办了“首届北部新区市民健康知识竞赛”活动。为全区弱势群体 1800 多人免费进行了体检和白内障筛查。加强对甲流的防控，对 22700 多重点人群接种了疫苗,有效控制了甲流蔓延。加快了高新园人民医院和部分社区卫生服务机构建设。以庆祝新中国成立 60 周年为契机,广泛开展“唱红歌、读经典、讲故事、传箴言”主题文化活动,参与人数达 6 万多人次,选派渝州路老年合唱团参加全国老年大合唱比赛获得银奖,举办了北部新区庆祝建国 60 周年文艺汇演,丰富了人民的精神生活。

(七)社会事业协调发展

1.社会保障工作。就业方面:全区城镇新增就业8827人,下岗失业人员就业再就业5193人,就业困难对象就业再就业1576人,就业再就业培训4536人,分别完成市级目标任务的137.9%、136.7%、262.7%和131.5%;城镇登记失业率为1.8%,比市级控制目标低2.7个百分点。社保方面:四大基本保险合计参保达19055户次、77.9万人次,共征收社保基金11.4亿,完成市级目标任务的102%;原被征地农转非人员参加基本养老保险共受理申报79299人,申报率达98.7%,缴费率达77.4%,18973人领取了养老待遇;14214名新征地农转非人员参加了养老保险;城乡居民合作医疗保险报销医疗保险待遇39724人次,报销金额799.2万元。维权方面:受理各类劳动信访投诉1948件;为8852名农民工追讨工资6888万元;劳动争议调解仲裁1486件。民政方面:发放低保金952.6万元,发放医疗救助金190.2万元;慈善助医助困52.3万元,创办慈善超市7个。人和街道、翠云街道翠渝路社区分别被评为首批"全国示范街道"和"全国示范社区",新创市级示范社区14个,区级合格社区以上创建率达82.9%。区劳动社会保障局被评为全市"金保工程"一期建设先进单位。

2.教育事业。教育教学质量不断提高,在年度高考中,全区4所高中学校共883名学生参加高考,本科上线学生347人,上线率39.3%,比全市高9.4%;专科以上上线学生803人,上线率90.9%,高于全市专科招生计划率。经开礼嘉中学、经开育才中学实现了首届高考开门红。中考全区10所初中学校共2296名毕业学生参加高中升学考试,其中联招上线869人,占参加联招类考试学生的55.8%,比全市高7.9%。举行了全区首届中小学生艺术展演活动和首届中小学班主任基本功竞赛。在开展贫困学生资助工作中,办理大学生生源地信用助学贷款106.5万元,中等职业学校资助1100余万元,普通高中困难学生资助3.8万元,工会与慈善会资助贫困大学生260人、47.7万元。

二、发展中存在的问题

发展中存在的问题。一是部分经济发展指标未达到进度要求。受金融危机影响,市政府考核的6个指标中,仅有入库税金总额和固定资产投资总额、外贸出口等3个指标超额完成,工业总产值、实际利用资金、实际利用外资分别只完成99.5%、86%和97%。二是经济总量和发展速度不甚理想。与同属西部的成都和西安开发区比较,除税收收入外,实际利用外资和出口总额存在较大差距。从全市看,北部新区工业总产值增速低于全市平均水平,合同外资、实际利用外资在全市排名中也不靠前。三是城市配套功能不够完善。园区交通、商业、医疗、文化、教育等配套设施不能完全满足企业和居民需要;商业地块缺乏严重影响招商,大型商业项目推进缓慢;高素质人才短缺,成为制约IT软件、创意产业和服务外包业发展的"瓶颈";生产性服务中介不发达,金融体系不完善,使部分企业融资困难;缺乏统一规范的人力资源市场,使新区人才流动和劳动者择业严重受限。四是安全形势依然严峻。全区共发生各类安全生产亡人事故32起,死亡33人(亡人数与去年同期持平),直接经济损失1000多万元。

三、2010年经济发展目标

地区生产总值622亿元,同比增长15%;工业总产值1500亿元,增长8%;生产性服务业收入285亿元,增长23%;社会商品零售总额187亿元,增长29%;全社会固定资产投资348亿元,增长25%;地方财政收入84亿元,增长20%;税金总额140亿元,增长12%;合同投资总额268亿元,增长20%,其中合同外资4.7亿美元,增长30%;实际利用资金273亿元,增长25%,其中实际利用外资5.5亿美元,增长25%,实际利用内资234亿元,增长25%;进出口总额18亿美元,增长15%,其中出口5.7亿美元,增长21%。

(北部新区政研室 吴泉水)

重庆(长寿)化工园区

2009年是化工园区开拓奋进、提速发展的一年。一年来,化工园区坚持以科学发展观为统揽,大力实施循环经济发展战略,以重大项目建设为抓手,以培育壮大四大产业集群为重点,不断夯实基础设施发展平台,努力提高园区重大项目承载能力,努力推动入园企业健康持续发展,努力提升园区经济发展水平,园区建设再创佳绩。全年,园区共计完成固定资产投资45亿元,同比增长16%;园区企业共计完成工业产值92亿元,同比增长7%;税收2.4亿元,利润2.6亿元;聚商选资12个项目,协议引资总额达102.77亿元;园区年度固定资产投入、工业产值、聚商选资等工作目标任务全面完成。到2009年底,化工园区已累计开发土地面积12平方公里,完成固定资产投资243亿元,正式入驻企业81户,协议引资近900亿元,建成企业57户,在建企业10户,园区天然气化工、石油化工、生物化工及化工新材料四大产业龙头逐步形成;化工园区正式被国家工信部正式批准成为国家级高新技术产业化基地,被重庆市委统战部批准成为重庆市民营经济示范园区,被评为中国十大最佳投资环境工业园区,园区经济持续发展、社会和谐稳定、三个文明建设取得可喜成绩。

一、聚商选资

园区始终坚持以产业链招商为主线,依托存量优势产业和政府招商的主导作用,按照“市、区、园区”三级联动的招商模式,立足西南、面向全国、走向国际,广泛联系国内外知名化工企业,以完善延伸产业链为目标,大力实施聚商选资战略,努力推动重大项目招商进程,积极促成项目早日落户园区。

2009年,化工园区聚商选资项目12个,协议引资共计102.77亿元,圆满完成市、区两级下达的聚商选资任务。中石油千万吨炼油、20万吨/年BDO项目以及煤化工基地等一批重大招商项目取得了重大突破。此外,园区储备项目已达73个,储备项目投资总计1510亿元,其中在谈项目26个,协议投资金额810亿元,园区招商项目储备库进一步完善。

二、基础设施和公用工程建设

坚持“园区统揽、国土把关、街道实施”的三位一体工作机制,紧紧围绕MDI一体化项目二、三期征迁这项重点工作,切实保证园区新增项目的用地需求。2009年化工园区累计实施征地面积7000亩,拆除房屋979户,面积约14万平方米,安置农转非人员3531人,兑付各类补偿安置费用共计4.7亿元。其中,MDI一体化项目二、三期征迁工作已于2009年底全面完成3个村20组1264户、3447人的房屋拆迁及人员安置工作。截至2009年底,园区已累计实施征地26572亩,拆迁房屋4828户,安置农转非人员16851人,有效的保障了园区项目建设的土地供应,为项目的顺利开工建设奠定了坚实的基础。

园区经济的快速发展,基础设施保障是关键。2009年,化工园区共计开工自建类项目13个,竣工11个,完成道路建设1.5公里,平整场地200亩,完成火车站景观及道路等绿化工程面积150亩。完成火车站广场及道路工程、污水集中整治工程、港区大道、化南二路一期工程、污染集中整治工程等重大基础设施项目建设任务。

为构建园区完备的公用工程保障体系,夯实园区快速发展平台。截至2009年底,化工园区累计完成公用工程建设投资12亿元,完善了水、电、气、汽、储、运等配套公用工程平台,园区重大项目的承载能力全面提升。

三、入园企业建设

2009年，化工园区入园企业运行平稳，安全环保责任落实，无重特大安环事件发生。有德雅、锦湖石化等11家企业在建，新建成企业4家(古杉、云天化二/三期、映天辉、中环水务)，新增投产企业6家(新原兴、港务集团、川维合成氨、映天辉、欣欣向荣、古杉)。

坚持把推动重大项目建设作为园区的核心工作之一，采取专项研究、专项部署、专项督查、专项落实的“四专”化策略，全力保证MDI一体化项目、百亿川维、85万吨甲醇等重大项目建设的快速推进。其中，MDI一体化项目，项目环评及核准已接近尾声，化医集团项目前期手续已基本完善，总体设计已基本完成；铁路专线的报告已上报铁道部待批；园区已完成项目依托条件的设计提供；项目计划于2010年3月正式启动建设，2013年底项目主体工程基本建成，2014年底MDI一体化项目群竣工投运。

四、循环经济建设

通过六年的不懈努力，初步形成了园区循环经济的基本框架和良好基础。目前，园区水资源产出率、单位生产总值取水、工业用水重复利用率量、土地投资强度、天然气产出强度等综合能耗指标都已完成阶段目标。工业废水排放量、二氧化硫排放量、COD排放量在尽管有新开工企业新增排量的情况，但排放总量与2008年相比仍有大幅度的下降。其中，万元工业产值能耗已降低至2.0吨标煤/万元，较2008年相比降低了4.8%。工业固体废弃物综合利用率比2008年提高了5.1%。园区循环经济工作圆满完成了阶段性目标，已走上了良性循环的轨道。

五、内部管理

修订完善化工园区《人事管理制度》、《培训管理制度》等规章制度。认真开展思想作风建设工作，努力造就一支政治强、观念新、业务精、作风正、纪律严的高素质队伍。严格按照“四管”的要求，牢固树立“两个务必”的思想，深入开展了党风廉政教育、学习贯彻《实施纲要》等廉政建设活动，园区广大党员干部廉洁从政行为和廉洁自律意识不断得到增强，廉政建设取得了可喜的成绩。园区坚持以综合治理为核心，以依法治理、信访稳定为抓手，深入开展综合治理、内保管理，依法治理、信访稳定，流动人口、计划生育，统战保密等各项工作，扎实推进园区平安单位的创建，推动园区事业的全面发展，努力营造园区良好的发展的软环境。

(长寿化工园区管委会　李征奇)

西永微电子产业园区

一、2009年发展回顾

2009年，重庆西永微电子产业园区(以下简称“园区”)在市委、市政府的正确领导下，在市级部门和沙坪坝区的大力支持下，围绕“企业服务年”主题，以学习实践科学发展观为抓手，加速推进开发建设，实现征地、招商、融资三大突破，亮点频现，举世瞩目，奠定了园区大突破、大发展的坚实基础。

(一) 招商引资实现重大突破

2009年，园区大项目落地实现重大突破，自主知识产权项目及创意产业、总部基地建设取得新进展，园区计算机、集成电路、软件与服务外包和电子元器件产业格局基本奠定，形成项目签约、开工、投产齐头并进的良好局面。

园区新签落户项目34个(硬件项目13个，软件、研发类项目21个)，注册资本金实际到位近5亿元，新增合同投资额89.27亿元(其中内资15.95亿元，外资10.78亿美元)；预计新增年产能2000亿元；项目达产后预计就业超过10万人；新签约惠普(重庆)笔记本电脑出口制造基地、富士康(重庆)产业基地、惠普亚太结算中心、英业达笔记本电脑、凸版印刷、群创光电、重庆创意产业基地艺术粮仓、启越涌阳微电子、挪威RPR、重大ICT、兵装摩托车事业总部等项目，被授予“国家加工贸易梯度转移重点承接地”、“中国服务外包基地城市”、“国家高技术产业(信息产业)基地”等称号。

(二)征地拆迁实现重大突破

在沙区支持下，全年征地拆迁超过1万亩(西永园区片区3000亩、台资园4500亩、L分区3000亩)，相当于前三年征地的总和，使园区累计征地达到13平方公里。同时，完成L分区、W分区控制性储备主体变更手续；完成土地出让面积2000亩；购置321249平方米、3374套经济适用房用于征地拆迁安置；完成西永城市副中心核心区(L分区)城市形象设计国际方案征集。同时，全面推进道路、楼宇等工程建设，重点完成惠普PC厂房、西永商业街、安置房等楼宇21.8万平方米；续建完成方正路北段、中环快速干道等道路6公里；完成5.2公里西永景观大道改造，绿化面积15.4万平方米；完成应用产品园1800亩平场。

(三)融资贷款实现重大突破

园区及时把握国家政策，积极开展资金组织等工作，年度新增融资贷款超过45亿元，与重庆城建集团BT合作融资5.6亿元，实现税费返还2.14亿元，有力保障了园区开发建设资金需求。年度投入使用30亿元，相当于园区前三年的总和，到2009年末园区公司贷款余额累计达60亿元。

(四)HP2000万台笔记本电脑出口生产基地落户园区，形成惠普高科技项目群

继2008年惠普400万台内销电脑生产基地项目落户园区以后，2009年8月4日，“惠普(重庆)笔记本电脑出口制造基地”、“富士康(重庆)产业基地”两个项目在渝举行签约仪式，重庆市与惠普及全球最大的电子代工企业台湾富士康集团签定合作协议，在西永园区打造惠普(重庆)笔记本电脑出口制造基地和富士康(重庆)产业基地，成为园区乃至重庆市信息产业龙头项目。根据规划，该项目投产后3年内，将形成年产2000万台外销笔记本电脑的能力，聚集超过2000亿元的“整机+配套”产业集群，形成400亿美元的年进出口规模，提供10万个就业岗位，将在中西部地区形成与沿海地区信息产业基地比肩前行的信息产业高地，拟打造亚洲最大的笔记本电脑制造基地。

9月26日，富士康(重庆)产业基地隆重举行开工奠基仪式，该项目在签约后仅53天即开工建设，创下重庆重大项目自签约到开工用时最短纪录。9月28日，惠普全球采购结算中心从新加坡移至西永园区，使惠普重庆项目成为跨国公司在中国唯一布局的集制造和服务于一体的特大综合战略项目。12月26日，英业达集团签约落户西永园区。广达集团也正紧锣密鼓地进行投资洽谈。

市委、市政府高度重视笔记本电脑基地建设，于2009年底成立了高级别的笔记本电脑基地建设领导小组和具体推进落实的指挥部，奇帆市长担任领导小组组长，小平、慕冰、月明三位副市长任副组长，月明副市长还兼任指挥长，并且从市级机关和沙坪坝区抽调大批精兵强将到西永工作，以前所未有的工作力度推进基地建设。

(五)300天从开工到投产建成HP-PC工程

惠普400万台内销电脑生产基地项目(HP-PC工程)被列为2009年重庆市信息产业“一号工程”，该工程共3层，建筑面积6万平方米，总投资1.8亿元，于10月中旬全面完成与HP-PC合同中约定的所有建设内容，并实现顺利交接。11月下旬HP-PC7条生产线安装完毕，12月试生产。预计2010年共生产电脑160万台。

(六)设立对台合作新高地——“重庆台资信息产业园”

经重庆市委、市政府研究决定，并报国台办

等部门备案,2009年5月,重庆市人民政府以渝府【2009】66号文确定重庆西永微电子产业园区为"重庆台资信息产业园",以园区的信息产业基础,在西永园区设立台资信息产业园,并在5月28日"重庆·台湾周"活动期间正式挂牌,成为两岸产业深度对接的重要基地和两岸政策先行先试的试验区域。

(七)申报重庆西永综合保税区

综合保税区的设立是笔记本电脑基地建设成功与否的关键,也是各笔记本电脑项目能否落地生根、发展壮大的先决条件。8月以来,西永园区积极配合市政府向国务院申报设立10平方公里的重庆西永综保区,以实现功能平台建设的突破,提高各大企业加工贸易项目的物流效率和简化保税、退税手续,对带动重庆乃至中西部的发展意义重大。同时,积极配合市政府向国务院申请,将西永园区升级为国家经济技术开发区或国家高新技术产业开发区。

(八)一批项目集中开工暨方正投产

6月8日,西永园区举行2009年上半年项目集中开工仪式,同日,重庆方正PCB产业园正式落成并投产。科博达重庆汽车电子项目、重庆大学工业CT项目、清华科技园孵化器项目、重庆明珠机电产业化项目、西永电子元器件产业园基础设施工程项目等5大项目集中开工,是西永园区成立以来的第二次"打包"开工活动,提升了园区开发建设速度和发展形象,促进了园区建设和招商工作全面推进。

二、2010年发展目标

2010年,是西永园区实现大建设、大发展、大突破的关键之年,HP400、HP2000、富士康、广达、英业达、思科等一大批重大项目将陆续落地、开工或建成投产,同时,西永综合保税区、机场快速物流通道等重大建设项目也将开工建设。西永园区将优质高效地推动各项工作,进一步提升园区综合竞争力和对外影响力,确保实现园区又好又快发展,为园区在"十二五"期间取得更好的发展奠定基础。

2010年主要经济发展指标。实现园区投资总额40亿元;总产值不低于100亿元,其中工业总产值90亿元,软件、三产及其他10亿元;融资总额不低于50亿元;新增招商引资合同投资金额85亿元以上,新增合同产能1000亿元;新开工项目产能500亿元以上;完善征地7700亩、新征建设用地10000亩以上、扩大征地8400亩;进出口贸易总额10亿美元。

(西永微电子产业园区 赵彦君)

万州工业园区

2009年,万州工业园区深入开展"强作风、保增长"活动,着力推进园区内涵增长和外延发展,与入园企业"抱团过冬"。狠抓一批企业扩产促销,力促一批新项目开竣工,积极支持一批重点项目加快投资和建设进度,完成工业总产值201亿元,同比增长97%;完成工业增加值66亿元,同比增长88%;实现全口径财政收入4.4亿元,同比增长47.6%,主要经济指标跨入全市特色工业园区前十强。

一、强力实施平台建设

2009年是万州工业园区确定的平台建设年,原计划投资6.2亿元,实施征地还房、土地整治等7大类36个基础设施项目,到2009年6月,园区针对招商引资配套要求,追加各类项目28个,追加投资3.3亿元,使全年投资计划达到9.5亿元、项目64个。全年完成联合坝光电园1号路、飞亚场平、3万平方米标准厂房等30个基础设施项目建设，开工建设联合坝光电园2号路、盐化园边仙大桥、北环路、化中四路、桐子园码头至宜化道路，谭木匠项目场平、红太阳二期场平、中船重工场平和天子湖大坝整治、三雄极光场平、20万平方米标准厂房等30余个项目，完成总投资6.4亿元，同比增长121%，创建园以来新高。

二、大力推进项目实施

做大存量、引进增量是园区发展的基本路子。2009年，万州工业园区积极引导企业内涵配套，产业发展集约水平明显提高：大全新能源完成一期4000吨多晶硅项目，二期3000吨项目已核准；华伦精细化工投产CMC项目，准备新上3万吨精制棉、2万吨PAC产业化项目；雷士照明新增电工开关、插座、厨卫电器、低压电器、智能控制系统和商务插座等生产项目，加大T4/T5支架、灯盘、电感镇流器技改扩能；三阳化工新建1万吨氯乙酸和1.5万吨三氯氢硅项目，筹建30万吨氯碱项目；长安跨越商用车扩能、农机及零部件、座椅、内饰件、车厢、车架、车桥、发动机、消声器、变速器等一批核心零部件生产企业陆续落户万州，逐步形成汽车及农机产业集群；合智思创新增笔记本电脑、手机、GPS定位器生产项目。这些龙头项目的配套发展，有力带动了园区“四个一批”项目实施。全年竣工投产2500吨多晶硅、6000吨CMC、35万吨复合肥、200万吨干法水泥、昊鼎混凝土、200万套电工产品和汽车配件系列等10个项目；开工建设密胜科技、飞马调味品、红太阳氯代吡啶系列等11个项目。

三、突出抓好增量引进

在区级领导领衔招商的有力推进下，万州工业园区积极发挥珠三角、长三角招商办事处的专业作用。2009年，新签约创亿集团综合制造基地、密胜科技电气电子产品制造、特星万州生产基地、中船重工船舶工业园、吉必盛科技1万吨气相白炭黑、友友利鸿200万平方米玻璃制品、邦盛金属材料深加工、科惠欣欣印刷线路板及电镀中心、跨越农机农用车、卓远汽车车架、亮杰汽车车厢、中钢汽车零部件、镁元化工消泡剂、兰雁牛仔服、道崎运动鞋、特星鞋服配饰带、玉田运动鞋、丰达火腿肠加工、云南先见公司重组沪江公司等项目24个，协议总投资60亿元。

四、持续扩大土地征收

全年完成龙都街道桐元村970亩新征土地及274户、795人补偿安置，签订芦家坝、联合坝、双河口82户257人住房安置协议，共计补偿安置356户、1052人，拆除农房7万平方米；向市国土局申报2010年新增建设用地计划3000亩，启动五桥、百安坝5个组800余亩土地征收报件工作；实施土地招拍挂出让15宗，面积81.5公顷，其中已完成10宗，面积62.1公顷，正在办理5宗，面积19.4公顷；完成园区地质灾害调查和评估，8个地质灾害点可望全部纳入三峡后扶地质灾害防治规划。

五、着力推进园区升级为国家级开发区

园区升级是推进万州产业发展的大事、要事。万州区委、区政府领导亲自参与争取工作，得到了市、区两级经信委、发改委、建委、国土局、外经委、劳动局的积极支持和大力配合。2009年，万州工业园区升级为国家级开发区获得国土资源部、建设部、发改委、商务部的审核同意，报送国务院审批。

六、生态园区启动迅速

按照市政府办公厅渝办［2009］64号文件要求，万州移民态工业园与工业园区相衔接，采取“园中园”建设模式。目前，生态园区已完成规划编制和用地规划、地灾评估审查等前期准备工作，五桥园、盐气化工园8平方公里规划范围内，已先行启动基础设施建设，入驻了一批项目。随着三峡后扶资金等建设资金的陆续落实，生态园区作为工业园区的重要增量部分，2010年后即可出规模、出效益。

（万州工业园区管委会 刘诚）

建桥工业园区

一、2009年发展回顾

2009年,建桥园区在区委、区政府的坚强领导下,在市园区办的正确指导下,全面贯彻落实科学发展观,紧紧围绕“五个重庆”和“六个大渡口”建设发展主线,攻坚克难、多措并举,努力解决和克服在建设过程中遇到的各种矛盾困难,有效抵御全球金融危机的强力冲击,园区经济运行态势稳定,各项工作取得良好成效。

2009年,园区共实现工业总产值234亿元,同比增长76.6%;工业增加值84亿元,同比增长40.7%;完成固定资产投资133亿元,同比增长81.7%;实现税收11.7亿,同比增长69.6%;招商引资实际到位资金50亿元,同比增长66.7%。

(一)务实创新,内外并举,狠抓招商引资

园区按照产业结构规划,采取务实有效的招商策略,着力选进一批科技含量高、综合实力强、发展潜力好、环境污染少的企业签约落户。成功签约天安数码、中石油等8家企业,协议引资66.1亿元,园区企业总数达82家,累计引资372.9亿元。

(二)加大资金投入,提速基础设施建设,打造一流的优质硬环境

整合资源,坚持多渠道融资,全力筹集园区建设所需资金,实现园区基础设施建设的全面提速。2009年,园区共投资约7000万元,实施基础设施项目建设14个,全力保障长征重工、蓝沁苑安置房等重点项目建设;投入8796多万元完成跳磴110KV变电站等20个项目建设,为企业和园区的发展提供充足的能源保障;继续加大绿化建设力度,投资5000余万元,完成绿化建设24万平方米,全面提升绿化园林水平。园区代表重庆市“园林城区”和“五个重庆建设”顺利通过国家的检查验收。同时,园区被全国绿委授予“全国绿化模范单位”称号。

(三)突出重点,提升服务效能,推进项目落地及投产增效

一是优化政策环境,帮助企业优化产业结构,平稳渡过金融危机。园区办从财税与投融资担保、企业自主创新和品牌建设、鼓励企业优化产业结构等方面最大限度地帮扶企业,加快创新基地建设。

二是讲求办事效率,拓展服务内涵,提升服务质量。加强机关效能建设,落实绿色通道、涉企行政检查准入等制度,切实维护企业合法权益,为企业穿上“乱检查、乱罚款”的“防弹衣”;召开银企座谈会,为园区企业成功融资8000余万元;为长征重工、鑫鹏达等11家企业共争取区级新型工业化发展资金约2.8亿元。2009年,共计办理园区52个项目各类手续约350件。

三是狠抓招商项目的落实及投产增效。2009年,三峰卡万塔、宗申派姆等5家企业竣工投用,长征重工、茄子溪码头等10家企业正在建设中。

四是开展B区、C区楼宇工业园规划区域环境影响评价工作,为园区拓展审批奠定基础。

(四)用活政策,搞好土地收储,确保正常用地

2009年,共完成长征重工、恒通物流项目549亩土地的征地工作,取得109亩征地批文,全年共安置305户1024人农转非人员。一是组织精干力量,共计拔除钉子户42户;二是做好土地储备和置换工作,为项目引进和园区下一步发展做好准备;三是加强园区土地监管和清理,对已签约两年而未及时开工的6家企业进行清理,对园区已征地而又处于闲置的土地建立台帐备案管理。

(五)以人为本,维护群众利益,创建和谐园区

2009年,园区建成A区蓝之托小区,安置入

住企业工人约2000人;C区蓝沁苑安置拆迁户1200多户，妥善解决被征地农民及企业农民工的后顾之忧。

(六)突出亮点,强化宣传策划,园区成为国内外媒体争相报道的“新宠”

一是充分发挥园区“一刊一网”的宣传载体作用，园区知名度不断提高。坚持不懈地办好《建桥动态》周刊,及时向外界宣传报道园区最新动态;定期改版和更新建桥园区网站,2009年网站月均访问量20.5万，是2007年的4.1倍,《建桥动态》和园区网站已经成为对外宣传的重要窗口和平台。

二是不断加强与媒体间的合作交流，国内外媒体的关注率越来越高。2009年，先后有50多家境内外媒体云集建桥，专题报道建桥园区的生态建设、科技创新、蓝领公寓建设等。新华社重庆分社将建桥园区作为其新闻调研基地，针对园区绿色经济、蓝领公寓建设撰写内参,引起中央领导的高度重视。重庆卫视《新闻联播》栏目、《特别关注》栏目播报新闻、专题报道10多次;重庆日报等媒体刊载园区各类稿件近200余篇，还有中国中央人民政府网等国内外顶级知名媒体纷纷聚集园区。

(七)强化内部管理,提高工作效能,提升园区干部队伍素质

一是修订完善财务管理等规章制度，加强园区工程建设、征地拆迁管理,使园区管理步入制度化、规范化轨道;二是启用OA办公系统管理,推行无纸化办公,厉行节约,提高办事效率;三是举办“读经典学国学”专题讲座,开展“读经典 传箴言 伴成长”活动,委托专业培训机构定期对员工进行培训,不断提升员工综合素养。

二、2010年发展目标

2010年,建桥园区实施“156”发展战略,围绕“百年建桥 千亿生态园区”的发展目标,着力培育5个100亿级产业:100亿玻纤产业、100亿长征重工、100亿天安数码、100亿梅林今普、100亿楼宇工业,6大100亿市场:100亿龙文金属材料电子交易市场、100亿冷储市场、100亿石油化工、100亿豪晟机电、100亿恒通物流、100亿泰港物流。

(一)创新思路,加大资金筹措力度,防范园区资金安全风险

针对国家货币政策调整，进一步创新工作思路,大力拓宽融资渠道,积极协调农业发展银行、交通银行、华夏银行、深圳发展银行、市发改委等单位和部门,采取贷款、信托、理财、集合债券等多种方式进行融资，有效缓解园区资金压力。同时,进一步加强对资金支付使用、资金结算、资金信息的管理力度,对园区资金进行安全风险评价,确保资金安全、平稳运行。

(二)加大招商引资力度,注重招商质量

依据园区五大主导产业链进行招商，着力选进一批科技含量高、综合实力强、发展潜力好、环境污染少的企业签约落户,有力促进园区产业结构调整和产业优化升级,进一步增强园区产业集聚效应。同时,建立对入园企业的投入产出考核评价体系,着力提高园区土地使用效率。

(三)狠抓一批重点项目开工建设、竣工投用,拉动园区经济增长

强化重点项目跟踪服务制度,积极协调市、区相关部门,大力推进富士康SMT项目、中石油扩库、茄子溪码头一期、单轨生产基地、小南海水泥建材、万吨冷储等尽快竣工投用;加快园区道路、绿化、能源管网等市政配套设施建设;力促天安数码、中石化、中冶建工总部、楼宇工业二期等重点项目开工建设，切实提升园区经济实力。

(四)加强土地管理,拓展园区发展空间

大力推进征地拆迁工作,抓紧土地储备,着力提高融资能力，尽快完善园区资金平衡。同时,加强园区拓展报批工作,进一步加大对闲置土地的清理收回工作力度。

(五)强化内部管理,提升人员素质,提高园区工作效率

建立健全园区管理制度，使园区管理步入

制度化、规范化轨道。加强对园区OA办公系统的管理和升级,进一步提高办事效率。抓好园区干部队伍培训管理,强化人员业绩考核,不断提高园区整体素质和工作效率。

(建桥工业园区管委会　吕俊)

正阳工业园区

一、2009年发展回顾

2009年,重庆市正阳工业园区团结拼搏,增添措施,克难奋进,园区发展速度全面加快,园区形象全面提升。

(一)产业培育实现新突破

2009年,面对金融危机的不利影响,工业园区管委会采取切实措施,帮助停产企业及早恢复生产,加快在建项目建设进度,确保了园区经济快速增长,园区产业培育实现了新突破。工业产值首次突破10亿元大关,达到113763.3万元、同比增长41.1%;物流及非工企业实现经营性收入6.4亿元,同比增长236%;产业项目完成投资63214.76万元、同比增长44.4%;全年新增投产投用企业10户;园区企业实现利税7788万元,园区完成地方财政收入2546.42万元。

(二)基础设施日臻完善

2009年,通过实行基础设施建设项目领导目标责任制、工期倒逼公示制、现场协调推进制、月计划强推硬逼制、工作完成情况通报制等"五项制度",进一步加强了对重点项目的领导和督查,及时协调解决建设过程中存在的突出问题,确保了园区基础设施和配套设施建设的有力推进,正阳片区基础设施和配套设施建设全面完善,青杠拓展区基础设施建设全面推进,为企业入驻和产业培育创造了良好条件。园区基础设施建设完成投资53949.9万元,比2008年增长4.05倍,普通商品(安置)房、正谊路、标准化厂房、青杠拓展区主干道、黔永路(新高段)以及双河丝厂、重啤黔江分公司、百发肉类食品公司等企业水电路等配套设施建设等重点项目全面完成。

(三)招商引资成效显著

2009年,园区管委会抢抓国发3号文件和沿海发达地区产业转移的重大机遇,开拓创新,按照以商招商、点对点招商、产业招商、"渝洽会"等节会招商的工作思路,加大跟踪和对接力度,大力改善招商项目落地建设环境,狠抓落地项目跟踪服务,确保了招商项目规模和数量有了明显提升。全年新签约20个工业项目,协议引资22.6亿元,设计年产值57亿元,到位资金6.16亿元,是2008年的5.3倍。同时,总部经济招商取得实质性进展,成功引进了4家总部经济项目。

(四)园区形象全面提升

2009年,园区管委会大力实施"五化"工程,切实加强了园区市政建设和管理,园林绿化水平明显提高,交通管理全面规范,园区园区城市功能和生产生活环境明显改善,园区形象得到提升。一是实施"净化工程"。严格实行施工现场的清洁管理,严格弃土弃渣清运管理,强化园区保洁工作,园区环境卫生明显改善。二是实施"绿化工程"。按照打造生态园区的要求,大力实施景观绿化打造工程,加大园林绿化管护力度,园区园林绿化水平明显提高。三是实施"美化工程"。采取栽植鲜花、路铺设人行彩砖、规范广告位设置和摊点摆放以及全面整治乱搭乱建等措施,进一步美化了园区环境。四是实施"亮化工程"。加大市政照明灯饰的建设、管理及维护力度,确保了园区照明灯饰的正常运行。五是实行"交通规范化"管理。通过采取安装监控系统、落实专职人员及实行停车收费制度等措施,园区交通管理全面规范。

(五)企业服务水平明显提高

通过建立并实施干部职工对口联系入园企业(项目)制度和“1234”服务机制(建立一套服务制度、坚持便企和公开两项原则,做好政策法规咨询、代办全程跟踪、协助办证等三项服务,严把受理、承办、办件、回访等四个程序),企业服务水平明显提高,得到了园区企业的充分肯定和高度赞扬。全年为入园企业(项目)全程代办了立项、规划、建设、环保、土地证、供水、供电、工商、税务注册登记等各类手续30余件,为园区企业有效解决突出问题和困难近100件,全面保障了企业水、电、煤、天然气、运输等生产要素的供给,同时园区安全稳定,无社会治安案件和刑事案件发生,为企业正常生产经营创造了良好的外部环境,促进了园区快速发展。

二、2010年发展目标

2010年正月工业园区将实现工业总产值25亿元,非工项目实现经营性收入7亿元以上,完成工业投资25亿元,招商引资到位资金8亿元,新入驻企业20个。

(正阳工业园区管委会综合处 刘福胜)

九龙园区

一、2009年发展回顾

2009年,在区委、区政府的正确领导下,九龙园区深入学习实践科学发展观,按照“在谈的项目抓签约,签约的项目抓建设,在建的项目抓投产,投产的项目抓增资”的思路,加大投入完善基础设施,强力推进企业服务和项目建设,积极应对金融危机,促进各项经济指标持续增长,在全市34个特色工业园区中保持领先地位。全年完成总产值300.54亿元,与上年同比增长20.1%;完成增加值94.5亿元,同比增长24.2%;技工贸收入(营业收入)530.8亿元,同比增长21.05%;税收总额12.86亿元,同比增长20.4%;完成引资10亿元,利用外资1亿元,新引进企业148户,期末入驻企业1920户,其中工业企业233户,规模以上企业117户。末入驻企业1920户,其中工业企业233户,规模以上企业117户。

(一)服务企业对抗金融危机

一是落实区级优惠政策,保企业,稳存量。2008年底以来,金融危机对九龙园区总体经济影响明显,企业陷入不同程度的困境。为应对金融危机,园区通过协助落实区级优惠政策保企业、保生产,帮助ABB、建设、隆鑫、赛力盟等投产企业参与评选九龙坡区工业十强,4户企业入选十强名单,争取到奖励资金共计26万元。协调和帮助旺龙、华超、赛力盟、雅马哈、隆鑫、智能水表等16家园区企业,争取九龙坡区产业扶持资金,进一步落实区级优惠政策,共争取到扶持资金211.48万元。

二是鼓励企业创优争先,奖资金,树信心。2009年初,九龙园区首度设立和表彰园区“十佳企业”,对隆鑫、建设、佳通等10户企业共奖励30万元。同时配合落实我区产业扶持资金和兑现优惠政策,九龙园区对中程科技、华搏传媒等2户企业直接给予扶持资金103万元。通过奖励龙头和优势企业,坚定投资商克服危机、做大做强的信心。

三是加强项目服务,促建设,创增量。结合“发展环境整治年”活动,园区转变服务观念,完善服务措施,切实帮扶企业解决发展中的问题,加快项目建设步伐,促进企业尽快投产新增产值。重点解决了隆鑫、北奔、唯远、普什等企业在项目用地、建设手续、水电气基础设施、跨区协调等问题。园区通过召开专题工作会、重点企业座谈会、上门服务等形式,对问题不掩饰不回避,明确责任人限时办理,强化督办加以落实,帮扶企业加快建设和生产步伐。

(二)拓展空间搭建发展平台

九龙园区工业用地已全部出让完毕，现处无地招商状态。随着园区A区盘龙片区被市政府确定为城中村改造项目,将于2010年全面启动,现有工业用地还将减少1.03平方公里,并外迁一批工业企业。按照“实施二次创业、创建千亿园区”的目标,实施“外拓空间,内挖潜力”,提高土地利益效益和经济产值。

一是外拓空间,计划首期拓展工业用地9.09平方公里。按照主城区特色工业园区80~100亿元/平方公里的产出强度，九龙园区建设千亿级园区需新拓展工业用地10平方公里。园区经过反复调研、优化,按《九龙坡区分区规划》的建设用地范围和实际地理情况，园区计划拓展9.09平方公里,作为下一步产业发展用地。拓展范围是:B3区1.1平方公里,位于华岩镇西站村;C1A区0.67平方公里,位于C区北部;C1B区0.19平方公里,位于C区中部;C2区5.25平方公里,位于陶家镇;C3区1.88平方公里,位于巴福镇。

二是内挖潜力，清理和推动建设闲置用地600亩。由于基础条件和企业投资计划因素,部份企业存在闲置土地的情况。园区通过召集企业负责人洽谈、协调区国土部门督促、市场运作等手段,促进了一大批企业启动建设。包括新启动冬瓜山先友汽配、上创实业、东升印务、量子钢管等4个项目,B2区通过市场方式,引进美每家公司,一次性整合杰盛、遁达、家兴、泽合等四块闲置用地340亩，投资5亿元实施家装项目，初期年销售额可达30亿元；引进量子钢管项目,整合原地块(19亩)的建兴橡胶,达到腾笼换鸟的效果。

(三)精心筑巢完善基础设施

在负债投入的压力下，园区创新融资方式完善基础设施,直接投入2.58亿元,重点建设道路、水电气管网,推进“畅通九龙坡”建设,为项目建设和生产提供硬件保障；完善市政绿化工程,塑造园区窗口形象,打造投资环境。

一是推进道路工程。在主干道路网络已经完善的情况下,注重支线道路建设,打通交通节点,为项目建设和生产创造交通条件,全年建成火炬支路、冬瓜山、B2区、唯远、隆鑫支路等道路7.8公里，人行道改造及路面修复9150平方米,平基土石方50万立方米;在建C区道路2公里。

二是建设水电气管网。重点保障项目施工用水用电,确保建设顺利推进。建成水、电、气、通讯等各类管网33公里,其中给水1.2公里,电力管网20.8公里，燃气管道1.4公里，通信9.6公里。完成A区三级管网改造,共改造雨污管网3.45公里；完成B区范围内的华岩湖流域综合管网1.18公里改造,为华岩湖提供清洁水源;建成B2区10KV开闭所，为B2区企业用电提供了保障;启动C区配气站施工,完成平基工程;完成唯远、聚兴、隆鑫、庆铃等项目正式用电网络建设。

三是实施市政绿化。新增和整治绿化5.7万平方米，重点对火炬大道绿韵康城段、C区人行道进行了改造,整治零星绿化,改建华福大道、华龙大道绿化,补栽苗木1.2万株;在C区实施城市周边200亩木屏障建设;坚持拆建结合,拆除违章建筑8100平方米。绿化管护面积约37万平方米,清扫面积135万平方米;新增交通信号设施47套,交通标线1986平方米,维护园区花红树绿的窗口形象。

(四)建设项目打造特色产业

项目是园区发展的生命。园区继续全力服务,促进企业加快项目建设步伐,做到“快施工快见厂房,早投产早见效益”,争“早”做“快”促发展。全年共实施建设工业项目21个,其中建成13个,在建8个。

一是抓重点,推进旗舰型项目建设。集中精力围绕北奔、庆铃、徐工、柳工、普什、隆鑫、赛力盟、ABB等八大龙头企业实施建设和服务。除徐工、ABB已投产外,今年有北奔重型车、庆铃上装车、五粮液普什建成投产，隆鑫热动力基地、赛力盟电机建成厂房,新启动柳工工程机械再制造项目平基工程。同时,区领导多次赴江苏徐工总部，积极协调重庆徐工扩大产能。八大龙头企业全面投产后，工业产值可占到园区总量的50%。

二是抓增资，建设二期项目扩产。在金融危机影响下，推进二期项目建设，既体现了投资商对市场发展前景的看好，也体现了对园区投资环境的肯定。2009年，共有7个企业启动了二期项目，其中华商数码《重庆时报》印务基地、恒胜钢材二期建成投入使用，ABB二期(特高压试验站)厂房建成，唯远机电、旺龙汽车配件、大顺电器二期启动建设，通过出租冬瓜山标准厂房启动先友汽配二期项目。

三是抓特色，突出特色主导产业。全年九龙园区紧紧围绕汽车(重型汽车)和机电一体化两大特色产业招商、建设和发展，引进柳工重型车再制造项目，突出产业特色，进一步壮大我市汽车支柱产业；促进隆鑫、赛力盟、唯远的一期项目基本建成，形成市内电机产品结构最为齐备的产业带；加强产业关联度，积极为企业配套牵线搭桥，促进旺龙与北奔形成配套互补关系，并在周边园区调研产业，完善龙头企业配套。

(五)加快城市化建设宜居园区

一是推进征地拆迁。通过实施征地拆迁，加快C区农村地区城市化进程，同时保障项目发展用地。实施了隆鑫热动力基地及西城新苑(二期)征地，共完成征地拆迁988亩，涉及拆迁社员470人，拆迁企业5户；完成农转非414人，通过货币安置和住房安置方式安置转非人员110户，计290人。征地工作中，九龙园区和当地镇密切配合，依法拆迁，确保了工作稳定推进。

二是建设农转非小区，加快转非人员安置。实施石龙、半山二期、西城新苑(三期)农转非小区建设。三个小区总投资1.4亿元，总建筑面积16.7万平方米。其中石龙小区位于园区B2区，建筑面积7.44万平方米，主体工程完成；半山农转非小区二期位于B区半山村，建筑面积1.78万平方米，现已基本建成；西城新苑三期建筑面积7.84万平方米，年底前启动建设。

三是打造C区中央商务区。按照西部科技新城的规划，中央商务区核心区1平方公里，定位于西部新城中心区，建设成为区域商贸、金融、物流、文化中心。为配合中央商务区的建设，园区大力实施相关配套项目，启动西城新苑(二期)。广泛进行中央商务区方案论证，进一步优化方案设计；依托跳蹬河水库和三百梯水库，实施900亩的中央公园带动周边商住用地开发，先期启动中央公园大门及环湖道路管网建设。

二、发展中存在的问题

一是金融危机影响依然存在。园区工业总产值、技工贸收入等经济指标普遍增长趋缓，部分指标下降明显。企业资金严重不足，其中隆鑫热动力基地-发动机总装项目由于资金不足，现处于停工状态，龙江项目因资金问题难以启动；企业生产经营原地踏步，难以实现计划目标，如徐工工程机械受市场影响，产值基本与去年同期持平。部分企业对市场存有顾虑，处于观望状态，影响了落户园区项目的启动。

二是两规调整影响项目建设。由于C区启动区土规和城规未得到解决，两规成为制约项目建设的瓶颈：悦康、龙江等签约项目不能进场施工；隆鑫、北奔、庆铃、旺龙等重大项目用地不能完善用地和建设手续；企业受金融危机影响，因土地不能办证而无法融资，加大了资金压力。

三是没有储备用地招商困难。由于工业用地全部出让，每次招商洽谈时投资商只能看到毛地，不能看到成熟的整治地块，增加了投资商顾虑；用地指标只能在项目签约后才能申报，影响了项目进场时间，耽搁了项目建设、投产计划。迫切需要争取500~1000亩工业用地作为储备用地，由园区滚动开发。

四是建设资金困难，需要理顺园区财税体制，加大政策倾斜。目前九龙园区总负债沉重，为区财政直接贡献资金3.93亿元。由于受两规未解决影响，部分上账项目贷款资金使用困难；项目前期手续无法办理，包装项目新增贷款无法启动；已没有贷款抵押物，新增贷款困难。建议参照市内其他园区的做法，将市级返还的所有税费全额返还给园区，用于基础设施建设。

三、2010年发展目标

(一)2010年发展思路和目标

2010年发展思路是：按照规划高起点，融资高效益，服务高品质，发展高效率的总体要求，抓好汽车(重型汽车)和机电两大特色产业，建设盘龙和中央商务区两大城市发展平台，推进拓展一片工业新区。其发展目标是：计划2010年完成工业总产值322亿元，增加值95亿元，技工贸收入550亿元，税收总额10亿元，引资10亿元。

(二)2010年重点工作

一是拓展发展空间。根据《重庆市城乡总体规划》的近期建设用地范围，九龙园区申请拓展共计9.09平方公里。在落实分区规划后，争取用地指标和征地批文；向市园区办申报将拓展区纳入特色园区范围。

二是完善基础设施。全面建成半山二期、石龙小区、西城新苑三期农转非安置房16.7万平方米，建成北部片区道路2公里。启动建设标准厂房11万平方米，承接部分盘龙旧城改造搬迁的项目。建设蓝领公寓4万平方米，计划按商品房开发的方式实施。

三是推进旧城改造。A区盘龙片区由于布局混乱、市政环境较差，成为阻碍城市化推进的制约因素。园区按照“出形象、创效益”的开发原则，拆迁土地1261亩，涉及盘龙村4个社，其中集体土地874.53亩，国有土地386.47亩，需拆迁房屋59.7万平方米，涉及农房510户，转非人员1548人，企业68户。园区重点加强项目策划包装，加大招商引资力度，引进投资商先期对片区实施开发；启动实施房屋拆迁。

四是建设C区中央商务区。西部新城中央商务区位于C区中央公园东南侧，规划面积168.44公顷(2527亩)，是重庆西部新城西彭组团、九龙西部新城的核心区。2010年计划先行建设中央商务区一期工程，主要包括中央公园3条道路、2条管网、1座桥梁及公园北部片区；建成中央商务区管理用房(办公楼)，地下2层，地上5层，建筑面积8500平方米；利用园区购买的地票，覆盖房地产用地实施开发，先期以招拍挂方式开发500亩。

五是招商引资。一方面打造招商承接平台，以C区拓展为契机，推进拓展区基础设施建设，使拓展区成为成熟高效的投资热土；一方面强化招商服务，坚持“招大、招强、招高”，重点围绕C区汽车(重型汽车)、机电一体化两大特色产业招商，进一步夯实主导产业基础、延长产业链、做大做强特色产业。同时坚守企业准入门槛，严把“三关”，做好“三服务”：通过严把用地效益关(避免土地闲置)、经济效益关(提高投入产出)、环境效益关(有益环境保护)，对在谈企业坚持抓大选小、优中选优；通过狠抓项目招商、建设与投产三个服务环节，做到前期招商一条龙服务，中期建设全方位服务，后期投产经常性服务。

六是加快项目建设。全年计划建成隆鑫热动力基地——发动机总装项目、赛力盟、九洲印务、先友动力、美每家家装加工物流(一期)、聚兴(二期)、大顺电器(二期)、ABB(二期)等8个项目，启动建设柳工工程机械再制造、悦康药业、龙江汽车、冬瓜山庆庆钢模、亮影机械、B2区梅安森仪表、双鹰制动器等7个项目，并根据招商情况启动一批项目建设。

(九龙园区管委会　邓朝军)

九龙坡重庆现代都市农业科技园区

一、2009年发展回顾

园区成立以来,在区委、区政府的正确领导下,始终坚持以科学发展观为统揽,发扬敢于开拓创新、勇于进取拼搏、勤于探索求实的精神,经过三年多的时间,正努力探索把园区建设成为城乡统筹发展模范区,力争率先走出一条统筹城乡发展的新路子。2009年,园区花卉苗木种植面积达到11858亩,花卉苗木产值达16715万元;销售收入完成14135万元,同比增长150%;固定资产投资完成27439万元,其中政府主导项目完成8706万元,社会单位项目完成18733万元。财政税收总额完成2175万元,同比增长33%,其中本级财政收入734万元,同比增长35%。以观光旅游为主的第三产业快速发展,共接待旅游人数92万人次,旅游收入累计超过10000万元。

(一)发展空间不断拓展

农科贸易城控制性详规获市政府批准,争取到2.8平方公里的建设用地指标;正在编制白市驿物流园区4.37平方公里控制性详规。编制完成高峰寺、高田坎和清河村村级土地利用规划;正在编制园区范围内8个村的村庄规划。"挂钩试点"共计流转土地6002亩,完成土地征收1590亩。

(二)基础设施日臻完善

投资4679万元完成18.56公里的园区道路建设和改造工程;投资2097万元建设8390平米的巴渝风情园古街仿古建筑和环保应急监测监察分中心。

(三)产业布局日趋成熟

花卉苗木繁育和技术示范基地初步建成,天子、芳芳草等农业产业化龙头企业的壮大使得园区已成为重庆市最大的草花生产基地。随着巴渝风情园、贝迪温泉农业度假区、陶然居社会主义新农村建设示范基地等众多特色休闲观光旅游项目建成,已形成了以农业展览中心为中心,半径约一公里集休闲度假、观光旅游、餐饮娱乐于一体的都市旅游聚集区。重庆市农业科学院、重庆园林科研所整体搬迁至园区以及重庆市农机中试基地建设的加快,推进园区产业层次、科技水平逐步提档升级。

(四)森林工程有序进行

2009年度春季植树活动,完成造林面积200亩,栽种香樟、银杏等14000余株,在620亩屏障林栽种玉兰等75000余株;在花博会室外展区等地栽种乔木11000余株,移栽小叶榕等5000余株,补栽香樟等9000余株。投资2350万元完成白彭路沿线11.85公里道路绿化改造工程,栽种香樟、银杏等5100余株。投资237万元总长13公里的森林旅游健身步道将于春节前铺装完成。总投资约3280万元的登山健身梯道工程正在加紧建设。

(五)招商引资成效初显

与台湾海峡农业基金会达成占地9000亩的渝台农业综合开发示范区投资协议;与重庆海峡投资有限公司达成占地1000亩的现代专业化大型建材商贸基地投资协议。

(六)和谐园区稳步推进

投资6427万元完成总计50000余平米的白市驿农民新村建设,惠及1143户农户。已有1509名农民参加养老保险,380名农民领到养老保险金。给予清河等3个村各20亩建设用地指标支持其发展集体企业。对失地农民开展5期共计3600余人次的培训,推荐就业率达87%。

二、发展中存在的问题

(一)土地供求矛盾依然存在

园区存在着有项目无土地,用地指标严重

不足的现象，用地供给矛盾限制着园区的进一步发展。

(二)基础设施建设仍需改进

目前园区虽然非常重视基础设施投入建设,也实实在在投入了大量的资金,但依然受建设资金等因素的限制,基础设施建设仍需改进。供电、供水、供气等园区公共配套设施建设仍需要加大投入。

(三)优惠扶持政策急需完善

目前,市、区两级未给予园区较大的优惠扶持政策，更未执行对区内其他两大园区所享受的新增建设用地有偿使用费返还及税收返还等相关政策，园区所能享受的政策仅为白市驿中心镇的政策,发展的后劲明显不足。

三、2010年发展目标

(一)目标——“一个主题年”、“三大着力点”

“一个主题年”:明确2010年为园区“产业招商年”,大力开展招商引资,以产业振兴园区发展。

“三大着力点”:以统筹城乡建设为着力点,全力打造“西部休闲谷”、白彭路沿线“重庆生态文化美食长廊”；以魅力旅游区建设为着力点,全力打造渝台农业综合开发示范区、登山健身梯道(原郊野公园)和城市森林公园;以物流园区建设为着力点,全力打造白市驿物流园区。

(二)工作措施

1.优化提升基础设施。完成综合管网规划，启动核心区管网建设,完成污水处理厂建设。加强公路交通基础设施建设,启动长8.2公里的白马路建设。

2.积极争取上级政策。着力推进重庆农科贸易城建设,并以此为依托申报国家级“都市农业科技示范园区”,争取国家政策扶持和投入专项资金。

3.提档升级花木产业。引导花卉苗木企业实施标准化栽种，加强品种创新，提升产品附加值,提高花卉苗木产业档次。力争引进1~2家花卉苗木种植示范企业。

4.快速建设物流园区。完成物流园区控制性详规,启动部分配套基础设施建设,完善物流园区功能,引进一批企业入驻园区,力争启动1~2个项目建设，配合市发改委牵头的万亩中国西部国际农副产品商贸物流城建设。

5.深度开发旅游产业。推进“西部休闲谷”建设,完成白彭路沿线“重庆生态文化美食长廊”的策划包装,力争举办1~2场大型招商推介会。加快建设渝台农业综合开发示范区、登山健身梯道(原郊野公园)、城市森林公园等项目。

(九龙坡现代都市农业科技园区管委会 尹生)

西彭铝产业区

一、2009年发展回顾

2009年，是国内经济形势由金融危机转为“后危机时代”的重要一年,机遇与挑战并存。铝产业区管委会按照“大工业、大物流、大市场”的发展思路,以招商引资为核心,以项目建设为抓手,以落实资金和加强自身建设为保障,强力推进园区健康发展。

(一)各项经济指标圆满完成

一是推进完成各项经济指标。2009年铝产业区完成工业总产值229亿元，完成工业增加值50亿元,完成固定资产投资8.4亿元。二是产业发展目标全面实现。完成了包装策划10个招商引资项目、泰宝纸业投产、天泰铝业二期取得进展等各项预期目标。三是规划建设任务圆满完成。三期农转非安置房、官子山变电站等项目已如期完工,黄磏港区建设按计划推进,工业路网及配套建设进展顺利。

(二)基础建设有序实施

全年共实施工程项目36个，包括新建道

路、道路改造、绿化工程、平场工程、配电工程以及农转非安置房建设。一是新建园区8支路西段、北段道路等道路工程,全长约2.4公里。二是实施6支路道路改造、景观大道东侧人行道改造等改造工程。三是完成A49-1/02#地块等地块土地整治。四是全面完成三期农转非安置房建设及其配电工程。五是动工修建昆瑞等入驻企业标准厂房,既满足企业需求,又使园区公司可以通过厂房租赁的方式提升园区"造血"能力。

(三)招商引资逆势突破

在全球经济不景气的情况下,管委会加压猛推,逆势突破招商引资工作。全年共签订正式入驻协议5个,签订意向性协议5个,正式或意向合同引资39.65亿元。此外,4月铝产业区通过了国家科技部组织的"国家铝加工产业化基地"专家评审,10月被市政府授予"加工贸易梯度转移重点承接地示范园"称号,11月又被评为"重庆市知识产权试点园区",这些荣誉的获得,为铝产业区利用"产业化基地"、"示范园"、"试点园区"进行招商引资创造了有利条件。

(四)重点项目加快建设

大力实施项目带动战略,对泰宝纸业等一批重点项目,实行了领导全程跟踪协调制,管委会各领导每人联系2~3个项目,实行全程跟踪协调服务,切实帮助项目早日动工建设或顺利投产。全年开工5个项目,投产5个项目。重点推进4个项目。

(五)学习实践活动与"发展环境整治年"活动扎实开展

按照全区的统一部署,从3月开始,管委会启动了第一批科学发展观学习实践活动,并与"发展环境整治年"活动结合起来,同部署同推进,提出了"精细服务企业、科学发展园区"的主题和"争做五个先锋"的载体,并按照"规定动作不走样,自选动作有特色"的思路,圆满完成了各阶段的工作任务。从9月开始,管委会把第二批学习实践活动与第一批"回头看"结合起来,同步推进,取得明显效果。通过活动,建立健全了包含服务理念、服务标准、服务内容、服务要求、服务制度、服务流程等6方面内容的"全程无忧"精细化服务体系,提升园区服务水平。

(六)和谐园区构建有力

市政绿化方面,按照"城周屏障林"要求,在尖山子先后种植天竺桂、黄葛树等树种约12000株,保障园区绿化覆盖率不低于35%。加强对园区景观大道、主要支干道及三江路等重点路段的市政巡查,保障白色污染整治率达90%以上。安全监管方面,按照"属地管理"原则,与各入驻企业及施工单位均签定安全工作目标责任书,并加强安全日常巡查和集中排查,确保今年以来未发生一起重大安全事故。

二、发展中存在的问题

一是融资压力大,建设资金吃紧;二是招商引资难,"成熟"地块缺乏;三是队伍整体素质有待提高,结构有待优化。

三、2010年发展思路

2010年,铝产业区制定了"1522"工作目标,即:融资10亿元,征地5000亩,加快推进建设项目20个,力争招商引资总额突破20亿元。铝产业区工业总产值力争达到260亿元。

(一)加大招商引资力度,坚持以项目促发展

结合铝产业区实际,在重点巩固和做大做强铝加工及其配套产业基础上,积极发展市场交易、装备制造、汽摩零部件等产业。同时,大力推进赫乾钢材交易市场等仓储物流和铝产业区配套服务区建设,为实现大发展提供强劲支撑。

(二)完善基础设施建设,坚持以硬件促发展

加快启动推进鑫邦大道等道路工程建设,为项目入驻搭建便捷的路网骨架。新建标准厂房5万平方米,以满足部分入驻企业租赁厂房的实际需求。

(三)加大用地保障力度,坚持以拓展空间促发展

加大土地报批力度,加快推进天泰二期项

目等工业或物流项目用地的征地报件工作，加快推进滨江路A段等公共基础设施项目的征地报件工作。

(四)拓宽融资渠道，坚持以资金保障促发展

加强与商业银行、建设银行等金融机构的沟通协调，全力做好融资基础性工作。同时，加强财税征管，规范税收征管秩序，确保税收及时、足额到位，为铝产业区发展提供必备的资金保障。

(西彭铝工业园区　彭川宁)

白涛园区

一、2009年经济运行情况

2009年，白涛园区完成招商引资协议资金31.56亿元，招商引资到位资金5.1亿元，完成固定资产投资21亿元，实现工业产值27.3亿元。

(一)招商引资成绩显著

围绕园区现有产业，抓好上下游产业招商；利用长寿炼油项目的优势，狠抓石化下游产品化工产业招商；突破园区现有产业，重点抓好了煤化工煤源指标争取和相应项目招商；围绕园区基础设施和公用工程做好了相关项目招商。

2009年，白涛化工园区共完成招商引资协议资金31.56亿；到位资金5.1亿元；完成了5个新签约项目目标(四氢呋喃均聚醚项目、建麟化工亚磷酸项目、污水处理装置项目、蜜胺纤维项目、年产50万吨车用XS醇型燃料项目)，其中成功引进“50亿”级项目1个，即四氢呋喃均聚醚(PTMEG)项目，协议资金26亿元，产值50亿元；新开工项目5个，(蜜胺纤维项目和紫光精细化工项目、220KV变电站项目、白涛桥项目、廉租房项目)，超额完成招商引资目标。

(二)签约项目进展顺利

一是4.6万吨/年四氢呋喃均聚醚(PTMEG)项目，总投资约26亿元，达产后可实现年销售收入50亿元。区政府于2009年12月25日已与建峰工业集团签订投资合作协议，项目选地初勘已完成，正在开展项目立项前期工作。

二是8万吨/年三氯化磷项目，总投资1.2亿元，由重庆建麟化工有限公司投资建设，已办理相关手续。

三是污水处理项目，总投资约2.2亿元。项目环评获市环保局批复，项目立项工作已完成。

四是年产15万吨己内酰胺项目(含配套20万吨合成氨、50万吨硫酸)，总投资31亿元，已确定建峰工业集团为业主单位，正在沟通选址问题。

五是园区能源项目，总投资40亿元，一期总投资16亿元，已获得水土保持方案批复，可研报告上报化医集团，正在办理环评手续。

(三)重点项目建设快速推进

2009年，园区一方面积极响应国家政策，千方百计扩大投入，拉动内需，加快建设基础设施和公用工程，引导产业投资，增强园区自我发展能力；另一方面，积极为项目建设协调服务，化解建设中的突出矛盾，为项目业主排忧解难，从而保证工程建设的快速有序推进。2009年，白涛园区以区上将园区二化项目确定一号工程为契机，不辱使命，切实深入工程现场，掌握第一手资料、实时动态跟踪，及时协调解决了项目的实际困难。积极主动到市上有关部门反映园区天然气供应紧张的问题，衔接并解决了加快建设天然气输气管道事宜。为了给落户园区企业营造良好的建设条件，按照“进度跟着项目走”的要求，8月1日，园区开工建设了紫光化工项目配套对外连接道路A、B段及其附属桥梁工程，精心组织、合理分配、科学施工，并于12月底建成通车，为紫光化工项目的顺利推进奠定了坚实的基础。新乌江大桥修建完毕后，在园区管委

会统筹安排下，协调各方，精心准备了爆破拆除方案，11月由重庆建工集团成功实施了白涛乌江旧桥的爆破拆除，新白涛乌江桥于12月8日全面通车，满足了三峡蓄水通航的要求，同时也满足了园区和周边群众的安全出行。

重点项目进展情况为：

1."一号工程"年计划投资12亿元，累计完成12.55亿元，尿素和合成氨装置机械竣工，2010年1季度投料试车。

2.重庆紫光精细化工(60万吨/年硫酸项目，20万吨/年双甘磷)项目，总投资7.5亿元，完成了场平，正在进行设备安装，预计2010年4月试车投产。

3. 1800吨/年多晶硅(一期300吨/年)项目，由重庆九陵科技有限公司投资建设，总投资14.5亿元，该项目已停止建设。

4.20000吨/年双甘膦项目，由建峰工业集团与英特化工(香港)有限公司投资建设，总投资为1.45亿元，装置运行正常。

5.天原化工1500吨/年多晶硅(4500吨/年一期)项目，一期总投资约15亿元，多晶硅项目可研报告已编制完成，基本落实技术来源和设备供应厂商；鉴于金融危机对国外经济环境的影响，公司目前正在对市场情况进行跟踪调查。

6.建麟化工亚磷酸项目，年产8万吨/年亚磷酸项目，总投资2.5亿元，目前项目设备已定，业主正观望市场情况，确定项目设备安装时间。

7.建峰集团四氢呋喃均聚醚(PTMEG)项目。于12月25日签订正式投资协议，正在办理项目前期工作，已完成430亩地勘工作。

8.白涛乌江大桥复建工程，项目由建峰工业集团投资建设，总投资9850万元。目前乌江大桥主体工程已完工，桥面沥青砼路面已完成，于12月8日实现了全面通车。

9.园区主干公路建设工程，项目由涪陵区中龙交通建设公司建设。工程一期长6.5公里，总投资约7000万元。年初计划投资3700万，12月底累计完成5300万，一期于12月20日实现初通。

(四)生产销售运行良好

1~12月园区完成工业产值27.3亿元，占年计划32亿元的86%。建峰化工生产运行良好，2009年1~12月完成产值222844万元，同比增长33%。天原化工由于受金融危机影响较重，产品价格大幅下滑，不能满负荷生产，未能实现设计产值。1~12月，完成工业产值24172万元。

二、发展中存在的问题

一是体制调整未完成，基础设施建设平台未建立，无法筹集基础设施建设资金，项目难以落地，影响招商引资。

二是金融危机影响深远，生产项目经营困难。

三是项目建设协调及征地拆迁涉及农民、企业等矛盾多、压力大，协调难度极大，影响项目建设进度。

三、2010年工作目标

2010年是白涛化工园区抢抓机遇、加快发展的关键之年，白涛园区坚持以招商引资为中心，以项目建设为重点，以协调服务为保障，以综合管理为基础，集聚产业、规建统筹、科学发展，按照涪陵区委三届六次全委会要求，力争完成白涛园区2010年度工作目标，即完成投资10亿元，开工项目10个，新签约项目10个，招商引资协议资金50亿元，到位资金10亿元(其中外商投资4000万美元)，工业总产值40亿元以上。

(涪陵区白涛园区　朱宏伟)

空港工业园区

重庆空港工业园区是重庆市人民政府批准设立的市级特色工业园区。园区以渝北区双凤桥为起点,东邻江北国际机场,西靠210国道,南接渝北主城,北达多宝湖,跨两江新区的十大功能区中的空港新城和木古出口加工功能区,总体规划面积54平方公里,分别于2004年10月和2007年2月经重庆市人民政府批准了渝北两路城区A标准分区(空港工业园区一期)、J标准分区(空港工业园区二期)规划,总用地规模20.22平方公里。

空港园区与保税港区毗邻,旨在建设承接保税港区及两江新区的人流、物流、信息流,形成汇集市内外、国内外高新技术产业和出口加工制造业的基地,成为推动渝北区乃至两江新区实现跨越式发展、建设长江上游空港工业强区的重要载体和战略支点。2009年空港园区协助保税港区全面完成了2.37平方公里空港功能区的土地征用,支持配合空港功能区的道路、市政管网等建设和接入工作,促进了保税港区建设的快速推进。

空港工业园区产业结构主要以汽车、摩托车整车生产的高新技术产业带动周边产业发展,利用优越的交通、地理环境,引进长安、银翔、恒通、电磁总厂等多个工业项目,经过几年的快速发展,已初具"汽摩产业基地"规模。2009年,园区完成工业总产值220.8亿元,同比增长74%;地区生产总值56.9亿元,同比增长35%;工业增加值56.8亿元,同比增长31%;完成工业税收4亿元,同比增长55%。园区累计招商项目213个,其中工业项目169个,其他项目44个。中国移动西南大区物流基地、恩达电力设备、江北供电局客服中心、远海建工、上海一开、龙创汽车设计等项目已完成签约,计划总投资约11亿元,可实现年产值(销售收入)21亿元及年物流周转量200亿元。园区的"无地招商"项目,已引进企业22家,总产值可达2亿元。

空港园区致力于打造城市化、工业化互动发展的平台,提出"一城四区"的发展目标,即"建设国际生态工业城、打造千亿产值园区、生态宜居园区、形象靓丽城区、平安和谐园区"。通过路网提质改造和绿化整治工作,将园区城市化建设完善,为企业、学校提供良好的配套设施。2009年,园区道路管网提质改造共投入建设资金约3亿元,完成挖方量近80万方,新建道路6.1公里,完成水、电、气、雨污等配套管线迁改、架设、建设60多公里,其中凌空大道建成道路约1.5公里、雨污管网9公里,2号车行通道已完工;空港大道1.4公里延伸段基本建成,雨污管网完工5.6公里,大桥建设进展良好;重庆工业职业技术学院新校区建设也快速推进,公交、邮政、通讯、银行等配套服务站点已全面落实。园区修建的变电站和开闭所已建成。为响应"森林城市"建设号召,共计投入资金约3500万元,栽植乔木约6500株、灌木约40万株,新增绿化覆盖面积8.5万平方米。新塘溪河岸整治快速实施,已完成6个标段的护坡整治、种植土回填铺设;空港广场、长空路、尚科路、科勒路等绿化改扩建已全面实施完成;生产型企业完成绿化改造2万平方米,319国道环境整治已初具形象。

空港园区本着"科技先导、环境至上、突出重点、持续发展"的战略思想,顺应渝北区经济社会发展趋势,立足现有的汽摩高新技术产业,大力发展电子信息、医疗器械等现代制造产业;着眼现在及未来的空港优势,大力发展现代酒店物流服务等城市综合配套设施建设,推动园区产业结构升级,从而带动园区工业化、城市化建设,将园区打造成未来"国际生态工业城"。

(空港工业园区管委会　陈彪)

晏家工业园区

一、2009年发展回顾

(一)经济指标低谷崛起

在金融危机的不利影响下，晏家园区紧紧围绕保增长、促发展目标，深入贯彻“三个一次”制度(每月由领导带队走访企业一次，每月集中解决企业同类突出问题一次，每月向企业反馈服务情况一次)，共帮助解决企业实际问题近100个。通过对企业生产要素的全力保障，园区企业有效的摆脱了金融危机的影响，从第二季度起，新产品产值等指标以月均10%以上的速度稳步增长，大多数企业企稳回升，化危为机，逆势飘红，成绩骄人。2009年，完成工业固定资产投资167.43亿元;投产企业达100户，完成工业总产值225.5亿元，同比增长89.8%;实现销售收入223.25亿元，同比增长91.3%;实现工业增加值74.4亿元，同比增长85.5%;上交税金10.4亿元，实现利润15.4亿元。

(二)招商引资势头强劲

晏家园区以产业规划为纲，深入推动以企招商、以商招商，完成了700亿元钢铁及金属压延、500亿元汽车摩托车整车及零部件、300亿元新能源节能装备、200亿元电子信息100亿元玻璃纤维及深加工产业规划。以抢抓产业转移的机遇、强化产业补链招商和挖掘龙头项目为抓手，顺势而上，积极主动，集中优质资源，围绕园区四大产业，认真分析产业链条构成环节，本着缺什么招什么原则，锁定“规模型、科技型、效益型、环保型”项目，实施“以人引项、以项带群”战略，形成了“引进一个项目带动一个产业”的发展模式。2009年，美国贝克休斯、法国拉法基2家世界500强，中节能、中气投2家央企以及小康汽车产业集团入驻园区，共新签约企业19户，累计入园企业137户；新增合同投资额126.44亿元，累计合同投资总额达490.5亿元，实际到位资金384.78亿元。

(三)园区面貌日新月异

七年来，晏家园区着眼于打造企业投资者创业的乐园、发展的沃土，坚持产品项目一体化、公用工程一体化、环境保护一体化、物流配送一体化、管理服务一体化“五个一体化”的规划发展理念，高起点规划、高标准建设。2009年，综合加工区以四大保障平台建设为抓手，建成110KV输变电线路三座；敷设天然气管道2公里；建成节能监测平台，启动建设信息平台；启动建设电镀集中加工区污水处理站，基础设施配套功能进一步完善。江南钢城以确保重钢环保搬迁工程工期为目标，抢修临时码头，开辟3个车渡1个人渡，抢通茶涪路长寿连接线，3月20日与长寿长江大桥同步通车，满足了钢城建设每天2万吨物资及人员的外围交通需要；多方协调，保证了天然气过江并于5月正式供气；建成了110KV、220KV输变电线路，为4100mm宽厚板按期投产提供了能源保障；启动了循环经济区道路管网、电力等配套工程设计，为重钢辅料企业按期开工奠定了基础。移民生态工业园以满足小康项目开工建设为目标，完成了施工用水、用电安装及35KV变电站设计，小康汽车项目顺利进场建设，为园区打造自主知识产权汽摩生产基地奠定了坚实基础；同时，加快推进菩堤东路等四条主干道、供水系统、污水处理系统、电力系统等基础设施前期工作。扎实推进园区绿化和市政建设，共实施绿化面积7.5万平方米，整修人行道2公里，推进了森林园区建设，园区环境得到进一步提升。

(四)项目托起发展脊梁

晏家园区始终坚持以“优化环境、强化服务，消化成果”的工作主线，努力实施“亲商、扶商、富商、安商"工程；始终坚持"企业无小事"，全面优化服务。主要领导坚持用一半的时间和精力抓聚商选资和服务项目建设的"二分之一"工作方法和一个项目、一个领导、一抓到底、责任到人、考核逗硬的"三个一"措施，全力促成项目开工；以钢铁般的毅力，真抓实干，攻坚克难，统筹三区，齐头并进，用重大项目快速建成投产挺起了园区发展的脊梁。2009年，江南钢城以"大战100天，确保重钢按期投产"活动为载体，在用地、交通、能源等方面全力保障重钢环保搬迁工程建设需要，保证了4100mm宽厚板项目于9月24日按期投产，12月25日一期200万吨炼轧系统全流程投产，创造了大型钢铁联合企业537天建成投产的奇迹，再次诠释了"晏家速度"的美誉。综合加工区以"项目建设年"活动为载体，增强服务意识，强化服务措施，提高服务专业水准，全力促成签约项目开工，部分项目实现年内签约年内开工。云天化研发中心、鸽牌电瓷二期、蓝渝汽车、环松机械、等14个项目建成投产，确保了全年投产企业100户目标的实现。移民生态工业园以小康汽车为启动项目，编制完成了控制性规划和环评工作；积极对接小康汽车产业集团公司完成了规划调整，加快了相关配套工作，为小康汽车项目开工建设提供了条件。

二、2010年发展目标

2010年，晏家园区将秉承"重走创业路，再上新台阶"精神，以把江南钢城打造成体现现代化集成最为集中的钢铁新城，长江江南万亿产业带重要支点；把机电材料园打造成三峡库区最高水平生态化新兴产业新城为抓手，以实现园区有新变化、新形象，再上新台阶为目标，坚持"大规划、大项目、大投入"发展思路。以大投入打造园区建设新形象，快速推进机电材料园和江南钢城的路网、电力和燃气等基础设施建设；以大项目抢占聚商选资新高点，着力引进一批国家政策鼓励、外延关联度大、聚集效应高、产业带动力强的生产型项目，促进高能耗产业向高新技术产业转移，传统产业向高端产业转移；以大服务确保园区效益跃上新台阶，确保新增合同投资140亿元；完成固定资产投资100亿元；投产企业达125户，工业总产值310亿元；工业增加值115亿元；销售收入300亿元；实现综合税收15亿元；用工达25000人。

（晏家工业园区管委会　杨永超）

江津区珞璜工业园

2009年，珞璜工业园紧紧围绕"千亿工业强区"战略，积极应对全球金融危机带来的不利影响，主动对接中央扩大内需增加投资、促进经济平稳较快发展的宏观政策，按照"1446"工作思路，逆中求进、奋力拼搏，快节奏、高强度、创新性地开展工作，园区发展和企业经营总体表现好于预期，较好地完成了2009年各项任务。

一、自加压力，逆中求进，主要经济指标好于预期

2009年，园区基本完成了各项指标任务。园区新入驻企业17户，协议引资109.03亿元，全年到位资金19.99亿元，超额完成任务。新开工项目35户，新投产项目25户，全额完成任务。全年实现工业现价总产值45.18亿元，工业增加值15.13亿元，超额完成翻番任务。实交税金16053万元，完成任务的96.7%；其中地方留成10182万元，比去年增长65.35%。建成标准厂房51449.5平方米，年末从业人员4462人，超额完成任务。完成园区基础设施建设投资2.0亿元；完成企业固定资产投资19.87亿元，比去年增长21.01%。环评执行率实现100%，污染

排放达标率实现100%。产出强度达到322万元/亩。

二、创新方法，精心选资，招商引资从数量型向质量型转变

招商引资是园区发展的重要抓手。2009年，受金融危机影响，招商引资工作异常艰难。除招商部专业招商、领导带队外出招商外，还采取领导带头招商（对所有处级实职领导都分配有招商任务，通过联系的企业或分管的员工提供招商信息）、上挂招商（选派员工到重庆市级部门挂职，收集、提供招商信息）。同时提高入驻门槛，确保招商质量。2009年，新入驻企业17户，引进了重庆建工集团有限责任公司投资30亿元占地700亩的钢结构及塔机生产基地项目、重庆出版集团公司投资10亿元占地500亩的印包基地项目、重庆万虎机电有限责任公司投资5亿元占地250亩建设农用车和三轮摩托车整车生产项目等一批大项目。截至目前，全园累计入驻企业126户，协议引资总额310.61亿元。

三、多管齐下，强化运作，为园区建设和企业发展提供资金保障

资金紧缺是制约园区发展的瓶颈。2009年，主要从七个方面加强资金的筹措与管理。一是加大自主融资力度，直接向银行借款3.2亿元，到位2.2亿元。二是加大土地出让综合价金的催收力度，通过发放催收函、律师函、起诉等方式，催收逾期欠款近2000万元。三是与地(国)税所定期分析、定期通报税收情况，全力配合税务部门做到应收尽收。四是采取收取工程建设保证金、工程款两年内付清等方式，缓解资金压力。五是充分发挥公司计监办的作用，审查工程量、审核工程费用，把好工程款支出关。六是加强资金内部管理与运转，加速资金的流通速度，充分发挥资金效益。七是召开多次银企融资对接会，帮助10余家入驻企业、施工企业融资7000多万元，促进了企业和园区发展。

四、加大投入，稳步推进，不断完善园区基础设施

完善的基础设施是园区加快发展的前提和基础。2009年，园区完成基础设施投资2亿元，先后建成1.6公里的B线工程（云港大道）、3.2公里的玉观片区市政道路二期工程、15万平方米的B区二期安居房工程、5000平方米的A-1综合楼工程，基本完成1300亩的B区三期平场工程，开工建设6万平方米的廉租房、7万平方米的B区三期安居房和碑亭片区十字干道。同时，对园区道路和安居房进行了美化亮化，全年新安装路灯100盏，绿化面积160万平方米，加强环境整治工作，打造宜业宜居的园区形象。

五、攻坚克难，落实用地，为拆迁农民服好务

用地工作是决定入驻企业能否落地、决定招商引资成败的关键性工作。园区在用地工作上，一是全力配合珞璜镇调整总规、土规，为合法用地提供保障；二是积极争取土地指标，加强用地报批工作；三是与珞璜镇紧密配合，完成2000亩的征地或土地流转工作。同时，妥善处理好与拆迁农民、用地范围内村（社区）的关系，一是打造精品还房，并在“公平、公正、公开”的原则下分房，1000多户拆迁农民喜迁新居；二是加强对拆迁农民的培训和推荐就业力度，向园区企业推荐800余人，其中500余人实现就业；三是加强对园区规划范围内村（社区）和困难群众的支持、帮扶；四是加强法律政策宣传，全力配合区规划局、珞璜镇等开展综合执法行动，拆除违章建筑1万多平方米。

六、转变观念，优质服务，促进项目尽快建成投产

促建是加快园区发展速度的关键环节。一是建立高效的服务体系。全年多次召开建设、安全、规划、融资、手续办理等专题促建会，为企业搭建工程设计平台、建设平台和融资平台。二是追求一流的服务质量。从企业立项、审批、登记、

发证等全过程实行"全天候"、"一条龙"、"窗口式"服务，努力做好水、电、气、路、通讯设施配套。三是完善长效服务机制。全面推行企业开工建设限期制、项目秘书制、园区领导班子成员联系企业制度、企业事项督办制度、投资协议督查督办制度，定期研究解决企业建设中存在的问题，做到"围墙内的事情企业办、围墙外的工作园区做"，保证服务到位，督促企业按照投资协议，尽快建成投产达产。全年办理建设手续70多个项目700余件。

（江津珞璜工业园区管委会 杨军）

合川工业园区

一、2009年发展回顾

2009年，工业园区在合川区委、区政府的坚强领导下，全面落实区委十二届十次、十一次全委会精神，紧紧围绕全区"3421"工作思路，树立大园区意识，坚持系统性思考、整体性推进、全功能建设、全方位服务，通过园区广大干部职工、企业家和全体建设者们的不懈努力、艰苦奋斗、辛勤工作，园区的建设发展已呈现出勃勃生机，迎来了工业园区建设史上最好的发展时期。

（一）克服困难，经济指标快速增长

2009年，工业园区及各企业切实把握国家扩大内需、刺激经济、产业转移等有利政策，直面困局，寻求突破，通过产业配套、新增项目、技改扩能等多种手段，有效地克服了金融危机的影响，全年实现工业总产值102亿元，同比增长126.7%，超年初目标任务27亿元；实现工业增加值33亿元，同比增长125%；实现税收总收入2.5亿元，同比增长66%；完成固定资产投资24亿元，同比增长60%；重庆啤酒、雄越金属等40个项目落户工业园区，总投资201亿元，占地7617亩，预计年产值406亿元、税收12.5亿元，可提供就业岗位5.2万个。园区经济呈快速增长态势，经济聚集示范作用更加明显。

（二）自加压力，刷新"园区建设速度"

2009年，作为"富强合川"战略的一号工程，工业园区及广大建设者们充分发扬"挑灯夜战、昼夜不息、乐于奉献、勇创一流"的"亮剑"精神，以"五加二"、"白加黑"的工作方式，甘于吃苦，奋勇争先，自加压力，天天有突破，时时有进展，全面推进基础设施建设，不断刷新"园区建设速度"，全年实现基础设施投入9.6亿元。

一是园区路网骨架基本形成。2009年实施的40公里道路是过去园区道路建设总量的5.5倍。南溪路、南沙路、高十路、九峰山路、城北工业大道、草街工业大道等15条、28公里道路工程已建成通车；福山路、五合路等4条、12公里道路工程动工建设，预计2010年中旬将建成通车。这些路网形成后可辐射30平方公里，提供13000余亩工业用地。

二是拆迁还房建设顺利。工业园区规划建设高阳、草街、城北、沙溪等4处、22万方拆迁还房，其中高阳还房一期3万平方米已完工，高阳还房二期、草街还房一期、沙溪还房一期、城北还房一期等19万平方米已全面动工建设。以上拆迁还房建成后，可安置群众2500余户。

三是配套设施逐步完善。为切实改善园区功能设施薄弱的现象，按照"统一规划、统一实施"的原则，园区水、电、气、通讯等7种综合管网已纳入道路工程同步实施，一并完成。高阳路、涪江路等绿化景观工程已基本完成。南溪2号变电站、古楼变电站已完成土地整治，并动工建设。草街拓展区配气站和自来水厂已完成建设。随着配套设施的逐步完善，园区项目的承载能力将得到大幅度的提升。

四是全力推进征地拆迁。为保障基础设施、

项目建设的顺利推进，园区加大征地拆迁力度，全年上报土地调规1840亩，取得用地指标2773亩，取回用地批文548亩。完成核心区、城北拓展区、草街拓展区人员安置2570人，拆迁房屋1120户、13.2万平方米。

(三)转变作风，建立“项目秘书服务机制”

2009年，工业园区以学习实践科学发展观活动为动力，以开展“机关作风转变年”活动为契机，确立了“引领双十工程，建设一流平台”的工作目标，推行服务平台、工作目标、服务理念、服务载体、服务承诺、工作要求、服务电话、服务信箱、服务QQ群等9个方面的“项目秘书服务制”，大力提高机关服务质量和服务效率。园区每位班子成员分别联系1至2家重点企业，20位机关干部分别联系2至3家普通企业，每一个园区科室联系1个片区，为服务对象提供“六心服务”、“六抓六确保”、“四承诺”贴心服务，赢得了外来客商、园区企业及其他服务对象的认可和好评。同时，进一步强化干部队伍建设，完善工作考评机制，不断提高干部队伍综合素质，着力打造一支政治素质高、专业素质强、作风过得硬的工作团队。

(四)锁定目标，建立“落户企业促建机制”

作为工业经济发展的主战场，工业园区在狠抓招商引资的同时，建立“落户企业促建制”，通过采取“重大项目联系制、现场办公制、责任追究制”等多项服务制度，分解责任目标，细化服务措施，落实时间节点，定期通报情况，集中汇总，着力协调解决重点项目建设中的实际困难和问题。

2009年，园区在建项目36个，合同总投资164亿元，占地面积6105亩。其中：民生变压器、蓝皇建材、阳城酒业等7个项目已竣工投产，重庆啤酒、雄越金属、五洲龙企业、富川机械等26个项目已动工建设，平氏科技、珠海嵘泰等3个项目正在办理规划、建设等前期手续，并将陆续动工建设。

(五)狠抓融资，建立“银企(政)对接互动机制”

为加快的园区建设发展，在拓展融资渠道的同时，建立“银企(政)对接互动机制”。一是利用江城公司这一融资平台，积极协调各金融机构，通过银行贷款、信托、BT等融资方式，实现中信银行、民生银行项目贷款2.8亿元，通过三峡银行实现重庆建工集团BT建设2.8亿元；二是定期召开银企座谈会，为落户企业与金融机构当好“红娘”，进一步加深园区企业与金融机构的沟通和了解，今年已帮助园区企业落实银行贷款4000多万元，确保了企业建设及生产经营的资金需求。

二、发展中存在的问题

一是资金压力较大。当前急需办理的拆迁安置、工程建设等资金就达2.6亿元。

二是土地指标紧张。已签约未供地项目15个，土地4425亩。

三是个别落户项目建设进展缓慢，受项目规划、贷款限制等因素的影响，部分项目出现了规划变更频繁、流动资金断档等现象，致使项目迟迟不能全面动工建设。

四是拆迁工作有一定阻力。目前绝大多数拆迁群众都能积极支持配合园区的建设发展，但个别群众对拆迁安置政策不理解，提出了一些不符合政策和原则的要求，甚至个别群众因无理要求未得到满足，就多次阻工，严重地影响到了基础设施建设进度。

三、2010年发展目标

(一)工作思路

坚持以科学发展观为指导，紧紧抓住重庆城乡统筹和合川建设区域性中心大城市的大好时机，按照集约开发、科学发展的思路，以解决影响和制约园区发展的问题作为突破口，紧扣“建设、征地、融资、招商、服务、拆迁”六个环节，全力打造基础设施完善、承载能力强、优势产业突出的特色工业园区。

(二)发展目标

实现工业总产值120亿元，增加值38亿元，财税总收入突破3亿元，完成固定资产投资40

亿元,其中工业项目投资18亿元。园区基础设施覆盖区域扩大6.9平方公里,新增用地10000亩,其中工业用地4850亩。

三、重点工作

(一)基础设施建设

2010年,工业园区将实施基础设施建设项目36个,总投资约23.1亿元,2010年计划完成投资15亿元。

1.道路工程。2010年续建、新建道路工程项目17个,建成道路5条10.65公里,动工建设道路11条27.66公里,完成南溪片区已建成道路的配套绿化工程,总投资约10.68亿元,计划完成投资6.98亿元。

2.拆迁还房。2010年续建、新建房建项目10个,建成高阳还房二期等拆迁还房15.1万平方米,动工建设沙溪拆迁还房一期、高阳还房三期等拆迁还房44.1万平方米及孵化楼、标准厂房项目7.3万平方米,总投资约9.4亿元,计划完成投资4.84亿元。

3.配套设施。2010年续建、新建水、电、气等配套设施建设项目5个,建成南溪2号变电站,建设电力开闭所3个及电缆分支箱50座,建设核心区、草街拓展区污水处理厂及管道建设,总投资1.9亿元,计划完成投资1.84亿元。

4.土地整治。2010年续建、新动工土地、水系整治项目4个,完成土地整治3500亩、水系整治1145米,动工建设沙溪片区水系整治3500米,总投资1.55亿元,计划完成投资1.41亿元。

(二)征地拆迁

2010年计划新征土地3000亩,完成拆迁安置5000亩,拆迁房屋1500户、18万平方米,安置人员2000人。

(三)落户项目建设

2010年落户企业建设项目34个以上,重庆啤酒、中染纺织、雄越金属等14个项目建成投产,五洲龙客车、合通塑料等7个项目主体建成,平氏科技、东本工业等13个以上项目动工建设,计划完成投资18亿元。

(四)招商引资

2010年计划引进食品、纺织、装备制造等招商引资项目41个以上,完成招商引资额176亿元以上。

(合川工业园区管委会　何伟)

永川工业园区

一、2009年发展回顾

2009年,在区委、区政府的领导下,重庆永川工业园区以科学发展观为指导,以管理体制调整为契机,紧紧围绕“精美城市,渝西高地,幸福永川”奋斗目标,按照“三六九”总体思路,积极应对国际金融海啸冲击,全面贯彻落实国务院3号文件精神,着力对接九大产业振兴规划,园区规划更加科学、设施配套更加完善、重点项目有序推进、招商引资和协调服务工作取得新进展。

(一)工业园区经济运行良好

2009年,园区实现工业总产值102.3亿元,比上年增长36.4%;实现工业增加值34.3亿元,比上年增长28.9%;实现财政收入3.94亿元,同比增长46.58%;新引进工业企业8户,招商项目协议引资71.07亿元,实际到位33.87亿元;完成基础设施建设投入17.45亿元,累计完成投资39.2亿元,工业企业固定资产投资50.45亿元,累计完成投资191.43亿元,新增从业人员2400人。

(二)园区规划更加完善

聘请北京金必德经济管理研究院编制的重

庆永川工业园区优势产业科学布局总体规划讨论稿已经完成,并进行了初评,电子产业发展规划、机械装备制造产业规划、煤化工产业规划、金属加工产业专项规划、中轻型铸锻产业规划等各工业园主导产业规划编制工作已全面展开,新成立的三教工业园总体规划和控制性详细规划已通过规委会评审,进入最后核稿阶段,"三湖时代"标志工程之一的凤凰湖水体公园规划设计编制完成。

(三)基础配套建设加快

投入基础设施建设资金16.29亿元,启动了凤凰湖水体公园建设、1万平方米的廉租房建设和9万平方米的安置房二期工程建设,CD1线、CD4线等1.5公里区间道路建设即将峻工;完成了1.7万平方米自建标准厂房主体及附属工程建设和2.6万平方米绿化面积,森林城市工程推进顺利。港桥工业园大陆溪河截弯取直工程完成工程总量的80%,起步区森林园区主体工程建设完成60%。港桥工业园大陆溪河截弯取直工程和起步区森林园区主体工程建设稳步推进,大陆溪桥梁工程、自来水厂一期工程、港桥廉租房已开工建设,港桥新城老城区滨江大道和街道白改黑工程、沿街建筑风貌打造年底竣工,朱松片区2万平方米安置房建设主体和外装修已完成。三教工业园核心区征地报件工作进展顺利,园区地形图已测绘完毕,3.5平方公里的园区环评正抓紧与重大化工学院联系制作。

(四)重点项目有序推进

凤凰湖工业园渝琥玻璃、隆锦集团等企业竣工投产,万特佳衡器项目已完成厂房、办公楼等主体及装饰工程建设,将于近期正式投产;白雪冷柜项目主体工程施工已近尾声;万江铝材二期工程已完成综合办公楼主体建设;新泰节流压井管汇项目已完成场地平整,完成基础工程,厂房主体进入施工阶段;华日电装品项目基本完成基础施工。科克发动机、渝琥玻璃、九港电子元器件、鼎祥钢构、大安钢构重组项目相继建成试产或投产。港桥工业园上海新格、清华紫光、化研所和热岛建设项目平场3700亩,现已完成3000亩,上海新格、清华紫光、化研所项目、热岛项目和双丰化工项目年内可开工建设。

(五)招商引资成效较好

凤凰湖工业园引进了美国罗宾斯硬岩掘进机、温州大千轻工机械、10万平方米标准厂房、台湾晁群(中国)数控机床等项目10个。同时,还与渝惠集团、山语科技等企业达成初步合作意向,玻璃产业集群招商也出现新亮点。港桥工业园协议引进了7个项目,其中凯特化工项目即将建成投产,新格再生铝及铝硅合金项目已开工建设,紫光化工、化研所、理文二期45万吨牛皮箱板纸生产线、渝江压铸、粉磨站项目开工建设。金翔化工项目、金意陶陶瓷项目年内签订正式合同。加快推进了灿坤家电、太阳能热水器、港桥物流园区等一批重大招商引资项目,努力争取松溉电厂二期工程项目指标。三教工业园积研究包装了发动机缸体、缸盖、飞轮、齿圈毛坯铸件加工及盘圆深加工等招商项目12个,委托重庆机械设计三院包装策划年产值30万吨铸锻件项目1个,初步建立起招商信息数据库。

(六)要素保障逐步增强

配合相关部门启动了西彭至永川输气管网建设;笋桥220KV变电站建设土建部分已完成,进入设备安装调试险段。朱2井至港桥工业园输配气工程建设已完成,供气二期工程(榕山配气站至港桥工业园)已委托设计单位做科研编制,电、气等生产要素向园区集聚步伐加快。

二、发展中存在的问题

一是资金缺口较大。园区正处于加快发展阶段,征地拆迁和基础设施建设推进较快,资金投入相当大,资金缺口明显,据初步统计,工业园区征地拆迁、工程建设等资金缺口达12.93亿元,其中凤凰湖工业园资金缺口约5亿元,港桥工业园资金缺口为6.78亿元,三教工业园前期启动资金需1.15亿元。

二是用地指标不足。随着园区建设的加快推进,建设用地需求量增大,但由于土地管理政策趋紧,建设用地指标获取极难,园区建设用地指标严重不足。目前,港桥工业园6.8平方公里起步区还有3000亩新征土地未能报批,大陆溪桥因征不下地,暂时无法实施;三教工业园建设用地指标仅1000亩,与规划建设的核心区2.5平方公里(3750亩)相差较大。

三是配套设施滞后。长江大桥尚未启动建设,出海通道不能打通;永川港区整体打造尚未实质启动,物流集散辐射作用发挥不好。加之园区污水处理、垃圾填埋等配套设施建设进展较慢,严重影响园区招商引资和产业发展环境。

三、2010年发展目标

(一)总体思路

2010年,是打造千亿级特色工业园区十分重要的一年,园区建设发展的总体思路是:全面贯彻落实国务院3号文件精神,积极对接落实九大产业振兴规划,围绕"精美城市,渝西高地,幸福永川"奋斗目标,按照"三六九"总体思路,坚持"工业强区"战略不动摇,着力推进森林园区建设,切实完善配套设施建设,进一步加大招商引资力度,发展循环经济,打造产业集群,为加快推进千亿级特色工业园区建设步伐。

(二)发展目标

2010年,工业园区建设发展目标任务初步确定为:新引进企业28户,实现合同引资150亿元,实际到位资金82亿元;工业总产值达到200亿元,工业增加值66亿元,实现财政收入8亿元;完成基础设施建设投入25亿元。

(三)主要措施

1.解决三大难题,全力推进基础建设

一是解决融资难题。积极包装重大基建、产业示范项目,主动对接国务院3号文件和重庆九大产业振兴规划实施意见优惠政策,最大限度争取国家、重庆资金投入。同时,着力加大中国银行永川支行、中国建设银行永川支行、农商行、深发行等银行的协调对接力度,积极争取融资支持,确保园区土地平整、道路建设、管网铺设等基础建设的资金需求,力争全年实现融资15亿元以上。

二是拆迁安置。认真抓好征地拆迁人员的农转非、养老保险手续办理工作,切实处理好遗留问题;加快推进廉租房建设,有序推进同心苑安置区(二期)和大安月亮城安置区工程建设;积极协助地方政府做好失地农民再就业培训工作,协助处理好失地农民就业问题,解决征地拆迁农户后顾之忧,促进征地拆迁安置工作的有序开展,确保入园企业用地需求。

三是配套设施。着力推进凤凰湖水体公园、跨铁跨河立交桥等重大基础设施建设,启动大安新配气站建设和凤凰湖园区天然气主管网建设,完成港桥工业园大陆溪桥梁工程、自来水厂一期工程、污水处理厂一期工程、港桥大道、滨江路A段、联检大楼、廉租房、港桥新城广场、渝江花园、港桥新城连接干道工程等项目建设,抓好陶瓷用地、煤化工用地和能源及铝产业基地平场工程,开工建设港桥新城滨江路B段、港区集装箱码头、港区大件及件杂码头、沿江北岸快速通道(松溉至朱杨溪段)、铁路专线、2×30万KW热电直供等项目。完成三教工业园主干道的征地拆迁工作,拉通核心区内3.7公里的主骨架公路,切实增强园区承载能力。

2.办好三件实事,确保园区安全稳定

一是协助解决企业融资。认真落实区政府57号文件精神,全面摸排企业建设发展资金需求情况,依托重庆市中小企业担保公司、汇恒小额担保公司等载体,采取土地"工转商"等方式,进一步深化企业融资服务,帮助青蓝机械、渝鑫金属、松填汇电子等企业争取流动资金贷款,缓解企业资金困难,帮助企业扩大生产规模,确保入园企业基本达到设计生产能力。

二是着力优化发展环境。坚持"以管理为手段,以服务为宗旨,以满意为目的"的工作理念,切实提高园区干部履行职责的能力和自觉性,认真实行行政审批"进一道门、办一切事"的一站式服务,营造良好发展氛围。

三是切实抓好安全生产。着力开展好园区安全生产工作,深入排查在建工程和企业生产安全隐患,认真督促落实整改措施,确保园区安全稳定。

3.实现三大突破,加快推进园区发展

一是招商引资。按照循环经济发展的要求,坚持“链条招商、以商引商、委托招商”的思路,着力促进攀博、大顺等现有企业技改扩建工作,积极协调确保正新轮胎、灿坤家电等项目取得实质性进展,加快推进渝江压铸、台湾健鼎、数控机床、松溉电厂二期工程、陶瓷产业园、太阳能热水器、东方希望粉磨站和港桥物流园区等在谈项目,力争年内签约,努力实现招商引资新突破。

二是项目建设。加快推进征地拆迁和场地平整工作,确保开工建设太阳能热水器、上海新格、煤化工、清华紫光、化研所、双丰化工、陶瓷产业园一期、松溉电厂二期(或热岛)、铝产业集群等项目;加快华日电装品、江津白酒、隆锦铝材、榆林机械、星光电缆等11个项目建设进度,促使企业早日投产;切实加强协调服务,确保中重石油二期、万特佳衡器、中小企业基地等10个项目实现竣工投产。

三是品牌打造。着力推进凤凰湖电子信息产业园和汽车摩托车零部件产业园建设工作,做大做强三教中轻型铸锻件产业园区,加快推进国家级循环经济生态工业示范园区创建工作进度,有序推进“全国知名品牌园区”宣传策划工作,着力打造“全国知名品牌园区”,为园区招商引资和建设创造更好的发展平台。

(永川工业园区管委会)

綦江工业园区

重庆綦江工业园区2009年经市特色工业园区领导小组审批,总规划面积调整为12平方公里。2009年11月23日,原綦江县中国西部齿轮城建设指挥部办公室撤消,并入重庆綦江工业园区管委会,成立新单位重庆綦江工业园区(齿轮城)管理委员会,下设重庆綦江工业园区(齿轮城)管理委员会办公室。

一、基础设施建设

园区完善配套设施建设,园区有企业入驻的范围内,均实现了水、电、气、路通,路灯、绿化等配套设施全部到位。完成征地范围内的零星平场,全面完成了园区所有征地范围内的平场工作;全面完成了启动区所有道路建设,共7.1km(其中:32m宽主干道路788m,24m宽次干道688m,16m宽支干道5600m),拓展区道路采取BT模式建设,完成主干道延伸路基碾压1km,主干道交叉路口砼路面完成400m;完成到园区内各企业地块供水主管网铺设;完成高压线路搬迁75km,低压线路搬迁38km;完成从天然气站至园区主、次、支干道及企业地块输气管道8km,从现有的地块分布来看,输气管道已全部接入了地块用地红线;完成网通、电信等通信线路搬迁10km,主次干道、支路通信管网铺设完成;完成启动区内所有的雨水、污水管道约10km的铺设,完成拓展区主干道3km管网铺设;园区路灯安装完成230盏;植树3500余棵,人行道花台绿化完成1500平方米,主次干道人行道彩板安装3000平方米;园区现场办公室、卫生所、警务室、公厕、垃圾站等相继修建完成并投入使用;完成启动区四期安置房5600平方米主体工程,桥河片区拟建安置房400余套,建筑面积40400平方米,于10月~11月分三个标段进行招投标,12月底完成基础工程的50%。

二、招商引资

园区共入驻企业37家,占地2909亩,协议引资51.2亿元。其中:签约企业中投产企业13家、在建企业17家,产出8.7亿元。

三、服务与管理

加强了服务和管理建设。在对入园企业服务上，不分大小、亲疏、市内外一律享受平等的服务，采用全程服务入园企业、快速建立复命机制、建立动态服务登记表、落实专人负责水电气的安装协调工作、对外疏通服务渠道、召开季度座谈会、特殊情况处理等措施和形式，加强服务。在制度上加强了工程建设管理，如工程建设及监理、工程验收结算及款项支付、工程招投标等。

(綦江工业园区管委会　翁小雨)

潼南工业园区

一、2009 年发展回顾

2009 年，园区实现工业总产值 20 亿元，完成目标任务 100%，同比增长 72.4%；实现固定资产投资 13.57 亿元，同比增长 59.6%；启动企业建设项目 23 个，完成目标任务的 115%；新增入园企业 13 家，协议投资 27.12 亿元，完成目标任务的 130%；竣工投产企业(项目)11 个，完成目标任务的 110%。

(一)加大基础建设力度

安置房建设、标准厂房建设和道路路基建设、路面硬化、平场、绿化等基础设施项目完成固定资产投资 3.77 亿元。建成了金潼大道，物流大道、食品大道、哨田路、机械大道、创业大道及金潼大道 B、C 支线约 10KM 路基也基本成型，骨架路网初步形成。竣工了三、四期安置房约 50000 平方米，建成了标准厂房 45000 平方米，敷设了雨、污水管 9318 米，迁建了水、电、气、讯综合管线搬迁建设线路 14000 米。大大提高了园区的承载能力。

(二)重大项目引进有突破

一是创新招商工作思路，确定了“突出重点区域，突出重点产业、突出园区特色”的招商原则，着力引进规模大、成长性好、科技含量高、符合产业政策、能为群众就业和财政增收作贡献的项目。二是拓宽招商渠道，坚持“以外引外，以企引企，以商引商”，调动一切积极因素招商，对在谈项目特别是重点项目，采取“人盯人”的战术，看紧盯牢，争取早签约。三是与招商局协同作战，请进来、走出去，与客商洽谈和对接 80 余次。新引进了项目 13 个，协议引资 27.12 亿元。华机集团、渝惠集团、时代灯具市场等一批投资大、前景优的项目先后签约入园，现园区投资超亿元项目已达 10 余个。

(三)努力促进企业生产建设

大力实施项目带动战略，坚持把项目建设作为工作的着力点和突破口，一以贯之抓落实，千方百计促进度。所有的落地项目，都制定了工期倒排计划，实行了领导包帮责任制和工作进度每周督查通报制，要求各包帮领导和责任科室对项目进行全程跟踪服务，随时了解和帮助企业解决生产建设遇到的问题和困难，确保了生产建设顺利进行。3 月 5 日，集中开工 8 个项目，11 月 13 日，又集中开工 15 个项目；全年竣工投产企业项目 11 个，完成了固定资产投资 13.57 亿元、工业产值 20 亿元。

(四)积极推进征地拆迁工作

一是以 3 个实施城市规划和 5 个产业项目，通过县国土房管局向市国土房管局申请征地指标 4180.59 亩，其中：774 亩获得了用地批复，实际可用地 947 亩(标准厂房一期用地 389 亩，生民钢管146.4 亩，通用机械项目 239 亩，城规用地 172.6 亩)；其余以 3 个实施城市规划申报用地 1525.5 亩和以脚手架项目、蘑菇种植及深加工项目、标准厂房二期建设等申报用地 1708.09 亩正待批准。二是对项目用地涉及拆迁的4个村11个社279户717人实施了拆迁和安置,完成了渝惠集团、华机集团、粮食集团等项目用地的拆迁工作,完成了"一纵四横"道路用地的拆迁90%以上,并为岩湾4、5社、哨楼2社和金潼大道及其A线的拆迁人员办理了养老保险。

(五)认真完善园区规划

一是开展了工业园南区12.5平方公里和北区4.5平方平方公里的控规修编工作,完成了核心区5.6平方公里控制性详细规划编制工作和田家工业园地形图测绘、地质灾害危险性评估工作,田家工业园控制性详细规划方案和金潼大道景观设计方案分别已通过专家咨询委员会和规划委员会评审。二是完成了工业园区地形图坐标系转换和基础建设、加工贸易转移重点承接地等融资项目的规划资料准备工作。三是完成了工业园区土地集约利用评价。四是完成了大佛塑料厂、渝惠市场、第一造纸厂、权农电缆、灯饰市场、生民钢管、简氏纸业、嘉瑞药业、展瑞汽车、中民燃气、开鑫电子二期帝、重庆维尔美纸业、香港希凯特塑料有限公司等企业用地红线图制作工作。同时协助大佛机车、禾嘉塑料、帅飞灯饰、公升彩印等企业通过了规划方案评审。

(六)积极筹措建设资金

一是积极利用县政府融资平台融资,共融资到位资金4亿元,其中:以通凉路工程项目向农行融资,已到位5000万元;以环代农业加工业园区基础设施向农行融资,已到位1.5亿元;以园区基础设施向工行融资,已到位2亿元。二是努力向上争取扶助资金,协调市经委争取到了市政府拨给的提振经济特别专项资金546万元(其中:工业园区投资建设公司200万元,园区生产企业344万元),现已到位385万元(工业园区投资建设公司39万元,园区生产企业346万元)。

(七)努力提升园区形象

及时发布园区建设工作信息,编写了《工业园区简报》42期,上报信息49期;县新闻中心采用了工业园区新闻报道稿件16篇;向《重庆工业园区》、《中国民航报》、《香港商报》等县外媒体投稿9篇;同时改建了重庆潼南工业园区网站,为提高潼南工业园区知名度搭设了有效的展示平台。

(八)做好安全稳定工作

一是加强人口管理,坚持对流动人口进行登记,认真排查和消除不安定因素。二是做好安全保卫工作,调处纠纷26件,查处阻工5起,处置信访案件2起,消除安全隐患2起,清理整顿乱开采、乱堆砌事件2起。三是加强安全生产管理,与企业签订了安全责任书,对万利来化工厂、新华化工厂、康迪药业有限公司、四期安置房等企业和自建项目进行了经常性的安全检查。四是举办了消防知识讲座,增强了干部职工的消防安全意识和自防自救能力。

二、发展中存在的问题

一是土地指标报批滞后。一些在建项目因上级检查时建时停,建设进度缓慢;一些企业因没有用地指标不愿落户园区,或不愿动工建设。

二是拆迁农民安置滞后。随着入园企业增多和园区基础设施不断完善,失地农民不断增加,大部分拆迁农民的安置、补偿、低保及劳动就业问题,未能及时和较好的解决。

三是管理体制机制落后。园区管委会名义上是"准政府",实无行政职能,常以协调人的角色恳求业务部门帮助配合;在管理服务上与经委、建委和行政服务中心等一些部门的职能重合交叉,从各职能部门抽调的工作人员和有的兼职领导不能独立履行职权,企业、群众办事"几头跑"。由于环节多、效率低,企业、群众不满意。

三、2010年发展目标

牢固树立科学发展观、构建和谐园区的发展理念,狠抓项目建设、完善基础设施、强化资金保障、打造一流团队,努力"建品质园区、树渝西标杆"。完成"一纵四横"道路及其配套工程;启动六期安置房建设;建成污水处理厂;园区招商引资到位资金5000万元，新增入园企业20家，企业投产10家，新增厂房100万平方米，完成固定资产投入18亿元，实现工业产值30亿元。

（潼南工业园区管委会）

铜梁工业园区

重庆铜梁工业园区创办于2002年，是市政府批准设立的首批市级特色工业园区。自成立以来，遵循“开放、创新、务实、高效”的发展理念，以培育经济增长极为使命，成为卓越工业园为愿景。

园区总体规划面积18.5平方公里，现已建成4平方公里，紧靠铜梁主城区，遂渝高速公路、规划中的三环高速公路、合川-永川城际铁路横穿工业园区，交通便捷、区位优势明显，是重庆西北部重要的交通枢纽。园区立足于为重庆大工业配套，积极承接主城及沿海产业转移，重点发展电子信息产业、汽车摩托车及零部件制造业、成套设备及零部件制造业、现代物流。

2009年，在铜梁县委、县政府领导下，铜梁工业园区坚持以科学发展观为引领，积极抢抓重庆建设长江上游地区经济中心的历史机遇，紧紧围绕“保增长、扩内需、调结构、惠民生”政策，全力加快基础设施建设，加大招商引资力度，加强管理、优化服务，创新进取，奋力拼搏，在率先发展的道路上写下了辉煌篇章。

一、全面推进基础设施建设，完善提高园区配套能力

园区已完成基础设施投资10余亿元，新建园区骨干道路60公里，主供水管网55公里，排水管网90公里，新建220KV变电站1座、110KV变电站3座、10KV开闭所2座，架设10KV以上输电线路50公里，完成征地拆迁11000余亩。基础设施建设基本实现了满足现在，着眼近期，兼顾未来的目标。

二、强化招商，重大项目引进取得新突破

2009年铜梁工业园区新引进项目28个，协议引资32亿元，招商引资实际到位资金16.7亿元。红旗缸盖、九山实业、南雁集团、阮氏塑胶等一批投资大、前景优的项目纷纷签约入园，投资超亿元的项目达到12个，成功引进了中国500强企业吉利控股集团落户园区，投资8亿元新建汽车自动变速箱生产项目。

三、强力推进项目建设，不断提升园区形象

2009年铜梁工业园区新投产的有红旗金龙弹簧、廷辉包装、泰吉机电、名匠家俬、昆旺电子等21个项目，新开工建设了新源模具、恒风风机、顺庆包装等20个项目，欣创汽车配件、顺庆包装等项目近期将竣工投产，园区建设呈现出一片热火朝天的景象。

四、抓管理，服务功能更全面

园区始终把优化发展软环境、服务企业发展作为重要工作来抓，积极推进服务流程“整合化”、项目办证“集中化”、办事效率“快速化”、需求服务“个性化”的服务体系建设，对入园企业提供全方位、全过程服务，全心全意当好企业的“保姆”。针对企业用工难这一问题，工业园区充分发挥园区企业用工服务中心招工用工的服务平台作用，在春节期间和大学生毕业期间举行了大型人才招聘会5场，并组织11家园区企业赴重庆参加了2010年重庆工业园区大型人才招聘会，受到了企业的欢迎。

五、打造电子产业园，谋求工业大发展

随着惠普、富士康、英业达等IT巨头落户重庆西永微电子园，年产8000万台笔记本的产业

链将引来众多的配套企业。铜梁作为重庆市笔记本电脑专业配套园区的十大区县之一，专门出台了《关于加快电子信息产业发展的实施意见》,致力发展电子信息产业。铜梁工业园区电子信息产业园规划了6平方公里，可提供约13万平方米厂房供电子信息产业企业使用。铜梁工业园区将以连接器、笔记本外壳、LED等作为主打产业。目前,工业园区与宏高电子、正阳电子、香港英力电子签订正式协议,与实盈电子、志圣电子等15家企业签订了意向协议,与台湾联电集团等40余家电子企业在谈。

2010年,是铜梁工业园区的“基础设施建设提速年”。工业园区将全面深入贯彻落实科学发展观,紧紧围绕《国务院关于推进重庆市统筹城乡改革和发展的若干意见》(国发〔2009〕3号)和市、县有关精神,抢抓机遇,奋力拼搏,力争在2012年将铜梁工业园区建成面积10平方公里,产值500亿的园区。

(铜梁工业园区管委会)

大足工业园区

重庆大足工业园区，是经2003年7月市人民政府批准设立的省(市)级特色工业园区,由邮亭和龙水两部分组成。产业特色定位为“以五金,汽摩配件为主导产业,打造西部五金之乡,发展机械铸造、锶盐、建材、电子等产业”。正在筹备规划建设万古工业园区。远期规划面积50平方公里（龙水20平方公里，邮亭30平方公里),近期规划面积12.13平方公里,规划有日用五金加工园、家用五金加工园、工具五金加工园、模具五金加工园、五金铸造园、建筑五金加工园、五金材料加工园、机械五金加工园、创意产业园、仓储物流园等园中园。

一、交通区位优势明显

大足工业园区位于大足县邮亭镇与龙水镇,南接成渝高速公路、成渝铁路、邮亭火车站;北临大足县城、石刻风景区;东靠玉龙山国家森林公园、龙水湖。规划中的重庆市三高速公路、成渝直线高速公路工程的陆续建成，到重庆市区高速路仅需30分钟,园区的交通优势将进一步地体现。

二、基础设施齐全

大足工业园区设立以来，按照“规划高起点、设计高标准、建设高质量、运作高效能”的原则,强化基础设施建设,大力改善投资环境,着力提高承载力和吸引力。截至2009年底，园区建成面积4.7平方公里，已投入资金约20亿元征用整治土地、建设道路水管网、架设供电线路等,园区基础设施完善。

三、优惠的政策 保姆式的服务

为确保落户项目的顺利推进，加快项目建设,积极主动为外来投资企业提供全过程、全方位服务，建立全过程、全方位服务机制。对项目采取连续跟踪服务、“亲情化服务”和“保姆式服务”。并对招商引资重点项目服务设立了“绿色通道”,推行项目主办制、首席责任制、限时服务制等一系列制度。

四、园区发展初具规模

近几年来，大足工业园区凭借着完善配套的基础设施、独具特色的开发优势和诸多鼓励投资的优惠政策，先后引进了一大批重点骨干企业。园区内拥有一大批掌握国内外先进技术、名列行业前茅的重点骨干企业，如江苏春兴集团重庆春兴再生资源有限公司、重庆钟顺太阳能有限公司、重庆兴业船舶件有限公司、重庆足航金属制品有限公司、重庆永荣矿业有限公司大足洗选厂、重庆足丰水泥有限公司、重庆凯尊机械制造有限公司、重庆翔锋工具制造公司等先进企业。其"翔锋"电光刨刀、"神针"鑫业船锚铸造、五金锻打等拥有国内一流先进制造技术。招商成果显著。园区历年累计引进企业212户，合同投资额78亿元，占地503公顷，预计可实现产值404亿元，其中已投产168户，占地142公顷，在建44户，占地361公顷。经济总量进一步提升。2009年，园区工业总产值达106.7亿元，同比增长48.1%；完成主营业务收入102.5亿元，应交税金2.9亿元，完成工业增加值35亿元，分别比上年同期增长46.7%、7%、39.6%，实现了园区经济总量的新跨越。

五、打造500亿级工业园区

未来几年，园区将紧紧抓住重庆建设"一小时经济圈"的有利时机，按照新的总体规划(邮亭30平方公里，龙水20平方公里)，把大足(邮亭、龙水)工业园区作为对外开放的重点，推进各类资源和产业聚集，着力打造以100亿级"草根"五金产业、100亿级五金材料产业和100亿级光电产业三大产业为支撑的500亿级大工业园区。力争通过3—5年的努力，把园区建设成为全国最大的五金生产基地之一，投资375亿元，招引企业500余户，实现工业总产值500亿元，税金25亿元，安置劳动力7.5万人。

(大足工业园区管委会)

璧山工业园区

2009年，璧山工业园区工作以科学发展观为统领，认真贯彻落实薄熙来书记来璧视察重要讲话精神，有效应对全球金融危机，增添措施破解发展难题，全力推动园区各项工作上档提速。

一、2009年发展回顾

2009年园区实现工业总产值150.1亿元，同比增长8.8%；实现工业增加值43.4亿元，同比增长3.3%；应交税金6.6亿元，同比增长6.5%；完成工业企业投资25.6亿元，同比增长5%；完成基础设施投资10.9亿元，同比增长26.7%。

(一)以园区规划为先导，科学谋划园区未来发展

以全县县域空间规划为指导，提出了生态工业园区的发展定位，明确了园区规划范围，并上报市园区办审核；将编制园区空间规划与产业规划有机结合，积极开展控规及产业规划编制的前期准备工作。

(二)以项目推进为核心，不断加快园区建设步伐

一是完成了派诺蒙项目、青杠塘坊土石方、青杠杨柳排洪渠、青杠派出所挡墙、青杠河西基础设施一、二、三标段道路工程；二是嘉陵集团整体迁建项目民品一期864亩已于年底进场建设；三是青杠中兴桥已完成桥板吊装(约占工程量的85%)；四是完成了四环路东段北侧综合管网、临时便道以及金剑路末端虎峰村排污管网建设；五是完成了青杠塘坊杨柳片区基础设施建设施工图设计；六是养鱼排洪沟工程地勘、可研已完成，方案已通过审批，可研正在审批中；七是两横五纵道路横一路500KV铁塔保护工程已完成预算复核，待批准后实施。

(三)以征地拆迁为抓手，为园区建设提供用地保障

一是做好土地征收工作。完成了嘉陵集团整体迁建项目3679亩以及璧城虎峰1社85亩土地、青杠塘坊7社、12社395亩土地的征收。

二是稳步推进拆迁安置工作。开展清明村1、2、3、8、9社和安乐村7社1255亩土地(青山

变速器工业园项目)的拆迁安置补偿工作,约完成总工作量的95%。

三是加快农民安置房及安置区基础设施建设。中兴安置区1、2、3、7区已完成主体工程,环境附属设施已完成设计正在进行预算;杨柳安置区已划地建设,基础设施工程已编制可研;塘坊安置区方案设计已通过审批,正在进行建房组合,基础设施工程已编制可研;清明安置区已完成总平面布置图的设计;鞋都二期安置区已完成房屋主体工程、生化池和综合管网工程,道路基础设施工程已完成设计正在进行预算;璧城河西安置区已划地建设,基础设施工程已编制可研。

(四)以招商引资为中心,增强园区发展后劲

截至目前,已有南方天合底盘(美国天合汽车集团投资)、乐百氏饮料公司(法国达能集团投资)2家世界500强企业和巴西派诺蒙集团、中国奥康集团、青岛双星集团、广东伟雄集团(顾地塑胶)、重庆力帆集团、重庆嘉陵集团等250家企业入驻园区。2009年园区新引进华中工贸集团、美多食品公司、利安实业公司等11个项目,协议投资17.8亿元。

(五)以优化服务为突破,加快推进企业建设和投产

1.积极做好企业落地的服务工作

一是完成了蓝黛公司新厂区、精准公司、鞋都二期企业生产用电和西联环宇公司施工用电的安装工作。二是对利安、通驰、龙润、美多、汇众等7家企业进行了用地安排,并出具了准红线图;完成了利安公司的登记注册和通驰公司的方案报批、放线等工作,金卓公司已于11月底开工建设。

2.开展园区土地集约利用评价

对璧山工业园区首期启动的1.4平方公里(国家发改委审核备案区域)开展了土地集约利用评价,收集、整理、分析了1.4平方公里内每宗土地的出让情况、使用情况、产生的效益,以及园区未来可发展的空间,为下一步园区拓展打下了基础。

二、发展中存在的问题

(一)园区规划发展空间受限

由于受璧山县县城总体规划中工业用地不得高于规划总面积25%的指标限制,全县县城工业用地总量偏低,导致璧山工业园区下一步可规划和发展的空间受限,不能满足工业经济快速发展的需要。

(二)园区建设资金短缺,基础设施建设滞后

园区道路、桥梁、市政等基础设施建设需要政府投入大量资金,近年来由于县级财力紧张,园区建设资金不足,影响了基础设施建设的快速推进。

(三)用地紧张依然是制约园区快速发展的瓶颈

由于受土地利用总体规划的影响,工业园区可供征用的工业用地已基本枯竭,园区征地难、无地招商的情况影响了园区建设的推进。

三、2010年发展目标

2010年园区将继续深入贯彻落实薄熙来书记来璧视察重要讲话精神,站在建设重庆绿岛新区的高度,增强加快发展的紧迫感和责任感,坚持“规划领园、科技兴园、产业强园、生态立园、服务育园”的思路,为把璧山工业园区建设成为重庆地区极具影响力的生态工业园区而不断努力。2010年,园区预计实现工业总产值190亿元,工业增加值58亿元,完成工业固定资产投资50亿元。为此,一是坚持规划领园,精心编制园区控规和产业规划;二是坚持稳妥有序,稳步推进园区征地拆迁安置;三是坚持质量为本,优质高效推进园区建设;四是坚持产业强园,整合资源科学开展招商引资;五是坚持服务育园,为入园企业提供优质高效服务。

(璧山工业园区管委会 冯文静)

梁平工业园区

2009年，梁平工业园区始终坚持以科学发展观为指导，认真贯彻落实“工业兴县、工业强县、工业富县”的战略部署，紧紧围绕园区各项目标任务，坚持以招商引资为中心，积极推进基础设施平台和企业服务平台建设，强化企业指导服务，从而克服了金融危机的影响，实现快速发展。

一、重点工程有序展开

2009年，梁平工业园区完成基础设施项目投资1.45亿元，其中征地532亩，新建七桥至工业园区天然气输配工程、1.6万平方米标准厂房、6100平方米农民工公寓、金桂桥1座，整治窝子溪河道1公里，完善了金桂路路面及市政、绿化、灯饰工程，启动了园区110千伏输变电站建设。

二、招商引资态势良好

2009年，园区引进诗仙太白、液晶显示器、奇爽食品、重啤九厂等项目8个，协议引资7.06亿元，其中固定资产投资3.5亿元，设计年产值12亿元。

三、经济指标持续增长

园区完成工业总产值10.11亿元，同比增长63.5%；销售收入9.64亿元，同比增长58%；工业增加值3.32亿元，同比增长88.6%；利税9458万元，同比增长60.3%；完成固定资产投资5.33亿元，同比增长19.5%；吸纳就业3056人。

四、技改项目建设提速

2009年，富强陶瓷、宏川机械、天添机械、平伟实业、国盛包装等企业完成技改(扩建)项目6个。张鸭子食品、龙强建材、生搏饲料、京海药业的技改扩建项目正在加紧实施；金福吉货架、鹏宇五金等企业的6个技改项目已经启动。园区企业的技改扩能建设可谓是热火朝天。通过技改扩建，园区规模以上企业数量迅速增多，去年新增规模以上企业10户，总数达到18户。

但园区还存在相当多的困难和问题，主要表现为：经济总量小、企业规模小、财税贡献少、基础设施不完善、主导产业不突出、企业发展缺后劲等方面。在新的一年园区将以大招商引大项目，以大项目促大发展，大力实施三大战略，积极推进八大工程，力争实现十大目标。

(梁平工业园区管委会　罗小松)

丰都工业园区

2009年，面对全球金融危机不断蔓延的严峻形势下，园区在县委、县政府的正确领导下，紧紧围绕保增长、扩内需、调结构为目标，深入开展学习实践科学发展观活动，以实施“重大项目推进年活动”为载体，以抢进度、保稳定、破融资、强招商、优服务为抓手，全力推进园区建设，取得了较好成绩。

一、规划设计更加优化

按照高起点规划、高标准设计原则，始终把规划编制作为园区建设成败的关键，积极整合各方力量，全面完成了水天坪工业园内道路、管网、涵渠等重要基础设施项目的规划设计及移民生态工业园建设规划和镇江精细化工园化工码头、3000吨供水站等前期工作,确保了规划设计等工作高质量及时满足了园区基础设施及入园项目开工建设的需要。同时,结合实际,不断对项目设计进行优化,节约资金千万元,通过对水天坪工业园变电站、武汉凯迪项目等平场设计方案的不断优化和园区主次干道规划设计的合理调整,节省了投资约4750万元,节约土地80亩;通过严格控制入驻企业综合用地规模,采取规划集中修建职工"蓝领公寓"方式,提高了土地集约利用效益;通过规划建设33万平方米标准单多层标准厂房,既搭建了以中小企业入驻平台,又有效控制零星供地浪费土地问题,极大提高了工业用地集约效应;通过结合水天坪工业园1号防洪涵渠的实施,经充分论证,认真优化其设计方案,有效利用了园区原有的旧涵渠,节省投资近300万元。

二、资金筹措保障有力

面对全球金融危机影响,园区积极主动抓住国家拉动内需、提振工业经济、统筹城乡发展、三峡移民后扶以及对口支援等政策扶持机遇,创新思维,主动对接,认真研究金融政策,努力搭建融资平台,通过采取银行贷、对口引、向上争、BT融等多种形式创造性地筹措资金,有力的保障了园区建设资金需要。一是银行贷。充分利用其良好的信用关系,大力借助实力雄厚的投融资担保公司,以土地为质押,以丰都县金穗农业发展有限公司为平台,以加工贸易承接地为载体,向进出口银行成功融资3亿元,目前已到位1.5亿元;向重庆银行融资7800万元;以标准厂房为载体向重庆银行申贷1.1亿元项目现已通过了重庆总行公司处初审,为加快推进园区征地拆迁和基础设施建设创造了有利条件。二是对口引。按照市委三届三次全会精神,以南岸区对口支援丰都为契机,积极争取南岸区5年内无偿援建资金4000万元用于标准厂房建设,现已到位资金700万元。三是向上争。积极用好用活国家拉动内需、提振工业经济及移民后扶等相关政策,精心策划包装项目,特别是移民生态工业园项目,并积极主动加强与有关部门的沟通衔接,争取将更多的资金投入园区建设,共争取到政策性税费返还资金2874.4万元、产业发展基金贷款贴息823.37万元,移民生态工业园基础设施建设补助资金初步估算13亿元将于2010年起逐步到位,三峡工程后续规划产业项目已上报23个涉及投资110亿元,220KV变电站建设涉及资金2.5亿元已纳入市电力公司2009年重点工程开工建设,标准厂房建设补助从市经委提振工业专项资金中初步落实86万元,污水管网100万元补助项目已上报重庆市市政委正待评审通过。同时,通过打捆使用资金的方式,将水天坪工业园纵六路部分路段纳入了由县交委实施的战备道路项目争取800万,将主次干道绿化纳入了县林业局实施的森林工程项目争取1000万元。四是BT融。在移民后扶规划、对口帮扶提振工业经济以及园区自身效益等资金周期因素影响下,通过时间挣空间的方式,充分利用社会民间资本,采取公开招投标等方式,对水天坪工业园区道路、污水处理厂、标准厂房等部分基础设施项目实施BT融资建设,共融资6500万元,有效缓解了园区建设资金需要。

三、基础设施日趋完善

面对园区工程建设时间紧、任务重实际,园区层层落实工作责任,严格执行领导联系工程项目制度和重点工程目标考核奖惩制度,倒排工期实施攻坚,做到24小时全天候作业,并通过采取日巡查、周检查、半月督查、月总结方式,奋力抢抓工程进度,强力推进园区建设。水天坪工业园共计开工道路、平场、房建、配套等工程项目18个,竣工项目7个,合同投资4.8亿元,累计完成投资3.5亿元,园区现已具备大中型企业入驻条件。一是道路工程。横二路、纵三路及管网工程已基本完工;横四路及变电站连接道、纵二路上段及1#涵渠、纵四路及2号涵渠路基基本形成;标准厂房厂区道路完成管网安装980米。二是平场工程。综合用地平场、移民小区平场、220KV 变电站平场、武汉凯迪平场现已全面完工。三是房建工程。1-4 号厂房 2.8 万平方米全面完工，13-15 号厂房 4.5 万平方米完成土石方 27 万方，正实施厂房桩基；移民安置房完成了主体建房，正实施外装修。四是配套工程。220KV 变电站已完成主体工程 90%；自来水厂、燃气、弱强电等专业设施项目有序推进，主干道管网安装已完成，能基本满足企业需求。镇江精细化工园共计开工道路、平场、配套等工程项目共计 6 个，竣工项目 3 个，合同投资 9497 万元，累计完成投资 7585 万元。一是紫光大道一期工程、1.5 平方公里内的蛋氨酸项目平场工程已全面完成，紫光大道二期工程已完成道路 200 米；二是消落区综合治理完成工程量的 60%；三是树人至镇江消防通道道路工程路基基本形成，九间屋基大桥已完成总工程量 50%。

四、征地拆迁基本结束

面对国家日益从紧的用地政策，园区按照“责任分片包干、矛盾就地协调、任务按期落实”的工作机制，实行定人、定责、定时，有重点、有步骤地加快推进征地拆迁工作。一是水天坪工业园 2009 年共计完成土地征地调查 493 亩；办理征地农转非人口 3256 人，基本养老保险登记 2545 人，发放 588 人老龄人员社会养老保险金；争取农用地转建设用地计划指标 1334.02 亩；支付征地补偿资金共计 6625.5 万元。二是镇江精细化工园 2009 年完成征地调查 188 亩，全面完成了二期 2030 亩的征地拆迁工作，于 12 月正式启动了三期 696.9 亩征地调查工。

五、招商引资科学开展

在加快推进园区基础设施建设的同时，园区把招商引资工作作为工作的重中之重来抓，紧紧围绕东部沿海地区向西部“梯度转移”的机遇和重庆主城区产业“退二进三”的政策以及金融危机企业重建、资源配置周期转移机遇优势，围绕重点区域、重点产业、重点企业，通过采取请进来与走出去相结合的方式，在华东、华南、西南等地设立招商联络点和在重庆观音桥中心区设置展览牌，特别是通过与市级相关部门和市政府驻外机构签订委托招商协议书，主动出击，有针对性地推出招商项目和开展招商引资活动，招商引资取得了较好成效。2009 年，共计接待客商 255 人次，共签约生物质电厂、智能锁防盗门、农用拖拉机等新入驻园区项目 6 个，其中正式协议 5 个、意向协议 1 个，合同引资 44 亿元，实际到位资金 8 亿元；正在跟踪洽谈超科轮胎、万强竹笋、双箭机械等项目 4 个。

六、入园管理逐步科学

在企业引进上，坚持把符合产业发展规划、特色鲜明的龙头项目作为招商引资主攻目标，大力引进投资上规模、上档次的重大项目及产业关联性大、科技含量较高、投资带动性强的工业项目落户园区。在企业用地上，严格按照县人大调研园区时提出的要求，对拟入驻园区的项目，经实地考察和集体论证后签订正式投资协议；对投资在 1 亿元以下的中小企业，原则上不单独划地，全部进入标准厂房；对总投资在 1 亿元以上要求单独划地的企业，严格按照每个项目的投入产出强度，严控用地指标，并在不影响项目实施的前提下，按照项目投资计划对企业实行分期供地。在企业管理上，对已签约项目实行动态管理，凡未按协议条款在约定时间内交付土地预付款或开工建设的项目，经督促仍不履行条款的，对其进行清理并提出终止投资协议的合理化建议报县政府决策。目前，已清理终止高新技术电子工业城等 10 个签约项目，涉及合同投资金额 39.7 亿元。

七、产业集群效应明显

围绕将项目做大做强的目标，园区始终坚持企业入驻与企业服务并举，以项目带项目、以项目引项目的发展思路，有力的促成了园区项目做大做强。水天坪工业园 a—亚麻酸保健品项目、智能锁安全门项目已投产，2 万吨生活用纸、

70万吨甘薯深加工、工业自动化设备制造目、生物质电厂等项目即将投产,园区初步形成了以新型能源、机械电子、食品加工等产业。镇江精细化工园E09一期年产5000吨项目已投产,A10一期1万吨已基本完成了设备安装,园区初步形成了以紫光化工公司为龙头的精细化工产业集群。据统计,园区2009年实现工业总产值12.01亿元,实现税金3258万元,利润总额8185万元,固定资产投资10亿元,安置劳动力1755人。

八、和谐园区努力构建

按照市委、市政府"建设平安重庆"的战略部署,园区充分发挥自身优势,高度关注民生问题,积极帮助村民解决切身利益问题,为园区建设发展营造了和谐的氛围。一是广泛宣传征地政策。利用发放资料、召开村民大会、登门上访讲解等方式,广泛向村民宣传讲解征地政策,为开展征地拆迁工作奠定了良好的思想基础,2009年共计发放资料1200份、召开村民大会6次、登门上访讲解宣传270次,使征地政策知晓率达100%。二是迅速启动农民养老保险。按照渝府发[2008]26号文件要求,于2月12日迅速启动了水天坪工业园占地农民社会养老保险工作,办理征地农民养老保险2545人,并对588名达到年龄要求的老人发放社会养老保险金。三是积极开展矛盾纠纷处理。成立矛盾纠纷处理协调小组,定期深入企业、农户进行矛盾纠纷排查,对排查出来的重点对象和有可能上访的人员以及影响社会稳定的苗头、倾向性问题,主动做好思想工作,加强防范,确保信访人员稳定,矛盾化解在萌芽。据统计,2009年调解矛盾纠纷83起,解决遗留问题71个。四是严格工程质量安全管理。在安全管理方面:按照"谁主管谁负责、谁分管谁负责、谁审批谁负责"和"一岗双责"的要求,层层签定目标责任书,建立《工业园区基础设施项目施工安全管理制度》,督促施工企业实行文明、安全施工,并采取日检查、周巡查、月督查的方式不定期地对各项工程进行安全检查,对检查出来的安全隐患督促限期整改完成,确保园区安全生产事故"零目标"。在质量管理方面:建立《工业园区基础设施项目施工质量管理制度》,并严格执行施工班组、施工企业、监理单位"三检"制度和工序管理制度,要求原材料在试验检测合格后方能进入施工现场,并通过监理单位采取旁站、巡查、现场检查的方式,切实加强对施工质量的管理,确保了工程建设安全。

九、发展环境显著优化

按照引得进、留得住、快发展的原则和"不换思想就换人,办不成事就走人,破坏环境追究人"的要求,大力推行"一线工作法",深入实施"保姆式、一条龙、零投诉"服务,坚持入园企业"一对一"帮扶制度,建立入驻企业服务书面承诺制、服务投诉追究制、服务现场办公制、服务领导联系制等制度,定期或不定期地组织召开园企座谈会、现场办公会、银企对接会、经济运行和能源调度会等会议,积极帮助企业解决建设、生产和发展中存在的困难和问题,特别是资金"瓶颈"问题,形成了园区独特的服务优势,有力的促进了招商引资工作的开展,增强了企业发展的信心。2009年召开入驻企业恳谈会共计11次,为企业解决问题76项、服务160次。例如:我委国土分局在为重庆亨尔通科技有限公司、重庆天海农业发展有限公司、重庆阿尔良生物工程公司在办理用地手续时只用了1个月时间,得到了企业的高度评价。

(丰都工业园区管委会 吴坤)

垫江工业园区

一、2009 年发展回顾

2009 年,在县委、县政府的领导下,垫江工业园区坚持以科学发展观为指导,着力推进园区全面建设,以规划为先,以招商为重,以服务为本,加大统筹协调力度,狠抓项目建设,园区建设步上新台阶。全年工业园区县城组团已实现工业产值 22.92 亿元,实现工业增加值 7.4 亿元,实现利税总额 1.75 亿元,出口创汇 1.20 亿元,新增就业岗位 300 个,实现就业 4200 人,成为我县工业经济的重要板块。全年共签约 18 个项目,协议引资 25.87 亿元,其中亿元以上项目 6 个,已开工动建 4 个。全年开工在建项目达到 16 个,固定资产投资达到 4.5 亿元,其中基础设施建设 15440 万元,入园项目完成 29974 万元。在全市工业园区考核中,被市政府授予渝东北先进园区称号,两人被评为先进个人。

(一)着想长远,调整完善工业园区规划

按照"一园四区"发展格局的要求,着手编制工业园区近50 平方公里的总体规划,先行启动了县城组团 15 平方公里和澄溪化工拓展区 4 平方公里的总规编制,完成了工业园区县城组团二期和三期控制性规划,以及澄溪拓展园区一期控制详规,开展了砚台化工园区 3 平方公里、高安轻纺园区 2 平方公里、城北医药园 2 平方公里规划的选址定点等前期工作,为工业园区长远发展、合理布局,拓展了空间,奠定了基础。

(二)科学定位,充实优化园区产业布局

经过县委、县政府组织多次调研,探讨园区发展思路,对园区产业定位进行了调整,合理确定了六大重点产业,重点发展汽摩配件等机械加工、电子信息及电器产品制造、精细化工生产、轻纺服装加工、医药及食品生产、新型建材制造等六大产业体系。并坚持结合国务院 3 号文件精神,主动融入重庆工业产业体系中,垫江工业园区成为重庆加工贸易梯度转移重点承接地、北部新区产业布局拓展重要基地、西永微电子园的建设配套产业园和我市特色精细化工基地。

(三)创新思路,加大招商引资力度

一方面狠抓招商基础工作。编制了一批招商项目,印制了园区招商指南和垫江招商策划书。加强与招商局、经委和乡镇招商联系,做到人人都是招商员,处处都是招商环境。另一方面积极采取跟随战略,紧跟五大产业,实行错位发展的配套策略,加强对摩汽配件和风力发电配套等行业企业的对接招商,发挥入园企业示范效应,以商引商,成功引入有产业带动性的项目落户园区。

(四)优质服务,着力创建园区优质环境

工业园区管委会克服人手少、服务事项多等困难,不断探索服务方式,优化服务模式,努力为企业营造优良的发展环境。树立企业服务是大事、服务企业无小事的观念,做到设身处地为企业着想,千方百计为企业服务。全程代理代办各项行政审批手续,同时积极为企业生产和建设中出现的矛盾和纠纷排困解难,确保企业安全和谐的外部环境。

(五)统筹协调,建立完善联动共建机制

在县委、县政府的领导下,园区主动加强县级部门联系,协调园区各项工作。配合参与了加工贸易梯度转移重点承接地建设项目等工作,联系相关部门收回园区闲置土地,置换项目,盘活存量土地。落实园区拓展区选址定点及申报措施,推进一园四区工作。同时协调水电气等部门,保障入园企业和在建项目水电气等供给。

二、发展中存在的问题

一是工业用地严重不足，供地迟缓已拖延了园区招商整体进度，影响项目落户。二是园区为企业、服务协调的工作量日益增多，服务层次仍较低，与企业及园区发展要求尚有差距。三是随着"一园四区"的建设，在规划建设、管理服务、机构人员等体制，处在尝试探索中。四是园区企业急需的熟练技工缺乏，职业教育和智力支撑方面薄弱等。

三、2010年发展目标

——认真落实"一园四区"发展战略，着力打造产业板块和产业集群，完成县城园区向南扩展、城北医药园和澄溪化工园(组团)控制性规划的编制，相继推进拓展区建设，重点打造县城园区、城北园区和澄溪—砚台三个组团的机械加工、医药、精细化工三个产业集群。

——加快基础设施建设，提升园区硬件环境。进一步加快加工贸易梯度转移重点承接地建设，力争2010年工业园区基础设施完成固定资产投资2亿元，陆续新动建7条道路，新征2000亩土地，建成标准厂房一期2万平方米，兴建110千伏变电站，确保园区企业日益增长的用水和能源需求。

——继续掀起招商引资热潮。重点跟踪主城区和东南发达区域的产业转移动态。积极市内外经贸会，并适时在苏浙和粤闽等举办招商洽谈会，推进产业招商、以商招商和中介招商等的方式，利用我县与重庆大学、北部新区、西永微电子园等战略合作关系，以及长寿对口帮扶的关系，打好加工贸易转移承接基地和精细化工基地牌，积极参与产业转移承接配套。

——抓好服务，加快推进入园项目建设。要进一步细化入园项目服务措施，优化服务流程，规范服务程序，积极拓宽企业服务内容，贴近企业，了解企业困难和服务需求，化解建设生产中的隐患矛盾，为企业创造优良的发展环境。

——狠抓园区安全生产工作。把安全生产纳入重要议事日程，设立工业园区安全监管机构，充实人员，落实监管职能职责。夯实安全生产基础工作，建立健全安全生产规章、规程、制度和标准，大力提高园区企业的安全管理水平。

(垫江工业园区管委会　程　森)

忠县工业园区

一、2009年发展回顾

2009年，忠县工业园区实现工业总产值16.6亿元，实现税收6000万元，完成基础设施建设投资3.3亿元，园区内企业完成投资11.9亿元。2009年再次被评为"渝东北优秀工业园区"。

(一)稳步推进基础设施建设

一年来，重点推进的水坪拓展区各项基础设施建设进展顺利，水、电、气、路、通讯、网络等配套功能进一步完善，承载能力进一步增强。其中，房建工程：水坪安置房建设一期六个标段28800平方米建设工程基本完工，正在建设室外附属工程；二期25000平方米主体工程已完成，将于年底交付使用；水坪经济适用房项目已完成招标。道路工程：水坪园区骨干道路已完成约60%左右的路基土石方工程；水坪中心大道亮化、绿化、美化项目完成设计预算，即将开工建设。水厂工程：水坪园区水厂建设已完成取水、制水、上水工程，供水管网埋设到位，已经能够正常供水；水坪污水处理厂项目已从发改委、环保局等部门上报项目。小学搬迁：水坪小学搬迁扫尾工程结束，可搬迁至新校上课。山东工业园：已基本建成10000平方米钢结构厂房，正在建设附属工程。大渡口工业园：标准厂房完成设计评审并已向市申报争取资金,将得到市里160万元的资金补助(全市2000万元补助);群众安置房全部建成并已投入使用;政通大道建设已完成雨水、污水管网埋设和路面扩宽、硬化工程,人行道地板砖埋设已经基本竣工;政通大道尾段项目完成设计;长轴周边道路硬化完成设计与预算。

(二)全力加快入园企业建设

各入园企业在忠县工业园区办的保姆式服务和配合支持下,正有条不紊地进行建设。星博化工年产4万吨新型硬质炭黑项目已开工建设;水坪巨琪诺美制药一期已于8月份正式投产,二期完成场平工程;水坪沙浪嘎服饰项目基本完成场平,正在修建主体工程。大渡口华亚拖拉机项目已经建成两栋标准厂房和展示用房,安装好了设备,已经于10月份正式投入生产;山东工业园即将引进山东环保企业入住标准厂房;天运酒业项目正在与轻纺集团洽谈并签订协议;乾皓汽车项目基本建成钢结构标准厂房和办公楼房;川江汽车项目已经开工;大渡口长轴项目已全面投入生产。

(三)协调配合加快征地拆迁

大渡口工业园已全面完成征地补偿工作。水坪拓展区完成了1352亩土地的青苗、林木、房屋、水井、坟墓及其他附属设施的清点工作,签订人员安置协议576人(占总任务量的93%),签订房屋安置协议394户(占总任务量的76.4%),完成房屋拆迁量347户(占总任务量的72.6%),征地拆迁工作进入扫尾阶段。

(四)科学谋划园区远景规划

根据县委发展文化旅游创意产业的要求,按照"突出特色、集中规划、分步实施"的原则,园区组织专门班子和精干力量,在全县范围内广泛调查摸底,在新生镇高营铺和忠州镇独珠村一带规划了创意产业园区,在全县形成了近50平方公里的工业园区远景规划方案,并已上报县政府审定。这些扎实的工作为全县工业园的后续发展和移民生态工业园的选址定点打下了坚实的基础。

(五)强力维护园区和谐稳定

自去年以来,水坪园区和苏家园区连续多次发生群众阻止施工问题。主要原因是水坪园区范围内政府进行过多次征地,历次征地都有当时未解决的历史遗留问题,再加上原来政策执行也不完全到位,新旧政策补偿标准差异大,累积到现在问题复杂、数量庞大,导致水坪拓展区部分群众对政府征地行为产生了一定程度上的信任危机,严重影响了园区建设的进程。今年以来,通过加强一线基层干部工作力量和深入细致耐心的群众工作,使园区群访、集访事件大幅度下降。

(六)开展园区安全生产大整治工作

根据市县两级党委、政府的要求和工作安排,园区开展了全面的安全生产大排查、大整治、大执法工作。一是加强组织领导,分别成立了生产、施工、督查工作小组,安排了具体分管领导,明确了责任单位和人员;二是加强了应急预警力度,强化了节假日、重大政治活动、敏感时期、灾害天气等重点时段的工业园区范围内的安全值班和应急值守工作,便于及时掌握园区企业、项目安全生产情况或受灾情况,加强了同相关部门的沟通联系,做好应急衔接工作;三是对工业园区范围内的生产、施工作业加强了监管力度,通过开展安全生产检查和对施工企业的安全教育,深入排查、全面查找了园区安全生产方面的漏洞和隐患,落实了各项安全防范措施。

二、发展中存在的问题

一是园区空间急需拓展。市园区领导小组在2006年的批复中,同意忠县工业园区的规划面积为10平方公里,其中启动区面积为1.25平方公里。经过这几年的发展,目前我县工业园区的建成面积已经超过5平方公里,大大超过了启动区1.25平方公里的面积,园区发展空间急需扩容拓宽。

二是用地办法急需调整。园区招商要快出实效就必须实行预留土地的办法。根据市级相关部门的要求,园区征用土地一律以项目征用,同时采用招拍挂方式出让。这样既不能让园区预留土地,又有可能造成摘牌的项目不是批复的项目,还使园区无法实施统一的土地整治和基础设施建设。

三是投资补助急需提高。忠县和三峡库区的其他区县一样,底子薄、基础差、基础设施落后,若光靠自身的力量发展,势必会与发达地区的差距越拉越大。目前,市级部门对园区路网、通讯等配套基础设施没有任何补助,只是对园区标准厂房建设核定了每平方米30元的补助,价格较低。需要上级部门进一步加大对库区县给予工业园区建设投资方面的补助。

三、2010年发展目标

全年力争实现工业总产值20亿元,基础设施完成投资11.5亿元,新引进企业2~3家。

一是配套完善在建"一园三区"的道路、管网及环保基础设施,启动亮化、绿化、美化工程,提高工业园区硬件设施等级和招商引资的吸引力。

二是务实推进移民生态工业园建设。围绕"四个百亿"集群产业的基础,重点培育"物流产业、环保产业、文化旅游创意产业"三大重点,突出特色、集中规划、分步实施,合理布局移民生态工业园的产业结构。以此为基础,全力争取三峡移民后续规划资金、三峡库区产业发展基金以及西部大开发和国发3号文件等方面的政策。

三是适度调整扩大园区建设范围和规模,做好园区规划同土地利用总体规划、城镇利用总体规划、环评规划等的衔接工作,做到"多规合一"。

四是树立"项目落地为零,一切为零"的理念,立足工业园实际,创新工作思路,加大力度做好招商引资工作,争取更多的项目入园。同时,适度调整"来者不拒、全盘接受"的招商模式,选择性地引进优质企业,力争"引进一个企业能带动一方发展"。

(忠县工业园区管委会　李兴国)

开县工业园区

一、2009年发展回顾

2009年,工业园区管委会在县委、县政府的坚强领导下,在县级各部门和属地党委、政府的大力支持下,深入贯彻落实科学发展观,紧紧围绕全县"147"总体战略部署,带领园区全体干部职工振奋精神,负重拼搏,求真务实,扎实工作,较好地完成了年初确定的各项目标任务。全年共推进基础设施建设2.08平方公里,累计建成面积4.5平方公里;完成投资1.85亿元,累计完成投资4.1亿元;新入驻企业6家,累计入驻企业19家。

(一)围绕产业定位,精心做好规划设计

根据县委、县政府关于园区的功能定位和产业布局,在注重工业园区规划与城市发展规划和开县土地利用总体规划相衔接的基础上,对工业园区规划进行了认真编制,重点开展了园区规划论证、评审、报批等前期基础性工作,修改完善了移民生态工业园规划编制方案,更加明确了园区的发展目标。到2009年底,完成了赵家园控制性详细规划的初步评审,并报送县规划局组织专业评审;完成了平桥移民生态产业园控制性详细规划设计;完成了开州港精品陶瓷物流园地形图测设、项目规划论证等前期准备工作;移民生态工业园规划编制已按有关要求提交市经委、市移民局等有关部门审定。

(二)加快征地拆迁,园区规模增量扩容

完成了赵家食品轻工产业园一期柳池片

690 亩的征地手续完善工作，农转非安置 178 户 506 人，拆迁房屋 2.7 万平方米，兑付安置补偿费用 5600 万元。组织赵家柳池片拆迁安置户就近后靠建房 178 户 3.8 万平方米，启动建成月耳移民安置小区房屋 128 户 3.3 万平方米；完成了平桥移民生态产业园一期 891 亩的征地手续报批工作，协助新城管委会和镇安镇政府启动实施了部分征地拆迁安置等相关工作。截至 12 月底，工业园区累计征地 5088.3 亩。

(三)加大投入力度，基础设施建设平稳推进

2009 年，针对园区规模不断扩大和入园项目逐渐增多的紧迫形势，工业园区在通过金融机构进行有效融资的基础上，加大了对基础设施建设的投入力度。全年共完成投资 1.85 亿元，基本完成了赵家食品轻工产业园一期 2.08 平方公里场平，推进了相关基础设施建设，完成了道路 75%、管网 70%、护坡 100%；建成了白鹤能源建材产业园 0.23 万平方米农民工公寓；完成了重庆江北·开县创业园 2.1 万平方米(共 8 栋)标准厂房建设，启动了园内市政配套设施建设；兑付了平桥移民生态产业园拆迁补偿资金 1900 万元，征地补偿、房屋拆迁和基础设施建设施工图设计等相关工作有序开展。为有效保障工业园区的安全生产工作，在基础设施建设过程中，大力开展了园区建设施工场所和企业安全生产隐患大排查大整治大执法专项活动，共专项检查 124 人次，排查整改一般隐患 376 处，整改率达到 100%，全年无工程质量和重大安全事故发生。

(四)推进项目建设，经济运行稳步增长

2009 年，工业园区共有凯丰鞋业、华兰生物、天邦果汁、威福锅炉、鑫泰电子 5 家企业投入生产，2 家企业(6 个项目)在建。截至 12 月底，完成了宝迪食品工业园围墙及门卫室修建，屠宰车间和饲料生产车间主体基本完工，宿舍楼、办公楼进入装修阶段；科旺油脂食用油和饲料生产项目正在修建围墙和进行施工图设计；完成了鑫泰电子电线电缆项目地勘和施工图设计，启动了基础工程建设；加快了勇华运动休闲鞋项目厂房主体工程建设，部分设备已安装到位；基本建成了星星豪华浮雕门项目主体厂房，正在完善相关配套设施；完成了新美陶瓷 600 万平方米仿古砖厂房建设及部分生产设备安装。全年实现工业总产值 26.9 亿元，同比增长 29.6%，占全县规模以上工业的 50.5%；完成销售收入 26.1 亿元，同比增长 30.6%；实现税收 1.3 亿元，同比增长 26%。入园企业解决当地就业 1.2 万人，其中吸纳农村剩余劳动力 0.9 万人。

(五)优化发展环境，企业服务明显提高

为确保工业园区开发建设项目的有力有序顺利推进，建立完善了入园企业高效服务机制，为项目入驻前提供了产业规划、项目论证、政策咨询等“一条龙”服务；全面履行职责，切实做好了鑫泰电子、康园自行车、科旺油脂等 6 个项目工商、税务、环保、规划、国土、建设、消防等行政审批服务工作；强力支持企业发展，积极协调相关部门及时兑现落实了其他相关优惠政策；全力保障了星星公司、凯丰鞋业、新美陶瓷等生产企业水、电、气等生产要素供应，确保了企业的正常平稳运行；积极引导和鼓励金融机构进入工业园区，加强了与入园企业的沟通对接，有效缓解了金融危机下入园企业的资金困难，全年共协助园区企业融资 1.5 亿元。

(六)积极协调配合，招商入园实现突破

2009 年，工业园区与县招商局密切配合、相互协作，主动承接“珠三角”、“长三角”产业转移，与沿海发达地区企业主动对接，全程参与了重庆开县“珠三角”地区招商引资推介会、重庆开县广州(海珠)投资环境(项目)推介会等一系列招商引资活动，以及中国西部——重庆开县第一届投资贸易洽谈会、走进中国三峡——重庆开县第一届农业产业化投资洽谈会等重大节会，招商引资取得了明显的成效。全年共引进入园项目 13 个，协议引资金额达 15 亿元。其中，建成投产项目 3 个，在建项目 3 个，已签订意向性协议项目 7 个。工业园区的集聚效应进一步显现。

二、2010 年发展目标

2010 年是开县“整体转型、提速发展”的突

破之年,也是工业园区夯实发展基础、实现跨越发展的关键之年。园区将坚持以科学发展观统揽全局,解放思想,抢抓机遇,凝聚合力,奋力拼搏,努力实现园区建设取得新的突破,园区经济又好又快发展。

全年力争完成投资18亿元,其中:征地拆迁补偿3.4亿元,基础设施建设4.6亿元,入园企业投资10亿元;全年力争新增基本满足企业落地需求的用地2100亩,其中:完成"七通一平"600亩,完成场平1500亩;全年园区力争实现工业总产值35亿元以上,同比增长30%以上,实现税金1.5亿元,安置就业1.8万人。

(一)土地征用报批

积极会同国土部门完成平桥园二期1030亩和赵家园清桥、长安片约1平方公里土地的征用报批工作。

(二)征地拆迁补偿

会同属地党委政府和有关部门完成平桥园一期891亩、平桥园二期1030亩和赵家园清桥、长安片约1平方公里征地拆迁补偿工作;根据宝迪养猪场项目、武汉凯迪生物质发电项目推进情况,适时开展征地报批和拆迁补偿工作。

(三)基础设施建设

完成重庆江北·开县创业园市政配套设施续建工程建设;全面结束赵家园一期场平、道路、管网等基础设施续建工程建设;全面完成明远桥、河道整治工程建设;基本完成平桥园600亩用地"七通一平";实施开州大道续建(含桥梁)、开州大道与滨湖路连接干道、安置小区以及平桥河沟改道等工程建设;完成赵家园清桥、长安片约1平方公里范围的场平以及宝迪养猪场项目、武汉凯迪生物质发电等新建项目用地的基础设施建设。

(四)配套工程建设

积极衔接并协助县供电公司建成赵家园110千伏变电站并投入使用;完成赵家污水处理厂可行性研究报告,及时启动建设,力争年底前基本完成土建工程建设;积极衔接并协助渝川燃气公司完成规划设计方案,及时启动天然气配气站、管网等设施建设;按季节压茬推进赵家园、白鹤园已建成区域绿化、亮化工程建设。

(五)规划设计工作

修改完善移民生态工业园技术报告,跟踪移民生态工业园的审批;会同县规划部门进一步修改完善赵家园控制性详细规划;完成开州大道延伸段道路及管网施工图设计,完成平桥园约2平方公里、赵家园约1平方公里的场平施工图设计和该区域的道路、管网设计;完成平桥园拆迁安置小区规划和安置小区内道路、管网施工图设计;适时做好品胜化工、荣佳服装、天喜盛自行车等已签约入园项目的规划用地工作。

(六)入园项目建设

积极协调和服务已入园企业做好项目技改扩建(续建)工作,确保浙江恒基针织500万套针织服装项目、佛山新美陶瓷600万平方米仿古墙地砖项目、星星套装门年产50万套豪华浮雕门项目、勇华鞋业二期200万双运动休闲鞋项目、鑫泰电子年产60万米电线电缆项目、润江羊绒制品二期1000万件羊毛衫项目、百盛玻璃钢五金及玻璃钢生产线项目、科旺油脂年产5万吨精制食用植物油生产线项目、欧华陶瓷600万平方米高档墙地砖项目以及宝迪食品年屠宰200万头生猪、年加工5万吨猪血、年加工2万吨熟食项目等10个续建或扩建项目早日建成投产,力争实现新增产值6亿元;积极协调和服务新签约项目加快落地,加强与品胜化工(东莞煜晖环保漆)、香港荣佳服饰、天喜盛自行车生产、深圳华尔威LED、科宏光电、东莞渝东电子和广州卫之天木地板等招商引资意向性项目的跟踪对接,争取早日入园。

(开县工业园区管委会 彭继业)

巫溪工业园区

一、2009 年发展回顾

2009 年是巫溪工业园区加快发展，积极推进的一年。一年以来，在县委县府的正确领导下，在相关部门和乡镇的大力支持下，工业园区紧紧抓住全市大力发展工业园区的机遇，以国发 3 号文件及市政府专题会议纪要精神为指导，结合学习实践科学发展观活动，按照“加快建设，搭建平台，积极招商”的思路，边建设边招商，全力推动园区土地征用、基础设施建设、招商引资、企业服务等工作，园区形象逐渐显现。

初步测算，2009 年全年实现工业总产值 1.4 亿元，实现税金 360 万元；完成固定资产投资 2 亿元；园区新入驻企业 7 户，入园企业达到 12 家，招商引资协议资金 5.2 亿元，实际到位资金 1.87 亿元。园区基础设施建设、标准厂房等各项重点工程快速推进，园区经济呈快速增长态势，综合实力明显增强。

(一)加大投入力度，基础设施建设日趋完善

一是凤凰组团基础设施建设快速推进。投资 2000 多万元启动了凤凰组团“三通一平”等基础设施建设，解决了入园企业的用地、用水、用电等基础工作，极大改善了园区投资硬环境。同时，启动修建园区主干道 2 条，其中：750 米南北主干道总投资 388 万元，目前已完成全幅混凝土浇筑及道路管网等附属设施；1160 米的滨河路总投资 778 万元，目前已完成土石方开挖 50000 立方米，砌筑河堤挡墙 2700 立方米，砌筑河堤挡墙基础 2500 立方米，水稳层铺设 1200 平方米，管道安装 300 米。管网沟开挖 600 米，铺设人行道砖 300 平方米，路基整形 900 米，路基回填 13000 立方米；会同县交通局，同步启动了凤凰组团柏杨河 1 号桥的规划设计及项目立项，即将动工建设。

二是大力开展园区环境美化工作，逐步提升园区形象。园区按照“森林巫溪”要求，在南北干道、滨河路两侧种植重阳木 180 株，新建南北干道转盘绿化广场一个，完成了园区内绿化工程；完成滨河路、南北干道及已建厂房 PVC 栏杆及路灯建设工程；督促大唐丝绸等企业对围墙、厂房、办公楼等建筑物进行了重新粉刷，园区环境得到了进一步美化。

三是正式启动尖山组团基础设施建设。投资 3500 万元的一期主骨架道路、拆迁安置小区、排洪渠、截洪沟等工程已开工建设。已完成主骨架道路土方开挖 67000 方，路基换填 300 米，完成排洪渠、截洪沟施工图设计、施工图审查以及工程造价等工作；完成拆迁安置小区(一期)及主入口 50 亩的场平工程；完成东升石材 2 号厂房厂区右侧冲沟建设。与此同时，500 亩场平施工图设计以及纵一路、纵三路、横三路施工图设计正在紧张进行，拟在近期完成设计任务。

四是加快标准厂房建设，快速引进企业投产。随着园区入园企业的逐渐增多，已投入使用 4000 平方米标准厂房远不能满足需要。2009 年，借助渝中区对口帮扶之力，凤凰组团 1.5 万平米标准厂房已于 3 月开始厂房建设，目前，1 号轻钢结构厂房已基本完成，即将交付使用；2 号厂房已完成第一层框架结构，正在进行模板的混凝土浇筑；3 号厂房已完成第一层框架结构及模板浇筑；4 号厂房正在进行第一层模板制作及立柱浇筑，预计春节前可全部投入使用。标准厂房的建成，促进了园区招商引资的快速发展，目前已有多家企业有意向入驻标准厂房生产。

(二)大胆先行，扎实苦干，土地征用工作取得新进展

作为新政策下实行的第一宗土地，园区摸着石头过河，与国土、镇村社干部一起充分发挥

"5+2""白+黑"工作精神,边工作边总结,全力推动土地征用及安置补偿上新台阶。

一是完成凤凰组团首期502亩土地征用。本次土地征用涉及凤凰镇中河、高扬两个村、6个社489户2022人。4月正式启动安置补偿,目前,安置补偿及养老保险办理已全部结束。

二是全面完成尖山组团首期562亩(其中拆迁安置小区40亩)土地征用工作,涉及尖山镇大包、尖山两个村三个社。8月正式启动,目前,已完成征地资金兑付及农转非手续办理,正进入养老保险报批程序。

三是同步启动了尖山组团二期250亩土地征用工作,目前已测量、勘丈土地80多亩。

(三)理清招商思路,积极洽谈,招商引资工作取得新成效

招商是园区工作的生命线,也是制约园区发展的瓶颈。2009年,园区进一步明确了招商思路,确定了"依托资源,突出重点、打造特色"的招商原则。成功引入了年产3000吨五氧化二钒、10万吨硫酸、乾鼎年产100万平米大理石板材、东升石材60万平米大理石板材、年产5万吨氯酸钠及2万吨高氯酸钾、重庆巨郎石材等企业。这些项目的落户,为工业园区带来新鲜的血液和勃勃生机。

(四)加强跟踪服务,入园企业建设有序推进

园区不断强化服务意识,成立了园区企业发展科,建立企业档案及跟踪服务制度,按照"服务零距离、办事高效率"的工作原则,竭诚为入园企业提供"一对一"式的全程跟踪服务。一年来,先后协助乾鼎石材、隆望丝绸、东升石材、五氧化二钒、宏达化工完善了项目可研、厂区平面设计、供电线路以及营业执照、采矿证等证件的办理工作。目前,乾鼎石材小板车间已正式投入试生产,明年可实现100万平米大理石板材的大规模生产;隆望丝绸现已完成厂房地勘、工程设计及桩基开挖1000米;东升石材于9月16日投入生产,现已开始成批量生产,争取订单800多万元,产品已远销安徽、福建、台湾等地;五氧化二钒项目已完成项目可研以及建设方案,矿区中试厂场平工程结束,厂房建设已启动,预计厂区建设将于春节前全面竣工;宏达化工已完成可行性研究报告和厂区选址,现正在编制建设方案,在年底前正式入驻园区。

(五)拓宽投融资渠道,资金瓶颈有效破解

为贯彻落实市委三届三次全委会精神,有效承接沿海地区加工贸易产业梯度转移,工业园区克服多重困难,在各级部门的大力帮助下,于2月完成了贷款所需全部资料,按三峡担保公司、重庆进出口银行担保→能投集团借款→园区公司转借的具体操作模式,成功争取到3亿元融资贷款。截至目前,园区自筹资金8455.79万元,银行已拨付资金10441万元,全部用于园区标准厂房及配套基础设施建设。

(六)扎实开展创建,园区工作取得新业绩

一年来,工业园区管委会认真学习贯彻落实国发3号文件及市政府专题会议纪要精神,深入开展机关党建、党风廉政建设和精神文明建设;自觉接受县人大的法律监督和县政协的民主监督,认真及时地配合人大、政协的视察和调研;制定了机关各项规章制度,进一步整顿了机关工作作风;积极开展"平安园区"工作。加大安全检查力度,建立健全企业安全生产制度和安全台帐,会同辖区乡镇定期不定期检查企业及建筑工地安全生产情况,及时排查安全隐患,限期整改,促进安全生产监管工作经常化、规范化,确保了园区内企业社会治安稳定和生产经营秩序井然;深入推进"法制园区"创建。利用园区平台,与县相关部门一起先后开展了第三个农民工日庆祝活动、"12·4"法制宣传活动,大力宣传法律知识,维护农民工合法权益,深受农民工好评。

二、发展中存在的问题

一是融资贷款自有资金配套难。按银行要求,3亿元融资贷款中,工业园区必须要有1.3亿元配套自有资金,但目前园区发展尚处于建设时期,资金紧张,配套自有资金筹集存在一定的困难。二是专业人才队伍缺乏。园区工作涉及

规划建设、资本运营等方面，专业性强，而园区乃至全县相关人才都较少，极大制约了园区建设。三是招商引资难。随着全市经济的发展，各地竞相发展的举措日新月异，吸引外资招法迭出，规模性大项目的引进难，挑商选资很难落到实处。

三、2010年发展目标

2010年是园区加快发展显成效的关键年，园区将坚持以科学发展观统揽全局，紧紧围绕"全面加速，奋力跨越"的目标要求，打基础、谋发展、促和谐、树形象，以土地征用为前提，基础设施建设为重点，企业项目建设为中心，强化为入驻企业服务为手段，全力推进工业园区建设上新台阶。

(一)工作思路

按照"优化环境、拓展空间、大力招商"的工作思路，实施"适度整合、完善配套、务实招商、优化服务"工作举措，以项目建设为核心，产业发展为重点，增添措施，不断强化服务意识，优化发展环境，鼓励企业加大投入、扩大规模，督促项目加速建设、尽快投产达效，确保全年目标任务顺利完成。

(二)目标任务

2010年主要目标任务是：全年完成工业总产值3亿元；园区基础设施投资及企业固定资产投资2亿元；新引进企业8家，招商引资到位资金3亿元，力争实现5亿元；新征地1000亩，整治土地200亩，新建标准厂房2万平方米。完成凤凰组团东西干道工程、柏杨河一号桥及尖山组团主骨架道路工程(纵一路、纵二路、纵三路，横一路、横三路)、500亩场平、排洪渠、截洪沟等项目建设。

(巫溪工业园区管委会 谭玉冰)

石柱工业园区

一、石柱特色工业园区发展回顾

重庆市石柱特色工业园区于2006年1月经重庆市特色工业园区领导小组批准设立，2007年10月正式开工建设，规划建设面积20平方公里，包含"一区三园"：即南宾工业园区、临港工业园、有色金属园、非金属矿业园。核心区南宾工业园区总体规划面积为12平方公里。主要划分为1.89平方公里的启动区和10平方公里的拓展区，另外2.17平方公里的重庆市石柱加工贸易梯度转移重点承接地也包含在内，重点发展轻化、食品、制药业、零部件制造等；临港工业园(三峡移民生态工业园)位于石柱县西沱镇，规划面积5平方公里，重点发展能源、化工、建材、船舶制造和港口物流业；非金属矿业园位于石柱县万朝乡，规划面积2平方公里，重点发展煤炭开采、建材加工业；有色金属园位于石柱县龙潭乡境内，规划面积1平方公里，重点发展铅锌开采、洗选、冶炼及其他有色金属开发。

自2007年3月正式开建以来，石柱工业园区紧紧围绕奇帆市长提出的"到2012年，建成面积6平方公里，实现工业总产值300亿元；到2020年，建成面积20平方公里，实现工业总产值1000亿元"目标，坚持基础设施、招商引资和企业入驻等工作齐头并进。截至2009年，南宾工业园区启动区1.89平方公里已全面建成；拓展区B区（加工贸易梯度转移重点承接地)2平方公里场平工程基本完工，已入驻35万立方米中高密度纤维板、36万吨无机粉体环保纸、温州国豪黄连深加工、20万吨重啤迁建技改等8个项目；3平方公里拓展区A区将于今年开工场平工程建设；其他"三园"各项基础设施建设按照统一规划，分步实施，重点突破的原则正积极稳步推进。2008年和2009年连续两年被市政府表彰为重庆市“优秀园区”。

截至2009年底,“一区三园” 新建道路6.85公里;开挖土石方1794万立方米;铺设管网49.1公里;建成标准厂房3.5万平方米;入驻企业达60家,其中投产32家,在建13家,签约待建15家,累计2010年上半年实现工业总产值11.4亿元,累计完成工业投资达42.96亿元,解决就业4213人。通过三年的发展,石柱工业园区实现了从无到有,从小到大的发展,正逐渐成为我县经济对外开放的重要平台。

二、发展中存在的问题

一是土地方面受国家相关政策影响,土地指标报批周期较长,用地指标十分有限。二是资金及项目问题:一方面是2010年起园区将进入还本付息高峰期,其中承接地建设项目每年将偿付本金0.6亿元和利息0.4亿元,目前园区收益尚未凸现,偿债压力巨大,拓展区基础设施建设正面临着资金的严重不足;另一方面是受区位、交通等客观条件限制,园区目前尚缺乏一批带动力强的产业和龙头企业。三是基础设施配套的问题:燃气配套,石柱园区目前天然气供应远远不能满足企业需求,导致企业无法正常生产。四是人才问题。园区现有专业人才引进和培养与目前园区发展趋势不协调,特别是规划、管理方面的高级人才过少。

三、2010年发展目标

2010年,计划完成工业固定资产投资20亿元;实现工业产值25亿元;全年新引进企业20家,实际到位资金16亿元。

(一)全力推进基础设施和项目建设

1.加快基础设施建设

2010年,园区基础设施建设重点转移到拓展区A区和B区:一是完善拓展区规划,制定富有前瞻性和科学性的拓展区发展总体规划,协调布局工业、交通、商贸、居住和绿化等各类用地,实现开发建设规划与环境保护规划的全覆盖;二是全面完成拓展区B区场平、护拔、道路、污水等基础设施建设,实现路网、管网、电网、气网等“七通一平”,满足企业入驻需求;三是启动拓展区A区基础设施建设;四是有序推进安居工作,全面完成拓展区B区综合服务中心及员工公寓建设,确保征地拆迁户及时入驻。

2.突出抓好重点项目建设

一是加快推进1000吨多晶硅、林板一体化、汽车零部件制造、精密机械、农业机械及五金机械等项目,促其早竣工早投产;全力推进裕龙复合肥、金田农业等二期工程建设;积极促进高(中)密度纤维板、36万吨无机粉体环保纸、重啤搬迁等项目尽早开工建设。二是培育壮大现有企业,狠抓“帮扶解困”,重点培育“破亿超千”企业,力争新培育规模企业10户以上;重点围绕电矿、轻化、食品、制药延伸上下游产业链条,大力培育和引进机械、建材等新兴产业,发展壮大产业集群。

(二)强化招商引资工作

一是围绕硅矿、轻化、食品、制药业等优势产业集群,充分挖掘“生态+交通+资源+政策”的优势,策划和包装一批重大项目,加强对外交流与合作,强化产业链招商,着力引进一批智力密集型、资金密集型、生态效益好、带动效应强的重大项目,并把引进工业大项目作为园区2010年最紧迫的任务之一,力争引进1—3家10亿元以上规模企业入驻园区;二是按照“园中园”模式建设要求,把拓展区B区基础设施建设与招商引资工作有力结合起来,全力做好拓展区B区招商引资工作;三是积极做好园区已建标准厂房招商引资工作,提高企业入驻率,吸引更多中小企业进驻标准厂房。

(石柱工业园区管委会　刘小芸)

酉阳工业园区

一、2009年发展回顾

2009年,园区紧紧围绕县委、县政府中心工作,以招商引资工作为中心,以园区基础设施建设为突破口,以为入园企业服务为落脚点,坚持"快"字当头,"逼"字为先,敢想敢干、说干就干、干就干成,把金融危机转化为加快园区建设的契机,变有多少钱办多少事为有多少事就筹多少钱,有力确保了园区各项工作快速推进。

(一)园区建设提速,功能不断完善

始终坚持"五加二、白加黑"工作机制,以晚上当作白天干、雨天当作晴天干、假日当作平日干、两人事情一人干、两天事情一天干的"五干"作风,实行表格化管理,倒排工期,倒逼推进。21万平方米各类标准厂房已竣工完成,14.9公里的园区主干道已经成型,水、电、管网等配套设施建设同步推进,园区设施日臻完善,"一区四园"累计完成基础设施建设投资6亿余元。

(二)强势招商引资,发展后劲增强

发扬历经千辛万苦、走遍千山万水、想尽千方百计、说尽千言万语的"四千精神"和硬着头皮、厚着脸皮、磨破嘴皮、跑碎脚皮的"四皮精神"强势招商,全年共签约项目696个,协议引资256.7亿元,到位资金35.1亿元;园区已入驻企业170户,在建企业60余户,建成投产企业88户,规上工业企业从去年底24家增至70家,为加快发展注入了新动力。

(三)策划推进有力,产业特色鲜明

一是加强三大类、十大产业项目库量积累,依托全县矿产资源、电力资源、土地资源以及劳动力资源等优势,积极谋划"十大产业链、十大产业群、十大物流项目"。二是紧扣酉阳产业规划,突出重点产业,切实加强项目库建设,目前,全县已策划包装项目239个,总投资近400亿元。三是着力构建"各园有特色、园内有亮点"的新型工业基地,板溪轻工业园重点培育制药、食品、电子、机械、服装等产业,龙江重工业园重点培育矿冶、化工、建材、纺织、能源等产业,小坝全民创业园重点培育石材、机械、木材、旅游产品等产业,渝东南现代物流园重点培育包装、货运、仓储、配送、市场贸易等物流产业,真正形成"一区四园"主业鲜明、各具特色,互为补充、协调发展的良好格局。

(四)积极开拓创新,瓶颈逐步破解

始终把金融危机转化为加快园区建设的契机,致力破解园区建设用地和建设资金两大难题。以城市用地、项目带土地等形式极力争取工业用地指标,目前已获市国土房管局批准的用地指标为3237亩,用地瓶颈初步缓解。通过财政投入、信贷投入、圈翼互动(市国资委、能投集团、进出口银行和渝北区)、BT融资等方式,充分利用华渝投资公司这一平台,整合现有资源,做大平台现金流量,深入推进"银园"合作,全年共融资10亿元(其中银行贷款7.4亿元),有效破解了资金瓶颈制约。

(五)优化企业服务,园区倍受青睐

一是实行"一站式"开办服务,项目正式签约后,园区主动衔接业主协商项目启动事宜,做到一个窗口受理、一个员工代办、免收相关费用等服务,全年共受理企业38户,办结32户,累计补贴费用14万元;二是实行"帮办式"建设服务,企业落地后,协调落实帮办责任单位和责任人,实行并联集中审批,限价中介机构收费,限时办结建设项目审批相关手续,全年共受理企业10户,办结9户;三是实行"保姆式"运行服务,通过工业园区企业服务热线,适时掌握企业运行动态,着力解决企业运行的实际困难,确保实现问题解决、政策兑现、跟踪问效"三到位"。

同时，进一步加大对园区在建工程安全质量的监管力度，确保全年园区建设零事故，较好地树立了质量一流、速度空前、效益良好的特色工业园区形象。

二、2010年发展目标

2010年，是县委、县政府确立的“见成效”之年。工业园区将严格按照县委、县政府的总体部署，进一步推行“五加二、白加黑”工作机制，科学谋划，理性定位，再鼓实劲，再创辉煌，确保全面完成“见成效”之年各项目标任务。

全年引进企业160户，到位资金34亿元；实现园区项目融资15亿元，其中银行贷款不低于5亿元；完成基础设施建设投资10亿元；实现园区建成区面积13.5平方公里，入驻企业300户，投产企业200户；实现工业总产值45亿元、工业增加值15亿元、入库税金2.05亿元；初步建成园区10大产业集群，10个以上亿元级产业群，真正把园区建设成为加工贸易梯度转移的重要承接区，统筹城乡的新城区，工业制造的密集区，全民创业的示范区，全县经济的核心区。

（酉阳工业园区管委会 张宗鑫）

第七编

区县经济

渝中区

一、2009 年发展回顾

——经济发展再创新高。地区生产总值达到 468.4 亿元,同比增长 15.6%;第三产业增加值达到 447.5 亿元,同比增长 16%。区域内全口径税收完成 108 亿元,位居全市第一;区级财政收入完成 28.8 亿元,同比增长 34.5%,其中,税收收入完成 21 亿元,占财政收入比重达 73%,税收总量和占比均位居全市榜首。全社会固定资产投资完成 151.5 亿元,同比增长 35.9%,总量及增幅达到直辖以来最高水平。

——"五个渝中"成效凸显。全年区级财政投入"五个渝中"建设 11 亿元。实施 64 个交通项目;拆除危旧房主体量 73.1 万平方米,完成居住区综合整治 96.1 万平方米;新增公共绿地面积 17.4 万平方米,人均绿地面积达到 5.3 平方米;经常参加体育锻炼人口占全区总人口的 48%,国民体质抽样测试合格率达到 89.2%;群众安全感指数达到 94%,创历史新高。

——开放发展势头强劲。驻区世界 500 强企业新增花旗银行、本田贸易等 5 家,总数达到 97 家。区域实际利用外资创历史新高,达到 8.8 亿美元,约占全市总量的四分之一,同比增长 73.8%,增幅位居全市前茅。全年实际利用内资 67 亿元,同比增长 84.4%。进出口贸易总额实现 13.9 亿美元,其中服务贸易总额达 8 亿美元,占全市总额的 40%,位居全市第一。

——民生民利持续改善。全年财政民生支出 20 亿元,占一般预算支出的 53%。新增就业 49196 人,登记失业率为 1.68%。城市居民人均可支配收入 18063 元,位居全市第一,同比增长 9.4%,考虑物价下降因素,实际增长 11.1%。群体性矛盾纠纷化解率达到 97.1%,和谐社会基础进一步夯实。

(一)高端化促高质量,城区经济充满活力

产业结构持续优化。长江上游地区金融核心区建设开创新局面,OTC、重庆农畜产品交易所、重庆农村土地交易所、重庆联合产权交易所等要素市场成功落户,华侨银行、恒丰银行、亿泰基金、谈石小额贷款公司等 12 家金融机构相继入驻,市级以上金融机构数量达到 90 家;金融业实现增加值 155.7 亿元,同比增长 32.4%,占地区生产总值的 33.2%,成为全区第一支柱产业;渝中区与北京西城区、上海浦东新区一同被评为"中国最佳金融生态区"。科技信息产业与中介服务业继续壮大,分别实现增加值 40.7 亿元和 69.8 亿元。文化产业与医疗保健业发展良好,分别实现增加值 25 亿元和 16 亿元。城际旅游影响扩大,共接待游客 1592 万人次,实现旅游总收入 94.7 亿元,同比增长 14.2%。商贸能级稳步提升,高端化趋势更加突出,12 个国际品牌竞相落户;朝天门、菜园坝等专业市场改造有序推进;新增日月光中心广场等商业设施 15.7 万平方米;全区商贸销售总额突破千亿元大关,达到 1074.6 亿元,同比增长 20%,社会消费品零售总额达到 290.6 亿元,同比增长 17.5%。

板块经济稳步发展。解放碑 CBD 引擎带动作用持续增强,实现增加值 243.8 亿元,同比增长 19.5%,占全区 GDP 比重达到 52%;重庆金融街建设正式启动,京剧团地块、官井巷地块成功出让,威斯汀酒店破土动工;国泰广场、环球金融中心、新华国际等在建项目加紧实施,城市家具、楼宇灯饰进一步优化。化龙桥现代制造业服务中心建设提速,"重庆小镇"主体工程基本完工,"嘉陵帆影"超高层建筑群、化龙湖建设进展顺利,片区路网骨架基本成型。两路口至上清寺商务配套服务区建设加速,大溪沟国际建筑与环境艺术设计创意产业园区被授予市级创意产

业基地；环球大厦成功挂牌为互联网产业发展示范基地，21家互联网企业已签约并陆续入驻。大坪区域商业文化中心加快建设，七牌坊地块顺利出让，高九路汽车4S店集聚规模继续扩大。两江滨江带产业基础逐渐夯实，下半城民俗文化传统街区规划不断完善，朝天门片区整体形象设计国际招标完成，曾家岩至红岩村抗战文化遗址长廊建设稳步实施。

(二)高目标促高集聚，对外开放继续扩大

国际合作不断加强。先后组团赴瑞士、英国、日本、韩国等地推介招商，参加德国、巴西等国际会展。特许管理会计师公会、英国皇家特许测量师学会等国际一流知名专业服务机构相继入驻。与世邦魏理仕等机构开展战略合作，同新加坡国际企业发展局等组织开展经贸交流，吸引德意志银行、澳新银行等30余家境外知名企业先后来区考察。积极协助区内企业拓展海外市场。全年引进外资项目29个，同比增长107%。

国内影响更加广泛。以北京金融博览会、上海国际金融论坛等影响大、档次高的交流活动为推介平台，城市营销力度进一步加大。相继举办福布斯城市投资与发展论坛、解放碑购物狂欢节、城际旅游交易会等大型节会，外地入区消费明显增多。编制城市形象推广片和宣传手册，充分利用多种媒体广泛推介，城市知名度、美誉度不断提升。

总部基地效应凸显。深入落实区级领导联系总部企业制度，了解企业疾苦，帮助解决困难，服务力度进一步加大。研究相关配套政策，《总部经济规划及投资促进发展策略》编制完成。着力引进企业管理决策中心、营销采购中心、信息服务中心、技术研发中心、资金结算中心，总部业态有效充实。积极支持企业打造特色楼宇和创建总部经济基地。税收亿元大楼新增希尔顿商务中心和光大银行办公楼，总数达到9栋，区域千万以上税收楼宇达到40栋。

(三)高强度促高成效，"五个渝中"全面推进

畅通渝中成绩斐然。"交通建设年"成效显著，中兴路拓宽、朝千路改造等31个重点项目如期竣工，临张路、华一路等18条道路"白改黑"全面完成，棉花街拓宽等15个新开工项目进展顺利，兴隆街断头路打通工程相关拆迁基本完成，进入道路施工实质性阶段。结合道路改造，同步推进市政设施提档和城市景观升级，交通建设与形象塑造相得益彰。交通管理继续加强，中干道、北干道全线道路标识、标线优化及绿波设计工作全面完成，和平路等7个路段、华华公司等14个路口实现标准化建设，解放碑等窗口地区、长滨路等重点路段的交通组织进一步优化，道路拥堵状况不断缓解。

宜居渝中魅力彰显。危改工程深入推进，协调市城投公司、市地产集团启动拆迁归元寺、王家坡等4个片区；大黄路、白象街等20个区级储备地块，高九路、两路口菜市场等21个扫尾项目的拆迁任务顺利完成。楼宇工程加速实施，全年新开工面积130万平方米，竣工面积73万平方米，国际大厦、新民花园等"四久工程"处置取得成效。居住区综合整治全面启动，投入资金5000余万元，相继实施人民路等老旧居住区的工程整治16.7万平方米，执法整治渝都新城等项目79.4万平方米，完成全年目标任务的106%，得到市民广泛好评。城市管理继续加强，拆除违法建设3.5万平方米，清理整治广告2.6万平方米。全年空气质量优良天数达到295天，同比增加10天。

森林渝中亮点频出。中干道、上清寺、临江门等11个地段共39个景观亮点项目全面竣工，建兴坡等5个城市生态林、嘉华大桥连接段等5个立体绿化、彭家花园等5个公园体系项目顺利完成。大溪沟谊园生态节点工程圆满竣工，大坪电信环岛街区公园项目基本完成，牛滴路滨江公园等项目建设稳步推进。全年新栽2.5万棵乔木、86.6万株灌木，新增绿化覆盖面积21.5万平方米，绿地率达31.7%，绿化覆盖率达33.7%，再次跻身全市森林工程任务完成优秀区。

健康渝中再上台阶。社区卫生服务中心标

准化率达到91.6%；新增残疾人健康体检等5项免费服务，形成“14+1”公共卫生服务包；甲型H1N1流感防控科学有序；适龄儿童“四苗”全程接种合格率达到99.1%；孕妇和儿童保健覆盖率分别达到95.4%和100%，位居全市前茅。体育设施不断完善，大田湾全民健身中心改造投用，后备人才培训基地、体育公园一期和5所中小学塑胶运动场改造工程顺利完成；全民健身活动广泛开展，成功举办首届全区运动会，先后组织春季登山比赛等大型群众性体育活动50余场，参与人次逾10万。

平安渝中成效明显。“打黑除恶”战果突出，区政府多次专题研究，先后投入专项经费800余万元，抽调政法干警800余名，按照“成片扫清、彻底摧毁”的要求，共打掉陈明亮团伙等黑恶组织15个，抓获犯罪嫌疑人497人，连带破获各类刑事案件537起，“打黑除恶”工作综合排名全市第一。大力开展安全生产“大排查大整治大执法”行动，全区无较大以上安全事故发生。菜园坝、朝天门等重点区域综合整治力度加大，全区治安形势持续好转。深入开展“大走访攻坚”行动，全区信访总量下降14.1%，市级交办信访积案化解率达到100%。应急预案进一步健全，人民广场公众应急避难场所建设完成。

二、发展中存在的问题

一是随着外环时代的开启，周边区县竞争已成事实，势必带来第三产业资源分流，渝中区金融、商贸中心地位面临巨大挑战；二是区域内重大交通设施还未竣工发挥作用，大量载体建设正在实施过程之中，彻底解决发展制约因素尚需时日；三是部分重点企业外迁导致区级财政收入出现高位回落可能性，增收因素减少，稳存量保增量压力巨大；四是在产业内部结构调整、优化升级方面的思路还不够解放，经济发展方式尚需进一步加快转变；五是盘活闲置资产、整合多方资源方面的能力有待加强；六是在经济转轨、社会转型阶段，各种矛盾交织，安全稳定压力较大。

三、2010年发展目标

综合考虑各种因素，2010年主要指标为：地区生产总值增长13%，区级财政收入增长18%，全社会固定资产投资完成180亿元，商贸销售总额增长18%，社会消费品零售总额增长18%，实际利用外资8亿美元，实际利用内资85亿元，城市居民人均可支配收入增长10%，城镇登记失业率控制在2.5%以内，全年空气质量优良天数达到292天，单位地区生产总值能耗下降4%，全社会化学需氧量排放量下降0.7%，全社会二氧化硫排放量下降0.7%，人口自然增长率控制在0.5‰以内。

（渝中区政府办公室 阳坤华）

大渡口区

一、2009年发展回顾

2009年是新中国成立六十周年，全区坚持以科学发展观为指导，深入贯彻党的十七大精神，认真落实胡锦涛总书记“314”总体部署，进一步解放思想，紧紧围绕“三个转型”、“四大工程”、“六个大渡口”建设和“效能建设年”的主题，抢抓机遇，真抓实干，全区经济保持了又好又快的发展势头，各项事业进一步发展，社会更加和谐稳定，基本完成了全年各项工作目标任务。全年实现地区生产总值149.6亿元，同比增长10%；规模以上工业企业实现工业总产值254.8亿元，下降16.4%；全社会固定资产投资完成120.7亿元，增长35.2%；社会消费品零售总额实现23.0亿元，增长19.0%；一般预算收入完成86765万元，增长11.7%。

(一)经济发展速度趋缓,经济结构优化

2009年全区实现区内生产总值(以下简称GDP)149.56亿元;按常住人口计算的人均GDP达到54446元,折合7974美元,比全市平均水平高出近两倍,超过东部地区平均水平,是全国平均水平的三倍;按可比价格计算的GDP比上年增长10.0%,比上年增速减缓7个百分点。其中:第一产业增加值1.63亿元,同比增长1.3%;第二产业增加值99.12亿元,增长8.3%,第三产业增加值48.81亿元,增长13.3%;一、二、三产业结构比重为:1.1:66.3:32.6,第二产业比重下降,第三产业比重上升。

(二)工业止滑促增效果明显

受全球金融危机和工业品价格下跌的双重影响,全区工业生产受到严重冲击,企业产品市场萎缩,生产经营状况困难,工业经济形势严峻。年初规模以上工业总产值以25.3%的负增长低位开局,全区规模工业增加值各月持续负增长,后在止滑促增措施激励下,中小规模工业企业得到快速回升,对工业产值降幅减缓起到了一定的积极作用,同时增加值降幅逐月减缓,实现由负向正的形势逆转。2009年,全区规模以上工业企业累计实现工业总产值254.8亿元,同比下降16.4%,降幅比1~2月收窄8.9个百分点;实现工业增加值76.3亿元,增长4.4%,增幅较1~2月提高28.9个百分点;规模以上工业企业实现利润总额7.7亿元,下降46.4%,降幅较一季度收窄27.6个百分点;实现利税总额14.8亿元,下降47.8%,降幅较一季度收窄21.6个百分点;工业企业经济效益综合指数为184.6%,下降45.1个百分点,降幅较一季度收窄13.5个百分点。

(三)投资保持高位运行

2009年,全区坚持将投资作为止滑促增的主要抓手,抓住中央、市里出台促进经济增长的一揽子政策的契机,以“四大工程”和“六个大渡口”建设为载体拉动投资高位增长。全年完成固定资产投资总额首次突破百亿大关,达到120.7亿元,同比增长35.2%。其中工业投资37.4亿元,增长12.9%;基础设施投资38.5亿元,增长29.9%;房地产开发投资32.8亿元,增长48.5%。

(四)道路交通快捷便利

2009年,鱼洞长江大桥北引道二期工程主线基本完成,金建路、福茄路部分投入使用,双山片区道路建设加快推进,袁茄路人防段项目进展顺利,开工建设滨江路。轻轨二号线延伸段前期工作顺利展开,启动公交枢纽站场建设前期工作,快速公交延伸至我区,全区公交线路达27条。实施智能交通工程,规范道路交通秩序,从严整治交通违法行为。

(五)房地产市场运行状况良好

2009年,全区房地产开发投资完成32.8亿元,同比增长48.5%,增速创2006年以来新高。同时,商品房销售在消费者对房价上涨预期及旧城改造产生的刚性需求等影响下,改变了上年房地产销售市场的低迷局面,全年实现销售面积44.7万平方米,实现销售金额18.6亿元,分别增长61.0%和77.8%。

(六)人居环境建设步伐加快

加大“宜居大渡口”、“公园大渡口”建设,全面推进危旧房改造,启动城中村改造,全年改造危旧房屋39万平方米,拆除违法建筑13.6万平方米。建成百花广场、强音广场、天安广场和四书广场,义渡公园、思源公园、双山公园三期绿化工程基本完工,建成思贤园等拆危建绿项目。人均公园绿地面积达到14.37平方米,建成区绿化覆盖率达到41.95%。建桥工业园通过全国绿化模范单位检查验收。伏牛溪、跳磴河流域综合整治工程前期工作加快推进。大力整治市容环境,Ⅱ级以上空气质量天数达到275天,饮用水源水质达标率100%。城镇生活污水处理率达80.66%。

(七)商贸流通稳步增长

在扩大消费需求政策效应带动下,全区紧紧抓住打造重庆主城大型都市商圈的机遇,加快商贸流通业发展,步行街逐步建成,入驻商家增多,商业氛围增浓,消费市场总体保持了平稳增长。2009年,全区实现社会消费品零售总额

23.0 亿元,同比增长 19.0%。全区批发和零售业实现销售额 74.2 亿元,增长 13.1%;住宿和餐饮业实现营业收入 3.8 亿元,增长 10.2%。

(八)社会事业全面发展

坚持教育优先发展,三十七中学生公寓、商务学校建桥分校二期、旅游学校学生实训综合楼建设顺利推进,提升中小学校办学条件,不断提高教学质量,中考、高考再创佳绩,商务学校成为国家级重点中职学校。加大卫生投入,区一院、区疾控中心主体工程完工,完成社区卫生服务中心和村卫生室的标准化建设。新中国成立六十周年系列庆祝活动精彩纷呈,"唱读讲传"活动蓬勃开展,区党校、区图书馆、档案馆投入使用。

(九)对外开放水平提升

2009 年,全区实际利用内资项目 215 个,比上年增长 25.0%;利用内资金额达到 52.6 亿元,比上年增长 75.1%。开展多种形式的招商活动,改善招商环境,招商引资效果显著,天安数码正式签约,新世纪百货、建玛特、义乌商贸城、美嘉森奥特莱斯等项目正式入驻。建桥园区被评为"中国十大最佳投资环境工业园区"。

(十)居民生活日益改善

2009 年,全区城镇经济单位在岗职工平均工资达到 36256 元,比上年增长 15.5%;城乡居民收入大幅提高,城市居民人均可支配收入、农村居民人均纯收入分别达到 17183 元、7736 元,分别增长 9.4%、12.0%,城乡居民收入比缩小为 2.22:1。城市、农村居民人均住房建筑面积分别达到 33.97、48 平方米。

(十一)民生保障力度加大

2009 年,全区财政对社会保障和就业支出 4.7 亿元,是上年的 3 倍;新增城镇就业岗位 14072 个,完成农民工培训 4200 人次,城镇职工再就业培训 1603 人次;年末城镇登记失业人数 7533 人,登记失业率 2.12%;全年受理农民工维权案件 267 件,受理劳动争议案件 313 件;在全市率先统一城乡低保保障标准,城市和农村居民最低保障人数分别达到 8.6 万人次和 0.5 万人次。成为全市首批城乡居民社会养老保险试点区县,全区参加城镇职工基本养老保险 8.9 万人,参加基本医疗保险 10.9 万人,参加失业保险 6.3 万人,参加工伤保险 6.5 万人,参加生育保险 6.3 万人。

二、发展中存在的问题

一是重钢环保搬迁背景下,经济结构性矛盾更加突出,实现结构调整的目标任重道远,二是经济整体实力还较弱,抗风险能力不强。三是全球金融危机带来的产能过剩、就业压力加大等对经济发展的不利影响还将存在。

三、2010 年发展目标

2010 年,全区的主要工作思路是:深入学习实践科学发展观,全面落实国务院 3 号文件精神,进一步解放思想、转变观念、真抓实干、开拓创新,紧紧围绕"作风建设年"这一主题,扩大内需,促进开放,优化结构,加快推进经济转型、城市转型和社会转型,努力实现经济社会又好又快发展。

2010 年,全区经济社会发展主要预期性目标为:地区生产总值增长 15%,全社会固定资产投资增长 20%,社会消费品零售总额增长 20%,区级一般预算收入增长 15%,城市居民人均可支配收入和农村居民人均纯收入分别增长 11%。主要约束性目标为:城镇登记失业率控制在 4%以内,万元地区生产总值能耗降低 7%。

(大渡口区统计局 曾健)

江北区

一、2009 年发展回顾

2009 年，是江北在逆境中化危为机、在挑战中克难奋进的一年。面对国际金融危机的冲击，在市委、市政府的坚强领导下，江北区深入贯彻科学发展观，坚决执行中央和市一系列保增长、扩内需、调结构的政策措施，全面落实“1595”总体发展思路，同心协力，真抓实干，推动经济社会又好又快发展。地方预算内财政收入总量、实际利用外资总量、社会消费品零售总额增幅位居全市第一，地区生产总值增幅、规模以上工业总产值增幅、商品销售额增幅位居主城第一，地区生产总值、社零总额等多项指标已提前一年实现“十一五”规划目标，各项社会事业全面进步，社会保持和谐稳定。

——区域经济整体向好。全区生产总值达 325.4 亿元、同比增长 17.2%(下同)。规模以上工业总产值完成 367 亿元、增长 38%。地方预算内财政收入完成 37.1 亿元、增长 25%。全社会固定资产投资和社会消费品零售总额分别增长 23% 和 26.3%。

——对外开放纵深推进。大力开展聚商新潮行动，强力推动招商引资工作，全方位、宽领域、多渠道引资格局基本形成。签约引进重点项目 63 个，项目投资总额累计约 400 亿元，为 2008 年的 4 倍。全年实际利用外资 7.45 亿美元、增长 82.8%；利用内资 104.3 亿元、增长 92.2%。新增企业 2402 户，连续三年保持全市第一。

——生态环境加快改善。单位生产总值能耗降低4.8%，全社会化学需氧量、二氧化硫排放量分别降低 3.5%和 2%，建成区生活污水集中处理率、城镇生活垃圾无害化处置率分别达到 90%和 98%，城区空气质量优良以上天数达 303 天。

——人民生活水平不断提高。全区民生性财政支出占比达到 51.7%，居全市前列。城镇新增就业 6.6 万人，增长 15%。预计城市居民人均可支配收入达到 17500 元、增长 11%，农村居民人均纯收入达到 7540 元、增长 12%，年末城乡居民储蓄余额达 256 亿元、增长 28.4%。

(一)经济规模不断壮大

针对金融危机带来的不利影响，我们准确把握发展走势，及时调整策略，千方百计增加投入，多措并举拓展需求空间，有效促进了经济平稳较快发展。大力实施投资拉动，加大向中央和市争取力度，新增中央投资 8000 万元，累计到位中央和市级各项资金 18.8 亿元，带动全社会固定资产投资 325 亿元。兑现家电、汽摩下乡补贴 228 万元，农村消费提速发展，汽车、住房、文化消费进一步升温。成功争取港城工业园区享受市级特色园区优惠政策，成功争取唐凤二级公路江北段纳入全市取消政府还贷性收费公路政策范围。

(二)优势产业加快发展

坚持双轮驱动，二、三产业分别实现增加值 126.2 亿元和 196.5 亿元，增长 19.4%和 15.9%，拉动全区经济增长 7.9 和 9.4 个百分点，优势产业更加突出。工业经济迅速增长，工业经济效益综合指数达 220%，创近十年来新高，港城园区工业总产值增长 50%以上，鱼嘴汽车基地加快推进，长安汽车和海尔产值分别增长 82%和 136%，中钢工业及物流基地落户，长客轨道车辆正式下线，重庆工业服务港和五里店工业设计科技园建成投用，楼宇工业快速发展，荣获“重庆市都市工业发展示范区”称号。现代服务业蓬勃发展，提前两年实现“千亿商贸大区”目标，成功创建“中国商业名区”。观音桥商圈“再提升”工程取得阶段性成果，以交通为重点的市政设施进一步完善，协信中心和朗晴广场等重大项目进展顺利，观农贸成交额达165亿元。金融业发展快速，引进金融机构17家，金融街·重庆金融中心、重庆银行等项目开工建设，寸滩保税港区一期工程即将封关运行。

（三）城乡统筹扎实推进

着眼体制机制创新，在土地利用、劳务经济等领域探索试验。大幅增加“三农”投入，发放直补资金768万元，惠及5万农民。完成农业综合土地治理1.4万亩、“一池三改”543户，新改建农村公路56公里，清洁能源入户率达99.5%以上，改厕2000户，农村垃圾污水无害化处理率达95%以上，改造农村危旧房130户，农民新居“双溪兴苑”竣工交房，成为巴渝新居建设的典范。推进光纤进村、宽带入户，实现村级公共服务设施全覆盖。光大10万吨乳制品加工厂试生产，以白色产业为主的现代都市农业示范园初步形成，“田园牧歌”初步开园，劳务经济提质发展，新转移农村剩余劳动力3064人，培训农村劳动力1355人。集体林权确权面积达2.81万亩、颁证户数超过90%，流转林地3000亩。五宝镇国土整治完成阶段性任务，基本完成74平方公里江北区统筹城乡发展规划。

（四）“五个重庆”建设全面展开

把“五个重庆”建设作为贯彻科学发展观的重要载体和实践平台，塑造内惠民生、外树形象的城市品牌。共计投入213亿元，超额完成各项年度任务，综合考核位居主城前列。宜居重庆建设有力推进，完成危旧房改造78.4万平方米、城中村改造80万平方米，新建廉租房3.5万平方米、经济适用房72万平方米，直接惠及1.3万个家庭。畅通重庆建设加快推进，朝天门大桥建成通车，滨江路西段二期一至四标段实现初通，复盛产业园区“一圈一立交”工程投入使用，一批打通城市节点的重点项目和配套设施先后建成。森林重庆建设成效显著，森林覆盖率、建成区绿地率、人均公共绿地面积等主要指标均提前实现2012年目标，鸿恩寺森林公园开园迎客，铁山坪生态区开发建设加快推进，完成创建国家园林城市目标任务，新增公园绿地180万平方米，超过市下达任务1倍多。健康重庆建设有序开展，在全市率先启动医药卫生体制改革，顺利完成基本医疗卫生制度试点任务，市中医院建成投用；建成健身活动中心26个，健康重庆17项指标完成或超过全市2012年目标要求；人口和计划生育工作继续保持全市领先，成功创建“全国人口和计划生育工作优质服务先进区”。平安重庆建设不断强化，干部大走访、大下访攻坚行动成效明显，坚决“打黑除恶”，群众安全感显著提高。成功创建“全国平安建设先进区”。

（五）着力保障和改善民生

坚持惠民生与扩内需相统一，加大公共支出，强化公共服务，努力实现发展成果由人民共享。全区民生性财政支出达到23.4亿元，创历史之最。就业工作进一步强化，出台帮扶高校毕业生、农民工等就业政策。城乡社会保障制度框架基本建立，城乡居民合作医疗保险参保率连续两年位居全市第一，已征地农转非和原企业超龄人员社保问题基本解决，“五大社会保险”任务超额完成，社会救助体系日臻完善。城乡低保人均补助标准进一步提高，切实改善和保障了2.4万名城乡困难群众基本生活。教育事业成效显著，素质教育深入推进，教育教学质量稳步提升，高考上线率再创新高，建新中学等重点工程稳步推进，义务教育学校校舍标准化率全市领先，城乡低保家庭普通高中学费全部免除，在全市率先落实义务教育教师绩效工资，惠及6800余名中小学教师。文化事业进一步发展，重庆大剧院、重庆科技馆建成投用，区文化艺术中心加快建设，文化“五大工程”全面完成，“观音桥广场文化之声”活动深受欢迎，覆盖城乡的公共文化服务体系日趋完善，“唱读讲传”活动常态化机制率先推行，“传箴言”考核居全市前列。成功创建全国和谐社区建设示范区。

二、发展中存在的问题

一是工业经济结构需进一步调整和优化。

二是就业压力持续增加，社会保障、住房、教育、医疗等关系群众切身利益的民生工作需进一步加强。三是政府自身建设和管理创新还需加大力度，部分政府工作人员公仆意识和创新精神不强。

三、2010 年发展目标

2010 年，江北区国民经济和社会发展的主要预期目标为：地区生产总值增长 15%。地方预算内财政收入增长 15%。全社会固定资产投资增长 15%。规模以上工业总产值增长 18%。社会消费品零售总额增长 20%。实际利用外资增长 10%，利用内资增长 20%。单位生产总值能耗下降 4.4%，全社会化学需氧量和二氧化硫排放量分别削减 0.78%和 0.4%，森林覆盖率提高到 35%，空气质量优良以上天数达到 300 天。城镇居民人均可支配收入和农村居民人均纯收入分别增长 11%和 12%，城镇登记失业率控制在 3%以内。

（江北区政府办公室　李爱民）

沙坪坝区

一、2009 年发展回顾

（一）经济社会发展目标圆满完成

全年实现地区生产总值 347 亿元，增长 12.2%；区级一般预算收入 18.4 亿元，增长 30.2%；全社会固定资产投资 249 亿元，增长 32.2%；社会消费品零售总额 184.2 亿元，增长 19%；规模以上工业实现增加值 129.8 亿元，增长 10.1%；城市居民人均可支配收入 17361 元，增长 11.2%；农村居民人均纯收入 7421 元，增长 12.1%；城镇登记失业率为 2.4%；单位 GDP 能耗降低 4.8%。

（二）“五个工程”建设进展顺利

1.宜居工程。一是推进拆迁改造。完成危旧房拆迁面积 81.6 万平方米，城中村拆迁面积 60 万平方米，落实安置房 59.5 万平方米，安置拆迁户 7611 户，安置率达 100%。二是优化城市功能。完成“五规叠合”，编制分区规划、土地利用总体规划、东部控规整合及井双片区、西永核心区城市设计。三是加强城市管理。开展房地产领域违规变更规划、调整容积率专项整治；数字化系统覆盖面积 15.9 平方公里。完成居住区综合整治 114.2 万平方米；整治建筑立面 30.2 万平方米、主干道 3 条、背街小巷 39 条、违规摊点 3.1 万个，拆除违法建设 25 万平方米、不规范广告及门店招牌 3271 块。四是改善人居环境。全年空气质量优良天数达 294 天；化学需氧量、二氧化硫排放量分别削减 195 吨和 258 吨以上；开展梁滩河流域禁养区畜禽养殖污染专项治理；垃圾无害化处理率达 95.5%。铺设截流支管 0.7 公里、支沟污水截流管网 7.5 公里，修建截流口 60 余个，基本实现清水溪沿线污水截流。完成主城三级管网 25.6 公里，清理河道淤泥 7 万立方米。

2.畅通工程。一是优化路网结构。天杨路、梨高路连接段等 8 条道路建成通车，初步形成东部城区二环线路。完成“镇通畅工程”23 公里、“村通畅工程”94 公里。二是完善市政设施。建成半月楼等 6 处停车港、12 个示范路口、7 条示范路段。更换人行护栏 3400 米。三是提高管理水平。完善交通指挥分中心，新增电子警察 8 组，通过视频监控快速处置交通事故 7250 件。126 台“7 字头”公交车全部退出营运。查处各类交通违法行为 8 万余件。

3.森林工程。完成建设任务 3.8 万亩，森林覆盖率提高 3.8 个百分点，达 26.3%。一是城市森林工程完成绿化 0.3 万亩，其中大学城 5 条主干道建成绿色长廊 21.7 公里。二是屏障森林工程完成造林 2.9 万亩，其中建成示范林 0.2 万亩、绿色村镇 1 万亩。三是通道森林工程完成 0.5 万亩，渝遂、绕城高速沙坪坝段景观林带工程竣工。四是水系森林工程完成0.1万亩。五是建成森林防火隔离带82.5公里、防火通道11公里。

4.平安工程。一是安全监管。8个街镇启动安全社区创建工作。井口、歌乐山两个消防站启动建设。开展安全隐患排查整治专项行动，整改隐患2674个，整改合格率达99.7%。二是治安管理。建立“反恐处突”专业队伍。开展“破案追逃”专项工作，破获刑事案件4164件，打击处理1796人。开展“打黑除恶”专项工作，打击恶势力团伙2个，抓获19人。三是化解社会矛盾。实行区领导每日公开接待群众和信访积案一包到底制，化解矛盾纠纷4515件次，化解率达91.2%；解决信访突出问题747件，重点市、区信访积案61件。

5.健康工程。一是制定6大类148项健康指标体系。二是建成标准化学校8所、塑胶运动场13个、镇级综合体育场2个、标准化社区卫生服务机构10个、村卫生室35个，完成4所因地震受损学校改建，28所消防、食品卫生不达标幼儿园整治达标，50个社区(村)增设体育健身设施。三是为“村小”师生每日免费提供一袋牛奶，施行本区户籍贫困中职学生免费教育；社区卫生机构实行收支两条线管理和基本用药零利润销售，城乡居民合作医疗参合率达90.7%；为10.4万名儿童实施麻疹疫苗强化接种；为5.9万人接种甲型H1N1流感疫苗，全区无重症和死亡病例。四是完成歌乐山、土主、凤凰、回龙坝4镇公共文化服务工程。五是成功举办了区二运会，承办全国围棋甲级联赛、歌乐山登山赛等市级以上赛事8次，获全市首届“健康校园杯”学生运动会总分、金牌、奖牌“三个第一”；完成1600户农村改厕项目。

(三)扩大开放成效显著

1.招商引资成效明显。惠普笔记本电脑出口制造基地、富士康(重庆)产业基地等128个项目落户本区，合同金额158亿元，到位外资2.9亿美元，内资72亿元。成立五大类别招商专项小组，并与市外经委、重庆商会、浙江商会、上海徐汇区等建立了联合招商工作机制。全年策划重点项目34个，参加市内外经贸活动11次，举办专题推介会9场。

2.服务企业实实在在。区级领导走访联系企业，解决11户企业的21个问题。帮助企业融资2.4亿元，申报各类资金9000余万元，安排财政扶持资金4000万元。召开企业座谈会，处理工业园A区企业产权手续不完善等历史遗留问题百余件。

3.平台建设快速推进。成立西部公共事业服务中心建设指挥部。落实安置房65万平方米。启动大学城生态广场、重医附属医院一期建设，建成富力城、熙街二期等商业设施10万平方米。“大学城信息资源一体化工程”基本完成。微电园完成征地3000亩，新建标准厂房20万平方米、研发楼13万平方米，竣工道路10.2公里。物流园完成征地6300亩，集装箱中心站、中心站环线道路、铁路跨线桥和物流园临时配套区建成投用，中干线、北线延长段启动建设，兴隆场铁路编组站征地工作全面展开。

4.工业经济稳步发展。一是开展了企业能效水平达标活动，出台了节能行动实施意见，指导5户企业实施节能改造。二是随着惠普2000、中电科产业园的落户，以及渝安集团汽车零部件项目竣工和科博达汽车电子重庆生产基地的建成，以微电子集成电路、软件信息、光伏光电以及汽摩制造为主的产业集群初见雏形。三是“退城进园”计划取得实质性进展，工业园A区、B区，台资园控规通过市级评审，工业园C区概念性规划已完成，物流园工业用地手续正在报批。四是为民营企业争取各类扶持资金5026万元，工业园A区实现产值75亿元，西永微电园实现产值10.3亿元。

(四)统筹城乡发展稳步推进

1.农村基础不断夯实。工农、干堰塘水库整治销号，全区25座水库勘界确权全面完成。陈家桥防洪应急工程，青木关、井口堤防工程，土主、凤凰、回龙坝镇安全饮水工程按期完工。

2.都市城郊型农业稳步发展。全区现代农业总体规划、二环高速以西现代农业布局完成编制并通过评审,中梁后槽生态园完成土地整理和水利基础设施建设,曾家现代都市农业园完成金溪河改造1.5公里。中梁花卉苗木基地规模达800万株,回龙坝"金沙杏"基地规模达510亩。

3.农村改革扎实推进。出台《农村居民宅基地换住宅试点意见》及《农村土地承包经营权流转暂行办法》,成立威灵寺等10个村集体土地托管中心,土地规模经营率达28.7%。新建山洞村等4个农民集中居住区1124套住房,组建香炉山村等16个农村社区。完成9.2万亩集体林确权发证。农村合作经济组织健康发展,成立农村合作经济组织联合会,新组建明合观赏鱼养殖等6个农民专业合作社。

(五)培育特色产业初现成效

1.特色经济逐步壮大。生产力促进中心的落成为"楼宇经济"发展奠定了物质基础。成为首批"国家知识产权强县工程实施区"。新增国家级知识产权试点园1个、"双高企业"10家、市级企业研发中心1个。重庆谈判陈列馆开馆,大学城动漫产业基地启动施工设计,四川美院艺术家工作基地开工。大学城首届文化节顺利举办,郭沫若、冯玉祥、张治中故居成功创建3A级旅游景区。

2.商贸服务业继续提升。三峡广场商圈成功创建百亿商圈,路面、护栏等设施改造完工,新增停车位180个。南开步行街开街,炫地购物中心和UME五星级影院入驻融汇新时代广场,菲律宾456百货加盟煌华国贸中心。巨龙钢材市场年交易额达150亿元,成为全市最大钢材市场。举办7场重大节庆主题商贸活动,"家电(汽摩)下乡"实现销售金额2831万元,兑现补贴资金339万元。

二、发展中存在的问题

一是综合投资环境需要进一步改善。二是政府对宏观经济形势的研判和应对措施的制定以及区域经济社会发展路径的把握等综合能力有待加强。三是产业结构调整步履维艰,传统产业与高新技术产业并举、产品升级换代互动的发展模式尚未形成,区域经济抵御风险能力较弱。四是用地瓶颈影响着东部工业企业的发展壮大,总体投资不足。五是城市规划、结构功能、交通状况等仍是区域发展的制约因素。六是东西部资源配置不均衡的矛盾较为突出,东部减压、西部加快基础设施和社会公共设施建设,特别是解决征地拆迁户的安置问题任重道远。

三、2010年发展目标

2010年区政府将坚持统筹城乡、建设"一区三高地"的发展定位,以扩大开放为引领,以"五个重庆"为抓手,以改善民生为目的,以项目推进为重点,扎实推进各项工作。力争实现地区生产总值增长13%,区级财政一般预算收入增长16%,全社会固定资产投资增长30%,社会消费品零售总额增长18%,工业销售产值增长16%,城市居民人均可支配收入增长12%,农村居民人均纯收入增长13%,城镇登记失业率控制在4%以内,人口自然增长率控制在1.5‰以内,单位GDP能耗降低4.6%。

(沙坪坝区政府办公室　田超)

九龙坡区

一、2009年发展回顾

2009年,九龙坡区生产总值500.03亿元,按可比价格计算,比上年增长12.1%。分产业看,第一产业增加值6.29亿元,增长0.5%;第二产业增加值236.1亿元,增长7.6%,其中工业增加值213.99亿元,增长7.2%;第三产业增加值257.64亿元,增长16.8%。三次产业结构的比重为1.3:47.2:51.5。地方财政收入23.18亿元(不含石桥铺地区),增长76.6%;地方财政支出39.41亿元,增长57.1%。年末,金融机构各项存款余额882.1亿元,增长38.0%,其中城乡居民储蓄余额387.64亿元,增长28.3%;贷款余额714.74亿元,增长44.6%。

农作物播种面积14825公顷,增长0.8%。其中,粮食作物面积7182公顷,增长2.7%;经济作物面积491公顷,增长28.2%;蔬菜瓜果类面积6552公顷,下降1.9%。花卉种植面积809公顷,增长11.9%。农村用电量30916万千瓦时,增长84.2%,农用化肥施用折纯量3523吨,下降0.8%。

工业总产值实现930亿元,工业增加值213.99亿元,增长7.2%,工业占全区比重达42.8%,降低2.4个百分点。年末规模以上工业企业达到508个,其中,大中型工业企业65个。规模以上工业企业总产值660.14亿元(按同口径比较),增长2%;增加值175亿元,增长7.1%。交通运输设备制造业、有色金属冶炼及压延加工业、电气机械及器材制造业三大主要行业总产值470.05亿元,下降4.4%。占规模以上工业企业比重为71.2%,降低4.4个百分点。工业销售产值634.37亿元,增长0.6%;工业产品销售率为96.6%,降低1.5个百分点;新产品产值198.53亿元,增长3.1%;新产品产值率30.1%,提高0.3个百分点;工业出口产品交货值33.08亿元,下降28.0%。规模以上工业企业主营业务收入637.66亿元,下降1.0%;实现利税总额44.2亿元,增长3.7%;利润总额25.08亿元,增长8.9%。亏损企业个数90个,增加1个;亏损额2.04亿元,下降39.2%。主营业务收入上亿元的工业企业84个,增加10个,营业收入533.01亿元,占规模以上工业企业比重为83.6%,降低4.2个百分点。工业经济效益综合指数183.5,降低1.8个百分点;总资产贡献率为7.7%,降低0.6个百分点。

具有资质等级建筑企业总产值152.27亿元(按企业注册口径),增长7.3%,其中国有及国有控股企业完成建筑业总产值102.7亿元,增长35.7%。建筑施工面积1470.98万平方米,下降8.5%;建筑竣工面积527.17万平方米,下降19.5%。商品房施工房屋面积1128.35万平方米,增长7.9%,其中本年新开工面积318.04万平方米,增长45.8%;商品房竣工房屋面积384.1万平方米,增长1.5倍;商品房销售面积和销售额分别为325.0万平方米和142.69亿元,分别增长84.7%和1.3倍。商品房空置面积56.33万平方米,增长6.5%,其中住宅空置面积7.61万平方米,下降25.0%。

有交通公路里程797.248公里,区级城市主、次、支干道229.04公里;公路旅客运输量2706万人次,增长4.0%;公路货物运输量2036万吨,下降2.0%。邮政业务总量9629万元,增长16.9%;邮政网点32个。

全社会固定资产投资240.23亿元,增长19.0%,其中建设与改造投资123.88亿元,增长6.9%。按城乡划分,城镇固定资产投资227.44亿元,增长17.6%;农村固定资产投资12.79亿元,增长48.9%。按产业划分,第一产业投资3.77亿元,增长2.4倍;第二产业投资62.03亿元,增长5.0%,其中工业投资60.79亿元,增长4.0%;第三产业投资174.43亿元,增长23.1%。

社会消费品零售总额216.06亿元,增长19.0%。批发和零售业商品销售1001.89亿元,增长22.1%;住宿和餐饮业营业收入29.67亿元,增长26.4%。年成交额上亿元的商品交易市场16个,成交额344.84亿元,增长45.2%。绿云石都、恒胜钢材市场销售突破百亿元。

外贸进出口总额79328万美元,下降32.7%。其中,进口总额17785万美元,增长5.6%;出口总额61543万美元,下降39.1%。

在建招商项目(含新建和续建)267个,累计到位资金81.5亿元,其中新签约项目51个,项目总投资78亿元。实际利用外资11270万美元;实际利用内资76.07亿元,增长98.7%。

接待国内游客1008万人次,增长29.2%;旅游总收入16.64亿元,增长1.0倍。有三星及以上宾馆(饭店)15个,客房达2246间,旅游风景区

12个。

保险业法人单位10家，保费总收入6.7亿元，增长27.1%。其中，财产险保费收入2.57亿元，增长25.4%；寿险保费收入4.13亿元，增长28.3%。保险赔款支出2.14亿元，增长9.7%。

二、发展中存在的问题

一是经济发展质量效益不高。经济增长内生动力不强，发展速度放缓，与发达地区的差距在拉大，形势不容乐观。二是经济结构还需进一步优化。产业布局调整步伐较慢，农村土地流转水平不高，一、三产业融合不够，现代高端服务业发展滞后，高新技术产业相对薄弱，企业自主创新能力不强。三是改善民生任务仍然繁重。就业、社会保障等关系群众切身利益的问题仍需加大解决力度，"五大工程"建设等民生项目任务重，投资规模大，建设标准高，资金筹集难。四是安全稳定工作压力较大。非农建设、征地拆迁等遗留问题突出，房地产开发、物业管理等引起的矛盾纠纷不断，城市管理、安全隐患治理难度不小。

三、2010年发展目标

2010年，九龙坡区国民经济和社会发展的主要预期性目标为：地区生产总值增长13%，突破1000亿元；地方财政收入增长30%，突破30亿元；全社会固定资产投资增长25%，突破300亿元；社会消费品零售总额增长15%；外贸进出口总额增长35%；招商引资实际到位资金增长11%，实现1.5亿美元；万元GDP综合能耗下降4%；城市居民人均可支配收入、农村居民人均纯收入分别增长11%和13%。主要约束性目标为：全社会化学需氧量和二氧化硫排放量分别下降1.4%和1.5%；主城区空气质量优良天数达到292天。

（九龙坡区政府办公室　王馨可）

南岸区

一、2009年发展回顾

2009年，是南岸区进入本世纪以来经济社会发展面临困难最大、经受考验最严峻，但取得成绩最显著的一年。一年来南岸区出台了保增长的"十二条措施"，大力实施"1511"投融资计划，扎实推进69个重点项目，成功实现企业"抱团过冬"，止滑促增成效明显，经济复苏稳步攀升，多项指标增幅高于全市、全国平均水平，全面完成区十六届人大四次会议确定的目标任务和十件实事。16项主要指标提前完成"十一五规划"，地区生产总值、工业总产值、财政收入、贷款余额等指标在本届政府之初的基础上实现翻番，荣获全国民族团结进步模范集体等6个国家级奖项。

（一）综合实力稳步提升

2009年，全区实现地区生产总值300.2亿元，增长15.3%；完成全社会固定资产投资306.1亿元，增长14.3%；完成工业总产值501.5亿元，增长25.3%；社会消费品零售总额实现148.5亿元，增长20.3%；完成地方预算内财政收入28.3亿元，增长28.3%；城镇居民人均可支配收入预计增长11%；农民人均纯收入预计增长12%。全面完成节能减排目标任务。

1.工业经济逆势上行，企业实力不断壮大

全年实现规模以上工业增加值155.3亿元，增长21.7%；完成工业投资66.1亿元。新增13户年产值亿元以上企业，其中6户年产值达到10亿元以上。整合市区各类专项资金、工业发展资金4600万元，有力支持企业实现技术改造、扩大产能。获得中国驰名商标1件，重庆著名商标9件，市级名牌产品14件。莱美药业作为全市唯一一家企业在创业板首批成功上市。

2.商贸服务业加快发展,对外开放成效显著

批发零售商品销售总额实现413.6亿元,增长23%;连锁销售实现70亿元,增长11%。上海城、万达广场城市综合体相继开业,完善了城市功能,美化了城市景观。艾美酒店如期投用填补了南岸五星级酒店的空白。成功举办第四届中国(重庆)火锅美食文化节、第八届重庆南山泉水鸡文化节、香港时尚购物展、台湾周等大型节会38次,荣获南山中华美食街、中国泉水鸡之乡、回龙湾市级美食街等称号。医药、汽车、家居等专业市场进一步壮大。在京顺利举办TD产业招商会;成功引进香港置地公司、香港招商局地产、恒德国际、重庆渝惠食品集团等优质企业。完成招商引资签约金额279亿元;实际利用内资101.1亿元;实际利用外资5.6亿美元;外贸进出口总额1.9亿美元,同比增长42%。

3.现代都市农业稳步发展,新农村建设扎实推进

完成特色旅游农业园区规划设计;顺利推进广阳回龙乡村旅游一条街、长生广福生态旅游项目;建成长生桥茶园腊梅花基地和江南1万亩无公害枇杷基地;新发展优质水果2000亩,荣获中国优质枇杷之乡称号。新成立农业专业合作化组织18个。油硬化农村公路20公里;铺设灌溉网5000米;基本完成广阳岛防洪护岸整治一期工程、涂山湖综合治理一期工程。开工建设巴渝新居1200户,改造农村危旧房439户,农村饮用水安全覆盖率100%,清洁能源入户率达100%。农村居民人均纯收入连续9年位居全市第一。

(二)"五个南岸"建设年度任务全面完成

宜居南岸:完成"四规叠合"、南岸分区规划编制和土地利用修编,数字化地形图实现全覆盖。实施征地5165亩、城乡拆违30万平方米;完成城市拆迁64万平方米,其中危旧房拆迁48万平方米。启动海新街等老居住区综合整治,完成修缮类工程治理11.8万平方米、综合执法类整治109万平方米。完成涂山文化馆城中村征地拆迁工作。实施房地产项目219个,竣工面积348万平方米,增长10%;房屋销售面积358万平方米,增长34 %;积极构建廉租房、限价房、经济适用房、安置房、阳光公寓等多层次住房保障体系,努力打造以龙湖郦江、国际社区等为代表的中高档品质楼盘。建成南滨阳光、融侨公园、南湖公园等城市广场4.5万平方米。完成南城大道、南湖路周边等三级管网建设1.25万米,全区污水纳管率达87%。

"重心下沉、以块为主、属地负责、条块结合"的市政综合管理体制日臻完善,成效逐步显现。全面开展"3158"城乡清洁运动,拆除户外广告1703处,整治店招牌1105家;城镇生活垃圾袋装化率达95%以上,垃圾无害化处理率达100%,餐厨垃圾收运量全市第一。Ⅱ级以上空气质量天数达到323天。城区饮用水源水质达标率100%,噪声达标区覆盖率达到92.6%。

畅通南岸:实施畅通工程项目52个。朝天门大桥、绕城高速、南涪路顺利通车,渝南分流道(南岸段)一期工程、迎龙立交如期建成。开发路、珊瑚路二期、亚太商谷路等城市次干道拓宽贯通。南坪交通枢纽工程主体竣工,南坪北路恢复路面通车。东港港区道路、慈母山隧道、轻轨三号线、四公里换乘枢纽主体工程进展顺利,东水门大桥、轻轨六号线、黄桷湾立交、港口大道开工建设。南岸内环收费站顺利移至外环。大力推进秩序规范等六大工程,安装红绿灯119组,建成江南大道等示范路段4条、示范路口8个;加强交通秩序管理,全区未发生一起特大交通事故。

森林南岸:完成森林工程建设4.02万亩,森林覆盖率达36%,建成区绿化覆盖率达41%。实施城周森林屏障3000亩,退耕还林低效林改造1.8万亩,绿色生态镇(村)建设1万亩,苦溪河、迎龙湖水系森林工程建设1900亩;城区绿化1400亩;建成通道森林工程1800亩;南山金竹矿山植被恢复200亩。新建南湖等社区公园21个,新增公园绿地38.3万平方米。实施南坪西路等绿化景观工程13个,完成菜园坝长江大桥南桥头立体绿化1.2万平方米。林权制度改革完成

年度任务。荣获全国绿化模范区称号。

平安南岸:突出抓好“五大安全”工程。加强社会治安综合治理,严厉打击黑恶势力,无恶性刑事、暴力犯罪案件发生;全区新增视频监控点5000个,群众安全感明显增强。扎实推进安全城区“八个品牌”创建工作,积极开展全国安全保障型城市示范区建设,完成应急避难场所专项规划编制,建成南坪中学等应急避难场所示范点。完成高层建筑火灾安全隐患整治目标任务,全区无一起火灾人员伤亡事故。各类安全生产事故死亡起数和死亡人数分别较上年下降6%和5%。办结法律援助案件646件。积极开展群众结对帮扶和大走访活动,妥善化解处理信访积案126件,全面完成“三下降”、“两化解”信访攻坚任务。

健康南岸:坚持“多运动、长身高、减疾病、延寿命、有保障”的健康理念。大力实施体育基础设施建设,基本完成江南体育中心八场建设。完成48个村组和66个社区健身器材配置,社区健身设施覆盖率达90%,村组健身设施覆盖率达70%。人均体育面积达到1.8平方米。组织开展群众性体育比赛活动500余次,体育人口达到50%。实施阳光体育活动计划,在全市率先完成中小学塑胶运动场全覆盖。加快推进镇卫生院的标准化建设。全区无孕产妇死亡。进一步完善城乡居民合作医疗保险,在区高校大学生纳入城乡居民医疗保险,全区参合率达96%。大力开展健康体检活动和慢病康复计划,惠及25万人。甲型H1N1流感防控工作成效明显。成功承办第十一届全运会拳击预赛暨2009年全国拳击锦标赛、重庆市第四届党委系统办公室运动会等重大赛事。荣获全国游泳之乡称号。

(三)旅游主题年工作成效明显

全力实施了“2365”工程,全年接待国内外游客1346万人次,增长37.3%,实现旅游收入26亿元,增长35%。一是突出项目,完善规划。13个项目成功纳入全市首批“太阳工程”,位居各区县第一。34个旅游重点项目共完成投资41亿元。加勒比海水世界主题公园、空军坟文物保护区修复工程、南山植物园温室展馆、上海城长江旅游广场、凉水井步道、清水溪步道等项目顺利竣工。修编了《南岸区旅游规划》,编制了《大南山旅游发展策划》、《南山生态保护和建设规划》、《黄桷古道景观改造规划》、《黄桷垭正街景观改造设计》。二是突出宣传,创新模式。市级以上主流媒体刊载南岸旅游专版(栏)170余版(条),新浪网等热点网络媒体发布南岸旅游宣传帖11万条。以“春到南山、夏饮南滨、秋摘田园、冬赏腊梅”为主线,成功举办新南岸十二景评选、第九届春之花生态旅游节、南滨国际音乐啤酒节、第三届江南枇杷节、广阳龙舟赛、吴小平葡萄节等重大节庆活动。三是突出精品,延伸链条。初步形成温泉、高尔夫、生态休闲、赏花观景等主题旅游线路。积极支持南山植物园、加勒比海水世界主题公园申报国家5A、4A级旅游景区。

(四)“两心一带”再上台阶

1.千亿园区基础逐步夯实

茶园新城区实现总产值318亿元,增长56%;工业总产值283亿元,增长59%;全社会固定资产投资83亿元,增长19%;工业投资552亿元,增长30%;财政收入6.6亿元,增长19%;招商引资合同金额117.7亿元,增长19.3%;新增投产企业31户,增长55%;竣工标准厂房15万平方米;清理闲置土地1740亩。园区总产值、工业总产值、财政收入、工业投资、投产企业等多项指标在本届政府之初的基础上实现翻番。

优势产业健康发展。集中精力发展装备制造和电子信息两大产业。开工建设飞越交通、组源科技等项目,如期竣工通用工业、长江轴承、大唐新数码等项目,远达催化剂实现当年开工当年投产;东港船舶出口日本等国的3450吨级不锈钢化危品特种船成功交付使用,凌进电子第一台创维笔记本电脑顺利下线;机电园二期建设顺利推进,电子信息科技产业园实现开工;成功挂牌全国移动通信高新技术产业化基地,电信研究院西部分院落户茶园新城区;引进机床集团、万利达西部中心、北京千方集团等一批优势企业。两大优势产业实现总产值200亿元,占园区工业总产值的71%。

基础配套日趋完善。广福大道、新塘路达到初通条件,茶园C标准分区基础设施建设全面完成,东港港区被确立为国家级物流枢纽平台,东港集装箱码头、港区干道建设有序推进。茶园污水处理厂、朱家岩水厂深度处理系统、二级加压站、花红变电站建成投运,天文、峡口变电站建设进展顺利,提前启动书房、东港变电站建设,基本建成四公里至茶园燃气管线。全面启动同景小学、同景中学建设,竣工茶园农贸市场、坡岭顿商业街,完善重医附二院江南医院规划设计;同景国际城、庆隆南山等宜居小区不断积聚茶园新城区人气;行政中心基本建成,财税、劳动、综合服务大厦启动建设,城市形象进一步提升。

2.南坪百亿商圈提前建成

南坪商圈实现社零总额104亿元,提前实现本届政府"百亿商圈"建设目标。完成招商引资签约金额31亿元,完成投资17.6亿元,商圈商业面积、商务楼宇均突破100万平方米。万友百盛、重百尚熙提档升级,万达广场、上海百联、元旦购物广场二期、红星美凯龙家居生活馆等相继开业,协信城市广场、凯宾斯基酒店建设顺利推进,1号、2号、3号、5号步行街基本建成,商业基础设施进一步完善。成功引进东方商厦、万达影城、万千百货、家乐福、华谊兄弟等知名品牌,商圈业态进一步丰富,品质进一步提升,商圈的购物环境有了根本性变化。亚太商谷、上海城二期等一批商务楼宇相继建成,培育亿元楼宇7栋。

3.南滨经济带建设加快

完成投资67亿元,实现招商引资45亿元。推进主城"两江四岸"整体规划,完成南滨路岸线利用及水域经济业态规划。完成玄坛庙水厂改扩建工程,建成投用高峰寺、龙门浩变电站;积极推进喜来登、珊瑚水岸、长江国际等项目;启动腾滨路、滨三期公园、CBD南区二期安置房、出版传媒创意中心等项目建设。实施弹子石正街、CBD南区4号、9号地块拆迁及D分区征地,完成江湾协和城、国际马戏城项目拆迁。运动员酒店完成土地招拍挂。积极推进南滨四小时经济,编制完成南滨休闲文化导游册,进一步美化、亮化了滨江沿线灯饰景观,酒店商住、餐饮娱乐、康体健身、休闲购物等特色产业不断上档升级。成功举办万人健步走、南滨路准马拉松赛、世界无车日等系列活动。江南体育中心成功创建为国家级全民健身中心,南滨路成功创建为市级文化产业示范园区。

(五)社会事业全面进步

努力促进科技发展。安排专项资金助推城乡科技和电子信息产业快速发展。11个项目获得国家中小企业创新基金支持。全区企业专利授权763件,增长62.3%。高新技术产业增加值达35%。成功创建为全国科技进步示范区,连续五次获得全国科技进步先进区称号。

全力推动教育发展。投资2.2亿元推进教育十大项目,建成投用江南小学启智校区、南坪实验小学康德校区、青龙路小学、大兴场小学等学校;全面推进市特殊教育中心、四海小学、迎龙中学建设;顺利启动长生桥中学、滨江实验学校扩建工程。实施中小学校舍安全工程。辅仁中学成功创重,南岸成为市级重点中学最多的区。青少年科技教育领先全市,阳光体育活动蓬勃开展。义务教育入学率达到100%。投入资金近3亿元落实教职工住房货币化补贴、义务教育阶段教师绩效工资改革等工作。全力支持在区4所高校发展,大力推进重庆教育学院迁建项目。职业教育、民办教育健康发展,义务教育和高中教育取得突出成绩。荣获全国农村留守流动儿童工作示范区称号。

大力加强文化建设。"十大文化产业项目"建设推进顺利,文化市场不断繁荣。积极开展以国庆60周年和"唱读讲传"为主题的群众文化活动172场次。全面加强三级文化设施建设,完成涂山、长生桥、迎龙3镇综合文化站建设,新建农家书屋10个和文化基层服务点68个。大力推进"六个一"精品文化工程,品牌效应进一步显现。成功举办"周末音乐会"等系列演展63场,放映农村惠民电影828场。荣获全国文物保护工作先进区称号。

(六)民生工程不断改善

城乡就业进一步稳定。城镇新增就业4.4万人,新增转移农村富余劳动力2516人。应届高校毕业生就业率达到92%,城镇登记失业率控制在2%以内,返乡农民工转移就业率达到98%。促进2634名低保人员实现就业。帮扶1.3万名登记下岗失业人员和6575名就业困难对象实现就业再就业;落实各项就业扶持政策补贴3455万元。全区80%以上的社区和40%以上的村达到充分就业社区(村)标准。动态消除城镇"零就业家庭"和农村"零转移家庭"。

社会保障进一步完善。城乡养老保险、失业保险、医疗保险、城乡居民合作医疗保险、工伤保险、生育保险、住房保障等扩面推进;完成6.9万名被征地农转非人员和城镇超龄人员养老保险工作;在全市率先实现城乡居民养老保险政策全覆盖。实施保障性住房项目21个118万平方米。1万余户居民告别低矮破旧的危旧房,5000余户低收入家庭和双困家庭的住房困难问题得以缓解。

社区建设进一步巩固。新增社区工作用房8261平方米,初步形成"15分钟服务圈",建立1208个服务项目,建成广场文化阵地46个,提高了社区工作人员报酬和社区办公经费。南岸被评为全国和谐社区建设示范城区,南湖社区被评为全国和谐社区建设示范社区,4个街镇、12个社区被评为市级和谐示范社区建设示范街镇、社区。

(七)政府自身建设切实加强

依法行政,强化监督。健全专家咨询、公众参与、集体决策制度;进一步完善政务公开程序;进一步完善决策、执行、督查和考核监督体系;强化行政问责。严格执行区人大及其常委会的决议、决定,自觉接受区人大的法律监督、工作监督和区政协的民主监督,认真做好人大议案、建议和政协提案办理工作,人大议案、建议办理满意率为98%,政协提案办理满意率为98.8 %。高度重视新闻舆论和社会公众监督,积极支持监察和审计部门依法独立实施监督。顺利完成行政审批电子监察系统建设,公开电话、电子信箱办理率达100%,法制工作进一步加强。

转变职能,加强服务。完成政府机构改革,进一步转变政府职能。更加关注民生、关注群众切身利益,积极解决征地拆迁、拖欠农民工工资等热点难点问题,及时化解不稳定因素,妥善处置各类突发事件。及时召开工业、商业、房地产、招商引资等专题座谈会,及时出台支持中小企业和民营经济发展、促进房地产业健康发展、促进企业进出口、促进扩大内需等方面的具体政策措施,采取"向上争、自己投、银行贷、市场融、社会筹、向外引"等方式,千方百计筹集项目资金,想方设法帮助企业渡过难关。

廉洁从政,改进作风。认真贯彻落实十七届中纪委四次全会精神,更加注重治本和制度建设。认真落实"一岗双责"。全面推进"阳光工程",严格执行财政专项资金使用、工程招投标、土地招拍挂、政府采购等公共资源管理的规定。加强对扩大内需、促进经济发展政策措施执行情况的检查,加大对"五个南岸"资金运行的监管力度。压缩党政机关和全额事业单位基本公用经费5%,把有限的资金用在最能产生经济效益、社会效益、惠及民生的项目上。

二、发展中存在问题

一是重庆主城经济发展重心总体向北、向西明显,向东、向南相对较弱,南部区域在重庆主城新一轮拓展中有可能继续被边缘化。二是南岸区投资总量经过几年的高位增长,目前已经很大,庞大的投资增量有60%以上都是固有投资贡献的,社会投资跟进乏力,如果信贷一旦收紧,其影响将是巨大的。三是南岸区产业结构有待进一步调整,能否借国家本轮"调结构"之机,对其进行战略性调整,是南岸区经济能否持续发展的关键。

三、2010年发展目标

地区生产总值增长15%，地方预算内财政收入增长17%，全社会固定资产投资增长8%，工业总产值增长18%，工业增加值增长15%，规模以上工业综合效益指数达到180%，社会消费品零售总额增长22%，批发零售总额增长24%，城镇居民人均可支配收入增长11%，农民人均纯收入增长12%，人口自然增长率控制在1‰以内；完成节能减排目标任务。全面完成“十一五”目标任务，编制完成“十二五”规划。

（南岸区发展和改革委员会 李玲玲）

北碚区

一、2009年发展回顾

2009年，北碚实现地区生产总值192.36亿元，实现三年翻番，增长17.0%，增幅居主城九区第二。其中，第一产业增加值为8.40亿元，比上年增长4.5%；第二产业增加值为117.06亿元，比上年增长19.1%；第三产业增加值为66.89亿元，比上年增长15.4%。地区生产总值增长的主要动力来源于第二、三产业，三次产业对经济增长的贡献率分别1.1%、63.7%、35.2%，分别拉动全区0.2、10.8、6.0个百分点。国民经济三次产业的比例由2008年的5.1:65.8:29.1调整为4.4:60.8:34.8，产业结构进一步优化。

（一）农业经济平稳增长

2009年，北碚区落实国家惠农政策，调动全区农民生产热情，加快新农村建设步伐，实现农业经济平稳增长。全年全区实现农林牧副渔总产值12.29亿元，比上年增长4.2%。全年粮食播种面积17408公顷，粮食产量达94288吨，比上年下降1.5%(其中稻谷43027吨)。油料产量1216吨，增长23.1%。蔬菜产量达165863吨，增长4.9%。牛奶产量5383吨，增长7.8%；水果产量14510吨，增长7.7%；生猪出栏130534头，增长2.4%；草食性牲畜53542只，增长5.5%；家禽出栏137.2万只，增长3.4%；肉类总产量11947吨，增长2.7%，其中猪肉产量9631吨，增长2.6%；水产品产量4287吨，增长12.3%。全年完成1.31万亩农业综合土地治理和3727户农户“一建三改”，农村土地集中经营度达23%。

（二）工业经济止滑促增

工业经济按照中央和市委、市政府刺激经济增长的一系列政策措施，全力止滑促增，实现逆势发展，年末，规模以上工业企业达到345家，完成工业增加值103.01亿元，增长22.0%，增幅居主城九区第三。其中轻工业增加值36.10亿元，增长17.5%；重工业增加值66.91亿元，增长24.6%。大中型工业企业完成工业增加值60.60亿元，增长5.9%，占规模以上工业企业的58.8%；全年规模以上工业企业实现工业总产值333.74亿元，增长23.3%，其中新产品产值177.29亿元，增长24.4%，新产品产值占全区规模以上工业企业总产值的53.1%。实现出口交货值27.46亿元，增长5.6%，完成销售产值326.32亿元，增长21.5%。产销衔接良好，工业品产销率达到97.8%。实现规模以上工业企业的利润总额15.42亿元，比上年增长3.9%。完成利税28.33亿元，增长11.1%。工业经济效益创历史新高，达到21.41%，比上年提高11.1个百分点。全员劳动生产率168154/人，年增长19.4%。主要工业产品产量为:原煤146.53万吨，增长19.4%；发电量27316万千瓦时，增长22.0%；水泥191.8万吨，增长12.7%；日用玻璃制品11.3万吨，增长6.9%；钢材26.89万吨，增长37.7%；布15425.16万米，下降5.2%；自动化仪表及系统31.34万台，增长7.8%；光学仪器447.28万台，增长40.7%；汽车摩托车配件66.41亿元，增长33.1%；摩托车490901辆，增长10.7%；汽车(不含农用车)58854辆，增长4.5%。

(三)商业贸易快速推进

商业贸易以嘉陵风情步行街为核心的新城商圈建设快速推进,引进了新世纪、名瑞服饰、刘一手等知名企业签约入驻步行街。老城商圈业态逐步完善,新世纪超市、永辉超市、苏宁电器成功落户北碚。落实了中央扩内需、保增长政策,大力实施农村"万村乡市场工程"和城市社区"双进工程",建设改造社区商业网点195个,完成20个镇级超市,129个村级农资便民店、1个区配送中心的建设改造,实现商贸综合服务网点城乡全覆盖。全区124个"家电下乡"备案销售网点累计销售家电下乡产品1.47万台,实现销售额2911万元,补贴兑付补率达99%。18家"汽摩下乡"备案销售网点累计销售汽摩产品2271万台,兑付补贴261万元。随着宏观经济环境向好,市民消费信心增强,消费品市场呈现良好发展态势。全年全区实现社会消费品零售总额67.45亿元,增长22.1%。按行业分,批发和零售业零售额56.94亿元,比上年增长20.8%,其中限额以上企业零售额增长38.8%;住宿和餐饮业零售额9.95亿元,增长24.5%,其中星级企业零售额增长43.3%。对外经济与市级部门签订战略合作6个,争取到全市服务外包城市示范区、国家级承接光机电仪加工贸易梯度转移示范园等6个示范区试点。引进美国通用电气、国机集团、中铁建等国内外500强企业落户北碚。年末,全区外贸出口企业达到169家,比上年增加12家,完成外贸进出口总额(海关数)16999.86万美元,其中出口总额16079.12万美元,增长7.9%,增幅居主城九区第一。在出口产品中,机电产品类占70.5%,医药化工占6.2%,光学电子占11.3%,农产品占9.4%。全年新引进招商项目42个,协议引资208.23亿元。实际到位资金132.4亿元,全年实际利用外资9087万美元,增长272.3%。利用内资54.23亿元,增长48.2%。

(四)财政金融大幅增长

2009年,全区完成地方预算内财政收入15.22亿元,比上年增长43.5%,实现两年翻番。其中,一般预算收入完成11.50亿元,增长48.0%,实现区级税收5.55亿元,增长14.4%,其中营业税、增值税、所得税三大主体税种合计完成收入2.68亿元,增长20.1%。地方预算内财政支出26.66亿元,比上年增长37.4%,其中一般预算内支出22.04亿元,比上年增长45.0%。全区金融实现增加值6.44亿元,同比增长26.1%,增幅居各行业之首,拉动经济增长0.9个百分点。10家在北碚银行单位营业网点达到107个。年末辖区内金融机构存款余额达到246.94亿元,比年初增加57.75亿元,增长30.2%。其中企业存款余额99.59亿元,增长48.3%;城乡居民储蓄存款余额146.52亿元,增长20.1%。人民币各项贷款余额达到183.72亿元,比年初增加62.05亿元,增长51.0%,增幅创直辖以来新高,其中公司贷款134.42亿元,增长62.5%。

(五)交通通讯发展迅速

2009年,全区交通围绕"661123"统筹城乡交通规划,全力推进"便捷工程"。全年改、扩建城乡道路184.38公里,碚青路、龙凤路等干线公路顺利完成改造。年末,绕城高速、中环快速干道蔡家段、三溪口立交建成通车,北环主线收费站外移,出租车正式驻碚运营,北碚与重庆主城核心区完全融为一体。年末全区公路总里程达1144.56公里(含农村道路),其中高速公路57.82公里,一级公路16.94公里,二级公路90.47公里,镇村公路通达率达100%。全年完成货运量1370.7万吨,比上年增长2.0%。货物周转量114743万吨公里,增长11.2%。全社会客运总量达2333.60万人次,比上年增长17.3%,客运周转量62530万人公里,增长9.5%。全年完成邮电业务总量23004万元,比上年下降6.3%。通讯完成行业重组。年末固定电话达到18.17万户,新增移动电话用户4.05万户,年末达50.06万户,电话普及率达107.3部/百人,比上年增长7部/百人。信息网络高速发展,年末全区计算机互联网宽带接入户达7.20万户,新增1.89万户。

(六)"旅游活区"成效明显

2009年围绕"旅游活区"战略,策划打造旅游项目。缙云山·国际温泉度假区一期、重庆旅游教育培训基地动工开建;北温泉柏联SPA如期开业,并在全市“五方十泉”项目考评中名列第一;颐尚温泉“4A”级景区验收;天香苑二期、缙云山宾馆改造项目建成营业;在首届“中国西部旅游产业博览会”上,北碚区荣获“最佳展台奖”、“优秀人气奖”和“优秀花车奖”三项大奖,签约项目金额113亿元。全年共接待游客851.39万人次,比上年增长23.9%。实现综合收入21.9亿元,增长21.3%。

(七)固定资产投资力度不断加大

2009年全区不断加大固定资产投资项目力度,固定资产投资保持了快速增长势态。全年全社会完成固定资产投资突破200亿元大关,达到206.12亿元,实现两年翻番,比上年增长44.1%,增幅居主城区第一。其中建设与改造投资168.58亿元,增长47.6%;城镇投资197.29亿元,增长48.6%。随着“森林城市”项目开展,投资量增大,第一产业完成投资10.23亿元,是上年的16倍;第二产业完成投资81.29亿元,增长54.5%;第三产业完成投资114.6亿元,增长27.1%。按行业划分,工业完成投资80.22亿元,增长52.7%;制造业完成投资68.80亿元,增长53.6%;水利、环境和公共设施完成投资44.38亿元,增长37.9%;交通运输、仓储和邮电完成投资15.00亿元,增长5.0%。全区重点项目累计完成投资131.71亿元,占社会固定资产投资的63.9%。其中,交通及城市基础设施项目投资23.53亿元,新型工业化项目投资38.03亿元,生态环保及农业与新农村建设项目投资17.32亿元,分别占全社会固定资产投资的11.4%、18.5%、8.4%;房地产业逆势发展,全年实现房地产开发投资37.54亿元,增长30.5%。房地产开发投资的比重为18.2%,拉动全社会投资增长6.1个百分点。房地产业实现增加值11.05亿元,比上年增长24.3%,对经济增长的贡献率为7.9%,拉动经济增长1.3个百分点。城市建设和环境保护投入160亿元,全面完成各项目标任务。

(八)对外开放成绩显著

2009年北碚与市级部门签订战略合作协议6个,争取到全市服务外包城市示范区、国家级承接光机电仪加工贸易梯度转移示范园等6个示范区试点。台农园与福建漳浦台农园开展战略合作,得到国家农业部高度评价。加快构筑开放大平台。新增建设用地计划315.03公顷,批准征地417.71公顷,完成征地728公顷。“第二气源”投入运行。电网建设规模空前,完成投资6.2亿元,江东变电站和翡翠变电站建成投用,思源变电站和团山堡变电站建设加快推进。政府主导类重点项目融资41.59亿元,有效保障了一批重大基础设施项目尤其是园区基础设施项目建设的加快推进。“一团三园三城一基地”完成投资113.48亿元,整治土地740公顷,建成道路51公里和标准厂房10万平方米。同兴工业园区继续保持全市十强工业园区称号。加大招商引资力度。引进项目42个,美国通用电气、国机集团、中铁建、正源中国、上和置业等国内外500强企业落户北碚。力帆集团新增15万辆微车、100万辆摩托车和200万台发动机项目与北碚签订正式投资协议。中国电科院10万吨级钢管塔项目落户北碚,超高压铁塔制造技术填补西南地区“空白”。推动企业“走出去”。新增外贸进出口企业12家。东方纺织在香港设立外贸公司,智动仪表等企业参与海外合作。

(九)“幸福北碚”五大工程建设全面推进

贯彻落实市委、市政府“五个重庆”建设的决策部署,把“幸福北碚”五大工程作为贯彻落实科学发展观的重要载体,塑造内惠民生、外树形象的城市品牌。投入160亿元,全面完成各项目标任务。宜居工程:拆迁城市危旧房15.05万平方米,超额完成年度拆迁任务;改造工矿棚户区6.01万平方米;完成居住区综合整治125万平方米;建购廉租房5.09万平方米;建成巴渝新居670户和农村康居点21个。扩建市民广场2.5万平方米。人均公园绿地面积达20.78平方米,居主城九区第一。灯饰工程提档升级。数字化城市管理平台在主城率先建成投用。市容环境卫生考核连续9年全市第一。梁滩河、璧北河综合整治项目启动实施,金刀峡镇污水处理厂投入使用。便捷工程:轻轨六号线北碚段前期工作顺利推进。兰渝铁路、遂渝铁路二线动工建设。草街航电枢纽工程、朝阳复建桥、国道212改造和龙凤大道建设加快。渝武高速北环收费站外移至缙云立交和东阳立交之间,进出北碚的车辆不再刷卡收费。绕城高速、中环快速干道蔡家段、三溪口立交建成通车。嘉悦大桥春节前通车后,北碚到机场仅需15分钟。碚青路、龙凤路完成改造。实现了市民期盼已久的出租车驻碚经营。治理超限超载成效明显。森林工程:在全市率先开展森林学校、森林医院、生态文明示范镇村建设,率先完成集体林权制度改革确权颁证。竹类博物馆主体完工。完成森林工程建设任务15万亩,占市政府下达计划的118%;森林覆盖率达35.4%。栽种各类竹子16万株和直径8厘米以上的大规格苗木4万株。健康工程:甲型H1N1流感有效防控。在全市率先开展农民免费体检及建档工作,有力推进母乳喂养工程。改扩建镇级卫生院12个。村级公共卫生服务站实现全覆盖。建成中小学塑胶运动场9片、健身路径10条。成功承办全国新年群众登高活动和全市首届"健康校园"大中小学生运动会。全民经常参加体育锻炼人数达42.5%,连续三年被评为全国全民健身先进区。平安工程:安全生产工作扎实有效,荣获全市一等奖。地质灾害得到有效防治。

(十)城乡统筹顺利推进

加快城乡统筹步伐。全区城镇化率达72.9%;农村居民收入增幅明显高于城镇居民收入增幅,城乡居民收入比改善为2.78:1;农村消费增长10.1%,超过城市消费增幅。城乡建设用地增减挂钩试点初见成效,土地承包及流转管理网络平台建设走在全市前列,农村土地集中经营度达23%。与中国农科院联手打造近郊现代都市农业示范区基地并签订6项农业科技战略合作协议。完成农业综合土地治理1.31万亩、"一建三改"3727户。改建农村公路140公里。成为全国小型农田水利建设重点区县并获得专项资金支持。30座病险水库实现整体销号。新转移农村劳动力3443人。江东"一线八点"建设步伐加快。多彩园艺规模拓展、美丽乡村嘉年华二期改造进展顺利;重庆农谷全国最大的腊梅博览园初具规模;台农园5万平方米巴渝新居、大地渔村3.5万平方米农民新村完成建设。

二、发展中存在的问题

一是民间投资不活跃,政府投资带动效应不够,投资高,增长难以持续。二是产业结构需要进一步调整和优化,自主创新能力还不适应结构转型升级的要求。三是节能减排压力凸现,转变发展方式任务繁重。四是财政收支平衡压力增大。五是政府职能仍需转变,廉政建设还需加强。

三、2010年发展目标

2010年是完成"十一五"规划和谋划"十二五"发展的关键之年。北碚区总体发展思路是以科学发展观为指导,以"314"总体部署为总纲,贯彻国发3号文件,全面落实市委三届五次、六次全委会以及区委十届九次、十次全委会精神,围绕"一极两区"宏伟目标,按照"三大洼地"、"三条生态产业走廊"的战略布局,深入推进"幸福北碚"五大工程建设,大力发展高新技术产业、高品质生态商住产业、特色旅游产业,扎实推进城乡统筹,实现经济社会又好又快发展。借助主城拓展全面进入"外环时代"和"两江新区"的开发建设,以及北碚良好的产业基础、承接能力和交通区位优势,推动北碚经济发展上水平、上台阶,形成竞争新优势。综合考虑各方面因素,全区的主要发展指标是:地区生产总值增长15%,地方预算内财政收入增长31.4%,全社会固定资产投资增长25%,社会消费品零售总额增长21%,外贸进出口增长30%,实际利用内资增长25%,实际利用外资1亿美元以上,城乡居民收入分别增长10%、14%,城镇化率提高1.6个百分点,Ⅱ级以上空气质量天数达到320天以上,单位地区生产总值能耗降低4.6%,全社会化学需氧量和二氧化硫排放量分别下降1%和3%,新增城镇就业6900人,城镇登记失业率控制在3.5%以内,人口自然增长率控制在0.8‰以内。全面完成"十一五"规划目标任务。确保北碚跨入全市区县经济总量超200亿元、地方财政收入过20亿元的15强"俱乐部"。

(北碚区地方志办公室 吴利蓉)

渝北区

一、2009年发展回顾

2009年,在市委市政府的坚强领导下,渝北区深入贯彻科学发展观,坚决执行中央和市里扩内需、保增长系列政策措施,认真落实国发3号文件,积极应对,主动作为,取得了止滑保稳促增的阶段性胜利,经济发展实现新突破,社会事业取得新进步。全区生产总值完成459.4亿元、增长15.3%,全社会固定资产投资完成380亿元、增长6.8%,地方财政收入(不含北部新区)完成26.5亿元、增长13.6%,城镇居民人均可支配收入、农村居民人均纯收入分别增长12%和13%。"十一五"规划的25项主要指标已有21项提前实现,按常住人口计算,全区人均GDP达到6700美元,为全市水平的2倍。

全区经济社会发展呈现五个特点:一是工业总量跃居全市首位。规模以上工业总产值完成857.6亿元、增长31.1%,新增50亿元级企业1家、20亿元级企业2家、10亿元级企业2家、亿元级企业8家,规模以上工业企业达334家。二是服务业发展势头强劲。商贸、旅游、物流、金融等服务业同步发展,社会消费品零售总额完成179.8亿元、增长26.3%;接待境内外游客512万人次,实现旅游综合收入12.2亿元,分别增长21.9%和20.2%;区域客货运输量达4565万人次、2652万吨,分别增长48.7%和74.9%,机场客货吞吐量达1404万人次、18.6万吨,分别增长26%和16%;年末驻区金融机构存贷款余额为779亿元、556.6亿元,分别增长68.2%和71.1%。完成商品房销售面积437.3万平方米、金额216.8亿元,分别增长16.8%和48.6%,继续保持全市领先地位。同时,总部经济、文化创意、咨询中介等新兴服务业起步发展。三是招商到位资金全市第一。全年新签合同40个,合同利用外资4.4亿美元,实际使用外资4.62亿美元,全年利用市外境内资金107亿元,引资结构进一步优化。四是生态环境持续改善。完成森林工程建设18.2万亩,森林覆盖率提高2.5个百分点;新增城市绿地面积301万平方米,人均公共绿地达16.8平方米;地质灾害得到有效治理,全面完成了节能减排任务,城区空气质量优良天数达330天、居主城第二位。五是创建工作再添四项殊荣。在年初成功摘取全国文明城区桂冠后,突出特色,深化创建,又获得国家可持续发展实验区、全国和谐社区建设示范城区、全国人口计生综合改革示范区等殊荣。

(一)攻坚克难奋力止滑保增长

面对金融危机的冲击,制定了"一保二稳三增长"工作目标,及时出台了经济发展止滑促增10条办法和工业9条、房地产10条、商贸流通6条等产业扶持措施,推广实施科技项目80个,科技进步对经济增长贡献率提高2.7个百分点。把扩内需作为化解危机的着力点,全面建成"万村千乡"市场工程,实现家电汽摩下乡产品销售2.8万台、金额1.2亿元。

(二)对外开放纵深推进

全力服务内陆开放高地建设,北部新区发展喜人,机场三期扩建顺利,保税港区空港功能区一期即将围网,重庆会议展览馆落户悦来并全面启动前期工作。与27个市级部门、投资集团及科研院校建立战略合作关系,被确定为承接东部产业转移示范区、加工贸易示范区和出口品牌示范区。中国西部地矿研究院、中国移动西南物流基地等项目入驻渝北,重庆日报报业集团、新华书店集团在渝北设立基地。外贸进出口总额达16亿美元,保持全市第一。

(三)发展投入保持好势头

认真实施"三年1200亿元"投资计划,争取中央新增投资项目61个、总投资1.5亿元,轻轨3号线、机场三期扩建等市级在区项目完成投资56亿元,渝北中学、凌空大道等100个区级重点项目完成投资98亿元。产业投资加力提速,新开工万向钱潮、中驰新能源等工业项目31个,建成投产百事天府、长安机加等项目40个,娃哈哈纯净水、长安V101等31个扩能技改项目竣工投产,工业、商贸分别完成投资105亿元和70亿元,全社会固定资产投资总量保持全市第一。

(四)农业农村发展态势良好

新流转农用地3.8万亩,土地规模集中经营度达到27%。农业产业化加速发展,新培育区级以上龙头企业13家、专业合作组织12个,带动发展特色村23个,水果、畜禽、蔬菜等主要农产品产量持续增长,被命名为中国果菜无公害科技示范区。完成"三农"投入11.4亿元,比上年增长40.4%,改造硬化通村公路130公里。8个土地整治项目和18座病险水库整治完成,解决了4.2万人饮水安全问题;建成"巴渝新居"1114户,实施农房改造1024户,完成地灾避险搬迁291户;三峡工程四期移民全面完成,洛碛移民个案搬迁进展顺利。

(五)"六大渝北"建设成效显著

认真落实"五个重庆"建设部署,高标准实施"六大渝北"建设,80多个项目整体推进、亮点纷呈。完成危旧房拆迁改造18.7万平方米,实施城区居住区工程治理7万平方米。成功打造中环宝圣立交生态林和温塘河流域万亩红枫景观林带。两路换乘枢纽、机场南联络道开工建设,中环线西政段建成通车。建成标准化中心卫生院8个、村卫生室195个,改造社区卫生服务中心10个,新建学校标准化塑胶运动场17片,率先在全市实现镇镇配塑胶篮球场、村村有农民健身设施。15个专项安全生产大排查大整治大执法整体推进,全年未发生较大以上安全事故,"打黑除恶"专项斗争取得积极成果,全区社会保持和谐稳定。扎实推进"文明细胞"创建和志愿者"文明行动",开展了首届道德模范评选活动,举办"唱读讲传"活动800余场。

(六)城市建设管理实现新提升

新增城区道路4公里,新城建成区面积达5平方公里,基本消除了城市无灯区和暗灯区,城区生活垃圾集中收运和无害化处理率达100%。投资7600万元支持场镇改造,新增城镇建成区面积1.5平方公里,城镇化率提高2个百分点。

(七)社会民生持续改善

实施八大"民心工程",区级财政民生支出达25.7亿元、占58%。完成教育投入8.1亿元,渝北中学、松树桥中学新校区建成投用,南华中学完成搬迁,收购川外双语校办学资产新办两江中学,新建标准化学校8所、寄宿制学校12所;足额兑现义务教育阶段教师绩效工资,全面实行免费义务教育和渝北籍中职校学生区内免费就读,补助"蓝天助学"工程资金3500万元,高中阶段教育基本普及。实现了镇综合文化站全覆盖和广播电视"村村通"。完成就业、保障支出4.2亿元,新增城镇就业3.2万人,城镇登记失业率下降到1.75%;完成了城镇超龄未参保人员、原被征地农转城人员参加养老保险工作,"五大保险"扩面10.1万人次,城乡居民参合率达96%,企业退休人员基本养老金人均月增150元;2.1万人纳入低保,14.8万人次得到医疗救助,"五保"集中供养率达65.8%。

二、发展中存在的问题

产业层次不高,发展方式粗放,自主创新和可持续发展能力不强;农村板块发展滞后,农民增收难度较大,城乡统筹任务艰巨;城市拓展较快,开发遗留问题较多,维护稳定压力大;政府管理创新不够,发展环境有待进一步改善。

三、2010年发展展望

2010年是全面完成"十一五"规划、科学谋划"十二五"发展的接轨之年,渝北区将以科学发展观为统揽,认真落实国发3号文件精神,围绕建设"重庆对外开放第一门户"目标,突出抓好开放高地建设、产业转型升级、城乡统筹发展、“六大渝北”建设、民生民利改善等重点工作，全面完成“十一五”规划目标，努力开创渝北经济社会发展新局面。全年经济社会发展预期性目标是：地区生产总值增长15%、完成500亿元以上，规模以上工业总产值增长25%、完成1000亿元以上，社会消费品零售总额增长25%、完成200亿元以上，全社会固定资产投资增长5%、完成400亿元以上，地方财政收入(不含北部新区)增长13%、完成30亿元以上，城乡居民收入分别增长12%和13%。约束性目标是：单位生产总值能耗下降4.6%，全社会化学需氧量、二氧化硫排放量分别削减1%和3%，城区空气质量优良天数达320天以上；城镇登记失业率控制在3.5%以内。同时，高质量完成渝北区国民经济和社会发展第十二个五年规划编制。

(渝北区政府办公室 周宇)

巴南区

一、2009年发展回顾

2009年，巴南区紧紧围绕“314”总体部署、国发3号文件、“三区”建设和“六个巴南”建设目标，突出“五个重庆”、“唱读讲传”、打黑除恶、密切联系群众等大事，坚持“增投资、调结构、扩消费、保增长、出形象”的工作主线，圆满完成了各项任务目标，促进了全区科学发展、和谐发展和民生改善。

(一)经济平稳较快增长

积极应对金融危机影响，奋力扭转增速下滑态势，经济运行持续向好。实现地区生产总值243.3亿元，同比增长15.1%。地方预算内财政收入14.4亿元，增长20%。全社会固定资产投资271.3亿元，增长32.2%。社会消费品零售总额76.3亿元，增长26.3%。城镇居民人均可支配收入17181元，增长9.5%；农民人均纯收入5729元，增长10%。金融机构存款余额265.7亿元，比年初增长43.5%；贷款余额188.9亿元，增长77.6%。实际利用内资70.3亿元，增长83%。进出口总额5.5亿美元，实际利用外资1.2亿美元。

(二)工业经济止滑促增

连续八年跻身全市工业“十强区县”，工业总产值完成432亿元，增长20%；其中规模以上工业总产值380亿元，增长14.8%。工业投资73.6亿元，增长19%。花溪工业园区再次评为全市“十强园区”，实现工业总产值236.6亿元，增长36.3%。引进中国500强恒安集团20万吨木浆造纸及纸制品项目落户。非公有制经济实现增加值162亿元，增长20%，占全区地区生产总值的66.6%。民营企业工业产值达到319亿元，增长18.2%，占全区工业总产值的73.9%。大力推动新型工业化，新增高新技术产品、重点新产品79个，高新技术产品产值占工业总产值的41%。全市首个低碳产业园落户我区，重庆公路物流基地上升为国家级战略平台，服务外包基地加快推进。单位GDP能耗前三年累计下降20.4%，在全市率先实现“十一五”目标。

(三)第三产业取得突破

商贸流通业高速增长，批发零售业销售总额174.6亿元，增长34%，增幅居主城区第一位。“家电(汽摩)下乡”销售额2.5亿元，“万村千乡工程”建成460个网点，均居主城区第一位。渝南大道专业市场群成交额184亿元，增长48.2%。第九届“家博会”销售额48亿元，增长20%。商品房销售面积194.4万平方米，增长42.3%；销售额64.8亿元，增长89%。秋季房交会成交20.88万平方米，较上届增长51.4%。接待游客452万人次，实现旅游综合收入18.7亿元，分别增长15.7%、24.8%。投入11.4亿元，东温泉、南温泉等“五方十泉”项目初见成效。浦发村镇银行落户我区。

(四)农村经济加快发展

更加注重城乡统筹和新农村建设，大力调整农业结构,发展都市农业成效明显。木洞水果玉米、惠民渝丝缘桑葚及巨峰葡萄通过国家农业部无公害农产品认证,“一生缘”、“小燕子”被评为重庆市著名商标,重庆茶业集团等11家企业被评为市级农业产业化龙头企业。新建2000亩优质茶叶、1000亩生态渔业、1500亩优质稻和木犴生猪养殖基地，引进重庆光大集团发展城市生态奶业。重庆花木世界顺利推进,天坪万亩茶叶基地建成核心基地2000亩。建成农村土地流转交易市场，新增流转土地面积2.52万亩。新建18个“信用村”。完成丰岩水库主体工程,完成12座病险水库的除险加固。三峡库区移民搬迁安置任务顺利完成,“搬得出”目标如期实现。

(五)城乡面貌明显改观

全力推进“宜居巴南”、“畅通巴南”、“森林巴南”建设。实施危旧房改造拆迁主体量42.4万平方米,实施居住区综合整治98.5万平方米。滨江路、鱼洞老街公园成为城市建设新地标，恒大城、曼哈顿城、十里蓝山等楼盘成为城市品质提升新标志。建成巴渝新居761户,完成农村危旧房改造565户。投资1.6亿元建成7个城市公园、10个社区公园,新增公园绿地面积200万平方米。实施环保“四大行动”,空气质量满足优良标准的天数达到308天，超出市下达目标4天。渝南大道A段拓宽改造竣工通车。渝南分流道、滨江路二期、轻轨3号线巴南延伸段建设顺利推进。实施城区干道4条标准路段、8个标准路口和17个停车港建设,投资4000万元完成一批城区道路白改黑工程。投入2.9亿元完成东温泉、樵坪山、云篆山景区道路改造。农村畅通工程投入5.3亿元，完成200公里、开工修建100公里,建成农村客运站5个。新增森林6.8万亩,创建市级园林式单位和小区各3个，创建市级森林市街、校园、厂区共3个。森林覆盖率达到36.5%,提高2.5个百分点。

(六)社会事业全面进步

被评为全国科技进步先进区，列入国家级重大科技专项2个，获国家级创新基金项目7个、国家星火计划项目3个。专利授权330件，增长149.2%。投入义务教育学校公用经费、“两免一补”和中职生补助资金6846万元,启动21.7万平方米校舍加固改造。加快“健康巴南”建设，全面实施贫困学生饮用奶工程，对全区中小学生和7000名低收入人群进行免费健康体检,新农合参合率达到97.7%,城镇居民医疗保险参保率达到96%,一级医院住院起付线为全市最低。儿童“四苗”接种率达到99%,无孕产妇死亡病例。新建规范化村卫生室20个，完成3所乡镇卫生院改建,为所有乡镇卫生院配齐救护车。新建9块塑胶运动场，建成11条社区健身路径、2条全民健身登山步道。鱼洞四小、李家沱小学分获全国“苗苗杯”篮球赛、全国城市青少年足球赛冠军，鱼洞二小获全国体育舞蹈电视大赛团体一等奖。建成镇街综合文化站(楼)21个、村文化室171个、农家书屋144个。广播电视综合覆盖率达到99%。广泛开展“唱读讲传”活动,区老年合唱团获全国比赛金奖，双河口镇被命名为全市故事创作基地。

(七)惠民生解民困落到实处

民生投入达到18.4亿元，占财政支出的56.7%。实施八大类32项民心工程，完成投资12.3亿元。城镇新增就业2.3万人,下岗失业人员就业再就业近1.8万人。城镇登记失业率控制在1.8%。扩大社会保险覆盖面,完成原被征地农转非和超龄人员参加养老保险工作。完成9个镇街敬老院改扩建,筹集6430万元建成6个社会养老机构。城乡低保发放低保金3812万元，农村五保发放供养金1155.4万元，实施城乡医疗救助177万元。抵御暴雨洪灾侵袭,发放救灾款1115万元,解决受灾群众衣食问题并完成倒房恢复重建。启动建设廉租住房1266套5.3万平方米。建成姜家等5个场镇和51个村饮水工程,南湖供水工程投入运行。开展“察民情、解民困、惠民生”活动,走访慰问困难群众5万余人,发放慰问金1000余万元。

二、发展中存在的问题

一是经济总量还不够大,产业结构不够优,工业增长后劲不足,新引进大项目不多。二是产业结构单一,抗风险能力较弱。汽摩产业独大,与其他区主导产业雷同,尚未找到战略转移和结构调整的突破口。三是由于财力较为薄弱,在城市建设、农村发展、民生改善等方面仍然存在一些薄弱环节。四是生产要素紧张,抑制扩张发展,尤其土地、能源等要素缺口较大,导致项目落地困难或生产企业开工不足。

三、2010年发展目标

主要预期性目标为:地区生产总值比2009年增长14%;工业总产值增长20%;地方预算内财政收入增长15%;全社会固定资产投资增长20%;社会消费品零售总额增长20%;城镇居民人均可支配收入增长11%,农村居民人均纯收入增长12%;城镇登记失业率控制在1.99%以内。主要约束性目标为:万元地区生产总值能耗降低4%;城区空气质量优良天数达到306天;城镇新增就业人员8500人;人口自然增长率控制在2.2‰以内。各项社会事业和政务工作全面进步。

(巴南区政府办公室　王满意)

万盛区

一、2009年发展回顾

2009年是万盛区转型迈出坚实步伐的一年,在国际金融危机严峻挑战的背景下,全区以科学发展观为指导,努力促进经济增长,全力维护社会安定,致力推动地区转型。全年实现地区生产总值40.01亿元,比上年增长(按可比价计算,下同)11.9%。按常住人口计算,当年人均地区生产总值15725元,比上年增长10.8%。完成地方预算内财政收入33456万元,比上年增长0.3%。全社会固定资产投资完成37.5亿元,比上年增长52.8%。实现社会消费品零售额15.9亿元,比上年增长18.8%。三次产业比为10.8:51.8:37.4。其中:第一产业实现增加值4.32亿元,比上年增长4.8%;第二产业实现增加值20.73亿元,比上年增长11.1%;第三产业实现增加值14.96亿元,比上年增长14.8%。

(一)第一产业持续发展

农村经济持续发展。全区实现农林牧渔业增加值4.32亿元,其中:农业2.51亿元,林业0.68亿元,牧业0.93亿元,渔业0.16亿元;实现农林牧渔业总产值6.58亿元,其中:农业3.61亿元,林业0.92亿元,牧业1.79亿元,渔业0.19亿元。粮食产量5.29万吨,比上年增长0.5%,其中:水稻产量2.3万吨,比上年减少3.6%;玉米产量1.23万吨,比上年增长0.4%;小麦产量0.25万吨,比上年减少6.5%;豆类产量0.2万吨,比上年增长18.3%;薯类作物(折粮)产量1.28万吨,比上年增长7.9%。蔬菜产量13.8万吨,比上年增长0.6%;油料产量1052吨,比上年减少19.3%;水果产量3670吨,比上年增长11.7%;肉类产量0.74万吨,比上年增长1.8%,其中猪肉产量0.62万吨,比上年增长0.4%;水产品产量1520吨,比上年增长5.8%。

林业生产快速增长。2009年四旁(零星)植树197万株,比上年增长152.6%;苗木基地育苗251万株,比上年增长364.8%;育苗面积150公顷,其中当年新增育苗面积50公顷,比上年增长100%;年末全区森林覆盖率达45.0%。

生产条件不断改善。2009年末全区拥有农业机械总动力11.1万千瓦,比上年增长4.3%。全年农村用电量5892万千瓦时,比上年增长4.2%;化肥施用量(折纯)0.91万吨,比上年增长8.8%。水土流失治理面积14170公顷,比上年增长 3.4%；年末实有灌溉面积 2520 公顷，比上年减少 0.8%。

乡镇企业稳步增长。2009 年全区乡镇企业从业人员 2.34 万人，完成总产值 25.5 亿元，比上年增长(现价)19.2%；实现增加值 8.2 亿元，比上年增长(现价)12.3%；实现营业收入 29.5 亿元，比上年增长 13.0%；实现利润 1.5 亿元。

(二)工业经济平稳增长

完成工业增加值 17.3 亿元，比上年增长 6.0%；完成工业总产值 41.5 亿元，比上年增长 5.0%；实现销售收入 42.1 亿元，比上年增长 3.8%。主要工业产品产量有增有减：原煤 328.0 万吨，比上年增加 29.2 万吨，增长 9.8%(其中区属原煤 92.0 万吨，比上年增加 27.1 万吨，增长 41.5%)；规模以上工业生产水泥 15.4 万吨，比上年下降 52.1%；钢化玻璃 128.9 万平方米，比上年增长 47.0%；夹层玻璃 107.4 万平方米，比上年增长 29.0%；机制纸 0.7 万吨，比上年下降 22.7%。规模以上工业实现产值 36.8 亿元，比上年增长 5.2%；实现销售收入 37.5 亿元，比上年增长 2.0%；实现利润 9158 万元，比上年增长 254.8%；工业经济效益综合指数 130.0%，比上年上升 15.1 个百分点。

(三)第三产业快速发展

交通运输业平稳发展。2009 年实现公路货运量 4254 万吨，比上年增长 9.3%；公路客运量 1104 万人次，比上年增长 3.5%。年末全社会民用汽车拥有量 63480 辆，比上年增长 54.8%，其中私人汽车 9862 辆，比上年增长 39.1%。

邮电通信业持续增长。2009 年年末拥有通信基站 220 个(不含小灵通基站)，拥有固定电话用户(含分机和小灵通)5.7 万户，移动电话用户达 18.5 万户。国际互联网用户 1.69 万户。全年实现邮电通信业务收入 10924 万元，比上年增长 12.9%。

旅游业稳步发展。2009 年，成功回购黑山谷、万盛石林、铜鼓滩三大核心旅游景区，全面启动旅游“二次创业”，全年旅游到港 201.5 万人次，比上年增长 51.2%，其中进入景区 100.4 万人次，比上年增长 45.0%，旅游直接收入 1.5 亿元，比上年增长 16.7%，其中门票收入 1877 万元，比上年增长 3.7%。

金融业全面发展。2009 年年末金融机构存款余额 57.07 亿元，比上年末增长 46.9%，其中城乡居民储蓄余额 32.0 亿元，比上年末增长 14.1%；年末贷款余额 27.6 亿元（不含票据贴现)，比上年末增长 83.7%。

保险业务收入有所下降。2009 年，实现保险业务收入 9032 万元，比上年减少 14.6%，其中财产保险业务收入 2306 万元，比上年增长 21.4%，其他保险业务收入 6726 万元，比上年减少 22.5%；全年保险赔款支出 1553 万元，比上年减少 42.7%，其中给付财保赔款 1194 万元，比上年增长 13.6%，其他保险赔款 359 万元，比上年减少 78.4%。

(四)投资消费健康发展

固定资产投资增势强劲。2009 年，全区全社会固定资产投资完成 37.5 亿元，比上年增长 52.8%，其中建设和改造投资 30.8 亿元，增长 81.5%，房地产开发 4.87 亿元，比上年减少 14.5%。工业投资完成 18.12 亿元，同比增长 78.3%。施工房屋面积 65.41 万平方米，竣工房屋面积 18.46 万平方米，其中城镇住宅施工面积 55.72 万平方米，竣工面积 17.58 万平方米。

外来投资再创新高。2009 年，区外客商直接投资 24.6 亿元，比上年增长 82.0%，新签订项目(合同)14 个，比上年减少 22.2%，区外资金合同金额 31.0 亿元，比上年下降 72.3%。

消费品市场趋向活跃。2009 年成功引进永辉超市等知名企业，有效助推了社会消费品零售额的快速增长。据统计，全区实现社会消费品零售额 15.9 亿元，比上年增长 18.8%；批发零售贸易业销售额 23.9 亿元，比上年增长 23.9%；住宿餐饮业销售额 3.0 亿元，比上年增长 22.2%。

(五)城市建设明显加快

市政环卫条件进一步改善。年末道路长度达 53.4 公里，实有铺装道路面积 67.7 万平方米，其中人行道 18.1 万平方米。年末城市路灯 4757

盏。排水管道长度达67公里,供水管道长度185公里,全年供水总量699万吨,天然气供气量765万立方米,其中生活用气量540万立方米。年末拥有环卫专用车12辆,其中洒水车4辆。拥有城区公共厕所22座,公共垃圾站15座。

城市园林绿化成效明显。年末园林绿地面积619公顷,其中公共绿地面积120.1公顷;绿化覆盖面积645公顷,其中建成区绿化覆盖面积366公顷;开放公园2个,面积102.6公顷。

(六)社会民生显著改善

社会保障能力增强。2009年推进和扩大养老、医疗、失业和工伤等社会保障覆盖面,年末失业参保人数26286人,全年发放失业保险金272万元。年末参加基本养老保险的职工30947人,其中实际缴费23847人,发放养老保险金22052万元,确保了离退休人员养老金的按时足额发放。年末参加基本医疗保险48483人,发放保险金5482万元。年末生育保险参保人数19106人,全年发放生育保险金53万元。年末工伤保险参保人数34474人,全年发放工伤保险金777万元。

社会福利事业持续发展。2009年末社会福利院9个,床位428张,收养325人;福利企业残疾职工人数达294人,当年安置残疾人5人。全年发放农村贫困户救济和补助金额达781万元。年末享受城镇居民最低生活保障20072人,全年发放城镇居民最低生活保障费3491万元,低保网络覆盖面达100%。

再就业工作取得新成绩。2009年各类就业培训人数3610人,指导4372人实现就业,年末城镇登记失业人数2564人,登记失业率为3.59%。

人口总数略有增加,非农业人口比重提高。2009年全区年末总人口269031人,比上年增加831人,其中男性134814人,比上年增加361人。在总人口中,非农业人口134570人,比上年增加2283人,占总人口的比重为50.0%,比上年提高0.7个百分点;按常住人口计算,城镇化率达72.4%,比上年提高个1.6百分点。

低生育水平得到进一步巩固。2009年继续加强计划生育工作,促进人们生育观念的转变,推进育龄妇女信息化系统建设,低生育水平进一步稳定。当年人口出生率为7.91‰,人口自然增长率为1.74‰,计划生育率为93.97%。

人民生活水平继续提高。2009年城市居民人均可支配收入11305元,比上年增加1045元,增长10.2%;全地区城镇经济单位在岗职工年人均工资23721元,比上年增加3268元,增长16.0%。农民人均纯收入5079元,比上年增加449元,增长9.7%。

(七)各项事业加快发展

科技工作再上台阶。2009年,组织实施市、区科技计划项目28项,其中实施市以上科技项目6项;完成科技项目25项,其中市级以上2项。各类技术合同鉴定项目16个,合同成交额1051万元,其中技术交易额631万元。

教育事业进一步发展。2009年"两基"教育进一步巩固,优质教育进一步推进。当年适龄儿童入学率达100%;全区小学(含特殊教育)在校学生14774人,小学毕业率100%;初中在校学生10412人,毕业率99.7%;高中在校学生5274人,毕业率92.0%,升学率81.3%;职业中学在校学生1607人,毕业率99.0%。

文化、广播电视事业继续发展。2009年全区拥有剧场影剧院1个,其中艺术表演场所1个,观众8万人次,拥有图书馆1个,藏书量4.1万册,借阅图书人数2.1万人次。拥有文化馆1个,文化站10个。全区有线电视户数达5.5万户,有线电视收视人数16.5万人;通电视的村数为57个,电视人口覆盖率97.0%。广播覆盖率97.0%。

卫生事业持续发展。2009年末全区卫生机构106个,拥有病床1152张,卫生技术人员1334人,其中执业(助理)医师436人,注册护士517人。拥有乡村卫生机构55个,农村卫生技术人员153人。城市和农村医疗服务水平再上台阶,新农合参合率达到95.1%,全年婴儿死亡率为4.8‰,全面无孕产妇死亡发生,急性传染性疾病发病率为272/10万。

体育事业取得新成绩。2009年全区拥有体育运动场地563个，举办各种运动会27次，参赛运动员4137人次，年末达到国家锻炼标准3.19万人，其中优秀级8575人。等级运动员19人，等级裁判员49人。全年参加市级及以上运动员228人次，获奖牌58块，其中金牌19块，银牌22块，铜牌17块。

二、发展中存在的问题

一是经济发展速度偏缓，由于我区接续替代产业尚处于培育起步阶段，在金融危机影响下煤炭市场价格出现大幅回落，对经济发展造成较大冲击，致使经济增长速度低于全市平均水平。二是资源要素准备不充分，项目建设和企业生产需要的水、电、气、煤炭等资源保障难度较大，成为制约发展的瓶颈。三是财政资金调度困难，政策性减收因素增多，基础设施投入和民生保障支出加大，财政收支矛盾突出。四是安全稳定压力较大，社会就业不充分，城乡群众收入普遍偏低；征地拆迁、企业改制、采空农赔等历史遗留问题有待进一步解决。五是自身建设还需加强，少数干部危机意识、责任意识和服务意识不强，发展环境有待进一步优化。

三、2010年发展目标

2010年，万盛区将以资源型城市转型建设年为主线，进一步深化转型思路、争取政策支持、强化发展基础，着力调整产业结构，加快四大接续替代产业培育步伐；着力优化发展环境，深入实施五大万盛行动；着力改善民生，促进社会安定和谐，努力推动地区经济社会又好又快发展，在全面转型之路上取得新的更大的进步。

2010年国民经济和社会发展调控目标，建议安排为：地区生产总值增长13%，地方财政一般预算收入增长16%，社会消费品零售总额增长18%，全社会固定资产投资增长20%，城镇登记失业率控制在4%以内，城镇居民人均可支配收入、农民人均纯收入分别增长15%和12%，人口自然增长率控制在3‰以内，万元生产总值能耗下降5%，化学需氧量下降2%，二氧化硫排放量下降0.5%，城区空气质量优良天数达到280天以上。全面完成“十一五”规划目标任务。

（万盛区政府办公室　阮飞）

双桥区

一、2009年发展回顾

2009年，面对国际金融危机和上汽依维柯红岩公司总部搬迁带来的双重压力和挑战，双桥区坚定信心，沉着应对，坚持把保持经济平稳发展作为首要任务，全力实施投资拉动，狠抓产业结构调整，努力搭建开放平台，科学谋划城市建设，更加注重民生改善，推动全区经济社会在逆境中实现了稳步发展。全年地区生产总值完成31.5亿元，增长6.6%，人均GDP突破9000美元。区域财政收入3.6亿元，同口径增长18.6%；地方财政收入2.8亿元，同口径增长30.1%。全社会固定资产投资完成17.3亿元。全年政府融资7.5亿元，增长5.8倍。区域内金融机构存款余额17.1亿元，增长23.2%；贷款余额5.7亿元，增长51%，其中工业企业贷款余额2.9亿元，增长25.2%，为推进项目建设和企业增产扩能提供了有力的资金支持。

（一）优化产业结构，经济发展后劲不断增强

全力提振工业，提速发展三产，加快推进产业结构调整。全年完成工业总产值92亿元，增长7%，其中区属45户规模以上工业企业完成产值35.7亿元，增长27.8%。社会消费品零售总额完成3.2亿元，增长17%。二三产业结构比由上年的87.9:11.1调整为82:17.1。

优化提升主导产业，全力保障上汽依维柯红岩公司双桥基地正常生产；推动双钱集团于7月投入批量生产,120万套全钢子午胎的生产能力业已形成；强力推进投资1.5亿欧元、产值30亿元的鞍钢贝卡尔特轮胎帘线项目建设，项目仅用176天建成投产,1万吨轮胎帘线产能全面形成；充分利用危机倒逼机制,引导工业企业加快技改步伐，财政投入应用技术研究与开发资金增长53.04%，区域企业完成研究与开发投入增长14.79%,凯恩公司重卡前轴梁、平衡轴等产品通过市级重点新产品鉴定，晓鹰消声器被评为全市优秀重点新产品。加速发展商贸流通产业。专业市场建设取得突破,金属材料仓储物流中心、机电设备仓储物流中心分别完成投资3300万元和3000万元,水电气路等配套项目建设加快推进；聘请重庆工商大学编制《双桥区商贸流通服务业发展规划(2009~2020)》和《双桥区商业网点规划(2009~2020)》；商业发展平台不断拓展,新增商业开发面积10.2万平方米；新增社区商贸网点30个,"万村千乡"市场工程实现全覆盖。拓展旅游产业发展空间,景区白鹤大道、白鹤一路建成通车,滨湖路绿化景观工程全面完成,迎宾大道改造工程加快推进,龙水湖滨湖步游道及生态景观工程全面启动。

(二)深化扩大开放,全方位开放格局初步形成

不断增强产业转移承接能力，成为全市6个承接东部产业转移示范区之一。切实加强开放战略协作,成功引进金属材料仓储物流中心、机电设备仓储物流中心、重庆军通汽车和开山空压机等一批重大投资产业项目。全年招商协议总投资35.3亿元，实际利用内资达到9.5亿元、增长20%,实际利用外资达到1001万美元、增长135.3%,进出口总额达到1725万美元。切实加强对外交流与合作，与中国汽车工程研究院、重庆科学技术研究院等科研院所加强战略协作；与重庆机电集团、重庆庆铃集团、重庆大学、重庆理工大学、重庆交通大学等35家单位共同发起成立重庆市商用车产业技术创新战略联盟；与市科委签订战略合作协议,助推我区建设数字城市示范点、新能源汽车产业化基地及应用示范城市；与市经信委、市商委、市外经委、重庆机电集团建立战略合作关系，着力培育汽车关键零部件产业,努力"让老基地焕发青春"；与浙江省温州市、绍兴市等六市县缔结友好合作关系，被在外温州企业家联合总会评为首批"温商最具投资潜力地区"。

(三)强化城市建设,新一轮城建全面提速

城市建成区面积达到6.95平方公里，城镇化率达到94.36%。进一步强化规划引领,邀请同济大学专家"把脉"城市总体规划,总规修编完成并上报市政府审批；文西建新片区修建性详细规划全面完成，近期城市建设控规编制实现全覆盖；聘请法国布依格建设集团下属的柏盟项目咨询有限公司开展城市核心区等城市重要片区的规划设计。投资2.1亿元,提速"畅通双桥"建设,加快完善城市道路网络,总长7.5公里的巴岳大道、天星大道西段、西湖大道北段、天懋路建成通车，大邮路改造全面完成，滨湖西路、南环路西段、天星大道东段、龙四路建设加快推进。大力实施"宜居双桥"建设,双路中学迁建、区体育馆建设强力推进,龙景酒店完成主体工程；扩大区人民医院用地面积,规划布局更加合理,医院综合楼主体工程建设加快实施；房屋安全鉴定所成功组建,车辆检测站、CNG加气站等项目加快推进；拆迁"城中村"房屋7000平方米,房地产开发完成投资3.7亿元,商品房施工面积56.5万平方米；市政公共设施不断完善,建成垃圾中转站5座，垃圾处理场营运成功推向市场,覆盖全区的污水管网建设规划编制完成。巩固扩大"森林双桥"建设和环境保护成果,高标准推进西湖大道北段、巴岳大道绿化景观带建设,车城公园建成并投入使用；全年造林1.4万亩,全区森林覆盖率达到42%,人均公共绿地达到30.67平方米；市级卫生城区、文明城区创建工作全面启动。空气质量自动监测系统建成投入使用；城区空气质量常年优于国家二级标准,饮用水源水质达到国家二类标准。

（四）促进城乡统筹，各项社会事业全面发展

建立健全专利扶持制度，全年专利申请总量达到246件，增长26倍，增速在全市排名第一；申请注册商标49件，注册30件，"凯恩"被评为市级著名商标，区域内著名商标建设实现零突破。城乡教育"捆绑式"发展模式深入实施，均衡发展成果不断扩大，素质教育加快发展，义务教育和高中阶段教育成果不断巩固，初中毕业生高中阶段入学率稳定在99%以上，18周岁人口高等教育毛入学率达到35%，分别超全市平均水平11个百分点和7个百分点，贫困生救助面不断扩大，学前教育阶段经济困难儿童资助试点工作全面展开。"唱读讲传"活动深入开展，干部群众干事创业的精气神全面提振，净化社会文化环境专项整治行动成效明显。"健康双桥"建设深入推进，完成双桥公园游泳池改建工程，启动巴岳山登山步道规划建设，全民健身运动和群众文体活动蓬勃开展；惠及城乡居民的医药卫生体制改革顺利启动，疾病预防控制工作常抓不懈，甲型H1N1流感防控科学有序；全面推行公共卫生服务制度，社区卫生服务中心"六位一体"功能不断强化；重大食品安全事故应急机制不断健全，药品安全监管体系不断完善，辖区群众饮食、用药安全得到有效保障；计生工作成果不断巩固，成功创建"市级计划生育优质服务先进区"。

（五）立足民生计划，和谐双桥建设步伐加快

全区财政民生支出2.4亿元，占一般预算内财政支出的63.7%，创历史之最。全面落实"家电下乡"、"汽摩下乡"、农资综合补贴等惠民政策。不断加大农村劳动力培训转移力度，全年培训返乡农民工1200人。农民收入持续增加，农村居民人均纯收入达到5969元，增长10.94%。就业再就业工作成效明显，新增就业岗位2000个，提供环卫、绿化、综治协管等公益性岗位200个，新增就业人员961人，指导帮助下岗失业人员再就业640人，城镇"零就业家庭"实现动态清零，城镇登记失业率控制在2.47%的全市较低水平。城镇居民人均可支配收入达到17185元，增长9.42%。社会保障体系不断完善。被征地农转非人员及城镇企业超龄人员养老保险实现全覆盖，城镇企业职工、农民工养老保险扎实推进，养老金社会化发放率连续11年实现100%。新农合医疗保险和城镇居民合作医疗保险有效整合，城镇职工医疗保险纳入市级统筹，城乡居民合作医疗保险实现全覆盖。以农民工为重点的工伤保险制度深入推进。统筹城乡的社会保障体系初步建立。积极开展大病医疗救助，在渝西地区率先建立城乡困难群众临时救助制度和90岁以上老年人每月发放营养补助100元制度。老龄工作不断加强，区老年大学顺利开学。残疾人康复中心建成并投入使用。保障性住房建设稳步推进，完成黄桷家园、青春家园、白鹤家园等1627套还建房主体工程，改造农村危旧房102户，新建廉租住房100套。林权制度改革全面完成，确权发证面积实现全覆盖。继续实施"生态家园"建设，全年新增沼气池552口，修建各类水利工程60项，有效解决6120人的农村居民饮水安全问题。安全稳定局面继续巩固，深入实施"平安双桥"建设，积极开展社会治安综合治理专项行动，保持打击违法犯罪活动的高压态势；不断强化法制建设，深入开展"人民调解在行动"专项工作，有效实施法律援助民心工程；进一步加强安全生产基层基础工作，依法启动6个煤矿和非煤矿山关闭工作，安全生产事故、死亡人数严格控制在市政府下达指标之内，安全生产工作获市政府一等奖；公共突发事件应急机制不断完善，应急避难场所规划编制全面完成；消防指挥中心全面建成，并实现驻兵；质量技术监督工作不断强化；深入开展"领导干部大走访攻坚行动"，解决突出信访问题148起，各类社会矛盾得到妥善化解，和谐稳定的社会环境不断巩固。

二、发展中存在的问题

经济总量不大、调控能力弱等问题依然突出，提档提速发展经济仍是需要面临的紧迫任务；二三产业结构不尽合理，调整和优化产业结

构的任务甚为迫切；经济发展对扩大开放的需求更加明显，招商引资和项目建设工作亟待再上台阶；城市功能不尽完善，城市建设和管理工作力度还需进一步加大；民生改善、政府自身建设与人民群众的期望和要求还有较大差距，社会管理、公共服务职能有待进一步强化。

三、2010 年发展目标

地区生产总值同比增长 16%，完成 36.5 亿元，人均 GDP 突破 10000 美元；地方预算内财政收入同比增长 18%，完成 3.3 亿元；全社会固定资产投资同比增长 20%，完成 20.8 亿元；社会消费品零售总额同比增长 20%，完成 3.8 亿元；城镇居民人均可支配收入和农村居民人均纯收入同比分别增长 12%和 15%，达到 19247 元和 6864 元；城乡收入差距比例控制在 2.9:1 以内；城镇登记失业率控制在 3%以内；单位生产总值能耗比上年降低 4%，主要污染物排放总量比上年减少 2.4%；人口自然增长率控制在 4‰以内。

（双桥区政府办公室 张丽丽）

涪陵区

一、2009 年发展回顾

2009 年实现 GDP355 亿元，同比增长 18.1%，分别比全国、全市高 9.4 和 3.2 个百分点，总量居全市第 5 位，增幅居全市第 3 位、“一小时经济圈”首位，人均 GDP 跃上 5000 美元新台阶。三次产业比重由 8.0:55.2:36.8 变为 7.5:55.6:36.9。地方财政收入突破 30 亿元、增长 28.3%，总量居全市第 3 位，其中一般预算收入 16.5 亿元、增长 33.1%；财政支出 50.6 亿元，增长 26.8%。完成全社会固定资产投资 181 亿元，增长 38.1%。非公有制经济实现增加值 195 亿元，占 GDP 的比重达 55%。全年城市居民人均可支配收入 15109 元，农民人均纯收入 4651 元，分别增长 11.2%、11.6%。城镇登记失业率为 3.6%。

（一）工业支撑作用明显

工业总产值突破 400 亿元，达到 449 亿元，增长 30.7%；实现主营业务收入 344.33 亿元，增长 20.9%；实现销售产值 385.9 亿元，比上年增长 31.8%，产品产销率达 98%；实现利税 34.81 亿元，增长 6.9%，其中利润 10.5 亿元。其中，规模以上工业企业产值 384 亿元、增长 27.2%，总量从全市第 7 位上升至第 5 位；利税总额 35 亿元，增长 6.9%，利润 11 亿元，下降 14%；工业增加值 151 亿元，增长 27.3%；工业经济效益综合指数达 263%，上升 33 个百分点。工业经济对 GDP 的贡献率达到 60.2%，拉动经济增长 10.9 个百分点。30 户重点企业及预备队完成工业产值 246 亿元、利税 33 亿元、利润 10 亿元，分别占规模以上工业的 62%、95%和 98%。食品、医药、化工、材料、装备制造、电子电器、化纤纺织等七大支柱产业完成工业产值 301 亿元，占规模以上工业的 76%。工业企业投资强劲增长，完成工业投资 100.9 亿元，比上年增长 53.7%，占全社会固定资产投资的 55.6%，36 个重点工业项目完成投资 73.39 亿元，占年计划的 135.1%，占全部工业投资的 72.7%。其中“一号工程”完成投资 12.6 亿元，占年计划的 104.6%；10 个重大工程完成投资 42 亿元，占年计划的 185.5%；25 个重点工程完成投资 18.82 亿元，占年计划的 95.7%。年末全区有规模以上工业企业 219 户，比上年增加 12 户；规模以上工业企业拥有资产 417.85 亿元，年平均从业人员 6.32 万人。5 个小企业创业基地企业达到 199 户，实现营业收入 27.53 亿元，增长 50.6%；利税 1.87 亿元，增长 77.6%，其中利润 1.22 亿元，增长 110.6%；解决就业 16343 人，增长 69%，其中农民工 14774 人，增长 87.4%。

（二）农业经济平稳增长

农业总产值达到40亿元，增长7%，农业增加值24.93亿元，可比增长7.5%。打赢"虫口夺粮"保卫战，全区粮食播种面积达143.68万亩，与去年持平，产量42.9万吨，比上年减少1.4%。蔬菜种植面积91.1万亩，产量141.9万吨，其中榨菜种植面积61.5万亩，产量113.4万吨、增长17.1%，鲜销青菜头27.7万吨；出栏生猪76.4万头、增长6%，牛羊2.5万头，增长15.9%；肉类产量6.67万吨，增长6.9%，禽兔563.3万只，增长6.6%，禽蛋产量9250万吨，下降58.1%；受金融危机的影响，蚕茧生产下滑，蚕茧产量270.6万公斤、蚕农售茧收入4301.3万元，分别减少25%、23.3%和14.5%；新建果园2.6万亩，果品产量9.5万吨，增长5.2%；养殖水面4.2万亩，水产品产量1.5万吨，增长24.8%；烤烟栽植面积1.1万亩，收购烟叶3万担，增加1万担，增长44.5%；中药材种植面积1.5万亩。投入水利建设资金13927万元，全年修复水库36处，整治渠道15.55公里，整治销号病险水库18座，新增蓄水提水能力1001万立方米；新增有效灌面1.4万亩，高标准改造乡镇中低产田3.95万亩，恢复改善灌面6.68万亩，疏浚河道56公里，完成微水工程300口，解决农村安全饮水人口9.82万人；治理水土流失面积30平方公里；农业综合机械化水平达20.36%。全区共推广各类补贴机具17222台（套），是前十年推广量的总和，推广量居全市第一。机耕作业面积163万亩，同比增长68.04%；机插秧4.65万亩，同比增长51.07%；机收作业4.77万亩，同比增长48%；建设水稻全程机械化示范村22个、社149个。新农村建设7个示范村、43个推进村和浙江对口支援10个移民村加速推进，全区累计投入新农村建设资金达10.02亿元。全区累计流转农村土地29.23万亩。特色产业和城乡统筹项目深入推进，五个示范项目累计投入近6亿元。金科园区完成投资1.25亿元，流转土地4000亩，栽植各类植物4000亩；美心园区完成投资5亿元，流转林地4万亩，建成特色农业1000亩，建成西欧风格统建安置房4.3万平方米；南方金山谷园区完成投资3亿元，建成设曾祖代种猪场1个、祖代猪场4个、父母代场3个，出栏祖代原种猪2.5万头；桂楼集团完成投资0.25亿元，流转土地2650余亩，江东园区、南沱园区全面建成；天木生态观光园完成投资0.12亿元，流转土地2000亩，种植花卉3余万株，成功举办"2009绚彩涪陵浪漫花海季乡村游"活动。全区有各类农民专业合作组织267个，加入农户6.1万户，带动农户11万户。新发展农民专业合作社60个，依法登记规范的农民专业合作社累计达202个。乡镇企业实现总产值270亿元，比上年增长32.5%；增加值80.51亿元，增长47.7%；营业收入293.83亿元，增长48.8%；利润11.29亿元，增长44.9%；入库税金5.7亿元，增长35.7%。全年转移农村劳动力29万人，其中区外15.82万人、占54.3%，实现劳务总收入27.6亿元，增长9.2%。

（三）第三产业较快发展

全区社会消费品零售总额实现87亿元，增长21.8%，其中城镇81.63亿元、乡村5.01亿元，分别增长21.7%和23.9%；全区新增限额以上商贸企业39户，总数达到119户，其中批发零售企业78户、住宿餐饮企业41户，共实现销售额120.42亿元，同比增长38.3%，占全区商品销售总额的72.3%。年末重点流通企业达到11户，其中销售额在1亿元以上9户、3亿元以上5户、5亿元以上2户，重点商品交易市场4个，共计实现销售额51.37亿元，增长19.7%。新大兴集团、新世纪涪陵商都、重百涪陵商场等15户重点商贸企业（市场）共实现销售额51.3亿元，同比增长19.7%，占全区商品销售总额的27.6%。实现批发零售业商品销售额170亿元，增长26.9%。实现连锁经营销售额33.3亿元，增长47.9%。完成餐饮住宿业销售收入12.79亿元，增长27%。"家电汽摩下乡工程"扎实开展，有备案销售网点397个，完成销售额0.78亿元。"万村千乡市场工程"有序推进，已新建或改造乡镇连锁经营超市44个，已建立放心粮油店23个，村级便民放心商店669个。使用散装水泥供应量30.2万吨,为任务的252%;收购粮食96054吨,销售粮食92837吨,分别为任务的160%和186%。金融业提速发展,年末全区金融机构人民币存款余额299.74亿元,比年初增长30.5%,其中企业存款85.73亿元,增长32.3%,城乡居民储蓄存款余额149.42亿元,增长17.9%;金融机构人民币贷款余额20.16亿元,比年初增长33.8%,增速比上年提高0.2个百分点。保险事业迅速发展,全年保费收入6.16亿元,增长8.5%,其中财产险保费收入1.92亿元,增长44.4%,寿险保费收入4.23亿元,降低28%;各类保险赔款1.82亿元,增长34.8%。建筑业发展提速,资质以上建筑企业实现产值121.95亿元,比上年增长33.6%,实现增加值37.3亿元,可比增长22.1%,增速比上年提高1.9个百分点。建筑企业全年房屋建筑施工面积274.55万平方米,比上年增长21.9%;竣工面积67.44万平方米,增长27.2%。全年房地产开发投资21.08亿元,增长13.3倍,房地产开发投资占固定资产投资比重为11.6%,下降0.9个百分点。商品房供应充足,商品房新开工面积87.7万平方米,增长10.5%;竣工面积67万平方米,增长27.2%;销售面积96万平方米,销售收入29亿元,分别增长2.1倍和2.5倍。交通运输由冷转暖,全年交通运输、物流仓储实现增加值29.62亿元,公路和水上运输完成货运量2472.38万吨,比上年增长20.6%,货物周转量179.24亿吨公里,下降8.3%;完成客运量5265.9万人次,增长75.1%,旅客周转量7.8亿人公里,增长12%。港口货物吞吐量789.48万吨,下降26.9%。邮电通信业稳步增长,全年实现业务收入4.4亿元,年末固定电话用户20.61万户,减少3.03万户;移动电话用户62.14万户,净增14.17万户;固定电话普及率为50.2部/百户,移动电话普及率为54.3部/百人;年末互联网宽带用户达7.28万户,净增3.95万户。旅游业稳步发展,全年接待国内外旅游者134.22万人次,比上年增长21.1%,其中接待国外及港澳台同胞1.54人次;旅游总收入3.5亿元,增长15.5%。年末有三星级以上饭店5家、星级农家乐11家。

(四)项目攻坚强势推进

三大园区提速建设。完成投资85亿元,竣工项目27个,开工项目27个,签约项目50个,新入园企业73个,实现工业产值174亿元,增长41.4%;攀华集团薄板及配套、龙海石化重油深加工、紫光化工精细化工、建麟化工亚磷酸、聚甲醛化工甲醛及配套、上甲电子高性能软磁铁氧体、常捷医药中间体、新涪豆制品筒仓扩建、泽胜危化品船舶洗舱基地、烟厂高速卷接包技改等11个重点项目实现新开工;蓬威石化PTA、中化涪陵化工20/20、精制磷酸盐和华兰生物血液制品、美心曲轴、科宝电缆、越盛轧辊、剑涛铝业再生铝等工业项目竣工投产;中化涪陵化工"20/20"、精制湿法磷酸、磺制酸余热发电、华兰生物血浆制品等4个项目启动试车;越盛4万吨锻钢轧辊、剑涛铝业15万吨再生铝、华新200万吨新型干法水泥等3个项目基本建成;"一号工程"建峰工业集团"45/80"项目机械竣工;园区道路管网基本形成,生活配套设施逐步完善,园区承载力进一步增强。十大专项深入实施。森林工程完成投资6.6亿元,营造林29.1万亩;江东滨江路一期工程开工,20万平方米拆迁工作全面启动;"两校三院"完成投资1.5亿元;聚龙电力高精铝板、东庆大板锭等项目基本建成;南门山商圈建设全面启动;龙潭水利工程桃子沟水库基本完工;通江景观大道、迎宾大道、东西干道、滨江路景观改造等项目已见雏形;龙头港物流园区、泽胜专业市场等项目开工建设;完成金帝集团、三爱海陵、建陶销售公司、罐头厂留守处、富丽化工、嘉禾公司、金义集团等7户国有企业改革,金帝集团破产重组取得实质性进展。百项工程全面推进。"一号工程"建峰化工45/80项目建成试车,茶涪路、涪陵海关、黄旗集装箱码头一期、"贵电入涪"等32个项目建成或基本建成;南涪铁路、渝利铁路、天宝寺水利工程渠系配套、农村公路、涪陵大剧院等25个项目加快建设;涪陵至南川、涪陵至丰都、涪陵至南岸3条高速公路、渝怀铁路复线渝涪段、中山路改造等29个项目开工建设;煤化工、核电厂等项目前期工作进展顺利。

(五)城乡建设成效明显

围绕建成区域性中心大城市的目标,实施“西进、东扩、北跨、南改”的城市发展战略,石板沟长江大桥、乌江二桥、白涛乌江大桥建成通车,长江大桥、涪丰北线等2桥6路取消收费,渝涪高速公路李渡与涪陵收费站合并西移工程开工。江东防护大堤、江北护岸工程开工建设,李渡新区“五纵五横”道路网络基本构筑,城市发展空间明显扩大,“一城两区”的大城市骨架逐步完善。全面完成移民搬迁安置任务,确保了三峡工程试验性蓄水安全;编制三峡工程后续规划,龙头港物流园区、移民生态工业园、江东防护堤、江北护岸工程等一批具有基础性、战略性、带动性的重大项目纳入后续规划。两江广场、五星级酒店及超高层建筑、涪陵大剧院、金科国际商业步行街、高笋塘步行街等一批地标性、功能性大项目同步实施,城市集聚辐射能力进一步增强。城市绿化效果明显,城市园林绿地面积1661公顷,公共绿地面积421公顷,建成区绿化覆盖率为40.1%,城市人均拥有公共绿地9.53平方米,比上年增加2.57平方米。城镇建成区面积扩大到40.3平方公里,新增2.2平方公里。新增城镇人口2.5万人,城镇化率达57%,比上年提高2.4个百分点。农村基础设施建设加快,全年新建成康居点36个,改造农村危旧房843户,新建、改建巴渝新居827户;新修农村公路540公里,农村公路里程达到3138公里,乡镇、村通达率100%,修建人行便道4312公里,通户数达到8万余户;硬化村庄院坝12.3万户、364万平方米;新建垃圾处置场4个、污水处理厂3个、垃圾堆放池14个;新建农村沼气池8901口,沼气综合利用4.36万亩,完成省柴节煤灶4295户,自来水用户9万余户。新建文化娱乐设施124个,组织汇演647场文艺节目,建成农村商业服务设施648个。自然村通电话达到351个,行政村通宽带278个,创建村务公开民主管理示范村120个。

(六)招商引资成效明显

应对金融危机带来的的不良影响,加大招商力度,全年招商引资项目283个,协议资金257.6亿元,到位资金81亿元,同比增长13.5%。攀华集团薄板、恒基伟业太阳能电池等“百亿级”项目成功落地,波士顿锂电池、北京欧尼克环保材料、蒙塔纳软件等高科技项目及稻花香酒业、聚四氢呋喃、己二酸等关联度高的项目成功入驻。全年累计争取新增中央投资3.87亿元,争取移民资金7.1亿元,核定后续规划国家补助资金100亿元左右。全区外贸进出口总额6.1亿美元,比上年增长9.8%,其中出口0.86亿美元,下降28.9%,进口5.24亿美元,增长20.5%。81户企业获得外贸自营出口经营权。

(七)社会事业同步发展

科技创新体系不断完善,实施各类科技项目137项,产生经济效益12.6亿元,科技对经济增长贡献率达45%。有区级独立科研机构2个、国家级企业技术中心1个、市级工程技术研究中心3个、市级企业技术中心6个,有各类科技人才1.65万人;申请专利385件,新增授权专利135件。与重庆大学、长江师院等市内外30多所高校结盟打造产学研共同体,荣获全国科技进步先进区、全国防震减灾综合评估优秀奖和全国技术市场金桥奖,成为重庆市船舶产业创新基地、全市首批信息化与工业化融合试验区,获得“西部地区农民创业促进试点区”、“三峡后续规划试点区”、“移民生态工业园重点区”、“森林工程示范区”等称号。教育事业上新台阶,年末有高等教育学校3所,在校学生20733人;普通高中10所,在校学生2.44万人,高中入学率达97%;有普通初中48所,在校学生4.68万人;普通小学118所,在校学生5.97万人;学龄儿童入学率保持在100%。人均受教育年限达到9年。教育质量进一步提高,高考上线首破6000人大关、重本上线跃上1000人台阶,高考上线率达84%;实施中职学校学生资助政策,职教优势逐渐显现,有各类职业中学8所,在校学生2.65万人;收购象元小学、水电校,分别兴办十六中、城三校，完成5所农村寄宿制学校建设，足额兑现义务教育阶段教师绩效工资。深入实施文化惠民工程，新建乡镇文化站10个、村文化室173个、农家书屋82个，通过“全国先进文化区”复查验收；建成白鹤梁水下博物馆，共有博物馆2个、公共图书馆2个、文化馆(站)27个、艺术表演团体1个，公共图书馆藏书71.1万册，比上年增加9.8万册；举办庆祝中华人民共和国成立六十周年等全区性文化活动158次，举办广场群众文艺演出55场，送文化下乡活动56次。大型情景舞蹈诗《飘香·涪陵记忆》列入全市十大精品剧目，“唱读讲传”活动遍及城乡。有档案馆1个，馆藏档案29.25万卷(册)。现有电视发射台1座，广播电视卫星收转站11座，中短波广播发射台1座，电视综合人口覆盖率95.8%，广播综合人口覆盖率98.6%；有线电视用户为25.1万户，有线电视入户率达到80.5%，城区数字电视整体转换3.4万户。医疗卫生水平不断提高，全年新建和改扩建标准化乡镇卫生院9个、社区卫生服务中心4个、社区卫生服务站5个、村卫生室172个，年末有医疗卫生机构238个，床位总数3918张，有卫生技术人员3992人；有效防控甲型H1N1流感等疫情；中心医院内科大楼开工建设，中医院迁建启动。全区参加新型农村合作医疗85.26万人，比上年增加16.23万人，参合率达94%，比上年提高8.6个百分点。群众性体育设施不断完善，建成中小学塑胶运动场10个、群众健身步道2条、江东体育休闲城一期、乡镇综合体育场地4个和农民健身工程50个；全年举办群众体育活动130次，获市级以上各类运动会金牌84枚、银牌69枚、铜牌78枚。

(八)社保能力显著增强

就业再就业力度加大，组织开展各类职业技能培训13650人次，新增城镇就业人员9873人，城镇登记失业率3.6%。五大社会保险覆盖面继续扩大，全年参加城镇基本养老保险人数9.03万人，增长9.4%；基本医疗保险人数11.22万人，增长4.8%；工伤保险5.43万人，增长10.4%；失业保险7.9万人，增长3.7%；生育保险4.51万人，增长1.4%。参加农村社会养老保险人数6.73万人。积极开展被征地农转非人员养老保险、超龄未参保人员养老保险，启动实施三峡淹没农转非移民养老保险、建筑施工企业工伤保险、大学生医疗保险，顺利完成养老、失业、生育保险待遇调整，“一缓一降两补”政策得以落实。全面推进城乡低保，提高城乡医疗救助水平。享受城镇居民最低生活保障人数30214人，减少816人，农村居民最低生活保障人数43328人，增加15641人；改扩建敬老院17个，大幅调高“五保”供养标准。扶贫工作有效推进，7250户、18352人农村贫困人口纳入农村低保，特困村人均纯收入达到4080元，比上年增加580元，全年减少贫困人口7600人，解决1.5万人交通难、8500人的饮水安全问题，异地扶贫搬迁180户、550人，建成贫困村特色产业村10个，扶贫培训7800人，争取各类扶贫资金投入4827.8万元。认真实施农村移民后期扶持政策，解决城集镇移民遗留问题困难补助资金。大规模启动廉租房建设，困难群众住房保障能力逐步提高，完成投资8000万元，施工面积24万平方米。

(九)宜居环境持续优化

投资2300万元完成环境污染治理项目43个，其中工业污染61.4%治理项目8个，工业废水排放达标率为82.5%，工业固体废物综合利用率，主要企业污染物排放量削减达到预期目标。生活垃圾无害化处理13万吨，处理率达100%。城市环境治理成果显著，城区大气二氧化硫含量、酸雨频率、环境噪声和总悬浮颗粒物含量下降。市容整治成效明显，集中力量对城市脏、乱、差等进行专项整治，基本实现坐商归店、摊户归区、夜市归点、农贸归市、车辆归位，市容市貌得到有效改善，文明城区、山水园林城区和卫生城区创建活动有效推动。全面实施“森林工程”建设，全区新造林1万公顷，天然林管护8.83万公顷，幼林抚育5533公顷，四旁绿化植树300万株，义务植树300万株，退耕还林项目投资4400万元；全区森林面积达到12.61万公顷，森林覆盖率42%。

(十)平安涪陵有效推进

全面推行政务公开，充分发挥政府内部监督、社会监督和舆论监督作用。顺利实施区政府机构改革，整合行政审批和综合执法职能，着力提高行政效能。高度重视安全稳定工作，深入开展安全"大排查大整治大执法"行动，继续推行干部"大下访大接访大走访"活动。成立10个信访安全督察组全面开展督察，坚持区级领导信访包案制，有效化解一批信访积案，安全稳定工作长效机制逐步完善。开展以"打黑除恶"为重点的专项整治行动，加强社会治安综合治理，人民群众安全感进一步增强。

二、发展中存在的问题

一是二元结构矛盾突出，农业基础依然脆弱，农民增收空间缩小；二是重点工业项目投产推迟，重点企业受市场、要素等因素影响增势减弱，工业经济高位运行的基础仍待夯实；三是商贸流通受大型设施建设滞后影响，全面发力尚需时日，外经外贸、物流运输受金融危机冲击出现较大幅度下降；四是信贷资金规模仍然偏小，"垒大户"现象明显，中小企业和涉农企业融资困难；五是社会事业历史欠账较大，多元化投入不足，发展相对滞后；六是维稳压力仍然较大，安全事故时有发生，社会治安尚有薄弱环节；七是少数部门和机关工作人员创新精神不强、办事效率不高、工作落实不力，个别领域不正之风和消极腐败现象依然存在。

三、2010年发展目标

2010年全区经济社会发展的主要预期目标为：地区生产总值增长20%；规模以上工业企业总产值增长30%；农业总产值增长7%；社会消费品零售总额增长22%；全社会固定资产投资增长30%；地方财政收入增长20%；各项贷款余额增长20%；实际利用内外资增长30%；城市居民人均可支配收入增长12%，农民人均纯收入增长13%；万元地区生产总值能耗下降4%，化学需氧量和二氧化硫排放量分别下降2%和3.5%；城镇登记失业率控制在4.3%以内；科技对经济增长的贡献率达46%；人均受教育年限达9.5年；体育人口达42%，"四苗"接种率达97.5%；人口自然增长率控制在5‰以内。

(涪陵区政府办公室　李润奇)

长寿区

一、2009年发展回顾

2009年，是长寿经受严峻考验并取得较好成绩的一年。全区实现地区生产总值(GDP)176.4亿元，按可比价计算，增长16.5%，比上年同期提高1.4个百分点。其中：第一产业实现增加值19.2亿元，增长5.5%；第二产业实现增加值86.6亿元，增长17%；第三产业实现增加值70.6亿元，增长18.9%，第三产业增加值占全区生产总值的比重达40%，比上年提高10.2个百分点。按常住人口计算，人均GDP为22966元，比上年增长20.8%，按国家公布的2009年平均汇率计算，达到3363美元。全区实现工农业总产值332亿元，比上年增长11.6%。国民经济三次产业结构进一步优化。三次产业结构比由上年的13.0:57.2:29.8调整为2009年的10.9:49.1:40。民营经济加快发展。初步测算，在全区生产总值中，民营经济实现增加值104.1亿元，比上年增长16.7%，占全区生产总值的比重为59%。财政收入平稳增长。全年地方财政收入22.8亿元，比上年增长31.7%。其中，一般预算收入13.3亿元，比上年增长47.7%。年末区内金融机构各项存款余额达到219.3亿元，比上年增长37.3%，其中：居民储蓄存款余额130.9亿元，比上年增长20.4%；区内金融机构各项贷款余额117.1亿元，比上年增长67.5%。

(一)农业生产稳定发展

2009年,全区全年实现农业总产值29.9亿元,比上年同期增长6.0%;实现农林牧渔业增加值19.2亿元,比上年增长5.5%。粮食总产量达37.8万吨,增长1.9%。蔬菜产量22.7万吨,比上年增长3.2%;出栏生猪63.7万头,比上年增长3.1%;肉类总产量6.1万吨,比上年增长4.1%;水产品产量1.8万吨,比上年增长11.9%。农业商品产值19.7亿元,比上年增长17.7%。全区农村基础设施建设稳步推进。新修整治各类水利工程1697处,完成病险水库除险加固6座,解决3.6万人饮水安全问题。建成农业综合服务社60个,专业合作社118个。“一建三改”工程稳步推进。全年累计完成“一建三改”7233户。农村沼气入户率达41%。推广补贴类农机新机具3917台,农业机械化率达27%。

(二)工业经济快速回升

2009年,全区实现工业增加值74.6亿元,比上年增长14.1%,占GDP的比重达42.3%。全区工业总产值再次迈上新台阶,突破了300亿元,达到302亿元,同口径比上年增长12.1%。其中,规模以上工业实现总产值178.5亿元,比上年增长3.1%;区属工业完成总产值197亿元,占全区工业总产值65.2%,比上年增长33.2%。同时,区属工业实现工业产品销售产值180.2亿元,比上年增长26.5%;区属工业产品销售率达到91.5%。全区建筑业稳步发展,年末全区具有资质等级以上的建筑企业76家,全年实现建筑业增加值12.1亿元,比上年增长35.9%。年末建筑业总产值72.6亿元,比上年增长43.1%。

(三)第三产业全面提速

全年实现社会消费品零售总额46.4亿元,比上年增长21.1%。各类连锁商业规模效应进一步显现。年末,全区连锁商业网点达到136家,全年连锁商业销售额20.6亿元,比上年增长28.7%。此外,葛兰、云台、双龙、海棠、云集等商业中心启动建设,新建镇级超市37个,村级便民店505个,城乡流通网络基本形成,城乡流通网络进一步完善。实施减免房屋交易契税等政策,兑现家电、汽摩下乡补贴1563万元,刺激了城乡消费。

(四)固定资产投资再创新高

全年完成全社会固定资产投资228.5亿元,比上年增长53.7%,其中:完成工业投资152.5亿元,比上年增长40.4%。房地产开发投资26.4亿元,比上年增长33.9%;基本建设与改造完成投资202.1亿元,比上年增长56.7%。

(五)交通运输业稳步发展

全年实现交通运输、仓储和邮政业增加值19.7亿元,比上年增长10.4%。交通运输业稳步发展。全年完成客运量4467万人次,比上年增长14%;旅客周转量116399万人次公里,比上年增长19.2%;货物运输量2605万吨,比上年增长21%;货运周转量254759万吨公里,比上年增长21%。电信建设步伐稳步推进,通信能力进一步加强。年末,全区固定电话用户26.5万户,互联网宽带用户5万余户。移动电话用户31万户,移动通信覆盖全区,村村通电话工程已基本实现。

(六)对外开放步伐加快

引进项目144个,协议引资286.9亿元,比上年增长35.2%;实际到位资金160.5亿元,增长17.3%;实际利用外资6647万美元,比上年增长79%;实际利用内资47.5亿元,比上年增长44.2%。全区外贸企业实现外贸进出口总额14438万美元,比上年下降16.8%,其中:进口8277万美元,比上年下降27.8%;出口6160万美元,比上年增长4.7%;进口大于出口2117万美元。

(七)旅游事业积极推进

长寿湖、大洪湖生态旅游综合开发平稳推进,菩提山旅游开发工作顺利启动,为打造休闲旅游胜地创造了条件。巴乡谷、小河园、西山休闲山庄等一批农家乐生意兴隆。全年接待游客150.8万人次,比上年增长11.6%。实现旅游总收入2.19亿元,比上年增长11.7%。

(八)教育事业全面进步

全区现有职业高中3所,普通高中28所,

小学88所,幼儿园62所。全区在校(包括幼儿园)生11.6万名。小学适龄儿童入学率达到100%,初中入学率达99.9%,初中升入高中阶段的升学率达到87%以上。2009年高考成绩再创新高,升入大专及以上人数达到3525人,比上年增长11.3%。科技实力进一步增强。2009年,全区共投入科技项目经费5001万元。此外,高新技术产业增加值占工业增加值的比例为22.3%;全区万人授权专利数0.67件,同比增长1.6倍。

(九)文化事业蓬勃发展

年末,全区有文化事业机构19个,公共图书馆1个,藏书量60.34万册,比上年增长0.9%;广播覆盖率和电视综合覆盖率达100%,城区数字电视覆盖率达到28.5%;电影院2个。举办"万人唱红歌"等文艺展演系列活动16场次。订阅《读点经典》3000余册,开展"读点经典"活动12场,编辑出版《经典长寿》、《故事长寿》各10000册,开展"红色周末广场故事会"100余场次。

(十)卫生事业稳步发展

年末,全区卫生机构156个,卫生机构床位2794张,卫生机构人员3077人,其中:卫生技术人员数2593人。一年来,完成孕产妇产前检查5535人次、妇女常见疾病筛查5934人次;切实加强了孕产妇管理系统,管理率为90.96%,住院分娩率为99.06%,全区孕产妇死亡1例,死亡率为16.43/10万,婴儿死亡率为5.59‰。

(十一)全民健身运动蓬勃开展

全年全区举行各种经常性的体育活动300余次,举办社会体育指导员、篮球裁判员等各类体育培训班3期,二级裁判员30名、三级裁判员32名。竞技体育备战成效显著,在本年度的田径、游泳、射击比赛中,全区共夺得12个第一名、10个第二名、11个第三名,一级运动员2人、二级运动员22人,2次破市中学生纪录。

(十二)就业与社会保障工作取得新进展

全区财政对社会保障和就业支出5.2亿元,比上年增长50.2%;新增就业岗位13890个,比去年同期增加2867个,增长26%;城镇登记失业人数3847人,登记失业率3.21%,比去年同期下降0.03个百分点。参加养老保险、失业保险、医疗保险、工伤和生育保险的人数有所增加。人民生活稳步提高,城乡居民收入保持平稳较快增长。城镇居民人均可支配收入14927元,比上年增长11.3%;农村居民人均纯收入5437元,增长10.9%。

(十三)"五型长寿"建设加快推进

森林长寿:"两山一带"森林公园、江南森林钢城等重点项目加速推进,全面完成境内高速公路通道绿化。累计投资5亿元,完成造林19.5万亩,森林覆盖率达32.3%。畅通长寿:完成交通建设投资11.5亿元,长寿长江公路大桥竣工通车、茶涪路重钢保障通道建设完成,城区至晏家连接干道基本完工,硬化、油化乡村公路791公里。宜居长寿:投资51.8亿元,新开工商品房161万平方米,竣工91万平方米。新建定向销售住房77万平方米、廉租房7.8万平方米,建成"巴渝新居"861户,改造农村危旧房508户。建立城市多功能复合生态走廊,建成区绿地率达32.6%,人均公园绿地面积9.1平方米。健康长寿:投资3.1亿元,成功承办重庆市第一届业余铁人三项挑战赛、首届中国长寿湖环湖自行车国际邀请赛。区体育中心建成投用,新建9个学校塑胶运动场、44个农民体育健身工程、16条全民健身路径。完成区医院扩建和区中医院、区妇幼保健院迁建主体工程。改扩建2所镇卫生院,新建5个社区卫生服务中心(站)和159个标准化村卫生室。重庆健康科技产业基地落户长寿,成功创建统筹城乡食品药品安全示范区。城镇和农村居民医保参保率分别达94.2%、95.6%。平安长寿:投资3.7亿元,加强安全、稳定、应急等建设,推行安全隐患销号制。深入开展严打综合整治和打黑除恶专项行动。开展大走访攻坚行动,解决问题1912件。

(十四)"两园一廊"建设成绩显著

化工园区、晏家园区和街镇工业走廊共新引进企业60家,协议引资190亿元,累计建成投产企业165家。实现79.8平方公里控规全覆盖，完成公用基础设施投资11.6亿元。重钢4100㎜宽厚板、德固赛三聚氯氰、云天化二期等15个项目建成投产,“百亿川维”等项目开工建设,MDI二期平场等项目顺利完成前期工作,林德、钛白粉等项目签约落户。“两园”清理闲置土地34宗(化工园区22宗,晏家园区12宗),建立闲置土地数据库,采取“腾笼换鸟”和项目置换等方式,加大停工停产项目清理力度。街镇工业走廊开展城乡建设用地增减挂钩试点，新增建设用地指标45公顷。化工园区被评为中国十大最佳投资环境工业园区。

(十五)节能减排工作成效显现

在节能方面，全年万元GDP综合能耗为2.17吨标煤,比上年下降4.4%。在减排方面,全面落实总量减排的相关政策，扎实推进总量减排工作。全区化学需氧量、二氧化硫净减排106.2吨、5407.4吨，较上年分别下降0.9%和13.8%，完成2009年任务量的199.9%和100.2%。实施结构调整减排项目8项,减排二氧化硫6413.9吨,化学需氧量1510吨。加大环境整治力度,突出解决企业生产污染、城乡生活污染等问题,城市空气质量有所改善。城市大气中二氧化硫、可吸入颗粒物、二氧化氮日均浓度分别为0.048毫克/立方米、0.107毫克/立方米、0.031毫克/立方米,与上年相比,可吸入颗粒物上升9.2%,二氧化硫、二氧化氮分别下降4%、3.1%。区域环境噪声平均值为51.8分贝;城市生活污水处理率达到97%、垃圾无害化处理率达100%。

(十六)三峡移民搬迁安置任务全面完成

安置城乡移民861人，复建房屋1.2万平方米,完成库区基础设施复建项目205个。对口支援无偿援助到位资金625万元，兑现后扶补助资金6048万元，启动移民生态工业园建设，移民培训就业基地建设有序推进。三峡后续规划编制工作全面展开。

二、发展中存在的问题

一是区域经济总量偏小，经济增长方式和支柱产业结构单一，核心竞争力不强。二是土地、天然气、煤炭、运力、资金、技术以及人力资源等瓶颈愈加显现。三是城乡统筹力度有待加强。一方面,城市建设正处在高投入期,一时难以跨越到高收益期;另一方面,农村的开发处于起步阶段,需要大量投入,客观上存在着城乡争投资的现象。四是全面协调可持续发展能力有待增强,环境保护和节能减排形势严峻,经济结构调整力度尚需加大,自主创新能力有待提升。五是城乡公共设施、保障措施欠账较多,短时间难以根本改观,构建和谐社会任重道远。六是政府社会管理职能和公共服务职能尚需进一步强化;机关作风、依法行政水平有待进一步改进和提高。

三、2010年发展目标

2010年全区经济社会发展主要预期目标是:地区生产总值增长22%,地方财政一般预算收入增长25%，全社会固定资产投资增长31%,社会消费品零售总额增长26%,进出口总额增长73%，实际利用外商直接投资增长3.5倍，利用内资增长16%。万元GDP能耗下降4.6%，化学需氧量、二氧化硫排放量分别削减3%和18.79%。城镇居民人均可支配收入、农村居民人均纯收入均增长15%，城镇登记失业率控制在4%以内。

(长寿区政府办公室 程 康)

江津区

一、2009 年发展回顾

2009 年,江津区实现地区生产总值 249.3 亿元,同比增长 16.5%;完成固定资产投资 197 亿元,同比增长 35.7%;预算内地方财政收入 25.4 亿元,同比增长 34.6%;社会消费品零售总额 88.7 亿元,同比增长 21.1%;城镇居民人均可支配收入、农村居民人均纯收入分别达到 14939 元、6041 元,增长 11.3%、11.6%;城镇登记失业率、人口自然增长率分别为 2.6%和 0.5‰。

(一)经济综合实力显著提升

工业强区再上台阶。全区工业总产值、工业增加值分别突破 400 亿元、100 亿元,其中规模以上工业企业产值达到 310.7 亿元,同口径增长 35.1%。完成工业投资 84.4 亿元,同比增长 43.1%。新增规模企业 52 家,亿元级企业增至 49 户,税收超千万元企业增至 19 户,工业经济效益综合指数达 241.4 点,单位生产总值能耗四年累计下降 18%,连续七年跻身重庆工业十强区县。

农村经济稳步增长。农业总产值、增加值分别达 60.3 亿元、40.8 亿元,同比增长 5.8%、5.7%。全年生产粮食 65 万吨,蔬菜 56.4 万吨,柑橘 9.6 万吨,花椒销售收入 10.8 亿元。建成畜禽标准化规模养殖场 677 家,肉类总产量达 8.1 万吨。整合各类财政性资金,投入 4.4 亿元用于新农村建设,发放各类直补资金 1.9 亿元。整治和新修乡村公路 350 公里,硬化人行便道 322 公里。实现李市阳石电力供区整体移交,投入 1.2 亿元完成年度农网改造任务。整治病险水库 32 座,全面完成三年整治销号任务,解决 14.3 万城乡居民饮水安全。

第三产业持续发展。社会消费品零售总额达 90.5 亿元,同比增长 21.1%。遗爱池商业中心项目、渝惠双福国际农贸城项目以及攀宝金属材料市场成功引进,恒大·金碧天下、富侨、富麒等五星级酒店建设加快。滨江美食街被命名为市级美食街。圆满完成粮食清仓查库工作,获全国先进。限上商贸企业新增 68 家,完成 810 个镇级超市、村级便民店和农资店建设。全区家电、汽摩下乡销售总额列全市第二位。清溪沟水库被评为国家水利风景区。成功举办“中国第二届七夕东方情人节”。全年接待游客 274.8 万人次。房地产业迅速复苏,竣工、销售面积同比分别增长 94%、93.2%。

财税金融增势强劲。贯彻落实减税让利政策,强化财税收入征管,实现预算内地方财政收入 25.4 亿元,增长 34.6%,比 2007 年翻了近一番。实现地方财政支出 43.8 亿元,增长 30.7%。更加注重民生投入,教育、卫生、社会保障支出分别增长 34.2%、50.9%、48.3%。金融机构存贷款余额分别增长 38.9%、49%。保险机构实现保费收入 7.5 亿元,赔付金额 1.6 亿元。华信公司年内到位融资是上年的 5.6 倍,为迎宾长江大桥、西江大道等重大基础设施项目建设提供了资金保障。三峡、诚信和绿丰担保公司担保余额超过 10 亿元,新增担保贷款 7 亿元。

(二)“五个江津”建设全面推进

宜居江津有序实施。完成 20 平方公里城市郊野公园规划,积极创建市级文明城区工作先进城区,新建城市、社区商业设施近 5 万平方米,城市公共服务体系不断完善。实施“蓝天、碧水、绿地、宁静”行动,削减化学需氧量、二氧化硫排放量分别达 2900 余吨、1.5 万余吨,城区空气质量优良天数达317 天。主城区上档升级二期工程、数字化城市管理信息系统建设全面完成。建设廉租房 15.7 万平方米,改造农村危旧房 810 户,新建巴渝新居 1230 套。

畅通江津亮点纷呈。绕城高速、渝泸高速一期、先锋连接线建成通车,“融城”交通提档增速。境内二级公路取消收费,油滩路、李嘉路全面建成,龙放路、仁沱大桥及引道工程进展顺利。累计建成农村公路3781公里,镇街畅通、行政村通达率均为100%,行政村通畅率74.1%,连续12年获全市公路工作目标考核一等奖。石门码头一期工程建成投产,五举沱码头实现装机,滩盘码头建设加快。主城区路面管控和交通组织力度增强,出行环境不断改善。

森林江津初见成效。突出森林城市、森林通道和森林农村三大主题,投资5亿元,完成森林工程建设任务15.9万亩。鼎山大道、中央大道等绿化工程推进顺利,主城区共栽种高品质大树8万余株,绿化公路70公里,新建西半城绿化广场、琅山社区公园等9万平方米,主城区人均公共绿地面积超过16平方米。

健康江津进展良好。启动医药卫生体制改革,投入8.5亿元,强化医疗卫生基础设施建设,区中心医院、中医院迁建工程推进顺利,区妇幼保健院和10家镇街卫生院改建工程全面完成。甲流疫情防控科学有序。调整城乡医疗保险管理体制,全年救助困难群众14.3万人,看病难问题有效缓解。被评为"出色完成人口计生目标任务先进区"。成功举办全国门球锦标赛等大型赛事,群众体育工作连续4年获全国表彰。推动文化大发展大繁荣,全年文化投入增长46.3%,建成12个镇街综合文化站,完成629个自然村电视"村村通"工程。"唱读讲传"蓬勃开展,极大提振了全区人民干事创业精气神。

平安江津巩固提高。狠抓安全生产大排查大整治大执法,努力建设安全保障型城市,生产安全事故、死亡人数分别下降14.5%、11.6%。实施人防疏散基地建设工程,不断完善应急管理和防灾减灾体系,妥善应对和处置各类自然灾害和突发事件,在珞璜、龙华等地滑坡抢险中,安全转移灾民571户、1927人,实现零伤亡目标。旗帜鲜明打黑除恶,打掉涉恶团伙3个。投入2500万元建设公安消防站和购置消防设备,提前一年完成镇街多种形式消防队伍建设任务。推进重大信访突出问题处置和信访积案化解,"干部大走访活动"获全市创新突出奖。

(三)重点领域工作扎实有效

工业园区发展提速。全年争取征地指标近万亩,有力保障了园区重大项目用地。园区实现工业总产值165.7亿元,完成固定资产投资84.7亿元,同比增长72.3%。双福三横三期、德感平溪路等重点工程竣工投用;职教创业基地完成基础设施投入3亿元,一期工程3条主干道建成通车。ABB、龙煜铜管二期、建工钢结构生产线等项目建成投产;渝安汽车、东方光大、重齿风电、益海嘉里等项目进展顺利。

城市建设步伐加快。滨江新城控制性详细规划、绿地系统和公园概念性规划编制完成,迎宾长江大桥开工建设、西江大道推进顺利。东部新城累计完成房地产开发350万平方米。元帅大道获全国市政工程"金杯奖"。编制完成镇域规划21个,获全市城乡规划管理先进单位。启动白沙市政道路改造,开工建设双福、四面山等9个污水处理厂。全年新增城镇人口3.8万人,城镇化率达56.7%,城镇建成区面积达80.1平方公里。

城乡统筹创新推进。完善农村建设用地复垦和农民自愿退出宅基地进城购房补助政策。复垦置换农村建设用地7896亩,占全市79%,江津农民获"地票"交易收益2.9亿元。现代农业园区成为市级现代农业示范区和统筹城乡集中示范点,成功引进晋愉等项目入驻,完成投资3亿元,规模流转土地1万亩。亨嘉公司率先运用"3S"数字技术,在龙华建成高标准样板果园2400亩。全面完成三峡工程移民搬迁安置任务。专业合作社、综合服务社发展模式在全市推广。

投资拉动强劲有力。把扩大投资作为拉动经济稳定增长的关键,争取中央新增投资和重庆市级投资4.5亿元,迎宾长江大桥、旧城上档升级等107个全区重点项目投资突破百亿元,带动全社会固定资产投资实现197亿元,超过年初调控目标12.7个百分点。

开放水平不断提高。坚持大开放促大发展,招商引资新引进东方光大、嘉川汽车等项目192个,其中10亿元以上项目15个,实际到位资金101.5亿元,同比增长58.6%。玖龙纸业公用码头及海关监管场所启动建设,龙煜铜管海关监管仓库投入运营,兰家沱港集装箱运输功能全面开通。全年实际利用外资超过1亿美元,同比增长58.7%,实现进出口总额1.4亿美元,新增外贸出口企业5家。

(四)和谐社会构建成效明显

科技教育加快发展。科技工作继续保持国家先进,专利申请和授权量同比分别增长86%、181%。实施人才引进计划,面向海内外公开招聘硕士及其以上学历高层次人才36名。全面落实义务教育阶段教师绩效工资政策,完成顺江小学、支坪中学续建工程,新建寄宿制学校5所,按期完成563所学校、2562栋校舍安全排查鉴定。新增国家级和重庆市级名师、名校长7名,全区高考上线率达84%。江津八中创市级重点成功,重庆交通职业学院、江津职业学院建成招生,重庆能源职业学院、重庆工程职业技术学院等高校陆续入驻。

社会保障更加完善。全面加强社会保障,五大保险参保人数达60.4万人。完善社会救助体系,五保对象补助标准同比提高30%,7.1万城乡困难群众基本生活得到保障。维护城乡劳动者合法权益,为农民工追欠工资1700余万元。新农合参合率达98.7%,城镇居民医保参保人数达18万人。社会福利院、精神病康复院开工建设,新建和改扩建敬老院10所,新增床位1083张。

济困帮扶力度加大。投入资金480万元,推进3个村整村脱贫。实施红层找水,打井2200口,解决农村8100多人饮水困难。深入开展"送温暖、惠民生"活动,投入2000多万元,慰问了15.8万名城乡低保户、受灾户、优抚对象和老干部,确保了困难群众和特殊群体有衣穿、有饭吃,温暖过冬。

二、发展中存在的问题

一是经济总量偏小,重大项目储备不足,经济增长动力有待增强;二是城乡二元结构矛盾突出,南北发展、东西发展差距较大,统筹城乡区域发展任务艰巨;三是产业结构不够优化,IT等高新技术产业比重较弱;四是三产发展相对滞后,缺乏大型的专业市场和大卖场,现代物流体系亟须完善;五是征地拆迁、企业改制等涉及利益调整的社会矛盾不断凸显,影响社会和谐稳定的因素依然较多;六是政府行政效率有待提高,服务基层的能力有待增强。

三、2010年发展目标

2010年,全区经济社会发展的主要目标是:地区生产总值增长15%;规模以上工业产值增长32%;社会消费品零售总额增长20%;全社会固定资产投资总额增长30%;预算内地方财政收入增长28.6%;城镇居民人均可支配收入和农民人均纯收入分别增长12%、12.5%;城镇登记失业率、人口自然增长率分别控制在4%和2‰以内。

(江津区政府办公室　马小林)

合川区

一、2009年发展回顾

2009年,是合川区全面实施"3421"工作思路的开局之年。面对全球金融危机,在市委、市政府的坚强领导下,全区深入贯彻科学发展观,认真落实"314"总体部署和国发3号文件,着力推进"五个重庆"建设,圆满完成了各项任务,在2009年度重庆对区县考核中合川区取得了同组第一的优异成绩。

(一)"五个重庆"建设全面推进

"五个重庆"建设各项年度目标任务超额完成。"森林重庆"成效明显,森林覆盖率提高到

35%。“畅通重庆”加快建设,区域交通网络更加完善,通行能力明显提升。“健康重庆”稳步实施,医疗保障水平不断提高,全民健身运动蓬勃开展。“平安重庆”扎实推进,各项考核指标位居全市前列。“宜居重庆”全面启动,城市美化亮化净化工程加快推进。

(二)“3421”工作顺利开展

“三大奋斗目标”取得重大进展。全方位、宽视角、广领域加大对外宣传,合川知名度和美誉度明显提高,打造知名旅游城市力度进一步加大。区域性中心大城市加快建设,城市建成区面积扩大到35.9平方公里,城市人口达39.6万人。旧城改造力度空前,城市功能逐步完善,城市美丽形象持续提升。

“四大战略”开局良好。以平台搭建、全民招商为抓手,产业发展亮点纷呈,“富强合川”初见成效。以科学规划为先导,提升与改造并举,建设与管理并重,“美丽合川”焕发新活力。以确保“四个安全”为目标,努力促进社会稳定和谐,“平安合川”奏响新乐章。以挖掘培育德润资源为依托,大力弘扬“三种文化”,“德润合川”提振了全区人民精气神。

“双十工程”成效显著。涉及发展和民生的百个重点工作任务全面完成,实现投资143亿元,占全年固定资产投资的71.5%,成为提振经济社会发展的主动力。

(三)经济结构不断优化

2009年实现地区生产总值228.75亿元,比上年增长16.3%;其中,第一产业增加值33.25亿元,增长5.5%;第二产业增加值102.32亿元,增长22.6%,其中工业增加值76.84亿元,增长24.0%;第三产业增加值93.18亿元,增长14.5%。按常住人口计算,人均地区生产总值17822元,按当年汇率折算达到2609美元。经济结构进一步优化,工业经济所占比重进一步提高,三次产业增加值比例调整为14.5:44.7:40.8。

(四)“三农”工作取得新成绩

2009年实现农林牧渔业总产值48.4亿元,比上年增长6.8%。粮食总产量达70.4万吨,其中夏粮5.9万吨,秋粮64.5万吨。农作物种植结构有所调整,全年粮食播种面积为178.0万亩,比上年增加0.8万亩。农产品优质化水平提升,优质率继续提高。林牧渔业稳定发展,全年肉类总产量9.0万吨,比上年增长4.9%。全年水产品总产量1.79万吨,增长5.0%。

政策扶持力度加大。全面落实各项支农惠农政策,发放各类农业政策补贴8890万元,农业保险补贴787万元。

农村发展基础不断夯实。实施农业综合开发1.96万亩,完成11座病险水库整治,治理水土流失70平方公里,解决7.35万人饮水安全问题。“千百工程”加快推进,建成生态家园6120户、“巴渝新居”1386户,新建改建农村公路345公里,行政村通畅率提高到77%。4个统筹城乡示范点建设初显成效。全年完成造林16.8万亩,建成苗木基地2500亩,改造低效林2万亩,重点打造龙多山等3个万亩绿化示范片,集体林权制度改革发证率达99%,森林资源管护进一步得到落实。

劳务经济成效明显。培训农村劳动力5.2万人,新增农村劳动力转移4.1万人;实现劳务收入39.7亿元;新增农民工返乡创业667户。国家发改委批准合川区成为中国西部农民创业促进工程试点区。

(五)工业经济取得新突破

2009年实现工业总产值232亿元,同比增长46.8%,其中规模以上工业企业完成总产值131.9亿元,比上年增长46.9%,按轻重工业分,分别完成总产值68.98亿元、62.91亿元,分别增长59.8%和29.6%。其中国有及国有控股企业完成总产值19.52亿元,增长2.0%。大中型企业完成工业总产值46.67亿元,增长14.2%。规模以上工业增加值51.3亿元,增长33.5%。

“一园五区多团地”建设强力推进。努力搭建大平台,新建道路19条40公里,基础设施辐射20平方公里。工业园区核心区配套功能基本完善;草街拓展区骨干路网基本形成,建成草街水厂和配气站;城北拓展区路网建设快速推进;

新设渭沱化工产业区、草街创业园,三汇拓展区完成控规编制,3 个新区基础设施即将启动。土场银翔新区工业大道完成路基建设,清平玻璃、太和丝绸等特色工业团地不断壮大。

“九大产业”加快发展。双槐电厂二期建设获批,沥鼻峡煤田、草街航电枢纽进展顺利,能源产业布局趋于完成;昌兴、冀东等水泥项目快速推进,金九、富丰水泥扩能项目点火投入运行,水泥年产能达 700 万吨;60 万吨真空制盐项目开工建设,化工产业取得突破;五洲龙客车、东本机械等重大项目相继落户,装备制造业提速发展;引进重啤 30 万千升、领先食品等农产品加工项目,食品加工业不断壮大;轻纺工业园、平氏纺织服装等项目开工建设,纺织服装业基本成型;生物制药、电子元器件成功实现破题。

(六)第三产业呈现新气象

2009 年实现社会消费品零售总额 84.01 亿元,比上年增长 21.8%。按城乡分,城区消费品市场实现零售额 46.24 亿元,增长 22.6%;农村消费品市场实现零售额 37.77 亿元,增长 20.9%。分行业看,批发和零售业零售额 66.92 亿元,增长 21.3%;住宿和餐饮业零售额 17.02 亿元,增长 23.7%。全年实现商品销售总额 161.03 亿元,比上年增长 31.3%,实现住宿和餐饮业营业收入 20.59 亿元,同比增长 36.2%。

城乡商贸持续发展。批发零售贸易实现商品销售额 191.2 亿元,增长 31%。华地王朝五星级酒店主体工程加快建设。义乌小商品批发市场、茂田国际建博城进展顺利,完成城区蟠龙路、较场坝标准化菜市场和二郎等 5 个镇级农贸市场规范改造,创建市级美食街 1 条、示范社区商业中心 2 个,建成镇级超市、村级便民店 1003 个,“万村千乡市场工程”实现镇村全覆盖,城乡商贸流通网络体系基本形成。扎实开展家电、汽摩下乡和汽车以旧换新,实现销售额 2.4 亿元,发放补贴 1981 万元。

旅游产业稳步提升。加快钓鱼城和涞滩古镇景区建设,在中央电视台等主流新闻媒体强力宣传推介合川,成功举办首届“钓鱼城旅游文化节”,乡村旅游蓬勃发展。全年接待游客 153 万人次,实现旅游收入 1.9 亿元,分别增长 53%、57%。

房地产业健康发展。及时出台鼓励扶持政策,推行拆迁货币化安置,有力促进房地产市场迅速回暖。拍卖房地产开发用地 599 亩,新开工商品房 126 万平方米,增长 88.5%,商品房销售面积 85 万平方米,增长 80%。

金融保险业较快发展。在合金融机构增至 9 家、保险机构增至 13 家;存款余额 259 亿元,贷款余额 173 亿元,分别增长 34.9%和 70.6%;金融经营收入 2.4 亿元,保费收入 4.8 亿元,共实现税收 8900 万元,其中本级税收 4200 余万元。

(七)引资争资实现新跨越

招商引资取得历史性突破。全区上下齐心协力,四面八方各显神通,多方位搭建招商平台,多层面开展大型招商活动,建立健全招商引资目标责任制,多措并举,强力出击,全年新签招商引资项目 190 个,协议总投资 555 亿元,增长 80%;到位资金 73 亿元,增长 123%;实际利用外资 3300 万美元,增长 121%。

争资引项再上新台阶。抓住国家扩大内需和贯彻国发 3 号文件的机遇,建立完善争资引项激励机制,向上争取项目 354 个,到位资金 10 亿元,增长 39%。

融资工作成效显著。强化银政、政企合作,全年融资到位 65.6 亿元,增长 350%;环城大道、白鹿山和高职教城路网等 BT 项目顺利实施。

(八)民计民生得到新改善

全年财政民生支出 14.36 亿元,占一般预算支出的 51.67%。

城乡就业成效显著。新增城镇就业人员 1.42 万人,帮助指导下岗失业人员实现就业再就业 1.13 万人,帮助就业困难对象就业再就业 2964 人,城镇登记失业率控制在 1.91%。落实再就业扶持政策性补贴 2100 万元,发放再就业小额贷款 5823 万元。

社会保障体系不断完善。“五大保险”新增

参保8.2万人,增长57%。城乡低保、农村五保实现应保尽保,保障标准进一步提高。全面启动城乡居民社会养老保险试点,参保43.4万人。设立德润合川爱心基金,已募集到位608万元。低收入群体住房条件逐步改善,20.4万平方米廉租房建设加快推进,启动国有工矿棚户区改造。残疾人康复、救助工作扎实推进。办理法律援助案件1037件。

安全稳定工作进一步加强。财政安排1400万元,建立安全生产、信访稳定、平安合川三大基金。全面开展安全生产大排查大整治大执法活动,各类安全事故起数和死亡人数分别下降17.9%和16.2%。坚持领导大接访、干部大下访和大走访,扎实开展"村(居)民开放日"活动,解决群众合理诉求7000余件、突出信访问题300余件,群众到市集访批次、人次同比下降71.4%、88.5%。新增社会公共安全视频系统前端摄像头312个,启动建设阳光警务查询监督系统,开工建设公安"三所一队"和消防指挥中心。社会治安状况进一步好转,群众安全感明显上升。

(九)城市建设开创新局面

规划体系更加完善。确立了"一心五片"组团式发展空间布局,完成城市总体规划修编,编制历史文化保护等3个专项规划、4个城市片区控规、25个镇总规及85个新型农村社区规划。

旧城改造大举推进。筹资26.6亿元,快速完成"两片"拆迁7500余户、60万平方米,成功引进上海兆甲实业公司、重庆小天鹅集团实施"两片"综合开发;丝厂、溪子口、食品厂等片区20余万平方米旧城改造完成招商。

基础设施不断完善。南城干道"白改黑"二期工程基本完成,建成文化艺术中心、规划展览中心和客运中心。沙溪立交、城北大道、白鹿山和高职教城路网等重大基础设施启动建设,入城隧道累计掘进1公里,带动新城加快开发。涪江一桥、南屏嘉陵江大桥、小沔渠江大桥加快推进,合华路、云大路建成通车,盐三路、太大路、盐旧路等进展顺利。襄渝铁路二线合川段投入试运行,遂渝铁路二线、兰渝铁路启动建设。双槐、盐井运煤码头完成水下工程,石盘沱货运码头开工建设。筹资4.1亿元回购仪北路、合武路、合隆路,二级公路收费全部取消。

人居环境切实改善。扎实开展市级文明城区创建和城区环境秩序综合整治,建成社区公园8个,完成钓鱼城大道、涪江二桥南桥头等重要节点绿化景观工程,新增城市绿地329万平方米。数字化城市管理系统覆盖面积15平方公里。完成路灯节能改造一期工程,新建10个地埋式垃圾站。实施节能减排项目14个,空气质量优良天数达到335天。

小城镇建设步伐加快。安排1350万元,支持各镇实施基础设施建设及市容整治,积极推进场镇危旧房改造。草街航电枢纽淹没区场镇房屋搬迁进展顺利。

二、发展中存在的问题

一是经济社会发展和城市建设虽然进步明显,但横向比差距较大,在11个工业商贸镇街中居中下游水平,与区委、区政府和全镇人民的要求还有较大差距;二是思想解放的意识不强,开放创新的力度不够,你追我赶的发展氛围还未真正形成,部分党员干部事业心和责任感还不强,安于现状,得过且过;三是工业经济基础薄弱,受国际、国内经济形势影响明显,招商引资基础较差,效果不明显;四是地方财政收入结构不合理,税收收入占总收入的比例很小,国有土地出让和社会抚养费收入比重偏大;五是政府自身建设与新形势、新任务的要求还有差距,个别党员干部素质不高,干部队伍建设有待加强,干部管理、目标考核和廉政建设有待加强;六是安全形势不容乐观,交通事故仍有发生,机动车驾驶员安全意识不强,安全监管还有死角。

三、2010年经济发展目标

地区生产总值增长20%、力争22%以上;地方财政收入增长30%以上;社会消费品零售总额增长25%以上;全社会固定资产投资增长

50%以上;实际利用外资增长50%以上,实际利用内资增长50%以上;农民人均纯收入增长13%以上,城镇居民人均可支配收入增长12%以上。"富强合川、美丽合川、平安合川、德润合川"建设取得重大突破。

(合川区政府办公室　杨选民)

永川区

一、2009年发展回顾

2009年全区地区生产总值达到244.1亿元,同比增长17.6%,人均生产总值达到3832美元。全社会固定资产投资完成229.9亿元,增长38.9%。社会消费品零售总额实现92.3亿元,增长22.1%。完成地方预算内财政收入22.1亿元,增长55.6%。城镇居民人均可支配收入达到15138元,增长11.3%;农村居民人均纯收入达到5987元,增长11.3%。辖区金融机构年末存款余额达到208亿元,增长31.3%;贷款余额达到108亿元,增长67.0%。

(一)全力保持经济高速增长

积极应对金融危机,坚持把保增长作为经济工作的首要任务,采取有效措施,奋力止滑促增。贯彻落实国发3号文件精神,对接中央、重庆提振经济系列政策措施,争取了中央投资2.9亿元,增长35%。策划实施扩大内需投资计划,64个区级重点建设项目完成投资116.2亿元。有效整合投融资平台,实现融资38.6亿元。切实发挥中小企业担保公司作用,帮助企业渡过难关,中小企业获得贷款29.8亿元,增长162.3%。实行家电、汽摩下乡补贴等措施,为企业和老百姓"减负让利"5亿元。房地产业健康发展,完成房地产投资18.5亿元,竣工商品房面积103万平方米,销售150万平方米。

大力实施工业强区战略。完成工业投资115.2亿元,增长55.2%。规模以上工业企业实现增加值90亿元,增长32%。工业对GDP的贡献率提高到60.8%。永川工业园区工业总产值突破100亿元,增长38%。30万吨再生铝等一批项目开工建设,20万吨浮法玻璃等一批项目建成投产。

加快发展商贸旅游业。渝西物流中心、汽摩机电城开工建设,俊豪商业中心顺利推进,永川商贸城二期、银兆电子城一期、和旺物流园一期如期竣工。商贸物流业投资达22.6亿元,新增商业面积15万平方米。新区商业氛围日益浓厚,新世纪等大型超市开业营运,棠城公园美食街被评为渝西地区首条市级美食街。"万村千乡市场工程"实现镇村全覆盖,农村社会消费品零售总额增长24.2%。理顺茶山竹海景区管理体制。完成旅游投资4.2亿元,五星级江鸿国际大饭店投入营运,中华梨村建工农庄正式开业。旅游总收入实现15.3亿元,增长26.2%。

(二)扎实推进统筹城乡改革发展

坚持促进农业稳定发展、农民持续增收的目标不动摇,加大强农惠农力度,财政对"三农"投入达4.06亿元,增长37%,发放直补资金1.25亿元,惠及76万农民。

农村经济加快发展。稳定粮食生产,粮食产量达49.5万吨,建成新型标准化粮仓5万个。大力发展种养殖业。新建蔬菜大棚3000余亩,新增果蔬种植面积6000亩,改良品种7000亩;出栏生猪95万头;出栏小家禽2500万只,居全市第一;水产品总量1.7万吨,居全市第二。着力提高农产品品质,认定无公害农产品产地3万亩,"永川秀芽"成功注册地理标志证明商标。大力推广农业机械化,发放农机补贴770余万元,农机化率达到33.6%,提高12.6个百分点。

农村基础设施加快建设。整治病险水库21座,全区所有病险水库实现销号。努力提高农村饮水质量，启动8个镇级水厂改造，新建17座集中式供水站，又有8.23万农村群众喝上了安全水。5个镇垃圾收运系统投入运行，2个镇级污水处理厂建成。新增市级"千百工程"示范村4个。加快巴渝新居建设和农房风貌整治，建成巴渝新居示范点2个，新建巴渝新居1200户，整治农房1000户，改造农村危旧房1400户。完成"一池三改"11500户，清洁能源入户率达49.8%。改造人行便道728公里。

统筹城乡综合配套改革取得新进展。初步形成"两轴三园三片"统筹城乡发展新格局。镇域经济发展壮大，新增大安街道、三教镇、朱沱镇财政收入超过千万元。大力开展建设用地清理，完成土地规划修编，全面规范了土地利用秩序。加大土地流转力度，成立农村土地林地水利设施经营权交易市场，土地流转面积达29.6万亩，规模经营集中度达到33%。努力统筹城乡就业，提质发展劳务经济，帮助1.1万名返乡农民工实现就业，创建市级农民工返乡创业园1个；新转移农村劳动力1.3万人，劳务经济收入达28.9亿元。加快转变农业发展机制，积极引导城市资源下乡，新增市级龙头企业4家、区级龙头企业10家、农民专业合作社95个，农民入合率达到30%。建立贫困村扶贫互助基金，减少贫困人口2200人。移民工作切实加强，移民生活明显改善。开展"一圈两翼"对口支援，支持黔江帮扶资金1100万元。

(三)全面推进"五个永川"建设

把"五个永川"建设作为贯彻科学发展观的实践平台，塑造内惠民生、外树形象的城市品牌。

宜居程度进一步提升。实施旧城住房改造53.5万平方米，建成廉租房2.7万平方米。深入实施蓝天、碧水、绿地、宁静四大行动，关闭非煤矿山、小煤矿、小危化企业47家，环境噪声达到国家Ⅱ类标准，城区河道综合整治加快实施，孙家口水库建成供水，松溉长江提水工程推进顺利，饮用水源水质稳定达到国家Ⅲ类标准。

城乡交通更加便捷。城区道路"白改黑"工程加快推进。投入9.1亿元，永铜路、永泸路、渝隆路等9条公路全部取消收费。投资2.6亿元，全面完成永师路、东山路等10条干线公路改造。硬(油)化农村公路260公里，新开通农村短途客运线路15条，行政村通畅率达86.9%。

成功创建国家园林城区。全面推进城市森林工程、通道林荫工程、绿色乡村工程、水系林带工程、速丰林工程建设，植树造林16.2万亩，完成11座城区山头绿化。新增公共绿化面积381万平方米，城市建成区绿地率达41.6%，达到森林城区标准。

卫生、体育行动计划扎实推进。完成基层卫生单位建设项目16个，新(改)建社区卫生服务站8个，创建规范化农村卫生院、村卫生室、社区卫生服务站21个，新农合参合率达99.11%，提前两年全面实现农村初级卫生保健规划目标。甲型H1N1流感防控科学有序。群众性体育活动蓬勃开展，建成登山步道1条、学校塑胶跑道5片，新建村级篮球场20个、文体中心户50户，成功举办了全国万人健美操大赛总决赛、全国龙舟邀请赛、全区第一届运动会，参加重庆市体育竞赛获金牌14枚。

社会保持平安稳定。大力开展安全生产大排查大整治大执法专项行动，强化区、镇、村三级安全管理体系建设，全年安全生产事故起数下降41%，死亡人数下降5.5%。深入开展党员干部民情大走访活动，组织24300名干部走访接待群众79400人次，投入资金8900万元，化解各类信访问题3326件。"五五普法"扎实推进。完善社会治安综合治理机制，深入开展打黑除恶专项斗争和破案攻坚行动，现行命案破案率保持100%。社会公共安全、食品药品安全和公共卫生安全防控体系更加健全，突发事件应急管理能力不断增强，社会和谐稳定局面进一步巩固。

(四)开启城市建设"三湖时代"

全面推进以"三湖"片区为重点的城市新区建设。高标准编制城市新区规划和城市设计。投入10亿元，切实加快新区基础设施建设，兴龙湖片区市政道路一期工程竣工，兴龙大道北段、昌州大道加快建设；兴龙湖、凤凰湖、神女湖建设顺利推进，三湖片区城市框架基本成型。城市新区完成房地产开发80万平方米，在建面积105万平方米。城市功能更加完善，城市形象显著提升。

(五)努力扩大开放合作

招商引资在金融危机逆境中成功突围。制定完善招商引资政策，实行驻外办事处、专业招商组与工业园区、镇街、部门联动招商机制。引进台湾联德电子等项目110个。对外合作取得新进展。被列为全国东西部合作示范基地。与江苏南京白下区结为友好城市，与意大利佛罗伦萨省签订了职业教育合作备忘录，与加拿大BC省开展国际合作办学，与丹麦国家电子集团共建研发生产示范基地，与日本NEC公司合作建设服务外包促进平台，与两路寸滩保税港区签订了外向型经济发展合作协议。

(六)倾力打造文化高地

加快发展文化事业和文化产业，全年文化投入增长18.5%。广泛开展“唱读讲传”活动，极大地提振了全区人民奋发图强、创新创业的精气神。实施“3456”文化重点工程，举办“棠城之秋”艺术节和庆祝新中国成立六十周年系列活动，建成镇文化站9个，新建农家书屋46个，开展“送电影、图书、故事、戏剧、展览下乡”活动，免费为山区群众安装电视接收装置1.3万套，放映电影5000场次，配送图书10.5万册，极大地丰富了群众文化生活。成功创建“中国书法之乡”。

(七)竭尽全力保障民生

始终坚持以人为本，出台系列扶助政策，保障了城乡困难群众和弱势群体基本生活。

千方百计促进就业再就业。认真落实各项促进就业政策，发放困难企业稳岗补贴和培训补贴、创业贷款贴息等1915万元。发放小额贷款4556万元。培训城乡劳动力23187人，新增就业19795人，帮助14387名城镇下岗失业人员、3126名城镇就业困难对象实现再就业。高校毕业生就业率达88%。城镇登记失业率下降到1.99%。

着力完善社会保障体系。在全市率先开展城乡居民养老保险试点，惠及群众66万多人。帮助14000名原国有关闭破产企业退休人员、国有企业“双解”人员、城镇集体关闭破产解体企业退休人员以及其他城镇灵活就业人员办理城镇职工医疗保险，帮助28300名征地农转非人员、8400名城镇用人单位超龄人员办理养老保险。实行村居干部养老保险财政专项补贴。全年支出各类社会保险金6.6亿元，基本实现了养老、医疗、失业、工伤、生育保险全覆盖。扩大城乡低保覆盖面，提高城乡低保差额救助标准，发放低保金5200万元，惠及困难群众5.2万人。新建敬老院5所，农村五保供养标准由每人每年1700元提高到2500元。发放城乡医疗救助金974.7万元，惠及10万人次。建立临时救助制度，救助流浪乞讨人员547名，恢复重建灾民倒房400户、2128间，保障了21200名灾民基本生活。新建残疾人康复示范社区4个，成功创建白内障无障碍区。新建社区服务中心(站)6个、村居慈善爱心超市12个。

推进义务教育均衡发展，红旗小学分校、重庆枫叶国际学校投入使用，建成4所农村初中校舍和20所标准化学校、18所农村寄宿制学校。初中毕业生升高中的比例达93.9%。财政投入1.75亿元，足额兑现了义务教育阶段教师绩效工资，惠及教师1.18万人。职业教育优势更加凸显，“城校互动”内涵进一步深化。在全市率先组建服务外包学院。创新职业院校与企业共建模式。7703名贫困生、留守儿童、农民工子女享受免费中职教育。

稳定低生育水平，计划生育率达94.93%，出生婴儿性别比下降到107.4。国防动员和后备力量建设得到加强。民族宗教、妇女儿童、老龄、慈善等事业实现新发展，统计、民防、消防、档案、修志、保密、气象、地勘、地震等工作取得新成绩。

二、发展中存在的问题

一是工业经济总量不大，支柱不强，优势不明显。二是统筹城乡发展改革创新不够，农民持续增收后劲不足。三是财政收支平衡压力加大，社会民生问题还有待更好地解决。四是社会矛盾开始凸现，稳定形势不容乐观。五是政府自身建设还需进一步加强，部分政府工作人员公仆意识不强，一些重点工作推进不够理想。

三、2010年发展目标

2010年，永川区的基本思路是：全面贯彻党的十七大和十七届三中、四中全会精神，坚持科学发展观，按照"369"总体思路，突出抓好"五个永川"、统筹城乡、城市建设、产业经济、改革开放、改善民生等重点工作，确保在转方式、调结构上有新突破，在打基础、谋长远上有新推进，在抓改革、促开放上有新举措，在惠民生、保稳定上有新成效，全面推进"精美城市，渝西高地，幸福永川"建设。主要预期目标是：全区生产总值增长18%。地方预算内财政收入增长18%。全社会固定资产投资增长30%。社会消费品零售总额增长22%。进出口总额增长50%，实际利用外资增长30%，利用内资增长35%。单位生产总值能耗下降5.7%，全社会化学需氧量、二氧化硫排放量分别削减1.01%和0.29%。城区空气质量优良天数达310天。城镇居民人均可支配收入、农村居民人均纯收入分别增长13%和15%。城镇登记失业率控制在2%以内。城镇化率提高2.5个百分点。

（永川区政府办公室　张跃）

南川区

一、2009年发展回顾

2009年，南川区坚持以科学发展观为指导，认真落实"135"发展部署，积极应对金融危机冲击，深入开展"大项目建设强化年"活动，扎实推进"五个南川"和"五区"建设，致力保增长、保民生、保稳定，较好完成了"双保双增"、"双五双十"目标任务，全区经济社会保持平稳较快发展，迈出了建设区域经济中心的新步伐。

（一）止滑促增成效明显

地区生产总值逐季攀升，GDP全年增长（同比，下同）16.3%达114.7亿元，实现较快增长。财政收入形势较好，地方财政收入增长39.2%达9.46亿元，其中一般预算收入增长26.7%达6.29亿元。工业经济加快复苏，3月触底反弹后逐季回升，工业总产值增长31.6%达161.3亿元；规模以上工业总产值增长15%达99.8亿元；工业投资增长42%达50亿元。城乡消费持续活跃，社会消费品零售总额增长21.1%达40.2亿元。金佛山西坡"五·一"开园带动旅游消费升温，全年游客接待量增长35%达162.5万人次，旅游综合收入增长69%达6.1亿元。金融支撑作用明显，新增银行贷款26.3亿元，存贷比突破70%达到71%，实现政府融资11亿元，均创历史新高。

（二）项目建设力度加大

完成大项目建设投资69.7亿元，增长49.6%，拉动全社会固定资产投资完成92.3亿元，增长38.1%。其中44个续建项目完成投资58.2亿元，25个新开工项目完成投资11.5亿元。争取新增中央投资项目79个，到位中央和市级配套资金2.37亿元，各项目顺利推进。"五个南川"建设加快推进，完成投资53.2亿元。实施工程造林12.78万亩，建成万亩示范片5个，森林覆盖率达45.8%。金佛山西坡顺利开园，渝湘高速公路水江至武隆段、人民医院改扩建一期工程、新型干法水泥、肖家沟水库至水江氧化铝厂区供水工程等项目竣工投运。80万吨氧化铝、工业园区土地储备、白露沟引水工程、城区房地产开发等17个项目超额完成年度任务，南涪铁路完成工程量的65%。南涪、南万高速公路等一批关系南川长远发展的重大项目顺利开工。金佛山水库项目建议书、土地初审、库区移民安置规划大纲、库区矿产压覆和地灾报告相继获批。

(三)城市建设提档提速

城镇建成区扩大1.7平方公里,新增城镇人口1.1万人,城镇化率预计提高1.8个百分点,达到46.7%。全年完成市政基础设施投入3.3亿元,龙凤西路竣工投用,南园路二期工程、体育场、永隆山森林公园等项目加快推进。鼓楼广场全新亮相,增加建成区城市园林绿地171万平方米,城市绿地率提高8.8个百分点达35.5%。首家五星级宾馆启动建设。新城区路网骨架正在形成,拓展新区0.5平方公里。新开工商品房63万平方米,竣工38.5万平方米,完成房地产开发投资10亿元。水江镇广场路综合改造和大观集镇景观灯饰工程竣工,完成巴渝新居及农村危旧房改造3300户。

(四)开放水平不断提升

重点加大对浙江等地的定点招商引资工作,积极承接浙江等沿海地区产业转移。"走出去"参加渝洽会、重庆·台湾周、西部博览会、重庆·宁波周等系列活动。"请进来"组织开展招商引资推介会等系列招商活动。全年签订项目投资协议280个,协议引资400亿元,到位资金51亿元,落地项目250个,其中合同金额亿元以上的项目26个。实际利用内资26.88亿元,增长60.2%;实际利用外资1654万美元,增长37.8%;实现外贸进出口总额2034万美元。与浙江余姚、江干等8区市缔结友好。

(五)城乡统筹稳步推进

农业农村稳定发展,实现农业总产值30.3亿元,增长8.7%;农业增加值达到19.46亿元,增长5.7%;农民人均纯收入预计增长15%,达到5246元。形成32万亩优质稻、38万亩笋竹、19万亩中药材、6.47万亩茶叶、7.1万亩商品蔬菜和出栏85万头生猪的特色产业基地;生态农业示范区升格为市级农业园区,获得1.1亿元市级资金支持;农机化水平达到39.8%;建成沼气池8600口、干线公路和通乡联网公路12条136公里,硬化通村公路300公里,城乡基础设施进一步完善。"三类农民"问题加快解决,全年减少建卡贫困人口3200人,完成高山移民搬迁770户,建成农民工公寓3880平方米、失地农民安置小区9.1万平方米。配套改革亮点纷呈,土地流转平台纳入市级试点,农村土地流转率达到33.6%,土地集中经营度达到29.5%;集体林权制度主体改革全面完成;水江、南平两镇扩权强镇试点工作有序展开。

(六)民计民生持续改善

教育教学质量明显提升,高考上线率达88%,实施隆化七校、书院中学等19所城乡学校改扩建工程。人民医院一期工程竣工投用,新改扩建乡镇卫生院18所、计生服务站7个。建成20个乡镇综合文化站、151个村级文化活动室。成功承办全国男篮联赛和重庆市青少年羽毛球锦标赛等体育活动,"唱读讲传"活动深入开展。大力实施就业再就业、社会保障、巴渝新居和农村环境综合整治等"10+3"民生工程。就业和社会保障水平进一步提高,新增城镇就业人员11261人,城镇登记失业率为0.42%,城镇居民人均可支配收入预计增长12.5%达14500元;农村富余劳动力转移就业19321人;"五大"保险新增扩面35693人,完成年计划的178%。大力实施"霞光计划",建设乡镇敬老院4个。城乡环境进一步改善,二氧化硫和化学需氧量分别净减排1816吨、21吨,城区空气质量优良天数达291天,单位生产总值能耗下降4.7%。安全生产形势总体稳定,群众来信来访下降10.7%。

二、发展中存在的问题

一是经济总量、城市规模、产业水平、辐射能力等方面与区域经济中心还有较大差距。二是体制机制不活,开放程度不高,创业意识不强,市场主体特别是规模以上企业还不多。三是产业结构不优,商贸、金融、旅游等第三产业占比较低;工业经济以资源加工为主,资源消耗和环境污染较大,科技含量不高,竞争力不强。四是统筹发展任重道远,城乡差距依然较大,社会事业"短腿"现象尚未根本改观。五是重点项目进展不平衡,受推进机制和土地、资金等主客观因素影响,部分重点项目前期工作进展较慢,少数项目未能达到进度要求,个别项目未能按期开工。

三、2010年经济发展目标

2010年度经济发展预期目标为:地区生产总值增长15%达到132亿元,力争增长16%;全社会固定资产投资增长35%达到125亿元,力争增长40%;社会消费品零售总额增长23.5%达到50亿元,力争增长25%;地方财政收入增长18.4达到11.2亿元,力争增长20%;工业总产值增长30%达到210亿元,力争增长35%;规模以上工业总值增长30%达到130亿元;外贸进出口总额达到5000万美元;实际利用内资增长35%达到36.3亿元,实际利用外资增长23.5%达到2043万美元;城镇居民人均可支配收入增长12%达到16048元,农民人均纯收入增长15%达到5837元;城镇化率达到48.5%;物价涨幅控制在3%左右;城镇登记失业率控制在4%以内;单位生产总值能耗下降4.8%。

(南川区发改委 王兵)

綦江县

一、2009年发展回顾

2009年,全县地区生产总值实现141亿元,同比增长16.2%;其中一、二、三产业完成增加值分别为23.17亿元、61.03亿元、56.77亿元,分别增长5.6%、20.6%和16.1%;人均国内生产总值16760元,增长12.3%。固定资产投资实现88.3亿元,同比增长43.2%;地方财政收入实现15.5亿元,同比增长51.4%;社会消费品零售总额实现47.3亿元,同比增长19.6%。地区生产总值、地方财政收入总量,均居全市22个县的第1位。

(一)加速发展新型工业

工业发展着力调整结构,培育集群,推进创新,壮大工业经济总量。全年,全县工业总产值实现175亿元,同比增长27.9%;工业经济效益综合指数达到152.1%,同比提高19.7个百分点。新增规模以上企业11家,规模以上工业总产值实现110.4亿元,同比增长31.2%;规模以上工业增加值实现40.1亿元,同比增长27.9%,增幅同比提高13.7个百分点。实施"千亿工业",綦江与万盛区合作开发的20万吨醋酸项目已上马,煤化工产业正式起步;德国ZF公司签约落户綦江,在西部齿轮城"园中园"启动建设;25万吨大板锭铝项目完成征地工作,冶金产业不断发展壮大;松藻煤电千万吨级矿区建设扎实推进,能源产业的支柱地位进一步巩固。全县总投资350亿元的38个重点工业项目,先后启动建设,建成投产后,将新增产值600亿元,"千亿工业"基础进一步夯实。推进技改扩能,实施技改项目32个,完成技改投资13亿元;加大人才培训力度,举办企业家、经营管理人员、技术骨干培训班,外出培训2批120人次;实施品牌战略、新增重庆名牌、知名品牌、著名商标3个。扶持民营经济发展,用好用活国家政策,培育中小企业集群。全县民营企业累计发展到1555家,实现工业总产值89.7亿元,同比增长32.1%;科华集团、华强公司被评为全市民营企业50强。高度重视节能减排,鼓励发展循环经济和低能耗、低排放的产业、企业,加快水泥生产余热发电、工业副石膏等循环产业项目建设;改进生产工艺,推广节能新技术;淘汰高能耗、高排放落后产能;加强污染排放管理,强化环保治理,关闭高危行业、生产小企业。万元工业增加值能耗同比下降14.7%。

(二)新农村建设扎实推进

2009年,全县农林牧渔业总产值实现35.03亿元,同比增长8.3%。其中:农业产值15.52亿元，增长 3.1%；畜牧业产值 17.54 亿元，增长 13.4%。农业增加值实现 23.17 亿元，增长 5.6%。加快农村基础实施建设，鱼栏嘴综合水利工程建成投用，建成农村饮水安全工程 90 处，改造场镇供水工程 6 处，整治病险水库 44 座，完成中低产田改造 1.4 万亩，建成农村沼气池 5631 户、小区或联户 205 处，建立镇村沼气服务网点 21 个，实施 4 个电气化村建设。隆盛镇石梁村等 4 个村已被列入市级新农村示范村。深化农村改革，多种形式推动土地流转，新增规模经营 2.8 万亩，达到 18.9 万亩，规模经营度达到 25.9%；全面启动集体林改，发放《林权证》10.98 万个，发证率 96.5%，比全市平均水平高 29 个百分点。推进科技进步，市级项目水稻综试，先后在文龙街道瀛溪、三桥两个村建立以水稻为主的综试基地，总规模 1000 亩，其中核心示范片面积 203 亩；部级项目测土配方施肥，在永城、文龙、三角、三江、新盛、石角、篆塘、扶欢 8 个街镇开展土样采集工作，共采集土样 2000 个，完成 15 个“3414”和水稻比对实验，开展 200 个农户用肥调查。切实加强耕地保护，粮食总产量稳定在 37.7 万吨。加快“园区+公司+基地+农户”的现代农业发展，新发展农村专业合作社 52 个、累计达 173 个，新培育农业龙头企业 13 家、累计达 74 家，并抓好 1 个市级、5 个县级专业合作社示范建设；实现产值 14.6 亿元，同比增长 71%，带动农民增收 2.1 亿元。实施农业产业化“百千万”工程、畜牧“111”工程，新发展洋二元母猪 956 头，新发展养殖大户 67 户；蔬菜“311”工程，建立辣椒示范片 30 个，发展蔬菜 40 万亩，发展规模在 100 亩以上的种植大户 50 户；种植木瓜 8.1 万亩，在打通、石壕建立“万亩木瓜示范片”；种植花椒 7.4 万亩，在永城、石角形成“万亩花椒示范片”。加强扶贫工作，实施 30 个贫困村的整体脱贫计划，完成扶贫项目 19 个，涉及 19 个贫困村，总投资 326 万元，建设乡村道路 90 公里，安装人饮管道 3 公里，新修水渠 5 公里，种植木瓜 812 亩。6 个贫困村实现整体脱贫。举办重庆·綦江第二届辣椒采购会，重庆·綦江第三届赶水草莼萝卜采购会，特色农业品牌效应显现，“赶水草莼萝卜”3 次走进中南海，“饭遭殃”调味品获得进入国际市场的质量认证。

（三）商贸旅游稳步发展

綦江县出台 10 条政策，加快商贸流通产业发展。“万村千乡市场工程”实现全覆盖。家电、汽摩下乡兑现补贴 1600 万元，实现销售额达 1.2 亿元，位列全市第七名。全县商贸批发业实现销售额 4.5 亿元，同比增长 9.7%；零售业实现销售额 32.8 亿元，同比增长 24%；住宿和餐饮业实现销售额 9.04 亿元，同比增长 11.4%。新世纪百货綦江商都、永辉超市綦江分公司年销售额均突破亿元大关。全县旅游业紧紧围绕“打造重庆主城周边休闲避暑最佳目的地”的发展目标，制定 35 条鼓励政策，推进休闲旅游业发展。2009 年，全县已有挂牌三星级旅游饭店 3 家，二星级旅游饭店 2 家，具有一定规模的度假村 15 家，具有一定规模的农家乐 50 家，重庆在綦江设立旅行门市部 5 家。旅游直接从业人员达 3070 人，同比增长 39.5%。全县旅游在建项目 23 个，旅游固定资产投资 2.9 亿元，同比增长 31.8%。古剑山森林运动公园景区开发全面启动，东溪古镇建设提速，其他旅游资源开发有序推进。全年，接待国内外游客 109 万人次，同比增长 53.5%；旅游总收入 2.16 亿元，同比增长 80.3%。

（四）加快三大平台建设

綦江县不断夯实发展基础，着力推进园区、城市、金融三大平台的建设。全县“一区六园”建设，投入资金 8.6 亿元，新征地 5310 亩，拆迁 24 万平方米，完成 13 公里道路和 76.6 公里管网建设，面积拓展到 8.4 平方公里；园区企业新开建 15 家、续建 11 家，完成年度投资 10 亿元，累计建成投产 26 家，实现产值 15 亿元。城镇建设，高标准推进规划工作，完成东部新城控制性详规和城市设计，编制了重点区域、重要节点的建设规划，完成了城区干道“白改黑”二期、三期和滨河堤防景观一期工程建设，建成了九龙文化广场、规划展览馆、博物馆，城市功能逐步配套完善。全县城镇建成区面积新增2.4平方公里，城镇人口新增1.6万人。綦江县城创建为重庆市卫生县城，永城镇创建为重庆市卫生镇，赶水镇和东溪镇、打通镇分别被评为全市最具活力、最具人气的小城镇。金融工作扎实推进，政府融资平台不断夯实，资产总规模扩充到130亿元；拓展融资渠道，实现信托融资2亿元；深化与市级担保公司合作，新注资富源担保公司5400万元；金融机构授信新增108亿元，总量达到214亿元。全县年末存款、贷款余额分别达到130.4亿元、74.7亿元，分别增长24.1%和55.5%；贷存比达到57.3%，同比提高10个百分点，达到中等发达地区水平。

（五）启动“五个綦江”建设

2009年，全县投入资金24.6亿元，加快推进“五个綦江”建设，提升綦江发展的硬实力、软实力。“宜居綦江”建设，着力提升人居品质：实施“绿化、亮化、美化”，新建森林大道3.7公里，新增绿化面积40万平方米；安装、更新路灯及景观灯1.5万盏（套），实现建成区路灯全覆盖；1.4万户56万平方米工矿棚户区改造正式启动，农村危旧房、巴渝新居、廉租住房建成23万平方米；净削减化学需氧量65吨、二氧化硫总量730吨，县城空气质量优良率达87.1%，城乡居住环境不断改善。“畅通綦江”建设，着力构建渝南黔北交通枢纽：交通建设投入资金5.2亿元，硬化村道295公里、县道313公里，其中重要出境公路100公里；通往58个原建制乡镇的主干道，54个实现了硬化；314个行政村实现村村通公路，其中130个村的村道实现硬化，硬化率由2007年的15%提高到41.4%；实施公路安全防护工程150余公里，整治危险路段64公里；全面取消二级公路收费站；完成客运码头改造5座，四级客运车站扩建1个，新建和续建农村标准化客运简易站23个；新开通和延伸城乡客运路线15条，258个村通客车，农村客运发展走在全市前列。“森林綦江”建设，着力提升生态绿化水平：新建4000亩城周森林屏障，县城周边形成“万亩城市肺叶”；全面推进通道绿化、水系绿化和农村森林工程；启动“万亩银杏”、“万亩黄桷树”等苗圃建设；新造林9.3万亩，森林覆盖率提高1.4个百分点，达到36.2%。“平安綦江”建设，着力提升安全保障能力：深入开展社会治安综合治理，扎实推进打黑除恶，启动“安全保障示范县”创建，政府应急能力进一步提升，社会保持和谐稳定。“健康綦江”建设，着力提升市民健康素质：开工建设县人民医院门诊综合大楼，启动城乡居民均衡化公共卫生服务工作；建成塑胶运动场9片，举办了全市体育舞蹈大赛和全县万人绕城跑、迎新登高等群众性体育活动。

（六）借智借力助推发展

綦江县坚持走外生型发展路子，推动经济社会跨越式发展。加大招商引资力度，构建“1+10+20”格局，高效承接产业转移，围绕优势产业，瞄准重点区域，招大引强；强化区域合作，先后与广东清远市、浙江上虞市建立友好协作关系，与周边区县的合作进一步深化，实现优势互补，共建共赢；深化局县合作，先后与市外经委、安监局、环保局等15个部门签订战略合作协议，合作内容更广、方式更活、成效更好；向大型企业集团借力，与机电集团、能投集团、水投集团、交旅集团等结成战略合作伙伴，一批重大项目布局綦江；向科研院校借智，深化与浙江大学、中南大学、重庆工商大学、西南大学等高校的战略合作，为发展谋取智力支撑；积极发展节会经济，组织参加“台湾周”、“渝洽会”、“西旅会”等经贸活动，成功举办“第二届中国重庆·綦江农民版画艺术节暨中国西部齿轮城国际汽摩产业发展合作峰会”等。全年，协议引资390.5亿元，到位资金55.3亿元，同比分别增长86%和140%。“世界500强企业”、五星级酒店、大学的引进，实现了零的突破。

（七）切实改善社会民生

綦江县始终把改善民生、增进群众福祉放在工作首位，强化公共服务，发展社会事业。增加财政对民生的投入，财政用于民生资金11.8亿元，占一般预算支出的52.1%，高于全市1个百分点。千方百计稳定和扩大就业，开展职业技能及创业培训 68 期，发放小额贷款金额 5668.5 万元，新增城镇就业 6838 人，城镇登记失业率为 3.2%；挂牌成立"返乡农民工创业园"，返乡农民工再转移 12.8 万人，新转移农村富余劳动力 3.4 万人。加大城乡社会保障力度，"五项保险"参保人数、发放金额分别增长 15%和 18%，低保金、救助资金发放分别增长 15%和 20%，散居和集中五保户供养标准分别提高 800 元和 900 元，城镇、农村义务兵优待金分别提高 518 元和 1500 元。着力推进特色文化强县建设，广泛开展"唱读讲传"活动，新建 9 个镇综合文化站、108 个村级文化室(农家书屋)，改编后的现代川剧《百花村》被确定为重庆市优秀剧目。坚持优先发展教育事业，全年投入教育经费 3.4 亿元，同比增长 15.9%；全面执行义务教育教师绩效工资制度，发放绩效工资 1.8 亿元；基础教育新课程改革受到各界广泛关注，綦江县被教育部表彰为"全国推进义务教育均衡发展工作先进地区"；教育质量进一步提高，高考上线率连续 4 年超过全市平均水平。积极推进科技进步，新增国家专利 24 件，引进转化科技成果 10 项，荣获全国科技进步先进县。强化人口计生工作，启动创建市级计划生育优质服务先进县的活动，全县出生人口符合政策生育率为 88.5%，出生人口性别比为 105.2∶100，人口自然增长率为 0.75%，成为全市出色完成人口计生工作的区县。人民生活明显改善，农民人均纯收入 5237 元，同比增长 10%；城镇居民人均可支配收入 14452 元，同比增长 10.1%；城乡居民收入增速均高于全市平均水平。

二、发展中存在的问题

全县经济总量偏小，人均国内生产总值仅 550 美元，比全市少 200 多美元，小康建设进程比全市滞后 2 年；经济结构仍不合理，科技基础较为薄弱，运行机制还不够灵活；基础设施建设滞后，城镇形象尚差，发展环境不够优化，对外开放水平不高；社会保障体系还不健全，就业和再就业形势依然严峻，部分群众生活还比较困难；政府职能转换、工作作风、领导方法和管理水平还不完全适应新形势的要求，在一些地方和单位，形式主义、官僚主义、弄虚作假、奢侈浪费等现象依然存在。

三、2010 年发展目标

2010 年，全县经济社会发展的预期目标为：地区生产总值增长 17%，达到 169 亿元；地方财政收入增长 28.9%，达到 20 亿元；全社会固定资产投资增长 45%，达到 128 亿元；工业总产值增长 28.6%，达到 225 亿元；规模以上工业总产值增长 31.4%，达到 145 亿元；社会消费品零售总额增长 20%，达到 56.7 亿元；到位县外资金实现 60 亿元，实际利用外资超过 1500 万美元；城镇居民人均可支配收入增长 11%，达到 16040 元；农民人均纯收入增长 12%，达到 5865 元；确保无重特大安全责任事故发生。约束性目标为：化学需氧量、二氧化硫分别净削减72 吨、44 吨，城镇新增就业 7250 人，城镇登记失业率控制在 4%以内，出生人口性别比控制在 108∶100 以内。

(綦江县档案局史志科 罗玉洪)

潼南县

一、2009 年发展回顾

2009 年，在金融危机冲击、发展基础比较脆弱的严峻形势下，潼南县经济加快回升、持续向好、势头趋旺，赢得了又好又快的发展，主要经济指标实现年初的预期目标。地区生产总值达 95.6 亿元，比上年增长 14.5%。其中：第一产业 23.7 亿元，比上年增长 6.3%；第二产业 30.4 亿元，比上年增长24.2%；第三产业41.5亿元，比上年增长13.0%。三次产业结构比为24.8:31.8:43.4。地方预算财政收入实现5.03亿元，比上年增长31.5%。2009年末，金融机构各项存款余额90.1亿元，比上年增长32.5%；贷款余额29.2亿元，比上年增长46.4%。

(一)农业农村经济快速发展

2009年实现农业增加值23.72亿元，增长6.3%，增幅居全市第一。全县农业总产值达34.3亿元，比上年增长7.4%；其中：农业产值22.8亿元，比上年增长8.9%；林业产值1.2亿元，比上年增长7.5%；牧业产值8.7亿元，比上年增长4.9%；渔业产值1.6亿元，比上年增长2.5%。种植业结构有所调整，全年粮食播种面积62273公顷，比上年下降7.1%；油料播种面积18733公顷，比上年增长20.3%；蔬菜复种面积65万亩，比上年增长48.1%，产量110万吨，实现销售收入15亿元。粮经结构比例达51.8:48.2。农产品优质品率逐步提高，全年粮食总产量37.3万吨，比上年下降5.6%；油料总产量2.9万吨，比上年增长19.9%；蔬菜总产量98.9万吨，比上年增长42.1%；生猪出栏67.05万头，比上年增长6.8%；猪牛羊肉产量4.8万吨，比上年上升4.9%；水产品产量达9046吨，比上年增长16.6%；水果产量4.7万吨，比上年增长1.8%；蚕茧产量111吨，比上年下降33.5%。农业产业化发展迅速，成功举办第二届蔬菜采购会，培育蔬菜经纪人2100多人，潼南蔬菜远销全国10多个省市区，直销重庆38家超市和部分学校、企业，潼南蔬菜占到供应重庆主城四分之一以上的市场份额，沃尔玛在潼南建立全市首个蔬菜直采基地，太安20平方公里现代农业示范区成为全市统筹城乡改革集中展示区，“潼南绿蔬菜 就是无公害”已深入人心。翰霏公司建成西部首个干式环保养猪基地，生猪出栏75万头。实行林下养鸡，七彩山鸡养殖达到100万只。蘑菇产业种植、销售、加工产业链逐步形成，种植面积达50万平方米。农民组织化程度得到提高，各类农村合作经济组织达409个，入社农户11万户。

(二)新型工业基地扎实起步

完成总投资35亿元，大手笔、高起点规划建设潼南工业园区。2009年潼南工业企业总产值88亿元，同比增长25.9%；规模以上工业企业增加值12亿元，同比增长27.2%；经济效益综合指数205.8%，同比增长33.2个百分点；工业固定资产投入增幅名列全市前茅。全年共有23家企业集体开工建设，其中投资过亿元项目5家，江苏华机、天味食品、渝惠食品等知名企业及广东时代灯饰产业集群入驻园区，民丰化工、生民钢管等企业建成投产，全县规模以上企业新增15家、达到61家，“潼南无工业”印象得到真正改变。争取国家、市里对潼南工业园区支持，被列入市委、市政府“16+1”园区扶持范围，与渝东南、渝东北同等享受财政、税收、金融、土地等优惠政策。工业招商成效明显，潼南·重庆招商周活动取得实效，长三角、珠三角招商引进现代纸业和先进灯饰项目，成都招商引进香港希凯特，签约各类工业项目56个、总投资49亿元，其中亿元以上项目20个，到位资金12亿元。同时，积极开展节能减排工作，完成二氧化硫、化学需氧量减排项目8个，建成潼南县城污水处理厂泵站。

(三)生态文化名城拉开序幕

2009年竣工商品房42.4万平方米，新增绿地40万平方米，建成区绿地率达到31.7%，绿化覆盖率达到36.5%，全县城镇化率36.6%，提高了2个百分点。完成城市空间发展战略规划研究、滨水空间战略规划、城市总体规划实施评估和城市总体风貌设计。竞标优选美国易道景观、中国衡源德路、齐康院士等知名规划单位和专家，提升城市主要构建筑物和城市重要节点的规划水平。拆迁滨江片区、盐关垭口、通江巷、围城路城市棚户区危旧房11万平方米。经过反复论证和征求民意，作出了城市规划区5家化工企业向精细化工园区集中的决策。将新建住宅小区绿地率从30%提高到35%，新华·加新花园、北城龙珠、云海蓝湾等小区展现出崭新品质。

（四）财政金融取得突破

2009年全县财政收入首次突破5.0亿元，创历史新高。全县地方预算财政收入实现50366万元，比上年增长31.5%；其中：一般性财政收入30607万元，比上年增长26.5%。金融形势相对稳定，年末金融机构存款余额93.86亿元，贷款余额29.47亿元；城镇居民人均可支配收入14130元，农民人均纯收入5140元，分别增长12%、14%，分别比全市增幅高1个百分点、2个百分点。

（五）固定资产投资增速迅猛

2009年全县固定资产投资总额完成72.5亿元，比上年增长51.8%，在全社会固定资产投资总额中，城镇完成固定资产投资45.9亿元，比上年增长42.8%；建设与改造投资63.8亿元，比上年增长52.8%；城乡个体及私营完成固定资产投资5.5亿元，比上年增长17.6%；房地产开发投资完成4.8亿元，比上年增长16.9%。

（六）商贸旅游快速发展

2009年，全县社会消费品零售总额达34.6亿元，比上年增长19.0%。其中：批发零售贸易业达28.1亿元，比上年增长17.7%；住宿和餐饮业达5.7亿元，比上年增长25.7%；其他0.8亿元，比上年增长21.1%。举办“绿色菜都·金色花海”第二届菜花节，接待游客46万人次，带动景区农民人均增收1000元以上，被人民网评为“中国最美花海”第五名。

（七）交通运输业保持增长

2009年，全县完成货运量604.1万吨，比上年上升62.0%；货物周转量42885万吨公里，比上年增长86.5%；全年完成客运量1544.5万人次，比上年上升50.4%；客运周转量56074万人公里。全县年末拥有客车451辆，公共汽车54辆，出租车130辆。

（八）邮电通讯事业持续增长

全县固定电话、移动通讯、“小灵通”、国际互联网、信息宽带等现代化通讯网络全面覆盖。2009年全县程控电话总容量达14.1万门，实现了村村通电话，移动通信遍及全县城镇农村。2009年，全县固定电话装机8.2万部；国际互联网用户16471户；移动电话用户26.8万户，比上年增长23.3%；全县邮电业务总量达1.9亿元，比去年同期增长21.0%，邮电通讯现代化水平不断提高。

二、发展中存在的问题

潼南发展还处于低起点的发展水平上，还处在“爬坡”的“弯道”上，较为贫困落后的县域经济特征没有根本改变。历史积淀的矛盾问题较多，解决起来非常棘手和费力，与干部群众的期望值有一定差距。思想的僵化、理念的滞后、“坐井观天”的视野和“人求于我、过于小气”的惯性保守势力仍然是掣肘赶超发展的主导因素。推进的重点项目大多是现起“炉灶”、找米下锅，招商引资没有独特的“杀手锏”，发展要素的制约使我们长时期没有重点项目布局，缺乏重大项目拉动。上面“急”、中间“疲”、下面“踢”的现象还比较严重，干事总是慢半拍、总是“打折扣”。岁月不居，天道酬勤。我们一定要饮水思源、知恩图报，志存高远、知难而进，以对潼南人民高度负责和无愧潼南发展历史的崇高境界，披星戴月，辛劳而作，忘我奉献，共图潼南赶超发展和新的振兴！

三、2010年发展目标

2010年潼南经济发展奋斗目标是：地区生产总值增长确保18%、力争20%，规模以上工业总产值增长30%，全社会固定资产投资增长40%，地方财政收入增长20%，社会消费品零售总额增长20%。外贸出口增长20%，实际利用外资和内资力争翻番。城镇居民可支配收入、农民人均纯收入分别增长13%和14%，城乡居民储蓄余额增长32%。人口自然增长率不超过4‰，城镇登记失业率控制在4.5%以内。

（潼南县政府办公室　蒋俊）

铜梁县

一、2009年发展回顾

(一)县域经济综合实力显著增强

全县实现地区生产总值127.8亿元，增长17.9%，高于全市3个百分点，经济增长创重庆直辖十多年来的新高。分产业看，第一产业实现增加值18.4亿元，同比增长6.1%；第二产业实现增加值70.77亿元，同比增长24%；第三产业实现增加值38.62亿元，同比增长14.1%。三次产业结构比为14.4:55.4:30.2。人均地区生产总值(按常住人口计)达20348元，同比增长17.1%。三次产业结构调整为14.4:55.3:30.3；地方预算内财政收入15.04亿元，增长21.8%，其中一般预算收入完成9.5亿元，增长27.1%；全社会固定资产投资111亿元，增长38.1%；城镇化率提高2个百分点，达到39%。

(二)工业经济规模不断做大

实现工业总产值200.2亿元，增长18.3%，为2006年的205 %；工业增加值66.1亿元，增长18.4%，为2006年的203%，圆满完成三年再造一个铜梁工业的目标。完成工业固定资产投入45.6亿元，增长18.4%。规模以上工业企业达291户，净增47户；实现工业增加值38.6亿元，增长40%，占全部工业增加值的58.5%，比去年提高10个百分点。铜梁工业园区新开工工业项目20个，新竣工投产21个，入驻企业累计达186户；蒲吕工业园新开工工业项目10个，竣工投产5个。全县工业园区实现工业总产值115亿元，增长126.9%，占全县工业总产值的57.5%，经济增长极作用逐步显现。新型工业化水平不断提升。全面扶持和平药业和良奇科技公司建立技术研发中心，实施国家科技特派员服务企业专项行动计划、重庆市科技攻关计划项目6个；成功申报国家中小企业技术创新基金1个，开发市级重点新产品5个，申请专利220件，增长230%；积极筹建重庆铜梁科技孵化中心，入驻科技型企业4家；被评为“全国科技进步考核先进县”。

(三)农业农村经济稳步发展

实现农业总产值32.5亿元，增长12%；农业增加值18.4亿元，增长6.1%。引进业主实施农业产业化、规模化经营，农村土地规模经营集中度达24.5%；在平滩、侣俸等乡镇集中新建蔬菜基地3万亩，累计建成6万亩；种植速生竹木3.2万亩；出栏水禽1700万羽；蚕桑发种2.9万张；出栏生猪62.4万头；枳壳、鹌鹑、泥鳅等特色产业蓬勃发展。蒲吕沙心生态园、南城桂花长廊等休闲观光农业建设初见成效。粮食总产量达35.5万吨，被评为“全国粮食生产先进县”。推进新农村建设，建成巴渝新居710户，改造农村危旧房850户；实施“万千工程”，土地整理新增耕地1.1万亩，宅基地和废弃工矿用地复垦新增建设用地指标1060亩；新建农村入户便道2150公里，发展沼气等农村清洁能源用户1500户；投入680万元用于12个市级贫困村扶贫建设；完成17座小(一)型、56座小(二)型病险水库除险加固。发展劳务经济，培训农村劳动力12.4万人，新转移1.23万人，累计转移25.2万人，实现劳务收入16.1亿元。

(四)商贸旅游等第三产业繁荣活跃

调整商贸业态，永辉超市、苏宁电器等知名商贸企业入驻铜梁，重百铜梁商场扩规；淮远古韵商业步行街招商工作进展顺利，入驻商家陆续开业；龙轩大地五星级酒店主体完工；限额以上商贸企业由37家增加到52家。完善商贸网络，实施“万村千乡市场工程”，新建农家店230个，实现村级农家店全覆盖。认真落实“家电汽摩下乡”政策，实现销售额1.2亿元，兑现补贴

1449万元。玄天湖旅游度假区整体开发准备工作基本就绪。全年实现社会消费品零售总额43.4亿元,增长19.6%。住房、汽车、通信消费成为消费热点。房地产业新开工商品房85万平方米,竣工63万平方米,销售64万平方米,创历史新高。全年实现邮电业务收入25084万元,比上年增长18.7%。年末固定电话用户12.02万户,比上年增加1806户;年末移动电话用户28.87万户,比上年新增3.57万户。互联网用户2.59万户,增长35.2%。运输业发展迅速,全县拥有营运汽车3331辆,其中客车671辆,货车2660辆;各种船只139艘。全年货运量达432万吨,货物周转量36521万吨公里;客运量达2228万人次,旅客周转量达60516万人公里。

(五)对外开放水平进一步提升

围绕机械制造、电子电气等主导产业开展产业链招商、以商招商,招商引资取得明显成效,成功引进中国吉利集团30万台自动变速箱项目,引进重大项目实现零的突破;红旗缸盖、南雁集团、飞尔达等较大项目相继落户,全县正式签约项目117个,签约资金74.7亿元,实际到位资金40.7亿元。全县引进外资696万美元,增长64.2%;实现外贸进出口额504.5万美元,增长96.3%;外贸出口企业由23家增加到29家。发展对外劳务,外派劳务735人,累计人数占全市1/3以上,成功创建"国家级外派劳务基地县"。进一步整合经营性国有资产,做大投融资平台,规范投融资资金管理,全年累计融资14.97亿元用于各项重点建设;金融机构各项存款余额达128.7亿元,贷款余额达50亿元,分别增长25.7%和29.4%,存贷比为38%,提高2个百分点。筹资400万元支持武隆县建设标准厂房5000平方米。

(六)城镇和基础设施建设成绩显著

县城面积由2006年的12平方公里拓展到20平方公里,基本形成30平方公里、30万人口的现代中等城市框架。完成县级土地利用总体规划修编,抓好城市控制性详规编制和主干道风貌设计,新启动文化艺术中心、城市客厅、淮远商贸区"三个1000亩"片区规划建设。新建"淮远古城"步行街、全民健身中心、新图书馆等标志性公益设施项目,完成城区道路"白改黑"、人民公园、雪庵公园等城市公益设施;启动人民医院搬迁、青少年活动中心、铜梁巴川中学迁建、恒温游泳馆、铜梁大剧院等工程建设。新建、改建城市公园6个、景观大道5条,建成巴岳山登山步道等健身步道6条;新增城市绿地700亩。人民公园、雪庵公园、龙门街分别被评为市级优秀城市公园、优秀社区公园、优秀林荫步道。全县森林覆盖率提高到37.4%,城区绿化覆盖率达43.8%,同步推进城周屏障、镇周屏障、农村、通道、水系、苗圃森林建设,完成植树造林9.37万亩。成功创建"中国最佳绿色生态县"。推进小北海水库前期工作,全面启动节水型社会建设,玄天湖水厂投入使用,改造城区供水管网9.4公里。启动高楼镇生活污水处理厂建设,建成城区污水管网5公里,县城污水收集处理率达87%;建成垃圾收运系统、垃圾中转站,生活垃圾无害化处理率达95%。城区噪声达标区达11.3平方公里,基本无煤区达14.1平方公里,城区空气质量良好天数达310天。补助每个乡镇50万元用于改善场镇基础设施。交通基础设施发展迅速。国省道大中修及姜水路、蒲庆路等9条通乡油路建设顺利推进,泉溪大桥主体工程完工;实施道路安保工程68.3公里,新增11个乡镇通沥青(水泥)路,乡镇通畅率达100%;"村村通"工程建成152公里,累计完成452公里,村道畅通率达93.6%。开通城区至西来村等8条农村客运线路,新增出租车50辆,投放公共自行车300辆。城北加气站投入使用。年末全县公路总里程达2000公里,其中公路通车里程达1900公里。

(七)城乡居民收入和社会保障水平不断提高

全县民生性支出9.7亿元,占一般预算支出的51.3%;城乡居民存款余额达105.3亿元,增长20.9%;城镇居民人均可支配收入达1.57万元,增长11%;农村居民人均纯收入达5911元,增长9.7%;城镇人均住房建筑面积52.52平方米，比上年增加2.74平方米；农民人均住房使用面积达42.37平方米，比上年增加2.39平方米。新增城乡就业再就业惠民措施21条，完成城镇新增就业人员6798人，城镇下岗失业人员就业再就业4729人，就业困难对象就业再就业1231人，城镇就业再就业培训1410人，城镇登记失业率控制在3%以内。年内新增转移农村劳动力12085人，农民工培训9012人，成立返乡农民工创业园，帮助7974名农民工实现再就业。社会保障水平进一步提高。参加城镇基本养老、基本医疗、失业、工伤和生育保险的人数分别为31026人、31125人、29502人、24150人和12500人，农民工养老保险参保人数为3600人，启动实施被征地农转非人员和城镇用人单位未参保超龄人员养老保险制度。大幅度提高了困难群体的补助标准，城市低保线由每月175元/人提高到230元/人；农村低保线由每年700元/人提高到1400元/人。城市低保达到3484户6298人，农村低保达到14714户31253人。共有农村五保对象3842人，供养标准由每年1704元/人提高到2520元/人。城乡医疗救助制度进一步完善。城市医疗救助8716人，农村医疗救助39292人。新型农村合作医疗参合率达95.2%。城镇职工大额医保最高支付限额由20万元提高到40万元。安排资金740万元用于"8·3"特大洪灾救助和灾后重建，帮助198户受灾群众新建住房。

二、发展中存在的问题

一是经济增长主要靠投资拉动的局面没有改变，继续扩大消费特别是农村消费的难度很大。二是财政收入结构不尽合理，工商税收占一般预算收入的比重偏低。三是缺乏大项目、大企业支撑的局面尚未改变。

三、2010年发展目标

2010年全县经济社会发展的主要预期目标是：地区生产总值增长17%，地方预算内财政收入增长20%，固定资产投入增长30%，工业增加值增长30%，社会消费品零售总额增长18%，万元GDP能耗降低4%，全社会化学需氧量、二氧化硫排放量分别削减0.4%、0.6%，森林覆盖率提高到39%，农村居民人均纯收入增长15%，城市居民人均可支配收入增长10%，城镇化率提高2个百分点，城镇登记失业率控制在4.5%以内，人口自然增长率控制在2‰以内。

（铜梁县政府办公室 涂伟生 王刚）

大足县

一、2009年发展回顾

2009年，在市委、市政府的领导和市级部门的支持下，大足县紧紧围绕建设"国际旅游胜地、生态经济城市、和谐宜居家园"、成渝经济区重要战略支点的奋斗目标和"543"工作思路（"五个大足"：宜居大足、畅通大足、森林大足、平安大足、健康大足，"四大产业"：旅游创意、现代五金、聚光光伏、生态农业，"三大平台"：基础设施、投资融资、服务保障），弘扬"开山化石、励志图新"的人文精神，全力克服诸多困难矛盾，经济社会实现了又好又快发展，人民群众安居乐业，社会保持和谐稳定。2009年实现地区生产总值118.6亿元，同比（下同）增长16.0%；地方财政收入达14.7亿元，增长80.7%；税收总额达5.3亿元，增长12.9%；全社会固定资产投资达94.3亿元，增长49.2%；预计城镇居民人均可支配收入15000元，农村居民人均纯收入5554元；金融机构存、贷款余额达到95.6亿元和41.9亿元，分别增长28.1%和65.4%，不良贷款率下降到2.2%。三次产业结构优化调整为17.2∶46.9∶35.9。

（一）工业经济增势强劲

全年实现工业总产值200.0亿元，增长

25.0%;实现增加值48.2亿元,增长19.4%。其中规模以上工业总产值111.2亿元,增长42.3%;规模以上企业达260户。大足工业(邮亭、龙水)园区实现工业产值106.7亿元,博一瓷业、足丰水泥、永荣洗选、凯尊汽配等年产值上亿项目建成投产,钟顺太阳能、足航金属等战略性工业项目开工建设,船锚、木工刨刀、锻打菜刀三个五金产品产量位居全国第一,"为民"刀具商标获得重庆市著名商标称号。

(二)农村经济再创佳绩

农业增加值增长5.5%。大足黑山羊成功列入《国家畜禽遗传资源名录》,中敖、三驱、智凤、国梁列为国家高标准现代粮食生产示范基地,粮食单产连续6年位居全市第一,宝邮路一线纳入全市"一线三园三城十点"示范区建设整体打造,龙水高坡村被评为全市新农村建设"十佳示范村",天桥蜂业合作社成为全国最大的蜂业专业合作社,邮桥米业集团列入全市农业龙头企业30强,建成无公害农产品认定基地71个,认证绿色食品11个。玉滩水库扩建工程完成投资7.2亿元,库区征地全面完成,移民迁建工作有序推进。

(三)商贸流通亮点纷呈

全年社会消费品零售总额达39.5亿元,增长18.8%。中国500强苏宁电器以及台湾德克士等品牌商贸企业落户开业,中国大足五金国际会展中心、西部模具城建设顺利推进,五金市场群年交易额达85.0亿元,实现村级日用消费品店和农资店"双覆盖"。

(四)旅游带动成效明显

全年接待旅游者340.0万人次,旅游产业总收入达43.6亿元。大足石刻景区成为全国第一个挤进央视春晚黄金广告门的旅游景区,高标准举办2009中国大足石刻国际学术研讨会暨大足石刻列入《世界遗产名录》十周年纪念会,宝顶香会首次完全采取市场化运作取得成功,中港合资大足石刻国翠珠宝研发成功填补了全市无高端旅游商品的空白。国际五星级华美达大酒店即将投入运营,龙水湖影视文化创意基地民俗风情街等项目开工建设。枇杷、葡萄旅游文化节带动农民增收致富日益明显。

(五)科技创新取得突破

荣获"全国科技进步先进县"和"中国农村信息化领先地区"称号,钟顺太阳能集团继"兆瓦级聚光型(CPV)并网电站及关键设备研制"项目后,再次以"跟踪式高效太阳能户用集成电源系统研究与开发"项目获得国家863高技术研究发展计划1000万元无偿资助,其太阳能自动控制器、太阳能户用聚光光伏(CPZ)发电系统两项产品均被列入国家级重点新产品计划。科技部和市政府合作共建的中国五金科技城建设进展顺利,五金科技产业园全面建成并列入全市首批十大"科技示范基地"。县生产力促进中心成为国家级示范生产力促进中心。大足县被确定为全市唯一的信息化和工业化融合试验县、统筹城乡信息化试点区。大足工业园区纳入首批市级知识产权试点园区。五金创新服务中心被确定为"重庆市科技企业孵化器"。明友钢具公司成为"全国企事业知识产权试点单位"。全年获得专利授权108件,增幅达70.5%。

(六)"五个大足"建设扎实推进

全年"五个大足"建设政府共计投入7.8亿元,拉动社会投资27.2亿元,总计35.0亿元。宜居大足建设成效明显。完成了《大足县城市总体规划》修编,全球首条零排放、零污染的环保节能型大功率自动跟踪式太阳能LED路灯系统在迎宾大道建成投用,城区人行道青石铺装二期工程、一环北路宋韵仿古路灯改造完成,雍溪镇市级巴渝新居示范点稳步实施,全县建成巴渝新居1097户。濑溪河、小安溪河流域水污染综合整治项目通过国家评审,全年新增城镇人口2.1万人,新增城镇建成区面积2.0平方公里,城镇化率达36.5%,增长2.2个百分点。畅通大足建设扎实推进。积极推动成渝复线高速公路、三环高速公路开工建设,成渝铁路客运专线大足设站和登云机场改军民两用工作进展顺利;宝邮路、龙花路按照旅游标美公路标准改造完成,渝隆路大足段改造工程如期竣工,宝双公路顺利贯通，龙铜路大修改造和成渝铁路大足货运站改扩建工程全面推进。森林大足建设全面深化。森林工程加速推进，新造林8.6万亩，改造低效林5.6万亩，建成万亩示范片区3个，森林覆盖率达33.8%。高标准建成宝邮路森林景观带，龙水生态公园完成主体工程，南山公园开工建设。平安大足建设稳步实施。打黑除恶工作取得阶段性成果。制定完善应急预案42个，建成全市第一个区县级应急避难场所。24个司法所均达到了市级规范化司法所标准。社会公共视频图像信息系统已安装1792个摄像头，建立调解室120个，建成平安村120个、平安社区50个、民主法治示范村197个、民主法治示范社区34个。被评为全国“平安畅通区县”和“地质灾害群测群防‘十有县’”。健康大足建设有序开展。在全市率先开展“十万农民、城镇贫困居民免费健康检查”大型公益活动，龙岗一小成功创建国家级青少年阳光体育俱乐部，新建中小学塑胶运动场5个，北山健身步道建设主体竣工。开展了“健康重庆·迎新登高”百万市民大联动大足万人登山活动，并在全市登山比赛中获得团体一等奖。解决了8.1万城乡居民的饮水安全问题。

二、发展中存在的问题

全县经济总量还不大，产业结构也不尽合理，工业园区配套基础设施欠账较多，旅游服务业专业化精细化水平还不高，统筹城乡破解“三农”问题的探索还不够深入细致，城乡环境保护的压力还很大。

三、2010年发展目标

2010年，大足县国民经济和社会发展主要预期目标为：生产总值增长16%；地方财政收入增长18%；全社会固定资产投资增长30%；社会消费品零售总额增长18%；城镇居民人均可支配收入、农民人均纯收入增长10%以上；人口自然增长率控制在2‰以内；单位生产总值能耗降低4%。

（大足县政府办公室 任春燕）

荣昌县

一、2009年发展回顾

全年实现地区生产总值129.98亿元，比上年（下同）增长17.8%。其中，第一产业增加值22.48亿元，增长5.5%；第二产业增加值69.48亿元，增长24.8%；第三产业增加值38.02亿元，增长12.9%。第一产业增加值占地区生产总值的比重为17.3%，下降1.6个百分点；第二产业增加值比重为53.5%，提高2.1个百分点；第三产业增加值比重为29.2%，下降0.5个百分点。按常住人口计算，2009年全县人均生产总值达到19777元，增长17.0%。全年县域财政总收入18.46亿元。县级财政收入14.15亿元，增长33.7%。其中县级一般预算收入8.17亿元，增长33.7%；政府性基金收入5.98亿元，增长22.7%。全年完成县级税收收入4.13亿元，增长30.8%。其中工商税收3.37亿元，增长22.1%。全年财政支出24.38亿元，增长41.6%。其中一般预算支出18.11亿元，增长47.0%；基金支出6.28亿元，增长28.2%。年末，全县金融机构各项存款余额110.84亿元，增长18.4%。居民储蓄存款余额79.90亿元，增长15.6%。金融机构贷款余额55.71亿元，增长60.2%。不良贷款率为1.19%，下降2.91个百分点。

（一）农林牧渔业喜获丰收

完成农林牧渔业总产值31.97亿元，增长5.6%。其中农业13.43亿元，增长6.1%；牧业15.35亿元，增长5.1%。全年粮食种植面积47264公顷，增加853公顷，增长1.8%；油料种植面积7608公顷，增加923公顷，增长13.8%；蔬菜种植面积13580公顷，增加20公顷。全年粮食产量288064吨，减少9286吨，减产3.1%；

蔬菜产量347231吨，增长3.9%；肉类总产量66141吨，增长7.5%；水产品产量6654吨，增长7.5%；生猪出栏70.025万头，增长5.0%；羊出栏0.8万头，增长9.6%；家禽出栏714.08万只，增长8.1%；禽蛋产量8284吨，增长9.6%；牛奶产量1919吨，增长9.6%。

（二）工业经济快速发展

出台进一步扶持工业企业发展的20条措施，深入开展工业企业“百日”攻坚行动，支持企业共度时艰，止滑促增成效明显。完成工业固定资产投资44.35亿元，增长38.4%；实现工业总产值201亿元，增长28.4%；完成工业增加值60.79亿元，增长25.8%，增速居全市第5位。主导产业竞相发展，阿诺玛卫浴、雷士照明等一批企业相继建成投产，有力推动全县主导产业的发展。五大主导产业全年实现总产值170亿元，占到全县工业总产值的85%。规模工业实现新突破，全县新增欧凯电器、源科动力、巨龙管业等规模企业53户，规模企业累计达到296户，实现工业总产值167.1亿元，增长43.5%，工业增加值增长33.9%，增速居全市第6位。园区发展形势喜人，板桥园区110千伏变电站、天然气配气站、15公里道路等基础设施顺利竣工并投入使用。广顺工业园建设全面展开，园区新投产项目30个，新开工项目28个，在建项目37个，累计入驻企业246家，建成投产企业192家，实现工业总产值136.51亿元，增长51%，工业增加值45.81亿元，增长49%，在全市43个工业园区中列14位。

（三）交通邮政发展迅速

实现交通运输、仓储和邮政业增加值5.71亿元，增长4.4%，占全县生产总值的比重为4.4%。公路客运量完成2821万人次，增长17.8 %；公路旅客周转量85044万人公里，增长4.7 %；公路货运量完成329万吨，增长14.6%；公路货物周转量15148万吨公里，增长37%。水路客运量20.2万人，增长2%；水路货运量9.7万吨，下降28%。年末，全县拥有民用汽车2755辆，其中私人汽车1434辆，城市公共汽车营运车549辆，出租汽车160辆。全县公路总里程2051.12公里。按行政等级划分：国道（高速公路）29.8公里，省道134.86公里，县道229.98公里，乡道327.16公里，专用公路11.58公里，村道1317.73公里。按技术等级分：等级公路1604.78公里，其中，高速公路29.8公里、一级公路24.94公里、二级公路138.98公里、三级公路82.37公里、四级公路1328.69公里，等外公路446.34公里。完成邮电业务总量23932万元，增长24.4%。其中，邮政业务总量4337万元，增长33%；电信业务总量1.96亿元，增长2.1%。年末固定电话用户数10.29万户，移动电话用户32.58万户。

（四）固定资产投资不断增长

全社会固定资产投资95.16亿元，增长49.2%。城镇投资81.78亿元，增长63.2%；农村投资13.39亿元，下降2.2%。第一产业投资3.18亿元，增长39%；第二产业投资45.64亿元，增长41.2%；第三产业投资46.34亿元，增长58.9%。房地产开发投资12.39亿元，增长89.8%，其中商品住宅投资8.66亿元，增长73.8%。完成开发土地面积29.42万平方米，增长27.6%。商品房施工面积293.43万平方米，增长6.4%；商品房竣工面积35.56万平方米，增长12.0%。商品房销售面积79.98万平方米，增长36.9%，其中商品住宅75.64万平方米，增长36.9%。

（五）商贸旅游加快发展

商圈打造取得实效，莲花商业广场规划建设加快，建成人民路商业步行街，重百、苏宁、新世纪超市、永立百货等流通品牌企业的消费吸引力不断增强，老城区“一圈三点”中心商圈逐步形成。“万村千乡市场工程”全面完成。建成日用百货镇级店18个、村级店163个，农业生产资料镇级店18个、村级店176个，在全市率先实现全覆盖。家电（汽摩）下乡成绩显著。备案销售网点380个，销售家电、汽摩下乡产品45498台（件），实现销售金额1.41亿元，财政补贴1416万元。会展经济成效明显。畜科“三新”博览会、建材家居博览会、房交会等系列活动成功举办，实现贸易成交额5亿元。住宿餐饮服务提档升级。星级酒店、饭店和特色餐饮快速发展,住宿和餐饮服务业实现营业收入11.14亿元。旅游项目建设步伐加快,启动"昌州故里"、五星级酒店项目建设,完成路孔古镇"一街五景"、清升三层岩登山观景步道等项目建设。荣昌被评为"重庆十大都市乡村旅游目的地",全县旅游业总收入实现9806万元。

社会消费品零售总额380569万元,增长19.4%。批发和零售业零售额28.49亿元,增长17.9%;住宿和餐饮业零售额8.63亿元,增长23.8%;其他行业零售额0.94亿元,增长25.2%。全年批发和零售业实现销售收入50.98亿元,增长19.5%,其中批发业增长11.9%,零售业增长22.2%。住宿和餐饮业实现营业收入11.02亿元,增长23.9%。全年接待游客70.2万人次,增长26%;实现旅游总收入0.98亿元,增长21%。年末实有四星级酒店1家、三星级5家、二星级1家。

外贸进出口总值完成8722万美元,增长43.9%。其中出口总值8720万美元,增长49.4%。茶叶类出口893万美元,下降0.1%;夏布类出口4670万美元,增长350.2%;金属制品类出口1152万美元,下降37.9%;化工类出口1729万美元,下降7.8%。

全年招商引资新签约项目417个,到位资金达到59.72亿元,增长80.8%。全年实际利用内资19.45亿元,比上年增长79.3%,其中1000万元以上项目实际利用内资17.15亿元,增长78.6%。

(六)城镇面貌焕然一新

城镇规划成绩显著。严格坚持城镇规划的科学性、权威性和连续性。高度重视规划编制和完善,完成全县城乡、土地利用、中心城区应急避难场所总体规划和河包等4个镇的总体规划。城镇建设加快推进。实施征地面积216.4公顷,完成城市房屋拆迁8.7万平方米,城市骨架拓展到35平方公里。房地产业健康发展,完成房地产开发投资12.39亿元,增长89.8%;竣工城镇房屋建筑面积66.4万平方米;完成商品房交易面积79.22万平方米。新增城镇人口1.2万人,城镇化率达到38.1%。城镇管理不断加强。完成11个镇街垃圾收运系统建设。重点路段及农贸市场、城乡结合部的市容环境综合整治取得初步成效。数字化城管建设稳步推进,完成城区灯饰电子集中控制工程。继续开展园林单位创建,新创建市级十佳园林市街1条,市级园林式单位、小区、市街和优秀物业小区各1个。

城市建成区面积20平方公里,城市骨架拓展到35平方公里。投入城市基础设施建设资金20.24亿元,实施迎宾大道北延段、22处农民安置房、市政道路等工程,海棠桥、奥林匹克广场、西部宜居区观景亭1、2、3号道路及海棠桥匝道等工程如期完工,城市配套功能不断完善。城镇化进程加快,全年有城镇人口25.15万人,城镇化率达到38.2%,提高1.8个百分点。完成全年主要污染物减排任务。全社会化学需氧量(COD)5345.76吨,下降0.32%。全社会二氧化硫排放量15412.65吨,下降2.07%。工业废水排放达标率95.86%,提高9.86个百分点。城区环境质量达到国家二级标准,城区空气优良天数达310天,主城区饮用水源水质达标率100%,提高3个百分点。全县森林面积55.86万亩,森林覆盖率34.63%。城区绿地总面积899公顷,绿地率44.95%,绿化覆盖率48.85%,人均公园绿地面积14.65平方米。

(七)"六个荣昌"扎实推进

森林荣昌成效显著。提前1年全面完成集体林权制度改革。成功争取到国家濑溪河湿地公园建设项目。城市森林绿化、城周森林屏障、速丰林基地建设快速推进,荣昌县探索的林下循环经济发展模式取得成功并在全市推广。全年森林工程建设总投资5.16亿元,完成森林工程建设18.08万亩,全县森林面积达55.86万亩,森林覆盖率达到34.63%,林业总产值突破5.6亿元。荣获全国首批"国家林业科技示范县"。宜居荣昌取得实效。"净化、绿化、亮化、美化"工程深入推进,顺利通过国家园林县城验收。全县建成区绿化总面积达899公顷,绿化覆盖率达

48.85%,人均公园绿地面积达14.65平方米。淘汰落后产能水泥厂3座,城区声环境质量达国家二级标准,城区空气优良天数达310天。棚户区改造全面推进,完成农村危旧房改造2000户。全县人居环境极大改善,荣昌被网民票选为重庆最宜居的城市之一。快捷荣昌进展顺利。"半小时荣昌"建设完成工程投资2亿元,完成项目21公里,在建项目42公里。安装交通安全防护设施17公里;新建和改建渡口码头6个,农村客运站2个。荣昌火车站站场升级扩能建设进展顺利。全面实施荣昌县城乡客运一体化发展规划,积极开展"渝安"系列交通秩序整治行动,交通运输能力进一步提高,通行更加方便快捷。创业荣昌初见成效。大力开展职业技能培训和创业培训,全县中职在校生达6357人,完成各类创业培训693人。在全市率先成立创业指导服务中心,建立全民创业项目资源库,开通了市、县、镇街三级招用工网络。创业融资渠道逐步拓宽,为中小企业、各类创业者发放担保贷款1.36亿元。市、县级返乡农民工创业园和4个中小企业创业基地建设稳步推进,全县非公有制企业达到1500户,个体工商户达到2.26万户,返乡农民工创业3015人,大学生新创业217人,创业主体不断壮大。平安荣昌全面推进。围绕"渝西领先、全市一流"目标,"纵抓三条线,横抓七个面",全面推进平安建设。深入开展"干部大走访"和"信访积案化解年"活动,办结信访案件2046件,信访积案化解率达100%。认真开展"打黑除恶"、"破积案追逃犯"、"缉枪治爆"专项行动,人民群众安全感明显提高。应急避难场所规划和示范点建设全面完成,防震减灾成效明显。切实加强安全生产基层基础工作,实现了安全生产事故控制目标。产品质量和食品药品安全监管有力,保障了人民生命财产安全。幸福荣昌深入人心。全力做好"双高普九"工作,人均受教育年限超过9.5年。人均体育场地面积达到1.1平方米,经常参加文体活动的人数比例超过42%。成功举办了"欢乐中国行"魅力荣昌、中小学生艺术节、第五届农民运动会、万人登山健步走等大型文体活动,广泛开展广场文艺和群众健身活动,切实丰富了群众文体生活。医疗质量逐步提高,群众健康意识和健康水平得到显著改善。老年教育、老年文体工作有声有色,老有所为、老有所乐得到有力体现。人民群众幸福指数达到72.9,"荣昌人"的自豪感与日俱增。

二、发展中存在的问题

一是思想解放程度不够,与跨越发展、建设区域中心城市的要求还不相适应。二是经济开放度不高,大项目支撑不够,建设区域中心城市的发展后劲仍显不足。三是经济总量不大,主导产业规模偏小,辐射能力不强,建设区域中心城市的综合竞争优势还不明显。四是政府自身建设和发展环境与区域中心城市的要求还有差距,荣昌的发展之路仍然任重而道远。

三、2010年发展目标

地区生产总值增长18%以上;工业总产值增长30%以上;县级财政收入增长20%以上;全社会固定资产投资总额增长35%以上;社会消费品零售总额增长20%以上;城镇居民人均可支配收入增长12%;农民人均纯收入增长13%;人口自然增长率控制在3.5‰以内;单位GDP能耗下降5%。

(荣昌县政府办公室　杨品明 刘百书)

璧山县

一、2009年发展回顾

2009年,全县实现地区生产总值128亿元,增长14%,人均GDP达到24169元。三次产业结构调整为8.3:58.6:33.1。地方财政一般预算收入达到8.6亿元,增长37.9%。实现工业总产值305.4亿元,增长20.1%,总量位居全市第14位。完成全社会固定资产投资79.4亿元。社会消费品零售总额达到41.4亿元,增长18.3%。地区生产总值、固定资产投资等15项指标,提前一年实现"十一五"规划目标。

(一)全面启动"五个璧山"建设,城乡面貌发生较大变化

2009年8月17日,熙来书记、奇帆市长一行视察璧山,对璧山经济社会发展作出重要指示,催生出"重庆绿岛新区"概念。县委、县政府提出"用绿岛新区引领璧山上档提质"。投入19.2亿元全面启动"五个璧山"建设。在宜居方面,"重庆绿岛新区"核心区建设顺利启动,开展10平方公里县城新区建设前期工作;委托中国规划设计院编制完成了继昆山、东莞之后的全国第3个"全域空间发展规划";新开工商品房84.6万平方米,销售商品房74.1万平方米。城市建成区面积扩大1平方公里,城镇化率达到40%。在畅通方面,继续推进璧城至大学城隧道建设,启动璧青公路双向六车道城市干道改造,完成农村公路路面和路基工程170公里,实施106公里原收费公路大中修工程,获得"全国平安畅通县"称号。在森林方面,集中采购了1亿元的绿化苗木用于城市绿化,建成占地110亩的南河公园,新增城市绿地40万平方米,人均公园绿地面积达7.9平方米。在健康方面,医药卫生体制改革深入推进,完成"农民体育健身工程"21个,人均体育场地面积达到0.5平方米。在平安方面,公共视频监控探头增加到6335个,连续56个月未发生一起较大以上事故,获得"全国平安先进县"称号。

(二)全面推进各项社会事业,精神文明建设成效明显

投入4700万元改善办学条件,新建和改扩建中小学校舍5.7万平方米、塑胶运动场8万平方米;资助贫困学生1329万元,惠及学生7万人次。初中毕业生升入高中阶段的比例提高到91.3%,高于全市3.3个百分点。继续推动文化繁荣,新建乡镇综合文化站3个、农家书屋18个。深入开展"唱读讲传",举办各类群众文化活动151场次,完成7230户"村村通"直播卫星安装工作。积极争取将《璧山薅秧歌》、《璧山吹打》列为市级非物质文化遗产。参加全国首届老年人运动会健身球操比赛并获金奖。完成8个乡镇卫生院改扩建、31个村卫生室和1个社区卫生服务中心标准化建设,科学防控甲型H1N1流感。成功创建"全国科技进步先进县",科技对经济增长的贡献率达到42.6%。组织实施国家、市、县级科技计划项目67个,创建国家级技术中心1个,新增高新技术产品16个、市级重点新产品58个。获专利授权174件,居全市各县第一位。

(三)全面改善人民生活质量,社会保持和谐稳定

城镇居民人均可支配收入达到15842元,增长9.8%;农村居民人均纯收入达到6047元,增长11%,连续12年位居全市各县第一位。全年民生性财政支出占一般预算支出的59.5%,高于全市7.8个百分点,创历史之最。新增城镇就业人员6618人,指导帮助下岗人员再就业3819人,帮助"4050"人员就业708人,新转移农村富余劳动力7430人,开展劳动力培训1.2万人。大力推行创业带动就业,发放再就业小额贷款

8000万元,居全市第二位。城镇登记失业率保持在3%,低于全市控制标准。为2.2万名城镇退休职工、城镇超龄人员、失地农转非人员发放基本养老金2.3亿元。提高养老、失业、医疗、工伤、生育五大保险待遇标准,参保人数分别扩大到3.9万人、3万人、56万人、5.2万人和1.3万人,提标和扩面均创历史新高。调高五保供养、重点优抚对象和义务兵优待标准,发放补助2994万元。农村低保覆盖面扩大到4.5%,为2.9万城乡低保人员发放低保金2676万元。困难群众日常医疗救助标准、大病医疗救助金额分别提高到300元和3000元,惠及3万人次。投资1559万元,新建和改扩建敬老院12所。建成"巴渝新居"718户,改造危旧农房1732户,新建农村康居点27个。建成的336套廉租房已分配到安置对象,800余名群众搬进新居;新开工建设廉租房1512套。兑现家电、汽摩下乡补贴1308万元,直接惠及3.4万户农村群众。三江水库主体工程完工,铜罐驿长江提水工程、璧南河大灌区续建工程顺利推进。4.2万农村人口缺水和2.3万城镇人口饮水安全问题得到解决。220kV凤凰变电站建成投运,新增电气化示范村3个。安装和改造天然气管线64公里。新修农村村社便道120公里、生产便道17公里。新建和改造农村水利工程1278处,全面完成病险水库除险加固。实施农业综合开发面积1.5万亩,新建沼气池2570口,农村改厨2570户、改厕3646户。全面启动璧南河全流域污染治理,璧城生活垃圾处理场、生活污水处理厂建成投用,削减COD排放量200吨、SO_2排放量594吨,总量分别下降5.7%和5.9%;空气质量优良天数达到305天。

(四)全面创新发展思路,积极探索成功经验

积极推进政府机构改革,将政府原45个部门调减为28个工作部门、2个其他机构,对13个政府直属事业单位进行调整、归并和撤销。深化政府投融资体制改革,成立注册资本10亿元的重庆绿岛资产经营管理有限公司;筹建注册资本5亿元的重庆两山建设投资有限公司。深化与银行等金融机构合作,全年完成政府融资14.6亿元,实际到位资金8.86亿元。金融机构存款余额达到129.9亿元,增长26.5%;贷款余额达到72.8亿元,增长39.9%,惠及企业2500余家;全国第2家工银村镇银行——璧山工银村镇银行正式开业。深入推进对外开放,与重庆保税港区签订战略合作协议,重庆微电园拓展区呼之欲出;实行招商引资新模式,明确工业用地投入产出标准,保证投入产出强度。

二、发展中存在的问题

一是做大经济规模和调优结构的任务还十分艰巨,在区县中"有区位无地位"的状况还没有根本改变;二是长期积累下来并日渐暴露的环境污染问题,仍然十分突出,严重影响"重庆绿岛新区"建设;三是政府债务高位运行,收支矛盾比较突出,一些乡镇财政还相当困难;四是农村地区基础设施和公共服务建设滞后,县城城市功能和形象离融入重庆主城区的要求还有很大差距;五是社会矛盾和社会问题还比较多,一些群众关心的热点难点问题还没有得到有效解决,影响社会和谐的深层次问题还客观存在;六是政府部门的战略视野、工作标准、管理和服务水平与时代的要求还有较大距离,社会管理和公共服务比较薄弱,民主法制建设有待加强,一些公务人员的廉洁操守、精神状态、工作作风、综合素质还需进一步提高。

三、2010年发展目标

2010年,璧山县将按照县十二届三次党代会确定的"1365"总体工作思路,围绕"1"个目标,即"全面升级提速,跟上重庆发展快车,建设强县富民和谐新璧山"的目标;突出"3"大重点,即"城市建设、工业发展、城乡统筹";抓好"6"件大事,即"绿岛新区核心区建设、工业园区建设、璧城至大学城隧道建设、璧南河污染治理、小城镇建设、保障性住房建设";推进"5"大建设,即"党的建设、民主法制建设、和谐社会建设、人文建设、生态文明建设",在融入重庆主城区,跟上重庆发展快车的征程中迈出更大步伐。

2010年全县经济社会发展的主要预期目标是：地区生产总值增长15%；工业增加值增长17%；地方财政一般预算收入增长25%；全社会固定资产投资增长30%；社会消费品零售总额增长20%；城镇居民人均可支配收入和农村居民人均纯收入分别增长11%、12%；利用内外资分别增长30%；单位地区生产总值能耗降低4%，主要污染物COD和SO_2排放量分别下降1.5%、3%；完成“十一五”规划目标任务。

（璧山县政府办公室 向华桥）

万州区

一、2009年发展回顾

2009年，是万州克难攻坚、乘势而上、勇攀高峰的一年。面对国际金融危机的冲击和影响，万州认真贯彻党中央、国务院和重庆市委、市政府一系列决策部署，紧紧围绕“135”目标任务，扎实推进“500亿万州”建设，“保增长、扩内需、惠民生”取得了显著成效。全年地区生产总值达到386.5亿元，位居全市第四；增长25.7%，高于全国17个百分点、高于全市10.8个百分点，保持全市第一。人均GDP超过3000美元，提前两年达到全市平均水平。地方财政收入18.05亿元，增长22.5%；其中一般预算收入11.5亿元，增长28.4%。全社会固定资产投资272.4亿元，增长37.5%。社会消费品零售总额106.4亿元，增长22.1%。城市居民人均可支配收入19418元，增长11.6%；农村居民人均纯收入4470元，增长11.8%。人口自然增长率2.73‰，政策性生育率88.4%。

一是工业经济发展加速。完成工业增加值171.9亿元、增长44.6%，占地区生产总值的44.5%，比上年提高4.5个百分点。规模以上工业企业完成总产值266.8亿元，增长50.6%；实现利润13.7亿元，增长37.8%；税金7.9亿元，增长20.9%；工业经济效益综合指数达到252.4%，比上年提高38个百分点。规模以上工业企业达到210户，比年初增加38户，产值30亿元以上的2户、10亿元以上的5户、5亿元以上的6户。工业增加值、规模以上工业企业产值等两项指标增速位居全市第一。大全多晶硅一期扩建、科华新型干法水泥二期等26个重点项目竣工投产；华歌生物氯代吡啶、宜化联碱技改等21个重点项目加快推进；密胜科技电气电子、飞亚实业复合调味品等22个重点项目开工建设；马来西亚创亿集团万州制造基地、三阳化工氯碱技改等20个重点项目前期工作进展顺利。工业园区完成开发投资6.4亿元，新增开发面积4270亩，新开工建设标准厂房20万平方米，竣工6.6万平方米，新开工建设配套服务用房7万平方米，新入园项目25个，完成工业总产值170亿元、增长96%，全口径财政收入4.4亿元、增长47.6%。

二是商贸服务业活力增强。实现商品销售总额245.7亿元，增长27.5%。新建“万村千乡市场工程”农村市场网点1039个，在全市率先实现全覆盖。家电(汽车摩托车)下乡销售家电7.2万台、汽车摩托车1.9万辆，完成销售额3.28亿元，均居全市第一。成功举办中国三峡中药博览会、迎春商品展销会。苏商港口物流基地、三峡医药物流配送中心等加快建设。金融机构本外币存款余额388.6亿元，比年初增长29.4%；贷款余额162.1亿元，比年初增长46.9%。旅游业接待游客702.7万人次、旅游收入19.1亿元，分别增长17.1%和36.5%。商品房销售面积168.3万平方米、销售额38.6亿元，分别增长8.3%和29.2%。

三是农村发展步伐加快。实现一产业增加值29.9亿元，增长6.3%，增速全市第一。粮食产量51万吨，与上年基本持平。烟叶产量12.9万担,增长89.4%。出栏生猪85.2万头,增长5%。全年无重大动物疫病发生。全年耕地流转率30.7%、集约率25.2%。流转林地30.5万亩、集约率19.7%。新发展种养专业大户2132户。新增农村合作经济组织52个、市级农业产业化龙头企业10家、农业产业化基地11.9万亩。新硬化镇乡公路73公里,村级公路通畅率提高到50%。新增蓄引提水能力41万立方米,新解决16.6万人饮水安全问题。新增小城镇建成区面积0.9平方公里。开工建设农民新村100个,建成2484户。改造农村危旧房1865户。

四是移民工作进展顺利。生产安置农村移民3846人,搬迁城乡移民1868人,基本建成四期移民还房25.4万平方米。农村临水房屋搬迁安置51户、实施维修和监测116户,城区居民房屋整治搬迁51户、实施监测防护70户。完成库周交通调规项目42个,沙河大桥、驸马大桥、巴阳桥、双凤桥建成通车。加强城镇移民遗留问题解决,补助资金4585万元,受惠移民11.7万人。农村移民后期扶持直补1.56万人,兑现资金4020.9万元。发放特困移民救助资金1197万元,救助5.2万人。完成后期扶持基金项目146个。涉及全区长远发展和移民安稳致富的一批重大项目纳入三峡工程后续规划,取得了较好的阶段性成果。

五是城市和交通建设不断加强。完成"宜居工程"建设总体规划和15个子规划。完成危旧房拆迁50万平方米(含移民拆迁38万平方米),整治建筑立面153幢,建成南门口、鞍子坝、大河沟等滨江广场和公园。新增城市绿地161平方米,成功创建市级山水园林城区。建设部数字化管理试点城市通过验收并在全市推广,被中国城市管理年会评为全国19个"最佳管理城市"之一。创建国家卫生区通过市级验收。城镇化率52.85%,比上年提高1.85个百分点。江南新区开发明显升温,江南中学、三峡中心医院江南分院等公共设施加快建设。南滨大道被命名为重庆市"最佳森林市街"和"最佳绿化市街"。"畅通工程"建设推进有力,宜万铁路万州段完成铺轨,达万铁路电气化改造开工,渝万城际铁路、万利和沿江(万忠)高速公路前期工作进展顺利。实施辖区国道"318"线和省道"103"线路面大修。江南集装箱码头配套设施进一步完善。万州机场新开通深圳、南京、温州航线,年旅客吞吐量突破20万人次。万州被评为全国"平安畅通区县"。

六是改革开放扎实推进。政府机构改革基本完成。事业单位人事制度改革完成岗位设置。义务教育阶段教师绩效工资落实兑现。集体林权制度改革基本完成,建成渝东北首家林业要素市场。谭木匠公司在香港联交所成功上市,顺利完成万光集团、长江齿轮厂破产清算,江东机械厂改制完毕。部门预算改革进一步完善。政府性债务管理改革积极推进。新增小额贷款公司2家。成功举办全国对口支援三峡工程重庆库区经贸洽谈会"和"三峡库区发展论坛"。实施招商引资项目132个,到位资金72.5亿元,增长38.2%。实际利用外资5807万美元,增长98.3%。对口支援无偿援助资金到位1.05亿元。沃尔玛、马来西亚创亿集团、浙江国旅、福建永辉等知名企业落户万州。外贸进出口总额达到1.3亿美元,增长27.8%。万州保税仓库正式启用。与黑龙江伊春市结为友好城市。新增私营企业771户、个体工商户8943户。非公有制经济增加值占地区生产总值的57.5%,比上年提高1.6个百分点。

七是社会事业全面发展。完成科技投入4593万元,增长27.6%。申报实施国家、市级重点科技项目24项,取得重大科研成果25项,申报专利133件、增长43%,当年授权专利97件、增长47%。被确定为市级统筹城乡信息化示范区(县)。高中阶段入学率保持在95%以上,高校录取万州籍考生1.03万人,连续11年位居全市第一。职业教育规模达到13.3万人。被教育部命名为"全国推进义务教育均衡发展先进地区"、"全国社区教育实验区"。镇乡卫生院危房全部消除,城市社区卫生服务中心实现全覆盖。甲型H1N1流感等重大传染病防控工作科学有序。完成困难群众免费体检7.1万人。推行农村孕产妇免费住院分娩，在全市率先实行合作医疗母婴伴随政策。农村小学生免费饮用牛奶。建成“农民体育健身工程”168个、“社区体育健身工程”69个，新建中小学校塑胶运动场15块。成功创建全国文化先进单位，全国文明城区创建工作扎实推进。广泛开展“唱读讲传”活动，成功举办“红歌唱遍新重庆，唱响万州”、中央电视台《激情广场》“爱国歌曲大家唱”万州篇等大型文化活动。三峡歌舞剧团荣获“全国文化系统先进集体”，话剧《三峡人家》进入2008~2009年度国家舞台艺术精品工程资助剧目三十强。区图书馆达到国家三级标准。新建镇乡街道综合文化站39个，在全市率先实现全覆盖。

八是保障和改善民生有力有效。财政用于民生的支出34.5亿元，比上年增长35.1%，占全区地方财政支出的66.9%。十大“民生工程”投入13.3亿元，圆满完成任务。落实就业再就业各项政策补贴5593万元。新增城镇就业岗位3万个，新增城镇就业2.8万人，调查失业率下降到8.1%。新创建“充分就业社区”53个、“充分转移就业村”58个。新转移农村富余劳动力2.1万人，累计达到48.76万人；引回返乡创业者2986人。实现劳务收入38.5亿元。各类社会保险累计参保239.8万人次，比上年底增加75.8万人次。被征地农转非和超龄人员养老保险工作顺利完成，淹没农转非移民养老保险、城乡居民社会养老保险工作全面启动。城乡低保应保尽保，发放低保金1.8亿元。五保供养标准大幅提高。城乡居民参加合作医疗保险133.6万人，参合率90.5%，补偿资金1.3亿元，受益群众244万人次。发放医疗救助金1600万元，惠及群众15.8万人次。投入各类扶贫开发资金2.46亿元，完成55个整村脱贫推进村和白土片区扶贫开发的年度建设任务，减少建卡贫困人口9500人。发放救灾资金905万元、特困救助资金1200万元，灾民和特困群众生产生活得到较好保障。全面开展大排查、大整治、大执法活动，全年无重特大安全事故发生。公共安全防控体系进一步健全，应急处置能力不断提高。坚持开展干部大走访、大下访、大接访活动，化解各类矛盾纠纷5047件，67件挂牌督办案件全部办结，信访件次和人次同比分别下降27.1%、11.7%，荣获市委、市政府“积案化解突出奖”。切实加强社会治安综合治理，积极创建和谐社区，依法开展“打黑除恶”等专项行动，人民群众安全感明显增强。

九是生态环境持续改善。“森林工程”建设成效明显，改造和新造林30万亩，森林覆盖率达到38%，比上年提高2.2个百分点。长江干流万州段水质总体保持Ⅱ类。城区污水集中处置率85%。白羊镇污水处理厂投入试运行，高峰镇污水处理厂竣工。城区空气质量优良天数340天。城区环境噪声平均值52.8分贝，比上年下降0.3分贝。节能减排完成年度控制目标。取缔库区水域网箱养鱼工作推进顺利。成功举办三峡库区水生生物增殖放流活动。完成农村移民“一池三改”5811户。综合治理水土流失面积30平方公里。地质灾害得到有效防治。

二、发展中存在的问题

一是经济发展速度偏缓，由于我区接续替代产业尚处于培育起步阶段，在金融危机影响下煤炭市场价格出现大幅回落，对经济发展造成较大冲击，致使经济增长速度低于全市平均水平。二是资源要素准备不充分，项目建设和企业生产需要的水、电、气、煤炭等资源保障难度较大，成为制约发展的瓶颈。三是财政资金调度困难，政策性减收因素增多，基础设施投入和民生保障支出加大，财政收支矛盾突出。四是安全稳定压力较大，社会就业不充分，城乡群众收入普遍偏低；征地拆迁、企业改制、采空农赔等历史遗留问题有待进一步解决。五是自身建设还需加强，少数干部危机意识、责任意识和服务意识不强，发展环境有待进一步优化。

三、2010年经济社会发展预期目标

地区生产总值增长21%，全社会固定资产投资增长22%，社会消费品零售总额增长20%，地方财政一般预算收入增长23%，外贸进出口

总额增长20%,城市居民人均可支配收入、农村居民人均纯收入分别增长14%和16%，城镇调查失业率下降到7.8%，万元GDP能耗下降4.75%,人口自然增长率控制在4‰以内。化学需氧量下降2%,二氧化硫排放量下降0.5%,城区空气质量优良天数达到280天以上。全面完成“十一五”规划目标任务。

(万州区政府办公室 蔡虹)

梁平县

一、2009年发展回顾

2009年，梁平县以邓小平理论和“三个代表”重要思想为指导,全县上下深入贯彻落实科学发展观,紧紧围绕“四大战略”、“五个梁平”总体思路和“551”奋斗目标,逆势奋进、攻坚克难,稳中求快、提速发展,坚持加大投资保增长,优化结构求发展,改善民生促和谐,圆满完成“一年打基础”工作目标，主要指标提前一年实现“十一五”规划目标。全年实现生产总值92.5亿元,比上年增长16.0%,常住人口人均CDP达到12958元。其中,第一产业增加值17.3亿元,比上年增长5.6%;第二产业增加值35.7亿元,比上年增长25.9%;第三产业增加值39.5亿元,比上年增长11.9%。实现地方财政收入6.82亿元,增长69.8%。地方预算内财政支出173406万元,比上年增28.7%。金融机构各项存贷款余额分别为116.7亿元和23.32亿元，比上年分别增长26.4%和24.6%。

(一)工业经济明显增强

以提高项目承载力为着力点,抓规划、筹资金、招项目、求发展。全部工业总产值90.20亿元，比上年增长23.5%；全年完成工业增加值38.95亿元(含境内天然气、啤酒、电力供应),比上年增长24.2%。其中全部国有及年销售收入500万元以上的非国有工业企业达到90户,总产值58.75亿元，比上年增长34.1%，增加值30.08亿元,比上年增长28.7%。在轻重工业中,轻工业增加值增长22.6%，重工业增加值增长25.3%。80户列入经济效益考核统计的工业企业,实现产品销售收入584605万元,比上年增长30.8%,利税总额73762万元,比上年增长1.7%,工业综合经济效益指数325.0%,上升38.4个百分点。完成加工贸易梯度转移重点承接地1.41平方公里规划。落实工业园区贷款3亿元,争取扶持资金5134万元,15户企业受益于西部大开发企业所得税减免政策。新建标准厂房1.6万平方米、农民工公寓6100平方米。实现工业项目139项，建成投产企业35户。全国白酒企业20强、重庆白酒行业领军企业诗仙太白成功入驻,填补了全县品牌白酒的空白。成功引进奇爽食品、凯美塑料、捷尔士液晶显示器、歇凤山泉、学宏服装等项目,完成平伟实业、邵新煤化等市级技术创新项目6个,节能技改项目8个。核准实施日产4800吨熟料新型干法水泥项目。抽水蓄能电站、浅层煤气开发、轻纺化工、雷士照明、方太厨具、生物质能源等项目前期工作积极推进。天然气开采达到25亿立方米,占全市三分之一强,产值达到25亿元,占规模以上企业总产值的44.6%。企业商标注册快速发展,全年新商标注册107件,是历年总数的50%。

(二)农村经济稳中有升

全年农业总产值达到27.4亿元，比上年增长8.0%;增加值17.27亿元,比上年增长5.6%。主要农产品产量:全县粮食总产量达到37.40万吨,比上年增产0.5%;油料产量12814吨,比上年增产46.2%；烟叶108吨，比上年增产107.7%;蚕茧262吨,比上年减产70.2%;蔬菜产量34.66万元，比上年增产6.6%；水果65486吨,比上年增长3.6%。新造林8103公顷,比上年增长189.4%。封山育林面积8400公顷,比上年下降6.0%。肥猪出栏头数68.39万头,比上年增长6.0%;肉类总产量6.22万吨,比上年增产14.8%;耕牛年末圈存1.54万头,比上年增产8.5%;禽蛋产量8913吨,比上年增产27.3%;渔业生产、水产品产量4706吨,比上年增产45.0%。年末农业机械总动力22.44万千瓦,比上年增长19.6%;农田水利设施4294处,与上年持平;有效灌溉面积19710公顷,比上年增长4.2%;农村用电量8920万千瓦时,比上年增长3.2%。

2009年,全县兑付各类支农惠农补贴近1.35亿元。按照平坝发展粮油,打造重庆粮油基地;山区发展竹子,统筹生态保护和旅游发展思路;加快推进水稻高产示范和中低产田改造等项目。完成20万亩优质粮油基地建设规划。完成无公害蔬菜基地7.2万亩,冬闲田种草饲养水禽3000亩。新增市级农业产业化龙头企业2家,达到8家,26家市县级龙头企业产值达到8.28亿元。改造中低产田1.77万亩。实施测土配方施肥116万亩。修复各类水利工程4151处,新增农田有效灌溉面积3700亩。农业耕种收综合机械化率达到33.0%,高于全市平均水平12个百分点。新农村建设扎实推进,新建沼气池10883口,硬化人行便道236公里;新增市级示范村2个,八角村、万年村、双桂村和三清村基础设施进一步完善。

(三)基础设施建设步伐加快

城市建设和维护投入资金7295万元,比上年增长48.5%;年末城市道路里程64公里,比上年增长4.9%;道路面积112万平方米,比上年增长6.7%;人行道面积42万平方米,比上年增长5.0%;排水管道86公里,比上年增长7.5%;路灯4078盏,比上年增长2.3%;公厕25座。年末有城市公共汽车24辆,出租车174辆。城市日供水生产能力2万立方米,供水管道160公里。县城北门400米标准跑道体育广场已打造成园林休闲体育广场,人民广场、西池广场、南门景观大道、乾街建成城市亮点。县城改造以县政府搬迁又进入新阶段,年末房屋建筑面积达到547.62万平方米,比上年增长9.6%,绿化覆盖面积达233公顷,比上年增长17.1%。人均绿地面积22.39平方米,比上年增长14.7%。全县年末民用汽车拥有量11573辆,比上年增长28.5%;公路通车里程984公里,比上年下降0.1%(含乡镇公路不含高速公路和村级公路)。全县公路客运周转量70175万人公里,比上年增长15.0%;公路货运周转量98051万吨公里,比上年增长22.3%。全年完成邮电业务收入18184万元,比上年增长8.0%;年末固定电话112634个,比上年下降15.7%;年末移动电话用户246132个,比上年增长10.2%。2009年,全县22个四级以上资质建筑企业,全年完成建筑业总产值129868万元,比上年增长40.4%,利润总额12939万元,下降22.6%;利税总额19956万元,比上年增长4.9%。房屋建筑面积151.47万平方米,比上年增长67.2%;房屋竣工面积120.23万平方米,比上年增长110.2%。

2009年,完成全社会固定资产投资59.48亿元(含房地产开发、邮电通讯、电力、交通、气矿等),比上年增长46.8%。,其中:国有经济20.36亿元,比上年增长34.7%。集体经济8045万元,比上年增长69.7%。个体及其他经济38.32亿元,比上年增长53.6%。按投资管理渠道划分:基本建设与改造投资55.69亿元,比上年增长44.7%;房地产开发3.80亿元,比上年增长84.4%;商品房(包括外地房地产开发商)销售面积36.5万平方米,比上年增长65.2%。

(四)城市市场商贸繁荣

2009年,全县社会消费品零售总额31.34亿元,比上年增长19.4%。其中,县的零售额14.50亿元,比上年增长19.9%;县以下的零售额16.83亿元,比上年增长18.9%。在各种行业类型的消费品零售中,批发零售贸易业增长19.7%,住宿和餐饮业增长18.3%,其他行业增长9.5%。城乡市场商贸繁荣围绕建设区域性商贸物流中心目标,以调结构、建体系、扩消费、促增长、强管理、保供应为重点,统筹城乡商贸发展,引导扩大市场消费。与重百集团、重庆领袖“8+1”建材集团签订新建6万平方米综合商场协议，县城核心商圈功能提升完善。乾街商业街开街运行，入驻泰兴电脑等60余家商家，特色商贸形势喜人。全县限额以上商贸企业达到30家，净增19家。“万村千乡市场工程”实现全覆盖。大众、西池社区商业示范先行。服装、建材、汽配、农产品和竹木五大专业市场初具规模。屏锦、云龙、福禄、袁驿、新盛等五组团商圈日益趋旺。建成村邮站80个。“家电(汽摩)下乡”取得实效，销售额1.2亿元，补贴资金1127万元。与广西特产网合作，初步建立电子商务平台。成功举办迎新年大型商品展销会和重庆市烟花爆竹订货会。建成再生资源回收体系分栋中心2个，回收网点127个。外向经济蓬勃发展。实际利用外资出口总额大幅增长。首家外资银行澳新村镇银行落户开业，积极支持实施梁平柚品牌包装推广策划项目。新增农产品出口示范基地3个，具备进出品资质企业达到23家。完成外派劳务110人，外派劳务增长18.0%，境外务工人数达到253名。

(五)社会专业协调发展

2009年，全县有自然科技人员6108人，比上年增长1.7%，申请专利70项，其中发明专利36项，授权24项，其中发明2项，实施国家级科技计划项目3个，市级科技项目5项，引进推广和试验示范的实用技术及科研成果106项。全县有普通中学34所，在校学生53509人，比上年增长2.5%；小学187所，比上年减少20.8%(主要是村建制调整所致)，在校学生52870人，比上年下降9.2%。职业中学8所，在校学生6090人，比上年增长30.5%。学龄儿童入学率98.0%，比上年下降2个百分点。初中入学率95.4%，比上年下降7.4个百分点。一年来向大专院校输送新生4443人，比上年增长16.8%。全县有县级广播电视台1座，加密卫星电视差转台1座。有档案修志馆1个，影剧院1个，文化馆1个，文化站33个，公共图书馆1个，文管所1个，少儿业余体校1个。33个镇乡广播站开通加密电视，315个村通广播电视，普及率95.0%，与上年持平。有线电视用户达7.73万户，占总户数的25.8%，比上年下降0.3个百分点。电视地面卫星接收站24319座（含“小锅盖”），电视收看覆盖率90.0%。全县有医疗机构125个，比上年增长20.2%(包括个体办诊所)；拥有床位1714张，比上年增长23.8%；有专业技术人员1730人，比上年增长27.8%。其中，执业医师和执业助理医师777人，比上年增长30.4%；注册护士542人，比上年增长41.9%。

2009年，环境污染治理投资额达16850万元，比上年增长31.4%。工业废水处理排放达标量310万吨，比上年减少27.8%，占排放总量的87.0%，比上年上升30.6个百分点。工业二氧化硫排放量8861吨，比上年增加96.9%。生活垃圾粪便清运量6.73万吨，比上年增加2.6%。

2009年，给予了5517人城镇居民最低生活保障，发放保障金1076万元，比上年增长6.9%；给予了35945人农村居民最低生活保障，发放保障金1975万元，比上年增长30.7%。全县建有33个各类社会福利院和敬老院，拥有床位982个，集中供养543人，比上年增长0.4%。社区活动服务中心24个，服务网络33个。

(六)城乡统筹逐步深入

贯彻落实国务院关于推进重庆市统筹城乡改革和发展的若干意见，对接“重庆现代畜牧示范区建设项目”等44项政策支持，联合垫江县向重庆市人民政府提出给予示范县相关政策支持的请示，做出了加快推进统筹城乡综合配套改革示范县建设的决定。推进农民梯度转移，共办理农转非1.7万余人，创新了梁山“八角八组”、龙门“乐胜范本”、大观“带资入社”、蟠龙“腾笼换鸟”等典型模式。编制以农村土地经营权入股组建农民专业合作社试点工作相关方案，出台了扶持政策，大力发展专业合作社，入社社员3.25户。启动森林采伐管理改革试点，全面完成集体林权制度改革任务，已发林权证面积80.41万亩，确权率、发证率均达100%。推进农村面源污染治理，完成了统筹城乡农村环境保护规划，碧山镇黄桥村启动了全县第一个村社环境整治项目,推广了测土配方施肥技术,实施土壤有机质提升试点补贴项目6万亩,完成户用沼气建设7206户。推进示范镇建设,梁山镇皂角村征地拆迁型农村新型社区已进入正常施工阶段;屏锦镇采取镇设土地流转超市,村设土地流转店的方式推进土地流转。农商行农户小额贷款、农行惠农金穗卡等金融产品全面推开。

(七)开放力度不断加大

开展国内经济合作,紧紧围绕高岭土、石膏矿、石灰石、农产品等优势资源,增强招商引资的针对性,共引进项目66个,协议引资42.16亿元,其中工业项目38个,实际到位资金2.02亿元。加强圈翼合作,与江北区缔结了友好区县,签订了合作框架协议,在产业发展、信息化建设、体制建设等方面建立长期友好的协作关系。对口支持深入推进,涪陵区援建的1万平方米标准厂房主体工程已竣工,援助了325万元支持建立企业发展基金和小企业创业基地的规划建设,两地在培训合作、劳动力资源信息共享、科技帮扶、人才交流、干部挂职锻炼等方面的合作推向深入。毗邻地区合作切实推进,与长寿、垫江开展合作互动,在龙溪河整治、渝万城际铁路建设的前期工作等方面形成合力。加大外经贸工作力度,龙滩梁平柚、福韵食品、昌鑫植物油等企业成功申报农产品出口示范基地,新增6家具备自营进出口资质的企业,依托外派劳务中心和米兰服装学校推动外派劳务工作。

(八)文旅兴县彰显特色

借助双桂堂在佛教的独特地位,促进佛教文化与旅游资源有机融合,打造特色文化旅游品牌。首次高水平举办大型文化旅游盛典及系列促销活动。精心包装推出"梁平三宴"(梁平全鸭宴、双桂素宴、竹海全笋宴)特色饮食和十大旅游商品(梁平张鸭子、梁平柚、梁平竹帘、梁平竹工艺品、梁平甜茶、山桂香肠、袁驿豆干、竹海腊肉、木版年画、阴沉木雕)。强化景区基础设施建设,改造升级双桂堂景区,重开老山门,完善观音竹海、文峰塔和"三寨四湖"(金城寨、滑石寨、牛头寨,明月湖、双桂湖、东明湖、竹丰湖)配套设施。成功推介:"佛光双桂祈福一日、二日游"、"绚丽梁平祈福生态三日游"和"长江三峡顺道游"等特色旅游产品。文艺创作精彩连连,再现百位新中国成立以来感动中国人物之一邓平寿的电影《我是花下肥泥巴》全国公映,25集电视连续剧《好大一棵树》杀青封镜。成功举办"重庆CBD周末音乐会梁平文艺专场",高质量举办新中国成立60周年"祖国颂"大型文艺演出等群众文化活动100余场。组团参加中国成都国际非物质文化遗产节。全面普查非物质文化遗产,建立76项第一批县级文化遗产保护名录,成功申报土法舀纸术、蓝印花布、双桂堂庙会等3个国家级项目和5个市级项目。审定出版发行《梁山灯戏》专著。建成基层文化信息资源共享平台7个。新建乡镇综合文化站10个、村文化室29个。以梁平木版年画等非物质文化遗产项目为龙头的文化产业不断壮大,全县创造产业产值达到205亿元。

(九)"五个梁平"建设成效显著

宜居梁平:科学调整城市总规和土地利用总规,顺利完成县城行政区划调整,设立梁山、双桂街道办事处。引进重庆兴茂集团、海韵、帝豪等企业,新区出让土地1500多亩,为近3年总和,启动建设新区道路6.64公里。应群众所盼,建成报国公园,启动建设占地130亩的双桂公园。城市绿地率达到23.2%。改造危旧房1.65万平方米。农村面源污染治理取得新突破,依法取缔邵新纸业化学制浆生产线,整治完成集中式用水源保护区和河道畜禽养殖区。改造县城输配水管道15公里,完成"一户一表"水表改造5500户,城区供水质量明显改善;建成县城C线污水管网3公里,袁驿镇污水处理厂配套管网2.3公里和金带镇、碧山镇简易污水处理厂,城市垃圾无害化处理率达到85.0%,污水处理率达到90.0%,二氧化碳、化学需氧量减排2.0%以上。县城空气质量优良天数保持325天,位居全市前列。

畅通梁平:编制完成"两铁两高四环十射多联"交通总体规划。城区智能交通系统建设取得突破性成效，完成大河坝高清电子卡口和5处电子警察抓拍系统规划，建设红绿灯5处。政府还贷二级公路收费全面取消。完成县城至云龙、烈士陵园至仁贤等国省道整治升级41公里。建成小峨眉至竹丰湖旅游公路2公里，启动建设安胜至竹山、龙胜至新盛通乡公路46公里，射线交通格局初步形成。行政村通达率100.0%，通畅率68.0%、通车率62.9%。

森林梁平：完成森林工程建设12.15万亩。建成万亩示范片4个，速丰林基地5.22万亩，森林生态镇1个、生态村10个。屏锦竹海村成功创建为市级“绿色村庄”。建成高速公路红线外景观林带、国省道通道绿化带和县城至云龙景观林带265公里4500亩。建成市级油菜苗圃基地400亩。完成油茶种植6000亩。

健康梁平：成功引进中美可持续发展中心投资1000万元，在金带镇援建全国首个可持续健康学校。改扩建乡镇卫生院7个，新建标准化村卫生室40个，标准化村卫生室覆盖率达到58.5%。启动实施县医院扩建工程。建成33个乡镇公共卫生管理中心，全面开通妇幼保健、免疫规划、健康管理信息系统。甲型H1N1流感得到科学有序防控。常住人口自然增长率、婴儿死亡率和孕产妇死亡率分别为1.9‰、52‰和39.97/10万人。市民健身工程有序推进，启动建设青少年活动中心，建成农村体育健身工程45个，乡镇试点农民体育健身工程1个和社区体育健身工程3个。启动石马山公园登山步道延伸工程。群众体育活动蓬勃开展，经常参加体育活动人数占比达到40.0%。建成10片塑胶运动场。“唱读讲传”活动开展有声有色，市民精神文化更加丰富。

平安梁平：立项建设乡镇派出所11个，建成6个。建成乡镇司法所8个，提前两年实现派出所、司法所乡镇全覆盖。启动建设以城区重点区域、重点乡镇治安、烟花爆竹企业、煤矿、非煤矿山为一体的平安梁平智能监控系统，安装电子摄像头336个，平安防控网络更加紧密。重拳“打黑除恶”，打掉涉黑涉恶团伙8个，严厉打击刑事犯罪活动，破获刑事案件1378例。成功脱摘“外流贩毒重点整治地区”帽子。强化基层基础工作，增加警察29名，增配基层安监员55名，18个乡镇配备安全生产执法车辆。关闭高危行业小企业32家，整治危险路段28.8公里。全县安全生产形势持续好转，全年未发生一起一次性死亡3人以上事故。实现食品药品安全监管，没有发生重大食品药品安全故事。办理法律援助案件852件，人民调解、社区矫正和帮教机制不断建立。开展干部大走访攻坚行动，化解了一大批信访积案，社会更加和谐稳定。

(十)改善民生温暖人心

坚持稳中求进，难中求解，化民所怨，解民所困，改善民生迈上新台阶。积极构建以创业促就业的新型就业保障体系，建立市级农民工返乡创业园1个，创建充分就业社区13个，充分转移就业村50个，建立农村劳动力资源综合动态管理体系，城镇新增就业2798人，新转移农村富余劳动力1059人。城乡居民社会养老保险、医疗保险实现全覆盖。社会救助体系不断健全，城乡低保、大病救助、农村五保供养总量水平显著提高。建成医疗救助信息网络平台。改扩建敬老院7所。建成“5·12地震”灾民点8个及其他灾民点9个，共建房1515户，28所震灾学校重建工程竣工投入使用。率先一次性兑现独生子女家庭父母奖励金5300万元。大力实施开放扶贫，整体脱贫3个村。全面兑现义务教育学校教师绩效工资。组建民办职教集团，启动职教中心搬迁工程，中职教育水平明显提高。大力实施中小学校办学条件标准化和薄弱学校改造工程，加快推进农村学前教育规范化建设，恢复袁驿中学、福禄中学高中招生，基本普及高中阶段教育。高考升学率达到72.4%，幼儿入园率达到86.1%，均高于全市平均水平。坚持政府主导、社会参与、企业资助，首次开展“金秋助学”行动，310名中小学生获得资助，500户贫困家庭获得“永辉慈善活动”捐助。2009年，全县年末从业人员43.61万人(含不在劳动年龄内的实际劳动人数，不含外出务工的人数)，比上年增长2.6%。其中，城镇从业人员14.17万人，比上年增长20.0%(含农民进城务工人员)；乡村从业人员29.44万人，比上年下降4.1%。在城镇从业人员中，全部职工3.24万人，比上年增长0.3%。城镇集体以上单位增加就业人员5071人，比上年下降13.2%。减少就业人员5012人，比上年增长50.4%，个体及私营经济等从业人员10.93万人，比上年增长27.4%。年末城镇失业人员0.17万人，与上年持平，登记失业率为4.4%，与上年持平。在岗职工工资收入27045元，比上年增长20.1%。城镇居民人均可支配收入14039元，比上年增长9.8%；城镇居民人均消费性支出9084元，比上年增长2.3%，其中食品消费3603元，比上年增长3.2%。农民人均年总收入5740元，比上年增长0.8%；农民人均纯收入4657元，比上年增长10.6%；农民人均总支出5282元，比上年增长3.1%；农民人均生活费用支出3953元，比上年增长4.2%；农民人均生产费用862元，比上年减少1.5%。

二、发展中存在的问题

在金融危机的影响下，梁平提速发展的“短板”和“堵梗阻”问题亟待破解，“一年打基础”步履维艰。县域经济发展总体态势与“示范先行”的要求还有一定差距，经济总量小，发展增速慢，社会管理弱，公共服务缺，安全压力大，社会维稳重；政府自身建设还需加强，决策执行力、重大项目推进速度和工作效率还与新形势、新要求不相适应。

三、2010年发展目标

全县生产总值增长20.0%，全社会固定资产投资增长50.0%，工业总产值增长30.0%，社会消费品零售总额增长25.0%；地方财政收入增长30.0%，实际利用外资增长10.0%，进出口总额增长100.0%，这三项指标均率先实现翻番目标；城镇居民人均可支配收入、农村居民人均纯收入分别增长15.0%和20.0%；城镇化率提高3.5个百分点；劳务收入增长20.0%以上；林业产值增长30.0%。城镇登记失业率控制在4.5%以内，万元GDP能耗下降5.6%，全社会化学需氧量、二氧化硫排放量分别减排25吨和53吨。

(梁平县政府办公室　兰家飞)

城口县

一、2009年发展回顾

2009年，面对金融危机的严重冲击和特大自然灾害的影响，城口县深入学习实践科学发展观，全面贯彻落实锦涛总书记“314”总体部署和国发3号文件精神，坚持“生态为本、特色为魂”的发展战略，以“保增长、扩内需、调结构、惠民生”为工作主线，着力转变发展方式，大力培育特色产业，强力推进项目进度，全力优化发展环境，有效遏制了县域经济深度下滑，保持了经济总量增长，发展基础夯实，社会事业进步，人民生活提高，社会保障增强的局面。实现地区生产总值208889万元，比上年增长6.8%。其中，第一产业增加值36545万元，比上年增长5.8%；第二产业增加值97889万元，比上年增长3.8%；第三产业增加值74455万元，比上年增长11.1%。三次产业结构调整为17.5%、46.9%和35.6%。按常住人口计算人均生产总值为11082元。三次产业对经济增长的贡献率分别为13.5%、26.4%和60.1%。非公有制经济比重达到63.4%。

(一)农业经济稳步增长

坚持“生态为本、特色为魂”的发展战略，按照“人口下山、产业上山”的要求，充分挖掘资源优势，着力壮大农业产业，积极采取各种措施，农村经济仍然保持了种植业全面丰收，畜牧业稳步发展，农村经济较快增长的态势。全年完成农林牧渔业总产值58001万元，比上年增长5.8%。其中：农业产值22252万元，比上年增长10.2%；林业产值5874万元，比上年增长5.3%；牧业产值28671万元，比上年增长2.9%；渔业产值741万元，比上年增长6.2%；农林牧渔服务业产值463万元，比上年增长1.1%。

粮食获得丰收。农作物播种面积66.26万亩，其中：粮食作物播种面积45.21万亩，比上年增长3.2%。粮食总产92757吨，比上年增长3.7%。其中：玉米产量39033吨，比上年增长1.6%；稻谷产量7940吨，比上年增长3.5%；薯类产量42315吨（五折一），比上年增长4.4%(其中：红苕产量15128吨，比上年增长36.8%；土豆产量27187吨，比上年下降7.6%）；大豆1426吨，比上年增长39.9%;蔬菜产量32395吨，比上年增长7.0%；油料作物产量2646吨，比上年增长71.0%；茶叶产量294吨；烟叶产量103吨；水果产量2142吨；中药材面积7.2万亩。

林业稳定发展。生漆产量82吨；核桃产量800吨；板栗产量1300吨。

牧业快速发展。年末牛存栏1.89万头，增长5.0%，当年出栏肉牛0.55万头，增长1.8%；年末山羊存栏3.71万只，增长3.3%，当年出栏山羊3.91万只，增长2.4%；年末生猪存栏16.41万头，增长4.1%，当年生猪出栏21.50万头，增长9.6%；年末家禽存栏180.1万只，比上年增长17.7%，家禽出栏239.8万只，比上年增长18.9%。全年肉类总产量达到2.11万吨，增长11.1%。其中：牛肉产量828吨，增长21.2%；猪肉产量15842吨，增长7.7%；羊肉产量625吨，增长20.7%；禽肉产量3584吨，增长18.5%。中蜂发展到4.2万箱。

渔业较快增长。水产品产量381吨，比上年增长9.8%。

农业生产条件继续改善。农业机械总动力达到8.99万千瓦，比上年增长6.5%；有效灌溉面积1300公顷；化肥使用量(折纯法计算)0.55万吨。

（二）工业经济企稳回升

在全球金融危机的影响下，县委、县政府进一步强化工业主导地位，提升工业发展质量，围绕"稳定、调整、扶持、提质"八字方针，推动工业经济良性运行，充分利用了经济杠杆和国家宏观调控政策，千方百计降低企业生产经营成本，加快企业资金周转速度，遏制了工业经济下降势头并逐步回升。完成工业总产值178541万元，比上年下降3.9%。其中，规模以上工业实现总产值149276万元，比上年下降5.3%；规模以下工业总产值29265万元，比上年增长4.5%。在全部工业总产值中锰产品产值106783万元，比上年下降16.8%；钡产品产值6384万元，比上年增长24.7%；煤产值7725万元，比上年增长70.2%；水电产值31118万元，比上年下降0.8%；水泥产值1546万元，比上年增长35.4%；其他产值24985万元，比上年增长64.0%。规模以上工业企业达到22户。

主要产品产量有增有减。全年生产富锰渣8.11万吨，比上年下降45.2%;磷铁0.25万吨，比上年下降37.5%;硅锰合金12.36万吨，比上年增长16.6%;焙烧矿6.84万吨，比上年下降37.8%；钡粉（丁)15.96万吨，比上年增长24.7%；水泥4.97万吨，比上年增长21.2%；原煤产量26.97万吨，比上年增长66.5%;发电量2.82亿度，比上年增长141.0%。

规模以上工业亏损逐步减缓。规模以上工业企业产销率为87.3%，比上年下降7.5个百分点；亏损2331万元；经济效益综合指数为195.4%，比上年下降111.2个百分点。

建筑业快速发展。实现建筑业增加值29145万元，比上年增长22.2%。

（三）固定资产投资创历史新高

2009年，城口抓住国家积极的财政政策和适度宽松的货币政策机遇，策划和实施一批加快城口发展的大项目，全力招商引资和扩大内需，坚持把扩大投资作为拉动增长的重要抓手，狠抓项目运作，优化投资结构，保持投资快速增长。全社会固定资产投资完成293004万元,比上年增长36.6%。其中:农业投资28102万元,比上年增长28.4%;工业投资38800万元,比上年增长190.2%;能源投资83399万元,比上年增长9.3%;交通建设投资72734万元,比上年增长42.8%;市政建设投资18416万元,比上年增长18.7%;房地产投资7866万元,比上年下降34.5%;社会事业投资6324万元,比上年下降52.9%;私人建房投资32783万元,比上年增长228.2%。

(四)基础设施建设稳步推进

重点工程进展顺利。总投资近26亿元的"4小时重庆"控制性工程——城万快速通道顺利开工;安张铁路途经城口的西线优化方案完成规划设计;城开高速公路列入重庆市高速路网建设规划;乡村公路建设扎实推进,周溪、高楠等7个乡的通畅工程和6条农村公路改扩建完成,新建或改建村级公路44条,158.1公里;3个乡镇客运站和50个公路沿线客运招呼站建设完工;入城通道、任河三桥工程进展顺利,启动县城污水二级管网、任河二桥至小河口道路路面修复、任河大桥排危加固等工程;完成大南门美化、亮化和南大街护栏安装;建成县城防洪堤969米,启动三合供水工程建设;建成巴山电站、白果坪电站并实现并网发电;蹇家湾、中坝子、岚溪、沿河等电站建设顺利推进;高燕110千伏客户变电站和修齐旦坪110千伏变电站建成投入运行;高望水库前期工作有序推进;已建成493套廉租住房和196套过渡安置房;完成"7·10"特大洪灾损毁道路、防洪堤、电力、通讯、农房恢复重建工程。

邮电通信快速发展。新建通讯基站70个,新发展互联网用户900户。全年完成邮电业务总量7867万元,比上年增长9.9%。其中:邮政业务量943万元,比上年增长14.9%;电信(含固定、移动、联通)业务量6924万元,比上年增长9.3%。年末固定电话用户数(含小灵通)达30899户;移动电话用户(含联通、电信)达到89160户,比上年净增16388户,增长22.5%。

旅游产业较快发展。加快黄安坝、九重山、羊耳坝、坪坝大梁等旅游基础设施建设,积极开发休闲旅游、生态旅游和红色旅游新产品。全年入境旅游人数8000人次,增长62.9%;县内出境旅游人数2038人次;县内旅游总收入2431万元,增长13.0%。

(五)国内外贸易成效明显

狠抓商贸流通基础。在县城,认真做好中心商圈规划论证工作;结合旧城改造和片区开发,规划筹建大型综合交易市场和商贸物流中心,改造县级农资配送中心;大力培育龙头商贸企业,积极引进知名品牌入驻城口;完成南大街农贸市场改造。在乡镇,大力发展农村商业网点,扎实推进"万村千乡市场工程",建成乡镇农资、日用品超市47个和村级便民综合服务店354个;启动中心镇和边贸集镇农贸市场建设。

贸易市场货源充足,购销两旺。全年完成社会消费品零售总额55264万元,比上年增长18.1%。其中:县级零售额28594万元,比上年增长17.9%;县以下零售额26670万元,比上年增长18.3%。分行业看,批发业销售总额5174万元,增长31.9%;零售贸易业完成零售额41743万元,比上年增长16.8%;住宿和餐饮业完成零售额7653万元,比上年增长17.5%。本年出口创汇60万美元。全年引进内资3.41亿元,比上年增长60.1%。

(六)财税金融稳中有升

财政收入稳步增长。着力巩固基础财源,扶持骨干财源,培育后续财源。强化税收征管,严格目标考核,加大对重点行业、重点税源的稽查力度,严厉打击偷、逃、骗税行为,杜绝跑冒滴漏,确保应收尽收。完成辖区内财政收入32457万元,较上年增长7.1%。其中:一般预算收入完成30805万元(全口径),比上年增长3.9%。在一般预算收入中:增值税完成9451万元,下降36.8.%;营业税完成3890万元,增长19.0%;企业所得税完成2254万元,下降14.5%;个人所得税完成4367万元,增长271.7%。地方预算内财政收入达到17280万元,比上年增长21.1%。地方预算内财政支出84660万元，比上年增长32.0%。财政收入占GDP的比重为15.5%。

金融稳健运行。年末金融机构存款余额301161万元，比上年增长25.9%。其中：企业存款38801万元，比上年增长64.1%；城乡居民储蓄存款余额161888万元，比上年增长4.6%。年末金融机构贷款余额146918万元，比上年增长10.1%。其中：短期贷款46608万元，长期贷款99633万元。

商业保险快速发展。人身和财产保险实现业务总收入5283万元，比上年增长31.5%。其中：财产保险收入1128万元，比上年增长26.2%；人身保险收入4155万元，比上年增长33.0%。

二、发展中存在的问题

在全国全市经济企稳向好的大背景下，受国际金融危机深度影响的我县经济形势仍不容乐观，经济回升的内在动力仍然不足，社会投资尚未有效激活，居民消费潜力有待进一步挖掘，经济社会发展过程中的许多突出问题还不容忽视。一是外部环境制约影响深。长期积累的结构性、体制性矛盾突出，产业结构单一，抗风险能力弱，容易受到外部不利因素的冲击。二是县域经济综合实力弱。经济总量小，一产不优、二产不强、三产不活的局面没有彻底改变。三是发展的瓶颈制约因素较多。交通等基础设施滞后，资源环境压力增大，土地供需矛盾突出，发展资金短缺，发展环境不优。四是财政收支矛盾突出。财政实力较弱，债务负担较重，政策性支出因素增多，资金调度困难。五是开放程度不够。非公有制经济发展水平不高，招商引资乏力，尤其缺乏大项目的支撑。六是行政管理体制改革不到位。政府适应职能转变、经济转轨、社会转型的能力还不强，依法行政、高效行政、勤政廉政还存在差距。

三、2010年发展目标

地区生产总值增长16%以上，力争增长20%；地方预算内财政收入增长16%以上；全社会固定资产投资增长28%以上；社会消费品零售总额增长15%以上；金融机构存贷款余额分别增长22%和21%以上；城镇居民人均可支配收入增长12%以上；农民人均纯收入增长18%以上，力争增长20%；城镇化率提高1.6个百分点以上；城镇登记失业率控制在4%以内；人口自然增长率控制在6.5‰以内；万元GDP能耗、二氧化硫排放量、化学需氧量控制在市里下达的指标范围内。

（城口县政府办公室　余华）

丰都县

一、2009年发展回顾

2009年，面对国际金融危机的冲击，全县深入贯彻落实科学发展观，抢抓中央扩内需、促增长的一系列政策措施和重庆市统筹城乡改革发展等重大机遇，大力开展“重大项目建设推进年”活动，扎实推进“五个重庆”建设，着力培育特色产业，强力推进招商引资，成功应对国际金融危机带来的严峻挑战，全县经济社会保持平稳较快发展的良好势头。

（一）经济增长速度加快

全年实现生产总值65.7亿元，同比增长16.2%，增速位列渝东南渝东北13县第3位，比上年上升1位；全社会固定资产投资102.5亿元，同比增长79.9%，增速全市第一；社会消费品零售总额26.1亿元，同比增长19%。实现辖区内财政总收入7.53亿元、同比增长41.05%，地方财政收入5.65亿元、同比增长53.3%；财政支出

18.9亿元，增幅达29.3%。银行存款余额95.77亿元,同比增长30.2%;贷款余额34.36亿元,同比增长31.1%;贷款余额增幅首次超过存款余额增幅，金融对经济社会发展的支撑力度进一步加大。城镇居民人均可支配收入达到12703元，同比增长11.10%；农民人均纯收入达到3992元，同比增长11.2%；城乡居民存款余额70.59亿元,同比增长21.5%。

(二)发展基础不断夯实

扎实开展“重大项目建设推进年”活动,突出产业发展、基础设施改善和民生保障,一批影响全县长远发展的重大项目取得突破性进展,夯实了经济发展基础，为进一步加快发展积蓄了力量。全年实施重点项目51个,完成投资41.1亿元。产业大道竣工通车,水天坪工业园移民安置房主体工程完成,阿尔法亚麻酸、中密度纤维板项目正式投产；渝利铁路隧道成洞9086米、桥梁成桥490米;高速公路开工建设;蒋家沟水库大坝填筑至415米高程;1000万吨新型干法水泥项目一期厂房主体工程、二期厂区平场工程加快推进;6万吨蛋氨酸一期项目即将投产,二期工程平场基本结束；凯迪生物质能源项目流转林地11万亩、发电厂开工建设;2万吨生活用纸、27万吨薯类深加工等项目加快建设。大唐核电、客运中心、丁庄物流园区等13个项目前期工作进展顺利。与此同时，加快推进城乡建设,不断改善城乡面貌,扩大城镇建成区面积2平方公里，城镇化率提高1.5个百分点，达到30%。新建农村康居点27个,实施巴渝新居820户，改造农村危旧房1313户。全县森林覆盖率提高3.9个百分点,达到43.7%。成功创建“市级山水园林城市”。

(三)对外开放再创新高

着力搭建开放平台、优化开放环境、创新招商方式,推出184个重点招商项目,引进东方希望集团投资30亿元建设年产1000万吨新型干法水泥项目,建成投产后,单体产能全国第一;引进隆鑫集团投资20.9亿元开发南天湖景区,打造西南地区高档休闲旅游度假胜地;引进天津化工总厂与紫光天化公司联合投资20亿元建设年产6万吨蛋氨酸项目,建成投产后,填补国内行业空白；引进武汉凯迪公司投资12亿元建设生物质能源项目,着力发展低碳经济;引进恒都农业公司投资6亿元建设西南地区最大的肉牛养殖与屠宰及精深加工项目,助推“中国南方肉牛之乡”建设,等等。全年引进合同投资500万元以上的项目17个,合同总额103.2亿元,实际到位35.06亿元,同比分别增长69%、209%,创历年最好水平;引进外资150万美元,实现零的突破;利用内资27.68亿元,同比增长3.76倍。

(四)骨干产业持续壮大

坚持扶优扶强,壮大产业基地,延伸产业链条，打造产业集群。农业方面，粮食产量实现33.7万吨,获全市粮油生产先进单位称号。全县肉牛存栏16.3万头、出栏8.3万头;恒都公司10万头肉牛屠宰及精深加工项目主体厂房基本建成，鑫犇公司3万头肉牛屠宰加工厂建成投产;恒都公司2个万头养殖小区开工建设，3个大型能繁母牛养殖场建成投用。肉牛产业进入国家优势产区规划，丰都成为国家科技富民强县示范县和全市肉牛第一县。新发展速丰林基地16.6万亩、竹木浆原料林基地15.1万亩、龙眼等经果林2.5万亩,高换改造红心柚1.9万亩,丰都被评为“中国优质红心柚之乡”;引进武汉凯迪、成都成华等龙头企业助推林业产业发展，林业产值增速达26.7%。收购烟叶9.35万担,烟农收入7221.5万元,同比分别增长31%、84%,多项指标创近10年新高。榨菜、花椒、蔬菜、薯类、蚕桑、紫苏等产业稳步发展。全年实现农业总产值22.3亿元、增加值14.5亿元，同比分别增长8.5%、5.9%。工业方面,镇江精细化工园蛋氨酸项目平场工程和消防通道基本完成；水天坪工业园标准厂房建成2.88万平方米，自来水、燃气、强弱电等配套设施日益完善,新入驻企业6家;建材、食品、轻纺、机械、能源行业产值同比分别增长112.8%、60.3%、53.1%、41.6%、23.2%,化医行业产值增幅比年初回升45.3个百分点。实现工业总产值46.7亿元、增加值16.3亿元,同比分别增长30%、23.4%；规模以上和规模以下企业总产值分别实现29.9亿元、16.8亿元，同比增长20.9%、50.1%。旅游商贸方面，名山景区玉皇殿、鬼门关、报恩殿等升级改造工程全面完成；南天湖景区对外公路油化工程全面竣工，扩湖工程启动建设，综合服务区及天湖美镇开发建设进展顺利；高水平承办"三峡国际旅游节"，丰都旅游影响力大为增强；全年旅游接待251万人次、直接收入1.6亿元，同比分别增长50.5%、52.3%。兑现"家电(汽摩)下乡"到户财政补贴资金713万元，9个专业合作社被评为市级示范专业合作社。

(五)移民工作扎实推进

新增移民搬迁安置任务全面完成。移民培训就业一体化建设加快推进，培训移民2960人次，6605名移民实现转移就业，移民培训工作获国务院三建委表彰。三期高切坡防护项目通过市级验收。生态家园富民工程、汶溪生态示范村建设获市政府考核一等奖。移民扶持扶助政策全面落实，向2.01万农村移民发放后期扶助资金1207.68万元，向4.62万名城镇困难移民兑现解决移民遗留问题政策资金1819.6万元。后续规划编制工作取得阶段性成果，移民搬迁与三峡后续工作实现无缝对接。对口支援成效显著，争取无偿援助到位资金2364万元，同比增长135%。移民房地产权证办理率达96.1%，切实维护了移民的合法权益。

(六)"五个重庆"建设全面实施

坚持把"五个重庆"建设作为推动科学发展的重要载体，全面打造宜居宜业的发展环境。森林工程方面，融资到位3亿元，投入各类资金6.1亿元，造林33.4万亩，超计划49个百分点，资金投入、造林进度等指标居全市前列，长江两岸森林工程示范段建设得到市委、市政府充分肯定。畅通工程方面，投资4.7亿元改造省道81.6公里，4个乡镇客运站和50个村级招呼站全面建成，全县通乡通畅率、通村通达率均达100%，县城主干道"白改黑"一期工程全面完成，道路交通秩序进一步改善，交通工作获国家人力资源和社会保障部、交通运输部表彰。平安工程方面，安全保障型城市建设扎实推进，安全事故死亡人数同比下降5.2%，安全生产工作获全市一等奖；干部大走访攻坚活动深入开展，信访秩序明显好转，信访工作获全市一等奖；严厉打击各类违法犯罪活动，百名民警破案数全市第一，县公安局被公安部命名为"全国县级公安机关执法示范单位"；群众安全感指数达95.2%，位列全市前茅。健康工程方面，"市级文明城市"、"市级卫生城市"创建活动深入开展，30个农民体育健身工程、16个乡镇卫生院基本建成，51个村卫生室加快建设，消除碘缺乏病目标基本实现，甲流疫情得到科学有效处置；"唱读讲传"活动深入推进，全民健身运动广泛开展，广大群众精气神全面提升。宜居工程方面，实施"魅力城市"、"舒适集镇"、"美丽乡村"三大工程。县城规划区控制性详细规划、虎威镇等7个乡镇总体规划和控制性详细规划编制全面完成；改造城市广场2.1万平方米，新增公园绿地4.4万平方米；城市污水处理率、生活垃圾无害化处理率分别达96%、100%；开工商品房30万平方米，新建廉租房2.24万平方米。

(七)社会事业加快发展

教育事业均衡发展，维修加固和改扩建校舍5.95万平方米，累计削减义务教育债务7653万元，普高工作获全市一等奖。科技进步水平显著提高，建成肉牛、山羊、苎麻3个科技示范基地，成功注册"丰都肉牛""丰都龙眼"两枚地理证明商标，获"全国科技进步考核先进县"。医药卫生体制改革全面启动，儿童"四苗"全程接种率达98.1%、新农合参合率达91.1%，县人民医院成功创建国家二级甲等医院。开展文化下乡、文化进城、新中国成立60周年系列文化活动，文化事业蓬勃发展。人口出生率和自然增长率分别为9.34‰、3.29‰，成功创建市级计划生育优质服务先进县，人口计生工作获全市先进。城镇登记失业率控制在4.2%以内，城镇调查失业率比上年下降0.7个百分点。移民农转非养老保险、农民工养老保险等有序开展；新增各类社会保险2.35万人。减少农村贫困人口1.2万人，贫困村农民人均纯收入增长12.8%,达到3381元。成功开展全国扶贫开发政策与农村低保制度有效衔接试点,5万多农民纳入最低生活保障范围,人均保障水平提高229元/年,达到714元/年;发放医疗救助金11.5万人次、1112.87万元。

(八)民心工程全面完成

一是城市升级改造一期工程全面完成,城市环境进一步改善。二是实施通畅工程178公里、通达工程252公里,改造农村渡口8个、危桥3座,群众出行更加便捷。三是建成长江两岸森林工程示范段9.83万亩,超市上下达任务46.7个百分点。四是安装视频摄像头2512个,实现县城公共安全视频图像信息系统全覆盖。五是实施城镇居民基本医疗保险,建立城镇居民医疗保障体系,解决了6.75万名城镇居民"看病难"问题。六是兴建饮水安全工程279处,红层找水打井1000口,7.27万农村人口饮水安全问题有效解决。七是就业技能培训9726人,城镇新增就业1.28万人,指导帮助下岗失业人员和城镇登记失业人员就业再就业2476人,"4050"人员及城镇"零就业"家庭等就业困难对象再就业1292人。八是建成682个乡镇超市和便民店,"万村千乡市场工程"实现乡村全覆盖。

二、发展中存在的问题

一是推进经济可持续发展的动力不足。经济增长主要依靠投资拉动,出口、消费对经济发展的贡献率不高。二是产业基础仍然脆弱。规模以上工业企业偏少,核心竞争力不足;农业骨干龙头企业不多,抗风险能力不强。三是制约经济社会发展的因素较多。移民搬迁和企业改制等遗留问题尚未彻底解决,交通、土地、融资等瓶颈问题仍需花大力气破解。四是抢抓发展的氛围不浓,"疲懒散"、"等靠要"等现象仍然存在。

三、2010年发展目标

GDP增长20%,达到72亿元;全社会固定资产投资增长42%,达到145.6亿元;社会消费品零售总额增长25%,达到32.6亿元;地方财政收入增长25%,突破7亿元;农业总产值增长13%,达到24.5亿元;农业增加值增长9%,达到15.97亿元;工业总产值增长33%,达到62.1亿元;工业增加值增长33%,达到21.7亿元;旅游接待人次增长23.5%,达到310万人次。旅游直接收入增长25%,达到2亿元;城镇居民人均可支配收入增长11%,达到13267元;农民人均纯收入增长15%,达到4538元;城镇登记失业率控制在4.5%以内;万元GDP能耗下降4个百分点,化学需氧量排放下降0.7个百分点,二氧化硫排放量下降0.4个百分点。

(丰都县政府办公室 李勇)

垫江县

一、2009年发展回顾

全县地区生产总值达到94.68亿元,增长16.2%,高于全市平均水平1.3个百分点,列全市第14位;地方财政收入达到7.48亿元,增长42.5%;一般预算收入达到4.3亿元,增长21.2%;全社会固定资产投资达到50.65亿元,增长36.9%;社会消费品零售总额34.87亿元,增长19%;城镇居民人均可支配收入、农民人均纯收入分别达到14215元和4766元,分别增长10.2%、10%。

(一)农村经济稳步发展

突出土地、林权制度、农村金融改革,进一步搞活农村经济。全年实现农业总产值27.8亿元,粮食总产量达38.6万吨,出栏生猪84.27万头、家禽1274万只。全县流转土地27.63万亩,规模经营集中度达30.6%。完成林权颁证11万宗，确权面积23.8万亩。新增农民专业合作社38个，农民入合率达19.3%。引进澳门恒河、北京汇源、重庆绿尔兰等11家农业龙头企业参与现代农业开发，培育特色农产品商标品牌14个，建成标准化果园2万亩。成功跻身全市3个油茶种苗示范基地县。垫江蜜柚荣获重庆名优柑橘展金奖。完成土地整治8.3万亩，新增耕地1.1万亩；实施城乡供水工程2个，解决了8.35万农村居民安全饮水问题，建设巴渝新居874户，改造农村危旧房968户，建成村级公共服务中心43个。累计转移富余劳动力28.14万人，劳务收入达24.3亿元，增长21%。

(二)工业经济逆势增长

全年完成工业投资12.5亿元，增长23.4%；工业总产值突破100亿大关，达到125.59亿元，增长35.92%；工业增加值完成38.48亿元，增长20.8%，占GDP的比重提高到40.64%。重点骨干企业支撑作用明显。捷力轮毂、鼎发公司、力能民爆、兴发金冠、供电公司等亿元级企业保持良好发展态势，完成工业总产值42.06亿元，占规模以上企业产值的59.56%。重点项目建设快速推进。长安汽车综合试验场正式开工；民生能源PE管、博飞生化、鑫勤建材30万吨粉磨站等项目竣工投产。"一园四区"规划用地范围获得市上核准，澄溪拓展区已报市上审批。全年投入工业园区基础设施建设资金1.3亿元，新增用地882亩，完成3万平方米标准厂房平场，启动6条园区道路建设。

(三)城乡消费上档升级

温州商贸城A、B区市场主体工程全面完工，渝东医药物流配送中心投入营运。永辉超市、重客隆超市、苏宁电器顺利营业，县城核心商圈逐步形成。"万村千乡市场工程"建设目标全面完成，建成日用消费品和农资配送中心，镇级连锁店49个、村级便民店576个，农村商品流通网络实现镇村全覆盖。落实家电下乡、汽摩下乡、汽车以旧换新政策，兑现补贴1439万元，拉动农村居民消费1.19亿元。完成房地产开发投资7.6亿元，增长69.4%；销售面积达44.45万平方米，增长24.1%。旅游、会展节庆活动有声有色，成功举办第十届牡丹文化节和第六届油菜花乡村旅游节，接待游客81.3万人次，实现旅游综合收入9700万元，分别增长14.3%、15.6%。全县外贸企业达到22家，新增外派劳务317人，外贸出口完成2457万元，增长14.8%。"商标兴县"战略顺利推进，新增重庆著名商标1个、垫江知名商标8个。

(四)招商引资取得重大突破

突出精细化工、机械加工、医药食品、电子信息四大产业，着力实施"跟随战略"和"配套策略"，全力推动"招商引资年"活动。全年签约项目167个，实际到位资金22.1亿元，是2008年的4.7倍，实现了每月都有投资1000万元以上工业项目开工建设目标，新增项目产能将达到150亿元。强力推进对外开放与合作，先后与温州市政府、北部新区、西永园区、重庆大学、重庆邮电大学、重庆农商行等签订战略合作协议，对外合作层次不断提升。各类银行贷款余额达29.78亿元，增长37.38%；存款增长24.12%，贷款增幅首次超过存款增幅；整合国有资产资源，做大做强政府投融资平台，全年实现政府性融资9.15亿元，是2008年的7.6倍。

(五)"五个垫江"扎实有效开展

"宜居垫江"步伐加快。完成县城总体规划研评、控规全覆盖和19个片区详细规划，精心编制乡镇总体规划10个、村规划28个。市级卫生城市顺利通过复查验收，市级山水园林城市成功创建，数字化城市管理工作全面启动，垃圾处理场建成投用，龙溪河流域环境综合整治有序推进。"畅通垫江"进展顺利。长安大道、桂西大道三期、明月大道、温泉路前期工作顺利启动；凤山东路隧道开挖加快推进。完成垫涪路、石垫路等省县道"白改黑"85公里，升级改造6条通乡联网公路112公里，整治危桥12座，修建人行便道、步道148公里，硬化村级公路165公里，行政村通畅率达60%。启动农村客运市场改革试点，开通运营线路23条，投放车辆27辆，广大群众“出行难”问题得到有效缓解。“森林垫江”成效初显。新增城市绿地6.13万平方米,城市绿地率达到32.6%,人均公共绿地面积达6.7平方米;全县植树造林13.15万亩,森林覆盖率达到33.9%,提高3个百分点。“健康垫江”稳步推进。县乡村三级医疗卫生服务网络日臻完善,农村妇女“两癌”筛查工作全面展开,农村孕产妇住院分娩补助率达100%。甲型H1N1流感防控科学有序,全县连续15年无重大疫情发生。新型农村合作医疗参合农民74.69万人,参合率达94%。建成农民体育健身场所40个,成功举办全县第一届运动会。“平安垫江”扎实有效。深入开展机关干部大走访活动,接访群众1.6万人次,解决各类问题2500余件次,化解信访积案17件。安全生产基层基础工作力度空前,重点领域安全状况持续好转,全年无重特大安全事故发生。“打黑除恶”工作卓有成效,打掉黑恶势力团伙9个,人民群众安全指数达到92.93%,全县社会治安秩序实现了根本性好转。

二、发展中存在的问题

一是统筹城乡改革发展的示范作用还不明显,与科学发展的要求和人民群众的期望还有较大差距;二是影响县域经济发展的自然资源、人才资源等要素“瓶颈”仍较突出;三是财政收支平衡压力较大,产业发展配套能力不足,工业园区基础设施建设相对滞后,桂西大道三期、温泉路等少数重点项目未能按计划推进;四是社会矛盾纠纷排查调处难度较大,信访维稳任务较重;五是政府自身建设有待进一步加强,政府部门个别工作人员服务意识、大局意识不强,办事效率不高。

三、2010年发展目标

坚持统筹城乡发展主线,强化项目建设和招商引资,突出产业支撑,提速推进“五个垫江”建设,坚定不移调结构,脚踏实地促转变,不断提高经济质量,切实改善民计民生,确保社会和谐稳定。

主要经济社会发展目标:地区生产总值增长20%,地方财政收入增长25%,一般预算收入增长20%;全社会固定资产投资增长40%;社会消费品零售总额增长20%;城镇居民人均可支配收入增长12%,农民人均纯收入增长12%;单位地区生产总值能耗下降4%;全社会化学需氧量和二氧化硫排放量分别削减1%;人口自然增长率控制在3.5‰以内。

(垫江县政府办公室　向阳)

忠 县

一、2009年发展回顾

2009年,忠县实现地区生产总值93.69亿元,增长16.2%。三次产业结构由2008年的23.0:42.3:34.7调整为19.7:40.8:39.5。实现社会消费品零售总额29.04亿元,增长19.6%。完成工业总产值90.45亿元,增长25%。实现工业增加值28.72亿元,增长30.3%,拉动经济增长6.3个百分点。万元GDP能耗下降4%。固定资产投资完成75.54亿元,增长28.2%。其中工业投资完成33.72亿元,增长74.7%。全县地方财政收入完成7.04亿元,增长69.8%,其中地方财政一般预算收入完成4.14亿元,增长31.5%。年末各项金融存款余额136.98亿元,比年初增长21.3%。贷款余额32.95亿元,比年初增长37%。财政投入各类民生资金10亿元,占一般预算支出比例达58%。城镇居民人均可支配收入13913元,农村居民人均纯收入4528元。城乡居民储蓄存款余额101.83亿元,增长19.9%,人均储蓄存款突破万元大关。

(一)文化旅游创意产业引领发展

编制完成《忠县文化产业发展规划》和《忠

县旅游总体规划》。完成忠县半城旅游规划和城市设计以及州屏滨江路景观设计。文化旅游创意产业示范区项目启动建设。四望楼、忠义寨、游船码头等地标性建筑隆重奠基。香山移民生态公园开工建设。成立重庆忠州陶红文化投资发展有限公司,发展影视文化产业。成功举办第二届中国柑橘文化节。成功演出《半城山水满城橘》大型音乐诗朗诵会。忠县入选重庆市十大都市乡村旅游目的地。唱响了“半城山水满城橘”城市品牌。

(二)工业经济保持较快增长

深入开展“工业发展深化年”活动,工业经济企稳回升。狠抓平台建设和产业结构调整,工业经济规模化、集群化程度进一步提高。海螺水泥纳入市级循环经济试点。全县规模以上企业增加到90家,实现产值38.9亿元,增长38.2%。工业经济综合效益指数达206.9%。四大百亿集群产业集中度达96%,实现产值88亿元。按照“一园多区,特色发展”思路,园区建设加快推进。园区建成面积达5平方公里,完成政府基础设施投资3.3亿元,入驻企业20家。

(三)五个忠县建设扎实推进

全年投入资金35.8亿元,扎实推进“五个忠县”建设。新增城镇建筑面积74万平方米,人均住房面积达37.5平方米,增长28%。建成廉租房160套9254平方米,直接惠及500多人。成功创建重庆市卫生县城。新增城镇面积1.55平方公里,城镇化率达30.4%。城市、通道、农村、水系、绿色乡村、柑橘、库区生态屏障等七大森林工程同步推进。全年植树18.5万亩,森林覆盖率达36%。移民新城大道开工建设,改建农村公路466公里。沿江高速公路忠县段完成初步设计,梁黔高速公路忠县段前期工作有序推进。完成城区市政道路“白改黑”20公里。有力有序有效防控甲型H1N1流感疫情。县人民医院迁扩建工程前期工作有序推进。完成县妇幼保健院和6所基层卫生院改扩建。成功举办中美艺术滑水对抗赛、全国青年男子篮球联赛、全县第一届运动会等重大体育赛事。“六大安全”工作全面推进。启动安全保障型示范县创建活动。安全生产基层基础建设加强,安全生产工作获全市一等奖。深入开展干部大走访、大下访活动,妥善化解信访积案,实现信访“三个下降”目标。打黑除恶行动深入推进,群众安全感指数增长3.91个百分点。平安忠县建设获全市优秀等次。

(四)重点项目投资拉动有力

全年实施重点项目87个,完成投资43.69亿元,超额完成年度计划。全年争取中央投资项目31个,计划投资1.7亿元,完成1.2亿元。47个政府主导类项目完成投资18.88亿元。投资3.8亿元建成220kV石马输变电工程。40个市场主导类项目完成投资24.81亿元。

(五)对内对外开放水平明显提高

全年正签招商引资项目160个,合同引资131.1亿元,实际到位资金33.8亿元,增长16.7%。大力实施“洗脸”招商一号工程,发展环境进一步优化。全市主体功能区规划定位忠县为重点开发区,开发强度位居渝东北、渝东南13个同类县第1位。全年新发展非公企业120户、个体工商户3200户。非公经济实现总产值136亿元,增长20%。实现税金1.8亿元。提供就业岗位15.6万个。全民创业指数达200。新增出口实绩企业3家。外贸进出口总额实现2729万美元,增长38.3%。直接利用外资1096万美元,增长29.6%。

(六)城乡统筹一体化进程加快推进

实现农业增加值18.47亿元,增长5.9%。新建柑橘基地果园2.4万亩,累计建成18万亩。柑橘产量达12万吨,增长23.9%。粮食产量达40.42万吨,被农业部表彰为全国粮食生产先进县。建成1000亩标准化蔬菜基地,蔬菜种植面积达14.27万亩。建成巴渝新居820户。新建和改扩建111个村级公共服务中心。投入农业综合开发项目资金1800万元,增长20%。投入农田水利建设资金1.7亿元。农村承包土地累计流转达8.45万户、31.25万亩。适度规模经营面积23.16万亩,规模经营率达31.1%。林权制度改革基本完成,登记林权19.5万户,登记森林面积

103万亩,流转林地1.16万亩。新增转移农村劳动力2.52万人,全年实现劳务收入26亿元。

(七)第三产业快速增长

第三产业实现增加值37亿元,增长12.7%。中博世界城、永辉超市投入营运,一核两圈商贸格局基本形成。农村商贸设施加快完善,“五个一”工程稳步推进,万村千乡市场工程实现全覆盖。忠县被重庆市确定为十大区域物流基地。家电(汽摩)下乡销售额达1.2亿元,发放补贴1224万元,惠及3万农户。房地产实现增加值4.27亿元,增长4.6%。大力推广名优特色菜品,美食忠州魅力彰显。完成石宝寨保护工程,实现对外开游。全年接待游客51.5万人次,增长78%。实现旅游直接收入1.17亿元,增长30%。

(八)移民工作有效开展

全年完成移民投资3.98亿元, 完成农村移民生产安置5047人,孤岛移民搬迁970人,复建房屋6.28万平方米。完建库周交通道路247.94公里、桥梁4座291.12延米。加强库区蓄水及回落期安全监测。定点对接国家三峡工程后续工作规划大纲,形成消落区综合治理、生态移民、公共服务建设、基础设施建设等14个调研课题、20个专项规划、478个项目可行性方案。移民后期扶持资金兑现率达100%。完成城镇困难移民扶助任务,培训4927名移民,新增城镇移民就业3000人。全面完成农村移民生态家园富民工程及生态家园示范村建设任务。

(九)社会和谐程度不断增强

高度关注民生民利,促进社会全面进步。发放养老金2.5亿元、失业保险金359万元,支付城镇职工基本医疗保险金3890万元、工伤保险金257万元、生育保险金18.4万元,完成13400名征地农转非人员和5926名城镇超龄人员养老保险,社会保险覆盖面进一步扩大。实施城乡居民合作医疗保险试点, 新型农村合作医疗保险参合率达99.05%,实现人人享有医保。城镇调查失业率降至6.77%,新增就业4998人。发放城乡低保金6140万元、救灾资金1134万元、城乡医疗救助金1163万元、五保供养金731万元、优抚对象补助金3368万元,困难群众和受灾户基本生活得到保障。狠抓扶贫开发,绝对贫困人口减少到5.4万人。义务教育持续巩固,职业教育加快发展。高考上线率达91.3%。“唱读讲传”活动蓬勃开展。实施重点科技项目40项,运用新技术36项。防震减灾体系建设和应急预案不断完善。人口自然增长率降至1.2‰。

二、发展中存在的问题

全县经济社会发展与竞争激烈的区域发展新形势有差距,与能快则快、快中求好的新要求有差距, 与人民群众对美好生活的新期盼有差距。突出表现在:经济增长质量不高,产业结构有待继续调优;工业项目推进较慢,整体竞争力有待提升;五个忠县建设任重道远,发展环境有待优化;农民持续增收难度较大,城乡居民收入差距较为明显;县级财政较为困难,财政支出压力增大;个别单位、干部工作作风、工作效能较差,政府自身建设仍需加强。

三、2010年发展目标

2010年,忠县将继续坚持“环境立县、开放活县、文化兴县、产业强县、百姓富县”战略,按照“全面发力,大干快干;非常目标,非常手段”要求,围绕“发展·民生”主题,加快改革开放和自主创新, 夯实工业和文化旅游创意产业两大经济板块,提高城镇化、工业化和城乡统筹一体化水平,推进“五个忠县”建设,狠抓项目拉动,改善民生民利,保持和谐稳定,全力推进经济社会能快则快、又好又快发展,为建设文化旅游创意产业内陆开放型生态经济高地奠定坚实基础。2010年国民经济和社会发展主要目标确定为:全年地区生产总值增长17%。地方财政一般预算收入同口径增长16%。工业经济综合效益指数达190%。社会消费品零售总额增长18%。全年固定资产投资增长18.5%,其中工业投资增长15%。城镇化率提高2个百分点。森林覆盖率达38%,林业总产值增长25%。万元GDP能耗下降4.2%,化学需氧量排放量下降2%,二氧化硫排放量下降1%。实际利用县外资金35亿元。外贸出口总额增长20%。非公经济增加值占全县经济总量的比重达57%。地方财政一般预算支出用于民生60%以上。新增城镇就业人员2600人。城镇居民人均可支配收入增长11%,农村居民人均纯收入增长12%。城镇调查失业率控制在6%以内。劳务收入增长20%。人口自然增长率控制在3.5‰以内。居民消费价格涨幅控制在3%左右。

(忠县政府办公室　雷春生)

开　县

一、2009年发展回顾

2009年,开县大规模、高强度移民迁建基本结束,在复杂经济形势下,坚决贯彻执行国家一揽子保增长经济政策,全力推进"整体转型、提速发展"战略部署,较快扭转了经济增幅下滑态势,各项事业全面进步,社会总体保持稳定。

(一)经济保持平稳增长,产业支撑更加有力,发展后劲不断增强

全年实现地区生产总值123亿元,比上年增长14.3%。工业销售产值、增加值分别增长20.3%、20.7%;农业增加值增长5.7%;粮食总产量57.6万吨。全社会固定资产投资增长15.2%,其中工业投资增长27.7%;社会消费品零售总额增长19.2%。地方财政收入仍达到5.5亿元,增长14.6%。年末全县金融机构存款余额178.8亿元,比年初增长20.3%;贷款余额36.3亿元,比年初增长22.6%。

开县确立了"456"特色产业发展路径,主动承接东部产业转移,三次产业结构比调整为21.7:41.4:36.9。五大工业集群的产值、工业园区产值和86户规模以上工业企业的产值分别占全县工业总产值的96.5%、20%、40%。9户规模以上工业企业建立了研发机构,科技型企业达到48家。开州发电有限公司10万千瓦火电机组全面关停,万元GDP能耗比上年下降5%。新建柑橘标准化果园2万亩,改造老果园1万亩,全国最大的晚熟柑橘繁育基地启动建设;新增300头以上生猪养殖大户70户、10000只以上肉兔养殖大户7户;新建中药材基地3万亩、竹材基地2万亩、城区蔬菜基地2000亩,实现了蔬菜进超市目标;土地规模经营集中度达到18%,2.6万户农民参加专业合作社;县级以上龙头企业增至41户。成功引进村镇银行1家,组建小额贷款公司2家,争取2家保险公司在开设立分支机构。完成了刘伯承纪念馆改陈布展工作,启动了汉丰湖旅游基础设施建设,雪宝山国家级森林公园进山公路建设加快。

(二)移民工作纵深推进,抢抓机遇争取投入,由"大搬迁"转入"大发展"

开县把三峡工程后续工作规划编制作为抢抓机遇、争取投入,促进移民安稳致富的阶段性中心工作。完工基础设施项目352个,复建房屋30.8万平方米,安置移民4575人,移民工作顺利转入安稳致富阶段。培训移民5010人,1266名移民实现创业兴业,带动移民就业4010人;31614户、77191名城镇困难移民受到救助,10700名占地移民参加农转非基本养老保险;实施移民后期扶持项目141个,受益移民60463人。启动了"沧海桑田"科研项目。175米试验性蓄水期间无地质灾害发生、无重大疫情、无人员伤亡。

(三)经济走势把握正确,积极应对金融危机,投资消费势头强劲

争取中央新增投资2.3亿元,市级财政资金和地方转贷资金8000万元,完成重点项目投资32.3亿元。小江大灌区一期工程建设完成;220千伏东华变电站、110千伏竹溪变电站投入使

用;川东北天然气项目风险井治理完成,争取优尼科东海有限公司在重庆注册。成功举办汉丰湖保护与开发高端论坛和城市开发建设重点项目推介会,启动汉丰湖"六大圈层"规划、东部新区开发规划和临江镇小城市总体规划编制工作。城镇建成区新增3.2平方公里,新增广场2万平方米、公共绿地40万平方米。鲤鱼塘水库正式向县城供水。实施"环湖统筹"项目建设,完成水位调节坝左岸工程和右岸土石坝堆填,整治环湖库岸6.5公里,滨湖景观公园试验段如期向市民开放。成功争取达万高速公路连接开县,完成省县道改造3条76公里、通乡通畅工程6条80公里,硬(油)化通村公路101公里,通乡通畅率达92.7%,通村通畅率达35%。植树造林23.2万亩,建成4个森林生态镇和30个绿色村庄,森林覆盖率达到40%,城市绿化覆盖率38%。

引进永辉超市、苏宁电器、重庆百货等国内知名连锁企业,大力实施"万村千乡"市场工程,新建便民放心店761个,基本实现全覆盖。落实各项促进消费的政策,实施"家电下乡"和"汽车以旧换新",兑现家电(汽摩)下乡补贴2128万元;成功举办渝川陕首届金秋购物节,住房、汽车、文化、旅游等消费升级升温。

(四)改革创新步伐加快,发展环境不断优化,招商引资成效显著

组建了行政审批代办中心、公共资源交易中心、政策法律咨询中心"三大服务平台"。设立土地经营纠纷调解仲裁委员会。创新土地整理复垦开发模式,实施土地开发整理项目6个,新增耕地4588亩。完成289万亩集体林地林权制度改革。启动"富裕农民进城、贫困农民下山"扶贫移民试点。组建了康城投资(集团)有限公司,出台了激励农村信贷的财政补贴政策,创新了农村信贷抵押方式和贷款模式,在一定程度上解决了投融资难的问题。采取划小自治单元、发展专业协会、强化社区服务等模式,启动了"群防群治、群众自治"工作试点。

实施"百千万项目集群储备工程",储备项目1839个,推出三次产业和城市开发、创意产业五大类项目146个。探索联合友好区县政府共同招商、发掘乡情人脉情感招商、借助行业协会专业招商、发动龙头企业链条集约招商等招商新模式,举办"首届贸洽会"及系列活动,全面整合各类优惠政策,整治优化发展环境,掀起了招商引资的新高潮,全年协议引进项目107个、引资275.8亿元,到位38.5亿元。引进亿元以上项目51个,1000万元以上项目53个。

(五)改革发展成果共享,着力改善民计民生,社会事业协调发展

全年用于民生的支出达到12.8亿元,占一般预算支出的51.8%。新建廉租房2.5万平方米、经济适用房7.2万平方米;启动康居点建设30个,建成巴渝新民居1361户,完成农村危旧房改造2800户,扶贫生态移民搬迁1333户。新改扩建校舍6万余平方米,撤并薄弱村校59所。医药卫生体制改革全面启动,创建市级规范化乡镇卫生院4个、规范化村卫生室30个,新建社区卫生服务中心3个、服务站11个。"四苗"全程接种率达到98.1%,孕产妇住院分娩率88%,孕产妇死亡率和婴儿死亡率分别控制在24.35/10万和9.6‰。经常参加体育活动人口占总人口的39%,国民体质抽样合格率为88.1%。人口出生率为10.4‰,自然增长率为4.4‰,出生符合政策率为81.4%。新建乡镇综合文化站12个、农家书屋80个,开州剧院主体工程完工。建成"健身路径"3条,中小学塑胶运动场10个,成功举办第三届县运会,"唱读讲传"活动和群众性文化活动蓬勃开展,电影惠民工程"村村覆盖"。

鼓励"创业兴业",新增发放小额担保贷款1.4亿元,实现2620人自主创业,带动7860人就业,指导帮助下岗失业人员再就业4884人,就业困难对象再就业1488人。扩大社会保险参保面,新增养老保险参保20664人,10.9万城镇居民、131.3万农村居民参加城乡居民合作医疗保险。城乡低保制度更加规范,10.1万城乡困难群众基本生活得到保障;城乡医疗救助、灾害救助

救援、临时困难救助工作有效开展。

二、发展中存在的问题

2009年，开县经济社会发展取得了一定成绩，但也还面临不少困难和问题。离“整体转型、提速发展”的总体目标还有不小差距，一些长期积累的结构性矛盾更加凸显，资源型工业比重偏高和资源环境约束矛盾加剧，节能减排任务繁重；工业化、城镇化、城乡一体化水平较低，统筹城乡改革发展亟须攻坚突破；财政收支平衡压力增大，公共服务和社会保障领域欠账较多；城乡安全保障能力比较脆弱，信访稳定压力仍然很大。

三、2010年发展目标

2010年预期目标：生产总值增长15%；全社会固定资产投资增长21%，其中工业投资增长33%；社会消费品零售总额增长21%；地方财政收入增长15%。城镇居民人均可支配收入和农村居民人均纯收入分别增长16%和17%，劳务收入增长20%。城镇登记失业率控制在4%以下。安全生产事故死亡控制指标比前五年平均数下降2.5%。单位GDP能耗完成市级下达目标，全社会化学需氧量、二氧化硫排放量分别净削减3吨和418吨。

（开县政府办公室　甄庆丰）

云阳县

一、2009年发展回顾

2009年，云阳县认真贯彻落实科学发展观，紧紧围绕发展主题，抢抓发展机遇，开拓进取，努力拼搏，在市委、市政府正确领导下，全县人民群策群力迎挑战，聚精会神抓发展，较好地推动了社会经济持续健康发展。全年实现地区生产总值74.6亿元，同比增长14.9%；三次产业结构比为27:31:42；全社会固定资产投资85.1亿元，同比增长41.3%；社会消费品零售总额34.9亿元，同比增长18.1%；地方财政收入3.5亿元，同比增长34.9%；城镇居民人均可支配收入12000元、农民人均纯收入3700元（均扣除物价因素），同比分别增长13%和12%；人口自然增长率4.85‰；年末城镇登记失业率3.82%；城镇化率提高1.59个百分点，万元GDP能耗下降5%。

（一）突出工业主导地位，加快经济结构调整，县域经济实力不断增强

1.工业经济逆势上升

实现工业增加值14.47亿元，同比增长19.7%。完成工业投资18.65亿元，同比增长65.9%。规模以上企业42家，培育亿元企业2家。云海药业、红旗水泥等企业产值税利较快增长，渝鑫、华泷、禹通等船舶修造企业异军突起。羊藿三七胶囊、功能饮料、牛羊熟食等一批新产品面市，“美迪生”被评为重庆市著名商标。帮助企业纾危度困，为企业提供流动资金担保贷款2200万元，落实产业扶持资金1.38亿元。完成工业园区8.41平方公里控规修编和5平方公里移民生态园规划编制，征地拆迁3100亩，建设场平1600亩，竣工标准厂房10万平方米。启动供水扩能、电网升级等配套工程，园区承载能力增强。累计入园企业38户，产值突破10亿元。乡镇工业小区起步，完成基础建设投资1.2亿元，入园项目37个，建成投产10个。

2.农业发展亮点增多

实现农业增加值20.3亿元。产粮42.9万吨，部级粮油高产示范片创建通过验收，荣获重庆市粮食生产先进集体。新建标准化柑橘园1.5万亩、改造果园3300亩。落实牛羊产业发展资金1980万元，发展养殖大户2300户、养殖企业48家，出栏山羊57万只、牛7万头，牛羊养殖总量

分别居全市第二位和第一位。落实生猪养殖奖补资金1023万元,扶持规模养殖户243户,出栏生猪96万头。蚕桑、茶叶、蔬菜、黑木耳等特色产业规模扩大,"相思茶"基地成为国家级农业标准化示范区。新增市级农业产业化龙头企业4家,2个无公害农产品产地、5个无公害农产品通过认证。红肉脐橙、纽荷尔脐橙分获重庆名优柑橘金、银奖,凤凰牌大米被评为第八届中国稻博会优质产品。参加中国西部农交会获优秀组织奖。新发展农民专业合作组织98个,创建市级示范专业合作社9个,农户入合率30.9%。实施农业综合开发生态治理1.07万亩。除险加固小型水库15座,新修、整治渠堰87公里,治理水土流失34平方公里,开发整理土地4210公顷,建设基本口粮田1.55万亩、村社便道320公里。新改扩建乡镇供水工程,解决了9.2万农村居民的饮水安全问题。建成大中型沼气工程3个、联户及户用沼气池1.5万口。流转土地23.6万亩,土地规模化经营率18.7%。减少贫困人口1.98万人,20个贫困村整村脱贫工程推进顺利,扶贫开发工作经验在全市推广。盘龙活龙村获全市新农村建设"十佳示范村"称号。

3.第三产业持续走旺

编制张飞庙景区提档升级、龙缸地质公园保护等规划,张飞庙景区保护范围扩大。完成云利路至龙缸、岐山草场旅游公路路基工程。开工建设张飞大酒店。成功举办摩托车城市登梯赛、张飞庙庙会周等活动。策划推介县城"一日游"项目,完成旅游"六个一"工程。接待游客50万人次,旅游收入8600万元。启动莲花池商圈打造,整治莲花市场周边秩序,外滩餐饮街被评为市级特色美食街。新增"万村千乡"市场工程网点401个,总量居全市第二。"家电下乡"销售额突破1亿元。国美电器等知名连锁商贸企业入驻云阳,限额以上商贸企业实现销售额12.5亿元。完成房地产开发投资3.5亿元,销售商品房29万平方米。交通运输业实现产值3.5亿元。

4.财政金融平稳运行

加强税收征管,强化基金管理,公共财政服务能力有所增强。建立财政投资评审中心。完成煤炭税费"一票制"征缴3726万元。积极引导金融支持地方经济建设,金融机构年末存款余额130亿元、贷款余额28.5亿元,同比分别增长24.3%和21.5%。整合政府资源,向银行融资7.5亿元,支持了园区基础设施、城市建设、森林工程等重点项目建设。

(二)突出项目建设,注重项目策划,项目拉动力量明显增强

1.项目建设扎实推进

完成重点工程项目投资43.2亿元。真空制盐、金田BOPP、双益食品、蜀光220kV变电站、北部新区创业大道等一批投资上亿元的项目开工建设;盖下坝电站、梅峰水库、两镇避让搬迁、外滩广场四期、还少堂药用植物提取等续建项目进展良好;政通信息港、亿口鲜熟食加工、梓瑞轿车发动机连杆等项目建成投产。

2.项目策划更有深度

编制三峡工程后续工作规划,多个单项指标名列库区前茅。启动"十二五"规划编制工作。滚动充实重大项目库,入库项目323个,概算投资1660亿元。抢抓中央扩大内需机遇,争取廉租房、农村饮水安全、农村初中校舍改造等中央新增投资项目336个,总投资4.55亿元。

3.项目引进成效明显

把招商引资作为对外开放的重要抓手,组建6个招商办事处和六大产业招商组,开展"百名干部外出招商"活动,举办"云阳发展之路"高层论坛,在深圳、东莞、吴江等地成功召开招商推介会。签约百万元以上项目124个,协议引资120亿元,落地项目103个,其中亿元以上项目8个,到位资金18亿元。外贸进出口总额157万美元,外派劳务63人。争取对口援助资金2229万元,引进工业项目2个,援建标准厂房1万平方米、社会事业项目22个。

(三)突出创优发展环境,加快推进平台建设,"五个云阳"成果丰硕

1.宜居云阳谱写新篇

国家园林县城通过建设部验收和公示,国

家卫生县城、市级环境保护模范县创建通过市级初验。编制桂湾小区修建性详规和小江片区、亮水坪小区控制性详规。扩大建成区1.5平方公里,新增城镇人口1.6万人。建设康居点23个、巴渝新居520户,改造危旧农房2163户。取消联户自建,推行组团开发,县城滨江片区、北部新区居住品质明显提高。改造滨江大道人行道和云江大道绿篱,完成龙脊岭生态文化长廊一期工程和天宫公园、港务广场、桂湾广场建设,新建街头游园21个,城市人均公共绿地达12.29平方米。改造灯饰景观,整治城中村、牛皮癣、乱搭乱建等顽疾,城市面貌得到改善。启动澎溪河流域生态环境综合治理,率先全面取缔三峡水库网箱、拦网养鱼,开工建设县城北区污水泵站和路阳、鱼泉集镇污水处理厂,"一江四河"水质明显改善。环保实绩考核连续8年获全市一等奖。

2.畅通云阳工作提速

完成交通建设投资20.6亿元。万宜高速云奉段路基工程基本完工,县城迎宾大道建成通车,江口至长洪二级公路实现初通,基本完成渝巴路、云开路、云万路、双江大桥大中修和渝巫路江口至沙市段改造。南溪大桥、龙角长沙大桥竣工。安装公路防撞护栏85公里,建成乡镇客运站7个,建设换乘点56个。启动青龙嘴码头二期工程,改造渡口19处、标准化渡船7艘。建设村通达工程1616公里,行政村通达率93%;建设乡镇通畅工程221公里,提前一年实现100%乡镇通畅目标。

3.森林云阳卓有成效

投资4.8亿元,完成森林工程31.4万亩,建设长江两岸森林工程示范段9.36万亩,超额完成市级下达的建设任务。建立高阳平湖周边、高速公路沿线等4个"万亩示范片"。高标准实施迎宾大道沿线、龙脊岭生态文化长廊、"一江四河"沿岸景观林带建设。建成种苗基地3000亩,发展油桐、速丰林基地15万亩,森林覆盖率达39.6%。林权制度改革确权宗地247万亩,惠及24万农户。在全市率先开展个体林权抵押贷款,开发利用和流转林地20万亩。

4.健康云阳全面启动

市级农村中医工作先进县和初级保健达标创建通过验收。完成县中医院迁建前期工作,改扩建乡镇卫生院9个、村卫生室35个。新型农村合作医疗参合率、城镇居民参保率分别达96.8%和78.5%。落实国家免疫规划,加强甲流感等重大传染病防控,强化食品药品监管。建成学校塑胶运动场12片,成功举办登梯邀请赛、环城自行车邀请赛和首届农民运动会,组队参加全市全民健身运动会获乒乓球团体冠军。

5.平安云阳扎实推进

充实治安防控力量,新建基层公安派出所2个、城区治安亭6个。深入开展大走访、大接访和信访积案化解活动,信访总量同比下降16%。调解各类矛盾纠纷7185件,开展法律援助1173件。出台安全生产特别规定,建立联合联动执法机制,安全生产形势稳步好转。全国特种设备安全进企业现场会在云阳县召开,县安全生产工作获全市一等奖,县安监局被国家安监总局表彰为全国标兵式先进集体。完善应急管理体系。加强地灾安全防范,完成三期地灾治理项目7个,实施避让搬迁127处,成功应对故陵凉水井滑坡等突发地质灾害。

(四)突出和谐构建主题,加快推进社会建设,民生质量进一步改善

1.社会事业协调发展

完成职教中心、凤鸣中学和江口中学扩容,建成中海希望小学,初三中实现秋季招生,海峡小学开工建设,中小学"校舍安全"工程全面启动。完成职教资源整合,云师建院、职教中心创国家重点职校通过复查评估。外国语实验学校成功创建为市重点中学,盘石初中升格为高完中。开工建设市民文化活动中心,建成乡镇综合文化站12个、农家书屋51个,新增数字电视用户4.1万户。三峡文物园正式开放,园内11处地面文物升格为市级文物保护单位。"瑞兰斋"桃片糕传统手工技艺列入第二批重庆非物质文化遗产名录。实施重点科技项目8个,建成国家和市级技术创新中心各1个,被确定为"国家科技

富民强县”试点县。严格计划生育行政执法，落实计生奖扶政策，加强出生缺陷干预，低生育水平持续稳定。

2.移民生活稳步提高

完成移民投资3.5亿元，搬迁安置移民3208人，补偿还建房屋9.5万平方米，规划内移民搬迁安置工作圆满收官。兑现移民政策性直补和特困移民救助资金5200万元，开展移民培训4100人次，新增转移就业6300人次。启动三峡工程后续工作，精细编制后续建设规划，移民工作重心逐步转移。解决移民遗留问题，化解了一批移民信访矛盾，移民安置区保持稳定。

3.民生保障更加有力

开展就业再就业培训7853人次，创建充分就业社区15个，发放再就业小额担保贷款5360万元，新增城镇就业5823人。新转移劳动力3.55万人，实现劳务收入26.5亿元。引导农民工返乡创办经济实体1446个，吸纳7500余名劳动力就业。完成农民工、征地农转非、城镇用人单位超龄人员养老保险参保工作，落实关破企业退休人员医疗保险。征收各类社会保险费5.6亿元，支出社保待遇4.5亿元。关注困难弱势群体，发放城乡低保、五保金9300万元；实施医疗救助9.5万人次，发放救助金1129万元；资助困难学生7067人；建成廉租房3.55万平方米。集中开展“送温暖、结穷亲”活动，为22万群众送去慰问款物2100多万元。加强价格和收费监管，物价总体水平保持稳定。完成撤停企业改革，故陵农网改造取得阶段性成果，一批关系民生的遗留问题得到解决。

二、发展中存在的问题

一是发展基础薄弱，经济总量小、结构不优、效率不高，自主增长、良性循环的机制尚未完全形成。二是财政支持保障能力弱，刚性支出增长快，资金调度难，既要保吃饭，又要保发展，任务艰巨。三是教育、医疗、就业、社会保障等民生问题有待进一步解决，社会矛盾依然突出，安全稳定压力大，构建和谐社会任务重。四是全县解放思想、开拓开放的氛围不浓，全民创业的意识不强，部分干部对跨越发展的信心不足、办法不多，与新形势、新任务的要求还不适应。

三、2010年发展目标

2010年主要预期目标是：地区生产总值增长18%，全社会固定资产投资增长25%，社会消费品零售总额增长22%，工业增加值增长30%以上，地方财政收入增长25%以上，城市居民人均可支配收入增长12%，农民人均纯收入增长15%，城镇化率提高1.5个百分点。主要约束性目标为：万元GDP能耗下降4.6%，化学需氧量、二氧化硫排放量分别削减0.22%和0.61%，城镇登记失业率控制在4.5%以内，人口自然增长率控制在5.82‰以内。

（云阳县政府办公室　李济生）

奉节县

一、2009年发展回顾

全年实现地区生产总值855842万元，比上年（下同）增长15.1%；其中：第一产业实现增加值184296万元，增长5.7%；第二产业实现增加值280408万元，增长25.3%；第三产业实现增加值391138万元，增长11.3%。按常住人口计算，实现人均地区生产总值10036元，增长14.9%。地区生产总值中三次产业结构比例为21.5:32.8:45.7。三次产业对经济增长的贡献率分别为6.9%、58%、35.1%。

（一）农业生产

完成农、林、牧、渔业总产值290294万元，增长5.1%。其中,农业总产值148830万元,增长10.8%;林业总产值5042万元,增长27.2%;牧业总产值127308万元,下降2.4%;渔业总产值5282万元,增长21.5%;农林牧渔服务总产值3832万元,增长19.9%。

农业农村经济实现总收入58.5亿元,增长15.9%;新增县级农业产业化龙头企业6家,市、县级龙头企业达40家,实现销售收入10.41亿元、利润总额7000万元,带动5万户农户平均每户增收350元。

粮食种植面积89740公顷,增长0.9%;油料种植面积9638公顷,增长8.6%;烟叶种植面积2766公顷,增长2.5%。

粮食产量432063吨,下降0.7%。油料产量17078吨,增长9.7%。烟叶产量5875吨,增长49.8%。蔬菜产量192825吨,增长5.4%。水果产量213780吨,增长4.8%。肉类产量62368吨,增长2.3%。

(二)工业和建筑业

实现工业增加值159164万元,增长20.3%,其中:规模以上工业企业48个,实现经济效益综合指数220.2%,提高36.1个百分点;工业对经济增长的贡献率为25.7%,拉动GDP增长3.9个百分点。

完成工业主要产品产量:水泥26.5万吨,增长38.0%;电力14436万千瓦时,增长9.2%;煤炭484万吨,下降2.4%。

建筑业实现增加值251282万元,增长58.1%;建筑业对经济增长的贡献率为32.4%,拉动经济增长4.9个百分点。年末资质以内建筑企业27个,建筑业从业人员1.3万人。

(三)固定资产投资和房地产

完成全社会固定资产投资总额911453万元,增长47.1%。其中:建设与改造投资825537万元,增长45.9%。

按产业投资分组,第一产业投资68347万元,增长23.9%;第二产业投资205112万元,增长117.8%;第三产业投资637994万元,增长30.4%。

房地产开发投资76023万元,增长41.4%,其中住宅投资64209万元,增长37.9%;商品房销售面积82.2万平方米,增长17.1%。

(四)国内贸易和利用内资

实现社会消费品零售额256202万元,增长19.0%,其中:批发业37777万元,零售业171522万元,分别增长12.8%和18.0%;住宿业3812万元,餐饮业36378万元,分别增长36.6%和30.2%。实现批发和零售业增加值95078万元,增长20.5%,占全县GDP总量的11.1%,对经济增长贡献率达14.1%;住宿和餐饮业增加值32364万元,增长18.1%,对经济增长贡献率达2.7%。

新签订和续建招商引资项目71个,其中:新签项目44个,协议资金2018200万元。新签项目44中,国内项目44个。实际利用内资190412万元,增长308.5%。当年实际外商直接投资金额74万美元。

(五)交通、邮电和旅游

实现交通运输、仓储和邮政业增加值78234万元,增长3.4%。完成全社会货运量967万吨,增长8.4%;全社会客运量1619万人次,增长1.1%。

年末全县公路里程8929公里,增加499公里;其中:等级公路里程3548公里,增长35.7%,二级公路里程509公里。

实现邮政电信收入24403万元,增长1.6%;年末拥有电话用户46.54万户,其中:固定电话9.51万户。移动电话用户36.08万户,增长7.6%;小灵通用户0.95万户。移动电话普及率42达部/百人(按常住人口计算);互联网用户数2.63万户,增长39.2%。

共接待游客274.36人次,增长224.3%,其中:海外游客1.53万人,增长159.8%;实现旅游综合收入63199万元,增长188.8%。年末实有星级饭店4家。

(六)财政、金融和保险

实现地方财政收入46387万元,增长20.4%,其中:增值税5351万元,增长6.6%。地方财政支出214015万元,增长23.1%,其中:教育事业费支出44045万元，增长18.5%；社保保障和就业费支出29046万元，增长8.7%。

实现金融业增加值14418万元，增长22.0%。年末金融机构各项存款余额874745万元，比年初增长27.5%；金融机构各项贷款余额226372万元，比年初增长21.3%。

保险公司保险费收入12501万元，增长2.1%，其中：寿险业务保险费收入9989万元，财险业务保险费收入2512万元；支付各类赔款及给付4027万元。

(七)人口、人民生活和社会保障

年末全县户籍人口总数为106.15万人，增加1.39万人，增长1.3%，其中非农业人口15.28万人，增长15.6%；农业人口90.87万人，下降0.7%。人口自然增长率4.6‰，下降0.2个千分点；常住人口85.47万人，城镇人口25.45万人，城镇化率29.78%，提高1.62个百分点。城镇居民人均住房使用面积30.2平方米，农村居民人均住房使用面积27.3平方米。

全县城镇经济单位从业人员数2.78万人，城镇单位在岗职工平均工资24946元，增长13.5%。城镇居民人均可支配收入11261元，增长10.5%；城镇居民人均生活消费支出9392元，增长32.5%。农村居民人均纯收入3499元，增长10.1%，农村居民人均消费性支出2705元，增长17.8%。城乡居民收入比从上年的3.21:1变为3.22:1。

全县五大社会保险参保总数达到18.5万人。其中：养老保险参保66907人，增长89.8%；失业保险参保20845人，下降1.6%；医疗保险参保37407人，增长4.2%，完成目标任务的102%；工伤保险参保32764人，增长5.1%，完成目标任务的100%；生育保险27121人，下降1.4%，完成目标任务的100%。实现养老、失业保险“两金”按时足额发放、社会化发放率均达到100%。城镇登记失业率4.16%，下降0.1个百分点。

二、发展中存在的问题

一是奉节主要靠投资拉动经济增长，消费对经济的拉动能力较弱。二是国有投资仍是项目建设资金的主要来源，银行融资、民间投资尚未有效激活。三是工业结构单一，“一煤独大”的工业格局未得到改变。四是招商项目落地难，项目用地难以保证，电力、天然气供需矛盾大。

三、2010年发展目标

总体思路：高举中国特色社会主义伟大旗帜，深入贯彻科学发展观，以提速发展为主线，以强投资、扩消费为抓手，以招商引资、投融资改革为突破口，切实抓好产业发展、统筹城乡、“五个奉节”等重点工作，全面完成“十一五”规划，在打造“三基地一枢纽”和建设渝陕鄂边区区域性中心城市的征程中迈出坚实步伐。

预期目标：地区生产总值增长15%，全社会固定资产投资增长15%，社会消费品零售总额增长18%，地方财政收入增长15%；城镇化率提高1.5个百分点；人口自然增长率控制在6‰以内；城镇登记失业率控制在4.5%以内；城镇居民人均可支配收入、农村居民人均纯收入分别增长12.5%、13.5%。

（奉节县政府研究室 刘德平 周海贤）

巫山县

一、2009年发展回顾

2009年，巫山县认真贯彻落实扩大内需、促进经济增长的一揽子政策措施，努力克服金融危机影响，化挑战为机遇，经济实现总体回升向好。全年实现地区生产总值41.9亿元，同比增长

14%。完成固定资产投资42.65亿元,同比增长21.4%;地方财政一般预算收入2.32亿元,同比增长25%;社会消费品零售总额15.76亿元,同比增长19%;城镇居民人均可支配收入12323元、农村居民人均纯收入3307元,分别同比增长10.4%。

(一)发展特色产业,县域经济实力不断增强

1.现代农业稳步增长

完成粮食播种面积103万亩,粮食总产量22.5万吨。种植烤烟7.08万亩,产烟27万担、产值1.73亿元。建成标准化蔬菜示范基地2776亩。新建柑橘园1.5万亩。种植双孢菇10万平方米。发展中药材1万亩。嫁接良桑2万亩,产茧1.2万担。扶持新建规模养殖大户(场)980户,建成黑山羊、白山羊保种基地。出栏生猪51万头、山羊10万只、家禽100万只。全年实现农业总产值16.07亿元,同比增长5.9%。

2.工业经济提质提速

生产原煤230万吨、洗选煤25万吨,实现煤炭税费1.13亿元。生产水泥32.8万吨。天然气配气站建成投入使用。后溪河、千丈岩水电站开工建设。完成发电1.7亿千瓦时、供电3.3亿千瓦时。引进31家企业入驻职教工业园区,其中26家企业正式投产,实现产值0.6亿元。北碚(广东)对口支援巫山移民工业基地完成1000亩场平工程,实现投资2亿元。新培育规模企业15户。全年实现工业总产值16.01亿元,同比增长22.7%。

3.旅游产业巩固发展

完成小三峡景区修建性详规等专项规划编制。大昌古镇对外开放。成功举办长江三峡第三届国际红叶节、"中国恋城"文化研讨会。小三峡通过国家5A级旅游景区复核验收,荣获全国十大生态旅游县称号。升级改造四星级酒店1家。新推出小小三峡环线、"双神"旅游线路。全年接待海内外游客216.3万人次,同比增长28%,其中小三峡、小小三峡分别接待48.3万人次,神女峰、神女溪分别接待5万人次。实现旅游直接收入1.63亿元,创社会综合经济效益7.6亿元。

4.商贸金融更加活跃

建成超市、便民店681个,培育县级配送中心1个。实施"千村千店"放心工程30个、农村信息化工程15个。完成商标注册18个。落实"家电下乡"补贴资金714万元。新建担保公司2家,成立小额贷款公司2家。年末银行存款余额59.7亿元,较年初增长22.9%;贷款余额21.8亿元,较年初增长25.1%。实现保险费收入8761万元。新增民营企业209户。培育外贸进出口企业5家。完成外贸出口19.54万美元,合同引进外资566万美元。

5.劳务经济不断深化

成功创建"市级返乡创业园",引进28家返乡创业企业。完成农村劳动力转移培训1.86万人,新增转移劳动力9171人,累计转移劳动力17.7万人。全年实现劳务经济收入10.5亿元,同比增长9%。

6.招商引资取得新突破

完成100亿级招商项目库和招商引资网站建设。全年签约项目98个,签约资金41.5亿元,到位资金13.5亿元。对口支援进一步深化,促成15家广东企业入驻巫山。全年争取到位无偿援助资金4560万元。

(二)深化改革创新,城乡统筹迈出新步伐

1.农村综合改革成效显著

流转农村土地6.82万亩,流转规模达16%。新增专业合作社45个、综合服务社30个。推广农机具681台,农业机械化综合水平达18.5%。发放落实退耕还林、种粮等惠农直补资金1.44亿元。

2.农田水利建设步伐加快

新建各类水利工程2100余处。完成3个病险水库除险加固工程,解决饮水安全5.77万人。完成大昌移土培肥二期工程和生态综合治理项目,治理水土流失面积30平方公里。新增耕地1.5万亩。

3.新农村建设扎实推进

"千百工程"示范村和推进村建设步伐加快,福田镇天宫村纳入市级示范村,29个村纳入

市级推进村。启动“农村康居”工程,新建康居点20个,完成“巴渝新居”建设600户,农村危旧房改造2100户。实施生态家园富民工程“一池三改”5000户。

4.扶贫开发再创新业绩

实施扶贫开发项目175个，减少贫困人口6000余人。建成贫困村互助资金社18个。启动10个整村脱贫村建设,其中6个村基本达标。实施生态扶贫移民3910人,完成庙堂整乡搬迁任务。全年争取财政扶贫资金2143万元、社会扶贫资金800万元。

(三)推进五大工程,经济发展环境得到优化

1.畅通工程全力推进

全年完成交通投资13.5亿元。渝宜高速路巫山段实现投资8.5亿元。新龙门大桥、巫建路、两巫路竣工通车。完成128公里省道大中修工程。建设农村公路500公里,新增8个乡镇通畅,通乡通畅率92%、通村通达率87%、通村通畅率17.8%。完成防护栏安装100公里。

2.森林工程提速推进

实施森林工程27.5万亩，完成投资2.31亿元。补植和管护退耕还林30.97万亩。改造低质、低效林12.3万亩。管护271万亩公益林。森林覆盖率达48.2%。五里坡创国家自然保护区通过国家林业局评审。完成集体林权制度改革,林权办证率达98.83%。规范流转林地3万亩。实现林业综合产值4.45亿元，农民人均林业综合经济收入达500元。

3.健康工程积极推进

农村初级卫生保健通过市级验收。新建5个乡镇120急救分站、4个社区卫生服务站、60个村卫生室,改炉改灶3.5万户。县人民医院住院综合大楼建成投入使用。完成县中医院、6所乡镇卫生院改扩建。完成20个农民体育健身工程、6片塑胶跑道建设。成功举办万人登高赛、职工运动会、龙舟赛等群众性文化体育活动315场次。

4.平安工程强力推进

县乡干部走访5672件次2.24万人次,调解各类矛盾纠纷6788件。完成2个派出所建设。“打黑除恶”行动破获涉黑涉恶案件39起。群众安全感指数达94.34%。完成突发公共事件总体应急预案编制,建成1个应急避难场所。建立安全生产专项基金200万元，开展安全生产大排查大整治大执法行动，安全生产形势总体平稳。

5.宜居工程有序推进

环湖路一、二期工程及望霞公园、神女观景平台建成投入使用,神女广场完成主体工程。启动高速公路连接道和县城新区建设。建设房屋15.3万平方米。新增城区绿地30.1万平方米,绿地率31.96%。扩大城镇建成区面积0.5平方公里,新增城镇人口0.87万人,城镇化率提高1.62个百分点。新建城市垃圾压缩中转站1个、公厕2座。成功创建市级山水园林城市。

(四)启动移民后扶,移民安稳致富能力有效提升

1.移民重点工程进展顺利

全年完成移民投资3.43亿元。完成县城迁建移民生活安置2133人、大昌及双龙孤岛生产安置64人,复建房屋15.03万平方米。启动圣泉小区地基治理工程,广东西路实现初通。莲花塘大桥竣工通车。

2.移民后扶工作扎实开展

策划申报三峡后扶项目215个。发放农村移民后期扶持直补资金711万元，兑现城镇移民困难扶助资金1389万元。救助特困移民大学生426人。实施移民后期扶持项目48个，申报库区基金项目82个。培训移民3205人次,转移移民劳动力4750人。

3.生态建设与环境保护卓有成效

设立生态环境恢复保证金，加强矿山地质灾害防治。强化175米试验性蓄水安全监测与防范。实施二、三期地灾搬迁避让538户2921人。完成大昌宁河生态家园示范村建设。小三峡原生态景观保护工程完工。关闭取缔4家再生小造纸厂，单位GDP能耗下降到1.04吨标准煤,全国第一次污染源普查通过市级验收。

(五)关注民计民生,社会事业取得新进步

1.社会保障取得新突破

实施就业再就业培训1850人，指导帮助城镇下岗失业人员再就业1320人、“4050”人员等就业再就业580人。新增小额信贷发放2827万元。新建充分就业社区9个、充分就业村28个。社会保险参保人数达到8.4万人，征收社会保险费1.77亿元。发放城乡低保金5768万元、重点优抚对象抚恤金681万元。实施大病医疗救助2776人次353万元。建成廉租住房1.8万平方米。

2.教育事业均衡发展

“两基”质量得到提升,平湖小学、朝云小学建成投入使用,改造农村初中8所,启动特殊教育学校和12个村小教师栖居工程建设。完成县职教农业园区场平等基础工程。争取上级教育专项资金7212万元、对口支援资金1050万元。落实教育惠民资金补助1602万元。募集帮扶资金186.9万元,救助贫困学生1177名。

3.科技文化更加繁荣

建设魔芋良种繁殖研究基地500亩、魔芋标准化栽培示范基地1000亩。县宣传文化中心、图书馆、文化馆、健身馆、体育场建成投入使用，博物馆启动建设。新建乡镇综合文化站13个、村文化活动室40个、农家书屋40个。发展移动多媒体广播电视500户，安装地面接收卫星设备6335面。“唱读讲传”活动深入开展,提升了干部群众精气神。

4.其他社会事业取得新进展

启动10个中心乡镇服务站改扩建,兑现计生奖扶资金947万元。人口自然增长率控制在5‰以内。建成人工影响天气专用雷达和29个区域自动气象站。

二、发展中存在的问题

一是经济总量小,产业结构单一,缺乏骨干产业支撑,城乡居民持续增收难度大;二是资源环境约束加剧,环保任务重,产业结构调整难,政府性债务较重,财政收支平衡压力大;三是社会保障、住房、医疗、教育等民生工作需进一步加强,信访矛盾较突出,稳定压力大;四是安全生产形势仍不容乐观,地质灾害防治任务繁重,基础工作不够牢固；五是政府自身建设有待加强,少数干部的精神状态、工作作风、综合素质亟待进一步提高。

三、2010年经济发展目标

2010年经济社会发展主要预期目标为:地区生产总值增长20%,固定资产投资增长28%,社会消费品零售总额增长23%，地方财政一般预算收入增长18%，城镇居民人均可支配收入增长15%,农民人均纯收入增长20%,城镇登记失业率控制在4.3%以内，人口自然增长率控制在5‰以内,城镇化率达到29.5%,单位GDP能耗下降到0.99吨标准煤,化学需氧量、二氧化硫排放量分别减少872吨、382吨。

(巫山县政府办公室 陈青林)

巫溪县

一、2009年发展回顾

2009年,巫溪县认真贯彻中央“扩内需、促增长”的一系列政策措施和市委、市政府统筹城乡“一圈两翼”、建设“五个重庆”等战略部署,以“投资推动年”为主题,真抓实干,全面完成了年初确定的各项目标任务。

(一)经济持续较快增长

全年实现地区生产总值30.9亿元，提前一年实现“十一五”规划目标,提前两年实现届期目标;同比增长16.8%,连续三年高于全市平均速度,增幅排名全市40个区县第9名。实现社会消费品零售总额11.4亿元,同比增长19%。地方财政收入达到2.0145亿元,同比增长46.1%,增幅排名全市第12位;其中一般预算收入1.2亿元,同比增长38.4%,增幅排名全市第4位、渝东北地区第1位。社会保障不断加强,财政用于民生领域支出达10.02亿元,占财政一般预算支出的88%。城镇居民人均可支配收入10907元,农民人均纯收入3308元,分别增长17%和18.3%。金融机构存款余额43.6亿元,比上年增长30.3%。非公经济实现产值40亿元,比上年翻一番;乡镇企业实现产值17.5亿元。高技术产业增加值达到1200万元。在"十一五"规划46项二级指标中,有26项指标提前一年完成。

(二)经济结构有所突破,经济发展进入良性阶段

三次产业比由上年的28:28.2:43.8调整为25.1:32.4:42.5,一产业占比下降3个百分点,二产业占比提高4.2个百分点,首次实质性领先一产业。

一是工业经济提质提速。固定资产投资13.5亿元,实现产值20亿元,同比增长40.7%;增加值4.9亿元,同比增长20%。规模以上企业达到42户,总产值8.58亿元,同比增长45.5%;实现增加值3.4亿元,增长28.8%。万元GDP能耗降低4.7个百分点,工业企业综合效益指数达到136.3%。

二是农业产业化进程加快。完成农林牧渔业总产值12.48亿元,同比增长5.8%。粮食总产量20.1万吨。种植烤烟5万亩,产烟13.5万担,烟农收入1.1亿元,实现税收2000万元。实现林特产值4.5亿元。建设马铃薯原种基地3500亩、良种基地2万亩,生产马铃薯原种1000万粒,成为全市最大马铃薯种源生产县。新发展中药材5.3万亩;建设蔬菜基地6万亩。农业产业化龙头企业达到32家,实现销售收入1.56亿元;33个产品通过国家有机食品、绿色食品认证,红池药业中药饮片通过GMP认证,红池腊鲜"巴山豚"商标获重庆市著名商标。完善农村二轮土地承包确权颁证,农村土地集约经营率20.7%;特色农业基地面积扩大到18万亩;发展专业合作组织87个。新增耕地1.3万亩;推广新机具6778台,农机化率达到20.2%。基本完成410万亩集体林地林权制度主体改革任务,发证率达98%。减少贫困人口8300人,贫困发生率降低1.8个百分点。

三是商贸旅游业取得新进展。规划建设重庆山货市场,启动建设渝陕鄂农特产品交易中心,加快建设县城新区中心商圈,改建宁河农贸市场。完成"万村千乡"市场工程任务;新扩建4个农村市场;评定星级农家乐3个。销售"家电下乡"和"汽摩下乡"产品2.7万件,兑付补贴资金727万元。批发零售商品销售额19亿元,同比增长27.3%;连锁经营销售额3.5亿元。完成《大宁河风景区原生态保护工程项目可行性研究报告》,大官山景区建设加快推进,建成云台寺万步云梯主体工程。全年接待游客16.8万人次,实现旅游综合收入6700万元。

(三)对外开放不断扩大

签约招商项目17个,实际利用市外境内资金8.5亿元,同比增长2.4倍;引进外资163万美元,同比增长63%。全县外贸出口创汇419万美元,比上年增长2.2倍。

(四)"投资推动"强劲有力。

全年完成全社会固定资产投资40.69亿元,同比增长65.9%,增幅排名全市第3位,编制完成总投资800亿元的巫溪项目库。开工建设中央新增投资项目130个,项目总投资6.2亿元;竣工59个,完成投资3.6亿元;带动农村私人投资2.2亿元。各类金融机构贷款余额14.9亿元,同比增长34.9%。38个重点项目总体进度良好。

(五)社会事业稳步提升

教育科技事业不断发展。"两基"巩固提高工作通过市政府复查验收,寄宿制学校建设不断加快,认真落实教师绩效工资;完成校舍安全排查和抗震鉴定,推进校安工程建设。巫溪中学镇泉校区、珠海实验小学投入使用。高考上线率86.5%,高于全市平均水平。科技创新与品牌建设取得进展,申报专利34件,获得授权8件。开

工建设县人民医院迁建工程；有效防控甲型H1N1流感疫情；新农合参合率达90.1%；农村初级卫生保健通过市级二轮评审验收；农村孕产妇住院分娩率达到80.2%。符合政策生育率88.9%，人口与计划生育工作连续三年荣获市委、市政府出色完成任务奖，荣获重庆市"优质服务先进县"称号。全面推进特色文化强县建设。建成7个乡镇文化站、50个农家书屋。县志编纂工作顺利启动。

(六)五大工程齐头并进

启动重点项目42个，完成投资18.3亿元，扎实推进五大工程。森林覆盖率达到48%；新增公路通车里程215公里，道路硬化油化率达到27%；市民体质抽样合格率达到89.5%；公众安全感指数提高到94%；城镇化率提高4.5个百分点。

加快实施森林工程。重点打造3个万亩示范片，累计造林21.5万亩；实施城市森林工程，建成区绿地率达到38%，人均公共绿地面积6.8平方米。

全力推进畅通工程。奉溪高速公路全线开工，新建4条出境公路全部通车；新增干线公路硬化油化里程230公里，完成村通畅工程143公里、通达工程400公里，行政村通达率和通畅率分别达到95%、24.8%。完成花台大桥主体工程，开工建设大河大桥。启动大宁河巫溪港和花台孝子溪码头建设前期工作。

扎实开展健康工程。完成10条全民健身路径、45个农民体育健身工程；400米标准体育场投入使用。实施医疗服务阳光收费工程；全面完成儿童规划免疫任务。成功举办渝东片区太极拳邀请赛。广泛开展"唱读讲传"活动。

强力推进平安工程。建成煤矿瓦斯电子监控系统，新增公路防护栏71公里，安全事故起数和死亡人数分别下降18.2%和15.8%。走访群众6.1万人次，建立政府常务会研究信访积案长效机制，化解了一批信访积案。办理法律援助759件；组建社区专业治安巡逻队伍，建成阳光警务查询监督系统、公共安全视频图像系统，破获刑事案件678起，打掉黑恶势力团伙5个。

加快建设宜居工程。城市建设步伐加快，完成6个城市规划、10个重点乡镇规划和12个村庄规划。县城建成区面积扩大到5.4平方公里，新增城镇人口1.9万人，城镇化率达到21.56%；人均道路面积8.8平方米，人均公共绿地面积6.85平方米。实施城市危旧房和城中村改造1.6万平方米。完成城区道路"白改黑"5.2公里，城区油化路总长12.6公里；主要污染物总量减排超额完成年度目标，垃圾无害化处理率100%；改扩建污水管网38公里。完善城市道路交通标识标线系统，新增城市公交线路7条。完成市级"山水园林城市"3个单项创建任务，成功创建市级"卫生县城"和"文明县城工作先进"。全县乡镇集镇全部通自来水；完成58个村、8.65万人安全饮水任务；治理水土流失100平方公里。农村电网改造面超过80%。完成农村沼气池8329户，改造农村危旧房2100户，建设巴渝新居630户、农村康居示范点20个。新建移动通讯基站93个，完成3个乡有线电视光纤接入工程。建成村级公共服务中心87个、农村党员现代远程教育终端123个、区域气象自动站8个。

二、发展中存在的问题

一是基础设施仍然落后，发展瓶颈尚未根本改变，目前仍然是重庆市区位最边远、发展困难最大的一个县；二是经济总量小，产业结构不优，特别是工业经济总量小，赶超压力大；2009年，全县GDP排列全市倒数第二名；城镇居民人均可支配收入10907元、农民人均纯收入3308元，仅为全市平均水平的69.3%、71.6%；人均GDP 7186元、人均地方财政收入465元，也分别只有全市平均水平的31.4%、11.4%；三是结构性矛盾依然突出，经济增长的内动力依然不足，增长方式单一；四是群众生活水平较低，贫困面大且程度深，群众增收难、出行难、上学难、就医难、住房难依然突出，发展压力较大；五是影响社会稳定的因素依然存在，一些重点领域和关键环节的安全隐患不容忽视。

三、2010 年发展目标

2010 年巫溪县以“重点突破年”为主题，全力冲刺“十一五”规划目标任务，促进全县经济社会持续快速发展，为全力打造“秦楚之门”，建设“渝东北地区重要门户、三峡库区生态经济示范县、全国人文生态旅游胜地”迈出坚实的步伐。

全年经济社会发展预期目标为：地区生产总值增长 16%，力争达到 20%；实现非公有制经济产值 60 亿元；全社会固定资产投资力争增长 60%；地方财政收入增长 40%以上，财政一般预算收入增长 30%以上；社会消费品零售总额增长 20%以上；城镇居民人均可支配收入增长 14%，农村居民人均纯收入增长 20%以上；城镇化率提高 2 个百分点，新增城镇人口 0.8 万人；人口自然增长率控制在 5‰以内；单位生产总值能耗降低 4.5%，森林覆盖率提高到 50%以上。

（巫溪县政府办公室 汤伟）

黔江区

一、2009 年发展回顾

2009 年，全区经济在逆境中加快发展。全年实现地区生产总值 79.1 亿元，增长 16.1%；三次产业结构由 12.8:47.7:39.5 调整为 11.7:48.7:39.6；实现地方财政收入 9.64 亿元，增长 41.1%；完成全社会固定资产投资 71.3 亿元，增长 27.5%；社会消费品零售总额达到 29.9 亿元，增长 20.3%；城市居民人均可支配收入达到 12670 元，增长 13.8%；农民人均纯收入达到 3750 元，增长 12.5%。全区 GDP、地方财政收入等 17 项主要指标，提前实现“十一五”规划预期目标。

（一）农村经济加快发展

全年产粮 24.4 万吨。出栏生猪 74 万头，生猪产能达到 140 万头，全国生猪调出大县地位更加巩固。新栽桑 4.8 万亩，全区桑园面积达 10 万亩；产茧 3 万担，增长 60.26%，产茧量跃居全市第二位，蚕桑产业贸工农一体化格局初步形成。种植烤烟 8.1 万亩，收购烟叶 18 万担，增长 26.2%，成为全市唯一的整区推进现代烟草农业试点区（县）。蔬菜、茶叶、中药材等特色产业稳步发展。扎实推进统筹城乡改革发展，投入 1.5 亿元实施“五在五心”工程，改造康居农房 4000 户，完工 2500 户，“阿蓬江百里靓丽乡村带”已具雏形。转移农村劳动力 13 万人，实现劳务总收入 9.7 亿元。完成造林 23.48 万亩，人均增加绿地面积 1.2 平方米，全区森林覆盖率提高 1.5 个百分点。林权制度主体改革全面完成。太极水库、小南海补水等重大水利项目建设加快推进，解决 9.17 万人饮水安全，成功创建全国农村饮水安全示范县、全国小型农田水利建设重点县。建成投用沼气池 1.5 万口。登记注册农民专业合作社 96 个。耕地流转面积 14.8 万亩，土地规模经营集中度达 30.1%。

（二）工业经济逆势上扬

及时出台工业企业应对金融危机 6 条适应性政策，工业经济在 7 月触底反弹，全年工业增加值增长 20.3%。完成工业投资 17.6 亿元，增长 37.8%。重啤、雨润、双河丝绸、弘龙水泥等项目竣工投产，新增规模以上工业企业 16 户，总数达到 60 户，规模以上工业总产值达 60.9 亿元，增长 27.3%。正阳工业园区完成基础设施投资 5.39 亿元，产业投资 12 亿元；青杠拓展区建设顺利推进，总投资 100 亿元的新材料循环产业项目开工建设；黔永创业园区完成投资 1.8 亿元，产业培育取得进展。严格执行财政减税政策，通过落实政策向企业让利 5878 万元。

(三)第三产业持续向好

扎实推进商贸流通"2152"战略,营业额超亿元的商贸企业达5家。大力实施"万村千乡市场工程",建成乡镇连锁超市59个、村级便民店422个,销售家电下乡产品33781台(件)。正阳物流园区建设推进有力,实现收入6亿元。机动车物流中心正式运营,再生资源集散交易市场开工建设。濯水古镇正式开街。全年旅游人数112.6万人次,旅游总收入3.57亿元,分别增长30.1%、51.3%。新建商品房20.6万平方米,房地产业投资达到8.69亿元,增长75.1%;成功举办首届黔江房交会,成交金额达1亿元。新增民营企业260户、个体工商户2003户;非公有制经济增长23.9%,占国民经济的比重提高2.8个百分点。

(四)城市建设强力推进

新增城市人口10000人,新增建成区3平方公里,城镇化率达到34.2%,提高1.72个百分点。城乡总体规划修编获市政府批准,完成新城控制性详细规划,集中开展"两违"整治。新城建设完成投资18.1亿元,"城市四组团"路网骨架基本形成,职教孵化区、站前片区等区域建设进度加快。用好市补2500万元专项资金实施公共图书馆、中心医院外科大楼、游泳馆、蔬菜批发市场、黔州大桥等项目建设,城市功能更趋完善。完成城区危旧房改造6万平方米,新建廉租房32.3万平方米。完成小城镇体系规划和4个中心镇规划修编,实施小城镇建设竞建机制,小城镇建设步伐明显加快。实施市政综合管理改革,城区智能交通系统建成。严格环境保护,关停4台立窑水泥生产线,城区空气质量优良天数达到338天。启动"国家环保模范城区"创建工作,"市级双拥模范城"创建卓有成效,"市级文明城区"、"市级卫生城区"创建成功。

(五)交通建设发力提速

2009年是我区交通发展历史上具有里程碑意义的一年。渝湘高速公路由主城通车到黔江,舟白机场基本达到校飞条件;黔恩高速公路黔江段完成初设,黔梁高速公路工可报告通过专家预审,争取到了在册山连接渝湘高速公路、在石会、黑溪设立互通的线路走向方案。完成国道319线、省道202线黔江段大修工程,城市快速通道正青二级路、黔永大道实现初通。正阳火车站80万吨货场扩能项目竣工投用。新建农村公路212公里,乡镇通畅率达100%,行政村通达率达100%、通畅率达66.2%。

(六)发展活力显著增强

抢抓国家实施积极的财政政策和适度宽松的货币政策机遇,加大信贷争取力度,实现融资22.5亿元,带动57个重点项目完成投资55.2亿元,促进全社会固定资产投资高位增长。招商引资到位区外资金34.4亿元,增长291%;上海东方希望集团等一批国内外知名企业投资落户我区,引进总部经济企业11家,承接沿海产业转移企业17家,外商直接投资实现了零的突破。金融服务体系不断完善,成功引进重庆三峡银行、沣和小额贷款公司;辖区金融机构贷款余额53.4亿元,增长42.6%;新增贷款25.7亿元。实施土地整理47000亩,完成4500亩建设用地报批,有效保证了全区建设用地需求;完成区级土地利用总体规划修编,实现地票交易485亩。成功举办重庆黔江·第二届中国武陵山民族文化节,"物华武陵"成交额达2.91亿元,"投资武陵"协议引资135.69亿元,武陵山区毗邻11个地市州区县签署了《武陵山经济协作区合作框架协议》,区域合作迈开实质性步伐。

二、发展中存在的问题

一是资源配置矛盾比较突出,天然气、煤炭、运力、电力等要素保障不足,制约了我区经济社会发展。二是地方财政一般预算收入增长高位回落,增支因素多,收支平衡压力大。三是集群招商、产业招商工作有待强化,签约项目落地和推进建设较慢;外贸进出口额度小,对外开放有待进一步加强。四是民生改善还有差距,农民持续增收难度依然很大。

三、2010年发展目标

2010年,黔江区按照"抢抓机遇,凸显亮点,提速发展,全面突破”的要求,突出抓好“五个黔江”、农户万元增收、招商引资、工业发展、城市扩张等关键环节,建设区域性中心城市和打造武陵山经济高地迈出实质性步伐,全面完成“十一五”规划目标任务。地区生产总值达到95亿元,增长20%;规模以上工业总产值增长33%;地方财政收入增长20%;全社会固定资产投资增长40%;社会消费品零售总额增长25%;城镇居民人均可支配收入增长18%;农民人均纯收入增长20%;农村贫困人口减少1万人;城镇化率提高2个百分点;森林覆盖率提高2个百分点;城镇登记失业率控制在3.5%以内;化学需氧量和二氧化硫排放量分别下降0.25%、0.48%;居民消费价格指数控制在103以内;金融机构新增贷款30亿元;外贸进出口总额达到3000万美元;招商引资引进单位投资3000万元以上项目30个,到位资金40亿元。

(黔江区政府办公室 黄桂荣)

武隆县

一、2009年发展回顾

2009年,全县生产总值达到59.2亿元,增长14.9%。地方财政收入4.89亿元,增长30.7%;完成固定资产投资78.8亿元,增长35.8%;完成工业投资23.2亿元,增长59.7%;接待游客470万人次,旅游总收入达23亿元;实现社会消费品零售总额18.93亿元,增长19.2%;城镇居民人均可支配收入、农村居民人均纯收入达到14100元、4020元,分别增长12%、15.7%。

(一)应对危机力保增长

积极对接国务院3号文件,千方百计争资立项。全年策划对接项目613个、落实各类资金11.6亿元、取得试点试验22项、争取主要优惠政策11项,有效带动了全社会固定资产投资快速增长。投融资工作成效显著,县投资公司、喀斯特公司、仙女山新区开发公司、祥宇公司、工业园区开发公司等融资平台的实力进一步壮大,全年累计融资16亿元。金融支撑地方经济的力度加大,年末全县金融机构存款、贷款余额分别达到57.63亿元和62.77亿元,较年初分别增加11.29亿元和17.88亿元,存贷比提高12.7个百分点。加强招商引资,全年招商引资在建项目达108个,新到位县外资金27.88亿元。其中,新动工项目64个,到位投资4.5亿元。

加快重大项目建设,增强拉动力。全年重大项目建设完成投资73亿元,占固定资产投资的93%。银盘电站完成投资14亿元,正加紧实施大坝和厂房浇筑。四眼坪风电站完成投资1.5亿元,已有15台风机实现并网发电。南涪铁路完成投资3.06亿元,路基工程已全部结束。仙女山旅游支线机场选址已获国家民航局批复,预可研报告已申报评审;县城火车站扩建项目纳入渝怀二线规划。重点工业项目顺利推进。日产2000吨新型干法水泥项目实现竣工投产。华瑞特钢技改转产项目完成投资2200万元;罡阳机械加工项目完成投资5500万元,即将建成投产。中堆坝地热开发等一批重大项目前期工作正加快进行;白马工业园区标准化厂房、工业大道等基础建设正加快推进,防洪堤完成工程总量的85%。针对工业企业在金融危机下严峻的经营形势,及时实施“三位一体”帮扶,帮助13户重点工业企业越冬,促进了全县工业经济企稳回升。全年实现工业总产值24.8亿元、增加值10.7亿元,分别增长7.6%、7.5%。

认真贯彻落实一系列扩内需、促增长的政策措施,积极实施“家电下乡”、万村千乡市场工程、促进房地产行业健康稳定发展等政策,刺激消费需求。全年完成商贸建设投资7500万元,新增商业营业面积2万平方米,新发展商业网点和个体工商户 258 个，新发展各类新型商业业态 138 个。累计销售家电下乡产品 7107 万元，兑现补贴金额 831 万元，补贴兑现额全市领先；房地产市场持续活跃。全年完成房地产开发投资 8.3 亿元；新开工商品房面积 25 万平方米，竣工商品房面积 30 万平方米，商品房买卖成交 25 万平方米，销售收入达到 10 亿元；成功举办第二届渝南黔北经贸洽谈会，推动区域合作。在"经洽会"上共签约项目 11 个，协议引资 96.5 亿元；积极落实出口企业技改补助政策，促进外经外贸发展。全年外贸进出口 500 万美元，引进外资 85 万美元，位列渝东南前列。境外劳务输出 122 人，实现外派劳务纯收入 2300 万元。

(二)强推旅游二次创业

以集团宣传营销、旅游"十大工程"建设等为载体，全县动员，全民参与，强力实施了旅游"二次创业"主题年活动。全年投入 20 亿元完善旅游基础设施。投入 6800 万元，并以前所未有的力度，掀起了旅游宣传营销的强大声势。组建 16 个旅游营销集团分赴全国 42 个大城市及日韩、港澳台等国家和地区营销，共与 1100 多家旅行社开展对接，与中央电视台等媒体进行了深度合作，武隆旅游的影响力日益显现，旅游专列、包机实现零的突破，广州、成都等目标市场组客进入常态化。境外市场得到进一步拓展。与韩国扶安郡结成友好郡县，加强了交流与合作。在日本、新加坡、台湾、香港、澳门多渠道宣传推介了武隆旅游。

先后成功举办了仙女山国际露营音乐节、中国重庆武隆第七届国际山地户外运动公开赛、中央电视台走进魅力武隆、芙蓉江龙舟赛等节庆活动，节庆造势活动进一步丰富；积极参加 2009 中国旅游国际、国内交易会、西部旅游博览会等会展活动，获得了良好反响；争取了中国旅行社协会第三届二次理事会暨全国百强旅行社考察活动在武隆举行，提升了行业影响力。

景区建设水平不断提高。以仙女山、芙蓉洞、天生三桥联合申评 5A 级景区为抓手，全面开展了旅游"十大工程"，武隆旅游的软硬件建设不断完善。仙女山观光车道路基工程基本完成，天生三桥出口通道全面建成。大仙女山游客集散中心动工建设。应急接待中心在国庆黄金周前建成投入使用。县城乌江三桥游客接待中心、龙水峡地缝出口通道、景区数字化、景区精细化等项目正加紧推进。开通了天生三桥、龙水峡地缝景区旅游观光车和重庆至武隆水上旅游线路。新增 3 家四星级酒店并挂牌，评定星级农家乐 60 家。开展景区及星级酒店从业人员培训 3000 余人次，培养专兼职导游 131 名。编制完成了《白马山旅游开发总体规划》、《后坪天坑风景名胜区旅游总体规划》、《天生三桥—龙水峡地缝旅游区总体规划》等。同时，武隆县以生态旅游统筹城乡综合配套改革的方案已报市政府审批。

(三)统筹城乡提速发展

1.城市建设管理实现新的腾飞

全年完成城市建设投资 16.6 亿元，新增城镇人口 8610 人，城镇人口达到 11.14 万人，城镇化率提高 2.51 个百分点，达到 32.45%。城乡规划统筹发展。完成了南岸堤防景观规划、老街改造设计、南溪沟社区公园、县城游客接待中心等 27 个项目规划设计。县城总规和总规局部修改、中堆坝片区城市设计已经过市规划局审查。完成了和顺、黄莺等 9 个乡镇总体规划。启动了 15 个村庄规划编制，完成了 2 个；中心城区建设快速推进。基础设施建设方面，完成了火车站站前广场、新汽车站、县城景观大道苏家河大桥至工商局段、高速公路出入口综合整治一期工程等项目建设，南岸堤防及滨江路建成通车；公共设施建设方面，建成了黄金水岸农贸市场和芙蓉农贸市场，县城体育馆交付使用，广东坡城市森林公园完成停车场、人行步道建设；改善居住条件方面，200 套廉租住房和中堆坝拆迁安置房建设完成主体工程，水漾年华、龙腾苑、国瑞佳苑(一期)顺利竣工并交付使用，世纪五龙城(二、三组团)竣工，乌江山水景苑二期完成主体工程；仙女山新区开发建设保持强劲势头，完成投资 8.4 亿元，建成区面积达到 5.1 平方公里。基础设施不断完善，完成基础设施投资 1.5 亿元，7

条城市主次干道全面形成，垃圾、污水处理、供气、供水、供电、通讯、电视系统等全面投入使用。旅游房地产开发突飞猛进，完成建筑面积25万平方米。仙女山一号、夏宫度假社区项目成功开盘。新区商业中心、县体育场实现封顶，道路绿化全面完成；重点场镇建设步伐加快，投入资金8872万元，完善了鸭江、江口、平桥、桐梓等重点场镇的街道、路灯等基础设施；全年新增建设用地指标3062亩，为历年之最。县城"三创"工作扎实推进，创建卫生县城已通过市级技术指标考核，文明县城接受了市级考评，山水园林城市创建任务所涉及的工作量已完成70%以上。

2.交通设施建设实现历史性突破

全年累计完成交通建设投资27.7亿元。渝湘高速公路武隆段建成通车，基本实现到重庆主城"一小时"，武隆区位条件发生历史性改变。涪南高速公路武隆段开工建设，县际公路武务路武隆段建成通车。旅游公路建设提速提档，投资7600万元，完成了武仙路及天生三桥环线"白改黑"。投资740万元，完成了江口至芙蓉洞、猫子垭隧道至三河口段路面油化、硬化。完成了巷双公路路基工程建设。江后公路顺利开工，完成投资5000万元；农村公路建设全面提速，实施了长坝至铁矿等4个乡镇畅通工程，实现25个乡镇通畅，乡通畅率达96%；分别实施了15条村通畅和15条村通达项目，实现64%的行政村通畅和100%的村通达；桥梁码头建设加快推进，羊角乌江大桥建成通车，全县畅通水平不断提高。

3.扶贫和新农村建设稳步推进

全年完成片区扶贫开发项目总投入1.6亿元，完成整村推进扶贫投入4200万元。完成了6个乡镇和15个贫困村最先脱贫示范建设；推进实施了农村信息扶贫网、扶贫爱心救助网和扶贫对象监测网"三网合一"，信息化扶贫的平台进一步完善。积极推进农村最低生活保障制度与扶贫开发政策的有效衔接，按新的扶贫标准，识别认定贫困户22553户71933人。推进实施村级互助资金制度，有20个贫困村建立了村级互助资金组织。深入开展"城乡互动结亲帮扶"活动，被帮扶农户累计达到1100户。进一步深化县级扶贫集团对口帮扶乡镇和"65432"帮扶机制，积极争取水利部、市委政法委扶贫集团、厦门市等县外帮扶力量参与扶贫济困，全年争取各类扶贫投入9743.7万元，其中社会帮扶资金2624.7万元。新农村建设取得新进展。推广农村巴渝新居建设，竣工530户，完成785户农村危旧房改造；新增仙女镇白果村、双河乡梅子村为"千村推进百村示范"村；完成集团共建"亮点示范"工程26处；全县新建沼气池和"三改"配套8533户，新建养殖小区和联户沼气工程18个、大中型沼气工程4处；开发整理土地1.7万亩，改造基本农田3000亩；整治维修了3座小(一)型水库，新建水池1433口，建设了7个农村标准化集中供水厂，新增2.5万人饮上安全卫生水；农网改造到户率达88%；推广主要农机具1276台套，耕种收综合机械化率达18%。

4.农业产业化水平进一步提高

蔬菜基地建设完成投资1400万元，新增蔬菜基地3万亩。蔬菜播种面积25万亩、产量28万吨、销售收入4.3亿元，分别增长42.1%、70.1%、72%。全年生猪出栏70.15万头，存栏48.64万头；烤烟种植8万亩，收购21万担，实现产值1.36亿元，产量与产值创1997年以来新高；新发展笋竹基地1.5万亩，优质中药材基地7.2万亩，全县林产业实现产值5.2亿元，增长15.6%。森林工程建设完成投资2.36亿元，造林22.53万亩，全县森林覆盖率达到了42%。全年共发展专业合作社53个，农民入合率达到43.56%，对生猪、蔬菜等主导产业的覆盖率达到56.2%。新培育了3家县级农业产业化龙头企业。全县耕地流转总面积达8.6万亩，占耕地总面积的19.1%。

(四)协调推进社会事业

1.教育科技稳步发展

武隆中学学生宿舍和职教中心实作大楼建成投入使用。开展了教育对口帮扶活动；建立了名师工作室；成功列入全市"远程教育为三农服务"唯一试点县和全市4个"远程教育实验区"的重点县之一。三类城市语言文字工作市级评估获得优秀。全年资助贫困学生3.5万人次，受助金额达1134万元。科技事业长足进步，推广先进适用技术34项。加强了专利申请和授权工作，全年申请专利34项，授权14项。

2.文化事业持续繁荣

深入贯彻落实市委三届五次全委会精神，推动文化大发展、大繁荣。广泛开展了"唱读讲传"活动，全年开展唱红歌活动291场、读经典活动142场、讲故事137场，传箴言转发量达47万余条，参与群众15万余人次。开展了新春团拜、闹元宵民间游乐等文化体育活动，全年共组织开展上百场公益性群众文艺演出。创办了《芙蓉江》文学期刊，建成了7个乡镇综合文化站和全国文化信息资源共享工程武隆支中心。农村中央广播电视节目无线覆盖工程通过国家广电总局验收，启动实施了数字电视工程。

3.健康武隆加快建设

医疗卫生事业快速发展，县人民医院医技大楼和铁矿等8个乡镇卫生院完成建设，县人民医院门诊急救综合楼新建工程全面启动。甲型H1N1流感疫情得到有效控制。初级卫生保健顺利通过市级验收。完成了麻疹强化免疫和乙肝疫苗接种工作，受益群众达6.8万人次。新型农村合作医疗农民参合率达到90.1%；完成了3所中小学校塑胶运动场建设。建成了县体育馆、标准游泳池和10片网球场。在全县中小学大力开展"阳光体育运动"。启动了"四季评星挂牌"精神文明创建活动。全县县级餐饮单位量化分级管理率达到100%。

4.平安建设不断深化

坚持打防并举，严厉打击黑恶刑事犯罪，推进社会治安综合治理，群众对社会治安满意率达到80%以上；创新普法宣传载体，法制建设有效加强。以"基层基础强化年"为主线，加强安全工作，实现了全县安全生产形势的基本稳定。政府公共安全应急体系不断完善，突发公共安全事件的应急救援能力全面提升。认真组织开展了以"听民声、察民情、解民难"为主题的干部大走访攻坚活动，先后投入资金1606.2万元，化解了一批信访积案。全县信访总量为729件次、1621人次，同比分别下降5%、24%。受理群众来信462件次，同比下降3%。

5.社会保障有效加强

全县参加社会保险累计已达36万人，社保基金征收达到1.9亿元，支出1.63亿元；城乡居民社会养老保险工作有序推进，累计参保13万余人；全县享受农村最低生活保障8662户、17829人，发放农村低保金1249.9万元。城镇享受最低生活保障7080户、8969人，发放城镇低保金1422.4万元，做到了应保尽保；就业再就业工作进一步加强，城镇登记失业率为3.84%，控制在4.0%以内；全县新增劳动力转移7712人，其中有序转移就业4150人；完成就业再就业培训2282人，农村劳动力培训12855人；创建达标8个"充分就业社区"和4个"充分转移就业村"。

(五)政府建设全面加强

以开展学习实践科学发展观教育活动为契机，加强政府系统干部的党性锻炼和作风建设，切实增强了应对危机影响、推动科学发展的意志和能力。全面落实县委精细化管理工作制度，加强政府重点工作绩效管理，不断提升政府工作效能。推行政府信息公开，深化了扩权审批改革。推进政府机构改革，进一步优化组织结构，规范机构设置，理顺职责关系，增强了政府工作的活力。坚持依法行政，自觉接受人大法律监督和政协民主监督，一年来共办理人大代表意见、建议91件，办理政协委员提案136件，办结率达100%，满意和基本满意率达99%以上。

始终把解决好群众最关心、最直接、最现实的利益问题作为政府的重要职责，关注民生，增进福祉，推动民心工程件件落实。与此同时，全面完成了三峡移民搬迁安置任务，改善了库区基础条件。

二、发展中存在的问题

经济总量仍然偏小，区域综合竞争力不

强;工业经济增长缓慢,新增长点培育艰难;外经外贸基础薄弱,外贸进出口总量小;受现实条件制约,解决民生问题的效果还不尽如人意;全县信访稳定和安全生产的压力仍然较大,部分行业和领域安全生产存在较多薄弱环节,特别是全县地质灾害点多面广,防治的难度很大。

三、2010年发展目标

完成地区生产总值74.2亿元,增长25.3%,其中:第一产业增加值10.1亿元,增长7%;第二产业增加值27亿元,增长33.5%。其中工业增加值确保完成16亿元,增长50%,力争翻一番;第三产业增加值37.1亿元,增长25.6%。实现地方财政收入6亿元,增长22.7%;完成固定资产投资100亿元,增长26.9%;实现社会消费品零售总额25.2亿元,增长32.9%;城镇居民人均可支配收入、农村居民人均纯收入达到15800元、4825元,分别增长12.1%、20%;接待游客1000万人次,实现旅游收入45亿元,分别再翻一番;实现外贸进出口总额800万美元,增长60%;城镇化率较上年提升2.5个百分点,达到34.95%;城镇登记失业率控制在4%以内;万元GDP能耗1.1吨标煤,下降4 .5%。化学需氧量、二氧化硫排放量年度分别削减0.16%和0.53%。

(武隆县政府办公室 冉洪)

石柱土家族自治县

一、2009年发展回顾

2009年,石柱县深入贯彻落实科学发展观,紧紧围绕加快建设“渝东枢纽门户”和“渝东地区绿色生态经济强县”战略目标,扎实推进各项工作,全县经济社会发展继续保持了“持续增长,快速发展”的良好势头。全年实现地区生产总值53.91亿元,比上年增长16.0%。其中第一产业增加值11.78亿元,增长6.0%;第二产业增加值20.93亿元,增长22.2%;第三产业增加值21.20亿元,增长14.5%。累计完成全社会固定资产投资70.17亿元,增长33.8%;实现社会消费品零售总额20.75亿元,增长19.2%;城镇居民人均可支配收入达12766元,农民人均纯收入达3998元,分别增长10.7%、11.7%。

(一)工业经济快速发展

2009年全县工业总产值达到43.09亿元,增长21.7%;实现工业增加值14.18亿元,增长21.9%。其中规模以上工业企业实现产值26.25亿元,比上年增长31%,创造工业增加值10.72亿元,可比价增长29.7%,增加值占GDP的比重提高到19.9%,规上工业企业经济效益综合指数达到176.5%,同比提高0.8个百分点。工业对GDP的贡献率为31.8%,拉动GDP增长5.1个百分点。南宾工业园区被市政府评为“优秀工业园区”。

(二)农村经济稳步发展

特色产业发展壮大,实现辣椒种植面积24.3万亩、马铃薯25.3万亩、烤烟4.3万亩,中药材在地面积28万亩,莼菜基地面积保持在1.3万亩以上,建成无公害农业标准化基地58万亩,特色农产品基地面积增长35%。全县土地流转率达到25.8%,规模集中经营率达到19.7%。全年新增转移劳动力9600人,累计转移14.82万人,实现劳务收入14.44亿元。农产品获“三品”认证5个、创市级名牌6个、县级名牌10个,黄连GAP规范化栽培成功通过复检验收。完成各类水利项目投资2.02亿元,建成各类水利项目2076处,2009年农田水利基本建设荣获市政府表彰二等奖。

(三)第三产业提档升级

旅游业快速发展,全年旅游投资达到4.21

亿元，是上年的6.2倍，接待游客和旅游综合收入分别达到70万人次、2.1亿元，分别增长55%、75%；黄水国家森林公园获得了"重庆市五大避暑胜地"、"重庆周边十大避暑胜地"称号。商贸业持续增长，全年批发零售业商品销售总额比上年增长30.5%、达到32.96亿元，实现出口创汇1867万美元，增长172%；培育新增限额以上企业11家，累计达到26家。

（四）"五个石柱"建设全面推进

"宜居石柱"投入8.5亿元，建成了汇景龙湾小区、县体育馆、玉音广场扩建等标志性工程，完成了万寿大道综合整治和内环"白改黑"工程，启动了火车站站前大道、城北生活垃圾处理填埋场等项目建设；黄水镇实施了"一改五化"工程；建成巴渝新居970户、改造农村危旧房2217户。"森林石柱"投入3.6亿元，新增造林绿化面积11.5万亩。"畅通石柱"投入27.5亿元，沪渝高速公路石柱段竣工通车，渝利铁路加快建设，完成通达工程306公里、通畅工程100公里。"健康石柱"投入2.1亿元，完成了县中医院整体迁建项目主体工程，启动了县人民医院整体迁建项目。"平安石柱"投入0.8亿元，深入开展了打黑除恶专项行动，加强了社会治安综合治理，人民群众安全满意率达到97.8%。

（五）财政金融稳步提升

实现辖区内财政总收入6.12亿元，比上年增长38.9%，其中地方财政收入4.29亿元，增长51.8%。全年实际利用内资28.4亿元，增长202.6%。全县金融机构存款余额72.56亿元，比年初增加20.20亿元，增长38.6%；金融机构贷款余额27.11亿元，比年初增加9.00亿元，增长49.7%。

（六）开放兴县彰显佳绩

招商引资实现重大突破，全年正式签约项目48个，合同引资额118亿元，实际到位资金28.3亿元，分别比上年增长121%、195%。全年实现协议引进外资300万美元、实际利用外资50万美元，实现了引进外资零的突破；成功举办了"区域发展与渝东枢纽门户（石柱）建设高层论坛"，成功挤入成渝经济区规划，积极参与武陵山经济协作区筹建工作。先后组团参加了"渝洽会"、"厦洽会"、"支洽会"、"东盟华商会"等经贸活动。

（七）统筹城乡改革逐步深化

认真贯彻落实国发〔2009〕3号文件精神，扎实推进统筹城乡改革发展，建成了万亩辣椒科技示范园，大力推进了黄水统筹城乡示范区建设。积极引导农村土地流转，土地流转率提高到25.8%，规模经营度达到19.7%；加快推进城乡建设用地增减挂钩试点，县土地交易所挂牌试营；林权综合改革确权和颁（换）证率达99.9%，基本完成了主体改革任务；新组建农民专业合作社48个，共计达到126个。

（八）社会事业同步向前

全年财政民生支出达到6.3亿元，占财政总支出的44%，创历史之最。完成10所寄宿制学校建设和5所农村初中校舍改造工程，建成5个塑胶运动场，县职教中心主体工程加快建设。加快推进了17个乡镇综合文化站建设，配置了21个村级农家书屋，完成有线、无线及数字电视入户安装2436户，县图书馆、县文化信息中心资源共享工程建成并投入使用。全面完成了三峡移民搬迁安置任务，三峡移民阶段性验收一次性获得通过。城镇新增就业2400人，城镇登记失业率降低到3.3%。城镇化率达到24.66%，提高了1.63个百分点。各类保险覆盖面进一步扩大，养老、医疗、工伤保险参保人数分别达到27322人、39535人和8025人。人口自然增长率为4.73‰，出生符合政策率达到92.6%，出生缺陷一级干预覆盖率达到100%。

二、发展中存在的问题

2009年全县经济社会发展情况良好，承接了近年来发展速度加快、运行质量提高、发展后劲增强的好形势，但在经济社会发展中也存在一些困难和问题。一是财政新增支出因素不断增加，收支平衡压力越来越大。二是金融危机对工业的冲击较大，原煤、铅锌、纺织等主要产品产量下降。三是限上商贸企业发展缓慢，对全县商贸业的支撑乏力。四是能源、土地、资金等要素供求矛盾比较突出，要素资源约束发展加剧。五是房地产开发规模偏小，供求矛盾较为突出。

三、2010年经济社会发展目标

2010年是实施“十一五”规划的最后一年，又是“十二五”规划承上启下的关键一年，全县经济社会发展将继续紧紧围绕加快建设渝东枢纽门户和渝东地区绿色生态经济强县总体目标，大力实施“生态立县、工业强县、开放兴县”战略，突出抓好工业经济、生态旅游、商贸物流、对外开放、城镇建设、统筹城乡改革和民生改善等重点工作，力争全面完成“十一五”规划的各项目标任务，为“十二五”发展奠定坚实的基础。全年经济社会发展的主要预期目标是：确保地区生产总值增长17%，力争达到20%；全社会固定资产投资增长30%；社会消费品零售总额增长24%；农民人均纯收入、城镇居民人均可支配收入分别达到4800元、14680元；城镇登记失业率控制在4%以内；人口自然增长率控制在5.5‰以内；万元GDP综合能耗下降4.6%；城镇化率提高2个百分点。

（石柱县发展和改革委员会　孙家成 徐天生）

秀山土家族苗族自治县

一、2009年发展回顾

2009年，秀山县坚持以邓小平理论和“三个代表”重要思想为指导，深入学习实践科学发展观，紧密团结和紧紧依靠全县人民，以“建好一座城市、打造两大园区、做强三大产业、办好四件大事、建设五个秀山”为重点，采取有效措施保增长、保民生、保稳定，经济社会实现了平稳较快发展。

经济保持稳步增长。地区生产总值完成62.12亿元，增长14.1%，三次产业结构调整为15.8:47.9:36.3。社会消费品零售总额完成22.55亿元，增长21.1%。固定资产投资完成47.49亿元，增长39.0%。全口径财政收入、地方财政收入分别达到8.58亿元、5.96亿元，分别增长20.5%、48.6%。

民生问题有效改善。民生性财政支出达11.64亿元，增长36.1%，占财政支出的63.5%。城镇新增就业1632人，城镇登记失业率控制在4.5%以内。社会保险覆盖面进一步扩大。城镇居民人均可支配收入、农民人均纯收入分别实现13270元、3713元，分别增长12.0%、19.7%。

社会秩序保持稳定。安全生产工作获全市一等奖，大走访工作获全市工作创新突出奖、信访工作获全市综合考评一等奖，被评为“新中国成立60周年维稳工作先进区县”，公安工作取得“破积案、追逃犯”跨区域集约攻坚战役全市第一等多项优异成绩，边区稳定，社会安定。

（一）“一城两园”建设提质提速

城市建设完成投资15亿元，增长82.8%。县城新增建成区面积0.6平方公里，达到10.8平方公里，城镇化率达25.06%。黄杨大道北段、渝秀大桥、丹凤路、污水处理厂建成投用，武陵大道完成总投资的50%，东大街四期、渝秀大道西段、县城防洪堤、黄杨大桥等项目进展顺利。房地产开发建设量、市场投放量、销售量分别达到101万、67万、43万平方米。组建了规划局，完成各项规划设计方案20个。“两违”整治力度加大。工业园区完成基础设施建设投资2.06亿元，秀北—永安大道竣工通车，二期道路开工建设，建成标准厂房1.76万平方米，完成土地平整1017亩。入园企业（含纳入园区管理的企业）达到14户，已投产5户。启动了硅产业园、农产品加工园规划编制工作。组建了物流园区管委会。

完成了物流园区总体规划、专业市场修建性详规和建设方案编制。300万吨/年战略装卸车点一期工程竣工投入使用,5万吨粮食储备库一期主体工程已完工,危化品物流园正式启动,危化品铁路专线已上报铁道部审批,完成火车站新客站楼规划设计。成功引进重庆重铁物流有限公司落户物流园区。

(二)三次产业发展稳步推进

实现农业总产值15.83亿元,增长9.0%。粮食总产量达到32.3万吨,增长3.5%。金银花、土鸡等特色优势产业稳步发展。新发展茶叶基地1.2万亩。新增市级农业龙头企业5户,达到10户。新注册农民专业合作社61个,完成有机食品认证5个。农业机械化水平提高3个百分点。累计流转土地16.25万亩。同时,农村基础设施不断完善,农业发展基础进一步夯实。隘口水库建设工程稳步推进,完成4座小(一)型病险水库除险加固工程,解决了8.68万农村人口饮水安全问题。完成中低产田土改造1.53万亩。新建农村沼气池6371口。小水电供区成功纳入农网改造范围。完成工业总产值65.0亿元,增长18.8%。新开工工业项目95个,完成投资10.58亿元。百万吨水泥、10万吨硫酸等项目投入生产,10万吨炭电极等项目有序推进。15户电解金属锰企业通过国家工信部的行业准入资格审查。"锰资源高附加值新材料技术开发"等重点科技项目顺利实施。制定和完善了硅产业扶持政策、锰产业补贴政策,电解金属锰、工业硅产量分别增长26.5%、32.4%,为保增长发挥了重大作用。批发零售贸易额实现41.1亿元,增长27.9%。外贸直接出口250万美元,实现近6年来直接出口的重大突破。花灯广场商圈规模继续扩大。新建乡镇农贸市场3个,建成日用消费品店269个、农资店219个,"万村千乡市场工程"网点实现了全覆盖。累计销售家电、汽摩下乡产品25316台,发放补贴689.5万元。旅游接待设施不断完善,接待游客45.2万人次,增长28.8%,实现旅游综合收入1.16亿元,增长28.6%。

(三)"四件大事"年度任务圆满完成

组建了4个招商分局,完善了招商引资优惠政策。举办和参加招商引资活动52次,引进项目235个,实际到位资金33.89亿元,增长41%。6个企业总部(分部)落户秀山。金银花基地新增5.6万亩,累计达20万亩,鲜花产量1.39万吨,实现花农收入1.38亿元,被认定为"重庆市无公害金银花产地县"。金银花蜜炼膏被列入2009年重庆市第一批重点新产品计划项目,成为我县第一个市级重点新产品。成功举办首届"重庆·秀山金银花节",提高了秀山金银花的知名度。植树造林24.74万亩,建成苗圃基地3260亩。林权制度改革共勘界确权181.9万亩,完成总量的99.7%;发放林权证14.15万本,完成总量的99%。出栏土鸡505.1万只,建成种鸡场2家,新发展500只以上养殖大户1536户、土鸡专业合作社18个,建成土鸡深加工企业1户。完成《秀山土鸡产业发展规划》。成功注册"渝东南秀山土鸡"和"武陵山秀山土鸡"两个商标。被认定为"重庆市无公害土鸡产地县"。

(四)"五个秀山"建设扎实推进

"宜居秀山"建设步伐加快。大力实施"蓝天、碧水、绿地、宁静"四大行动,城区空气质量优良天数达298天,县城建成区绿化率达到35%,县城集中式饮用水源水质达标率为100%,锰污染整治工作得到国家环保部的肯定。建成武陵广场、中和广场,新增城市广场8.3万平方米。硬化背街小巷1.34万平方米。建成巴渝新居894户。"畅通秀山"建设成效明显。渝湘高速公路秀山段建设进展顺利。国道319线、326线和省道304线大修整治工程基本完工。乡镇通畅工程和路网加密公路建设顺利推进,实施行政村通畅工程72公里。建成投用汽车总站,县城新投放公交车20辆,城区交通秩序明显改善。"森林秀山"建设稳步推进。投资1.4亿元,实施了城市森林工程、农村森林工程、通道森林工程、水系森林工程和苗圃工程,启动了"书记示范林"、"县长示范林"和"高速公路百里景观林带"建设,森林覆盖率提高到35.1%。"平安秀山"建设扎实推进。"安全生产年"工作顺利开展,安全生产的基层基础工作更加扎实,高层建筑消防隐患全面整改落实,未发生重特大安全事故。积极开展"大走访"攻坚行动和"信访积案化解年"工作,为群众解决问题2033件,化解信访积案192件,实现"两化解"100%的目标。深入推进社会治安综合治理,扎实开展"打黑除恶"专项行动。倡导建立了渝湘黔少数民族边区司法行政协作机制。"健康秀山"建设取得实效。完成体育场馆主体工程,建成学校塑胶运动场6片。举办"健康秀山·阳光周末"活动91场。花灯健身操纳入工间操和课间操内容。竞技体育获洲际冠军3个、国家级奖2个、市级奖11个。县医院迁建工程、中医院业务楼、妇幼保健院业务楼等项目顺利推进。农村初级卫生保健验收评审全面达标。甲型H1N1流感防控有效,未出现重症和死亡病例。

(五)财政金融保障支撑能力不断增强

强化税收征管,圆满完成财政收入任务。加大向上争资力度,中央新增投资项目到位上级资金3.2亿元。财政支出18.35亿元,增长33.8%。消化历史债务7062万元。公务员津补贴、义务教育学校教师绩效工资以及其他事业人员过渡性补助全面并轨统一发放。完善了财政支出管理办法和政府投资项目管理办法,完成了国库集中收付制度改革。完成26个政府投资项目评审工作,审减资金5339万元。华信公司资产达到35亿元,增长75%。翔舟担保公司注册资本达到5000万元,增长1.5倍。完善了金融机构支持秀山发展评价奖励办法。与市农行、市农商行分别签订了三年授信30亿元、五年授信50亿元的战略合作协议。在11个乡设立了金融服务机构,实现了金融服务全覆盖。金融机构存、贷款余额分别达到55.07亿元、30.89亿元,分别增长34.7%、108.7%。实现保险业保费收入9122万元,增长36.7%。

(六)民生保障和公共服务有效改善

全力实施为民办实事项目。指导和帮助下岗失业人员实现就业再就业1093人。新增转移农村劳动力1.05万人,实现劳务净收入8.2亿元。城乡居民合作医疗保险覆盖47.54万人。发放基本养老保险金1.29亿元,增长1.77倍,7314名被征地农转非人员纳入了养老保险体系。发放农村低保金和城市低保金2265万元、2235万元,分别增长53.3%、14.3%。发放五保户供养金859万元,增长38.9%。拖欠退休教师的每月31元工资、129元津补贴已全部兑现。开工建设了8万平方米廉租房,改造农村危旧房1140户。新建乡镇敬老院5个,启动了老年公寓建设。实施易地搬迁和生态移民616户2502人,启动了14个贫困村整村脱贫项目,减少建卡贫困人口7900人。被列入国家连片扶贫开发试点县。国家科技富民强县专项行动计划顺利实施。高级中学竣工投入使用,职教中心扩建工程顺利推进,教育教学管理进一步加强。建成乡镇综合文化站12个。顺利通过全国文化先进县复查验收。开展县级群众文化活动108次,举办"欢乐广场·活力秀山"、县级"唱读讲传送"综合演出19场。《花灯》被市作协作为国庆60周年献礼六部作品之一在全国发行。彭洪顺书法作品荣获"中国书法兰亭奖"。彭兴茂、石化明被国务院授予"秀山花灯"传承人称号。李露获"感动重庆十大人物"称号,杨再银获首届"感动武陵人物"称号。人口和计划生育工作连续四年被市委、市政府表彰为先进集体,人口自然增长率为5.9‰。

二、发展中存在的问题

在经济社会取得大发展的同时,也存在一些亟待解决的困难和问题,突出表现在:工业经济结构单一,农产品深加工水平低,缺乏高新技术产业;基础设施仍较落后,适应不了加快发展的需要;就业再就业、社会保障、教育、医疗等关系群众切身利益的工作需要进一步加强;安全稳定隐患仍然较多,资源环境管理任务十分繁重;政府自身建设还需加大力度,执行力有待进一步提高。

三、2010年发展目标

2010年,秀山经济社会发展主要目标为:地区生产总值增长15%,力争达到17%以上;工业总产值增长20%，其中规模以上工业总产值增长22%；农业总产值增长7%；全社会固定资产投资增长25%；社会消费品零售总额增长25%；出口总额增长100%；引进县外资金增长25%；地方财政收入增长20%，其中一般预算收入增长20%；城镇居民人均可支配收入和农民人均纯收入分别增长10%、18%；城镇登记失业率控制在4.5%以内；城镇化率提高3个百分点；人口自然增长率控制在7.38‰以内；单位生产总值能耗、化学需氧量和二氧化硫排放量控制在市上下达的指标以内。

（秀山县政府办公室　黄　伟）

酉阳土家族苗族自治县

一、2009年发展回顾

2009年，在市委、市政府的坚强领导下，在市级各部门的大力支持下，酉阳县坚持“路在人走、业在人创、事在人为”的发展理念，认真办好市委交办的林业、畜牧业、工业和城市建设“四件大事”，强力推进工业强县、林牧富县、旅游兴县、环境立县“四大战略”，主攻投入、强攻项目，全县经济社会发展取得了明显成效。全年实现地区生产总值47.7亿元，同比增长20.8%；全社会固定资产投资67.67亿元，增长79.4%；社会消费品零售总额完成21.15亿元，增长18.6%；农民人均纯收入3082元，增长10.9%；城镇居民人均可支配收入10457元，增长11.5%；完成财政收入6亿元，增长60.5 %，其中地方财政收入4.6亿元，增长81%，一般预算收入3.3亿元，增长103%。

（一）投资力度不断加大，拉动效应明显增强

始终抓住投资这个“牛鼻子”，全年共完成投资60亿元，城市、工业、交通行业分别完成投资12亿元、13.6亿元、15.8亿元。加大争资力度，落实中央新增预算内投资4亿元。充分利用政府融资平台融资14.9亿元，为投资提供了有力保障。

（二）园区建设成效显著，工业经济快速增长

“一区四园”建成区面积达到7平方公里，水、电、管网等基础设施基本配套，建成各类厂房21万平方米，入园企业170户，被市上认定为“两翼”区县发展最快最好的园区之一。工业经济快速发展，全县工业企业增至378户，其中规上企业由去年底的24户增至70户，光和能源、九鑫水泥、武陵光伏等亿元在建项目加快推进。实现工业增加值9.2亿元，其中规模以上工业增加值6.2亿元，分别增长26.7%、49.7%。

（三）招商引资成果丰硕，各类资本加速集聚

强化项目储备，全年储备各类招商项目500个，投资总额450亿元。创新招商方式，实行集团化招商、专业化招商、驻点招商、以商招商，积极参加市内外招商推介活动，全年共“走出去”招商618批次5200人次，“请进来”客商400批次2000人次。全年签约项目700个，协议引资256亿元，到位资金35亿元，分别增长119%、178%、154%。

（四）基础设施全速推进，城市面貌焕然一新

渝湘高速公路已进入路面施工，总里程208公里的四条出境干道基本完成，439公里的14条乡镇通畅公路路基成型，村通达公路完工300公里。启动县城“东进、北拓、南扩”工程，“三纵十一横”交通网络体系基本建成，钟渤快速通道扎实推进。启动城市建设重点工程80个，城北迎宾大道、城东大道等一批城市基础设施建成投用，桃花源广场扩建、环城路改造、新闻中心等工程正加紧推进。全年拆除危旧房15万平方米，新开工商品房70万平方米、竣工20万平方

米。坚持24小时巡回保洁。城区全面禁止畜禽养殖。优化县城交通组织，取缔三轮车、规范出租车、开通公交车，县城更加畅通有序。实施"绿化、美化、亮化"工程，完成县城灯饰40处，安装西城河、金银山、翠屏山景观灯饰14公里，建成桂花园，正抓紧推进香樟园、银杏园等七大城市主题公园建设，城市形象大幅提升。麻旺镇荣获重庆市"十大创新小城镇"称号。

(五)林牧产业加快发展，农村经济提速增效

成功申报全国森林采伐管理改革试点县、国家森林经营试点县，完成集体林确权发证403万亩，发证率达97%。完成荒山造林、通道绿化31万亩，建设苗圃(场)5200亩，引进林业企业27家，实现林业产值3.2亿元，全县森林工程建设已步入重庆先进行业。酉阳县被国务院列为"全国生猪调出大县"，酉州乌羊、麻旺鸭成为国家级遗传资源保护品种，全年出栏生猪70万头、牛4.5万头、山羊40万只、小家禽400万只，实现畜牧产值10.3亿元。特色产业、传统农业同步推进，渝东南现代农业科技园一期基础工程完工。新增龙头企业25家，建成水果基地4.3万亩、青花椒基地10万亩，油茶基地2万亩；实现粮食总产量36.5万吨；收购烟叶22万担，实现烟农收入1.47亿元，增长47%；种植中药材13.4万亩，产值2.5亿元，"酉阳青蒿"成功注册国家地理标志证明商标；全年转移农村劳动力24.8万人，实现劳务净收入16.58亿元。

(六)旅游商贸齐头并进，发展活力不断增强

全县旅游发展规划编制完成。龚滩古镇开街迎客，大桃源景区开发全面启动，赵世炎故居陈列馆和游客接待中心主体工程全面完工。成功申报桃花源国家AAAA级旅游景区、金银山国家森林公园、酉水河国家湿地公园、阿蓬江国家湿地公园和龚滩古镇国家AAA级旅游景区，后溪河湾山寨被授予"中国历史文化名村"。5条旅游公路基本建成投用，星级宾馆、星级农家乐加快建设。荣获"中国最佳绿色旅游名县"、"重庆市十大乡村旅游目的地"、"重庆市最宜居城市之一"等殊荣。全年接待游客54.8万人次，旅游收入达1.67亿元。商贸流通日益活跃，全县民营企业、个体工商户分别新增278个、1870户。渝东南现代物流园物流基地已具雏形。深入推进"万村千乡"市场工程，建成乡镇连锁超市78个、村级便民放心商店540个，农村现代流通网络基本建立。大力实施"家电下乡"惠民工程，销售各类补贴家电3.39万台(件)，实现销售总额8740万元。

(七)科教文卫全面进步，社会事业协调发展

中小学校舍安全工程启动实施，建成6个塑胶运动场，县实验中学基本完工，启动板溪职教园建设，酉二中扩高工程加快推进，县城中小学布局逐步优化，县机关幼儿园成功创建市级示范幼儿园。公共卫生应急处置机制日趋完善，甲型流感防控科学有效，120绿色通道顺利开通。城乡居民医疗保险参保率达到90%以上，初级卫生保健通过市级验收。县人民医院外科大楼主体工程基本完工，12个乡镇卫生院国债项目建成投用。文体设施逐步完善，完成农民体育健身工程40个。《巫傩诗文》入选第三批国家非物质文化遗产保护名录，2万余人同跳土家摆手舞成功申报大世界基尼斯纪录，摆手舞"罗卡尼"和26件书画、摄影作品入围全国群星奖。全面实施活人墓拆除和超标准豪华大墓整治，搬迁县城规划区已葬墓5500多座，火葬场在渝东南率先建成投用，殡葬改革获市政府表彰，列全市第一。"平安酉阳"建设深入推进，投入1300万元配齐乡镇安监设备，安全监管网络延伸至村组，安全生产基层基础有效夯实。群众安全感指数达97%，列全市第一。扎实开展干部大走访攻坚行动，化解了一批信访积案，获全市工作创新突出奖。

(八)民计民生持续改善，发展成果全民共享

全年实现民生支出6.3亿元，同比增长53%。农村生产生活条件加快改善，全年新建沼气池6320口，建设巴渝新居1200户，改造农村危旧房2500户，解决11.4万人饮水安全问题，所有病险水库除险销号。实施农网改造18.4万户，自然村通电话率达96.7%，行政村通宽带率

达86%。移民搬迁扎实有效,龚滩古镇、清泉集镇移民建房基本结束,龚滩新镇、万木、后溪、酉酬、大溪、官清等集镇迁建进展顺利,专业项目复建进入扫尾,农村移民安置基本完成,全年累计投入移民后期扶持资金1160万元。就业和再就业工作得到加强,新增城镇就业人员2840人,指导帮助城镇下岗失业人员再就业1580人,发放小额担保贷款2760万元,创业带动就业2250人。社会保障体系不断完善,城乡居民社会养老保险申报21万人,全县60岁以上老人全部纳入城乡居民社会养老保险。2.55万户6.36万人纳入城乡低保,全年发放低保金6300万元,基本实现应保尽保。城乡医疗救助7.78万人次,救助资金770万元。供养五保孤儿6830人,全年发放五保供养经费1240万元。新改扩建乡镇敬老院6所,将百岁以上老人营养补助从每人每月100元提高到200元,90岁以上老人落实营养补助每人每月50元。

二、发展中存在的问题

一是经济发展缺少大项目支撑,投资转化率较低,工业园区配套能力还有等加强;二是城镇化推进滞后,交通基础设施建设任重道远;三是农业产业化水平较低,产业结构调整和扶贫攻坚的任务还很艰巨;四是高中阶段入学率较低,社会事业发展任务繁重;五是可用财力不足,社会保障的能力和水平亟待提高。

三、2010年发展目标

2010年全县经济社会发展的主要预期目标为:实现地区生产总值50亿元,增长27%;全社会固定资产投资90亿元,增长50%;工业总产值60亿元,工业增加值20亿元,分别增长156.4%、117.4%;社会消费品零售总额30亿元,增长30%;财政收入8亿元,增长33%;贷款余额40亿元,增长65%;农民人均纯收入3940元,增长19%;城镇居民人均可支配收入11850元,增长12%;城镇化率提高3个百分点,达到25%;人口自然增长率控制在7.8‰以内;万元GDP能耗下降4.7%,二氧化硫排放总量控制在8189吨以内,化学需氧量控制在3181吨以内。主要做好八个方面的工作:一是坚定不移实施投资拉动,强化经济增长第一支撑力;二是全力以赴发展园区经济,加快打造洼地崛起增长极;三是锲而不舍突破招商引资,全力拼抢支撑跨越大项目;四是乘势而上推进城乡建设,不断提升开放发展新形象;五是千方百计壮大林牧产业,积极探索农民致富新途径;六是群策群力抓好旅游商贸,努力培育繁荣城乡新业态;七是多措并举推进社会事业,奋力开创协调发展新局面;八是始终不渝改善民计民生,切实增强全县人民幸福感。

(酉阳县政府办公室　冉俊勇)

彭水苗族土家族自治县

一、2009年发展回顾

2009年,是彭水县经济社会发展经受严峻考验的一年。面对国际经济环境恶劣、国内经济增速放缓、县域经济冲高回落的不利形势,全县人民以科学发展观为指导,认真贯彻落实市委、市政府的决策部署,主动承接中央扩内需、促增长的系列政策措施,解放思想、扩大开放,自我加压、团结苦干,各项工作有力推进,主要经济指标持续向好,经济回升势头稳步增强。

(一)保增长促发展,经济高位运行

主要经济指标均保持了较大幅度增长,经济运行质量和效益有了新的提高,综合实力迈上新台阶。全县生产总值达到58.1亿元、同比增长

12.3%，人均生产总值超过1万元、同比增长12.4%，分别比2006年增长一倍多，实现三年翻番。三次产业结构调整为20.3:40.1.:39.6，非农产业占比近80%。地方财政收入实现5.05亿元、同比增长43.7%，比2007年增长一倍多，再度实现两年翻番。完成全社会固定资产投资69.6亿元，同比增长7.6%。实现社会消费品零售总额23.5亿元，同比增长18.1%，创历史新高。农村居民人均纯收入达到3517元，增长10.8%；城镇居民人均可支配收入达到11430元，增长10.3%。年末全县金融机构存贷款余额分别达到49.5亿元、56亿元，分别增长28.3%、11.5%，为全市两个贷差县之一。

(二)实施“四轮驱动”，发展速度加快

实施生态立县，石漠化治理2.73万亩，单位生产总值能耗下降4%，二氧化硫和化学需氧量分别下降3.5%、2.3%，全年大气环境质量满足二级(良好)标准的比例为96.5%，乌江、郁江干流水质稳定达到三类水域功能，县城饮用水源地水质达标率均为100%，乡镇集中式饮用水源水质达标率为96%。突出水电强县，乌江彭水水电站5台机组正常发电，马岩洞水电站蓄水发电，龙门峡水电站开工建设，三江口水利枢纽工程等中小水电站建设有序推进，全县水电装机容量达185万千瓦，年发电量达50亿千瓦时，占全市发电量的11.6%。推进矿产富县，实施煤矿整合关闭和技改扩能，全年生产原煤80万吨；开工建设茂田公司日产4600吨水泥生产线项目和渝东矿业公司年产10万吨重晶石萤石项目，金属镁项目前期工作得到加强。实施旅游兴县，携手“三县五方”包装推介乌江画廊，引进重庆交旅集团整体开发，阿依河景区配套设施进一步完善，被评为“中国之美”全国十条黄金旅游线路之一；开展乌江阿依河市级风景名胜区申报工作，摩围山景区建设有序推进，鞍子苗寨一期工程完工；全年接待游客60万人次，旅游收入突破1亿元。

(三)建设通道经济，百姓日趋富裕

以通道经济建设为农村经济发展的突破点，在通道沿线聚集各类要素、打造特色产业带的效应初步显现。实施“三改工程”，推进“一改带八改”，完成农村危旧房改造1000余户，推广巴渝民居通用图集，统一民房建设风貌，新农村建设形成了以点带面、纵深拓展的良好势头。投资5.9亿元解决了12.1万农村人口的饮水安全问题，被评为2009年全国农村水电及电气化建设先进集体，被确定为全国中央财政小型农田水利建设重点县。1万头奶牛养殖项目建设启动，出栏生猪52.6万头、肉牛4.7万头、山羊4.3万只、家禽126万只。粮油产量达31.1万吨，被评为全市粮油生产先进县。收购烟叶37万担，实现产值2.9亿元。魔芋、油茶、蜂蜜等特色产业全面发展。累计输出农村富余劳动力20.4万人，实现劳务收入22.6亿元。开展整村脱贫，推进片区扶贫开发，减少建卡贫困人口7500人。

(四)打造“五个彭水”，品质逐步提升

建设“绿色彭水”，完成投资7026万元，造林12万亩，建苗圃基地900亩，全县森林覆盖率达39%、较2008年提高2个百分点；发展林上林下产业，实现产值3亿元，有5个方面工作被确定为国家级试点、示范县。建设“畅通彭水”，实施交通建设三年攻坚计划，渝湘高速公路彭水段和彭务、彭西二级公路通车，全县通乡通畅率提高到95%，通村通达率提高到87%，通村通畅率提高到43%；引进重庆航发司建设年吞吐量300万吨的重庆港彭水港区下塘码头，渝东南黔东北水陆联运综合交通枢纽“骨架”加速形成。建设“平安彭水”，开展破案攻坚综合整治和打黑除恶专项斗争，依法严厉打击各种违法犯罪行为；安全生产形势总体平稳，全年无较大以上事故发生，事故死亡人数同比下降10.7%，再获全市一等奖；深入开展“百日难题化解”和“干部大走访”攻坚行动，推行领导包案制度，投入财政性资金860万元，解决信访积案150余件，化解了社会矛盾，密切了干群关系；人民调解和法制宣传教育加强，法律援助实现应援尽援。建设“人文彭水”，县青少年活动中心、宣传文化中心和文物藏馆投入使用，建成乡镇综合文化站15个、农家书屋126个。普查非物质文化遗产项目

751个，少儿舞蹈《黄丝蚂蚂》进京展演获金奖；开展“讲读传唱”活动800多场次，促进了文化大发展大繁荣。建设“快乐彭水”，二甲医院前期工作全面完成，中医大厦主体工程完工，11个乡镇卫生院业务用房改扩建工作完成，医疗卫生条件不断改善；甲型H1N1流感得到有效防控，孕产妇死亡率下降为十万分之五十，儿童“四苗”接种率达98%以上；完工健身步道10公里、塑胶运动场8片，举办各类体育活动300余场次，县射弩队在全国职工射弩比赛中获7金、6银、5铜和总分第一的好成绩。

(五)坚持外引内联，开放水平提高

实行外来投资企业“绿卡服务”制度，出台招商引资十条禁令，实行招商引资“一字服务”工作流程，加大宣传力度，发展环境得到不断优化，全民招商氛围日趋浓厚。实行“点对点”招商，策划招商项目82个，积极组团参加“渝洽会”、“厦洽会”、“西博会”等展会活动30余次，达成签约项目125个，签订正式协议57个，协议引资213万元，实际利用县外资金41.7亿元；扶持重点出口企业，胶鞋、植物油实现自营出口，实现出口创汇60万美元，到位外资50万美元。主动承接国家扩大内需促进经济增长的各项政策措施，加强争资立项力度，向上申报各类项目167个，争取各类专项资金计划4.5亿元，高于全市平均水平。全面启动工业园区基础设施建设，标准化厂房已具备企业入驻条件，为招商引资搭建了一个良好的项目落地平台。建成了农资配送中心，中药材专业市场开工建设，滨江路成为渝东南第一条市级美食街。销售家电下乡类产品2.5万余台(部)，全县农家店、生活日用品店村社覆盖率达97%。建成9个边远乡镇金融服务网点，农村金融服务实现全覆盖。非公有制经济加快发展，新增个体工商户2104户、私营企业177户、外商投资企业13户。实施商标品牌战略，新申请注册商标57件，打造著名商标1件。

(六)加大投入力度，民生有所改善

加大民生投入，县财政在民生方面的支出占一般预算支出的56%，创历史新高。完成农村校舍改造3.9万平方米，彭水第一中学一期工程投入使用，职教中心新校区开工建设；小学入学率达99.9%，初中入学率达98.5%，初中生升入高中的比例为91.3%，高考上线率达66.9%。全县政策性生育率达89.8%，人口自然增长率为5.89‰，出生人口性别比为105.5，人口计生工作获全市“基层基础工作奖”和“统计信息奖”。新增城镇就业人员3300余人，指导帮助2600余名下岗失业人员和730名就业困难对象实现就业再就业，城镇登记失业率为3.68%。完成4800余名被征地农转非人员的身份确认及基金征缴工作，农村五保户供养金标准提高到每人每年2200元。完善城乡居民合作医疗保险制度，参保率达92.4%。城乡低保逐步规范，社会保险覆盖面不断扩大。深入开展环保“四大行动”，县城大气环境质量达标率达97.8%。开工建设廉租房3.1万平方米，完工7500平方米，城镇居民人均住宅面积达29.7平方米；消除农村茅草房工作全面启动，农民人均住宅面积达33.2平方米。

二、发展中存在的问题

经济增长方式单一，投资结构不尽合理，后续重大项目建设滞后，缺少可支撑未来发展的新兴产业；政策性增支因素多，非税收入比重大，可用财力不足，财政运行仍然艰难；城乡统筹难度比较大，实现全面、协调、可持续发展任重道远；“五个彭水”建设欠账比较多，特别是城市建设和城市管理任务繁重。

三、2010年发展目标

2010年彭水县经济社会发展的预期目标为：地区生产总值确保增长18%，力争增长20%；全社会固定资产投资达到78亿元，增长12%；地方财政收入达到6.5亿元，力争达到7亿元；社会消费品零售总额增长30%；农民人均纯收入达到4200元，增长20%；城镇居民人均可支配收入达到13700元，增长20%；城镇化率提高1.5个百分点；城镇登记失业率控制在4.5%以内。

(彭水县政府办公室　冯佑峰)

第八编
附　录

2009年重庆市经济大事记

1月

6日 我国西部最大的长途客运站——重庆龙头寺长途汽车站正式投入使用。

7日 全球最大的第三方认证、检测公司——瑞士通用公证集团分别与市电子所、市机电院联合设立化学实验室和材料实验室。

9日 重庆市首个引入国际“五星标准”理念的现代工业园在涪陵开建。

国内首款气电混合动力城市客车在渝研制成功。

重庆市牵头或参与完成的7项科技成果分别荣获2008年度国家科技进步一等奖、二等奖,技术发明二等奖。

15日 经国家科技部批准,国内首个轻合金特色产业基地正式落户重庆。

2009重庆西部国际农产品交易会在南坪重庆国际会议展览中心开幕。

国内最大照明灯具与光源电气企业——雷士照明集团在荣昌投资建设的生产线正式动工。

17日 全市援建崇州的42公里高等级快速通道正式开工。

18日 遂宁至重庆铁路增建二线项目(渝遂铁路二线)正式开工。

21日 世界500强企业——日本伊藤忠株式会社与市政府签订经贸合作战略框架协议,双方将在金融、地产、资源开发等六个领域展开合作。

2月

2日 国务院批准重庆等20个城市为中国服务外包示范城市,将实行一系列鼓励和支持措施,加快服务外包产业的发展。

4日 中西部首个保险业试验区落户重庆。

5日《国务院关于推进重庆市统筹城乡改革和发展的若干意见》出台。

9日 全市投资规模最大、涉及行业最广、合作层次最高的境外投资项目——“韩中国际产业园区”获韩国审批确认。

13日 京津沪渝四直辖市在上海订立知识产权2009年度项目合作框架协议。

21日“西部义乌”——温州商贸城项目在垫江县动工建设。

24日 重庆市长江两岸森林工程在涪陵区正式启动。

重庆市与美国亿泰证券集团签订备忘录,设立全市首个股权投资基金。

25日 北碚区获得全国首批国家可持续发展先进示范区。

科技部与市政府达成协议,将在重庆建设国内首个自主创新医疗器械科技产业基地。

26日 第五届海峡两岸信息产业技术标准论坛在重庆举行。

上海市对口支援三峡库区重点项目——重庆华伦精细化工年产6000吨CMC项目竣工投产。

西南证券正式在上海证券交易所挂牌上市。

3月

3日 世界500强企业——美国胜滕集团正式签约入驻大足。

8日 市政府与中国科学院签署深化市院合作共同推进重庆城乡统筹发展合作协议。

9日 市政府与中国工商银行签订授信金额达3000亿元的《金融战略合作协议》。

11日 国家安监总局与市政府签署“关于支持重庆建设安全保障型城市示范区备忘录”。

12日 教育部、国务院三峡办、湖北省政府和重庆市政府签署协议，决定共建三峡库区职业教育和技能培训试验区。

13日 国务院公布《物流业调整和振兴规划》,将重庆明确为西南物流区域中心城市和全国性物流节点城市。

14日 我国首个农村户用沼气CDM项目在开县正式启动。

17日 重庆粮食集团投资5亿元的全市最大的粮油物流中心在潼南凉风垭工业园区动工。

20日 全球四大仲裁机构之一——中国国际经济贸易仲裁委员会西南分会在我市成立，重庆将成为中国西部商事纠纷解决中心。

中国进出口银行与市轨道交通总公司签署转贷款协议,来自德国和日本共26.08亿元人民币的外国政府贷款用于我市轻轨建设。

国务院办公厅公布《钢铁产业调整和振兴规划》,重庆市重钢环保搬迁项目纳入规划当中。

23日 国家民航总局正式批复巫山机场场址设置方案,巫山机场位于巫山县金盆寺。

重庆市启动今年“提振工业经济特别专项资金”，首批8150万元补贴资金已投放全市76个工业项目。

重庆粮食集团与加拿大GCAN农业公司达成合作协议,共同在加拿大中南部兴建10万亩油菜籽种植基地。

30日 长寿长江大桥正式通车,标志着全市沿长江所有区县都拥有长江大桥。

4月

10日 重庆市58亿元地方债券在北京完成招标,成为国内第五个成功发行债券的省区市。

12日 中国建设银行股份有限公司与市政府签署战略合作备忘录,今后3年,建行向重庆意向提供2080亿元的融资支持。

16日 上汽依维柯红岩北部新区基地落成。

19日 中国农村经济论坛在我市举行。

20日 重庆金融中心在江北嘴奠基。

21日 市委、市政府召开“宜居重庆”建设动员大会,部署“宜居重庆”建设工作。

涪陵区与江苏攀华集团、浙江创展实业有限公司签署总投资额近40亿元的合作协议。

22日 交通部将重庆市确定为除北京外全国唯一的换乘枢纽试点城市。

23日 世界首个幽门螺杆菌疫苗在重庆市问世。

27日 中国惠普有限公司与重庆邮电大学共同组建的重庆邮电大学惠普软件学院正式成立。

29日 “世界第一拱”——重庆朝天门大桥正式通车。

5月

11日 西部首个中外合资股权投资基金——重庆亿泰股权投资基金管理公司正式成立。

中国华融资产管理公司与市政府签订全面战略合作协议,将优先为重庆市提供全方位、便捷的金融服务。

14日 重庆市举行“加工贸易及产业转移投资推介说明暨对接会”,东部沿海地区企业与我市巴南、璧山等区县签订13个投资项目,总额20亿元。

投资16亿元的厦门吉田国际物流产业园在万州开工。

16日 第十二届中国(重庆)国际投资暨全球采购会闭幕,共签约项目349个,投资总额1453亿元。

19日 重庆市举行银团贷款项目合作签约仪式,305亿元银团贷款将用于全市7个重大项目建设。

22日 西南地区首个生物质能发电企业——垫江高峰生物质能发电厂开工建设。

26日 中船重工海装风电设备有限公司生产的850千瓦风力发电机组在武隆风电场成功并网发电。

28日 首届“重庆·台湾周”在重庆市开幕，

共签订渝台经贸合作项目49个,项目总金额达383亿元。

31日 重庆市发展改革委召开新闻发布会,通报国务院批复我市统筹城乡综合配套改革试验总体方案情况。

6月

2日 重庆两路寸滩保税港区正式开工建设。

9日 中国民营企业西南峰会暨渝浙港经贸合作洽谈会开幕，共签订17个项目，总金额117.25亿元。

13日 重庆国企开放发展高层论坛举行签约仪式,签订项目35个,总金额1487亿元。

21日 首届中国西部旅游产业博览会在重庆市闭幕,会议期间签约金额593.39亿元。

26日 由中冶建工有限公司建设的西南地区最大钢结构制造基地一期工程，在巴南区花溪工业园正式投产。

重庆市循环经济重点支持项目——年产30万吨再生铝及30万吨铝硅合金项目在永川区港桥工业园区正式开建。

30日 总投资达165亿元的涪陵至丰都、丰都至石柱、南川至涪陵三条高速公路正式开工建设。

7月

6日 重庆利用世行8400万美元贷款统筹城乡发展与改革试点项目通过世行预评估。

国家发展改革委核准重庆轨道交通总公司借用西班牙政府450万欧元贷款项目资金申请报告。

7日 西南首条快速铁路——达成铁路全线通车,重庆至成都车程将缩短为2小时。

中国邮政储蓄银行重庆分行与市交委签订协议，每年将为重庆交通发展提供100亿元的资金支持。

9日 全国知名民营企业重庆行活动在我市举行签约仪式，签订项目69个，总投资金额619亿元。

10日 重庆大全新能源有限公司1800吨多晶硅扩建项目在万州正式投产。

17日 国家发展改革委正式确认重庆主城区“三基地四港区”物流布局规划。

26日 由浙江科华集团投资的年产300万吨新型干法回转窑水泥生产基地在万州建成。

28日 中国汽车工业协会授予璧山县“中国汽车(摩托车)零部件制造基地”称号,这是目前我国中西部地区唯一的国家级汽车(摩托车)零部件制造基地。

30日 总投资12亿元的西部首座汽车综合试验场——重庆长安汽车试验场在重庆动工。

8月

2日 渝西地区最大单线燃气管道工程——西永线通气。

3日 山东省对口支援重庆三峡库区项目签约仪式在山东举行,共签约8个项目,总投资3亿元。

4日 惠普(重庆)笔记本电脑出口制造基地项目在重庆举行签约仪式。

富士康(重庆)产业基地项目在重庆市举行签约仪式。

5日 辽宁省对口支援重庆市三峡库区项目签约仪式在辽宁举行,共签订5个项目,总投资近3亿元。

15日 西南最大金属材料市场——江苏攀华集团投资10亿元在江津双福建设的重庆攀华金属材料市场项目正式签约。

23日 由重庆市政府主办的“2009重庆名特产品西安展销会”在西安市落幕，共签订协议209个,总金额26.55亿元。

24日 全国最大的民营资本商业性担保机构——瀚华担保股份有限公司在重庆组建成立。

25日 重庆ABB江津涡轮增压系统公司扩容三倍，标志着重庆市成为ABB全球第二大生产基地。

27日 国内首例转基因有色丝绸品种在西

南大学研发成功。

27日 重庆科技馆建设项目通过竣工验收。

30日 国家发展改革委正式批复了重庆市南川金佛山水利工程项目建议书。这是全市继开县鲤鱼塘、大足玉滩水库之后由国家批准立项建设的第三座大型水库。

人民日报社重庆分社举行成立揭牌仪式。

9月

3日 由重庆市9家市属大型国有企业共同出资30亿元组建的重庆对外经贸(集团)有限公司正式挂牌成立，是全国地方规模最大的外经贸企业集团。

6日 重庆大剧院正式竣工并投入使用。

9日 第十一届中国科协年会在重庆市开幕。

重庆科技馆正式开馆。

国家商务部、工业和信息化部、科学技术部、教育部与重庆市在厦门签署《关于共建中国服务业外包示范城市的协议》。

10—13日 首届"2009重庆·宁波周"在重庆市举行,两市签约合作项目49个,协议总金额140亿元。

15日 重庆水泵厂有限责任公司成为国内首家获准制造核电站水压试验泵的企业。

16—22日 第二届渝南黔北区域合作经贸洽谈会在武隆顺利召开，共签约项 目17个,引资150亿元。

26日 渝怀铁路二线重庆北至涪陵段工程在渝北区洛碛镇动工。

27日 富士康科技集团重庆产业基地奠基。

28日 两路寸滩保税港区与市内外23家企业、9家金融机构以及部分周边地市和区县签订了招商引资暨战略合作协议。

29日 重庆市在人民大礼堂举行大会，隆重庆祝中华人民共和国成立60周年。

30日 总投资约30亿元的重庆嘉华大桥北桥头立交等17个项目建成并投入使用。

10月

16日 由重庆市政府参与主办的第十届西部博览会在成都开幕。

全市重点建设项目——重庆(合川)义乌小商品批发市场在合川区奠基，建成后将成为西南地区最大的小商品交易展示平台。

17日 世界最大的全断面隧道掘进机生产企业——美国罗宾斯公司正式落户永川凤凰湖工业区。

24日 重庆市中小企业融资签约仪式在国际会展中心举行,共签约23个融资项目,签约金额24亿元。

28日 2009年全国对口支援三峡工程重庆库区经贸洽谈会在万州开幕。

29日 由商务部和重庆市政府共同主办的"第二届国际服务贸易(重庆)高峰会暨首届重庆服务外包洽谈会"在 国际会展中心开幕。

吉利年产30万套自动变速箱项目签约仪式在希尔顿酒店举行，浙江吉利集团将投资8亿元,在铜梁建设自动变速箱生产线。

30日 国家发展改革委、财政部与包括重庆在内的7个省市政府签订协议，将7省市列为创业投资基金试点省市,并投入10亿元在试点省市设立20只新兴产业创投基金，其中包括2只在重庆市成立的基金。

31日 国内首创且具有自主知识产权的气电混合动力城市客车在重庆恒通客车有限公司下线。

11月

9日 重庆轻纺集团与合川区政府签署了重庆轻纺工业园建设协议,将投入30亿元在合川建设一个集纺织、印染、服装等完整产业链的轻纺基地。

12日 重庆外滩摩配大宗商品中远期电子交易所正式开业，这是我市首家大宗商品中远期电子交易所、全国首家汽摩配行业电子交易所,也是全国首家以工业制造品半成品、成品为交易品种的大宗商品中远期电子交易所。

13日 总投资约100亿元的正阳新材料循环产业项目正式在黔江动工。

15日 东方希望集团投资建设的蓬威石化年产90万吨PTA项目在涪陵龙桥工业园区顺利投产。

19日 重庆水泵厂有限责任公司联合中国核电工程有限公司研发的百万千瓦级压水堆核电站离心式上充泵样机，通过国家能源局、中国机械联合会组织的专家鉴定。

20日 我市在綦江勘出2.13亿吨大型煤矿。

23日 由我市牵头承担的三项高档数控机床与基础研究项目被列入国家科技重大专项计划。

25日 在2009年深圳第十一届中国国际高新技术成果交易会上，重庆长安公司混合动力乘用车、重庆大学复杂煤气层瓦斯抽采、重庆金山公司微系统医疗器械、第三军医大学多肽药物工程实验室、中电投远达公司燃煤烟气净化国家地方联合工程研究中心等5个创新平台获得国家发改委授牌，成为首批国家地方联合建设的工程实验室和工程研究中心。

12月

6日 中国首款纯电动汽车在长安汽车五工厂下线。

7日 重庆市与住房和城乡建设部签署《关于推进统筹城乡建设综合配套改革工作合作备忘录》。

10日 花旗银行重庆分行开业。

渝鄂交界的齐岳山隧道顺利贯通，标志着宜万铁路的159座隧道全部打通。

13日 由香港天溢果业投资兴建的西南最大柑橘加工项目一项在开县投产。

20日 渝湘高速公路武隆至黔江段通车。

21—22日 全市经济工作会议召开。

26日 全球服务器最大生产商和全球五大笔记本电脑代工商之一的英业达集团与我市签约,在渝建立其中国第二生产基地。

27日 重庆农畜产品交易所、重庆农村土地交易所、重庆联合产权交易所、重庆股份转让中心联袂入驻重庆交易大厦。

我市沿江高速公路主城至涪陵段开工。

29日 中国兵器装备集团公司与西永微电子产业园签署协议——兵装集团的摩托车总部正式落户西永微电子产业园。

中国工商银行首家全资村镇银行——璧山工银村镇银行正式开业，这也是西部最大的村镇银行。

年吞吐能力42万标箱的集装箱码头——寸滩二期工程正式投产使用。

2009年名优企业概览

2009年度重庆工业企业50强和重庆工业十强区县

一、2009年度重庆工业企业50强

1.重庆长安汽车股份有限公司
2.重庆市电力公司
3.重庆市能源投资集团公司
4.重庆烟草工业有限责任公司
5.重庆钢铁(集团)有限责任公司
6.重庆力帆控股有限公司
7.隆鑫工业有限公司
8.庆铃汽车(集团)有限公司
9.宗申产业集团有限公司
10.重庆小康汽车控股有限公司
11.重庆啤酒(集团)有限责任公司
12.重庆建设摩托车股份有限公司
13.中国嘉陵集团
14.华能重庆珞璜发电有限责任公司
15.重庆长安工业(集团)有限责任公司
16.重庆ABB变压器有限公司
17.格力电器(重庆)有限公司
18.重庆潍柴发动机厂
19.重庆国际复合材料有限公司
20.重庆齿轮箱有限责任公司
21.中国石化集团四川维尼纶厂
22.西南铝业(集团)有限责任公司
23.重庆宜化化工有限公司
24.太极集团有限公司
25.重庆市博赛矿业(集团)股份有限公司
26.重庆大江工业有限责任公司
27.重庆建峰工业集团有限公司
28.重庆康明斯发动机有限公司
29.重庆紫光化工股份有限公司
30.重庆美心(集团)有限公司
31.重庆川仪自动化股份有限公司
32.重庆红宇精密工业有限责任公司
33.中化重庆涪陵化工有限公司
34.重庆望江工业有限公司
35.重庆银翔摩托车(集团)有限公司
36.重庆机床(集团)有限责任公司
37.重庆青山工业有限责任公司
38.重庆顶益食品有限公司
39.綦江齿轮传动有限公司
40.重庆乌江实业(集团)有限公司
41. 中国石油化工股份有限公司润滑油重庆分公司
42.重庆鸽牌电线电缆有限公司
43.重庆耐德工业股份有限公司
44.双赢集团有限公司
45.重庆铁马工业集团有限公司
46.重庆顶津食品有限公司
47.重庆泰山电缆有限公司
48.重庆长安金陵汽车零部件有限公司
49.涪陵宏声实业(集团)有限责任公司
50.重庆金九控股集团有限公司

二、2009年度重庆工业十强区县

渝北区、九龙坡区、南岸区、沙坪坝区、涪陵区、江北区、江津区、巴南区、北碚区、万州区

三、2009年度重庆工业进步奖企业

重庆海尔洗衣机有限公司
李尔长安(重庆)汽车系统有限责任公司
重庆市涪陵娃哈哈饮料有限公司
重庆药友制药有限责任公司
重庆市天友乳业股份有限公司
重庆佳通轮胎有限公司
重庆市客车总厂
重庆赛力盟电机有限责任公司
重庆市亚东亚集团变压器有限公司
重庆长江轴承股份有限公司

四、2009年度重庆工业进步奖区县

永川区、璧山县、荣昌县、黔江区、綦江县

(资料来源于渝府发〔2010〕73号)

2008 ~2009 年度 重庆市中小企业发展综合考核获奖单位及民营企业五十强

一、重庆市中小企业发展综合考核获奖单位

一等奖(6 个)

渝北区、南岸区、江北区、江津区、万州区、黔江区

二等奖(15 个)

沙坪坝区、九龙坡区、合川区、北碚区、涪陵区、永川区、巴南区、长寿区、荣昌县、酉阳县、忠县、石柱县、开县、梁平县、垫江县

三等奖(14 个)

南川区、渝中区、铜梁县、綦江县、大足县、潼南县、璧山县、大渡口区、秀山县、丰都县、巫山县、云阳县、奉节县、巫溪县

二、重庆市民营企业五十强

宗申产业集团有限公司
重庆力帆控股有限公司
隆鑫控股有限公司
重庆龙湖企业拓展有限公司
重庆小康汽车控股有限公司
重庆科华控股(集团)股份有限公司
重庆市博赛矿业(集团)股份有限公司
重庆陶然居饮食文化(集团)有限公司
重庆金夫人实业有限公司
重庆小天鹅投资控股(集团)有限公司
重庆美心(集团)有限公司
重庆市迪马股份有限公司
重庆鸡冠石建设集团
重庆南方集团有限公司
广厦重庆第一建筑(集团)有限公司
重庆建安建设(集团)有限公司
重庆市涪陵娃哈哈饮料有限公司
重庆金九控股集团有限公司
重庆泽胜投资集团有限公司
重庆康德实业(集团)有限公司
民生能源(集团)股份有限公司
重庆渝江压铸有限公司
重庆雷士照明有限公司
重庆洋世达实业(集团)有限公司
重庆富皇水泥(集团)有限公司
重庆钰鑫实业集团有限责任公司
双赢集团有限公司
重庆市佛光旅游开发集团
重庆跨越(集团)股份有限公司
重庆龙煜精密铜管有限公司
重庆市祥瑞实业(集团)有限公司
天圣制药集团股份有限公司
重庆劲扬摩托车工业有限公司
重庆市黔龙实业(集团)有限责任公司
重庆一品建设集团有限公司
重庆光宇建设开发有限公司
东方鑫源控股有限公司
重庆银钢科技(集团)有限公司
重庆长安金陵汽车零部件有限公司
重庆江北化肥有限公司
北城致远集团有限公司
重庆志成机械股份有限公司
重庆银鸿铝业有限公司
重庆赛力盟电机有限责任公司
重庆星星套装门有限责任公司
重庆渝松建设有限公司
重庆欣光物业发展有限公司
重庆华强化肥有限公司
重庆市富丰水泥集团有限公司
重庆秋田齿轮有限责任公司

(资料来源于渝府发〔2010〕12 号)

2009 年度城市管理工作先进集体

北碚区、渝北区、巴南区、沙坪坝区、大渡口区、南岸区、江津区、万州区、南川区、永川区、涪陵区、长寿区、合川区、荣昌县、铜梁县、梁平县、璧山县、垫江县、綦江县、大足县、丰都县、开县、云阳县武隆县、石柱县、忠县等26个区县(自治县)荣获2009年度城市管理工作先进集体称号。

(资料来源于渝府发〔2010〕15号)

2009 年度重庆市城镇化工作先进单位名单

万州区、黔江区、北碚区、渝北区、巴南区、长寿区、江津区、合川区、永川区、綦江县、潼南县、铜梁县、大足县、荣昌县、璧山县、梁平县、丰都县、开县、云阳县、巫溪县、石柱县、酉阳县、市发展改革委、市财政局、市教委、市城乡建委、市交委、市农委、市人力社保局、市国土房管局、市水利局、市统计局、市旅游局、农行市分行荣获2009年度重庆市城镇化工作先进单位称号。

(资料来源于渝府发〔2010〕42号)

2009 年度重庆市发展开放型经济先进单位名单

(排名不分先后)

一、先进区县(开发区)(15个)

万州区、渝中区、江北区、沙坪坝区、九龙坡区、南岸区、渝北区、巴南区、长寿区、江津区、綦江县、荣昌县、忠县、酉阳县、北部新区

二、先进部门(10个)

市经济信息委、市外经贸委、市国土房管局、市国资委、市金融办、市国税局、重庆海关、重庆检验检疫局、武警重庆边防总队、国家外汇管理局重庆营管部

三、先进企业(60个)

(一)出口企业(30个)

力帆集团

隆鑫集团

宗申集团

重庆市汉斯·安海酉阳进出口有限公司

重庆国际复合材料有限公司

银翔集团

重庆渝安集团机电进出口有限公司

重庆诚信华荣新金属材料有限公司

百力通(重庆)发动机有限公司

西南铝业(集团)有限责任公司

重庆长航东风船舶工业公司

重庆鑫源摩托车股份有限公司

重庆天铸行进出口贸易有限公司

嘉陵集团对外贸易发展有限公司

重庆长安汽车国际销售服务有限公司

重庆凯联进出口贸易有限公司

重庆展新国际经贸有限公司

西南合成制药股份有限公司
重庆安特进出口贸易有限公司
重庆嘉策实业有限公司
建设集团
重庆市中基进出口有限公司
重庆博腾精细化工有限公司
重庆神驰进出口贸易有限公司
重庆环松工业(集团)有限公司
重庆普乐菲进出口有限公司
重庆安第斯机电贸易有限公司
重庆科勒银翔有限公司
重庆川东船舶重工有限公司
重庆国际贸易中心
(二)外商投资企业(10个)
长安福特马自达汽车有限公司
庆铃汽车股份有限公司
重庆 ABB 变压器有限公司
重庆康明斯发动机有限公司
重庆长安铃木汽车有限公司
重庆国虹科技发展有限公司
重庆川仪自动化股份有限公司
重庆长安民生物流股份有限公司
力帆实业(集团)股份有限公司
和记实业(重庆)有限公司
(三)对外经济技术合作企业(10个)
重庆天龙房地产开发有限公司
重庆博赛矿业(集团)股份有限公司
重庆宗申高速艇开发有限公司
重庆力帆实业(集团)进出口有限公司
重庆东本工业有限责任公司
重庆对外经贸(集团)有限公司外建公司
重庆对外经贸(集团)有限公司国际公司
中冶赛迪工程技术股份有限公司
机械工业第三设计研究院
重庆华绣劳务有限公司
(四)口岸物流企业(5个)
重庆港务物流集团有限公司
中国国际航空公司重庆分公司
重庆机场集团有限公司
重庆中远国际货运有限公司
重庆轮船(集团)有限公司
(五)服务贸易企业(5个)
重庆南华中天信息技术有限公司
软岛科技(重庆)有限公司
重庆出版集团
重庆享弘数字影视有限公司
重庆环球数码动画有限公司

(资料来源于渝府发〔2010〕18号)

2009年度市级特色工业园区先进单位及先进个人名单

一、先进单位

(一)十强园区

九龙工业园区、茶园工业园区、空港工业园区、建桥工业园区、江津工业园区、晏家工业园区、花溪工业园区、同兴工业园区、港城工业园区、万州工业园区

(二)“一圈”优秀园区

西彭工业园区、璧山工业园区、涪陵工业园区

(三)渝东北优秀园区

开县工业园区、垫江工业园区、忠县工业园区

(四)渝东南优秀园区

石柱工业园区、酉阳工业园区

(五)发展速度优秀园区

合川工业园区、云阳工业园区

(六)招商引资优秀园区

重庆西永微电园、正阳工业园区、涪陵工业园区、永川工业园区

(七)土地集约利用优秀园区

重庆(长寿)化工园区、西彭工业园区

二、先进个人(排名不分先后)

石继东 九龙坡区人民政府
刘云军 九龙工业园区
周恒丰 空港工业园区
曾德明 空港工业园区
李　胜 茶园工业园区
谭　亮 茶园工业园区
漆晓强 江津工业园区
王德琪 江津工业园区
肖庆华 长寿区人民政府
冉　洪 晏家工业园区
柯真碧 璧山工业园区
吴发仁 璧山工业园区
刘荣明 花溪工业园区
卢黎明 花溪工业园区
袁光灿 大渡口区人民政府
杨春畅 建桥工业园区
文苏玲 港城工业园区
高正中 港城工业园区
裴　健 西彭工业园区
黄荣国 西彭工业园区
刘才祥 永川工业园区
唐忠茂 永川工业园区
陈维碌 涪陵工业园区
熊　伟 涪陵工业园区
李　皓 同兴工业园区
王　健 同兴工业园区
敖　斌 中共铜梁县委
罗德成 荣昌工业园区
王　捷 沙坪坝工业园区
尹光宗 大足工业园区
黄光强 双桥工业园区
耿世奇 合川工业园区
曾祥义 合川工业园区
杨述兵 潼南工业园区
熊基伟 万盛工业园区
黄　明 万州工业园区
万小莉 万州工业园区
张隆祥 开县工业园区
王　平 开县工业园区
陶　平 垫江工业园区
谭大江 垫江工业园区
张建华 丰都工业园区
张永红 梁平工业园区
谭兴林 云阳工业园区
金久松 云阳工业园区
唐　勇 正阳工业园区
樊统禄 正阳工业园区
倪　谦 武隆工业园区
周卫平 重庆(长寿)化工园区
王远波 重庆(长寿)化工园区
崔树荃 重庆西永微电园
周黎明 重庆西永微电园
唐圣彬 綦江工业园区
吕　红 南川工业园区
黄宗林 巫山工业园区
谭顶国 奉节工业园区
张达清 彭水工业园区
龙珍林 秀山工业园区
陈晓敏 忠县工业园区
成鸿羽 忠县工业园区
曹邦兴 中共石柱县委
冉孟于 石柱工业园区
吴　华 白涛工业园区
邓永春 巫溪工业园区
林久福 酉阳工业园区
白红兵 酉阳工业园区
李元华 城口工业园区

(资料来源于渝办发〔2010〕14号)

2009年度全市就业再就业工作目标考核优异区县(自治县)及先进集体和先进个人

一、2009年度重庆市就业再就业目标考核优异区县(自治县)名单

(一)一等奖(10个)

沙坪坝区 江北区 万州区 开县 渝中区 北碚区

永川区 九龙坡区 长寿区 南岸区

(二)二等奖(10个)

渝北区 巴南区 丰都县 涪陵区 南川区 荣昌县

铜梁县 彭水县 奉节县 黔江区

(三)三等奖(10个)

江津区 璧山县 忠县 双桥区 巫山县 大渡口区 梁平县 云阳县 垫江县 秀山县

二、2009年度重庆市就业再就业工作先进集体和先进个人名单

(一)先进集体(60个)

1.就业再就业工作先进集体(10个)

万州区就业服务管理局

江北区国税局

市财政局社保处

永川区职业介绍服务中心

市总工会困难职工帮扶中心

大渡口区妇联

万盛区最低生活保障中心

奉节县劳动和社会保障局

重庆农商行开县支行

彭水县就业再就业办公室

2.优秀街道(镇乡)社会保障工作平台(20个)

万州区天城镇社会保障服务所

黔江区城西街道社会保障服务所

涪陵区龙潭镇社会保障服务所

渝中区朝天门街道社会保障服务所

大渡口区跃进村街道社会保障服务所

江北区观音桥街道社会保障服务所

沙坪坝区土湾街道社会保障服务所

南岸区铜元局街道社会保障服务所

北碚区施家梁镇社会保障服务所

渝北区龙溪街道社会保障服务所

江津区珞璜镇社会保障服务所

合川区钱塘江镇社会保障服务所

潼南县梓潼街道社会保障服务所

大足县龙岗街道社会保障服务所

铜梁县东城街道社会保障服务所

荣昌县广顺街道社会保障服务所

忠县新立镇社会保障服务所

石柱县南滨镇社会保障服务所

酉阳县后溪镇社会保障服务所

北部新区大竹林街道社会保障服务所

3.优秀充分就业社区(20个)

黔江区城东街道石城社区居委会

涪陵区敦仁街道桅杆堡社区居委会

渝中区望龙门街道白象街社区居委会

大渡口区九宫庙街道庹家坳社区居委会

江北区五里店街道红土地社区居委会

沙坪坝区渝碚路沙杨路社区居委会

九龙坡区杨家坪街道新胜村社区居委会

南岸区南山街道文峰新街社区居委会

北碚区朝阳街道新房子社区居委会

渝北区古路镇王家街道社区居委会

巴南区木洞镇一社区居委会

永川区胜利路街道萱花路社区居委会

綦江县古南街道百步梯社区居委会

丰都县三合镇东路社区居委会

垫江县桂溪镇文毕社区居委会

云阳县青龙街道滨江社区居委会

奉节县永安镇朝阳社区居委会

巫溪县城厢镇人民社区居委会

彭水县汉葭镇渔塘社区居委会

北部新区渝州路街道六店子社区居委会

4. 就业再就业优秀企业(10个)

重庆农村商业银行

重庆小天鹅投资控股(集团)有限公司

重庆顶益食品有限公司

重庆建工集团有限责任公司

重庆骑龙饮食文化有限责任公司

重庆奥顺特机械制造有限公司

重庆天原化工有限公司

重庆晨龙精密计时有限公司

重庆云河控股集团有限公司

重庆医药黔江医药有限公司

(二)先进个人(20名)

1. 就业再就业工作先进个人(10名)

钱　程　涪陵区荔枝街道社会保障服务所所长

巴　华(女)　九龙坡区地税局副主任科员

于自强　江北区就业服务管理局局长

张巧玲(女)北部新区石桥铺街道石杨二社区居委会委员

张　觅　团市委副主任科员

贺长秋　荣昌县人力社保局局长

罗嗣宏　重庆钢铁集团人力资源处处长

范晓龙　巫山县就业再就业办公室主任科员

艾春兰(女)永川区财政局科长

袁孝东　江津区白沙镇政府副镇长

2. 创业明星(10名)

刘光奇　重庆东奇机械配件有限公司董事长

袁魏林　重庆兰伯特科技发展有限公司董事长

李郁英(女)潼南县炫吉中绸有限公司董事长

王志明　重庆柳川电子科技有限公司总经理

朱兴德　重庆科本科技公司总经理

冉茂峦　重庆市酉州复合肥厂厂长

李开平　重庆市鹏宇五金制品有限责任公司董事长

林英明　城口盛丰土产有限公司总经理

段　炼　云阳浩瀚电子厂厂长

李奇蔚(女)大足县通达铁路车辆配件制造有限公司董事长

(资料来源于渝办发〔2010〕123号)

2009年重庆市国民经济和社会发展统计公报

2009年,全市人民在市委、市政府的坚强领导下,坚持以邓小平理论和"三个代表"重要思想为指导,深入贯彻落实科学发展观,坚决执行中央扩内需、促增长的一系列政策措施,全面落实"314"总体部署和国发〔2009〕3号文件[1],着力推进统筹城乡改革、内陆开放高地和"五个重庆"[2]建设,同心同德,奋起应对,国民经济加快回升、持续向好,各项社会事业全面进步。

一、综合

初步核算,全年实现地区生产总值6528.72亿元,比上年增长14.9%。其中,第一产业实现增加值606.80亿元,增长5.5%;第二产业实现增加值3447.48亿元,增长17.8%;第三产业实现增加值2474.44亿元,增长13.3%。第一产业增加值占全市生产总值的比重为9.3%,比上年下降0.6个百分点;第二产业增加值比重为52.8%,与上年持平;第三产业增加值比重为37.9%,上升0.6个百分点。按常住人口计算,全市人均地区生产总值22916元,比上年增长14.1%。

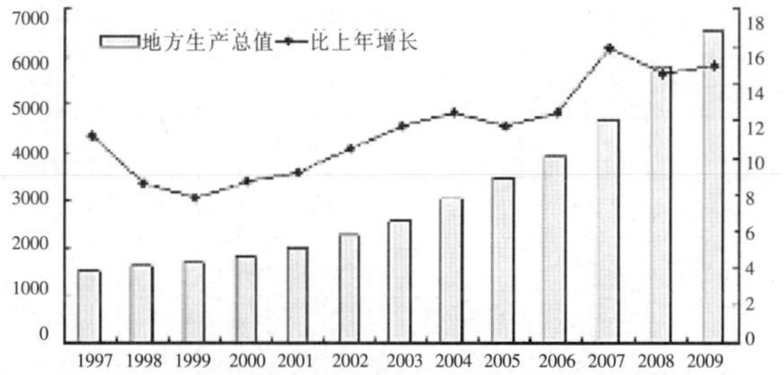

图一 直辖以来全市生产总值及其增长速度 单位:亿元、%

分区域看,一小时经济圈[3]完成地区生产总值5076.48亿元,比上年增长14.2%,占全市生产总值的77.8%;渝东北翼完成1096.07亿元,增长18.8%,占全市的16.8%;渝东南翼完成356.17亿元,增长14.7%,占全市的5.4%;"两翼"所占比重较上年下降0.1个百分点。

城市居民消费价格总水平[4]比上年下降1.6%,其中食品价格持平。主要食品价格中,猪肉下降23.6%、油脂下降19.1%、大米上涨8.4%、蛋类下降1.2%。工业品出厂价格下降4.5%,原材料、燃料、动力购进价格下降5.0%。

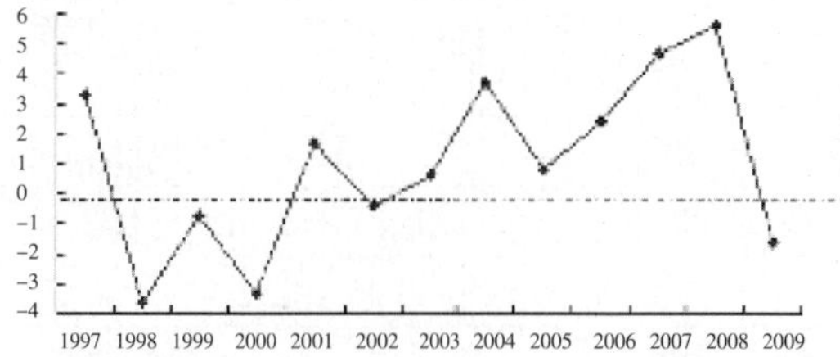

图二 直辖以来城市居民消费价格涨跌幅度 单位:%

表1 2009年城市居民消费价格涨跌幅度

指标	比上年±%
居民消费价格总水平	-1.6
食品	持平
烟酒及用品	1.6
衣着	-5.3
家庭设备用品及服务	-2.8
医疗保健及个人用品	-0.6
交通和通信	-1.8
娱乐教育文化用品及服务	-1.5
居住	-4.1

年末全市就业人员1668.83万人。其中,第一产业就业733.68万人,比上年减少1.8%;第二产业就业355.69万人,增长5.0%;第三产业就业579.46万人,增长3.4%。城镇新增就业人员28.13万人,农村富余劳动力新增转移就业36.70万人。17.61万下岗、失业人员实现就业再就业。年末城镇登记失业率3.96%,与上年持平。

二、农业

全年农林牧渔业增加值606.80亿元，比上年增长5.5%。其中，种植业390.50亿元，增长5.6%；畜牧业164.00亿元，增长4.9%；林业24.59亿元，增长5.4%。

全年粮食播种面积3344.24万亩，比上年增长0.6%，粮食平均亩产340公斤。油料播种面积355.54万亩，增长10.0%。蔬菜播种面积828.35万亩，增长14.7%。

全年粮食总产量1137.20万吨，比上年减产1.4%。蔬菜产量1177.45万吨，增长18.4%。肉类总产量187.72万吨，增长5.7%。

表2 2009年主要农产品产量

产品名称	产量	比上年±%
粮食（万吨）	1137.20	-1.4
蔬菜（万吨）	1177.45	18.4
油料（万吨）	40.54	13.4
禽蛋（万吨）	35.97	8.6
牛奶（万吨）	7.94	2.0
生猪出栏数（万头）	2003.11	5.5
牛出栏数（万头）	46.94	14.4
羊出栏数（万只）	166.55	11.3
肉类总产量（万吨）	187.72	5.7
猪肉（万吨）	146.52	4.2

三、工业和建筑业

全年工业增加值2917.40亿元，比上年增长17.2%，占全市生产总值的44.7%。

从支柱产业看，汽车摩托车行业总产值2223.79亿元，增长21.3%，占规模以上工业总产

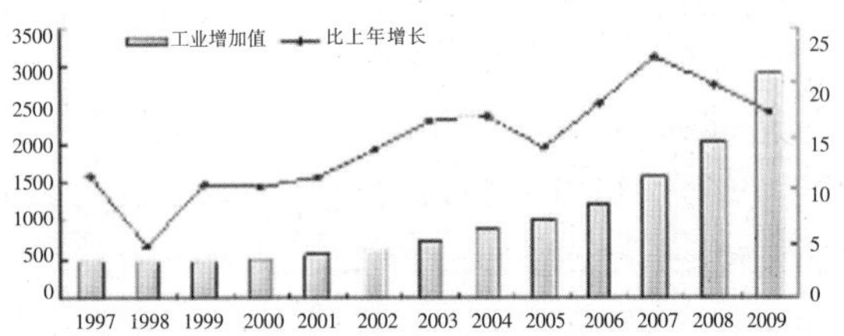

图三 直辖以来工业增加值及其增长速度

单位：亿元、%

表3 2009年规模以上工业总产值(亿元)

指标	绝对额	比上年±%
工业总产值	6706.96	15.2
大中型企业	4745.87	14.0
国有控股	2679.66	9.9
按轻重工业分		
轻工业	2043.74	11.5
重工业	4663.22	16.9
按登记注册类型分		
国有	290.58	11.9
集体	92.09	41.3
股份合作制	11.69	20.2
股份制	4587.48	14.0
外商及港澳台	1317.52	15.8
其他	407.61	25.2

值的33.2%；装备制造业总产值1091.14亿元，增长18.0%，占规模以上工业总产值的16.3%。

表4 2009年规模以上工业主要产品产量

产品名称	产　量	比上年±%
原煤（万吨）	4290.79	18.5
钢材（万吨）	477.44	6.3
铝材（万吨）	75.15	-0.2
水泥（万吨）	3610.99	13.6
农用化肥（万吨）	152.00	12.3
维伦纤维（吨）	12285.00	-16.3
汽车（万辆）	118.65	59.8
轿车（万辆）	63.30	46.7
摩托车（万辆）	761.74	3.1
卷烟（亿支）	476.00	5.5
啤酒（万千升）	72.77	7.3
冰醋酸（万吨）	26.07	-20.0

全年规模以上工业经济效益综合指数达到206.4%，比上年提高9.6个百分点；实现利税总额623.71亿元，增长15.9%；实现利润323.14亿元，增长16.4%；总资产贡献率10.9%，下降0.4个百分点；产品销售率97.8%，提高0.6个百分点；全员劳动生产率167693元/人年，增长12.3%。

全年建筑业增加值530.08亿元，比上年增长21.2%。全市具有资质等级的总承包和专业承包建筑企业实现利润110.12亿元，增长23.5%；上缴税金85.03亿元，增长34.5%。

四、固定资产投资

全年全社会固定资产投资5317.92亿元，比上年增长31.5%。其中，基础设施建设投资1542.57亿元，增长28.3%；城镇投资4958.74亿元，增长31.1%；农村投资359.18亿元，增长36.2%。

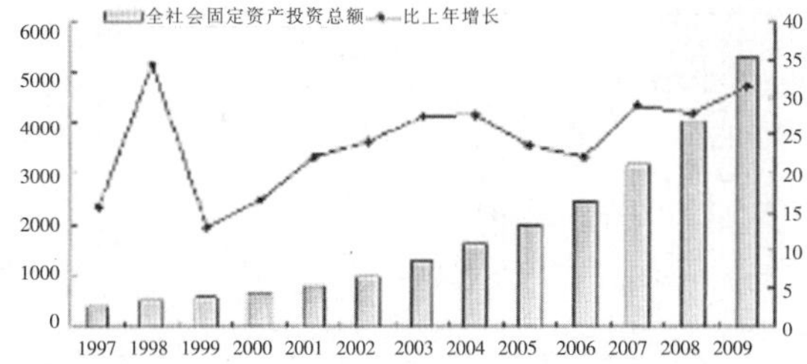

图四 直辖以来全社会固定资产投资总额及其增长速度 单位：亿元、%

分区域看，一小时经济圈完成3974.92亿元，比上年增长29.4%；渝东北翼完成938.03亿元，增长39.6%；渝东南翼完成404.97亿元，增长33.7%。

分产业看，第一产业投资199.11亿元，比上年增长123.5%。第二产业投资1891.45亿元，增长31.6%。其中，工业投资1793.07亿元，增长30.2%，占全社会固定资产投资总量的33.7%；第三产业投资3227.36亿元，增长28.1%。其中，房地产开发投资1238.91亿元，增长25.0%。

全市重点项目完成投资1620.09亿元，占全社会固定资产投资的30.5%。其中，政府主导类投资1139.49亿元，市场主导类投资480.60亿元，分别占重点项目投资的70.3%和29.7%。

五、国内贸易

全年批发和零售业增加值524.36亿元，比上年增长19.9%，占全市生产总值的8.0%；住宿和餐饮业增加值132.88亿元，增长15.6%，占全市生产总值的2.0%。

全年社会消费品零售总额2479.01亿元，比上年增长18.6%，扣除价格因素，实际增长21.9%。分城乡看，市实现社会消费品零售额1521.13亿元，增长18.7%；县实现社会消费品零售额331.82亿元，增长18.4%；县以下实现社会消费品零售额626.06亿元，增长18.5%。分行业看，批发零售贸易业零售额2048.96亿元，增长18.3%；住宿和餐饮业零售额381.27亿元，增长21.9%；其他行业零售额48.78亿元，增长8.9%。

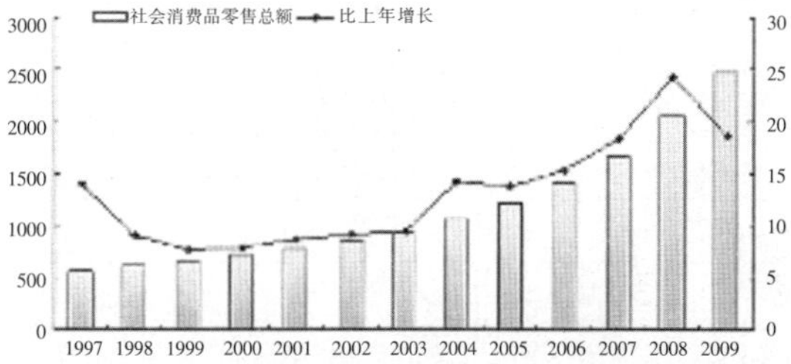

图五 直辖以来社会消费品零售总额及其增长速度 单位：亿元、%

在限额以上批发零售业零售额中，食品、饮料、烟酒类比上年增长28.3%，服装鞋帽、针、纺织品类增长23.5%，家用电器和音像器材类增长25.5%，通讯器材类增长22.7%，石油及制品类增长21.5%，建筑及装潢材料类增长37.0%，汽车类增长45.3%，家具类增长67.5%，中西药品类增长30.3%，文化办公用品类增长30.0%，机电产品及设备类增长36.2%。

六、对外开放

全年进出口总额77.09亿美元，比上年下降19.0%。其中，出口42.80亿美元，下降25.2%；进口34.29亿美元，下降9.8%。机电产品出口

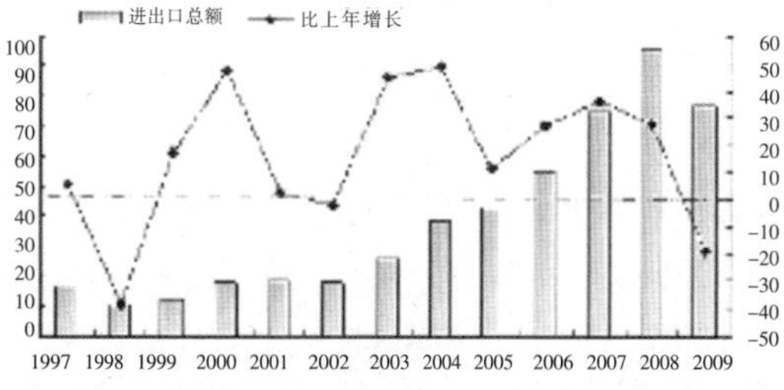

图六 直辖以来进出口总额及其增长速度 单位：亿美元、%

29.33 亿美元，下降 26.7%，占出口总额的 68.5%。

全年实际利用外商直接投资金额 40.16 亿美元，增长 47.2%。分行业看，工业实际利用外资 14.33 亿美元，增长 64.9%；房地产实际利用外资 14.44 亿美元，下降 14.3%；金融实际利用外资 2.49 亿元，增长 12.4 倍。全年实际利用内资 1468.02 亿元，增长 74.2%。

表 5 2009 年进出口总额(万美元)

指标	绝对数	比上年±%
进出口总额	770859	-19.0
出口额	428008	-25.2
一般贸易	364269	-28.7
机电产品	293328	-26.7
高新技术产品	17719	-23.0
国有企业	91661	-35.8
外资企业	79950	-16.6
私营企业	231856	-21.8
进口额	342851	-9.8
一般贸易	312171	2.2
机电产品	193038	-20.2
高新技术产品	43111	-16.7
国有企业	85632	4.6
外资企业	215096	-20.0
私营企业	39274	74.2

全年对外承包工程、劳务、设计咨询合同额 10.45 亿美元，比上年增长 20.9%；完成营业额 3.69 亿美元，增长 20.3%。新派劳务人员 9942 人，年末在外劳务人员 20575 人。

七、交通、邮电和旅游

全年交通运输、仓储和邮政业增加值 347.98 亿元，比上年增长 3.3%，占全市生产总值的 5.3%。公路通车里程累计达到 11.09 万公里，其中高速公路 1577 公里。全市行政村公路通达率为 96.2%，比上年提高 10.5 个百分点，行政村公路通畅率为 51.7%，提高 12.8 个百分点。全年主要运输方式完成货物运输量 68491.06 万吨，比上年增长 7.6%；完成旅客运输量 114597.91 万人次，增长 6.9%。

表 6 2009 年主要运输方式完成运输量

指　标	绝对数	比上年±%
货物运输量（万吨）	68491.06	7.6
铁路	2181.60	4.6
公路	58532.00	7.2
水运	7771.34	11.5
航空	6.12	18.4
旅客运输量(万人/次)	114597.91	6.9
铁路	2602.90	5.3
公路	110150.00	7.3
水运	1226.38	-22.3
航空	618.63	34.2

全年内河港口完成货物吞吐量 8611.62 万吨，比上年增长 9.1%。空港完成旅客吞吐量 1424.61 万人次，增长 26.5%；空港完成货物吞吐量 18.74 万吨，增长 16.5%。集装箱吞吐量 57.57 万标箱，下降 2.8%。

年末全市民用机动车保有量达到 203.70 万辆，比上年增长 25.1%。其中，私人汽车保有量 57.63 万辆，增长 33.2%；私人轿车保有量 29.30 万辆，增长 37.9%。全年新注册汽车 20.59 万辆，增长 26.6%；其中，新注册轿车 10.42 万辆，增长 54.6%。

全年完成邮电业务总量 488.04 亿元，比上年增长 14.6%。其中，邮政业务总量 24.44 亿元，增长 26.0%；电信业务总量 463.60 亿元，增长 14.0%。年末固定电话用户 627.70 万户，比上年下降 8.8%；年末移动电话用户 1440.90 万户，比上年增长 12.4%。电话普及率 72.40 部/百人，提高 3.0 部/百人。互联网用户 203.80 万户，增长 7.5%。

全年接待游客 1.23 亿人次，比上年增长 21.9%；实现旅游总收入 703.23 亿元，增长 25.2%。其中，入境游客 104.80 万人次，旅游外汇收入 5.37 亿美元，分别增长 20.2%和 20.0%；国内游客 1.22 亿人次，国内旅游收入 666.34 亿元，分别增长 21.9%和 25.7%。全年公民出国(境)旅游人数 35 万人次，比上年增长 18.6%。

八、财政、金融

全年地方一般预算收入681.83亿元，增长18.1%。一般预算收入中，增值税、营业税、企业所得税、个人所得税、城市维护建设税等主要税种分别增长7.0%、27.9%、18.4%、19.2%和15.3%。

全年地方一般预算支出1317.46亿元，增长29.7%。教育、社会保障和就业、医疗卫生、城乡社区事务、农林水事务分别支出194.48亿元、228.74亿元、76.82亿元、177.59亿元和125.40亿元，增长26.7%、32.8%、48.8%、42.5%和63.4%。一般公共服务支出158.97亿元，增长14.3%。

全年金融业增加值389.97亿元，比上年增长31.2%，占全市生产总值的6.0%。全市中资银行市级分行23家，外资银行分行8家，租赁公司2家，担保公司126家，小额贷款公司71家，村镇银行1家。年末全市金融机构本外币存款余额11084.82亿元，比年初增长36.9%。城乡居民储蓄存款余额4908.68亿元，增长23.1%。本外币贷款余额8856.56亿元，增长41.7%。其中，个人消费贷款余额1475.29亿元，增长48.9%。

表7 2009年年末金融机构存贷款余额(亿元)

指　标	年末数	比年初±%
本外币存款余额	11084.82	36.9
人民币存款余额	10933.00	36.3
企业存款	3770.43	58.9
城乡居民储蓄存款	4908.68	23.1
本外币贷款余额	8856.56	41.7
人民币贷款余额	8766.06	41.6
短期贷款	1499.85	9.0
中长期贷款	6563.63	53.7
个人消费贷款	1475.29	48.9

全市证券经营机构82家，其中证券公司总部1家。境内上市公司31家，总股本153.01亿股，比上年增长16.7%；股票总市值1900.07亿元，增长2.12倍。境内上市公司通过发行配售股票共筹集资金17.56亿元，增长37.9%。

全市营业性保险分公司33家，保险法人机构3家，保险区域总部8家，保险从业人员7.48万人，比上年增长28.3%。保费总收入244.70亿元，增长22.0%。其中，财产险保费收入47.06亿元，增长24.6%；健康险和人身意外伤害险保费收入16.05亿元，增长15.9%；寿险保费收入181.60亿元，增长21.9%。全年赔付各类保险金56.63亿元，比上年增长24.1%。其中，财产险赔付28.88亿元，增长27.8%；健康险和人身意外伤害险赔付7.27亿元，增长23.0%；寿险给付20.48亿元，增长19.6%。

九、城市建设

全年新建、改造城市道路380公里，新建桥梁12座。新建供水管道120公里。新增综合供水能力5.0万吨/日；新增污水处理能力4.0万立方米/日。新增园林绿地5083万平方米。建成城镇广场95.7万平方米。

全年商品房施工面积13052.60万平方米，比上年增长12.1%；竣工面积2907.05万平方米，增长22.8%。商品房销售面积4002.89万平方米，比上年增长39.4%；销售额1377.76亿元，增长72.2%，其中，住宅销售额1231.71亿元，增长74.8%。

全年拆迁改造主城区危旧房447.69万平方米，工矿棚户区70.25万平方米。建成廉租房88万平方米。农村危旧房改造4.1万户，建成巴渝新居3.7万户。

十、教育和科学技术

全市高等教育学校60所，中等职业学校271所，普通中学1304所，小学7096所。研究生招生1.42万人，在校3.91万人，毕业0.98万人；普通高校本专科招生15.22万人，在校48.42万人，毕业11.45万人；中等职业学校招生19.09万人，在校55.05万人，毕业14.93万人；普通中学招生66.09万人，在校192.02万人，毕业56.89万人；小学招生32.13万人，在校208.14万人，毕业43.1万人；特殊教育招生0.20万人，在校1.32

万人；职业技术培训机构 4401 所，职业技术培训结业生 182.07 万人次。学龄儿童入学率达 99.93%，普通初中入学率 98.83%，大学毛入学率 27.0%。

全年研究与试验发展（R&D）经费支出 79.00 亿元，比上年增长 30.0%，占全市生产总值的 1.21%。市级及以上重点实验室 32 个，其中国家重点实验室 4 个；工程技术研究中心 70 个，其中国家级中心 9 个。13 项科技成果获国家科学技术奖励。全年受理专利申请 13482 件，增长 62.0%，获得专利授权 7501 件，增长 55.6%，其中发明专利授权 834 件，增长 56.8%。新增高新技术企业 117 家，新增高新技术产品 501 个；高技术制造业总产值 712.47 亿元，软件业总产值 102.55 亿元。技术合同成交金额 45.60 亿元，下降 36.4%。全市中国驰名商标 33 件，增长 43.5%；著名商标 472 件，增长 33.0%。

十一、文化、卫生和体育

全市博物馆 37 个，档案馆 46 个，文化馆 40 个，艺术表演团体 160 个。公共图书馆 43 个。出版发行报纸 59900 万份，各类期刊 7266 万册，图书 12731 万册（张）。有线电视用户 454.64 万户，其中数字电视用户 131.34 万户，电视综合人口覆盖率达到 96.46%。乡镇综合文化站 854 个。

年末卫生机构 2425 个，其中，医院、卫生院 1404 个，妇幼保健院（所、站）41 个，专科疾病防治院（所、站）15 个，疾病预防控制中心 43 个，卫生监督机构 42 个。医院和卫生院床位 8.70 万张，其中乡镇卫生院床位 2.76 万张。卫生技术人员 9.72 万人，其中，执业医师和执业助理医师 4.19 万人，注册护士 3.18 万人，乡镇卫生技术人员 2.37 万人。社区卫生服务中心 82 个。

全市体育人口 1251 万人，占常住人口的 43.8%。全年获国家级比赛金牌 6 枚，获世界级金牌 4 枚。新建中小学塑胶运动场 329 片，人均体育场地面积 0.8 平方米。国民体质抽样合格率 87.3%。

十二、人口、人民生活和社会保障

年末全市常住人口[5]2859.00 万人，比上年增加 20 万人。其中，城镇人口 1474.92 万人，增加 55.83 万人。城镇化率 51.59%，比上年提高 1.60 个百分点。人口出生率为 9.9%，比上年下降 0.2%；死亡率为 6.2%，下降 0.1%；自然增长率为 3.7%，下降 0.1%。全市常住人口性别比（以女性为 100，男性对女性的比例）102.3，出生婴儿性别比 112.3，比上年下降 0.7 个百分点。

全市城镇经济单位职工人数为 231.82 万人，平均工资[6]30963 元，比上年增加 3978 元，增长 14.7%。城镇居民人均家庭总收入 16990 元，增长 11.6%，其中人均可支配收入[7]15749 元，增长 9.6%，扣除物价因素实际增长 11.4%。总收入中，人均工资性收入 11824 元，增长 7.9%；人均经营净收入 1019 元，增长 29.2%；人均财产性收入 254 元，增长 23.3%；人均转移性收入 3894 元，增长 19.2%。城镇人均消费支出 12144 元，增长 8.9%，扣除物价因素实际增长 10.7%。城镇居民恩格尔系数[8]37.7%。城镇居民人均住房建筑面积 31.42 平方米，比上年增加 1.74 平方米。

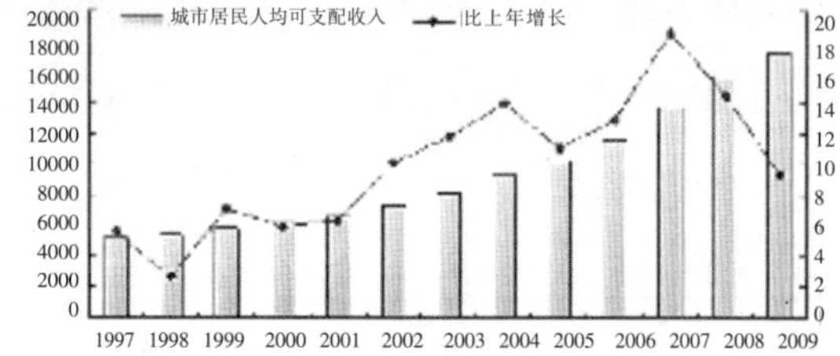

图七 直辖以来城市居民人均可支配收入及其增长速度 单位：元、%

全年农村居民人均纯收入[9]4621 元，增长 12%。其中，人均工资性收入 1998 元，增长 13.2%；人均家庭经营收入 2173 元，增长 7.8%；人均转移性收入 384 元，增长 30.5%。人均生活消费支出 3142 元，增长 8.9%；其中，衣着、居住、交通通讯、家庭设备用品、医疗保健等消费分别增长 23.9%、23.5%、9.2%、24.8%和 23.1%。农村居民恩格尔系数 49.1%。农村居民人均住房面积 35.7 平方米，比上年增加 0.7 平方米。

城乡居民收入比从上年的3.48∶1调整为3.41∶1。

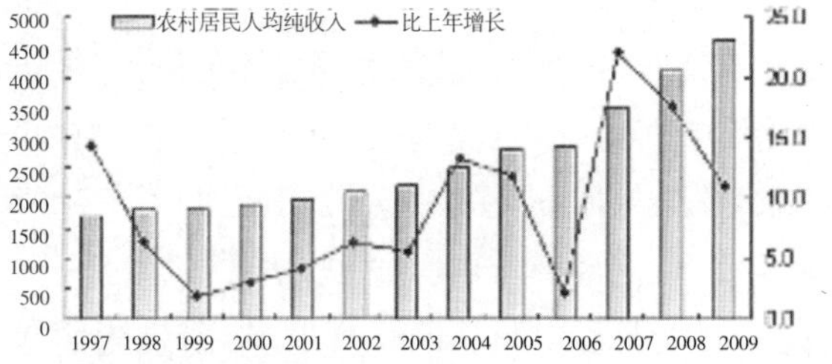

图八 直辖以来农村居民人均纯收入及其增长速度 单位:元、%

全市参加基本养老保险574.68万人，比上年增长31.9%。其中,城镇职工520.25万人,农民工39.85万人,机关事业单位职工14.58万人。参加基本医疗保险362.46万人,增长11.1%。参加失业保险219.91万人,增长2.8%。参加城乡居民养老保险268万人。全年70.14万城镇居民得到政府最低生活保障，比上年下降10.6%,财政性资金支出14.46亿元;116.63万农村居民得到政府最低生活保障,增长49.5%,财政性资金支出6.90亿元。

十三、移民与扶贫

全年完成库区移民安置1.29万人，截至2009年底库区累计搬迁移民113.80万人。还建各类移民安置房屋41.96万平方米。引进对口支援经济合作项目122个,资金106亿元。库区移民技能培训49212人。市外输出移民劳务工16467人。全年完成移民投资34.7亿元。

全年贫困人口[10]减少20.1万人。全年安排财政性扶贫资金9.34亿元,新建和改造乡村道路5140公里,异地扶贫搬迁8571户,退耕还林生态移民搬迁7673户。20.6万人解决了饮水困难。

十四、资源、环境和安全生产

年末耕地面积223.76万公顷，比上年净增加1690.05公顷。全年耕地面积增加9532.33公顷，其中，开发增加3129.20公顷，复垦增加127.41公顷,整理增加6165.43公顷;年内耕地减少7842.28公顷，其中，建设占用6541.89公顷。

全年水资源总量451.40亿立方米，比上年减少21.8%。年平均降水量1023.9毫米，减少13.8%。年末6座大型水库蓄水总量10.83亿立方米,减少49.4%。整治病险水库405座。全年新造绿化林地9.57万公顷，完成造林面积95726公顷,森林覆盖率35%。

全年主城区环境空气质量满足优良天数303天,比上年增加6天。空气中二氧化硫、二氧化氮和可吸入颗粒物年均浓度分别为0.053毫克/立方米、0.037毫克/立方米和0.105毫克/立方米。

全年首要污染物可吸入颗粒物和二氧化硫的比例分别为97.5%和2.5%。酸雨频率为72.7%,比上年下降5.3个百分点。长江、嘉陵江、乌江重庆段水质均满足Ⅲ类水质标准。

全年生产安全事故死亡1928人,比上年下降2.7%。亿元地区生产总值生产安全事故死亡0.30人，下降23.1%；较大安全生产事故死亡139人,下降38.8%;煤矿百万吨死亡5.44人,下降20.2%。道路交通事故造成1209人死亡,下降0.8%;道路交通万车死亡6.0人,下降21.1%。

全市地质灾害造成人员伤亡111人，地质灾害造成直接经济损失1.88亿元。

注：

[1]“314”总体部署是指2007年3月8日，胡锦涛总书记在参加十届全国人大五次会议重庆代表团审议时,为重庆工作“定向导航”,高瞻远瞩地作出了三大定位,确定了一大目标,交办了四大任务,构成重庆发展“314”总体部署。三大定位,即努力把重庆加快建设成为西部地区的重要增长极、长江上游地区的经济中心、城乡统筹发展的直辖市。一大目标,即在西部地区率先实现全面建设小康社会的目标。四大任务,即加大以工促农、以城带乡力度,扎实推进社会主义新农村建设;切实转变经济增长方式,加快老工业基地调整改造步伐；着力解决好民

生问题，积极构建社会主义和谐社会；全面加强城市建设，提高城市管理水平。国发〔2009〕3 号文件即《国务院关于推进重庆市统筹城乡改革和发展的若干意见》

[2]"五个重庆"是指重庆市委三届三次全委会提出的建设宜居重庆、畅通重庆、森林重庆、平安重庆和健康重庆。

[3]一小时经济圈是指渝中区、大渡口区、江北区、沙坪坝区、九龙坡区、南岸区、北碚区、渝北区、巴南区、万盛区、双桥区、涪陵区、长寿区、江津区、合川区、永川区、南川区、綦江县、潼南县、铜梁县、大足县、荣昌县和璧山县；渝东北翼是指万州区、梁平县、城口县、丰都县、垫江县、忠县、开县、云阳县、奉节县、巫山县和巫溪县；渝东南翼是指黔江区、武隆县、石柱县、秀山县、酉阳县和彭水县。

[4] 居民消费价格指数是度量一组代表性消费商品和服务项目价格水平随着时间而变动的相对数，反映居民家庭购买的消费品及服务价格水平的变动情况。它是宏观经济分析和决策、价格总水平监测和调控以及国民经济核算的重要指标。其按年度计算的变动率通常被用来作为反映通货膨胀(或紧缩)程度的指标。

[5]常住人口是指在本乡镇(街道)居住半年以上的人口，或虽居住不满半年但离开户口登记地半年以上人口以及户口待定人口。

[6] 城镇经济单位职工工资总额指城镇经济单位在一定时期内直接支付给本单位全部职工的所有劳动报酬总额。包括计时工资、计件工资、奖金、津贴和补贴、加班加点工资、特殊情况下支付的工资等。职工工资总额为税前工资，包括单位代扣代缴的各项费用(如社会保险、住房公积金的个人缴纳部分)、各项工资性补贴(如电话、伙食、交通等补贴)和缴纳的个人所得税。平均工资由工资总额除以平均职工人数而得。城镇经济单位职工平均工资是国有经济、城镇集体经济、联营经济、股份制经济、外商和港、澳、台投资经济、其他经济单位及其附属机构工作的职工的平均工资水平。私营单位从业人员、城镇个体劳动者及离退休、退职人员、再就业的离、退休人员等按规定目前未列入其统计范围。

[7] 城镇居民人均可支配收入是指在一定时期内(一般为一年)城镇居民家庭成员得到的可用于最终消费支出和其它非义务性支出以及储蓄的总和，即城镇居民家庭或以用来自由支配的收入。是全面反映城镇居民收入水平和结构变化的最主要指标。重庆市城镇居民人均可支配收入从 2007 年开始调查统计，覆盖全市城镇居民；城市居民人均可支配收入调查范围只包括主城区。

[8] 恩格尔系数是指居民食品消费支出占全部消费支出的比重。

[9]农村居民人均纯收入。纯收入指农村住户当年从各个来源得到的总收入相应地扣除所发生的费用后的收入总和。农村居民人均纯收入是指按住户常住人口人均当年的纯收入。它反映一个地区农村居民的平均收入水平，是反映农村居民收入变化的一个重要指标。

[10]农村贫困人口。根据新修订的农村贫困标准统计的，与历史数据不完全可比。我国在 2007 年前有两个扶贫标准，第一个是 1986 年制定的绝对贫困标准，把 1985 年农民年人均纯收入低于 206 元的农村人口定为绝对贫困人口。后来此标准随物价调整，到 2007 年时为 785 元。第二个是 2000 年制定的低收入标准，即农民年人均纯收入在 865 元以下，在绝对贫困标准和低收入标准之间的为低收入人口，到 2007 年年底，低收入标准调整为 1067 元。2008 年年底，我国上调扶贫标准，把绝对贫困标准与低收入标准合二为一，取消将农村绝对贫困人口和低收入人口区别对待的政策。2008 年开始实施的人均纯收入 1196 元的新扶贫标准，是在 2007 年 1067 元低收入标准的基础上根据 2008 年度物价指数做出的最新调整。

[11]本公报为初步统计数，最终数据以《重庆统计年鉴 2010》为准。其中，增加值绝对数按现价计算，增长速度按可比价计算。

2009年长江沿线主要城市经济发展态势

上海市

一、2009年工作回顾

2009年是浦东开发开放以来上海经济发展形势最复杂、困难最集中、挑战最严峻的一年。面对国际金融危机冲击和自身发展转型的双重考验，肩负筹办世博会紧迫繁重的任务，全市人民在党中央、国务院和中共上海市委的领导下，深入贯彻落实科学发展观，紧紧围绕"四个确保"要求，坚定信心，共克时艰，砥砺奋进，完成了市十三届人大二次会议确定的目标和任务。

(一)积极采取一系列应对举措，经济增长速度逐季回升

2009年开局，上海经济延续上年第四季度下行态势，第一季度市生产总值增长3.1%，比上年同期回落8.4个百分点，外贸出口、工业生产、财政收入等经济指标持续负增长。我们紧密结合上海实际，深入贯彻落实中央应对国际金融危机的一揽子计划，采取更有针对性、更有力的政策措施，加大政府投入，促进社会投资，全力推动一批重大基础设施、产业、社会事业和民生工程项目加快建设，改进政府服务和管理，积极主动帮扶企业落实政策。同时，一方面，深化落实国家扩大消费政策，优化市场环境，促进居民消费；另一方面，稳外需、保市场、保份额，出台支持外贸、促进服务贸易和服务外包发展等政策措施。经过全市共同努力，本市经济总体向好。市生产总值比上年增长8.2%，地方财政收入达到2540.3亿元，比上年增长7.7%，全社会固定资产投资总额完成5273.3亿元，比上年增长9.2%，社会消费品零售总额比上年增长14%，居民消费价格总水平比上年下降0.4%，扭转了工业生产持续下滑的走势，初步遏制了对外贸易降幅持续扩大的势头。

(二)着力推进结构调整和自主创新，经济发展方式转变继续加快

坚决把发展方式转变和结构调整作为保增长的主攻方向，在调整中发展，在创新中转型，经济增长质量和效益进一步提高。认真贯彻落实国务院《关于推进上海加快发展现代服务业和先进制造业建设国际金融中心和国际航运中心的意见》，在应对危机、防范风险中，大力推进150多项重点工作，金融资源集聚、洋山保税港区免征营业税等一批政策措施正式实施，跨境贸易人民币结算、启运港退税等一批创新试点顺利推进，银行间市场清算所、综合保税区管委会等一批机构挂牌成立，金融中心和航运中心建设明显加速。形成加快推进上海国际贸易中心建设的意见，推进虹桥商务区规划建设，贸易中心建设逐步加快。上海迪士尼项目获国家批准。金融业、信息服务业、商贸业、旅游业等保持快速发展，第三产业增加值占市生产总值比重达到59.4%。积极对接国家重点产业调整振兴规划，出台加快推进高新技术产业化实施意见，聚焦新能源、民用航空制造业、先进重大装备、生物医药、电子信息制造业、新能源汽车、海洋工程装备、新材料、软件和信息服务业等九个领域，实施了200多个重点项目，数字化变电站、创新药物等研制和产业化取得明显进展。加快重大产业基地建设，支持企业技术改造，促进制造业优化升级。组织优势力量承接一批国家重大科技专项任务。深入推进世博科技行动计划。出台知识产权质押融资等支持技术创新和产业化的政策。全社会研究与试验发展经费支出相当于市生产总值的比例达到2.7%左右。加大节能降耗工作的推进力度，调整淘汰846项落后产能，积极推广节能空调、高效照明，万元生产总值综合能耗超额完成年度计划。

(三)努力解决人民群众最关心、最直接、最现实的利益问题，民生工程和社会事业实现新发展

越是经济形势严峻，越要高度关注改善民生。力求把保发展、调结构与保就业、惠民生更好结合起来，实现了居民收入与经济同步增长，城市和农村居民家庭人均可支配收入分别比上年增长 8.1%和 8.2%。把促进就业放在民生工作的首要位置，大力实施就业“1+3”计划，充分发挥社会各方面的积极性，挖掘就业潜力，拓展就业岗位，高校毕业生就业不低于往年水平，全市新增就业岗位 59.6 万个，城镇登记失业率为 4.3%。积极开展来沪从业人员就业服务，完成来沪从业人员职业技能培训 11.6 万人。坚持维护劳动者权益与帮扶企业发展相结合，协调劳动关系，健全企业欠薪保障金垫付机制。继续完善社会保障体系，将外省市城镇户籍来沪从业人员等纳入城镇职工基本社会保险覆盖范围，增加各类退休人员养老金，加大医保综合减负和市民社区医疗互助帮困力度，完善生育保险办法，提高了失业保险、工伤保险待遇和城乡最低生活保障标准。加强为老年人服务，新增养老床位 1 万张，社区居家养老服务对象达到 21.9 万人。加快大型居住社区规划建设，旧区改造力度加大、进度加快，一批居住困难家庭的住房问题得到解决。廉租住房制度覆盖面进一步扩大，新增受益家庭约 1.4 万户。累计开工建设经济适用住房 605 万平方米，经济适用住房制度开始试点。完成 1257 万平方米高层旧住房综合整治和 3274 万平方米多层旧住房综合改造。深入推进公交行业改革，加大对公共交通的政策扶持力度，公交服务水平和职工收入得到提高。出台《关于进一步促进出租汽车行业健康持续发展的意见》，降低出租汽车承包指标，出租汽车行业经营环境和驾驶员收入得到改善。推进中心城区优质学校到郊区大型居住社区对口办学，对农村义务教育学校开展委托管理，促进了义务教育均衡发展。投入 36.9 亿元用于来沪从业人员子女义务教育，完成 86 所来沪从业人员子女学校的设施改造并纳入民办教育管理，来沪从业人员同住子女在公办学校或政府委托的民办小学就读比例达到 93%。新建了 60 所幼儿园。率先对中职学校的农村、海岛家庭学生和涉农专业学生实施了免费教育。国家部署的 2009 年医药卫生体制改革重点工作全面推进。深化社区卫生服务综合改革，在全市社区卫生服务机构实行了基本药品零差率政策。完成第二轮公共卫生体系建设三年行动计划，健康城市建设继续推进。国际标准化组织中医药技术委员会秘书处落户上海。坚持联防联控，甲型 H1N1 流感防控工作取得阶段性成果。推进文化体制改革，率先整体实施广播电视制播分离，全市出版单位和一批文艺院团完成转企改制，一批精品佳作相继推出。新建了一批社区公共文化体育设施，群众文化活动和全民健身活动丰富多彩。在第十一届全运会上，上海体育健儿实现运动成绩和精神文明双丰收。在第一届全国智力运动会上，上海代表团金牌数排名第一。出台了居住证转户籍办法，人才引进制度进一步完善。人口与计划生育工作继续加强。妇女儿童事业和残疾人事业稳步发展。民族、宗教、侨务和对台工作进一步加强。

(四)切实加强城市建设和管理，城市面貌明显改善

2009 年是上海城市建设和管理任务最为紧迫、繁重、艰巨的一年。一批枢纽型、功能性、网络化重大基础设施和世博配套设施陆续建成。外高桥港区六期工程建设和洋山深水港区四期前期工作积极推进，苏申外港线航道整治项目竣工，上海港集装箱吞吐量达到 2500 万标准箱，连续三年位居世界第二位。虹桥综合交通枢纽加快建设，虹桥国际机场扩建工程基本建成，上海空港旅客、货邮吞吐量分别达到 5708 万人次、298 万吨，浦东国际机场货邮吞吐量排名世界第三。轨道交通 7 号线、8 号线二期、9 号线二期、11 号线北段一期建成，轨道交通运营线路总长达到 355 公里。长江隧桥工程和新建路、人民路、西藏南路越江隧道、内环线浦东段、中环线

浦东南段、S32、G60上海段等建成通车。一批世博配套路网项目和中心城路网改造工程相继完成。进口液化天然气工程试投产成功。第三代移动通信网络等信息基础设施建设和应用不断加快。黄浦江两岸综合开发取得新进展。第四轮环保三年行动计划全面启动，环保投入相当于市生产总值的比例达到3%以上，污染排放量大幅削减，水环境质量持续提高，空气质量优良天数比上年增加6天，空气质量优良率比上年提高1.9个百分点，绿化覆盖率达到38.1%。城市网格化管理进一步加强，对乱设摊、乱搭建、乱张贴等城市管理顽症的治理力度加大。深入开展户外广告、外墙立面、绿化景观、道路、水域等市容环境综合整治，市容市貌明显改善。食品药品安全、产品质量监管得到强化。安全生产、社会治安、交通排堵保畅、应急管理等工作进一步加强。实有人口服务管理体制、机制、法制加快完善，基本实现实有人口、实有房屋的全覆盖管理。村委会、居委会换届选举顺利完成。信访工作在机制完善和制度创新中得到加强。

(五)进一步加强政策扶持，郊区农村改革发展取得新进展

对困难区县的财政转移支付力度进一步加大。积极支持现代农业发展，调整完善了种粮直补等农业补贴政策，全年建成设施粮田5667公顷、设施菜田2667公顷、标准化畜禽和水产养殖场54家。加大郊区农村基础设施和环境建设投入，新建改建约500公里农村公路，完成118个村庄改造、2000多户低收入农户危旧房改造、2.2万多户农村生活污水处理设施改造和2000多公里村沟宅河综合整治。在城乡结合部增开了一批连接居民小区与交通枢纽的社区巴士，新开通一大批郊区农村公交线路，首次实现崇明与市区地面公交系统的对接。社会事业资源配置向郊区农村倾斜，积极推进"5+3+1"郊区三级医院建设，完成48家郊区社区卫生服务中心、分中心和426家村卫生室的标准化建设，建成521个农家书屋，农村数字电影放映等文化惠民工程加快推进，农村有线电视入户率达到74%。积极扩大农村富余劳动力非农就业，新增非农就业岗位11.6万个。继续推进农民纳入养老保障体系工作，全市农村户籍人员养老保障覆盖面达到99.1%。推进农村改革创新，开展土地延包后续完善工作，继续扶持农民专业合作社发展，建立对基本农田、水源地、公益林等生态建设和保护的补偿机制，启动小城镇发展改革试点。

(六)坚持发挥浦东综合配套改革试点的带动作用，改革开放有新推进

保发展、调结构、促转型，更要注重体制机制创新。顺利实施南汇划入浦东新区重大改革。浦东新区在完善行政管理体制、推动重大改革举措先行先试、加强资源整合等方面取得突破，实施了调整保税区管理体制、促进出入境便利化等一批重点改革事项。加快落实本市国资国企改革发展的意见，推进国有资产统一监管，实施了一批国有企业开放性、市场化重组，企业法人治理结构进一步完善。全面落实促进非公有制经济发展的政策措施，推进中小企业公共服务平台建设，非公有制经济增加值占市生产总值的比重达到47%左右。资本、产权等各类要素市场进一步发展。切实加强市场监管，整顿和规范市场秩序专项行动取得明显成效，社会诚信体系加快建设，市场中介机构和行业协会在规范中发展。主动应对国际经济环境变化，积极推进贸易便利化，着力优化口岸环境，增强口岸服务辐射能力，上海关区进出口商品总额达到5154.9亿美元，继续占全国1/4左右。改善投资环境，发展总部经济，外商直接投资实到金额达到105.4亿美元，比上年增长4.5%，新增79家跨国公司地区总部、投资性公司和研发中心。"走出去"迈上新台阶，全年对外投资总额比上年增长117%，对外工程承包和劳务合作营业额比上年增长31.8%。深入开展沪港、沪澳、沪台经贸合作。外事工作顺利推进。深入推动长三角地区一体化发展，积极参与长江"黄金水道"建设，进一步加强了与中西部地区和东北地区的合作交流。扎实推进对口支援工作。按照中央"三年

任务、两年完成”的新部署,上海对口支援都江堰市灾后恢复重建加快推进,112个援建项目全面启动,其中55个项目已经完成,加强产业合作、结对帮扶和人才培训,强化援建项目、资金的监督审计,援建工作取得阶段性成果。

(七)注重政府管理创新,行政效能和服务水平进一步提高

越是困难时期,政府的自身改革创新越要先行。加大行政审批制度改革力度,开展第四批行政审批事项清理工作,取消调整952项审批事项,接近前三批取消调整数的总和。优化审批流程,建设工程审批程序简化50%以上,44项审批事项实施并联审批,39项审批事项实施告知承诺,网上行政审批管理和服务平台建设稳步推进。结合市级政府机构改革,积极推进政企分开,第一批17个部门与所属企业彻底脱钩。全面完成区级政府机构改革。稳步推进部门预算改革,综合预算和零基预算管理模式进一步推行,“乡财县管”在全市推开。着力优化财政支出结构,改善民生、支持经济发展、对口支援等方面的投入得到重点保障,会议、公务接待、公费出国、公务购车用车等费用进一步压缩。扩大政府信息公开,主动向社会征求对经济适用住房、居住证转户籍等重大政策的意见,向市人代会报送文化建设事业费等政府性基金收支预算,向社会公开对口支援都江堰市灾后恢复重建项目及资金筹集使用情况、新增机动车额度拍卖历年收支及有关年度审计情况、财政支农资金和帮困助学资金等专项资金审计情况。依法行政工作继续推进,廉政工作力度进一步加大,公务员队伍建设不断加强。

过去的一年,中国2010年上海世博会筹办工作全面进入临战状态。党中央、国务院高度重视,国家有关部门、兄弟省区市、香港特别行政区、澳门特别行政区和台湾地区以及国际社会鼎力支持、踊跃参与,世博会各项筹办工作有力、有序、有效推进。世博会园区主要场馆和基础设施基本建成,“一轴四馆”永久性建筑和一批外国自建馆、租赁馆、联合馆相继竣工。242个国家和国际组织确认参展,布展工作全面启动,中国馆、主题馆以及大部分国际、国内展馆和企业馆开始布展。宣传推介活动在20多个国家和地区,以及各省区市和港澳台地区开展。门票销售进展顺利。网上世博会已经开通。举办期间的活动策划总体方案基本完成,安全保障、交通组织、外事安排、旅游接待、志愿者服务等运营准备工作正在进一步深化细化。全社会广泛动员,各区县、各部门积极行动,开展一系列世博主题宣传和实践活动,强化窗口服务行业管理,加强市容市貌和城市管理顽症的综合整治,迎世博600天行动计划取得阶段性明显成效。

二、发展中存在的问题

制约经济持续发展的结构性矛盾进一步凸显,转变经济发展方式的思路视野有待拓宽,推进力度需要进一步加大。影响科学发展的体制机制瓶颈依然不少,深层次的改革攻坚任务十分繁重,思想需要更加解放,突破力度需要进一步加大。一些民生难题迫切需要解决,就业的结构性矛盾仍然突出,社会保障可持续发展的难度加大,相当一部分群众仍存在住房困难,为老年人服务不能满足需求,历史遗留问题需要下更大力气解决。城乡发展不平衡依然突出,推进城乡一体化发展的任务还很艰巨。轨道交通运行和城市建设管理方面的安全事故还时有发生,城市管理还不能完全适应大规模建设发展的要求,“重在管理”的措施需要深入细致地落实。社会群体利益诉求多样化,深层次社会矛盾逐渐凸显,社会管理需要在创新中不断加强。政府职能转变必须进一步加快,社会管理和公共服务需要加强,应对社会公众事件的能力亟待提高。有些政府部门的工作落实不力,相互间协调配合不够,形式主义、官僚主义现象仍然不同程度地存在。特别是在整治非法营运中采用错误的执法方式,严重影响政府执法的公信力,严重损害人民群众的利益,依法行政、公正廉洁执法的能力和水平急需进一步提高。有些政府工作人员服务群众、服务企业、服务基层的观念淡

薄,责任感、原则性不强,极少数人甚至违法违纪、以权谋私、贪污腐败。

三、2010 年发展的总体要求和主要目标

2010 年是上海世博会的举办年，也是实施“十一五”规划的最后一年。当前,世界经济出现了积极变化,逐步走出衰退,但全球经济复苏仍将是一个缓慢曲折的过程。国内经济总体企稳向好,但经济回升的基础还不稳定、不巩固、不平衡,仍处于企稳回升的关键时期。上海经济进入平稳回升的轨道，正处于加快转型升级的关键时期。党中央、国务院对上海发展寄予厚望,上海必须要在“四个率先”上取得实质性突破。

2010 年，上海要在以胡锦涛同志为总书记的党中央坚强领导下,以邓小平理论和“三个代表”重要思想为指导，深入贯彻落实科学发展观,全面贯彻落实党的十七大、十七届三中、四中全会和中央经济工作会议精神，坚决按照中央五个“更加注重”的要求,认真落实九届市委十次全会和市经济工作会议的部署，确保世博会成功举办，确保经济发展方式转变取得新进展,确保民生持续改善,确保社会和谐稳定,确保“十一五”规划目标全面实现和高质量谋划好“十二五”发展,努力开创改革开放和社会主义现代化建设新局面,力争当好推动科学发展、促进社会和谐的排头兵。

综合各方面因素,2010 年全市经济社会发展的主要预期目标是：全市生产总值增长 8%以上,地方财政收入增长 8%,城镇登记失业率控制在 4.5%左右，居民消费价格指数与国家价格调控目标保持衔接,全社会研究与试验发展经费支出相当于市生产总值的比例达到 2.8%以上,万元生产总值综合能耗进一步下降、完成“十一五”期间下降 20%左右的目标,环保投入相当于市生产总值的比例保持在 3%左右，城市和农村居民家庭人均可支配收入持续稳定增长。

(《重庆经济年鉴》编辑部根据上海市有关资料整理)

南京市

一、2009年发展回顾

2009年,在中共南京市委的正确领导下,全市上下认真学习实践科学发展观,落实中央、省委省政府各项决策部署,全力以赴保增长、保民生、保稳定,很好地完成了十四届人大二次会议确定的目标任务。

经济实现新增长。全年完成地区生产总值4170亿元,增长11.5%。完成财政总收入901.15亿元,增长21.4%,其中地方一般预算收入434.51亿元,增长12.4%。完成社会消费品零售总额1961.58亿元,增长18.8%。完成全社会固定资产投资2668.03亿元,增长23.9%,其中工业投资1300.4亿元,增长20.3%。居民消费价格总水平涨幅为0.1%。突出抓好旅游、汽车、家电等重点消费领域,拉动经济增长。出台促进外经贸发展、扶持企业开拓市场等多项政策,取消、减负一批行政性收费,减轻企业负担30多亿元。

产业结构调整取得新进展。以重大工程及项目推动产业升级,全力培育大企业大集团。规模以上工业企业实现总产值6756.15亿元。开工建设高世代液晶面板、扬巴二期等81个亿元产业项目。全面启动国家科技体制综合改革试点城市和中国软件名城创建试点城市建设工作。完成软件业务收入630亿元。支持100家制造业信息化示范企业和100家信息化技术供应企业发展。新组建国家工程技术研究中心1家,省级工程技术研究中心44家,国家及省、市工程技术研究中心累计达146家,新建大中型企业研发机构88家。13家省级服务业集聚区入园企业达到2427家。成功举办了重洽会、金洽会、软博会、台湾名品交易会等多个品牌展会,承办了第十二次中欧领导人会晤和第五届中欧工商峰会。实施污染减排项目170个,关停小化工企业21家。

城市建设取得新成就。大胜关铁路大桥顺利合龙,长江隧道全线贯通,京沪高铁、沪宁城际、铁路南站、绕越高速东南段、长江四桥等重点工程进展顺利。推进纬七路东进西延等快速路建设,拓宽改造和燕路等一批主次干道。基本完成地铁二号线一期、一号线南延和二号线东延主体工程。完成中山东路—汉中路、中央路—中山路—中山南路综合整治。加快实施公交优先战略,新增和更新公交车1200辆。仙林、城东污水处理厂二期工程投入试运行,生活污水日处理能力达到150万吨。大城管长效机制进一步完善。完成造林10万亩,森林覆盖率提高到25%。城市新增绿地1000万平方米,建成区绿化覆盖率达46.5%,人均公园绿地面积13.6平方米。

人民生活水平有了新提高。立足富民优先,努力构建收入增长机制,城市居民人均可支配收入25504元,增长10.3%,农民人均纯收入9850元,增长10%。就业形势保持稳定,制定困难企业帮扶就业政策,援助高校毕业生、困难人员就业,新增就业岗位19.96万个,城镇登记失业率控制在3.02%。率先实现医疗、工伤、生育三险市级统筹,企业退休人员养老金、城市和农村低保标准分别有了新提高。新型农村养老保险覆盖人数达120.33万,覆盖率达96.6%。出台老年人优待办法,老年人的社会优待水平进一步提高。建成经济适用房256万平方米,储备廉租房1500套。完成危旧房片区拆迁改造151万平方米,完成50个小区出新、800幢房屋整治。

农村发展取得新成绩。郊县地区生产总值占全市比重达47.4%,实现工业增加值1100亿元,增长14.3%。新增高效农业16.5万亩、设施农业5.1万亩。休闲农业接待游客430万人次，实现旅游收入14亿元。启动第三轮农村实事工程，农村民生得到进一步改善。农民专业合作、土地股份合作、社区股份合作组织取得新进展，农村发展的活力有效增强。以创业带就业，突破农民增收薄弱环节，促进农民收入持续增长。

社会建设取得新进步。推进鼓楼医院等改扩建，建成社区卫生服务机构879个。新型农村合作医疗人均筹资标准提高到180元以上。全力防控甲型H1N1流感，有效控制疫情的传播流行。深入实施素质教育，积极完善政府助学体系，大力发展职业教育，启动农村幼儿园提升工程。实施南京海外留学人才居住证制度，高层次专家、人才引进和培养取得新突破。深化全国文明城市创建，开展市民文明素质提升、环境优化、文明交通等活动。继续推进平安南京建设，强化基层基础工作，扎实做好人民信访工作，着力化解社会矛盾，依法打击严重犯罪。成功举办国庆60周年和南京解放60周年系列纪念活动。南京云锦织造技艺、金陵刻经和南京剪纸成功入选世界人类非物质文化遗产代表作名录。连续第三次获得全国民族进步模范集体先进称号。积极申办青年奥运会，群众体育事业蓬勃发展，启动农民体育幸福工程，建成完善82个街道体育健身中心。援助四川绵竹灾后恢复重建工作成效显著。全力打造军地互帮互促的双拥工作平台，做好拥军20件实事。宗教、人防、侨务、外事、档案、工会、妇女、儿童、慈善、地方志、残疾人、红十字、人口计生、社会科学等各项事业取得新的进步。

政府自身建设得到新加强。开展学习实践科学发展观活动，出台了《关于坚持科学发展，转变发展方式，加快转型发展、创新发展、跨越发展的意见》，超前谋划后危机时代南京新一轮发展。采取措施积极破解发展中的难题，解决人民群众关心的热点难点问题。扎实推进服务发展、服务基层、服务群众活动。组建全市文化综合管理机构，推进文化市场统一执法。出台重大行政决策评估办法，提升决策的科学化水平和政策执行的有效性。自觉接受人大及其常委会的监督，支持人民政协履行参政议政职能，办结人大代表议案和建议580件、政协提案584件。

二、发展中存在的问题

南京的发展与群众的期望还有差距，还存在一些深层次的问题需要解决：经济总量和整体实力还需要增强，调整经济结构、转变发展方式十分紧迫；科教资源亟待整合，优势有待发挥；城市功能品质有待提升，环境质量有待改善；城乡二元结构矛盾依然突出，统筹城乡发展压力较大；市民关心的住房、医疗、增加收入、社会保障等方面还有许多问题需要解决；政府自身能力、作风建设亟待加强。

三、加快推进转型发展创新发展跨越发展

环顾国际国内，世界经济复苏企稳回升的趋势已经显现，新一轮科技革命、产业革命已经兴起，全球范围内的产业分工和产业结构调整正在加速推进；调结构抓创新促转型成了我国经济发展的主题；各城市竞相发展，给南京争先进位带来一定的压力。审视南京，人均GDP已近8000美元，正处于发展的关键时期和转型时期，既有再上新台阶、实现新跨越的基础，又有转型发展、创新发展的机遇条件。一是打造综合交通枢纽的优势。机场、铁路、港口、铁路南站等工程的建设，将为南京在新一轮竞争中集聚发展要素、集聚财富，发挥重要枢纽功能。二是构建科技与产业相结合的创新优势。南京科技资源、人才资源不可多得，通过整合转化，提高创新能力，将为新一轮发展抢占制高点提供有力支撑。三是建设南京都市圈和城市群的优势。这在提升南京城市能级，扩大中心城市影响力、辐射力、带动力的同时，将为南京提供更多的发展机会、创业机会、商业机会。四是发挥南京发展平台和载体的优势。通过历年的发展积累，南京产业基础和承载能力、集聚能力有很大提高，将有助于在新的起点上实现新的跨越。综合分析南京面临的发展大势、发展机遇、发展条件，在

后危机时代，以创新型经济为特征的新一轮发展中，南京必须坚持科学发展，转变发展方式，加快转型发展、创新发展、跨越发展，才能赢得先机，奋力走在前列。

今后一段时间，南京要把科学发展作为行动指南，把转型发展作为基本路径，把创新发展作为根本动力，把跨越发展作为目标指向。要以现代化国际性人文绿都为目标，以“抢抓新机遇、再创新优势、实现新跨越、建设新南京”为总要求，以2012年和2015年为时间节点，坚持集约发展，绿色增长，突出重点，统筹协调，全力提升，全面提速，推动经济社会发展再上新台阶。到2012年，全市地区生产总值突破6000亿元，全社会固定资产投资达到4200亿元，地方财政一般预算收入突破600亿元，科技进步贡献率达到55%，城市居民人均可支配收入和农民人均纯收入分别达到35000元和13000元。到2015年，全市地区生产总值突破1万亿元，全社会固定资产投资达到6300亿元，地方财政一般预算收入突破1000亿元，科技进步贡献率达到60%，城市居民人均可支配收入和农民人均纯收入分别达到50000元和17000元。

实现以上的目标和任务，全市经济将呈现出科学发展、总量增加、结构优化、产业转型、活力增强的新格局；城市将展现出功能更加完备、空间更趋合理、品质显著提升、环境更为秀美的新面貌；社会将展现出文明和谐、生活安康、城乡协调、人与自然和谐发展的新局面；人民将过上财富收入明显增加，生活质量明显改善，社会保障明显提高，幸福感、舒适感、安全感明显增强的新生活。

四、2010年发展目标

2010年是完成“十一五”规划目标的决战之年，也是全面实施“三个发展”的开局之年。按照省委、省政府的部署和市委十二届十七次全会的安排，2010年政府工作的总体要求是：全面贯彻落实科学发展观，加快转变发展方式，坚持以调结构、促转型、抓创新、上水平为主线，坚持先进制造业和现代服务业“双轮驱动”，坚持创新驱动和投资消费拉动，着力推进经济结构调整和产业转型升级，着力推进科技创新型经济发展，着力扩大对外开放，着力提升市容环境、提升城市品质、提升人居质量，着力推进以改善民生为重点的社会建设，着力推进政府职能转变和能力作风建设，在新一轮发展中奋勇争先、抢抓先机、抢占制高点，努力开创全市经济社会发展的新局面。

全年经济社会发展主要预期指标是：地区生产总值增长12%；地方财政一般预算收入增长12%；社会消费品零售总额增长17%；全社会固定资产投资增长22%；实际利用外资和地方外贸出口分别增长18%和10%；环保投入占地区生产总值比重达到3%以上，万元地区生产总值综合能耗、化学需氧量排放量和二氧化硫排放量完成“十一五”规划确定的目标；城市居民人均可支配收入增长11%；农民人均纯收入增长10%；全社会研发经费支出占地区生产总值的比重在3%左右；居民消费价格总水平涨幅控制在3%左右；城镇登记失业率控制在4%左右。

（《重庆经济年鉴》编辑部根据南京市有关资料整理）

武汉市

一、2009 年发展回顾

2009 年是新世纪以来武汉经济发展最为困难的一年,也是全市人民砥砺奋进、共克时艰的一年。面对国际金融危机的严重冲击和影响,武汉市在省委、省政府和市委的坚强领导下,扎实开展学习实践科学发展观活动,认真落实中央宏观经济政策,把保持经济平稳较快发展作为政府工作的首要任务,把保增长与调结构、增功能、促改革、惠民生结合起来,危中求机、迎难而上,全面完成了市十二届人大五次会议确定的各项目标任务。

——应对危机保增长取得明显成效。国际金融危机给武汉发展带来巨大困难与挑战。在形势最为严峻的去年 2 月份,地区生产总值、规模以上工业总产值增幅同比分别回落 5.4 个百分点、22.6 个百分点,增速为近十年来最低。钢铁、汽车、石化等行业和不少企业经营困难、效益下降,就业压力加大。面对严峻复杂的经济形势,武汉市积极应对,及时采取一系列措施,全力以赴保增长。预计全年实现地区生产总值 4500 亿元以上,增长 13%以上,完成全口径财政收入 1005 亿元,增长 27%,地方一般预算收入 316.1 亿元,增长 14%。

——创新型城市建设取得重大突破。东湖新技术开发区被国务院批准为全国第二个"国家自主创新示范区",武汉被授予"国家创新型试点城市",武汉的改革发展再次上升为国家战略。

——"两型社会"建设取得新进展。大东湖生态水网构建工程总体方案获国家发改委批准。水生态系统保护与修复试点工作通过国家验收。中心城区污水集中处理率达到 89.8%,比上年提高 9.1 个百分点。新建、改建 6 座远城区污水处理厂,实现了每个远城区都有 1 座以上污水处理厂运行。全市单位生产总值综合能耗降低 4%以上,化学需氧量和二氧化硫排放量分别比上年削减 2.3%和 2.5%。

——武汉进入"高铁时代"。城市基础设施投资 863.6 亿元,增长 45.7%,规模、增幅创历史新高。武汉火车站投入使用,武汉至上海、广州客运专线开通,武汉成为全国高速铁路枢纽城市,综合交通枢纽地位进一步凸显。

——城乡居民生活持续改善。城市居民人均可支配收入 18385 元,增长 10%;农民人均纯收入 7161 元,增长 12.8%。城市居民家庭人均住房建筑面积增加到 30.88 平方米,农村居民人均居住面积增加到 47.68 平方米。

——主要经济指标提前完成"十一五"规划预期目标。在 2008 年人均生产总值、全口径财政收入提前完成规划预期目标的基础上,2009 年地区生产总值、全社会固定资产投资、社会消费品零售总额、城市居民人均可支配收入、农民人均纯收入等 5 项主要指标,提前一年完成"十一五"规划预期目标。

(一)保企业、扩内需,及时扭转经济增速下滑趋势

扎实开展服务企业年活动。建立重点企业直通车制度、领导对口联系企业制度和定期与企业对话会制度,先后 4 次出台支持企业发展的政策措施,不断加大力度帮助企业渡过难关。努力缓解中小企业融资难题,新增中小企业贷款 460 亿元,市、区两级担保机构实现中小企业融资担保 102 亿元。支持企业上市融资。加大本地名优产品和自主创新产品的政府采购力度,组织企业参与境内外展会,帮助企业开拓市场。全面落实国家增值税转型、出口退税、取消和停止 100 项行政性收费以及工商"两费"等政策,

减免企业税金104.4亿元,减轻企业负担4.32亿元。基本完成市属8户困难国有企业和61户集体企业改制工作。

强化投资消费对经济增长的拉动作用。完成全社会固定资产投资3001亿元,增长33.3%。发挥重大项目支撑带动作用。完善重大项目审批"绿色通道"制度,31个部门行政审批时限压缩50%以上。建立"市区联动、以区为主、业主尽责"的拆迁工作机制,着力化解重大项目建设面临的征地拆迁矛盾。深化投融资体制改革,多渠道、多元化解决项目建设融资难题。新组建4家市级专业投融资平台和12家区级投融资平台,投融资能力进一步增强。全市新开工项目2117个,增长31.7%。404个市级重点项目完成投资1137.5亿元,增长45%。多措并举,增加城乡居民尤其是低收入居民收入。全面落实减免汽车购置税、汽车以旧换新、家电下乡、促进普通商品住房消费等各项政策。实现社会消费品零售总额2164亿元,增长17%。

发挥国家级开发区对全市经济增长的支撑作用。支持东湖新技术开发区加快发展光电子信息、生物、新能源、环保、消费电子五大特色优势产业,国家生物产业基地建设全面展开。东湖新技术开发区高新技术产业产值、规模以上工业总产值、财政收入等主要经济指标均保持25%以上的快速增长。支持武汉经济技术开发区建设汽车城。与东风汽车公司签订战略合作协议,支持东风汽车公司武汉基地4年内实现年产销规模超过100万辆。武汉经济技术开发区实现规模以上工业总产值1101.9亿元,成为中西部地区首个突破千亿元的开发区。

(二)兴产业、调结构,增强经济发展后劲

调整振兴支柱骨干产业。制订《重点产业调整和振兴实施方案》,出台鼓励制造业投资及重点产业链优化整合政策,促进钢铁、汽车、石化、装备制造等八个主导产业上规模、上水平。加快推进重大产业项目建设,武钢三硅钢、东风本田、神龙二厂、东风自主品牌乘用车、南车集团武汉生产基地等59个重大项目竣工投产,80万吨乙烯、武石化扩能改造、武锅和武重搬迁改造等53个重大项目加快推进。实现规模以上工业增加值1656亿元,增长18.5%。全市产值过500亿元的产业从3个增加到6个,产值过100亿元的企业由6个增加到8个。新增规模以上工业企业385户,增长17.9%。

培育发展战略性新兴产业。制订出台加快半导体及大规模集成电路、节能环保装备、新材料等15个新兴产业发展实施方案和指导意见。组建武汉新能源研究院、武汉生物研究院,大力实施十大科技专项和科技创新行动工程,促进科技成果转化和产业化。实现高新技术产业总产值2055亿元,增长18.5%。武汉获批综合性国家高技术产业基地。

加快发展现代服务业。出台支持总部经济发展和区域金融中心建设的政策意见。组建武汉农村商业银行。汉口银行跨省设立分行。新引进7家境内外金融机构。16家全国性金融机构在光谷金融港兴建后台服务中心。新成立12家小额贷款公司。"光城计划"和"无线城市"建设加快推进。阳逻港口物流园区、天河航空物流园区等一批现代物流项目建设加快推进。旅游业逆势上扬,全年接待国内和海外游客人次分别增长34.4%、24.5%,实现旅游总收入487.5亿元,增长30.5%。东湖欢乐谷主题公园、世茂嘉年华、巴登城等一批投资50亿元以上的重大旅游项目开工建设。商贸业提档升级步伐加快,汉口北商贸物流中心、武商摩尔城等15个投资超10亿元的商贸类重大项目进展顺利。第三产业增加值2300亿元,占地区生产总值的比重提高到50.3%。

努力扩大对外开放。组织参加环渤海、鄂港粤、台湾周等招商引资活动,积极承接产业转移。新引进世界500强企业3家。全年实际利用外资29.3亿美元,增长14%。优化外贸结构,船舶、软件外包、光电设备等产品出口逆势增长,武汉成为国家首批服务外包示范城市。对外工程承包和劳务合作营业额大幅提高。东西湖保税物流中心封关运行。积极参与武汉城市圈建设和长江经济带开放开发。外事、侨务、台湾事务工作取得新成绩。

(三)强基础、增功能,提升城市综合承载能力

加快枢纽型重大基础设施建设。规模亚洲第一的武汉北编组站建成投入使用，天兴洲公铁两用长江大桥建成通车，武汉铁路集装箱中心站、石武客运专线武汉段、汉宜铁路武汉段等项目建设进展顺利,4 条城际铁路开工建设。武汉新港建设全面提速,阳逻港集装箱二期、金口重件码头等项目加快推进。恢复阳逻港至洋山港、新开通杨泗港至洋山港"江海直达"航线,武汉成为中西部地区最快捷的"水上门户"。7 条城市高速出口公路全部建成。天河机场旅客吞吐量突破 1000 万人次,三期扩建工程前期工作取得重要进展,第二通道开工建设。武汉获批全国首个综合交通枢纽研究试点城市。

加强市内交通建设。城市骨干路网建设加速。二环线汉口段全面开工建设,武昌段建设积极推进；三环线南段基本建成，东北段加快推进,东段开工建设。武汉大道、白沙洲大道、八一路延长线、江北快速路、沙湖大桥开工建设。卓刀泉立交桥、新墩跨铁路立交桥建成通车。过江通道建设力度加大。二七长江大桥建设加快。鹦鹉洲长江大桥前期工作取得重要进展。轨道交通建设步伐加快。1 号线二期主体结构基本完成,2 号线一期、4 号线一期工程加快推进,3 号线一期、4 号线二期开工建设，消除汉阳地区轨道交通建设的空白。

推进重点功能区建设。调整完善王家墩商务区、武汉新区建设管理体制。推进武昌古城及首义文化区、汉口沿江商务区、武昌滨江商务区开发建设。武汉国际博览中心、华中第一高楼——武汉中心建设全面展开。

加速城中村和旧城改造。制定实施《关于进一步加快城中村改造建设工作的意见》,全年完成 17 个村的整村拆迁任务,其中 4 个村全面完成综合改造任务。7 个中心城区分别启动实施 1-2 个旧城改造项目。矛盾集中、影响较大的花楼南二片等片区拆迁工作圆满完成。

强化城市综合管理。加强规划管理,武汉城市总体规划(2009~2020 年)被国际城市与区域规划师学会授予"全球杰出贡献奖"。土地利用总体规划(2006~2020 年)通过国土资源部审查。组织开展"城乡环境综合整治年"活动,加强违法建设、违章占道、暴露垃圾、渣土污染等专项整治。推进创建市容环境达标街道、市民满意路、文明建设工地。实施"景观灯光提档升级工程"。武昌、青山、洪山三区"插花地"问题妥善解决。取消全市所有普通公路收费站。

(四)抓试验、促改革,全面推进"两型社会"建设

探索建立节约资源保护环境新机制。完善污染监管机制，实行重点污染源"飞行监测制度",新建 155 套污染源自动监控设施,开通全国首个重点污染源排污信息网上发布平台。探索建立节能减排市场化机制。开展主要污染物排放权交易和绿色信贷试点，在一批大型企业探索实施企业环境污染责任保险制度。健全土地集约节约利用机制。建立全市统一的土地市场。推进城乡建设用地增减挂钩试点。

加快发展循环经济。青山、东西湖国家级循环经济试验区和阳逻省级循环经济试验区建设顺利推进。构建循环经济产业链,武钢燃气蒸汽联合循环发电机组等一批循环经济项目进展顺利。建成农业循环经济示范点 14 个,核心示范区面积 1.8 万亩。强化循环经济发展的资金和技术支撑,设立循环经济发展专项引导资金,成立循环经济重点实验室。

实施"碧水蓝天"工程。中心城区 16 个湖泊水质提档升级,劣Ⅴ类湖泊减少 9 个。中心城区和远城区日污水处理能力分别新增 19.6 万吨、18 万吨。成功举办第 13 届世界湖泊大会,发表了《武汉宣言》。实施城市清洁空气工程,完成 291 台燃煤锅炉改造、794 家餐饮单位油烟污染治理,开展机动车排气污染专项治理工作。长山口生活垃圾卫生填埋场建成启用。全年新增绿地 475.6 万平方米，建成 37 个小森林、小游园、小绿地。人工造林 12.8 万亩,森林

覆盖率达到26.48%。中心城区环境空气质量优良率达到82.5%。

大力倡导绿色消费。实施绿色照明工程,开展"十城万盏"试点工作,推进节能新光源在社区、道路等公共场所的规模化应用,对居民购买使用节能灯具给予50%的价格补贴。推广绿色建筑,严格执行新建建筑节能50%的设计标准,在新建12层以下建筑统一建设太阳能热水系统。倡导绿色出行,开展"十城千辆"试点工作;设置816个便民自行车服务点,投放2.3万辆自行车供市民免费使用。完善废旧电池回收网络,累计回收废旧电池500余吨。我市被列为全国节水型社会建设试点城市。"两型社会"沿江集中展示区建设初具规模。"两型"社区、机关、学校、村镇等创建活动积极推进。

(五)重"三农"、统城乡,加快推进新农村建设

积极推进远城区新型工业化。制定远城区工业发展空间规划、产业发展规划和扶持政策。发挥市级财政专项资金引导作用,园区基础设施建设投入超过30亿元。全市远城区累计完成工业总产值1058亿元,增长19.8%。

大力发展现代都市农业。新建优势农产品正规化基地10万亩。建设农业标准化生产示范区17个、面积30万亩。全市无公害农产品、绿色食品、有机食品达548个。农产品加工业产值突破800亿元,龙头企业实现销售收入270亿元。新增农民专业合作社67家。农业产业化农户覆盖率达59.5%。乡村休闲旅游实现综合收入15.3亿元,增长18.4%。

深入推进农村改革。土地流转和规模经营加速推进,新增土地流转面积33万亩。设立农村综合产权交易所,交易金额达18.16亿元。林权制度改革不断深化。农业政策性保险范围不断扩大。汉南区城乡一体化试点积极推进。

着力改善农民生产生活条件。城市机关、单位与农村建制村实现"城乡互联、结对共建"全覆盖。新解决农村60万人饮水安全问题,农村自来水普及率达到85.8%,比上年提高19个百分点。3903户远城区农村无力自建房户的危房改造任务全面完成。450个建制村"家园建设行动计划"创建任务圆满完成。新建通自然村湾水泥路1200公里。完成24座病险水库除险加固、11处大型排涝泵站和56处中型骨干排灌泵站更新改造。

(六)惠民生、促和谐,推动社会全面进步

深入推进全民创业。以创业带动就业,努力稳定和扩大就业。新建创业基地面积104万平方米。发放小额担保贷款5.59亿元,增长25.3%。扶持劳动者自主创业成功3.24万人,直接带动8.81万人就业。全年新增企业2.4万户、个体工商户6.2万户。采取社会保险费"缓、降、补"等手段为企业减轻负担,促进企业稳定就业岗位。实施高校毕业生、农民工、城镇困难群体就业帮扶,落实社保、职介、培训、岗位补贴4.75亿元。城镇新增就业14.5万人,下岗失业人员再就业5万人,帮扶困难群体就业1.65万人。转移农村劳动力6.52万人。

稳步提高社会保障水平。城镇职工基本养老、基本医疗、失业、工伤、生育保险分别新增参保13.5万人、21万人、10.2万人、21.5万人和20.4万人。82万名在汉大学生纳入居民医保。2.3万名关闭破产国有企业、困难集体企业退休人员纳入职工基本医疗保险。5万名农民纳入新型农村社会养老保险试点。78.9万名企业退休人员基本养老金每人每月增加130元。城镇职工基本医疗保险年度最高支付限额提高到10万元。中心城区最低生活保障标准从每人每月248元提高到300元,远城区从186元提高到240元。"城中村"村改居人员养老标准每人每月提高60元。新型农村合作医疗参合人数273.6万人,参合率达到98.9%。落实企业退休职工计划生育奖励政策10.5万人。

改善困难群众居住条件。调整保障性住房管理体制和政策,完善《武汉市经济适用住房管理办法》和《武汉市廉租住房保障办法》。竣工经济适用房163.34万平方米,销售19234套。配房租赁廉租住房7500户,实现廉租住房租金补贴"应保尽保"。青山棚户区改造工程建设加快推

进,建成安置房42.7万平方米。

加快发展社会事业。51所初中标准化学校和29所农村寄宿制学校建设全面完成,优质高中建设工程进展顺利。农村义务教育阶段学生学杂费、教科书费、住宿费全部免除。全面实施义务教育教师绩效工资改革。组织开展庆祝新中国成立60周年系列活动。完善公共文化服务体系,远城区10个综合文化站和450个村多功能文化活动室建成投入使用。文化艺术进一步繁荣,儿童剧《古丢丢》等获中宣部“五个一工程”奖。琴台音乐厅建成投入使用。光谷国际动漫节、“德中同行——走进湖北武汉”等对外文化交流活动成效明显。推进医药卫生体制改革,中部医疗服务中心建设工作积极推进。七个中心城区和两个远城区启动实施国家基本药物制度。完善社区卫生服务体系,社区卫生服务机构门诊量达735.2万人次,增长18.8%。400个村卫生室标准化建设任务全面完成。甲型H1N1流感等重大疾病防控工作不断加强。第八届武汉市运动会成功举办。“健康武汉、活力江城”全民健身活动蓬勃开展。

加强和改进社会管理。创建“警民关系最和谐城市”取得初步成效。命案破案率达到92.5%,“两抢一盗”刑事警情持续下降,社会治安总体平稳。英雄特警谭纪雄被公安部授予全国公安系统一级英雄模范荣誉称号。和谐社区建设成效明显,中心城区5个区、6个街道、8个社区,分别被国家民政部授予全国和谐社区建设示范区、示范街道、示范社区称号。人口与计划生育工作不断加强,我市被评为全国人口和计划生育综合改革示范市,11个区被评为国家、省人口和计划生育优质服务先进区。深入开展领导干部接待信访群众、排查化解矛盾纠纷等信访稳定工作。食品药品安全监管工作不断加强。安全生产态势保持平稳。城市突发公共事件应急能力进一步增强。国防教育、国防动员和双拥工作成效明显。民主法制和精神文明建设取得新进步。国家安全、人防、消防、仲裁、保密、参事、气象工作积极推进,文史、档案、地方志、民族、宗教工作得到加强,妇女、儿童、老龄、残疾人工作取得新进步。

市政府承诺的10件实事工作目标全面完成。

(七)抓服务、提效能,加强政府自身建设

加快转变政府职能。完成新一轮政府机构改革,市级行政机构由56个减为46个,具有行政职能的市级事业机构由12个减为9个。完善公共服务职能,49个部门向社会公开作出254项服务承诺,民政、供水、供电、供气、出入境管理等14类公共服务窗口延长服务时间,双休日照常办公,方便企业和市民办事。电子政务系统不断完善。

提高依法行政水平。主动接受市人大及其常委会的法律监督,自觉接受市政协的民主监督,加强与各民主党派、工商联和无党派人士的联系沟通。办理市人大议案、建议和市政协建议案、提案1415件,回复率达100%。提请市人大常委会审议地方性法规草案7件,制定、修订政府规章和重要规范性文件23件。全面清理规范性文件,建立规范性文件有效期制度。强化行政执法责任制,规范行政处罚自由裁量权。

加强勤政廉政建设。组织全市1690个基层站所开展创建“群众满意基层站所”活动。加大行政监察力度,开展工程建设、土地执法、保障性住房等领域专项执法监察,探索对行政处罚实行电子监察。注重发挥审计监督的建设性作用。严肃查处经济适用住房“六连号”、套牌“黑的”等违法违纪案件。坚持厉行节约,严格财政开支,市级行政机关公用经费压减5%,项目支出压减3%。

二、发展中存在的问题

国际金融危机还未消除,保持经济平稳较快发展任务艰巨;资源环境约束比较突出,产业结构不优、重大产业项目不多等问题依然存在;远城区工业化、城镇化发展相对滞后,农民持续增收的基础不牢固;部分群众生活还比较困难,就业、医疗、住房等与群众生活密切相关的问题需要加快解决；交通拥堵问题比较突出，城市规范化管理亟待加强；政府行政效能有待进一步提高，发展环境需要进一步优化；少数政府工作人员不作为、乱作为行为时有发生，经济适用住房“六连号”、套牌“黑的”等事件的出现，对政府公信力和城市形象造成了严重损害。

三、2010 年发展目标

2010 年总体要求是：认真贯彻落实党的十七届四中全会和中央经济工作会议精神，以科学发展观为指导，以加快转变经济发展方式为主线，着力抓好国家自主创新示范区建设，着力调整优化产业结构，着力推进“两型社会”综合配套改革试验，着力提升城市功能和形象，着力保障和改善民生，圆满完成“十一五”规划的各项目标任务，为加快建设中部地区龙头城市、全国重要中心城市，为“十二五”乃至更长时期的发展打下坚实基础。

综合考虑各方面因素，全市今年经济社会发展主要预期目标和约束指标建议为：地区生产总值突破 5000 亿元，增长 12%；地方一般预算收入增长13%；万元生产总值综合能耗下降4%，主要污染物排放量削减全面完成“十一五”规划目标；城市居民人均可支配收入增长 8%，农民人均纯收入增长 10%，城镇登记失业率控制在4.6%以内，居民消费价格涨幅控制在 3%左右。

（《重庆经济年鉴》编辑部根据武汉市有关资料整理）

2009年"成渝经济区"四川环渝区域市县经济发展状况

四川省达州市

一、2009年发展回顾

2009年，全市完成生产总值682.7亿元，增长14.2%；全社会固定资产投资545.3亿元，增长30.2%；社会消费品零售总额252.1亿元，增长18.8%；地方财政一般预算收入23.4亿元，增长19.4%；城镇居民人均可支配收入11103元，增长13.9%；农民人均纯收入4421元，增长7.9%；居民消费价格指数上涨0.1%；城镇新增就业3.1万人，城镇登记失业率4.2%；人口自然增长率3.27‰。

(一)积极应对复杂多变的经济形势

年初，面对国际金融危机的严重影响，市委市政府及时出台扩内需、保增长的11条政策措施，研究落实扩大投资消费、实施全民创业等12项具体办法，取消和停征139项行政事业性收费，为促进经济增长提供了有效保障；上半年，经济增速逐月下滑，市政府安排专项资金帮助企业解困和发放加班补贴，加强煤、电、油、气、运等生产要素的调度，推进银企对接破解资金瓶颈，全市经济实现止滑回升向好发展。大力开展"项目会战年"活动，争取中央新增投资9亿元，金融机构新增贷款为上年的2.1倍，落实项目用地为上年的3.3倍。达成铁路扩能、襄渝铁路二线竣工通车，达陕高速公路、城市过境公路、国省干线改造加快推进，达万高速公路、达巴高速公路、城万快速通道、达巴铁路、达万铁路电气化改造开工建设，普光天然气净化厂、齐鲁石化、达钢高速线材、渠县华新水泥、大竹利森水泥等项目建成投产，香港玖源、汇鑫能源、达钢二甲醚等项目已具投产条件。

(二)着力加快结构调整转变发展方式

三次产业比调整为26:45:29，首次实现二三一结构。全市支农专项资金支出16.7亿元、增加3.9亿元。建立水稻、玉米、油菜等高产示范片85个15.8万亩，粮食总产296.1万吨、增长2.3%，实现连续3年增产。建设畜禽规模养殖小区394个，主要畜禽品种规模养殖率达43%。出栏生猪624.1万头，肉类总产69.1万吨，分别增长2.9%和3.2%。市级及以上农业产业化龙头企业达到78家，农民专业合作社达到268个。劳务培训12.9万人(次)，劳务输转178万人(次)，劳务收入127亿元。完成工业投入313.2亿元、增长38.7%，其中技改投入140.8亿元、增长50.1%。新增规模以上工业企业51家，销售收入超亿元企业达到190家，达钢销售收入突破百亿元。规模以上工业增加值249.2亿元，增长26%。市天然气能源化工产业区和大竹产业区纳入省1525工程。培育国家级创新型企业1家、省级20家，创建省级重点实验室1个，实现新产品产值207.1亿元、增长48.9%。实现服务业增加值195.6亿元、增长11.6%。启动建设秦巴物流园区、化工园区物流港等商贸物流重点项目11个，完成投资13亿元。新建农家店767个，沃尔玛、摩尔百盛等知名企业入驻达州。大力推进家电、汽车、摩托车下乡，实现销售额5.8亿元。圆满举办市第二届旅发大会、第四届乡村旅游节，大巴山国家地质公园成功申报，真佛山创4A景区通过国检，红军文化陈列馆建成开馆。接待游客737万人(次)，实现旅游综合收入35.5亿元。关停淘汰落后水泥产能70万吨、小火电43.3万千瓦，限期治理工业企业14家、规模化畜禽养殖企业8家，新增日处理污水能力2.5万吨。初步测算，单位生产总值能耗下降6.6%，化学需氧量和二氧化硫排放量分别下降5.8%和1.6%。

(三)大力促进城乡统筹发展

全市城镇化率达到32.3%，提高1.5个百分点。加快城乡规划编制，达州市城市总体规划修编完成待批,中心城区山体保护、州河两岸滨水等专项规划抓紧编制,完成村镇规划编制114个。严格城乡规划管理,严肃查处违规建设行为。加快中心城区建设,金龙大桥、凤凰山隧道等27个项目全面完工,黄家坝州河大桥、野茅溪大桥、金龙大道北延线等11个项目加快建设。改善农村生产生活条件,启动建设"新农村"示范村101个,实施扶贫整村推进项目52个。建成通乡油(水泥)路1178公里、通村公路3400公里,乡、村通油(水泥)路率分别达到97%和48.5%。整治病险水库42座,新建微水工程3381处,治理旱山村23个,新增有效灌面2.9万亩。实施红层找水打井2.3万口,新解决25.1万人饮水安全。建成农户小粮仓4508个。新建沼气池3万口。整理土地6.7万亩,建设高标准农田2.9万亩。完成营造林31.5万亩,治理水土流失面积149平方公里。推进城乡环境综合治理,铺装人行道17.4万平方米,硬化小街小巷10.6万平方米,新建改造农贸市场162个,新建城乡公厕852座、垃圾收集设施2638个,建成停车场1043个,新增城市保洁人员1.26万名。达州市荣获全省城乡环境综合治理先进市(州)第四名。

(四)不断深化改革扩大开放

加快推进国企改革,达棉总厂等16户企业改革基本结束。民营经济占生产总值的比重达到50.6%。推进资源要素市场化改革,争取建立天然气资源开发利益补偿机制取得新进展。强化投融资体制改革,组建达州发展(控股)有限责任公司,成立达州市商业银行,农业银行和农村信用社改革取得阶段性成果。扶持县域经济加快发展,认真开展通川区统筹城乡试点。全面完成乡镇机构改革。基本完成集体林权制度主体改革。着力推进全方位开放合作,设置驻外投资促进机构,成功举办中国能源化工高峰论坛、中国中西部经济协作区第二十二届全体会议暨第二届秦巴地区(达州)商品交易会,组团参加西博会、渝洽会等大型经贸活动。招商引资到位资金223.7亿元,增长18.2%。外贸出口增长52.5%。

(五)扎实推进以改善民生为重点的社会建设

深入实施"八项民生工程",投入建设资金39.7亿元。下岗失业人员和失地无业农民实现再就业1.6万人,"4050"人员等就业困难对象实现再就业0.48万人,城镇零就业家庭实现动态清零。城镇职工养老保险、城镇居民医疗保险实现市级统筹,将40558名城镇集体企业超龄人员和老知青、10118名老工伤人员、15845名关闭破产国企退休职工、12500名大学生和城镇中小学生,分别纳入养老、工伤、医疗等保险范围。启动宣汉县新型农村养老保险试点。新型农村合作医疗参合率达到96.2%,农民受益程度提高8个百分点。发放低保资金4.6亿元,城乡低保月均补差(助)标准分别提高到142元和55元。投入医疗救助资金7316万元。新(改、扩)建敬老院35所。新建廉租住房4688套,发放租赁补贴10383户。拨付"两免一补"等专项资金7.3亿元。实施校舍安全工程624个,完成投资4.8亿元。通川区八中迁建和通川区一小西外新校区启动建设,市工读学校建成使用。接收藏区"9+3"免费职业教育学生545名。新建"留守学生之家"104个。义务教育学校教师绩效工资全面落实。实施卫生基础设施建设项目117个,完成投资9650万元。艾滋病、甲型H1N1流感等重大疫病防控工作卓有成效。"健康快车"免费帮助1187名白内障患者重见光明。建成文化信息资源共享工程县级支中心3个、乡镇综合文化站79个、农家书屋900家,实施广播电视"村村通"工程8881个。新建"农民体育健身工程"127个、全民健身路径51条,成功创建全国青少年校园足球活动试点城市。计划生育奖励、扶助政策惠及27万家庭,69个乡镇中心服务站全面完工。有力开展防灾减灾救灾工作,应急处突能力不断增强。成功应对"6.18"、"7.11"暴雨洪灾,完成灾后农房重建5988户,受灾无房户全部搬进新居。

二、发展中存在的问题

一是经济发展的深层次、结构性矛盾突出,结构调整压力较大,节能减排任务艰巨;二是农业基础薄弱,农村基础设施建设滞后,农民增收乏力,统筹城乡发展任重道远;三是项目投资缺乏后续支撑,民间投资仍处低位,保持投资持续增长难度很大。

三、2010年发展目标

2010年是有效应对国际金融危机冲击、巩固经济回升基础、奠基“十二五”发展的关键之年。全市主要预期目标是:生产总值增长12%。全社会固定资产投资增长10%。社会消费品零售总额增长13%。地方财政一般预算收入增长13%。城镇居民人均可支配收入增长12%,农民人均纯收入增长10%。居民消费价格总水平涨幅3%左右。城镇新增就业2.6万人,城镇登记失业率控制在4.1%以内。人口自然增长率控制在4.5‰以内。

(达州市政府办公室)

四川省达州市开江县

一、2009年发展回顾

(一)经济社会发展综合实力全面提升

全年GDP完成53.59亿元,同比增长12.3%,其中,第一产业实现增加值18.62亿元,同比增长3.4%,第二产业增加值18.68亿元,同比增长20.6%,第三产业增加值16.29亿元,同比增长16.4 %,三次产业结构比为34.79:34.85:30.36;全社会固定资产投资38.07亿元,同比增长35 %;财政一般预算收入15292万元,同比增长20%;社会消费品零售总额20.42亿元,同比增长18 %;规模以上工业增加值7.86亿元,同比增长28%;农民人均纯收入4589元,增加350元;城镇居民人均可支配收入10277元,增加1400元。

(二)重点项目建设加速推进

按照“对上争取、对外引进、对内激活、对下放权”的工作思路,实行“一个县级领导牵头、一个部门主管、一套班子运行”的推进机制,切实加快重点项目建设。一是着力对上争取。争取2008年和2009年新增中央投资项目56个,总投资13740.4万元,并全部开工建设。84个灾后重建项目完成投资31463万元,竣工项目40个。二是着力对外引进。精心挑选一批有特色、有潜力、有市场的产业项目,分批组织到长三角、珠三角及成渝等地开展小分队招商和学习考察活动。共引进项目45个,到位资金12.15亿元。三是着力对内激活。充分发挥融资平台作用,成功融资“两河”治理及土地整理项目资金8000万元,争取国债资金3000万元,与农业银行签定普安工业园区和达万高速公路开江段征地拆迁2个项目授信额度达1.8亿元。8家市级金融机构向我县授信总额度达47.49亿元,县级金融机构与23个企业33个项目现场签订5.65亿元银企合作意向书,已落实资金1.58亿元。通过城市拆迁和环境打造,实现城市土地经营收益1.3亿元。四是着力对下放权。探索建立“三个一”的重点项目推进机制、综合目标约束激励机制和财力保障机制,出台了17条放手放权激发乡镇发展活力的措施和7条鼓励企业进入工业园区的优惠政策,为各类投资主体营造良好的发展环境。

(三)环境治理纵深推进

按照“突出治脏、集中治乱、逐步治差”的工作思路和“清洁、整齐、优美”的工作目标,强力推进城乡环境综合治理工作。一是突出治脏。坚持领导包片、部门包街和机关单位周五大扫除制度,城镇主街24小时保洁、街面定时冲洗、垃圾快清快运,小街小巷和城郊结合部普遍实行专业保洁公司保洁,脏的问题基本解决。二是集中治乱。集中整治城区交通秩序和专业市场,依法取缔了城区非法改装的人力三轮车和电动三轮车非法营运,车乱停、人乱行、摊乱摆、垃圾乱丢、广告乱贴等顽疾得到有效遏制,乡镇场镇撑杆搭蓬、占道经营等突出问题得到初步治理。三是逐步治差。加快城乡基础设施建设,强力实施乡镇的场镇道路、人行道、下水道等综合整治,大修开任路、普灵路等主干道路,小街小巷整治37条、硬化63条、黑化3万余平方米。打造川东特色民居28.6万平方米,改造城区综合农贸市场,整治小家禽交易市场,在永兴镇率先建成全市第一个标准化农贸市场和乡镇污水处理场,城乡人居环境日益改善。四是从重问责。加强督查督办和干部问责力度,对全县7个乡镇、78个责任单位通报批评并限期整改,公开曝光5名挂包县级领导,停职2名乡镇正职、2名乡镇副职。

(四)城乡面貌明显改善

城市建设取得新突破。全面启动实施了城普大道、橄榄大道、东西干道、环城东路等4条干道建设改造工程,中等城市主骨架基本形成。完成橄榄广场一期建设和城区夜景、"两河"沿岸景观打造,维修加固城区桥梁7座,硬化、彩化城区街道、人行道14.3万平方米,叉街小巷得到全面治理;深入开展"园林单位、园林小区"创建活动,建成区绿化面积达55.28万平方米,人均绿地面积达7.37平方米。成功举办新型城镇化、房地产发展论坛暨首届房地产交易会,出台促进房地产业健康发展的系列措施,完成房地产投资1.70亿元,商品房开发20.9万平方米。大力推进新型城镇化步伐,切实加强农房规划建设管理工作,全县城镇化率达31.70%。狠抓城市经营管理工作,坚持集中整治与日常管理相结合、"疏堵'结合的城市管理模式,突出重点、难点、热点,抓好重点部位、重点地段、重点时段的管理。加大对城区秩序和市容环境卫生的监督和管理,进一步落实了"门前五包"秩序的管理。实现了城市清洁化、秩序化、优美化、制度化。2009年实现经营城市收入1.35亿元。

(五)对外开放不断扩大

全面实施"主融重庆、西联成都、东引沿海、互动周边"的开放战略,充分利用驻杭办、广东四川商会、广东开江商会、旅渝乡友会、旅蓉乡友会和友好区(镇)的平台,加快融入重庆的步伐,发展配套产业加工基地,积极承接珠三角、长三角、环渤海经济圈产业梯度转移。进一步创造条件,加大对资源开发型企业、商贸物流企业和农产品加工企业的招商引资力度,争取引进环保型、劳动密集型和高新技术企业落户开江,努力形成了多层次、多领域、多形式的多元化对外开放和招商引资新格局。2009年共引进项目51个,到位资金14亿元,同比增长21%。引进项目主要有年产20万吨商品混凝土生产线、10万亩油桐种植基地及产业化开发项目、天然蚕丝家纺等。

(六)商贸流通繁荣活跃

全力构建大流通、大开放、大招商和大市场新格局,2009年实现社会消费品零售总额20.42亿元,对外贸易出口250万美元,完成外派劳务100人次。借助"四川·开江2009首届巴山平原旅游节"的平台,成功举办了"四川·开江2009首届巴山平原特色商品展销会"、"四川·开江2009首届巴山平原美食节"、"2009四川·开江金秋欢乐啤酒节"。特色商品展销会上参展企业70家,展出品种2000余个,实现现场交易额580余万元,合同交易额1.5亿元。成功召开了推进新型城镇化暨房地产业发展论坛、房地产交易会,房地产市场健康发展。商贸物流体系逐步健全,特色美食街、美食城基本建成。"万村千乡"市场工程深入实施,2009年新建万村千乡农家店85个,全县达到580个,实现了乡镇村全覆盖;2009年"家电下乡"销售数量39525台、销售额6007万元,兑现补贴809万元。

(七)园区建设大马力推进

大力发展园区经济,打造主导产业集群,有力推动了全县产业经济发展的步伐。占地面积4.3平方公里的普安工业集中发展区已建成区内东西、南北两条总长1484米的主干道,并进行了硬化、黑化、亮化、彩化和绿化,修建了园区大门和围墙,铺设了水、电、气、通信等设施管线,完成了园区信息化平台建设,累计完成投资

2200多万元，已有6户企业成功入驻，另有10余户企业及项目已与园区管委会签订了合作协议，并递交了入园申请。现代农业园区建设展现新貌。普安现代农业园区已形成以蔬菜为主导的优势产业，推广蔬菜新品种30余个，引进业主26人，租赁土地发展蔬菜3480亩，带动农户1364户，联系农户2958户，促进农民人均增收500元，构建起了"企业+合作社+基地"的生产经营模式。核心区内通过整合农村公路、以工代赈、农业综合开发、人饮工程等项目资金，硬化村组道路27.8公里，连户路、园区生产路35.1公里；普安观光农业园区，突出与金山寺旅游景区建设相结合，引进业主打造观光农业350亩，修建观光路3500米，落实标准粮田建设项目规划3000亩；广福现代农业科技示范园建设正全面推进，现已落实特色水产养殖500亩，低山茶叶100亩、莲藕50亩的示范种植；开江县生态循环农业科技示范园区已拟定具体实施方案，园区公路、生产路、田间渠道等基础设施已启动实施。

(八)旅游业快速发展

2009年成功举办了达州市第四届乡村旅游节暨首届巴山平原旅游节。科学编制了《金山寺旅游景区修建性详细规划》、《金马山公园广场入口区控制性详细规划》和《宝泉塔控制性详细规划》。强化行、游、住、食、购、娱"六要素"不断完善旅游配套设施建设，精心打造了"五条精品旅游线路"。全面完成了金马山公园开发、飞云温泉扩建、金山寺维修、明月湖景观打造、峨城山、牛山寺景区道路建设等基础工程建设，使五大景点功能更加完善，吸引力进一步增强。加强与周边重点旅游地的联合开发，大力拓展达州、开县、梁平、万州等临近地区旅游市场，积极参与川、渝、陕、鄂三省一市旅游开发大联合，发展和巩固了区域旅游客源大市场。并把"五条精品旅游线路"和城市夜景及"两河"景观一小时游不断推向市场。全年接待游客286.3万人次，实现旅游总收入4.65亿元，同比增长33%。

(九)新农村建设日新月异

按照"生产发展、生活宽裕、乡风文明、村容整洁、管理民主"20字要求，继续实施好了达州市"1733"示范工程和新农村"14497"示范工程，即：示范片1个、示范镇(甘棠镇)1个、市级示范村4个、市级完善提高村4个、县级示范村9个和7个乡镇示范村，取得了显著的成效。全县共投入资金9415.6万元，其中整合涉农项目资金5241.9万元，本级财政投入1547.1万元，完成特色产业基地建设29030亩，建畜禽规模养殖场125个，其中4个新建的市级示范村种植大棚蔬菜3600亩，种植葛根2300亩，栽植良桑3000亩，新发展优质椪柑2500亩，补植银杏800亩，改造低产油橄榄500亩。硬化村组公路69公里，新建生产和通户便民路113.99公里，硬化院坝37.4万平米，新(改)建维修村活动室20个，新建沼气池3500口，完成"四改户"1886户。结合农村环境综合整治，集中打造川东民居工程4800户。农村经济得到快速发展，农民生产生活条件日益改善，新农村建设取得了显著成效。

(十)社会事业全面发展

一是"科教兴县"扎实推进。大力实施"教育振兴计划"，加快校点布局调整。2009年共为91656名学生免除杂费，为10645名贫困寄宿生发放生活补助405万元。新(改)建农村寄宿制学校5所，改造中小学危房1.84万平方米，完成2个综合乡镇文化站和60个农家书屋硬件设施建设。二是卫生工作成效显著。巩固完善新型农村合作医疗制度，全县参合农民达480826人，参合率98.1%，基金使用率达92%；有力有序处置甲型H1N1流感疫情，传染疾病预防控制成效明显；公共卫生体系不断健全，对县妇幼保健院、普安卫生院等5个乡镇卫生院实施了改(扩)建；深入开展爱国卫生运动，扎实开展了创建省级卫生城市活动。三是体育、广播电视等事业蓬勃发展。积极开展全民健身活动，先后举办了乡镇男子篮球赛、建国60周年运动会等活动。完成"村村通"建设点905个，新增有线电视用户3800户。四是基本国策得到落实。人口计生工作强力推进，09年度出生人口6923人，自然增长率5.1‰，计划生育率达84.11%,全面兑现独生子女父母奖励金,扩建5个计生服务中心,新增计划生育"三结合"帮扶户265户。环境保护力度加大,对开丰煤矿、长田凤凰坝煤矿、回龙机焦、达开水泥等企业污染源进行了限期整改,加强了对"两库、两河"饮用水源的长效监管和保护。国土资源管理不断强化,深入开展土地矿产市场治理整顿,加强地质灾害防治工作,综合治理水土流失面积30平方公里。

二、发展中存在的问题

一是经济结构性矛盾突出。从三次产业看,一产业比重分别高于全省、全市14、6个百分点,二产业比重分别低于省、市13、8个百分点,三产业略高于全市平均水平,但仍低于全省5个百分点;从产业内部结构来看,传统五金、煤炭产业占全部工业产值的比重较大,工业经济缺少新增重大工业项目的带动。在建的工业技改项目中,技术创新投入比重低,仅占总投资的2.3 %,工业项目有效投入不足。二是投资缺乏重大项目支撑。我县"四个一批"重点建设项目基本是农、林、水利、基础设施建设项目,且规模小、起点低,缺乏真正意义上具有支撑作用的产业化大项目。三是财政收支矛盾突出。财源结构单一,税源贫乏,特别是受煤炭价格下滑、产能下降等因素的制约,全县税收性收入增长乏力。四是城乡基础设施仍然较为薄弱,投入力度还需进一步加大。五是社会工作面临新情况,和谐社会建设仍需加强。

三、2010年发展目标

2010年的经济社会发展总体思路是:认真贯彻党的十七大和十七届三中、四中全会精神,中央和省、市经济工作会议精神,以邓小平理论和"三个代表"重要思想为指导,深入实践科学发展观,紧紧围绕"12345"的总体发展思路和县委十一届四次党代会的总体要求,转变经济发展方式,加快产业结构调整,做大做强优势产业,改善城乡基础设施和发展环境,推进"新型工业化、新型城镇化、农业现代化"进程,努力增加城乡居民收入,不断提高经济社会发展质量,圆满完成"十一五"规划目标,为"十二五"时期发展打下良好基础。

2010年的预期发展目标:地区生产总值确保增长12%;财政一般预算收入确保增长15%;全社会固定资产投资确保增长25%;规模以上工业增加值确保增长20%;社会消费品零售总额确保增长18%;万元GDP综合能耗下降4.5%,全社会化学需氧量和二氧化硫排放量控制在2009年水平;农民人均纯收入确保增长8%;城镇居民人均可支配收入确保增长10%;城镇登记失业率控制在4.5%以内;人口自然增长率控制在5‰以内。

(开江县政府办公室)

四川省达州市渠县

一、2009年发展回顾

(一)经济结构不断优化,综合实力明显增强

2009年全县生产总值完成108.68亿元,同比增长14.2%,其中,一产业增加值34.69亿元、二产业增加值43.33亿元、三产业增加值30.64亿元,同比分别增长3.9%、26.2%、10.9%;三次产业结构调整为31.9:39.9:28.2。规模以上工业增加值实现34.36亿元,同比增长26.6%;社会固定资产投资完成80.1亿元,同比增长35.8%;社会消费品零售总额实现43.23亿元,同比增长18.8%;县级财政一般预算收入完成2.366亿元,同比增长18.6%;县级财政一般预算支出完成19.74亿元,同比增长13.1%;农民人均纯收入

4615 元，同比增加 350 元；城镇居民人均可支配收入 10929 元，同比增加 1401 元；民营经济增加值 54.5 亿元，同比增长 18.3%。

(二)工业经济不断壮大，骨干支撑更加凸显

推出《促进工业经济发展十条措施》、《促进民营经济八条措施》、《工业止滑提速八条措施》，完成县级工业发展"1+4"规划(工业园控制性规划，电力、建材、食品、盐化工四大优势产业规划)，研究论证 13 条产业链，包装推介 36 个工业项目，纵深推进工业强县战略。一是工业园区初见规模。工业园"一区两园"总体规划面积 20.58 平方公里，工业园集中区规划面积 2.41 平方公里。目前已全面完成水电气和通信迁改铺设，基本结束场地平整和安置房 A 区建设，园区 4、9 号道路完成硬化及绿化，3 号路正在硬化，安置房 B 区正在修建。宕府王、润乾实业、濛山天一、蓉生血浆等企业相继入驻，另有 20 家企业向工业园管委会递交了入园申请，意向性投资超过 10 亿元。二是优势产业竞相发展。煤电、建材、盐化、食品等具有地方特色的工业体系已基本形成。有煤炭生产企业 15 家，年产煤能力 70 万吨，产值约 2 亿元，目前，年生产能力 45 万吨的龙门峡北矿正加快建设，到 2009 年全县年发电量约 43 亿千瓦时，产值约 11.2 亿元。年产水泥 110 万吨，纸面石膏板 2000 万平方米，铸石 5000 吨。生猪屠宰加工 100 万头，食醋生产 5000 吨，红薯精淀粉 1 万吨。盐化工业主要产品有工业用盐，加碘食用盐及腌制盐，产值约 1 亿元。三是骨干企业逐步壮大。2009 年，全县规模以上工业企业达 49 户，比"十五"期末净增 23 户，培育了华电、川水、龙强建材、川东铸石、华升食品、八仙桥食品、天渠盐化等一大批骨干企业，工业总产值超亿元的企业达 23 户。

(三)现代农业不断发展，农村面貌日新月异

认真落实国家惠农支农政策，促进农村经济全面发展。一是产业化经营长足发展。现代农业示范园建设有序推进，全县建成"一乡一业"专业乡 5 个，"一村一品"专业村 40 个，省、市级农业产业化龙头企业 12 家，三板大石村、清溪场镇白花村进入省 200 强"一村一品"示范村。发展优质稻订单种植 40 余万亩，优质薯类 18 万亩，扩繁黄花 4 万亩，种植水果 13.6 万亩、药材 1.3 万亩、花椒 1 万亩、蔬菜 20 万亩。成功列入省级现代畜牧业示范县，全县生猪规模养殖场 1109 户，家禽养殖场 1000 户，2009 年全县出栏生猪 128.9 万头，畜牧经济总产值达 30.4 亿元，占农业总产值的 53.6%。2007 年我县被命名为"中国黄花之乡"，2008 年以来，"宕府王"、"渠县黄花"、"渠县柑桔"、"绿明大米"、"八仙桥牌冻猪分割肉"分别荣获"四川省著名商标"、"无公害农产品"、"优势特色效益农业"等殊荣。二是新农村建设扎实推进。启动了省级试点示范村 3 个、市级示范村 15 个、市级完善提高村 15 个、市级示范乡镇 3 个、市级新农村建设示范片 2 个、县级示范村 82 个。渠县中滩——望江一线 8 乡 24 村新农村建设成功列入省级新农村示范片。截至目前，全县新(改)建经济园池 113 万亩，新建蓄水池 2342 口，新建人畜饮水工程 3240 处、饮水井 17340 口，解决了 6.5 万人、4 万头牲畜饮水困难。完成户办工程 64292 户，新建沼汽池 16066 口，硬化村道公路 465 公里，硬化便民路 706 公里，硬化院坝 2771 万平方米，新(改)建房屋 17742 户，改厨改厕改圈 32848 户，新(改)建村级卫生站 321 所，新(改)建村支部活动室 136 个。三是劳务经济加快发展。劳务开发总人数 2009 年达到 39.8 万人次，劳务总收入 27.6 亿元，农村劳动力技能型人才培训 2.14 万人次，回乡创业人员 3500 人，兴办企业 40 个。

(四)第三产业稳定增长，商贸旅游加快发展

全县三产业增加值年均增长 11.1%，2009 年实现增加值达到 30.64 亿元，保持稳定增长态势。一是市场体系日趋完善。启动了城市商业网点规划，培育了年销售额上亿元的流通骨干企业 2 家；新增规模以上流通企业 5 家；新建农贸市场 8 个。建成"万村千乡"市场工程农家店 850 余家，"家电下乡"销售网点 274 家。二是旅游产业加快发展。实施旅游精品战略，龙潭风景区已完成一期开发工程，开发游览面积 10 余平方公

里，游览景点50多个，2008年成功创建为国家AAA级旅游区，正加快AAAA级风景区创建步伐。目前，全县有国内旅行社3家；四星级宾馆1家，二星级宾馆1家，在建城市休闲景区1处，民间开发景点15处，农家乐接待点上百家。2009年接待游客108万人次，实现旅游收入5.3亿元。三是其他服务业稳步发展。住宿餐饮、居民服务业和保险、电信、中介服务、电子购物、信息产业等生活服务业稳步发展。

(五)城市规模不断拓展，滨江县城初具雏形

2009年城市建成区面积达到5平方公里，居住人口达到18万，分别比"十五"末期增加1.2平方公里、1.7万人。一是城市规划进一步完善。完成东城区5平方公里和西城区7平方公里修建性详细规划修编工作，加上1.2平方公里马鞍山公园规划和2.5平方公里工业园集中区规划，渠城控制性详细规划面积达到15.7平方公里，城市近期规划区控制性详细规划覆盖率达到95%，较"十五"末期提高了55.5个百分点。二是旧城整治、新区开发进一步推进。投入1000多万元整治老街小巷，顺利推进西区一期、二期工程，建成了川东北最大的城市广场——万兴广场。强力推进东区开发，东区一期项目626.36亩，已完成市政基础设施62%，建成商品房22万平方米。三是城市功能、人居环境进一步改善。建成城市生活垃圾处理厂、改造城市供水管网17公里，东城区堤防工程和西城区堤防工程于2008年完工。全面启动西岸堤防二期延伸至渠中工程、四星级大酒店、渠江二桥、生活污水处理厂。整体推进城乡环境综合治理，大力实施净化、绿化、美化、亮化和居民行为规范化"五大工程"，城乡环境初步实现了"干净、整洁、规范、有序"目标，荣获全省城乡环境综合治理先进县(市、区)一等奖。

(六)项目建设强势推进，经济发展后劲增强

扎实开展"项目攻坚年"活动，积极推进"四个一批"重点项目。编制完成了"重大投资项目、中央投资项目、招商引资项目"等项目储备库，涉及基础设施、优势产业、民生工程、环保节能等重大项目158个。实施超1000万元项目36个，完成投资21亿元；新开工重大项目13个，实现年度投资6.8亿元。一大批改善民生、优化环境的重点项目扎实推进，项目拉动作用更加凸显，对经济的贡献率达86%以上。整合部门力量，"打捆"争取国家投资项目119个，获得各类专项资金7.4亿元。成功列入"省级新农村建设示范县、现代农业特色产业强县、小型农田水利项目县、现代畜牧业重点县"，取得了项目和资金争取达州市第一的优异成绩。一是交通建设进展加快。望(溪)石(梯)公路、三(汇)涌(兴)公路改建工程全面完工，临巴(华蓥山发电厂)至渠县火车站公路9.8公里完成路基工程，国道318线渠县段整治工程全面完成。全县建成通乡油路249公里，通乡公路1100公里，基本实现"乡乡镇镇通油路、80%的村通水泥路"的目标。完工有庆、宝城等11个乡镇客运站，渠县中心汽车客运站已完成主体工程。加大了南渠梁高速路项目工作力度，有望2010年开工建设，支持配合铁路复线建设，襄渝二线、达成复线如期实现提速营运。二是水利建设深入推进。全县新建渠道53公里，新建蓄水池1780口，新建人畜饮水工程3240处(含分散打井)，动工整治病险水库73座，完工70座；新增蓄水量370万立方米，新增有效灌溉面积3万亩，新增节水工程35处，新增节水灌溉面积1万余亩。三是清洁能源广泛应用。全县地方电网完善工程完成投资1235万元，新建及改造10千伏配电线路94公里，低压线路423公里，配电台区88处，实现一户一表4万户。地方电力发电装机容量达到1.2万千瓦，年发电量2亿千瓦时；天然气年供气量1300万立方米，全县累计建沼气池16066口。四是通讯网络不断完善。全县电话固定电话用户13.2万户，移动电话用户35.6万户，乡镇互联网业务全部开通，互联网注册上网用户3.04万户。

(七)各项改革纵深推进，对外开放不断拓展

积极推行事业单位岗位设置，全面完成机构和人员实名制管理。稳妥推进乡镇机构改革，全县乡镇行政和事业编制共减少548名。深入

推进“两集中、两到位”，精简行政审批事项170项。成立政务服务中心，全面建成60个乡镇便民服务中心。切实推进机关事业单位工资改革，全面兑现公务员津补贴和义务教育阶段教师绩效工资。整合部门执法权力，创新开展城市管理集中执法，城市行政执法局顺利获批组建。加速推进水务一体化改革，多项涉水公共服务得到优化。集体林权制度改革主体工程全面完成。强力推进国有企业改革，全面启动13家企业改制程序，变现资产5602万元，安置职工978人。

积极承接产业转移，努力扩大对外开放。加快融入重庆发展，同重庆市大渡口区缔结为友好县区。招商领域不断拓展，引资力度不断提升。制定出台《招商引资奖励办法》、《招商引资绩效管理》等政策措施，进一步激发了干部群众招商引资的热情。组团参加西博会、渝洽会、乌洽会、厦洽会、秦交会、珠洽会等重要招商活动，积极拓宽外贸“绿色通道”，新增出口获权企业3户，全县累计发展到18户，自营出口创汇889万美元。积极开发海外劳务市场，全年共外派劳务620人次。

(八)民生难题有效改善，社会事业蓬勃发展

大力实施素质教育，整体提高办学水平，2009年全县高考本科上线2635人，位居全市前茅，基础教育进一步加强，全县拥有各级各类学校457所，在校学生人数249431人，专职教师9500人。新型农村合作医疗制度基本建立，开通报账直通车，实行五天办结制，累计发放补助基金14649万元，受益农民187万人次。申报国家级星火计划项目2项、省级科技支撑项目10项、国家专利48件，创建成为省级科普示范县、国家科技进步县。建立了100余个文化社区文化活动室，82个“农家书屋”，“三汇彩亭”、“刘氏竹编”列入国家非物质文化遗产保护名录。实施20户以上自然村广播电视“村村通”项目598个点，广播电视综合覆盖率达98%，有线广播电视用户达20.6户，直播卫星400个点。通过实施“就业促进民生工程”全县实现就业和再就业13713万人，妥善安置国有企业改制职工5283人。“五项社会保险”参保24万人，发放保险待遇3.47亿元。养老保险体系基本形成，全县52580人相继受益。城乡低保74822人，农村五保户集中供养率达18.3%，实现了动态管理下的“应保尽保”。开工建设城镇“两房”420套21000平方米，城镇人均居住建筑面积达到35平方米。信访工作深入开展，信访总量持续下降。成功创建成为“省级平安县”。

二、发展中存在的问题

发展慢、发展难、发展不足，是渠县最大的实际；人口多、项目少、交通差、财政难，是渠县最大的县情；从经济数据看，尽管指标增幅处于高位，但经济总量仍然不大；从产业结构看，工业比重快速上升，但农业份额仍然过重；从发展质量看，财税收入结构不优，人均财力较弱；从发展基础看，县域经济缺乏大项目、大企业支持，骨干项目建设仍然比较滞后，由于经济基础比较薄弱，服务业、社会社会事业发展缓慢的现状短期仍然难以改变。

三、2010年发展目标

全县生产总值增长12.5%，规模以上工业增加值增长23 %，全社会固定资产投资增长25%，社会消费品零售总额增长16 %，民营经济增加值增长15%，地方财政一般预算收入增长18%，农民人均纯收入增加472元以上，城镇居民人均可支配收入增加1311元以上，招商引资到位资金达到31亿元。

(渠县政府办公室)

四川省达州市大竹县

一、2009 年发展回顾

2009 年，全县实现 GDP131.2 亿元，同比(下同)增长 14.7%；规模以上工业增加值 51.8 亿元，增长 27.9%；全社会固定资产投资 83.05 亿元，增长 37.9%；社会消费品零售总额 37.74 亿元，增长 19%；地方财政一般预算收入 3.49 亿元，同口径增长 27.01%；城镇居民人均可支配收入 11237 元，增加 1620 元；农民人均纯收入 5100 元，增加 408 元。

(一)坚持以发展为第一要务，经济建设不断加强

项目建设开创新局面。2009 年，是编制储备项目最多、争取项目资金最多、项目建设推进最快的一年，全县在建投资上亿元项目达 32 个。编制 2009 年“四个一批”重点项目 234 个，储备项目 93 个。争取国家投资项目 308 个，到位资金 7 亿元，其中中央新增投资项目 98 个、1.6 亿元。招商引资履约项目 48 个，到位资金 36.7 亿元，投资 3.5 亿元的竹原纤维加工等项目落户大竹。投资 15 亿元的海螺水泥一期工程、投资 6.5 亿元的利森水泥、投资 1.98 亿元的沽竹水泥技改扩能等 17 个项目建成投产或试运行，投资 1.14 亿元的城市供气及燃气调峰工程等 17 个项目加快建设，川东电缆二期、鹏翔电子技改扩能等 47 个项目顺利开工，大竹经济发展后劲不足的局面进一步改善。

新型工业化取得新成效。促进工业发展“十二条措施”、振兴苎麻产业“六条措施”深入落实，大竹发展(控股)公司、工业集中区投资开发公司、技术创新中心相继成立，聚财投资担保中心注册资金增至 1 亿元，工业发展制约瓶颈逐步破解，全县规模以上工业企业达 99 户，新增 17 户。工业集中区建设加快推进，干道建成区面积达 3 平方公里，新入驻企业 10 户，成功跻身“四川省成长型特色产业园区”培育名单。川环科技成为全市首家“国家创新型试点企业”，川东电缆被认定为“国家高新技术企业”，玉竹麻业被列入“中国纺织服装竞争力 500 强企业”，东柳醪糟申报为“四川省企业技术中心”。

农业现代化再上新台阶。新农村建设稳步推进，竹黄示范片成功申报为省级新农村建设示范片，庙坝示范片成功申报为省级以工代赈新农村建设示范片。五大示范基地加快发展，蔬菜核心基地面积达 8300 亩，蚕桑基地面积达 8700 亩，新发展优质竹林 1.3 万亩、秦王桃 5600 亩、香椿 5000 亩。大竹被命名为“中国香椿第一县”，被确定为“国家优质商品猪战略保障基地县”，荣获“全国粮食生产先进县”称号。农田水利基本建设加快推进，竣工通村公路 436.6 公里，100%的乡镇、94%的村通水泥（油）路；硬(黑)化机耕道 44 公里，整治病险水库 12 座、山坪塘 335 口，红层找水打井 5981 口，解决 6.8 万人饮水安全，农村生产生活条件得到极大改善。荣获全市农田水利基本建设综合、林业、农机、交通等 4 个“甘露杯”。劳务开发成效明显，输转劳动力 30.2 万人次，实现劳务收入 21.9 亿元。

服务特色化迈出新步伐。“万村千乡”市场工程、“家电下乡”、“汽车、摩托车下乡”工程顺利实施，市场预测、价格监管和物资储备不断加强，城乡商贸流通繁荣稳定。清河古镇和五峰山国家级森林公园两大景区入选四川旅游系列主题新产品名单，首届庙坝寨峰秦王桃花节成功举办，东湖大酒店被评为“全省首批服务标准化试点单位”。财税、金融、保险等行业稳健运行。

环境资源保护取得新成效。整合煤矿 9 组，取缔非法非煤矿山 30 个。治理水土流失 26 平方公里，整理土地 900 公顷。集中式饮用水源水

质达标率95%。综合利用煤矸石、粉煤灰等废弃资源作为建材辅料,再生利用秸秆发展食用菌,“变废为宝”实现产值3800万元。科学治理畜禽养殖污染,年产沼气1089万方、有机肥2万吨。新发展循环经济企业17户。

(二)坚持以统筹发展为重点,城乡面貌不断改观

城乡建设加速推进。加快北城新区、东湖新城建设,完成城市基础设施建设投资1.5亿元,竣工巴蜀邑城、建设路南段等4个市政工程,实施北城干道、东湖广场一期工程等6个市政项目。启动西门片区旧城改造,推进北门片区旧城改造。新开工商品房66万平方米,竣工25万平方米。城市建成区达18平方公里。完成乡镇总规修编13个。出台《农房规划建设实施办法》,村镇建设秩序得到规范。小城镇建设加快发展,城镇化率达31%。推广农村建筑实用图集,示范引导建设农村居民集中居住点20个,华山村居民点建设模式在全市推广。投入1.56亿元,完成新农村建设“115511”工程。竹黄、庙坝示范片分别申报为省级新农村建设、省级以工代赈新农村建设示范片。

城乡基础日臻完善。完成国道城区段、竹垫路改造和云东大道C段建设,实施国道210、318线改造和断头联网路建设,新建乡镇汽车站4个,实现31%的行政村通客运。推广新型农机具624台(套),农业综合机械化水平达32%。新改建变电站3座,改造电网648千米。移动电话、固定电话普及率分别达37%、33%,广播电视综合覆盖率98.2%。

城乡环境明显改善。按照“改变习惯、改善基础、改变环境、改变风貌”的思路,全面推进城乡环境综合治理。人居环境得到改善。龙潭水库正式向城区供水。完成生态县建设规划和11个省级环境优美乡镇创建规划,建设省级人居环境治理示范村4个,硬化小街小巷19条。营造林地4000公顷,新增城镇绿地41.8公顷,森林覆盖率、城镇绿化率分别达35.3%、32%,创建成“四川省绿化模范县”。城乡风貌初显特色。编制城市形象整体策划、城市风貌规划、城市风貌整治规划。打造高速公路、国道、景区沿线和城区重要节点风貌,城乡面貌焕然一新。长效机制逐步健全。成立县、乡(镇)环境治理办和乡(镇)规划建设管理办公室。清扫保洁员、文明劝导员、城管协管员、交通协管员“四支队伍”建设得到加强。建立“十户联洁”、“庭院联洁”制,开展环境治理“七进”活动和农村“四讲”教育,居民环卫意识、公德意识得到增强。

(三)坚持以改善民生为根本,社会建设不断进步

民主政治建设全面加强。县委对人大、政协工作的领导不断加强,依法行政和基层民主不断深化。“五五”普法深入实施,公民法制观念、法律素质进一步提升。民兵预备役及驻军各项建设不断加强,国防动员应急能力得到提升。统战、群团工作扎实推进,服务和谐社会建设的合力不断凝聚。

民生质量不断改善。认真落实“8+3”民生工程,投入民生工程资金5.85亿元,惠及群众183万人次。城乡救助体系更加完善,贫困救助热线温暖万家,形成了独具大竹特色的“八大救助制度”;社会保障体系逐步健全,就业、再就业工作积极推进,养老、医疗、失业、工伤、生育等保障体系逐步完善,经济适用房、廉租房有效保障,城镇低保实现应保尽保,农村低保覆盖面进一步扩大;城镇居民基本医疗保险和被征地农民社会保障全面启动,城镇集体企业和返城知青超龄人员养老保险问题全面解决。

社会事业协调发展。科技富民计划深入实施,成功申报为“国家科技富民强县试点县”。义务教育“两免一补”全面落实,“9+3”免费职业教育有序推进,“五爱”德育主题活动扎实开展,县特殊教育学校竣工投入使用,高考六项考核指标居全市第一,被确定为“全国义务教育均衡发展督导试点县”。县中医院综合楼建设、乡镇卫生院和社区卫生服务站改扩建和新建扎实推进,新农合工作稳步实施,顺利通过“全国农村中医工作先进县”验收,被国务院防艾委表彰为第一轮优秀全国艾滋病综合防治示范区,科学

防控甲型H1N1流感,未发现一例确诊病例。群众性文化体育“四百”活动深入开展,文化站、农民健身工程和农家书屋建设稳步推进,顺利通过“全国文化先进县”复查。大竹中学被命名为“国家级青少年体育俱乐部”,庙坝镇被评为“全国群众体育先进单位”。计生服务不断加强,成功创建为“全国计划生育优质服务先进县”。广电、老龄工作等各项社会事业蓬勃发展。

社会大局安定和谐。“大接访”活动深入开展,“大调解”中心全面运行,各类矛盾得到及时妥善化解,建国60周年大庆等重点时段实现“零进京”、“零到省”目标,连续两年被省委、省政府表彰为维稳工作先进县。社会治安综合治理各项措施全面加强,“两所一庭”建设纵深推进,城市消防站建设全面启动,“打黑除恶”、“两抢一盗”等专项行动不断深化,成功打掉了29名涉恶犯罪团伙,群众安全感明显增强。安全生产、食品卫生、应急管理等工作进一步加强,全县未发生较大以上安全事故。

生态建设全面加强。节能减排深入实施,企业治污扎实推进,畜禽养殖污染治理力度加大,全民义务植树活动广泛开展,生态环境不断改善,成功创建为“全省绿化模范县”。

(四)坚持以改革创新为动力,发展活力不断增强

“十条意见”激发乡镇发展活力,极大地促进了县域经济社会加快发展。“十二条措施”破解工业发展制约瓶颈,吸引了海螺水泥、利森水泥等大批工业项目相继入驻。“八条意见”加快特困村脱贫步伐,累计投入资金2073万元,发展特色产业1.97万亩,硬化村组道路37.9公里,改造农房483户,全面完成“农网”改造和饮水工程,特困村人均纯收入增长540元,落后面貌明显改变。广泛开展农村“四讲”活动培育新型农民,农民群众的政策水平、法制观念、道德品质和对党的感恩之情不断增强,农村社会更加和谐稳定。机关效能建设不断深化,“三大系统”全面运行,“两集中两到位”落实有力,行政审批制度改革不断深化,政务服务体系基本建成,县域经济社会发展的软环境不断优化。科学机制推动新发展,建立健全国有土地拍卖、招投标管理、资金拨付等制度,不断深化“乡财县管乡用”和部门预算财政管理体制,顺利推行集体林权制度主体改革,完成规范公务员津补贴和义务教育阶段学校教师绩效工资改革,县域经济社会发展活力不断增强。

二、2011年发展目标

实现地区生产总值增长13%,规模以上工业增加值增长25%,地方财政一般预算收入增长15%,全社会固定资产投资增长25%,社会消费品零售总额增长16%,农民人均纯收入增长8%,城镇居民人均可支配收入增长10%,城镇登记失业率控制在4.3%以内,人口自然增长率控制在4‰以内,万元GDP综合能耗下降8%。

(大竹县政府办公室)

四川省广安市

一、2009 年发展回顾

2009 年,面对国际金融危机的严重影响,全市着力扩大内需,壮大产业经济,致力改善民生,扩大对外开放,全市经济保持平稳较快发展,实现生产总值 450.3 亿元,比上年增长 14.7%;全社会固定资产投资 299.2 亿元,增长 47.4%;财政一般预算总收入 31.2 亿元,增长 18.0%。

(一)着力化危为机,扩大内需成效明显

应对危机措施有力。先后出台加大财政扶持、搭建融资平台、保障发展要素等 9 条促进工业发展措施,加大信贷支持、实施税费帮扶、鼓励居民购房等 20 条促进发展房地产业措施,提供创业贷款、社保接续转移、开展就业培训等系列促进返乡农民工就业措施,支持建设骨干卖场、鼓励信用消费、举办节会活动等扩大市场消费措施。

项目争取扎实有效。紧紧抓住国家扩大内需、四川灾后重建等重大机遇,争取中省预算内无偿资金 5.45 亿元,新增建设用地指标 927 公顷。兰渝铁路广安境内"双线"走向方案及增设广安枣山货站获得国家批准,塑料光纤、恒立化工项目列为国家高新技术项目,市中医院成功立项并获国债支持。华蓥市列为全国资源枯竭城市,广安区、岳池县、邻水县纳入全省现代农业基地县、新农村示范片建设县,广安区、岳池县、邻水县、武胜县纳入全省现代畜牧业试点县。

重点建设进展顺利。全市 105 个重大项目建设完成投资 95.5 亿元。省道 304 线武胜城区过境段、岳池回龙水库病险整治等 42 个项目开工建设,新桥能源化工园区基础设施建设、龙门峡南矿新建等 44 个续建项目进展顺利,其中广安天然气储量勘探、蔡山洞煤矿瓦斯发电等 20 个项目基本竣工,升钟水库二期武胜灌区工程、广安现代粮食物流集中区建设等 19 个项目前期工作有序推进。

民间投资日趋活跃。政府资金引领作用和乘数效应充分显现,社会资金参与地方经济建设热情高涨,社会资金占全市固定资产投资的比重达到 56.2%。广安城区东南片区及邻水县、武胜县运用市场法则融资建设市政基础设施和工业园区收到良好效果。在优惠政策的引导下,房地产开发投资活跃,全市完成房地产开发投资 24.6 亿元,商品房销售 176.8 万平方米,实现建安和房地产税收 4.3 亿元,占地税收入的 37.6%。

(二)发展产业经济,总体实力持续提升

工业发展势头强劲。工业总量大幅增长,新增规模以上工业企业 55 户,新增亿元企业 41 户;全市工业实现总产值 416.6 亿元,增长 45.0%;利税总额 37.1 亿元,增长 77.6%。重大项目快速推进,59 个重大项目完成投资 60.7 亿元,川铁水泥、精铜加工等 26 个项目开工建设,诚信化工、银钢凸轮等 9 个项目进展顺利,先科冰箱、蓥峰水泥等 24 个项目竣工投产。工业园区迅猛发展,全市工业集中区新增面积 12 平方公里,新入园企业 72 户,集中区实现产值 225 亿元。现代企业制度建设步伐加快,华蓥山煤业、鑫福矿业、隆创动力、利森水泥列为全省重点上市培育企业。

农村经济持续增长。增收产业日益壮大,粮食总产 196.5 万吨,增长 2.2%,创历史新高,夺得全省首届粮食丰产杯;出栏生猪 525.5 万头,增长 4.0%;发展蔬菜 86.5 万亩,总产 176.2 万吨,增长 13.6%;新植柑桔 10.2 万亩,柑桔产量 26.5 万吨,增长 32.4%;草食畜禽、速生林竹、优质蚕桑、名优水产等特色产业加快发展;劳务产业稳定发展,实现劳务收入 82.2 亿元,增长

16.8%。产业化经营加快推进,培育形成亿元以上龙头企业19户,建成示范性农民专合组织135个。园区农业蓬勃发展,邻水县石滓—柳塘万亩脐橙高产示范园等6个现代农业示范园初步建成。

第三产业日益繁荣。旅游经济快速增长,邓小平故里创建国家5A级景区有序推进,华蓥山旅游区、宝箴塞景区开发建设步伐加快,“百万重庆?百万成都市民自驾游广安”活动引领强劲,全年接待游客857.4万人次,增长29.7%;旅游收入50.6亿元,增长33.1%。城乡市场日益活跃,广安电业局、市教育局等片区骨干商贸设施加紧建设,广安国际商业中心项目启动实施,西溪休闲风情街、岳池南宋文化街、武胜雪花啤酒街等特色街区快速发展。新建农家店800个,新增亿元商贸企业2户,新创省著名商标5件。市场秩序更加规范,物价保持基本稳定,汽车、住房等消费持续升温,实现社会消费品零售总额175.7亿元,增长18.7%。外贸经济逆势增长,出口创汇1.89亿美元,增长93%;利用外资307万美元,外派劳务2545人次。

财税金融运行平稳。地方财力不断增强,完成地方财政一般预算收入16.2亿元,增长21.1%;一般预算支出80.4亿元,增长35.7%。信贷支撑作用突出,金融机构各项存款余额532.1亿元,比年初增加103.8亿元;各项贷款余额204.7亿元,比年初增加46.7亿元;银企协议融资141.7亿元,银政战略协议融资335亿元;新获批小额贷款公司3家,新组建融资性担保公司3家,成都银行广安分行成立运营。华蓥市成功创建为全省首批“金融生态示范市”。保险业、证券业快速发展,保费收入增长29.4%,证券交易增长87.4%。

(三)深化改革开放,发展活力不断增强

对外合作取得突破。积极融入重庆一小时经济圈,重建广安市驻渝办事处,组建重庆广安商会和广安在渝乡友顾问团,与重庆两路寸滩保税港区及重庆市交委等16个部门签订合作框架协议;广渝快速通道纳入重庆路网建设规划,6条广渝连接公路启动建设,广安直达重庆江北机场的客运专线投入运营;建立市场准入登记互认制度,在重庆盘溪、杨家坪市场设立广安农产品专销窗口;承接重庆产业转移,引进项目280个,到位资金69.6亿元。借助重庆平台放大开放效应,加强与长三角、珠三角等发达地区的经贸合作,对外开放领域不断扩大。

招商引资再创佳绩。全市引进项目536个,到位资金206.1亿元,其中省外项目437个,到位资金152.4亿元,列入省政府考核的“三大招商活动”项目履约率、开工率、资金到位率居全省前列。“气化广安”项目、广安广东工业园开工奠基,引进卓泰集团兴办广安中职教育,与广州汽车工业集团签订加强合作框架协议,领创电子、宏盛机械、勇鹏食品、蓥康药业等一大批企业落户广安。

各项改革继续深化。乡镇机构和管理体制改革顺利完成,事业单位分类改革深入推进,医药卫生体制改革、农村土地确权颁证工作有序开展,畜牧兽医服务体系进一步完善,集体林权、粮食流通、水务管理等体制改革基本完成,行政审批和财政体制改革不断深化,义务教育学校教师绩效工资改革政策全面兑现,资源性产品价格改革和增值税转型改革稳步实施,邻水县、武胜县列为全省第二批扩权强县试点县。统筹城乡综合配套改革试验区建设成效明显。非公有制经济加快发展,对全市经济增长的贡献更加显著。

(四)加强基础建设,城乡面貌显著变化

交通枢纽加快构建。襄渝铁路二线建成通车,兰渝铁路广安段加快建设。广邻高速广安东站迁建工程、广南高速岳池连接线拓宽工程启动实施。国道210、318线广安境内段和省道203线岳池境内段、省道304线邻水赵家桥至广安代市段整治工程开工建设。武胜嘉陵江二桥、奎阁渠江大桥建设进展顺利,广安城区环城公路、华蓥山能源通道、新桥化工园区专用码头等项目完成前期工作。未来20年川东综合交通枢纽建设规划编制完成,广安港列入全省重要港口规划，渠江四九滩至重庆界航道提升为三级航道。硬化通乡公路90.3公里，新建改建通村公路1535.4公里，完成农村公路大中修261.7公里，建成农村客运站点66个，群众出行条件大为改善。

城乡建设全面推进。完善城乡规划，完成广安城市总规修编，市县城区控详规划实现全覆盖，编制33个乡镇、108个村庄建设规划，广安市城乡规划展览馆建成投入使用。加速片区开发，广安西溪西区高层楼群开发快速推进，枣山片区烟草物流中心基本建成，东南片区胜利大道、解放大道、金安大道延长线及北辰片区洪洲大道延伸段建设有序推进。推进重点工程，东南片区排水涵洞全面建成，广安城区B号桥竣工通车。县城规模快速拓展，村镇建设亮点纷呈，全市新增城镇面积12.5平方公里，城镇化率提高3.1个百分点。激活房地产市场，成功举办广安市第二届房交会，打造了广安城区上甲山水等一批精品楼盘，全市开工建设商品房239.8万平方米。

生态建设持续加强。新建农村户用沼气池52018口，整治病险水库62座，完成渠系配套68公里、渠道防渗100公里，治理旱山村12个，新增有效灌面2.3万亩，发展节水灌溉5.5万亩，改造中低产田土8.5万亩，建成标准粮田10.5万亩，治理水土流失80.5平方公里，完成土地整理9.5万亩，新增耕地1.2万亩，营造林36.5万亩，新增提灌设备885台/8800千瓦，农村生产生活条件明显改善。

环境治理成效初显。积极创建全国文明城市、国家卫生城市，深入开展城乡环境综合治理，完成省级村庄人居环境综合治理试点22个，广安城区新增公共绿地5.4万平方米，省、市重点督办的20户污染企业实现达标排放，邻水县、岳池县、华蓥市污水处理厂投入运行，全民水库水污染治理初见成效，创建国家卫生城市顺利通过省上初检。创建国家森林城市工作全面启动。

(五)注重改善民生，群众生活水平提高

社会事业协调发展。科技工作继续加强，广安国家级农业科技园区顺利通过验收，广安市与省农科院等科研机构合作日益紧密，“科技110”信息服务系统在全省率先建成。教育事业协调发展，义务教育政策全面落实，新建改造中小学校舍26.4万平方米。普通高中教育走在全省前列，广安励志中学建成开学。职业教育取得重大突破，中职招生2.33万人。公共卫生逐步强化，市人民医院新院建成投运，新型农村合作医疗参合率91.1%，重大疫病有效防控，甲型流感无死亡病例，“中医中药中国行”暨“四川省中医药文化宣传月”活动圆满成功。文体事业健康发展，成功举办全国青年男子篮球联赛、第十六届全国定向运动锦标赛和新中国成立60周年系列纪念活动，市体育馆建成开放。城区数字电视正式开通，广播电视自然村通工程取得新进展，农村公益电影放映任务全面完成，人口和计划生育政策全面落实，人口自然增长率3.2‰。精神文明和思想道德建设日益加强，社会文明程度不断提升。

民生工作卓有成效。改造新建集贸市场12个；救助贫困中小学生10332名、贫困大学新生1031名，新建残疾人特殊教育学校(中心)4所；开发公益性岗位4803个，培训农民工11.7万人，免费职业介绍1.7万人；装备乡镇卫生院40个；新建经济适用房352套2.2万平方米，购建廉租房3304套，改造城市棚户区住房600套；建成农村饮水安全工程3000处，红层找水打井77656口，帮助26.7万人解决饮水困难；新建扩建敬老院22所；实施新村扶贫73个，帮助39260名贫困人口改善生产生活条件，全面完成水淹区3年扶贫规划，足额兑现大中型水库移民直补资金3628.4万元。省下达和市确定的民生工程任务全面完成。

社会保障更加有力。大力开发就业岗位，城镇新增就业3.26万人，下岗失业人员和失地无业农民再就业1.52万人，城镇登记失业率3.8%。完善社会保障体系，城镇职工养老、失业、医疗、工伤、生育保险人数67.5万人，增长17.4%。新型农村养老保险试点有序推进，城镇居民医疗保险全面铺开，城镇职工养老保险实现市级统筹，城镇集体企业、机关事业单位编外超龄人员养老保险等历史遗留问题得到妥善解决。健全最低生活保障和医疗救助制度，孤儿、孤老、孤残人员得到妥善安置，城乡特困人员享受低保27万人，城乡大病医疗救助2.7万人次。

群众收入持续增长。农民人均纯收入4655元，增长8.5%；城镇居民人均可支配收入13020元，增长13.5%。

二、2010年发展目标

2010年，广安以"奋起三次创业、领跑区域发展"为指导思想，按照"发挥三大优势、实施三化联动、推进三个跨越"的发展思路，以巩固回升、加快发展为基调，以投资拉动、产业支撑为重点，致力调整经济结构和转变发展方式，着力深化改革和扩大开放，努力改善民生和维护稳定，全力推动经济社会又好又快发展，确保生产总值比上年增长12.5%，地方财政一般预算收入增长15%，全社会固定资产投资增长25%，农民人均纯收入增长10%，人口自然增长率控制在4.5‰以内，万元生产总值能耗下降5.5%。

（广安市政府办公室）

四川省广安市广安区

一、2009年发展回顾

2009年，广安区以科学发展为统领，实施"三化联动"不动摇，坚持结构调整不松劲，积极推进"广安腾飞"三步走战略，全力保增长、保民生、保稳定，经济社会呈现出又好又快发展局面。全区生产总值实现131.25亿元，同比增长(下同)14.8%。其中，第一产业增加值23.77亿元，增长4.6%；第二产业增加值60.34亿元，增长22.4%；第三产业增加值47.14亿元，增长10.5%。全社会固定资产投资完成103.55亿元，增长47.1%。城镇居民可支配收入实现13919元，增加1683元，农民人均纯收入实现4438元，增加348元。万元生产总值综合能耗下降6%。先后荣获创建文明城市工作先进城市、村务公开民主管理示范区、文化先进县等全国性表彰17项；农村工作先进县、科技进步先进区、城乡环境综合治理先进县等全省性表彰37项；综合目标考核先进单位、社会主义新农村建设先进集体、承接产业转移招商引资工作一等奖等全市性表彰26项。

（一）积极奋起创业，区域经济提速向好

一是工业经济强劲增长。区属规模以上工业企业实现产值90.9亿元、增加值31.23亿元，分别增长47.1%、30.2%，万元工业增加值综合能耗下降9.36%。前锋工业集中区建设全面提速，新征工业用地1740亩，新拓展面积2.56平方公里，新引进投资千万元以上企业18个，入园企业达到40户，其中投资亿元以上企业18户，19户建成企业实现产值40亿元，利税2.88亿元。重大项目加快推进，投资5亿元的莱普生农产品加工、投资3亿元的嘉龙综合产业园、投资2亿元的生物降解塑料等9个项目前期工作进展顺利；投资12亿元的昌兴矿业年产400万吨水泥、投资5亿元的轻烃化工、投资1.7亿元的东阳汽车制动、投资1.65亿元的恒立化工年产45万吨缓控释肥一期等13个项目加快建设；投资4亿元的金侑达电业科技一期、投资2.7亿元的川桂水泥年产100万吨水泥技改、投资1亿元的蔡山洞煤矿瓦斯发电等5个项目正式投产。主导产业日益壮大，水泥、机电、化工、包装、农副产品加工五大支柱产业实现工业总产值70.5

亿元,占区属工业总产值的77.56%。骨干企业育强壮大,亚宇工业、永帆金属、龙门峡南矿等15户企业投入技改资金16.5亿元,成功培育航瑞纸品等销售收入上亿元企业11户、慧诚科艺等规模以上工业企业11户,区属规模以上工业企业达68户。企业自主创新取得突破,申报专利24项,恒立科技成为全市首个获得国家发改委支持的高新技术企业。

二是农村经济加速发展。实现粮食总产47.9万吨、油料4.05万吨;出栏生猪130.33万头、家禽1102.11万只,分别增长4.07%、25.1%;蚕茧总产113.75万公斤,增长7.5%;转移劳务37.5万人,实现劳务收入23.8亿元,增长8.7%。农业标准化、组织化、产业化水平保持全市领先,建成蔬菜基地13.6万亩、龙安柚基地5.8万亩、规模养殖场(小区)121个;申报认证无公害蔬菜产品10个、无公害畜禽养殖场2个、注册蔬菜商标2个;培育亿元以上龙头企业4户,新增开发业主238户,发展专合组织83个、联结农户11.62万户。社会主义新农村建设继续走在全市全省前列,86个新农村重点村建成面积达300平方公里,涉及乡镇12个,惠及群众20余万人。新农村建设"四集中"模式在全省推广,先后接待省市领导和其他县市参观考察600余人次。成功实施全省现代农业生产发展项目,建成高标准优质玉米基地1万亩,改扩建生猪圈舍10万余平方米,示范带动周边发展优质玉米5万亩、养殖大户2315户。各项强农惠农政策全面落实,累计发放粮食直补、农机具购置补贴等各类涉农补贴资金1.148亿元。

三是旅游商贸日益繁荣。旅游经济加速升温,接待游客338万人次,实现旅游收入21.5亿元,分别增长15%、16.2%。景区景点提档升级,玛瑙城酒店等旅游项目加快建设,翰林花园建成营运,天赐园成功创建为国家2A级景区。首届"欢乐农家"大赛广受赞誉,农家旅游蓬勃发展,以牌坊路、花园路、西环线为骨架的乡村旅游经济圈基本形成。成功筹办"爱家乡·游广安100万青少年革命传统教育游"等促销活动,川东特色文化旅游中心效应凸显。商贸经济持续兴旺,扩大内需收效明显,实现社会消费品零售总额50亿元,增长18.7%。骨干商贸企业不断壮大,培育销售收入过亿元商贸企业2户。成功引进惠美佳超市和投资2亿元的广安国际汽车城落户。投资1.5亿元的恒荣通物流园区开工建设。改造新建城乡农贸市场26个,麻柳湾市场成为全市示范市场。新建"万村千乡"市场工程农家店200个、配送中心1个,"家电下乡"销售产品6.93万台、汽车摩托车6032台,实现销售收入1.955亿元,补贴资金2208万元,居全省前列。新兴服务业态加快发展,成功引进成都银行在城北设立分支机构,新组建鑫源市政公司、鑫鸿工业投资公司、鑫泰农业开发经营有限公司,金融服务及投融资平台建设取得突破。前锋物流园区前期规划有序推进,第三方物流企业营业额增长19.2%,服务业增加值增长10.7%。外资外贸逆势攀升,新引进香港昌兴等外资企业3户,新增外贸出口企业16户,外贸出口突破1亿美元,居全市第一。

(二)强化投资拉动,跨越后劲不断增强

一是项目工作成效明显。紧密对接中省投资政策,成功争取中央财政小型农田水利重点县、全省现代畜牧业重点县、现代农业产业基地强县、全省新农村建设示范片、区人民医院迁建等中省支持项目121个、资金3.56亿元。其中,争取中央扩大内需项目4批88个,到位资金1.33亿元,居全市第一。项目建设快速推进,安全饮水等88个中央扩大内需项目完成投资1.81亿元,城镇居民住房等31个灾后重建项目完成投资1.78亿元,枣山220千伏输变电工程等20个重点项目完成投资17.14亿元。

二是城镇建设渐成热潮。按照"东扩西进、沿江开发、跨江发展"的思路,引进香港国际工程设计院完成滨江大道城市风貌设计并加快建设;完成洪洲大道延伸段、岔路片区C线道路等4项市政设施建设,老城区规划展览馆建成开放;北辰湖、万金山等片区开发快速推进,龙城名都等31个投资9.1亿元的房产项目开工建设。积极稳妥完成市、区征地8627亩、拆迁2194户，平安片区等5处8万平方米的安置房建成并投入使用，确保了市、区重点建设顺利推进。坚持“小城镇大战略”，调剂1000亩用地指标，筹借4200万元资金支持小城镇建设，各乡镇场镇建设你追我赶、竞相发展、亮点纷呈。探索乡镇棚户区联户改造取得突破，全年改造乡镇棚户区672户、10.14万平方米，新建房屋26.95万平方米；城镇新扩面积4平方公里，新建房屋45万平方米，新增城镇人口5.5万人，城镇化率提高4个百分点，达到35.02%。

三是交通网络日臻完善。2009年，完成交通建设投资2.65亿元，建成新农村重点村公路26.4公里、现代农业园区公路3.7公里、通乡水泥路16.1公里、通村通达公路247公里、通村通畅公路302.51公里，启动建设农村断头联网公路48.2公里。完成市区重点工程渠江奎阁大桥总工程量的85%，累计投资8500万元。新建公路桥8座、水淹区人行桥4座、农村客运站20个、客渡码头3个，实施安保工程15公里，整治病危桥3座。同时，配合做好铁路建设，襄渝铁路复线建成通车，兰渝铁路开工建设。全区已形成公路为主体，铁路、水运协调发展的四通八达现代综合运输体系。

四是生态环境不断好转。创建省级卫生城市顺利通过省上复查验收，申报国家卫生城市获省上推荐。城乡环境综合治理扎实开展，城乡风貌整治走在全市前列，环境治理工作获得全省表彰。创建国家森林城市和省级“生态区”工作全面启动，落实退耕还林后续政策20.4万亩，改造低产低效林2万亩，新造林5.4万亩，森林覆盖率35.6%。加强生态基础建设，新打沼气池1.4万口；治理水土流失16.7平方公里，改造中低产田土1.43万亩，整理土地4.4万亩，新增耕地4400亩，建成标准粮田2万亩；完成渠系配套防渗53.1公里，整治病险水库14座、小微水利936处，新增有效灌面8600亩、节水灌面1.6万亩。新建集中供水点25处，红层找水打井2.2万口，12万人饮水困难得到解决。

(三)深化改革开放，发展活力充分迸发

一是统筹城乡迈出新步。以观塘、护安、前锋、新桥、代市、虎城、小井、观阁等8个乡镇为依托的统筹城乡综合配套改革试验区建设全面推进。核心区基础配套、现代农业发展、机制创新等成效显著。“项目建园、市场运作、公司经营、滚动发展”的建园机制有效探索，整合项目资金7800万元，打捆投入广安现代农业园区，核心区新建标配钢架大棚4000余个，引进韩国、香港等地业主15户，新建年出栏5000头生猪养殖场、常年存栏4万羽的蛋鸡场各1个，发展绿色蔬菜、龙安柚、有机葡萄等现代农业基地5200亩，建成蔬菜制种、种苗繁育、出口创汇、农超对接、休闲体验、新技术新产品推广六大基地，辐射带动全区112个新农村、总面积近300平方公里的产业发展，惠及全区12个乡镇近30万农民群众。创新土地流转、公司经营、产业工人培育机制，“基地托管、保底计薪、利润分成”新型利益联接机制逐步形成，国有独资的农业项目固定资产投资公司收益按农民、设施维护、经营管理6:2:2分配，变政府一次性投入为群众多元持续增收，农民得到更多实惠。土地集约经营机制更加完善，成立土地流转合作社14个、土地流转交易中心3个，规模流转土地6000亩。“城镇建设用地增加与农村建设用地减少挂钩”模式成功实践，使用挂钩周转指标1400亩。2009年，园区总产值达2.4亿元，农民人均纯收入实现6282元，比2008年增加2730元，成为全省丘陵地区现代农业示范样板，为全省以工代赈、大豆高产创建、粮食生产能力和扶贫工作会提供了高标准现场，被推荐为农业部首批50个国家级现代农业示范区。

二是招商引资强势突破。深化广渝合作，初步融入重庆一小时经济圈，在重庆引进招商项目7个，投资总额达5.2亿元。主动承接产业转移，成功举办在川外商投资企业小平故里行、新加坡和韩国招商引资项目推介会等重大招商活动，与西安高新技术开发区、宁波江北区签订友好合作框架协议，与浙江中超集团达成共建“广安·浙江产业园”共识。新签约引进项目180个,到位资金44.8亿元。其中,过亿元项目有莱普生农产品加工、贝腾环保科技、华庆塑业、和诚农业、嘉龙综合产业园、恒荣通物流园、广安国际汽车城、生物降解塑料等8个,工业项目到位资金28.7亿元,省外项目到位资金24.4亿元,创历史新高。

三是行政效能明显提升。政务服务中心建设加强,三级便民服务网络标准化建设、“两集中、两到位”得到强化,为民服务全程代理和并联审批全面推行,第六次行政审批事项清理扎实开展,区本级保留行政审批项目172项,比年初精减149项,优化办事流程后提速增效68.89%,保留的行政审批项目全市最少,承诺办结时限最短。

(四)坚持民生至上,群众实惠持续增多

一是民生工程高效实施。投入资金6.5亿元实施民生工程,省市区确定的就业促进、扶贫解困、社会保障、救助贫困学生、开发公益岗位等70项民生工程全面完成。采煤沉陷区治理扎实开展,完成异地搬迁69户270人,恢复植被2300亩,新建、改造水利设施38处,集中送水1290车次,解决725户3260人1.5万头牲畜饮水困难。开通19个场镇天然气,惠及4.7万户16万群众。扶贫攻坚深入推进,连片开发扶贫试点项目一期工程和16个新村扶贫全面完成,跨越式扶贫成为全省连片扶贫开发典范,得到蒋巨峰省长肯定和批示,经验在全省推广。

二是社会事业全面发展。科技富民强区行动顺利开展,实施省市重点科技项目10个,推广应用科技成果47项;国家级农业科技园区广安区项目顺利通过科技部验收,“优质龙安柚丰产高效技术集成与产业化示范”列为省级科技计划项目。教育事业全面推进,新改扩建中小学校39所2.95万平方米;成功引进四川卓泰公司领办职业教育,中职招生6112人;义务教育巩固发展,高中教育稳步提高,高考本科上线2528人,上线率保持全市前列。医疗卫生服务体系不断完善,区人民医院迁建工程启动建设,6所乡镇卫生院、35个村级卫生站建成投入使用;新型农村合作医疗参合率95.7%,补偿率41.62%;为450名贫困白内障患者免费实施复明手术;甲型H1N1流感疫情有力防控;无重大食品卫生安全事故发生。完成广播电视“村村通”工程701个,放映农村公益电影1.01万场。第三次全国文物普查发现文物713处。首届机关职工周末运动会成功举办,庆祝建国60周年系列文艺活动精彩纷呈,群众性文化体育活动蓬勃开展,老干部活动中心建成使用。城区网吧视频监控、身份证扫描系统安装全面完成,网吧、电子游戏厅等文化市场逐步净化。兑现计划生育“两项奖励”资金668.12万元,改造乡镇中心服务站11个,符合政策生育率83.15%,人口自然增长率控制在1.83‰以内。

三是保障体系更加健全。完成劳动力技能培训3.05万人,新增就业再就业1.24万人,扶持返乡农民工就业3793人,城镇登记失业率控制在3.76%。城镇居民医疗保险全面实施,“老职工、老知青、老工伤”群体保险妥善解决,新型农村社会养老保险、前锋工业集中区农民工综合保险试点在全市率先启动,8026名失地农民纳入保险,社会保险扩面11.41万人,征缴社会保险基金5.45亿元,及时兑现各种保险金2.96亿元。新建儿童福利院1所、农村中心敬老院5所,及时发放救灾救济、医疗救助资金2092万元,生活保障资金8181万元,城乡低保、农村五保、优抚对象实现动态管理下的应保尽保。

二、发展中存在的问题

一是经济总量偏小,优势产业支撑带动作用不强。二是发展质量不优,本级财政可用财力较弱。三是城乡居民持续增收基础不够牢固,城乡差距依然较大,统筹城乡发展的任务还很艰巨。四是要素保障乏力,天然气、工业用地、电煤等供需矛盾依然突出。五是个别单位和地方执行力不够强,在工作落实中打折扣,行政效能需进一步提升。

三、2010 年发展目标

2010 年发展的指导思想是：全面贯彻党的十七大和十七届四中全会精神，以邓小平理论和“三个代表”重要思想为指导，深入贯彻落实科学发展观，围绕“实践科学发展、推进城乡统筹”中心，牢树诚信立区、产业富区、开放活区、文明兴区、和谐安区“五大理念”，着力加快改革开放合作、加快城乡统筹试验“两个加快”，推进工业化、城镇化和农业产业化“三化联动”，实现产业大发展、城建大突破、民生大改善、环境大提升、社会大和谐“五大目标”，努力推动全区经济社会超常跨越发展。

工作目标是：全区生产总值增长 13%以上，固定资产投资增长 25%以上，地方财政一般预算收入增长 16%以上，社会消费品零售总额增长 19%以上，农民人均纯收入增加 450 元以上，万元生产总值综合能耗下降 5.5%，城镇登记失业率控制在 4.2 %以内，人口自然增长率控制在 4.5‰以内。

（广安区政府办公室）

四川省广安市华蓥市

一、2009 年发展回顾

2009 年，华蓥市面对国际金融危机，积极转变发展方式，发挥有利条件，转化不利因素，推动经济持续健康发展。全年实现生产总值 60.7 亿元，同比增长(以下简称增长)15%；三次产业结构从 12.7∶58.7 ∶28.6 调整为 11.8∶61∶27.2，第一产业下降 0.9 个百分点，第二产业上升 2.3 个百分点。

(一)工业经济

市域规模以上工业总产值、增加值、销售收入、利润分别达到 82.5 亿元、29.3 亿元、80.8 亿元、3.8 亿元，分别增长 41.4%、27.2%、42.7%、46.3%。工业集中区完成省级经济开发区规划编制，拓展园区 1.1 平方公里，新增入园企业 10 户，建成投产 5 个。广能蓥峰 200 万吨水泥竣工投产，川铁 200 万吨水泥、川广 100 万吨水泥项目开工建设；天池煤矿等 3 户煤矿技改扩能通过省上验收，市域煤炭产能达 435 万吨；领创电子、南方电子、蓥康药业等项目均成功落地。新培育规模以上企业 11 户，嘉华机械、蓥峰特种水泥获四川名牌称号。依法关闭污染企业 1 户，关停湿法窑生产线 2 条，提前完成 4 户省、广安市挂牌污染企业治理，规模以上工业企业万元增加值综合能耗下降 8.5%。

(二)农村经济

2009 年实现农业总产值 11.6 亿元、增加值 7.2 亿元，分别增长 5%、4.4%。现代农业园入驻业主 12 户，新建葡萄基地 2000 亩，配套建成园区公路 15 公里，初步形成了以葡萄为主业的产业基地，园区农户人均增收 780 元。发展巨桉 3.1 万亩、优质梨 3500 亩、无公害蔬菜 3.5 万亩，出栏生猪 32.3 万头、小家禽 317 万只、肉羊 5 万只、肉牛 5042 头，转移输出农村劳动力 9.2 万人、实现劳务收入 6.3 亿元。新培育农业品牌 5 个、规模以上农业龙头企业 9 户、省级示范合作社 2 个，“山下红”蜜柑基地通过国家级农业标准化示范基地验收。

(三)第三产业

石林 AAAAA 景区创建有序推进，宝鼎景区仙鹤洞内道路和灯光工程全面完工，红色旅游一期项目全部竣工，红色旅游二期项目建设前期准备完成，接待游客 187.3 万人次、旅游总收入 11.1 亿元，分别增长 22.2%、23.3%。新培育营业额上亿元流通企业 1 户，发展个体工商户 1966 户、私营企业 88 户；新培育省著名商标 1 件、广安市知名商标 7 件；新建木材市场、畜禽交易市场，改扩建华蓥山市场、阳和农贸市场等 9 个农贸市场，红星路社区建成全省示范商业社区，率先在广安市完成“万村千乡”农家店建设任务；兑付家电及汽车摩托车下乡补贴692万元。新增外贸出口企业5户，外贸出口6110万美元。

(四)基础设施建设

荟景时代广场、三角岛广场全面建成，红星西路、信都大道污水管网建设以及明光路、招桂路、蓥光路整治改造全部竣工。城乡住宅建设开工51.8万平方米，竣工33万平方米，2700余户城乡居民搬入新居。城镇面积拓展1平方公里，城镇化水平提高2个百分点。全年新建县乡联网公路、村级公路、园区公路132公里，硬化109公里，整治和改造干线公路73.9公里；境内襄渝铁路二线建成通车，兰渝铁路华蓥段启动建设。全年新征土地1496.4亩，土地补偿安置2650亩；整理土地23876亩，新增耕地2818亩，建设高标准农田6500亩。成功创建2个省级环境优美乡镇、2个省级生态村、4个省级生态小区。新建水保林、经果林1.3万亩，森林覆盖率达45.7%，城区绿化覆盖率达32.1%。

(五)产业承接

成立3个驻外招商分局，全年新引进项目82个，到位资金31.3亿元；其中亿元以上项目8个，到位资金5.5亿元；引进项目开工率100%，建成投产项目60余个。

(六)社会事业

华蓥梨业园区列为省级农业科技园区（试点），科技进步县(市)考核通过国家验收。“自学互帮导学法”课堂教学改革列为教育部规划课题，华蓥中学列为全省课改实验校，华蓥市职业技术学校及电子技术专业创建为广安市重点职校和重点专业。市人民医院迁建一期工程、蓥城社区卫生服务中心新建工程进展顺利，全市未发生一例甲流重症、危重和死亡病例。华蓥山宝鼎庙会列为全省第二批非物质文化遗产，华蓥山幺妹节入围“四川省十大地方名节”。

(七)惠民行动

投入资金4.8亿元，完成惠民工程67项，惠及群众12万人次。新增城镇就业再就业4728人，为大学生提供就业岗位350个，城镇登记失业率控制在3.75%以内。在广安市率先推行新农合补偿与农村医疗救助“一站式”服务，救助困难群众13万余人次，支付救助金4900余万元。全面实施城镇居民基本医疗保险，居民参保覆盖面达70.6%；社保“五险”参保人数11.9万人、保费征缴总额2.1亿元，均增长15%。全面化解2005年以前“普九”债务，免除义务教育阶段学生的杂费、课本费1780万元，救助家庭经济困难学生559人、资金51万元。建成安置房6万余平方米，新建廉租房210套、经适房42套，公房转换廉租房源290套；投资3900万元在阳和镇3个村实施省级人居环境治理试点村建设。建成农村户用沼气池6004口，新建农村沼气服务网点50个。完成敬老院改扩建3所，符合条件的1676名生活特困群众纳入“五保”供养，“五保”集中供养率38.5%。兑付支农惠农资金1.3亿元，农民人均受补80.7元。新建小微型水利工程210处、集中供水站点17处，解决3.1万农民安全饮水问题。投入各类扶贫开发资金2100余万元，重点帮扶4个贫困村421名贫困户越温脱贫。

二、发展中存在的问题

一是经济总量不大，产业结构不优，市域经济核心竞争力不强，转型发展任重道远；二是统筹兼顾不够，乡镇产业实力不强，城乡差距缩小不够；三是生态环境建设压力较大，安全隐患较多，信访维稳任务艰巨。

三、2010年发展目标

2010年工作主要奋斗目标：全年GDP增长13%以上，地方财政一般预算收入增长15%以上，社会消费品零售总额增长19%以上，全社会固定资产投资增长25%以上，万元GDP综合能耗下降5.5%以上，城镇居民可支配收入增长12%以上，农民人均纯收入增长500元以上，实现较大以上安全事故、非正常进京赴省上访和群体性事件零目标。

（华蓥市政府办公室）

四川省广安市武胜县

一、2009 年发展回顾

2009 年，武胜县委县政府团结带领全县人民，认真贯彻落实科学发展观，大力实施"三化联动"战略，全力以赴保增长、保民生、保稳定，努力克服金融危机带来的重重困难，经济社会实现又好又快发展。

(一)经济发展势头强劲

2009 年，全县实现 GDP84.8 亿元，同比增长 14.6%；实现地方财政一般预算收入 2.48 亿元，增长 25.01%；完成全社会固定资产投资 44.4 亿元，增长 47.4%；社会消费品零售总额 28.9 亿元，增长 18.6%；城乡居民储蓄存款余额 73.4 亿元；城镇居民人均可支配收入 12711 元，农民人均纯收入 4803 元，分别增加 1511 元、374 元。

(二)重点项目进展顺利

抓住国家扩大内需、四川灾后重建等机遇，向上申报项目 212 个；争取县中医院住院部扩建、廉租房建设等中省支持项目 176 个；到位资金 3.96 亿元，同比增长 52.3%。核电项目选址正进行初可研评审，升钟水库二期武胜灌区、"气化广安"武胜项目等重大项目工作顺利推进。1 个省级、8 个市级、38 个县级重点项目分别完成投资 1.04、4.2、26.7 亿元。

(三)环境治理成效明显

以治理城区"五乱"、场镇"五乱一散"和乡村"三乱一散"为重点，投入 6100 余万元，集中开展设施装备、队伍建设、全民参与、环境创评、机制创新五大行动，城乡环境综合治理取得阶段性成效。省绿化模范县创建工作通过验收，飞龙镇创建为省级环境优美乡镇。

(四)城乡建设快速推进

完成核心商业圈改造设计、弘武大道风貌整治设计和滨江宾馆、河鲜特色街区修建性详规，完成 5 个乡镇和 2 个村庄的建设规划编制。迎宾大道建设顺利推进，千佛岩排洪箱涵、光明大道等市政工程全面完成，山水绿城、城市江山、香江豪庭等一批精品小区加快建设，房地产开发投资完成 4.1 亿元，城区面积新增 2.5 平方公里，城镇化率提高 3.8 个百分点。

(五)对外开放日益扩大

主动融入重庆一小时经济圈，成立武渝区域合作领导小组，制定工作规划，与重庆市合川区、荣昌县达成区域合作意向，加强产业、交通、旅游、商贸、科教、文化对接，成功引进光昊机械、福安药业、青山绿水等一批重庆企业。同时，加强与浙江、北京、广东等地商会的经贸合作，与宁波市北仑区缔结友好区县。在杭州、深圳等地召开投资说明会或乡友会，浙江、广东等地先后组团来县考察。

(六)社会事业全面进步

组织实施科技富民强县省级示范点项目 1 个、县级科技兴农项目 12 个，申报国家专利 20 件。"两基"成果巩固提高，义务教育、高中教育、中职教育不断发展，武胜中学扩建、特殊教育学校建设加快推进，旧县初中迁建、5 所寄宿制学校建设全面完成。第三次全国文物普查工作有序开展，7 个乡镇综合文化站建设全面完成，第 16 届全国定向锦标赛承办工作圆满完成，武胜县被评为"全国群众体育先进单位"、"第 16 届全国定向锦标赛先进集体"。

(七)商贸流通活力增强

雪花啤酒风情街建成投入使用，纳入首批"四川省特色商业街"；以重百商场、步行街、盛达假日广场为主要区域的核心商业圈初步形成，"迪信通"等知名企业入驻武胜。新增个体经营户 2989 户，新建农家店 187 个，销售家电、汽车摩托车下乡产品 3.4 万台。实现社会消费品零售总额 28.9 亿元，同比增长 18.6%。对外贸易不断发展，出口创汇545万美元，外派劳务635人次。

（八）园区建设强力推进

投入3.05亿元，新拓展面积2300亩，新建标准厂房7.1万平方米，街子集中供水站和城东110千伏变电站建设顺利推进，新入园企业11户，累计入驻企业39户，实现年产值51.8亿元。

（九）旅游产业日益繁荣

完成龙女湖旅游区总体规划，精心打造宝箴塞景区，古镇古塞“一日游”、乡村旅游成效初显，成功举办第23届龙舟旅游文化节、首届庖汤旅游文化节和雪花啤酒消夏周活动。全年接待游客107万人次，实现旅游收入5.6亿元，分别同比增长42.3%、36.9%。

（十）农业经济稳步发展

粮油生产持续增长，生猪、蔬菜两大主导产业规模发展，蚕桑、水产两大特色产业不断壮大，实现粮食总产36.5万吨，出栏生猪128.9万头，发展优质蔬菜16万亩，产茧189.8万公斤，实现水产品总量2.7万吨。成功争取为省优质稻基地县和现代畜牧业重点县。劳务经济健康发展，培训农民工2.16万人、输出26.5万人，实现劳务收入16.9亿元。完成13万亩现代农业园区规划，以飞龙镇、白坪乡为核心的现代农业园区建设快速推进，发展无公害优质蔬菜2.2万亩、桑园1500亩，硬化村级公路14.7公里。加快农业科技转化，与省农科院签订农业科技合作协议。粮食直补、退耕还林、政策性农业保险等惠农政策全面落实。

二、2010年发展目标

2010年，武胜将以“巩固回升，加快发展”为基调，以“投资拉动、产业支撑”为重点，深化区域合作，强化半岛新区、龙女湖旅游区、工业集中区、现代农业示范区“四区建设”，狠抓兰渝铁路大马力建设、油气资源开发、半岛新区建设、龙女湖旅游开发区建设、工业集中区建设“五件大事”，加速新型工业化、现代城镇化、农业产业化“三化进程”，加快建设富强活力安居博爱新武胜，推动全县经济社会又好又快发展。

主要发展目标是：全县生产总值同比增长13%；地方财政一般预算收入同比增长15%；全社会固定资产投资同比增长25%；社会消费品零售总额同比增长20%；农民人均纯收入同比增长10%；万元GDP综合能耗同比下降5.5%；人口自然增长率控制在4‰以内；城镇人口登记失业率控制在4.2%以内。

（武胜县政府办公室）

四川省广安市岳池县

一、2009年发展回顾

始终围绕“保增长、保民生、保稳定”主线，沉着应对国际金融危机的不利影响，积极抢抓扩大内需、灾后重建、扩权强县试点、广渝合作等重大机遇，求实创新谋发展，奋勇争先求跨越，呈现出加快发展、科学发展、又好又快发展的良好态势。全县实现地区生产总值85亿元，同比增长14.6%；全社会固定资产投资完成47.16亿元，同比增长47.1%；地方财政一般预算收入完成2.56亿元，同比增长20.87%；城镇居民人均可支配收入达12444元，同比增长13.5%；农民人均纯收入达4688元，同比增加374元；城镇登记失业率控制在3.9%以内。

（一）突出经济发展，综合实力不断增强

工业经济快速增长。落实企业稳定生产、止滑提速的刺激措施，新增规模以上工业企业9户，51户规模以上工业企业实现总产值60.96亿元、增加值21.4亿元、利润总额1.95亿元，同比分别增长42.6%、29.2%、61%。园区基础进一步夯实。回乡创业园征地拆迁稳步推进，“三路一桥”加快建设，被农业部批准为第二批全国农产品加工创业基地；罗渡工业园征地拆迁圆满完成，骨干道路、主干水渠等设施逐步完善；石垭建材工业园基础设施建设有序推进；新增集中区面积2.04平方公里。项目建设进一步加快。岳峰电子、顺福来油脂、米糠油和大边山建材等项目建成投产；岳特迁扩建、钜力弹簧、宙龙化工等项目有序推进；创艺洁具、意帮电子启动建设。要素制约进一步缓解。新报征工业用地283亩，工业企业成功融资2.38亿元，水、电、气等能源调度得到加强。

农村经济稳步提升。实现农业总产值39.8亿元，同比增长5.3%。成功列为全省蔬菜产业基地县、现代农业产业基地强县培育县、现代畜牧业重点培育县和省级新农村建设示范片，连续两年被评为"全国粮食生产先进县"，荣获省政府粮食生产"丰收"杯奖，夺取全省"三农工作先进县"三连冠。设施农业深入推进。大力实施"一二三四五"工程，"一园三带四片"初具规模，现代农业核心示范园成功创建为省级农业科技示范园。优势产业持续壮大。扎实推进"543"工程，粮食产量达55万吨，出栏生猪128.9万头、家禽942.3万只，建成无公害蔬菜基地12万亩，新植优质柑桔1.7万亩，发展室内食用菌5万袋、稻田蘑菇3.8万亩；突出返乡农民工技能培训，转移农村劳动力34万人次，实现劳务收入22.6亿元。产业化经营成效显著。三安蔬菜专业合作社经验在全省得到推广，畜禽"寄养"模式更加完善，组建岳池富民农业发展有限公司，建成种植业基地35个、养殖业基地38个，发展龙头企业5户、朝阳金土地等专业合作社33个，新认证无公害农产品基地10.6万亩，优质农产品品牌达28个。新农村建设扎实推进。建设省、市、县新农村示范村21个，打造农民人均纯收入增加1000元以上的乡镇14个、2000元以上的村30个。

第三产业日益繁荣。强化商标意识，激活市场消费，实现社会消费品零售总额42.7亿元、同比增长18.7%；获取商务部批准的进出口经营审批权限，全省获此权限的仅11个县(市、区)，出口创汇642万美元、同比增长114%；新创省著名商标2件、市知名商标3件，新发展个体工商户2257户。市场体系日臻完善。成功打造九龙广场、银城财富中心、南宋文化一条街三大核心商区，上岛咖啡、两岸咖啡、家富富侨等全国知名商贸服务企业相继入驻；"万村千乡"市场工程和"家电下乡"、"汽车摩托车下乡"工程深入实施，新建农资农家店240个，兑现补贴1840.63万元。市场监管不断加强。完善消费维权示范站100个，打造"诚信维权示范街"、"百城万店无假货示范街"各1条。特色旅游方兴未艾。全面完成全县旅游业规划修编工作，成功举办"中国·四川十大名节"--第四届岳池农家文化旅游节，全国著名表演艺术家刘兰芳、姜昆欣然出席，"小平故里行·岳池农家乐"品牌影响力日益扩大；钻石酒店、岳池农家第一庄建成营业，旅游接待能力明显增强，旅游接待水平不断提高。共接待游客92.2万人次，实现旅游收入5.17亿元、同比增长26.1%。

财税金融平稳运行。硬化预算约束，优化支出结构，完成地方财政一般预算支出15亿元、同比增长23.12%，实现"三停四压"目标。健全化债机制，完成农村义务教育"普九"债务化解工作，化解通乡油路等政府债务1.1亿元，锁定政府收费还贷二级公路债务2.24亿元。财政评审扎实开展，评审政府投资项目189个、投资总额8.13亿元，审减金额1.47亿元，审减率达18.08%。开展财政专项资金清理，查出违规和管理不规范资金1085.27万元，挽回经济损失348.9万元。加强国有资产管理，有效盘活闲置资产。成立县政府金融办公室，优化金融生态环境，圆满完成信用联社专项央行票据兑付工作，在全市率先启动"信用村"评定活动。金融机构各项存款余额达110.22亿元、各项贷款余额达30.77亿元，同比分别增长23.11%、37.49%，新增贷款余额8.39亿元。充分发挥银泰投资公司、宏宇城市建设投资公司和兴达工业投资公司平台作用，成功融资2.15亿元，有效解决了工业发展、城市建设、农业产业化经营资金"短板"。

(二)突出投资拉动,基础建设不断夯实

项目工作卓有成效。前期工作扎实充分。新包装项目260个,编报中省投资项目160个;全面启动"十二五"规划编制工作,编报重大项目313个。资金争取实现突破。争取各类专项资金6.3亿元(含基金7757万元),其中,争取中省投资项目77个、总投资1.8亿元,到位资金8416万元。项目建设快速推进。59个重点项目完成投资24.25亿元,31个灾后重建项目完成投资1.5亿元,93个新增中央投资项目完成投资1.04亿元。项目监管规范有力。稽察政府投资项目11个;监督招投标项目117个,节约资金3172万元、节资率达8.71%。

城乡面貌日新月异。新增县城建成面积1.64平方公里、达到11.5平方公里,新增小城镇建成面积2.1平方公里,城镇化率达26%。县城总规修编全面启动,科学编制城市区域规划和控制性详细规划,严格清理违规变更规划调整容积率行为,坚决维护规划的权威性和严肃性。坚持依法拆迁,妥善处理阳光水岸、嘉瑜花园、刘家院子等拆迁遗留问题,拆迁面积达3万余平方米,确保了岳池县实验学校等重点工程项目用地。发挥财政资金撬动作用,建成"一坊二亭三廊"、农家赋墙、橡胶坝等标志性工程;采取BOT模式建成和溪曲苑、钻石酒店,采取招投资人模式启动建设两条迎宾大道。房地产业回暖升温,适时出台房地产开发激励措施,建成万鑫·水晶城、滨江花园等居住小区12个、面积33.61万平方米,销售房屋面积38.09万平方米。小城镇建设步伐加快,完成石垭等9个中心场镇总体规划修编。

基础设施更加完善。坚持山、水、田、林、路综合治理,农业基础不断夯实。整治病险水库16座,新(改)建乡镇集中供水点21处,新建提灌站3座、整治提灌站13座,实施土地整理7.4万亩,完成营造林6.5万亩,栽植工业原料林5.6万亩,治理水土流失面积23平方公里。坚持建、管、养、运一体化,交通网络不断健全。南合高速公路岳池段顺利通车,兰渝铁路岳池段、仪华路(S203线)岳池段改造加快推进;农村断头公路启动建设,建成通达公路363.2公里、通畅公路125.2公里、农村客运双向港湾站10个。

(三)突出和谐构建,人民生活不断改善

民生工程深入实施。更加重视民生保障,投入资金6.45亿元,完成就业促进、医疗卫生、教育助学、环境整治等省、市民生工程8类65项、县级自办民生工程5项。扎实开展扶贫攻坚,大力实施新村扶贫、劳务扶贫、产业扶贫、村道扶贫、库区移民扶贫,成功打造全省扶贫开发工作会现场,镇裕镇龙家浩等21个省市贫困村生产生活条件明显改善;新建水淹区贫困村公路156公里,发展主导产业5个,帮扶4383人实现越温脱贫。

社会事业协调发展。科技事业不断进步。科技特派员工作深入推进,科技成果转化利用率得到提高,申报科技计划项目22项,申请专利20件,顺利通过全国科技进步县考核。教育事业健康发展。高考本科上线突破2000人大关,中考综合名次位居全市第二,中职招生完成4594人;教师安居工程、岳池县实验学校加快建设,中小学校舍安全工程快速推进,消除D级危房6000平方米,加固维修C级危房1.5万平方米;市级重点职业学校和市级重点专业成功创建,特殊教育学校在全市率先开班,义务教育学校教师绩效工资足额兑现。卫生事业再上台阶。县、乡、村三级医疗卫生网络和防控体系日益健全,改建乡镇卫生院8所、村卫生室20个,新建村卫生室58个,新型农村合作医疗参合率达80.1%,甲型H1N1流感等重点传染病得到有效防控。文体事业日益繁荣。建成乡镇综合文化站10个、农民健身工程35处,承办了四川省首届全民健身运动会桥牌赛,文物普查扎实推进,"黑网吧"、"黑电子游戏厅"整治取得阶段性成果。广电事业全面推进。启动农村无线数字电视工程,改版新闻综合频道,增设农家文化频道和影视频道,完成1307个自然村"村村通"工程,恢复全县农村广播,放映农村公益性电影9192场,广播电视播出实现"零插播、零停播、零事故"目标。

保障体系逐步健全。各项社会保险覆盖面进一步扩大，参保人数达12.13万人，征集各类保险基金2.95亿元，其中，办理原城镇集体企业职工和返城知青超龄人员基本养老保险3054人、城镇居民基本医疗保险6.7万人。就业再就业扶持政策全面落实，开发公益性岗位831个，开展"送岗位下乡"等招聘活动7次，3280名就业困难对象实现再就业。和谐稳定的劳动关系不断巩固，监察用人单位299户，办结劳动争议仲裁案件60件。社会救助力度不断加大，城市和农村低保实现应保尽保，实施农村特困人员大病救助1983人次，救助贫困中小学生3200名、大学生31名，解决了201户农村特困户住房难问题。

环境治理扎实推进。组建城乡环境综合治理工作机构，执行《岳池县城区管理办法》，建立网格化管理机制，开展校园周边环境、三轮车非法客运、城区洗车场、城区农贸市场等23项整治活动，"五乱"现象得到有效治理，市容市貌明显改观。实行"月考核、月评比"制度，建立责任追究机制，实施"一户一坑、一院一池、一乡(镇)一场"建设工程，开展"两建、三清、四改"活动，农村人居环境明显改善。组建乡镇场镇交通干线保洁队伍52支、环卫巡查队伍44支，合理规划停车位1372余处，新(改)建公厕251座、垃圾处理设施720处，清理卫生死角8000余处、清运垃圾10万余吨，打卫生井1.2万口，建沼气池1.28万口，实施改厨、改厕、改圈6万余户。实施公共绿地绿化和庭院绿化，新增绿化面积42公顷，人均公共绿地面积达7.29平方米，城市绿化覆盖率达30.43%，省级卫生县城、省级园林县城顺利通过复查验收。

(四)突出公共服务，社会管理不断规范

改革开放纵深推进。乡镇机构综合改革成果得到巩固，行政管理体制改革、行政审批制度改革、财税体制改革不断深化，事业单位岗位设置管理工作顺利推进，医药卫生体制改革前期工作基本就绪；原电影放映公司改制稳步推进，集体林权制度改革全面完成。对外交流与合作进一步加强，建立友好互动机制，组建重庆岳池商会，与宁波镇海区、重庆沙坪坝区的友好关系进一步深化；理顺招商体制，强化招商职能，多次成功举办县外招商投资说明会、推介会、座谈会，引进岳峰电子、永固水泥、民川机械等项目72个，到位资金37.12亿元，其中，岳峰电子、环宇纸塑等项目实现当年引进当年投产。

平安建设再上台阶。顺利通过省级"平安建设先进县"和"无毒害县"检查验收。应急管理体系不断完善，应急联动机制初步形成。基层政权建设深入推进，新(改)建派出所32个、司法所18个、法庭1个。社会治安综合治理扎实推进，侦破刑事案件1295起，摧毁犯罪团伙15个65人，查处"门徒会"、"全能神"等邪教组织刑事案件3起，消除"针刺"谣言影响。社会大局总体稳定，全面构建大调解体系，成功调处矛盾纠纷1349件、调处率达93%；不断深化"书记、县长大接访"和"信访积案化解年"活动，受理群众来信来访2640批次、3511人次，办结中、省、市交办案件111件；切实开展法律援助，办理援助案件141件。安全生产平稳运行，深入开展"百日安全生产活动"和安全生产执法行动、安全生产治理行动及安全生产宣传教育行动，成功举办首届农民消防运动会，安全生产事故大幅减少。

基本国策全面落实。成功打造全省计生基层群众自治工作会现场，人口和计划生育基层群众自治工作走在全省前列，人口自然增长率控制在2.73‰以内。切实保护基本农田，合理开发土地和矿产资源，耕地保有量保持在109.2万亩以上，基本农田保护工作被国土资源部表彰。省级生态县和省级环境保护模范县建设进展顺利，全民水库等5座水库水污染综合治理启动实施，广安市垃圾处理中心周边农房搬迁工作有序推进，城市生活污水处理厂、县城大气自动监测站建成投入运行，节能减排任务全面完成，生态环境明显改善。

二、2010年发展目标

2010年发展总体要求：贯彻落实党的十七

大、十七届三中、四中全会精神，以邓小平理论和“三个代表”重要思想为指导，深入贯彻落实科学发展观，抢抓扩大内需、灾后重建、西部大开发和成渝经济合作等重大机遇，大力实施“十大工程”(畅通工程、亮灯工程、“天网”工程、创卫工程、“放心水”工程、蓝图工程、兴业工程、弘文工程、“心桥”工程、“阳光”工程)，开拓创新，克难攻坚，全面完成“十一五”规划各项目标任务，奋力推进岳池在区域经济发展中领跑争先。

2010年经济社会发展主要目标：地区生产总值增长12.5%，全社会固定资产投资增长25%，社会消费品零售总额增长15%，地方财政一般预算收入增长15%，城镇居民可支配收入增长10%，农民人均纯收入增加10%，人口自然增长率控制在4.0‰以内，城镇登记失业率控制在4.2%以内，万元GDP能耗下降5.5%。

(岳池县政府办公室)

四川省广安市邻水县

2009年，邻水县以科学发展观为统领，坚持“依托重庆、服务都市，面向重庆发展配角经济，发挥地缘、交通、资源‘三大优势’，打造重庆工业配套、特色农产品供应、休闲度假旅游‘三大基地’，建设川东经济强县”的总体思路，抓机遇、争项目，建基地、强产业，保民生、促和谐，主要经济指标均保持两位数增速。全县地方生产总值实现88.6亿元，增长14.8%，全社会固定资产投资、社会消费品零售总额、地方财政一般预算收入分别完成59.3亿元、35.3亿元、2.4亿元，分别增长47.6%、18.7%、26.2%，农民人均纯收入实现4562元，增长8.7%。继2008年获全市综合目标考核第一名之后，2009年再获全市绩效考核一等奖。

一、强化党政对接，沟通协调促发展

强化与重庆市大渡口、渝北、长寿、垫江等区(县)的交流合作，并在经贸合作、交通建设、资源共享、发展“飞地经济”等方面达成共识。建立了“渝邻合作桥”对接会制度，并于2009年4月15日，在邻水县召开第一次会议，共商双边、多边的发展规划、经贸、交通、农业、旅游、文化、科教等合作事宜。成立了涉及工业、农业、交通等14个发展对接工作小组，认真研究重庆经济社会发展规划，深入分析重庆发展重点、产业布局、城市建设、基础条件等对邻水发展的影响，精心编制邻水交通、产业发展等对接方案，签定了12项合作备忘录。与毗邻区县共同举办了“川渝一家亲”联谊运动会，增进了两地友谊。2009年，县委、县政府与重庆市大渡口区委、区政府签订了《经贸合作协议》，选派2名干部到大渡口区八桥镇挂职，并成功引进了宏美科技等项目。

二、强化商企对接，互信合作建平台

在重庆成立了重庆市渝中区邻水商会，与渝中、大渡口、九龙坡、渝北等区县工商联建立了友好关系，有效推动了邻水对渝招商工作。与重庆企业界，特别是与重庆长安、长龙等大企业、大集团保持了良好的长期合作关系，长龙集团已成为邻水对渝合作的重要对象和以商招商的重要载体。2009年4月23~25日，“川渝部分友好商会合作峰会暨邻水县招商引资项目推介会”在邻水成功召开，省内和重庆共计22个工商联(商会)、73名企业家参加。

三、强化规划对接，优势互补谋双赢

一是掌握动态重庆。县级领导和党政机关均订阅了《重庆日报》等重庆主流报刊，倡导收看重庆新闻、浏览重庆公众信息网，并在县电视台创办了《放眼重庆》专题栏目,全方位、多渠道了解重庆经济社会发展动态。二是研究未来重庆。全面掌握和认真研究重庆经济社会发展总体规划和行业规划，围绕重庆经济社会发展重点、产业布局、城市建设、基础建设等方面,结合邻水经济社会发展实际情况，科学编制邻水县“十二五”总体规划和行业规划,实现与重庆经济社会发展总体规划尤其是各行各业规划的有效对接。三是做好产业规划衔接。在产业发展规划和产业布局上与相关区县合作交流，形成互补的产业规划,并积极承接其产业布局转移,形成了共赢的局面。

四、强化政策对接,优化环境强保障

一是优化交通环境。主动融入重庆市公路、航空、城际轨道交通网络一体化建设,启动县内6条出川入渝道路建设,加快建设连接重庆的断头路,形成了融入重庆的快捷道路网。二是优化政务环境,提升行政效能,对引自重庆的企业落实专人服务,限时办结县内手续,需上级主管部门审批的对口上报,跟踪办结。强化要素保障,强力破除园区企业融资、水、电、气等瓶颈制约。增强产业发展的承载能力和对重庆企业的吸引力。三是努力消除政策差异。加大对上争取力度，积极在与重庆统一税收政策、统一资本市场、统一资质认证、统一物流运输、统一外贸服务,大胆探索、先行先试,使邻水具备更好地与重庆对接的条件，争取重庆对邻水经济社会发展最大的辐射。

随着成渝经济区规划即将出台，邻水必将在川渝合作中扮演更为重要的角色，发挥更加突出的作用，成为广安建设川渝合作示范区的试验区,率先取得突破。邻水正与重庆毗邻区县共同探索“飞地经济”发展模式,共享发展成果,力争在深度融入重庆上取得重大突破。把邻水建设成广安市川渝合作示范区的“桥头堡”,广安市川渝合作示范区体制机制创新的先行区,重庆都市圈的重要组成部分、经济社会发展资源和要素配置的有效纵深地。

(邻水县政府办公室)

四川省泸州市纳溪区

一、2009年发展回顾

2009年，纳溪区经济社会呈现出良好的发展态势。全年国内生产总值完成60亿元,同比增长11.2%，其中区属国内生产总值同比增长15.0%;固定资产投资完成40.4亿元,同比增长56.8%；社会消费品零售总额完成24.5亿元,同比增长18.5%；地方财政一般预算收入完成2.1亿元,同比增长46.0%;城镇居民人均可支配收入14369元，增长11%；农民人均纯收入5263元,增长10%;节能减排目标全面完成。

(一)四大产业持续健康发展

强力推进“工业强区”战略,化工、造纸、酿酒、物流四大产业实现增加值21亿元,新增规模企业10家,区属工业占属地工业比重提高到65%。以泸天化、新火炬公司等为代表的市属化工企业全年产值同比下降34%，区属化工实现增加值1.5亿元,同比增长107.5%。班达化工、新东方农化、步莱特新能源等项目建成投产,拉动化工产业明显发展。巴蜀液酒业新建500吨储酒罐8个、窖池300口;康庆坊酒业新建500吨储酒罐5个、窖池300口;八仙液新建包装生产线2条,超越彩印、天泰包材等6个酒类关联企业建成投产。全年白酒产量完成6.4万千升,同比增长18%,实现销售收入14.5亿元,入库税金6020万元。银鸽纸业浆板机改造等技改项目建成投用,污水处理项目顺利通过省上验收;班博竹业竹纤维生产线建成试产,600万只竹制容器生产线正安装调试。造纸业全年实现工业增加值1.6亿元，同比增长55.8%。物流产业基础条件不断改善。青利码头水下工程和岸线护坡工程竣工，路海储运项目主体工程全面建成，石龙岩综合交通物流枢纽项目完成征地，三友物流、蜀云贵物流等项目开工建设。全年新增物流企业16家，物流业入库税金5757万元。

(二)园区建设取得重大突破

全年“一区三园”(泸州化工园区、浙江产业园、临港产业园区)投入建设资金4.7亿元，完成征地3000亩。泸州化工园区完成总体规划，成功列入四川省“1525”工程名单和泸州市上重点培育的七个园区之一；基础设施建设投入资金近4300万元，新征地258亩，完成场平1100亩，建成涵洞655米，河西110千伏输变电工程已完工并投入使用，1.2公里化工大道建设顺利。浙江产业园完成产业布局规划，成功列入“省小企业创业基地”；完成征地2000余亩，一期涵管建设完成，810米大道抓紧建设。临港产业园完成总体规划，成功列入“省小企业创业基地”；大渡口110千伏变电站完成征地，进入施工阶段；班达化工危化品专用公路已经竣工；常达工贸新建16万吨复合肥生产线项目已完成征地和杆管线搬迁等工作。依托园区平台，大力招商引资，积极承接产业转移，全年“一区三园”新引进项目41个，协议引进资金34亿元，到位资金8.82亿元，形成了“以园区引项目，以项目壮园区”的良性循环；建成项目18个，完成销售收入91亿元，实现利税5.1亿元。

(三)重点建设项目强力推进

出台推进重点项目建设决定，全面落实“四个一”项目推进机制，加强项目建设要素保障，强化项目建设督查考核。全年72个重点项目完成投资50.4亿元，占年投资计划的119.5%。其中，国家、省、市投资项目15个，完成投资35.2亿元；区级投资项目11个，完成投资1.6亿元；民间资本投资46个，完成投资13.6亿元。向(家坝)—上(海)线800千伏直流输变电工程、河西110千伏变电站、泸天化硝酸装置节能技改、九禾民燃、江南职中实训大楼等项目相继建成，区人民医院住院大楼主体完工，川黔高速、煤气化一期工程等项目进展顺利，赛德水泥、川渝高速、农村断头公路等重大项目先后开工建设。全年新签招商投资项目176个，投资总额102亿元，实际到位资金43亿元。

(四)新农村建设步伐加快

综合利用政府涉农项目，积极吸纳社会资金，扎实推进新农村建设。大湾路、高新路等8条断头公路已全面动工，建成通村公路26条67.8公里；新建机耕道7条28公里，硬化3条9公里；火炬、建坝、利合等6个乡镇汽车客运站全面完工投运；新增提水控灌设备100台(套)，新建渠道19公里，马庙水库库区基础设施建设全面完成。全年新建沼气池4241口，解决农村安全饮水1.52万人；涉及5个镇21个村的天仙新农村建设示范片规划已全面完成，并成功列入省、市级新农村示范片建设。大力开展城乡环境整治，农村生产生活环境大有改观，农村环境综合治理成效显著。

(五)城镇建管水平不断提升

城镇规划修编加速推进。完善扩编纳溪城市总体规划，完成疏港路、倒流河片区控制性详规，修编集镇规划2个、景区控规1个、村庄规划28个。城市建设步伐加快。冠山花园二期全面竣工，汇发山水名都、新城雅居等项目主体完成，广厦紫荆城、限价商品房等项目加快建设，疏港路土地整理项目、科洋凤凰城项目启动建设，上坝棚户区、江洋村、宏达市场等旧城改造项目成功签约，全年城市建设完成投资4.8亿元，建成15万平方米，在建15万平方米。集镇开发不断加快。全年集镇完成投资1.5亿元，建成30万平方米。继续深化城乡环境综合整治，努力提高城镇管理水平。全年投入整治资金3298万元，积极推进城区5个农贸市场的升级改造和城市生活污水处理厂前期工作，扎实开展“七进”活动，推行“网格化”管理，实施“市容市貌示范街”行动，城镇清洁卫生和秩序全面改观，城市管理水平进一步提升。加快城镇市政和交通基础设施建设,加强城市户外广告、园林绿化、路灯照明等管理,继续加大占道经营、摩托车非法运营、车辆乱停乱放等专项整治。全力做好"创园创森"工作,全年新增隔离绿化带面积8公顷,创建园林式单位10个,省级城乡环境综合整治示范镇1个、示范村10个。

(六)旅游商贸发展繁荣活跃

启动全区旅游发展总体规划,完成天仙硐、凤凰湖景区规划,天仙硐、普照山顺利通过国家2A级旅游景区评审,凤凰湖、古楼山旅游招商签订意向性协议资金2.2亿元,全年完成旅游总收入6.05亿元。商贸市场繁荣活跃。全面启动城区农贸市场升级改造,纳溪商城、打渔村农贸市场建成投用。大力实施"家电下乡"补贴,全年完成家电销售4134万元,财政补贴546万元。巩固提升"万村千乡"市场工程,新建改造标准化农家店52家。外贸出口首次突破1000万美元大关。

(七)环境综合治理全线深入

通过"责任减排、工程减排、监管减排和结构减排"四大措施,强力推进污染减排。定期对全区15个集中式饮用水源水质进行监察和监测,全区饮用水源水质均达到地表水环境质量标准。制定城市区域噪声和油烟整治方案,实施部门互动,重点开展油烟、噪声、粉尘、烟尘、恶臭气体等污染专项整治。综合整治"三江"流域,完成重点污染源的限期治理,治理污染企业3家。建立生态环保专项资金每年20万元,加大对生态环保和农村环保的投入。加强对重点污染源的监管和监测,全年现场监督检查企业746次,其中环保设施现场检查485次,建设项目建设期检查60次,限期治理项目现场检查40次,依法立案查处3家违法排污企业。完成护国镇伏金村、龙车镇长寿村2个生态文明村和护国镇伏金村生态小区的创建工作,龙车镇创建省级环境优美乡镇。

(八)社会事业发展全面推进

教育体制改革进一步深化,素质教育全面实施,教育教学质量稳步提升,职教攻坚成绩显著,成立教育资助中心,顺利推进校舍安全工程,成功通过省政府教育督导评估,有效做好藏区"9+3"免费中职学生教育工作,全面实施义务教育阶段教师绩效工资兑现工作。新农合参合率达97.4%,居全市第一,综合考评获全省第五名;城乡卫生服务体系得到巩固发展,新建区妇幼保健院建设已全部完成,即将投入使用,人民医院住院部大楼主体工程顺利建成,中医院正进行旧楼改造和设备购置。文化信息资源共享工程建成投用,广播电视"村村通"顺利推进,第三次文物普查取得阶段性成果,积极做好文物申报工作。科技工作深入开展,成功创建"全国科技进步考核先进县(区)"。应急工作成效明显。扎实做好甲型H1N1流感疫情防控工作;有效落实中国——默沙东艾滋病合作项目,在全省综合评比中名列区县第一。进一步完善和深化食品药品监管体制,全力保障人民群众饮食用药安全。

二、2010年发展目标

全面贯彻党的十七大、十七届四中全会和中央经济工作会议精神,以邓小平理论和"三个代表"重要思想为指导,深入贯彻落实科学发展观,进一步解放思想,深入推进"1234"发展思路,以项目建设为抓手、招商引资为动力、园区建设为载体,抢抓机遇、艰苦奋斗,加快推进工业化、城镇化和农业现代化进程,着力改善民生,促进纳溪加快发展、科学发展、又好又快发展。实现地区生产总值增长12%;地方财政一般预算收入增长20%;全社会固定资产投资总额增长40%;社会消费品零售总额增长15%;城镇居民人均可支配收入增长10%;农民人均纯收入增长9%。

(纳溪区政府办公室)

四川省泸州市合江县

一、2009 年发展回顾

2009 年合江县实现生产总值 73.3 亿元，地方财政收入 3.15 亿元，全社会固定资产投资 52.7 亿元，社会消费品零售总额 29.8 亿元，城镇居民可支配收入 1.23 万元，农民人均纯收入 4788 元，城镇登记失业率 3.97%。全县有各类学校 187 所，在校生 17.3 万人，有各级卫生机构 723 个，卫技人员 3209 人，有乡镇文化服务中心 27 个，图书馆和文化馆各 1 个。

(一)园区建设

合江临港工业园区列入四川省 50 个成长型特色产业园区之一，投入 2.38 亿元用于园区基础设施建设。联榕坝综合工业区 1032 亩土地实现“九通一平”，一期 1.6 万平方米安置房交付使用，二期 2.3 万平方米安置房进场施工，日供水能力 2 万吨的自来水厂开工建设。天华公司 1 万吨 γ-丁内酯项目建成投产，获得国家重点产业振兴和技改资金 1200 万元。4.6 万吨聚四氢呋喃、6 万吨 1,4-丁二醇项目平场。三木集团一期 3 万吨醇酸固化剂、3 万吨醋酸丁乙酯、6000 吨脂肪酸、5000 吨丙烯酸树脂项目全面动工。投资 5000 万元的华南无机盐项目开工建设。园区入驻企业达 54 家，总投资达 61 亿元。全县规模以上工业企业新增 7 家、发展到 63 家，实现规模以上工业增加值 17.6 亿元，增长 19%。

(二)重点项目

扎实开展“项目攻坚年”活动，积极向上争取项目资金，锁口水库项目通过省水利厅评审，合习路改造项目上报国家发改委立项，“四七”旅游环线公路完成可研。全年争取项目 81 个，到位资金 2.13 亿元。做好泸渝高速公路建设服务工作，现已全线开工建设。凤鸣-三江公路硬化完成，合江-密溪-先市沿江公路建成通车，启动 52.6 公里断头公路建设，新(改)建通村公路 360 公里。县城滨江路上延工程、城市污水处理厂开工建设，恒利国际新城一期工程、故园小区、党校片区旧城改造项目主体基本完工。国家“西电东送”大动脉——“向上线”合江段带电投运、“锦苏线”合江段完成征地拆迁。全年实施重点项目 47 个，完成投资 12 亿元。

(三)“三农”工作

整合支农资金 1.66 亿元，成片推进新农村建设。三江新农村建设示范片列入四川省首批示范片，合江镇柿子田村列入省级新农村建设重点推进村，尧坝现代农业项目成为省、市亮点。编制荔枝产业三年发展规划，出台扶持农业产业化经营奖励补助办法，荔枝、优质竹等特色规模产业不断壮大，成片发展荔枝 1.68 万亩、优质竹 7.76 万亩，合江荔枝成为泸州市首件农产品国家地理标志保护产品。被评为“四川省三农工作先进县”，成为国家新增千亿斤粮食规划核心县、全国小型农田水利建设重点县和四川省竹产业发展重点基地县、现代畜牧业试点县、现代农业产业基地强县培育县。

(四)旅游发展

以旅游重点项目为抓手，推动景区提档升级。福宝古镇“三宫八庙”等景点完成修缮，被评为“四川十大最美古镇”。尧坝古镇仿古步行街一期工程竣工，尧坝旅游汽车客运站主体基本完成。县城五星级宾馆开工建设。加强旅游整体形象宣传，编制《合江旅游指南》，成功举办“第三届中国(四川)名城古镇文化旅游节”。深化旅游管理体制改革，实现对佛宝景区集中统管。尧坝古镇、佛宝景区创国家 4A 级旅游景区有序推进。合江被评为“四川省林业生态旅游十佳县”。全年实现旅游收入7.74亿元，增长16.9%。

(五)社会事业

新增城镇就业5000人。发放社会养老金1.5亿元,农村“五保”对象实现应保尽保。新农合参合率达92.2%。开展城镇居民基本医疗保险,实现医疗保险全覆盖。新(改)建乡镇敬老院4所,县城老干部活动中心动工修建。新增廉租住房400套，实施农村安居工程236户，解决1800多人住房困难。新(改)建校舍5.5万平方米。改造县人民医院门诊楼、中医院住院大楼,新增床位200张。新(改)建6个乡镇计划生育服务站。成功举办“合江建工”杯端午节龙舟赛。完成12个乡镇文化站、34个农家书屋和9个行政村“农民体育健身工程”建设。深入推进广播电视“村村通”,880个自然村农户直接受益。全面推进“平安细胞”创建,顺利通过第二轮省级平安县创建验收。

二、发展中存在的问题

工业方面,新上了一批项目,但充分发挥效益仍然尚需时日;农业方面,产业特色明显,但规模仍然较小;物流方面,煤炭经营和货物运输业开始振兴，但抗风险能力仍然不高；旅游方面,资源独特,但开发利用仍然任重道远。特别是受金融危机冲击和国家税收政策调整等因素的影响,地方财政减收因素较多。

三、2010年发展目标

生产总值确保增长11%,达到85.2亿元;力争增长12%,达到86.7亿元。地方财政一般预算收入增长10%,达到2.35亿元。固定资产投资增长30%,达到62.4亿元。城镇居民人均可支配收入增长12.8%,达到13870元。农民人均纯收入增长9%,达到5440元。

(合江县政府办公室)

四川省南充市

2009年,全南充幅员面积12479平方公里,其中，耕地面积30万公顷，比2008年增（减）0.3%,森林覆盖率36.8%。辖9县(市、区),年末总人口753.51万人，人口自然增长率为2.2‰。单位GDP能耗下降6.1%。

一、项目建设

2009年，南充市出台了促进经济平稳较快增长的具体政策措施,建立健全覆盖产业发展、基础设施、民生工程等方面的项目体系,对重点项目实行定目标、定领导、定部门、定时间、定奖惩、定督查“六定责任制”,促进了重点项目快速推进。市列重大项目新建35个、续建17个、全面竣工投产6个。其中仪陇天然气净化厂已形成年产40亿立方米的生产能力,达(州)成(都)铁路复线、国道212线南部至阆中段改造等重点工程竣工。兰(州)渝(重庆)铁路、广(元)南(充)高速公路、嘉陵江旅游码头等项目建设进展顺利。成(都)德(阳)南(部)高速公路、巴(中)南(充)高速公路、高坪机场改扩建、高坪下中坝开发、顺庆城区西河治理等重点工程开工建设。四川核电站、升钟水库二期工程、南(充)大(竹)梁(平)高速公路、南充嘉陵江四桥、南充港等项目前期工作进展顺利。

二、国民经济

2009年,南充市制订和落实了促进投资、刺激消费、扩大出口3个方面的10多项专项规划和政策措施。加快企业技改步伐,强化资金、土地、能源等生产要素统筹,大力推进园区建设,促进了优势产业快速扩张。三次产业结构25.2:45.8:29.0,其中二产业比上年提高3.2个百分点。

2009年南充市经济社会发展主要指标

项目	单位	实绩	同比增减（+%）
地区生产总值	亿元	686.28	14.9
第一产业增加值	亿元	173.27	3.9
第二产业增加值	亿元	313.99	23.7
规模以上工业增加值	亿元	295.37	28.3
第三产业增加值	亿元	199.01	10.6
民营经济增加值	亿元	382.54	18.9
粮食总产量	万吨	324.58	2.2
肉类总产量	万吨	78.80	8.8
社会消费品零售总额	亿元	291.57	15.3
全社会固定资产完成投资	亿元	502.74	68.8
地方财政一般预算收入	亿元	23.52	25.9
地方财政一般预算支出	亿元	161.17	19.4
年末金融机构存款余额	亿元	921.40	20.6
年末金融机构贷款余额	亿元	350.36	24.3
保费收入	亿元	29.75	9.9
城镇居民人均可支配收入	元	11086	13.4
农民人均纯收入	元	4181	8.2
城市污水处理率	%	44.6	13.6
生活垃圾处理量	万吨	30	11.1
普通高校在校生数	万人	7.11	19.0
中小学在校生数	万人	100.11	-4.6
广播综合覆盖率	%	99.0	0.2
电视综合覆盖率	%	99.0	0.1
新型农村合作医疗制度参合率	%	89.9	0.6

石油化工、丝纺服装、汽车汽配、轻工食品四大优势产业完成销售收入917亿元，占全市工业经济总量的92.6%，提高2.6个百分点。规模以上工业企业新增85户，实现利润44亿元、增长51.6%。完成工业企业技术改造投入57亿元、增长61.3%。提供工业用地1.39万亩，工业园区新入驻企业117户。

2009年，南充市大力调结构、建基地、育龙头、创品牌，推进了农业区域化布局、专业化发展进程。全市粮食总产324.58万吨，农业产业化龙头企业达195户。生猪规模养殖比例达43.8%，全市桑园面积达99万亩，柑桔总面积达70万亩，有机蔬菜基地1.1万亩。南充农业现代产业园建设正式启动。实现劳务收入122.2亿元、增长8.6%。

2009年，南充市消费需求持续旺盛，市场流通体系日趋完善，城乡居民消费总量扩大，结构升级。实现旅游总收入71.6亿元、增长45.7%。商品房销售67.3亿元、增长96.0%。外贸进出口总额达5.2亿美元、增长21%。年末金融机构各项存款余额921.4亿元、增长20.6%，各项贷款余额350.4亿元、增长24.3%。建立并出台了推进企业上市工作机制和政策措施，积极培育上市企业。

三、工业集中区建设

2009年，南充市有工业集中区10个，总面积61平方公里。其中，市级1个，南充化学工业园面积2平方公里，以石油化工为主导产业；县(市、区)级9个：顺庆区潆华工业集中区12平方公里，产业以机械汽配、新型建材、汽车销售服务为主；高坪区航空港工业集中区10平方公里，产业以机械制造、电子电光源、汽车4S店群为主；嘉陵区工业园区8平方公里，以机械汽配、丝纺服装、食品饮料产业为主；阆中市工业集中区8平方公里，以食品加工业为主，并发展轻工纺织、建筑建材产业；南部县经济开发区4平方公里，以机电、板材、饮品产业为主；西充县工业集中区5平方公里，以缫丝织绸、食品加工、钢铁制品为主；营山县三星工业集中区3平方公里，以机械制造农产品加工、电器建材、服装纺织为主；蓬安县工业园区5平方公里，以摩汽配、机械冶金、农产品加工为主；仪陇县工业集中区4平方公里，以农产品加工、纺织建材为主。

四、改革开放

2009年，南充市继续深化国有集体企业改革，一批改制企业遗留问题得到妥善解决。集体林权制度改革顺利推进。水务一体化改革基本完成。医药卫生体制改革稳步实施。市商业银行实现跨省域经营。深化投融资和担保体系建设，组建南充发展投资(控股)有限公司和南充农业融资担保公司,形成了政策性、会员制、商业性担保机构共同发展的格局。民营经济发展加快,增加值占GDP的比重达55.2%。主动承接产业转移,创新招商方式,加强对重大招商项目统筹协调,积极参加"西博会"、"泛珠三角洽谈会"、"西交会"等集会招商活动,全年新签约项目452个,到位资金193.6亿元、增长46.9%。

五、民生工程

2009年,南充市把改善人民生活作为一切工作的出发点和落脚点,解决了一批与人民群众生产生活密切相关的具体问题。城镇新增就业4.84万人,下岗失业人员和被征地农民实现就业再就业2.2万人。为16万多名义务教育寄宿贫困学生给予生活补助,为7.8万名经济困难家庭高中阶段学生提供资助,建立留守学生之家230个。新改扩建敬老院36所,"五保"供养对象集中供养率达28%。新型农村养老保险试点覆盖4.45万人,新型农村合作医疗农民参合率巩固在90%以上,人均住院补助费较上年提高155元。城镇居民医疗保险覆盖72万人。新改扩建学校37所,新增教学班560个,义务教育学校教师绩效工资政策全面实现。蓥溪职业教育基地启动建设,新增民办中职学校3所。西南交大希望学院正式招生。成功举办《光辉的历程》等庆祝新中国成立60周年系列文化活动。创办"中国·南充嘉陵江大讲堂",建成"农家书院"3285个。完成74个乡镇文化站、195个农民体育健身工程项目、9620个自然村的广播电视"村村通"建设,市辖顺庆、高坪、嘉陵三区城区有线数字电视整转10万户。建成廉租房24.9万平方米、拆迁还房180万平方米、农村教师周转房5086套。实施了市辖三区1.8万户居民水电气户表改造和增容增压。红层找水打井2.97万口,解决农村饮水安全25万人。建成通乡油路(水泥路)818公里、通村公路1981公里、乡镇客运站点25个。新建农村特困群众危房户减灾安居工程1822户。

六、灾后重建

2009年,南充市5.12汶川特大地震中损毁的房屋、学校、医院等重建年度任务全面完成,其中,重建校舍168万平方米。投资2000多万元,提前一年完成对口援建梓潼县许州镇9个项目建设。圆满完成援助甘孜州三个县牧民定居点规划建设年度工作任务。

(南充市政府办公室　夏建平)

四川省遂宁市

一、2009年发展回顾

2009年,全年实现生产总值412亿元,增长14.7%;规模以上工业增加值149.8亿元,增长31.9%;农业增加值100.4亿元,增长3.8%;社会消费品零售总额169.3亿元,增长18.9%;十大民生工程完成投资33.5亿元,增长34%。

(一)迎难而进,推动了经济回暖

扶持企业共渡难关。严格落实国家结构性减税政策,依法减免企业税收1.1亿元。出台减免涉企行政性收费等优惠措施,减轻企业负担1.7亿元。深入开展服务企业月活动,财政贴息支持企业贷款19.2亿元。培育壮大骨干企业,全年新增规模以上企业65户、亿元企业39户。

拓展市场拉动内需。推进汽摩、家电下乡,销售产品18.7万台,新建农家店670家。实现旅游总收入56.5亿元,增长34.4%。完成房地产开发投资58.8亿元。居民消费价格涨幅控制在0.7%。外贸出口1.4亿美元,增长28%。遂宁商检办事处正式开检。

集聚要素强化保障。在全省率先成立3家小额贷款公司，担保机构完成担保融资额21.8亿元。年末全市金融机构各项贷款余额219.2亿元，增长35.3%，成为投资拉动的有力支撑。完成土地整理7.8万亩，新争取发展用地1.99万亩。新增天然气用气指标3.17亿立方米。新建、改造220千伏变电站3座。

(二)乘势而上，提升了发展质量

产业结构不断优化。强力实施“4+3”产业规划，产业结构比调整为24.4:47.7:27.9。举全市之力做强电子产业，成功引进雪莱特、威纳尔等电子项目103个，开工62个，投产30个。西南电路板制造基地建设正式启动，新光源制造中心建设有序推进。坚持以龙头企业引领现代农业发展，新引进500万元以上现代农业企业102家。狠抓现代畜牧业提质扩面，生猪规模养殖出栏率达65.3%。实现粮食总产164.5万吨。加快发展现代物流业，现代物流港完成基础设施投入12.9亿元，西部华源药业正式运营。遂宁市成功创建全国流通领域现代物流示范城市。

财税国资运行平稳。加强财税征管，实现地方财政一般预算收入13.1亿元，增长29.2%；国税收入9亿元，增长8%；地税收入13.5亿元，增长35.9%。组建遂宁发展公司，完成融资5.9亿元。投资评审、绩效审计和网上招投标共节约财政资金2.7亿元。

环境保护成效明显。淘汰7户企业落后产能，完成16户省挂牌企业污染治理任务。全市化学需氧量、二氧化硫排放量分别控制在2.35万吨和2万吨以内，24户重点用能企业节能12.2万吨标准煤。耕地保有量26.2万公顷，森林覆盖率35.6%。

(三)借力而为，增强了发展动能

项目攻坚全力推进。深入开展招商引资月和百日大招商活动，新签约项目465个，履约项目734个，招商引资到位资金131.3亿元，增长28.1%。充分发挥灾后重建放大效应，开工重建项目444个，完工264个，完成投资99.6亿元。全市1335个新开工项目完成投资196亿元，280个重点项目完成投资211亿元。完成全社会固定资产投资403.3亿元，增长56.5%。

交通优势更加凸显。全力打造区域性次级综合交通枢纽，完成达成铁路扩能改造，绵遂高速公路遂宁段累计实现投资27.26亿元，遂内、遂资高速公路和遂渝铁路二线正式开工，遂广、遂巴高速公路前期工作快速推进。建成通乡油路(水泥路)175.7公里、通村公路1149.6公里。

改革创新步伐加快。射洪、蓬溪、大英扩权强县试点改革不断深化。医药卫生体制和水务体制改革有序推进。完成射洪华纺银华集团政策性破产改制。实现宅基地确权登记发证58万户。组建四川省首家微电子暨节能电子产品检测中心。大雁科技等9家企业通过国家高新技术企业认定，太晶电子等3家企业成功创建省级企业技术中心。

(四)利民而行，构建了和谐环境

民生工程见实效。新增城镇就业3.08万人，农村劳动力转移输出115.3万人。城市、农村低保累计月人均补差分别达146元和55.1元。启动城镇居民基本医疗保险，实施城乡医疗救助16.7万人次。安居区新型农村社会养老保险试点顺利推进。成功解决3.8万失地农民养老保险问题。购建廉租房3134套，实施住房租赁补贴5195户。完成新村扶贫解困工程39个。新建沼气池5万口。解决了14.7万农村人口安全饮水问题。兑现水库移民后扶资金6426万元。2.9万户农村居民住房恢复重建全面竣工。全年实现城镇居民人均可支配收入12108元，增长14.2%；农民人均纯收入4654元，增长8.6%。

社会事业上台阶。各类教育协调发展，1.6万名学生被普通高校录取，全面实现城乡免费义务教育，“两免一补”惠及39.6万名学生。有效控制甲型H1N1流感疫情，新农合实现全覆盖。建立药品供应网点2586个，建成农村规范药房650家。推进90个乡镇综合文化站建设，建成国家二级博物馆和国家二级档案馆各1个。新建全民健身路径20条，成功承办四川省第二届特奥会。广播电视村村通提前完成“十一五”目标。

城乡免费婚检率达35.3%，人口自然增长率2.25‰。民族、宗教、妇女儿童等工作扎实推进。

城乡面貌展新颜。扎实推进城乡环境综合治理试点市工作，拆除裙房卡口1082户，改造城中村及城郊结合部27处，升级改造农贸市场136个。成功创建国家卫生城市，涪江（城区段）环境综合整治工程荣获中国人居环境范例奖，创建国家园林城市、国家级生态示范区和全国绿化模范城市工作通过检查验收。参加全省李冰杯竞赛荣获7个奖项中的3项一等奖。

平安和谐有保障。建立十大公共安全防控体系，安全生产死亡人数下降18.6%。严格落实维稳机制，群众到市集访量下降17%，排查突发公共事件危险源1213处。强化公安队伍建设，破获刑事案件4155件，群众安全感得到增强。加强普法依法治市工作，民间纠纷调解成功率达98.1%。

二、发展中存在的问题

一是二、三产业比重偏低，经济发展方式尚未根本转变。二是大项目、好项目不多，保持投资持续增长难度很大。三是通道经济发展不足，外贸出口缺乏后劲支撑。四是节能问题较为突出，农村环境治理任务艰巨。五是融入成渝深度不足，城乡统筹发展任重道远。六是改革创新力度不够，体制机制活力不强。

三、2010年发展展望

2010年是全面实施“十一五”规划的最后一年，全市主要预期目标是：生产总值增长12%，地方财政一般预算收入增长13%，城镇居民人均可支配收入增长10%，农民人均纯收入增长9%，居民消费价格总水平涨幅控制在3%左右。

（遂宁市政府办公室）

四川省宜宾市

2009年，宜宾实现地区生产总值720.78亿元，增长14.9%，居四川省第四位；地方财政一般预算收入41.03亿元，增长21.3%；人均GDP达到16163元，由全省第10位上升到第7位；城镇居民人均可支配收入13452元，比上年增长13.4%；农民人均纯收入4873元，比上年增长8%。三次产业对经济增长的贡献率分别为4.8%、73.2%和22%。三次产业结构进一步优化，由2008年的19.2:53.3:27.5调整为2009年的17.1:55.8:27.1。

一、工业经济

2009年，全部工业实现增加值366.12亿元，比上年增长21.3%，其中：规模以上工业企业实现增加值350.6亿元，增长24.1%。规模以上工业企业实现利润总额83.97亿元，比上年增长24.7%；实现利税137.63亿元，增长23.26%，居全省第2位。在规模以上工业增加值中，轻工业增加值179.2亿元，增长18.1%；重工业增加值171.4亿元，增长30.88%。工业经济效益综合指数252.19点，提高24.1点。完成工业投资204.18亿元；完成技改投资112.53亿元，增长52.3%。积极发展循环经济，全面完成省下达的污染减排目标。酒类食品、综合能源、化工轻纺、机械制造等优势产业不断壮大。一批中小企业茁壮成长，增加规模以上工业企业39户，销售收入上亿元企业30户，完成技改投资112.53亿元，增长52.3%。五粮液、阳春坝园区被纳入全省重点培育的成长型特色产业园区。全市招商引资到位资金总额280.94亿元，同比增长33.99%，其中：市外到位资金245.26亿元，同比增长35.14%；省外到位资金177.03亿元，同比增长33.49%。

酒类产业是宜宾的“一号产业”，全市有规

模以上酒类生产企业24户,原酒生产能力超过45万吨,生产规模25万吨;有酒类批发企业630余户,零售店近万户。2009年全市规模以上酒类企业实现销售收入396.83亿元、利税74.76亿元。2009年全市酒类食品产业完成增加值125.8亿元、利税约79.4亿元。其中五粮液实现产值250.3亿元、利税68.5亿元。五粮液销售收入突破350亿元,品牌价值达472.06亿元,连续15年稳居国内食品行业第一。高洲、叙府、红楼梦、华夏等酒类企业快速壮大,被授予"中国白酒之都"称号。宜宾是国家战略资源富集区,具有发展大型水火核电站和高载能产业的优势和潜能。2009年全市能源产业完成增加值77.8亿元、利税31.2亿元(税金14.8亿元,占全市27.6%)。宜宾化工、化纤纺织产业逐步壮大。天原、丝丽雅继续居行业领先地位,天原集团上市获证监会审核通过。中核建中被列入全省大企业大集团培育企业。2009年化工轻纺产业完成增加值58.3亿元、利税12亿元。以普什集团为龙头,宜宾机械装备制造产业发展势头强劲。2009年机械制造业完成增加值31.2亿元、利税6.2亿元。

二、农林牧渔业

2009年,农业总产值实现203.76亿元,增长4.7%。粮食总产量227.14万吨,增长1.52%。农民人均纯收入4873元,增长8%。宜宾利用建设长江上游生态屏障的机遇,积极打造绿色、生态、安全、健康的特色优势品牌,促进了茶、竹、特色畜牧和水产养殖等特色优势产业的快速发展,被授予"中国早茶之乡"称号。2009年,畜牧业总产值达122.8亿元,占农业总产值的51.6%。

目前,全市有规模以上农业产业化龙头企业171家,其中销售产值超亿元企业31家,国家级重点龙头企业1家(叙府茶业)、省级18家、市级96家。2009年,增加市级农业产业化龙头企业24户、省级4户,增加亿元企业7户、500万元企业25户。农民专合组织达到1279个。全年实现林业产值7.85亿元,比上年增长8.5%,占总产值的比重为3.85%,比上年上升0.29个百分点。退耕还林和天然林保护成果巩固,集体林权制度改革继续推进。全年完成造林面积22702公顷。有市级以上农业产业化林业龙头企业18户,当年新增8户,其中1亿元企业5户。竹质原料林16.28万公顷。生态环境明显改善,新增云台湖、七仙湖两个省级湿地公园和老君山国家级自然保护区。全市森林覆盖率达到39.56%。全年实现渔业总产值7.01亿元,比上年增长5.02%,占总产值的比重为3.44%。农民专合组织达到1279个。输出农村劳动力129.3万人次,实现劳务总收入94.91亿元。新农村建设积极推进,"千村春风工程"顺利启动,江南特色效益农业基地建设加快推进,新增"百万元村"220个、"千万元村"15个。农业和农村基础设施条件不断改善,农民生活质量不断提高。新增有效灌面11.17万亩,新建农村沼气池4.95万口,改造中低产田土20.2万亩,农业机械总动力达163万千瓦。建成通乡油路(水泥路)540公里、通村公路3332公里。全省农田水利基本建设"李冰杯"评比取得历史最好成绩。

三、第三产业

2009年社会消费品零售总额完成254.3亿元,增长18.8%。全市共有世界级称号的旅游资源3处、国家级称号的旅游资源13处、省级称号的旅游资源34处,蜀南竹海石海生态度假旅游区是四川新五大精品旅游区之一。全年共接待游客1192.23万人次,实现旅游总收入83.45亿元。市商业银行实现增资扩股,资产规模达70亿元;国信证券和中信银行入驻宜宾;1家小额贷款公司和1家担保公司获批筹建。全市金融机构人民币存款余额742.3亿元,增长27.05%,贷款余额345.2亿元,增长43.27%;信贷净投放达104.25亿元。房地产业完成投资43.97亿元,增长24.7%。全年邮电业务总量完成57.54亿元,比上年增长24.28%。"万村千乡市场工程"新建和改造农家店1295个。全市共有保险公司25

家,全年原保险保费收入18.4亿元,比上年增长19.7%。沃尔玛、苏宁等商业企业入驻宜宾,美好家园、义乌小商品城落户宜宾,现代物流发展总体规划修编完成并批准实施,象鼻商贸物流配送中心项目签约落地,烟草物流中心竣工投运。县级城乡商业网点规划编制基本完成。2009年,全年完成外贸进出口总额5.01亿美元;实际利用外资1986万美元,同比增长12.3%;外派劳务人员1233人次,同比增长9.21 %,实现对外劳务合作收入72.1万美元。

四、城市经济

2009年新增建成区面积15平方公里,中心城区建成区面积达到53.04平方公里,城镇化率达到36.56%。完成建筑业总产值75亿元,新增建筑企业26家、劳务企业18家,建筑业企业资质升级8家。完成了天柏、赵场等组团控制性规划;县城控规覆盖率超过80%;乡镇和中心村规划编制扎实开展。两路桥立交、戎州桥北匝道建成通车;完成中心城区169项背街小巷整治工程;城市公交、水电气管网等公共设施不断完善。滨江环线道路、卫星观测站搬迁、三江口区域和酒都文化名城特色商业街等项目规划建设加快推进,县城开发建设取得新成效,屏山县城迁建加快推进。完成了南岸三江口片区等5个区域的控制性详规修编编制工作和2009~2011年棚户区改造实施规划及2009年棚户区改造实施计划;加强城乡环境综合治理,完成12个省级人居环境治理示范村和75个村庄建设规划的编制工作。创建省级卫生单位22个、卫生村6个;创建省级园林城镇1个、市级园林城镇10个,省级园林式单位4个、市级园林式单位49个。共集中整治主要街道454条,整治建(构)筑物2923栋、立面140.2万平方米,拆除违章搭建建(构)筑物1516处、5.2万平方米,拆除非法户外广告3095个,规范店招(牌)3404个。

城市创新能力不断增强。新增国家级企业技术中心1家、省级5家;新增省级工程技术中心1家、省级农业科技园2个;新创建国家级创新型企业1户、省级6户;获省科技进步奖6项、首批省科技企业孵化器1个;申请专利484件,增长15.2%;获批全国科普教育基地2个;新增中国驰名商标1件。获"全国科技进步先进市"称号。

2009年12月临港经济开发区管委会正式成立并挂牌开展工作,启动了总体策划和战略规划编制,开展开发区区域调整报批、综合保税区申报工作,为城市经济发展注入了新的活力。宜宾港志城作业区完成投资3.1亿元。沿江20个客货码头建设加快推进,香炉滩码头2个千吨级泊位投入使用。在《2009城市竞争力蓝皮书》报告中,宜宾城市综合竞争力列四川省第四位。

五、县域经济

2009年,地区生产总值有9个县增幅达到或超过全市平均水平,最高达22.2%;区县属规模以上工业增加值首次超过市属和部省属板块,增幅最高的区县达52.16%。财政一般预算收入新增长宁、南溪、兴文、屏山4个县为亿元县,10个区县全部过亿元,总量首次超过全市的50%,走出了长期以来市强县弱的困局。县级经济在全省的综合评价排位不断上升,翠屏区首次进入全省前十强。珙县、筠连县、兴文县、屏山县4县获四川省表彰的20个县级经济发展激励先进县。区县属规模以上工业企业实现增加值205.85亿元,比2008年增长40%。

六、社会事业及其它

2009年,全市为普通本科院校输送生源8997人,比上年增加1300人。农村义务教育经费保障机制改革工作全面推进,"两免一补"政策继续完善落实,中职学校一、二年级家庭贫困生享受了国家助学金。中职6类贫困家庭学生免除学费。建成46个乡镇综合文化站、355个农家书屋。建成广播电视村村通工程12246个。新建农村社区82个。规模以上工业新产品产值率达6.88%。新建、改扩建市级医院1家、县级医院6家、乡镇卫生院68家。新农合参合率达92.2%,

受益人数达398.85万人。全市人口自然增长率为3.56‰。共投入31.6亿元进行民生工程建设。动态消除城镇零就业家庭,新增就业6.13万人,再就业2.52万人,城镇登记失业率3.75%。五项社会保险共参保192.35万人，城乡医保制度实现全覆盖。2.47万农村“五保”对象全部纳入供养范围。建设廉租房10.75万平方米。扶持了6.47万农村贫困人口。库区搬迁移民1.5万人，城集镇迁建完成投资14亿元,抢建过渡安置房近10万平方米，围堰保障工作取得阶段性成果。兑现大中型水库移民后扶资金603万元。

（宜宾市政府办公室）

2009年西部省(区)经济发展统计比较表

表1 国民生产总值

省、市自治区		国民生产总值（亿元）	比上年增长%	第一产业		第二产业		第三产业		人均生产总值	
				增加值（亿元）	±%	增加值（亿元）	±%	增加值（亿元）	±%	全额（元）	±%
直辖市	北京市	10488	9	112.80	1.1	2693.20	2.4	7682	11.7	63029	5.2
	上海市	14900.93	8.2	113.82	-1.1	5939.96	3.1	8847.15	12.6		
	天津市	7500.8	16.5	131.010	3.4	4110.54	18.2	3259.25	15.1	62403	11.1
	重庆市	6528.72	14.9	606.80	5.5	3447.48	17.8	2474.44	13.3	22916	14.1
西部省区	内蒙古	9725.78	16.9	929.02	2.3	5101.39	21.4	3695.37	15	40225	16.5
	广西	7700.36	13.9	1458.71	5.3	3377.72	17.6	2863.93	13.8	15923	
	四川	14151.3	14.5	2240.60	4.0	6711.90	19.5	5198.8	12.4	17339	14
	贵州	3893.51	11.2	554.02	4.8	1474.33	12.0	1865.16	12.6	10258	10.7
	云南	6168.23	12.1	1063.96	5.2	2580.34	13.6	2523.93	13.4	13539	11.4
	西藏	441.36	12.4	63.99	3.3	136.19	21.7	241.18	10.3	15295	11.2
	陕西	8186.65	13.6	789.63	4.9	4312.11	14.7	3084.91	14.1	21732	13.3
	甘肃	3382.35	10.1	497.50	4.9	1510.98	10.4	1373.87	11.3	12852	9.4
	青海	1081.27	10.1	107.40	5.0	576.34	11.3	397.53	9.8	19454	9.6
	宁夏	1334.56	11.6	127.13	7.2	680.20	14.4	527.23	9.4	21475	10.3
	新疆	4273.57	8.1	759.73	4.8	1951.87	9.01	1561.97	8.3	19926	6.5

表2 农业

省、市自治区		粮食		油料		肉类		蔬菜		水产	
		总产（万吨）	比上年±%	总产（万吨）	比上年±%	总产（万吨）	比上年±%	总产（万吨）	比上年±%	总产（万吨）	比上年±%
直辖市	北京市	122.5	22.9			45.1	-5.7	321.3	-5.5	6.1	0.7
	上海市	121.68	5.2					394.40	-3.8	33.60	-8.8
	天津市	156.29	4.9			39.5	6.4	373.85	19	34.17	1.5
	重庆市	1137.20	-1.4	40.54	13.4	187.72	5.7	1177.45	18.4		
西部省区	内蒙古	1981.7	-7	119.62	1.8	233.91	6.6	1380.61	1.5	10.59	7.8
	广西	1463.20	4.9	42.08	12.6	371.00	5.8	2063.07	2.4	261.81	4.7
	四川		2.2	261.8	4.7		4.2	3227.3	4.8	100.1	5.1
	贵州	1168.27	0.9	78.68	15.0	169.60	5.0	1077.81	8.7	8.03	2.9
	云南	1576.9	3.8	49.92	23.6	304.6	5.7	1215.5	4.2	45.5	15.6
	西藏	90.53	-4.7	5.77	-4.0	25.52	4.3	55.11	14.5		
	陕西	1131.4	1.8	54.4	9.9	134.0	20.1	1257.6	17.9	5.6	7.3
	甘肃	906.2	2.0	58.54	9.35	83.32	5.19	1145.35	5.83	1.19	2.51
	青海										
	宁夏	340.7	3.5			25.5	8.1				
	新疆	1152.0	23.8	63.91	12.4	115.31		1383.21	42.5		

表 3 工业、建筑业、固定资产投资

省、市自治区		工业						建筑业		固定资产投资	
		增加值总额（亿元）	比上年±%	其中规模以上企业				增加值（亿元）	±%	总额（亿元）	±%
				增加值（亿元）	±%	经济效益综合指数	增减百分点				
直辖市	北京市	2198.5	2.2	2156.3	2.0			494.7	3.7	3848.5	-3
	上海市	5374.91	2.9	5152.02	3.0	233.78	10.48	3827.84	17.9	5273.33	9.2
	天津市	3749.81	18.5					360.73	13.6	5006.32	47.1
	重庆市	2917.40	17.2			206.4	9.6	530.08	21.2	5317.92	31.5
西部省区	内蒙古	4503.31	21.2	4400.45	24.2			598.08	22.7	7464.72	33.2
	广西	2863.84	15.7	2265.06	18.2	221.88	17.3	513.88	29.4	5706.7	50.8
	四川	5678.3	19.0		21.2	236.9	20.8			12020.7	58.1
	贵州	1252.67	10.2	1170.29	10.6			221.66	24.2	2438.18	30.8
	云南	2088.3	11.2	1904.38	11.2			492.04	25.7	4527.02	31.7
	西藏	32.67	12.9	27.56	10.8			103.52	24.9	379.42	22.4
	陕西	3878.98	12.7	3288.24	14.8	290.94	-6.1	733.13	26.1	6553.39	35.1
	甘肃	1191.25	9.9	1136.71	10.6	187.44	7.43	319.73	28.12	2479.60	42.85
	青海	471.34	10.2	440.10	11.0			105.00	16.9	800.51	37.5
	宁夏			523.15	14.3	210.46	27.85	259.21	35.3	1119.14	30.3
	新疆	1579.88	7.0		7.2			371.99	20.2	2827.23	25.1

表 4 交通、邮电、旅游

省、市自治区		交通				邮电				旅游	
		货运		客运		邮政		电信		总收入（亿元）	比上年±%
		货物周转量（亿吨公里）	比上年±%	旅客周转量（亿人公里）	比上年±%	业务总量（亿元）	比上年±%	业务总量（亿元）	比上年±%		
直辖市	北京市	440.2	-2	943.4	-1.8	47.0	24.7	755.2	18.9	2219.2	5.5
	上海市					68.59	18.9	806.86	4.0	2241.4	
	天津市	10102.32		297.66	14.5	26.91	14.8	359.76	9.0		
	重庆市	1471.67	11.6	311.69	7.3	24.44	26.0	463.6	14.0	703.23	25.2
西部省区	内蒙古	3963.22	11.7	377.29	7.4	11.65	-1.9	542.56	22.3	611.35	30.4
	广西	2512.36	13.9	815.57	8.3	21.32	16.3	673.43	18.4		
	四川	1453.9	-4.0	1215.7	0.8			1250.0	34.3	1472.5	34.8
	贵州	730.38	5.1	406.08	6.7	11.73	12.6	473.45	31.1	805.23	23.3
	云南									810.73	22.2
	西藏					1.69	14.3	50.43	25.3	55.99	150
	陕西	2805.64	7.3			28.81	12.7	654.65	5.9	767.95	
	甘肃	1477.06	1.54	469.99	6.49	8.05	1.14	355.51	30.77	192.76	
	青海					2.67	18.4	89.0	31.7	61.2	
	宁夏	749.38	4.4	104.85	9.3	3.03	-6.5			53.41	31.8
	新疆					13.35	17.0	466.40	26.9	186.11	

表5 贸易

省、市自治区		国内贸易		国外贸易							
						其中					
		社会消费品零售总额（亿元）	比上年±%	进出口总额（亿美元）	比上年±%	出口总额（亿美元）	±%	进口总额（亿美元）	±%	外商直接投资（亿美元）	±%
直辖市	北京市	4589	20.8	2718.5	40.8	574.6	17.4	2143.9	48.8	60.8	20.1
	上海市	5172.88	14	2777.31	-13.8	1419.14	-16.2	1385.17	-11.1	105.38	4.5
	天津市	2430.83	21.5	639.44	-20.6	299.85	-29.0	339.59	-11.4	90.2	21.6
	重庆市	2479.01	18.6	77.09	-19.0	42.80	-25.2	34.29	-9.8	40.16	47.2
西部省区	内蒙古	2855.31	19.2	67.64	-24.1	23.16	-35.3	44.48	16.5	29.84	13.0
	广西	2790.70	19.3	142.06	7.3	83.71	13.9	58.35	-0.9	10.35	6.6
	四川	5758.7	20.0	242.3	9.6	141.5	7.8	100.8	12.3	41.3	23.5
	贵州	1247.25	19.1	23.07	-31.5	13.58	-28.5	9.49	-35.4	1.34	-10.3
	云南	2051.06	19.3	80.19	-16.5	45.14	-9.7	35.05	-23.8	9.1	17.6
	西藏	156.58	21.3	4.02	-47.5	3.75	-46.9	0.2667	-52.1	0.58	
	陕西	2699.67	19.7	84.01	0.9	39.85	-25.9	44.16	49.8	15.11	10.3
	甘肃	1183.01	18.88	38.21	-37.3	7.35	-54.1	30.86	-31.3	1.34	4.21
	青海	300.47	18.8	5.86	-14.9	2.51	-40.1	3.35	24.2	2.15	-2.3
	宁夏	339.32	19.0	12.02	-36.2	7.43	-41.0	4.59	-26.4	1.42	17.7
	新疆	1177.53	14.8	138.28	-37.8	108.24	-43.9	30.04	3.0	2.16	13.6

表6 财政

省、市自治区		地方财政总收入（亿元）	比上年±%	一般预算收入		一般预算支出	
				金额（亿元）	比上年±%	金额（亿元）	比上年±%
直辖市	北京市			1837.3	23.1	1956.00	18.6
	上海市			2540.3	7.7	2989.65	15.3
	天津市	1805.00	21.1	821.38	21.6	1438.3	27.2
	重庆市			681.83	18.1	1317.46	29.7
西部省区	内蒙古	1378.12	24.5	850.75	30.7	1925.13	32.3
	广西	966.89	14.7	620.83	19.8	1606.25	23.8
	四川			1174.2	21.9	3591.0	21.8
	贵州	779.58	15.9	416.46	19.7	1358.76	28.9
	云南	1490.82	9.6	698.26	13.7	1952.34	32.8
	西藏	30.37	6.2	30.9	20.9	470.13	23.5
	陕西						
	甘肃	604.01	36.63	286.69	20.94	1245.57	28.62
	青海	166.46	21.9	87.74	22.6	78.72	21.2
	宁夏	213.65	19.6	111.54	17.4	427.80	32.4
	新疆	493.06	2.8	388.78	7.7	1349.16	27.4

表7 金融、证券、保险

省、市自治区		金融						证券		保险	
		年末存款				年末贷款					
		金额（亿元）	比上年±%	其中居民存款 金额（亿元）	其中居民存款 ±%	金额（亿元）	比上年±%	交易额（亿元）	比上年±%	保险费收入（亿元）	比上年±%
直辖市	北京市	43980.7				23010.7		62773.6	-35.9	585.9	17.7
	上海市	44620.27		14357.65		29684.1		441900	62.5	665.03	10.8
	天津市	13887.11	42.1	4973.05	25.4	11152.19	47.2	15340.16	91.9	151.29	-13.9
	重庆市	11084.82	36.9	4908.68	23.1	8856.56	41.7			244.70	22.0
西部省区	内蒙古	8373.7	32.1	3913.95	21.9	6292.52	39.0	4753.9	88.1	171.31	21.2
	广西	9638.89	36.2	4686.2	21.7	7360.43	44.0			148.62	11.34
	四川	24976.5	33.8			15680.3	40.2	41000		579.0	17.2
	贵州	5898.3		2676.1		4656.5		3484.5		95.23	19.1
	云南	11119.64	32.1	4668.61	23.4	8779.63	33.1			180.08	8.9
	西藏	1028.40	24.1	226.87	22.4	248.35	13.2			4.01	23.5
	陕西	14043.44	28.5			8457.65	36.4	16979.38	85.9	259.6	19.2
	甘肃	5903.13	24.39	3026.94	22.95	3739.90	35.09			114.38	17.38
	青海	1785.78	29.1	711.29	22.5	1399.02	36.4			8.4	27.1
	宁夏	2068.42		967.72		1928.71		1636.69	101.5	39.28	15.4
	新疆	6850.07	26.8	3050.81	19.5	3787.59	34.0			156.69	2.7

表8 科学技术、高等教育

省、市自治区		科学技术							高等教育				
		专利申请		专利授权		技术合同成交额		研究试验发展经费支出（亿元）	高校数（所）	在校大专生		在校研究生	
		数量（件）	±%	数量（件）	±%	金额（亿元）	±%			数量（万人）	±%	数量（万人）	±%
直辖市	北京市	44000	37.3	18000	18.7	1027.2	16.4	610.9	82	57.6		19.6	
	上海市	62200	17.8	34900	42.7	489.86	0.9	401	66	51.28	2.0	10.35	
	天津市	19187	10.1	7216	9.0	106.15	21.3		55	40.60		3.77	
	重庆市	13482	62.0	7501	55.6	45.60	-36.4	79.00	60	48.42		3.91	
西部省区	内蒙古	2479	11.6	1486	11.9	66.5			41	35.19	11.1	1.2491	15.5
	广西	4277		2702		1.7662		2.05		52.83		1.87	
	四川	33047		20132		56.4			92	103.6	4.5	7.1	
	贵州	3709	26.0	2084	20.6	1.8347	-9.9	14.07	47	29.91	11.8	1.02	12.0
	云南	4633		2923		7.19		33.8	7.0	39.36	13.2		
	西藏	195		292					6	3.0264		0.0589	
	陕西	15570		5858		71.61			77	89.37		8.0	
	甘肃	2676		1274		35.63	19.7	33.2		36.15	8.92	2.35	8.75
	青海	499		368		8.54	10.2						
	宁夏	1277	17.5	910	50.2				15	7.84		0.2836	
	新疆								32	6.97	-2.0	1.1635	12.8

表9 人口、人民生活

省、市自治区		人口			人均可支配收入				人均可消费支出				消费价格上涨%	恩格尔系数%	
		年末常住人口总数（万人）	人口出生率‰	人口自然增长率‰	城镇		农村		城镇		农村			城镇	农村
					金额（元）	±%	金额（元）	±%	金额（元）	±%	金额（元）	±%			
直辖市	北京市	1695	8.17	3.42	24725	12.4	10747	12.4					5.1	33.8	34.3
	上海市	1921.32	8.64	2.7	28838	8.1	12324	8.2	20992	8.2	9804	7.6			
	天津市	1228.16	8.3	2.6	21430	10.3	10675	10.4	14801	10.3	4926	7.3	-1.0	36.5	39.5
	重庆市	2859.00	9.9	3.7	15749	9.6	4621	12	12144	8.9	3142	8.9	-1.6	37.7	49.1
西部省区	内蒙古	2422.07	9.57	3.96	15849	9.8	4938	6.1	12370	14.3	3967	9.7	-0.3	30.5	39.8
	广西	4856	14.17	8.53	15451	12.0	3980	10.6	10352	7.5	3231	8.2	-2.1	39.9	48.7
	四川	8185	9.1	2.7	13904	10.1	4462.1	8.3	10857	12.2	3841.4	22.8	0.8	40.5	
	贵州	3798	13.65	6.96	12862.5	10.9	3005.4	9.2	9048.3	9.9	2421.95	13.2	-1.3		
	云南	4571	12.53	6.08	14424	8.3	3369	9.8	10202	12.4	2925	-2.2	0.4	43.7	48.2
	西藏	290.03	15.3	10.2	13544	8.5	3532	11.2					1.4		
	陕西	3772	10.24	4.0	14129	9.9	3438	9.6					0.5		
	甘肃	2635.46	13.32	6.61	11929.78	8.75	2980.1	9.41	8890.79	7.01	2766.45	15.2	1.3		
	青海	557.3	14.51	8.32	12691.85	9.0	3346.15	9.3	878652	7.1	3243.55	9.0	2.6	40.39	38.05
	宁夏	625.2	14.38	9.68	14025	8.5	4048	10.0	10280	7.6	3348	8.2	0.7	33.4	41.7
	新疆	2158.63	15.99	10.56	12258	7.2	4005	14.3					0.7	36.3	41.6

编纂说明

由重庆市人民政府办公厅主管,重庆社会科学院、重庆市人民政府发展研究中心主办的《重庆经济年鉴》,是一部全面介绍重庆经济发展状况的大型工具书,极具史存性、实用性和工具性。2010年卷为《重庆经济年鉴》的第十卷。

一、本卷《重庆经济年鉴》的特点

本卷年鉴总体结构上由"重要经济文献、专题研究、经济与社会发展综述、部门经济运行与管理、产业状况、开发区与园区建设、区县经济、附录"共八编组成。

二、本卷《重庆经济年鉴》的稿件来源

本卷年鉴主要收录了市第三届人民代表大会第三次会议上的部分文献,其他文稿、数据、图表等主要来自市级有关部门、各区县政府,部分开发区与工业园区,围绕重庆经济社会热点难点开展的专题研究成果,以及编辑部收集整理的西部省区、长江沿线主要城市、"成渝经济区"四川环渝区域市县的经济社会发展情况。

三、本卷《重庆经济年鉴》编纂的有关技术性说明

(一)本《年鉴》以编为单位进行编纂。每编大体反映一项相对独立的经济内容;编以下不设章、节;本卷共八编。

(二)本《年鉴》侧重对重庆市2009年度经济运行状况的反映,这与其他类型的年鉴有明显的区别。为了突出经济内容,本书对文化、教育、体育、卫生等社会发展方面的内容未专设编目。文中涉及社会事业发展方面内容的,根据具体情况,作了适当保留。

(三)本《年鉴》表现形式大体采用专题文章。文章体例大致是:年度主要状况及分析、存在的问题、发展展望。"重要经济文献"、专题研究、"附录"等编目,则未作统一的体例要求。

(四)本《年鉴》中的统计数据,截止到2009年底,个别内容则稍作延伸。统计资料来源于重庆市统计公报和市统计局。另外,有必要指出的是,因统计口径的不同,有关部门和各区县(自治县)所用数据与"统计公报"中的数据不尽一致,采用时请予注意。

(五)本《年鉴》有关材料,系相关单位、部门所撰写,所用技术术语、专业名词、名称以稿件提供单位为准。不属于专业用语的,从习惯。

(六)根据年鉴因承相袭的惯例,本年度反映上年度的内容。2010年卷《重庆经济年鉴》也从这一惯例。

2010年卷《重庆经济年鉴》的编辑工作,得到了重庆市各部门、各单位、各级领导和长江沿线的上海、南京、武汉等主要城市、西部省区及广大读者的热情支持,在此深表谢意。另外,尽管编辑部的同志在编纂过程中尽了最大努力,但因时间紧、内容多、来稿渠道广,加之编辑部水平能力有限,本卷《重庆经济年鉴》存在疏漏,热忱希望得到读者的指正。

《重庆经济年鉴》编辑部

二〇一〇年十一月

魅力走马

MEILIZOUMA 靓丽的国家级历史文化名镇

走马新街风貌

九龙坡区走马镇位于九龙坡区西部，成渝高速公路路口，西临璧山、南接江津，是重庆主城的西大门，距市区21公里。幅员面积30平方公里，辖10个行政村和1个居委会，155个社，人口20600人。2005年该镇口传文学—民间故事列入首批国家级非物质文化遗产保护名录，2008年12月走马镇被命名为“国家级历史文化名镇”，2009年，走马镇获批“中国曲艺之乡”和重庆市首个“故事创作基地”，获评“重庆市十佳魅力小城镇”， 至此，走马镇同时拥有了“国家级历史文化名镇”、“国家级非物质文化遗产”、“中国曲艺之乡”三块“国字号”招牌。2010年9月，走马镇确定为市级中心镇。

走马镇是九龙坡区规划的五个都市后花园镇之一。上邦国际高尔夫社区和“世外桃源”国际会议中心项目落户于此。“走马观花文化旅游节”，已纳入重庆市一会一节和重庆春季旅游赏花季的内容之一。在全市规划的十六个组团八个功能区中，走马镇是一个独立的功能区，主要是为组团服务，重点发展旅游、休闲、度假、商住和金融、文化、物流等产业。

在五个重庆和小城镇建设中，走马镇以项目推进为重点，取得了显著的成绩：自“五个重庆”建设启动以来，新增森林12500亩，上邦体育健身林开创了我市政企合作建设森林工程新模式。硬化旅游公路4公里，改造村级公路16.3公里，新修人行便道20公里。新建农房132户21400m^2，拆掉违房7570m^2。做好了8万多m^{2}大石农民新村、乐园农民新村建设，入住650户人家。改造高速公路沿线532户危旧房，整修古镇危旧房2100m^2。加强城镇市容市貌和环境治理，建好了走马镇卫生院、城镇垃圾储运设施，免费对140名五保户和3000余名育龄妇女进行健康检查，举办趣味运动会、健身操和登山比赛等群众性体育活动。开展“安全生产年”和“基层基础强化年”活动为载体，打基础、治隐患、抓整治，重点整改古镇消防安全等8处隐患，开展“干部大走访攻坚行动”，排查化解矛盾纠纷，组建村（居）治安巡逻队，加强流动人口服务和管理，全镇综治平安建设、安全生产保持在全区先进行列。

走马古镇一景

走马绿色村镇林

展望未来，走马镇党政领导一班人率全镇人民将牢牢树立“抓城镇建设就是抓投资环境，就是抓经济发展，就是抓民生民利”的意识，紧紧抓住重庆内环外移、“西部新城”建设加速、走马镇获批市级中心镇的宝贵机遇，迈开大步伐，敢动大手笔，改造提升古镇、拓展建设新区，促进城镇形象大幅提升：以振兴第三产业为龙头，促进经济体量集聚提升；以发展工业经济为突破，促进产业结构多元并进；以推动城乡统筹为重点，着力打造“口岸重镇、文化名镇、旅游强镇”。

占地100大石农民新村

生态工业　宜居蔡家
——重庆市北碚区蔡家岗镇区位优势及特色

蔡家公租房开工典礼

北碚区蔡家岗镇处于北碚区、沙坪坝区和北部新区交会处的“金三角”地带，是重庆市城市发展的主要拓展区和“北上发展战略”的重点，已纳入重庆两江新区的重点开发区域，列为两江新区的十大功能分区之一（蔡家功能区），定位为“都市功能板块”。国家级文明镇的蔡家更是重庆绕城经济带十大最宜居名镇之一，按照黄奇帆市长的说法：是目前重庆城市开发和建设中最好的西装料。

一、绝佳的生态环境优势

蔡家自然山水得天独厚，是居家休闲的绝佳之地。蔡家地处重庆市主城上风上水地段，一面靠山、三面环水、要素密集、景观绝佳、环境优美，是一块生态保护良好、适宜集中连片大规模开发的风水宝地。西靠峰峦叠嶂的中梁山脉（重庆市的肺叶），环绕而过的嘉陵江碧波荡漾，周边的缙云山、北温泉、小山峡等著名的风景旅游区更是闻名天下。空气质量稳定保持优良，其环境在重庆主城区中首屈一指，是重庆主城北部重要的生态屏障。

力帆微车生产基地

目前，辖区建成经济适用房近50余万方，510套廉租房明年将交付使用，88万方公租房正在抓紧建设。东原创博、金科、中庚、和生裕等房地产开发商相继进入开发中高档楼盘。

二、良好的区位交通优势

完善的交通设施，为居住的出行创造了条件。蔡家距重庆市江北国际机场15公里（10分钟车程），距寸滩港口以及龙头寺火车站18公里（12分钟车程），距市中心20公里（20分钟车程），距重庆市国际会展中心仅一江之隔。形成了水、陆、空“1234”综合联运的独特优势和快捷的物流体系。1条嘉陵江黄金水道纵贯南北，规划建设有一个1000吨级多用途泊位和1个2000吨级散货泊位；2条轻轨（6号线和6号支线）从蔡家中心穿过，开设三个进出站口；3条铁路（襄渝、遂渝、兰渝铁路）从辖区西边穿过，设有货运和客运站场；4条陆上快速干道（省道110线、渝武高速公路、中环线快速干道，毗邻的外环高速）畅通四面八方。

城市干道

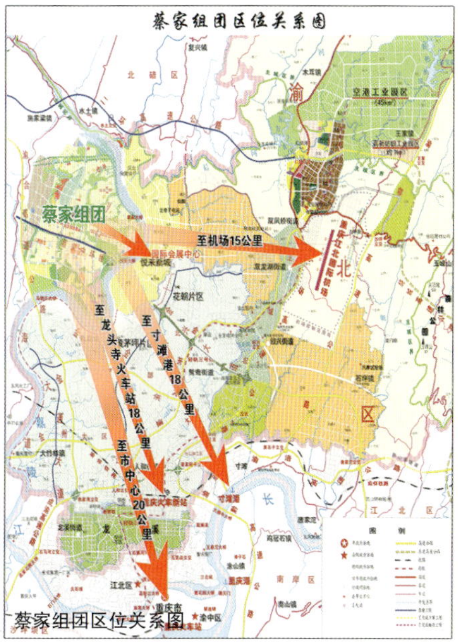

蔡家组团区位关系图

三、齐备的资源要素优势

蔡家资源要素齐备，融居住、娱乐、休闲、金融、教育、医疗等于一体。年供水能力达1800万吨以上，远期规划建设30万吨日供水能力的供水保障；蔡家组团现有220KV变电站1座、110KV变电站2座，年供电能力达2500万千伏安以上，2010年前还将拟建220KV变电站3座，110KV变电站9座；蔡家组团现有燃气调压站2座，日供气量50万立方米；通讯、道路、卫生、医疗、教育、休闲娱乐一应俱全。

四、极佳的资源禀赋优势

得天独厚的资源禀赋，为蔡家的发展聚财敛物，发展的蔡家集聚人气，是重庆北上发展宜居的天堂。辖区将以发展“生态工业”为目标，围绕产业基地和中心建设进行拓展。光机电产业基地，重庆市LED产业基地将投资600亿人民币，致力于打造以LED产业为核心的重庆乃至西部光电产业高地，已入驻LED类企业5家；仪器仪表产业基地，重点发展执行器、调节阀、智能变送器、成套分析仪器、记录仪为主导产品，逐步形成通用仪器仪表产业集群。目前中国四联集团已入驻建设，并以四联集团总部落户吸引更多与之配套的企业入驻，建立仪表研发、生产基地；输配电产业基地，建设北碚输配电产业基地、国家级电气产品检测试验中心。目前，基地已入驻了巨融电气、祥泰电气、广怀铁塔、新汇源高压开关等项目；中心总部经济，蔡家正致力于打造重庆北部金融中心、总部经济区、会展中心、运动中心，这些都将吸引更多业主投资开发，为宜居蔡家集聚财力、增添人气。

古城绽放新希望

——渝北区龙兴镇——

龙兴镇党委书记李文奎

龙兴镇镇长罗正道

龙兴镇位于渝北区东南部，幅员面积103.68平方公里，是两江新区规划中的龙石先进制造业功能区重要组成部分，有重庆绕城高速、渝宜高速、渝利铁路、长江支流御临河越境而过，距重庆主城30分钟，距重庆机场、两路寸滩保税港区、寸滩港码头及龙头寺火车站均只需20分钟。是重庆市经济百强镇、三峡移民镇、市级中小企业基地镇、市风貌特色示范镇、市卫生镇、文明镇、中国历史文化名镇、2009年重庆市十大魅力名镇、国家AAA级景区。

回龙桥

老街

近年来，镇党委政府围绕“统筹城乡重镇、先进工业强镇、都市旅游名镇、平安和谐大镇”的发展定位，采取有力措施促发展、保稳定，大力推进“六大渝北”建设，各项经济和社会发展指标再创历史新高，全镇综合经济实力进一步增强。招商引资工作取得较好成绩，城镇面貌发生显著变化，农民生活水平稳步提高，民主法制建设向纵深推进，精神文明建设取得丰硕成果，社会稳定局面得到有效巩固，全镇呈现出社会安定、经济发展、事业进步、发展高效的良好势头。2009年地区生产总值3.5亿元，地方财政收入3792万元，农民人均年收入5763元。全社会消费品零售总额9095万元，社会固定资产投资完成1.8亿元，工业总产值实现1.1亿元。

排花洞

南龙门

奶牛基地

明通镇扎实推进三个文明建设 创建重庆市文明单位和卫生乡镇

近年来，明通镇认真贯彻落实重庆市城口县委、县政府“五城联创”的决策和部署，始终把握加快发展这一主题，以推动农户万元增收工作为核心，调整优化产业结构，着力推进新农村建设，不断加强精神文明建设，初步走出了一条符合当地实际的发展路子。

镇村领导整治公路沿线环境卫生

明通镇机关大院

一、加大环境整治力度，改善城乡卫生面貌

明通镇地处城口、开县和宣汉三县交界处，分布于前河、汉昌河两岸，为城开、城口到宣汉的必经之地，有城口南大门之称。全镇幅员面积83.7平方公里，6个行政村，1个社区居委会，总人口9266人，其中城镇人口2268人，农村人口6998人，境内公路主干线全长21公里。

为尽力打造城口南大门整洁靓丽形象，从2005年开始，明通镇先后投入近180万元，在城口县率先启动了垃圾填埋场、路灯和绿化带建设，建立了较为完善的环境卫生清扫运输和考核评比制度。作为城口县首批创建重庆市文明单位和重庆市卫生乡镇的乡镇，今年以来，明通镇始终把市容市貌整治工作作为全镇工作重点，确定了以深入开展城乡环境卫生综合整治为抓手，努力创建市级文明单位和市级卫生乡镇的总体目标，以整治脏乱差现象列为重点，将公路沿线分区域全部进行了网格化管理，分片落实了整治责任。加大投入强化硬件建设，多方筹集资金300余万元启动了场镇污水系统建设和农贸市场建设，完成了公路沿线500所卫生厕所改建，补植补栽绿化树木800余株，新增垃圾中转站、垃圾箱90余处，实施危旧房改造60余户，新建沼气池200余座。城乡环境卫生有了质的改变。

二、狠抓集中式高山移民，提升农村人居环境

高梯子巴渝风貌移民新区

引入城市开发模式建设，从2008年开始探索集中式高山移民新路子。规划实施乐山村高梯子移民新区建设，政府负责规划设计，无偿提供宅基地，负责实施水、电、路、街道、绿化等基础设施。移民户按统一规划的户型和质量要求自主建房。明通镇和1户企业签约，由企业负责建设，建好后以最低收益率向符合条件的移民户出售，移民户到企业务工，从工资中抵扣房款，也可用所购房屋向银行抵押贷款。为支持移民户迁移后能致富，政府向每户移民户提供菜园地，发展儿户集农家乐、漂流等项目于一体的旅游企业，政府和企业签订协议，使用当地蔬菜、水果、家禽等农产品，聘用移民户为务工人员，目前，高梯子移民新区已征占地近50亩，80户移民按照巴渝风貌建设的房屋全部建成，已入驻71户，水电路、绿化、教育及医疗等配套设施俱全，整个高梯子移民新区的融资规模达到1900万元，政府投入资金的杠杆效应比达到1：10。实践证明这种开发模式有效，确保了“移得出、稳得住、能致富”的高山移民工作要求。我们2011年拟对滨河公路沿线两个新区进行集中规划，建成后预计接纳移民户400户近2000人。

农户万元增收工程深入推进

三、深入推进农户万元增收工程，实现农民增收致富

由于没有矿产资源，农特产业基础也比较薄弱，明通镇在调研分析、实地考察、广泛征求意见的基础上，紧紧抓住农户万元增收的机遇，充分借鉴秀山金银花种植的成功经验，通过招商引资，引进了苏州、广东两家公司开发金银花项目，协议引资650万元，在全镇6个村推广金银花种植7000亩，已到位资金200万元启动了苗圃基地建设，按照一年投资、两年见效、三年增收、永久获利的目标，仅此一项产业可确保农户完成万元增收目标，彻底摆脱贫困落后面貌。目前，金银花种植已经成为农村的主导产业，农民参与积极性非常高，市场前景较好。

四、全面加强党建和精神文明，凝神聚力推动发展

社区居民自发开展钱棍舞健身活动

明通镇坚持以全面加强党的建设为保证,以开展创先争优活动为契机，从自身建设入手，合理分工，责任到人，制定了工作制度，完善了各项管理考核办法，把日常工作、计生、安全、信访稳定等作为扣分指标，把产业发展、基础设施建设等作为加分指标，年度考核得分与全年报酬挂钩。目前，我镇基本实现开会无人迟到、工作没有推诿、上班无人缺席。出台了《421下村工作制度》，即驻村干部每个月下村不少于4次，班子成员每个月下村不少于2次，主要领导牵头的现场办公每个月不少于1次，并明确了考核办法，镇村干部群众的联系沟通更密，情况把握更准，感情纽带更深，推动了各项工作的有序开展。深入开展唱读讲传活动，坝坝舞、钱棍舞等群众性文化体育活动蓬勃开展，干部群众的精神面貌焕然一新。

重庆市十大创新小城镇——广阳镇

夏尧清书记（左一）检查三项工作落实情况

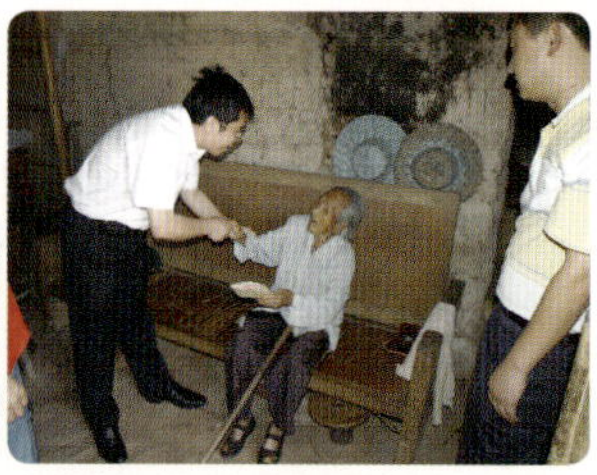

何彬镇长（左一）看望百岁老人

重庆市南岸区广阳镇位于重庆市主城正东方向，距离中心水路28公里，陆路31公里。现辖8个行政村，1个社区，城镇和农业人口共2.2万人，幅员面积37.12平方公理，辖区内有重庆船舶产业园和重庆枢纽港东港港区，有巍峨苍翠的明月山、碧波荡漾的银山湖，有川东第一的金紫山大佛、神秘莫测的尖子山溶洞，有现代农业华运园区、美味甘甜的广回枇杷，自然景观和人文景观相得益彰，素有“枇杷之乡”、“龙舟之乡”的美誉。

广阳镇区位优势突出，交通四通八达，12公里江岸线从西向北环绕广阳，绕城高速公路南北向贯穿全镇，渝怀铁路支线也将经过广阳并在镇内设货运站，朝天门大桥连慈母山隧道、东水门大桥连南山隧道，均与港口大道衔接直达广阳镇，加上黄明公路、渝巴路等主要干道，在不久的将来即可实现在20分钟以内到达渝中、江北、南岸等各大主城核心区。

近年来，广阳镇党委、政府带领全镇人民，认真贯彻落实科学发展观，以“活力东港、五彩广阳”为战略定位，加快基础设施建设，大力开展惠民工程，着力解决与群众生产生活密切相关的水、路、电、讯等问题，有力地推动了广阳地区经济和社会又好又快发展。先后荣获“全国体育先进乡镇”、“重庆市文明镇标兵”、“中国优质枇杷基地”、中国枇杷之乡、“2009中国（重庆）最具活力小城镇——十大创新小城镇”荣誉称号。

十大创新小城镇荣誉奖杯

鱼嘴两江大桥

广阳镇回龙枇杷基地

重庆造船厂

红歌演唱

公共服务中心

大棚蔬菜

广阳龙舟会

覃家岗街道

覃家岗步行街

图书馆

一、**自然状况**。覃家岗因清代覃氏人家来此岗开荒而得此名。覃家岗街道的前身是覃家岗镇，于2009年3月6日正式挂牌成立，她地处沙坪坝区政治、经济、文化中心，是沙坪坝区东部“一核两翼”发展战略中的南翼。幅员面积约31平方公里，常住人口27620人（农业人口6108人），流动人口近8万。辖5个村，5个居委会，有37个基层党组织，920名党员。与渝中区、高新区、九龙坡区等三个区相邻，与区内8个街道3个镇（园区）接壤，辖区环境优美，风景宜人，森林覆盖率达20%，有歌乐山、磁器口等红岩革命旅游胜地。教育优势、产业优势、宜居优势、交通等优势都非常明显。

二、**区位优势**。辖区内有区级机关、重庆大学、西南政法大学、四川外语学院、重庆师范大学、第三军医大学、煤研院、歌乐山革命烈士陵园、市图书馆、重庆力帆、渝安、红旗钢圈、弹簧有限公司等众多大学、科研院所及企事业单位。辖区内有重庆汽车客运总站、重庆沙坪坝火车站、重庆上桥东站及梨树湾货运站等交通枢纽，有成渝、渝长、渝黔高速公路、渝遂、襄渝铁路等重要交通干线。

三、**产业优势**。全街道有个体工商4024户，法人企业691家，上规模企业113家（亿元以上企业22家，超5000万元企业25家，超3000万元企业12家，超1000万元企业34家）。经过多年发展，全街道逐步形成了以重庆力帆、渝安等为代表的上桥，新桥都市工业园汽摩产业集群；以马家岩建材市场、梨树湾金材市场为代表的大市场、大流通、大商贸；以升伟集团、覃家岗建设集团等为代表的房地产和建筑业三大优势产业。

凤天美食一条街

四、**经济指标**。截至2010年9月，覃家岗街道主要经济指标完成情况如下：增加值48亿元，同比增长28.5%；规模以上工业增加值30亿元，同比增长26.4%；社会消费品零售总额38亿元，同比增长28.7%；社会固定资产投资9.5亿元，同比增长19.5%；本级实现税收4210万元。乡镇企业实现总产值251亿元，为年计划82.7%，同比增长42.9%；营业收入305亿元，为年计划78.7%，同比增长42.4%；利润总额28亿元，为年计划73.1%，同比增长74.8%；入库税金7.1亿元，同比增长77.1%。

覃家岗建设集团

渝安集团生产车间

五、**撤镇建街**。1、2月13日，市政府批准撤销覃家岗镇，设立覃家岗街道。

2、3月6日，覃家岗街道正式挂牌成立。成立至今，新街道党工委、办事处积极稳妥处置各类矛盾，转变角色迅速，工作开展顺利，实现了平稳过渡。

六、**确定目标**。1. 产业定位：都市工业区（上桥村、新桥村）、特色旅游区（童家桥村、湾梨湾村）、现代商贸区（新立村、新立社区、新桥村、新鸣社区）、生态宜居区（上桥、新桥、梨树湾村）

2、目标定位：把覃家岗街道建设成为重庆直辖市现代化文明示范街道。

七、**历史荣誉**。1990、1995年两次被授予“中国乡镇之星”称号；1991年成为最早的“中国亿元乡镇”之一；1994年荣获“全国民政工作全优乡镇”称号；2002年荣获“全国创建文明村镇工作先进单位”；2003年被授予“全国十佳小康村最佳扶持奖”；2003年评为重庆市百强镇第一名；2004年进入中国乡镇1000强行列；2005年当选“全国小康建设明星乡镇标兵”，被评为“全国文明镇”。2009年荣获“全国优秀街镇”。

重庆康明斯发

重庆康明斯发动机动有限公司系中美合资企业，成立于1995年10月，位于重庆市沙坪坝区烈士墓。总投资9000万美元，投资期限30年。现有员工1400余人，公司总资产16亿元人民币。

重庆康明斯生产M11、NT、K19/QSK19、K38/QSK38和K50系列11-50升机械式和全电控重型和大功率发动机，功率范围涵盖131到1656千瓦。产品适用于重型汽车、工程机械、固定式和移动式柴油发电机组、船舶推进动力机组和辅助动力机组等领域。

（一）国际同步，技术一流

公司的产品技术、制造技术和应用技术与美国康明斯公司同步发展。2007年，重庆康明斯签署了从康明斯公司引进具有国际领先水平的QSK19和QSK38发动机技术协议。该技术填补了中国国产大功率发动机电喷技术的空白，可使公司形成新的核心竞争力并巩固行业领先地位。

（二）运营独到，业绩卓越

公司业务蒸蒸日上，最近几年，主营业务收入每年以25%以上的速度递增；纳税金额不断增加，2008年和2009年公司连续荣获“重庆市纳税50强”企业；目前，公司年产销能力为1000万千瓦，主营业务收入超25亿元人民币。

（三）客户至上，占有领先

重庆康明斯发动机有限公司实施 “以客户的关注为中心，满足或超越用户的期望，创新服务模式，提升服务水平，争创中国内燃机行业服务第一品牌” 的服务战略，坚持“5S”（smile微笑、speed速度、standard标准、sincere真诚、 satisfy满意）的服务理念，销售、服务网络覆盖中国大陆及台湾、香港、澳门地区，有90余家经过授权的销售和服务经销商，近千1000名具有服务资质的技师将为客户提供专业的服务支持，同时重庆康明斯依托康明斯全球逾5500家服务机构为客户提供全球的售后服务支持。

动机有限公司

重庆康明斯所生产的重型及大功率柴油机市场占有率中国第一。

（四）践行责任，回馈社会

重庆康明斯在自身发展的同时，坚持做好“教育支持、扶危济困和环境保护”三大领域的企业责任建设，连续多年来，每年投入超过100万元，回报社会。比如，为四川地震灾区捐款60万元、派出多批次维修服务小分队提供免费服务；资助奉节山区100名小学生，人均600元人民币，资助重大贫困生90名，人均3000元人民币。资助60万元，完成了酉阳麻旺镇康明斯希望小学和渝北区大湾镇康明斯希望小学的校舍建设；并且资助5万元为酉阳麻旺镇康明斯希望小学全新更换学生课桌椅、教师办公桌、会议桌、篮球架和广播系统等；资助22万元为渝北区大湾镇康明斯希望小学添置了电脑器材。

（五）载誉前行，再创辉煌

重庆康明斯先后通过了ISO16949质量认证、OHSAS18001职业健康安全管理体系认证，重庆市首家“国家一级安全质量标准化”机械制造企业，获得了内燃机行业国家产品质量奖，“五一劳动”奖状，N系列发动机被评为中国国家优质产品（银质奖）；N、K系列发动机和发电机组连续多年被评为“重庆市名牌产品”称号。公司连续18年被评为重庆工业企业50强；连续13年被评为重庆市十佳外商投资企业；连续15年荣获重庆市质量效益型企业称号；重庆市政府授予重庆康明斯发动机有限公司“百佳文明企业”称号。

重庆康明斯将通过自身的努力，抓住机会，技术创新，提高质量，降低成本，扩大市场，诚信经营，在未来5年内实现主营业务收入超过50亿元人民币，为所有的股东带来更多的回报。重庆康明斯将以一流的技术、一流的质量、一流的服务、一流的产品，打造一流的品牌，确立全球大功率发动机产销量第一的地位。

让我们“以康明斯动力建设更美好的生活”。

先融期货 X.R.FUTURES

CHONGQING XIANRONGQIHUO JINGJIYOUXIANGONGSI

中电投先融期货有限公司

中电投先融期货有限公司自成立以来，秉承着“诚实信用，以人为本”的经营理念；以“帮助您实现快乐赚钱愿望”为宗旨，遵守国家的法律法规，以“公开、公平、公正”的市场原则，为客户提供优质的服务。自2006年8月股权变更以来，公司的管理层人事结构更为稳定，公司管理更为完善，风险管理更为科学，2006年至2009年度未发生客户纠纷或诉讼未结的官司；是国内管理最规范、风险管理水平最高的期货公司之一。

目前，公司是上海期货交易所、大连商品交易所和郑州商品交易所会员单位，同时也是中国金融期货交易所首批交易会员单位。

公司总经理：牛云山

公司管理精英团队

股东背景强大、资金实力雄厚

先融控股股东是中国电力投资集团公司，中国电力投资集团公司为重点国有企业，是经国务院同意进行国家授权投资的机构和试点国家控股公司，注册资本金人民币120亿元，集团公司资产总额2842亿元，拥有强大的资金、技术和竞争实力。

管理规范、作风严谨

公司下设办公室、财务部、客服部、交易部、结算部、风控部、居间部、合规部、研究所、网络部、人才储备中心、集团产业服务部、事业部和培训部等十几个部门。已设立分支机构有解放碑营业部、沙坪坝营业部、广西南宁营业部、青岛营业部和石家庄营业部，唐山营业部正在积极筹建中。公司拥有优秀的管理团队，完善的管理制度、规范的业务流程，为客户营造了良好的投资氛围。

设备先进、线路畅通

公司拥有先进的专线报价设备、处理能力一流的硬件设施、完备畅通的交易线路，硬件设施在中金所的现场测试中达到全面结算会员要求。公司服务器与各交易所均为双线路连接。同时公司还配备了高水平的运维人员，构成了最快捷、最稳定、最完善的交易系统，为客户打造了安全、通畅的交易平台。

服务优质、指导专业

公司拥有快捷的期货报价系统和行情信息分析系统，行情报价快速方便、信息内容及时全面。更拥有一批高层次、专业化的研究人员，能够对国家宏观经济的发展动态、金融证券市场的创新变化以及国内外各金融市场的相关信息进行深入的分析和研究，为客户提供准确的投资机会和合理的投资计划。

公司一直坚持“诚实信用，以人为本”的经营方针和“知识期货、快乐期货”的投资理念！经过近十年的潜心发展，已经形成集期货代理、信息咨询、投资研发、专业服务和知识培训为一体的高效运作模式。先融不仅是个人和机构投资平台的最佳选择，也是其进行专业知识学习和培训的高级殿堂。

套期保值

公司为企业客户量身订做了“套利交易盈利模式”、“企业套期保值交易模式”、“长线投资盈利模式”、“程式化交易模式”等多种稳定盈利模式。2009年度，有六十多家企业到公司进行套期保值，并取得显著成效，公司的套保金额以及实物交割连续2008和2009年排名重庆地区第一位。

有色金属企业作为期货市场流动性的提供者和风险承担者，其数量和质量是衡量重庆期货市场成熟度的重要指标。先融期货立足重庆有色金属企业，强化差异性特色服务。2009年公司的有色金属企业客户盈利近二亿元，有色金属铝持仓连续四个月稳居全国期货市场排行榜前五名。

短线交易

公司不但是国内期货行业中唯一对客户进行系统化“短线交易”培训的公司，更是开创期货交易员系统化心理辅导和调整之先河的公司。公司在总经理牛云山的带领下专门成立了期货交易心理特训组，就期货交易的原则、期货交易的心理障碍、成功交易者需具备的素质及心理特征和交易中容易出现的一些心理障碍进行专门研究和深度剖析，并为公司不同的交易员和操盘手制定了分阶段，分层次，不间断和因人而异的心理培训和辅导计划。

牛云山总经理讲课

目前，公司拥有一批专业技术扎实、心理素质过硬、专做日内短线和套利交易的操盘手，专门致力于“短线交易”的研究以及客户的培训指导。联合中国工商银行，在全国范围内已经成功举办数届《工行·先融杯 第二届期货实盘交易大赛》，由我司操盘手作为交易指导的短线选手连创佳绩，在2009年的大赛中，创造了盈利率超过500%的纪录，这优异的成绩不但有力证明了公司总经理牛云山“短线是金”的科学论断，也展现了先融在短线交易方面的强大实力，“短线交易”已成为先融在业内的一张名片。

百尺竿头、更进一步

2009年，成交金额6382亿元，较2008年同期的3749亿元相比增长70%；交易量802万手，较去年同期的550万手相比增长46%；客户保证金余额为3.02亿元，较去年同期的1.87亿元相比增长61%。其中成交额和交易量已经连续2007、2008、2009三年稳居重庆辖区第一位。

2007年10月，公司成为全国首家中国金融期货交易所交易会员

2007年12月，荣获“2007中国（重庆）理财总评榜最佳期货公司”

2008年1月，获得“2007华夏理财总评榜最具成长性期货公司”

2008年2月，获得重庆市人民政府颁发的“重庆市金融贡献奖”

2008年12月，再次荣获“中国（重庆）理财总评榜最佳期货公司”

2009年1月，荣获中国行业评价网“中国投资者最信赖期货机构”、“全国质量、服务、信誉AAA级示范单位”奖项

2009年2月，再次荣获重庆市人民政府颁发的“重庆市金融贡献奖”

2009年3月，入围中国证券网、上海证券报评选“中国期货市场品牌价值榜最佳管理团队”、“最佳服务机构”、“最佳进步”奖项

2009年4月，入围“第二届中国优秀期货公司最具成长性期货公司”、“最具区域影响力期货公司”、“最佳产业服务期货公司”、“最佳期货研究团队”奖项

2009年5月，荣获中国证券网、上海证券报“中国期货市场品牌价值榜最佳进步奖”

2009年6月，荣获由中国证券时报评选的“最具区域影响力期货公司”奖

2009年9月，荣获重庆晚报评选的“最佳期货经纪公司”奖

2010年2月，再次荣获重庆市人民政府颁发的“重庆市金融贡献奖”

展望未来，奋发拼搏的先融人对中国的经济发展充满信心，对中国期货市场的发展充满信心，更对自己的发展充满信心。先融将致力于发展成为代理投资全国及全球商品期货及金融衍生品交易、为客户提供优质理财服务的大型金融服务机构，先融将不辱使命、激流勇进，和中国金融界同行们共同应对新的挑战，迎接中国金融蓬勃发展的春天！

湛江市商业银行重庆分行

湛江市商业银行股份有限公司位于广东省西部的美丽海滨城市湛江。1998年1月，在原6家城市信用社的基础上组建成立了“湛江城市合作银行”。同年4月，更名为“湛江市商业银行股份有限公司”。湛江商行在广州、深圳、重庆设立了3家分行，下辖45家支行，在岗人数900多人，其中研究生46人，本科生230余人。截至2010年5月31日，全行资产总额358亿元，各项存款余额279亿元，各项贷款余额170亿元，资本充足率为13.52%，不良贷款率0.45%，拨备覆盖率155.62%。

湛江市商业银行股份有限公司重庆分行于2010年3月26日正式成立，标志着湛江商行初步实现了由地方城商行向区域性银行的转型。作为广东省第一家入驻重庆市的城市商业银行地区性总部，湛江商行重庆分行以服务中小企业、服务市民、服务“三农”、服务欠发达地区、服务贸易融资为市场定位，将继续发扬“正气、责任、创新、超越”的“湛商精神”，主动参与“五个重庆”建设，积极为产业园区项目、优势支柱产业、中小企业、教育卫生及生态环境建设事业等方面提供金融支持，为重庆地方经济金融的发展作出积极贡献！

上为党分忧 下为民解愁

——记重庆市武隆县民政局

县民政局局长郭洪在机关办公

全力开展抢险救灾

全县举行送温暖活动仪式

农村社区建设成效明显

乡镇五保家园设施完善

近年来，武隆县民政局在县委、县政府和上级主管部门的正确领导下，充分发挥民政工作保障民生、服务社会、推进民主的职能作用，开拓创新，务实进取，有力推动了民政事业的全面发展。

县民政局有二十多项业务，都各有其具体的职责、任务，在开展城乡低保、救灾救济、医疗救助、五保供养、拥军优抚安置、社团和民办非企业登记、殡葬改革、全面贯彻婚姻法、加强基层民主政治和社区建设及在行政区划、创建平安边界、地名管理等方面做了大量工作，取得了明显成效，2009年度荣获全市综合目标考核一等奖和2009年度全县综合目标考核优秀单位等多项表彰奖励，各项工作推进有序。

2010年，县民政局进一步在理清科学发展思路、增强科学发展信心和科学发展民政工作上更新观念，提出了将努力构建社会救助、城乡低保、五保供养等三大社会救助体系，全力打造1个片区敬老院和3个社区服务站，修缮完成2个烈士陵园，全面启动乡镇公益性公墓建设，切实加强全县31个乡镇敬老院及在园1200余人五保老人的管理等多项重点工作和重点工程项目，增添措施，真抓实干，确保各项民政事业再上新台阶。

重庆市金盾护运中心

CQ JINDUN ESCORTING TRANSPORTATION COMPANY

金盾护运中心

团结奋进的领导班子

重庆市金盾护运中心成立于2000年5月18日，是由原重庆市公安局经济保卫处组建的特殊性保障企业，承担着金融单位及社会各界的金融、贵重物品安全押运及武装护卫工作。由于业绩突出，中心先后获得了重庆市单位内部治安工作先进集体、重庆市南岸区抗旱救灾工作先进集体、重庆市公安局政治部集体嘉奖、重庆市110社会服务联动公益事业突出贡献奖等荣誉称号。同时有600余人次获得重庆市公安局的“个人嘉奖”奖励。中心管理民警还多人多次获得了重庆市政府颁发的“优秀民警”、重庆市公安局颁发的“百佳民警”等表彰。2004年，中心通过了ISO9001：2000质量管理体系认证，2010年1月，中心又通过了ISO9001：2008质量管理体系认证。

砥砺十年 铸就恢弘基业

从最初的金融押运拓展到金库管理、ATM机装卸、现金解缴、现场警戒，到不断发展的精密仪器、票证、危险品、稀有物资等贵重物品的押运，重庆市金盾护运中心开拓前进，用岁月积攒了丰硕的果实，用辛勤耕作赢取了重庆人民的永恒赞歌！经过十年的发展，金盾护运中心从最初的13台运钞车，56人，1家客户单位发展成为了拥有专用防弹运钞车527台，员工总数超过3000人，守护、管理银行金库达到130个，押运金融单位网点总数达到2696个，保障ATM机1729个，业务范围遍及重庆所有区县，注册资本为1000万元，年产值和固定资产总值分别过亿元的中型企业。

特色管理 铸就实力

为了打造一支具有专业素质的优秀管理团队，重庆市金盾护运中心管理者们夜以继日地学习企业管理知识。通过学习，领导团队在企业管理素质上有了质的飞跃。

为了打造一支优秀的护运队伍，金盾建立了一套完善的管理制度和激励机制，从总经理开始自上而下签订责任书，强化责任意识，做到权责明确，分工协作，目标一致。

一流的队伍

刻苦训练，练就一身真本领

为确保安全、增加抗风险能力，金盾设立了“安保基金”，较好地解决了困难员工的救助问题。

为增强企业凝聚力，金盾依法为员工购买了养老、工伤、失业、计划生育、医疗五种险类，坚决保障员工的合法权益。

为加强企业文化建设，中心创办了内部刊物“金之盾”，建起了网站、论坛，明确了以“保障安全、准时高效、诚信为本、热情周到”为主题的企业文化建设目标。随着企业文化的建设，中心每月涌现的好人好事越来越多，队员们的责任意识也越来越强。在2006年我市森林起火，中心500多名员工奋战在救火一线；在2007年重庆水灾、2008年汶川大地震两次自然灾害中，中心员工共为灾区捐款33.5万元。特别值得一提的是在地震发生的时刻，当所有人都是慌忙地从银行跑出来时，中心的队员们却是往银行里跑，坚守岗位，保护着国家和人民的财产。

奥运火炬祥云现场看护

执勤中的金盾护卫队员

金盾还将多年的培训教学实践经验整理成书，自编了一套完善的教学大纲，受到了上级主管部门的高度评价。

通过规范的管理，金盾护运队伍整体素质得到提升，企业队伍心齐、风正、气顺，凝聚力、战斗力显著增强，创造出了良好的社会效益与经济效益。

精诚卫士 专业源于专注

一身正气千寻瀑，万古流芳四月天。颠扑不灭的忠诚，锻造出金盾卫士之魂。

人既尽其才，则百事俱举；业若精于勤，则独领风骚。“精诚”、“专业”、“专注”，未雨绸缪，防范未然，此乃金盾无畏前行，成就十年伟业的本真。仅2009年，中心通过GPS定位系统每天监控车辆1631台次，收集、掌握各守护组执勤情况113次；排除3起严重安全隐患，纠正执勤动作92人次；年度组织反抢劫演练38次，应急演练共960人次，复训5113人次；进行了“丹心献守押、忠诚铸金盾”等一系列主题教育活动；成功捉获对ATM机实施犯罪的嫌疑人8名……十年来从未发生过一起抢劫、盗窃或押运财物丢失等恶性事件和安全事故，成功防范、杜绝了预谋抢劫、跟踪、吊线、蹲点共60余起，为重庆市的金融安全保卫工作作出了应有的贡献。

伴随着《保安服务管理条例》的施行，机构改革的不断深入，重庆市金盾护运中心将紧密地跟着改革的步伐，将各项工作做扎实，握紧保安全和树立一流押运品牌两条生命线，实现平稳过渡；同时不断地学习各地保安公司的成功经验，把金盾护运做大做强。金盾全体员工坚信在保安事业发展的大潮中，武装守押事业一定会迎来更美好的明天。

质量管理体系认证证书

重庆市金盾护运中心

武装守护、押运服务。

中心通过ISO9001:2008质量管理体系认证

开拓创新的重庆市红十字会

周清梅常务副会长接受香港企业家捐款

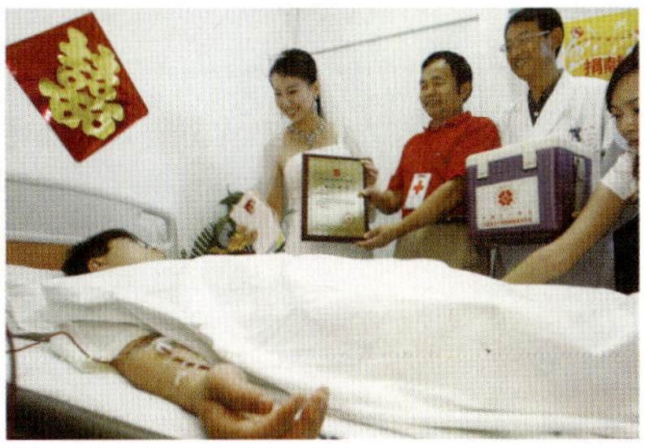

造血干细胞捐献活动吸引了更多的大学生志愿者

重庆市红十字会在市委、市人民政府的领导下，在中国红十字会总会的关心支持下，认真贯彻党的路线方针政策，贯彻落实《中华人民共和国红十字会法》，在赈灾救灾、扶危济困、救护培训、项目援助、扶贫助学、生命救助、人道法传播等方面取得丰硕成果，受到全市人民的广泛关注和称赞。

五年来，全市红十字会系统累计募捐善款4.65亿元，开展援建项目6000多个，培训卫生救护员100多万人。先后被中国红十字会总会、重庆市人民政府评为"抗震救灾先进集体"，被中国红十字会总会评为"卫训工作先进集体"。

市红十字会在全面贯彻落实《重庆市实施〈中华人民共和国红十字会法〉办法》、《重庆市遗体捐献条例》的基础上，重庆市人民政府办公厅下发了《关于进一步加强红十字会工作的意见》，2009年9月中共重庆市委宣传部和重庆市红十字会又联合下发了《关于进一步加强全市红十字宣传工作的意见》。这些法规文件的出台，为大力推进红十字会事业发展奠定了坚实的基础。

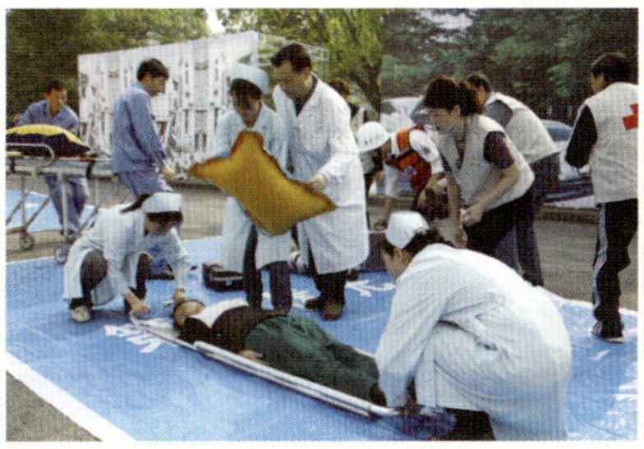

应急救护培训取得可喜成绩

社会各界积极向灾区捐赠善款

市红十字会与市内各大媒体建立了友好合作单位，先后与华龙网、大渝网合作，开设了重庆市红十字会网站，依托网络平台建立了宣传红十字精神的窗口；建立了户外公益广告牌；在重庆电视台播放公益广告片，开设"爱心重庆"电视栏目；创办了《人道与博爱》杂志；编辑出版《大爱重庆》、《人道的力量》公益图书，歌颂了巴渝儿女战胜自然灾害的决心和信心。累计发放《会员手册》和《卫生救护培训手册》100多万册，受到市民的广泛欢迎。

深入大学、社区、企业，开展艾滋病预防、无偿献血和造血干细胞捐献讲座，宣传健康知识，受到全市人民的好评。市红十字会还先后在龙台山陵园、江南殡仪馆建立了两座遗体捐献纪念碑，上万市民正式填写了遗体、角膜志愿捐献登记表，400多名志愿者实施了捐献意愿。获得国家卫生部、中国红十字会总会、总后勤部全国无偿献血、造血干细胞表彰奖励。

全市各级红十字会教育、旅游、煤矿、航空、消防、宾馆行业广泛开展初级卫生救护培训工作，取得了较好成绩，被中国红十字会总会评为"卫训工作先进集体"。

市红十字会抗震救灾车队

遗体捐献工作走在全国前列

红十字青少年工作有声有色

2008年5月12日，汶川大地震发生后，市红十字会迅速行动，为地震灾区募捐善款2.64亿元，向四川汶川地震灾区紧急出动救灾车辆400多台，运送救灾物资2500多吨。先后派出卫生急救队、红十字抢险队和红十字志愿者工作队三支应急救援队伍，火速奔赴重庆梁平和汶川灾区第一线，为救援灾区人民作出了突出贡献。

重庆市企业联合会 重庆市企业家协会 重庆市工业经济联合会

童小平副市长（右一）亲切接见陈之惠会长（左二）、张祥明副会长（左一）

1982年2月1日，重庆市企业联合会的前身重庆市企业管理协会成立。1992年，重庆市企业家协会成立。重庆直辖后，2005年4月29日和2006年6月9日，重庆市企业联合会、重庆市企业家协会和重庆市工业经济联合会（以下简称重庆企联）相继宣告成立，实行三会一体的管理和服务模式。它标志着重庆直辖后，以我市各行各业、各类企业、企业家、行业协会为主体，吸收专家，学者、经济综合部门和有关社会团体参加的全市性、综合性的经济类响影力最大的社团联合组织，开始了一个新的里程。

28年来，重庆企联在重庆市委、市政府的正确领导下，在中国企业联合会/中国企业家协会、中国工业经济联合会的有力指导下，在重庆市经信委、市国资委、市民政局等市级部门的大力支持下，在会员单位的积极参与下，秉承"为政府、企业、企业家服务"宗旨，以邓小平理论和三个代表重要思想为指导，全面贯彻落实科学发展观，为政府高层决策谏言献策，为各行业、企业的改革发展提供务实性服务，充分发挥政府与企业、企业与企业、企业与社会的桥梁和纽带作用，主要开展：①优秀企业家。开展重庆（推荐全国）优秀企业家 评选、表彰活动。②企业100强。开展重庆企业100强的排序和推荐中国企业500强。③管理创新成果。评审重庆市（推荐全国）企业管理现代化创新成果，并组织推广。④雇主工作。代表重庆市雇主（企业家）组织参与重庆市劳动关系三方协调机制，整体参与劳动法律的修改，维护行业和企业的合法权益。⑤承办全国管理咨询师执业水平和企业法律顾问执业资格考试、注册及培训，全国高中级职业经理人培训与认证工作。⑥现代企业管理知识更新培训，承担企业中高级管理人员的继续教育与培训。⑦政企"桥梁"，帮助政府调研究，反映企业诉求。⑧企业文化建设活动，企业管理咨询活动。⑨推进企业履行社会责任与可持续发展，创建企业品牌，促进企业诚信与公平贸易等宣传活动。⑩中国工业大奖培育、受理与推荐工作。企业评价，总结各行各业、企业在改革发展中的新经验、新典型、新成就、新创造，扶持企业做大做强。

童小平、陈万志、金烈、陈之惠、刘文、吴冰等领导与2009获奖企业家合影

童小平等领导与2008年优秀企业家合影

为进一步拓展品牌服务职能，2008年重庆企联下设企业文化研究分会、管理咨询委员会，还进一步整合重庆市企业法律工作协会资源，帮助企业维权，为企业提供法律服务。

2009重庆企业百强发布会

2008重庆企业家活动日暨高峰论坛

2009重庆企业家活动日暨高峰论坛

联系地址：重庆市江北区五红路20号天缘居三栋18-3 邮编：400020
联系电话：61890341（会员部/编辑部），61890346（办公室/雇主部），61890345（信息部），61890342（研究咨询部），61890348（培训部），61890343（法务部）
传 真：61890340 网 址：www.cqqyj.org.cn

大足县国土资源和房屋管理局

DAZUXIANGUOTUZIYUANHEFANGWUGUANLIJU

2009年，按照县委和市局党组的部署，我局扎实开展“深入学习实践科学发展观”主题实践活动，基本取得了思想、理论、制度、实践等多方面成效，国土房管工作得到极大推动，作风得到切实转变，工作形成良好局面。各基层管理所主题实践活动也取得了阶段性成效；为积极应对国际金融危机，认真落实科学发展观，于2009年3月成功举办了第五届房地产展示交易会，通过采取“政府搭台、政策优惠、企业让利”三管齐下的政策措施，拉动了内需，强烈刺激了我县新一轮购房热潮，总成交商品房套数2430套，总成交面积达27.93万平方米，总成交金额达4.18亿元，促进了房地产市场平稳健康发展；2009年度综合目标考核我局在全市国土房管系统中被评为“优秀”单位、“好班子”和“先进集体”，连续三年综合评比居全市前列，我县的国土房管工作得到市局的充分肯定；地质灾害群测群防工作连续四年实现了“零伤亡”的良好记录，今年，我县的地质灾害群测群防工作在全国脱颖而出，被评为全国地质灾害群测群防工作“十有县”；在国家严把土地“闸门”，深入开展“保红线、保增长”专项行动之机，国家土地督察成都局对我县开展了为期一个月的土地例行督察，在县委、县政府和市局的高度重视下，我县的土地例行督察工作措施得力、整改到位，拆除了10家企业、1.96万平方米的建筑物，代表重庆市顺利通过了国家土地督察成都局的检查验收，与此同时，在全国“保红线、保增长”评选活动中，我县的“双保行动”工作被国土资源部评为“先进单位”，奖励我县用地计划指标800亩，土地例行督察工作取得了丰硕成果，为我县经济社会的持续、快速健康发展作出了贡献。

每周一行政办公例会

创先争优支部书记工作会

2009年，我局实现各种非税收入7.58亿元，比去年同期增长379%，征收土地出让综合价款7.31亿元，较去年同期增长420%，办理房地产抵押资金达16.99亿元，商品房预售监管资金7.61亿元，同比增长254%；全县房地产开发完成投资5亿元，同比增长147%；归集住房公积金6608万元，同比增长180%，争取上级专项资金3725.8万元（其中争取中央廉租住房资金3141万元），创历史新高；龙水、龙岗廉租住房工程稳步推进，主体工程已全面竣工，可解决全县最低收入家庭500余户的住房问题，真正实现居者有其屋、生活有着落。征地拆迁工作相继跟进；征地拆迁新老政策平稳过渡，共申报办理征地农转非人员社会养老保险20969人，真正做到被征地农转非人员住房有保障、就业有保障、生活有保障、养老有保障，促进了社会和谐。

县委常务蒋牧宸来国土房管局视察工作

部署会

认真总结2009年工作，正确分析当前形势，是我们统一思想，搞好工作的前提和基础。2009年度我们不断改进作风、优化服务、落实责任、严格执法，较好地完成了全年各项目标任务，取得了显著成效。

市房交会

“结穷亲”工作

唱读讲传活动

紧张的拔河比赛

铂蓝地商务公寓

重庆德威房地产置换有限责任公司以诚信立品牌

周龙总经理

建设中的石油大厦

诚信是房地产中介服务机构的立业之本。2000年，德威公司作为重庆市国土房管局推荐的“放心中介机构”之一，参加了由建设部、中国消费者协会、经济日报社组织的全国百家房地产开发企业、百家房地产中介机构在北京举行的承诺销售“放心房”、提供“放心中介”的联合宣言大会。随后，德威公司在中介专业委员会成员单位中发起了“放心中介”活动。在2001年7月举行的重庆首届二手房交易会和11月举行的房地产展示交易会上，德威公司作为发起单位之一，继续向我市房地产中介机构发起规模宏大的“放心中介”承诺活动，对规范我市房地产中介市场，提升行业形象，影响深远。同年10月，德威被建设部授予“放心中介”履行承诺先进单位。

德威置换成立十年来，高扬“人品至正、业务至精、工作至善”的企业精神，坚持“守法、诚信经营，高效、优质服务”的经营宗旨，严格管理，规范经营，不断完善服务，以诚信立足市场、铸就品牌，在业内和山城市民中赢得“放心中介”的良好口碑，树立起了重庆市房地产中介品牌企业形象。是全市房地产中介机构中唯一连续三届（2001~2003、2003~2005、2005~2007）获得“重庆市消费者信得过企业”称号的企业，是建设部 “放心中介”承诺先进单位，2005年5月被表彰为“重庆市第一届十佳房地产中介诚信企业”，2006年3月被中国消费者协会表彰为全国“诚信维权单位”，2006年10月被中国房地产估价师和房地产经纪人学会表彰为“全国优秀房地产经纪机构”，2009年3月被中国房地产业协会中介专业委员会表彰为2007—2008年度全国诚信房地产经纪机构。

中华广场

丽江小区

国家安居工程东方新苑

重庆典雅房地产开发集团有限公司

ELEBLOC　ELEBLOC INDUSTRY GROUP

公司简介

典雅产业集团是一家集房地产开发、物业管理、商品混凝土砼、建筑装饰材料、餐饮文化为一体的综合性大型民营企业，公司连续7年被评为巴南区纳税先进大户，第四届房地产开发企业五十强，连续三届被重庆市开发协会授予"信用品牌企业"等殊荣，在"富民兴渝，振兴巴南，建设巴南"工作中作出了积极的贡献，受到市、区领导和广大消费者的高度评价。

经过多年发展，典雅的品牌获得了社会各界、广大市民的好评，具有较高的知名度和美誉度。公司连续三届被重庆市开发协会授予"信用品牌企业"。被市建委、市开发办授予诚信企业，被重庆市工商行政管理局授予"重庆市重合同守信用"企业。集团公司董事长张谊生先生被评为"优秀社会主义建设者"、"重庆市先进体育工作者"，受到了胡锦涛总书记的亲切接见。在2010年重庆市房地产项目用户满意度测评活动中，重庆典雅房地产开发集团有限公司荣获"用户最满意地产品牌企业"、"典雅·麒龙山水用户最满意工程质量项目"、"典雅·龙海港湾用户最满意工程质量项目"、典雅·麒龙山水荣获"用户最满意物业管理项目"，获此殊荣的企业仅有17家。

项目简介

典雅中央广场

典雅中央广场是集景观高层（中央华府组团）、商务公寓（中央公馆组团）、钻石旺铺步行街shoppingmall（中央天街组团）为一体的城市综合体，位于巴南新区政府对面，伴随着龙洲湾新城的快速成长，中央广场彰显巴南行政中心第一城的地位。

政府重点打造的龙洲湾核心商业圈，其中商业内的千米步行街沿线的商业混搭理念，贯穿本项目，集合各种娱乐时尚生活的商业元素，奠定龙洲湾新区的核心位置。工作生活，由此自成一体。

业态：景观高层、商务公寓、钻石旺铺、步行街、大型商业中心，多元建筑业态，丰满城市功能。

生态：背靠城市"绿色肺叶"南山铜锣山脉、500亩市政公园，直面千米江岸线，无可复制的自然生态及独创"亲江性"景观，赋予这座崛起的城诗意与理性。

交通：10余条公交线路，在建中的轻轨三号线，在本项目设站。渝南大道、渝南分流、滨江路，内环高速交汇于此，奠定了本项目的交通得天独厚的优势，便利交通畅达八方，轻松赢取未来。

配套：社区内20000平米山体公园，打造全新自然生活；新世纪超市、幼儿园、游泳池、网球场、羽毛球场、银行、学校、医院等服务机构，便利生活触手可及。

龙洲湾新区是巴南区、区政府为加快巴南城镇化进程，建设小康巴南，实现富民强区德一项重大战略举措，是南岸迄今为止最大的城市建设项目。新区规划面积15平方公里，规划用5~8年时间，将龙洲湾新区打造成为一座可容纳70万人的滨江生态新城。

本项目交通位置优越，轻轨3号线将在本项目建站，渝南大桥，内环高速巴南立交，渔洞大桥以及在建设的渝南大道分流道（接菜园坝大桥）、滨江路（接南滨路）交汇于此，本项目必将成为南部新交通枢纽。未来巴南核心地位，便捷的区位交通，天然的生态环境，使得龙洲湾新城的城市品位与内涵不断提升，彰显着新城的魅力，传承着深厚的巴渝文化底蕴。

企业文化建设

典雅产业集团致力于打造高品质的楼盘，致力于为业主提供丰富、便捷的社区生活氛围。公司经常组织各种社区活动，在拉近与业主关系的同时，也丰富了业主的业余生活。现将典雅集团2009年的社区活动开展情况作简要介绍：

1. 2009年春节联欢活动

   2009年1月20日，东方宾馆欢歌笑语，处处洋溢着辞旧迎新的新年气氛，09典雅迎春晚会隆重举行。集团公司全体员工、小区业主参加了晚会。

2. 欢声笑语尽在麒龙

   伴着岁月离去的脚步声，聆听新年吉祥的祝福声，在新的一年里，物管公司与典雅·麒龙山水小区的业主相聚在公司举办的"麒龙山水联欢会"。

3. 携手共创绿化小区

   2009年2月10日，物业公司全体员工利用休息时间，对麒龙小区周边环境开展义务锄草活动。

4. 响应"森林巴南"号召，积极开展植树活动

   3月7日上午，典雅森林花园里人山人海，团区委和典雅集团团委正在这里开展青年志愿者植树活动。

5. 小区运动会图片集锦

典雅麒龙山水、典雅龙海港湾住宅小区获得的各种重要认证、奖励、称号：

1）．国际养生保健学会第二届国际养生保健学术大会组委会授予典雅麒龙小区"国际人居生态示范住宅奖"荣誉称号。

2）．中国首届城市中心区发展论坛暨城市标志名盘活动组委会办公室、人民日报社、人民网房产城建频道授予典雅·麒龙山水"中国重庆生态人居标志名盘奖"荣誉称号。

3）．重庆市体育局授予典雅·麒龙小区"重庆市国民健身示范小区"荣誉称号。

4）．重庆市建设技术发展中心授予重庆典雅房地产开发集团有限公司"2A级住宅性能认定预评审"。

5）．国际养生保健学会第二届国际养生保健学术大会组委员授予典雅龙海港湾"国际人居生态示范住宅奖"荣誉称号。

6）．重庆典雅房地产开发集团有限公司囊括了2010年重庆市房地产开发协会、重庆市质量协会组织的用户满意度测评活动四项大奖："用户最满意地产品牌企业"、"典雅·麒龙山水用户最满意工程质量项目"、"典雅·龙海港湾用户最满意工程质量项目"和"用户最满意物业管理项目"。

Truefu 春风地产 ——创造和谐生活——

重庆春风地产有限公司

重庆春风地产有限公司是中国春风控股集团旗下的专业房地产开发公司，成立于2003年，其成立开启了中国春风控股集团"投资西部、立足重庆"的战略构想和发展新篇章。

春风地产依托集团公司强大的资本优势，专心致力于房地产开发，以"构筑高品质人居空间，成为地产行业领先者"为愿景，以"人才、诚信、创新、共赢"为核心价值观，秉承"诚信、创新、敬业、进取"的企业精神，为实现"构筑高品质人居环境，专业创造和谐生活"的使命而不懈努力。

公司在渝开发的"春风|城市心筑"项目，总建筑面积16万，总投入4.5亿元。该项目2006年春开盘，住宅于2007年全部售罄，获得了市场高度认可及各项殊荣。公司也先后获得2007、2008、2009年"房地产信用品牌企业"、"重庆市第六届房地产开发企业50强"第29名等多项殊荣。

2008年，公司成功竞拍取得原重庆海外集团公司地块，地块经整合后，占地面积约200多亩，总建筑面积近60万。该项目地处重庆市中心地段，面临2000多亩生态公园，预计总投资20多亿元，将于2010年下半年面市。

为实现公司可持续发展，公司将不断扩大开发规模，源源不断地向客户呈现高品质的项目。相信在不久的将来，重庆春风地产有限公司将谱写出更为瑰丽的房地产开发新篇章！

春风|城市心筑

春风|城市心筑，位于冉家坝片区80米景观大道旁，紧依武警总队，处在龙湖水晶郦城与龙湖紫都城项目之间，项目总占地约92亩，总建筑面积约16万平方米，容积率3.91，绿地率为35.3%。其中住宅部分约12万多平方米，配套街区商业部分约2万平方米，是一个充满时代气息的、以城市精英阶层为目标客户的高品质现代住区。该项目住宅于2007年已全部售罄。

春风城市心筑项目一经推出，获得了市场的高度认可，并先后获得"中国名牌·经典户型楼盘奖"、"2007重庆最佳舒适户型"、"建筑重庆之人居榜样"等十多项殊荣。

中交集团 世界500强 国资委28家特大型央企 世界建筑专家
汇世界 集大城
近100万方国际休闲城 敬献重庆
中交·丽景，中交集团进军地产1号力作，领踞泛二郎&双山大社区——重庆首席CLD
以超前的眼光与视野，近100万方城市功能建筑群，将公园、商业、居住、办公、休闲等多种功能集于一体，
量身订造国际休闲城——一生理想之城。
全生活·中心城
休闲主题商业:7.4万方商业中心,吃喝玩乐一切皆有
稀缺洋房:湖景、花园、溪流,满园皆风景
精品高层:城市精英高尚居住区
运动主题公园:运动、休闲,生活于此,快乐相随
浪漫主题公园:生活在公园,风景在家中
BEAUTIFUL VIEW
中交·丽景
023/68422999 68401999
中交地产 更懂建筑 更懂生活 | 项目地址：泛二郎&双山大片区(巴国城旁) | 外卖场地址：杨家坪步行街
*房地证2009字第10017号 *本资料仅供参考,最终以政府批准文件及双方签定合同为准。

重庆民福建设工程有限公司

重庆民福建设工程有限公司是重庆市工商联合会（总商会）会员企业和潼南县商会会长单位，位居重庆市民营企业100强。公司注册资本2099万元，权益资本逾1亿元，内设5部1室，下辖5个直属公司和驻云、贵、川、渝、陕、新、藏等省区市10个子公司。主要经营范围：房地产开发及销售；建筑及安装专业总承包；汽车运输及综合服务。

公司一贯秉持"发展才是硬道理"的理念，大力弘扬"团结、诚信、求实、创新"的企业精神，适时调整生产经营结构，全力构建跨行业、跨地区、多业并举的生产经营格局，铸就了持续稳健发展的辉煌。近年来在扩大做好主业的基础上，以主业为主线，多业并举发展壮大企业。公司始终以优良的质量、良好的信誉和感恩的心态回报社会，获得了良好的口碑。公司连年荣获市县委政府授予"爱心捐赠先进单位"、"十强民营企业"、"明星企业"称号，连年被市县主管部门、行业协会评为"先进建筑企业"、"质量管理先进集体"、"安全生产先进单位"、"重庆市守合同重信用单位"、"重庆市中小企业发展奖"、"重庆市中小企业先进集体"、"改革开放30年·十大房地产建筑业品牌"、"改革开放30年·潼南县最具影响力十大品牌"和2009~2011年AAA级企业年检免审资格。

丰都县中医院

院长：周全昌

医院班子成员

丰都县中医院是一所集医疗、教学、科研、预防、康复为一体的国家二级甲等中医院，重庆市示范中医院。是重医大中医药学院等大中专院校临床节教学和定点实习医院，国家中医药管理局医疗质量监测网点。医院是医保、新农合、交通事故、生育保险等各类保险救治定点医院，并享有中医报销比例提高10%的优惠政策。

医院秉承“西医先进，中医有特色”的诊疗理念，设有内科、儿科、普外、骨科、妇产科、急诊室、五官科、口腔科、针灸科、肛肠科等20余个临床及职能科室，能开展各种疾病的诊治。开展的腹腔镜胆囊切除术、前列腺汽化电切术、妇科腹腔镜手术、脊柱外科、脑外科及肿瘤根治术等，各种肿瘤的中西医结合治疗，针灸推拿，中医手法复位，小夹板固定治疗四肢骨折、脱臼、心脑血管疾病的中西医结合治疗，特色专科脾胃病、急危重症及部分疑难病的诊治在县城内领先，在渝东片区享有盛誉。

医院拥有十位国家及市级学会会员，发表论文百余篇，开展技术新项目90余项，有22项市、县级科研课题，腹腔镜胆囊切除术获县科研成果一等奖。医院还承担了本县的各项中　医药适宜技术推广项目任务，发展基层中医服务。医院及科室先后荣获“重庆市精神文明单位”、县“价格诚信单位”、县“十大杰出青年群体”等三十多项荣誉，有2人获“县十大杰出青年”称号。

医院将充分发挥中医优势，开展未病先治，成为本地区中医治未病的先驱！

医院业务综合大楼

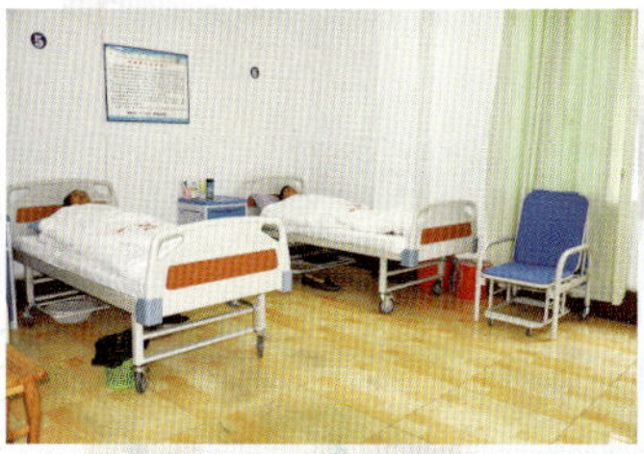
宽敞舒适的病房

西南大学食品科学学院

弘扬食品文化
促进经济发展
袁隆平
二〇〇八、十

西南大学食品科学学院是我国农业部属院校中最早建立的食品学院，拥有全国最早建立的农产品加工贮藏工程学科，该学科为农业部重点学科，也是全国高等农业院校中最早取得硕士学位授予权的学科专业。1998年，获得农产品加工贮藏工程学科博士学位授权点，成为西南、西北地区（十省市）首批食品加工博士点，2000年获得了茶学博士点，2005年获得食品科学与工程一级学科博士学位授权点。

学科建设是学院发展的核心，创新增强学院的活力。经过20多年的发展，目前，具有69人师资阵容，其中博导6人，教授17人，副教授、副研究员21人，正在国外工作和进修5人。现有在校本科生1200人，硕士、博士生300人。食品科学学院已拥有食品科学与工程一级学科博士授权点，农产品加工及贮藏工程和食品科学等5个博士点；拥有食品科学、农产品加工及贮藏工程、茶学、食品工程（工程硕士）等7个硕士点；设有食品科学与工程、茶学、包装工程和食品质量与安全四个本科专业。由该院制定的教学计划已经成为全国高等农业院校农产品贮藏与加工或食品科学与工程专业和硕士研究生教学计划的基础和主要参考资料。食品科学学院已培养博士研究生15名，硕士研究生550余名，各类学生5000余名。学院与外界建立了广泛的联系和交流，学院紧跟时代的步伐，与时俱进，不断适应社会的发展，努力加强学科建设，取得了骄人的成绩。“食品科学与工程”一级学科博士授权点的申报成功，标志着我校食品科学与工程学科具有较大的发展前景和举足轻重的学术地位，同时，也将使食品学院在基础教学、科学攻关、对外服务、人才培养等方面处于发展的有利地位，必将对食品学院的全面发展产生深远的影响。

西南大学食品科学学院院长：李洪军教授

西南大学食品科学学院大楼

重庆交通大学交通信息工程与控制研究所

——桥梁、大坝、轻轨等大型结构健康、安全成套监测系统

重庆交通大学交通信息工程与控制研究所长期致力于信息技术在桥梁、道路、轻轨等交通基础设施方面的研究和应用。研究所拥有一支涵盖结构工程、电子技术、计算机科学技术、通信工程等多学科的高素质研究队伍，并与加拿大多伦多大学等研究机构保持着良好的合作关系。

在所长张奔牛教授带领下，研究所先后承担了国家自然科学基金、交通运输部西部建设重大项目等国家级、省部级项目几十项，获得包括国家科技进步奖、重庆市技术发明奖在内的多项科研成果及国家授权专利几十项。

近年来，研究所在桥梁结构健康监测领域开展了大量研究，研发了以裂缝、挠度、应变监测为主体，基于秘书机制、GPRS/GSM、嵌入式、WebGIS和三维动画的成套远程桥梁结构健康监测系统，实现了对大型结构裂缝、挠度、应变等参量的远程、实时动态监测，为大型结构的健康与安全提供了有力的保障，也保护了国家财产与人民生命的安全。

研究所的成套远程桥梁结构健康监测系统中的机敏网仿生裂缝监测子系统是目前唯一能够实现桥梁结构裂缝远程监测的系统；基于激光投射的漫反射式挠度监测子系统具有精度高、测量范围大、安装方便等优点，秘书机制和三维动画等技术延长系统使用寿命、简化数据结构和安装过程、降低了设备费用。

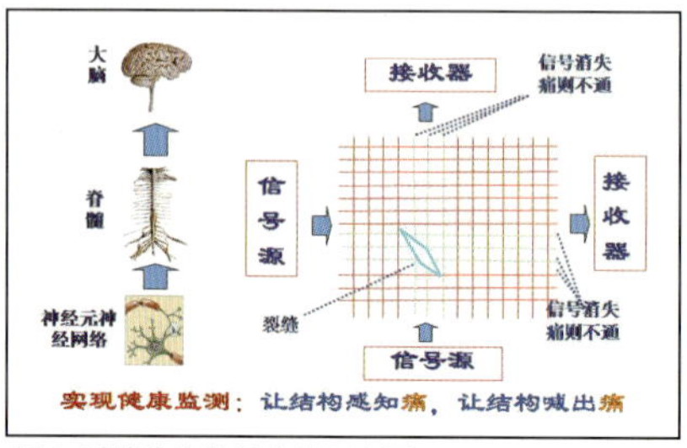

图1 裂缝仿生监测方法示意图

◆ 机敏网仿生裂缝监测系统

研究所在国内外率先提出机敏网仿生裂缝监测方法，突破了裂缝远程监测这一世界性的难题，实现了大型混凝土桥梁结构裂缝的远程在线监测。机敏网仿生裂缝监测方法通过模拟动物肌肤神经系统对损伤的感知机理，将金属机敏线预制在结构体表面形成裂缝传感网络，根据金属机敏线的通断判断出裂缝的发生、发展、形状、位置、长度，并且根据不同型号机敏线的断裂情况判断裂缝宽度。

机敏网仿生裂缝监测方法被以大连理工大学中国工程院院士为组长的鉴定组鉴定为"达到世界领先水平"，至今已在重庆地区多座桥梁上成功地实现了工程应用，赢得了桥梁业主的充分肯定。该技术现已获取大量国家专利。

图2 机敏网裂缝传感器的应用与安装

◆ 基于激光投射的漫反射式挠度监测系统

针对目前桥梁线形监测方法存在精度低，安装与使用复杂，成本太高等问题，研究所提出了利用准直半导体点光源激光发射器、具有半反射效应的投影靶、视频采集设备和电脑的基于激光投射的漫反射式挠度监测技术，有效地实现了对桥梁挠度的快捷、高效、高精度监测。

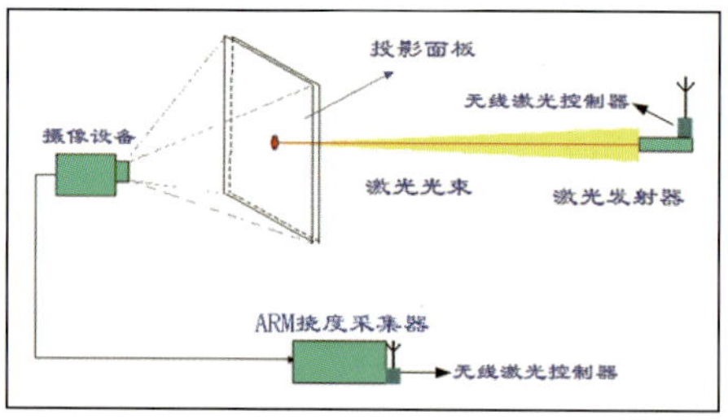

图 3 基于激光投射的漫反射式挠度监测方法示意图

基于激光投射的漫反射式挠度监测技术在重庆地区多座桥梁上成功地实现了工程应用，尤其在2009年重庆内环高速公路高家花园大桥失火变形后的结构健康监测中发挥了关键作用。基于激光投射的漫反射式挠度监测技术被重庆大学中国工程院院士鉴定为"国际先进"，该技术现已获取大量国家专利。

图4 激光投射的漫反射式挠度监测系统的应用与安装

◆ 基于秘书机制、GPRS/GSM、嵌入式、WebGIS和三维动画的健康监测系统

为了克服由于元件寿命短，元件与设备体积庞大、安装复杂、成本高，监测数据繁杂等因素导致桥梁健康监测系统无法长期服役的问题，研究所提出了秘书机制、GPRS/GSM、嵌入式、WebGIS和三维动画等全方位解决方法。基于秘书机制形成廉价且易更换元件对昂贵、不易更换元件的置换，极大地提高了传感器元件的寿命；基于GPRS/GSM、嵌入式的系统解决方法，简化了安装过程，降低了设备和安装费用，同时也实现了无线远程监测；WebGIS和三维动画形式将桥梁健康状况的实时监测数据以直观的图形形式呈现给用户，使通常要专家才能看懂的数据，普通人经简单培训后也能掌握。

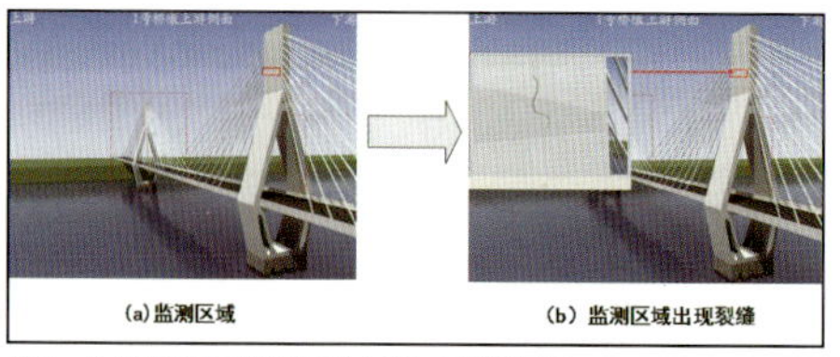

图5 大桥监测系统的WebGis三维视图

该成套远程桥梁结构健康监测系统在重庆地区多座桥梁上的成功应用，推动了桥梁、道路、轻轨等结构远程监测的发展，产生了巨大的经济、社会效益，同时，也得到了业界和用户的充分肯定与高度评价。

时逢盛世 百年凤中 抓住机遇 跨越发展

SHIFENGSHENGSHI BAINIANFENGZHONG ZHUAZHUJIYU KUAYUEFAZHAN

谭刚校长(前排右一)现场向县领导汇报排危改建工作

凤鸣中学，目前是重庆市云阳县江南片农村唯一的一所完全中学。从1810年建校至今，已有连续办学两百年的历史，办学质量受到社会高度重视和信赖。

凤鸣中学前身为凤鸣书院，“然不设于邑，而设于乡者何？于乡者，所以远尘嚣，且以示便也。其必设二磴者何，二磴离县治数十里，面岷江、枕宝华山，峰峦环绕，称名境，可以时眺望，蕴胸襟，于读书尤宜也”。县志记载了古人建校选址，十分考究，需择其远离闹市、环境优美、方便学生、适宜育人的地方。凤鸣中学地处南北交通要道，南面辐射龙角、凤鸣、故陵等江南所有乡镇。根据《云阳县2007年秋季普通中小学办学规模情况统计表》南面教育服务半径约30平方公里，服务人口占全县的1/3。学校主要接纳的学生是边远山区的孩子。

学校所在地有一半是古滑坡地质，东段地质变形每年要下沉8mm左右，学校2000年前的建筑（砖木、砖混三四层结构）一半在古滑坡地质上。学校早期的四合院建筑群用地虽然地质稳定，但建造年代久远，适应不了学校现代发展需要，相继被拆除。70年代，学校建造校舍，资金不足，老师带领学生搭砖做坯，端沙取水，学校自建了几栋楼房，由于多方面原因，到80年代都成了危房。而80年代建造的房屋，90年代后期就又成了危房，而90年代建造的房屋，能保留下来的也不多，学校就被困在这十八亩三分地里反复地折腾，危房不断拆除，新的危房又产生，春去冬来，周而复始，校园内的建筑敲击声从未停息。百年挂花香，校园人淳朴，一直伴随着凤鸣中学成长的老教师，他们鉴证着这一时期学校艰难前行的历史。

时来运转，山不转路转，喜逢山峡库区移民搬迁，没想到云阳县城会转到凤鸣中学附近山脚下，学生坐乘公交车下县城，也只有二十几分钟车程。学校与外单位信息交换、外出办事效率、领导莅临学校指导频率显著提高；又遇重庆直辖，使本地交通发达，给该校服务区所有学生带来了便捷，一所久负盛名地凤鸣中学名符其实的展现出来，成了求学者们的理想选择，从此生源格局被重新分布；加之外出务工留守子女就读高中观念的改变，高中入学难逐渐成了云阳县的社会新问题，凤鸣中学义不容辞地接受了高中扩容任务，把它视为一种挑战，同样也认为是一种发展机遇。

凤鸣中学不属移民迁建学校，没有移民资金；凤鸣中学危房面积占校舍一半，改造它又缺排危资金；凤鸣中学高中扩容，征地拆迁和校舍建设资金差口就更大。所有问题都归结为钱的问题。在一个贫困县的农村中学当校长，能够解决学生居住安全问题就很了不起。摆脱困境，学校向前发展，谁主沉浮？

以成败论英雄，谁能抓住机遇，谁的成功概率就高。2004年新上任的谭刚校长，胆大心细，勤奋执拗，带领班子成员夜以继日地工作。以求真务实的态度，左手抓日常管理，右手抓排危工作，一年要解决两个以上的重大发展问题，他用自创的绩效管理方法去消化多年的积滞。这位校长的习惯是常问自己：“我今天做成了哪几件事？”每天晚上深夜，自已或与一个处室一个处室地清盘轧账，而且每件事他都有详细记录。几年下来，他的管理“台账本”有一米多高，白天他跳上跑下，运筹排危和扩容差缺资金，虽然主要来源是向社会借贷资金，但募捐化缘来的钱也不少，工作策略是把排危和高中扩容建设与规范办学相结合。从征地拆迁开始，排除万难，学校发展就走出了低谷，学校发展的主控操盘能力日渐增强。正当学校发展需要大补元气时期，2008年7月，重庆市确立“五个重庆”建设新目标，给学校发展增添了精气神，很快，到2009年8月，就完成高中扩容任务。2009年11月，中共重庆市委办公厅、重庆市人民政府办公厅出台了《关于建设“五个校园”的意见》文件，学校因此确立了新的目标——创重庆市重点中学。

凤鸣中学扩建前全貌，没有运动场

凤鸣中学扩建后有了运动场

从谭刚校长组织全校师生召开誓师大会那一天开始，在各级党委和政府的正确领导下，各相关部门通力协作、凤鸣中学师生奋力打拼一年，基本完成了创重达标验收相应的硬件设施和软件资料。目前，学校占地108亩，建筑面积近6万平米，师生人数达5000余人，办学规模排位在云阳县第二。教学质量农村中学全县排名第一，县级文科状元还多次荣耀该校。学校数字化实验室、科技探究实验室、通用技术实验室、班班通工程等数字化校园建设已处于全县领先水平。城乡统筹，教育均衡政策惠及农村千家万户，山区儿女就在当地享受着廉价的优质教育、公平教育，大家心服口服，赞口声声，领导满意，教师自豪。

改装后的化学实验室

改装前的化学实验室

凤鸣中学最近短短几年，在特定的历史条件下，抓住了时机，超常规地完成了排危、扩容、创重达标规范办学三大任务。学校注重科学管理和勤奋努力讲效益，教学质量还稳中有升；在原有的20亩土地上圈有3000余名学生，还得占去一大块地搞建设，人口密度之大、安全风险之高，能确保校园平安渡过高危时期，是既占天时，也占地利，更有学校领导集体精诚团结，挑战困难，锐意改革，奋发图强，带领教师团队众人划桨血汗写春秋，硬是把一个十分古朴、破旧、落后的学校，变成了重庆市农村一流的先进学校，大幅度地缩减与城市一流学校的差距。时逢盛世，非常幸运，抓住了机遇，实现了跨越发展，让学校获得新生，有了可持续发展的基础，学校一定会永远充满生机和活力。

文/冉建明

重庆 渝州581 重庆白酒新高度

重庆市对外文化交流指定用酒

"中国（重庆）第二届文化艺术节唯一指定用酒单位"、"重庆消费者最喜爱的十大名酒"

一、历史传承

渝州大曲酒厂建于1956年，"渝州牌"大曲酒一直以优良的品质，受到世人青睐。20世纪70年—80年代，"渝州牌"大曲酒在重庆已家喻户晓，成为重庆的白酒畅销品牌。1985年获得重庆市最佳消费品奖；1985年—1990年间获重庆市优质食品奖；1988年首届中国食品博览会上荣获铜奖。

重庆直辖后，原渝州曲酒厂改制，成为"重庆渝州老窖酒业有限公司"。2008年公司隆重推出"渝州581"，打造重庆高端白酒第一品牌，以新的品牌形象重返市场。目前，公司拥有一批国家级勾兑大师，在原有优良品质的基础上，经过上千次的反复勾兑，召开上万人次的大型品鉴会，最终打造出以"渝州581"为龙头的高品质系列产品，有渝州老窖特曲、渝州老窖二十年陈、渝州老窖十五年陈和渝州老窖十年陈等。为满足市场的不同需求，公司特聘一批专家，对包装进行重新设计、定位，形成适应各种消费档次的"渝州牌"老窖系列产品。

2009年1月1日，获得重庆市人民政府新闻办公室授权为"重庆市对外文化交流指定用酒"，并授权使用代表重庆形象的"人人重庆"城市标徽；2009年4月，"重庆市首届名酒消费高峰论坛"上，"渝州581"被评选为"重庆消费者最喜爱十大名酒"，并授予奖牌；2009年5月，"渝州581"被重庆市选定为两年一届的"中国重庆第二届文化艺术节"唯一指定用酒。

公司崇尚"质量第一、诚信为本、客户至上、互惠双赢"的经营理念，倾力打造"重庆高端白酒第一品牌"。

窖藏基地

生产基地–中国酒谷

二、品名篇

公元581年，隋文帝杨坚称帝于长安，建立隋朝，各地纷纷敬贡土特产品。当时重庆叫"楚州"，刺史王衍亲选本地特产"曲米春"酒送至长安。文帝与群臣共饮，连称爽口，大喜。文帝久闻巴地出酒，知"曲米春"酒与巴乡清酒一脉相承，于是下令作为国酒。"水乃酒之血"，巴地出酒，与水质密不可分。"楚州"乃南朝旧名，不足以反映重庆特色，于是隋文帝因嘉陵江水质清冽宜酿美酒之故，取其古称"渝水"之名，改"楚州"为"渝州"。

巴国酿酒，源远流长，名酒辈出，素称酒国。然而，重庆因酒得名，曾经作为中国酒都的史实却不为常人所知。为颂扬重庆对中国酒业的巨大贡献，辉耀重庆作为中国酒都的崇高地位，将顶级产品命名为"渝州581"。"渝州"，意味着中国酒都的辉煌；"581"，记载了重庆酒业的荣光。"渝州581"的命名，承载着一种神圣的使命，昭示了一种远大的志向，彰显傲视天下的王者风范。

三、历史篇

渝州，上古称江州，是古代巴国的首都。主要行政区域包括今重庆全境、四川东南部、陕西南部、贵州北部地区，大致相当于今四川宜宾以东，长江三峡以西，陕西汉中以南，贵州遵义以北范围。至今这个区域的文化、习俗、语言、人物性格等相同相近，与以成都为中心的西蜀文化区域差异很大。

"渝州酒"是巴人豪义、硬汉性格的突出象征。巴人武士的祖先禀君，有豪饮"巴国清酒"的习俗。《山海经》记载，氏族社会末期，巴人中的一支立务相为"禀君"（即"虎君"），以"凶悍勇武"的白虎为图腾。"巴有美酒兮硬如铁，巴有硬汉兮不可折。我心楸痛兮泪涟涟，将军此去兮惊日月。"此为颂扬古巴国将军巴蔓子的诗句，后人将"巴国清酒"称为"巴蔓子酒"。此酒一直传到今天，即现在的"渝州酒"。"巴蔓子酒"味性刚烈，入腹如火，能激起人豪情万丈。后来汉高祖钦定"巴蔓子酒"为"硬汉大酒"，并与"巴渝舞"、"巴渝乐"，并称为"巴国三宝"。

魏晋南北朝时期，重庆所辖峡江一带盛产"巴乡清酒"，驰名全国，北魏郦道元《水经注》明确记载"江水经鱼復左岸，有巴乡村，村人善酿，故俗称巴乡清郡出名酒"。

隋唐时期，重庆几乎家家酿酒，盛况空前。云阳（古称云安）出产"曲米春"酒，远近闻名，令很多人心向往之。宋元时期，重庆酿酒业获得官府特殊优惠政策，"曲米春"酒继续走红。今宜宾出产荔枝绿，黄庭坚称荔枝绿酒为"戎州第一"，泸州等地则已经开始生产蒸馏酒

明清直至当代，宜宾、泸州、古蔺和黔西北地区，酒业日益发达，技术日臻精湛，"茅台"、"五粮液"、"泸州老窖"，等名酒相继崛起，一时星光灿烂，蔚为大观，雄霸天下，从而成为中国名酒品牌集中度最高、酿酒技术和实力最强、产量最大的"金三角地带"。

这个名酒云集的"金三角地带"，恰好原为古代巴国辖区。由此可以得出一个不争的结论：天下名酒出巴国，重庆乃巴国之都，酒都之称名符其实。

作为出产于巴渝酒都的"渝州581"，历史底蕴之深厚，具有中国酒业特有的标志性意义。

四、品质篇

"渝州581"是巴渝酒文化的一个缩影，是巴渝酒业酿造技术的结晶，是巴蜀白酒王国中的杰出代表。

"出身血统高贵，品质卓尔不群"，是"渝州581"的一大特色。千年"曲米春"与"渝州581"同宗同祖，一脉相承。"曲米春"酒是古代大名鼎鼎的名酒品牌，它上承"巴乡清酒"的传统，下启"渝州581"血脉，集巴蜀酿酒技艺之大成，引领中国酒业上千年。

唐代杜甫有"闻道云安曲米春，才倾一盏即醺人"的由衷赞誉。南宋时范成大有"云安酒浓曲米贱，家家扶得醉人归"的真实写照。明朝冯时化在其《酒史》中列举的名酒，就有"云安曲米酒"。

"渝州581"，三千年巴渝酒文化新的代言人。出产"渝州581"的重庆渝州老窖酒业有限公司，前身为渝州曲酒厂，根植于巴山蜀水深厚的酒文化沃土，拥有悠久的酿酒历史和独特传统技艺。"渝州581"传承于深厚巴蜀酒道风骨，精选有机原生态粮源，百年窖池酿造，老窖传统酿造技艺，恒温、恒湿、自然环境洞藏老熟，酿酒大师精心勾调——"汇天地万物之精华，孕渝州美酒之绝佳；聚千年巴人之豪义，成'硬汉大酒'之美名"。不仅如此，"渝州581"还特在中国酒谷泸州建立高科技的产品研发中心，以海纳百川的胸襟，充分利用"中国名酒金三角地带"先进的技术和传统老窖工艺以及优质的自然人文资源，确保"渝州581"品质得巴蜀巅峰酒品之正脉。

白酒专家们品鉴后评价："渝州581"具有"浓香、净爽、绵甜、协调"的风格，口感独特，风味绝佳。堪称"中国高端白酒新贵"。

非凡品质，稀世量产，缔造了"渝州581"高贵品质，彰显出中国高端白酒的极品气度，令许多品尝者惊喜和赞叹，认为可以与"五粮液"、"国窖1573"等品牌比肩。

五、品牌篇

凭底蕴成就品质，用实力锻造品牌。"渝州581"的问世，注定会对重庆高端白酒市场形成冲击波，成为"重庆白酒新高度"。潜龙出水，王者气象。重庆渝州老窖酒业有限公司将在3-5年内，把"渝州581"打造成为"重庆高端白酒第一品牌"。

2009年2月-5月，经过重庆市民投票评选，"渝州581"荣膺2009年度"重庆消费者最喜爱十大名酒"。

先后荣获"2008第八届中国网络媒体论坛"大会唯一指定白酒、"重庆市人大三届二次全会"和"重庆市政协三届二次全会"指定用酒、"重庆市对外文化交流指定用酒"等三顶桂冠，并获得重庆市人民政府新闻办公室授权使用代表重庆形象的"人人重庆"城市标徽。

最近，又经过激烈角逐，获得"中国重庆第二届文化艺术节"唯一指定用酒的殊荣。

打破重庆无好酒的自悲心理，彰显重庆酒都的深厚底蕴，创造重庆酒业新的辉煌，"渝州581"责无旁贷，任重道远。今天，我们聚焦"渝州581"——重庆白酒新高度；明天，我们赞赏"渝州581"——魅力重庆靓名片。

六、文化篇

浓郁的巴渝风情，是"渝州581"独有的文化特色。

"渝州"之名，沿用长达521年，到北宋徽宗崇宁元年(1102年)改称恭州。公元1189年正月，南宋第二个皇帝孝宗的儿子赵惇在恭州封为恭王，二月受其父皇禅让登帝位，号宋光宗。光宗两月之内，先封王、后登基，视恭州为龙兴宝地，于是将恭州改名为重庆，自诩为"双重喜庆"。

别具匠心的包装，是"渝州581"的独特个性魅力。美仑美奂的包装满足了高端消费者的审美需求，更显庄重、尊贵、典雅之美。特别是首开中国白酒包装"一品双瓶，红蓝双彩"之先河，一名"鸿运当头"，一名"青云直上"，生动形象地表达了人们对事业、生活"双重喜庆"的美好祝愿。

"渝州581"，隐含着一个城市的独特历史，彰显出一个群体的鲜明个性，突出了一种无所畏惧的大气和阳刚之美，"大江、大义、大酒"——追溯巴渝三千年，感悟渝州581……

中国·重庆渝州老窖酒业有限公司　　电话：023-68611581

中国 重庆
重特
CHONGTE
重慶特曲
重庆特曲，中国特色，清爽柔和，朗朗上口。
重庆特曲源于重庆上千年的酿酒历史，是历代烤酒大师技术与经验的传承，以上乘的酒质与深远的文化底蕴融合而成的重庆好酒。感受巴渝两江文化，品味重庆特曲。
中国特色是重庆特曲与生具有的气质！重庆地处西南，山川俊秀奇美，两江交汇，澎湃壮丽，气候湿润，万物都有了灵气。以重庆特有的自然水土加上千年烤酒技术酿造而成的重庆酒，既醇又香，既柔和又清爽，这种独有的口感就是重庆特曲的中国特色。
重庆特曲，男人的性格！耿直、豪爽、有梦想、重感情。朋友相聚，吃麻辣火锅，喝地道重庆酒。每一杯酒都代表着一种热情，都体现着友情的可贵，如此豪迈，怎会比古人逊色，更何须“举杯邀明月，对影成三人”般寂寞？句句真言，豪迈不已，这就是男人的性格.！
酒的精髓不仅仅是一种客观物质的存在，而是一种文化、一种性格的象征，既饮酒精神的象征，它能促进感情的升华、事业的发展，使你找到梦想的感觉。朋友相聚、品茶饮酒、对酒当歌、谈古论今，举杯之间、觥筹交错、朗朗上口。这就是重庆特曲的文化、精神与性格。
重庆特曲为满足消费者的需求特推出喜、寿宴专供酒
喜宴酒—百年喜酒　　寿宴酒—福星拜寿星。
重庆特曲，中国特色，清爽柔和，朗朗上口。
喝出男人耿直味
诚征全国经销商代理商
联系人：李经理
联系电话：13018381777
地址：重庆永川商贸城 11-17
电话：023-49680166
传真：023-49801696
重慶特曲

建桥园区

一、2009年发展回顾

2009年，在区委、区府的正确领导和市园区办的大力支持下，建桥园区全面贯彻科学发展观，紧紧围绕“三个转型”、“四大工程”和“六个大渡口”建设发展主线，深化“效能建设年”主题，攻坚克难、多措并举，努力解决和克服在建设过程遇到的各种矛盾困难，园区经济运行态势稳定，有效抵御全球金融危机的强力冲击，整体经济发展取得新成效。园区共实现工业总产值234亿元，同比增长76.6%；工业增2加值84亿元，同比增长40.7%；完成固定资产投资133亿元，同比增长81.7%；实现税收11.7亿，同比增长69.6%；招商引资实际到位资金50亿元，同比增长66.7%。

（一）突出重点，狠抓“四大工程”建设，推进项目落地及投产增效

园区以“效能建设年”为契机，加快软硬环境建设，着力选进科技含量高、综合实力强、环境污染少的企业。新引入百亿天安数码城、重庆兴达得誉科技、重庆市应用技术研究院、重庆博奥镁业、桑德科技、重庆恒通控股等8家企业，协议引资66.1亿元，园区企业总数达82家，累计引资372.9亿元。目前，正与洽谈的企业及项目有：吉利企业与数码模合作项目、单轨公司总部及单轨材料生产项目、重庆海坂物资有限公司等。

2009年，园区企业长征重工铁路机车项目、三峰卡万塔、梅林今普、宗申派姆、太仓科技、法国诺灵科等6家企业竣工投用；茄子溪码头、万吨冷储、科力混凝土、桑德科技、兴达科技、厦工机械、恒通物流等10家企业正在建设中。中石化润滑油、中石油商业储备库即将开工建设。

2009年，园区建成道路3条、变电站3座，建成楼宇工业198416平方米，建成蓝领公寓68805平方米，蓝领公寓“建桥模式”得到薄熙来书记、黄奇帆市长的批示，成功召开全市工业园区现场推广会，目前蓝领公寓已入住2000多名企业员工，建成安置房95847平方米，安置农民400余户。

目前为止，园区建成投产企业33个，在建、续建项目22个，开展前期工作的项目12个。已完成年度目标的工业项目26个，基本完成年度目标的19个，新增工业项目5个；物流计划项目中已完成年度目标的项目4个，基本完成年度目标的项目3个。园区为长征重工、鑫鹏达等11家企业共争取区级新型工业化发展资金约2.8亿元。今年以来，共计办理园区52个项目各类手续约350件。

（二）加大投入，拓宽融资渠道，完善基础设施

整合资源，坚持多渠道融资，努力形成投融资主体多元化、项目建设资金社会化、运作机制市场化的机制，全力筹集园区建设所需资金，实现园区基础设施建设的全面提速。**一是抓好基础设施项目建设，为园区的发展打下基础。**今年1-10月园区基础设施项目14个，共计投资约7000万元，包括蓝领公寓建设投资1500万元、长征重工平场项目建设投资共计3800万元（铁路专用线等四个项目共计完成土石方约250万立方米）、朝阳气体平场项目投资约500万元完成土石方30余万立方米、新郭伏路项目投资约400万元、其他项目投资约800万元（诺灵科厂房修建及装修等三个项目）；**二是搞好能源管网建设，为企业和园区的发展提供保障。**今年以来园区在水电气方面完成投资约6000万元，从根本上解决了园区水电气的供应问题，主要开展和完成的工作有：跳蹬110KV变电站、八一变电站、楼宇开闭所、宗申开闭所、诺灵科水电气、蓝沁苑及蓝之托水电气安装、刘海线改建、中征1、2回线路改建等共计15个项目；**三是继续加大绿化工程建设力度，为提升园区的形象和森林工程建设做好后盾。**今年园区共投资5000余万元打造园区的绿化工程建设，共完成绿化建设和改造15万平方米，栽植大树（直径20cm以上）2000余棵，今年的森林工程任务基本完成。园区作为全市“园林城区”和“五个重庆建设”的检查点顺利通过市和国家的验收。同时，积极申报全国绿委组织的“全国绿化模范单位”参评，已通过市绿委的验收，目前已报送全国绿委，据悉已通过全国绿委的初步验收。

（三）突出重点，提升服务效能，营造发展环境

一是优化宽松的政策环境。在把握总的原则和大方向的基础上，充分利用国家的优惠政策和资金政策为园区企业服务。积极为入园企业争取新型工业化发展资金，鼓励物流企业获取出让金奖励，向入园企业宣传政府的配套费返还及区级行政规费减半的政策。通过为入园企业争取各类政策资金与召开银企座谈会的方式，共为园区企业屯茂机械、宝丰线缆、博巨玻璃钢等企业成功融资8000余万元；为长征重工、鑫鹏达等11家企业共计争取到区级新型工业化发展资金约2.8亿元。**二是打造优质高效的服务环境。**首先，加强机关效能建设，努力实现“无关系”办事、“无停留”办公、“无利益”服务和招商项目“无障碍”入驻。如园区企业桑德科技今年3月签约建桥，4月开始开工建设，目前已初步建成。其次，制订了定人、定点对口服务责任制度，要求对企业服务工作务必做到“任务不完纶不收兵”。再者，认真贯彻执行《印发大渡口区涉企行政检查监督暂行办法》，区内各行政执法机构凡需要对入园企业进行行政检查的，必须先报经区政府法制办、区监察局审核同意或备案，然后才能企业对其实施检查。今年，为入园企业52个项目办理土地招拍挂、项目用地规划调规等工作各类手续约350件。**三是创造良好的科技发展氛围。**今年2月，大渡口区政府、市科委在园区建立“科技创新基地”，把园区定位为“重庆市知识产权试点园区”。建立产学研合作机制，助推科技企业孵化器的建设，加强创新平台建设，推动企业自主创新，促进产业集群发展。

（四）用活政策，搞好土地收储，确保正常用地

随着园区开发建设的发展，建设用地的需求量与用地矛盾越来越大，已成为制约园区发展的一大瓶颈，为切实解决好工业发展用地问题，园区从四个方面出发：**一是做好土地储备和置换工作。**为减少出现项目等土地的情况，积极做好土地储备和置换工作。目前，已完成森林储备用地2000亩，其他储备用地100亩；土地置换工作进展顺利。**二是加强园区土地管理，避免园区土地闲置。**通过与区国土等相关部门，对已签约而未及时开工的企业进行了清理，拟对已闲置土地两年以上企业的土地由国土部门进行收回。**三是尽心尽力，做好“钉子户”工作。**“钉子户”问题关系重大，园区抽调专人专项负责，坚持“三心”工作制，大打“感情仗”，做通了近100户的“钉子户”的工作。**四是搞好在征地拆迁与报件工作，确保企业建设的顺利进行。**今年，共完成长征重工、鳌山220KV变电站、新郭伏路西半幅长征重工段、恒通物流等项目征地477.07亩，天安数码城、中石油润滑油等项目的529.164亩土地的征地拆迁工作正在实施，新取得豪晟补征地、万源机械、中石油伏牛溪扩库等3个项目的批文，用地面积达180.335亩，已取得长征重工二期、三一重工等6个项目的用地计划指标，交清14622.97万元税费后即可取得批文用地面积2247.94亩，已申报长征中共安置房、科力搬迁等3个项目的用地计划指标，用地面积404.8亩。

（五）以人为本，维护群众利益，创建和谐园区

在维护群众利益方面，园区坚持“两手抓”，一手抓农转非安置人员，一手抓入园务工人员。园区强化以人为本理念，妥善安置被征地农民和拆迁群众的生产生活。今年，C区的蓝沁苑除2号楼外全部完成，已安置拆迁户400多户；完成了九九工业、精通摩托二期扩建项目等项目涉及的305户（1024人）在鑫瑞乐居（46号地块）的分房安置工作；钰鑫10万吨啤酒等项目涉及的475户（1077人）在蓝之托的安置房正在准备前期分房工作；国际复合项目的竹园小区安置房已开工建设，长征重工安置房已完成用地计划指标的申报和安置房规划设计初步方案。A区蓝之托小区基本建成，秋田齿轮、利德工业、太仓科技等企业2000余名员工已入住。

（六）发挥优势，科学谋划布局，提升宣传高度

一是依靠“一刊一网”广泛宣传。今年，《建桥动态》出刊40期，采用稿件800余篇，向社会各界提供了建桥园区翔实的动态报道；网站在今年年初再次改版后，访问量已达到340万人次，园区网站已成为招商引资重要的窗口和平台。**二是策划专题深入宣传。**为扩大园区的影响力和提高园区的美誉度，园区成功组织了创建“全国绿化模范单位”动员大会、重庆晨报读者林植树活动和重庆《当代党员》杂志社先锋林植树活动等义务植树活动。**三是借助媒体广泛宣传。**利用新华社权威宣传发布平台，定期宣传园区的建设，今年以来，新华社共发布园区新闻近百条；并于今年初，被新华社定位为调研基地。重庆卫视《重庆新闻联播》、重庆电视台新闻频道《特别关注》栏目针对建桥园区领导视察、生态建设、蓝领公寓建设等情况，采发新闻、专题报道十余次。《亚洲电视》、《无线电视》、《人民日报》、《联合早报》、《大公报》、《新报》、《成报》、《文汇报》、《澳门日报》、《星岛日报》、《信报》、《明报》、《重庆日报》等几十家中国大陆、港澳地区，重庆卫视、报纸等栏目长期聚焦园区，先后采发各类稿件近百篇。

（七）理顺关系，完善管理体制，优化人员配置

改革管理体制，落实管理责权，建立健全组织机构，完善园区工作机制，加强班子，充实了工作力量。一是成立了计划财务部，加强了财务精细化管理力度、内控管理力度和银行贷款力度和资金调度力度，制定了规范的财务管理制度。二是启用OA办公系统，推行无纸化办公，提高办事效率，厉行节约之风。三是“招兵买马”，通过招聘、借调、抽调等方式，引进了大量的专业人才，充实了园区队伍的力量。

二、发展中存在的问题

2009年，我们认为有三条经验值得总结，一是坚持富有前瞻性的科学决策理念，是园区生死存亡的关键；二是坚持绿色生态环境，是招商引资的亮眼招牌；三是坚持以人为本，关注农民工，是推进统筹城乡的有力举措。

存在的问题：一是园区现有的经营模式，难以实现资金平衡；二是现有招商体制不够顺畅，招商合同存在诸多问题；三是土地闲置较为严重，急需进行执法清理。

三、发展目标及思路

今后一段时期，园区实施“156”发展战略，围绕“百年建桥 千亿生态园区”的发展目标，着力培育5个100亿级产业：100亿玻纤产业、100亿长征重工、100亿天安数码、100亿梅林今普、100亿楼宇工业，6大100亿市场：100亿龙文金属材料电子交易市场、100亿冷储市场、100亿石油化工、100亿豪晟机电、100亿恒通物流、100亿泰港物流。具体工作思路如下：

（一）规范招商引资合同，注重招商质量，以项目促跨越发展。依据主导产业链招商，增强园区产业集聚效应。建立对入园企业的投入产出考核评价体系，提高土地使用效率。

（二）完善基础设施建设，抓好配套环境建设，以一流的投资环境促跨越发展。抓好长征重工、天安数码、中石油等重点项目的基础设施建设，加快道路、绿化、能源等市政配套设施建设，提升园区品质，营造一流的投资硬环境。

（三）狠抓一批重点企业竣工投用，以投产增效促跨越发展。积极推进长征重工、茄子溪码头尽快竣工投用，力促天安数码、重钢总部、中石化、中石油等重点项目开工建设。

（四）加强土地管理，以拓展空间促跨越发展。抓紧土地储备，提高融资能力，尽快完善园区资金平衡。加强园区拓展报批工作，加大对闲置土地的清理收回工作力度。

（五）强化内部管理，提升人员素质，以优良的队伍促跨越发展。建立健全园区管理制度，抓好园区干部队伍培训管理，不断提高园区整体素质和工作效率。

建桥工业园管委会办公室

重庆彭水工业园区

CHONGQINGPENGSHUIGONGYEYUANQU

时任重庆市市长王鸿举视察工业园区

重庆市人大常委会卢晓钟副主任一行视察彭水工业园区

重庆市人大财经委副主任刘作禄视察园区

重庆彭水工业园区是2006年1月经重庆市人民政府批准设立的重庆市级特色工业园区之一。园区位于重庆市两小时经济圈内，地处重庆市彭水县保家镇，距重庆主城区185公里。园区总规划面积6.4平方公里，首期启动区4.3平方公里，总投资15亿元。其中重庆（彭水）加工贸易梯度转移重点承接地为1.592平方公里，该项目总投资4.5亿元，中国进出口银行重庆分行贷款3亿元，自筹资金1.5亿元。园区重点发展农林产品深加工和矿产品精深加工两大产业，并主动承接东部沿海地区产业梯度转移项目。

2008年园区开工典礼

园区鸟瞰图

园区优势明显。交通运输便利，渝怀铁路、渝湘高速公路、319国道横贯园区，特别是渝怀铁路建成通车后，可直达最近的出海口—广西北海，到上海、浙江、福建、广东等东部和南部沿海地区约为8小时车程；水电资源丰富，彭水是重庆市唯一的“水利电能基地县”，园区内有220KV、110KV、35KV变电站各一座，能满足园区内不同类型、不同层次用电需要；矿产资源富集，煤、硅、镁、重晶石等矿产资源储量大，品位高，易开采；全县农村劳动力34万人，其中有20万人需要向非农产业转移，是劳动力较为富足的地区；招商政策优惠，企业入驻工业园区，可享受少数民族经济发展优惠政策、国家扶贫政策和西部大开发政策。

重庆彭水工业园区自2009年7月上旬实质性动工建设以来，园区坚持以全速推进基础设施建设为突破口，狠抓水、电、路、通讯等“七通一平”基础设施建设，着力完善园区配套功能；通过集约开发土地、重点项目“点对点”招商、有力搭建融资平台等积极拓展扩大改革开放的空间和工业集聚发展的平台。截至今年8月，园区建成标准厂房5万平方米，累计完成投资4.5亿元，园区基础设施建设日趋完善，企业入驻条件成熟。目前，园区累计签约项目21个，协议引资42.5亿元，实际入园企业10家，总投资约7.8亿元，引进2家企业在园区设立总部经济。

为全面贯彻落实县委、县政府“经济强县”战略部署，加快园区基础设施和工业经济发展步伐，园区党工委、管委会和服务中心切实解放思想，更新工作观念，创新工作方法，按照“总体规划、分步实施、滚动开发、效益优先”的发展思路，加强基础设施建设，加大招商引资力度，加快产业培育步伐，努力将重庆彭水工业园区建成对外开放的窗口、工业集聚发展的重要平台、县域经济发展的重要增长极，为打造“100亿园区、跻身全市特色工业园区25强”奠定坚实的基础。

园区总体规划图

重庆市南川工业园区

重庆市南川工业园区是经重庆市特色工业园区规划建设领导小组审批的重庆市级特色工业园区，享受重庆市级特色工业园区的相关优惠政策。

园区位于重庆市南部，南川区北部。园区所在地交通便捷，渝湘高速公路、南涪铁路横贯南川全境。工业园区龙岩组团距南川市区3km，距渝湘高速公路南川出口4km，距重庆主城区半小时车程。距重庆江北国际机场1小时车程，距长江深水港码头1小时车程，融入重庆1小时经济圈，成为渝南黔北通往重庆主城及我国中、东部的重要节点。新建的南川火车站货站在园区规划区内，南涪铁路正在建设中。

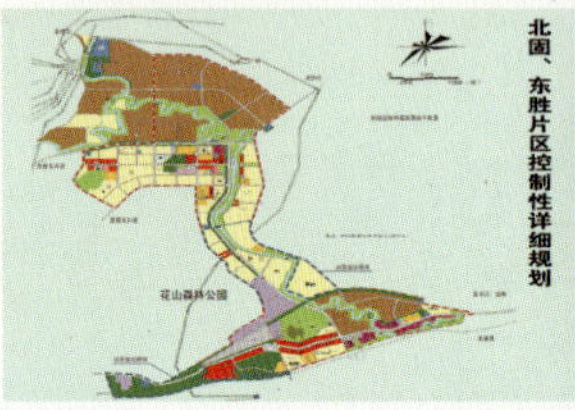

园区供电、供水、供气可满足入驻企业要求。园区供电由重庆市电力公司在园区内建设的220KV输变电站和北固110KV变电站、城郊110 KV变电站供给；园区供气由重庆气矿渝川天燃气有限责任公司供给，日供气量30万m3；园区供水由区供水公司供给，日供水量10万m^3。

园区规划建设主干道路宽40m，次干道路宽24m的道路交通网络，所有管线全部按规划埋地敷设。园区道路、通讯、水、电、气等"七通一平"基础设施基本完善，具备企业入驻条件。

按照"一园多组团"发展思路，南川工业园区总体规划面积60km^2，其中：龙岩高新产业开发区15km^2，水江组团20km^2，南平组团20km^2，南城组团5km^2。龙岩高新产业开发区主要布局新能源、新材料、新技术产业；水江组团主要布局铝及铝加工业、铝产业配套煤化工业；南平组团主要布局植物资源加工业、旅游产品加工业、建材产业等；南城组团主要布局铝产业、机械加工业。

入园企业除享受重庆市级特色工业园区相关优惠政策，即中共重庆市委、重庆市人民政府《关于加快建设特色工业园区的意见》（渝委发〔2002〕28号）文件中的相关优惠政策外，还可享受《南川区招商引资优惠政策》（南川委发〔2010〕25号）文件中的相关优惠政策，对重大项目可按照"一企一策，特事特办"的方式，对其实行特殊的优惠政策。

"只要你来投资，一切由我代办。"这是工业园区对入园企业作出的庄严承诺。园区专门成立了招商服务组，对入驻项目用地、用水、用电、用气和项目核准建设、手续报批、优惠政策落实等实施联动式服务，保证签约项目尽快落地。园区还落实专人全程代办涉及入园项目立项、工商、税务、规划、建设、消防等审批手续，确保审批项目短时间办结。园区在"亲商、安商"的同时，还提供延伸式服务，建立了每月定期召开企业座谈会机制，指定专人"一对一"对接服务新签约企业，并通过召开并联审批服务在建企业交办会议，深入园区企业生产现场，实地了解生产经营情况，及时解决入园企业生产过程中的困难，做到了"稳商、富商"。

正是这种"狼群冲锋、排除万难、开拓开放、勇创一流"的园区精神，为园区发展营造了良好的投资环境，正在成为投资的热土，崛起在渝南黔北。

以人为本 惠泽大众

渝惠食品集团

黄奇帆市长视察双福市场

"以人为本、惠泽大众"，八个简单的字道出了渝惠人的精神，道出了集团努力的方向，也道出了集团正在做的工作。

渝惠食品集团有限公司是经重庆市人民政府批准，于2008年2月成立的国有独资大型企业，集团旗下现有双福国际农贸城、观农贸市场、重客隆超市、渝惠旅业、黄花园酿造、重庆糖酒、康河食品、恒升资产、亚热带房地产等39家子公司。集团注册资本金6.8亿元，总资产37亿元，年交易额超过200亿元，从业人员4万余人。

近年来，渝惠食品集团以农产品加工和食品市场建设经营为核心，结合餐饮、宾馆、物流、会展等集团优势业务，已经发展成为集一二三产业为一体的综合性食品产业集团，并被重庆市政府确立为了全市重点商贸流通企业和农业产业化龙头企业。

随着2009年，重庆市政府28次常务会议正式决定由渝惠食品集团全面负责全市"三级农产品现代流通体系"建设，集团又迎来了新的发展机遇。

一、体系建设初见成效

目前，我市主城区市场上销售的蔬菜品种主要是应季蔬菜，反季节蔬菜较少，每年冬春季节，外地蔬菜在我市主城区市场上占据的市场份额最多时甚至要超过60%，由于经营成本增加，导致冬春季节我市市场上蔬菜价格居高不下，每年冬春季节，市场上都难觅低价蔬菜踪影，这是来自有关部门的调查结果。

为实现市政府提出的"保供应、稳物价、安民生"目标，按照市政府的要求，渝惠集团于2009年开始，在全市启动了"三级农产品现代流通体系"建设，着手在主城建一级农产品批发市场、区县建设二级农产品产地批零市场，城市社区、乡镇、村社建三级终端市场，通过市场的带动作用，助农增收，保供稳价。

通过近两年时间的建设，我市"三级农产品现代流通体系"建设已初见成效。

渝惠集团旗下的西部最大的农产品批发市场双福市场

集团旗下的荣昌市场

首先是一级农产品批发市场建设。

目前，我市两个一级农产品批发均已开工和落地。其中，占地面积5000亩，总投资80亿元的西部最大的综合农产品批发市场双福国际农贸城于今年9月8日正式动工。

项目预计3年内全部建成，一期工程计划明年内投入使用。市场建成后，销售的食品种类将包含蔬菜、水果、粮食、食用油、肉类等26个类别，涉及交易品种上万种，市场年交易量将超过600万吨，交易额超过200亿元。

"立足重庆、辐射西部、面向全国、连通海外"，打造西部第一，全国一流食品批发市场已成为市场的主要目标。重庆双福国际农贸城将成为西部地区规模最大、品种最全、业态和管理最先进的农产品批发物流市场，成为农产品价格形成中心，西南地区食品安全保障中心。

其次是二级农产品产地批零市场建设。

目前，已有荣昌、潼南、南川等多个区县市场破土动工，梁平、丰都、秀山等超过10个区县市场也已进入方案设计等开工前期阶段。

集团旗下的人道美标准化菜市场场景

第三是三级终端市场建设。

依托集团旗下的重客隆、人道美两家公司，集团目前已建设完成3座主城标准化农贸市场建设，区县社区和乡镇农产品（食品）市场（超市）已建成经营的有46个，加上近期建成的78个农产品超市，10个流动菜市场，7个肉菜小店，和此前建成的超过1500家重客隆销售门店，一张覆盖全市，辐射整个西部的农产品产、供、销网络已经铺开。

二、经济效益逐渐显现

在全市建设"三级农产品现代流通体系"，用市场的带动作用助农增收、保供稳价。随着，"三级农产品现代流通体系"建设步伐的不断加快，集团的效益也在不断显现。

今年1—8月，集团共实现交易额158亿元，同比增长41%；实现销售额16亿元，同比增长30%；利润2371万元，同比增长14%。

值得一提的是，集团旗下的观农贸市场，今年1—8月实现交易额138亿元，交易量22.5亿公斤，两者增幅均远超去年；预计今年，观农贸市场年交易额就将突破200亿元，成为西部首个年交易额破200亿元的农产品销售航母。

按照市政府的要求，在"十二五"期间，集团还将进一步加快"三级农产品现代流通体系"建设步伐。5年左右，主城2个大型一级农产品批发市场均将建成投入使用，25个区县二级批零市场和1320个新建的终端市场也将全部建设完成。

届时，集团将实现年交易量1200万吨，交易额600亿元，销售额80亿元，带动就业20万人，带动120多万农户增收50多亿元；城镇居民也将因"三级农产品现代流通体系"建设完成，农产品销售中间环节的减少，得到更多的实惠。

重庆建设摩托车股份有限公司

CHONGQING JIANSHE MOTORCYCLE CO.,LTD.

中国驰名商标奖牌

公司产品获全国用户满意产品

国家认定企业技术中心

重庆建设摩托车股份有限公司隶属于中国兵器装备集团公司。公司源于1889年张之洞所创汉阳兵工厂，发展历程跨越三个世纪，成为在中国具有举足轻重地位的大型军工企业，曾先后迎来毛泽东、邓小平、江泽民等党和国家领导人的亲临视察。

改革开放以来，建设携百年军工技术成功实现军转民，进入摩托车产业，1980年，建设第一代重庆牌JT50型机动脚踏两用摩托问世，迎来了军转民大发展的时期。

公司设重庆建设销售有限责任公司、重庆北方进出口贸易有限责任公司、重庆建设车用空调器有限责任公司、上海建设摩托车有限责任公司等四个子公司；重庆建设雅马哈摩托车有限公司、株洲建设雅马哈摩托车有限公司、上海雅马哈建设销售有限公司、重庆平山泰凯化油器有限公司等四个合营公司。

公司被国家授予"中国名牌产品"、"中国驰名商标"、"全国用户满意产品"、"最具竞争力的中国民族品牌"等荣誉称号，为国家经济建设作出了巨大贡献。

机器人焊接生产线

ATV油封线

摩托车车架全自动机器人焊接生产线

作为一家开放的企业，公司在摩托车产业上与日本雅马哈发动机株式会社已有20多年战略合作历史。现已形成年产摩托车发动机200万台、整车200万辆的能力，产品畅销70多个国家和地区。公司拥有从48CC到400CC排量的系列发动机平台，产品谱系覆盖骑式车、弯梁车、踏板车、太子车、ATV、电动摩托车等领域。

公司拥有中国摩托车行业首家国家认定企业技术中心、全国优秀博士后科研工作站、国家认可委认可的摩托车检测中心和强大的研发技术团队，具备雄厚的摩托车及相关产品研发、制造和销售能力。近年来，公司推进"五芯战略"，对标世界一流摩托车发动机及成车技术，进行集成与自主创新，形成技术优势突出、盈利能力强，舒适、安全、节能、环保和可靠性等指标全面领先行业水平的"弯梁芯"、"骑式芯"、"太子芯"、"踏板芯"、"ATV芯"五大系列产品组合，取得令人瞩目的成就，在业界产生深远影响。

在车用空调产业上，公司1994年引进日本精工精机技术，开始进入汽车空调领域。十几年来，公司通过不断地引进、消化、吸收、再创新，形成了较强的车用空调产品自主研发能力，构建了旋叶式压缩机（包括铁质机和铝质机）、活塞斜盘式定排量压缩机、变排量压缩机三大技术平台，产品覆盖72cc到320cc排量段。

自动链式物流

机加车间

发动机总装

2008年，公司结合大规模技术升级与产能扩充改造，完成了第四次整体搬迁，分别在重庆市花溪工业园和九龙工业园设立了摩托车和汽车空调研发、制造基地。未来的建设将以"1166"战略为牵引，坚持"好字优先，好中快进"的科学发展方针，全力打造国际化、现代化的一流摩托车制造企业。

重庆石柱江龙能源建材有限公司

重庆石柱江龙能源建材有限公司位于忠石两县交界的方斗山下万朝镇境内，交通四通八达，快捷、便利，公司至忠县长江码头34公里。公司于一九八九年创建，经过十几年的发展形成了“四矿一厂”的规模框架，即莲花煤矿、万梁煤矿国坝煤矿、万岩煤矿、江龙水泥厂，是一个集能源建材于一体的中型骨干企业。公司原煤生产能力30万吨，水泥年生产能力6万吨，拥有固定资产净值6000多万元，年入库税额1900多万元，现有职工1000多人，各类专业技术人员120多人。

企业在矿井通风、运输、回采、掘进和地面装运、化验、计量、质检等方面已基本上实现了机械化、电气化和微机化，煤炭开拓方式和回采工艺达到了较高水平，水泥产品质量优良。企业年年被上级评为“先进单位”、“纳税先进企业”、“质量评定合格单位”，曾荣获中国质量万里行“全国质量先进单位”、“计量合格单位”、“质量优胜单位”和“环保先进单位”，中国建材流通协会评为：产品质量售后服务“无投诉单位”、“信誉诚信单位”、“质量信誉双满意单位”等荣誉称号。

公司董事长兼总经理：谭云长　党支书、工会主席：谭林长

重庆国际复合材料有限公司

重庆市市长黄奇帆视察公司

CPIC F09线5万吨ECT玻纤池窑点火仪式

重庆国际复合材料有限公司（简称CPIC）成立于1991年，1999年云天化进入，现是由云南云天化股份有限公司、凯雷投资集团和沙特阿曼提公司等共同投资组建的中外合资企业，主要生产优质无碱玻璃纤维系列产品。

20世纪90年代起，中国玻纤行业发展迅速，世界玻纤产业面临整合重组的新局面。自云天化1999年7月控股CPIC以来，又相续有沙特阿曼公司和凯雷投资集团的加盟，中外方优质股东抓住历史发展机遇，不断增大投资，使公司迈入了健康发展的快车道。公司现已拥有10条玻纤生产线，年生产能力突破40万吨，生产规模居全国第二、全球第四。截至2009年12月底，公司总资产75亿元，净资产29亿元。2009年，公司生产玻璃纤维28.69万吨，销售玻璃纤维30.23万吨，完成主营业务收入22.04亿元，实现利税2.78亿元。凭借快速的发展和良好的经营业绩，公司连年被评为"重庆工业企业50强"、"重庆市十佳外商投资企业"、"重庆市出口创汇30强企业"，"重庆开放型经济先进单位"。

公司致力于生产品质稳定并持续改进的玻璃纤维产品，主要产品有：粗纱、细纱、短切纱、短切毡、膨体纱、多轴向织物、方格布、复合毡、表面毡、针刺毡。公司始终把质量视为企业的生命，产品质量一直居国内领先水平，达到国际通用标准。公司现已通过了ISO9001质量管理体系，无捻粗纱产品获"中国名牌"称号，部分产品通过德国GL认证、英国劳氏认证、美国FDA认证等。凭借世界一流的工艺水平和严格的质量管理，公司每年产品出口比例都在60%左右，产品畅销亚、欧、美洲等多个国家、地区，与三十多家外国公司建立了稳定的需求关系，其中包括GE、杜邦等多家世界500强企业，被广泛应用于城市建筑、室内装饰、汽车工业、机械电子等领域，并已逐渐向航空航天、风力发电等高端市场进军。

随着中国玻纤产业，特别是国内三强——巨石、CPIC和泰山的迅猛增长，国际玻纤巨头纷纷到中国合资建厂，中国已经成为世界玻纤巨头集中的"角斗场"。为适应世界和中国玻纤行业发展的形势，CPIC不断适时调整自身的发展战略：一方面适时扩大产能规模，加大力度延伸产业链，大力开发市场需求大、技术含量高、环境友好的风能产品，无硼无氟玻纤，无硼、无氟、无硫玻纤和热塑增强材料玻纤产品，大力促使细纱类产品向电子和工业类织物方向发展，全面提升企业的核心竞争力。同时公司也在寻找时机，主动积极地探索对外投资，充分利用当地低廉的能源价格、便捷而且便宜的物流服务，将部分生产基地直接建在海外。目前公司实施"走出去"战略，拟在巴林与当地企业合建海外生产基地。

我们将根据这一发展战略，不断优化运营体系，提升管理水平，强化竞争力，以市场和客户服务为落脚点，向全球玻纤行业国际化的优秀供应商的目标努力迈进。

重庆宏声印务有限责任公司

重庆宏声印务有限责任公司成立于2001年2月，主要生产卷烟商标及其他印刷品。厂区目前占地60亩，环境优美整洁，被誉为“花园式工厂”，属涪陵区重点企业。

公司独创中国印刷行业卷到卷的生产工艺，引进德国、意大利、美国、瑞士、法国等世界顶尖印刷设备，形成国内领先的创意设计、制版、凹印、胶印、镭射印刷、UV印刷、反面印刷、烫金和模切等综合印刷能力，目前已成为重庆市规模最大、技术设备最为先进的现代包装印刷企业之一。

公司主要为川渝中烟工业公司、云南红塔集团、云南红云红河集团等国家重点卷烟企业设计、生产配套加工卷烟包装。主要生产：**天子、宏声、龙凤呈祥、红塔山、云烟（红）、石林、红河、红梅、娇子、五牛、天下秀**等国内著名卷烟商标，实现从生产到交货的全程跟踪，确保产品的批批优良、张张优秀；以产品质量为核心，2004年5月，公司通过“ISO9000质量体系认证”，2008年11月通过“环境管理体系”、“职业健康安全管理体系”，形成质量跟踪、检测、售后服务为一体的产品质量系统性管理体制，具备向不同需求的用户提供各类中、高档烟商标印刷产品的能力。

公司先后荣获**中国质量无投诉、产品无缺陷诚信企业、2005—2008年度“中国质量服务信誉AAA级企业”、“国家A级守信企业”、第三届“全国诚信单位光荣榜”**上榜荣誉单位、“重庆市重合同守信用单位”、“重庆市首批A级纳税信用等级单位”、“重庆市银行系统信贷诚信单位”、“重庆市食品卫生A级单位”、连续两届荣获“重庆市诚信印刷企业”、“连续七年荣获涪陵区印刷质量信得过单位”、“涪陵区文明单位”等称号。2006年6月，我司生产的“宏声烟标”还荣获了**“全国十佳烟标印刷金奖”**称号。

公司一直遵循**“有什么样的人造就什么样的企业，有什么样的企业造就什么样的人”**的企业理念，打造企业员工**“做健康的成功者”**，遵循**“用户就是上帝，用户就是我们的衣食父母”**的服务宗旨。

在宏印高速发展的道路上，我们将与各界朋友携手共创美好未来，以更加饱满的热情、更加昂扬的斗志、更加务实的作风，以更加优秀的品质和诚信捍卫宏印产品质量，捍卫烟草的神圣品牌！为实现西南最好的印务公司、实现全国印刷行业50强的宏伟目标，为共同构建和谐烟草而努力奋斗！

严谨务实创伟业，开辟川渝建设新天地

——中冶集团华冶资源开发有限责任公司重庆分公司

中冶集团系世界500强企业，华冶资源开发有限责任公司是中冶集团的核心企业，中冶集团华冶资源开发有限责任公司重庆分公司是本企业为拓宽川渝地区建筑市场专门设立的分公司。

中冶集团华冶资源开发有限责任公司总资产36亿元，注册资金3.26亿元，生产施工设备6536台（套），职工8600余人，专业技术人员4975人，其中高级专业技术人员1263人，中级专业技术人员1844人，各级建造师398人。公司总部坐落北京经济技术开发区，在北京、天津、上海、重庆、青岛、河北、沈阳、安徽、青海等地设有分公司。

重钢华冶烧结项目建设工地

重庆解放碑威斯汀酒店项目

华冶公司以资源开发及相关服务、EPC工程总承包及相关服务、房地产开发及相关服务为主业，主要经营冶金工程建设、火力发电厂建设、大型房屋建筑、矿山资源开发、矿山建设和生产、大型市政工程、高速公路建设等业务。具有建设部核准的冶炼工程、机电安装工程、房建工程、市政工程、矿山工程、公路工程施工总承包一级资质和隧道、土石方、钢结构等专业一级资质，建筑工程、冶金矿山甲级设计资质和对外经营权。公司通过了质量、环境、职业健康安全管理体系认证，连续十三年被中国建设银行评为“AAA”级信用企业，是国家工商行政管理总局命名的“守合同，重信用”企业，荣获“全国优秀施工企业”、“全国建筑安全生产先进集体”、“全国最佳形象企业”和“全国企业文化建设优秀单位”等称号。

都汶公路-龙池隧道

界水高速-炉子坝特大桥

华冶资源开发有限责任公司重庆分公司自2006年成立以来，在桥梁、隧道、高层建筑、市政、工业建设等多方面已经在川渝两地取得了显著成效。界水高速公路A14合同段接龙隧道和同一标段的炉子坝特大桥的修通，为打破禁锢南川多年的交通格局，加快高速公路沿线经济发展和渝沙高速公路的全线贯通奠定了坚实的基础；在重钢异地搬迁建设中担当了建设生力军的作用，为加快重钢新区建设立下了汗马功劳。正在建设中的重庆解放碑威斯汀酒店工程，位于解放碑金融商务街区中段，共60层，（地下六层，地上54层），檐口高度245.30米。本工程为五星级酒店、A级写字楼，以及配套的娱乐、餐饮、会议等功能为一体的大型综合建筑群，总建筑面积18.8万平方米。在四川省完成了灾后援建平武县平通镇的市政设施、道路建设；都江堰到汶川高速公路龙池隧道的贯通等为四川灾后重建作出了贡献。

平通工地施工现场

平通中心广场

创造了辉煌历史的华冶人立志于创造新的历史性辉煌。华冶资源开发有限责任公司坚持“诚信社会为本，客户满意为荣”的经营理念，愿与各界精诚合作，携手共赢，为重庆和四川更加美好的明天多作新的贡献。

阔步前进的建设工业集团

总经理：车连夫

党委书记：魏群

重庆建设工业（集团）有限责任公司是中国兵器装备集团公司所属骨干企业之一，其前身为1889年张之洞创建的被誉为“民族工业摇篮”的湖北枪炮厂（后改称“汉阳兵工厂”），是中国近代24家军工企业之一。建设工业集团跨越了三个世纪，历经了四次搬迁，实施了四次引进，创造了四次辉煌，曾迎来党和国家几代领导人的视察。121年兵工历史，30载军转民历程，建设工业集团已成为中国特种机械的重要生产基地，产品产销量位居全国同行业之首。

公司曾荣获“全国优秀企业（金马奖）”、“全国五一劳动奖状”、“重庆工业企业50强”、“建国35周年嘉奖令”、“国庆50周年阅兵装备工作突出贡献奖”、“‘976工程’贡献奖”、“‘9910工程’先进单位银奖”、“国庆60周年首都阅兵装备保障工作突出贡献单位”、“60年影响重庆经济60企业”等殊荣。产品通过了ISO9001质量体系认证，获得了国家“优质产品金质奖”、“优秀新产品金龙奖”、“优质产品奖”等荣誉。

建设工业集团始终秉承“保军报国，强企富民”的神圣使命，以科学发展观为指导，以兵装集团“211战略”为牵引，大力实施“1155”发展思路，阔步奔向“世界知名的特种机械应用研究制造基地，打造世界名牌”的愿景，全力推进“精干、精细、精益、精品和精神”的“五精工程”，实现“在思想观念上、竞争方式上、发展方向上、管理方式上、经济效益上”的“五个转变”，重点强化“发展思路、产品结构、组织结构、管理方式、人员结构、薪酬分配体系、科技创新体系”的“七个调整”，以优秀的业绩回报客户、回报员工、回报社会，为国家经济和社会发展以及国防现代化建设作出新的更大贡献。

重庆潍柴发动机厂

重庆潍柴发动机厂是潍柴控股集团下属的中、高速柴油机专业生产厂，始建于1966年，地处重庆市江津区德感工业园。全厂占地面积78万平方米，拥有资产总额23亿元，职工3000余人。其质量体系通过了2000版ISO9001标准认证、军品质保体系GJB9001A–2001标准认证及国际汽车行业质量体系ISO/TS16949标准认证，并建立了完善的售后服务体系。

宽敞明亮的加工车间

先进的加工设备

从2003年至今，共有16款中速柴油机先后被重庆市科委认定为“重点新产品”；2个中速柴油机项目被重庆市经委确定为“技术创新重点项目”；6个中、高速柴油机产品获得重庆市科委“高新技术产品”证书；自主研发的CW200系列柴油机荣获重庆市政府授予的“重庆名牌产品”称号；企业荣获重庆市“高新技术企业”称号。尤其是成功开发的CW200系列中速重油柴油机，由于以重油代替柴油作为燃料，具有可为用户节省燃料成本30%的显著经济效益，得到市场的广泛青睐和追捧，获得了2007年重庆市“工业技术创新工作先进集体”荣誉称号。目前，企业拥有四大系列一百多个柴油机产品，功率覆盖范围148KW至2400KW，形成了中、高速柴油机并举，横跨汽车、工程机械、船舶、柴油发电等多个应用领域的产品体系。其中高速柴油机市场份额在西南地区据主导地位，中速柴油机近3年实现了销量翻番，并出口到意大利、越南、埃及、巴基斯坦等十几个国家。

产品研发中心

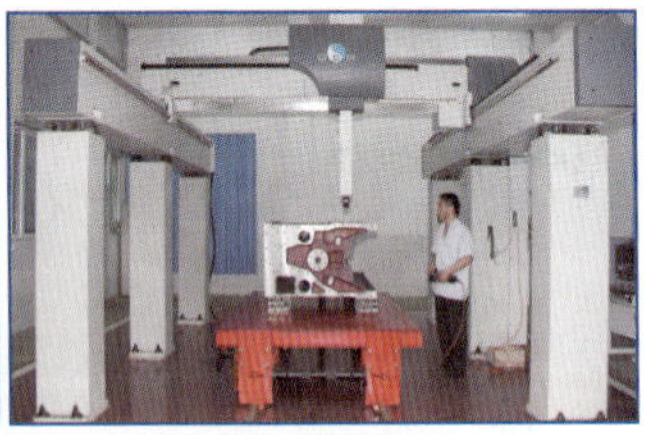

先进的产品质量检测设备

优美的厂区环境

中速柴油机试车控制室

2009年，重庆潍柴的产值、产量、利税等主要经济指标均创下历史最好水平。目前已形成年产WD615/WP10高速柴油机36,000台、CW200中速柴油机1,500台、12VE230ZC型中速柴油机50台的生产能力。工业总产值22.1002亿元，实现利税6.090亿元，实现了健康、快速、平稳的发展。企业连续多年被评为重庆市工业企业50强、江津工业企业10强。

重庆潍柴发动机厂主要产品

12VE230ZC系列柴油机：是我厂开发生产的船用中速柴油机。功率/转速为1618kW/750转和2206kW/750转两挡。产品主要用于海军037IG导弹护卫艇、037猎潜艇、消磁船、海道测量船等动力装置。该产品曾被评为中国船舶工业总公司优质产品与中船总重大科技成果二等奖。该产品曾出口阿尔及利亚、埃及、缅甸、斯里兰卡等国。现具备年产50台的生产能力。

L+V20/27系列柴油机：是从德国MAN–B&W公司引进技术生产的柴油机产品。该机型分为直列L型（6–8缸）和V型（12缸），转速分别为720、750、900、1000（转/分）四档，功率范围600KW–1200KW。

CW200系列柴油机：在吸收国内外同类机型先进技术基础上于2002年以来自行开发的新产品。有6L、8L、12V、16V四大系列机型，功率/转速范围：450kW～1760kW/750～1000转。主要用于船舶主机、辅机及陆用发电机组的原动力。该系列柴油机机通过了德国船级社（GL）、法国船级社（BV）和俄罗斯船级社（RS）的审核认可。其中的重油机可为用户节约燃料成本30～40%。获“重庆名牌产品”称号。现具备年产1500台套的生产能力。

CW6250系列柴油机：是我厂为满足市场和用户的需求，在总结、吸收了国内外同类机型成功经验的基础上，于2007年研发成功的具有自主知识产权的新型中速柴油机。该机型的额定功率/转速分别是1470kW/1000转；1103 kW/750转。主要应用于船舶主机、辅机、陆用发电机组以及其他动力装置的原动力。

WD615系列柴油机：是潍柴集团在引进消化吸收奥地利的斯太尔柴油机技术的基础上，结合我国实际而研发的高速柴油机产品。功率/转速范围148kW～280kW/1900～2200转。WD615系列柴油机满足国Ⅲ、国Ⅳ排放。是重型汽车、工程机械、大型客车、船舶主机及发电机组的理想动力。现具备年产10万台的生产能力。

12VE230ZC–C柴油机

500KW柴油发电机组

CW16V200柴油机

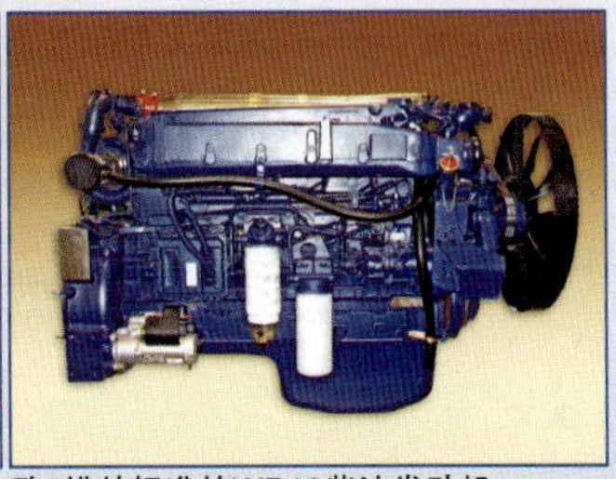

欧3排放标准的WP10柴油发动机

三朝国企　百年重钢

中央政治局委员、重庆市委书记薄熙来视察重钢集团环保搬迁工程建设

2008年12月29，时任重庆市常务副市长黄奇帆视察重钢新区

重庆钢铁（集团）有限责任公司地处中国重庆，是一家有着百年历史的大型钢铁联合企业。其前身是1890年清朝张之洞办洋务时创办的汉阳铁厂，1938年3月在抗战的烽火硝烟中，由武汉逆长江而上，西迁重庆大渡口。新中国诞生后，“北有鞍钢，南有重钢”的产业布局，充分证实了重钢在国民经济恢复时期的重要地位。重钢轧制出新中国第一根钢轨，铺筑了新中国第一条铁路成渝铁路在内的全国10多条铁路大动脉；新中国品种钢和军工钢生产基地在重钢建成；新中国第一台立式方坯连铸机和弧形板坯连铸机在重钢投运；重钢向全国20多个省市、100多个单位输送了8000多名领导人和技术骨干，为中国钢铁工业的发展发挥出巨大作用。改革开放以来，重钢成为首批扩大企业自主权的试点单位，率先在全国自销计划外钢材，并首批推行厂长经理负责制，自筹资金搞技改，先后被国务院确定为全国现代企业制度试点单位、国家大型企业集团试点单位和国家循环经济试点单位。中国共产党三代领导核心毛泽东、邓小平、江泽民，在重钢这片热土上留下了视察的足迹。

重钢长寿新区 钢铁界面（一罐制）

高炉全景图

2009年11月7日重钢签订收购澳矿项目框架性协议

重钢长寿新区效果图鸟瞰

重钢新区码头夕照

重钢集团实行母子公司管理体制，现有子公司28家，其中全资16家，控股12家。现有在岗职工26000余人，资产总额近385亿元，是重庆市属最大国有工业企业。核心子公司钢铁股份公司分别在香港联交所和上海证交所上市。

重钢以钢铁生产为主业，注重规模与效益的结合，注重品牌对市场的支撑，以生产精品钢材产品服务社会为目标，以不断提升产品质量为手段，在注重环境质量和社会效益的同时，发展壮大企业规模。经过多年的打造，“十一五”末形成以4100mm、2700mm、1780mm三条轧机生产线产品为主导，年产钢650万吨的长江上游钢材精品生产基地和中国重要的船舶用钢生产基地。重钢主要产品20g锅炉板和16MnR容器板系国家金牌产品，锅炉压力容器用钢板和船体结构用钢板系“中国名牌产品”，造船板获得英国、德国、美国、日本等9国船级社认证。

重钢集团以钢铁主业为产业发展轴心，精心培育非钢产业，主辅并重，扩大经济增长板块。非钢重点产业中的环境产业、矿山资源开发和多金属综合利用等，已具备强劲的发展势头。其中环境产业已成为垃圾焚烧发电国家标准制定单位。非钢产业年销售收入，占重钢年销售总收入的30%左右。

“十一五”伊始，重钢通过旨在改善重庆市主城区环境质量，启动实施定位为重庆市“十一五”规划发展“一号工程”的环保搬迁改造工程。明确到2010年底，完成重钢环保搬迁一期工程建设，大幅提升工艺技术和管理水平，突出品牌优势，以科技创新和装备大型化推进流程再造，以优利产品雄踞市场，以现代冶金流程凸现出在钢铁行业的示范效应；在“十二五”期间，按照重庆市重化工产业规划，坚持持续发展理念，建设特钢精品基地，进一步打造现代物流基地，延伸产业价值链，实现钢铁主业规模与效益的再度跨越，迈进1000亿元级企业。

2009年12月25日8时零6分，重钢新区2号转炉开炉

重钢长寿新区4100mm宽厚板轧机

重钢江南新区新貌

重庆市金鹿电动车有限公司

重庆市金鹿电动车有限公司创建于2000年8月，位于享有“中国摩托车之都”美誉的西南工业重镇——山城重庆。

公司位于重庆市九龙坡区西彭工业园区，占地60亩，建有30000多平方米的现代化标准厂房。公司拥有多项专利技术，是专业研制、开发、生产锦鹿牌系列电动自行车、直流无刷电动机、电机控制器、充电器的股份制高科技企业。

其产品充分发挥军工企业之优势，具有科技含量高，性能可靠，能效应用好等特点。

我公司十分注重产品质量，把质量视为企业生命线。

公司采用先进的金属和制造工艺，引入国内一流的电动自行车专用设备及装配流水线。使用先进的检验和测试设备。员工经过严格的技术培训，确保了产品的整体质量。其产品远销北欧、印尼等地区（国家）。

我们的宗旨：自始至终以优质的产品和完美服务与您同行走进大自然，提高您的生活品质。

地址：重庆市九龙坡区西彭镇铝城大道86号附1号
传真：（023）68674227　　邮编：401326
电子信箱：cqjinlu666@163.com
电话：023-68821213 68850265
公司主页：www.cqjinlu.net

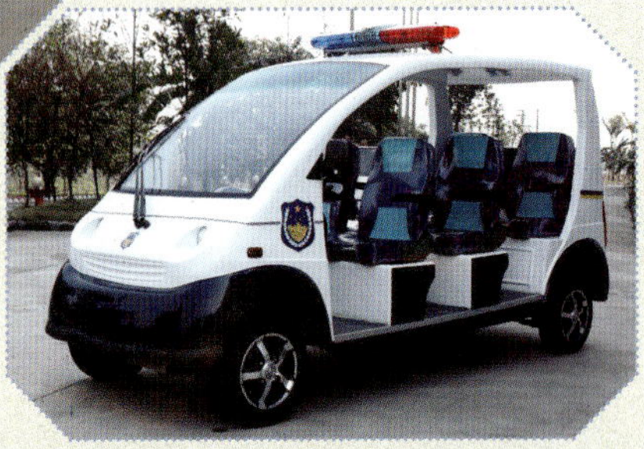

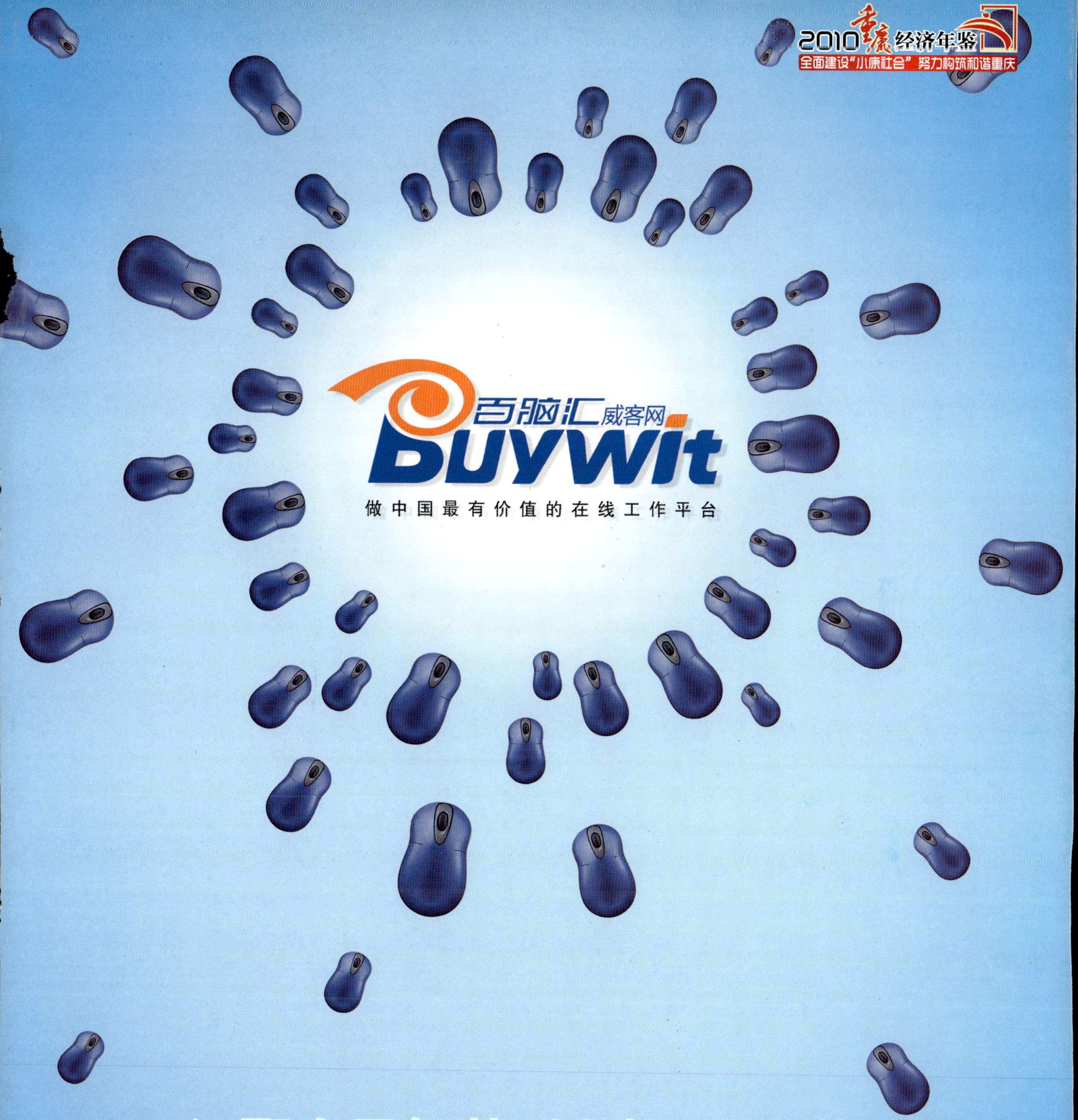
百脑汇威客网
BuyWit
做中国最有价值的在线工作平台

重慶刘一手火锅
Chongqing Liuyishou Huoguo

“刘一手”的来源

古释，“刘”指一种斧钺，是一种驯龙的工具。一手执刘，一手执绳，引为“征服，拼搏，进取”之意。

刘一手创始人姓刘，因车祸痛失左手。

刘一手与留一手谐音，好记，易懂。

刘一手由此得名。

业精于勤、商精于诚

重庆刘一手餐饮管理有限公司成立于2000年，是专业从事火锅连锁和特许经营的知名企业。公司是集火锅文化研究与传播、火锅专业人才培养、火锅产业开发、火锅原材料配送、酒店服务等产业于一体的多元化、现代化民营企业。公司成立以来，坚持走“奉献创业，学习创新，竞合创效，诚信创牌”的发展之路，秉承“业精于勤、商精于诚”的企业理念和不断进取奋勇争先的执业精神。勤劳、朴实、真诚的刘一手人在茫茫商海中大浪淘沙，孜孜以求，将刘一手从一个几百平米的街边火锅小店锻造成一个目前拥有近400家分店，享誉全国二十六个省、市、自治区，在中国餐饮百强企业排名第8位的大型知名火锅企业。

A Chongqing Liu dining management Limited company was founded in 2000, was specialized is engaged in the hot pot chain-like and the special permission management well-known enterprise. The company is the collection hot pot culture research and the dissemination, the hot pot professional raises, the hot pot industry development, hot pot industries and so on raw material allocation, hotel service in a body's multiplication, the modernized Private enterprise. Since the company has been founded, insisted “the offer undertaking, the study innovation, competes gathers creates the effect, the good faith creates the sign” road of the development, receives “the knowledge and skill improve with diligencc, ombuine Yu Cheng” the enterprise idea and enterprising strives to be the first courageously unceasingly disciple spirit. Industrious, simple, a sincere Liu person in boundless business sea Lang Tao Sha verse, diligently strives, forges one Liu one from a several hundred square meter street hot pot shop present to have the nearly 400 branch stores, enjoys a good reputation national 26 provinces, the city, the autonomous region, places the 8th large-scale well-known hot pot enterprise in the Chinese dining hundred strong enterprises.

《重庆经济年鉴》外联部

主　　任：李修华　陆　波

副 主 任：张亚英　黄天炳　赖生春

外　　联：王明清　刘月英　唐光云　谭颖章　周　川
凌世华　王　忠　高维清　文继惠　张秀娟
张福荣　钟　准　沈剑红

办 公 室：邓丹丹　兰　结

装帧设计：陈　刚

印　　务：陈　刚

发　　行：石　燕

高效生态农业

开县临江镇位于重庆东北部，距开县县城17公里，幅员面积123.5km²，辖24个村、6个社区，2009年底总人口9.8万人，城镇建成区面积3.28km²，常住人口3.72万人，城镇化率39.6%。临江镇依山傍水，自然环境优美，建镇区背依中峰山麓，三面临河，城镇绿化率36%，是市级森林生态城镇。临江镇历史悠久，文化底蕴深厚，具有1300多年历史，古为新浦、西流县署治地，镇内有“九井十八庙”、香绸扇等特色文化标签，香绸扇A被定为2005年亚太城市市长峰会纪念品。临江镇区位独特，社会事业发达，318国道、开宣路，万达高速公路（建设中）经过境内；镇内有中小学9所，在校学生两万人，医疗卫生、文化体育等设施完备。临江镇商贸繁荣，经济发展迅猛，有完善的市场设施和成熟的交易体系，年社会消费品零售总额3亿多元，水、电、气、电视、通讯等设施齐全。临江人民开放包容，淳朴善良，临江治安良好、社会和谐，是居住、经商的理想之地。

建设一新的现代化的宣传文化中心

市级重点中学——开县临江中学前身，由文坛泰斗郭沫若同志亲毛题写校名

市级重点中学——开县临江中学校园一角

产业是一个地区的支柱，也是一个城市的灵魂。临江镇坚持把产业的发展壮大作为城镇建设的核心任务，以产业兴镇，以产业富民，做强传统产业，培育新兴产业，形成了农、工、商等多产业全面快速协调发展的态势。2009年，实现地区生产总值9.6亿元，农民人均纯收入3937元，城镇居民人均可支配收入9980元。

农业展新姿

临江是一个农业大镇，农业产业是农村的支柱产业。该镇深入贯彻落实党的十七届三中全会精神，大力推进农村改革发展。加快农村土地流转，建立特色产业基地，培育龙头企业，促进农民增收，采取“公司+基地+农户”、“公司+大户”等模式，在领先食品公司、九龙山米业等市级农业产业化龙头企业带动下，流转土地1.3万亩，建立了万亩优质稻米基地，1500亩无公害蔬菜基地等规模化产业。

市级农业产业化龙头企业——九龙山米业有限公司

大棚蔬菜助农增收

恒温蔬菜大棚

洪星村农民新村一隅

洪星村推进土地流转，引进的台湾甜竹笋为农民带来可观效益

商贸呈新颜

临江人具有经商贸易的优秀品质。历史上，临江人利用便利的区位条件，买周边，卖全国，创造过“市井繁华盖县城”的辉煌业绩。近年来，镇党委、政府创造条件，积极引导，促进传统商贸业上档次、增效益，先后引资开发建设了渝江商业广场、临江商贸城、太原农贸市场等现代化交易市场和竹器、畜禽、建材、家具等10多个